Gerd Wolfgang Sievers

GENUSSLAND ÖSTERREICH

Was Küche und Keller zu bieten haben

Inschrift für ein Kochbuch

Das Kochen ist nicht ein Geschäft für Wichte.
Erforsche erst den Ursprung der Gerichte,
mit dem Verständnis kommt dir der Verstand;
für Teige brauchst du eine leichte Hand.

Theodor Kramer

Leopold Stocker Verlag
Graz – Stuttgart

UMSCHLAGGESTALTUNG
DSR | Werbeagentur Rypka GmbH, 8020 Graz

UMSCHLAGFOTOS
Lore Überbacher (gross); Stefan Liewehr (Umschlagrücken); die übrigen Kleinfotos stammen aus dem Buch

SATZ, LAYOUT UND GESTALTUNG
jkt&gg: Florian Thür, Werner Singer, Janna Thür

REPRO
Reproteam, 8010 Graz

DRUCK UND BINDUNG
Gorenjski tisk, Kranj-Slovenia
Printed in Slovenia

BIBLIOGRAFISCHE INFORMATION DER DEUTSCHEN BIBLIOTHEK
Die Deutsche Bibliothek verzeichnet diese Publikation in der Deutschen Nationalbibliografie; detaillierte bibliografische Daten sind im Internet unter http://dnb.ddb.de abrufbar.

HINWEIS
Dieses Buch wurde auf chlorfrei gebleichtem Papier gedruckt. Die zum Schutz vor Verschmutzung verwendete Einschweißfolie ist aus Polyethylen chlor- und schwefelfrei hergestellt. Diese umweltfreundliche Folie verhält sich grundwasserneutral, ist voll recyclingfähig und verbrennt in Müllverbrennungsanlagen völlig ungiftig.

ISBN 978-3-7020-1166-6

BILDVERWEISE

Vom Autor Gerd Wolfgang Sievers stammen 1078 Fotos, sofern beim Bild selbst nicht anders angegeben, so sind alle weiteren Bilder von:

Ulrike Köb: 14 (groß), 16, 18, 19, 20, 21 (oben), 22, 23 (unten links), 24, 25, 26, 28 (oben rechts), 29 (oben), 30 (oben und unten links), 31 (oben), 32 (oben), 33 (oben rechts), 51, 56 (unten), 57, 63 (unten links), 72 (unten), 73, 74, 81, 84 (unten), 86 (unten), 89, 94 (unten), 95, 97 (unten), 103 (unten), 110, 111, 116, 124, 129 (unten), 140, 141 (unten), 145, 148 (unten), 152, 158 (unten), 159 (unten links), 179 (unten rechts), 185, 189 (unten links), 191 (unten), 196 (unten), 197, 208 (unten rechts), 209 (unten), 212 (unten), 214 (unten), 218, 219 (Freisteller), 227 (unten), 228, 265, 267, 269 (unten), 270, 271, 272, 273, 274 (unten links), 275 (alle außer oben links), 276, 280, 281, 285, 286, 287, 291 (unten), 293 (unten rechts), 294, 299 (unten), 303 (unten), 306, 307, 309, 310, 332 (groß), 339, 341 (unten), 342 (unten links), 343, 344, 349 (oben links), 352, 354 (unten), 368 (unten), 364, 369, 370, 371 (oben), 376, 377, 386 (zweite Spalte), 387 (unten), 388 (unten), 389 (unten), 391 (unten links), 395 (unten), 399 (unten und Knoblauchknolle), 410 (unten), 411, 412, 416, 417 (unten), 418, 419, 428, 442, 443, 444 (unten), 446 (unten rechts), 448 (unten links), 455, 460, 464, 470, 471 (unten), 472 (unten), 492, 493 (unten links und oben), 511 (unten), 512 (groß), 520, 533 (Freisteller Steinpilz)

Michael Breyl: 162, 163, 171 (alle außer unten rechts), 172, 173, 174, 175, 188, 189 (unten rechts), 190 (unten), 191 (oben), 192, 193, 204, 209 (oben rechts), 224, 225, 226, 227 (oben), 230 (alle außer Pitnauer und Lager), 231 (Taferner und Oppelmayer), 233 (unten links), 238, 239 (oben), 240 (Weingut Rotes Mäuerl, Alphart und Aumann), 241 (alle außer Schneider), 242 (oben und unten rechts), 243 (unten rechts), 252 (oben und unten links), 254, 255, 256, 257, 258 (oben und unten Mitte), 261, 263, 282, 316 (Kierlinger und Mayer), 317 (alle außer Cobenzl), 318 (unten rechts), 319 (unten Mitte), 320 (alle außer 2. von unten), 321 (oben), 322 (Olszewski), 323, 324, 326 (oben und unten links), 327, 331 (Portrait Kurt Tichy), 336, 337, 341 (oben), 348, 350, 351 (oben und unten links), 353 (unten rechts), 354 (oben), 355, 405 (unten rechts)

Florian Kainz: 36, 54 (oben und unten links), 55 (oben), 56 (oben), 190 (oben), 198, 199, 201 (oben), 215, 216 (oben), 426 (oben), 427 (kleines Bild)

Darüber hinausgehende Bilder stammen von Foto-CDs, welche dem Autor von Produzenten, Winzern usw. zur Verfügung gestellt wurden, verbunden mit der Erlaubnis, diese für das Buch verwenden zu dürfen (wenn bekannt, so steht Fotoverweis neben dem Bild).

Inhalt nach Sachthemen

VORARLBERG

TIROL

SALZBURG

OBERÖSTERREICH

NIEDERÖSTERREICH

WIEN

BURGENLAND

STEIERMARK

KÄRNTEN

ANHANG

Ein Projekt mit Zukunft, für die Zukunft!

Der Genussbewusste weiß seit eh und je, dass Nahrungs- und Lebensmittel dort am besten munden, wo sie herstammen und erzeugt worden sind. Und dass sich der qualitätsbewusste Verbraucher viel lieber an Viktualien labt, die das Aroma ihrer Region in sich tragen und daher mit ihrem unverwechselbaren Wohlgeschmack verzücken, muss nicht weiter erläutert werden, genauso wenig wie die Tatsache, dass Genießer viel lieber individuell erzeugte Gaumenfreuden zu sich nehmen, welche die Handschrift und Liebe des jeweiligen Produzenten in sich tragen.
Und weil sich diese genussfreudigen Menschen nur ungern dem Diktat großer Lebensmittelkonzerne beugen, ihnen künstlich oder gar synthetisch erzeugte Sattmacher (Lebensmittel oder gar Nahrungsmittel wäre hier sicher die falsche Titulierung) eine grauenhafte Vorstellung sind, das Leben nicht patentiert werden darf (wie es insbesondere amerikanische Konzerne seit langem versuchen) und gentechnisch veränderte Nahrungsmittel zumindest aus ethischen wie auch gesundheitlichen Gründen fraglich erscheinen, ja genau deshalb lieben sie das Regionale und Ursprüngliche.

Weil Österreich in vielerlei Hinsicht ein Musterland des Genusses ist, so hat man hier auch auf politischer Ebene eine Plattform geschaffen, die helfen soll, dass die Qualität, der Wohlgeschmack und vor allem die nahezu unbeschreibliche Vielfalt der Genüsse des wunderschönen Landes auch für die Zukunft erhalten bleiben.
Dieses Projekt mit dem Namen „GENUSS REGION Österreich" ist beispielhaft und sollte auch außerhalb von Österreich Schule machen. Es dokumentiert die jeweiligen herausragenden Erzeugnisse einer Region: Nahrungsmittel, die einerseits eine lange Tradition haben, andererseits aber auch in ihrer jeweiligen Region zu vollendetem Wohlgeschmack gedeihen.

Landwirtschaftsminister Josef Pröll zu diesem Projekt: „In den GENUSS REGIONEN werden Spezialitäten von höchster Qualität und bestem Geschmack aus hochwertigen gesunden Rohstoffen hergestellt. Mit dem Genuss dieser Produkte ist nicht nur ein besonderes kulinarisches Erlebnis verbunden, sondern auch der Erhalt einer vielfältigen Landschaft. Regionale Lebensmittel helfen, durch kurze Transportwege unser Klima zu schützen. Regional genießen bedeutet mehr Lebensqualität und ein Beitrag für starke und zukunftsorientierte Regionen."

Sicherlich ist dies ein großartiges Projekt mit viel Zukunft, damit wir auch weiterhin das Leben so richtig genießen können!

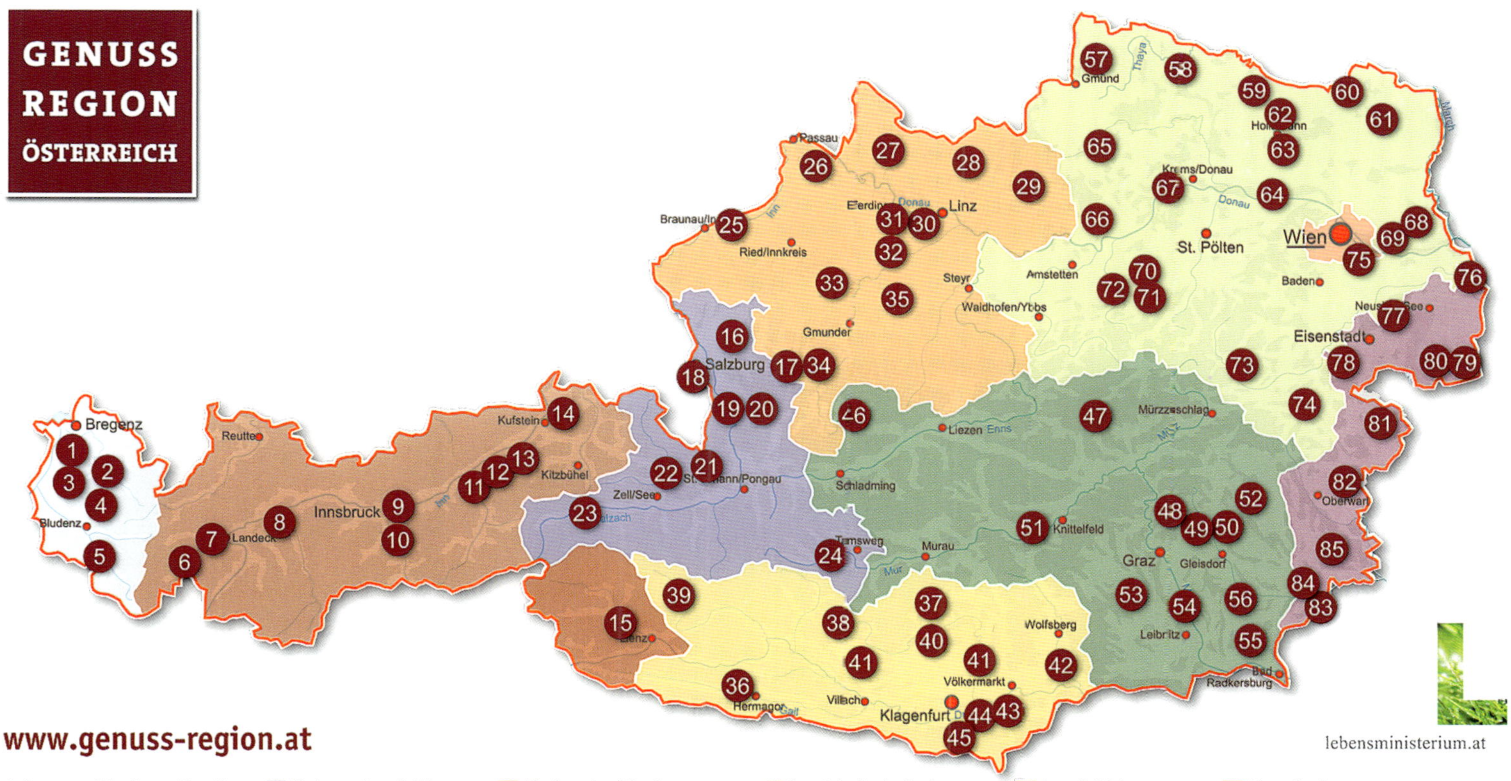

www.genuss-region.at

lebensministerium.at

1 Bregenzerwälder Alp- und Bergkäse
2 Ländle Kalb
3 Ländle Alpschwein
4 Großwalsertaler Bergkäse
5 Montafoner Sura Kees
6 Paznauner Almkäse
7 Stanzer Zwetschke
8 Oberländer Apfel
9 Nordtiroler Gemüse
10 Nordtiroler Grauvieh Almochs
11 Zillertaler Heumilchkäse
12 Alpbachtaler Heumilchkäse
13 Wildschönauer Krautingerrübe
14 Kaiserwinkl Heumilchkäse
15 Osstiroler Berglamm
16 Flachgauer Heumilchkäse
17 Salzkammergut Reinanken
18 Walser Gemüse
19 Tennengauer Almkäse
20 Tennengauer Berglamm
21 Pinzgauer Rind
22 Pinzgauer Bierkäse
23 Bramberger Obstsaft
24 Lungauer Eachtling
25 Innviertler Surspeck
26 Sauwald Erdäpfel
27 HansBergLand Hopfen
28 Mühlviertler Bergkräuter
29 Mühlviertler Alm Weidegans
30 Linz Land Apfel-Birnensaft
31 Eferdinger Landl Gemüse
32 Buchkirchner-Schartner Edelobst
33 Hausruck Birn-Apfel-Most
34 Salzkammergut Käse
35 Schlierbacher Käse
Schlierbacher Geflügel
36 Gailtaler Almkäse, Gailtaler Speck
37 Metnitztaler Wild
38 Nockberge Almrind
39 Mölltal - Glockner Lamm
40 Gurktaler Luftgeselchter Speck
41 Görtschitztaler Milch
42 Lavanttaler Apfelmost
43 Jauntaler Hadn
44 Jauntaler Salami
45 Rosentaler Carnica Honig
46 Ausseerland Seesaibling
47 Hochschwab Wild
48 Almenland Almochse
49 Weizer Berglamm
50 Oststeirischer Apfel
51 Murtaler Steirerkäs
52 Pöllauer Hirschbirne
53 Steirisches Kürbiskernöl g.g.A.
54 Steirisches Teichland Karpfen
55 Südoststeirische Käferbohne
56 Steirischer Vulkanland Schinken
57 Waldviertler Erdäpfel
58 Waldviertler Karpfen
59 Retzer Land Kürbis
60 Laaer Zwiebel
61 Weinviertler Wild
62 Weinviertler Erdäpfel
63 Weinviertler Getreide
64 Tullnerfelder Schwein
65 Waldviertler Mohn
66 Waldviertler Weiderind
67 Wachauer Marille g U.
68 Marchfeld Gemüse
69 Marchfeldspargel
70 Mostviertler Schofkas
71 Pielachtaler Dirndl
72 Mostviertler Birnmost
73 Schneebergland Jungrind
74 Bucklige Welt Apfelmost
75 Wiener Gemüse
76 Kittseer Marille
77 Leithaberger Edelkirsche
78 Wiesener-Ananas Erdbeeren
79 Seewinkler Gemüse
80 Nationalpark Neusiedlersee-Seewinkel Steppenrind
81 Mittelburgenländische Kaesten und Nuss
82 Mittelburgenland Dinkel
83 Südburgenländische Weidegans
84 Südburgenländischer Apfel
85 Zickentaler Moorochse

Einleitung

Österreich ist ein einzigartiger kulinarischer Kosmos, den es zu erkunden gilt. Und es gibt bekanntlich viele Gründe dieses Land am blauen Donaustrome mit seinen unterschiedlichsten Landschaften zu lieben – einer davon ist sicherlich sein kulinarischer Reichtum!
Während der nahezu dreijährigen Arbeit an diesem Buch kostete ich mich durch das Universum der Vorarlberger Schnäpse, genoss herzhaften Tiroler Speck und Kas, labte mich an Salzburger Traditionsgerichten, konnte in Oberösterreich auch beim 12ten Knödel noch nicht „nein danke" sagen, ließ in Niederösterreich den Karpfen im Grünen Veltliner „schwimmen", studierte ausgiebig den Wiener Wein und die Wiener Küche, schulte meinen Gaumen mit den rustikal-bodenständigen Gaumenfreuden des Burgenlandes und dachte in der Steiermark darüber nach, ob Schilcher oder Sauvignon blanc besser zur Klachlsuppe passen würden. Zu guter Letzt zerließ ich in Kärnten faustgroße Klumpen an Almbutter, um Zwiebeln für die Kärntner Nudel darin zu rösten – während ich bei einem herben Most (oder auch mal einem frischen Bier) überlegte, ob ich denn auch ja keinen Genuss übergangen habe.
Zugegeben, ich aß in Österreich, als müsste ich der König des Schlaraffenlandes werden – und nahm so um die 10(+) Kilo zu! Leider ohne abschließende Krönungszeremonie …

Um zu verstehen, warum der authentisch österreichische Geschmack so pur, so rein und so überaus erfreulich mundet, sollte man sich zunächst einiger Grundlagen der hiesigen Küche bewusst werden. Das Schlichte und Einfache, welches die meisten ursprünglichen Gerichte so typisch kenn- und auszeichnet, lässt sich am Einleuchtendsten historisch herleiten: Eine Landbevölkerung, die von Adel und Klerus dazu gezwungen wurde, sich auf das Mindeste zu beschränken, musste aus den wenigen Produkten, von denen sie genug hatte ihre Versorgung sicherstellen.
Milch und Milchprodukte, Gemüse, Kräuter, Pilze und Getreide verschenkte die Natur reichlich, auch Innereien – von den Herrschaften eher verpönt – standen zur Verfügung.
Doch Fleisch war eher rar. Schweinefleisch überhaupt, denn in den meisten Landstrichen war nicht einmal das Gelände für die Schweinezucht geeignet. Wenn ein Hof schon Schweine hatte, so gab es an Schlachttagen ausnahmsweise frisches Fleisch, der Rest wurde konserviert und galt als rarer und wertvoller Leckerbissen (der dementsprechend sorgfältig behandelt werden wollte). Und neben Speck, Schinken und Geselchtem hat man das wertvolle Fleisch auch zu allerlei regionaltypischen Würsten verarbeitet. All dies – und noch viel mehr – sind in heutiger Zeit wertvollste Säulen des Genusslandes Österreich!

„Österreich ist eine kleine Welt, in der die große ihre Probe hält", sprach einst Christian Friedrich Hebbel (1813–1863). Die einstige Großmacht, welche 1918 auf ihren Kernstaat geschrumpft ist, war schon immer Vermittlerin zwischen vielen Kulturen. Während der k. u. k. österreichisch-ungarischen Doppel-Monarchie war Österreich durch eine gemeinsame Geschichte mit Ungarn, der Slowakei, Polen, Tschechien, Rumänien und Teilen Italiens verbunden, durch die gemeinsame Sprache mit Deutschland und der Schweiz. Und auch landschaftlich ist die heutige Bundesrepublik eine Idylle: Mit Bergen, Hügeln und Ebenen vom Böhmerwald bis zu den Karawanken sowie vom Neusiedlersee bis zum Bodensee ist Österreich ein Land der ausgleichenden Mitte und der konträren Gegensätze zugleich. Und diese Vielfalt spiegelt sich nicht zuletzt auch in der Küche des Landes wider.
Will man diese aber genauer erkunden, um vielleicht auch seine Einwohner besser verstehen zu können, so muss man alle neun Bundesländer getrennt und dennoch gemeinsam betrachten, was mit diesem Buch unternommen werden soll. Letztlich stellt sich heraus, dass die kulinarische Vielfalt dieses wunderbaren Landes geradezu unausschöpflich ist und hier nur ein eher kleiner, dafür aber charakteristischer Überblick über den unendlichen Reichtum an Genüssen geschaffen werden kann.
Wenig verständlich erscheint vielleicht, dass die Spezialitäten Österreichs (mit Ausnahme des Weins) nicht in einem Atemzug mit denen Italiens, Frankreichs oder Spaniens genannt werden. Ein Grund hierfür ist sicherlich, dass nach dem Zweiten Weltkrieg vor allem in Wien nicht selten Hunger herrschte. Wie in kaum einem Jahrhundert zuvor sah sich die Stadt Wien plötzlich mit etwas konfrontiert, was ihren Einwohnern von jeher zuwider war: leere Töpfe. Dabei hatte gerade das 20. Jahrhundert so vielversprechend begonnen. Selbstbewusste Köchinnen und Köche präsentierten eine weit über die Grenzen Österreichs berühmte Küche, der österreichische Wein mundete gekrönten Häuptern aus aller Welt und es erschienen zahlreiche Kochbücher, deren zentrales Thema zumeist die weltberühmte „Wiener Küche" war. Nach den Kriegsdepressionen waren die Küchenmeister schließlich zu einem ungewollten Umdenken gezwungen und erst in den so genannten Wirtschaftswunderjahren veröffentlichte Ludwig Plakolb ein Buch über „Die weltberühmte Wiener Küche", vor allem um diese vor ihrem Verfall zu retten. Denn gerade in dieser Zeit begannen viele Österreicher allmählich Geschmack an Hot Dogs, Pommes frites und Hamburgern zu entwickeln, während frisch gebräunte Caorle- und Jesolo-Urlauber Gefallen an Pasta und Pizza fanden. Wenig verwunderlich, konnte sich die Gastronomie in diesem Umfeld nur schwerlich entwickeln.
Ende der 1970er Jahre schien die österreichische Küche an ihrem Tiefpunkt angelangt zu sein! Gekocht wurde kaum mehr, schon gar nicht in den Touristenzentren. Und so stellte auch Joseph Wechsberg (1907–1983) fest: „Die Donaumetropole Wien sei zwar immer noch eine Stadt mit Seele, doch Österreich selbst ist kein Land für echte Feinschmecker. Über den Geschmack lässt sich nicht streiten. In Wien gibt es feine Musik und im Lande feine Skipisten und Festivals, und das ist ja auch schon sehr viel!"
Gerade zu dieser Zeit formierte sich in Wien, angeregt durch den gebürtigen Österreicher Eckart Witzigmann, eine Gruppe von Starköchen um Werner Matt, Rudolf Kellner und Heinz Reitbauer sen., die die Wiener Küche von Grund auf umkrempeln wollten, um ihr zu neuem Glanz zu verhelfen. Nach anfänglichen Ausflügen ins französische Küchenhandwerk sind sie mittlerweile alle zu den Wurzeln zurückgekehrt und man wird heute auch die traditionellsten Gerichte der Wiener Küche – wie z. B. Bruckfleisch, Kalbskopf oder Beuschel – in den vornehmsten Gourmetlokalen wiederfinden.
Dieses neue Qualitätsbewusstsein hat natürlich auch in den Beisln und bürgerlichen Gasthäusern seinen Niederschlag gefunden, leider mussten nur viel zu viele von diesen ursprünglichen Wirtshäusern irgendwelchen Pseudo-Asiaten, Fastfood-Ausspeisungen oder Pizzerias weichen. Gott sei Dank haben aber auch etliche traditionelle Lokale die schwierigen Zeiten überstanden und bieten heute wieder eine klassische, unverfälschte Wiener Küche an, ohne jegliche „Sponpanadeln" oder „Chi-Chi". Dabei hat die Wiener Küche dennoch an ihre alte multikulturelle Toleranz angeknüpft, was anhand der vielen Lokale mit „ausländischem Speiseplan" zu beobachten ist.
Ein weiterer Grund, warum Österreich noch nicht den internationalen kulinarischen Stellenwert hat, welchen es verdient, mag auch darin zu finden sein, dass die meisten Produkte nur in sehr kleinem, regionalem Rahmen erzeugt werden, was einen Export oder eine größere Vermarktung einerseits unrentabel machen würde. Andererseits könnte dies wahrscheinlich auch den Qualitätsstandard senken; daher bleibt dem Genießer meist nichts anderes übrig, als die Köstlichkeiten im wahrsten Sinne des Wortes zu erfahren – man muss sich noch persönlich zum Produzenten hinbemühen und ihm Respekt zollen, will man sich an seinen delikaten Gaumenfreuden delektieren. Und das ist gut so! Schmecken doch die Genüsse in ihrem regionalen Umfeld noch immer am authentischsten und damit am besten.
Wahrscheinlich bräuchte man ein eigenes Buch, wollte man alle Rezepte des Landes nur mit ihrem Namen erfassen, ganz zu schweigen von all den wunderbaren Weinen, Schinken, Würsten, Selchwaren, Marmeladen, Käse u. s. w. Gar endlos scheint sie zu sein, die Liste der „Schmankerln", welche es hier zu verkosten gilt! Dennoch, bei all der Vielfalt hat die österreichische Küche ihre ganz ureigenste, überall leicht wiedererkennbare Handschrift, welche sie so einzigartig werden lässt.
Insbesondere die Küche der Bundeshauptstadt Wien stellt heute ein unglaubliches Kompendium typisch österreichischer Rezepte dar, von denen einige weltberühmt geworden sind. Und bei etwas phantasievollerer Betrachtung der Landkarte fällt auf, dass sogar der Grundriss von Wien einem Schnitzel gleicht! Doch nicht nur die Wiener Schnitzel mit ihrer

himmlisch-knusprigen gold-braunen Panier vermögen den Donau-Phäaken zu verzücken, nein auch das Rindfleisch (insbesondere das gesiedete Beinfleisch) könnte leicht dazu veranlassen, Hymnen über diese Inkarnation des Rindfleisches zu verfassen. Die Stadt von „Wein, Weib und Gesang" lässt ihre Seele beim Grünen Veltliner oder Gemischten Satz baumeln, labt sich in ihren Stamm-Beisln oder stärkt sich mit einer „Haßen" am Würstelstand. Für ein gutes Papperl muss hier immer etwas Zeit sein!
Niederösterreich hingegen, mit Waldviertel, Weinviertel, Mostviertel, Marchfeld, Wienerwald oder der Wachau ist eine einzigartige kulinarische Schatzkammer, die wesentlich dafür verantwortlich war (und ist!), dass die Wiener Küche den großartigen Ruf erlangen konnte, den sie heute hat.
Das Burgenland hingegen fristete – vollkommen zu Unrecht – lange Zeit so etwas wie ein Stiefmütterchendasein. Nicht zuletzt durch die Unterstützung der EU hat sich das gewaltig geändert: Selbstbewusste Produzenten erzeugen hier nicht nur weltberühmte Weine, sondern auch Genüsse der absoluten Sonderklasse, von Paradeisern und Gemüsen aller Couleur angefangen, über Gänse, Enten, Mangalitza-Schweine, Steppenrinder und Moorochsen bis hin zu Wurstwaren von feinster Qualität. Heute ist das Burgenland ohne zu übertreiben, ein Eldorado für den Genießer!
„Das grüne Herz Europas" wird die Steiermark auch gerne genannt, Österreichs zweitgrößtes Bundesland. Und gerade hier tut sich eine Vielfalt auf, die nahezu beispiellos zu sein scheint. Aus der pannonischen Tiefebene steigt sie empor zu Wiesen und Almen, Rebgärten mit Klapotetz, Kirchweilern und grünen Kuppeln, Mulden und Tobeln, der „Waldheimat" Peter Roseggers bis nach Mariazell. Rund um Bad Aussee, wo außer dem Habsburger Hof schon künstlerische Größen wie Franz Grillparzer, Niklas Lenau (Edler von Nimbsch), Richard Strauß und Hugo von Hofmannsthal ihre Sommerfrische verbrachten, gelangt man ins steirische Salzkammergut und weiter hinauf ins Hochgebirge, wo es den Steirerkas zu entdecken gibt. Kürbiskernöl und Verhackert sind wahrscheinlich neben dem steirischen Wein und Klachlsuppe die bekanntesten Genüsse der grünen Mark. Auch haben sich etliche Delikatessen-Produzenten etablieren können, man denke nur im südöstlichen Vulkanland an Zotter, Gölles, Fink's feine Kost oder an Turm- wie auch Vulcano-Schinken.
Westlich über Packalpe und Koralpe gelangt man ins benachbarte Kärnten, welches nur, sieht man einmal von der Landeshauptstadt Klagenfurt ab, wenig urbane Sehenswürdigkeiten aufweist, dafür aber eine herrliche Bergwelt mit saftigen Almen, traumhaft gelegenen Seen und ein angenehmes, weiches Klima. Die meist ursprünglichen Genüsse der Region spiegeln sich auch in den herzhaft deftigen Spezialitäten wider: Brot, Käse, Schinken, Speck und Polenta sind hier die tragenden Säulen. Die berühmte Kasnudel, Ritschert, Dampfnudeln oder Reindling sind weitere bekannte Kärntner Spezialitäten.
Von Kärnten aus gelangt man übers Lesachtal nach Osttirol ins obere Drautal, welches allerdings keine gemeinsame Grenze mit Tirol hat. Selbst im verbliebenen österreichischen Teil nimmt das zersprenkelte Tirol eine gewisse Sonderstellung ein: Das „Land im Gebirg" hat sich durch alle Wechsel hindurch seine trotzige, katholisch verbrämte Eigenständigkeit zu wahren gewusst. Einzig die kulinarische Tradition wurde in den 70er und 80er Jahren vorigen Jahrhunderts leider all zu oft vergessen. Doch dieser hat man sich heute wieder besonnen und genießt den starken Schnaps zu Speck, Henkele, Graukas, Almbutter und Bauernbrot. Tiroler Knödel, Tiroler Gröstl (sprich: Gröschtl), Tiroler Leber, Zillertaler Krapfen und Nigelen erfahren eine regelrechte Renaissance; weshalb auch in Tirol wieder gilt: „Speis und Trank hält Leib und Seele z'sam!"
Im landwirtschaftlich geprägten Oberösterreich, dem Land der Bratl und Knödel, liebt man volle Teller und das Bier! Das Bundesland liegt beidseits der Donau vom Unterlauf des Inn im Westen bis zur Enns im Osten. Drei seiner vier Regionen sind nach Flüssen benannt: Mühlviertel, Innviertel und Traunviertel, die vierte Region ist das Hausruckviertel. Die landschaftlich reizvollste Gegend ist aber sicherlich das Salzkammergut mit dem kaiserlichen Kurort Bad Ischl und dem „Weltkulturerbe Hallstätter See".
Nur wenig vom Salzkammergut darf das eigentliche Bundesland Salzburg zugehörig nennen, dessen gleichnamige Landeshauptstadt heute – vor allem in Übersee – sogar bekannter ist, als die Bundeshauptstadt Wien.
Das Salzburger Land erstreckt sich von der flachen Seenplatte an der Grenze zu Oberösterreich bis zu den Hohen Tauern im Süden (mit ihrem einzigartigen Nationalpark), vom grünen Hügelland hinauf bis zu den Gletscherregionen. Fünf so genannte Gaue teilen das Land: Der Lungau im Südosten liegt etwas abgeschieden und ist bäuerlich geprägt, der Pongau ist das Herzstück des Landes, durch den Pinzgau (mit seinen berühmten Rindern) fließt die Salzach und im Tennengau befinden sich die alten Salzbergwerke, welche mit ihrem „Weißen Gold" Stadt und Land nicht nur den Namen verliehen, sondern auch zu frühem Reichtum verholfen hatten. Der Flachgau nördlich von Salzburg bietet Badespaß und Obertrumer Biertradition.
Das westlichste und zugleich kleinste Bundesland Österreichs ist Vorarlberg, welches seine Grenzen mit Tirol, dem Fürstentum Liechtenstein, der Schweiz und Deutschland teilt. Das Land zeigt auf engstem Raum eine erstaunlich vielfältige Landschaft, vom Bodensee und der weiten Rheintalebene zu den Lechtaler Alpen mit dem Arlberg, der Wiege des alpinen Skisports. Noch weiter hinauf gelangt man zum Rätikon an der Grenze zur rätoromanischen Schweiz und durch das Montafon zur gewaltigen, vergletscherten Verwall- und Silvrettagruppe. Eigene Mentalität und eigenes Denken charakterisieren nicht nur die Menschen des Landes, sondern auch die Küche, welche als alemannisch mit einem Schuss Österreich bezeichnet werden kann. Fleißig ist er, der Vorarlberger und geschäftstüchtig; was er über alles liebt: Suppen, Schnäpse und Käse! Das „Ländle" ist – bei allen landwirtschaftlichen Reizen – hochindustrialisiert, und auch der Architektur kommt hier eine bedeutende Rolle zu. Die traditionellen Gerichte sind zumeist einfach, sparsam und bäuerlicher Herkunft. Und wer jemals die herzhaften „Kasnocken mit Erdäpfelsalat" verkostet hat, weiß, warum man hier das Kriesewasser (sprich: Chriesiwasser) und den Subirer so schätzt; sie gehören neben Sparsamkeit und Findergeist zur Wesensart des dem Schwaben nicht unverwandten Vorarlbergers.
Und über allem thront nahezu majestätisch der Wein! Dieses von Gott gegebene Geschenk gedeiht in der „Oase des Genießens", wie der Autor Österreich gerne nennt, zu wahrhaft königlichen Kreszenzen. Daher wird ihm auch ein Schwerpunkt in diesem Buch gewidmet, denn die Weine sind hier so unterschiedlich wie die Menschen, die Regionen, die Gebiete und das Terroir. Nur einer gedeiht nahezu überall ausgezeichnet: Österreichs bekannteste Rebsorte, der Grüne Veltliner. Österreich ist grundsätzlich in vier Weinbauregionen eingeteilt, der Größe nach sind dies erstens das Weinland (Niederösterreich und Burgenland), zweitens das Steirerland (Südoststeiermark, Südsteiermark und Weststeiermark), drittens Wien und viertens das Bergland (zu dem Kärnten, Oberösterreich, Salzburg, Tirol und Vorarlberg gehören). Nahezu überall wird man Weine finden, die keinen internationalen Vergleich zu scheuen brauchen! Einige der herausragenden Winzer mit ihren Kreszenzen werden in jedem Bundesland eigens vorgestellt.

Eines sei abschließend erwähnt: Die in diesem Buch vorgestellten Betriebe sind eine rein persönliche Auswahl von denen einerseits regionaltypische Produkte oder Rezepte erzeugt werden und die zum anderen Österreich würdig vertreten. Sicherlich wird es vorkommen, dass dem einen oder anderen Leser der eine oder andere Winzer fehlen wird, den er gut kennt, ebenso das eine oder andere Restaurant, das er gerne besucht. Es ist einfach nicht möglich, all die herausragend guten Betriebe Österreichs in einem Band vorzustellen. Es musste eine Auswahl getroffen werden, die ein stimmiges Gesamtbild abgibt und eine jede Auswahl ist nun einmal auch subjektiv.
Um voll Respekt vor einem der kulinarisch wertvollsten Länder der Welt seine Referenz zu erweisen, verneigt sich der Autor mit dem Wunsch, dass dem noch lange so bleiben möge: ‚Tu felix Austria delecta!"

Gerd Wolfgang Sievers

Vorarlberg

Das alemannisch geprägte Vorarlberg nimmt, allein schon durch seine etwas exponierte Lage jenseits des Arlbergs, eine gewisse Sonderstellung ein, und das nicht nur in Hinblick auf die Küche. Deutliche Anzeichen dafür, dass sich das Ländle irgendwie von Österreich abgrenzt, sind zum Beispiel das Alemannische, eine Mundart, die in Österreich nur in Vorarlberg gepflegt wird, oder auch die Tatsache, dass sich Vorarlberg selbst als „Staat“ bezeichnet.

Vielfältig und eigenwillig wie seine Bewohner ist auch die Landschaft selbst: Bei einer Luftlinie von nur 80 Kilometern steigt das Land vom Bodensee in südlicher Richtung bis zu den Dreitausendern der Silvretta-Gruppe an. Die meisten Vorarlberger leben allerdings nicht in den Bergregionen, sondern in den Talgebieten (vor allem jenen des Rheins und der Ill), die nur etwa ein Fünftel der Gesamtfläche ausmachen. Ihre Heimat ist eine der dicht besiedeltsten und industriereichsten Zonen Österreichs überhaupt. Land- und Forstwirtschaft spielen hier nur eine extrem untergeordnete Rolle!

Etwas anders sieht da die Lage in den Bergregionen aus. Der hohe Anteil an Wiesen und Weiden ermöglicht eine hoch entwickelte Almwirtschaft, wenngleich die meisten Alpenregionen dem Wintersport den Vorzug gegeben haben. Hier herrscht zuweilen ähnliches Unheil wie in Tirol, wo viele Bauern ihre Höfe aufgegeben haben und lieber Lifte oder Hotels betreiben. Allerdings wurde hier sehr großer Wert auf Architektur gelegt und somit zählen Orte wie z. B. Lech heute zu den vornehmsten und edelsten Skigebieten der Welt. Überhaupt haben die Vorarlberger eine Schwäche für Architektur und innovatives Bauen, zahlreiche Beispiele hierfür finden sich unter anderem vor den Toren von Bregenz, in Dornbirn oder auch in Lustenau.

Die Küche des Landes ist natürlich in vielerlei Hinsicht von Tirol, dem Allgäu und vor allem der Schweiz beeinflusst, die allesamt hier ihre kulinarischen Spuren hinterlassen haben. Es ist daher schwer von einer autochthonen Vorarlberger Küche zu sprechen, obwohl sie viele Gerichte hervorgebracht hat, die unverwechselbar sind und in dieser Form auch auf Vorarlberg beschränkt bleiben. Und sogar auf ein historisches Kochbuch kann das Ländle verweisen, es wurde gegen Ende des 10. Jahrhunderts von einer gewissen Anna Wehinger herausgegeben.

Aufgrund des schon traditionellen Reichtums der Region (der sich z. B. auf die Textilindustrie begründet), ist die Küche Vorarlbergs einerseits eine altdeutsch geprägte Bürgerküche mit starken allgäuer und schwäbischen Einflüssen, welche sich insbesondere in der hier noch weit verbreiteten Kultur an so genannten gut-bürgerlichen Gasthäusern und Restaurants nachvollziehen lässt. Andererseits haben aber auch die Bergbauern ihre Akzente gesetzt, die vor allem von der Milch- und Viehwirtschaft bestimmt sind. Fleischgerichte – insbesondere vom Rind – spielen seit jeher in der ländlichen Küche eher eine untergeordnete Rolle und das, obwohl das Rind in den Vorarlberger Gebirgstälern weit verbreitet ist. Aber gerade das berühmte Montafoner Rind ist mehr wegen seiner hohen Milchleistung, denn als Schlachtvieh von Bedeutung. In heutiger Zeit schätzt man aber auch das „Ländle-Kalb“ kulinarisch, weil es sich u. a. dadurch auszeichnet, dass es sich bei ihnen um Vollmichkälber aus Mutterkuhhaltung handelt.

Das wesentliche Element der Vorarlberger Küche ist und bleibt aber der Käse aus hochentwickelter Almwirtschaft. Und hier zeigt sich einmal mehr die Nähe zur Schweiz, denn von den Schweizern hat man nicht nur das so genannte Fettkäsen gelernt, sondern auch das Kochen mit Käse! Der berühmte Vorarlberger Hartkäse nennt sich im Sommer „Almkäse“, wenn er in höheren Regionen hergestellt wurde, und im Winter „Bergkäse“. Das besondere an ihm ist, dass er aus Milch ohne Silagefütterung hergestellt wird, denn die Milchkühe fressen den ganzen Sommer auf der Alm nur frisches Gras oder im Stall höchstens Heu. Weitere landestypische Spezialitäten sind der Räßkäse, der Sauerkäs oder auch der Zieger. Wer meint, dass der beliebte „Eckerlkäse“ aus Vorarlberg stammt, liegt nicht ganz richtig, denn dieser hat ebenfalls seinen Ursprung in der Schweiz, genauer in der Stadt Thun, wo ihn die beiden Lebensmittelhändler Walter Gerber und Fritz Stettler im Jahre 1911 erfunden haben. Allerdings muss man dem so genannten Enziankäse zu Gute halten, dass er wirklich zartschmelzend ist und irgendwie gehört auch er schon zu den Klassikern des breitgefächerten österreichischen Käsesortiments.

Ein weiteres wichtiges Standbein der bodenständigen Küche Vorarlbergs war schon immer der Fischreichtum der klaren Gebirgswässer und des Bodensees, wenngleich heute die Kormorane diese gedeckte Tafel ebenfalls für sich in Anspruch nehmen und der Fischreichtum im See daher stark abgenommen hat. Die wichtigsten Fische sind sicherlich die Bodensee-Felchen, die Trüschen und der Egli (Barsch-Art).

Und da Vorarlberg trotz langer Weinbautradition nur über sehr wenig Wein verfügt, gibt es hier seit jeher hervorragende Obstsäfte, Moste und Schnäpse, wie z. B. den Subirer.

Die Vorarlberger Küche ist bis heute eine bodenständige geblieben, und selbst in den hochentwickelten Feinschmeckerküchen der Gourmettempel sind nach wie vor die mannigfaltigen ursprünglichen Wurzeln erkennbar. Und das macht dann letztlich den Reiz der Ländle-Küche aus.

Bodensee-Fische

Mit „Mare Suevicum“ bezeichnete man einst die Ostsee, aus deren Hinterland die Alemannen zu Beginn des 3. Jahrhunderts kamen und sich in die Regionen um Neckar, Donau, Lech und Iller niederließen. Und „Mare Suevicum“ (schwäbisches Meer) heißt heute noch der 538 Quadratkilometer große Bodensee, an dessen Aalen, Barschen, Brachsen, Felchen, Hechten, Saiblingen, Schleien, Trüschen und Zandern sich die Gourmets rund um den See delektieren dürfen. Obwohl durch Zivilisationsdruck und Umweltverschmutzung viele Fischarten verschwunden sind, ist Vorarlberg nicht zuletzt wegen des großen Sees ein fischreiches Land und die Artenvielfalt bemerkenswert.
Auch wenn die Fischvorkommen im Bodensee reichhaltig sind und die Fänge gut, so hat der alte Beruf des Fischers eher wenig mit der ihm umgarnenden Romantik zu tun, die sich der Laie so gerne vorstellt: Frühmorgens auf den See hinauszufahren, die Netze auszuwerfen und prallgefüllt wieder einzuholen, das hat für viele Städter etwas sehr Uriges, ja geradezu Archaisches an sich! Doch aus ökonomischer Sicht sieht das Ganze nicht so rosig aus, denn der Bodensee ist so sauber geworden, dass die Fische langsamer wachsen, was allerdings ihre Fleischqualität wesentlich verbessert hat. Zudem engen zahlreiche Vorschriften den Handlungsspielraum der Fischer stark ein. Hinzu kommen die zwar alles andere als heimischen, dennoch unter Naturschutz stehenden Kormorane, welche sich gerne an die „gedeckte Tafel“ der seichten Buchten setzen, um sich hier an den Jungfischen zu laben. Das hat zur Folge, dass die Kormorane gedeihen, Schleien und andere im Warmwasser laichende Fischarten aber in ihren Beständen stark gefährdet sind. Ja sogar die heimischen Nahrungskonkurrenten wie Nachtreiher, Rohrdommel und Zwergrohrdommel wurden von der gefräßigen Kormorankolonie geradezu überrollt.
Leben kann der Berufsfischer vom Fischfang alleine nicht mehr, viele haben ihre Fischerhütten aufgegeben und verkaufen ihren Fang direkt an die Gastronomie, Handelsketten oder im eigenen Wohnhaus. Heute sind die Felchen (auch Rheinanke oder Äsche genannt) der „Brotfisch“, bei Schleien und Flussbarschen sind die Fänge dafür schon zu gering. Saiblinge, Aale, Seeforellen und Trüschen gelten als Beifang, ihre Preise sind tief. Sehr verwunderlich ist das vor allem im Falle der Trüsche, die nicht nur ein äußerst schmackhaftes und aromatisches Fleisch aufweist, sondern vor allem wegen ihrer Leber von den Gourmets geschätzt und geliebt wird.
Trotz aller ökonomischen Schwierigkeiten und den noch immer vorhandenen Problemen mit dem ökologischen Gleichgewicht, muss der Beruf des Fischer aber doch etwas an sich haben; ansonsten würden die Fischer ja ihre Netze als Wanddekoration verkaufen. Statt dessen suchen viele einen Nebenerwerb, sei es im Vermieten von Ferienwohnungen, in der Gastronomie oder in der Produktion von feinen Delikatessen aus Fisch – und fahren nach wie vor frühmorgens mit ihren Netzen auf den See hinaus!

KNUSPERLI

Egli-Filets mit Salz, Pfeffer und ein wenig Fisch-Gourmet-Gewürzmischung würzen, in einem Teig aus 6 EL Mehl, 2 EL Maisstärke, 1 Ei, 2–3 EL Zitronensaft, Bier und Milch wenden, danach in heißem Erdnussöl frittieren, abtropfen lassen und als Imbiss zu einem Glas Wein servieren.

BODENSEEFELCHEN „MÜLLERIN“

4 Bodenseefelchen à 250 g,
75 g geklärte Butter oder Butterschmalz,
50 g frische Butter zu brauner Butter erhitzt,
etwas Mehl,
Zitronensaft,
Salz und Pfeffer,
gehackte Petersilie

Die Fische ausnehmen, waschen und trocken tupfen; mit Zitronensaft beträufeln, salzen und pfeffern. Die Gewürze etwas einziehen lassen, anschließend in Mehl wenden, überschüssiges Mehl abklopfen und die Felchen in heißem Butterschmalz beidseitig goldbraun braten. Felchen aus der Pfanne heben und auf einer Platte anrichten, mit brauner Butter und gehackter Petersilie bestreut servieren. Dazu reicht man Zitronenachtel, lauwarmen Erdäpfelsalat oder grünen Salat.

FELCHEN NACH HAUSHOFMEISTER-ART

4 Felchen (Blaufelchen),
30 g Butter,
125 ml Weißwein,
1 Zwiebel,
einige Petersilienstängel,
4–5 EL Fischeinmachsauce (eine helle Einbrenn mit etwas Fischfond verkocht),
1 Eidotter, 80 ml Obers,
50 g Butter,
Zitronensaft,
gehackte Petersilie,
Salz und Pfeffer

Die küchenfertig vorbereiteten Felchen gut mit Salz und Pfeffer würzen, danach in 30 g Butter, Weißwein, fein geschnittener Zwiebel sowie Petersilie pochieren. Sobald die Fische gar sind, diese herausheben und warm stellen.
Die Pochierflüssigkeit auf die Hälfte einreduzieren lassen, dann durch ein feines Sieb ziehen und mit Fischeinmachsauce binden. Obers mit Eidotter versprudeln und die Sauce damit nochmals legieren, nicht mehr kochen lassen; zuletzt noch die Butter einrühren und die Sauce mit Zitronensaft, gehackter Petersilie, Salz und Pfeffer abgeschmeckt über die angerichteten Fische gießen.

GEBRATENER BARSCH

BODENSEEFELCHEN „MÜLLERIN“

HAFEN AM BODENSEE

Trüsche oder Aalquappe

Zu den sonderbarsten Fischen im artenreichen Bodensee zählt die Trüsche, auch Aalquappe genannt. Die Trüsche gehört zum Geschlecht der Weichfische, der Kopf gleicht etwas dem eines Frosches, der Leib aber dem Aal. Der Fisch wird bis zu 80 Zentimeter lang und kann bis zu 8 Kilogramm auf die Waage bringen. Der Körper der Trüschen hat einen runden Querschnitt, die Bewegungen sind aalartig und am Kinn sitzt, ähnlich wie beim Waller, Barteln. Die weiche, schleimige Haut hat überaus zarte und kleine Schuppen, ist schlüpfrig und abwärts grau mit schwarzen und graugelblichen Flecken gezeichnet, der Bauch ist weiß.

Das Fleisch der Trüschen ist sehr wohlschmeckend und viele halten es für besser, als das des Aals. Ein ganz besonderer Genuss sind die Lebern dieser Fische, welche von den Gourmets ganz besonders hoch geachtet werden, doch leider nur höchst selten zu bekommen sind. Das helle, feste und etwas fette Fleisch der Trüschen kann wie das des Aales zubereitet werden, jedoch zieht man diesen Fischen die Haut nicht ab, sondern man entfernt diese durch Brühen und Abschaben mit einem Messer; oder man reibt den Fisch mit Asche und Salz so lange ab, bis er weiß ist.

Auch wenn die Trüsche optisch, wie auch küchentechnisch, viele Gemeinsamkeiten mit dem Aal hat, ist sie doch mit diesem in keiner Weise verwandt. Zoologisch gesehen ist die Trüsche nämlich die einzig bekannte Dorsch-Art, welche nicht im Meer, sondern im Süßwasser lebt. Dieser begehrte Bodenseefisch war übrigens schon dem römischen Naturhistoriker Plinius d. Ä. bekannt, der sie „mustela" nannte und ausdrücklich dem Brigantiner See (Brigantinum ist der alt-römische Name für Bregenz) zuordnete.

Neben dem Bodensee findet man auch noch in vielen Flüssen der Voralpen große Trüschenpopulationen. Zu diesem erfreulichen Umstand tragen zwei Faktoren maßgeblich bei: Einmal bieten viele große Seen der Voralpen gute Sauerstoffverhältnisse bis in ihre unzugänglichsten Tiefen und damit den Trüschen einen riesigen Lebensraum, in dem sie sich praktisch ungestört aufhalten und fortpflanzen können. Zweitens wird der Trüsche von der Berufsfischerei nur in bescheidenem Maße nachgestellt, denn trotz ihres delikaten Fleisches und der hochgerühmten Leber lässt sich der Fisch heutzutage kaum vermarkten, weshalb die Preise recht tief sind, was das Fischen für den Handel unrentabel macht.

GEBRATENER BARSCH

Einen schönen Flussbarsch innen und außen, salzen, mit Zitronensaft beträufeln und die Haut zweimal kreuzweise einschneiden. Langsam in Butterschmalz braten, bis die Haut eine knusprige, goldgelbe Farbe angenommen hat. Auf Gemüsen und/oder Pilzen nach Wahl anrichten. Eine Champagner- oder Weißweinsauce dazu reichen.

AAL MIT SALBEI

Gut 1 kg frischer Aal (abgezogen, ausgenommen und in etwa 75 g schwere Stücke geschnitten), 75 g geklärte Butter, 20–25 g Salbeiblätter, 150 ml Weißwein, Salz

Die Aalstücke salzen und in der Hälfte der geklärten Butter bei starker Hitze kräftig anbraten, der Aal darf dabei nicht kochen (Wasser ziehen). Nach dem Anbraten werden die Stiele der Salbeiblätter dazu gegeben und der Aal bei mittlerer Hitze in 20–25 Minuten fertig gebraten. Zwischenzeitlich werden die Salbeiblätter in der restlichen Butter herausgebacken. Nach Ende der Garzeit die Aalstücke auf einer Platte anrichten, den Bratensatz mit Weißwein ablöschen, kurz einkochen lassen und über den Aal gießen. Mit den gebackenen Salbeiblättern und Zitronenachteln ausgarniert servieren, dazu passen Butter- oder Petersilerdäpfel.

GESOTTENE TRÜSCHE

Eine Trüsche von 2 kg wird küchenfertig vorbereitet, gewaschen und innen wie außen mit Salz eingerieben; 1 Stunde zugedeckt rasten lassen. Ein Bund Petersilie, eben so viel Gundelkraut, eine große mit 3–4 Gewürznelken gespickte Zwiebel, 12–15 Pfeffer- und 10 Pimentkörner werden in 25–30 g zerlassener Butter leicht angedünstet, danach mit einer Flasche leichten Weißwein aufgegossen und der Fisch hineingelegt. Den Fisch darin zugedeckt garen, bis er, wenn man den Kiemendeckel aufhebt, nicht mehr im Geringsten rötlich erscheint. Den Fisch aus dem Sud nehmen. Sud weitere 10–15 Minuten kochen lassen, mit 2–3 Eßlöffeln Einbrenn eindicken und mit etwas Zitronensaft abschmecken. Sauce über den angerichteten Fisch seihen.

TRÜSCHENLEBER MIT ÄPFELN

750 g Trüschenleber in Mehl wenden, in heißer Butter beidseitig anbraten; warm beiseite legen. Im Bratfett zwei gehackte Schalotten andünsten, danach 2–3 in Scheiben geschnittene Äpfel zu den Schalotten geben und kurz rösten. Mit etwas Apfelbalsamessig ablöschen, Leber dazugeben und fertig garen; würzen. Leber auf den Äpfeln anrichten, Bratenfond rundherum träufeln; mit Kresse bestreuen.

AAL MIT SALBEI

TRÜSCHENLEBER MIT APFELBALSAMESSIG

WIRT RHOMBERG

Das Gasthaus Krone in Dornbirn

Ein gutes Beispiel für die Tradition gut-bürgerlicher Küche in Vorarlberg ist das Gasthaus zur Krone in Dornbirn, welches bereits im Jahre 1750 gegründet wurde, und bis heute der „Platzhirsch" im Ort geblieben ist. Hierher kommt jeder gerne: Sonntags die Familien zum gemeinsamen Schmaus, unter der Woche die Geschäftsleute und auch für Feiern oder nur zum Kartenspielen ist die „Krone" ein beliebtes Domizil für Einheimische und Fremde gleichermaßen. „Bei uns kann man noch echte Dornbirner Gemütlichkeit erleben!", erklären die Wirtsleute Rudi und Thomas Rhomberg nicht ohne Stolz, „Getreu unserem Motto: Gemütlich, gastlich, köstlich!".
Die Krone ist zwar auch ein Hotel, doch das Herzstück des Betriebes ist zweifelsohne das Restaurant, welches mit seiner gediegenen Einrichtung Ruhe und Bedächtigkeit ausstrahlt. Als Gast hat man die Wahl zwischen einer urigen alten Weinstube, welche aus der Zeit um die Jahrhundertwende stammt und dem eigentlichen Restaurant mit seiner eigenwilligen sonnengelb-burgunderroten Farbgebung.
Obwohl die Krone alles andere als ein kleiner Betrieb ist, spürt man dennoch stets, dass es sich um einen Familienbetrieb handelt und fühlt sich freundlich umsorgt. Dass dieser Klassiker unter Vorarlbergs Gastronomie regelmäßig und seit langem von diversen Gourmetführern ausgezeichnet und für seine besondere Pflege und die Erhaltung der typisch österreichischen Küche geehrt wurde, versteht sich dann beinahe schon von selbst. Genauso wie die Tatsache, dass nahezu ausschließlich mit Produkten aus der Region gearbeitet wird.

FEINE NÜDELE MIT FRISCHEN PFIFFERLINGEN AN OLIVENÖL UND PARMESAN

400 g frisch zubereitete Eiernudeln zu feinen Nudeln geschnitten (ersatzweise Tagliolini),
400–500 g frische Pfifferlinge zugeputzt und gewaschen,
100 g Schalotten fein geschnitten,
40 g Olivenöl, Knoblauch,
gemischte frische Kräuter gehackt (z. B. Petersilie, Basilikum, Majoran),
Salz und Pfeffer aus der Mühle,
150 g Parmesan frisch gerieben

Geschnittene Schalotten in Olivenöl anschwitzen, Pfifferlinge dazugeben und 1–2 Minuten dünsten lassen, mit etwas Knoblauch, Salz, Pfeffer würzen.
Inzwischen die Nudeln in Salzwasser bissfest kochen, abseihen, danach mit den Pfifferlingen und gehackten Kräutern gut vermischen. Auf Teller anrichten und mit Parmesan bestreut servieren.

IN BUTTER GEBRATENE FILETS VON BODENSEEFELCHEN AUF KÜRBIS-GEMÜSE

800 g Felchenfilets ohne Gräten, Meersalz, Pfeffer, Zitronensaft, 50 g Butter, 10 g Olivenöl, 1 TL gehackte Petersilie

Für das Gemüse:
2 Zwiebel, 2 rote Paprika, 2 Zucchini, 4 Tomaten, 200–250 g Kürbisfleisch in etwa 5 mm große Würfel geschnitten,
2 Knoblauchzehen, 50–75 ml Olivenöl,
1 EL Tomatenmark, Zucker, Oregano, Rosmarin, Cayennepfeffer, Salz und Pfeffer aus der Mühle

Olivenöl erhitzen, Zwiebel und Paprika anbraten, Tomatenmark kurz mitrösten, dann die Zucchini, Tomaten und Gewürze beigeben und das Gemüse 5–10 Minuten köcheln lassen.
Die Kürbiswürfel extra in Olivenöl kurz anbraten, dazugeben und nochmals abschmecken.
Die Felchenfilets mit Meersalz, Pfeffer und Zitronensaft würzen und in einer Butter-Ölmischung beidseitig kurz braten. Petersilie dazugeben und die Felchenfilets auf dem Gemüse anrichten. Dazu passen Reis oder Salzerdäpfel.

ZANDERFILET AN MEAUX-SENFSCHAUMSAUCE AUF BLATTSPINAT

800 g Zanderfilets mit Haut,
Meersalz, Pfeffer aus der Mühle, Zitronensaft

Für die Sauce:
250 ml Weißweinsauce (250 ml Obers und 250 ml Weißwein mit Schalotten zur Hälfte einreduzieren, durchseihen und mit Mehlbutter binden),
1 TL grober Meaux-Senf, 1 EL geschlagenen Obers

Für den Spinat:
1 kg frischer Blattspinat, 50 g Zwiebel,
50 g Butter oder Olivenöl, 1 Zehe Knoblauch,
Salz, Pfeffer aus der Mühle

Mit einem scharfen Messer die Haut der Zanderfilets leicht einschneiden, dann mit Meersalz, Pfeffer und Zitronensaft würzen. In einer beschichteten Pfanne etwas Olivenöl erhitzen, darin die Zanderfilets zuerst kurz auf der Fleischseite anbraten, auf die Hautseite drehen und fertig braten. Je nach Dicke der Filets dauert das etwa 2–4 Minuten; warm beiseite stellen.
Spinat von den Stielen trennen, in Salzwasser blanchieren oder im Dämpfer kurz garen.
Inzwischen die Zwiebel in Butter oder Olivenöl anschwitzen, Blattspinat hinzugeben, mit Salz, Pfeffer, Knoblauch würzen und gut vermischen.
Blattspinat in der Mitte des Tellers anrichten, den Zander darauf legen. Der heißen Weißweinsauce, Senf und Sahne beigeben und mit dem Stabmixer aufschäumen, den Fisch damit umkränzen.

FEINE NÜDELE MIT FRISCHEN PFIFFERLINGEN

ZANDERFILET MIT SENFSCHAUM

NOUGAT-GRIESSKNÖDELE IN HOLUNDERSUPPE MIT BUTTERMILCH-HONIGSCHAUM UND VANILLEEIS

250 ml Milch, 50 g Butter, 1 Prise Salz, 80 g Hartweizengrieß, abgeriebene Schale von einer Zitrone, 3 Eier, 90 g Weißbrotbrösel, 1 TL Vanillezucker, 100 g Nougat

Für die Hollersuppe:
200 g Holunderbeeren, 100 g Zucker, 125 ml Zweigelt, ein kleines Stück Zimtstange, halbe Vanilleschote

Für den Schaum:
125 ml Buttermilch, 1 EL Honig

Außerdem:
Vanilleeis (siehe S. 331)

Für die Grießknödel die Milch mit Butter und Salz aufkochen, den Grieß einrühren und etwas weiterkochen lassen. Danach Masse abkühlen und mit Zitronenschale, Vanillezucker, Eiern, Brösel gut vermischen, schließlich gänzlich abkühlen lassen. Nougat zu 8 Kugeln formen, mit der Grießmasse umhüllen und in leicht siedendem Salzwasser etwa 10 Minuten gar ziehen lassen. Fertige Knödele in Zuckerbrösel oder Biskuitbrösel wenden und mit Staubzucker bestreuen.
Für die Suppe den Zucker in einem Topf leicht karamellisieren, den Rotwein zugeben und alles kurz durchkochen. Zimtstange, Vanilleschote und Holunderbeeren hinzufügen und die Suppe noch weitere 5 Minuten köcheln lassen.
Die lauwarme Holundersuppe in einem etwas tieferen Teller anrichten, je 2 Knödel in die Suppe legen. Buttermilch und Honig mit dem Schabmixer schaumig aufschlagen und um die Knödel gießen. Dazu eine Kugel Vanilleeis geben.

BREGENZERWÄLDER REHNÜSSCHEN AN BALSAMICO-HONIG-JUS MIT FRISCHEN PFIFFERLINGEN, SCHUPFNUDELN UND HERBSTLICHEM GEMÜSE

800 g Rehnuss oder Schale zugeputzt,
2 EL Öl,
1 kleiner Zweig Thymian,
1 Zweig Rosmarin

Für die Pilze:
200 g frische Pfifferlinge,
3 EL Olivenöl oder Butter,
Knoblauch,
gehackte Petersilie,
Salz und Pfeffer aus der Mühle

Für den Jus:
125 ml Wildfond-Reduktion,
1 TL Blütenhonig,
1 EL alter Balsam-Essig (z. B. von der Firma Gölles, siehe S. 472)

Für die Schupfnudeln:
500 g mehlig kochende Kartoffeln,
etwa 150 g doppelgriffiges Mehl,
50 g Weizengrieß,
50 g geklärte Butter (warm),
2 Eidotter,
Muskatnuss,
Salz und Pfeffer aus der Mühle

Für das Gemüse:
blanchiertes herbstliches Gemüse wie z. B.
Rosenkohl,
Wirsing,
Rotkraut,
Karotten oder Broccoli,
Butter zum Schwenken, Salz und Pfeffer

Mit den Schupfnudeln beginnen: Kartoffeln in der Schale weich kochen, abseihen und erkalten lassen. Schälen und durch die Kartoffelpresse drücken. Alle Zutaten beigeben und gut durchkneten. Den Teig auf eine bemehlte Unterlage zu einer etwa 3 cm dicken Rolle formen und davon 1 cm breite Stücke abschneiden. Diese mit der flachen Hand zu Nudeln rollen. In kochendem Salzwasser 2–3 Minuten kochen lassen, danach in Eiswasser abschrecken und abseihen. Kurz vor dem Anrichten werden die Schupfnudeln in Butterschmalz rundum gold-braun gebraten.
Für die Sauce alle Zutaten in ein Töpfchen geben, aufkochen, Hitze zurückdrehen und warm ziehen lassen.
Rehnüsschen mit Salz und Pfeffer würzen, in einer Pfanne Öl erhitzen. Nüsschen beidseitig kurz anbraten, Rosmarin und Thymian beigeben und bei etwa 130 Grad im Backrohr 15–20 Minuten (je nach Stärke) rosa braten. Danach zugedeckt etwas ruhen lassen.
Zwischenzeitlich die gewaschenen Pfifferlinge in Olivenöl anschwitzen, mit Knoblauch, Pfeffer, Salz und gehackter Petersilie abschmecken.
Zuerst die Pfifferlinge auf Tellern anrichten. Das Fleisch in Scheiben schneiden, auf die Pfifferlinge legen und mit etwas Balsamico-Honig-Jus umgießen. Mit herbstlichem Gemüse angerichtet servieren.

FELCHENFILET AUF KÜRBISGEMÜSE

REHNÜSSCHEN MIT HERBSTLICHEM GEMÜSE

Lustenauer Senf

Unsere täglichen Speisen wären ohne die Verwendung von Gewürzen wenig genießbar und vor allem recht fad. Abgesehen vom Speisesalz, das neben der Aroma verstärkenden Wirkung für den Aufbau verschiedener Stoffe im Körper verantwortlich ist, verlangt der Gaumen des Menschen nach größerer Abwechslung, die ihm das Essen zur Freude und zum Genuss werden läßt. Schon im frühen Altertum schätzte man die Gewürze als beliebten Handelsgegenstand und es wurden große Mengen, vornehmlich aus Ostindien eingeführt. Die Verwendung der Senfpflanze, vorerst für medizinische Zwecke scheint erstmalig bei dem römischen Arzt Pedanius Dioscorides, im Jahre 78 n. Chr. auf. Mit der Empfehlung Kaiser Karls des Großen, die Senfpflanze zu kultivieren, hielt der Senf auch in Mitteleuropa Einzug.
Die Senfpflanze gehört vom landwirtschaftlichen Standpunkt her betrachtet zu den so genannten Handelsgewächsen. Unter diesem Namen wird eine Anzahl der Pflanzen zusammengefasst, welche zumeist nicht direkt zur menschlichen oder tierischen Ernährung verwendet werden, sondern als Rohmaterial verschiedener gewerblicher oder industrieller Unternehmungen dienen.
Zur Herstellung von Senf werden außer den Senfsamen noch andere geschmackgebende Stoffe verwendet wie z. B. Wein, Wein- oder Apfelmost, Weinessig, Essig, Cognac, Salz, Zucker und Gewürze.

Es gibt im Wesentlichen 2 Arten der Senfherstellung:

1. Die Dijon-Art: Zur Herstellung von Dijonsenf wird ausschließlich Brassica juncea oder Brassica nigra verwendet. Bei der Herstellung von Dijonsenf wird die Senfsaat mit Wein bzw. Essig vorgequollen, mittels einer Nassmühle grob zermahlen und anschließend die Schalenanteile ausgesiebt. Zurück bleibt ein äußerst scharfer Brei, bestehend nur aus dem Mark der Senfsamen, welcher noch mit Salz und Gewürzen abgeschmeckt wird.
2. Die Bordeaux-Art: Zur Herstellung von Bordeauxsenf werden etwa 2/3 Sinapis alba und 1/3 Brassica nigra verwendet. Die Senfsaaten werden mittels einer Stiftmühle zu einem groben Mehl trocken vorgemahlen. Anschließend wird aus dem Mehl, Wasser, Essig, Wein, Salz, Zucker und den Gewürzen eine Maische hergestellt, welche nach einer Quellzeit mittels einer Steinmühle nochmals gemahlen wird. Der so gewonnene Brei muss noch mittels langsam laufenden Rührwerks entlüftet und glatt gerührt werden.

Der Lustenauer Senf wird nach dem Bordeaux-Verfahren hergestellt.

DIE GESCHICHTE DES LUSTENAUER SENF

Senf wurde in Lustenau schon vor 1900 durch die Firma Hofer&Co hergestellt. Die Firma ging dann in den Besitz des Franz Josef Bösch in der Reichstraße über, wo bis zum Jahre 1911 der Senf produziert wurde. Am 10. November 1911 erwarb Richard Bösch die bereits in Lustenau ansässige Senfmühle, kreierte den Namen „Lustenauer Senf" und diverse Rezepte. Er wurde durch seine erstklassigen Senfrezepte sehr bald bekannt und konnte deshalb die Firma langsam zu einem renommierten Betrieb ausbauen.
Nach dem Krieg 1945 übernahm August Bösch die Zügel, baute wieder auf, was der Krieg zerstört hatte und übergab die Lustenauer Senffabrik 1990 an seine Söhne Herbert und Reinhard Bösch, welche seither die Geschicke der Firma leiten. Das konsequente Festhalten an der Tradition der Senfmüllerei, an althergebrachten Rezepten und Verarbeitungsweisen, aber auch die Aufgeschlossenheit gegenüber allen Neuerungen in der Lebensmittelherstellung und nicht zuletzt die hohen Qualitätsmaßstäbe, welche man sich setzte, hat die Firma gegen alle Mitbewerber bestehen lassen.
Die Lustenauer Senffabrik besteht nunmehr in der dritten Generation und die derzeitigen Betreiber Herbert und Reinhard Bösch haben sich ganz der Weiterführung dieser Tradition verschrieben. Somit ist sichergestellt, dass der Lustenauer Senf weiterhin in der gleich hohen Qualität produziert wird und hat seinen festen Platz bei all jenen, welche erstklassige Produkte zu schätzen wissen.
Derzeit werden etwa 300.000 kg Senf produziert.

Das Sortiment besteht z. B. aus:
- Lustenauer Senf scharf pikant
- Lustenauer Senf mild
- Lustenauer Krensenf
- Rheintaler Bauernsenf
- Zigeunersenf und Hausmachersenf

Die gängigsten Sorten sind Lustenauer Senf scharf pikant und Lustenauer Senf mild, von denen zusammen jährlich etwa 250.000 kg produziert werden.

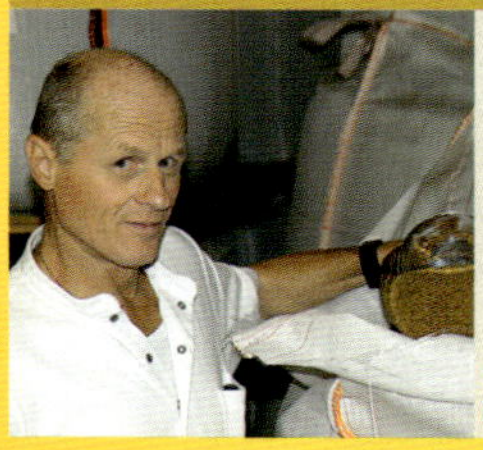

SENFEXPERTE REINHARD BÖSCH

Was macht den Lustenauer Senf aus?

Für die Herstellung von Lustenauer Senf werden ausnahmslos naturbelassene Rohstoffe pflanzlicher Herkunft, wie schwarze und weiße Senfkörner, Gewürze und Essig verwendet.
Dabei ist selbstverständlich, dass nur die besten Senfsaaten und Gewürze Verwendung finden. Der Produktionsleiter des Hauses kümmert sich persönlich bei den Saatgroßhändlern bzw. den Saatanbauern um die Auswahl und die Anbaumodalitäten der Saaten und Gewürze. Es werden, exklusiv für die Firma Lustenauer Senf, in der pannonischen Tiefebene (Burgenland) und in Appulien (Süditalien) spezielle Senfsaatsorten angebaut, welche in einem zwei Jahre dauernden, von Lustenauer Senf, unter Mitwirkung namhafter Universitäten durchgeführten und von der EU geförderten Projekt, evaluiert und rekultiviert worden sind. Auch an die Essige werden ähnlich hohe Anforderungen gestellt. So wird z. B. jedes Jahr eine gewisse Menge Most aus speziellen Apfelsorten gepresst, vergoren und dem für die Senfherstellung verwendeten Essig beigemischt. Die Erzeugung, Einmaischung und Vermahlung erfolgt nach zum Teil althergebrachten Methoden und unter größtmöglicher Schonung des Produktes und der Umwelt.
Neben den hervorragenden Grundprodukten und der äußerst schonenden Verarbeitung sind es aber auch die kreativen Rezepturen, welche das Haus auszeichnen. So werden hier Senfsorten angeboten, die allergrößten Genuss bereiten.

GEDÄMPFTER LÄNDLE-KALBSTAFELSPITZ AUF BUTTRIGEM BLATTSPINAT MIT KREN-SENF-RAHMSAUCE

Rezept vom Autor des Buches

Ein schönes Stück sauber parierten Kalbstafelspitz in einen mit etwas fein geschnittenem Wurzelgemüse ausgelegten Römertopf legen, zwei Lorbeerblätter, einen Thymianzweig sowie etwas abgeriebene Zitronenschale hinzufügen. Nun (je nach Größe des Topfes) etwa 1–1 1/2 Liter milde Gemüsebrühe angießen, Deckel auflegen und den Tafelspitz bei 80 Grad 3 bis 3 1/2 Stunden dämpfen (er sollte anschließend innen rosa sein).
Für die Sauce werden 400 ml kräftige Rindsuppe auf weniger als die Hälfte eingekocht, dann 250–300 ml Crème fraîche und 1 guter EL Lustenauer Krensenf hinzugefügt. Alles noch etwas einkochen lassen, danach die Sauce mit einem Spritzer trockenem Weißwein oder Weißweinessig, Salz und weißem Pfeffer abschmecken. Kurz vor dem Servieren wird mit 2 Esslöffeln sehr steif geschlagenem Obers und etwas frisch gerissenem Kren abgerundet. Für die Garnitur Wurzelgemüse (Karotte, Gelbe Rübe, Sellerie) in hauchdünne Streifen schneiden, in Pflanzenöl knusprig frittieren, abtropfen lassen. Blattspinatblätter (insgesamt braucht man für 4 Portionen etwa 500 g, vorzugsweise auf zwei Tranchen garen) verlesen und nur kurz in Butter schwenken, salzen, pfeffern (Prise Muskat). Mit schönen Spinatblättern ein „Bett" auf vorgewärmte Teller anrichten, mit dem gerösteten Wurzelgemüse bestreuen. Eine schöne Scheibe vom Kalbstafelspitz darauf platzieren und mit der Senfsauce umkränzt auftischen.

SENFSCHNITZEL MIT SPIRALNUDELN

4–6 gut geklopfte Rindschnitzel mit Salz und schwarzem Pfeffer würzen, eine Seite nicht zu dick mit scharfem Senf bestreichen. Öl in einer Pfanne erhitzen, das Fleisch portionsweise beidseitig anbraten; aus der Pfanne nehmen und beiseite stellen. Bratensatz mit etwas Rindsuppe loskochen.
In einer zweiten Pfanne 3–4 große, in Ringe geschnittene Zwiebeln mit Öl goldgelb rösten, danach mit dem Bratensaft aufgießen und 4–6 Knoblauchzehen hineinpressen. Rindschnitzel zu den Zwiebeln in die Pfanne geben und zugedeckt weich dünsten lassen. Wenn das Fleisch gar ist, dieses aus der Pfanne nehmen und den Saft mit einem Esslöffel Mehlbutter binden; mit Senf, Salz und Pfeffer abschmecken, nach Wunsch kann auch mit etwas Obers oder Sauerrahm verfeinert werden.
Schnitzel in der fertigen Sauce noch einige Minuten ziehen lassen, dann mit in Butter geschwenkten Spiralnudeln auftischen.

KANINCHEN IN SENF-RIESLINGSAUCE

Ein schönes Kaninchen küchenfertig vorbereiten, dann in Portionsstücke zerteilen. Fleisch salzen, pfeffern und mit etwas Zitronensaft beträufeln. Nach einigen Minuten des Rastens wird das Fleisch rundherum mit scharfem Senf (vorzugsweise Lustenauer Senf scharf pikant) bestrichen und dicht aneinander gedrängt in eine geeignete Auflaufform oder einen Römertopf geschichtet. Zwei oder drei grob zerteilte Knoblauchzehen, ein oder zwei Lorbeerblätter, etwas Thymian, Salz, Pfeffer und einige Butterflocken dazugeben; alles mit einer Flasche Riesling (vorzugsweise einem Vorarlberger Rheinriesling) begießen und mit 125 g in dünne Scheiben geschnittenem Räucherspeck belegen. Etwa 200–250 g Blätterteig nicht zu dünn in der Größe des Gefäßes ausrollen, den Teigdeckel auf die Terrinenform legen und an den Rändern gut festdrücken. In die Mitte eine Öffnung einarbeiten, den Teig mit zerlassener Butter bestreichen. Bei mittlerer Hitze 2 Stunden im Backofen garen lassen, sollte derweil der Teig zu dunkel werden, diesen mit einem Stück Alufolie abdecken.

KANINCHEN IN SENF-RIESLINGSAUCE

Obstbrände und Subirer

Das Reich der Vorarlberger Destillate ist ein eigenes Universum für sich mit einer unglaublichen Vielfalt – das der österreichischen Brände hingegen nahezu unüberschaubar, ein faszinierender Kosmos! Unabhängig von den so genannten Edelbrennereien gibt es in Österreich zig-tausende Abfindungsbrennereien (die Bezeichnung für einen Produktionsbetrieb von Spirituosen, dessen Brenngeräte während des Herstellungsprozesses nicht unter amtlichem Verschluss stehen; die Menge des hergestellten Alkohols ist hierbei aber beschränkt), ja nahezu jeder größere Hof erzeugt seine eigenen Brände.
Der Vorarlberger Branntwein wird traditionell aus Äpfeln, Birnen, Zwetschken, Kirschen, Heidelbeeren und Vogelbeeren gebrannt; daneben gibt es verschiedene Kräuter- und Wurzelschnäpse. Neben den zahlreichen Schnäpsen aus Beeren (Stachelbeere, Holunderbeere, Himbeere) gelten der „S(a)ubirer", das „Kriasiwasser" (Kirschwasser) und die „Alte Zwetschke" als besondere Spezialitäten der Vorarlberger Brennereien. Daneben gibt es aber noch zahlreiche weitere Brände und Geiste aus den verschiedensten Früchten, wie z. B. Mispeln, Quitten, Schlehen, Hagebutten.
Der Subirer wird aufgrund seiner Beliebtheit heute nicht mehr nur in kleinen Brennereien hergestellt, sondern auch in größerem Stile. Vor allem Wolfurt hat sich als ein Zentrum des Subirers hervorgetan. Hier werden ausschließlich Birnen verarbeitet, die in den Hofsteiggemeinden bis Dornbirn wachsen und je nach Lage als Haber-, Katzen-, Strick-, Zick-, Zimtbirne und eben auch als Subire (Sauerbirne) bezeichnet werden. Die Größte Menge an Birnen liefert der Oachaberg, bei ihnen handelt es sich um kugelförmige, kleinere und frühreifende Birnen.
Unter dem Kriasiwasser, das oftmals auch unter den Bezeichnungen „Kriesner" und „Kriesewasser" zu finden ist, versteht man das klassische Kirschwasser, das üblicherweise aus echten und vollreifen Berg-Kirschen gebrannt wird. Er ist eine Spezialität des Montafon, insbesondere Schruns und Tschagguns haben sich hier hervorgetan. In einem alten Dialektgedicht aus der Region kommt ein Bäuerlein zum Großbauern und erzählt, das Wasser habe ihm Haus und Hof genommen. Der Großbauer meint, er habe nichts davon in der Zeitung gelesen; und das Bäuerlein sagt, das „Wässerle so kli und klar" sei „s'Kriasiwasser", also Kirschenschnaps gewesen. Dieses Gedicht ziert heute den Folder des Obst- und Gartenverein Fraxern. Dank seiner begünstigten klimatischen Lage ist Fraxern das „Kriasi-Dorf" und zur Kirschblüte könnte man glatt meinen, sich in Japan zu befinden. Und vor allem einem Käsefondue verleiht der Kriesner erst den rechten letzten Schliff.

GF. FREIHOF/HÄMMERLE
PETER J. ANGEL

FRAXNER SCHNAPS
WALTER SUMMER

Die Freihof-Destillerie

An Anfang waren die fruchtbare Landschaft des Rheintales mit ihren Äpfeln, Mirabellen, Birnen, Zwetschken und Kirschen – und ein Gasthof! So dauerte es nicht lange, bis der umtriebige Gastwirt vom so genannten „Freihof" im Jahre 1885 auf die Idee kam, nicht nur Most zu erzeugen, sondern die Früchte auch zu Schnaps zu brennen. Seit 1954 werden nur mehr Brände erzeugt und die Destillerie Freihof entwickelte sich zu einer der führenden Brennereien Österreichs.
Im Jahre 1973 zog man dann in die modernen Räumlichkeiten in Lustenau, welche 1994 nochmals erweitert wurden, um die Qualität trotz der wachsenden Zahl an Genießern in aller Welt bewahren zu können.
Die Basis für den Erfolg ist damals wie heute das Wissen um die besten Früchte und ihrer sachgerechten Verarbeitung: Immer wieder wird bei der Herstellung geprüft, wo moderne Technologien eingesetzt werden können und wo althergebrachte Methoden (wie z. B. Destillieren in Kupfer-Brennkesseln) nicht ersetzbar sind. Die wertvollsten Brände aus der Brennerei Freihof werden übrigens mit dem Schriftzug „Selection" gekennzeichnet.

Privatbrennerei Gebhard Hämmerle

„Gute Brände zu machen, das ist ein solides Handwerk; aber die feinsten Duft- und Geschmacksnuancen einer Frucht im Destillat einzufangen, das ist eine Kunst!" Mit diesen Worten beschrieb Gerhard Hämmerle, Enkel des gleichnamigen „Freihof"-Gastwirt und Firmengründers, einmal seinen Anspruch, dem er seit mehr als 50 Jahren immer wieder auf allerhöchstem Niveau gerecht zu werden sucht.
Bereits im Jahre 1952 erzeugte Gebhard Hämmerle erstmals einen besonderen Jahrgangsbrand. Unter der Bezeichnung „Vom ganz Guten – eine Kostbarkeit aus der Privatbrennerei Gebhard Hämmerle" werden seitdem Jahr für Jahr nur die allerbesten Früchte einer Ernte zu einer streng limitierten Serie von Edelbränden verarbeitet. Das besondere dabei ist, dass sich die Angebotspalette dabei auf jene reinen Steinobst- und Beerenfrüchte beschränkt, die schon immer typisch für die Region waren, nur ein Enzian sowie der so genannte Apalon (eine Apfelcuvée sortenreiner Apfeldestillate) ergänzen das Angebot. Der Enzian wird hierbei übrigens nach einem eigens entwickelten Verfahren vergoren und destilliert.
Gebhard Hämmerle verstand sich aber auch immer darauf, seine edlen Destillate in der Top-Gastronomie zu platzieren und war maßgeblich am Aufbau der herausragenden Reputation, die österreichische Destillate heute zurecht (!) weltweit genießen, beteiligt. Und weil Gebhard Hämmerle immer nach größter Perfektion strebte, entwickelte er innerhalb seiner Privatbrennerei die so genannte Serie „Herzstück". In Brände aus dieser Serie hat er seine ganze Kunst und Erfahrung gelegt, das Ergebnis sind ganz individuelle, feinst verwobene Meisterbrände mit faszinierenden Aromen: Primus ex pares ist hierbei die Wilde Steinkirsche, ohne die blitzsaubere Himbeere, die extravagante Marille oder die komplexe Vogelbeere herabsetzen zu wollen.
Und auch die Präsentation entspricht dem Inhalt, denn jede Flasche ziert ein mit echtem Gold dekoriertes Vogelsignet, das von zwei Glaskünstlern aus dem Vorarlberg von Hand gestaltet und aufgebracht worden ist.

Das Fraxner Schnapsatelier

Walter Summer ist eigentlich von Beruf Baumpfleger, doch das Klagen seiner Kunden, welche nur all zu oft nicht wussten „wohin mit all den Früchten", brachte ihn Anfang der neunziger Jahre auf die Idee, sich ein alte Brennerei im Kirschdorf Fraxern zu kaufen und selbst Schnaps zu brennen. Die Brennerei entwickelte sich offensichtlich sehr rasant, denn heute werden hier über 90 Sorten hochwertiger Brände, Geiste und Liköre erzeugt.
Nach dem Motto „das Beste ist gerade gut genug" werden mit besonderer Sorgfalt und Liebe ausschließlich naturbelassene Früchte von bester Qualität verarbeitet. Mitunter werden diese eigenhändig von alten Streuobstbeständen geerntet. Auch das Einmaischen, Brennen, Abfüllen und Etikettieren erfolgt ausnahmslos in Handarbeit.
Insbesondere das langsame Destillieren und exakte Kühlen sind die Grundlage für die ausgezeichneten Brände. Wenig verwunderlich, dass dies bereits zu vielen Auszeichnungen verhalf. Neben dem Klassiker „Subirer" ist natürlich der „Fraxner Kirsch" das Aushängeschild des Hauses, zudem sollte der „Rote Wildkirsch" verkostet werden. Für Likör-Liebhaber gibt es Marillen-, Orangen- und Williamslikör, die herausragen und auch der Himbeer-Zitronenlikör umschmeichelt zart den Gaumen. Und wer in aller Ruhe alle 90 Sorten verkosten möchte, für den gibt es auf Wunsch Käsknöpfle, Brettljause oder Gerstensuppe mit hausgebackenem Brot.

DIE MARKANTEN FLASCHEN DER BRENNEREI HÄMMERLE

BRENNKESSEL FREIHOF

Vorarlberger Käse

Ein richtiger Vorarlberger, zumindest einer der etwas auf seine Küchenkultur und Tradition hält, hat sicherlich immer ein schönes Stück Bergkäse daheim, denn er ist nicht nur das bekannteste Produkt der Vorarlberger Käse-Produzenten, sondern wahrscheinlich auch das beste.
Die Entstehung von Bergkäse ist darauf zurückzuführen, dass die Menschen in den klimatisch weniger begünstigten Tälern haltbare Lebensmittelvorräte für Winter- und Notzeiten anlegen wollten, ja mussten. Die Vorarlberger bereiteten zunächst vorwiegend Sauerkäse zu, bis sie schließlich von den Schweizern das Fettkäsen lernten; Fettkäse ist ein alter Begriff für den Emmentaler (nicht zu verwechseln mit dem Bergfettern, damit bezeichnen vor allem ältere Leute im Ländle einen Bergkäse). Das anspruchsvollere Herstellungsverfahren des Fettkäsens verdrängte Ende des 17. Jhd. großteils die bis dahin übliche Herstellung des Sauerkäses. Nur noch im Montafon wird nach wie vor hauptsächlich der traditionelle Sauerkäse produziert. Der Bregenzerwald und das Große Walsertal stehen aber für Bergkäseproduktion höchster Güte.
In etwa 30 Sennereien und etwa 360 Melkalpen wird der Bergkäse produziert. Käse aus Alpmilch (eine Alp ist in Vorarlberg das, was im übrigen Österreich Alm genannt wird) ist geschmacklich dem aus Talmilch hergestelltem bei weitem überlegen; Alpmilch hat deutlich weniger Keime als Talmilch und ist wesentlich haltbarer. Doch die gute Alpmilch gibt es nur während der Zeit der Alpbewirtschaftung im Sommer. Neben den Sennereien produzieren auch viele Bauern Käse und vermarkten diese vermehrt ab Hof. In Vorarlberg existieren derzeit knapp 3.800 landwirtschaftliche Betriebe, von denen mehr als 400 nach Kriterien der biologischen Landwirtschaft bewirtschaftet werden.
Eines der wichtigsten Kriterien für die Herstellung von erstklassigem Käse ist selbstverständlich die Milch, weshalb es strenge Bestimmungen für die Haltung und vor allem die Fütterung der Kühe gibt; so darf z. B. keinerlei Milch aus Silage-Fütterung verwendet werden. Die Würze und Vielfalt der Alpenkräuter sind bestimmend für den wunderbar-würzigen Geschmack eines echten Alpkäses, der ausschließlich aus Rohmilch erzeugt sein sollte. Die am Abend gemolkene Milch wird in so genannten „Gäbsen" (traditionelle, handwerklich hergestellte Holzschüsseln ohne Leim und Nagel) gelagert und am nächsten Morgen mit der frischen Morgenmilch in einem Kupferkessel zu Käse verarbeitet.
Die Käseherstellung erfordert viel Fingerspitzengefühl und ist zugleich harte Arbeit; 100 kg Milch ergeben rund 8 kg gereiften Käse. Ein Laib Bergkäse wiegt im gereiften Zustand um die 30 kg (ein Laib Emmentaler sogar zwischen 70 und 110 kg). Besonders wichtig ist die Pflege der Käse in den ersten Tagen und Wochen. Was hier verabsäumt wird, kann später nicht mehr nachgeholt werden.
Die Mindestreifezeit für den Bergkäse beträgt drei Monate, mit drei bis vier Monaten Reife schmeckt er mild-würzig. Seinen charakteristischen, kräftig-würzigen Geschmack erlangt er aber erst mit zunehmender Reife. Deshalb bevorzugen die meisten Käse-Gourmets einen 9 bis 12 Monate gereiften Vorarlberger Bergkäse, für die Vorarlberger selbst darf er gerne auch noch einige Monate darüber hinaus reifen.

PRODUKTION:

1. Der Käse wird aus der Abend- und Morgenmilch gemacht. Die Abendmilch kommt kuhwarm in die Holzgäpse. Über Nacht bildet sich Rahm, der am nächsten Tag abgeschöpft wird (dieser wird zu Butter verarbeitet).

2. In der Früh kommt die Milch in den Kupferkessel und wird mit der Morgenmilch zusammen erhitzt. Bei 32 Grad kommen die Kulturen und Labfermente dazu. Man lässt sie bei 32 Grad stehen, bis sie dick wird.

3. Dann wird der dadurch entstandene Käse mit der Harve geschnitten zu erbsengroßer Körnung. Anschließend wird er gerührt (unter weiterer Erhitzung bis 50/51 Grad).

4. Vollfettkäse: Da wird Morgen- und Abendmilch (ohne den Rahm der Abendmilch abzuschöpfen) vermischt, dadurch ist er teurer (keine Butter). Nur für Profis und Liebhaber rezenter Aromen geeignet – der Geschmack steckt bekanntlich im Fett!

5. Die Reifung des Käses erfordert hohe Luftfeuchtigkeit und gleichbleibende Temperaturen (etwa 12–15 Grad). Der Käse muss dauernd gewendet und gewaschen werden. Als Faustregel gilt: je reifer desto würziger und geschmackvoller.

Vorarlberger Käsesorten

Schmelzkäse: Mit den Firmen Alma und Rupp befinden sich die zwei bekanntesten Schmelzkäse-Erzeuger Österreichs in Vorarlberg. Insbesondere der zart-cremige „Enzian-Käse" wird sehr gerne zum Kochen verwendet.

Bregenzerwälder Bergkäse: Ein Hartkäse, der nur aus Rohmilch ohne Silage-Fütterung hergestellt werden kann. Der Käse hat eine bräunliche Rinde. Der feine, geschmeidige Käseteig weist eine erbsengroße Lochung auf. Es gibt ihn in zwei Varianten:

„Mild"
Geschmack: g'schmackig-mild
Reifung: mind. 4 Monate
Haltbarkeit: 13 Wochen
F. i. T.: 45 %
Fett absolut: ca. 27 %

„Würzig"
Geschmack: würzig-kräftig
Reifung: mind. 7 Monate
Haltbarkeit: 13 Wochen
F. i. T.: 45 %
Fett absolut: ca. 30 %

Außer dem Vorarlberger Bergkäse gibt es in Vorarlberg noch eine ganze Reihe von regionaltypischen Käsesorten. Den besonderen Geschmack erhalten die Käse, weil sie ausschließlich mit Milch aus silagefreier Fütterung von allerbester Qualität erzeugt werden. Der Bregenzerwald ist übrigens die größte noch zusammenhängende Region in der EU, die silagefrei bewirtschaftet wird. Das heißt, die Milchbauern füttern ihre Kühe im Sommer mit dem frischen Gras der Alp und im Winter mit Heu von den Bergwiesen mit Wildkräutern. Nur etwa 2 Prozent der europäischen Milch ist heute noch aus silagefreier Fütterung. Und die Dorfsennereien im Bregenzerwald produzieren aus dieser qualitativ hochwertigen Milch ganz besondere Käse-Spezialitäten.

Der Bregenzerwälder Räßkäse: Ein Schnittkäse in Laibform aus Frischmilch aus silagefreier Fütterung. Sein blassgelber Teig ist weich und geschmeidig.

Geschmack: würzig-kräftig
Reifung: ca. 3 Monate
Haltbarkeit: 6 Wochen
F. i. T.: 35 %
Fett absolut: ca. 19 %

Der Bregenzerwälder Weinkäse: Ein Schnittkäse in Laibform aus Frischmilch aus silagefreier Fütterung. Das Besondere an diesem Käse ist, dass er nach traditioneller Art 30 Tage lang in österreichischem Rotwein eingelegt wird. Die Rinde ist dunkelrot und ein besonderer Leckerbissen.

Geschmack: g'schmackig-mild
Reifung: 3 Monate
Haltbarkeit: 6 Wochen
F. i. T.: 45 %
Fett absolut: ca. 23 %

Der Bregenzerwälder Sennkäse: Ein Schnittkäse in Laibform aus Frischmilch ohne Silage-Fütterung. Besondere Kräuter und die einzigartige Grasflora in 700 m Seehöhe geben dem Sennkäse seine feine Würze. Der Teig ist fest und strohgelb.

Geschmack: mild-fein
Reifung: 3 Monate
Haltbarkeit: 6 Wochen
F. i. T.: 50 %
Fett absolut: ca. 25 %

Sauerkäse: Eine besondere Landesspezialität stellt der Sauerkäse oder „Sura Käs" dar, wie er hierzulande genannt wird. Produziert wird er aus fast fettfreier Milch. Im Montafon wird er meist in Form kleiner Laibe angeboten.

Auf 1700 m Seehöhe liegt die Alpkäserei Innerkapell auf Silbertaler Gemeindegebiet; doch wer den köstlichen Sauerkäse von der Alp genießen will, muss ihn sich schon „erwandern". Um die 40 Bergbauern lassen hier ihre Kühe weiden, gekäst wird ausschließlich Sauerkäse, dazu gibt es einzigartige Alpbutter! Der „Sura Käs", wie das köstliche Milchprodukt hier genannt wird, ist ein von Natur aus fettarmes Sauermilchprodukt mit speckiger Oberfläche und topfigem Kern. Er wird aus Sauermilchtopfen, der mit Reifungssalzen und Kochsalz vermischt und dann zu Stangen geformt wird, hergestellt. Im Montafon wird er gerne wie ein Salat mit Essig, Öl, Zwiebelringen, Salz und Pfeffer angemacht serviert.

Hinweis: Neben der Firma „Bregenzerwälder" gibt es viele weitere Vermarkter von Vorarlberger Käse (Tipp: www.kaes.at). Eine besondere Delikatesse ist der so genannte Walserstolz.

Käsknöpfle und Kasnocken

Von diesem Leibgericht der Vorarlberger gibt es zwar sehr viele verschiedene Variationen, doch unter den Einheimischen gelten nur zwei als Original. Die eine Version ist eher einfach gehalten, die zweite dagegen recht raffiniert und vor allem sehr aromatisch-würzig, da drei verschiedene Käsesorten dieses bodenständige Gericht zu einer wahren Delikatesse werden lassen. Wichtig ist vor allem, dass – insbesondere bei der Rezeptur mit den drei Käsesorten – der für Vorarlberg so typische Räßkäse, ein magerer und scharf-würziger Käse, verwendet wird.

KASNOCKEN

1 kg Mehl, 5 Eier (Hausfrauen, die etwas auf ihre Spätzlekunst halten, nehmen bis zu 10 Eier), Wasser, Salz

An Käse:
je 150–200 g Bergkäse, Räßkäse und Sauerkäse (ersatzweise auch Emmentaler)

Außerdem:
750 g Zwiebeln, in Butterschmalz geröstet, nach Belieben zerlassene Butter

Mehl, Eier, Salz und Wasser zusammen glatt abschlagen, bis man einen homogenen Teig erhalten hat. Über einen großen Topf mit kochendem Salzwasser einen Knöpflehobel oder Spätzlesieb mit dem Teig befüllen und Nocken in das Wasser hobeln. Wenn diese an der Oberfläche schwimmen, werden sie abgeschöpft und in eine hölzerne Schale abwechselnd mit den verschiedenen geriebenen Käsesorten geschichtet. Als oberste Schicht kommen die in Butter angerösteten Zwiebeln darauf, nach Wunsch wird das Ganze auch noch mit zerlassener Butter übergossen. Dazu isst man Erdäpfelsalat und/oder Apfelmus.

Tipp: Wenn man die Spätzle sehr heiß und tropfnass in die Form gibt, so zieht der Käse durch das heiße Abtropfwasser besonders schöne Fäden.

FAMILIE RIETZLER VON DER ALPE JULIAN PLATTE

Käserezepte

Der Gourmet würde dem Ländle großes Unrecht antun, wenn er die Käse-Rezepturen auf Kässpätzle und Fondue begrenzen wollte. Tatsächlich gibt es neben diesen omnipräsenten Klassikern eine ganze Reihe von wunderbaren Rezepten rund um das große Thema Käse, wobei naturgemäß die regionalen Spezialitäten dominieren.

ÜBERBACKENE KÄSESPÄTZLE

Aus 600 g glattes Mehl mit 4–5 Eiern und 125–150 ml Milch einen Teig herstellen; mit Muskat, Salz und Pfeffer würzen. 125 g Bergkäse reiben und ebenfalls in den Teig rühren. Dann aus der Masse Spätzle in kochendes Salzwasser drücken, einige Minuten kochen, abschrecken und abtropfen lassen.
In einer weiten Pfanne reichlich gute Butter erhitzen, die Spätzle darin schwenken.
250 ml Sauerrahm mit 150 g geriebenem Emmentaler vermengen, 1 großen Bund gehackte Kräuter (Schnittlauch, Basilikum, Petersilie) unterheben. Die Spätzle mit dem aromatisierten Rahm vermengt in eine gebutterte Auflaufform schichten, mit geriebenem Käse bestreuen und einige Butterflocken auflegen. Im Ofen bei guter Oberhitze 20–30 Minuten goldbraun backen, mit einem grünen Salat und Gebäck auftischen.

EMMENTALERKUCHEN

Für den Mürbteig:
200 g Mehl, 100 g Butter, 1–2 Eier, Salz

Für den Belag:
200 g grob geriebenen Emmentaler,
200 g Räucherspeck oder Schinken in dünne Streifen geschnitten,
150 g Champignons dickblättrig geschnitten,
1 große Zwiebel fein hacken,
1–2 Stangen Lauch (nur das Weiße) in Ringe geschnitten,
Knoblauch nach Belieben,
1 Bund Petersilie gehackt,
1 Bund Schnittlauch in Röllchen geschnitten,
50 g Butter, 250 ml Sauerrahm,
2–3 Eier, Muskatnuss,
Salz und Pfeffer aus der Mühle

Zunächst aus Mehl, kalter zerbröselter Butter, dem Ei und etwas Salz unter Zugabe von wenig Wasser oder Wein rasch einen Mürbteig kneten, danach den Teig in Folie eingeschlagen mindestens 1 Stunde im Kühlschrank rasten lassen. Dann den Teig auswalken und den Boden einer gut gebutterten und bemehlten Springform damit belegen, aus den Teigresten einen Tortenrand formen, diesen gut mit dem Boden verbinden. Die Teigfläche mit einer Gabel mehrmals einstechen und 10 Minuten im auf 200 Grad vorgeheizten Ofen vorbacken.
Zwischenzeitlich die Füllung vorbereiten: Dafür Butter erhitzen, Zwiebeln, Lauch, Speck und Champignons darin abrösten, mit etwas zerdrücktem Knoblauch, Muskatnuss, Salz und Pfeffer würzen. Pfanne vom Herd nehmen, die gehackte Petersilie und den Schnittlauch dazugeben und alles nochmals gut durchmischen. Dann gibt man die Masse in ein Sieb und lässt das ausgetretene Wasser abtropfen. Den Sauerrahm mit den Eiern versprudeln, die ausgekühlte Speck-Gemüse-Mischung und 150 g geriebenen Emmentaler dazugeben, alles vermischen und auf den vorgebackenen Mürbteigboden verteilen. Restlichen Käse und frisch gemahlenen Pfeffer darüber streuen und den Kuchen bei 180 Grad in 30-40 Minuten fertig backen, bis die Fülle gut gestockt ist. Mit Salat auftischen.

GEBACKENER EMMENTALER

Gut gekühlten Emmentaler in etwa 1 cm dicke Scheiben schneiden, dann in Mehl, Ei und Brösel wie ein Schnitzel panieren und in heißem Butterschmalz goldbraun ausbacken. Aus dem Fett heben, kurz abtropfen lassen und im Backfett etwas Petersilie ganz kurz frittieren, herausnehmen und salzen. Gebackenen Emmentaler mit der Petersilie und einigen Zitronenschnitzen servieren.

KÄSECROÛTONS

3–4 entrindete Semmeln, 100 g geriebener Hartkäse (z. B. Bergkäse), 100 g Butter
Die Semmeln in 5 mm dünne Scheiben schneiden, halbieren und mit zerlassener Butter bepinseln. Semmelscheiben mit geriebenem Käse bestreuen und auf ein gebuttertes Backblech setzen. Bei nicht zu starker Hitze im Ofen goldgelb backen.

GRUMPERA MIT BERGKÄSE

1 1/2 kg Erdäpfel (Grumpera) schälen und in dünne Scheiben hobeln, 150 g fetten Räucherspeck in feine Streifen schneiden. Etwas Öl oder Butter in einer weiten Pfanne aus Gusseisen erhitzen, den Speck darin auslassen und 8 ungeschälte Knoblauchzehen darin anrösten. Die knusprigen Speck-Grammeln sowie die Knoblauchzehen aus der Pfanne nehmen, Speck warm halten, die Knoblauchzehen schälen und mit etwas Butter zerdrücken, salzen und beiseite stellen. Nun werden die Erdäpfelscheiben im ausgelassenen Speckfett ganz langsam gebraten, dabei leicht gesalzen. Gut 20 Minuten müssen die Erdäpfel auf kleiner Flamme dünsten, dürfen aber keine Farbe nehmen und müssen deshalb ständig gewendet werden. Zwischenzeitlich 400 g milden Bergkäse und 200 g Emmentaler klein würfeln oder sehr grob reiben. Wenn die Erdäpfel weich sind, wird der Käse über ihnen verteilt. Dann wendet man die Erdäpfel mit dem Käse ununterbrochen, bis der Käse geschmolzen ist. Zum Schluss kann man die Erdäpfel leicht zerdrücken. Wenn die Masse gut geschmolzen ist und gleichmäßig Fäden zieht, so wird das Ganze mit den Speckwürfeln bestreut in der Pfanne aufgetischt. Als Beilagen reicht man gebähte Brotscheiben, die mit der Knoblauchpaste bestrichen wurden und einen Salat nach Wahl.

WALSER KÄSEKNÖDEL

4 geschnittene altbackene Semmeln mit 125 ml Milch, einem Ei, einer guten Prise Salz, etwas Mehl und 100 g geriebenem Fettkäse vermengen. Aus der Masse kleinere Knödel formen, diese in Salzwasser garen und danach abtropfen lassen. Mit gerösteten Zwiebeln oder in Butterbrösel gewälzt servieren.

GRUMPERA MIT BERGKÄSE

VORARLBERGER BERGKÄSE-FONDUE

Viele Vorarlberger Gerichte haben Einflüsse aus dem Schwäbischen und vor allem Schweizer Raum. So ist mittlerweile auch in Vorarlberg das Käsefondue zu einem Klassiker geworden, der aufgrund der hervorragenden Käsequalität und des Sortenreichtums, sicher keinen Vergleich zu scheuen braucht.

Für 2–3 Personen:
300 g geriebener Vorarlberger Bergkäse, 200 g Räßkäse, etwa 75 ml leichten Weißwein, 1 gutes Stamperl Kirschschnaps, 1 EL Kartoffelmehl oder Maisstärke, 1 Knoblauchzehe, 1 Prise Muskatnuss, Pfeffer aus der Mühle

Außerdem:
500 g in grobe (etwa 5 x 5 cm große) Würfel geschnittenes Weißbrot

Etwa 50 ml Weißwein in einem speziellen Fonduegeschirr (vorzugsweise aus Ton oder Emaille) auf den Herd stellen, aufkochen lassen, die beiden geriebenen Käse dazugeben und unter ständigem Rühren den restlichen Weißwein mit Kirschschnaps zur kochenden Käsemasse beimengen.
Mit der Stärke abbinden, aufkochen lassen, dann sofort auf einem Spiritusbrenner servieren.

Wichtig: Mit der Fonduegabel aufgespießte Brotwürfel beim Eintauchen in die Fonduemasse immer umrühren, damit das Fondue nicht anbrennt! Dazu serviert man in Vorarlberg bevorzugt Essiggurken, Perlzwiebel, Pfefferroni und kleine Maiskölbchen.

SCHLOSS-KAFFEE

Schokolade

Im 17. Jahrhundert kam die Kakaobohne aus Südamerika nach Spanien, wo die Schokolade schon sehr bald zum alltäglichen Getränk wurde. Allmählich gelangte sie dann über Frankreich, die Niederlande und Deutschland auch an den Habsburger Hof. Bereits im 18. Jahrhundert wurde die Schokolade das Leibgetränk der reichen und vornehmen Damen, wenngleich es sich bei ihr anfangs – wie übrigens Tee und Kaffee auch – um ein sehr teures Luxusgetränk gehalten hat. Schokolade wurde bevorzugt mit Milch, Obers oder Wasser (so war sie auch zur Fastenzeit erlaubt) genossen; oder als Medizin gegen z. B. Nervenleiden (mit Orangenblüten) als Beruhigungsmittel (mit Mandelmilch) oder auch mit Salep als Heilmittel gegen Magenbeschwerden verschrieben. Um den anfangs doch recht bitteren Geschmack zu verbessern, wurde die Schokolade mit allerlei exotischen Gewürzen aromatisiert, so kamen außer Zucker auch Vanille, Nelken, Orangenwasser, Ambra, Pfeffer, Anis oder auch Madeira in die Schokolade.
Trotz ihrer Exklusivität erfreute sich die Schokolade im 18. und 19. Jahrhundert auch in den österreichischen Privathaushalten großer Beliebtheit. Hier wurde sie zumeist heiß mit Wasser, Milch oder sogar Wein gekocht. Besonders beliebt war schaumig aufgeschlagene Schokolade oder auch eine mit Eidottern eingedickte Schokolademasse. Im 19. Jahrhundert begann die Schokolade dann auch ihren Siegeszug in der Süßspeisenküche, schnell reichte das Repertoire von Schokolade-Mus, über den Schokolade-Auflauf, die Schokolade-Bombe, -Brot, -Biskuit, -Creme, -Eis, -Krapferl, -Palatschinken und natürlich die allerorts beliebten Schokoladetorten. Glanzstücke der österreichischen Mehlspeisküche sind sicherlich die einzigartige Sachertorte (siehe S. 299) und die Vielfalt an zart schmelzendem Konfekt, Pralinen und Schokoladebonbons.
Bis zur industriellen Herstellung von Schokolade, deren bekanntester Vertreter wohl die in Vorarlberg ansässige Firma Suchard mit ihrer Milka ist, wurde die Schokolade im 19. Jahrhundert nur aus nicht entölten Kakaobohnen gewonnen. Um 1890 gab es in Wien etwa ein Dutzend Schokoladefabriken. Eine von den alteingesessenen Betrieben ist die Firma Manner, mit ihren berühmten „Neapolitaner-Schnitten" (siehe S. 328). Eine besondere Leckerei wurde im Hause Demel zubereitet, denn hier servierte man in Schokolade getunkte echte Kakaobohnen, welche per Hand selektiert wurden (siehe S. 301).

Fenkart-Schokolade

Das Hause Fenkart kann auf eine lange Schokoladentradition zurückblicken. Schon in der Nachkriegszeit wurden im Schlosskaffee in Hohenems edle Pralinen und Süßspeisen hergestellt. Seit die dritte Generation mit Gunther Fenkart 2002 in den Betrieb eingestiegen ist, hat man sich auf die Produktion handgearbeiteter Edelschokoladen spezialisiert.
Das Sortiment bietet neben klassischen Milch und Bitterschokoladen einen Streifzug durch die Genussregion Vorarlbergs. Hinter „Wälderschokolade" verbirgt sich Sig, ein Karamell, das aus Molke hergestellt wird und in früheren Zeiten als die Schokolade des Bregenzerwaldes galt. Der Subirer, ein Edelbrand aus einer alten Vorarlberger Birnensorte, oder der Fraxner Kirsch, Aushängeschild der gleichnamigen Gemeinde oberhalb des Rheintales werden in Handarbeit zu einzigartigen Spezialitäten verarbeitet. Neben den Sorten Blaufränkisch/Zweigelt und Chardonnay-Süßwein fertigt der Chocolatier Fenkart für Winzer Sondereditionen aus deren eigenem Wein. In Kleinstserien von zum Teil nur 100 Stück entstehen auf diese Weise einzigartige Spezialitäten, die ihresgleichen lange suchen werden.

SCHOKOLADESTRUDEL MIT WEISSEM SCHOKOLADESCHAUM

Für den Strudelteig:
170 g Mehl, 15 g Öl,
100 g Wasser,
Prise Salz

Für die Füllung:
6 Eigelb,
50 g Zucker,
6 Eiweiß,
50 g Zucker,
150 g Schokoladeraspeln,
140 g geriebene Mandeln,
20 g Mehl

Für den Schokoladeschaum:
600 g Obers,
200 g geriebene weiße Schokolade

Aus den Zutaten für den Teig einen Strudelteig bereiten und diesen im Kühlschrank 2 Stunden rasten lassen.
Die Eigelbe mit dem Zucker schaumig schlagen, Eiweiß mit Zucker zu Schnee schlagen und mit der geriebenen Schokolade, den Mandeln und dem Mehl vermengen.
Füllung vorsichtig auf den ausgezogenen Strudelteig aufstreichen, und zu einem Strudel einrollen. Den Strudel mit zerlassener Butter bestreichen und etwa 30 Minuten bei mittlerer Hitze backen. Nach dem Backen noch einmal mit Butter bestreichen.
Für den Schokoladenschaum die Sahne aufkochen und die gehackte Schokolade hineinrühren. Schaum über Nacht kalt stellen und am nächsten Tag sämig aufschlagen.

TRINKSCHOKOLADE VON FENKART

SCHLOSS HOHENEMS

DAS KRONE-TEAM

Gasthof Krone in Hittisau

Schon von außen ist dem ehrwürdigen Gasthof anzusehen, dass es sich bei ihm um ein Haus mit langer Tradition handelt. Einst sollte hier ein Gericht seinen Sitz erhalten. Doch die Justiz entschloss sich, nicht nach Hittisau zu kommen. Und daher wurde das Gebäude gleich nach Bauende im Jahre 1840 in einen Gasthof mit Landwirtschaft umgewandelt. Allerdings wurde das Erdgeschoss von Zöllnern als Amtsstube genutzt, weshalb die eigentliche Gastwirtschaft bis heute im ersten Stock untergebracht ist.
Hell sind die Räumlichkeiten, und ohne viel überflüssige Dekoration ist man sehr darauf bedacht, dass der Charakter des Gebäudes unterstrichen wird. Typische Bregenzerwälder Schränke zieren die Räumlichkeiten, gestärkte weiße Tischdecken und Leinenvorhänge vermitteln eine freundliche Atmosphäre, während die edlen Thonet-Sessel dem Ganzen einen verspielten Touch von Eleganz verleihen. Die Familien Natter und Nussbaumer führen die traditionsreiche Gaststätte ganz im Sinne ihrer Vorfahren. Genauso gradlinig und gut-bürgerlich wie das Ambiente ist dann auch die Küche, deren ausgeprägtestes Merkmal die einfach ehrlichen Gerichte sind. Vor allem auf Basis heimischer Produkte, werden hier klassisch geschmackvolle Gasthaus-Gerichte angeboten, denen es dennoch nicht an Raffinesse fehlt.
Selbstredend, dass die Krone einer der Mitgliedsbetriebe der „Vorarlberger Käsestrasse“ ist. Daher spielen natürlich auch Milch- und Käseprodukte eine wesentliche Rolle. An dieser Stelle sei auch der interessante Hinweis vermerkt, dass der Ort Hittisau über die meisten Almen Österreichs verfügt. Und die Herkunft der meisten verwendeten Produkte wird hier stolz auf der Speisekarte bekannt gegeben.
Der Tradition dieser Region Folge leistend, wird im Gasthof Krone auch noch die alte Sitte des „Zerreisers“, wie der Digestif hier genannt wird, gepflegt – natürlich mit heimischen Edelbränden. Offenbar ist das Motto des Hauses das Einzige, was nicht aus dem Ländle stammt; denn dieses kommt aus der Feder des polnischen Satiriker Stanislaw Jerzy Lec: „Geh mit der Zeit, aber komm von Zeit zu Zeit zurück!“

GESCHMORTE HÄXLE VOM KRUMBACHER LAMM MIT SALBEIPOLENTA UND JUNGEM GEMÜSE

Für die Lammhäxle:
4 Lammhäxle,
Salz, Pfeffer aus der Mühle,
2 Rosmarinzweige,
2 Thymianzweige,
3 Knoblauchzehen,
1 Karotte, 1 Zwiebel,
ein kleines Stück Stangensellerie,
250 ml Lamm-Jus,
4 EL Olivenöl,
4 EL Butter

Für die Salbeipolenta:
150 g Polentagrieß, 500 ml Milch,
500 ml Rindsuppe,
75 ml Sahne, 1 EL Butter,
Meersalz, Muskatnuss,
fein geschnittene Salbeiblätter nach Geschmack,
etwas frisch geriebenen Parmesan

Die Lammhäxle rundum gut salzen und pfeffern. Olivenöl und Butter erhitzen und die Häxle gleichmäßig auf allen Seiten anbraten; gute Farbe geben! Das Wurzelgemüse kleinwürfelig schneiden, zusammen mit Knoblauch, Thymian und Rosmarin dazugeben. Alles im vorgeheizten Backrohr bei 220 Grad etwa 1 1/2 Stunden braten und dabei mehrmals mit dem eigenen Saft übergießen. Häxle herausstechen und das Wurzelgemüse mit dem Lamm-Jus aufgießen, nochmals aufköcheln lassen, dann abseihen und abschmecken.
Für die Polenta wird die Milch mit Rindsuppe und Sahne aufgekocht, dann mit Meersalz und Muskat gewürzt. Den Polenatgrieß einrieseln lassen und etwa 20 Minuten unter ständigem Rühren leise köcheln. Kurz vor dem Servieren den geriebenen Parmesan und fein geschnittenen Salbei untermengen.
Auf vorgewärmten Tellern mittig die Polenta setzen, je ein Lammhäxle darauf anrichten und mit der Sauce umkränzt servieren.

HEIDELBEERSCHMARREN

Pro Person:
2 gehäufte EL glattes Mehl,
1 Prise Salz,
1/2 TL Vanillezucker,
etwa 125 ml Milch,
3 Eier, 1 EL Butter,
2 EL frische Heidelbeeren,
1 EL geriebene Haselnüsse,
1 EL Zimtzucker, Staubzucker zum Bestreuen

Mehl, Salz, Vanillezucker mit der Milch zu einem geschmeidigen Teig glatt rühren, die Eier locker darunter ziehen. Masse in eine Pfanne mit heißer Butter gießen. Die Heidelbeeren, die geriebenen Haselnüsse sowie den Zimtzucker darüber streuen, danach einen Deckel darauf geben. Wenn die untere Seite leicht braun ist, wird der Schmarren umgedreht und auf der zweiten Seite angebräunt. Fertigen Schmarren vorsichtig mit zwei Gabeln zerreisen und mit Staubzucker bestreut servieren.

GESCHMORTE HÄXLE MIT SALBEIPOLENTA UND GEMÜSE

HEIDELBEERSCHMARREN

Riebel, Stopfer und Pfannengerichte

Aus den volkstümlichen, meist auf der Alm gebräuchlichen Rezepten der verschiedenen Muse, Koche und Sterze haben sich im Laufe der küchentechnischen Entwicklung vor allem in der bürgerlichen Küche zahlreiche Speisen entwickelt, die zum Teil dem bekannten Schmarren sehr ähnlich sind. Allerdings ist der in Wien sehr geläufige Begriff „Schmarren“ in Vorarlberg wenig verbreitet, wenn überhaupt nur in den Städten. Dem Schmarren ähnliche Gerichte heißen hier „Tosche“, „Pflutter“, in der beliebten, alemannischen Verkleinerungsform auch „Pflütterle“ und zuweilen ist auch die im süddeutschen Raum gebräuchliche Bezeichnung „Kratzete“ geläufig. Insbesondere von den Kratzete gibt es sehr viele Varianten, die nach der jeweils aromatisierenden Zutat benannt werden: Hoadel-Kratzete (mit Heidelbeeren), Kriese-Kratzete (mit Kirschen) oder auch Apfelkratzete.
Gerade in der bäuerlichen Küche machte man lange Zeit Gebrauch von den Pfannengerichten auf offenem Feuer. Insbesondere mit Riebel ist eines jener Pfannengerichte erhalten, das sich unmittelbar aus dem Kessel (Brei) entwickelt hat. Noch heute ist dieses Gericht in Vorarlberg recht weit verbreitet und nimmt eine Zwischenstufe von Kessel- und Pfannengerichten ein. Zu dieser Nationalspeise der Vorarlberger, die auch noch heute von vielen Hausfrauen zubereitet wird, nimmt man grobkörniges Hafer-, Mais- oder Weizenmehl, das mit Wasser zu einem Teig abgerührt und schließlich wie ein Schmarren gebacken wird. Zum Stopfer wird der Riebel dann, wenn man ihn zu Stücken zerbröckelt in ein Häferl (Topf) mit Milch „stopft“ - die durch die Flüssigkeit getränkte Speise wird dann nicht selten wieder zu einem Mus; vor allem Kinder haben daran ihre wahre Freude!
Das Zubereiten von Riebel ist in manchen Regionen Vorarlbergs eine echte Wissenschaft und die Meister ihres Faches treten regelmäßig zu Meisterschaften an. Was schließlich den Riebel aromatisiert ist reine Geschmacksache, die einen bevorzugen – ähnlich wie beim Schmarren – süße Varianten mit z. B. Beeren, andere eher pikante mit z. B. Erdäpfel oder Käse. Keine Diskussion gibt es allerdings bei der Tatsache, dass reichlich Fett verwendet werden soll, so heißt es in einem alten Sprichwort: „Wenn man am Schmalz spart, dann weht der Wind den Riedel zum Fenster raus!“

BIRNENKRATZETE

Aus 8 EL Mehl, 4 Eiern, 250 ml Milch und Salz einen nicht zu dicken Teig bereiten, in diesen Stücke von geschälten und entkernten Birnen einmischen. Gut 75 g Butter in einer weiten Omelettpfanne erhitzen, den Teig hinein gießen und unter „Lüften“ und Einstechen mit einer Backschaufel gelblich backen; das Flüssige sollte dabei immer nach unten rinnen. Wenn sich nichts Flüssiges mehr zeigt, so wird das Ganze in Stücke gebrochen und unter Zugabe von etwas Butter und Zucker schön goldgelb fertig gebraten. Mit Staubzucker bestreut auf Tellern angerichtet servieren.

ERDÄPFELRIEBEL

500 g gekochte und geschälte Erdäpfel werden gerissen mit etwas Mehl vermengt, dann gesalzen und nach Geschmack gewürzt in reichlich heißes Schmalz gegeben.
Wenn die Unterseite schön angebraten ist, wenden, anbacken lassen und in Stücke zerteilen.
Wie einen Schmarren servieren; dazu passen gebratene Würste.

KÄSEPFLUTTER

Maisgrieß mit leicht gesalzenem Wasser zu einem dicken Brei kochen, in eine gebutterte Auflaufform werden lagenweise abwechselnd Maisbrei, geriebener Räßkäse, Maisbrei, geriebener Bergkäse und schließlich wieder Maisbrei eingeschichtet. Das Ganze wird mit schwarzem Pfeffer bestreut und mit reichlich zerlassener Butter übergossen im Ofen goldbraun gebacken.

EIERTOSCHE

8 EL Mehl, 6–8 Eidotter, etwas Milch und Salz verrühren, den steif geschlagenen Eischnee unterheben und das Ganze in eine weite Omelettpfanne mit reichlich heißer Butter gießen. Wie einen Kuchen im Backrohr backen, wenn die Unterseite schön goldgelb gebacken ist, die Tosche in Stücke zerteilen und unter Zugabe von Zucker und Butter fertig backen. Mit Staubzucker bestreut servieren, dazu reicht man ein Birnen- oder Apfelmus.

TRADITIONELLER RIEBEL MIT BIRNENKOMPOTT

Hinweis: Neben den rechts beschriebenen Teigvarianten, gibt es weiters auch solche, bei denen eingeweichtes altbackenes Brot verarbeitet wird.

HAFELOAB TEIGVARIANTEN

1. Aus 250 g Maisgrieß, 250 g Weizenmehl und etwas Salz unter Zugabe von kochender Fleischbrühe den Teig zubereiten.

2. Je 200 g Maismehl, Weizenmehl und Semmelbrösel mit Salz und Fleischbrühe verkneten.

3. 250 g Vollkornmehl, 250 g Weizenmehl, Prise Salz, 2–3 EL Butter, 1 Ei und Wasser oder Rindsuppe zu einem nicht zu festen Teig verarbeiten.

4. 1 Tasse weißer Maisgrieß mit 1 Tasse Weizengrieß vermischen und mit heißem Wasser nicht zu feucht abbrühren, salzen und quellen lassen. Schließlich mit 1 Tasse Weizenmehl und 1–2 eingeweichten und gut ausgedrückten Semmeln zu einem homogenen Teig verkneten.

HAFELOAB ZUTATEN

Der Hafeloab

Dieses traditionelle Gericht ist vor allem in den Vorarlberger Bezirken Schwarzach, Wolfurt, Bildstein, Buch und Dornbirn sowohl als Fastengericht, wie auch als Beilage und Fleischgericht bekannt. Sein Name leitet sich aber weder vom Hafer (auch wenn dieses Getreide gerne für ihn verwendet wurde) noch vom Hafen ab; vielmehr stammt sein Wortteil „Hafe" vom verwendeten Häfen, also dem Kochtopf her, und das „loab" von Laib, weil das Gericht in Form eines länglichen Weckens aufgetischt wird. Wie bei vielen bodenständigen Gerichten gibt es auch für den Hafeloab zahlreiche Rezeptvariationen, jeder Koch und jede Hausfrau schwören darauf, dass das jeweils ihrige das einzig Wahre sei. Eigentlich handelt es sich beim Hafeloab um einen länglich geformten Knödel, heute meist aus Weizen- oder Maismehl (früher auch aus Hafermehl), der mit einer Füllung (zur Fastenzeit auch ohne Füllung) in Salzwasser oder Gerstensuppe gekocht wird. Man kann diesen „Knödel" auch wie Serviettenknödel aufgeschnitten als Beilage oder Suppeneinlage servieren.

EINTOPF MIT HAFELOAB

Einen Teig für Hafeloab zu länglichen Wecken von 5–6 cm Durchmesser formen, diese in einer Gerstensuppe (siehe S. 29) mit einem guten Stück Räucherspeck und Geselchtem nach Belieben eine Stunde mehr ziehen als kochen lassen (verwendet man Teigvariante 4 reichen 30 Minuten). Den fertigen Hafeloab in dicke Scheiben schneiden, dann zusammen mit der Suppe in tiefen Tellern anrichten und das ebenfalls in Scheiben oder Stücke geschnittene Fleisch oben drauf anrichten und mit weich gekochtem Dörrobst ausgarnieren (dieses kann natürlich auch mitgekocht werden).

HAFELOAB ALS BEILAGE ODER FASTENSPEISE

Der in Salzwasser gegarte Hafeloab wird in Scheiben geschnitten in reichlich Butter und angerösteten Zwiebeln abgeschmalzt. Dazu reicht man Rübenkraut oder Sauerkraut (siehe S. 70 und S. 134).

HAFELOAB MIT SEELE

Selchfleisch in einer Gerstensuppe verkochen, dann herausnehmen, gut abtropfen lassen und in Stücke zerschneiden.
Diese Stücke mit einen Teig für Hafeloab umhüllen, und in der Gerstensuppe noch etwa eine knappe Stunde leicht sieden lassen.
Dazu isst man Rübenkraut oder Sauerkraut.
Hinweis: *Man kann den Hafeloab auch mit Stücken von geräucherter Putenbrust, Haschee, Grammeln u. v. m. füllen.*

HAFELOAB MIT SEELE

WINZER NACHBAUR

Vorarlberger Wein

Das Bundesland Vorarlberg gehört, wie Tirol, Salzburg, Oberösterreich und Kärnten auch zur Weinbauregion Bergland, welche insgesamt nur 0,04 Prozent der Gesamtmenge an österreichischen Weinen produziert. Mit nur 21 Hektar Rebfläche und nur 34 Weinbau-Betrieben ist dies auch die bei weitem kleinste der vier österreichischen Weinbau-Regionen (die anderen drei sind Wien, Weinland (mit Niederösterreich und Burgenland) sowie Steirerland). Der Name soll auf den gebirgigen Charakter der betreffenden Gebiete deuten, welche im Süden und Westen Österreichs gelegen sind. Der Weinbau ist auf Grund der geringen Mengen zwar relativ unbedeutend, doch werden hier nicht nur durchaus beachtenswerte Tropfen gekeltert, sondern man kann auch auf eine sehr lange Weinbau-Geschichte verweisen. Insbesondere in Vorarlberg und hier vor allem im kleinen Ort Röthis hat der Wein in der Tat eine uralte Tradition. Bereits im Jahre 842 wurde die Ortschaft als Weinbaugemeinde erstmals urkundlich erwähnt!

Neben dem Rhein, welcher hier in Vorarlberg die westlichste Grenze Österreichs bildet, ist es das Bodensee-Klima, welches den Weinbau begünstigt. Im Sommer herrschen hier geradezu mediterrane Verhältnisse, was für das Gedeihen von Kulturpflanzen von besonderem Stellenwert ist. Als Lebensader prägt der Rhein die Region, die er hier durchquert: das Vorarlberger Rheintal. Es erstreckt sich von Feldkirch bis Bregenz und zählt zu den dichtest besiedelten Gebieten Österreichs. Umgeben von den Abhängen des Bregenzerwaldes, des Walgaus und des schweizerischen Appenzell, öffnet sich das Tal nach Norden hin zum Bodensee. Hier mündet der Rhein in ein breites Delta.

Am Bodensee, in Bregenz und entlang des gesamten Rheintals wächst Wein. Die Familie Möth, ursprünglich aus Niederösterreich stammend, betreibt in Bregenz 6 Hektar Weinbau sowie einen Heurigen, wo auch regelmäßig Weinfeste stattfinden, deren Ziel es ist, dem Vorarlberger Wein wieder zu Ansehen und Geltung zu verhelfen. Doch während die meisten Vorarlberger Winzer entweder Hobbyweinbauern oder Autodidakten sind, keltert die Familie Nachbaur in Röthis auf ihren knapp 4 Hektar Weinbergen wirklich beachtenswerte Tropfen.

Franz Nachbaur ist von den Vorarlberger Winzern der wichtigste und auch der einzige, der Weinbau im Vollerwerb tätigt. Das Weinmachen hat er hauptsächlich vom Vater übernommen und gelernt, weitere Erkenntnisse über den Weinbau brachten diverse Praktika im Pfälzer Wachenheim und in Klosterneuburg.

Das Wichtigste aber ist die Kenntnis um die ökologischen Gegebenheiten und die Natur, die Franz Nachbaur ganz besonders liebt und daher seine Weingärten bewusst ökologisch bewirtschaftet. Er lässt die Rebzeilen zwischen den Stöcken grün, schneidet das Gras um die Stöcke noch wie die alten Weinhauer per Hand und mulcht. Auf Herbizide und Insektizide verzichtet er. Sein großes Kapital ist weiter die günstige Lage seiner Weingärten. Häufig Föhn, nur selten Nebel und fast stets ein sanftes Lüftchen, welches die Pflanzen umschmeichelt und dadurch trocken hält.

Besonders gefällig sind seine Chardonnay und Weißburgunder, die sich einerseits durch eine interessante Frucht mit deutlichen Zitrusaromen auszeichnen, andererseits über eine beachtliche Kraft verfügen. Sehr klassisch und ein sehr angenehmer Sortenvertreter ist zudem der sauber vinifizierte Pinot noir, der hier erfreulicherweise nicht im Barrique-Fass „erschlagen" wird, sondern klar, transparent und einfach schön in die Flasche kommt. Weine von Franz Nachbaur sind somit nicht nur beachtenswert, sondern auch noch Weine, bei denen Spaß und Trinkgenuss im Vordergrund stehen!

ALMHÜTTE

Heißgeliebte Suppen

Sowohl sprachlich (mit seinem eigenen Dialekt) als auch kulinarisch nimmt Vorarlberg, geprägt durch seine alemannische Kultur eine Sonderstellung in Österreich ein. Die traditionell gewachsenen Ess- und Trinkkulturen des Bundeslandes sind hierbei vor allem durch die bäuerliche Küche beeinflusst. Und wie im gesamten alemannischen Raum liebt man in Vorarlberg Suppen, besondere Suppenliebhaber werden mit der Titulierung „Suppenschwob" geehrt. Von diesen „Suppenschwoben" gibt es in Vorarlberg nicht wenige, doch sollte an dieser Stelle erwähnt werden, dass die Vorarlberger eine bestimmte Vorliebe für ganz besondere Suppen haben, wie sich an folgenden Sprüchen feststellen lässt: „Wegen aner dicke Suppo ist noch kan Knecht fortgango" und „Das is a dicke Suppe, dass der Löffel steako blibt". Daher waren die meistgeschätzten Suppen derartige Varianten wie z. B. die Käsesuppe, Gerstensuppe, Einbrennsuppe oder auch Milchsuppe. Noch heute bekommt der müde Wanderer in entlegenen Berggebieten von vielen gastfreundlichen Bergbauern eine kräftige Käsesuppe oder Milchsuppe zur Stärkung vorgesetzt (hierfür wird ein dünner Mehlteig in kochende Milch gerührt – dabei ist darauf zu achten, dass sich keine Klümpchen bilden – und die Suppe nach Geschmack gewürzt), dazu gibt es Riebele als Einlage und Schwarzbrot.

BODENSEE FISCHSUPPE

750–800 g entgrätete gemischte Filets von Bodenseefischen ohne Haut (z. B. Hecht, Zander, Lachsforelle), 750 ml Fischfond,
200 ml trockener Weißwein, einige Safranfäden,
6–8 Kirschtomaten, 3 Scheiben Weißbrot, Butter,
Salz und Pfeffer, gehackter Kerbel

Die Fischfilets sorgfältig mit einer Küchenpinzette entgräteten und in mundgerechte Stücke teilen. In einem Topf den Fischfond gemeinsam mit dem Weißwein und einigen Safranfäden aufkochen lassen. Die Fischstücke einlegen, Hitze sofort reduzieren und maximal 8 Minuten knapp unter dem Siedepunkt ziehen lassen. Währenddessen werden die Kirschtomaten kurz mit siedendem Wasser überbrüht, dann gehäutet. Die geschälten Tomaten 3 Minuten vor Ende der Garzeit zur Suppe geben.
In einer kleinen Pfanne das würfelig geschnittene Weißbrot in etwas Butter knusprig rösten. Fertige Fischsuppe mit Salz und Pfeffer abschmecken, vorsichtig in vorgewärmte Suppentassen füllen, Croûtons und frisch gehackten Kerbel darüber streuen; sofort servieren.

KÄSEFLÄDLE-SUPPE

Einen gewöhnlichen Frittaten- oder salzigen Palatschinkenteig zubereiten, diesen kräftig mit Muskat, Salz und Pfeffer würzen. Dann werden einige Schnittlauchröllchen und reichlich geriebener Bergkäse unter den Teig gehoben. Wie Palatschinken in Butter ausbacken, diese auskühlen lassen, zusammenrollen und zu Flädle (Frittaten) schneiden; als Einlage in kräftiger Rindsuppe verwenden.

BRENNSUPPE

100–125 g Butter oder Schmalz, 6 EL Mehl,
etwa 1 1/2 Liter Wasser, Muskatnuss, Kümmel, Salz

Das Mehl (Weizen-, Mais- oder Hafermehl) in einer Pfanne mit Butter nicht zu dunkel rösten, dann mit Wasser langsam aufgießen und alles verrühren, so dass keine Klümpchen entstehen. Suppe mit Muskatnuss, etwas Kümmel und recht viel Salz würzen; kurz aufkochen lassen.
Zur Brennsuppe werden gekochte, geschälte Erdäpfel, Schwarzbrot und so vorhanden noch etwas Butter gereicht.

BERGKÄSESUPPE

500 ml Rinderbrühe,
100 ml trockener Weißwein,
100 ml Obers,
100 ml Crème fraîche,
100 g geriebener Parmesan,
100 g geriebener Bergkäse,
Muskat, Salz und Pfeffer,
Knoblauch-Croûtons

Die Brühe mit Wein, Obers und Crème fraîche kurz köcheln lassen, dann die Käse in der Suppe auflösen, mit Salz, Pfeffer und Muskat würzen. Vor dem Servieren noch etwas geschlagenes Obers unterheben. Mit in Butter und Knoblauch gebackenen Croûtons angerichtet servieren.

GERÖSTETE BROTSUPPE

6 Scheiben Brot,
1 große Zwiebel,
gehackte Petersilie,
2–3 EL Mehl,
50 g Butter oder Schmalz,
etwa 1 Liter Wasser,
3 Eier

Altbackenes Schwarzbrot in dünne Scheiben schneiden, mit gehackter Zwiebel und klein geschnittener Petersilie und ein wenig Mehl in heißem Fett anrösten. Danach alles mit Wasser aufgießen, leicht salzen und so lange kochen, bis die Brotscheiben verkocht sind.
3 frische Eier einrühren und die Suppen mit Gewürzen nach Wahl abschmecken. Man kann Grammeln und/oder in Räder geschnittene Würstchen als Einlage dazugeben.

BODENSEEFISCHSUPPE

KRIESESUPPE ODER KIRSCHENSUPPE

500 g Kirschen,
1 Liter Rotwein,
150 g Zucker,
1 Hand voll geriebener Zwieback oder Milchbrot,
Zimt und Zucker

Die Kirschen entsteinen und mit etwa 250 ml Wasser sowie Zucker und Zimt nach Geschmack weich kochen. Die Kirschsteine in einem Mörser zerkleinern, mit Wein, etwas Wasser, Zucker und Brösel eine halbe Stunde kochen. Dann die weichen Kirschen mit der Brühe in eine Suppenschüssel geben und die von den Steinen gewonnene Soße durch ein Sieb darüber gießen.
Wenn die Suppe warm serviert wird, wird ein Stückchen Butter mit den Kirschen mitgekocht. Soll eine Kaltschale gereicht werden, wird die Suppe mit Biskuit aufgetischt.

WALSER KÄSESUPPE

4 Stück Schmelzkäse,
250 ml Obers, 2 Eidotter,
1 1/2-2 Liter Rindsuppe,
gehackter Schnittlauch,
Pfeffer

Die Rindsuppe erhitzen, dann den in Stücke geschnittenen Schmelzkäse hinein geben und einige Minuten ziehen lassen; die Suppe mit dem Schneebesen kräftig durchschlagen. Das Obers mit den Dottern verquirlen; Suppe vom Herd nehmen und damit binden, aber nicht mehr kochen lassen. Pfeffern und mit reichlich Schnittlauch bestreut servieren.

LUSTENAUER MOSTSUPPE

40 g Butter in einer Kasserolle zerlassen, 125 g in feine Streifen geschnittenes Gemüse (Karotte, Sellerie, Zwiebel) darin anschwitzen und mit 750 ml herbem Most sowie 250–300 ml kräftiger Rindsuppe aufgießen. Lorbeer hinzugeben und die Suppe weiterkochen lassen, bis das Gemüse weich ist, dann mit Mehlbutter bis zur gewünschten Konsistenz binden. Suppe mit geschlagener Sahne verfeinern und mit Salz, Pfeffer und Muskatnuss abschmecken. Mostsuppe mit geröstetem Speck, Weißbrotcroûtons und gehacktem Schnittlauch bestreut servieren.

RIEBELESUPPE

3 EL Mehl, 1 Ei, 1 Liter Suppe,
2 große Zwiebeln in Ringe geschnitten,
Schmalz oder Butter, Salz

Mehl und Ei zu einem dicken, festen Teig rühren; diesen etwas trocknen lassen. Den Teig reibt man auf dem Reibeisen zu „Riebele", die in heißer Suppe aufgekocht werden. Die abgeschmeckte Suppe in Tellern anrichten, mit in Fett goldbraun abgeschmalzten Zwiebeln und einigen Schnittlauchröllchen bestreut servieren.

LINSENSUPPE MIT SPECK UND NACKERTE NOCKERLN

Geräucherten Bauchspeck grob würfeln, in etwas Butter anschwitzen. Eine große gehackte Zwiebel, eine gehackte Karotte, etwas klein gewürfelte Petersilienwurzel und Sellerieknolle sowie einen Esslöffel fein geschnittenen Lauch dazugeben und ebenfalls anrösten. Mit wenig Mehl stauben, dann mit gut 250 ml kräftiger Rindsuppe aufgießen und verkochen lassen. Die eingeweichten Linsen (250–300 g Trockengewicht) in den Topf geben, bis zur gewünschten Konsistenz garen; währenddessen so viel Rindsuppe nachgeben, dass man zwar eine Suppe erhält, diese aber schön dick ist; Suppe würzen und mit Essig säuern. Mit frisch gehackten Kräutern bestreut servieren, abgeschmälzte „Nackerte Nockerl" (siehe S. 31) als Beilage reichen.

GERSTENSUPPE

1 Tasse Bohnen, 2 Tassen Gerste,
2 Tassen klein gewürfeltes Gemüse (Erdäpfel, Sellerie, Karotten, Lauch),
1 Stück Selchfleisch,
Muskat, Bohnenkraut, Majoran,
Wasser oder Rindsuppe,
gehackte Petersilie, Schnittlauchröllchen,
Salz und Pfeffer aus der Mühle

Die Bohnen am Vortag einweichen. Am Tag der Zubereitung die Bohnen zusammen mit der Gerste, dem Fleisch und Gewürzen nach Geschmack im Einweichwasser fast weich kochen. Das gewürfelte Gemüse und die Kräuter dazugeben, Suppe nochmals abschmecken und fertig kochen. Die Suppe wird ziemlich dick gehalten und ist mehr eine Hauptspeise als eine Suppe. Mit einem Stück Schwarzbrot oder einem frischen „Päarle" ist dies eine kräftige, sättigende Suppe, die besonders an kalten Tagen mundet.

LINSENSUPPE MIT SPECK UND NOCKERLN

GERTSENSUPPE

KNÖPFLEHOBEL

Spätzle und Nockerln

Kaum ein Rezept ist derart mit dem Begriff „Heimat" verbunden, wie die im Alemannischen so beliebten Spätzle; und gerade im von Alemannen besiedelten Vorarlberg haben diese eine lange Tradition, ähnlich wie z. B. im Badischen.

Spätzle richtig zubereiten ist eine echte Kunst, die nicht mehr von Vielen beherrscht wird. Dieses küchentechnische Bekenntnis zur Heimat wird traditionell von Generation zu Generation weiter gegeben, jeweils von den Müttern an die Töchter und natürlich auch an kochbegeisterte Söhne! Nicht-Vorarlbergern sei gesagt, dass ihre Nockerln nicht identisch sind mit den Spätzle des alemannischen Raumes. Gemeinsam ist beiden eigentlich nur das Mehl – und da gibt es auch schon die ersten Unterschiede, denn echtes Spätzlemehl sollte gröber gemahlen sein, wodurch die Spätzle einfach feiner und schmackhafter werden. Gemeinsam dürfte beiden auch sein, dass sie ursprünglich aus einer Kombination von Mehl mit Wasser – heute nimmt man meist Milch – hergestellt wurden. Das war es dann auch schon mit den Gemeinsamkeiten, denn ab jetzt scheiden sich die Geister, ja sogar innerhalb des alemannischen Raumes ist man sich z. B. bei der Menge der Eier, die verwendet werden soll, nicht einig. Während die einen der Ansicht sind, dass man für Knöpfle mit einem Ei auf 500 g Mehl auskomme, so sind andere der Meinung, dass es schon 2–3 Eier zu sein haben und wieder andere geben gar auf je 100 g Mehl ein Ei! Grundsätzlich kann man sagen, dass für Spätzle schon 4–5 Eier auf 500 g Mehl genommen werden sollten, für Knöpfle reichen auch weniger.

In der Küche wird allerdings streng zwischen Spätzle und Knöpfle unterschieden: während es sich bei den Knöpfle um kleine, ausgestochene oder durch ein Sieb gepresste Teigtropfen handelt, die kleinen Nockerln ähnlich sind, so haben Spätzle die Form von unregelmäßig geformten Streifen.

Echte Hausmacherspätzle werden vollendet mit einem nassen Messerrücken aus dottergelbem Teig per Hand (!) in siedendes Salzwasser geschabt. Der zähe Teig zieht beim „Ablaufen" vom Messerrücken Fäden, so dass die typische Form dieser Teigware entsteht – das ist die Kunst, von der eingangs die Rede war! Und wenn die perfekt zubereiteten Spätzle aus ihrem heißen Bade wieder an die Oberfläche aufgestiegen sind, werden sie abgeschöpft und abgetropft oder in heißer Butter geschmälzt.

Auch wenn die Moderne vielerlei Hilfsmittel und Geräte entwickelt hat, um das Spätzlemachen zu vereinfachen und zu erleichtern, so darf an dieser Stelle mit Fug und Recht darauf hingewiesen werden, dass deren Verwendung von jedem Koch und von jeder Hausfrau, die etwas auf sich hält, aus tiefster Überzeugung abgelehnt wird. Denn für den Kenner sind bis heute „echte Spätzle" nur solche, die tatsächlich mit viel Liebe zubereitet wurden – und das geht nun einmal ausschließlich per Hand! Und derart „liebevoll" zubereitete Spätzle schmecken nicht nur einzigartig, sondern einzig und allein diese sind dann auch im Stande, das Anfangs erwähnte Heimatgefühl zu vermitteln.

SPÄTZLE

Aus 500 g Mehl, 4–5 Eiern, Wasser oder Milch nach Bedarf sowie etwas Salz einen recht festen Spätzleteig herstellen und so lange schlagen, bis der Teig glatt ist. Den Teig portionsweise auf ein benetztes Spätzlebrett streichen und mit einem Messerrücken oder Spätzleschaber feine Spätzle in siedendes Salzwasser schaben (Teig und Schaber müssen dabei immer wieder mit heißem Wasser aus dem Kochtopf angefeuchtet werden). Wenn die Spätzle an der Oberfläche schwimmen, werden sie abgeschöpft und mit kaltem Wasser abgeschreckt. Gut abgetropft in heißer Butter schwenken, man kann nach Belieben in Butter geröstete Semmelbrösel, geröstete Zwiebeln oder auch etwas geriebenen Hartkäse dazugeben. Diese Spätzle serviert man als Beilage zu Braten, Wild, zu Leber und Blutwurst oder auch zu Linsen mit Würstchen!

ZIEGER-NOCKEN

Aus 500 g süßem Zieger, Mehl nach Bedarf und Salz unter Zugabe von etwas Wasser einen festen Teig kneten, nussgroße Kugeln daraus formen und in heißem Butterschmalz zugedeckt braun backen; während des Garens immer wieder mit Wasser bespritzen. Diese Nockerln werden mit Salat aufgetischt.

SPINATKNÖPFLE

Aus 400 g Mehl, 2 Eiern, 250 g rohem, faschiertem Spinat, Muskatnuss und Salz einen Teig herstellen, diesen vom Brett schaben oder durch den so genannten „Spätzleschwob" in leicht kochendes Wasser drücken. Wenn sie an der Oberfläche schwimmen, abschöpfen und in zerlassener Butter oder Butterschmalz schwenken; nach Belieben können diese Spätzle mit Butterbrösel, Reibkäse, geschmälzten Zwiebeln oder ausgelassenen Speckwürfeln bestreut verfeinert werden.

FRISCHE ALMBUTTER

BEIM ABSCHMÄLZEN VON „NACKERTEN NOCKERLN" DARF NICHT MIT FRISCHER ALMBUTTER GESPART WERDEN

SAURE RAHMSPÄTZLE

Aus 2 Eiern, 2 EL Sauerrahm, 150 g Mehl sowie etwas Salz einen glatten Nockerlteig abschlagen. In einer Kasserolle etwa 2 cm hoch Wasser einfüllen, gut 2 EL Schmalz dazugeben und aufkochen lassen. Den Teig hineingeben und zugedeckt dünsten, bis er braun wird. Aus der Masse kleine, viereckige Stücke stechen und auf Tellern anrichten.

WASSERSPATZEN

Aus 300 g Mehl, einer Prise Salz und einem mit nicht ganz 200 ml Wasser (daher der Name) versprudeltem Ei einen weichen Teig herstellen. Diesen auf einen glatten Holzteller geben und mit einem Messer kleine, längliche Nockerln in siedendes Salzwasser schneiden, gar kochen und servieren. Wasserspatzen werden im Original nicht in Fett geschwenkt, sondern mit frischen Beeren (meist Heidelbeeren) gegessen.

NACKERTE NOCKERLN

Aus 300 g Mehl, 75 g zerlassener Butter, 2 Eiern, etwa 125 ml Milch und etwas Salz einen nicht zu festen Teig herstellen, den man noch etwas durcharbeitet. Mit einem Löffel Nockerln ausstechen, diese in Salzwasser garen und anschließend abseihen. Die Nockerln in reichlich zerlassener Butter schwenken und nochmals salzen, nach Wunsch auch mit gehackten Kräutern, Muskat oder Pfeffer würzen. Mit Salat auftischen oder als Beilage zu einem Ragout verwenden.

ZI(E)GER-NUDELN

Aus 200 g Mehl, 2 Eiern, Zieger nach Belieben, und etwas Milch einen eher festen Nudelteig kneten. Aus dem Teig Nudeln formen, diese in heißem Schmalz schwimmend ausbacken.

SCHWARZE WASSERSPATZEN

300 g gesalzenes Roggenmehl in eine Schüssel geben und mit 250 ml kochender Milch übergießen (früher nahm man Wasser dazu) und gut zu einem weichen Teig abschlagen. Mit einem in heißes Wasser getauchten Löffel kleine Nockerln ausstechen und diese in kochendem Wasser garen. Fertige Nockerl abseihen, abschrecken, abtropfen lassen. Zwei bis drei Zwiebeln in reichlich Fett rösten, die abgetropften Nockerln dazugeben und alles zusammen gut durchrösten, bis die Nockerln eine schöne Kruste bekommen haben (dabei darauf achten, dass die Zwiebeln nicht zu dunkel werden).

HOLZKNECHTNOCKERLN

50 g zerlassene Butter wird über 250 g gesalzenen Grieß in eine Schüssel gegossen und nach Wunsch werden gehackte Kräuter (z. B. Petersilie, Kerbel, Schnittlauch) dazugegeben. Danach wird unter Rühren so viel kochendes Wasser hinzugefügt, dass man einen weichen Nockerlteig erhält. Diesen eine Stunde rasten lassen, damit der Grieß aufquillt. Aus der Masse Nockerln stechen und diese in Salzwasser kochen, abseihen, abschrecken und in heißem Fett oder ausgelassenen Speckwürfeln rösten.

BUTTERNOCKERLN

100 Mehl, 60–70 g Butter,
2 Eier, 2 EL Milch,
1 in etwas Milch eingeweichte Semmel,
Salz

Die Eier trennen, Eiweiß zu steifem Schnee schlagen. Butter flaumig abtreiben, Dotter und die gut ausgedrückte sowie passierte Semmel unterheben, salzen. Mehl untermischen und die Masse mit Eischnee auflockern. Mit einem kleinen Löffel Nocken aus dem Teig stechen, diese etwa 10 Minuten in Salzwasser kochen. Butternockerln können in Butterschmalz abgeschmälzt oder als Suppeneinlage verwendet werden.

S(A)URE SPÄTZLE

Eine große gehackte Zwiebel in 50 g heißer Butter braun rösten, mit 30 g Mehl stauben und dieses ebenfalls durchrösten, danach mit etwas Fleischsuppe ablöschen und alles gut verkochen lassen. 2 Esslöffel sauren Rahm hinzufügen und mit einem Schuss Essig würzen; Sauce mit 1 Lorbeerblatt und 2–3 Gewürznelken aromatisieren. Wenn die Sauce schön sämig ist, wird sie über 500 g separat zubereitete Spätzle oder Knöpfle gegossen und alles nochmals zusammen aufgekocht; abgeschmeckt mit Salat serviert.

SAURE SPÄTZLE

Traditionelle Vorarlberger Rezepte

GEFÜLLTE MISTKRATZERLE

4 Mistkratzerle (Stubenküken) waschen, trocken tupfen und innen wie außen gut mit Salz und Pfeffer würzen. Die Herzen und Lebern der Vögel sowie 300 g geputzte Eierschwammerl klein schneiden; zuerst die Innereien, dann auch die Pilze in recht viel Butter dünsten. 2–3 EL gehackte Petersilie unter das Gemisch rühren, abschmecken und vom Feuer nehmen. 4 altbackene Semmeln klein schneiden, in eine Schüssel füllen und mit der Pilzmischung samt Bratbutter, 4 EL Sauerrahm, einem guten Schuss Obers oder Milch, 2 Eiern, Muskatnuss, Salz und Pfeffer zu einer recht flaumigen Füllung vermengen; diese kurz rasten lassen. Die Stubenküken damit füllen und mit Küchengarn binden.
Vögel in eine gut gefettete Form setzen, und im vorgeheizten Backrohr bei 200–220 Grad zunächst etwas Farbe nehmen lassen, dann bei 160 Grad knapp eine Stunde fertig garen. Während des Bratens immer wieder etwas Geflügelbrühe angießen. Die fertig gebratenen Vögel aus dem Ofen nehmen und zugedeckt warm rasten lassen.
Währenddessen den Bratfond entfetten und mit einem guten Schuss Branntwein und etwas Geflügelbrühe aufgießen; nach Wunsch mit z. B. etwas Sauerrahm binden. Die Mistkratzerle auf einer warmen Platte angerichtet servieren, Sauce extra dazu reichen.

OFENBRATEN

Frisches Schweinefleisch in heißem Speck anbraten, danach in einer Pfanne mit Fett, etwas Wasser, reichlich Knoblauch sowie Salz im Backofen garen.
In Scheiben geschnittene Erdäpfel dazugeben und zwar zeitlich so, dass Fleisch und Erdäpfel zur gleichen Zeit gar werden. Durch das „hochbrennende" Feuer bilden sich sowohl beim Fleisch, als auch bei den Erdäpfeln schöne Krusten. Dazu isst man in der Regel verschiedene Beilagen wie grünen Salat, Bohnensalat oder Sauerkraut.

KRANZELE

500 g frischen, ungekräuselten „Kranz" (Gekröse, Bauchfellfalte) in einer leeren, heißen Pfanne rühren, bis das schleimige Wasser verdunstet ist und sich der „Kranz" kräuselt. Dann das Gekröse waschen, weich kochen und schließlich nudelig schneiden.
In einer schweren Pfanne reichlich Zwiebel auf Fett rösten, den nudelig geschnittenen „Kranz" dazugeben und ebenfalls rösten. Mit Kümmel, Salz und Pfeffer würzen. Das Gekröse wird mit Walser Rösti serviert.

SAURE KUTTELN

75 g Mehl in 75 g heißem Fett gelb rösten, eine große fein geschnittene Zwiebel darauf anrösten, bis alles gebräunt ist. Mit einem guten Spritzer Essig und etwas Wasser zu einer nicht zu dicken Sauce verkochen. Sauce mit Zitronensaft, abgeriebener Zitronenschale, Lorbeerblättern, Kümmel, Salz und Pfeffer würzen.
750 g nudelig geschnittene, vorgekochte Kutteln dazugeben und das Ganze etwa 30 Minuten kochen. Nochmals pikant-säuerlich abschmecken und heiß servieren.

MONTAFONER HIRSCHRÜCKEN

Einen Hirschrücken mit Salz und Pfeffer gut einreiben und mit Speckstreifen spicken, danach unter Fettzugabe im Rohr etwa 2 1/2–3 Stunden langsam braten, dabei immer wieder mit Bratensaft begießen. Der fertig gebratene Hirschrücken wird mit gerösteten Eierschwammerln, Spätzle und Preiselbeeren angerichtet serviert.

SAURES GESTELL

Ein Kalbsgestell (bestehend aus etwa 1 kg Herz und Beuschel) mindestens 1 Stunde in Salzwasser kochen, dann herausnehmen, auskühlen lassen und feinnudelig schneiden. In 2–3 EL Schmalz etwa 2 EL Mehl rösten, den „Mehlbrand" mit Essig und Fleischbrühe vergießen, so dass man eine sämige Sauce erhält. Die Sauce wird mit Lorbeerblättern, Salz und Pfeffer gewürzt und das „Gestell" darin fertig weich gekocht.

WÄLDER BERGKÄSESALAT

Für vier Portionen wird etwa ein Kilo vom würzigen Bergkäse in dünne Streifen geschnitten und in eine Schüssel gefüllt. Zwei schöne weiße Zwiebeln in dünne Ringe schneiden, zum Käse geben. Um den feinen Käsegeschmack nicht zu zerstören, wird ausschließlich mit Pfeffer und Salz (vorzugsweise Meersalz) gewürzt und das Ganze mit Mostessig und feinstem Pflanzenöl mariniert. Mit gehacktem Schnittlauch bestreut servieren. Dazu passen Gurkerln, Tomatenviertel und Radieschen.

BERGKÄSESALAT

WALSERSTOLZ-BERGKÄSE

WALSER RÖSTI

1 kg leicht mehlig-kochende Erdäpfel am Vortag samt Schale kochen. Am Tag der Zubereitung die Erdäpfel schälen und grob reiben oder vierteilen und in Scheibchen schneiden. Erdäpfel gut salzen und mit (separat vorgerösteten) Speckwürfeln (Menge nach Belieben) vermengen. Eine Pfanne ohne Fett heiß werden lassen, 1 großen EL Butterschmalz hineingeben und dieses auch am Pfannenrand gut verteilen. Die Erdäpfel in der Pfanne, verteilen, etwas andrücken. Auf kleinem Feuer die erste Seite etwa 10 Minuten braten.
Nun die Erdäpfel zu einem kompakten Fladen zusammendrücken und am Pfannenrand entlang einen weiteren Esslöffel Butterschmalz dazugeben. Den Fladen mit einem Teller bedeckt etwa weitere 10 Minuten auf kleinem Feuer braten, bis die erste Seite nunmehr eine goldgelbe Kruste hat.
Rösti wenden, indem man sie auf den Teller, der als Deckel diente, stürzt und vom Teller wieder in die Pfanne gleiten lässt. Wiederum einen guten Esslöffel Butterfett zum Rösti geben und auch die zweite Seite 10 Minuten lang braten. Die fertige Rösti auf dem als Deckel dienenden Teller servieren.

DAS BESTE VOM BESTEN

520 g Butter in 520 g Mehl fein hineinschneiden, in eine Mulde 6 Dotter geben und alles gut verrühren. Vanillezucker, 12 EL Zucker und fein abgeriebene Zitronenschale hinzufügen und rasch abarbeiten. Teig kurz kühl stellen, danach auf einer bemehlten Arbeitsfläche dick auswalken, runde, kleine Formen ausstechen, auf ein mit Backpapier ausgelegtes Blech legen und im Rohr sehr hell backen. Je zwei Kekse mit glattgerührter Erdbeermarmelade zusammensetzen.

RÖTHNER WEIN-OMELETTE MIT FALMBIERTEN BEEREN

Für das Omelette 4 Dotter mit 150 g Staubzucker und etwas fruchtigem Weißwein schaumig schlagen; 4 Eiweiße zu steifem Schnee schlagen und vorsichtig unter die Dotter-Masse heben. 75 g Mehl mit 75 g Stärkemehl vermischen und sorgsam untermischen.
Den Teig in einen Spritzbeutel füllen und gleichmäßige Omeletten auf ein mit Backpapier ausgelegtes Blech spritzen. Biskuit-Teig bei etwa 180 Grad in 8–10 Minuten lichtgelb backen; Teigböden noch warm wie Omelettes zusammenklappen.
Für die Weincreme werden 2 Dotter und ein ganzes Ei zusammen mit 250 ml Wein und Staubzucker nach Geschmack über Wasserdampf schaumig geschlagen, dann 3–4 (in kaltem Wasser eingeweichte und gut ausgedrückte) Gelatineblätter eingerührt und das Ganze über Eis kalt geschlagen. Kurz bevor die Masse zu stocken beginnt mit geschlagener Sahne verfeinern.
Kristallzucker in Butter karamellisieren, gemischte Trauben dazugeben, mit hochprozentigem Grappa ablöschen und flambieren. Danach ein Glas Weißwein hinzufügen und die Sauce nach Belieben mit etwas Stärke binden.
Biskuit-Omeletten großzügig mit der Weincreme füllen und zusammen mit den flambierten Beeren angerichtet servieren.

SCHOKOGUETSLE

3 Eier, 3 EL Semmelbrösel,
2–4 cl Rum, 5 EL Zucker,
100 g Mandeln, 100 g geriebene Schokolade

Die Eier trennen und die Semmelbrösel mit Rum tränken; Eiklar steif schlagen. Den Schnee mit Zucker, Mandeln, Schokolade, getränkten Semmelbröseln sowie den verschlagenen Eidottern zu einer recht kompakten Masse verrühren. Ein Backblech mit Backpapier auslegen, mit zwei Kaffeelöffeln kleine Häufchen darauf setzen und im vorgeheizten Backrohr bei 160 Grad backen; überkühlen lassen und in kleine Papiermanschetten geben.

GEFÜLLTE FLÄDLE

Für die Flädle:
100 g Mehl, 200 ml Milch, 2 Eier, etwas Öl, Salz, Butter zum Ausbacken

Außerdem:
300 ml sehr guter Rotwein, Zimt, Zucker,
150 g geriebener Lebkuchen, 3 EL geriebene Nüsse,
3 EL geriebene Schokolade, Staubzucker

Für die Flädle zunächst einen eher dünnflüssigen Teig aus Mehl, Milch, Eiern, einer Prise Salz und bei Bedarf etwas Öl zubereiten, diesen wie Palatschinken in Butter portionsweise ausbacken und warm stellen.
In einer Kasserolle den Rotwein mit Zimt und Zucker nach Geschmack aufkochen lassen, dann die Hitze reduzieren, den fein geriebenen Lebkuchen und die Nüsse untermengen, zu einem dicklichen Brei einkochen. Masse vom Herd nehmen, die Schokolade einarbeiten, die Palatschinken dick damit bestreichen und zusammenrollen. Aus den Palatschinken Schnecken schneiden, diese in feuerfeste Portionsformen aus Keramik setzen und mit reichlich Staubzucker bestreuen. Kurz bei starker Oberhitze karamellisieren, sofort servieren.

MONTAFONER HIRSCHRÜCKEN

CHRISTIAN GÖLLES

Gasthof Post in Lech

Der berühmte „Gasthof Post" ist mit nur 39 Zimmern das kleinste 5-Sterne-Hotel im auf 1450 m Seehöhe gelegenen Walserdorf Lech, welches vor allem unter ambitionierten Skifahrern, aber auch bei Gourmets zu den ersten Adressen Österreichs zählt. Das traditionsreiche Familienhotel gehört seit 1976 zum elitären Kreis der renommierten „Relais & Châteaux" Hotels und zählt mittlerweile weltweit zu den beliebtesten Ferien-Adressen.
Am Arlberg Urlaub machen, heißt die Ruhe und Geborgenheit genießen, sich von der beeindruckenden Bergkulisse verzaubern zu lassen, die familiäre Gastlichkeit der freundlichen Menschen erleben, sich rundum verwöhnen lassen – schlicht und einfach Mensch sein!
Bereits um 1650 befand sich am Platze des heutigen „Gasthof Post" das erste urkundlich erwähnte Gebäude. Ursprünglich von Walsern besiedelt, erhielt Lech durch den Bau der Arlbergstraße 1825 und vor allem durch den Bau der Flexenstraße nach Lech (1895–1900) eine Anbindung an das Klostertal und somit einen wirtschaftlichen Aufschwung. Am 31. Mai 1871 wurde im heutigen Haus „Post" die erste kaiserlich-königliche Postexpedition errichtet.
Am 24. April 1937 kauften Erich und Maria Moosbrugger den „Gasthof Post" samt Landwirtschaft und dazu gehörender Gemischtwarenhandlung. Der Gasthof hatte 20 Fremdenbetten mit fließendem Wasser, eine fast 300jährige alte Bauernstube, zwei weitere kleine Stüberl, einen Stall für acht Kühe und zwei Pferde, Schweine, Schafe und Hühner. Die Pferde waren notwendig für den Transport im Winter, welcher nur mit Schlitten von der Bahnstation Langen nach Lech aufrecht zu halten war.
Mit viel Spürsinn für das Wesentliche wurde der Gasthof immer wieder erweitert und umgebaut. Im Jahre 1964 ging die Leitung in die zweite Generation über. Franz und Kristl Moosbrugger führten das Haus ganz im Stil der Eltern. Im Jahre 1972 wurde ein Großteil des Gebäudes restauriert, um Tradition mit moderner Technik verbinden zu können.
Seit 1999 führen Florian und Sandra Moosbrugger den „Gasthof Post" und legen sehr viel Wert auf Herzlichkeit und persönliche Betreuung der Gäste. Die „Post" gilt heute wie früher als Schmuckkästchen, das jedoch vor allem durch die Gäste aus aller Welt eine unvergleichliche Atmosphäre erlangen konnte. Und in der Küche dieses Schmuckkästchens werkt der Küchenchef Christian Gölles, der sich zur Aufgabe gemacht hat, die klassische österreichische Küche auf höchstem Niveau zu modernisieren und mit seinen persönlichen Akzenten zu verfeinern. Neben dem eigentlichen Handwerk sind es vor allem die erstklassigen Produkte, welche die Küche von Christian Gölles auszeichnen: Das Fleisch stammt ausnahmslos von Vorarlberger und Tiroler Züchtern, die Süßwasserfische aus den umliegenden Gewässern, und dass Wildbret nur aus heimischen Revieren verarbeitet wird, versteht sich von selbst. Die kreative Veredelung all dieser hochwertigen Produkte, ohne dabei die österreichischen Wurzeln zu vergessen, ist das Herausragende an Christian Gölles Rezepten, welche einerseits überraschen und andererseits durch ihren Wohlgeschmack viel Freude bereiten!

SULZ VOM LECHER-STEINBOCK-SCHINKEN UND GÄNSELEBER MIT APFEL UND KREN

Für die Gänseleberterrine:
500 g Gänsestopfleber, 4 g Salz,
2 g Pökelsalz, 2 g Zucker,
10 g Portwein weiß, 10 g Noilly Prat,
5 g Weinbrand,
Pfeffer, geriebene Muskatnuss

Für die Sulz:
Gänseleberparfait, 250 g Steinbockschinken,
750 ml kräftiger Wildfond, 7 Blatt Gelatine, Salz,
Pfeffer, 100 g blanchiertes Wurzelgemüse
(Karotten, Sellerie, gelbe Rüben)

STEINBOCKSCHINKEN-SULZ

Für das Apfelmus:
3 Äpfel,
125 ml Calvados
(oder ein anderer guter Apfelbrand),
4 cl Sherry,
4 cl weißer Portwein,
Saft einer Zitrone,
4 EL Zucker,
2 Schalotten,
1 Knoblauchzehe,
2 EL Olivenöl,
1 Zweig frischer Majoran,
Salz, Pfeffer aus der Mühle,
1 Prise Cayennepfeffer,
ein paar Tropfen Apfelessig,
frischer Kren – je nach gewünschter Schärfe

Für die Terrine wird die Gänseleber enthäutet, aufgebrochen und sämtliche Adern entfernt. Dann die Leberteile mit den oben angeführten Zutaten würzen und 24 Stunden licht- und luftgeschützt marinieren.
Terrinenform doppelt mit Frischhaltefolie auslegen, die Gänseleber fest eindrücken und vakuumieren (oder mit Frischhaltefolie gut einwickeln), danach beschwert im Wasserbad bei 45 Grad etwa 70 Minuten pochieren.
Fertige Terrine auf Eis stellen und mindestens 24 Stunden auf Eis im Kühlschrank durchkühlen lassen!
Wildbrühe mit Gelatine versetzen und kräftig abschmecken. Eine Terrinenform mit Frischhaltefolie auslegen, den Steinbockschinken in Scheiben schneiden und durch das Wildaspik ziehen. Die vorbereitete Terrinenform damit auslegen. Restlichen Wildschinken in kleine Würfel schneiden, mit vorgegarten Karotten-, gelbe Rüben- und Selleriewürfeln vermischen sowie mit etwas Aspik vermengen. Fertige Gänseleberterrine in Scheiben schneiden, Schinken und Gänseleber abwechselnd (je zwei Schichten) und gleichmäßig in die Form schichten; zwischen den einzelnen Schritten (Schichten) das Gelee immer wieder im Kühlschrank stocken lassen. Dann die Terrine kalt stellen.
Äpfel schälen und mit dem Perlenausstecher einige Apfelperlen ausstechen, diese mit etwas Calvados und Zitronensaft marinieren, für die Garnitur beiseite legen.
Nach dem Ausstechen die restlichen Äpfel in Stücke schneiden (Kerngehäuse entfernen), Apfelwürfel zusammen mit gehackten Schalotten und Knoblauch in Olivenöl andünsten. Alles mit weißem Portwein ablöschen, ein Zweiglein Majoran dazugeben und einkochen lassen. Die weiche Masse mixen (Majoran vorher herausnehmen) und durch ein feines Sieb streichen. Mit etwas Salz, Pfeffer, Cayenne, Kren und Apfelessig pikant abschmecken.
Mit dem Püree am Teller einen Kreis ziehen, eine Scheibe von der Sulz in die Mitte setzen und mit frisch gerissenem Kren, den Apfelperlen sowie einigen marinierten Friseesalatblättern ausgarnieren.

WILDHASENRÜCKEN MIT DÖRRPFLAUMEN-PORTWEIN-JUS, TOPFENKROKETTEN UND KOHLSPROSSEN

2 Wildhasenrücken mit Knochen,
1 Rosmarinzweig,
2 Wacholderbeeren,
1 EL Olivenöl, 1 EL Butter

Für den Dörrpflaumen-Portwein-Jus:
8 Dörrpflaumen, 125 ml Rotwein,
250 ml roter Portwein, 2 EL Zucker,
3 Wacholderbeeren, 125 ml Wild-Jus,
1 Rosmarinzweig, Salz und Pfeffer

Für die Kohlsprossen:
250 g Kohlsprossen,
2 Schalotten, 1 Knoblauchzehe,
4 Scheiben Frühstücksspeck,
1 EL Butter, Cayennepfeffer,
Muskatnuss, Salz und Pfeffer

Für die Topfenkroketten:
250 g mehlige Erdäpfel (vorgekocht),
125 g Topfen (gut abgetropft),
Rosmarin, Wacholder, 2 Eidotter, Salz,
geriebene Muskatnuss, Mehl, Ei,
Brösel zum Panieren, 25 g flüssige Butter,
Öl zum Herausbacken,
1 EL Butter zum Nachbraten

Wildhasenrücken vom Knochen lösen und zuputzen, mit Salz und Pfeffer würzen. In einer Pfanne Olivenöl erhitzen, die Hasenrücken mit Butter und den Gewürzen etwa 6 Minuten braten; aus der Pfanne nehmen und zugedeckt an einem warmen Ort rasten lassen.
Für die Sauce den Zucker karamellisieren, mit Rotwein und Portwein ablöschen. Dörrpflaumen und Wacholderbeeren hinzugeben und alles langsam einkochen (die Dörrpflaumen nach einiger Zeit wieder herausnehmen, da sie nicht verkochen sollen). Den Fond einkochen, bis er gut einreduziert ist, dann durch ein Sieb über die beiseite gelegten Dörrpflaumen gießen und ziehen lassen. Überkühlte Dörrpflaumen in Würfel schneiden, wieder mit der Marinade und zusätzlich etwas Wild-Jus mischen und alles nochmals kurz aufkochen.
Kohlsprossen putzen und in einzelne Blätter teilen, diese zusammen mit Schalotten, Speckwürfeln und Knoblauch langsam in Butter rösten (bis sie weich sind); gut abschmecken.
Gekochte, gut ausgedämpfte Erdäpfel noch heiß passieren, danach mit Butter, Dottern, Topfen, Salz und Muskat vermischen. Masse mit dem Dressiersack (ohne Tülle) in feinen Streifen auf ein mit Backpapier ausgelegtes Blech aufspritzen, in etwa 4 cm lange Kroketten schneiden und diese einzeln einfrieren.
Kroketten mit Mehl, Ei und Bröseln panieren (bei Bedarf zweimal), dann in Fett schwimmend herausbacken, abtropfen lassen. Vor dem Servieren die vorgebackenen Kroketten in frischer Butter unter Zugabe von etwas Wacholder und Rosmarin nachbraten.

Anrichten: Kohlsprossen in einem Streifen aneinandergelegt anrichten, den längs aufgeschnittenen Wildhasenrücken darauflegen, mit dem Dörrplaumen-Portwein-Jus umgießen. Eine Krokette schräg anschneiden und aufstellen, die restlichen Kroketten extra dazu reichen.

RINDSFILET MIT ZWIEBEL-MAJORAN-JUS, GRÜNEN BOHNEN UND SÜSSERDÄPFELPÜREE

Für das Rindsfilet:
640 g zugeputztes Rindsfilet,
Olivenöl, 2 Zweige Rosmarin,
Salz, Pfeffer aus der Mühle,
1 EL Butter, 4 Wacholderbeeren,
4 Scheiben Frühstücksspeck

Für den Zwiebel-Majoran-Jus:
6 große Zwiebeln, 3 Knoblauchzehen,
Salz, Pfeffer, Tabasco,
2 EL Butter, 1 Bund Majoran,
250 ml Rotwein, 500 ml Kalbs-Jus

Für die grünen Bohnen:
500 g grüne Bohnen (Fisolen),
1 EL Petersilie gehackt, Bohnenkraut,
Salz, Pfeffer, Cayennepfeffer,
4 Scheiben Frühstücksspeck,
2 Knoblauchzehen, 2 Schalotten, 1 EL Butter

Für das Süßerdäpfelpüree:
2–4 Süßerdäpfel (je nach Größe),
grobes Meersalz, Kümmel,
Salz, Pfeffer, Muskat, Cayennepfeffer,
Fruchtessig, 1 EL braune Butter

Rindsfilet würzen und im Ganzen in einer heißen Pfanne mit Olivenöl auf allen Seiten anbraten, den Rosmarin und Wacholder zugeben, mit der Pfanne ins Rohr schieben. Die Butter dazugeben und alles etwa 15 Minuten im Rohr garen. Fleisch aus der Pfanne nehmen und an einem warmen Platz mit Alufolie abgedeckt etwa 10 Minuten rasten lassen. Den Frühstücksspeck (nicht zu dünne Scheiben) knusprig braten, auf Küchenpapier gut abtropfen lassen.
Für den Zwiebel-Majoran-Jus die Zwiebel in feine Streifen (julienne) schneiden, zusammen mit den angedrückten Knoblauchzehen in frischer Butter langsam schmoren und dabei Farbe nehmen lassen. Den Majoran hinzugeben, mit etwas Rotwein ablöschen, diesen einreduzieren, dann erneut mit etwas Rotwein ablöschen und wieder reduzieren. Schließlich mit Kalbs-Jus auffüllen und durchkochen. Fertigen Jus mit Salz, Pfeffer und etwas Tabasco abschmecken.
Grüne Bohnen in reichlich Salzwasser bissfest kochen, in Eiswasser abschrecken. Kurz vor dem Servieren mit Schalotten, Knoblauch und Speckwürfel anschwitzen; mit Salz, Pfeffer, Bohnenkraut und Petersilie würzen.
Süßerdäpfel mit etwas Kümmel und Meersalz in Alufolie wickeln und im Ofen garen. Die weichen Süßerdäpfel auskratzen, das Fruchtfleisch cuttern und mit Salz, Pfeffer, Muskat, Cayennepfeffer, einem Tropfen Fruchtessig und brauner Butter abschmecken.
Rindsfilet aufschneiden und auf die Speckbohnen setzen – Püree in Nocken anrichten – knusprigen Speckstreifen und einen Majoranzweig ins Püree stecken – Filet mit dem Jus (samt Einlage) umgießen.

WILDHASENRÜCKEN

Tirol

„Auf der Alm, da gibt's koa Sünd'!" wird des öfteren gerne bei sommerlichen Ausflügen auf die wunderschönen Tiroler Almen gesungen, doch – zumindest im Winter – werden Sünden (leider immer noch) tausendfach begangen: Was da auf den Bergen Tirols an systemgastronomischen Grausamkeiten unter dem Motto „der Hunger treibt's schon rein und gutes Geld bringt's auch" angeboten – und eigenartiger Weise von manchen tatsächlich reingestopft wird – hat nichts, aber auch wirklich überhaupt nichts mit Genuss zu tun; eher schon mit Vergewaltigung der Geschmacksnerven! Und auch z. B. das Argument, dass die Schulden drücken, Kredite zurückbezahlt werden müssen oder Ähnliches darf man nicht einfach so als Begründung für mangelnde heimische Küche hinnehmen, sonst wird sich in kulinarischer Hinsicht nichts ändern.
Tirol hat weitestgehend auf den Urlaub gesetzt und leider erst in den letzten Jahren auf den Qualitätsurlaub. Vor allem in den 70er und 80er Jahren vorigen Jahrhunderts wurde die traditionelle Tiroler Küche nahezu umgebracht. Gekocht wurde nicht, Convenience waren das Zauberwort, welches möglichst viel Gewinn bringen sollte. Und so wurde auf billigen Massentourismus gesetzt, die traumhafte Landschaft und Schönheit der Natur in weiten Bereichen durch Lifte beeinträchtigt und nicht zuletzt die heimische Küche mit ihren Spezialitäten vernachlässigt.
Aber es gibt neue Hoffnung, denn mittlerweile haben viele Tiroler eingesehen, dass man nur mit guter Qualität, mehr Komfort, weniger Rummel, mehr Natur und einer gehobenen Dienstleistung langfristig Erfolg haben wird und sich gleichzeitig sein Paradies bewahren kann. Denn ins Paradies kommen dann vor allem die Genussmenschen, welche zwar sehr anspruchsvoll sein mögen, dafür aber auch den einen oder anderen Euro mehr im Land lassen.

Tirol hat nämlich, wie die wenigsten Touristen wohl jemals erfahren werden, eine lange kulinarische Tradition vorzuweisen, die auf zwei wichtigen Standbeinen basiert: Das eine ist die klassische höfische Küche, welche in Tirol vor allem von einer gewissen Philippine Welser (1527–1580) initiiert worden ist und das andere die urige Bauernküche, welche von den Müttern und Großmüttern entwickelt wurde. Philippine Welser war im Übrigen keine Adelige, sondern eine Bürgerstochter, welche durch die geheime Heirat mit Erzherzog Ferdinand II. an den Habsburger Hof kam. Sie war nicht nur ausgesprochen schön, wie alte Gemälde beweisen, sondern konnte auch ganz ausgezeichnet kochen. Diese Kochkünste trugen dazu bei, dass es damals bei den Adelsgeschlechtern ganz Europas als besondere Ehre galt, am Hof von Innsbruck zu Gast sein zu dürfen, wo das Paar eine opulente Hofhaltung pflegte. Und das Schöne für uns Genussmenschen von heute ist die Tatsache, dass Philippine Welser ihre Rezepte freigiebig weitergegeben hatte und so die nationale wie internationale Küche maßgeblich beeinflusste. Für Österreichs Küche war sie insofern wichtig, als sie auch das erste österreichische Kochbuch verfasste, eine handschriftliche Rezeptsammlung, welche heute in der Nationalbibliothek aufbewahrt wird. International gesehen hat sie sicherlich dazu beigetragen, dass Gerichte „à la tyrolienne" bald auch an vielen europäischen Fürstenhöfen als „dernier cri" gegolten haben und Speisen wie etwa die weltberühmte Tiroler Leber oder die Sauce tyrolienne sogar im Standardwerk der Kochkunst von Auguste Escoffier zu finden sind.
Bei näherem Betrachten der Tiroler Küche fällt aber sehr schnell auf, dass das wichtigere Standbein sicherlich das der bäuerlichen Küche war und ist. Auch wenn diese ursprüngliche Küche in den 70er und 80er Jahren vorigen Jahrhunderts vom Aussterben bedroht war, konnte sie doch in den 90er Jahren vor dem sicheren Tode gerettet werden. In der Folge waren ein radikales Umdenken, welches wegführte vom unsäglichen Massentourismus mit seinen fatalen Folgen, und nicht zuletzt das immer noch vorhandene Heimat- und Traditionsbewusstsein der Tiroler ausschlaggebend dafür, dass Gerichte wie Plenten, Schwarzplenten, Triggelen, Graukäse oder Schlutzer wieder auf den Speisekarten zu finden sind.
Und auch die wichtigste Mahlzeit der Tiroler, nämlich die Marenten oder Marende – die Jause – hat wieder ihren fixen Platz. Und hier wird nicht etwa (wie schon geschehen) billiger Industriespeck verzehrt, sondern man genießt die herausragende Qualität, welche wieder produziert wird. Molkereien, Fleischer, Bäcker oder Schnapsbrenner ziehen da an einem kulinarischen Strang und setzen auf Top-Qualität, welche aus den herausragenden Produkten heimischer Landwirtschaft entsteht.

Die neu gewonnene Freude an traditionellen Spezialitäten und alten Rezepturen hat in Tirol dazu geführt, dass man sich nahezu allerorts der bodenständigen Grundprodukte besann: Tuxer Ochsen, Tannheimer und Innervillgratener Berglämmer, Achensee-Saiblinge, traditioneller Nordtiroler und Osttiroler Speck, Kaminwurzen aus Pians, hausgemachte Marmeladen, Konfekte aller Art, Prügeltorten, Emmentaler aus Hatzenstädt, Heumilchkäse, Stanzer Zwetschken und alle Arten von Beeren geben nur ein kleines Zeugnis davon ab, über welchen Reichtum das Land verfügt. Ja, es gibt in der Nähe von Innsbruck (Thauer) sogar einen Weingarten, wenngleich die Tiroler, wie allgemein bekannt sein dürfte, natürlich viel lieber Gerstensaft trinken.
Und überall gibt es Schnaps, in geradezu unzähligen Varianten: Enzian, Wacholder, Krautinger (eine Spezialität aus der Wildschönau), Pregler aus Osttirol, Edelbrände allererster Güte von Rochelt oder auch der berühmte Stanzer Zwetschkenschnaps sind nur einige Tropfen, mit denen sich ein „Menu à la tyrolienne" genussvoll abschließen lässt. Tirol hat sich heute offensichtlich wieder seiner traditionellen und kulinarischen Werte besonnen – und das ist gut so!

GASTHOF·HOSPIZ·ST. CHRISTOPH

HOTELIER FLORIAN WERNER

Arlberg-Hospiz-Hotel, St. Christoph

Eines der berühmtesten und traditionsreichsten Hotels von Österreich ist das Arlberg-Hospiz in St. Christoph, welches heute in kulinarischen Kreisen vor allem wegen seines unglaublichen Weinkellers bekannt ist. Die lange Geschichte des Hauses beginnt im Jahre 1386, als das ursprüngliche Arlberg-Hospiz und die dazugehörige Kapelle von „Heinrich dem Findelkind aus Kempten" erbaut wurden. Grund der Errichtung dieses Hospiz war zunächst, dass Heinrich, der auf der Burg Arlen in St. Jakob als Schweinehirte tätig war, nicht mehr tatenlos zusehen wollte, dass zahllose Menschen bei ihrem beschwerlichen Weg über den Arlberg in den Schneestürmen und Unwettern erfroren oder verunglückten. 1385 bei einem Besuch von Herzog Leopold III. von Österreich am Arlberg erhielt Heinrich im Rahmen einer Audienz das Stück Land auf der Arlbergpasshöhe, wo er bereits 1386 die erste Hospiz-Herberge erbaute. Mit der Genehmigung von Papst Bonifaz IX. gründete er die Bruderschaft St. Christoph, um die entsprechenden Mittel für die Bewirtschaftung des Hospizes zu sammeln. Bereits im ersten Winter konnten Heinrich und sein Gehilfe sieben Menschen vor dem sicheren Schneetod retten.

Seit dieser Zeit hatte das Arlberg-Hospiz in seinen sechs Jahrhunderten des Bestehens eine recht bewegte Geschichte. Mit dem Bau des Arlberg Eisenbahntunnels (1884) war die Herberge sogar dem Verfall preisgegeben, denn nur noch die Ärmsten, die sich die Eisenbahn nicht leisten konnten, zogen zu Fuß über den Arlberg. Doch Carl Ganahl, Landesstatthalter von Vorarlberg und Urgroßvater von Arnold Ganahl, dem späteren Besitzer des Hospiz, konnte beim Vorarlberger und Tiroler Landtag erwirken, dass das alte Gebäude unter Denkmalschutz gestellt und ein Wächter zu seinem Schutz bestellt wurde. Somit war das Hospiz für die Nachwelt gerettet.
Schon 1898 sah man die ersten Skifahrer – es waren übrigens Zöllner aus Lindau – am Arlberg. Am 3. Jänner 1901 wurde dann in den ehrwürdigen Mauern des alten Hospiz der berühmte Skiclub Arlberg gegründet. Wackere acht St. Antoner Ski-Pioniere zogen am ersten schönen Tag nach Sylvester 1900/1901 mit den Skiern nach St. Christoph, um den „Club des edlen Vergnügens" aus der Taufe zu heben.
Im Sommer 1955 kaufte Arnold Ganahl, der Großvater von Florian Werner, den alten Gasthof Hospiz und begann mit der Restaurierung. Doch nur zwei Jahre später brannten das Hospiz und die daneben befindliche Kirche in der Dreikönigsnacht vom 6. / 7. Januar 1957, aufgrund eines Kurzschlusses bis auf die Grundmauern nieder. Jedoch ließ Arnold Ganahl das Arlberg-Hospiz-Hotel wieder aufbauen und zu Weihnachten 1959 konnte es in neuem Glanz wiedereröffnet werden. Das neue Hospiz – mit dem traditionellen Steildach – war zu dieser Zeit das modernste und schönste Hotel am Arlberg: alle Zimmer hatten Bad, Dusche und WC; damals noch keine Selbstverständlichkeit. Das Hotel war somit auch ein Anstoß zum weltweiten Aufstieg des Arlbergs zu einer der beliebtesten und schönsten Skiregionen der Welt.
Im Jahre 1964 übernahmen Adolf und Gerda Werner, die Tochter von Arnold Ganahl, die Leitung des Hauses und Sohn Florian Werner leitet seit 1997 als Geschäftsführer das mit 5-Sternen ausgezeichnete Arlberg-Hospiz-Hotel in St. Christoph, welches sich direkt gegenüber dem Skilift von St. Christoph befindet.

Vielfalt offerieren die Restaurants

Die Küche des À-la-carte-Restaurants „Skiclubstube", in dem 1901 der legendäre Skiclub Arlberg gegründet wurde, bietet vor allem feine österreichische Köstlichkeiten an. Eine Besonderheit bietet die benachbarte renommierte Hospiz-Alm, denn sie verfügt über einen der größten Bordeaux-Großweinflaschen-Keller Europas.
Unter der „Herrschaft" der Sommeliers Helmut Jörg und Christian Zögernitz wird dieses Highlight des Arlberg-Hospiz-Hotel gepflegt.
Untergebracht im über 600 Jahre alten Bruderschaftskeller, ein großer alter Steinkeller, lagert eine illustre Sammlung großer Weine; zu 80 Prozent aus Bordeaux- und zu 20 Prozent aus Burgunderweinen bestehend. In dem Degustierweinkeller, der ein Teil des Bruderschaftskellers ist, werden regelmäßig Wein-Verkostungen durchgeführt.
Am Anfang der Saison liegen rund 18.000 trinkbereite Flaschen im Bruderschaftskeller.

Aufgrund der einzigartigen Lage inmitten des Arlberger Skigebiets, der bewegten und interessanten Geschichte des Hotels und der außergewöhnlich exzellenten Küche, zählt das Arlberg-Hospiz-Hotel sicherlich zu den besten Hotels in den Alpen, das behagliches Ambiente mit österreichisch-alpenländischem Charme und modernem Komfort vereint.

Kulinarisch bietet die Hotelgruppe höchste Qualität und kreativer Abwechslung sowie das bereits angesprochene Weinangebot, das jedes Weinliebhaberherz höher schlagen lässt.

WEINKULTUR IM HOSPITZ

INNENANSICHT

Die Stanzer Zwetschke

Hoch über der Sanna bei Landeck liegen auf einem sonnigen Plateau die malerischen Orte Grins, Pians und Stanz, welche die Heimat der Stanzer Zwetschke und des Spänlings bilden. Besonders im Frühjahr faszinieren die Dörfer Einheimische und Touristen gleichermaßen mit ihrer überwältigenden Blütenpracht der Obstbäume auf den sanften Hanglagen. Zudem bietet die Region eine einzigartige Kulisse für zahlreiche Freizeitaktivitäten. Das Bild von Dörferstraßen, Brücken, Ruinen, Kirchen und Bauernhäuser inmitten eines schneeweiß leuchtenden Blütenmeers ist unvergleichlich. Eine Wanderung entlang des Wasserwalles erinnert an die Jahrhunderte alte Geschichte der Region.
Die Obstproduktion, in den auf 1000 m Seehöhe gelegenen Orten, verfügt über eine sehr lange Tradition. Sie ermöglicht den Bauern nicht nur ein zusätzliches Einkommen, sondern sichert die nachhaltige Landwirtschaft in der Region. Spezielle Rezepte für Anbau und Weiterverarbeitung der Früchte werden in den Familien von Generation zu Generation weitergegeben. Die Stanzer Zwetschke eignet sich ideal für das trockene alpine Klima. Die Hanglage der Obstgärten, unzählige Sonnenstunden, die großen Temperaturunterschiede zwischen Tag und Nacht sowie der Fön prägen das besonders intensive Aroma der ertragreichen Frucht.
Die Stanzer Zwetschke ist somit eine erlesene Frucht von herausragender Qualität. Ihr würziger Geschmack und das unvergleichliche Aroma begeistern beim Genuss der Frischfrucht ebenso wie bei verarbeiteten Produkten, allen voran der einzigartige Stanzer Zwetschkenschnaps. Daneben verzücken aber auch Marmeladen, liebliche Liköre, viele weitere sortentypische Edelbrände, fruchtige Röster sowie saftige Kuchen (z. B. Zwetschkenfleck), Strudel und Knödel die Gaumen der Genießer. Kein Wunder, dass die saftig-süßen Zwetschken, Spänlinge und Pflaumen im ganzen Land begehrt sind. Ja sogar bis ins entfernte Kanada werden sie exportiert, wo sie als rare Delikatesse gehandelt werden (mitunter kostet eine einzige Stanzer Zwetschke in Kanada einen Dollar!).

HR. NOTHDURFTER VON DER GIGGUS-BRENNEREI

Stanzer Schnaps!

Stanz ist Europas Dorf mit den meisten Schnapsbrennereien, denn 64 von 150 Haushalte üben heute noch sehr aktiv ihr Brennereirecht aus. In Stanz werden bereits seit 1450 Zwetschken angebaut und zu Edelbränden verarbeitet. Bei aller Offenheit zu Neuem haben sich die Stanzer Brenner vor allem auf ihre Raritäten und regionalen Produkte wie Enzian, Meisterwurz, Wacholder oder den Spänling konzentriert. Zahlreiche nationale und internationale Auszeichnungen bestätigen die köstlichen Produkte der Brennereien. Einer der höchstdekorierten Brenner ist Christoph Kössler, dessen moderner Betrieb in einem umgebauten Stadel des Jakob-Prandtauer-Hauses eingerichtet ist. Dieser Jakob Prandtauer (1660–1726, St. Pölten) war ein begnadeter Bildhauer, Baumeister und Architekt der Barockzeit, der sicherlich den einen oder anderen guten Schluck als „Inspirationshilfe" zu sich genommen haben dürfte.
Zu den erlesensten Produkten aus der Region Tirol-West zählt auch die Tiroler Edle, eine einzigartige Schokolade aus der Konditorei Haag in Landeck. Tiroler Grauvieh, seit 3.000 Jahren in den hiesigen Bergen heimisch, liefert die Milch für die handgeschöpfte Schokolade. Die verschiedenen Sorten werden nur mit besten Zutaten, ohne jede Farbstoffe und Konservierungsmittel hergestellt. Und niemand geringerer als angesprochener Edelbranderzeuger Christoph Kössler liefert eigens zur Herstellung der speziellen Sorte „Edle Stanzer Zwetschke" den dafür benötigten Edelbrand.
Eine weitere bemerkenswerte Adresse in Stanz ist das Haus der Familie Nothdurfter, welche die Brennerei Giggus betreiben. Das Wort „Giggus" ist nichts anderes als die alttiroler Bezeichnung für Schnaps. Bereits im Jahre 1240 wird dieser Ausdruck im „Schwarzen Adler" in Innsbruck urkundlich erwähnt, denn dort soll einem durchreisenden Papst ein solcher kredenzt worden sein.
Und während die erlesenen Brände der Giggus-Brennerei verkostetet werden, hört man den Meister der Zunft sagen: „Zwetschkenblau ist nicht der Zustand nach dem Genuss meiner Edelbrände, sondern die Farbe der Frucht, die verwendet wird: Stanzer Zwetschke!"

ZWETSCHKEN-STRUDEL

Etwa 300 g Strudelteig (Grundrezept siehe S. 406 oder Fertigprodukt),
125 g Butter,
125 g Zucker, 2 Eier,
gut 80 g Semmelbrösel,
2 EL Milch,
Stanzer Zwetschkenschnaps oder Rum,
100 g Nüsse oder Mandeln (gerieben),
40 g Butter,
gut 1 kg Zwetschken,
Zucker,
Zimt und Nelkenpulver nach Bedarf

Die Butter mit 3/4 des Zuckers und den nacheinander hinzugefügten Eigelben schaumig abtreiben. Die mit Milch und Zwetschkenschnaps (oder Rum) befeuchteten Semmelbrösel sowie die fein gemahlenen Nüsse bzw. Mandeln dazugeben. Die Eiweiße mit dem restlichen Zucker sehr steif schlagen und vorsichtig darunter heben.
Den Strudelteig auf einem feuchten Tuch ausziehen und mit der vorbereiteten Masse bestreichen. Die gewaschenen, halbierten sowie entsteinten Zwetschken darauf verteilen und mit Zucker, Zimt und einer Prise Nelkenpulver bestreuen. Den Strudel zusammenrollen und auf einem gut gefetteten Blech bei 160 Grad langsam goldbraun backen.
Man kann den Strudel kurz vor dem Ende der Backzeit mit etwas Milch übergießen. Serviert wird der Strudel entweder noch warm mit Milch oder erkaltet als Dessert z. B. zusammen mit einem guten Stamperl Schnaps.

ZWETSCHKEN-STREUSEL-FLECK

Für den Teig:
250 ml Schlagobers,
einen 250 ml Becher (z. B. den vom Schlagobers) voll Staubzucker,
einen 250 ml Becher glattes Mehl,
3 Eier,
1 Packung Backpulver

Für den Belag:
1 kg Zwetschken,
100 g Butter,
100 g Mehl,
100 g Staubzucker

Der Becher vom Schlagobers dient als Maßeinheit für die anderen Zutaten. Alle Teigzutaten in eine Schüssel füllen, gut verrühren und auf ein dick eingebuttertes und bemehltes Backblech gießen. Die Zwetschken halbieren, entkernen und auf den Teig legen. Die Streuselzutaten gut miteinander verkneten, dann im Kühlschrank 30 Minuten durchziehen lassen. Kuchen mit den zerbröselten Streuseln bestreuen und etwa 45 Minuten bei 180 Grad im vorgeheizten Backofen backen.

IMPRESSION STANZ

Bergbauern

Tirol war und ist bis heute das inneralpine Passland zwischen Nord und Süd. Seit dem Ende der Eiszeit ist das „Land im Gebirge" besiedelt und ist seit jeher von zwei Faktoren gekennzeichnet: Jagd und Landwirtschaft. Während sich die Adeligen und Herrschaften (vor allem durch den Abbau von Gold, Silber, Kupfer und Salz reich geworden) bei der Hochjagd vergnügten, so sahen sich die Bauern mit den erschwerten Gegebenheiten des Geländes konfrontiert. Doch schon sehr früh erhielten die Tiroler Bauern größere persönliche Freiheit und Besitzrechte, wesentlich früher, als z. B. ihre Kollegen im Osten Österreichs. Freiheitsliebend, erdverbunden, heimatliebend, gläubig (ja teilweise geradezu gottesfürchtig) und fest in ihren Traditionen verwurzelt waren die Tiroler schon immer die Patrioten Österreichs und widersetzten sich notfalls auch mit Waffengewalt gegen alles Fremde. Das bekamen sowohl die ungeliebten bayrischen Herrscher (welche vor allem mit ihren geplanten religiösen Veränderungen für großen Unmut innerhalb der Tiroler Bevölkerung sorgten), als auch Napoleon zu spüren, als Andreas Hofer, der Gastwirt aus dem Südtiroler Passeiertal mit seinen Freiheitskämpfern ihm empfindliche Niederlagen beibrachte. Nach seinem Verrat und der Verurteilung zum Tode soll Andreas Hofer kurz vor seiner Hinrichtung in Mantua gesagt haben: „Franzl, Franzl, das verdank ich dir!" Hiermit bezog er sich auf Franz I., seit 1804 Kaiser von Österreich, der auf die Seite Napoleons übergetreten war. Das so genannte Andreas-Hofer-Lied mit dem Titel „Zu Mantua in Banden" (Text verfasst 1831 von Julius Mosen, Musik aus dem Jahre 1844 von Leopold Knebelsberger) ist heute die Hymne des Bundeslandes Tirol. In weiten Teilen der Bevölkerung gilt Andreas Hofer als Nationalheld und sein Einsatz für das Land und seine Freiheit wird mit einer ganzen Reihe von Denkmälern geehrt; zudem wird Andreas Hofer alljährlich am 20. Februar als Vaterlandsheld gefeiert, insbesondere in Jagdkreisen und bei Bergbauern.

Die Bergbauern nehmen in Österreich, vor allem in Tirol, eine bedeutende Stellung innerhalb der ländlichen Wirtschaftsformen ein. Im Vergleich zu den Flachlandbauern haben sie mit weitaus härteren Lebens- und Arbeitsbedingungen zu kämpfen, die sich aus der Kürze der Vegetationszeit, den Unbilden des Klimas, der Hanglage der Grundstücke und der ungünstigen Verkehrslage ergeben. Im Jahre 1994 wurden in ganz Österreich 99.400 Bergbauernbetriebe gezählt, die man in vier Erschwerniszonen kategorisiert hat, wobei die ersten drei nach dem Anteil der bewirtschafteten Fläche mit einer Hangneigung von mehr als 25 % Gefälle bzw. die vierte mit mindestens 40 Prozent der Anbaufläche mit einer Neigung von über 50 % Gefälle charakterisiert wurden, was immerhin noch bei nahezu 7.000 Bergbauern-Betrieben der Fall war.

Durch Direktzahlungen des Staates erfolgt jährlich eine Art Abgeltung der natürlichen Erschwernisse und es soll damit vor allem ein Beitrag zur Erhaltung der Besiedelung und kulturellen Funktionsfähigkeit der Berggebiete gewährleistet werden. Weitere Unterstützungen und Förderungen gibt es durch zahlreiche Projekte der EU. Haupteinnahmequellen der Berghöfe sind nach wie vor Milchwirtschaft, Rinderzucht, Forstwirtschaft und auch der Fremdenverkehr, denn die Almhütten und Bauernhäuser bieten z. B. müden Wanderern willkommene Stätten der Muße und Rast.

Die höchsten Dauersiedlungen finden sich in den Zentralalpen. Sie liegen oberhalb der Baumgrenze, so z. B. Obergurgl im Ötztal auf 1927 m Seehöhe, am höchstgelegenen aber sind die Rofenhöfe, welche auf nahezu 2015 m Seehöhe liegen. Die großen Höhen wurden vor allem im Zeitraum des 12. / 13. Jahrhunderts besiedelt, aber später vielfach wieder aufgegeben und nur noch im Sommer als Almen bewirtschaftet; die Existenz der so genannten Schwaighöfe (eine Schwaige entspricht einer Herde Rinder) basierte folglich rein auf der Viehwirtschaft. Das Bergbauerngebiet war immer ein Rückzugsgebiet und da, wo die Böden besonders karg und das Leben besonders hart sind, haben die Menschen schon immer verstärkt an ihrem Glauben und ihren Traditionen festgehalten. Dies zeigt sich selbstverständlich auch in Kleidung (Trachten), Sitten und den zahlreichen Brauchtümern, die in Tirol bis heute gepflegt werden.

STERZPFANNE (WILDSCHÖNAU)

Bergbauern- und Almrezepte

HOLZERMUAS

Dieses Gericht könnte man als die Urform des Kaiserschmarrens ansehen, bestehen tatsächlich doch große Ähnlichkeiten. In manchen Tiroler Kochbüchern findet man das Rezept sogar unter der Bezeichnung „Kaiserschmarren ohne Ei“:

750 g Weizenmehl mit 500 ml Wasser und einer Prise Salz zu einem weichen, dickflüssigen Teig verrühren. In einer flachen, weiten Eisenpfanne 250 g Butter heiß werden lassen, den Teig eingießen und wie ein dickes Omelett beidseitig backen, dann mit einem schaufelförmigen Muaser in kleine Stücke zerstechen und noch etwas weiterbacken, bis es rundherum knusprig ist. Das Muas sollte keinesfalls zu weich und patzig sein.
Variante: Wenn man in den Teig 2 Eier einrührt, so erhält man das so genannte „Oamuas“ (Holzermuas mit Ei), dass dem Kaiserschmarren dann schon sehr ähnlich ist.

ROGGENKNÖDEL

250 g Roggenmehl werden in einer Pfanne am Herd so lange gerührt, bis das Mehl heiß geworden ist. Ein schönes Stück Schwarzbrot in kleine Würfel schneiden, in reichlich Fett rösten. 75–100 g würfelig geschnittenen Speck auslassen, das warme Mehl, die Brotwürfel und ein Ei dazugeben; alles gut vermengen. Diese Masse wird mit so viel siedendem Wasser übergossen, dass ein Knödelteig geformt werden kann.
Aus dem Teig kleinere Knödel formen, diese in Salzwasser gar ziehen lassen. Wenn die Knödel an der Oberfläche schwimmen, werden sie abgeschöpft und in heißem Fett oder ausgelassenen Speckwürfeln abgeröstet. Diese kräftige Holzfällerspeise schmeckt besonders gut mit warmem Krautsalat.

„UNGEMACHTES BROAT“

Vom harten Brot Brocken „grambeln“, diese in eine Schüssel füllen und mit Birnmehl oder Bockshörndlmehl vermischen. Mit heißem Schmalz abschmälzen und auftischen.

ALMERNOCKEN

In einer Pfanne 30–40 g Butter zergehen lassen, danach einen Liter frische Vollmilch angießen. Aus 200–300 g Mehl, etwas Milch oder Wasser und etwas Salz einen weichen Teig rühren (er sollte etwa so dünnflüssig wie Palatschinkenteig sein). Wenn die Milch zu kochen beginnt, den dünnen Teig auf einmal hineinleeren und fest umrühren. Bei sehr großem Feuer etwa eine Stunde kochen lassen, dann vom Feuer nehmen. Durch das starke Feuer (besonders bei offener Flame) sollte sich rundherum am Topfrand eine dicke Kruste (die so genannte „Brinzen“) gebildet haben. Damit sich diese Kruste leichter löst, gibt man etwas Butter an den Rand der Pfanne. Auch die Nocken werden leicht mit Wasser bestrichen, damit sich keine Haut bilden kann. Die Milchnocken müssen dann einige Zeit auskühlen; am besten schmecken sie, wenn man sie in heißer Butter mit einem Muser zerteilt aufwärmt.

Variante Milchmuas
Eine weite Kupferpfanne wird mit reichlich Butter eingefettet, dann kommt ein Liter Milch hinzu und wird gesalzen und leicht aufgekocht. 200 g Mehl unter Rühren langsam einrieseln lassen, die Hitze reduzieren und das Muas weiterkochen, bis es dicklich wird. In die Mitte etwas Butter geben und das Muas auskühlen lassen. Zerteilt in Butter gebraten auftischen.

SAURE SURFLEISCHSUPPE

Gehacktes Surfleisch (Menge nach Belieben) in Butter schwenken, mit Mehl stauben und dieses leicht bräunlich werden lassen; mit Wasser oder Brühe aufgegossen verkochen und mit Essig nach Geschmack säuern und mit Roggenbrot servieren.

RELLKOCH

Dieser Rellkoch wurde früher nahezu täglich zum Frühstück, mancherorts auch noch abends verzehrt. Auch war dies im Mittelalter eine traditionelle Fastenspeise, die auch an Trauertagen aufgetischt wurde. Wichtig ist, dass man es – wie eigentlich jedes gute Muas – mindestens eine Stunde kochen lässt.

1 EL Butter,
1 Tasse Wasser,
1 1/4 Liter Milch,
250 ml Rellmehl (Hafermehl),
Salz

Außerdem:
2–3 EL Butter oder Schmalz

Gut einen Esslöffel Butter in einer schweren Kupferpfanne erhitzen, dann Wasser, Milch und eine Prise Salz dazugeben, das Rellmehl in etwas kalter Milch verrühren, in die kochende Milch einrühren und auf kleinem Feuer unter ständigem Rühren langsam kochen lassen (mindestens eine Stunde), bis sich die so genannten „Brinzen“ (Krusten) bilden. In das gar gekochte Rellkoch noch Butter oder Schmalz geben, denn es wird wie andere Koche auch mit „Schmalz“ in der so genannten „Schmalzgrube“ oben aufgetischt.

SAURE SURFLEISCHSUPPE

KASKRAPFEN

**150 g Roggenmehl, 150 g Weizenmehl,
1 EL Butter, lauwarmes Wasser, Salz
Fett zum Ausbacken**

**Für die Fülle:
200 g vorgekochte geschälte Erdäpfel (noch heiß),
100 g Topfen, 100 g Graukas,
30–45 g Butter, 1 fein gehackte Zwiebel,
gehackter Schnittlauch nach Belieben, Salz**

Roggen- und Weizenmehl, Butter, lauwarmes Wasser und eine Prise Salz zu einem Teig vermischen und diesen gut abkneten; danach 15 Minuten rasten lassen.
Für die Fülle werden die noch warmen gekochten Erdäpfel gestampft und mit Topfen, Graukas, Butter, fein gehackter Zwiebel, Schnittlauch und Salz vermengt.
Aus dem Teig eine Rolle formen, 1 cm dicke Scheiben abschneiden und diese zu Teigflecken auswalken. Auf jeden Teigfleck einen Löffel Fülle setzen, dann zu Krapfen formen; Ränder gut andrücken. In heißem Fett goldbraun ausbacken und sofort servieren.

MELCHERMUAS

150 g Weizenmehl in 150 g Butter hell abrösten, mit etwa 750 ml Milch aufgießen, leicht salzen und alles bei mittlerer Hitze unter ständigem Rühren zu einem dicken, festen Brei einkochen lassen. Zwischenzeitlich erhitzt man in einer zweiten Pfanne 100–120 g Butter, gießt das Koch hinein und röstet es hellbraun ab. Dann wird der Teig gewendet und die andere Seite hellbraun gebacken, wieder wenden und weiter backen. Unter ständigem Wenden backen, bis das Muas rundherum schön knusprig braun geworden ist, es darf aber nicht an der Pfanne kleben bleiben. Mit einem Muaser in Stücke zerteilen und mit Preiselbeerkompott servieren.

GRAUPENSUPPE

*Gerade in der bäuerlichen Küche Tirols spielt seit jeher auch die gleichermaßen nahrhafte wie sättigende Rollgerste eine wichtige Rolle; denn die Gerste ist eine genügsame Pflanze, welche nahezu überall angebaut werden kann. Zusammen mit dem Weizen ist die Gerste daher auch eine der ältesten Kulturpflanzen der Menschheit, früheste Funde gehen auf die Steinzeit zurück.
Vor allen die Rollgerste (Perlgraupen) half, meist als Suppeneinlage genossen, mit ihren Kalorien so mancher Bergbauernfamilie über die langen und harten Winter hinweg. Nachstehendes Rezept stammt von einer Osttiroler Bergbauernfamilie in Innervillgraten und schmeckt ganz wunderbar, wenngleich dies schon eine Art „Edelversion" des rustikalen Originalrezeptes darstellt.*

250 g Rollgerste mindestens eine Stunde in kaltem Wasser einweichen, dann das Wasser abschütten und die Graupen zusammen mit 500 ml Brühe (Gemüse- oder Fleischbrühe) in einen Topf geben. 200 g klein geschnittene Endivien (man kann auch Porree nehmen) hinzufügen und alles bei milder Hitze eine Stunde köcheln lassen.
Eine große Karotte, etwas Sellerie und etwa 100 g durchwachsenen Speck klein würfeln. In einem Topf etwas Schmalz oder Butter erhitzen und den Speck darin auslassen, danach das Gemüse darin anrösten. Alles zur Graupensuppe geben und noch weitere 30 Minuten garen, mit Salz und Pfeffer abschmecken.

Hinweis: Die Suppe noch mit Knoblauch würzen und mit gerösteten Zwiebelringen garnieren.

RÜBENGEMÜSE

*Insbesondere in Osttirol und der Wildschönau waren (und sind bis heute) Rüben sehr weit verbreitet und leisten einen wichtigen Beitrag zur Ernährung. Dieses Rezept entstammt alten handschriftlichen Aufzeichnungen Osttiroler Kochkunst.
An dieser Stelle sei auch einmal darauf hingewiesen, dass vor allem die bodenständige Küche lange Zeit einer der wenigen Auswege weiblicher Kreativität war – eine bis heute gern unterschlagene Tatsache. Gerade in Anbetracht dieses Umstandes sind Rezepte wie nachstehendes bemerkenswert und alles andere als nur ein Abbild jener ärmlich-bäuerlichen Landschaften, als die Bergbauernregionen Tirols so gerne hingestellt werden.*

**2 Kohlrabi,
3 junge rote Rüben,
1 Rettich,
8 Scheiben Bauchspeck,
2–3 Schalotten,
Brühe oder Rindsuppe,
Schmalz oder Butter,
gemahlener Kümmel, Salz**

Das Kohlgemüse schälen und in gleichmäßig dicke Scheiben schneiden, diese separat in Salzwasser blanchieren. Schalotten fein hacken, in etwas Schmalz anrösten, dann in ein feuerfestes Geschirr verteilen.
Die Speckscheiben darauf legen und das Gemüse abwechselnd übereinander schichten. Schließlich mit etwas Brühe oder Rindsuppe auffüllen sowie mit Kümmel und Salz würzen. Schmalz oder Butterflocken darauf verteilen und das Gemüse abgedeckt im vorgewärmten Ofen weich garen.
Dazu schmecken herzhaftes Bauernbrot, verschiedene Würste und/oder gekochtes Selchfleisch.

ALMIMPRESSION

OSTTIROLER MELCHERMUAS

Hütten- und Bergsteigerkost

Was heute im Allgemeinen unter Bergsteiger-Nahrung verstanden wird, hat leider meist nur wenig mit den köstlichen Schmankerln zu tun, welche einst die Bergbauern, Holzknechte und Senner als Mahlzeit nach – mitunter auch während – ihrer harten Arbeit zu sich nahmen. Seinerzeit gab es keine Erbswurst oder Sportlernahrung, sondern im wahrsten Sinne des Wortes einfach köstliche Schmankerl. Doch es besteht berechtigte Hoffnung, dass die herzhaften Tiroler Bauerngerichte nicht in Vergessenheit geraten, denn in den letzten Jahren hat auch hier ein Umdenken eingesetzt. Man besinnt sich wieder der alten Werte und Traditionen und so werden diese vermehrt gepflegt. Nach Jahren des Zweifelns, ob denn die Touristen die heimische Kost auch akzeptieren, wurde einfach der Versuch gestartet – und siehe da, die klassische Tiroler Bauernküche wird auch von den Touristen geliebt. Vorbei sind die Jahre wo die „Allerweltsküche" tonangebend war, vorbei sind die Tage, an denen die Genießer Tirol bestenfalls vom Speck her kannten.

Was Genießer, Wanderer, Bergsteiger und Touristen gleichermaßen an Tirol lieben ist der romantisch anmutende Zauber von überwältigender Berglandschaft, die urigen Alm-Hütten mit ihren Käse- und Speckspezialitäten, die schneebedeckten Hänge im Winter, die saftigen Almwiesen im Sommer, die duftenden Wälder, die lieblichen Bergbäche und stillen Bergseen oder auch die weidenden und wiederkäuenden Kühe, welche noch eine gute Portion frischer Bergkräuter zu sich nehmen, bevor es zum Melken in den Stall geht. Leicht wird bei all diesem Zauber vergessen, welch harte Arbeit es für die Bevölkerung ist, die beschwerlichen Berghänge und die kargen Böden zu bewirtschaften. Und diese beschwerliche und kräftezehrende Arbeit war dann auch der Grund, warum die Kost herzhaft und kräftigend sein musste. Im Sommer gab es Milch, Butter und Käse geradezu im Überfluss, dazu schwarzgeräucherten Speck, welchen man im Winter nach dem Schlachten für die Feldarbeiten im Sommer aufbewahrte. Nudeln, Nocken und Krapfen sind nahrhafte Gerichte aus der guten alten Zeit, welche heute nicht nur die Herzen der Senner, Jäger und Waldarbeiter erfreuen, sondern auch die der vielen Wanderer, Bergsteiger und Tagesausflügler, welche auf die eine oder andere Alm ziehen.

Und an den Stellen, wo die Natur Gott sein Dank noch intakt und die Welt noch in Ordnung ist, genau da findet man auch jene romantische Berg- und Almhütten, auf denen der wunderbare Tiroler Speck, die herzhaften Dauerwürste, die Almbutter, der Graukas, der Tilsitter und natürlich der berühmte Tiroler Bergkäse noch einmal so gut schmecken; und genau hier, fernab des ganzen Tirol-Rummels, bekommt man auch noch die legendären Fleischkrapfen, Schlutzkrapfen (eine Tiroler Variante der Kärntner Kasnudeln), Schutz- und Schissalnudeln oder die köstlichen Gerichte rund um Speck und Grammeln, wie sie die Großmütter noch in schier unendlicher Vielfalt kannten!

KASEROMELETTEN

Für die Palatschinken:
400 g Weizenmehl,
500 ml frische Vollmilch,
Salz,
Butter zum Ausbacken

Für die Fülle:
400 g vorgekochte und zerstampfte Erdäpfel,
4–5 EL Graukas oder Zi(e)ger,
5–6 EL Milch,
200–250 g Butter,
2 Zwiebeln,
Paprika,
Salz

Für die Fülle werden die gekochten Erdäpfel zerdrückt, mit zerbröseltem Graukas, Milch, reichlich weicher Butter, fein gehackter Zwiebel, Paprika und Salz zu einem Brei rühren. Diesen Brei in einer Eisenpfanne mit Butter abrösten. Aus Mehl, Milch und Salz eine Art Palatschinkenteig rühren; in einer Eisenpfanne Butter heiß werden lassen und aus dem Teig ganz dünne Bladl (Blätter, Palatschinken) backen. Auf jedes dieser Bladl einen gehäuften Esslöffel G'schöpp (Fülle) geben, gut verstreichen und zusammengerollt auftischen.

ZILLERTALER SCHISSALNUDELN

Hausgemachte Nudeln in Salzwasser kochen, abseihen und kurz abschrecken. Abwechselnd Nudeln, zerbröselten Graukas, geriebenen oder gewürfelten Bergkäse und etwas Zieger (Variante des Graukas) in eine Schüssel schichten, mit geriebenem Käse bestreuen und mit heißer Zwiebelbutter überschmälzt sofort servieren.

REZLNUDELN

Aus 400 g gekochten und ausgekühlten Erdäpfeln (geschält) oder Topfen, 250 g Mehl, 5–6 EL Milch sowie etwas Salz einen Teig bereiten, diesen fingerdick auswalken und in 1–2 cm breite Streifen schneiden, diese wiederum in 1–2 cm lange Stücke. In einer Eisenpfanne Butter erhitzen, die Teigstücke darin rösten und wiederholt umrühren. In einer zweiten Pfanne 250 ml Rezl (das sind Schaum und Rückstände ausgelassener Butter) erhitzen und über die gegarten Nudeln gießen. Noch einige Minuten zugedeckt weiterbraten lassen, dann in der Pfanne servieren.

SCHUTZNUDELN

500 g trockenen Topfen passieren und mit 4 vorgekochten, geschälten und passierten Erdäpfeln in eine Schüssel füllen; mit 125–150 g Mehl und etwas Salz rasch zu einem homogenen Teig verarbeiten, aus diesem daumendicke Rollen formen, von denen kleinere Stücke abgeschnitten werden. Die „Nudeln" in reichlich Butter anrösten, bis sie Farbe genommen haben, danach in eine Kasserolle umfüllen und mit 250 ml Rahm begießen. Im Backofen ausdünsten lassen, nach Wunsch mit gerösteten Speckwürfeln bestreut auftischen.

SCHLIACHTNUDELN

Diese Zillertaler Spezialität besteht aus frischen, (hausgemachten) Bandnudeln, die in einem Gemisch aus Milch und Wasser (oder auch Zieger, Variante des Graukas) nur ganz kurz (nicht einmal zwei Minuten) gekocht und danach nur mit wenig Flüssigkeit (sie sollen ruhig ein wenig weich und nass sein) in einen frischen Topf umgefüllt werden. Rahm nach Geschmack dazugeben, nochmals aufkochen lassen und vor dem Servieren mit brauner Butter begießen.

FLEISCHKRAPFEN AUS GERMTEIG

500 g Weizenmehl,
150 g Butter, 1 EL Schmalz, 4 Dotter,
etwa 500 ml Milch,
60 g Germ, Salz

Fülle:
500 g faschiertes vorgekochtes Geselchtes oder faschierte Wurst- und Fleischreste

Außerdem:
Schmalz oder Öl zum Ausbacken

Das Mehl in eine Schüssel geben, den Germ hineinbröseln und mit etwas lauwarmer Milch in einer Mulde ein Dampfl ansetzen. Nach dem Aufgehen die restlichen Teigzutaten hinzufügen und daraus einen mittelfesten Germteig bereiten; diesen an einem lauwarmen Ort bis zum doppelten Volumen aufgehen lassen. Danach mit einem Löffel Krapfen ausstechen, diese ein wenig auseinander ziehen und in die Mitte die etwas angewärmte Fülle geben, Teig darüber klappen und zu Krapfen formen; Enden gut zusammen drücken. Krapfen nochmals aufgehen lassen, danach in heißem Fett rundherum goldbraun ausbacken. Dazu gibt es ein Speckkraut oder saure Rüben.

GROIPENKOSCHT

500 g Schweinebauch in 1 x 1 cm große Würfel schneiden und in etwas heißem Schweineschmalz braten. Das Fett abgießen und die entstandenen knusprigen Fleischwürfel mit Küchenpapier abtupfen. Die Fleischwürfel mit 200–250 g heißen Groipen (Grammeln) vermengen, mit gehackter Petersilie, Salz und Pfeffer würzen. Auf gerösteten Schwarzbrotscheiben servieren.

SCHMACKOFENE

4 altbackene Semmeln in Milch einweichen, dann gut ausgedrückt in eine Schüssel füllen. 125–150 g fein geschnittenen Speck, 2 Eier, 250 ml Milch, einige Weinbeeren und etwas Mehl dazugeben, zu einem weichen Knödelteig verarbeiten (nach Bedarf noch etwas Milch nachgeben). Eine Eisenpfanne mit heißer Butter ausstreichen, den Teig hineinfüllen, reichlich Butterflöckchen daraufgeben und im Ofen braun backen. Stürzen und mit einem Krautsalat servieren.

BERGNOCKEN

Aus einem Teig für Tiroler Knödel (siehe S. 71) mit nassen Löffeln kleinere Nocken ausstechen, diese in heißem Butterschmalz rundherum braten.
In früheren Zeiten wurden diese Nocken von den Bauern oder Holzknechten zum Heumachen oder Holzarbeiten mitgenommen und vor dem Verzehr in Brennsuppe oder Erbsensuppe heiß gemacht.

SCHLIACHTNUDELN

BERGSTEIGERJAUSE

Graukas

Der Graukas ist eine typische und tatsächlich autochthone Tiroler Käsespezialität, die in früheren Zeiten auf den Almen aus der so genannten Restmilch gekast wurde. Diese hat man oft tagelang gesammelt, wodurch die Kuhmilch automatisch sauer wurde. Nach dem Erhitzen wurde der Käse gesalzen in Holzformen gepresst und zum Reifen in den Käsekeller gelegt. Aufgrund der dort herrschenden Bedingungen begann der Käseteig aufzureißen und durch diese Risse wandert der Schimmel von außen in das Innere des Käses. Nach ebendiesem blaugrauen Schimmel erhielt der Graukas dann auch seinen Namen.

Vor allem in Osttirol, hier insbesondere bei den Vergeiner-Bauern, findet man auch heute noch viele Bauern, die den traditionellen Käse auf ihren Höfen nach den alten Rezepturen selber herstellen. Die Rezepte sind seit Urzeiten von Generation zu Generation weitergegeben worden und – ähnlich wie beim Steirerkas (S. 430) – schmeckt auch der Graukas überall ein wenig anders. Ein anderes Zentrum der Graukäse-Produktion liegt im Zillertal.

Dass der Graukas allerdings nicht mehr sehr oft auf den Höfen in Handarbeit hergestellt wird, liegt nicht zuletzt daran, dass große Molkereibetriebe im Stande sind, ausgezeichnete Graukas-Qualitäten in entsprechend größeren Mengen zu erzeugen.

Wie der Graukäse letztlich schmeckt, hängt neben der verwendeten Milchqualität vor allem von seinem Reifestadium ab. Der typische Osttiroler Graukäse reift bei Zimmertemperatur relativ schnell und wird deshalb relativ jung – wenn er noch sehr topfig und bröselig erscheint – in den Handel gegeben. Allgemein sagt man, dass der Graukäse am besten schmeckt, wenn man beim Anschnitt noch die unreifen Topfenstücke im ansonsten gallertig-glasigen bis speckigen Käseteig sieht. Doch gibt es auch nicht wenige Käsefreunde, die den Graukäse so durchgereift und glasig bevorzugen, dass kein einziges Topfenstück mehr zu sehen ist. In diesem Zustand mundet der Käse hocharomatisch und ist wunderbar herzhaft-pikant. Übrigens ist Graukas zu 99 Prozent fettfrei und wird daher von vielen Ernährungswissenschaftlern sogar für Abmagerungskuren empfohlen. Allerdings schmeckt er am besten, wenn man ihn mit einer schönen Scheibe knusprigen Bauernbrotes genießt, dass sehr (!) dick mit frischer Almbutter bestrichen wurde!

Der Graukas ist eine echte Tiroler Kuhmilch-Käsespezialität, welche aus der Sauermilch zubereitet wird. Graukas wird im Handel als Laib-, Brot- und Stangenform, zwischen 250 Gramm und 3 Kilogramm angeboten. Seine dünne Rinde hat kleine Risse und ist mit einem blaugrauen bis grüngrauen Schimmel überzogen. Der gelbweiße marmorierte Teig ist trocken bis speckig. Graukäse schmeckt säuerlich und wird mit zunehmender Reife immer schärfer und aromatischer.

Selbstverständlich schmeckt der Graukäse am besten auf der Alm, wo er erzeugt worden ist, doch gibt es mittlerweile auch einige hervorragende Produktionsbetriebe, die eine sehr gute Graukas-Qualität anbieten. Ein sehr bemerkenswerter Betrieb ist hierbei z. B. der von Thomas Lieb, welcher bereits in vierter Generation Graukäse am Weerberg erzeugt. Der Urgroßvater des heutigen Firmenchefs begann hier 1929 mit der Herstellung dieser Käseart; geändert hat sich seitdem wenig, was die Puristen unter den Genießern freut.

Zwei weitere bedeutende Produktionsstätten sind zum einen die so genannte Zillertaler Schaukäserei sowie die Osttiroler Molkerei in Lienz.

OSTTIROLER GRAUKAS

FIRMENCHEF THOMAS LIEB
HERSTELLER VON GRAUKÄSE

GRAUKASERZEUGUNG

Magermilch zur Säuerung an einem warmen Ort stellen; diese Milch stockt in 1–3 Tagen und ist dann sehr gut sauer. Saure Milch in einen Topf geben und langsam auf 50 Grad erhitzen, wodurch sich der Topfen absetzt und auf der Oberfläche schwimmt. Mit einem Schöpflöffel öfters wenden.
Alles durch ein Käsetuch seihen und die restliche Molke in einigen Stunden abrinnen lassen. Den trockenen Bröseltopfen in eine große Porzellanschüssel füllen, mit Salz, Pfeffer und etwas gemahlenem Kümmel würzen. Käsemasse mit einem Tuch abdecken und 4 Tage in Ofennähe reifen lassen, währenddessen täglich einmal durchmischen. Wenn der Graukas schmierig und glasig wird, diesen in eine Form pressen und so zu Laiben formen.

GRAUKAS-JAUSE

Sehr reifen, mit den typischen blaugrünen Schimmeladern durchzogenen Graukas in dicke Scheiben schneiden (zu dünne würden zu schnell zerfallen) und auf einem Holzbrett mit Zwiebelringen und frischem Schnittlauch anrichten. Dazu gibt es dick mit frischer Bauernbutter bestrichenes Bauernbrot und Most oder Bier – eine köstlich-herzhafte Jause!

GRAUKAS SAUER

Sehr jungen, noch milden Graukas in etwa 2 cm dicke Scheiben schneiden und auf Tellern anrichten. Darauf verteilt man Zwiebelringe und beträufelt mit einer Marinade aus bestem Sonnenblumenöl, Apfel- oder Mostessig, Salz und Pfeffer.

GRAUKAS-SUPPE

Eine mittlere Zwiebel fein hacken und mit Knoblauch nach Geschmack kurz in etwas Butter anschwitzen. Den in Würfel geschnittenen Graukas (etwa 200–250 g) kurz mitrösten, dann mit etwa 125 ml Weißwein und 750 ml Rindsuppe aufgießen. Die Suppe kurz aufkochen, bis sich der Käse aufgelöst hat und die Suppe cremig wird; mit Salz und Pfeffer würzen. Graukas-Suppe vom Herd nehmen, 125 ml geschlagenes Obers oder Rahm einrühren und mit Schwarzbrotcroûtons und Schnittlauchröllchen bestreut servieren.

MARENTEN

200 g gepresster Kalbskopf und 200 g vorgekochte (geräucherte) Schweinszunge (ersatzweise Rinderzunge) und 200 g Tiroler Frischwurst werden in Würfel geschnitten dekorativ auf einer Platte angerichtet.
Dann belegt man alles mit kleineren Würfeln von Graukas und dekoriert mit Zwiebelringen. Alles kräftig salzen und pfeffern; Essig und Öl darüber träufeln. Dazu gibt es frisches Bauernbrot.

BRENNSUPPE MIT GRAUKAS

Aus 4 EL Mehl und 4 EL Schmalz eine sehr dunkle Einbrenn herstellen, die mit 1 Liter Fleisch- oder Gemüsebrühe aufgegossen wird. Nach kurzem Verkochen mit Majoran, Kümmel, Salz und Pfeffer würzen; die Suppe etwa 30 Minuten köcheln lassen.
Pro Person eine Scheibe Schwarzbrot in Schmalz anrösten, in Teller legen und mit der Suppe begießen. Graukäse nach Geschmack darüber träufeln.

GRAUKAS-SALAT

Möglichst speckigen Graukas in Würfel schneiden und auf Tellern anrichten. Mit in Ringe geschnittener weißer Zwiebel belegen und mit grob gehackten Walnusskernen bestreuen; dann eine Marinade aus Himbeeressig, Walnussöl, Salz und Pfeffer darüber träufeln. Mit gehackter Petersilie und Schnittlauchröllchen garnieren; mit Brauernbrot servieren.

GRAUKAS-NOCKEN

Eine Zwiebel fein hacken und in etwas zerlassener Butter anrösten; überkühlen lassen. Zwiebeln mit etwa 300 g Semmelbröseln vermengen und mit 350 ml Milch, welche mit 2 Eiern versprudelt worden ist, begießen. 20 g Mehl einarbeiten und den Teig eine Stunde rasten lassen. Einen Esslöffel gehackten Schnittlauch, 80–100 g zerbröselten Graukas sowie etwas Salz unter den Teig ziehen; alles zu einem homogenen Teig vermischen. Mit einem nassen Löffel Nocken aus dem Teig stechen, diese in Salzwasser oder Rindsuppe kochen, abtropfen lassen und auf Rahmspinat anrichten; zerbröselten Graukas und Semmelbrösel darüber streuen und mit zerlassener Butter beträufelt servieren.

ZILLERTALER GRAUKAS

GRAUKAS SAUER

FLEISCHERMEISTER ORTNER

Tiroler Speck

Das schöne Land Tirol ist nicht nur bekannt für seine deftigen Spezialitäten und edlen Schnäpse, sondern auch für eine nahezu beispiellose Vielfalt an Speck- und Schinkenvariationen. Natürlich stehen im traditionell bäuerlich geprägten Tirol vor allem der Schinkenspeck und der Bauchspeck hoch im Kurs. Und während man andererorts oftmals darüber nachdenkt, wie möglichst magerer Speck hergestellt werden könnte, so ist genau die wohldosierte Fettschicht das, was die meisten Tiroler an ihrem Speck und Schinken so sehr schätzen. Eigentlich haben hier jeder Bauer, Fleischer und auch viele Privatpersonen ihr persönliches Hausrezept für Speck und er schmeckt auch überall anders. Im Grunde genommen handelt es sich aber zumeist um drei wesentliche Specksorten: 1. Karreespeck (vom Rücken), 2. Schinkenspeck (aus der Keule) und 3. den allseits begehrten Bauchspeck. Es gibt daneben aber auch noch Goderlspeck wie auch andere geräucherte und luftgetrocknete Speckvarianten. Regional wird der Einfachheit halber in der Regel nur zwischen Nordtiroler Speck und Osttiroler Speck unterschieden (es gibt auch Südtiroler Speck, doch das gehört ja bekanntlich zu Italien).

Eine der wahrscheinlich besten und bekanntesten Fleischereien Nordtirols ist die Metzgerei Hans Gasser im Zillertal. Hier wird ganz besonders großer Wert darauf gelegt, dass neben der Topqualität des Fleisches auch das handwerkliche Können und das Bewusstsein für die Tradition in den Produkten erkennbar – eigentlich erschmeckbar – bleibt. Auszeichnungen in Gold, Silber und Bronze bei internationalen Fachwettbewerben bestätigen die Richtigkeit dieser Philosophie und neben dem köstlichen Tiroler Schinken, vielerlei Wurstwaren und Lammfleisch ist vor allem das hier angebotene Zillertaler Vollmilchkalbfleisch von unglaublicher Geschmacksintensität.

Etwas ungewöhnlicher ist die Tatsache, dass auch die berühmte Schnapsbrennerei Rochelt einen Speck erzeugt. Dass auch dieser ausgezeichnet schmeckt verwundert wenig, steht das Haus doch in jeder Hinsicht für absolute Top-Qualität. Und so erklärt der traditionsbewusste Qualitätsfanatiker Günter Rochelt:

„Wie auch beim Schnaps bestimmt die Natürlichkeit und die Qualität unserer Rohstoffe das endgültige Produkt in höchstem Ausmaß. Nur bestes Obst beim Schnaps, nur ausgewählte Schweine beim Speck. Unsere Schweine dürfen nicht zu mager sein, denn der fertige Speck soll aus mindestens gleich vielen Teilen Fett wie Fleisch bestehen.

Im Frühjahr geboren werden die Ferkel ausschließlich mit Jutte (Magermilch) und gemahlenen Getreidekörnern ernährt. Viel frische Luft, Bewegung und der Sommerurlaub auf der Alm tragen zum natürlichen Aufwachsen der Schweine bei. Noch vor Jahresende, meist im November, erreichen unsere Schweine das ideale Alter und Gewicht für unseren Speck. In der Phase des abnehmenden Mondes schlachten wir die bis zu 160 kg schweren Tiere. Die natürlichen Farbpigmente bleiben so im Fleisch erhalten und wir können auf Pökelsalz verzichten.

Das Geheimnis der Gewürzmarinade ist ihre Milde, denn das Überwürzen der rohen Speckstücke kann viel kaputt machen. Dies gilt im Speziellen für die notwendige Salzmenge; nicht mehr als 20 g pro Kilo Speckfleisch, außerdem Knoblauch, Pfeffer, Wacholder, Koriander und eine Prise Fruchtzucker. Damit reiben wir die einzelnen Fleischstücke sorgfältig ein, nach zwei Tagen bedecken wir das Fleisch mit dem davor mit Lorbeer und eventuellen Marinaderesten aufgekochten Wassersud. So zieht das Fleisch für drei Wochen im Kühlen.

Wir räuchern die Speckstücke acht bis zehn Mal, jeweils mit einem Tag Pause. Wir verwenden dabei nur feines Buchensägemehl und achten besonders auf die Temperatur. Räuchert man zu warm wird der Speck rußig – nur bei kaltem Rauch wird er höchstens goldbraun.

Wie der Schnaps muss auch der Speck lagern, um sein Aroma entwickeln zu können. Wir lassen unseren Speck bis zu 15 Monaten reifen. Unser Felsenkeller auf 1200 m Seehöhe mit einer Temperatur zwischen sieben Grad im Sommer und zwei Grad im Winter bietet dafür ideale Bedingungen.

Erst dann ist unser Speck perfekt: fest, das Fett leicht rosa gefärbt und butterweich, mit einer Harmonie von mildem Rauch und Gewürzen wie Knoblauch, Wacholder, Pfeffer und – kaum Salz!“

In Osttirol findet man mit Andreas Ortner einen Metzger, der ähnlich qualitätsbewusst denkt und daher von den Genießern der Gegend sehr geschätzt wird. Dass dieser Betrieb im stark befahrenen Sillian liegt, wird angesichts der hervorragenden Schinken beinahe vergessen. War die Marktgemeinde Sillian früher Grenzort zu Italien, so ist sie heute noch immer ein vom Transit geplagtes Juwel des österreichischen Teils des Hochpustertales. Und genau hier wurde im Jahre 1945 die Metzgerei Ortner gegründet, welche heute bereits von der dritten Generation geleitet wird. Es war immer das Anliegen der Fleischerei ausschließlich Fleisch aus Osttirol zu verarbeiten und das wird es auch bleiben. Um den Einkauf bei den Bauern aus der Region kümmert sich nach wie vor der Seniorchef, während dessen Sohn die Produktion und den Verkauf leitet.

Und so brauchen auch die hier erzeugten Wurst- und Schinkenspezialitäten keinerlei Vergleiche zu scheuen, sind sie doch in ihrer Art einzigartig und hochbegehrte Delikatessen.

Übrigens: Solcherart erlesene Gaumenfreuden gehören auch richtig genossen! Weicherer, also noch recht junger Speck sollte in von dicken Scheiben geschnittenen, dünneren Streifen genossen werden. Älterer, also länger gereifter Speck darf auch – ähnlich wie Prosciutto – in sehr feine Scheiben geschnitten werden. So oder so; zum Speck gehören in jedem Fall echter Tiroler Schnaps, stark und gut gereift sowie ofenfrisches Bauernbrot!

TIROLER SPECKVARIATIONEN

SCHINKENSPECK

TIROLER SCHLIPFKRAPFEN MIT SCHINKENSPECK, BERGKÄSE UND SALBEIBUTTER

Vom Autor des Buches

Für den Nudelteig:
300 g Roggenmehl,
300 g glattes Mehl,
2–3 EL Öl, Salz,
1/2 Liter Wasser

Für die Füllung:
1 kg Kartoffeln,
1 mittlere Zwiebel,
2–3 große Knoblauchzehen,
etwa 150 g zerlassene Butter,
250–300 g Topfen,
1 Bund Petersilie fein gehackt,
einige fein gewiegte Salbeiblätter,
nach Belieben etwas gehacktes Basilikum,
Salz,
Pfeffer aus der Mühle

Außerdem:
16 dünne Scheiben Tiroler Schinkenspeck (nicht zu gereift),
gehobelter Bergkäse,
reichlich braune Butter,
Salbeiblätter

Zuerst die beiden Mehlsorten für den Nudelteig gemeinsam mit etwas Salz vermischen. Dann Öl und Wasser hinzufügen und zu einem mittelfesten Teig kneten. Den Teig in Klarsichtfolie einwickeln und rasten lassen.
Die Kartoffeln schälen, kochen und passieren. Kartoffelmasse mit Salz, Pfeffer und gehackten Kräutern würzen, danach die kleinwürfelig geschnittene Zwiebel sowie den gepressten Knoblauch untermischen. Zuletzt den Topfen unterheben und alles gut miteinander vemengen.
Den Nudelteig etwa 3 mm dick auswalken. Mit einem runden Ausstecher etwa 7 cm große Stücke ausstechen. Vom Kartoffelteig walnussgroße Nockerln abnehmen und auf die ausgestochenen Teigkreise legen. Teigkreise über der Füllung zu Halbmonden zusammenlegen und den Rand gut festdrücken oder krendeln. Die Schlipfkrapfen in kochendes Salzwasser legen; sie sind gar, wenn sie an der Wasseroberfläche schwimmen.
In einem Topf Butter nussbraun erhitzen, die Salbeiblätter hineingeben. Vier Teller jeweils mit 4–5 dünnen Scheiben Tiroler Schinkenspeck auslegen, dann die Schlipfkrapfen darauf anrichten und mit der braunen Salbeibutter übergießen. Gehobelten Bergkäse darüber streuen und sofort servieren.

KNUSPRIGE BERGKÄSE-POLENTATALER MIT VARIATIONEN VOM TIROLER SPECK

Vom Autor des Buches

Für die Polenta:
350 g Polentagrieß,
gut 1 Liter Wasser, Milch nach Bedarf,
geriebener Bergkäse nach Belieben,
Butter nach Belieben,
geriebene Muskatnuss,
Salz und Pfeffer aus der Mühle

Für die Speckvariationen:
etwa 12 schöne Scheiben bester Schinkenspeck (dünner geschnitten),
etwa 4–5 Scheiben dicker geschnittener Schinkenspeck, gut 1 EL Butter,
etwas Öl, Pfeffer

Außerdem:
einige in Butter sautierte Pfifferlinge,
geschmolzene Tomaten (kleine Würfel von geschälter und entkernter Tomate werden in Butter geschmolzen und mit Salz, Pfeffer und gehacktem Basilikum gewürzt), Rucolasalat

Das Wasser aufkochen, gut salzen und den Maisgrieß unter ständigem Rühren einrieseln lassen. Hitze zurückdrehen und die Polenta unter Rühren etwa 30 bis 40 Minuten garen, sollte sie dabei zu dick werden, etwas warme Milch dazugeben. Die fertige Polenta wird nach Geschmack mit reichlich geriebenem Käse, Butter, Muskatnuss, Salz und Pfeffer gewürzt. Polenta auf ein großes Brett oder Backblech gießen und etwa 5 cm dick glattstreichen, danach auskühlen lassen.
Drei dünne Scheiben Speck in große Rauten schneiden, diese bei milder Hitze in zerlassener Butter schmelzen. Die dickeren Scheiben in Streifen schneiden, diese bei lebhafter Hitze in etwas Öl braten, bis sie schön kross und knusprig sind.
Aus der abgekühlten Polenta mit einem Keksausstecher Polentataler ausstechen, diese auf ein mit Backpapier ausgelegtes Backbelch legen, mit einem Stück Bergkäse belegen und im Ofen backen, bis der Käse geschmolzen ist und eine schöne goldgelbe Kruste bildet.
Auf 4 Tellern zunächst jeweils drei Polentaplätzchen anrichten. Auf das erste eine Scheibe Schinken dekorativ anrichten, auf das zweite jeweils einen Esslöffel von dem in Butter geschmolzenen Schinken platzieren und schließlich auf das dritte die knusprigen Schinkenstreifen anrichten. Die Teller mit sautierten Pfifferlingen, geschmolzenen Tomaten und Rucolasalat ausdekoriert sofort servieren. Restliche Polentataler können extra dazu gereicht werden

TIROLER SPECKFORELLE

4 fangfrische Forellen küchenfertig ausgenommen (ersatzweise Saiblinge),
250 g luftgetrockneter Speck,
100 g Brot- oder Semmelwürfel,
Zitronensaft,
Mehl zum Wenden,
Butterschmalz zum Braten,
etwas gehackte Kräuter (Schnittlauch, Petersilie),
Salz

Die Fische mit Zitronensaft, Salz und Pfeffer würzen, in Mehl wenden und im Butterschmalz beidseitig knusprig-goldbraun braten. Zwischenzeitlich den Speck sehr fein würfeln und einen Teil zu den Fischen geben, mitbraten lassen. Den anderen Teil in einer zweiten Pfanne auslassen und die Brotwürfel darin anrösten, bis alles knusprig ist. Schließlich die Fische auf vorgewärmten Tellern anrichten, mit der Speck- und Brotwürfeln bestreuen und mit gehackten Kräutern garnieren. Dazu reicht man einen Salat.

BERGKÄSE-POLENTATALER MIT GERÖSTETEM SCHINKENSPECK

Die „Hohe Jagd“

In Österreich, als ein klassisches und traditionsreiches Jagdland, wird die Jagd von mehr als 110.000 registrierten Jägern auch heute noch in allen Bundesländern flächendeckend ausgeübt. Und wenn man den Namen Österreich im Kreis von Naturfreunden und Jägern erwähnt, so fällt wohl nahezu jedem die Schönheit der Natur sowie die jagdliche Vielfalt des relativ kleinen Landes ein. Von Enten und Gänsen am Neusiedler See im Osten bis hin zu Gams und Steinbock im Vorarlberger Hochgebirge im äußersten Westen, gibt es in Österreich nahezu jegliches europäische Wild. In Österreich werden 98 Prozent der etwa 84.000 km² Fläche jagdlich bewirtschaftet und nach dem Prinzip der Nachhaltigkeit genutzt. Durchschnittlich betreut jeder Jäger etwa 75 Hektar Jagdfläche. Zum Hochwild – also der „Hohen Jagd“ – zählt das Jagdrecht alles Schalenwild mit Ausnahme des Rehwildes. Weiterhin gehören das Auerwild, der Steinadler und der Seeadler zum Hochwild, weil diese als „wertvoll“ gelten. Alles übrige Wild gehört zum Niederwild (siehe S. 422). Der Begriff Hochwild hat historischen Hintergrund, denn er bezeichnete Wild, dessen Jagd besonders geschätzt wurde, und die deshalb dem hohen Adel (Hohe Jagd) vorbehalten war. Das Niederwild durfte hingegen auch vom niederen Adel, den Bauern und dem Klerus bejagt werden („Niedere Jagd“). Die Unterscheidung stammt aus dem Mittelalter, wo die Jagd immer mehr zum Privileg des Adels, sowie staatlicher und kirchlicher Würdenträger wurde. Zudem wurden die Reviere gekennzeichnet, so bezeichnete man Bezirke, in denen das Jagdrecht alleine dem König zugestanden hatte als so genannten Wildbann. Bejagbare Flächen teilen sich heute in Eigenjagden, (mindestens 115 Hektar Fläche), zusammenhängende Gemeindejagden (mindestens 500 Hektar Fläche) und Sonderjagdgebiete (Gemeindejagden unter 500 Hektar Fläche). In Eigenjagden ist der Eigentümer von Grund und Boden üblicherweise auch Jagdausübungsberechtigter. Gemeindejagden werden meist durch öffentliche Versteigerung an Jagdgenossenschaften oder Jagdgesellschaften (Verein zum Zwecke der Ausübung der Jagd) vergeben, auch eine Vergabe an Einzelpersonen oder juristische Personen ist möglich, aber sehr selten.

Der Hirsch

Das Rotwild ist die größte heimische Hirschwildart. Männliche Stücke werden in Hirschkalb, Schmalspießer und ältere Tiere unterschieden; weibliches Rotwild wird in Wildkalb, Schmaltier und Alttier eingeteilt. Ursprünglich war das Rotwild eigentlich ein Steppentier, doch besiedelt es in Rudeln zusammenlebend mittlerweile auch weitläufige zusammenhängende Waldregionen. Leider wird aufgrund des Zivilisationsdruckes, des Tourismus und der Verbauung der Landschaft der Lebensraum dieser Tiere immer kleiner.
In Österreich wird das Rotwild zum Teil in speziellen Gehegen für die Küche gezüchtet, doch weist das Fleisch aus den im Gehege gehaltenen Tieren nicht wirklich den typischen Wildgeschmack auf. Das Fleisch von Tieren aus freier Wildbahn ist viel aromatischer und von elegantem, fein-würzigem Wildgeschmack.

HIRSCHSTEAKS

Hirschsteaks aus Schale oder Rücken geschnitten (à 200 g) werden mit zerdrückten Wacholderbeeren, Thymian, etwas Zimt, Salz und Pfeffer eingerieben. Die Steaks in Öl auf beiden Seiten braten, herausnehmen und im Rohr bei Mittelhitze gar ziehen lassen. Dazu passen gedünstete Pilze oder auch eine cremige Polenta (mit viel Butter, geriebenem Käse und Rosmarin verfeinert).

HIRSCHBEUSCHEL IN ROTWEINSAUCE

Lunge und Herz vom Hirsch in Salzwasser mit etwas Wurzelgemüse, Lorbeerblätter, Wacholderbeeren, Pfefferkörnern und Rotwein weich kochen. Wenn das Fleisch weich ist, dieses herausnehmen, abkühlen lassen und in feine Streifen schneiden. Aus Butter und Mehl eine helle Einbrenn bereiten, diese mit passiertem Kochsud und Rotwein aufgießen, gut verkochen lassen. Die Sauce mit abgeriebener Zitronenschale, Thymian und Rosmarin würzen und mit Rahm und Rotwein verfeinern; das Fleisch dazugeben und noch einige Zeit darin köcheln lassen. Mit Knödel servieren.

HIRSCHLEBERRÖLLCHEN

Die Leber enthäuten, gründlich wässern und in dünne Scheiben schneiden. In dünne Scheiben geschnittenen Räucherspeck mit jeweils einer Scheibe Hirschleber belegen; mit sehr gutem Wacholderschnaps beträufeln, pfeffern und etwas Majoran darauf streuen. Mit einer zweiten Speckscheibe abdecken, dann aufrollen und mit Spießchen zusammenhalten. Die Speck-Leber-Röllchen in einer Pfanne mit heißem Fett braten, dabei eine gehackte Zwiebel mitrösten. Mit Rotwein ablöschen, danach zugedeckt fertig garen. Schließlich den Bratensatz mit Pfeffer, Salz und Majoran würzen und mit Sahne aufkochen. Leberröllchen mit Zwiebeln und der Sauce auf gebähten Weißbrotscheiben anrichten; als pikante Vorspeise servieren.

HIRSCHRAGOUT IN SENF-WEISSWEINSAUCE

1 kg Hirschfleisch wird würfelig geschnitten. Zwei Zwiebeln fein hacken und in 2–3 EL Butter hell andünsten, dann das Fleisch dazugeben und rundherum anbraten. Das Hirschfleisch gut mit Mehl stauben, dieses durchrösten, dann 1 1/2 Liter sehr guten und kräftigen Weißwein dazu gießen, 1–2 gehackte Knoblauchzehen, 2–3 Lorbeerblätter und 1 EL Senfsaat hineingeben, salzen, danach aufkochen lassen. Bei milder Hitze das Fleisch weich dünsten, sollte die Sauce zu schnell einkochen, etwas Brühe dazugeben. Das Gericht ist fertig, wenn das Fleisch weich und die Sauce schön mollig ist; dazu schmecken Teigwaren, Kroketten oder Serviettenknödel.

GEDÜNSTETE HIRSCHROULADEN MIT DÖRRFRÜCHTEN

**12 Hirschschnitzel aus der Keule (je 80–100 g),
12 Scheiben durchwachsener Speck,
12 Dörrzwetschken, 12 getrocknete Marillen,
2 Zwiebeln, 100 g Champignons, 100 g Karotten,
100 g Sellerie, 75 g Butter, 2–3 Lorbeerblätter,
6–8 Wacholderbeeren,
250 ml Wildfond oder Rindsuppe,
250 ml Rotwein, etwas geschlagenes Obers,
Salz und Pfeffer aus der Mühle**

Die Pilze putzen und blättrig schneiden; eine Zwiebel fein hacken, die andere in Ringe schneiden. Karotten und Sellerie waschen, klein würfeln. Die Hirschschnitzel mit Salz und Pfeffer würzen, mit je einer Speckscheibe, einigen Champignonblättern und Zwiebelringen belegen und je eine Dörrzwetschke und getrocknete Marille darauf legen. Zu Rouladen aufrollen und fest mit Küchengarn binden. Die Hirschrouladen in heißer Butter rundherum anbraten, gehackte Zwiebel und das gewürfelte Gemüse dazugeben, dieses anrösten, danach Lorbeerblätter und Wacholderbeeren hinzufügen. Alles mit Rotwein und Brühe aufgießen, salzen, pfeffern und etwa 45 Minuten dünsten lassen.
Die Rouladen aus dem Topf nehmen, die Sauce durch ein Sieb seihen, etwas reduzieren und mit geschlagenem Obers verfeinern. Mit der Sauce einen schönen Spiegel auf Teller setzen, je drei Rouladen darauf anrichten, eine mit Preiselbeeren gefüllte Birne daneben legen. In Butter geschwenkte Spätzle, Nudeln oder Nockerl passen genauso wie Semmel- oder Serviettenknödel.

HIRSCHRAGOUT IN SENF-WEISSWEINSAUCE

HIRSCHBEUSCHEL MIT SEMMELKNÖDEL

MUFFLON

Gams, Muffel- und Steinwild

Alle drei Hochwildarten sind Hornträger und bis auf das weibliche Muffelwild zieren beide Geschlechter diese Stirnwaffen. Die Hörner werden nicht abgeworfen, sondern wachsen jährlich weiter. Gams und Steinwild zählen zu den Wildziegen, Muffelwild zu den Wildschafen. Der Lebensraum für Gams und Steinwild sind die alpinen Gebirge, für das Muffelwild überwiegend die niederen Lagen von alpinen Gebieten oder Mittelgebirge.
Junge Tiere haben ein zartes, saftiges Fleisch von edlem Geschmack; das Fleisch älterer Tiere ist kerniger, dafür aber auch wesentlich aromatischer. Für die Zubereitung in der Küche ist alles sichtbare, talgige Fett zuvor zu entfernen.
Gourmets rühmen die Medaillons von Gämsen als edle Delikatesse und das Wildbret vom Muffelwild, das wegen seiner Kurzfaserigkeit und seiner Saftigkeit mit zu den begehrtesten Wildfleisch-Sorten gezählt wird.

GAMSRAGOUT

**1 1/2 kg Gamsfleisch, 150 g Räucherspeck,
1–2 mittlere Zwiebeln, 3–4 EL Butterschmalz,
2 gute EL Paradeismark,
Preiselbeerkompott nach Geschmack,
75–100 g Schwarzbrotbrösel,
250–300 ml Sauerrahm,
Salz und Pfeffer aus der Mühle**

**Für die Beize:
1 Flasche sehr guten Rotwein,
300 ml Rindsuppe oder Wildfond,
250 g grob gewürfeltes Wurzelgemüse,
3–4 Knoblauchzehen, 2–3 Zweige Thymian,
einige zerdrückte Wacholderbeeren,
Piment, einige Pfefferkörner, 4–5 Lorbeerblätter**

**Außerdem:
500 g in Butterschmalz gedünstete Steinpilze
(blättrig geschnitten)**

Das Gamsfleisch sauber parieren, in Würfel von 3–4 cm Größe schneiden. Aus den Zutaten für die Beize eine Marinade herstellen. Das Fleisch in eine Schüssel füllen, mit der Beize übergießen und 2–3 Tage darin marinieren.
Das Fleisch aus der Beize heben, trocken tupfen. In einer Kasserolle klein gewürfelten Speck in heißem Butterschmalz mit einer fein gehackten Zwiebel anrösten, dann das Fleisch dazugeben und ebenfalls anbraten. Alles mit der durchgeseihten Marinade begießen, diese aufkochen lassen, einen Deckel auflegen und das Ragout 4 Stunden bei 140 Grad im Ofen schmoren; danach das Fleisch aus der Kasserolle heben, in einer Schüssel warm stellen.
Den Bratenfond in einen Topf umfüllen und auf dem Herd auf ein Drittel einkochen lassen, währenddessen das Paradeismark, Preiselbeeren und die Brösel dazugeben. Den Sauerrahm glatt rühren, ebenfalls in die Sauce gießen und diese so lange weiter köcheln lassen, bis sie schön sämig ist.
Das Fleisch wieder in die Sauce geben und noch etwas auf kleiner Flamme ziehen lassen, mit Salz und Pfeffer abschmecken; zwischenzeitlich die blättrig geschnittenen Pilze kurz in heißem Butterschmalz dünsten. Die Pilze zum Ragout geben, alles nochmals mit Preiselbeeren, Salz und Pfeffer abschmecken und mit Tiroler Knödel, Semmelknödel oder Schupfnudeln servieren.

GEGRILLTES MUFFELBLATT

Ein Muffelblatt beidseitig mit Öl bepinseln, fein geschnittene Knoblauchzehen mit grobem Meersalz zerdrücken und das Blatt damit gut einreiben. Das Fleisch noch leicht salzen und mit grob gemahlenem Pfeffer würzen, dann gut eine Stunde rasten lassen. Dann das Fleisch unter mehrmaligem Wenden auf dem Rost etwa 30 Minuten langsam grillen (oder im Backofen mit Grillfunktion). Das Muffelblatt aufschneiden und mit einer Sauce nach Wahl servieren.

STEINBOCKSCHNITZEL

Aus der Nuss oder Oberschale vom Steinbock 3 cm dicke Schnitzel schneiden. Die Schnitzel mit Süßwein beträufeln und diesen etwas einziehen lassen. Dann das Fleisch klopfen, salzen, pfeffern und mehlieren. Eier versprudeln, mit Wildgewürz und Salz aromatisieren, dann das Fleisch darin wälzen, anschließend in Semmelbrösel panieren. Die Schnitzel in heißem Butterschmalz (zugedeckt) unter Wenden langsam beidseitig goldbraun ausbacken. Dazu serviert man ein Maronipüree.

STEINBOCK

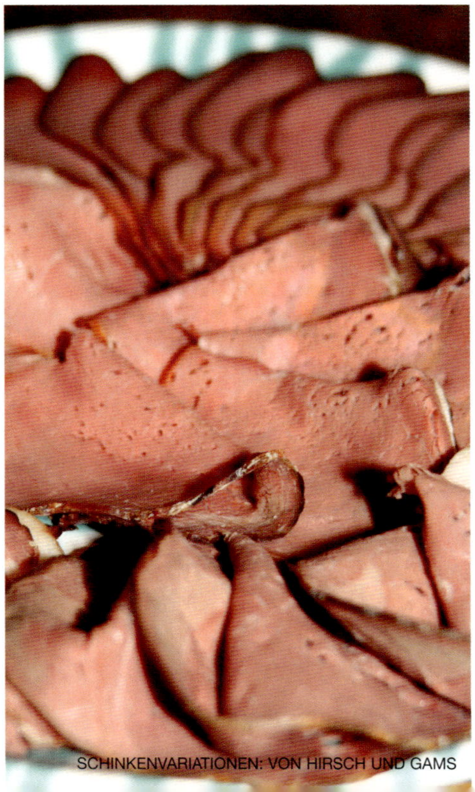

SCHINKENVARIATIONEN: VON HIRSCH UND GAMS

GAMSMEDAILLONS MIT BRÖSELNUDELN

12 Gamsmedaillons, 100 ml Obers, etwas Crème fraîche, 12–15 weiße Pfefferkörner, 4 Kletzen (Dörrbirnen), Öl oder Butterschmalz zum Braten, Salz und Pfeffer aus der Mühle

Für die Rotweinbutter:
125 ml guter Rotwein, 2–3 EL Butter, Zucker, Salz und Pfeffer aus der Mühle

Für die Bröselnudeln:
schmale Bandnudeln oder Spätzle, Semmelbrösel, Butter

Zuerst müssen die Kletzen in heißem Wasser aufgekocht werden, dann lässt man sie abkühlen und entfernt die Stiele sowie das Kerngehäuse. Schließlich die Kletzen in je drei Teile schneiden. Für die Rotweinbutter lässt man etwas Zucker karamellisieren, löscht mit Wein ab und lässt diesen verkochen, rührt 2 Esslöffel Butter ein und erhitzt die Kletzen darin. Das Obers wird in einer Kasserolle mit gestoßenen Pfefferkörnern leicht geköchelt, bis es cremig ist, dann abgeseiht und warm beiseite gestellt.
Die Gamsmedaillons mit Salz und Pfeffer würzen, kurz in einer Pfanne scharf anbraten, danach im 180 Grad heißen Rohr noch 7 Minuten weiterbraten; dann zugedeckt rasten lasse. Zwischenzeitlich die Teigwaren in Salzwasser bissfest garen, gut abtropfen lassen und in Butterbrösel schwenken.
Zum Anrichten wird das Pfeffer-Obers mit Crème fraîche verfeinert und mit ihm ein Saucenspiegel in die Mitte von vorgewärmten Tellern gesetzt. Jeweils 3 Gamsmedaillons darauf platzieren, Kletzen und Bröselnudeln anrichten und das Fleisch mit der Rotweinbutter – die man in letzten Moment abgeschmeckt und mit etwas eiskalter Butter montiert hat – nappieren.

Auerhahn

Der Auerhahn gehört zur höheren Jagd, weil er als edles Wild gilt. Heute wird er leider mehr der Jagd zuliebe, als für die Küche geschossen und ist daher für den Genießer – außer man kennt einen Jäger persönlich – kaum oder nur sehr schwer erhältlich. Das Fleisch von älteren Tieren hat nicht selten einen harzigen Geschmack, weshalb dieses mariniert werden sollten. Auch sollten ältere Tiere gehäutet werden. Das Fleisch der jüngeren Vögel kann ohne Beize gebraten werden und ergibt einen schmackhaften Braten; dennoch bleibt der Auerhahn wegen seines intensiven Geschmacks etwas für echte Wild-Liebhaber.

GESPICKTER UND GEDÄMPFTER AUERHAHN

Ein junger Auerhahn wird gerupft, flambiert, ausgenommen, dressiert, gesalzen und gepfeffert. Danach legt man ihn 8–10 Tage in eine gekochte Marinade, wobei er des öfteren umgewendet werden muss.

Für die Marinade 3 Karotten, 4 Zwiebeln, 6 fein gehackte Schalotten, 4–6 Knoblauchzehen, etwas Sellerie, Petersilienwurzel, 2 oder 3 Zweige Thymian, 4–6 Lorbeerblätter, 6 zerdrückte Pfefferkörner und 2 Gewürznelken mit etwas Olivenöl leicht andämpfen, zwei Liter Weißwein und 1/2 Liter Weinessig hinzugießen und die Marinade 30 Minuten langsam kochen. Sobald die Marinade ausgekühlt ist, gibt man den Auerhahn hinein.
Zum Dämpfen des Vogels wird der Boden einer gut schließenden Bratkasserolle mit Speckscheiben belegt, der Auerhahn daraufgesetzt und mit der Marinade und ihren Zutaten nebst etwas Fleischbrühe oder Bratensaft gut bedeckt langsam weich gekocht. Danach kommt er eine Weile ohne Saft in den gut heißen Ofen, wo man ihn unter Bestreichen mit Butter etwas bräunen lässt. Der Saft wird zwischenzeitlich entfettet, leicht mit Mehl gestaubt, mit saurem Rahm vergossen und

eingekocht. Die sämige Sauce passieren und abschmecken; wer mag gibt auch etwas braune Bratensauce dazu.
Schließlich wird der Braten tranchiert und auf einer schönen Platte angerichtet mit der Sauce begossen und serviert. Die übrige Sauce gibt man extra dazu.

GEBRATENER JUNGER AUERHAHN

Ein junger Auerhahn wird küchenfertig vorbereitet, mit feinen in Pfeffer und Salz gewälzten Speckfäden gespickt und 8 Tage in mit Essig vermischtem Weißwein mariniert. Danach den Vogel salzen und in Butter und Speck mit 1 Zwiebel, einigen Zitronenscheiben und zerdrückten Wacholderbeeren unter fleißigem Begießen braten, wobei man nach und nach etwas von der Marinade hinzu gießt. Die Sauce wird durch ein Sieb gegossen, kurz eingekocht, nach Wunsch abgeschmeckt und gebunden (mit z. B. Obers, Rahm oder einer Einbrenn) und über den fertigen Braten gegossen.

IM GANZEN GEBRATENE WILDKEULEN SIND FESTLICHE SCHMAUSEREIEN!

HASELHUHN

Haselhuhn

Dieser schöne Waldvogel ist ungefähr so groß wie ein Rebhuhn, seine Federn sind aschgrau, schwarz, braun und weiß. Die Schwungfedern sind grau mit schwarzen Punkten und einer schwarzen Binde, die mittleren ausgenommen, besetzt; die Beine sind bis auf die Zehen hin befiedert. Das Männchen hat an der rostfarbigen Brust einen schwarzen Fleck, welcher dem Weibchen fehlt. Die Haselhühner liefern der Küche einen vorzüglichen Braten und haben sehr viel Fleisch im Verhältnis zu ihrer Größe; dasselbe ist so weiß und dicht, wie man es sonst nur bei kleinem Wildgeflügel findet. Man kann sie wie Rebhühner zubereiten, besonders schmackhaft sind sie auch geschnetzelt.

GESCHNETZELTES HASELHUHN

6–8 Brüstchen vom Haselhuhn werden in Scheiben geschnitten, in eine Schüssel gefüllt und mit Sekt oder Champagner (etwa 250 ml) aufgegossen. Das Fleisch darin 30–60 Minuten ziehen lassen, dann durch ein Sieb abtropfen; Flüssigkeit dabei auffangen.
In einer Pfanne Butterschmalz erhitzen, das Geschnetzelte darin zusammen mit einer großen fein gehackten Zwiebel unter ständigem Rühren anbraten; salzen und pfeffern. Mit dem Sekt/Champagner von der Marinade ablöschen, aufkochen lassen, danach 250–300 ml Obers dazu gießen und entweder mit Thymian und Wacholder oder auch mit fein geschnittener schwarzer Trüffel würzen. Das Ganze bei mittlerer Hitze 10–15 Minuten dünsten, bis das Fleisch gar ist; nochmals abschmecken.
Das Geschnetzelte wird in einem Reisring auf Tellern angerichtet und mit in Butter gebratenen Champignons oder kleinen schwarzen Trüffeln ausgarniert.

Birkhahn

Das Fleisch dieses schönen Waldvogels ist weit zarter als das des Auerhahns und auch er gehört zum Hochwild. Das Fleisch der jungen Hennen ergibt einen vorzüglichen Braten und bei den alten Männchen hat es das Besondere, dass es auf der Brust von zweierlei Farbe ist; die inneren Partien der Brust haben weißes, die äußeren Lagen aber braunes Fleisch.
Ob der Vogel jung ist, erkennt man leicht an den Federn: Unter einem Jahr hat er braungesprenkelte, wenn er älter ist, glänzend schwarze Federn am Hals und die übrigen mit weißen Federn vermengt, ebenso sind dann die Beine bis auf die Zehen stark befiedert, auch hat er einen dicken, hochroten Kamm und ebensolche Backen. Die Zubereitung eines älteren Birkhahnes ist fast dieselbe wie die des Auerhahnes, nur braucht man dem Birkhahn die Haut nicht abzuziehen, sondern rupft und flambiert ihn nur. Ein junger Birkhahn braucht nicht vorher überdünstet zu werden; er wird beim Braten nur mit etwas Zitronensaft übergossen.

BIRKHUHN GEBRATEN

Ein junges, einige Tage abgehängtes Birkhuhn wird gerupft, flambiert, ausgenommen und wie ein normales Hausgeflügel dressiert, danach mit Speckscheiben umwickelt. In reichlich Butter mit Zwiebeln und Karotten lässt man es unter fleißigem Begießen im Ofen eine Stunde braten. Der Bratensatz wird mit einem Löffel brauner Sauce und etwas Bratensaft aufgekocht, durchpassiert und entfettet über das angerichtete Geflügel gegeben.
Besonders gut schmeckt der Vogel, wenn man der Sauce gehackte schwarze Trüffel zugibt!

BIRKHAHN

Der Bär

Auch der Bär zählt zur „Hohen Jagd" und war noch bis in die Zeit der alten Donaumonarchie hinein eine beliebte Jagdbeute, die auch in der Küche sehr geschätzt wurde.
Das Fleisch junger Bären verfügt über einen feinen, angenehmen Geschmack; die Keulen alter Bären hingegen galten gebraten oder geräuchert als Leckerbissen.
Am meisten wurden die Tatzen von den Feinschmeckern gesucht, welche man zunächst weichgekocht und anschließend mit Semmelbröseln paniert ausgebacken hat.
Ein mit Champignons zubereiteter Bärenkopf galt ebenfalls als vortreffliches Gericht. Eine besondere Delikatesse war endlich der Bärenschinken, welcher gut abgehangen zumeist in einer mit Wacholder gewürzten Rotweinsauce geschmort wurde.
Heute sind die letzten verbliebenen Bären unter Naturschutz gestellt und dürfen daher nicht mehr bejagt werden, weshalb Bärenfleisch im Handel kaum (außer evt. aus Osteuropa stammend) erhältlich ist.

GESCHNETZELTES HASELHUHN

Rotholz – eine Bundeslehranstalt für Käse-Liebhaber

Bereits im Jahre 1881 wurden in der damaligen Landwirtschaftlichen Lehranstalt Rotholz erste milchwirtschaftliche Ausbildungen durchgeführt. Heute, mehr als 125 Jahre später, ist Rotholz nicht nur ein Begriff für Ausbildung, sondern geradezu ein österreichisches Synonym für den Käse an sich.
Die Bundesanstalt für Alpenländische Milchwirtschaft (BAM) Rotholz sieht sich selber als „unabhängige Serviceeinrichtung zur Stärkung der Land- und Milchwirtschaft im alpenländischen Raum" und als Ansprechpartner in allen Fragen der Milchverarbeitung vom Rohprodukt Milch bis zum fertigen Produkt.
Daher werden verschiedenste Dienstleistungen angeboten; neben dem Erstellen von Gutachten, Beratungstätigkeiten für alle Bereiche der Milchwirtschaft und der traditionellen Ausbildung in der Lehranstalt sind dies insbesondere die Rotholzer Säuerungs- und Reifungskulturen. Mittlerweile werden über 80 Prozent des österreichischen Hartkäses und ungefähr 70 Prozent der geschmierten Käse in Österreich mit Rotholzer Kulturen hergestellt.
Für den Genießer sind wohl die hochklassigen, hier erzeugten Käse das wichtigste Standbein der BAM Rotholz. Neben Kuhmilchprodukten, wie etwa den drei Spielarten des Tilsiter (Bergtilsiter, Edeltilsiter und Alpentilsiter), werden als besondere Spezialität auch exquisite Ziegen- und Schafmilchprodukte erzeugt. Wenig verwunderlich ist da, dass die Qualität der Produkte immer wieder durch Prämierungen bei internationalen Wettbewerben bestätigt wird.
Wichtig zu erwähnen ist an dieser Stelle, dass für die hochwertigen Käse selbstverständlich ausschließlich Milch aus silagefreier Fütterung von Tiroler Bauern verwendet wird.
In der Erzeugung und Verarbeitung von Schafsmilch sieht die BAM Rotholz eine weitere Möglichkeit, alternative Einnahmemöglichkeiten für schwierig zu bewirtschaftende landwirtschaftliche Flächen aufzuzeigen. Nach dem Erfolg der Ziegenmilchverarbeitung (ungemein zartschmelzend und verführerisch schmeckt z. B. der Ziegenfeinspitz) wird nun die Entwicklung von Schafmilchprodukten vorangetrieben. Die Milch für die Rotholzer Schafmilchspezialitäten stammt ausschließlich von Tiroler Landwirten, die sich auf die Herstellung von Schafmilch spezialisiert haben. Neben einem sehr guten Schafs-Camembert und dem halbweichen Schnittkäse namens „Gebirgsschaf", verzücken insbesondere der sensationelle „Rotholzer Alpenschaf" und der so genannte Blauhudler (ein mit Uhudlerwein verfeinerter Blauschimmelkäse aus Kuhmilch) mit ihrem pikant-würzigem Geschmack selbst verwöhnteste Gaumen.

TIROLER NUSSKUCHEN MIT BLAUSCHIMMELKÄSE

1 Tasse Mehl, 3 Tassen geriebene Hasel- und/oder Walnüsse, 50 g kalte Butter, 1 Eigelb, 3 EL Wasser, Prise Salz

Für den Belag:
500 ml Sahne, 6 Eigelbe,
150–200 g Blauschimmelkäse zerbröselt,
1 TL frischer Thymian, schwarzer Pfeffer, evtl. Salz

Zunächst die geriebenen Nüsse in einer beschichteten Pfanne trocken (ohne Fettzugabe) leicht durchrösten. Zwischenzeitlich die eiskalte Butter in Stücke schneiden.
Danach das Mehl mit den abgekühlten Nüssen und einer Prise Salz vermischen. Die Butterflocken einarbeiten, bis sich ein feinkrümeliger Teig bildet. Nun wird das Eigelb zugegeben; gerade einmal so viel Wasser esslöffelweise hinzufügen, bis sich ein Teigballen formen lässt. Den Teig zu einer Kugel formen, in Folie schlagen und eine Stunde kühl stellen.
Backrohr auf 180 Grad vorheizen. Den Teig ausrollen und eine gut gebutterte Tortenform aus Keramik (24–26 cm Durchmesser) damit auskleiden; vorbacken, bis die Teigoberfläche leicht gebräunt ist; abkühlen lassen. In einer Schüssel alle Zutaten für den Belag sorgfältig verschlagen und in den vorgebackenen Teigboden gießen. Weitere 20–30 Minuten backen, bis die Füllung gestockt ist und an der Oberfläche goldgelb gebräunt.

Tipp: Der Kuchen lässt sich vielfältig abwandeln, so können dem Belag z. B. klein geschnittene, in Butter sautierte Birnen hinzugefügt werden. Sehr interessant schmeckt diese Tarte auch, wenn man küchenfertig vorbereitete Weinbergschnecken in den Belag setzt.

EINIGE ROTHOLZER KÄSE-DELIKATESSEN

1. Edel-Tisiter: Tilsiter-Käse in Laibform und bodenständigem Erscheinungsbild. Schon in einem sehr frühen Reifungsstadium hat er eine weiche, geschmeidige Teigstruktur. Ihn zeichnet ein rahmiger, feinsäuerlicher Geschmack aus. Beim Anschnitt des Käselaibes zeigt sich ein hellgelber bis elfenbeinfarbiger Käseteig mit einer deutlich erkennbaren unregelmäßigen Bruchlochung.

2. Alpentilsiter: Der Rotholzer Alpentilsiter hat ein sehr bodenständiges äußeres Erscheinungsbild. Die rötlich-braune Rinde mit einem leichten Anflug von weißem Milchschimmel ist ein Markenzeichen dieser Käsespezialität. Im Anschnitt des Käselaibes zeigen sich einige kleine Löcher auf der Schnittfläche. Die geschmeidige Teigstruktur in Verbindung mit dem feinsäuerlichen bis dezent würzigen Käsearoma bringt jeden Käseliebhaber zum Schwärmen.

3. Rotholzer Alpenschaf ist der pikanteste Schafskäse der BAM Rotholz. Eine schonende Wärmebehandlung der naturbelassenen Milch verleiht ihm seine Grundnote. Durch den Zusatz spezieller altüberlieferter Säuerungs- und Reifungskulturen erhält diese Gaumenfreude ihr ausgeprägtes Aroma. Mittels händischer Pflege in den Reifungsräumen der BAM Rotholz (in welchen ein Reifeklima ähnlich dem der Felsenkeller von Roquefort herrscht) bekommt diese Rarität das typische rustikale Äußere. Sowohl die feinen Blauschimmeladern, als auch der sensationelle pikant-würzige Geschmack lassen die Herzen aller Käseliebhaber höher schlagen!

4. Rotholzer Ziegenfeinspitz: Rotholzer Ziegenkäse wird unter Zusatz von Schmelzsalz geschmolzen, nach Erreichung einer homogenen Konsistenz abgefüllt und sofort gekühlt. Das feine Ziegenaroma bleibt dadurch erhalten und verleiht dem Käse seinen einzigartigen Charakter. Der Ziegenfeinspitz ist zudem der einzige Ziegen-Streichkäse Österreichs.

VON LINKS: BLAUHUDLER, ZIEGENSTREICHKÄSE (ZIEGENFEINSPITZ), EDELTILSITER, ALPENTILSITER

HOTELIER
FRANZ JOSEF PIRKTL

Genuss mit allen Sinnen: Das Hotel Schwarz!

Das herrliche Tiroler Bergpanorama des Mieminger Plateaus und die traumhafte Hotelanlage mit ihrem 32.000 Quadratmeter großen Pracht-Garten wären schon für sich allein gesehen Grund genug, das Hotel Schwarz zu besuchen! Doch dem genussfreudigen Menschen, der nicht nur seine Seele baumeln lassen will, sondern das Leben an sich mit allen Sinnen intensiv wahrnehmen möchte, bietet das „Schwarz" noch viel mehr: die heimelige Atmosphäre, herzliche Menschen, ein wunderschöner Spa-Bereich, Tennis, Golf (der Platz liegt direkt neben dem Hotel) und Jagd sind nur einige Bereiche, die (Lebens-)Freude bereiten. Hinzu kommen exklusive Events mit kulinarischen Genüssen, welche im „Alpenresort Schwarz Gourmetclub" immer wieder veranstaltet werden.

Schon ab Ende März blühen hier am sonnenüberfluteten Mieminger Plateau Hederich und die ersten Frühlingsboten im Tal. Nach der Baumblüte und den bunten Wiesenblüten im April und Mai zieht sich dann ab Juni bis über den Sommer hinaus die Blütenpracht fort. Hier kann man wirklich natur- und hautnah die einzigartige Tiroler Bergwelt erleben, denn das Mieminger Plateau ist mit Sicherheit eine der landschaftlich schönsten Regionen Österreichs.

Wer ihn kennt, liebt ihn, diesen einzigartigen goldenen Herbst am Mieminger Plateau! Wenn sich die Blätter rötlich färben und die Lärchen so golden schimmern, dass ihre Verfärbung im Volksmund als „Brennen" bezeichnet wird. In diesem Paradies ausgedehnte Herbstspaziergänge und Wanderungen zu unternehmen oder einfach nur die Seele baumeln zu lassen, das ist schon ein seltener Genuss!

In der Küche des Hotel Schwarz werkt Küchenmeister Mario Anton Walch, der hier eine leichte, unbeschwerte Küche auf hohem Niveau praktiziert, die einerseits dem Wellness-Gedanken entsprechen soll, andererseits aber auch die ganze Aromavielfalt Tirols widerspiegeln will. Und in diesem Sinne kreierte Mario Walch auch nachstehendes Menü:

GERÄUCHERTER GAMSSCHINKEN MIT GRANTENEIS UND PFIFFERLING-KASTANIEN-VINAIGRETTE

Für das Gamsschinkenmus:
40 g Sahne,
40 g Milch,
40 g kräftige Rinderbrühe,
150 g geräucherter Gamsschinken,
1 Prise Cayennepfeffer, etwas Gin, Wacholderbeeren,
2 Blatt Gelatine,
150 g halbsteif geschlagene Sahne,
Salz und Pfeffer

Für den Schinken-Biskuitmantel:
16 Blatt Gamsschinken,
4 Dotter, 3 Eiweiß,
50 g glattes Mehl,
Salz und Pfeffer aus der Mühle

Für das Preiselbeereis:
300 g Milch, 100 g Zucker, 100 g Sahne, 100 g Preiselbeeren, 3 Dotter, etwas Gin

Für die Pfifferling-Kastanienvinaigrette:
250 g sauber geputzte Pfifferlinge,
2 Schalotten fein gehackt, 50 g Sherryessig,
50 g Kastanienessig, 200 g Sonnenblumenöl,
20 g Walnussöl, etwas Thymian,
fein gehackte Petersilie,
Salz und Pfeffer aus der Mühle

Außerdem:
12 Scheiben Gamsschinken,
4 EL Preiselbeeren

1. Für das Eis die Milch und die Preiselbeeren einmal aufkochen, etwas ziehen lassen, danach mit dem Zucker, der Sahne und den Dottern zur Rose abziehen. In einen Paco-Jet-Becher füllen und einfrieren.
2. Für das Schinkenmus wird der Gamsschinken in Milch, Sahne und Brühe etwa 15 Minuten ausgekocht, danach alles im Rotarmixer fein püriert und durch ein feines Sieb gestrichen. Die in kaltem Wasser eingeweichte Gelatine ausdrücken und in Gin auflösen, danach unter das Mus heben. Das Gamsschinkenmus abschmecken und erkalten lassen, kurz vor dem Stocken noch Sahne untermischen.
3. Für den Schinken-Biskuitmantel wird der Gamsschinken sauber auf ein Backpapier aufgelegt. Danach die Dotter schaumig rühren, das Eiweiß zu steifem Schnee schlagen und unter die Dottermasse heben. Das Mehl einsieben und vorsichtig unterheben. Die Biskuitmasse wird nun dünn auf den Schinken aufgestrichen und danach bei 200 Grad etwa 8 Minuten gebacken. Schaumrollenformen mit Fett besprühen und den in Streifen geschnittenen Biskuitmantel herumwickeln (Schinken nach außen). Mit Frischhaltefolie fixieren und erkalten lassen.
4. Nun wird die Vinaigrette zubereitet: Hierfür die geputzten Pilze zusammen mit den feinst gewiegten Schalotten in wenig Butter bei starker Hitze kurz sautieren und würzen. Die Essige und Öle mit dem Schneebesen zusammenrühren, die gehackten Kräuter dazugeben und die Vinaigrette abschmecken. Pilze in einem Teil der Vinaigrette marinieren.
5. Die Schaumrollen entfernen und die Röllchen mit dem vorbereiteten Gamsschinkenmus füllen. Schräg halbieren.
6. Das Eis im Paco-Jet cremig aufmixen, dann Kugeln ausstechen.
7. Je einen Esslöffel Preiselbeeren auf Teller setzen und eine Kugel Eis darauf anrichten. Gamsschinken und Gamsschinkenröllchen anlegen, mit der Pfifferling-Kastanienvinaigrette marinieren und nach Belieben mit z. B. Feldsalat, Rucola, Preiselbeeren ausgarniert servieren.

GERÄUCHERTER GAMSSCHINKEN MIT GRANTENEIS UND PFIFFERLING-KASTANIEN-VINAIGRETTE

GEROLLTER KANINCHENRÜCKEN

KÜCHENMEISTER
MARIO WALCH

HIRSCHFILET MIT SAFRANAPFEL, SCHWARZWURZELN UND ERDÄPFELNUDELN

Für das Hirschfilet:
800 g Hirschfilet sauber pariert, Salz, Pfeffer

Für das Gemüse:
400 g küchenfertig vorbereitete Schwarzwurzeln,
100 g Béchamelsauce,
nach Geschmack Prise Muskatnuss,
Salz und Pfeffer aus der Mühle

Für die Erdäpfelnudeln:
660 g in der Schale gekochte Erdäpfel,
300 g griffiges Mehl, 90 g Grieß,
60 g weiche Butter, 3 Eier, Muskatnuss,
Salz und Pfeffer aus der Mühle

Für den Safranapfel:
1 Liter Weißwein, 1 Liter Marillensaft,
1 Msp. echte Safranfäden, 2 cl Holundersirup,
1 cl Champagneressig, 4 schöne Apfelscheiben (vorzugsweise Gala), 5 Korianderkörner,
etwas Maisstärke

Für den Safranapfel werden alle Zutaten bis auf die Apfelscheiben in einen Topf gefüllt und zunächst auf 400 ml eingekocht, danach durch ein feines Sieb passiert. Sauce mit Maisstärke abbinden und die Apfelscheiben darin leicht pochieren, danach 1 Tag marinieren lassen.
Die Schwarzwurzeln in leicht gesalzenem Wasser vorgaren, dann mit der Béchamel einmachen und abschmecken.
Für die Erdäpfelnudeln die Kartoffeln schälen, pressen und durch ein Sieb passieren. Die restlichen Zutaten hinzufügen und mit den Händen vorsichtig alles zusammen kneten. Teig in zwei bis drei Portionen teilen, diese zu Rollen formen und mit der Teigkarte kleine Stücke abstechen, die wiederum zu kleinen Nudeln gerollt werden. Nudeln auf ein bemehltes Blech legen. Wenn alles verarbeitet ist, werden die Nudeln portionsweise in leicht gesalzenem Wasser gekocht und danach in brauner Butter geschwenkt.
Das Hirschfilet würzen und bei 80 Grad so garen, dass es innen noch rosa bleibt. Danach das Filet in vier Portionen geteilt auf vorgewärmten Tellern anrichten, mit dem Safranapfel belegen und samt Beilagen servieren.

GEROLLTER KANINCHENRÜCKEN MIT GRÜNEN BOHNEN, THYMIANJUS UND BLAUEN KARTOFFELN

Für den Kaninchenrücken:
2 ausgelöste Kaninchenrücken im Ganzen samt Bauchlappen, 8 große Mangoldblätter,
in Streifen geschnittenes Gemüse (Karotten, Gelbe Rüben, Sellerie und Zucchini),
Salz und Pfeffer aus der Mühle

Für die Kartoffeln:
500 g blaue Kartoffeln, Milch, Butter, Salz

Weiter: 400 g blanchierte grüne Bohnen,
250 g Sauce Demi-Glace,
fein gehackter frischer Thymian

Die Kaninchenrücken sauber parieren, würzen und mit den Mangoldblättern belegen, Gemüsestreifen darauf legen, die Rücken zusammenrollen und in Alufolie einwickeln.
Bei 80 Grad 30–45 Minuten im Ofen garen. Die Kartoffeln weich kochen, schälen, pressen und durch ein Sieb passieren. Mit einem Schneebesen die Milch und Butter einrühren, gut abschmecken.
Kaninchenrollen aus der Folie nehmen und in Portionsstücke teilen. Mit dem Püree Sockel auf Teller setzen, Kaninchenrollen darauf anrichten und mit Bohnen, Sauce Demi-Glace sowie Thymian ausgarnieren.

TOPFENKNÖDEL MIT HOLLERRAGOUT

Für die Topfenknödel:
500 g Topfen, 50 g Butter,
2 Eier, 80 g Zucker,
85 g fein geriebenes und entrindetes Toastbrot,
25 g Mehl, etwas Zitrone,
das Mark einer Vanilleschote

Für das Holunderragout:
1 Liter Rotwein, 1 Liter Apfelsaft,
1 Stk. Sternanis, 1 Vanilleschote, 50 g Zucker,
3 cl Silvaner Eisweinessig,
etwas Maisstärke (oder andere Stärke),
200 g Holunderbeeren

Für das Hollerragout wird der Zucker karamellisiert, dann mit Rotwein und Apfelsaft abgelöscht, der Sternanis, das Vanillemark sowie die halbierte Schote dazugegeben und alles auf etwa 400 ml eingekocht. Reduktion durch ein Sieb passieren, mit dem Eisweinessig abschmecken und leicht mit der Stärke abbinden. Die fertige Sauce über die gewaschenen Holunderbeeren gießen und alles gut 2 Tage im Kühlschrank durchziehen lassen.
Aus Butter und Dotter einen Abtrieb herstellen, diesen mit den restlichen Zutaten für die Topfenknödel vermengen und mindestens 3 Stunden durchziehen lassen. Aus der Teigmasse kleine Knödel formen, diese in leicht gesalzenem Wasser pochieren, danach in Butterbrösel wälzen und mit Staubzucker bestreut anrichten. Das Holunderragout dazu reichen.

HIRSCHFILET MIT SAFRANAPFEL

TOPFENKNÖDEL MIT HOLLERRAGOUT

HELMUT VALENTIN

Gasthof „Zum Löwen“

Seit jeher bedingte die geographische Lage, dass römische Reisende in den ersten nachchristlichen Jahrhunderten der Rast wegen in den gastlichen Tiroler Tavernen abgestiegen sind. Grund hierfür war nicht selten die unwirtliche Wetterlage, welche die Weiterreise beschwerlich und zudem gefährlich gestaltete, weshalb man im gastfreundlichen Tirol durchaus gerne verweilte. Durch den zunehmenden Reiseverkehr, die Kreuzzüge, Wallfahrten und Pilgerfahrten taten sich Herbergen, Schenken und Gasthäuser reihenweise auf. Die vom altgermanischen Gebot der Gastfreundschaft, wie auch vom Werk christlicher Nächstenliebe geprägten Tiroler waren zudem oft Geistliche, die als Gastgeber die Tiroler Wirtshausgeschichte von Beginn an prägten und auszeichneten.
Eine Tiroler Spezialität waren vor allem die Pfarrhöfe in den hintersten Hochgebirgstälern an vielbegangenen Jochübergängen, welche zugleich auch als Gasthaus fungierten. Doch spätestens seit Andreas Hofer wissen wir, dass das Gasthaus für die Tiroler auch schon immer mehr war, als ein Ort an dem man Rast suchte oder bei Bier und Spiel Zerstreuung vom harten Alltag fand. Meist nach der heiligen Messe machten die Bauern im Gasthaus ihre Geschäfte, besprachen Verpachtungen, Viehkauf und -tausch. Und schnell war den Tirolern klar, dass mit einem satten Partner viel angenehmer zu verhandeln war, als mit einem hungrigen. Dies spiegelt sich auch in den vielen überlieferten, traditionellen Wirtshausgerichten, denn neben aller Kreativität, Bodenständigkeit und Herzhaftigkeit musste das Gasthausessen vor allem sättigend sein.

Ein sehr altes Gasthaus, dessen Geschichte bis in das 16. Jahrhundert zurückreicht, ist der imposante Gasthof „Zum Löwen“ im kleinen Ort Barwies am wunderschönen Mieminger Sonnenplateau, dessen reizvolle Landschaft dem stressgeplagten Städter so viel Erholung bietet. Stolz präsentiert sich heute das ehrwürdige Gemäuer mit seiner heimeligen Zirbenstube dem Gast. Und nicht minder stolz auf das Geschaffene ist sein Besitzer Helmut Valentin, der es sich einst zur Aufgabe gemacht hatte, das Gemäuer vor dem sicheren Verfall zu retten und zu neuem Glanz zu führen.
Helmut Valentin und sein Geschäftspartner Martin Sponring (genannt die „Martinswand“) haben hier ein Gasthaus errichtet, in dem der Gast mit verfeinerten regionalen Schmankerln verwöhnt wird. „Nudeln, Nocken, Knödel, Plenten – das sind die vier Tiroler Element'n“ ist daher auch der Wahlspruch des Hauses „Zum Löwen“. Und weil Helmut Valentin aus Osttirol stammt und auch das Südtirol so liebt, wurden kulinarische Elemente aus diesen Regionen in ihr Konzept eingebaut!
Keine kulinarischen oder kreativen Auswüchse, sondern eine genussvolle, gradlinige und moderne Tiroler Küche aus hochwertigen Zutaten wird hier dem Gast angeboten. Und so liest man auf der Speisekarte z. B. von Zillertaler Kaskrapfen, Kürbissuppe mit Polentacroûtons, Steinpilz-Gerstlrisotto mit Maishendel, Innervillgrater Schlutzkrapfen, Bauernbratl, Almochsensteak, Karwendel-Hirschgulasch, Kiachl mit Kürbissorbet, Tiroler Creme mit Zwetschkenröster und vor allem von vielen Tiroler Käsespezialitäten.

Der Gasthof „Zum Löwen“ darf mit Fug und Recht als ein perfektes Gasthaus bezeichnet werden, insbesondere deshalb, weil hier genau das umgesetzt wird, was ein Gasthaus bieten soll: keine großen Kapriolen, sondern eine perfekt und sauber zubereitete Tiroler Wirtshausküche aus hochwertigen Regionalprodukten; eine Küche, die einfach Spaß macht, Genuss bereitet und schmeckt! Natürlich gibt es hier auch einen gut sortierten Weinkeller, doch gewinnt man ebenso schnell den Eindruck, bei Tiroler Bier und edlem Schnaps genauso gut aufgehoben zu sein.
Und da Helmut Valentin vor allem einen Lebenstraum verwirklichen wollte, nämlich eine eigene Bühne, gibt es hier im ersten Stock auch ein Bauern-Theater. Aber genau genommen ist das gesamte Wirtshaus ein einziges Theater, mitunter auch ein höchst genussvoller, nahezu unbeschreiblicher Komödienstadl mit viel Herz und Flair – und das (fast) gänzlich ohne Politik!

CARPACCIO VOM MIEMINGER JAHRLING MIT MUSKATKÜRBIS

Hierfür wird eine Tiroler Spezialität genommen, nämlich ein Jahrling aus reiner Mutterkuhhaltung. Sein Lungenbraten ist butterzart, aromatisch und verzückt den Gaumen mit seinem Wohlgeschmack. Die Kombination mit Kürbis ist eine Erfindung von Helmut Valentin, die gleichermaßen überrascht, wie mundet!

**Gut 400 g Lungenbraten,
200 g geschälter Kürbis (z. B. Muskatkürbis),
4 EL Olivenöl, 2 Spritzer Zitronensaft,
50 g Lechtaler Bergkäse, Salz, Pfeffer,
1 EL Kürbiskerne, 1 EL Kürbiskernöl**

**Für das Kürbispesto:
125 ml Kürbiskernöl, 20 g Walnüsse,
20 g Pinienkerne, 20 g reifen Bergkäse,
1–2 Knoblauchzehen, Salz und Pfeffer**

Das Fleisch im Tiefkühler ganz leicht anfrieren lassen; dann (wenn man es beherrscht mit einem Messer, sonst mit einer Aufschnittmaschine) in dünne Scheiben schneiden, eine Folie darüber legen und das Fleisch hauchdünn plattieren. Teller mit Olivenöl und Zitronensaft beträufeln. Fleischscheiben im Kreis auflegen in der Mitte Platz für den Kürbis frei lassen und abermals beträufeln mit Salz und frisch geriebenem Pfeffer würzen; mit Parmesansplitter garnieren. Dann den in hauchdünne Scheiben geschnittenen Kürbis dekorativ in der Mitte anrichten. Die Zutaten für das Pesto in ein hohes Glas füllen und aufmixen, sorgfältig abgeschmeckt das Carpaccio damit marinieren. Etwas Salat als Garnitur anlegen und servieren.

CARPACCIO VOM MIEMINGER JAHRLING MIT MUSKATKÜRBIS

ALMOCHSE IN DER KRÄUTERKRUSTE

ALMOCHSE IN DER KRÄUTERKRUSTE MIT GEMÜSE UND SCHALENKARTOFFELN

1 kg Ochsenlende (gut gereift, am besten direkt vom Bauern)
800 g Gemüse nach Saison (Karotten, Tomaten, Paprikaschoten, Zucchini),
12 kleine Kartoffeln samt Schale

Für die Gratiniermasse:
125 g weiche Bauernbutter,
60 g frisch geriebene Semmelbrösel,
gehackter Rosmarin, Petersilie (grob gehackt)
1 EL geriebener Bergkäse,
1 EL Senf (scharf, z. B. Löwensenf),
1 Teelöffel gehackte Knoblauchzehe,
Salz und Pfeffer

Für die Gratiniermasse alle dafür vorgesehenen Zutaten gut miteinander vermengen, dann kühl durchziehen lassen.
Das Fleisch in etwa 250–300 g große Scheiben schneiden, am Grill rosa braten, kurz rasten lassen mit Gratiniermasse bestreichen und im Salamander goldgelb überbacken.
Als Beilage eignen sich in Olivenöl gebratene und mit Knoblauch gewürzte Gemüse sowie in der Schale gekochte Erdäpfel, welche kurz in Olivenöl geschwenkt und mit Meersalz gewürzt wurden.

GERSTENRISOTTO MIT GEBRATENEM MAISHENDLBRÜSTCHEN

4 frische Maishendlbrüstchen,
etwa 300 g Rollgerste,
40–50 g Zwiebel,
75 g Butter,
125 ml Weißwein,
gut 1 1/2 l Rindssuppe (oder Gemüsebrühe),
Chili nach Geschmack,
5 EL frisch gehackte Kräuter (Schnittlauch, Petersilie, Majoran, Thymian und Kerbel),
50 g geriebener Bergkäse,
Salz,
Pfeffer aus der Mühle

Die Zwiebel schälen und fein schneiden. Butter in einem Topf schmelzen und die Zwiebel darin glasig dünsten, dann die Rollgerste dazugeben und etwa 2–3 Minuten farblos mitgaren lassen. Mit Weißwein löschen, kurz reduzieren, dann mit einem Teil der Suppe aufgießen. Unter ständigem Umrühren immer wieder Suppe angießen, wobei die Rollgerste nur leicht mit Flüssigkeit bedeckt sein darf, bis die Rollgerste gar ist (um die Garzeit zu verkürzen, kann die Rollgerste über Nacht eingeweicht werden).
In der Zwischenzeit die Küchenkräuter zupfen, waschen und hacken. Wenn die Gerste noch einen leichten Biss hat (je nach Altersstufe des eigenen Gebisses abhängig), werden die Kräuter mit dem Bergkäse untergehoben und nach Belieben ein gutes Stückchen kalte Butter darunter gezogen. Das fertige Gerstl-Risotto in eine Kasserolle mit Deckel geben und an einem warmen Ort (Backrohr, 100 Grad) parken.
Die Maishendlbrüstchen zuerst mit kaltem Wasser waschen, danach mit einem Küchentuch trocken tupfen. Auf beiden Seiten salzen und pfeffern und mit der Hautseite nach unten in eine heiße Pfanne mit wenig Öl geben. Nach etwa 4 Minuten wenden, nach weiteren 4 Minuten sollte es knusprig und durch sein. Hautseite nochmals anbraten lassen.
Das Brüstchen zusammen mit dem Gerstl-Risotto mittig auf einem Teller anrichten und mit frischen Kräutern (auch Kräuteröl) garnieren.

Tipp: Je nach Jahreszeit das Gerstl-Risotto mit Edelpilzen nach Wahl verfeinern.

GASTHAUS „ZUM LÖWEN"

TIROLER CREME MIT FRISCHEM ZWETSCHKENRÖSTER

Für die Tiroler Creme:
100 g Topfen, 125 g Naturjoghurt [mit Natur ist Natur (!) gemeint, Lieferant des Gasthaus „Zum Löwen" ist ein Bauer aus der Gegend mit besten Beziehungen zur Alm], 50 g Staubzucker, 1 EL Zitronensaft, etwas geriebene Zitronenschale, 10 ml Orangenlikör (z. B. Grand Marnier), 250 ml Sahne, 1 Blatt Gelatine

Für den Röster:
etwa 20 mittelgroße Zwetschken,
1 Stamperl Zwetschkenschnaps (der Produzent ist der Bruder des Bauern mit der Naturjoghurt, ansonsten kann auch ein Tiroler Zwetschkenschnaps z. B. aus Stanz genommen werden), etwa 40 g Kristallzucker

Die Gelatine in kaltem Wasser einweichen. Topfen, Joghurt, Staubzucker, Zitronensaft und -schale miteinander verrühren. Die Gelatine mit Grand Marnier im Wasserbad auflösen, zur Topfenmischung geben und auf etwa 10 Grad (etwa 2–3 Stunden im Kühlschrank) abkühlen lassen. Dann die Sahne aufschlagen und unterheben. Die Creme in einen großen Suppenteller abfüllen und noch einmal für etwa 2 Stunden kalt stellen.
Für den Zwetschkenröster wird der Zucker in einer heißen Pfanne karamellisiert (nicht zu dunkel), die entkernten und geviertelten Zwetschken werden dazu gegeben, einmal durchgeschwenkt und mit Zwetschkenschnaps abgelöscht. Jetzt noch bei schwacher Hitze 3–4 Minuten köcheln lassen.
Den Zwetschkenröster dekorativ auf der Creme verteilen und im kalt-warmen Zustand (kalte Creme, warmer Zwetschkenröster) genießen.

GERSTENRISOTTO MIT GEBRATENEM MAISHENDLBRÜSTCHEN

TIROLER CREME MIT ZWETSCHKENRÖSTER

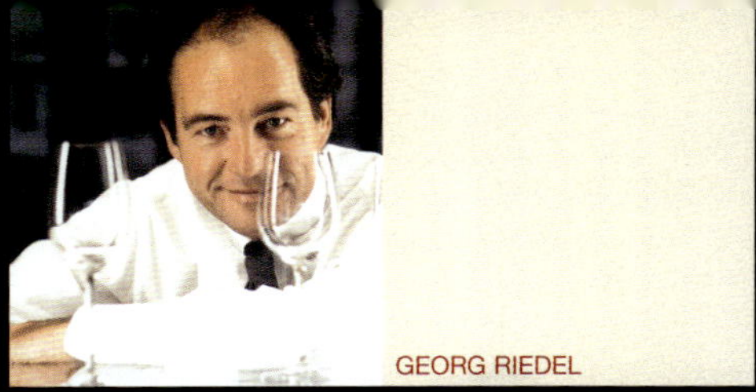
GEORG RIEDEL

Riedel

Es gibt Gläser und es gibt Riedel! Riedelgläser ordnen sich nämlich dem Wein unter, ja sie dienen ihm geradezu, weil Claus Riedel als Erster in der langen Geschichte des Glases die Formgebung des Glases dem jeweiligen Charakter des Weins untergeordnet hat. Somit darf er mit Fug und Recht als Erfinder des „Funktionalen Weinglases“ bezeichnet werden.

Aber es geht bei Riedel um mehr als reine Funktionalität, es geht um das Erlebnis „Genuss“, also um jenes wunderbare Gefühl das unsere menschlichen Sinne vermitteln können, wenn sie positiv gereizt werden. Deshalb sind Riedel Gläser nicht einfach nur funktionell, sondern auch traumhaft schön; insbesondere die Serie „Sommelier“ brilliert im wahrsten Sinne des Wortes: durch einen hohen Bleigehalt haben sie einen besonders strahlenden und dabei samtweichen Glanz, eine silbrigklare reine Farbe und einen unglaublichen Klang – genießen mit allen Sinnen in Reinkultur! Die innen nahezu grobporige Oberfläche regt den Wein an, seine Geheimnisse preiszugeben. Der Duft feiner Elixiere wird dadurch in wunderbarer Form an die Nase des Weinliebhabers geleitet, was den jeweiligen Wein wahrer, echter, intensiver, reiner, unverfälschter und vor allen viel charaktervoller erscheinen lässt.

Die mundgeblasenen Sommelier-Gläser sind dabei allerhöchste Handwerkskunst, was natürlich bedeutet, dass sie – weil eben Handarbeit – Unikate sind, jedes ein ganz klein wenig anders, doch die „Unterschiede dürfen dabei nur höchst gering ausfallen, sind sie zu groß, werden die Gläser wieder eingeschmolzen! Der vom Jugendstil geprägte Riedel Schriftzug des ausgehenden 19. Jahrhunderts wurde als Signet für die Produkte der in Böhmen ansässigen Riedelschen Hütten und Raffinerien von 1890 bis 1925 verwendet, 1996, anlässlich des 240. Firmen-Jubiläums, wurde dieses Markenzeichen für alle von Mund geblasenen Gläser und handgefertigten Produkte wieder eingeführt. Zusätzlich dient es dem Kenner zur besseren Unterscheidung von den Maschinen gefertigten Artikeln und deren Schriftzug.

Kein anderer Name ist so eng mit der europäischen Glaskunst und -technik verbunden wie jener der Familie Riedel. Die Geschichte dieser Familie beginnt 1678 in Nordböhmen, dem heutigen Tschechien, mit einer Wald-Glas-Hütte. Sie erzählt von Leibeigenschaft und Freispruch, handwerklichen Könnern (Schleifer, Vergolder und Glasmaler), von Kriegen, Erfolgen und Niederlagen.

Es waren die Venezianer, welche von ihren Handelsreisen in den Nahen Osten die Kenntnisse des Glasmachens um etwa 1000 n. Chr. mitgebracht haben und so verbreitete sich das Wissen, wie man Glas schmilzt und verarbeitet, langsam in ganz Europa. Günstige Rohstoffe, zum Beispiel Holz zur Energiegewinnung oder auch das handwerkliche Geschick vorort waren Ursachen für die Ansiedlung von Glasmachern im 16. und 17. Jahrhundert in den böhmischen Wäldern. Leider wurde der Betrieb nach dem Zweiten Weltkrieg verstaatlicht und die in Böhmen befindliche Glashütte ging verloren. Doch die Familie Riedel wagte im Tiroler Kufstein einen Neuanfang. Sie fabrizieren seit nunmehr über 300 Jahren Gläser für Genießer; mittlerweile führt die elfte Generation das Familienunternehmen erfolgreich in die Zukunft!

Georg Riedel, Glasmacher der zehnten Generation, erklärt mit bedächtiger Stimme: „Das Glas ist ein Instrument, welches helfen soll, die Arbeit, die sich der Winzer das ganze Jahr über gemacht hat, in der richtigen Art und Weise zur Geltung zu bringen.“ Und wie Stradivari, der eine möglichst vollendete Geige fabrizieren wollte, versucht man hier möglichst perfekt, „Instrumente“ für den Weingenuss zu erzeugen. Mit der „Sommelier“-Serie schient dies sicherlich gelungen, wie auch Robert M. Parker festgestellt hat: „Die feinsten Gläser für technische sowie hedonistische Zwecke werden von Riedel gefertigt. Die Wirkung dieser Gläser auf den Wein ist groß. Ich kann nicht oft genug betonen, welchen Unterschied sie machen.“ Und daher gibt es – zumindest in Österreich – wohl kaum einen Winzer, der seine edlen Kreszenzen nicht in Riedel-Gläsern sehen will!

MARTINA MAIR

Mairs Beerengarten

Frische Beeren lassen einem buchstäblich das Wasser im Mund zusammenlaufen und in Tirol wächst – von säuerlichen Johannisbeeren bis hin zu süßen Erdbeeren – eine breite Palette von herrlichen Beeren. Das besondere an diesen Früchten ist einerseits der Umstand, dass sie auf einem mit Nährstoffen durchsetzten Boden wachsen und zum anderen mit frischem Gebirgsquellwasser bewässert werden. Frische Beeren von Mairs Beerengarten werden schonend per Hand geerntet, sofort auf dem heimischen Markt angeboten oder edel konserviert.
Derzeit wachsen hier auf etwa fünf Hektar Anbaufläche Erdbeeren, Himbeeren, rote und schwarze Johannisbeeren, Stachelbeeren, Brombeeren, Bergkiwi, Holunder, Heidelbeeren, Kirschen und Marillen. Zwei Drittel der Ernte wird weiterverarbeitet, der Rest geht in die Frischvermarktung. Die Saison beginnt bereits im Juni und dauert bei manchen Sorten sogar bis in den Oktober hinein.
Eine Besonderheit darf an dieser Stelle nicht vergessen werden, der edle Himbeeressig des Hauses Mair. Für die Herstellung werden 20 verschiedene Himbeersorten schonend gepresst, zunächst zu Wein gekeltert und schließlich im traditionellen Fesselgärverfahren zu Essig vergoren. Durch jahrelange Reifung in Eichenfässern entsteht dann das feine Himbeeraroma, mit welchem sich Salate, saures Rindfleisch oder auch Käse wunderbar veredeln lassen.
Ein echter Beerengenuss ist für viele Tiroler natürlich ein feiner Schnaps aus heimischen Früchten, doch auch als Marmelade, Früchtetee, Sirup, Saft, Likör, Eis oder Kuchen sind diese Beeren eine lukullische Gaumenfreude!
In Österreich werden aus Beeren auch verschiedenste Fruchtweine erzeugt, besonders beliebt sind Ribiselwein, Himbeerwein und Erdbeerwein, eine echte Spezialität sind die Fruchtsekte. Insgesamt werden in Mairs Beerengarten mehr als 60 verschiedene Produkte angeboten.

BEERENPIZZA

Rezept von Martina Mair

Für den süßen Pizzateig:
6 dag Butter, 2 Dotter, 1 Ei,
5 dag Zucker, 1 Prise Zucker,
30 dag Mehl, 1 Pkg. Trockengerm,
1 Pkg. Vanillezucker,
etwa 1/8 l Milch

Für den Belag:
50 dag Topfen, 1/4 l Obers,
etwas Zucker,
80 dag gemischte Beeren

Mehl mit Trockengerm vermischen, Salz dazugeben, Milch mit Butter leicht erhitzen und zum Mehl geben, Zucker und Vanillezucker darunter rühren. Zum Schluss noch Eier dazugeben. Alles so lange abschlagen, bis der Teig leichte Blasen wirft. Germteig dann an einem warmen Ort rasten lasen. Topfen mit Obers vermischen und leicht zuckern. Nach einer halben Stunde den Teig ausrollen und auf ein Backblech legen. Nochmals den Teig gehen lassen. Danach das Topfen- Obers-Gemisch auf den Teig verteilen und im vorgeheizten Rohr auf 225 Grad 20 Minuten backen. Aus dem Rohr nehmen und die mit Staubzucker vermischten Beeren darüber verteilen. Warm servieren.

ERDBEERTRAUM

Gereinigte und gezuckerte Erdbeeren werden mit Rum übergossen und kurze Zeit kühl gestellt. Dann schlägt man 1/4 l Schlagrahm steif und fügt 1 Packerl Vanillezucker, etwas Muskat, ein wenig Zucker sowie zuletzt die Beeren dazu. Nochmals mit Rum nachwürzen und mit Mandelsplittern überstreuen.

SCHWARZBEERENTORTE

Für den Teig:
80 g Butter,
150 g glattes Mehl,
125 ml lauwarmes Wasser

Belag:
400 g Heidelbeeren (eventuell einige Waldhimbeeren und Walderdbeeren darunter mischen)
1 Ei,
2 EL Mehl,
3–4 EL Staubzucker

Für den Teig die Butter ins Mehl reiben und miteinander verbröseln. Vorsichtig lauwarmes Wasser untermischen und rasch zu einem festen, aber nicht zu feuchten Mürbteig verkneten, diesen 15–20 Minuten kühl rasten lassen.
Die Beeren waschen und abtropfen. Den Teig dünn ausrollen und eine gebutterte Springform damit auskleiden, den Teig am Rand hochziehen. Das Ei mit einem Esslöffel Staubzucker versprudeln und den Teig damit bestreichen.
Für den Belag das restliche Ei mit 2 weiteren Löffeln Staubzucker sowie etwas Mehl versprudeln; mit den Beeren vermischen. Auf dem Mürbteig verteilen und die Torte bei 170 Grad etwa 25–30 Minuten backen.

MAIRS BEERENGARTEN-PRODUKTE

HIMBEERE

GF. ALEXANDER RAINER

Rochelt: Weil Schnaps nicht gleich Schnaps ist!

Es gibt Schnaps und es gibt Rochelt, so viel steht fest! Und damit der Genießer sofort erkennt, dass Rochelt anders ist, musste der Schnaps auch in eine ungewöhnliche Flasche abgefüllt werden, nämlich in die traditionelle Tiroler Zangenflasche. Schon allein das Betrachten dieser wassergrünen und mit Wellen versehenen Edelgebilde aus Glas, deren bekannteste Merkmale sicherlich die Einbuchtung im Bauch sowie der echt silberne Metallverschluss sind, ist eine Augenweide für sich allein. Ja die Rochelt-Philosophie ist eine teure – und hochprozentige!

„Rochelt Schnäpse seien nicht zu beurteilen, weil sie über einen sehr hohen Alkoholgehalt verfügen", hört man in einschlägigen Kreisen immer wieder. Warum die Schnäpse über einen höheren Alkoholgehalt verfügen, als die meisten anderen Edeldestillate ist schlicht und einfach damit erklärt, dass man bei Rochelt folgende Meinung vertritt: „Schnaps ist nicht zum Riechen da, am Gaumen soll er sich entfalten und die Aromen preisgeben!"
Deshalb werden bei Rochelt die Schnäpse nach dem Brennen auch nicht, wie das allgemein üblich ist, mit Wasser verdünnt (von 70 Prozent auf die so genannte Trinkstärke rund um die 40 Prozent). Bei Rochelt werden die Schnäpse nach dem Brennen in große Glasballons abgefüllt, in denen sie viele Jahre reifen dürfen. Dabei verdunsten pro Jahr etwa 2 Prozent Alkohol, weil die Gefäße nur mit einem Tuch bedeckt sind und obendrein nur zu drei Vierteln gefüllt wurden. Dadurch schwebt der Alkohol im Glasballon über der eigentlichen Essenz und wirkt wie ein Schutzschild für die Aromen, welche im Schnaps eingebunden bleiben. Einzig die Menge des Schnapses wird weniger (und teurer).
Es scheint müßig zu erwähnen, dass bei Rochelt nur allerfeinstes und absolut erstklassiges Obst zum Brennen verwendet wird. Bei den aus dem Baltikum stammenden Wilden Vogelbeeren beispielsweise geht man sogar so weit, dass jede einzelne Beere auf ihre Tauglichkeit überprüft wird. Marillen aus der Wachau müssen vollreif und duftend sein und natürlich von Hand geerntet worden sein! Waldhimbeeren bezieht man aus den Karpaten und beim einzigartigen Orangenschnaps wird ein spezieller Anteil an Orangenschalen mitgebrannt, der dem Elixier die feine und subtile Aromatik verleiht.

Tatsächlich zeugen Rochelt-Schnäpse von einer nahezu unglaublichen Aromenfülle, denn wenn sie sich einmal im Munde entfaltet haben, glaubt man nicht nur die Frucht im Mund zu haben, sondern vergisst die Welt um sich herum – man muss sich diesem Hochgenuss einfach hingeben und darf sich dabei durch absolut nichts ablenken lassen!

FRAU STEIDL

Das Osttiroler „Schnaps-Dorf“ Dölsach

Kunstbeflissenen wird der kleine Ort Dölsach, nahe der Osttiroler Landeshauptstadt Lienz gelegen, ein Begriff sein, denn der weltberühmte Maler Albin Egger-Lienz wurde am 29. Jänner 1868 in Striebach bei Dölsach geboren. Und noch ein weiterer großer Maler erblickte hier das Licht der Welt, nämlich Franz von Defregger, welcher am 30. April 1835 in Stronach bei Dölsach geboren wurde. Beide weltberühmten Maler liebten die Bergwelt, das Jagen wie auch das Leben am Bergbauernhof und machten daher Stimmungen und Themen ihrer Heimat zum Mittelpunkt ihrer Arbeit.
Dölsach selbst liegt südlich des Alpenhauptkammes, im Bezirk Osttirol an der Sonnenseite des Lienzer Talbodens, auf 737 m Seehöhe. Aufgrund der besonderen klimatischen Verhältnisse (Dölsach zählt die meisten Sonnenstunden Österreichs) gedeihen hier Obstsorten aller Art besonders aromatisch. Schon um 800 v. Chr. ließen sich illyrische Ansiedler an den sonnenüberfluteten Hängen nieder und gründeten die Siedlung Aguntum (Ausgrabungen sind heute noch zu besichtigen). Später waren es dann Kelten (um 400 v. Chr.), Römer (um 113 v. Chr.) sowie Slawen (600 n. Chr.), welche die wechselvolle Geschichte des Ortes gestalteten. Die Slawen gaben der Ortschaft auch ihren heutigen Namen, denn das Wort Dölsach leitet sich von „Doelze“ ab, was im Slawischen soviel wie „bei den Bewohnern“ oder „Anwohner (eines Tales)“ bedeutet.
Schließlich gehörte Dölsach um 1810 zur französischen Provinz „Illyrien“ und erhielt ein französisches Gemeindesiegel (Maire de Dölsach). Seit 1. Jänner 1939 besteht die Gemeinde Dölsach in ihrer heutigen Form mit den Ortschaften Stribach, Gödnach, Göriach, Görtschach und Dölsach-Ort.
Heute ist der Ort Dölsach vor allem unter Gourmets und Schnapsliebhabern ein Begriff, denn Dölsach ist seit Jahrhunderten auch ein Zentrum edler Destillate, welche von den Dölsacher Familien nach überlieferter Tradition gebrannt werden. Wurde früher oft noch Schnaps gebrannt, um auch minderwertiges oder faules Obst zu verwerten, so zählt heute nur noch Qualität. Aufgrund seiner ausgezeichneten klimatischen Lage südlich des Alpenhauptkammes, den gepflegten alten Obstkulturen und dem seit Generationen überlieferten „Gewusst wie“, bot Dölsach geradezu ideale Voraussetzungen für gute „Selbstgebrannte“.
Die Destillate der Dölsacher Schnapsbrenner besitzen einen hervorragenden Ruf und landen bei diversen Verkostungen und Prämierungen stets auf den vordersten Plätzen. Mehr als 40 (!) Edelbrenner erzeugen hier ihre begehrten Destillate, von denen der seit 1643 in Besitz der Familie Kuenz stehende „Kuenzhof“ am bekanntesten sein dürfte.
Eines der typischsten Produkte der Region ist der so genannte Pregler, ein Edelbrand aus Äpfeln, Birnen und Zwetschken. Dieser Pregler ist hier so beliebt, dass er zum Inbegriff des urbäuerlichen Osttiroler Schnapses werden konnte. Er gibt Kraft, schützt vor bösen Geistern, vor Langeweile und fördert das Lebensgefühl.
Eine Brennerei, die besonders bekannt für ihre Kreativität ist, findet man im Haus der Familie Steidl. Neben den klassischen Edelbränden (z. B. Pregler, Birnbrand, sortenreinen Apfelbränden, Waldhimbeere, Waldheidelbeere, roter Holunderbrand oder Quittenbrand) werden hier viele weitere traditionelle Produkte erzeugt, wie z. B. Enzian-Wurz, Meister-Wurz, Kalmus-Wurz oder auch Kren-Wurz. Bekannt geworden ist Frau Steidl aber mit ihrem Knoblauchschnaps, dem Wacholderschnaps, einem Apfelbrand im Eichenfass, Rote-Rüben-Schnaps, Apfel-Ingwer-Brand und vielen anderen köstlichen Eigenkreationen.

Tiroler Edelbrand-pralinen

Klein und unscheinbar erscheint sie von außen, die Konditorei Valier in Innsbruck. Und dennoch ist sie eine Institution für erlesenste Konditorwaren, insbesondere für Pralinen.
Handwerkliches Können, Ausdauer, Geduld und natürlich allerhöchste Qualität der Rohstoffe sind seit 1902 die Grundsätze des Hauses Valier. Seit mittlerweile drei Generationen, allen politischen und wirtschaftlichen Wirren zum Trotz, mit verwandtschaftlichen Wurzeln in Venedig und einer tiefen Liebe zu edelster Pâtisserie ausgestattet, werden hier kulinarische Kleinode erzeugt, die zunächst die Augen, dann den Gaumen verzücken.

Und wenn sich zwei Qualitätsfanatiker treffen und zueinander finden, dann ist das zuweilen ein Glücksfall für alle Genussmenschen. Ein solcher Glücksfall sind sicherlich die Rochelt-Pralinen, welche von der Konditorei Valier erzeugt werden. Edelste Rocheltbrände werden in eine zartschmelzende Füllung aus Butter und Obers eingebettet und anschließend mit allerfeinster Schokolade hauchdünn überzogen. Das Ergebnis ist ein nahezu unbeschreiblich feiner, süßer Traum von höchster Perfektion, der der Zunge schmeichelt, den Gaumen verzückt und das kulinarische Herz höher schlagen lässt! Primus ex pares: die einzigartigen Orangenschnaps-Pralinen!

ROCHELT EDELBRAND-PRALINEN

ENZIAN WURZELN

SCHNÄPSE DER FAMILIE STEIDL

© Schett
JOSEF SCHETT

Das Osttiroler Berglamm in Innervillgraten

Osttirol ist nicht nur landschaftlich ein besonders wertvolles Fleckchen Erde, nein, auch in kulinarischer Hinsicht hat es viel zu bieten. Neben Schnaps, Speck, Schinken, Knödel, Schlipfkrapfen oder Nigeln ist hier auch das so genannte Osttiroler Berglamm zu Hause, welches über ein sensationelles, feinst marmoriertes Fleisch verfügt. Ein Schafszuchtzentrum ist das malerisch gelegene Matrei im Norden Osttirols, das andere liegt idyllisch im traumhaften Villgratental.
Und genau da, wo die Welt ein Ende zu nehmen scheint, findet man eine Firma namens „Villgrater Naturprodukte", welche einem gewissen Josef Schett gehört. Josef Schett, seines Zeichens Bergbauer und Geschäftsführer der „Villgrater Naturprodukte", ist ein echter Osttiroler: naturverbunden, heimatliebend und stolz. Er ist aber nicht nur Hirte über Frau und fünf Töchter, sondern auch über etwas mehr als 200 Schafe. Und während seine charmante Frau den Hof hütet, Käse macht und für das leibliche Wohl Sorge trägt, so kümmert sich Josef Schett geradezu liebevoll um seine Schäfchen – und das ist gut so, denn diese wollen ebenfalls gut behütet sein!
Das Osttiroler Berglamm von Josef Schett hat es gut, weil es nämlich den gesamten Sommer über auf den traumhaft gelegenen Almwiesen der Oberstalleralm (auf 1883 m Seehöhe gelegen) weiden darf. Hier ist nicht nur die Welt in Ordnung und voller Frieden, sondern auch die Natur nahezu unberührt und mit sich voll und ganz im Reinen. Auf bis zu 2500 m Seehöhe klettern die Schafe hinauf, um sich an den delikaten Bergkräutern zu laben und das herrlich frische Quellwasser zu schlürfen. Nur ab und an, aber doch sehr regelmäßig, werden sie von ihrem Hirten besucht. Dieser erkundigt sich dann nach ihrem Wohlbefinden und hält dabei stets auch ein besonderes „Leckerli" parat.
Es ist schon eine seltene Freude, den Tieren bei ihrer Labsal zuzusehen. Und als Genießer denkt man dabei sofort an den herrlich würzigen Käse aus ihrer Milch und vor allem an das ausgezeichnete Fleisch mit seinem einzigartigen Aroma von Berg- und Wiesenkräutern. Und da der Himmel hier sehr nah ist, befällt einem schon irgendwie die in Tirol so verbreitete Gottesdemut und man sieht Fleisch und Käse nicht mehr allein als Produkt und Lebensmittel, sondern als ein Geschenk Gottes.
„Die Schafe haben alle ihren eigenen Charakter. Jedes ist anders und jedes will anders behandelt sein. Daher verbringe ich im Winter, wenn die Schafe zwangsläufig im wärmenden Stall leben, sehr viel Zeit mit ihnen. Diese intensive Pflege ist mindestens genauso wichtig für die Qualität, wie die frische Bergluft, das Quellwasser, die Kräuter oder der großzügige Auslauf. Außerdem erkennen sie meine Stimme sofort, wenn ich rufe!", erklärte Josef Schett bei einer zünftigen Jause mit Tiroler Gerstlsuppe im Gasthaus auf der Unterstaller Alm, und man merkte ihm dabei an, wie sehr ihm das Wohlergehen seiner Tiere am Herzen liegt.
Und wie gut es den Schafen in ihrem Leben gegangen ist, schmeckt man dann auch, wenn z. B. der feinwürzige Schafskäse den Gaumen verzückt oder eine von der Natur gewürzte Lammschulter das Herz eines jeden Gourmets höher schlagen lässt! Nicht dass wir an dieser Stelle Lammschlögel, -stelzen oder -rücken vergessen wollen, doch die Schulter hat – neben den Edel-Innereien – einfach das schmackhafteste Fleisch!
Und bevor einem gerade das Wasser im Munde zusammenläuft, weil man ständig an einen köstlichen Braten, rosa gebratene Lammkoteletts oder ein delikates Lammbeuschel denken muss, genau dann kommt Josef Schett und erzählt auch noch von Lammwürsten, Lammschinken, eingelegtem Schafskäse und nicht zuletzt auch noch von Ziegenkäse, denn einen solche habe er auch.
Irgendwann denkt man zwangsläufig laut für sich hin: „Wo bitte sind der nächstgelegene Herd und eine ausreichend große Kasserolle, damit ein Lammbraten – subtil mit wildem Thymian, Rosmarin, Knoblauch und Meersalz untermalt – im Ofen zu seiner kulinarischen Vollendung gebracht werden kann! Dazu frisches Bauernbrot mit Almbutter, ein kühles Bier oder einen schönen Rosé, ein Stamperl Pregler (auch gerne zwei) und eine nette Gesellschaft – Genießerherz, was willst du mehr?"

Villgrater Naturprodukte
Neben dem wunderbaren Lammfleisch kommt aus Innervillgraten noch ein Genuss anderer Art, der viel mit angenehmem Leben zu tun hat, nämlich Wärmendes aus der Wolle von 1.500 Schafen (das sind im Übrigen mehr Schafe, als Innervillgraten an Einwohnern zählt). Wolle, Filzpatschen, Lodenjacken oder feinste Bettwäsche sind nur ein kleiner Auszug aus dem, was die Villgrater Naturprodukte so anbieten. „Der Liebhaber des gepflegten Schlafes" Josef Schett ist „Villgrater Naturprodukte" und umgekehrt, doch das Wissen um Qualität und Herstellung seiner Edelprodukte bleiben sein Geheimnis.

Osttiroler Henkele der Fleischhauerei Othmar Mühlstätter
Mitten in Matrei, dem zauberhaften Städtchen in Osttirols Norden, gibt es eine Adresse, die vor allem Liebhabern von herzhaften Wurstwaren das sprichwörtliche Wasser im Munde zusammenlaufen lässt. Die Rede ist an dieser Stelle natürlich von der Fleischhauerei Mühlstätter. Unter Kennern wird insbesondere das überaus schmackhafte „Henkele" (hochdeutsch: „das Hängende") geschätzt: Auf 1000 m Seehöhe in Buchenholz geräuchert entwickelt es seinen ganz eigenen Geschmack.
Zwar haben die Bauern der Umgebung immer schon ihr Fleisch ausschließlich mit Salz konserviert und luftgetrocknet, doch zur Perfektion gebracht hat es die Familie Mühlstätter. Neben den aromatischen Henkele-Sorten von Rind, Gams, Hirsch und Wildschwein erzeugt man hier, ganz der Osttiroler Schaf-Tradition folgend, natürlich auch ein exzellentes Lamm-Henkele. Hierfür werden ausgewählte Stücke vom Lamm zunächst mariniert, dann leicht geräuchert und schließlich luftgetrocknet. Die Reifezeit beträgt in etwa 3 Monate, währenddessen sich das typische Aroma entwickelt. Hauchdünn aufgeschnitten und mit etwas frisch gemahlenem Pfeffer bestreut, schmeckt es einfach großartig!

DAS HENKELE VON DER FLEISCHEREI MÜHLSTÄTTER

STEINPILZTARTAR MIT LAMMSCHINKEN

Von Werner Gander (Koch im Strasserwirt; Strass/Osttirol)

**3 Schalottenzwiebeln,
2 Steinpilze, 1 Knoblauchzehe,
1 EL Weißweinessig, Salz, Pfeffer**

Feinst gehackte Schalottenzwiebeln mit gehackten Steinpilzen und Knoblauchzehen in Olivenöl gut anrösten, würzen und mit Essig, Salz und Pfeffer abschmecken. Schön angerichtet zu fein aufgeschnittenem Lammschinken servieren.

GEBRATENE LAMMSCHULTER

Vom Autor des Buches

Da das Fleisch vom Innervillgrater Lamm besonders schmackhaft ist, wird die küchenfertig vorbereitete Schulter zunächst nur gut gesalzen. Dann die Lammschulter in eine große Kasserolle mit etwas Schmalz oder Olivenöl legen – im Ofen bei 250 Grad braten, das Fleisch dabei zweimal wenden.
Nun den Ofen auf 80 Grad zurückdrehen und das Fleisch weitere 2–3 Stunden schmoren, ab und an wenden. Zwischendurch können grob gehackte Knoblauchzehen und Bergkräuter (z. B. wilder Thymian) zugefügt werden. Zum Servieren die sehr weiche Lammschulter (man muss das Fleisch mit den Fingern abreißen können) auf einem Bett von Bergkräutern oder Bergminze anrichten und etwas pfeffern. Frisches Brot und einen guten Tropfen dazu reichen!

Hinweis: Man sollte hier wirklich nur den puren Fleischgenuss genießen, und um diesen zu heben, sollte erstens mit den Fingern gegessen werden und zweitens die jeweiligen Fleischbissen leicht mit Meersalz nachgewürzt werden, um den Eigengeschmack zu unterstützen.

TIROLER KNÖDELSALAT MIT HENKELE

**4 fertige Tiroler Knödel (siehe S. 71) erkaltet,
Butterschmalz,
in dünne Scheiben aufgeschnittenes Tiroler Henkele vom Lamm,
4 kleine Salatbouquets nach Wahl (Vogerlsalat, Rucola, Brunnenkresse, Eisberg)**

**Für die Vinaigrette:
hochwertiges Olivenöl,
Balsamessig,
Salz und Pfeffer**

Die Knödel mit der Aufschnittmaschine in gleichmäßige Scheiben schneiden, diese in nicht zu wenig Butterschmalz knusprig goldbraun braten, auf Küchenpapier abtropfen lassen und warm halten, bis alle Scheiben gebraten sind.
Die lauwarmen Knödelscheiben und das Henkele schichtweise zu Türmchen stapeln und mit den Salatbouquets auf Tellern anrichten. Mit der Vinaigrette beträufelt auftischen.

LAMMFILETS AM ROSMARINSPIESS MIT JUNGEM KARTOFFEL-ROLLGERSTL-GRÖSTL

Jeweils zwei Lammfilets (pro Person berechnet man 4 Filets) werden dekorativ auf einen großen Rosmarinzweig gesteckt, dann mit Salz, Pfeffer, etwas Knoblauch und wenig Senf gewürzt. Lammfilets beidseitig kurz sehr scharf anbraten, auf ein Backblech legen und im Backofen bei 100 Grad etwa 5 Minuten fertig garen. Danach das Fleisch warm entspannen lassen.
Junge, sehr kleine Erdäpfel (insgesamt braucht man etwa 800 g) werden samt Schale in Salzwasser weich gekocht, abgeseiht und halbiert.
Die am Vortag eingeweichte Rollgerste (etwa 100 g Trockengewicht) in einem Topf etwa 30 Minuten vorkochen, dann ebenfalls abseihen. Gut 75 g Butter in einer weiten Pfanne erhitzen, Erdäpfel samt Rollgerste darin scharf anbraten, bis sie leicht Farbe genommen haben. Gröstl mit Rosmarin, Salz und Pfeffer aus der Mühle würzen.
Gröstl auf vier vorgewärmten Tellern anrichten, jeweils zwei Spieße anlegen und mit Bärlauchöl beträufelt servieren.

LAMMKRONE IM BERGHEU GEGART

Von Gerald Huber (Jesacherhof in St. Jakob/Defreggental)

**etwa 1 kg Lammkrone,
3 EL Olivenöl,
Salz, Pfeffer aus der Mühle
Thymian,
Rosmarin,
Dijon Senf,
etwas Bergheu**

Zugeputzte Lammkrone kräftig würzen, dann in Olivenöl anbraten. Etwas Bergheu auf ein Pergamentpapier geben, Lammkrone mit Bergheu ins Papier einpacken und im vorgeheizten Rohr bei 140 Grad etwa 15 Minuten garen. Aus dem Rohr nehmen, etwa 5 Minuten warm rasten lassen. Lammkrone aus dem Heu nehmen, leicht mit Dijon Senf bestreichen. Auf Tellern anrichten: dazu passen Polenta, diverse Gemüse und ein kräftiger Jus.

Hinweis des Autors: Köstlich schmecken auch – nur mit Salz und Pfeffer gewürzte – Lammkeulen, welche im Heu gegart wurden. Hierfür einfach etwas Wasser in einen Römertopf geben, reichlich frisches Bergheu hineingeben, auf dieses die Lammkeule betten, mit Heu zudecken, etwas befeuchten und den Deckel auflegen. Bei 140 Grad im Ofen etwa 2–3 Stunden garen lassen.

LAMMKRONE IM BERGHEU

JOSEF SCHETT UND SEINE LÄMMCHEN

ALOIS MÜHLMANN

Der Gannerhof

Die Geschichte des heutigen Gannerhof beginnt streng genommen im 12. Jahrhundert, doch wurde er in seiner heutigen Form erst im Jahre 1719 als so genannter Nunnhof erbaut. Denn bis zur Aufhebung des Stiftes Innichen, dessen Probst der Eigentümer des Hauses war, diente das Anwesen als Bauernhof und Altersheim für alleinstehende Frauen, welche altmundartlich als „Nunnen" bezeichnet worden sind. Der Besitz wurde im Laufe seiner Geschichte des öfteren geteilt, verkauft, meist weil der jeweilige Besitzer in Not geraten war, aber auch als Aussteuer für Töchter und Söhne. Schließlich gelangte der Bergbauernhof in den Besitz eines gewissen Michael Steidl, der auch „s'Gannerle mit'n Hund" genannt wurde. Dieser hatte jedoch eine recht fatale Sucht, nämlich Spielen, was eines Tages dazu führte, dass er den gesamten Besitz beim „Rumpeln" (ein altes Kegelbrettspiel mit Kreisel) verlor. Des einen Pech, war des anderen Glück, denn so kam der „Gannerhof" im Jahre 1879 in den Besitz der Familie Mühlmann.

Michael Mühlmann, der Urgroßvater des heutigen Besitzers Alois Mühlmann, hat den Hof am 5. April 1879 gekauft, nachdem sein eigentlicher Hof, nämlich der Talethof, mehrmals von Lawinen verschüttet worden war. Sein jüngster Sohn Josef Mühlmann (Großvater des heutigen Besitzers) übernahm dann den Gannerhof, nachdem drei seiner Brüder im Ersten Weltkrieg gefallen waren. Bis 1962 bewirtschaftete Josef Mühlmann den Hof recht erfolgreich, jedoch wollte der eigentlich vorgesehene Erbe Johann Mühlmann (Vater von Alois Mühlmann) den Hof nicht übernehmen. Johann Mühlmann waren die drei Kühe einfach zu wenig, um hier existieren zu können und er zog daher in die Welt hinaus, um sein Glück zu suchen. So kam es, dass der heutige Besitzer Alois Mühlmann 17jährig als Enkel diesen Gannerhof im Jahre 1971, nach Ableben des Großvaters, übernehmen durfte. Damals gehörten zum Gannerhof nach vielerlei Erbteilungen und Wirren nur noch zwei Hektar Land – zum Leben zu wenig, zum Sterben zu viel!

Nach etlichen ruhelosen Jahren und vielen Reisen kehrte Alois Mühlmann im Jahre 1978 an den Gannerhof zurück, brachte seine aus Lech stammende Frau Monika mit, welche Gastronomie gelernt hatte. Und daher waren die Weichen schnell gestellt: Der Gannerhof wurde stückweise renoviert, aus dem ehemaligen Stall wurde das Gasthaus, im Stadl Gästezimmer errichtet, u.s.w.

Ein wesentlicher Meilenstein war sicherlich auch die Zusammenarbeit mit dem Osttiroler-Berglamm-Züchter Josef Schett (siehe S. 66), welcher sein „erstes" Lamm in den Gannerhof brachte, damit die Monika es zubereiten möge. Doch leider war das Lammfleisch damals gar nicht populär gewesen, galt es doch nach wie vor als Schaf. „Haben wir früher immer bekommen, ist alt und zäh!", war das häufige Vorurteil der Gäste. Doch mit der Zeit kamen die Mühlmanns in aller Munde und setzten die natürlichste Sache der Welt in die Tat um, von umliegenden Bauern, die das Beste und Naturnahste produzieren, dies auch in ihrer Küche zu verarbeiten.

Ein wesentlicher Faktor des Erfolges war neben den regionalen Rohstoffen auch die ausgezeichnete Küche des Hauses. War es früher die geniale Köchin Monika Mühlmann, welche die Zungen und Gaumen der Gäste zu begeistern vermochte, so sind dies heute ihr Sohn Josef zusammen mit seiner Kollegin Katrin Fürhabter. Dazu verfügt das Haus über einen von Alois Mühlmann hervorragend sortierten Weinkeller, das Brot wird von Verena Huber (der Freundin von Josef) gebacken, Marmeladen werden hier erzeugt und obendrein gibt es hausgemachte Würste und hausgeselchten Speck – kurz, der Gannerhof ist heute ein Wohl-Fühl-Ort für Genussmenschen!

ZIRBENBAUM-LIMONENSUPPE

KATRIN FRÜHAPTER UND JOSEF MÜHLMANN

ZIRBENBAUM-LIMONENSUPPE

1/2 kg Zirbenbaumnadeln, Limonensaft nach Geschmack, 2 TL Zucker, 125 ml Obers, Salz, Pfeffer

Die Nadeln vom Ast entfernen und in Wasser kochen. Mit dem Wasser die Nadeln mixen (nicht zu lange, sonst werden sie bitter), durch ein feines Sieb seihen. Das Zirbennadelwasser mit den restlichen Zutaten vermengen und abschmecken.

GEBACKENER LAMMRÜCKEN MIT TOMATEN-ZUCCHINISTRUDEL

4 gut abgelagerte und zugeputzte Lammrücken, Salz, Pfeffer, 500 g Butterschmalz

Für den Backteig:
2 Eier, 1/8 l Rahm, geriebenen Tischparmesan,
1 Kaffeetasse Mehl griffig (Typ 480),
Thymian, Salz und Pfeffer

Für den Strudel:
1 Packung Wiener Strudelteig, 2 Zucchini,
1 Kaffeetasse getrocknete Tomaten,
2 gehackte Schalotten, 2 gehackte Knoblauchzehen,
1 mittlere Kartoffel, 1 Ei, Olivenöl, Balsamicoessig,
1 Mokkatasse Parmesan, Oregano, Dillspitzen,
Salz und Pfeffer

Die Lammrücken salzen, pfeffern und gut anbraten – aus der Pfanne nehmen und auskühlen lassen.
Die Eier trennen, das Eiweiß zu steifem Schnee schlagen. Die restlichen Zutaten vermengen, danach den Eischnee vorsichtig unterheben; abschmecken. Die Lammrücken in Mehl wälzen, durch den Backteig ziehen und in reichlich Butterschmalz langsam backen, bis sie goldbraun sind. Auf Küchenpapier abtropfen und etwas ruhen lassen. In beliebig große Stücke schneiden und mit dem Strudel anrichten.
Für den Strudel: Zwiebel und Knob auch in Olivenöl erhitzen und anschwitzen, dann die geschnittenen Zucchini und Tomaten dazugeben. Die gekochte Kartoffel reiben, ebenfalls dazugeben und alles mit Balsamico ablöschen; die restlichen Zutaten hinzufügen und abschmecken. Die Masse auskühlen lassen, dann das Ei hinzufügen, so dass eine lockere saftige Masse entsteht.
Den Strudelteig auflegen, mit der Füllung belegen und zu kleinen Strudel formen; an der Oberfläche des Strudels kleine Schnitte machen, danach im Ofen bei 200 Grad goldbraun backen.

Dazu passen Rotweinschalotten: 5 Liter Rotwein mit 1/2 kg Zucker um die Hälfte reduzieren. Jetzt die geschälten Schalotten dazugeben und noch einmal um die Hälfte reduzieren.

FISCHGRÖSTL IN BROTHAUBE

Für das Gröstl:
400 g verschiedene Fische nach Wahl,
3 EL Limonensaft, 25 g Butter, 3 Erdäpfe ,
1 große Zucchini, 3 EL getrocknete Tomaten,
gehackte feine Kräuter, 125 ml Weißwein,
Butter, Öl, Salz und Pfeffer aus der Mühle

Für die Brothaube:
sehr dünne Scheiben Bauernbrot, Olivenöl

Für den Weißweinschaum:
250 ml Milch oder Obers, 250 ml Weißwein,
Salz und Pfeffer

Die gewürfelten Erdäpfel, Zucchini und Tomaten in einer Pfanne mit etwas Öl anbraten. Gemüse mit Weißwein und Limonensaft ablöschen. Butter sowie die sauber parierten und grob gewürfelten Fische dazugeben; den Fisch zugedeckt in der Pfanne ziehen lassen. Kurz vor dem Anrichten abschmecken und die Kräuter unterheben.
Für die Brothaube das mit einer Aufschnittmaschine sehr dünn geschnittene Bauernbrot über ein Häferl oder einen Timbalbecher legen (so dass eine Haube entsteht), mit Olivenöl beträufeln und anschließend im Heißluftofen bei 160 Grad etwa 13 Minuten backen.
Für den Weißweinschaum werden Milch oder Obers mit dem Wein reduziert und gut abgeschmeckt. Vor dem Servieren mit einem Stabmixer aufschäumen.
Fischgröstl in der Brothaube anrichten, mit dem Weißweinschaum umkränzen und nach Belieben ausgarniert servieren.

BASILIKUM-DOTTERNUDELN MIT IN ÖL EINGELEGTEN SCHAFFRISCHKÄSE

700 g Bandnudeln,
1/4 l Obers, 1/8 l Milch, 3 Dotter,
3 EL gehacktes Basilikum,
3 EL getrocknete Tomaten,
junger geriebener Parmesan,
50 g Schaffrischkäse, Kurkuma, Salz, Pfeffer

Die Nudeln in mit Kurkuma gewürztem Salzwasser knapp al dente garen. Die abgeseihten Nudeln mit Milch, Obers, Tomaten, Parmesan, Salz und Pfeffer erhitzen, dann Basilikum und Schafkäse dazugeben. Mit den Eidottern die Sauce binden.

GEBACKENER LAMMRÜCKEN MIT TOMATEN-ZUCCHINISTRUDEL

FISCHGRÖSTL IN BROTHAUBE

BASILIKUM-DOTTERNUDELN

Rüben

Von den verschiedenen Rüben wurde als Nahrungsmittel vor allem die runde und etwas flachgedrückte weiße Kraut- oder Wasserrübe (brassica rapa ripifera) geschätzt, die auch unter der Bezeichnung „Scheiblrübe" bekannt ist. Daneben kommt noch der gelbfleischigen Kohlrübe (brassica napus napifera) eine gewisse Bedeutung zu, die insbesondere im Brandenberger Tal „Tusche" genannt wird. Die Rüben waren noch bis lange nach 1945 eine alltägliche Tiroler Kost, die meisten Höfe hatten eigene Rübenäcker und in vielen ärmlichen Bauern- und Söllhäusern wurde sie nahezu täglich aufgetischt. Rüben wurden entweder im Frühjahr oder als Zweitfrucht nach den Getreideernten angebaut.

Um sie haltbar zu machen, wurden die Rüben gewaschen, wie Kraut geschnitten oder gehackt, unter Zugabe von etwas Salz und Kümmel in Holzfässer gepresst, das überschüssige Wasser abgegossen, die Bottiche mit Tüchern abgedeckt und mit einem Holzbrett verschlossen. Schließlich hat man das Ganze mit Steinen beschwert und wie Sauerkraut vergären lassen, wobei ab und an das Tuch gewechselt und das Holzbrett abgewaschen werden musste. Diese Sauren Rüben kamen in vielen Regionen Tirols täglich auf den Tisch und wurden wie Sauerkraut genossen; besonders gut schmecken sie mit Schweinefleisch oder zu verschiedenen Würsten, insbesondere etwas fetteren Kochwürsten. Eine Delikatesse der besonderen Art ist die „Gepökelte Entenbrust mit Sauren Rüben", welche in veredelter Form selbst den verwöhntesten Gaumen zu begeistern vermag.

GEPÖKELTE ENTENBRUST MIT RÜBENKRAUT

2 schöne Entenbrüstchen,
1 mit Nelken und Lorbeer gespickte Zwiebel

Pökellake:
1 Liter Wasser,
50 g Pökelsalz (im Fachgeschäft erhältlich),
50 g sehr gutes Salz,
2–3 Thymianzweige,
12 Wacholderbeeren, gut 1 EL Pfefferkörner,
2–3 Lorbeerblätter,
einige Nelken, 1 TL Senfkörner

Für das Rübenkraut:
400 g eingesäuerte Rüben (nicht zu säuerliche),
etwas Rübensaft, 150 g Butter, etwas Mehl

Für die Pökellake das Wasser mit den Aromaten einmal aufkochen, dann abkühlen lassen. Die Entenbrustfilets sauber parieren, in ein irdenes Gefäß füllen und die Lake darüber gießen (man kann die Lake auch passiert darüber geben). Je nach gewünschter Intensität 8–12 Tage im Kühlschrank zugedeckt pökeln. Vor der eigentlichen Zubereitung die Brüstchen etwa eine Stunde in kaltem Wasser wässern, dann in kochendes Wasser geben und mit der gespickten Zwiebel köcheln lassen, bis sie weich sind. Die fertigen Entenbrüstchen herausnehmen, Haut abziehen und in feine Scheiben schneiden. Auf dem Rübenkraut angerichtet servieren. Für das Rübenkraut wird das Gemüse nur in Wasser mit Rübensaft weich gekocht, dann aus 100 g Butter und etwas Mehl eine lichte Einbrenn bereiten, diese mit etwas Kochwasser vergießen, abgetropftes Gemüse dazugeben und mit der restlichen Butter vollenden.

SAUERRÜBEN-FLEISCH

250 g Schweinefleisch in fingerbreite Stücke schneiden in wenig Schmalz anbraten, dann fein gehackte Sauerrüben dazugeben, alles mit Knoblauch, Kümmel und Salz würzen. Sauerrübenfleisch auf kleiner Flamme zugedeckt weich dünsten.

GEPÖKELTE ENTENBRUST AUF RÜBENKRAUT

EIN RARER GENUSS: KRAUTINGERSCHNAPS

In der Wildschönau, mitten im Herzen der wunderschönen Bergwelt der Kitzbühler Alpen findet der Genießer eine einzigartige Edelbrandkreation, die ihresgleichen sucht. Weil auf Grund der extremen Höhenlage des Tals keine nennenswerten Erträge in der Obstkultur erzielt werden konnten, hatte die umsichtige Kaiserin Maria Theresia mit den damals bettelarmen Bauern der Wildschönau ein Einsehen und 51 von ihnen gestattet, den vergorenen Saft der Rübe zu brennen (Das Etikett erinnert daran). Der Krautinger wird aus der Stoppelrübe gewonnen, die zur Familie der Kohlgewächse gehört; geerntet wird jedes Jahr im Mai und Oktober. Nach dem Zerkleinern in der so genannten Rätzmühle wird sie gepresst, der Saft durch Kochen eingedickt, auf 37 Grad abgekühlt und in Gärfässer gefüllt. Nach Zugabe von Hefe vergärt der Sud im Laufe von zwei Tagen, danach wird er wie jeder andere Schnaps zweimal gebrannt. Ein Produkt, das sicherlich von sich behaupten kann, weltweit einzigartig zu sein!

KRAUTINGER SCHNAPS

RUAMKRAUT ODER RÜBENKRAUT

500 g gehacktes, eingesäuertes Rübenkraut mit 1–2 TL Zucker in etwas Wasser etwa 1 Stunde weich kochen. Eine klein geschnittene Zwiebel auf 50 g Fett anlaufen lassen, 1 gehäuften EL Mehl dazugeben und alles leicht. Bräunen; mit etwas Wasser oder Kochwasser von den Rüben verkochen. Sauce mit Kümmel und Salz würzen, die weich gekochten Rüben dazugeben und alles gut verkochen lassen, bei Bedarf etwas Flüssigkeit nachgeben. Nach Wunsch können einige Speckscheiben mitgekocht werden oder man bessert das Rübenkraut mit ausgelassenen Speckwürfeln auf.

Tipp: Wer das Gericht noch scharf und säuerlich haben will, der kocht einen Schöpflöffel voll Rollgerste mit und lässt zuvor die Einbrenn dunkler werden.

Traditionelle Tiroler Rezepte

KÄSEKNÖDEL

Oberhalb von Lienz, der Hauptstadt Osttirols, befindet sich das Gasthaus Moosalm, welches mit seinen hausgemachten Knödelspezialitäten weit über Osttirols Grenzen hinaus berühmt geworden ist. Küchenchef Reinhard Tiefenbacher produziert übers Jahr gesehen mit seinem Team unzählige Knödel in reiner Handarbeit. Besonders gut munden hier die traditionellen Käseknödel, welche mit reichlich brauner Butter übergossen serviert werden.

4 trockene Semmeln,
1 EL Butter,
1 große Zwiebel,
3 Eier,
4 EL Weizenmehl glatt,
20 dag Tillsitter,
2 EL Schnittlauch,
Salz und Pfeffer

Außerdem:
reichlich Nussbutter,
Schnittlauch zum Bestreuen

Die trockenen Semmeln in kleine Würfel schneiden, den in dünnen Scheiben geschnittenen Käse ebenfalls klein würfeln. Zwiebel hacken und in Butter goldgelb anschwitzen. Semmelwürfel, Weizenmehl, Käse, geschnittenen Schnittlauch, Salz und Pfeffer vermengen, angeschwitzte Zwiebel ebenfalls untermengen und zum Schluss die Eier dazugeben. Die Masse gut vermengen und etwa 10–15 Minuten rasten lassen. Knödel formen und etwa 15 Minuten in Salzwasser kochen lassen. Butter in einer Kasserolle bräunen, Knödel auf Teller anrichten, mit der braunen Butter beträufeln und mit etwas gehacktem Schnittlauch bestreut servieren.

TIROLER KNÖDEL

5 Schneidsemmeln,
2 Eier, etwa 250 ml Milch,
100 g Speck,
1 fein gewiegte Zwiebel,
Petersiliengrün, 50 g Mehl,
150 g vorgekochtes Selchfleisch,
Salz und Pfeffer

Die Schneidsemmeln würfeln; klein geschnittene Zwiebel mit gehackter Petersilie in ausgelassenem, fein gewürfeltem Speck anrösten, danach zu den Semmeln geben. Die Milch mit den Eiern versprudeln, ebenfalls dazugeben und die Masse mit Salz und Pfeffer würzen; gut durchmengen, danach die Semmeln anziehen lassen. Zuletzt werden das Mehl und das klein geschnittene Selchfleisch unter die Masse gehoben. Will man die Knödel als Suppeneinlage verwenden, formt man kleinere Knödel; wenn sie als herzhafte Beilage dienen sollen, so werden größere Knödel aus der Masse geformt. Die Knödel in heißem Salzwasser gar ziehen lassen.

HACKSUPPE

Gesottenes Fleisch wird fein gehackt oder faschiert, danach in einer Pfanne mit nudelig geschnittenem Wurzelwerk, gehackter Petersilie und fein gewiegter Zwiebel in reichlich Butter abgeröstet; nach Belieben können auch 2–3 versprudelte Eier dazu gegeben werden. Dann wird das Ganze in eine große Suppenschüssel gefüllt und mit kochend heißer Fleischbrühe übergossen. Dazu reicht man gebähte Semmelschnitten.

NEUNKRÄUTELSUPPE

Aus Mehl und Butter eine lichte Einbrenn bereiten, diese mit Suppe aufgießen und verkochen lassen. Fein geschnittene Rüben (vorgekocht), blanchierte Karfiolröschen sowie gehackte Kräuter (Kerbel, Spinat, Sauerampfer, Kochsalat, Petersilie, Sellerie und Lauchringe) in die Suppe geben, kurz aufkochen lassen und die Suppe mit einem Eidotter und gebähten Semmelschnitten auftischen.

SAURE KUTTELSUPPE

Gereinigte Schweinsmägen mit Wurzelwerk in reichlich Wasser weich kochen. Gehackte Zwiebel in Fett anrösten lassen, zerdrückten Knoblauch und gehackte Petersilie dazugeben, leicht zuckern und mit Mehl stauben. Noch etwas weiterrösten lassen, schließlich mit Wasser oder Fleischsuppe aufgießen und kurz verkochen. Die Suppe sehr pikant säuerlich mit Lorbeerblatt, Neugewürz, Zitronensaft und abgeriebener Zitronenschale, Essig, Salz und Pfeffer würzen; nach Belieben können auch gehackte Salzkapern (gewaschen!), Essiggurkerln oder geschnittene Pfefferoni hinein gegeben werden. Die in Streifen geschnittenen, weich gekochten Kutteln in die Suppe geben, in der Suppe etwas köcheln lassen, abschmecken und auftischen. Dazu reicht man gebähtes Roggenbrot.

KÄSEKNÖDEL

TIROLER KNÖDEL

HÜTTENIMPRESSION

GEBACKENES KITZ

Ein junges Kitz wird in mehrere Stücke zerteil, gut gesalzen, dann in Mehl, versprudeltem Ei und Semmelbrösel paniert und in heißem Schmalz schwimmend ausgebacken.

STOCKFISCHGRÖSTL

1 Stockfisch von etwa 1 kg,
500 g vorgekochte Erdäpfel,
1 Zwiebel, 2–3 Knoblauchzehen,
Öl, Butter, Salz und Pfeffer;
gehackte Petersilie

Den Stockfisch in reichlich kaltem Wasser mehrere Stunden, besser über Nacht wässern, das Wasser dabei zwei oder drei Mal wechseln. Den Stockfisch in frischem Wasser aufsetzen, aufkochen lassen, aus dem Wasser heben und entgräten. Das Fischfleisch in kleine Stücke teilen.
Die gekochten und geschälten Erdäpfel blättrig schneiden, Zwiebel und Knoblauch fein hacken. In einer Pfanne Öl und Butter nach Geschmack erhitzen, zunächst die Zwiebel darin anrösten, dann den gehackten oder zerdrückten Knoblauch kurz mitdünsten. Die Erdäpfel dazugeben und auf größerer Hitze rundherum goldbraun rösten; dabei sollte man darauf achten, dass Zwiebel und Knoblauch nicht zu dunkel werden.
Zuletzt werden die Fischstücke hinzugefügt und einige Minuten mitgeröstet, diese sollten nach Möglichkeit nicht zu sehr zerfallen. Das Stockfischgröstl noch mit Salz, Pfeffer und reichlich gehackter Petersilie würzen, bevor es locker auf Tellern angerichtet und heiß serviert wird.

Tipp: Nach Belieben kann man dieses Gröstl mit etwas Obers oder Crème fraîche verfeinern.

TIROLER OFENLEBER

500 g Schweineleber zusammen mit 200 g Schweinefleisch, 200 g Lunge und Herz, 1 großen Zwiebel, 2–3 Knoblauchzehen sowie 4 in Fleischbrühe eingeweichten und gut ausgedrückten Semmeln fein faschieren. 2 geschälte Erdäpfel in die Masse reiben und diese mit 2 Eiern sowie 3–4 EL Mehl verrühren; kräftig mit gehackter Petersilie, Majoran, Salz und Pfeffer würzen. Eine gut gefettete Auflaufform mit einem gewässerten Schweinsnetz auslegen, die Lebermasse einfüllen, das Netz darüber schlagen und alles mit dünnen Speckstreifen belegt im heißen Ofen etwa eine Stunde backen. Aufgeschnitten mit Rübenkraut, Knödel, Erdäpfeln und/oder Salat servieren.

„GRÖSCHTL" (TIROLER GRÖSTL)

350 g Schweinefleisch
(vorzugsweise aus der Schulter),
etwa 150 g Kalb- oder Rindfleisch,
500 g Erdäpfel (vorgekocht),
50–60 g Schmalz, 50 g Butter,
1 große Zwiebel, Majoran,
Salz und Pfeffer, gehackte Petersilie

In heißem Schweineschmalz wird eine fein geschnittene Zwiebel angedünstet, bis sie goldgelb ist. Dann das gesamte feinblättrig geschnittene Fleisch dazugeben und rösten, währenddessen mit Majoran, Salz und Pfeffer würzen.
Die geschälten und vorgekochten Erdäpfel ebenfalls blättrig schneiden, dann separat in Butter rösten, bis sie goldgelb sind; salzen. Das mit Zwiebel geröstete Fleisch mit den Erdäpfeln vermengen, alles zusammen nochmals durchrösten, abschmecken und mit reichlich gehackter Petersilie bestreut auftischen. Dazu schmeckt ein grüner Salat.

TERLANER WEINSUPPE

250 ml Weißwein mit 500 ml Fleischbrühe, 250 ml Obers und 4 Dottern in einem Kessel über Wasserdampf schlagen, bis die Suppe cremig wird; mit Salz und Muskat würzen. Suppe mit gerösteten Weiß- oder Schwarzbrotwürfeln belegt servieren, nach Wunsch auch mit etwas Zimt bestreuen.

GEBACKENES KUHEUTER

1 Kilo Kuheuter reinigen und auswässern, etwa drei bis vier Stunden in einem Sud aus Wurzelgemüse, Essig und Salz weich kochen. Danach die Haut abziehen, trocken tupfen und über Nacht beschwert auskühlen lassen. Am nächsten Tag in dünne Schnitzel schneiden, panieren und in heißem Butterschmalz schwimmend ausbacken.

TIROLER KALBS- ODER LAMMLEBER

750 g sauber zugeputzte Leber in Scheiben schneiden, eine Seite mit Mehl bestauben, dann rasch in nicht zu wenig Fett abbraten; Leber herausnehmen, überschüssiges Fett abseihen, eine fein geschnittene Zwiebel im Bratfett anrösten, mit Mehl stauben und mit etwas Wasser aufgießen. Saft mit 125 ml Rahm, etwas Essig, 1 TL gehackten Kapern, abgeriebener Zitronenschale und Salz würzen, einmal aufkochen lassen und die Leber noch kurz darin ziehen lassen.

TIROLER GRÖSTL

TIROLER LEBER

BLUNZENGRÖSTL

Dies ist wohl insgesamt gesehen die bekannteste Variante des „Gröschtls", doch muss man darauf achten, dass zunächst alle im Gröscht enthaltenen Zutaten erkenntlich und knusprig sind und das Ganze nicht einem lieblosen Mischmasch gleicht. Sauber und sorgfältig zubereitet kann vor allem das Blunzengröstl eine ausgesprochene Delikatesse sein.

Zunächst eine große Zwiebel fein hacken und in 3 EL heißem Schmalz goldgelb anbraten, dann 500 g vorgekochte Erdäpfel würfeln und mitrösten. Zerdrückten Knoblauch nach Geschmack dazugeben. Etwa 400–500 g frische (ungeräucherte) Blutwurst häuten, in Scheiben schneiden, dazugeben und mitrösten. Während des Röstens alles wiederholt mit einem Spatel durchschaufeln, wenden, rösten und miteinander vermischen. Das Gröstl mit Majoran, Salz und Pfeffer würzen. So lange rösten und immer wieder vermischen, bis alles glänzt und verführerisch duftet; das erfordert ein wenig Geduld. Dazu isst man ein frisches Sauerkraut.

HERZNUDELN

750 g Schweinsherz fein mit dem Wiegemesser hacken, dabei 75 g Schweinefett dazu hacken. Die Herzmasse mit 2 Eiern und so viel Mehl und Brösel vermengen, dass eine dickliche Masse entsteht, die mit Salz und Pfeffer gewürzt wird. Kleine Nocken ausstechen und diese in einer gut gefetteten Form im Ofen gelblich backen.

FLUSSKREBS-GRÖSTL

750 g kleine Erdäpfel,
etwa 50 lebende Flusskrebse,
3–4 Schalotten, etwas Knoblauch,
Butter und Öl, Kümmel,
Brunnenkresse, Dill, Kerbel,
Salz und Pfeffer

Außerdem:
etwas Obers und Krebsbutter

Die Krebse zuerst in sprudelnd kochendem Salzwasser, dem etwas Kümmel beigegeben wurde, zwei bis drei Minuten kochen. Krebse herausnehmen und das Fleisch von Schwanz und Scheren ausbrechen (die Schalen können zur Herstellung von Krebsfond oder -butter dienen). Krebsfleisch beiseite stellen. Die Erdäpfel in Salzwasser mit Kümmel kochen, schälen und in Scheiben schneiden.
Die Erdäpfel in nicht zu wenig Butter (mit etwas Öl) rundherum goldbraun rösten, dabei mit Salz, Pfeffer und wenig gemahlenem Kümmel abschmecken; in einer zweiten Pfanne das Krebsfleisch kurz in zerlassener Butter rösten. Die Krebsbutter zerlassen und nach Geschmack mit einem Schuss Obers verfeinern.
Die Erdäpfel auf vier Tellern verteilen und das Krebsfleisch dekorativ darauf anrichten. Die Krebsbutter rundherum träufeln und das Flusskrebs-Gröstl mit gehacktem Dill, Kresse und Kerbel ausgarniert servieren.

KAPUZINERFLEISCH

In 4 sehr dicke Scheiben ausgelöstes Kalbskarree jeweils eine Tasche schneiden, diese mit einer schönen Scheibe von der Kalbsniere (ohne Fett) füllen und mit einem Zahnstocher verschließen. Das Fleisch rundherum salzen und pfeffern, danach in Butterschmalz rasch abbraten. Ein oder zwei grob geschnittene Knoblauchzehen dazugeben, mit 350 ml Weißwein ablöschen und diesen kurz aufkochen. Einen Deckel auflegen, das Fleisch auf sehr kleiner Flamme weich dünsten. Zwischenzeitlich 150 g Räucherspeck würfeln, in einer zweiten Kasserolle auslassen, 500 g vorgekochte Fisolen dazugeben und diese mit Thymian, Salz und Pfeffer abschmecken.
Das weiche Fleisch aus der Kasserolle heben und warm stellen. Den Saft mit Mehl stauben und noch etwas einkochen lassen. Die Fisolen in die Mitte von vorgewärmten Tellern setzen, je eine Scheibe Fleisch darauf setzen und mit der passierten Sauce umkränzt servieren.

STRAUBEN

Aus 400 g Mehl, 2–5 Eiern, 500–750 ml Milch und Salz einen weichen, recht flüssigen Teig herstellen, diesen in einen Trichter füllen und spiralförmig in heißes Fett (Schmalz oder Butterschmalz) einlaufen lassen. Schmeckt leicht angezuckert ausgezeichnet zu „Sturm“ (Neuer Wein).

TOPFENBLATTLAN

Aus 400 g Topfen, 300 g Mehl, 25 g Butter, einem Ei, Kümmel und Salz einen Teig kneten, kalt rasten lassen, dann messerdick auswalken und zu kleinen Rechtecken schneiden; in heißem Butterschmalz backen und mit Sauerkraut servieren.

PUSTERTALER SCHWARZBEERNOCKEN

In Tirol wird die Heidelbeere umgangssprachlich auch als „Schwarzbeere“ bezeichnet. Das Land ist an den Ausläufern der Berghänge reich an diesen Wildfrüchten, weshalb die Schwarzbeeren auch in der Küche des Landes eine gewisse Bedeutung haben.

500 g Heidelbeeren (unbedingt wilde, vorzugsweise selbst gesammelte; keine Zuchtbeeren oder Glaskonserven),
250–300 g Mehl,
etwa 250 ml Milch,
2 EL Zucker, Zimt, Salz

Außerdem:
Butterschmalz zum Backen,
Zucker oder Staubzucker zum Bestreuen

Aus Mehl, Milch, einer Prise Zimt und Salz einen dünnflüssigen Teig bereiten, gereinigte Heidelbeeren dazu mischen. Mit einem kleinen Schöpfer portionsweise in heißes Butterschmalz geben, zu kleinen Laibchen formen und auf beiden Seiten backen; abtropfen lassen und gut gezuckert mit z. B. Sauerrahmeis (100 g Zucker, mit dem Saft einer Zitrone aufkochen, auskühlen lassen und unter 250 ml Sauerrahm mischen; in einer Eismaschine oder im Tiefkühler anfrieren lassen) servieren.

SCHWARZBEERKOCH

750 g griffiges Mehl in eine Schüssel geben und salzen. Anschließend mit etwa 500 ml kochendem Wasser übergießen und die Masse mit einem Kochlöffel zu mittleren Klumpen rühren. Diese Klumpen in 150–200 g heißes Fett geben und mit einer Schmarrenschaufel fein zerkleinern. Das Koch soll eine goldgelbe Farbe bekommen. Danach noch 50 g Butter dazugeben und mit 250 g Schwarzbeeren vermischen. Mit Staubzucker bestreut servieren.

KAPUZINERFLEISCH

TIROLER BAUERNKRAPFEN

In machen Tälern Tirols (z. B. im Brixental) gab es bei „guten" – also etwas vermögenderen – Bauern täglich, ausgenommen vom Sonntag, etwas „Schmalzgebackenes" und schmalzgebackene Speisen sind zudem tief mit verschiedenen Brauchtümern (z. B. Kirchtage, Hochzeiten) und der täglichen Arbeit verbunden.
Als ein wahres Meisterstück der Kochkunst gelten bei den Bäuerinnen die berühmten Krapfen. Die Teige können dabei höchst unterschiedlich ausfallen, man verwendet unter anderem Germteig, Mürbteig, Brandteig oder auch einen Nudelteig.
Besonders vielfältig sind die Erscheinungsformen der Bauernkrapfen, die sich zum einen nach der Machart, dem verwendeten Mehl, dem Anlass, der Form oder der Herkunft der Krapfen richten. Am Heiligen Abend soll der Tiroler einem alten Brauch zufolge neunerlei Krapfen essen, damit er das ganze Jahr nie Mangel leide. Übrigens heißen die Krapfen vielerorts auch „Nudeln".

500 g Mehl,
250 ml Milch,
40 g Zucker,
50 g Butter,
1 Ei, 1 Dotter,
30 g Germ,
Anis, Salz;
Backfett

Aus dem Germ mit etwas lauwarmer Milch und etwas Mehl ein Dampfl bereiten, zugedeckt gehen lassen, dann mit den restlichen Zutaten vermischen und auf einem Brett zu einem Laib formen, diesen kreuzweise einschneiden und zugedeckt gehen lassen. Danach den Teig in vier Teile teilen, jeden Teil zu einer etwa 4 cm dicken Rolle formen, gleichmäßige etwa 5 cm breite Stücke abschneiden, diese zu runden „Schüsselchen" formen, die Ränder hochzupfen und unter Drehen zu einem „Zapfen" zusammen fassen. Krapfen mit dem Zapfen nach unten auf ein Küchenbrett legen, flachdrücken und zugedeckt nochmals aufgehen lassen. Dann werden die Laibchen umgedreht, vorsichtig zu einer Größe von etwa 10 cm Durchmesser ausgewalkt und schließlich mit der Oberseite nach unten ins heiße Backfett gelegt. Krapfen zugedeckt backen, dann mit Fett übergießen, umdrehen und auch die zweite Seite goldbraun backen. Diese Krapfen sind ein beliebtes Kirchtagsessen.

OFERGUGGER

500 g Mehl,
3 in Milch eingeweichte Semmeln,
150 g Bauchfilz,
100 g Zucker,
100 g Sultaninen,
1 Schale Blut,
30 g Germ, etwas Milch,
1 Schweinsnetz

Aus 30 g mit wenig Milch angerührtem Germ und einem Esslöffel Mehl ein Dampfl rühren. Dieses mit Mehl bestauben und reifen lassen, bis sich Sprünge an der Mehloberfläche bilden. Dann 480 g Mehl, 150 g würfelig geschnittenen Bauchfilz, 3 in Milch eingeweichte und gut ausgedrückte Semmeln, 100 g Sultaninen, 100 g Zucker, 1 Schale Blut, etwas warme Milch zusammen mit dem Dampfl zu einem sehr weichen Germteig verarbeiten, diesen salzen. Eine Auflaufform mit einem gewässerten Schweinsnetz auslegen, den Germteig einfüllen, mit dem überhängenden Netz abdecken und im heißen Rohr backen. Noch heiß mit frischer Vollmilch servieren.

HOCHZEITSNIGELEN / HUNIKNIGELN

400 g Mehl,
2 gekochte (mehlige) Erdäpfel,
250 ml Milch,
20 g Germ,
20 g Zucker,
2 Dotter, 1 Ei,
50–60 g Butter,
Salz

Außerdem:
Butterschmalz,
75 g geriebener Mohn,
250 ml Honig mit 200 ml heißem Wasser verrührt

Zunächst aus dem in wenig lauwarmer Milch aufgelösten und mit etwas Mehl verrührten Germ ein Dampfl bereiten, dieses nach dem Aufgehen mit den übrigen Teigzutaten zu einem weichen Germteig verrühren. Diesen gut abschlagen und in einer Schüssel auf die doppelte Menge aufgehen lassen. Aus dem Teig mit einem bemehlten Löffel etwa nussgroße Stücke ausstechen, diese auf einer Arbeitsfläche nochmals aufgehen lassen, dann in heißem Butterschmalz rundherum goldbraun ausbacken. Noch heiß mit reichlich geriebenem Mohn bestreuen, anschließend mit verdünnten Honig begießen. Die Nigeln isst man klassisch mit einem Kompott.

„PATZAL"

Aus 400 g frischem Topfen (Zieger), 4 gekochten und zerstampften Erdäpfel, 125 g Weizenmehl, einem Ei, 125 ml Milch, Germ und einer Prise Salz einen dicklichen Teig (aus vorbereitetem Dampfl) machen, diesen gut 2 Stunden aufgehen lassen. Aus dem Teig Nocken formen und diese in heißem Butterschmalz ausbacken.

SCHWARZBEERSUPPE

Ein Kilo Heidelbeeren mit Wasser bedecken, eine Zimtstange hinzufügen und die Beeren weich kochen. Anschließend die Beeren durch ein feines Sieb streichen. 4–5 Esslöffel Butter und Zucker nach Geschmack hinzufügen, auf kleiner Flamme weiterkochen lassen. Unter ständigem Rühren 2–3 EL Maisstärke (je nach gewünschter Konsistenz) hinzufügen, gut einarbeiten und die heiße Schwarzbeersuppe mit angezuckerten und gebähten Weißbrotscheiben servieren.

SCHWARZBEERDATSCHI

300 g Schwarzbeeren mit 250 g Weizenmehl und 2–3 EL Zucker vermischen. 30 ml Milch erhitzen, leicht salzen und über die Mehl-Beerenmischung gießen. Das Ganze zu einer weichen Teigmasse verrühren.
Reichlich Butterschmalz in einer tiefen Pfanne auf etwa 160 Grad erhitzen. Mit einem Löffel aus der Masse Nocken ausstechen, diese in das erhitze Fett geben und mit dem Löffelrücken etwas flach drücken. Beidseitig goldbraun backen, aus dem Fett heben und abtropfen.
Mit Staubzucker bestreut auf Tellern anrichten, mit Staubzucker bestreuen und mit geschlagenem Obers sowie frischen Beeren garniert auftischen.

HOCHZEITSNIGELEN

Salzburg

Auch wenn der größere Teil des pittoresken Salzkammerguts in Oberösterreich liegt, so ist das Land Salzburg dennoch von seiner einzigartigen Bilderbuchlandschaft geprägt. Kulinarische Genüsse gibt es hier jedenfalls reichlich, vor allem die ausgezeichnete Küche der vielen Spitzenrestaurants ist eines der Aushängeschilder. Da sind z. B. die Gebrüder Obauer in Werfen, die für ihre exzellente Küche mittlerweile weltberühmt sein dürften, die Familie Fleischhacker mit ihrem unter Feinschmeckern äußerst beliebten Pfefferschiff zu Söllheim oder Johanna Maier, die derzeit höchstdekorierte Köchin Österreichs. Alle verwöhnen mit ihren fantasievollen Kreationen die Zungen der Genießer aus aller Welt.
Grundlage einer jeden großen Küche war schon immer auch das Umfeld, welches zum einen die Kochkunst tragen musste und zum anderen auch die notwendigen Zutaten zu bieten hatte: Für das erstere sorgte der Reichtum der Fürsterzbischöfe und für zweiteres das stetige Bemühen der Bauern um beste Qualität. Hinzu kam die zentrale Lage der Handelsstadt Salzburg. Das alles brachte mit sich, dass sich in Salzburg schon relativ früh so etwas wie eine Hochküche etablieren konnte. Bestes Beispiel hierfür ist die berühmte Salzburger Hofküche, als deren bedeutendster Exponent ein gewisser Conrad Hagger hervorgegangen ist, der in den Jahren 1718/1719 eines der wichtigsten österreichischen Kochbücher überhaupt verfasst hat. Seit dieser Zeit hat die Salzburger Küche den Ruf, eine der besten und feinsten von ganz Österreich zu sein.
Ambitionierte Köche, die das Bodenständige verfeinern und das Heimische fördern, spornen auch ihre Lieferanten zu Höchstleistungen an. In der äußerst vielfältigen Landschaft werden daher exzellente Käse (allen voran der Lungauer Ziegenkäse) und Wurstwaren (man denke nur an die Pinzgauer Lammwürste oder die Tenngauer Saiblingswürstel) produziert, das aus dem Nationalpark stammende Tauernlamm gilt als eines der schmackhaftesten, in den klaren Gebirgsbächen und Seen gedeihen schmackhafteste Fische (Äschen, Rheinanken und Forellen der Extraklasse) und mit dem Pinzgauer Rind (dessen zartes Fleisch mit der feinen Faser und der perfekten Marmorierung für allerhöchsten Genuss sorgt) hat Salzburg die einzige autochthone Rinderrasse Österreichs. Hinzu kommt der Umstand, dass selbstbewusste Bauern und Erzeuger die altbewährten Rezepte und Herstellungsmethoden nicht vergessen haben, ein wunderschönes Beispiel hierfür ist auch die uralte Rauchkuchl von Theresia Bacher, welche heute noch in Betrieb ist.
Die Grundlagen der finessenreichen Küche sind also nicht selten recht einfache Produkte und Rezepte aus den Bauernküchen, welche in Salzburg selbst veredelt und abgewandelt worden sind. Köstliche Gerichte vom Almochsen oder Weidelamm erfreuen die Gaumen ebenso, wie Almböllan, Kerschnudeln, Schwarzbeernocken oder Almkoch. Natürlich dürfen an dieser Stelle auch die vielfältigen Spezialitäten von Hoch- und Niederwild genauso wenig unerwähnt bleiben, wie die berühmten Krebse, wofür insbesondere das Pinzgau bekannt ist. Schnecken werden am Wallersee veredelt, im Pongau liebt man die Ziegenkäserei und Salzburgs Confisserie gipfelt in den zartschmelzenden Mozartkugeln, die heute weltweit in aller Munde die Geschmacksnerven erfreuen.
Und wer kennt sie nicht, die weltberühmten Salzburger Nockerln, die bildlich gesprochen und vor allem vollendet zubereitet ein zuckersüßes Abbild der wunderschönen Salzburger Bergwelt sein können.
Wein ist anderswo gut, in Salzburg dreht sich – trotz aller Eleganz – letztlich dann doch alles ums Bier. Bierkäse, Bierbrezel, Biersuppe, Bierbraten oder Bierfleisch sind schon aufgrund ihres Namens untrügliche Zeichen dafür, dass man in Salzburg seit jeher dem Gerstensaft huldigt. Und auch die älteste Weißbierbrauerei Österreichs befindet sich in Salzburg. Ein Genuss der aufgezählten (doch recht deftigen Köstlichkeiten) wäre ohne Bier wohl undenkbar. Auch die „Frischen", wie hierzulande die kleinen Weißwürste genannt werden, wären ohne Bierbegleitung sicherlich nur der halbe Genuss!
Die Salzburger sind nicht zu Unrecht stolz auf ihren kulinarischen Reichtum und beanspruchen zu Recht, dass man sich genügend Zeit und Muße nehmen sollte, all' dies zu erkunden und zu genießen!

DR. KIENER UND BRAUMEISTER SCHREINER

Salzburger Bier und das Stiegl-Bräu

Bier ist seit Jahrhunderten das Salzburger Getränk; ein ganz wichtiger Punkt in der Biergeschichte war die Vermählung des Bieres mit dem Hopfen zur geschmacklichen Verbesserung. Tatsächlich wird schon im 12. Jahrhundert das Handwerk der Brauer („praxator", „bruvvo") in Salzburg urkundlich belegt. Die ältesten Hopfenanbaugebiete des damaligen Salzburgs sind das – heute in Bayern liegende – Rupertiländchen sowie Teile des angrenzenden Tirols, wo noch heute Orte mit Namen wie z. B. „Hopfengarten" liegen. Ende des 12. Jahrhunderts wurden von vielen Bauernhöfen rund um die Salzach neben vielen anderen Abgaben auch Hopfendienste an das Stift St. Peter geleistet. Das Stift St. Peter schenkte übrigens auf Anweisung des Erbischof Eberhard II. alljährlich, an drei bestimmten Tagen, Klosterbier „nach freiem Begehr" an die Armen aus.

Im Jahre 1460 wurde dann von Erzbischof Siegmund von Wolkendorf die erste Brauordnung im Land Salzburg erlassen. 1463 beschlossen dann Stadtrat und die Gemeinde Radstadt, dass Bier wegen der ständigen Feuergefahr nur außerhalb der Stadt gebraut werden durfte. Im 15. Jahrhundert zählte man in der Stadt Salzburg bereits sieben Brauereien – bei damals nur etwa 15.000 Einwohnern (zum Vergleich: heute hat Salzburg fast zehnmal so viele Einwohner, doch gibt es nur mehr drei Brauereien).

Eine der bekanntesten Brauereien der Stadt, nämlich die Stiegl-Brauerei wurde im Jahre 1492 gegründet. Und Hans Sachs berichtete in seinem 1549 veröffentlichten „Lobspruch der Stadt Saltzburg": „Auch het man da guet kaltes Bier!"

Die Salzburger Erzbischöfe, zumeist unter chronischer Geldnot leidend, nützten die Brauereien als ergiebige Einnahmequelle reichlich aus und behielten sich deshalb die Braurechte vor. Das erzbischöfliche Biermonopol wurde erst im Jahre 1803 aufgehoben! Die Salzburger Bürger waren jedoch über die zumeist nicht zufriedenstellende Qualität der Klosterbiere erzürnt und belegten diese mit Hohn und Spott. Man hielt sich lieber an das Bier der bürgerlichen Privatbrauereien, die ihr Bier in kühlen Kellern lagerten und ausschenkten.

Ein für die Geschichte des Bieres bedeutender Erzbischof war Leonhard von Keutschach, der um die Wende zum 16. Jahrhundert in Salzburg oberster Kriegsherr, aber auch oberster Braumeister war. Er war im übrigen einer jener Erzbischöfe, die das Braurecht sehr für sich beanspruchten. So zwang er z. B. alle Wirte dazu, Bier nur von seinen Hofbräuhäusern zu beziehen.

Im Jahre 1664 gab es im Erzstift Salzburg insgesamt 95 bürgerliche Brauereien. 1746 kam es aber zu einem regelrechten Bierkrieg, den Anlass hierfür lieferte eine neue Brauverordnung von Erzbischof Jakob Ernst. Während des „Bierkrieges" weigerten sich alle Brauer vier Wochen lang Bier zu sieden und erklärten: „Dem Herrn Erzbischof in allem lieber 20.000 Gulden zu geben, als mit solchen Regeln Bier zu sieden, die sie alle an den Bettelstab brächten."

Man konnte sich schließlich dann doch einigen und das Salzburger Bier wurde zudem seit damals auch qualitativ besser. Im 19. Jahrhundert gelangte das Salzburger Bier dann endgültig zu Ruhm und Ehre, ja es wurde sogar weltberühmt. Man hatte von den Bayrischen Braumeistern gelernt und inzwischen ähnliche Qualitäten zu brauen verstanden, allen voran die noch heute so bekannte Stiegl-Brauerei mit ihrem vollmundigem „Stiegl-Bier" und das Kloster Mülln mit seinem etwas stärker eingesottenen „Augustiner-Bräu".

Nach Aufhebung des Biermonopols und des Zunftwesens sowie der Einführung der Gewerbefreiheit (im Jahre 1860) entwickelten sich einige Kleinbetriebe infolge technischer Errungenschaften und Neuentwicklungen zu industriellen Großbetrieben, andere wie die traditionsreiche Brauerei Kaltenhausen hingegen konnten sich nicht recht entwickeln. Gab es im Jahre 1854 noch 80 Brauereien, so sank der Stand im Jahre 1880 auf 58. Nur wenige kleine Landbrauereien, wie z. B. Obertrum, konnten sich durch besondere Qualität behaupten. Bis 1927 sank der Bestand weiter, von fünf auf drei in der Stadt Salzburg selbst und von 54 auf elf am Land. Heute gibt es im Land Salzburg noch acht wichtige Brauereien.

Das „Haus bey der Stiegen"

Im Jahre 1492 wurde die Stieglbrauerei erstmals urkundlich erwähnt. Im „Haus bey der Stiegen", benannt nach der kleinen Stiege zum Almkanal, braute man fast 400 Jahre – „klein aber fein" bestes Salzburger Bier. Auch Wolfgang Amadeus Mozart wusste bereits den besonderen Geschmack des Stiegl-Biers zu schätzen. Damals braute Stiegl sein Bier nur für die hauseigene Gastwirtschaft und bis zu Beginn des 19. Jahrhunderts war die „Braustatt am Stiegl" eine von vielen kleinen Brauereien in der Stadt Salzburg. Der unaufhaltsame Anstieg begann schließlich 1820 als ein neues Sudhaus gebaut und ein Haus mit Garten in der Festungsgasse – der Stiegl-Keller – gekauft wurde.

1863 übersiedelte schließlich die „Braustatt am Stiegl" an den heutigen Standort nach Maxglan. Der mittlerweile gut bekannte Name „Stiegl" wurde vom damaligen Besitzer Josef Schreiner beibehalten.

1876 wurde die Brauerei nach einem drei Tage lang dauernden Brand fast vollständig zerstört und Franz Huemer übernahm 1887 mit seinem Neffen Heinrich Kiener den Betrieb. Gemeinsam bauten die beiden die Brauerei langsam wieder auf und auch die Wirren der beiden Weltkriege konnten den Aufstieg der Stieglbrauerei, die 1950 von Heinrich Kieners gleichnamigem Neffen übernommen wurde, nicht stoppen.

Nach dem Tod Heinrich Kieners im Jahre 1990 übernahm Dr. Heinrich Dieter Kiener von seinem Onkel die Führung der Stieglbrauerei zu Salzburg. Laufende Investitionen und die ständige Erweiterung der betrieblichen Anlagen machten Stiegl schließlich zur größten Privatbrauerei Österreichs.

DER STIEGL-KELLER

TRUMER PILS ZAPFHAHN

SALZBURGER BIERBREZE

DIE „FRISCHEN"

KRAINER-WÜR

LOGO AUGUSTINER BRÄU

Augustiner-Bräu, Kloster Mülln

Die Augustiner Brauerei zu Salzburg Mülln wurde im Jahre 1621 von Augustiner Chorherren gegründet, die 1605 vom Salzburger Erzbischof Wolf Dietrich von Bayern nach Salzburg berufen worden waren. Zwischen 1607–1614 wurde ein Kloster in Mülln am Nordhang des Mönchsberges extra für die Augustiner errichtet. Doch da die Augustiner im 19. Jahrhundert in Salzburg „ausstarben", übergab Kaiser Ferdinand der Gütige das Kloster den Benediktinern von Michaelbeuern, nach denen auch ein Stüberl im angeschossenen Augustiner-Bräustübl benannt ist. Noch heute wird großer Wert darauf gelegt, die gute, alte handwerkliche Brautradition zu bewahren und deshalb wurde auch die alte Tradition das Bier vom Holzfass in Steinkrügen auszuschenken beibehalten; was sozusagen zum Markenzeichen des Brauhauses geworden ist.
Das Augustiner-Bräustübl ist heute mit über 5.000 qm die größte Biergaststätte Österreichs und bietet seinen Gästen darüber hinaus im schattigen Gastgarten am Fuße des Mönchsbergs weitere 1.500 Sitzgelegenheiten.
Das Bier kommt auch hier aus besagten Holzfässern, die dazu passenden Speisen findet man im so genannten „Standlgang", welcher an eine traditionelle Markthalle erinnert; verschieden sortierte „Standler" bieten hier Schmakerl zum Biergenuss an. Vom Radi über ofenfrisches Gebäck, Käse, Wurst- und Fleischwaren, Salzburger Schmankerln, verschiedensten Salaten bis hin zu Gegrilltem und Steckerlfischen wird hier nahezu alles angeboten, was zum Biergenuss passt. Das Bräustübl ist somit ein traditionsreicher Ort und ein Stück lebende Geschichte im Zentrum der Salzburger Kultur.

ALT-SALZBURGER BREZENSUPPE

1 Liter kräftige Rinderbrühe,
3–4 Brezeln (Laugen-, Salz- oder Käsebrezeln),
1 Zwiebel, Schmalz und Butterschmalz,
Knoblauchzehen nach Belieben, Kümmel,
Muskatnuss, Salz und Pfeffer

Als Einlage:
4 in Essigwasser pochierte Eier,
zerlassene Butter, geriebener Parmesan

Die Zwiebel fein schneiden, zusammen mit gehacktem Knoblauch und Kümmel in einem Gemisch aus Butter und Schmalz anrösten. Mit der Fleischsuppe ablöschen, einige Zeit verkochen lassen, danach die Suppe durchseihen und nach Geschmack würzen. Brezeln zerteilen, in tiefe Teller geben und mit der Suppe begießen. Die pochierten Eier dazugeben und die Suppe mit zerlassener Butter (oder Schmalz) beträufeln; mit geriebenem Parmesan bestreut servieren.

PONGAUER FLEISCHKRAPFEN

Für die Fülle:
500 g geselchtes und gekochtes Rindfleisch,
500 g geselchter und gekochter Schopfbraten,
1 Zwiebel,
1 Bund Petersilie,
Salz,
nach Geschmack etwas Pfeffer

Für den Teig:
500 g (Vollkorn-)Mehl (davon 250 g Roggenmehl),
250 ml Milch,
100 g Butter,
Kümmel gemahlen, Salz

Außerdem:
Fett zum Ausbacken

Zwiebel fein schneiden und in etwas Butter anrösten, das grob faschierte (oder klein geschnittene) Geselchte dazugeben, kurz durchrösten und mit Petersilie und wenig Salz abschmecken, nach Geschmack auch pfeffern. Für den Teig Mehl, Salz und Kümmel in eine Schüssel geben. Milch mit der Butter aufkochen, über das Mehl leeren und alles ein wenig durchkneten. Den Teig anschließend dünn ausrollen. Quadrate schneiden und mit der Fülle belegen. Die Teigquadrate zu Dreiecken falten, den Rand gut festdrücken und die Krapfen schwimmend in heißem Fett herausbacken. Die Fleischkrapfen mit Sauerkraut servieren.

BIERBREZELN

600 g Weizenmehl,
350 ml kaltes Wasser,
30 g Germ,
1 Eidotter mit 2 EL Wasser vermengt,
grobes Meersalz und Kümmel zum Bestreuen

Den Germ zusammen mit etwas Salz ins Wasser geben, dann das Mehl einrühren und 15 Minuten lang kneten, bis man einen homogenen Teig erhalten hat. Teig an einem warmen Ort zugedeckt 30 Minuten aufgehen lassen. Den Teig nochmals 5 Minuten kneten, dann abermals aufgehen lassen. Schließlich den Teig noch einmal kurz durchkneten, dann möglichst dünne Rollen von ungefähr 30 cm Länge formen und diese jeweils zu Brezeln verarbeiten.
Die Brezeln auf ein mit Backpapier ausgelegtes Blech legen, und mit einer Mischung aus Eidotter und Wasser bestreichen, mit Meersalz und Kümmel nach Geschmack bestreuen. Brezeln im vorgeheizten Ofen bei 220 Grad 35–45 Minuten goldbraun backen.

Variante
Wenn man die Brezel vor dem Ausbacken kurz in kochende Salzlauge legt, so erhält man den bekannten „Laugenteig", aus dem dann „Laugenbrezeln" gebacken werden.

AUGUSTINER-KELLER

KÄSE-DÜRRE

OCHSENMAULSALAT

SALZBURGER BIER-KÄSE

SALZBURGER BRATWÜRSTE

Kochen mit Bier

Bier wird – anders als der Wein – auch als Nahrung verstanden, was sich schon daran leicht erkennen lässt, dass es mit einer eigenen Rezeptur zubereitet wird. Das Bier muss, um Bier zu werden, gekocht, gesotten, gerührt, gefiltert und allerlei mehr werden. Somit hat es seine Verwandtschaft zu den Speisen insbesondere auch dadurch, dass es eine mehr oder weniger kunstvolle Umwandlung von Rohstoffen zu einem bestimmten Endprodukt erfährt. Wie beim Kochen auch, wird das Produkt um so schmackhafter und zufriedenstellender sein, je natürlicher und qualitativ hochwertiger die Ausgangsprodukte waren. Das sind beim Bier bekanntlich das Brauwasser, die Braugerste und natürlich der Hopfen. Hinzu kommen selbstverständlich noch eine möglichst hohe Handwerkskunst und die Liebe zum Produkt, ohne die niemals eine gute Qualität erzielt werden kann.
Bierrezepturen sind so alt wie die Menschheit, die ersten finden sich schon bei den Sumerern und Ägyptern. Es ist auch kein Zufall, dass viele Bierrezepturen früher in den Kochbüchern festgehalten wurden und es war wohl nur eine Frage der Zeit, wann die ersten Köche zum Bier griffen, um Speisen ein hopfig-malziges Aroma zu verleihen. Vor allem die bischöfliche Stadt Salzburg war eines der altösterreichischen Bierzentren. An die Jahrhunderte alte Brautradition erinnern noch heute die zahlreichen Braugaststätten. Die Salzburger Bischöfe hatten recht schnell erkannt, dass Bier nicht nur gut schmeckt und sich mit ihm durch Steuereinnahmen nicht nur gutes Geld verdienen lässt, sondern dass es sich auch hervorragend zum Kochen eignet. Gerichte wie das Salzburger Bierfleisch, Krebse in Biersud, Karpfen in Biersauce oder die herzhafte Biersuppe mit Speckwurst sind längst zu Klassikern der österreichischen Küche avanciert und heute noch in aller Munde.

BIER-KARPFEN

Einen frischen Karpfen (1 1/2–2 kg) filetieren und in Portionsstücke schneiden, mit etwas Bieressig und Salz würzen. Dann die Fischfilets sanft auf beiden Seiten in Butter braten, beiseite stellen. Die Karpfenabschnitte in einer Pfanne mit einer fein gewiegten Zwiebel und einem Kräutersträußchen (Petersilie, Thymian, Lorbeer) anrösten, mit etwas Bieressig und 1 Flasche Bier ablöschen und mit einem Löffel Honig süßen. Den Fond gut verkochen lassen, abseihen und die Karpfenfilets darin fertig gar ziehen lassen; danach die Filets aus dem Fond nehmen und warm stellen. Den Fond auf ein gutes Drittel reduzieren, etwas Karpfenblut und Butter nach Geschmack einrühren, danach die Sauce mit Bieressig, feinst gehackter Petersilie, Pfeffer aus der Mühle sowie etwas Salz abschmecken.
Karpfenfilets auf Tellern anrichten und mit der Sauce überziehen, mit etwas Petersilie garniert servieren.

KITZLEINKEULEN IM BIERSAFTL

Zwei ausgelöste Zickleinkeulen salzen, pfeffern, zusammenrollen und mit Küchengarn binden. In einer größeren Kasserolle etwas Öl erhitzen und das Fleisch darin anbraten, bis es rundherum eine leichte Bräunung hat. 125 ml Malzbier angießen, dieses zum Kochen bringen und auf die Hälfte einreduzieren. Mit 250 ml Kalbsbrühe auffüllen, diese ebenfalls zum Kochen bringen, den Topf verschließen und das Fleisch im 200–220 Grad heißen Ofen weich dünsten.
Danach das Fleisch aus der Sauce heben und warm stellen. Sauce entfetten und in eine geeignete Kasserolle passieren, nach Belieben einkochen lassen. Den Topf vom Herd nehmen. 2 Eidotter mit 2–3 EL Bieressig und abgeriebener Zitronenschale vermengen, fein gehackten Majoran und Petersilie dazugeben. Die Bratensauce unter ständigem Rühren damit binden. Die Flüssigkeit sollte dabei knapp unter dem Siedepunkt ziehen, darf aber in keinem Fall kochen (der Dotter würde sonst ausflocken). Dazu schmecken Erdäpfel und junges Gemüse.

WEISSBIERKRAUT

500 g frisches Weißkraut in sehr feine Streifen schneiden. 1 große weiße Zwiebel fein geschnitten in 100 g Butter andünsten, das Kraut dazugeben, mit gestoßenem Kümmel, Zucker und Salz würzen. Das Kraut mit 250–300 ml Weizenbier übergießen und köcheln lassen; das Kraut sollte noch Biss haben.

JUNGSCHWEINSBRATEN IM BIERSAFT'L

1 1/2–2 kg langes Karree mit Schwarte (ohne Knochen), 1–2 Flaschen dunkles Bier zum Begießen, 3–4 EL Schweineschmalz, 12 zerdrückte Knoblauchzehen, 4–6 grob zerhackte Schalotten, 2–3 EL Kümmel, Salz

Das Karree mit der Schwarte nach unten in kochend heißes Wasser legen und einige Minuten kochen lassen (es sollte nur die Schwarte im Wasser liegen), danach in kaltem Wasser abschrecken. Jetzt lässt sich die Schwarte leicht in etwa 3 cm breiten Abständen quer bis zum mageren Fleisch einschneiden. Das Karree rundherum mit reichlich Knoblauch und Kümmel einreiben sowie gut salzen. Das Karree mit der Schwarte nach unten in ein mit Schmalz gefettetes Bratreindl legen, Schalotten rundherum dazu legen und unter häufigem Begießen bei 130 Grad braten. Danach den Braten umdrehen und mit der Schwarte nach oben bei 180 Grad fertig braten, die Schwarte dabei mit Bier bestreichen. Ist die Haut knusprig, wird der Jungschweinsbraten in Scheiben geschnitten mit Knödeln und Krautsalat aufgetischt.

SALZBURGER BIERFLEISCH

**1 kg Rindfleisch (z. B. Hüferscherzel),
4 kleine Karotten, 1/2 kleine Sellerieknolle,
2 Zwiebeln, 4 EL Tomatenmark,
500 ml dunkles Bier, 500 ml Rindsuppe,
2 Scheiben Schwarzbrot,
4–6 Scheiben Speck, Butter, 4 EL Perlzwiebeln,
Majoran, Thymian, Wacholderbeeren,
Lorbeerblätter, Peterslilie,
Salz und Pfeffer aus der Mühle**

Das Fleisch in 3 x 3 cm große Würfel schneiden in Butter gut anbraten, die nudelig geschnittenen Zwiebeln dazugeben und leicht rösten. Das geputzte und klein gewürfelte Gemüse mitbraten, danach das Tomatenmark hinzugeben und kurz mitrösten. Alles mit Mehl stauben und mit dem Bier sowie der Rindsuppe ablöschen; die Gewürze beigeben und etwa 45 Minuten leicht dünsten. Schließlich den Topf verschließen und das Bierfleisch im Rohr 1 1/2–2 Stunden dünsten lassen. Das Fleisch aus der Sauce heben, diese gut mit Salz und Pfeffer abschmecken (nach Wunsch mit etwas abgerührter Stärke oder einer kurz bereiteten Einbrenn binden), das Fleisch wieder hinzugeben und alles noch einmal aufkochen lassen. Für die Garnitur werden das in Würfel geschnittene Schwarzbrot, die Perlzwiebeln sowie der geschnittene Speck in einer Pfanne mit etwas Öl kräftig angebraten und kräftig mit Salz und Pfeffer gewürzt.
Das Salzburger Bierfleisch auf Tellern anrichten, die Garnitur anlegen. Dazu reicht man in Butter abgeschmälzte, hausgemachte Spätzle. Das fertige Gericht mit etwas frisch gehackter Petersilie bestreuen und sofort auftischen.

BIERSUPPE MIT SPECKWURST

**150–200 g Bauernbrot in kleine Würfel geschnitten,
1 große Zwiebel in feine Ringe geschnitten,
1–2 EL Schmalz, etwa 1 Liter Bier,
4 Speckwürste oder Debrecziner, 1 Ei,
1–2 EL Schnittlauchröllchen, Salz und Pfeffer**

Die Brotwürfel zusammen mit den Zwiebelringen in reichlich Schmalz abrösten, bis alles gut gebräunt ist. Danach mit Bier aufgießen und das Brot darin vollkommen zerkochen lassen. Suppe durch ein Sieb streichen oder passieren, 1 Ei einarbeiten, mit Salz und Pfeffer würzen. Speckwürste oder Debrecziner in kleine Räder schneiden, diese in die Suppe legen und alles zusammen nochmalig aufkochen, abschmecken. Mit Schnittlauchröllchen bestreut sehr heiß zu Tisch bringen.

MIT BIER ABGESCHMALZTE KALBSSTELZE

Eine schöne Kalbsstelze in einen großen Topf mit kochendem Salzwasser geben. Ein Bund sauber geputztes Suppengrün grob zerkleinern, eine große geschälte Zwiebel und eine geputzte Karotte halbieren, zur Kalbsstelze in den Topf geben. Das Fleisch 60 Minuten bei mittlerer Hitze kochen lassen. Aus dem Topf nehmen, abtropfen lassen, gut salzen und pfeffern.
In heißem Butterschmalz die Stelze etwa 60 Minuten von allen Seiten knusprig braun braten, dabei zwischendurch immer wieder mit Bier begießen. Nach Ende der Garzeit die Stelze auf einer Platte anrichten und mit dem Bratenfond übergossen servieren.

HANS GEORG GMACHL

Weißbier

Das Salzburger Weißbier hat eine mehr als hundertjährige Tradition und die „Salzburger Weißbierbrauerei“ ist zugleich die älteste von Österreich. Die Geschichte der Brauerei beginnt um 1900, als der deutsche Brauer, Abenteurer und Großwildjäger Adelbert Behr mit seiner Frau Kreszenzia aus Südafrika wieder nach Europa zurückkehrte. Behr wollte nach Jahren der Wanderschaft und Reisen endlich sesshaft werden und eine Brauerei betreiben. Zunächst kam er nach München, dort war er aber den Behörden suspekt und so regte er eine Verwandte, eine gewisse Frau Creszenz Wiesböck, an für ihn – sozusagen als „Strohfrau“ – den Rupertihof in der Rupertgasse in der Salzburger Vorstadt Schallmoos zu erwerben. Im September 1900 wurden Pläne für den Bau einer Weißbierbrauerei eingereicht und vom hochlöblichen Magistrat der Stadt Salzburg genehmigt.
Bereits im darauffolgenden Jänner 1901 konnte die gesamte Anlage fertiggestellt werden und 2 Jahre später, im Jahre 1903 konnte das Ehepaar Behr dann endlich selber die Weißbierbrauerei übernehmen. Das Hauptgebäude der Weißbierbrauerei war ein wunderschöner neoklassizistischer Bau des berühmten Salzburger Architekten und Baumeisters Ceconi. Im Erdgeschoss befanden sich Gasträume und die Küche.
Adelbert Behr verstarb im Juli 1931 und wurde in einer Gruft an der Felswand des Friedhof St. Peter beigesetzt. Seine Witwe verkaufte 1936 die Salzburger Weißbierbrauerei an den Schweizer Brauereibesitzer Adolph Bibus, welcher in Bern die Sternli-Brauerei besaß. Dessen Nachfolger war sein Sohn Ing. Hans Bibus.
Gegen Ende des Zweiten Weltkrieges wurde Salzburg das Ziel amerikanischer Fliegerangriffe. Das Bombardement am 17. November 1944 galt strategischen Zielen, irrtümlich haben die Bomben aber statt den Hauptbahnhof die „Weißbierbrauerei“ getroffen und total zerstört. Der damalige Brauer und seine Frau waren unter den beklagenswerten Todesopfern dieses tragischen Ereignisses.
Bereits 1948 wurde der Wiederaufbau nach den Plänen der Salzburger Architekten Geppert & Holzinger vom benachbarten Stadtbaumeister Franz Haubner voller Zuversicht in Angriff genommen. Die recht einfache, aber mühevolle Bierproduktion betrieb der aus Bayern stammende Braumeister Otto Ratgeber. Man muss bemerken, dass damals Weißbier in Österreich in Vergessenheit geraten und nahezu unbekannt war. Die kleine Salzburger Brauerei war die einzige Braustätte, wo diese Biersorte noch erzeugt wurde.
Die wechselvolle Geschichte fand 1973 eine neue Wende, als die gesamte Liegenschaft an das Land Salzburg verkauft wurde und die Landesnervenklinik im Hauptgebäude ein Heim für Krankenschwestern einrichtete.
Nun hieß es in die Sommerausschank zu übersiedeln, in welcher bereits nach dem Krieg provisorisch ein kleines Stüberl eingerichtet war. Die große und treue Schar der Stammgäste schritt selbst zur Tat und übersiedelte die Schankbudl; jeder brachte Bilder, Beleuchtungskörper, Tische oder Sessel mit und gestaltete so ganz individuell sein zweites Zuhause.
1987 hatte die Landesnervenklinik keine Verwendung mehr für die Liegenschaft und der damalige Landeshauptmann Dr. Wilfried Haslauer verkaufte den Rupertihof samt Brauerei an Hans Georg Gmachl. Dieser renovierte innerhalb von wenigen Tagen das legendäre Stüberl und eröffnete am 11. Juli 1987 auch wieder den schönen Kastaniengarten.
Da in der WEISSEN nunmehr seit über 100 Jahren, nur mit einer kurzen Unterbrechung wegen der Kriegsschäden, immer Weißbier gebraut wurde, gilt diese zu Recht als Österreichs älteste Weißbierbrauerei. DIE WEISSE ist auch die einzige historische Kleinbrauerei Österreichs, die nach wie vor in Betrieb ist. Im Gründungsjahr 1901 gab es im Land Salzburg insgesamt an die 60 Brauereien, nach Jahresausstoß geordnet: Kaltenhausen, Stiegl, Guggenthal, Sternbräu, Gablerbräu, Moser-Henndorf und weitere 54 kleine Brauereien, eine davon war die „Salzburger Weißbierbrauerei“.

WEISSWÜRSTE

Seit jeher wird die WEISSE in 0,5 l Bügelverschluss-Flaschen abgefüllt. Dies erfolgt mit einem sehr einfachen isobarischen Füller, also drucklos. Die Flaschen werden bis heute von Hand aus verschlossen und dann etwa 10–14 Tage ins so genannte Warmlager (20 Grad) zur Nachreifung gestellt. An diesem Prinzip der traditionellen Herstellung des Salzburger Weißbieres hat sich bis heute nichts geändert.

Was ist Weißbier?

Die „Salzburger Weisse“ ist eine ganz feine obergärige Bier-Spezialität, gebraut aus Gersten- und Weizenmalz nach dem alten Rezept des Gründers Adelbert Behr. Die WEISSE ist hefetrüb, hat eine kräftige Bernsteinfarbe und einen schönen feinen Schaum. Sensorisch besticht die WEISSE durch die feine Fruchtnase – typisches Merkmal für Weißbier; sie erinnert an Banane, reifer Apfel und Pfirsich. Durch die natürliche Kohlensäure kann man die WEISSE angenehm genießen und sich über die leichte Spritzigkeit freuen. Erfrischend im Antrunk – weich und mild am Gaumen und im Ausklang, macht sie schon wieder Lust auf den nächsten Schluck.

SALZBURGER WEISSBIERSUPPE

1 Liter Weißbier,
45 g Butter,
30 g Mehl,
1 EL Zucker,
Prise Zucker,
Stange Zimt,
abgeriebene Zitronenschale,
einige Kardamomkapseln,
Muskatnuss,
Salz,
in Butter geröstete Semmelschnitten oder Croûtons als Einlage

Die Butter schmelzen und das Mehl darin bräunen, dann den Zucker hinzufügen und die Einbrenn unter ständigem Rühren tiefbraun werden lassen. In der Zwischenzeit das Bier mit etwas Zucker, der Zimtstange abgeriebener Zitronenschale und den Kardamomkapseln (5–6 Stück) zum Kochen bringen und leicht salzen. Gleich nach dem Aufkochen das Bier zur Einbrenn gießen und unter Rühren nochmals aufkochen lassen. Zimtstange und Kardamomkapseln herausfischen, die Suppe mit etwas Muskatnuss und Salz abschmecken. Nach Belieben die Suppe mit etwas Schmand verfeinern, mit gerösteten Semmelschnitten oder Croûtons servieren.

JÖRG WÖRTHER

Carpe Diem Finest Fingerfood

Einst war Jörg Wörther ein gefeierter 4-Hauben-Koch im edlen Ambiente von Schloss Prielau. Sein Markenzeichen waren unter anderem die perfekt gestylten Teller, nicht einen soll es gegeben haben, von dem er sich nicht höchstpersönlich „verabschiedet" hatte, bevor die darauf angerichtete Gaumenfreuden den Gast verwöhnen sollten. Jörg Wörthers Küche stand vor allem für Präzision und Styling. Nach vielen Jahren Spitzengastronomie kam Jörg Wörther an einem kleinen abgelegenen Strand unweit von Rom auf die Idee, die kulinarischen Feinheiten der großen Küche auch als Fingerfood anzubieten – zeitgemäß sozusagen. Fingerfood ist aber nicht gleich Fastfood, und was schnell auf den Tisch kommt, kann aufwendig zubereitet sein.
Da sich gewisse Speisen bekanntlich schlecht ohne Messer und Gabel essen lassen, wurde auf etwas zurückgegriffen, das schon seit Jahrtausenden in verschiedensten Formen als Trägermaterial verwendet wird: zart-knusprige Tütchen oder Cones wie sie hier heißen! Bereits im antiken Griechenland wurden Brotfladen spitz zulaufend zusammengerollt und mit allerlei Zutaten gefüllt als Imbiss verzehrt. Die Engländer lieben heute noch ihr „Fish&Chips" allerdings in Zeitungstüten, die freilich nicht essbar sind und ein jeder von uns schleckt im Sommer sein Eis aus geformten Waffeln. Nun sehen die Cones von Jörg Wörther zwar genauso aus wie Eistüten, schmecken aber ganz anders. Insgesamt gibt es 6 verschiedene Cone-Varianten, passend zur jeweiligen Füllung von pikant bis süß. Ja auch speziell designte Cones aus Glas sind in Verwendung, sollte sich einmal die Waffel aufgrund eines höheren Saucenanteils als unpraktisch erweisen. Geradezu alles wird in die netten Spitztüten gepackt, außer Austern, die werden nach wie vor auf Eis gebettet.
Nun darf man sich freilich nicht vorstellen, dass es sich hier um ganz gewöhnliche Stanitzel handelt – ganz im Gegenteil! „Anfangs gerieten die Stanitzel zu labbrig oder zu dick, lösten sich nicht von den extra dafür gedrechselten Kegelformen oder zerbröselten unter dem leisesten Fingerdruck. Daher habe ich diese Idee mangels Tütentauglichkeit zunächst einmal auf Eis gelegt.", erzählt Jörg Wörther heute nicht ohne ein gewisses Schmunzeln. Doch dann bekam der fürs Innovative ständig offene Dietrich Mateschitz (ja, der von Red Bull!) Wind von der Sache und veranlasste seine Red-Bull-Entwicklungsabteilung in Fuschl dazu, für Jörg Wörther eine hochspezielle Backmaschine zu entwickeln. Und siehe da, das neuartige Finger-Food-Projekt bekam Schwung und mit neuer Erdäpfeltütenrezeptur funktionierte das Ganze auch – schnell waren mehr als 200 Cone taugliche Delikatessen rezeptiert und zum Präsentieren bereit.
Konzipiert wurde die am 15. August 2005 erstmalig vorgestellte Idee aber nicht speziell für unter Zeitdruck stehende Leute, welche schnell einen guten Happen zu sich nehmen wollen, sondern vor allem für diejenigen, die gerne vielerlei Gerichte verkosten möchten und sich nicht auf die Auswahl einer Speise beschränken wollen. Die Portionsgrößen sind daher so gewählt, dass man ohne größere Probleme 3–5 Cones verzehren kann, etwa 8–10 Cones gereichen dann zu einer ausreichenden Mahlzeit. Die Füllungen sind – typisch Jörg Wörther – eine Mischung aus regionalen und internationalen Köstlichkeiten, einige Beispiele: „Beef-Tatar mit Erdäpfelpüree und Rucola in Kartoffel-Cone", „Fricassée vom Milchkalb mit roten Linsen, Champignons und Blätterteigpastetchen", „Waller heiß geräuchert mit Endiviensalat und Dijon-Senfmarinade", „Roastbeef mit Kartoffelgratin und Sauce Bernaise", „Topfenknödel in der Bröselbutter mit Süßweinsabayon" oder „Preiselbeer Biskuit mit Mandel- und Vanillecreme". Und weil das Projekt von Red Bull- und Carpe Diem-Chef Dietrich Mateschitz unterstützt wurde, gibt es hier auch Eislutscher mit Kombucha, Ginko oder Kefir-Geschmack.
Carpe Diem Finest Fingerfood ist eine moderne Interpretation eines althergebrachten Imbiss-Konzepts. Das auch architektonisch wunderschön designte Lokal lebt zum einen von der kreativen Umsetzung und dem viel zitierten Fun-Faktor, zum anderen aber sicherlich auch vom Namen Jörg Wörther.

CARPE DIEM TOAST

Diesen schon als Klassiker zu bezeichnenden Edel-Snack serviert Jörg Wörther zusammen mit einer unbeschreiblich zartschmelzenden Gazpacho zu frischen Austern. Eine Gaumenfreude der Extraklasse, ganz nach dem Motto: Nutze den Tag!

12 Scheiben Tramezzini

Für die Carpe-Diem-Fülle:
125 ml Ginko Crape Diem,
1 TL Maizenafix,
2 Limetten,
40 g Magertopfen,
grober Dijonsenf,
1 Prise Salz

Für die Wasabifülle:
40 g Magertopfen,
Wasabi (z. B. aus der Tube), Salz

Für die Carpe-Diem-Füllung den Ginko kochen, bis die Flüssigkeit auf die Hälfte einreduziert ist, danach mit dem Maizenafix binden und auskühlen lassen. Die Limetten so schälen, dass auch die transparente Haut vom Fruchtfleisch weggeschnitten wird, dann die Limettenspalten zwischen den Trennhäuten herausschneiden; Limettenfilets beiseite legen. Den Topfen mit 1 TL Senf verrühren, Limettenfilets und Ginkoreduktion einarbeiten, mit Salz abschmecken.
Für die Wasabifülle den Topfen mit Wasabi und Salz nach Geschmack glatt abrühren.
Nun eine Scheibe Tramezzinibrot mit einer der beiden Füllungen bestreichen und mit einer zweiten Scheibe abdecken, welche danach mit der zweiten Füllung bestrichen wird. Mit einer dritten Brotscheibe abdecken. Wenn man derart vier Tramezzini-Sandwiches erhalten hat, werden diese ein wenig gepresst, damit die Füllungen und das Brot kompakt aneinander haften. Tramezzini in Schnitten schneiden und im Backrohr bei starker Oberhitze beidseitig leicht farbgebend überbacken.

BEEF-TARTAR-CONE

FÜRSTERZBISCHOF WOLF DIETRICH VON RAITENAU

Salzburger Nockerln

Der berühmteste Mehlspeistraum aus Salzburgs Küchen sind mit Sicherheit die herrlich duftigen „Salzburger Nockerln". In der Operette „Saison in Salzburg" von Fred Raymond heißt es: „Süß wie die Liebe und zart wie ein Kuss."

Eine Legende berichtet von einem gewissen Salzburger Fürsterzbischof namens Wolf Dietrich von Raitenau, der sich liebend gerne von seiner Geliebten Salome Alt mit ihren offenbar wunderbaren „Salzburger Nockerln" verwöhnen ließ. Immerhin fünfzehn Kinder sind aus dieser Liaison hervorgegangen. Wolf Dietrich von Raitenau konnte die Verbindung zwar nicht legalisieren, revanchierte sich aber standesgemäß: er schenkte seiner geliebten Salome das heute so berühmte Schloss Mirabell.

Eine andere Geschichte, die sich um die Salzburger Nockerln rangt, hat für allerlei Verwirrung gesorgt: Einige Kulturhistoriker versuchen doch tatsächlich glaubhaft zu machen, dass es zu Zeiten des Herrn von Raitenau, also Ende des 16. Jahrhunderts, noch gar nicht möglich gewesen sein soll, den goldgelben Traum herzustellen, da er ja im Backofen (mit regulierbarer Hitze) zubereitet werde – und diesen gäbe es erst seit Anfang des 19. Jahrhunderts.

Nun den Herren Kulturhistorikern sei an dieser Stelle versichert, dass Fürsterzbischof von Raitenau tatsächlich keine im Ofen gebackenen Nockerln genossen hat, sondern solche nach dem weitaus schwieriger herzustellenden Originalrezept. Da werden die Nockerln nämlich nicht im Ofen, sondern in der Pfanne zubereitet (Rezept nachstehend).

In der einschlägigen Kochbuchliteratur findet man noch viele Varianten für Salzburger Nockerln, so berichtet z. B. Conrad Hagger von „echten" Salzburger Nockerln, welche aus einem Brandteig Auflauf ähnlich hergestellt wurden: Aus einem Brandteig wurden mittels eines Löffels kleine Nocken ausgestochen, diese dann in kochende Milch eingelegt. Nach dem Garen wurden die Nockerln mit Eidotter und Obers übergossen im Ofen gebräunt und mit Zucker bestäubt serviert.

„Die Prato" – die Grazer Kochbuchautorin Katharina Polt, die 1858 ihr berühmtes Kochbuches veröffentlichte – wiederum schichtet den Abtrieb aus 70 g Butter, 4 Dottern, 1 KL Mehl, 1 EL Zucker und dem Schnee von 4 Eiklar in eine Kasserolle, in welcher der Boden mit Butter und siedender Milch gerade bedeckt ist. Wenn die Masse lichtbraun gebacken ist, sticht sie mit einem Löffel kleinere Nocken aus und legt sie in einer Schüssel übereinander. Mit Staubzucker bestreut schmeckt auch diese Variante hervorragend.

Im Laufe der Zeit konnte sich eine etwas weniger aufwendige Version der Nocken allgemein durchsetzen, nämlich die im Ofen gebackene. Die geradezu „himmlische" Originalversion aus der Pfanne schmeckt aber immer noch einzigartig duftig-flaumig und ist sicherlich ein Höhepunkt österreichischer Pâtisserie-Kunst!

SALZBURGER NOCKERLN (IM OFEN GEBACKEN)

Diese Version wird heute im Allgemeinen serviert und ist damit die geläufigste. Voraussetzung für gelungene Nockerln ist ein einwandfrei und fest ausgeschlagener Eischnee (ohne Eidotterreste und in einem absolut fettfreien Geschirr geschlagen!).

5 Eiklar, 3 Eidotter, 30 g Kristallzucker, 20 g Mehl, Vanillezucker, etwas abgeriebene Zitronenschale, 20 g Butter und 10 g Zucker für die Form, 1/16 Liter Milch oder Obers, Vanillezucker

Die Eiklar zu steifem Schnee schlagen, nach und nach den Zucker gut einarbeiten, dann die Eidotter, Vanillezucker, geriebene Zitronenschale und Mehl kurz einrühren. Dabei so wenig rühren, dass die Dotterstreifen in der Masse noch sichtbar sind.

Aus der Masse drei große, pyramidenförmige Nocken formen, diese in eine ovale, bebutterte und mit Zucker ausgestreute Auflaufform (vorzugsweise aus Porzellan) schichten und etwa 5 Minuten im 200 Grad heißen Rohr backen. Dann etwas heiße Milch, mit Vanillezucker aromatisiert, an der Seite eingießen, die Nocken weitere 3 Minuten bei eingehängtem Rohr backen.

Salzburger Nockerln sollten nie ganz durchgebacken und innen noch schön cremig sein.

Mit Staubzucker überpudert sofort servieren, denn die Nockerln fallen beim Auskühlen zusammen!

SALZBURGER NOCKERLN (IN DER PFANNE GEBACKEN)

Dieses Rezept für Salzburger Nockerln ist nicht ganz leicht herzustellen, denn es handelt sich hierbei um das berühmte Originalrezept. Wem es gelingt, diese Nockerln vollendet zuzubereiten, dem wird das Lob der Gäste sicher sein!

5 Eiklar, 3 Eidotter, 40 g Kristallzucker, 20 g Mehl, Vanillezucker, abgeriebene Zitronenschale, 30 g Butter, Staubzucker zum Bestreuen

Die Eiklar werden zu steifem Schnee geschlagen, dabei nach und nach den Zucker einarbeiten. Dann Eidotter, Vanillezucker, abgeriebene Zitronenschale und das Mehl sehr leicht und locker-flaumig unterziehen.

In einer Pfanne die Butter erhitzen, bis sie geklärt ist, drei große pyramidenförmige Nocken formen und diese ins heiße Butterschmalz einlegen. Bei mäßigem Feuer unter zweimaligem Wenden hellbraun backen, die Nockerln sollen innen cremig bleiben. Fertige Nocken auf einer Platte anrichten und mit Staubzucker bestreut sofort servieren.

SALZBURGER NOCKERLN

JUNIORCHEF
MICHAEL FÜRST

Die Original Salzburger Mozartkugel

Als der Konditor Paul Fürst im Jahre 1884 in der Salzburger Brodgasse 13 seine Konditorei gründete, ahnte er sicherlich noch nicht, dass später seine berühmteste Kreation Anlass zu einem handfesten Rechtstreit werden sollte; die Rede ist natürlich von der „Original Salzburger Mozartkugel". Und das ist der springende Punkt, wir reden hier von der „original" Salzburger Mozartkugel, nicht von der „echten Salzburger Mozartkugel" oder „Austria Mozartkugeln" und ähnlichen Produkten, wie sie heute am Markt kursieren.

Im Jahre 1890 kreierte der Konditor Paul Fürst, der zuvor in den renommiertesten Konditoreien von Wien, Pest, Nizza u. a. viele Erfahrungen gesammelt hatte, die heute weltberühmte Praline und gab ihr anfangs den Namen „Mozartbonbon". Den Namen „Mozartkugel" wählte er dann, um dem damals noch gar nicht so populären „Salzburger Sohn" Wolfgang Amadeus Mozart seine Referenz zu erweisen. Die Qualität und der feine Geschmack dieser neuen Spezialität jedoch waren es, die der Mozartkugel einen derartigen Erfolg bescherten.

Für diese besondere Praline, formte Paul Fürst zunächst kleine Kügelchen von feinem Marzipan mit Pistazien, die auf kleine Spießchen gesteckt wurden. Als nächstes umhüllte er die Marzipankugeln mit einer dicken Schicht von bestem Nougat und tauchte die Kugeln danach noch in dunkle Kuvertüre. Nachdem die Kuvertüre erstarrt war, konnte das Spießchen entfernt und das Löchlein mit Schokolade verschlossen werden; in Silberstaniolpapier eingewickelt erfreuten sich die köstlichen Mozartkugeln schnell großer Beliebtheit bei den Salzburgern.

Im Jahre 1905 stellte Paul Fürst bei einer internationalen Pariser Ausstellung seine Mozartkugeln vor und erhielt dafür gleich eine Goldmedaille. Zu dieser Zeit kopierten bereits andere Salzburger Konditoren die Mozartkugel und auch die Süßwarenindustrie begann, diese beliebte Spezialität herzustellen. Sie wurde insbesondere nach dem Zweiten Weltkrieg millionenfach erzeugt, dies hat für den weltweiten Bekanntheitsgrad der Salzburger Mozartkugel viel beigetragen.

Festzuhalten bleibt, dass nur die von der Konditorei Fürst erzeugten Mozartkugeln sich „Original Salzburger Mozartkugeln" nennen dürfen. Bei allen anderen im Handel angebotenen Produkten handelt es sich um meist industriell gefertigte bewusste Nachahmungen des Originals von Paul Fürst. Leider haben viele Produkte, die zwar Mozartkugel heißen und so ähnlich aussehen, oftmals nicht viel mit der „Original Salzburger Mozartkugel" gemeinsam.

Heute meint Norbert Fürst zu diesem Thema: „Grundsätzlich bin ich als Hersteller der „Original Salzburger Mozartkugel" der Meinung, dass die Mozartkugel eine Praline ist und nicht ein „Mozart-Souvenir", welches man an ungeeigneten oder sonnenbeschienenen Verkaufsständen anbieten kann. Auch sollte man etwas zurückhaltender mit diversen Mozart-Attributen wie Bildern, Geigen u. s. w. sein. Bei der Mozartkugel handelt es sich um ein berühmtes eigenständiges Produkt, bei dem es gar nicht angebracht ist, ständig auf den großen Namensgeber hinzuweisen. Die Mozartkugel ist eine hochwertige Praline nicht mehr aber auch nicht weniger."

Und daher werden noch heute die „Original Salzburger Mozartkugeln" mit dem aufwendigen handwerklichen Herstellungsverfahren und nach dem bis heute unveränderten Rezept von Urgroßvater Paul Fürst hergestellt. Dass dieses Rezept ein streng gehütetes Familiengeheimnis ist, versteht sich dabei wohl von selbst.

TUNKVORGANG

MOZARTKUGELN UND ZUTATEN

Der klassische Salzburger Braten

Wie bei vielen so genannten klassischen Rezepten gibt es auch für den berühmten Salzburger Braten verschiedenste Versionen, von ganz rustikal bis sehr edel und fein, ja zuweilen können sogar Trüffeln die Füllung veredeln. Allen diesen Rezepturen ist aber gemein, dass es sich um eine Schweinsbrust handelt, die mit einem angereicherten Brät gefüllt worden ist.
Natürlich kann man – wie bei jedem Schweinebraten – Sauerkraut und Knödel dazu reichen, allerdings sind die hier vorgestellten Sauerkrautkrapfen eine Salzburger Spezialität, die ganz ausgezeichnet zu dieser herzhaften Köstlichkeit schmeckt.
In Salzburg liebt man kräftige Braten und so werden nicht selten Stücke von 2–3 kg für eine vierköpfige Familie als gerade einmal ausreichend empfunden. Zusammen mit der reichhaltigen Füllung ergibt dies dann einen wahren Festschmaus.

SALZBURGER BRATEN MIT SAUERKRAUTKRAPFEN

Für den Braten:
2 1/2–3 kg Schweinsbrust (vorzugsweise vom Jungschwein) mit Schwarte,
1 Bund Wurzelgemüse,
Rindsuppe nach Bedarf,
Mehl, Kümmel, 2 Lorbeerblätter,
zwei Thymianzweige (fakultativ),
Salz und Pfeffer aus der Mühle

Füllung 1:
300 g Schweinefleisch,
500 g Bauchspeck (sehr klein gewürfelt),
250 g gewürfelter Kochschinken,
200 g Weißbrot, etwas Milch,
8–10 Knoblauchzehen,
Majoran, abgeriebene Zitronenschale,
Piment, Salz und Pfeffer aus der Mühle

Füllung 2:
etwa 750 g feines Wurstbrät,
250 g bester magerer Kochschinken,
100 g Speck,
200 g geröstete Pistazien oder Kürbiskerne

Füllung 3 (für Bauchfleisch, siehe Bild):
2 Schweinslungenbraten, Knoblauch,
Kümmel, Salz und Pfeffer

Für die Sauerkrautkrapfen:
500 g gutes Sauerkraut,
4 Erdäpfel, 2 Äpfel, 4 Zwiebeln,
150 g feinst gehackter Speck,
5 EL Mehl, 4 große Eier, Salz,
Butterschmalz zum Ausbacken

Die Schweinsbrust längs oder quer schröpfen und so einschneiden, dass eine Tasche entsteht. Die Brust innen und außen kräftig (mit Kümmel, Salz und Pfeffer) würzen, danach über Nacht im Kühlschrank ziehen lassen.

Für Füllung 1: Das Fleisch zweimal durch die feine Scheibe des Fleischwolfs faschieren. Das Weißbrot würfeln, ein wenig mit Milch anfeuchten, danach ebenfalls fein faschieren. Faschiertes Fleisch mit dem faschierten Weißbrot vermengen, klein gewürfelten Kochschinken und Speck darunter mischen und schmackhaft mit Knoblauch, Majoran, Zitronenschale, Piment, Salz und Pfeffer würzen.

Für Füllung 2: Schinken und Speck kleinwürfelig schneiden und mit dem Wurstbrät gut vermengen. Pistazien oder Kürbiskerne grob hacken, dann ebenfalls untermischen.

Die vorbereitete Schweinsbrust mit einer der Massen füllen, dann mit Küchengarn zunähen. Eine Bratenkasserolle etwa fingerhoch mit heißem Wasser (oder Rindsuppe) befüllen, die Schweinsbrust mit der Schwarte nach unten einlegen und zugedeckt im auf 200 Grad vorgeheizten Ofen etwa 45–60 Minuten dünsten lassen. Die Schweinsbrust wenden, Lorbeer und Thymian in den Bratensaft geben und die Schweinsbrust offen braten, bis die Schwarte schön knusprig ist. Dabei wiederholt mit eigenem Bratensaft begießen, etwa 20 Minuten vor Ende der Garzeit nicht mehr begießen, damit die Schwarte schön knusprig wird (bei Bedarf Oberhitze einschalten). Das klein gewürfelte Wurzelgemüse wird etwa 30 Minuten vor Ende der Garzeit hinzu gegeben und im Bratensaft mitgegart.
Zwischenzeitlich die Sauerkrautkrapfen zubereiten, hierfür zunächst die Erdäpfel und die Äpfel schälen, beides fein reiben. Die Zwiebeln werden sehr fein gehackt. Nun vermischt man die Kartoffel-Apfelmischung in einer Rührschüssel mit den Speckwürfeln, Mehl, Eiern und etwas Salz. Dann fügt man das klein geschnittene Kraut hinzu und verarbeitet alles zu einer homogenen Masse, die man danach etwa 30 Minuten rasten lässt. Aus der Masse etwa 16 kleine Krapfen formen, welche portionsweise in sehr heißem Butterschmalz ausgebacken werden.
Den fertigen Braten aus dem Saft heben und im abgeschalteten Backrohr rasten lassen. Den Saft, wenn nötig, entfetten, abgießen, mit etwas Rindsuppe auffüllen und mit Mehl gestaubt aufkochen lassen, danach auf kleiner Flamme zur gewünschten Konsistenz einkochen.
Den Braten tranchiert auf einer vorgewärmten Platte anrichten, mit etwas Saft beträufeln, restlichen Bratensaft zusammen mit den Sauerkrautkrapfen extra zum Braten reichen.

EINE ROLLBRATEN-VARIANTE: BAUCHFLEISCH MIT SCHWEINEFILETS GEFÜLLT

ANDREAS DÖLLERER

Döllerers Genusswelten

„Kein Genuß ist vorübergehend, denn der Eindruck, den er zurückläßt, ist bleibend", sind Worte Johann Wolfgang von Goethe, die man sich in den Genusswelten Döllerer zu Herzen genommen hat. Keine flüchtigen Eindrücke soll der Gast mitnehmen, sondern sich in der Zeit seines Verweilens der alles prägenden Philosophie des Genießens hingeben und sich dieser später immer wieder aufs neue gerne erinnern. Familie Döllerer bietet daher eine Art kulinarisches Gesamtkunstwerk an, welches auf der einen Seite von Tradition, auf der anderen Seite aber von Kreativität und Moderne geprägt ist.
Hinter der nostalgisch-romantischen Fassade eines alten Bürgerhauses in Golling befindet sich zunächst einmal ein historisches Genießerhotel mit freundlichen und behaglichen Zimmern.
Weiter fällt dem Genussmenschen sofort die hauseigene Fleischerei auf, die weithin für ihre hervorragenden Wurstwaren und pikanten Köstlichkeiten berühmt geworden ist.
Neben dem vielfach ausgezeichneten Genießerrestaurant, in welchem Andreas Döllerer seine fantasievoll kreativen und überraschend spannenden Gaumenfreuden serviert, verfügt das Haus des weiteren über ein sehr gemütliches Wirtshaus. In legerer Atmosphäre werden hier typisch österreichische Gerichte aus den feinen Produkten heimischer Produzenten serviert.
Und so verhält es sich dann in der Tat so, dass die gastfreundliche Familie Döllerer hier ein wunderschönes Refugium für Genießer geschaffen hat, das nicht nur eine Reise wert ist, sondern auch sicherlich lange in Erinnerung bleiben wird!

WARMER TENNENGAUER ZIEGENFRISCHKÄSE MIT RADIESCHENCREME

1 Rolle (250 g) Ziegenfrischkäse bester Qualität, frische Radieschen

Für die Radieschencreme:
100 g Radieschen ohne Grün, 250 g Kristallzucker, 250 ml Wasser, Fleur du sel, weißer Pfeffer

Für das Kräuteröl:
Olivenöl, Basilikum, Petersilie, Kerbel, Estragon, Salz

Für die Radieschencreme werden zunächst Zucker und Wasser aufgekocht, die Radieschen dazu gegeben und alles bei wenig Hitze etwa 1 Stunde leise gekocht. Abseihen und die Radieschen in einer Moulinette fein mixen. Mit feinem Meersalz und weißem Pfeffer abschmecken.
Die Kräuter zupfen und gründlich waschen. Etwa 10 Sekunden in kochendem stark gesalzenem Wasser blanchieren, danach sofort in Eiswasser abschrecken. Gut ausdrücken und mit Olivenöl mixen. Durch ein sehr feines Sieb (oder Kaffeefilter) gießen.
Käse in Tranchen schneiden und im Backrohr bei 90 Grad lauwarm werden lassen. Mit der Creme, frischen Radieschen und mariniertem Rucola anrichten. Kräuteröl darüber träufeln.

BLUNTAUFORELLE MIT GELBER PAPRIKA-ANANASCREME

4 Forellenfilets, Olivenöl, feines Meersalz

Für die Creme:
10 gelbe Paprikaschoten, Rosmarin, Thymian, violetter Knoblauch, 1 Babyananas, Meersalz, weißer Pfeffer

Zuerst die Paprikaschoten halbieren, den Strunk und die Kerne entfernen. Paprikahälften mit Thymian, Rosmarin und 2 angedrückten Knoblauchzehen abgedeckt bei 150 Grad in den Backofen geben, bis die Paprika weich sind. Danach mixen und durch ein feines Sieb streichen. Die Ananas entsaften und unter das Paprikapüree mischen. Alles kurz aufkochen und nach Geschmack etwas Chiliöl darüber geben.
Forellenfilets in Olivenöl braten und mit Fleur du sel würzen. Auf der Paprikacreme anrichten und mit geschmorten Schalotten sowie Zucchini anrichten.

DUKATENBUCHTELN MIT RUMEIS, SCHWARZBEERKOCH UND NOUGATFONDUE

Für die Buchteln:
250 g Mehl, 14 g Germ, 40 g Butter, 70 g Milch, 10 g Zucker, 1 Ei, 1 Dotter, Salz, Zitronenschale, Powidl

Für das Rumeis:
250 ml Obers, 250 ml Milch, 8 Dotter, 80 g Kristallzucker, 6 cl alter Rum

Außerdem:
Schwarbeerkoch, 200 g heller Nougat

Für die Buchteln wird die Hefe zusammen mit dem Zucker in lauwarmer Milch aufgelöst und danach mit dem Mehl, flüssiger Butter, Ei, Dotter, Salz und Zitronenschale zu einem Teig abgeknetet. Teig 1 Stunde gehen lassen, dabei immer wieder zusammenschlagen. Den Teig 3 mm dick ausrollen und kleine Kreise ausstechen. Auf die Kreise etwas Powidl mit einem Spritzsack auftragen; zu Buchteln formen. Eng aneinander in eine gebutterte Form setzen und nochmals aufgehen lassen. Buchteln mit flüssiger Butter bepinseln, im Backrohr bei 160 Grad 20 Minuten goldbraun backen.
Für das Rumeis die Milch mit dem Obers aufkochen, Dotter und Zucker vermengen und einrühren, auf 80 Grad erhitzen, danach die Masse durch ein Sieb gießen. Mit Rum aromatisieren und in einer Eismaschine gefrieren. Buchteln mit dem Rumeis anrichten, dazu einen Schwarzbeerkoch und geschmolzenen Nougat servieren.

FRISCHKÄSE MIT RADIESCHENCREME

BLUNTAUFORELLE AUF GELBER PAPRIKA-CREME

Aus dem „Salzburger Küchenkästchen“

© BMLUFW

Schon zu Beginn der Neuzeit müssen die Stadt und das Land Salzburg für die damalige Zeit in geradezu unbeschreiblichem Überfluss gelebt und geschlemmt haben, was einen gewissen „Schusterpoeten“ names Hans Sachs (1494–1576) dazu veranlasste seinen „Lobspruch der Stadt Saltzburg“ zu verfassen (siehe Schaukasten), welcher aufs trefflichste den herrschenden Reichtum an Schmausereien veranschaulicht. Übrigens wurde Hans Sachs später von niemand Geringerem als Richard Wagner geehrt, welcher ihn zu einer der Hauptfiguren in seiner Oper „Die Meistersinger von Nürnberg“ werden ließ. Hans Sachs war gebürtiger Nürnberger, ein nach ihm benannter Platz und eine Statue erinnern an den volkstümlichen Dichter.
Nun ist ja hinlänglich bekannt, dass insbesondere der Salzburger Klerus, allen voran natürlich die Fürsterzbischöfe alles andere als Kostverächter gewesen sind. Allerdings gab es auch andere Stimmen innerhalb der Kirche, wie z. B. den wortgewaltigen Barockprediger Christoph Selhamer (1635 Burghausen–1708 Salzburg), ein regelrechter Kanzel-Star, welcher von den Reichen geächtet, vom armen Volk hingegen geliebt wurde.
Grund hierfür war vor allem die Tatsache, dass Selhamer die Bessersituierten seiner Gemeinde mit geradezu lustvoller Genugtuung als „Sauffgurgeln“, „Wampen-Vögte“, „Schlemmer und Demmer“, „Bacchus-Brüder“ oder mit brachialer Stimme einfach als „Wein- und Bierschläuch“ beschimpfte. Titulierungen, welche von den Betroffenen wohl nicht gerade gerne gehört worden sind, beim Volk hingegen aber sicherlich gut ankamen. Zudem verhielt es sich so, dass der gutherzige Prediger viel Verständnis für die Armen, insbesondere für die mitunter bettelarme Landbevölkerung hatte, welchen er mit Worten wie diesen Trost zu spenden suchte: „Kuchel und Keller ist bei euch Bauern schlecht bestellt. Der Hunger ist euer Koch, der Gänsewein löscht euch den Durst, eure ganze Kost besteht aus ungeschmalzenen Wasserspatzen in saurem Kraut, aus schwarzem Hafer- oder Kleiebrot, während die reichen Leute, die faulen Brüder und die ungeistlichen Geistlichen sich sechsmal einen Nachschlag auf die Schüssel geben lassen und nur im besten Wein baden!“
Ganz so schlimm wird die Lage der Landbevölkerung dann nun doch nicht gewesen sein, dennoch dürften die theatralisch vorgetragenen polemischen Worte ihre Wirkung nicht verfehlt haben. Und auch der allzu oft vorherrschenden Schläfrigkeit zumeist schwer arbeitender Zuhörerschaft, die da nun im Halbdunkeln sitzend oder kniend nur teilweise verständlichen Zeremonien oder weitschweifigen Predigten folgen sollte, wird Selhamer mit derartiger Wortgewandtheit entgegengewirkt haben.
Allerdings verhielt es sich in der Tat so, dass „Wild und Fisch sind nur für Edelmanns Tisch“ die lautende Speiseplan-Devise war. Selbst bei noch so opulenten und ausschweifenden Bauernhochzeiten mussten sich die Hochzeitsgäste mit Schweinebraten, Rindfleisch, Geflügel, Innereien und Schmalzgebackenem zufrieden geben, weil nämlich die edlen Salzburger Süßwasserfischlein neben Gams, Hirsch und Konsorten den Stadtbürgern und hier vor allem den adeligen Herrentafeln vorbehalten waren. In der Stadt Salzburg selbst wusste man aber sehr wohl mit dem unerschöpflichen Reichtum an edlem Getier aus sauberen Bächen und Seen in der Küche umzugehen. Eine unüberschaubare Vielfalt an Fischgerichten ist daher überliefert, so verzeichnete Conrad Hagger in seinem berühmten Kochbuch sage und schreibe 542 verschiedene Fischgerichte, darunter allein 88 Rezepte für Fischsuppen.
Einer der Christoph Selhamers Schimpfwort „Bierschlauch“ aufs Vortrefflichste repräsentierte, war sicherlich der Erzbischof Leonhard von Keutschach, der wegen seiner überaus großen Zuneigung, welche er keineswegs aus rein merkantilen Gründen dem Gerstensaft entgegenbrachte, vom Volk scherzhaft in „Liendl Pyrschenk“ umgetauft wurde. Es war das Bier aus dem altehrwürdigen Kaltenhauser Hofbräuhaus, welches seinen Gefallen fand. Bei seinen Festen, Sautänzen und Banketten – wahrscheinlich waren dies eher bacchanale Gelage – muss der erfrischende Hopfensaft gleich hektoliterweise geflossen sein.
An dieser Stelle sei auch gleich erwähnt, dass Selhamer, was das Bier betraf, irrte, wenn er meinte, daß der Hof allein in den Genuss des Salzburger Hofbräuhauses kam. Gerade im 17. Jahrhundert wurde der Hofbierausschank sehr weit ausgedehnt, so dass nahezu alle Bürger in den Genuss von Bier kamen. Auch lud der Hof zu Pfingsten die Pinzgauer Bauern in den Hofkeller ein. Und nicht zuletzt bei hohen kirchlichen Festen (!), insbesondere an den Marienfeiertagen, stieg der so genannte außerordentliche Hofbierabsatz in geradezu unchristlichem Ausmaße an.
Auch nicht gerade christlich war übrigens der berühmteste Fußtritt Salzburger Küchengeschichte: Es war der Salzburger Oberküchenmeister Graf Karl Arco, welcher mit einem Fußtritt auf recht robuste Art und Weise einen Schlusspunkt unter Mozarts Laufbahn als fürsterzbischöflicher Lakai setzte und ihn damit am 8. Juni 1781 zum freischaffenden Künstler und Komponisten „beförderte“. Als Oberküchenmeister war der wohl nur bedingt kunstbeflissene Graf nämlich auch Mozarts direkter Vorgesetzter. Wolfgang Amadeus Mozart echauffierte sich zwar in Briefen über die ungebührliche Art und Weise seiner „Kündigung“, dennoch hat er den schmerzenden Tritt der Kochgilde insgesamt nicht wirklich verübelt. Widmete er doch zahlreiche seiner Werke dem ausschweifenden Leben und lässt seinen Don Giovanni die Zeilen „Si eccellente è il cuoco mio, che lo volle anch'ei provar“ singen, was soviel bedeutet wie „Ja, mein Koch sucht seinesgleichen“.
Doch auch die Landbevölkerung dürfte nicht gerade in dramatischer Askese gelebt haben, ranken sich doch vielerlei Märchen und Sagen um Verschwendungssucht und Reichtum. Eine besonders schöne, die zudem verdeutlicht welche Bedeutung der Käse für das Salzburger Land hat, ist die Geschichte von der „Übergossenen Alm“. Sie spielt auf die weitläufigen Gletscher und das ewige Eis an, mit welchen der bis zu 2900 m hohe Gebirgsstock des Hochkönig überzogen ist: Früher einmal, so erzählt man sich in Pinz- und Pongau, befanden sich auf dieser nun vom ewigen Eis starren Fläche saftige Wiesen und Matten, wo kniehohes Gras wuchs und friedliche Rinderherden der üppigen Weide nachgingen. Die schönsten Sennerinnen des Salzburger Landes verarbeiteten hier frohgemut die reichlich sprudelnde Milch und so groß war der unaufhörlich strömende Segen, dass man Käse und Butter gar nicht mehr wegschaffen konnte. Viel Geld floß in die Taschen der Sennerinnen, das gute Leben machte sie übermütig, ausgelassen und verführte sie mit der Zeit zu allerhand Schandtaten. In Milch hätten sie gebadet, um eine weiche Haut zu bekommen, die Glocken der Küche mussten von reinem Silber sein, die Hörner der Stiere wurden vergoldet und rauschende Feste gefeiert. Ja, schließlich wurden sogar die Pfade zwischen ihren Hütten mit Käselaiben ausgepflastert und die Fugen dazwischen mit reiner Almbutter ausgestrichen „damit der Teufel was zu fressen habe, wenn er mit seinen Gesellen nächtens herankommt.“
Statt des Teufels sei jedoch der Herrgott selbst in Gestalt eines armen Bettlers erschienen und habe vergeblich um einen Schluck Milch ersucht, ja sogar Schläge wurden dem Fremden angedroht, wenn er nicht rasch verschwinden würde. Aber nun war das Maß ihrer Übeltaten endlich voll, und die gerechte Strafe sollte die Schändlichen treffen. Kaum hatte sich der Wanderer entfernt, da erhob sich ein grässlicher Sturm und schleuderte aus dem schwarzen Gewölk eine wirbelnde Flut von Eis und Schnee auf die zu Tod erschrockenen Frevler herab. Vergebens suchten sie zu flüchten. Der Schneesturm begrub sie mit Hütten und Herden, und über den grünenden Almen lag nunmehr ewiges Eis. Bis heute liegt das Gefilde unter der mächtigen Eisdecke und man nennt die weite Fläche des ewigen Schneebergs „Übergossene Alm“.
Wenn man im Pinzgau weilt und eine der dortigen Almen besucht, so wird man rasch feststellen, dass diese Sage auch heute ihre Gültigkeit besitzt. Denn die Mengen an Butter, Käse und frischem Rahm, mit denen hier gekocht wird, sind tatsächlich verschwenderisch. So wird unter einem „guten Schuss Rahm“ nicht selten gleich ein Viertelliter verstanden, oder unter der Bezeichnung ein „Stück Butter“ ein halbes Kilogramm, welches dem Muas die richtige Kraft geben soll.
Doch bei allem herrschenden Überfluss ist man auch heute noch in Salzburg recht gerne darauf bedacht, zwischen (insbesondere finanzkräftigen) Schichten zu unterscheiden; richtig „demokratisch“ ist der Genuss hier immer noch nicht. Unter (teurer) Hochküche wird weniger die Opulenz des Salzburger Barocks (und schon gar nicht die deftige Almkost) verstanden, sondern oftmals eine eher gesundheitsorientierte, kalorienarme und moderne Küche mit Miniportionen, die gerade einmal fürs Auge gereichen.
Es gibt in Salzburg aber auch viele Betriebe die es schaffen, einen Bogen zwischen traditionellen und modernen Gaumenfreuden zu spannen; und das sind dann nicht selten Spitzenrestaurants von internationaler Klasse!

ALMBUTTERTORTE

Für die Torte:
5 Eier (Dotter und Eiweiß getrennt),
125 g Staubzucker,
Schale und Saft einer halben unbehandelten Zitrone,
100 g Mehl, Butter für die Form, Prise Salz

Für die Creme:
250 ml frisch abgeschöpftes Schlagobers (von der Alm!), 75 g Zucker, 4 Eidotter, 125 g Almbutter

Für den Teig zunächst die Dotter mit dem Staubzucker schaumig schlagen, Schale und Saft der Zitrone untermengen. Die Eiweiße mit einer Prise Salz steif schlagen und abwechselnd mit dem Mehl portionsweise unter die Dottermasse rühren und zu einem geschmeidigen Teig verarbeiten.
Den Teig in eine gut ausgebutterte Tortenform füllen und bei 170 Grad backen, bis man eine Nadel in den Teig stechen kann, ohne dass daran beim Herausziehen Teig haften bleibt. Während die Torte abkühlt, wird die Creme zubereitet.
Hierfür das Schlagobers mit Zucker und Dottern in einem Wasserbad schaumig schlagen, überkühlen lassen und mit der zimmerwarmen Butter vermengen.
Die Torte halbieren, Creme auf einen Tortenboden streichen, zweite Tortenhälfte darauf setzen. Für die Glasur 1 Eiklar, 150 g Staubzucker und etwas Zitronensaft in mindestens 15 Minuten zu einer dicken Glasur einkochen lassen, dann mit einer Spachtel auf der gesamten Torte verstreichen, die man dann noch nach Belieben verzieren kann.

ALMKOCH

1 kg gesiebtes Mehl mit gut 500 ml saurem Rahm vermengen und zu so genannten Faferln abbröseln. Mindestens 500 g frische Almbutter in einer ausreichend großen Pfanne zerlassen, die Faferln einrühren und mit Anis, in Milch eingeweichten Rosinen sowie einer guten Prise Salz sämig einkochen lassen. Nun kommen 200 g feiner Kristallzucker hinzu, danach wird der Almkoch so lange weitergekocht, bis er eine elastische Bindung angenommen hat. Pfanne vom Herd nehmen.
Das Koch mit Zimt und etwas Zucker bestreuen, dann 2–3 Eier (je nach Größe der Eier) in die Masse einarbeiten. Das Koch kann nach Belieben noch mit einem Schuss Rum abgeschmeckt werden, bevor es entweder sofort warm oder erst später in verfestigtem kalten Zustand genossen wird. Das Koch hält sich übrigens sehr lange und schmeckt vor allem im Winter besonders gut.

KALBSINNEREIEN IM KOHLBLATT

Ein vorgekochtes, sauber pariertes und geviertteltes Kalbsherz sowie eine rohe, halbierte Kalbsniere werden in blanchierte Kohlblätter gewickelt, diese mit Zahnstochern fixiert.
In einer größeren Kasserolle etwas Butter auf milder Flamme erhitzen, die „Kohlrouladen" darin sanft anbraten und mit wenig Brühe aufgießen; etwa 10–15 Minuten dünsten lassen, bei Bedarf Brühe nachgeben. Schließlich gut 250 ml sauren Rahm in die Brühe rühren und die Rouladen mit einigen Esslöffel geriebenen Bergkäse bestreuen. Nach weiteren 5 Minuten werden die Kohlrouladen aus der Sauce gehoben, warm gestellt und die Sauce (ohne Flamme) mit 4 versprudelten Eidottern gebunden. Sauce mit Salz, Pfeffer, geriebenem Neugewürz, Wacholder und Muskatnuss abschmecken.
Innereien im Kohlblatt auf einer warmen Platte anrichten, mit der vollendet zubereiteten Sauce überziehen und zusammen mit Reis oder Erdäpfeln servieren.

HANS SACHS „LOBSPRUCH DER STADT SALTZBURG"

„Von Hallein bringt man da das Salz,
Aus dem Birg bringt man Käs und Schmalz,
Aus dem Welschland mancherlei Wein,
Von Neckar, Frankenland und Rhein,
Auch het man da guet kaltes Bier.
Auch het es um die Stadt Revier
Viel Weiher, See und Bächlein frisch,
Darin man liegt allerlei gut Fisch,
Auch in Gebirgen fern und nahen
Ist Vogel und Wildpret zu fahen,
Auch in den Tälern Wunn und Waid;
Aus Bayern bringt man viel Getraid,
Auch Brot und Flaisch, dass ich dir's kuertz,
Allerlei Spezerei und Wuertz
Findt man täglich in rechtem Kauf."

SALZBURGER KRAUTSPATZEN

Für die Nockerl:
500 g Mehl (Type 550 oder 700), 250 ml Milch, 5 Eier, Salz, Prise Muskatnuss (fakultativ)

Außerdem:
350 g Sauerkraut, 250 g Jausenspeck,
1 Zwiebel, Butterschmalz (oder Öl),
Salz und Pfeffer, Schnittlauchröllchen zur Garnitur

Für die Nockerln zunächst Milch und Eier verschlagen und mit Salz und Muskatnuss würzen. Das Mehl dazugeben und mit einem Kochlöffel einen Teig schlagen. Den Teig durch ein Nockerlsieb in reichlich kochendes Salzwasser streichen, Nockerln einmal kurz aufkochen lassen und anschließend mit kaltem Wasser abschrecken und abtropfen lassen.
Für die Krautspatzen die Zwiebel und den Speck fein würfeln. In einer Pfanne etwas Schmalz erhitzen, Zwiebelwürfel darin anschwitzen, Speck hinzufügen und alles kurz rösten. Das Sauerkraut mit viel Saft dazugeben und ein wenig einkochen lassen.
Die abgetropften Nockerln zum Kraut geben und ein paar Minuten mitrösten. Vor dem Anrichten mit Salz und Pfeffer abschmecken und mit viel Schnittlauch bestreut servieren.

KALBSINNEREIEN IM KOHLBLATT

VOGELMIERE

WALDMEISTER

SCHAFGARBE

BLÜHENDE GUNDELREBER

ROSSMINZE

WILDER THYMIAN

GEFLECKTE TAUBNESSEL

GÄNSEBLÜMCHEN

VEILCHEN

BÄRLAUCH (MIT BLÜTE)

In den Tennengauer Käsereien wird nach traditionellem Käsereiverfahren Käse hergestellt. Im Sommer ist es das frische Almgras mit seinen zahlreichen Wildkräutern (welche auf den Berghängen zwischen 500 und 1300 Metern wachsen), und im Winter das duftende Heu, die Basis für eine hochwertige Milch als unverzichtbare Grundlage für guten Käse bilden. Die Aromastoffe aus Wildkräutern und Heu geben somit dem Almkäse seinen ganz urtypischen Geschmack. Und die hochwertigen Heumilchkäse aus dem Marmordorf Adnet werden in alten Steinkellern naturgereift. Beliebteste Sorten sind der feine Adneter Dorfkäse, ein aromatischer Magerkäse, der wunderbar würzige Bauernkäse, der rustikale Rauchkuchlkas und natürlich der sensationelle Tennengauer Almkäse.

Wildkräuter

Unter den Wildkräutern werden all jene krautigen Pflanzen verstanden, die zum Verzehr geeignet und nicht züchterisch bearbeitet worden sind. Sie gedeihen auf Wiesen, Weiden, Almen, Äckern, in Flussauen oder Wäldern. Verschiedene Wildkräuter spielten schon immer eine große Rolle in der bodenständigen Küche, denn ihr Geschmack brachte einerseits Abwechslung auf die Teller, andererseits waren sie willkommene Vitamin-Lieferanten. In der Landwirtschaft werden sie leider allzu oft als störend betrachtet. Deshalb hat sich die Wildkräutervielfalt in Feld und Flur stark reduziert, vor allem durch die Intensivierung der konventionellen Landwirtschaft, den Einsatz von Unkrautbekämpfungsmitteln und künstlichen Düngemitteln. In nicht intensiv bewirtschafteten Nischen wie auch auf den weiten Almen der Berge, sind jedoch noch zahlreiche Wildkräuter zu finden.
Wildkräuter sind eigentlich nur im frühesten Frühjahr zu verwenden, wenn sie ganz zarte und junge Triebe haben. Die meisten Wildkräuter haben einen feinen Geschmack, der am besten in Salaten, Suppen und Saucen zur Geltung kommt. Zusätzlich können die Blüten verschiedener Pflanzen gegessen werden, die gleichzeitig auch noch eine wunderschöne Dekoration abgeben.

WILDKRÄUTERSALAT

750 g gemischte Wildkräuter (Löwenzahn, Brennnessel, Sauerampfer) unter fließendem kalten Wasser waschen, harte Stängel entfernen, trocknen. 1 oder 2 Äpfel schälen, Kerngehäuse entfernen und klein geschnitten mit den Kräutern vermischen. Mit einer Vinaigrette aus Essig, Sonnenblumenöl (oder Distelöl), fein gewiegten Schalotten, einigen fein gehackten Kräutern (Petersilie, Schnittlauch, Estragon), Salz, Pfeffer und einer Prise Zucker vermengt und mit Blüten (Veilchen, Gänseblümchen, Kapuzinerkresse) dekoriert servieren.

SAUERAMPFERGEMÜSE AUF DIE ALTE ART

1 kg Sauerampfer,
40 g Fett (Butter oder Schmalz),
5–6 EL Mehl,
Hühner- Knochen- oder Rinderbrühe,
150–200 ml Obers, 3 EL Zucker, Salz

Vom Sauerampfer die Stiele und dicken Hauptadern entfernen (von zarten Blättern nur die Stiele abschneiden). Das Fett erhitzen und den Sauerampfer darin mit wenig Salz unter ständigem Rühren dünsten, bis man ein nahezu glattes Püree erhalten hat. Dieses mit Mehl stauben, noch einige Minuten unter Rühren erhitzen, bevor mit (nicht zu viel) Brühe aufgegossen wird. Zum Schluss das Obers einrühren und mit Zucker abschmecken – das Gericht muss aber säuerlich bleiben. Dazu serviert man Salzerdäpfel.

VOGELMIERESUPPE

3 Hand voll Vogelmiere, 1 Zwiebel,
1 Liter Gemüse- oder Rinderbrühe,
etwas Sauerrahm oder Schlagobers,
Butter

Die Butter erhitzen und die fein geschnittene Zwiebel darin anrösten, dann die fein gehackte Vogelmiere dazugeben. Mit der Brühe aufgießen und ein paar Minuten köcheln lassen. Kurz vor dem Servieren die Suppe mit ein wenig Sauerrahm oder Obers verfeinern.

FRÜHLINGSKRÄUTERSUPPE

150 g verschiedene Frühlingskräuter (7 oder 9 verschiedene Kräuter wie Kerbel, Kresse, Sauerampfer, Brennnessel, Schafgarbe, Löwenzahn, Spitzwegerich) putzen, unter fließendem kalten Wasser waschen und abtropfen lassen. 1 große Zwiebel sehr fein schneiden, in etwas Butter andünsten, dann zwei Drittel der gehackten Frühlingskräuter dazugeben und leicht anschwitzen. Gut 100 g Spinat in Salzwasser blanchieren, danach zusammen mit der gedünsteten Kräutermischung passieren. Aus 45–50 g Butter und 40 g Mehl eine lichte Einbrenn bereiten, mit dem Kräuterpüree verrühren und mit Fleischsuppe aufgießen, nach Geschmack würzen, mollig verkochen lassen. Die restlichen Kräuter grob hacken und zusammen mit 2–3 EL Sauerrahm oder etwas Obers in die Suppe rühren. Heiß in Teller füllen, mit einem Eidotter servieren.

KREBSE MIT WIESENKRÄUTERN

Pro Person 12–20 Flusskrebse (je nach Größe) in Salzwasser kochen, dann das Fleisch aus Schwänzen und Scheren ausbrechen, warm stellen. Einige Krebsnasen für die Dekoration reinigen und beiseite legen.
Danach pro Portion etwa 100 g speckige Erdäpfel kochen, schälen und blättrig schneiden. Mit etwas klein gewürfeltem Räucherspeck und Fett schön knusprig rösten.
Gemischte Wiesensalate wie Löwenzahn, Brennnessel, Sauerampfer, Brunnenkresse und Boretsch waschen, abtropfen lassen und feinnudelig schneiden. Zwiebel in Ringe schneiden. Aus Distelöl, Essig, zerdrücktem Knoblauch, Salz und Pfeffer eine Marinade herstellen. Wiesenkräuter unter die Erdäpfel heben, mit der Marinade vermischen und dekorativ anrichten. In die Mitte ein oder zwei Krebsnasen setzen, das Krebsfleisch rundherum anlegen und den Salat schön ausdekorieren (z. B. mit Kapuzinerkresseblüten).

HERING MIT BORETSCHBLÜTEN

Kleinere Stücke vom Weißbrot mit Heringsfilets (vorzugsweise Matjes) belegen und mit Boretschblüten garniert servieren.

BRENNNESSELNOCKERLN

Die Brennnesselblätter unter kaltem Wasser abspülen, leicht trocknen und in kochendem Wasser kurz blanchieren und dann in einem Mixer pürieren. 250 g Mehl mit 2 Eiern verrühren, gute 3 EL vom Brennnesselpüree dazugeben und mit Wasser zu einem nicht zu festen Nockerlteig verrühren. Der Nockerlteig wird durch ein Nockerlsieb in kochendes Wasser gestrichen, die Nockerln kurz ziehen lassen, bis sie an der Oberfläche schwimmen, abseihen. Brennnesselnockerl in zerlassener Butter schwenken und entweder „natur" mit einem Salat oder als Beilage z. B. zu Schwammerlsauce und gegrilltem oder gebratenem Fleisch (Schweinskoteletts, Lammkoteletts oder auch Wild) reichen.

BRENNNESSELSUPPE

45 g Mehl in 45 g zerlassener Butter anrösten, mit gut einem Liter Fleischbrühe aufgießen und mollig verkochen lassen; bei Bedarf noch etwas Flüssigkeit zugeben. Zwischenzeitlich die Brennnesselblätter im Mixer pürieren (oder tropfnass klein hacken), danach in die Suppe rühren und ein paar Minuten kochen. Suppe mit Muskatnuss, Salz und Pfeffer würzen, mit etwas Rahm verfeinern und zum Schluss klein geschnittene Knackwürste oder Frankfurter hineingeben; heiß servieren.

WÜRZIGE LÖWENZAHNSAUCE

150 g Löwenzahn gut waschen und abtropfen lassen, danach grob hacken. 100–150 g würzigen Hartkäse reiben, danach mit dem Löwenzahn, 150–200 ml Sauerrahm, 3–4 Esslöffeln Semmelbrösel, 2–3 Knoblauchzehen und etwas Salz im Mixer pürieren. Sauce durch ein feines Sieb streichen und abschmecken; mit Salzerdäpfeln servieren.

Flusskrebse

In Alt-Österreich gehörten Fluss- und Bachkrebse noch zu den Volksnahrungsmitteln, derart reichlich kamen sie vor. Ein altes Sprichwort besagte: „Die Monde ohne R sind gut zum Reisen, zum Hochzeitmachen und zum Krebsespeisen!" In den einst noch wunderbar sauberen Flüssen und Seen wurden ganze Schiffsladungen von Krebsen gefangen und unter anderem auch ins mittelalterliche Wien gebracht, wo ursprünglich „Am Hof" der traditionelle „Krebsenmarkt" abgehalten wurde. Nach 1555 wurde der Wiener Krebsmarkt auf den „Hohen Markt", 1768 dann an den Stadtwall beim ehemaligen Fischertor verlegt.
Am begehrtesten unter den Feinschmeckern waren seit jeher die großen Edelkrebse aus den Salzburger Gewässern; für sie wurden schon damals gute Preise bezahlt.
Da Krebse unbedingt frisch sein sollten (gestorbene Exemplare können der Gesundheit abträglich sein), gab es am „Wiener Krebsenmarkt" einen so genannten Krebsenrichter, der dafür Sorge zu tragen hatte, dass nur lebende und gesunde Tiere auf den Markt gelangten. Daher wurde vom Krebsenrichter die Ware nach toten Exemplaren untersucht und die untauglichen Tiere aus jeder Ladung entfernt.
Bis ins späte 19. Jahrhundert behaupteten die österreichischen Krebse ihren guten Ruf und von den begehrten Edelkrebsen wurden allein in Wien noch Ende des 19. Jahrhunderts durchschnittlich 600.000 Exemplare verzehrt, zeitgenössischen Dokumenten zufolge in manchen Jahren sogar bis zu einer Million Stück!
Leider hat der Flusskrebs viele Feinde, doch der schlimmste von allen war nicht etwa die einsetzende Umweltverschmutzung, auch nicht der Feinschmecker, sondern die Ende des 19. Jahrhunderts einsetzende Krebspest, welche die Bestände derart dezimierte, dass die Edelkrebse zu einer seltenen Delikatesse wurden. Besonders hart getroffen hat die Pest nämlich den Edel- oder Solokrebs, der zeitweise nahezu ausgestorben war. Noch heute sind die ihm verwandten Teichkrebse (Galizierkrebse), Steinkrebse und Dohlenkrebse weiter verbreitet; doch sie sind leider wesentlich weniger schmackhaft.
Die meisten heute in den österreichischen Flüssen und Bächen lebenden Tiere sind derzeit Signalkrebse, eine wesentlich widerstandsfähigere Art aus Nord-Amerika und der Türkei, welche nach der großen Krebspest ausgesetzt wurde.
In kleinen Mengen und mit sehr regional beschränktem Erfolg, ist es Naturschützern heute gelungen auch den Edelkrebs wieder zu züchten, doch die Lebensräume, in denen er gedeihen kann, sind leider sehr eingeschränkt.
Aus den Schalen der Krebse lassen sich wunderbar schmackhafte Suppen und Saucen zubereiten, das Fleisch der Tiere ist zart, saftig und meist sogar feiner als das des Hummers. Weil er auf vielfältigste Weise zubereitet werden kann, spielt er in der österreichischen Küche nach wie vor eine große Rolle, vor allem natürlich in der so genannten feineren Küche.

GESULZTE KREBSE

**24 ausgelöste Krebsschwänze (vorgekocht),
8 schöne ausgelöste Krebsscheren,
3/8 Liter geseihter Krebsfond,
125–150 ml Riesling, etwas Zitronensaft,
5 Blatt Gelatine,
2 geschälte und entkernte Paradeiser,
40 g Möhren, 40 g Lauch, gewürfelt,
1 Bund Dill,
Salz und weißer Pfeffer aus der Mühle**

Die Blattgelatine in kaltem Wasser einweichen. Den Krebsfond mit Wein und etwas Zitronensaft aufkochen, mit Salz und weißem Pfeffer recht kräftig abschmecken; die eingeweichte Gelatine gut ausdrücken und darin auflösen. Möhren und Lauch sehr fein würfeln, danach kurz in Salzwasser blanchieren, kalt abschrecken. Die Paradeiser in Würfel schneiden.
In tiefen Tellern oder Cocktailgläsern die Krebsschwänze mit den Tomaten-, Möhren- und Lauchwürfeln hübsch anrichten. Dann die fast erkaltete Geleemasse darüber gießen und mit Dillzweigen sowie Krebsscheren ausgarnieren. Zum Erstarren kalt stellen.

Tipp:
Dazu passt eine Kresse-Creme: Hierfür 2–3 EL Mayonnaise mit 4 EL Sauerrahm oder Crème fraîche verrühren, danach mit reichlich gehackter Kresse, Zitronensaft und Salz abschmecken.

KARKASSEN

GEKOCHTE FLUSSKREBSE

KREBSE IM REISRING

Pro Person:
12–15 vorgekochte Flusskrebse (siehe gekochte Flusskrebse), 2 Tassen gedünsteter Reis,
3–4 Champignonköpfe,
1–2 Schalotten sehr fein gehackt,
Zitronensaft, gehackter Dill, Butter,
Salz und weißer Pfeffer aus der Mühle

Die Flusskrebse auslösen, ggfs. Därme entfernen und im Kochsud warm halten. Die Champignonköpfe in feine Scheiben schneiden. Butter in einer Pfanne zerlassen, Schalotten darin glasig dünsten, dann die Champignons dazugeben und alles langsam braten, bis keine Flüssigkeit mehr austritt. Den gedünsteten Reis in eine Schüssel füllen, 6–8 Krebsschwänze grob hacken und zusammen mit den Champignons unter den Reis heben. Mit Zitronensaft, gehacktem Dill, Salz und Pfeffer abschmecken, man kann auch noch etwas Butter dazugeben.
Eine schöne Savarinform (Portionsgröße) mit flüssiger Butter ausstreichen. Form mit der restlichen, ganzen Flusskrebsschwänzen auslegen, dann den Reis einfüllen und gut festdrücken. Auf einen Teller stürzen und das Ganze mit frischem Dill ausgarnieren. Dazu schmeckt eine Krebssauce.

GEKOCHTE FLUSSKREBSE

5 Liter Wasser, 100 g Salz (vorzugsweise Meersalz), 2–3 EL Kümmel, 1 Bund Petersilie, 1 Bund Dill

Etwa 50 Flusskrebse kurz in kochendem Salzwasser töten, dann in einem Sieb abtropfen lassen. Alle Zutaten für den Kochsud in einen Topf füllen, aufkochen lassen, dann die Krebse je nach Größe 6–12 Minuten darin kochen. Krebse auf einer Platte anrichten und ausgarnieren. Dazu reicht man z. B. eine mit Zitronensaft abgeschmeckte Mayonnaise, Weißbrot und/oder Butterbrot mit Schnittlauch.

FLUSSKREBSE IM WEINSUD

Möglichst große Edelkrebse werden in einem Weißweinsud (Wasser oder Brühe, Weißwein, Petersilienstängel, Salz) je nach Größe 2–5 Minuten gekocht. Krebse warm beiseite legen. Die Krebsbrühe mit Weinbrand und/oder Wermut abschmecken. Krebse zusammen mit dem Sud servieren.

KREBSKOTELETTS MIT KREBSBUTTER

Für die Koteletts:
24 große Krebse (vorzugsweise Edelkrebse),
2 größere Kalbsbriese (in Salzwasser vorgekocht und enthäutet), 2–3 Eier, 1 in Obers oder Wasser eingeweichte Semmel, Salz und Pfeffer

Für die Krebsbutter:
die gereinigten Schalen der Krebse (ohne Eingeweide, Fasern, Hirn),
250 g Butter, 1 Liter Wasser,
1 Liter geseihter Kochsud von den Krebsen
Außerdem: Mehl, verquirltes Ei,
Semmelbrösel, Butter zum Braten

1. Zunächst werden die lebenden und gut abgewaschenen Krebse in leicht gesalzenes sprudelnd kochendes Wasser gegeben und portionsweise darin gekocht. Die Krebse ausbrechen, Schalen reinigen und beiseite legen, das Schwanzfleisch fein wiegen.
Den Kochsud etwas einreduzieren, dann 1 Liter abmessen. Gehäutetes Bries ebenfalls fein hacken, dann in einer Schüssel mit dem gewiegten Krebsfleisch vermischen, kalt stellen.
2. Für die Krebsbutter werden die gereinigten Schalen in einem Mörser mit der Butter nicht ganz fein gestoßen. Die Schalenmasse in einen Topf geben und unter Rühren andünsten, bis sie rot ist und zu steigen anfängt. Jetzt wird mit Wasser und Kochsud aufgegossen und 20–30 Minuten durchgekocht. Danach seiht man alles durch ein Tuch in eine Schüssel. Nach dem Erkalten kann die Krebsbutter abgehoben werden. Den verbliebenen Sud kann man z. B. einfrieren und zum Verfeinern von Suppen oder Saucen verwenden.
3. Knapp 100 g der Krebsbutter mit 2–3 Eiern schaumig abtreiben, die gut ausgedrückte Semmel in die Masse einarbeiten. Gehackte Krebse und Kalbsbries unterheben, Masse mit Salz, Pfeffer und nach Geschmack einer Prise Cayennepfeffer abschmecken. Nun werden daraus kleinere Laibchen in Form von Koteletts geformt, in jedes eine schöne Krebsschere als „Knochen" stecken.
4. Fertig bereitete „Krebs-Koteletts" in Mehl, verquirltem Ei und Semmelbrösel panieren. Butter in einer Pfanne erhitzen und die Krebskoteletts darin bei nicht zu starker Hitze goldbraun braten. Fertige Krebskoteletts auf einem Küchentuch abtropfen lassen. Überschüssige Bratbutter aus der Pfanne gießen, 2–3 EL kalte Krebsbutter darin zergehen lassen.
5. Die Krebskoteletts auf Tellern anrichten, mit der Krebsbutter umgießen und servieren. Dazu reicht man einen grünen Salat oder auch feine Gemüse, wie z. B. Spargel oder Karfiol.

GESOTTENE KREBSERLN

Wasser mit zerdrücktem Knoblauch nach Geschmack, Kümmel und gemischten, gehackten Kräutern (Petersilie, Schnittlauch, Liebstöckel, Kerbel, Dill, Estragon) zum Kochen bringen. Die lebenden Krebse dazugeben und kochen, bis sie rot und gar sind; dann herausnehmen und mit Pfeffer, Ingwer und Muskat würzen. Krebse in einer Pfanne mit Butter etwas braten, zwischenzeitlich einen Teil des (passierten) Kochsuds einkochen, mit Weißwein, Ingwer, Muskat, Salz und Pfeffer abschmecken und gut verkochen lassen. Krebse in tiefe Teller füllen, die Sauce darüber gießen und mit Kräutern bestreut servieren.

FLUSSKREBSE MIT ZIEGENFRISCHKÄSE UND MELONEN
RESTAURANT SICHER (SIEHE S. 52)

FLUSSKREBSE IM WEINSUD

© Gerhard Gaal

Schnecken

In nahezu allen Teilen Österreichs wurden früher gerne Schnecken gegessen, und das nicht nur während der Fastenzeit. Vor allem die Weinbergschnecken waren wegen ihrer Größe und ihres feinen Geschmacks sehr beliebt. Sie wurden bereits im Alten Österreich vielfach gezüchtet. In Wien gab es einst sogar einen eigenen Schneckenmarkt, wo die Weinbergschnecken als „Auster des kleinen Mannes" nach Größe und Qualität sortiert von so genannten Schneckenweibern feilgeboten wurden. Dieser besondere Markt befand sich etwa in der Gegend des heutigen Jungferngasserls hinter der Peterskirche. In Wien aß man die Schnecken am liebsten gekocht und gezuckert als Imbiss, ausgebacken oder auch mit Speck gebraten zum Weinkraut.
Da man insbesondere in den Großstädten Wien und Salzburg bei nahezu jeder Mahlzeit wesentlich mehr Fleisch verzehrte als anderswo üblich war (z. B. am Land), erklärt es sich von selbst, dass die Fastentage als harte Prüfung empfunden wurden. Insbesondere die kulinarisch verwöhnten Mönche und Fürsterzbischöfe Salzburgs waren daher heilfroh, dass Schneckenfleisch auch an Fastentagen erlaubt war und für Abwechslung sorgte. Schneckenrezepte finden sich daher in reichlicher Zahl in nahezu allen traditionellen Kochbüchern Österreichs, wie z. B. im Standardwerk der Wiener Küche von Olga und Adolf Hess oder bei der Prato: „Die Prato" ist das Pseudonym der berühmten Grazer Kochbuchautorin Katharina Polt (geb. 26. Februar 1818), die einen gewissen Eduardo Pratobevera ehelichte, dieser verstarb allerdings schon ein Jahr nach der Hochzeit. Ihren zweiten Ehemann Johann von Scheiger, begleitete sie auf seinen Dienstreisen. Dabei sammelte sie die Rezepte von Speisen, die sie schätzte. 1858 veröffentlichte sie die erste Auflage ihres berühmten Kochbuches, das mittlerweile in 16 Sprachen übersetzt worden ist.
Neben Wien war seit jeher Salzburg die Hochburg der Schneckenfreunde, denn hier wurden sie nicht nur von der urbanen Bevölkerung gerne verzehrt, sondern auch auf dem Lande. Da Fisch in der bäuerlichen Küche nahezu unbekannt war, griff man – meist wieder während der Fastenzeit – gerne zu Schnecken und Fröschen.
Heute ist das Sammeln frischer Weinbergschnecken in vielen Gegenden verboten, weshalb sich die Schneckenliebhaber Österreichs mit Zuchtware begnügen müssen. Doch diese gibt es Gott sei Dank in hervorragender Qualität aus biologisch wirtschaftenden Farmen. Schneckenrezepte gibt es nahezu unendlich viele, weshalb der Autor diesem Thema ein eigenes Kochbuch gewidmet hat. Das „Schneckenkochbuch" von Gerd Wolfgang Sievers ist ebenfalls im Stocker-Verlag erschienen.

RINDERFILETS AUF SCHNECKEN-BÄRLAUCHSAUCE

Vom Autor des Buches

Pro Person: 8–10 frisch zubereitete Weinbergschnecken grob hacken. Einige Blätter Bärlauch in feine Streifen schneiden, je eine Schalotte und Knoblauchzehe feinst würfeln. Gut einen Esslöffel Butter in einer Kasserolle erhitzen, Schalotte und Knoblauch anschwitzen, dann Schnecken dazugeben und alles durchrösten. Mit einem kleinen Schöpflöffel Schneckensud und etwas Weißwein ablöschen, Bärlauch dazugeben und auf guter Flamme einreduzieren lassen, bis die Sauce eine cremige Konsistenz erhält; Sauce mit etwas eiskalter Butter binden. Mit wenig Muskatnuss, Salz, Pfeffer und Zitronensaft abschmecken. Schnecken mit Sauce auf einem vorgewärmten Teller anrichten, ein rosa gebratenes Rinderfilet (etwa 150 g) darauf setzen und mit frisch gemahlenem Pfeffer bestreut servieren.

SCHNECKENTÖRTCHEN

SCHNECKENTÖRTCHEN

Rezept von Gerhard Windholz

Von 6 größeren Grammelpogatschen (siehe S. 355) einen Deckel abschneiden, das Innere entfernen. Etwa 100 g fein geschnittenen Mangalitza-Speck anrösten, mit etwas gepresstem Knoblauch würzen und 2 große in Ringe geschnittene Zwiebeln darin anschwitzen; 18 küchenfertige Schnecken dazugeben, kurz ziehen lassen, würzen, dann die Grammelpogatscherln damit füllen. Wenig Kräuterbutter darüber verteilen, den Deckel auflegen und kurz im Ofen backen.

Tipp: Besonders fein schmecken die Törtchen, wenn statt der Kräuterbutter eine Paradeismarmelade, ein pikantes Quittenkompott oder auch ein scharfes Kürbis-Gemüse dem Gericht eine persönliche Note verleiht!

WEINBERGSCHNECKEN IM WEINKRAUT

Für die Schnecken:
48 vorgekochte Weinbergschnecken samt Häusern,
150 g feinst gehackter gräucherter Selchspeck,
50 g feinst gehackter Knoblauchspeck,
gut 200 g frische Butter,
Salz und Pfeffer

Für das Weinkraut:
800 g Weißkraut, 75 g Schweineschmalz,
1 große Zwiebel, etwa 1 EL Mehl,
150 ml Weißwein, Rindsuppe,
gehackter Dill, eine Prise Zucker

Die weiche Butter mit den sehr fein gehackten Specksorten (diese nach Bedarf durch die feine Scheibe des Fleischwolfs drehen) vermischen; Butterzubereitung mit Salz, Pfeffer und nach Belieben auch scharfem Paprikapulver und gepresstem Knoblauch würzen, dann mindestens 1 Stunde kalt stellen. Zwischenzeitlich das Weinkraut zubereiten. Hierfür das feinnudelig geschnittene Weißkraut in kochendem Wasser 5 Minuten blanchieren, kalt abschrecken und gut abtropfen lassen. In einer Kasserolle die Zwiebel im Schweineschmalz lichtgelb rösten, das Kraut dazugeben und mit wenig Rindsuppe aufgießen. Kraut langsam weich dämpfen. Wenn alle Flüssigkeit verdampft ist, wird das Kraut mit Mehl gestaubt, neuerlich mit etwas Suppe aufgegossen und gut aufgekocht. Weißwein dazugeben und fertig garen. Mit Salz, Zucker und gehacktem Dill vollenden. Schneckenhäuser mit etwas Speckbutter füllen, je eine Schnecke hineinsetzen und die Häuser mit reichlich Speckbutter verschließen. Im vorgeheizten Ofen etwa 10–15 Minuten backen. Weinkraut auf Tellern anrichten, die Schnecken daraufsetzen und sehr heiß servieren.

WEINBERGSCHNECKEN IM WEINKRAUT

EMANUEL WEYRINGER

Fisch- und Schneckenrestaurant Winkler

Einst war das Schneckenvorkommen im Salzburger Raum derart groß, dass in Neumarkt am Wallersee eine Schneckensammelstelle eingerichtet werden konnte. Diese hat die von Bauern gesammelten Schnecken abgekauft und verpackt bis nach Frankreich exportiert. Und genau an der Stelle, wo einst diese Schneckenexportfirma ihren Sitz hatte, befindet sich heute das Seehotel Winkler, in dem das bekannte „Fisch- und Schneckenrestaurant Winkler" untergebracht ist.
Seit über dreißig Jahren werden hier frische Schnecken verarbeitet, welche allerdings nicht aus Salzburg stammen (hier ist das Sammeln weitestgehend verboten), sondern aus Oberösterreich, Niederösterreich und der Steiermark. Wegen der hervorragenden Schnecken wird das Restaurant unter Stammgästen auch liebevoll der „Schnecken-Winkler" genannt.
Da der Mensch allerdings nicht von Schnecken alleine lebt, bereitet der Küchenchef auch allerfeinste Speisen aus heimischen Fischen und Krebsen zu. Sein Markenzeichen ist hierbei nicht nur die allerbeste Qualität auszuwählen, sondern auch die subtile Zubereitung der Speisen. Glasklar sind seine Rezepturen, Gewürze und Würzmittel sollen nur den jeweiligen Eigengeschmack des Produktes heben oder unter Umständen auch einmal das gesamte Gericht raffinierter gestalten; überwürzt wird niemals.
Zu den Klassikern des Lokals zählen neben den Schnecken und Flusskrebsen auch die im Ganzen gebratenen Fische, wie z. B. am Rost gebratene Rheinanken, der famose Zander oder „Hecht mit Speck gebraten".

MARZIPAN-MOUSSE

30 g Zucker, 2 Dotter,
1 Ei, 1 Eiweiß,
250 g Marzipan,
150 g Milch,
25 g Amaretto,
600 g Obers,
4 Blatt Gelatine,
10 g Cognac

Die Milch zusammen mit dem zerbröseltem Marzipan erwärmen, dann durch ein Sieb passieren und glatt rühren.
Ei und Dotter mit der Hälfte vom Zucker über Dampf aufschlagen, den Amaretto und die vorbereitete Marzipan-Masse dazugeben, dann etwas Cognac und die eingeweichte und gut ausgedrückte Gelatine einarbeiten. Obers halb steif schlagen und vorsichtig unter die Masse heben, dann das Eiweiß mit dem restlichen Zucker steif schlagen und zum Schluss die Mousse damit vollenden. Einige Stunden im Kühlschrank durchkühlen lassen. Mit frischen Beeren garniert servieren.

WALLERSEE FISCHTOPF

350 g frisches Fischfilet (Saibling, Bachforelle, Waller, Karpfen),
nach Wunsch auch einige in Salzwasser kurz vorgekochte Flusskrebse,
250 ml klarer Fischsud,
Pernod,
Noilly Prat,
abgeriebene Zitronenschale,
1 in feine Blätter geschnittene Karotte,
1 feinblättrig geschnittenes Stück Sellerie,
etwas Lauch in feine Ringe geschnitten,
1 Gläschen Weißwein,
Lorbeerblatt,
Salz nach Geschmack

Das geschnittene Gemüse kurz im Salzwasser blanchieren. Den Fischsud erwärmen und die Gewürze, Wein, Pernod, Noilly Prat sowie das Gemüse dazugeben. Die Fische in der Reihenfolge ihrer Garzeit in Portionen hineinlegen und langsam darin garen lassen.
Abschmecken und zum Schluss mit Zitronenstreifen und Salz abschmecken.

BACHSAIBLING MIT MANDELN

4 fangfrische Bachsaiblinge küchenfertig vorbereiten, dann innen und außen salzen sowie mit Zitronensaft beträufeln. Butter oder Butterschmalz in einer sehr weiten Pfanne erhitzen, die Fische ganz leicht mehlieren und zunächst auf beiden Seiten leicht anbraten, dann blättrig geschnittene Mandeln dazugeben und zusammen mit den Fischen goldbraun rösten. Wenn die Fische gar sind, werden sie auf einer schönen Platte angerichtet und mit den Mandeln bestreut serviert. Geröstete Petersilie, Zitronenachtel und Buttererdäpfel sind passende Beilagen.

KRÄUTERSCHNECKEN

Aus 250–300 g Butter, etwa 25 g Salz, einigen gehackten Knoblauchzehen, reichlich gehackter Petersilie und Schnittlauch eine Würzbutter bereiten, diese nach Bedarf mit etwas Zitronensaft abschmecken. Küchenfertig vorbereitete Weinbergschnecken mit etwas Schneckensud in ausgewaschene Häuser geben, dick mit der Kräuterbutter zuschmieren und im Ofen backen, bis die Butter brodelt. Mit Weißbrot servieren.

PFEFFERSCHNECKEN

Aus 250–300 g Butter, 20–25 g Salz, 15 g geschrotetem bunten Pfeffer, 10 g rotem Pfeffer (ganz), 15 g grünem Pfeffer (ganz) und 100 g gehackter Petersilie eine Würzbutter bereiten. Küchenfertig vorbereitete Weinbergschnecken kurz in Butter anbraten, währenddessen würzen und mit frischen gehackten Kräutern (Schnittlauch, Petersilie, Kerbel) würzen. Schnecken in Formen geben und dick mit der Würzbutter bestreichen. Mit Brotbrösel bestreut im Ofen gratinieren.

KRÄUTERSCHNECKEN

BACHSAIBLING MIT MANDELN

EIN DORADO FÜR FRÖSCHE: DIE GEWÄSSER SALZBURGS

Frösche

Neben Flusskrebsen und Schnecken waren auch die Froschschenkel in der traditionellen Küche Österreichs, insbesondere im Westen, eine weit verbreitete regionale Spezialität. Aus ethischen Gründen und auch wegen des Artenschutzes sind sie hierzulande aber kaum mehr von Bedeutung. Dennoch sollte man ihnen einige Zeilen widmen, nicht nur weil es zuweilen im Handel wieder Frösche zu kaufen gibt, sondern vor allem, um der kulinarischen Geschichte zu genügen:
Von den vielen Arten der Frösche ist der so bezeichnete Grüne Wasserfrosch wohl der schmackhafteste und unter Feinschmeckern der beliebteste. Er ist an drei gelben Streifen, die seinen Rücken zieren, leicht erkennbar. Das zarte und sehr feine Fleisch zeichnet sich durch einen ganz typischen Eigengeschmack aus, die Konsistenz erinnert dabei ein wenig an Hühner- oder Kalbfleisch. Am besten schmecken die Tiere im Herbst, weil sie um diese Zeit sehr gut genährt sind. Früher wurden sie zu Dutzenden auf Ruten gereiht und am Markt verkauft, nicht wenige Haushaltskassen konnten so aufgebessert werden.
Was damals als ausgesprochenes „Arme-Leute-Essen" galt und eigentlich nur in den Klöstern als Fastenspeise geschätzt wurde, ist heute eine erlesene Delikatesse, die nur mehr sehr schwierig zu erhalten ist. Im gut sortierten Fischfachhandel kann man sie noch (evt. auf Bestellung) finden, allerdings nahezu ausschließlich als Tiefkühlware.
In der alt-österreichischen Küche wurden Frösche natürlich – wie beinahe alles (!) – ebenfalls paniert gebacken, doch existieren daneben zahlreiche traditionelle Rezepte, bei denen sie auch gebraten, gekocht oder sogar gesulzt werden. Eines der bekanntesten und beliebtesten Rezepte aus der traditionellen Küche ist die schmackhafte Froschsuppe, welche früher insbesondere in Salzburg und Tirol sehr geschätzt wurde.

GESOTTENE FROSCHSCHENKEL

500 g küchenfertig vorbereitete Froschschenkel in einer Brühe (sie sollt die Schenkel knapp bedecken) aus Wasser, Essig, Zwiebel, Thymian und Salz kochen. Wenn die Frösche gar sind, diese aus der Brühe heben und in Alufolie gewickelt warm halten.
Die Brühe auf starker Flamme einreduzieren lassen, dann seihen und die Frösche wieder in die Brühe legen.

Nun kann man auf zwei Varianten weiter verfahren:

Variante 1
Frösche mit nicht zu viel Brühe in eine feuerfeste Form legen, Brösel darüber streuen und mit flüssiger Butter begießen; kurz im Ofen gratinieren und mit Schnittlauch, Bärlauch, oder Petersilie bestreut servieren.

Variante 2
Brühe mit Sauerrahm vermengen (Verhältnis etwa 2:1), einige Semmelbrösel einstreuen und kurz verkochen lassen. Die Frösche kurz darin ziehen lassen, danach in tiefen Tellern anrichten mit reichlich frisch gerissenem Kren bestreut auftischen.

GEBACKENE FROSCHSCHENKEL

Küchenfertig vorbereitete Froschschenkel werden leicht gesalzen und mit Zitronensaft beträufelt. Nach kurzer Zeit des Marinierens die Frösche in Mehl, Ei und Brösel panieren und in Butterschmalz knusprig goldbraun ausbacken. Mit Zitronenachtel und einer aromatisierten Mayonnaise servieren.

Variante
Man kann die Froschschenkel auch nur in weißem Maisgrieß wenden und dann herausbacken.

(TIROLER) FROSCHSUPPE

500–750 g küchenfertig vorbereitete Froschschenkel werden in 3–4 EL Butter mit 1–2 EL Petersilie und einigen blättrig geschnittenen Champignons (oder Eierschwammerln) sautiert. Dann nimmt man die Froschschenkel heraus und löst das Fleisch von den Knochen.
Den Rückstand in der Pfanne mit Mehl stauben, dann mit 1 1/2 Litern Gemüse- oder Hühnerbrühe auffüllen und gut durchkochen lassen.
Die Suppe mit weißem Pfeffer (auch mit etwas Muskat und/oder gepresstem Knoblauch) abschmecken und das Fleisch einlegen, man kann auch noch ein paar Erbsen dazugeben.
Die fertige Suppe mit Schnittlauch garnieren.

***Hinweis:** Die Suppe nach Belieben mit etwas Rahm oder auch Zitronensaft verfeinern.*

GESOTTENE FROSCHSCHENKEL (VARIANTE 1) MIT BÄRLAUCH

SCHOSSHOTEL FUSCHL

Räucherfische

Das Räuchern gehört neben dem Einsalzen und Trocknen zu den ältesten Konservierungsmethoden überhaupt und ist in der Menschheitsgeschichte schon aus der Frühzeit bekannt. Noch zu Beginn des 19. Jahrhunderts gab es zu diesen althergebrachten Methoden keine echte Alternative, vom Einlegen in Honig oder Alkohol und dem Schwefeln einmal abgesehen. So wurden für einen durchschnittlichen Haushalt meist zwischen Weihnachten und Neujahr ein Rind und mehrere Schweine geschlachtet, deren Fleisch dann in kleine Stücke von ein bis zwei Kilogramm geteilt wurde. Diese Portionen wurden anschließend durch Suren (Einpökeln) und Selchen (Räuchern) haltbar gemacht und mussten die Großfamilie für die nächsten zehn Monate ernähren.
Heute gelten Räucherwaren unter Feinschmeckern als ausgesprochene Delikatesse und insbesondere Räucherfische stehen hoch im Kurs. Doch sollte man beim Genuss dieser doch ab und an auch einmal daran denken, dass das Räuchern früher geradezu überlebensnotwendig war und es erst die Errungenschaften der Neuzeit sind, die uns ermöglichen auf das Anlegen von Vorräten weitestgehend verzichten zu können und die Genüsse der Welt sorglos zu genießen; bei all den Vor- und Nachteilen, die der Überfluss mit sich gebracht hat.
Geräuchert werden kann natürlich das ganze Jahr über, dies ist insbesondere den modernen Räucheröfen zu verdanken. Sehr beliebt ist das Räuchern von fangfrischen Fischen im Sommer. Der 24. August ist übrigens der Tag des heiligen Bartholomäus, des Schutzpatrons der Fischer; an diesem Tag kann man nahezu überall glückliche Menschen am Wasser sitzen sehen und beim Schmausen von frisch gefangenen Fischen beobachten, welche über Holzkohle gegrillt oder im Ofen geräuchert wurden.
Das eigentliche Räuchern ist beinahe schon eine Wissenschaft für sich, wenngleich es nichts anderes darstellt als das kurz- oder längerfristige Einwirken von Rauch auf Lebensmittel. Und der dafür benötigte Rauch entsteht in speziellen Öfen bei der unvollständigen Verbrennung von Holz, Sägespänen und/oder Sägemehl. Während des Räucherprozesses wird dem Räuchergut gleichmäßig und allmählich Feuchtigkeit entzogen, während gleichzeitig durch Temperatur (bzw. durch enzymatische Prozesse) gegart wird. Während des Räucherns entwickeln sich zum einen die wunderschöne charakteristische gelbgoldene bis goldbraune Farbe bei den Räucherfischen und zum anderen der fantastische Geschmack.
Wie oben bereits angesprochen spielt der ursprüngliche Grund fürs Räuchern, nämlich das Haltbarmachen, heute nur noch eine untergeordnete Rolle. Der von Feinschmeckern so geschätzte typische Räuchergeschmack ist ein Ergebnis aus der Kombination des eigentlichen Rauches (der mit verschiedensten Aromen verfeinert werden kann) und des Räucherguts selbst.

Grundsätzlich unterscheidet man beim Räuchern zwei Techniken:
1. Das Heißräuchern, welches vor allem für frische Fische von Vorteil ist.
2. Das Kalträuchern, welches für vorher eingesalzene Fische verwendet wird.

Der Hauptunterschied zwischen beiden besteht einerseits in der Temperatur beim Räuchern und andererseits in der Räucherdauer. Bei beiden Verfahren muss das Räuchergut vor dem Räuchern vorgetrocknet werden, um ein festes Fleisch, ein appetitliches Aussehen und eine möglichst lange Haltbarkeit zu erreichen. Generell lässt sich sagen, dass kaltgeräucherte Fischwaren – sachgemäße Lagerung vorrausgesetzt – länger haltbar sind, als Heißgeräucherte. Die Haltbarkeit von kaltgeräucherten, vorher in Salz eingelegten Fischen beträgt mindestens 14 Tage, heißgeräucherte Fische halten sich etwa 4–7 Tage. Vakuumverpackt hält sich geräucherter Fisch allerdings mehrere Wochen.

Eine entscheidende Rolle beim Räuchern kommt naturgemäß auch der Auswahl des richtigen Holzes zu, denn dieses bildet den Geschmack. Besonders gut eignen sich nahezu alle Laubhölzer wie z. B. Eiche, Erle, Buche, Ahorn, Birke oder auch Obstbäume. Ambitionierte Räuchermeister mischen unter ihr Brennmaterial noch Kräuter (z. B. Thymian, Rosmarin oder Salbei) und/oder geben weitere Aromen (z. B. Wacholderbeeren, Lorbeerblätter oder schwarzen Tee) hinzu, um dem Rauch ganz gezielt geschmackliche Nuancen zu verleihen. Ein letztes Wort sei noch dem Salz gewidmet. Das Pökeln diente früher in erster Linie der Konservierung, heute mehr der Geschmacksverbesserung. Einst war das Salzen insofern wichtig, als dass es dem Gargut Wasser entzieht; somit wird das Räuchergut trockener und damit haltbarer. Heute allerdings ist dieser Faktor nicht mehr so entscheidend, weshalb das Salz mehr der Verfeinerung des Aromas dient.

Vor allem in den ländlichen Gebieten Österreichs hat das Räuchern eine lange Tradition und bis heute kommen einige der erlesensten Spezialitäten des Landes aus „Sur und Selch“. Eine ganz besonders empfehlenswerte Destination für Räucherfische ist die Fischerei und Fischräucherei am Fuschlsee, welche vom Fischereimeister Gerhard Langmaier geleitet wird. Am Wasser sitzend kann man hier nicht nur die traumhafte Landschaft des Salzburger Landes genießen, sondern sich auch an den exquisiten Rheinanken delektieren, welche einem direkt aus der uralten Räucherkammer kommend serviert werden; ein unvergessliches Erlebnis!

RÄUCHERÖFEN DER SCHLOSSFISCHEREI FUSCHL

FRISCH AUS DEM OFEN SCHMECKEN RÄUCHERFISCHE AM BESTEN

FISCHEREIMEISTER LANGMAIER

IMPRESSION FUSCHLSEE

IM OFEN GERÄUCHERTE FORELLEN ODER SAIBLINGE

4–6 Forellen bzw. Saiblinge,
4–6 TL Butter,
Räuchermehl (im Fachhandel erhältlich),
4 Zweige Rosmarin,
einige Zweiglein Thymian,
Wacholderbeeren,
Lorbeerblätter,
Zitronenscheiben,
Salz und Pfeffer aus der Mühle

Die Fische waschen und trocken tupfen, mit Salz und Pfeffer würzen, danach mit zerlassener Butter bestreichen.
Ein Backblech großzügig mit Räuchermehl ausstreuen; fein gehackte Kräuter, Wacholderbeeren und Lorbeerblätter auf das Mehl geben. Einen Gitterrost auf das Backblech legen, dabei darauf achten, dass zwischen Rost und Räuchermehl 5 cm Abstand herrscht. Die Forellen mit der geöffneten Bauchhöhle auf den Gitterrost setzen, so können sie auch innen gut durchräuchern.
Fische im auf 120–140 Grad vorgeheizten Backofen etwa 45 Minuten räuchern. Mittels Druckprobe (mit Daumen und Mittelfinger die Fische in der Mitte des Rückens zusammendrücken) den Garprozess überprüfen; geht die Vertiefung zurück, sind die Fische noch nicht gar, bleibt die Vertiefung, sind die Fische fertig gegart.
Die Fische vom Rost nehmen, gut auskühlen lassen und über Nacht in einer Folie eingewickelt rasten lassen. Am nächsten Tag die Haut abziehen und die Fischfilets mit Zitronenscheiben garniert servieren.

RÄUCHERFISCHE IN ASPIK

Den Boden einer mit Klarsichtfolie ausgelegten Form mit Fischaspik (Fischfond mit aufgelöster Gelatine) begießen, einige Paradeiserwürfel und Petersilienblätter dekorativ hineinlegen. Wenn das Aspik gestockt ist, gehäutete Filets vom Räucheraal darauf legen. Die Aalfilets mit Aspik bedecken, stocken lassen. Nun nach Wahl eine Lage blanchierte Julienne vom Wurzelgemüse, gekochte weiße Bohnen, blanchierte Fisolen oder blättrig geschnittene Champignons einschichten, wieder mit Aspik begießen und dieses stocken lassen. Als nächstes eine Schicht Räucherforellenfilets einfüllen und auch diese mit Aspik begossen, stocken lassen. Dann kommt erneut eine Lage von Gemüse nach Wahl darauf, Aspik und als letzte Schicht eine Lage von geräucherten Saibling-, Karpfen- oder Renkenfilets. Das restliche Aspik mit reichlich fein gehackten Kräutern (Dill, Schnittlauch, Petersilie) oder auch geraspeltem Kren vermengen und als abschließende Lage in die Form gießen.
Sulz im Kühlschrank stocken lassen, dann in Scheiben geschnitten mit einem Dressing nach Wahl und etwas Salatgarnitur servieren.

RÜHREI MIT RÄUCHERFISCHEN

Für zwei Personen werden 4–5 Bio-Eier versprudelt, dann mit Salz und Pfeffer gewürzt. Räucherfischstückchen nach Wahl (besonders gut schmecken hier Aal und Forelle) in eine Pfanne mit heißer Butter geben, erwärmen (nicht braten). Eier darüber gießen und stocken lassen. Auf Tellern anrichten und mit gehackten Kräutern wie Dill und Schnittlauch bestreut auf getoastetem Schwarzbrot (leicht gebuttert) servieren.

RÄUCHERFORELLEN-MOUSSE

300 g Räucherforellenfilet,
250 ml kräftigen Fischfond oder Rindsuppe,
250 ml Schlagobers,
6–7 Blatt Gelatine,
125 ml Weißwein,
geriebener Kren,
Salz und Pfeffer

Die Gelatine in kaltem Wasser einweichen; den Weißwein auf die Hälfte der ursprünglichen Menge einkochen lassen. Die Forellenfilets zerteilen, noch vorhandene Gräten entfernen, dann die Filets im Mixer mit dem größten Teil der erwärmten Rindsuppe aufmixen. Die Gelatine gut ausdrücken, in der restlichen Brühe auflösen, dann langsam unter die Forellenmasse mischen. Die flüssige Masse in einen Schlagkessen füllen und zum Abkühlen für kurze Zeit in den Kühlschrank stellen; dabei öfters umrühren, mit Kren, Salz und Pfeffer würzen. In der Zwischenzeit das Obers steif schlagen. Wenn die Masse leicht zu stocken beginnt, das geschlagene Obers unterheben und die Mousse in eine Keramik-Form umgießen. Die Mousse für etwa 3–4 Stunden in den Kühlschrank stellen.
Vor dem Servieren mit einem nassen Esslöffel Nockerln aus der Mousse ausstechen und auf kalten Tellern anrichten. Mit Kresse und gehacktem Dill garnieren, dazu passen Rahmgurken, gebähtes Brot, Salate u. v. m.

RÄUCHERFISCHE

GERÄUCHERTE RHEINANKEN

Fliegenfischen

Neben der traditionellen Jagd erfreut sich auch das Fliegenfischen in weiten Teilen Österreichs einer immer größeren Beliebtheit. Und die sauberen, wildromantischen Gebirgsbäche, Flüsse und Stauseen sind auch geradezu ideale Gewässer für diesen Sport.
Gerade das Salzburger Land hat sich in den letzten Jahren als eines der schönsten und wertvollsten Fliegenfisch-Reviere hervorgetan; nicht nur wegen seiner traumhaften Landschaft, sondern auch wegen seines Fischreichtums. Sogar selten gewordene Arten wie z. B. die Äschen können hier angetroffen werden.
Passionierte Fliegenfischer erklären voll Begeisterung, dass ihr Angelsport derart fesselnd sein kann, dass er es verdienen würde, mehr Anerkennung und Offenheit entgegengebracht zu bekommen.
Reinhard Tiefenthaler, Besitzer des „Fliegenfischzentrums" Hotel Lisa in der schönen Flachau erklärt nahezu enthusiastisch: „Die klassische Form des Fliegenfischens bedeutet, dass wir unserem „Zielfisch" eine einem natürlichen Insekt nachempfundene künstliche Trocken-, Nassfliege oder Nymphe so mundgerecht servieren, dass dieser das Häppchen für echt hält und es zum Fressen gern hat. Es ist ein Sport, bei dem irgendwie das Kind im Manne geweckt wird, eine Art Spiel mit dem Fisch, den man reinzulegen versucht! Als „Zielfische" kommen fast alle bei uns vorkommenden Fischarten in Frage, besonders beliebt sind natürlich Forellen, Saiblinge und die Äschen. Mit den künstlichen Insekten imitieren wir die heimischen Wasserinsekten (verschiedene Fliegen- und Mückenarten, Flohkrebse u. ä.). Diese Insekten werden je nach Vorkommen und Lebensweise im Nymphenstadium (Larven) oder als Trockenfliegen (fertiges Insekt) gebunden und den Fischen angeboten. Und je besser und „realistischer" eine Fliege gebunden ist, desto erfolgreicher wird der Angeltag werden! Doch jeder Fliegenfischer sollte bei seinem Sport immer den Grundsatz vor Augen haben, dass er die Achtung und den Respekt vor dem Fisch, seinem Gewässer und seinem Lebensraum zu wahren hat!"
Die leuchtend gelbe Wurfschnur beschreibt eine elegante Schleife in der Luft und streckt sich dann ins Gewässer (hier der Hintersee), wo die kleine handgeknüpfte Nymphe auf das Wasser trifft. Ein wenig absinken lassen und dann mit gleichmäßig-zupfenden Bewegungen einholen – sozusagen ein Insekt nachahmend, das sich vom Gewässer an die Oberfläche emporarbeitet. Und, wem das Anglerglück ganz besonders hold ist, der hat nach kurzer Zeit eine Äsche an der Schnur hängen, einen der begehrtesten Speisefische überhaupt. Sein zart nach Thymian duftendes Fleisch verzückt die Gaumen vieler Genießer: doch meist nur im Gedanken, denn die begehrte Delikatesse leidet unter dem Schönheitsfehler, dass sie so gut wie nie auf die Teller kommt (außer man hat sich selber eine „Asch" fischen können).
Übrigens: Zu den schönsten Revieren des Salzburger Lands gehören beispielsweise die Torrener Ache, die Salzach natürlich, der Hintersee oder die Enns in der Flachau.

© Hotel Lisa

ASCHE

FORELLEN UND SAIBLINGE

Forellenrezepte

Zur artenreichsten Gruppe der Salmoniden gehören auch die verschiedenen Spielarten der Forelle. Neben der großwüchsigen Seeforelle, aus der unter Zufütterung karotinhaltiger Nahrung (welche das Fleisch rot färbt) die Lachsforelle wird, schätzt der Feinschmecker insbesondere das aromatische Fleisch der heimischen Bachforelle. Sie ist die Königin der fließenden Gewässer und vermehrt sich nur in glasklaren, absolut reinen und sauerstoffreichen Gebirgsbächen, wo sie sich Anfangs von Plankton ernährt, später als Raubfisch von Wasserinsekten, kleineren Krebsen und Fischen.
Die ebenfalls sehr beliebte Regenbogenforelle hingegen wurde – wie übrigens der Saibling auch – als Zuchtfisch aus Nordamerika eingeführt. Die Regenbogenforelle weist eine geradezu verschwenderische Skala von Farbtönen auf. Von Silber über Schwarz, Violett, Purpur bis Grünblau.
Forellen werden in der Regel zwischen 5 und 10 Jahren alt und können ein Gewicht bis zu 7 kg erreichen. Feinschmecker bevorzugen Fische mit einem Gewicht von 250 g bis maximal 500 g. Zubereitet werden kann dieser schmackhafte Fisch auf nahezu alle Arten, doch neben dem Klassiker „Forelle Müllerin", wo der Fisch nur einfach in Butterschmalz gebraten wird, sind „Forelle blau" oder „Forelle auf Tiroler Art" (mit Speck) die wohl gängigsten Zubereitungsarten. In Österreich werden Forellenfilets auch gerne paniert ausgebacken oder mit einer Dillsauce und Flusskrebsen ausgarniert serviert.
Eine Delikatesse ist übrigens auch der Forellenkaviar, welcher sich zudem hervorragend zum Verfeinern von Suppen und Saucen oder als edle Garnitur verwenden lässt.

FORELLE MIT PILZEN GEFÜLLT

**4 Forellen à 300 g,
Mehl zum Wenden,
Butter oder Butterschmalz,
Zitronensaft, Salz**

**Für die Pilzfülle:
100–125 g Champignons,
2 fein gewiegte Schalotten,
45 g Butter,
Semmelbrösel,
gehackte Petersilie nach Belieben,
etwas Rindsuppe,
Zitronensaft,
Salz und Pfeffer aus der Mühle**

Die möglichst fangfrischen Forellen werden küchenfertig vorbereitet, innen mit Salz und Zitronensaft gewürzt, dann in Mehl gewendet und in heißer Butter goldbraun abgebraten.
Für die Fülle werden die Schalotten in Fett angeröstet, gehackte Petersilie untergemengt, blättrig geschnittene Champignons dazu gegeben, angeschwitzt und mit wenig Suppe abgelöscht. Pilze mit Zitronensaft, Salz und Pfeffer würzen und das Ganze mit Semmelbröseln nach Bedarf festigen.
Die feste Füllung in die vorgebratenen Forellen stopfen und diese unter Begießen mit Butter im heißen Rohr fertig braten. Fische mit Zitronenscheiben, Petersilie, Erdäpfeln und grünen Salat auf einer Platte angerichtet auftischen.

FORELLE IM SPECKMANTEL

**8 Forellenfilets (oder Filets vom Bachsaibling),
40 Scheiben Schinkenspeck,
1 große Zwiebel, 2 größere Karotten,
1 Zucchini, 1 Bund Schnittlauch,
Basilikumblätter, etwas Dill,
Salz und Pfeffer aus der Mühle**

Die Fischfilets salzen und pfeffern, Zwiebeln in feine Ringe schneiden, die Karotten und Zucchini in feine Julienne schneiden und die Kräuter grob hacken. Fünf Schinkenscheiben dicht nebeneinander (überlappend) aufbreiten, mit einem Fischfilet (Hautseite auf den Schinken) belegen, mit einem Teil des Gemüses und geschnittener Zwiebel belegen, mit Kräutern bestreuen und das jeweils zweite Filet des Fisches mit der Innenseite auf das Gemüse betten, so dass die Filets passend aufeinander liegen und mit dem Gemüse gefüllt sind.
Nun werden die Schinkenscheiben herumgewickelt, so dass der Fisch darin eingepackt ist. Mit den anderen Fischfilets genauso verfahren, bis alle Zutaten verbraucht sind. Dann die Fischpäckchen in einer Grilltasse über Holzkohle grillen oder im Ofen braten, bis der Speck knusprig braun ist. Dazu schmecken Grill- oder in Butterschmalz goldgelb gebratene Rösterdäpfel.

FORELLEN MIT KREBSREIS IM BLÄTTERTEIG

Eine fangfrische Forelle filetieren, salzen, leicht pfeffern und mit Zitronensaft beträufeln. Einen Blätterteig recht dünn auswalken, und ein Filet darauf legen. 2 Esslöffel gedünsteten Reis mit etwas Obers, gehacktem Schnittlauch und Dill, Salz und Pfeffer verrühren, danach 6–8 ausgelöste vorgekochte Krebsschwänze darunter mischen. Den Reis dick auf das erste Filet aufstreichen und mit dem zweiten Filet abdecken. Dann wird das Ganze in den Blätterteig eingeschlagen, die Ränder gut verschlossen und die Taschen mit Butter oder versprudeltem Ei bestrichen bei guter Hitze im Ofen goldbraun gebacken.

FANGFRISCHE FISCHE SCHMECKEN AM BESTEN NATUR GEBRATEN

Das Salzkammergut ist eine ganz zauberhafte Landschaft mit einer überaus glücklichen Harmonie von Bergen und Seen, die sich bei gutem Licht bis zum Idealbild einer Landschaft hin steigert. Diesem Zauber kann sich wohl kaum jemand entziehen und obendrein ist die Wasserqualität der Gewässer einzigartig. Denn Fischfang kommt hier von alters her sehr große Bedeutung zu. Neben Forellen, Saiblingen und Hechten sind insbesondere die Rheinanken aus den Salzkammergutseen ein kulinarisches Juwel und unverfälschte Naturprodukt.

FORELLE BLAU

Eines vorweg, um Forelle blau vollendet zuzubereiten, müssen fangfrische Forellen, so wie sie aus dem Wasser kommen, verwendet werden, weil sie durch längeres Liegen ihre äußere Schleimhaut verlieren, die beim Kochen die schöne blaue Farbe gibt. Auch sollten dem Sud weder Zwiebel noch Wurzelgemüse beigegeben werden, da nur so das feine Fleisch mit seinem natürlichen Geschmack erhalten werden kann. Das bedeutet also, dass nur absolut frische Fische verwendet werden!

4–6 lebendfrische Forellen (Bachforellen), allerfeinster Weinessig, Petersilie, Salz

Während die Forelle mit einem Schlag auf den Kopf getötet wird, hat man schon einen Kessel 500–750 ml (je nach Anzahl der Fische) Weinessig und in einem zweiten Topf einige Liter Wasser zum Kochen gebracht. Die getöteten Fische werden in reichlich eiskaltem Wasser ausgenommen, danach wieder in frisches kaltes Wasser gelegt. Bei allen Handgriffen ist darauf zu achten, dass die äußere Haut nicht verletzt wird.
Die Fische werden nun entweder nebeneinander in einen Fischkochtopf mit Einsatz gelegt (mit dem Bauch nach unten), sollten sie den Topf nicht ausfüllen wird links und rechts daneben etwas zerknülltes Pergamentpapier gefüllt, um die Fische zu stützen. Derart lässt man die Fische etwa 15 Minuten stehen. Will man die Fische einzeln zubereiten, so kann man sie auch binden, indem man mit einer Nadel einen Faden durch den Schwanz zieht, danach durch den Kopf und die Bindfadenenden an Schwanz und Kopf mit einem Zahnstocher fixiert, so dass der Fisch mit dem Kopf fast seinen Schwanz berührt.
Die auf die eine oder andere Art vorbereiteten Fische werden nun im Topf liegend mit kochendem Essig übergossen, danach gießt man von der Seite so viel siedendes Salzwasser an, bis die Fische etwa 5 cm hoch bedeckt sind (Achtung: Beim Zugießen des Wassers, sollte der Fisch nicht direkt getroffen werden).
Die Forellen werden jetzt zugedeckt langsam gesotten, nicht gekocht (!). Die Wassertemperatur darf den Siedepunkt niemals erreichen, denn sonst bekommt die Haut Risse und das Fleisch könnte an Geschmack verlieren. Die Forellen sind gar, wenn die Augen wie Perlen heraustreten, das dauert etwa 30–40 Minuten. Die fertigen Fische auf einer warmen Platte anrichten, mit Petersilie garnieren und mit Petersilerdäpfel servieren, dazu wird zerlassene Butter gereicht.

FORELLE NACH SALZBURGER-ART

Eine große Zwiebel in feine Ringe schneiden und zusammen mit in Salz zerdrücktem Knoblauch in Butter leicht anrösten. Eine küchenfertig vorbereitete Forelle salzen und pfeffern, mit Zitronensaft beträufeln und leicht mehliert zu den Zwiebeln geben. Beidseitig etwas anrösten, mit sehr gutem Weißwein ablöschen und den Fisch weich dünsten.
Separat kleine Champignonköpfe in Butter schmoren, salzen und pfeffern. Den Fisch mit seiner Weinsauce und den Pilzen garniert anrichten, etwas gehackte Petersilie darüber streuen und servieren.

BAROCKER FORELLENAUFLAUF

800 g vorgekochte Forellenfilets in Stücke schneiden, mit Salz, Pfeffer und 3 fein gewiegten Schalotten würzen, danach in einer Schüssel mit zwei versprudelten Eiklar vermengen. So viel vorbereitetes Erdäpfelpüree dazugeben, dass die Masse hält. Diese wird dann in eine gut gebutterte Auflaufform gefüllt, mit reichlich Käsewürfeln bestreut, gepfeffert und im Ofen goldbraun überbacken.

FORELLE À LA MOZART

4 fangfrische Forellen (noch nicht ausgenommen), Zitronensaft, 200 g gedünsteter Reis, 50 g vorgekochtes und ausgelöstes Krebsfleisch, gehackter Dill, 200 g vorgekochte und ausgelöste Krebsschwänze, Butter, Obers zum Verfeinern, Zitronenschale, Salz und Pfeffer aus der Mühle, Dillsauce als Garnitur

Die Forellen vom Rücken her aufschneiden, am Kopf und Schwanzende das Rückgrat durchtrennen und sämtliche Gräten und Innereien entfernen, dann die Fische gut auswaschen. Innen mit Zitronensaft, Salz und Pfeffer würzen; etwas auseinander klappen und mit dem gedünsteten Reis, der zuvor mit grob gehacktem Krebsfleisch, Dill, wenig Obers und Salz aromatisiert wurde, füllen.
In einer Pfanne reichlich Butter erhitzen und die Fische unter wiederholtem Begießen mit heißer Butter im Rohr braten, danach auf einer Platte anrichten und mit der Bratbutter umkränzen. Warm halten.
In heißer Butter die Krebsschwänze anschwitzen, mit der Dillsauce übergießen, mit etwas Obers verfeinern und abgeschmeckt auf den Forellen anrichten. Sofort servieren.

FORELLE MIT KREBSREIS IM BLÄTTERTEIG

THERESIA BACHER MIT PINZGAUER KRAPFEN

Die Rauchkuchl von Theresia Bacher

Betritt man das urige, altehrwürdige und malerische Pinzgauer Bauernhaus der Familie Bacher, muss es einem einfach warm ums Herz werden – und das nicht nur wegen des knisternden Kaminfeuers, welches auf dem Herd der Jahrhunderte alten Rauchkuchl vor sich hinlodert! Im Jahre 1486 wurde das Gemäuer erstmalig als „Hof zu Stuhlfelden" erwähnt und ist bis heute ein typisches Beispiel für ein altes Pinzgauer Bauernhaus. Nur noch wenige sind derart gut erhalten; die Bachers aber pflegen und erhalten ihr Erbe – das selbstverständlich unter Denkmalschutz steht – nicht nur, sondern haben es im Laufe der Jahre mit größter Sorgfalt restauriert. So ist die alte Bausubstanz nahezu unverändert; „Wir haben zwar eine Art Museum, aber ein sehr lebendiges Museum", lacht Theresia Bacher, die reizende und herzliche Gastgeberin des Hauses. Gastgeberin deshalb, weil man hier auch Speisen und Nächtigen darf.

Der Hof liegt nur wenige Schritte von der Dorfkirche entfernt mitten im Kern von Stuhlfelden, dem ältesten Ort im Salzburger Oberpinzgau, denn er wurde bereits 953 erstmals urkundlich erwähnt. Mittlerweile hat das Bauernhaus mehr als 5 Jahrhunderte überdauert und zahlreichen Familien mit ihren Generationen gleichermaßen Schutz geboten, wie als heimeliges Zuhause gedient. „Dem Erbauer dieses Hauses ist der äußere Anblick sehr geglückt und drinnen kommt man sich vor, wie ein Kücken, das unter die Decke schlüpft", sinniert Theresia Bacher. Man merkt es ihr einfach an, wie wohl sie sich hier fühlt. Seit dem Jahre 1892 ist der Hof im Besitz der Familie Bacher. Das Herzstück ist sicherlich die romantisch anmutende mittelalterliche Rauchkuchl, eine der wenigen – wenn nicht die einzige – noch tatsächlich in Betrieb befindlichen. Hier bereitet Theresia Bacher für ihre Gäste im wahrsten Sinne des Wortes einfach köstliche Gerichte nach traditionellen Originalrezepten zu.

Das besondere an dieser Rauchkuchl ist nicht nur die Tatsache, dass es sich um ein lebendiges Stück Geschichte handelt, sondern auch der Umstand, dass sie aus der Zeit der Erbauung des Hofes, also um 1490, stammt. Und so dient die urige Kuchl mittlerweile seit mehr als 5 Jahrhunderten den jeweiligen Köchinnen als Feuerstelle. Gleichgeblieben ist auch der Sinn fürs Wesentliche, denn die heutige Köchin Theresia Bacher ist genauso wie ihre Vorfahren der Ansicht, dass es eigentlich nur auf die richtigen Zutaten ankomme. Daher holt sie vieles, was sie zum Kochen braucht, aus dem eigenen Garten (selbstredend, dass dieser rein biologisch bewirtschaftet wird), den umliegenden Wäldern und Almen oder von befreundeten Bauern. Direkt vor dem Bauernhaus befindet sich der prachtvolle Gemüse-Kräutergarten, hinter dem Haus tummeln sich glückliche Hühner auf einer weitläufigen Bergwiese, auf der auch 40 alte Obstbäume ihre prallen Früchte auf knorrigen Ästen herab hängen lassen. Eine hauseigene Quelle speist nicht nur den Forellenteich, sondern auch die Wasserleitungen des Anwesens.

Was bei den Bachers auf den Tisch kommt ist daher eine ungemein schmackhafte, kräftige und herzhafte Küche, wie sie schon von unseren Großeltern genossen wurde, denn die meisten Rezepte wurden von Generation zu Generation weiter gegeben – immer von Mutter zu Tochter.

Und ganz wichtig ist für Theresia Bacher auch der Umstand, dass ihre Gäste (sie bewirtet allerdings nur Gruppen, nach vorheriger Anmeldung) wie in alten Zeiten am schweren Esstisch in der Rauchkuchl speisen. Die vom Ruß der Jahrhunderte geschwärzte Decke, der rustikale Tisch, die schweren Eisenpfannen und Töpfe, der uralte Herd mit offenem Feuer sowie die liebevollen Dekorationen vermitteln ein urgemütliches Ambiente mit unvergleichlichem Charme. Schade eigentlich, dass die alte Tradition, gemeinsam an einem Tisch in der Küche zu sitzen, um ein gediegenes Mahl einzunehmen, in unserer schnelllebigen Zeit immer mehr und mehr in Vergessenheit zu geraten droht. Nicht zuletzt deswegen ist das Kleinod „Schweigerleher-Berngarten" der Familie Bacher um so bemerkenswerter und sollte nach Möglichkeit noch vielen, vielen Generationen erhalten bleiben.

ZUTATEN PINZGAUER KASNUDELN

HAUSGEBACKENES BAUERN

PINZGAUER BAUERNSPECK

LAMMKOTELETTCHEN MIT BUTTERKARTOFFELN UND BRENNNESSELSPINAT

Am Vortag werden die Lammkotelettchen mit Knoblauch, Rosmarin, Thymian, Ysop, Liebstöckel, etwas Salbei, Galgant und Salz gewürzt in Olivenöl eingelegt.
Für die Butterkartoffeln werden gedämpfte, geviertelte Kartoffeln langsam in guter Bauernbutter rundherum goldbraun gebraten, danach mit Salz und etwas gehackter Petersilie bestreut.
Der Brennnesselspinat ist für Theresia Bacher die volle Kraft des Frühjahrs. Sie nimmt die feinen Brennnesselspitzen von Pflanzen, die auf ungedüngten Plätzen wachsen, wäscht diese und lässt sie ganz kurz in Salzwasser aufkochen. Die abgeseihten Brennnesselspitzen (Sud aufbewahren) werden anschließend klein gehackt. Aus frischer Bauernbutter und Mehl eine Einbrenn vorbereiten, diese mit etwas Brennnesselsud dicklich verkochen, die Brennnesseln dazugeben und kurz aufkochen lassen; mit Salz zerdrücktem Knoblauch, Muskatnuss, etwas Galgant und süßem Bauernrahm abschmecken.
Die Lammkoteletts scharf auf offener Flamme braten, zusammen mit den Buttererdäpfeln und Brennnesselspinat auftischen.

PINZGERER NOCKEN

Über 500 g gesalzenes Mehl, das sich in einem ausreichend großen Weidling befindet, werden reichlich geröstete Speckwürfel (150–200 g dürfen es schon sein) samt ihrem beim Braten ausgetretenem Fett geschüttet; wer mag gibt auch noch eine fein geschnittene, auf dem Speck mitgeröstete Zwiebel dazu). Alles gut durchmischen, dann mit 2 Eiern und 250 ml Milch zu einem Nockerlteig verarbeiten. Aus dem Teig mit einem kleinen Löffel Nocken ausstechen und diese in kochendem, leicht gesalzenem Wasser garen. Fertige Nockerln abgießen, abschrecken und anschließend in heißer, aufgeschäumter Bauernbutter schwenken.

GEDÜNSTETE SCHAFSCHNITZEL

1 kg Schafschnitzel (aus dem Schlögel geschnitten) klopfen, salzen und pfeffern. Schnitzel in Mehl wenden und beidseitig in heißem Fett (etwa 75 g Butterschmalz) anrösten, mit etwas Wasser aufgießen und unter stetem Begießen (nach Notwendigkeit) und Wenden weich dünsten. Die Sauce mit Rahm nach Geschmack verfeinern, abschmecken und mit den Schnitzeln servieren.

PINZGAUER „NÜDEI“

Ein Kilogramm gekochte Erdäpfel schälen, noch warm zerstampfen, mit etwa 200 g Mehl und einer guten Prise Salz zu einem Teig kneten, diesen auswalken, in fingerbreite und -lange Streifen schneiden, diese zu etwa fingerdicken Nudeln zusammenrollen und die so entstandenen Teigschnecken in eine gut befettete Pfanne oder Rein eng aneinander legen oder aufgestellt schichten. 300–400 g Speck in Würfel schneiden, diese in einer Pfanne etwas auslassen, dann samt dem Fett über die „Nüdei“ gießen und alles im Rohr fertig backen. Gut pfeffern und mit warmen Krautsalat servieren.

KASFARFEI

100 g Mehl mit wenig Wasser befeuchten und das Mehl abbröseln. Mehlklümpchen in kochendes Wasser einrühren, wenn sie an der Oberfläche schwimmen mit einer Schaumkelle tropfnass herausheben und sofort in gebräunte Butter (etwa 30 g) geben, ein oder zwei gute Schöpfel Kochwasser und 200 g geriebenen Hartkäse dazugeben; gut pfeffern und mit Salz abschmecken. Die Kasfarfei mit Schnittlauch bestreut servieren.

MAR...TE LAMMKOTELETTS

KASNUDELN

FRISCHKÄSE MIT WILDKRÄUTERN

S'MIAS (PINZGERMUS)

Für vier Personen berechnet man etwa 400 g Mehl, das in eine Holzschüssel geleert wird. Darüber gießt man so viel kochendes Salzwasser (oder gesalzene Milch), dass eine lockere, krümelige, nicht zu feste Masse entsteht (man wird etwa 350 ml Flüssigkeit benötigen); keinesfalls darf ein Nockerlteig entstehen!).
In einer eisernen Pfanne wird nun reichlich frische Bauernbutter erhitzt, der Teig gleichmäßig in der Pfanne verteilt und langsam angesiedet. Schließlich wird der Teig geviertelt und gewendet. Unter häufigem Durchschaufeln mit dem so genannten Muser wird der Teig immer wieder aufgelockert und umgerührt, bis das Ganze zu einem lockeren, feinbröseligen Schmarren auseinandergefallen ist. S'Mias kann je nach Jahreszeit mit saisonalen Früchten (besonders gut schmeckt es mit gartenfrischen Erdbeeren) aufgebessert werden. Berühmt ist das so genannte Apfelmus, bei dem blättrig geschnittene Äpfel dazu gegeben werden und das Ganze zugedeckt gar gedünstet wird. Mit reichlich Zucker abgeschmeckt ist dies eine winterliche Köstlichkeit.

SALZBURGER „HONIG"

250 ml Buttermilch zusammen mit 125 g Zucker, abgeriebener Zitronenschale und Vanillezucker unter ständigem Rühren auf kleiner Flamme kochen lassen, bis sich kein Schaum mehr bildet. Masse weiter eindicken, dann auf ein eingeöltes Blech streichen und stocken lassen; zu kleinen Zuckerln formen.

MOOSBEERFLECK

Moosbeeren sind rot, sauer, etwas größer als Preiselbeeren. Sie werden erst dann, wenn sie durchgefroren sind, gegessen und wie Preiselbeeren mit Zucker eingekocht. Sie liefern auch ein kühl getrunkenes Getränk.

Hierfür 3 Liter Moosbeerensaft zusammen mit 500 g Zucker 15 Minuten lang kochen; nach dem erkalten in Flaschen abfüllen. Schmeckt mit Sodawasser aufgespritzt besonders frisch!
Ein Kilogramm Moosbeeren mit wenig Wasser, Kümmel und Zucker nach Geschmack weich kochen, dann mit 2 Esslöffel Mehl stauben und zu einem dicklichen Koch einkochen. Auf Rübenblätter oder so genannte Foissnblattln (Blätter des Huflattichs) streichen und in der Sonne trocknen lassen; eine wohlschmeckende Leckerei!

KAPRUNER MOARBBLATTLN

500 g doppeltgriffiges Mehl mit etwas Salz, 250 ml Rahm und Milch nach Bedarf auf einem Brett rasch vermengen und kurz zu einem Mürbteig durchkneten. Teig etwas im Kühlen rasten lassen, danach messerrückendick auswalken, in „verschobene" Vierecke radeln oder schneiden. Teigflecken noch einmal rasten lassen, dann in heißem Schmalz schwimmend beidseitig knusprig backen. Kapruner Moarbblattln werden heiß zu Sauerkraut und Braten serviert.

PINZGAUER KASNUDELN

Am Vortag gedämpfte rote Kartoffeln werden durch ein Reibeisen grob gerieben, es dürfen ruhig einige Klümpchen dazwischen sein. Nun kommt klein geschnittener Pinzgauer Almkäse (das ist ein Kuhmilch- und Ziegenvollmilchkäse; in jedem Stück dieses köstlichen Käses schmeckt man die Kraft und die intensive Würze der Bergkräuter, welche auf den Salzburger Almwiesen gedeihen) dazu; der gute Käse und die frische Almbutter sind Garant dafür, dass Kasnudel nicht gleich Kasnudel ist. Gewürzt wird mit gehackter Petersilie und Salz, zum Binden des Teiges verwendet Theresia Bacher ein Dinkel-Auszugsmehl oder Dinkel-Vollkornmehl, doch geht sie damit sehr sparsam um, da sie lieber mehr Eier dazu gibt. Schließlich wird der Teig zu kleinen Laibchen geformt.
In einer Schmalzpfanne wird frische Sauerrahmbutter erhitzt, und wenn diese aufschäumt, die Kasnudeln darin beidseitig herausgebacken. Direkt aus der Pfanne schmeckt diese Köstlichkeit am besten zu einem frischen Salat.
Man kann den Teig auch zwei Tage rasten lassen und dann in etwas Rindfleisch- oder Gemüsebrühe unter Zugabe eines guten Flocken Butters kurz aufwallen; so erhält man die legendären „Pinzgauer Kaspressknödel".

MIT ERDÄPFEL GEFÜLLTE BAUERNKRAPFEN

DER KLASSIKER: KIRSCHENMUAS VON THERESIA BACHER

Weihnacht in den Bergen

Die Weihnachtszeit ist in der Stadt und vor allem im Land Salzburg eine besondere Zeit. So verwandelt sich die barocke Stadt geradezu in die Bühne eines Märchenspiels und verzaubert die Sinne. Verschneite Fassaden werden mit Fichtengirlanden und roten Bändern festlich geschmückt, Christbäumchen säumen die Plätze, hinter den Fenstern brennen Kerzen. Wenn sich die Dämmerung früh über die Stadt legt, lässt der Duft von Zimt, Nelken, Sternanis, Orangen, Bratäpfeln und Glühwein es einem warm ums Herz werden.

Weihnachten in den Bergen ist eine stille Zeit, eine Zeit der Besinnung, der Familie, des Atemholens. Fernab jeglicher Hektik wird in den Gebirgstälern das Holz für die gemütlichen Kachelöfen hereingeholt, das man den Sommer und Herbst über mühevoll eingeholt und gelagert hat. Und während das Feuer in Ofen, Kamin oder auch Herd leise knisternd vor sich hin lodert, findet man Zeit für die einfachen Vergnügungen des Advents.

Traditionell sitzen die Familien zusammen, erzählen sich Geschichten, erfreuen sich an gerösteten Kastanien und Bratäpfeln. Andere wandeln durch die tief verschneite Winterlandschaft, um sich später bei Jagatee und Glühwein aufzuwärmen. Einzig ein paar Perchten stören den Frieden und lassen sich nur durch Schnaps, Speck oder kleine Spenden abwimmeln.

Heimlich werden kleine Geschenke für Weihnachten vorbereitet und in der Küche bereitet man Kletzenbrot, Krapfen oder sonstiges Brauchtumsgebäck zu. Neben der wunderbaren Winterlandschaft ist es ein besonderes Erlebnis hinauf auf den Salzburger Mönchsberg zu schlendern, um den herrlichen Blick auf die festlich erleuchtete Stadt genießen zu können.

Ein Genuss für alle Sinne ist der Salzburger Christkindlmarkt, sicher einer der schönsten von Österreich, vor der atemberaubenden Fassade des Salzburger Doms gelegen. In speziell entworfenen hölzernen Marktständen bieten Kunsthandwerker, Zuckerbäcker und andere Händler ihre Waren feil, hier findet man z. B. handgestrickte Strümpfe aus Salzburger Schafwolle, Bienenwachskerzen, hölzernes Kinderspielzeug oder feines, mundgeblasenes Glas.

Am Vorabend des ersten Adventsonntags findet das Turmblasen statt, das sich Woche für Woche bis zum Weihnachtsabend wiederholt. Auf den hohen Türmen des Doms, auf den Kirchtürmen der kleinen Dörfer stehen Bläsergruppen, die auf Waldhorn und Posaune weihnachtliche Weisen blasen.

Der Heilige Abend ist ein Fasttag. Streng genommen sollte bis Sonnenuntergang nicht gegessen werden! Dieser Brauch ist einer schwer arbeitenden bäuerlichen Bevölkerung natürlich nicht wirklich zuzumuten; denn ist der Heilige Abend auch beinahe schon ein Feiertag, so wollen z. B. die Kühe doch gefüttert und gemolken werden.

Eine der traditionellen Arbeiten an diesem Tag ist auch das Messerschleifen. Alle Küchengeräte sollen vor den Weihnachtsfeiertagen in bestem Zustand sein, schon deshalb, weil in früheren Zeiten um Weihnachten meist geschlachtet wurde. Damals wurden sämtliche Messer des gesamten Haushaltes geschärft, zumeist am Ufer eines Gebirgsbaches, der das Schleifrad antrieb. Kam der Schleifer nach seiner Arbeit recht durchfroren ins Haus, wurde ihm das so genannte Bachlkoch (der Bachltag ist der Tag des Heiligen Abends), ein reichhaltiges Gericht aus Mehl, Eiern, Milch und viel Honig serviert. Heute ist das Bachlkoch allerdings vor allem eine Leckerei für Kinder. Für die Erwachsenen besteht die Mittagsmahlzeit vor dem Heiligen Abend meist aus Kletzenbrot und einer Spezialität des Pinzgaus und Pongaus, dem so genannten „Blaukas". Blaukas ist ein Magerkäse, der mit Edelpilzkulturen geimpft in langen Wochen zu seiner von Kennern geschätzten Konsistenz und Farbe reift. Jeder Salzburger Feinschmecker, der auf sich hält, hat seinen eigenen Blaukas-Lieferanten. In Lebensmittelgeschäften wird man ihn jedoch kaum finden.

Nach einer kleinen Bescherung läuten die Glocken zur Christmette. Warm eingemummt sieht man die Familien mit Fackeln zur hellerleuchteten Kirche ziehen. Hier feiert man mit Weihnachtsliedern im Schein unzähliger Kerzen den Heiligen Abend. Auch das wohl berühmteste Weihnachtslied der Welt „Stille Nacht! Heilige Nacht!" wurde das erste Mal während einer solchen Christmette gesungen. Besonders stimmig ist die Mitternachtsmette im Stille-Nacht-Kirchlein in Oberndorf.

Die traditionelle Salzburger Mettensuppe ist als wärmende Mahlzeit nach dem eisig-kalten Heimweg von der Christmette gerade das Richtige, zudem hat das Fasten nach der Christmette ein Ende und man freut sich daher um so mehr auf die kräftigende Brühe und vor allem auf den köstlichen Schmaus in Form von einer fetten Weihnachtsgans, die dann am Christtag die Tafeln ziert.

METTENSUPPE

Gut 500 g Rindfleisch für Suppe (z. B. Beinfleisch), 2–3 Rindfleischknochen (zerhackt, insgesamt etwa 1 kg) und 1 großes Bund Suppengrün (Petersilienwurzel, Karotten, Lauch und Zwiebeln) in 5 Liter kaltem Wasser aufsetzen. Nach dem ersten Aufwallen lässt man die Suppe auf mittlerer Flamme etwa drei Stunden köcheln. Danach Fleisch, Knochen und Suppengrün entfernen und die Suppe erkalten lassen.

Die Suppe sorgfältig entfetten und wieder erhitzen. In die heiße Suppe werden nun vorgekochte feine Fadennudeln, frisch geschnittenes, vorgegartes Gemüse sowie reichlich in Scheiben geschnittene Frankfurter und Weißwürste gegeben. Alles kurz ziehen lassen und vor dem Servieren mit Schnittlauch bestreuen.

PERCHTE

Stille Nacht

Der kleine Ort Oberndorf ist knapp mehr als 20 km nördlich der Stadt Salzburg gelegen und zählt heute etwa 5500 Einwohner. Zur Zeit der Entstehung des Liedes „Stille Nacht!" (1818) profitierten der Ort und seine Nachbarstadt Laufen vor allem vom Salztransport auf der Salzach. Aufgrund einer gefährlichen Stromschnelle musste die Fracht an dieser Stelle umgeladen werden. Allerdings verlor Oberndorf in der zweiten Hälfte des 19. Jahrhundert nach der Ablösung der Flussschifffahrt durch die Eisenbahn wirtschaftlich an Bedeutung. Die Nähe zum Wasser bedeutete für Oberndorf aber nicht nur Reichtum, sondern auch stets die Bedrohung durch Überschwemmungen, die vor allem im Jahr 1890 große Schäden angerichtet haben. Das war auch der Grund dafür, warum zu Beginn des 20. Jahrhunders die St. Nikolaus Kirche abgerissen werden musste. An ihrer Stelle erinnert heute die „Stille-Nacht-Gedächtniskirche" an die Uraufführung des Weihnachtsliedes.
„Es war am 24. Dezember des Jahres 1818, als der damalige Hilfspriester Herr Joseph Mohr bei der neu errichteten Pfarre St. Nicola in Oberndorf dem Organistendienst vertretenden Franz Gruber (damals zugleich auch Schullehrer in Arnsdorf) ein Gedicht überreichte, mit dem Ansuchen eine hierauf passende Melodie für 2 Solostimmen samt Chor und für eine Guitarre-Begleitung schreiben zu wollen." Mit diesen Worten beschrieb Franz Xaver Gruber (Komponist des Liedes) die Entstehungsgeschichte des heute weltberühmten Weihnachtsliedes „Stille Nacht! Heilige Nacht!", das in der St. Nikolaus Kirche in Oberndorf bei Salzburg uraufgeführt wurde.
Das Lied „Stille Nacht!" wurde vor allem im Umfeld der Wirkungsstätten von Joseph Mohr und Franz Xaver Gruber aufgeführt, wobei beide vorerst nicht als Schöpfer erwähnt wurden. In ein Salzburger Kirchenliederbuch wurde das Lied erstmals im Jahr 1866 aufgenommen. Noch zuvor verbreiteten die Familien Rainer und Strasser das Weihnachtslied über das Tiroler Zillertal (1819) nach Leipzig (1832) bis New York (1839). Katholische und protestantische Missionare überlieferten das Lied zur Jahrhundertwende in alle Kontinente. Heute sind mehr als 300 Übersetzungen in sämtlichen Sprachen und Dialekten bekannt.

Perchten

Die Perchten sind weibliche Masken- und Sagengestalten, die während der Mittwinterzeit, meist jedoch am 5. Dezember zu Krampus oder auch am 5. Jänner vor dem Dreikönigstag, in verschiedenen Regionen in Erscheinung treten. Die Percht gilt als Schicksalsfrau (Orakelbräuche) und als Seelenbegleiterin (in ihrem Gefolge die ungetauften Kinder), sie übt soziale Kontrolle aus, achtet auf Ordnung und straft.
Ab dem 16. Jahrhundert wurde ihr Name auf die begleitenden Teufelsgestalten übertragen, deren wildes Treiben die Kirche im 17. und 18. Jahrhundert zu unterbinden suchte. Im 19. Jahrhundert änderte sich allerdings die Einstellung gegenüber der Volkskultur und das Perchtenlaufen wurde zum folkloristischen Brauchtum. In neuerer Zeit des Perchtentreibens werden auch geschnitzte groteske Masken getragen, wobei auch die teuflischen Begleitgestalten des Nikolaus, die Krampusse, zu Perchten mutieren.
Gegenwärtig gibt es eine Vielfalt an Perchtenbräuchen in ganz Österreich. Große, jährlich wechselnde Perchtenumzüge mit den kunstvoll gestalteten Tafelaufsätzen der Schönperchten und den teuflischen Schiachperchten finden im Pongau statt (Gastein, Altenmarkt, St. Johann und Bischofshofen); im Pinzgau gibt es die Tresterer, in Unken die Stelzentänzer, in Rauris die Schnabelbercht, im Unterinntal die Perschtln (5. Dezember), im Ausseerland die Berigln, in Unterwart (Burgenland) die Lutzln (13. Dezember), in der Oststeiermark die Pudelmuatta, in Unterkärnten das Bechtrababa-Jagen; auch das Glöcklerlaufen zu Dreikönig im Salzkammergut zählt zu den Perchtenbräuchen. Insbesondere in Badgastein wird dieses alte Brauchtum, in Form der so genannten Beelzebuben recht exzessiv gefeiert, bei dem regelrechte Unmengen von Jagatee, Zirbenschnaps und Enzian verbraucht werden, um die Beelzebuben „gnädig" zu stimmen.

PERCHTEN-PILLEN

75 g geriebene Haselnüsse, 75 g geriebene Mandeln und 150 g Kristallzucker vermengen und ein Eiklar (von einem großen Bio-Ei) darunter ziehen; alles zu einer leicht knetbaren Masse verarbeiten. Aus der Masse eine Rolle von etwa 3 cm Durchmesser herstellen, die in fingerdicke Scheiben geschnitten wird. Auf jede Scheibe entweder eine Haselnuss oder eine Mandel legen, dann zu einer Kugel formen, die die Nüsse oder Mandeln einschließen. Diese Perchten-Pillen in Schokoladestreuseln wälzen und in Papierkapseln einlegen. Kühl aufbewahren.

GASTEINER BROT

210–225 g Zucker mit einem Ei und 4 Dottern schaumig abtreiben, fein geriebene Zitronenschale, eine Prise Salz sowie 280 g Mehl darunter mengen. Alles kneten, danach den Teig fingerdick auswalken und mit Marillen- oder Ribiselmarmelade bestreichen. Zu einer Roulade zusammenrollen, mit verquirltem Ei bestreichen und bei etwa 180 Grad langsam goldbraun backen.

GEBRANNTE NÜSSE

Traditionelle Salzburger Rezepte

Salzburg gehört – wie Vorarlberg – zu den kleineren Bundesländern Österreichs, ist aber reich an Bodenschätzen. Zudem verhalf dem Land eine günstige Verkehrslage im Schnittpunkt von Westen, Osten, Norden und Süden schon recht früh zu gewissem Wohlstand.

Schon in der Jungsteinzeit (4000–1800 v. Chr.) war die Region besiedelt und der Kupferabbau während der Bronzezeit (1800–900 v.Chr.) brachte zusammen mit dem Salz ersten Reichtum und Macht. Die Römer gründeten Iuvanum dort, wo sich heute Salzburg befindet und der transalpine Handelsverkehr ließ bereits das römische Salzburg erblühen. Die Handelswege wurden weiter ausgebaut, nach den Wirren der Völkerwanderung siedelten sich um 530 vor allem Bayern hier an.

Wo Geld und Macht waren, konnte sich auch schon immer eine herausragende Küche entwickeln. Und so verwundert es wenig, dass vor allem die Küche der Salzburger Erzbischöfe bereits um 1200 einen großartigen Ruf genoss. Im Jahre 1549 verfasste Hans Sachs seinen kulinarischen Lobspruch der Stadt Salzburg und aus dem Jahre 1585 ist der berühmte hochfürstliche Kuchlmeister Christoph Frankenmann aus Brabant überliefert.

Den Höhenpunkt der Salzburger Küche bildete aber sicherlich Conrad Hagger und das nicht nur wegen seines überlieferten Standardwerkes „Neues Saltzburgisches Koch-Buch“ aus dem Jahre 1718. Noch heute ist das Salzburger Land für seine ausgezeichnete Küche bekannt, denn kaum eine Region hat eine derartige Dichte an Spitzenrestaurants vorzuweisen und es werken hier so berühmte Köche wie z. B. die Gebrüder Obauer (Restaurant Obauer, Werfen) oder K. Fleischhacker (Restaurant Pfefferschiff zu Söllheim). Mit Johanna Maier hat man zur Zeit die höchst dekorierte Haubenköchin der Welt.

BRENNSUPPE MIT BRIES

Kalbsbries mit siedendem Wasser übergießen, von Häuten und Sehnen befreien und in 2 x 2 cm große Würfel schneiden. Brieswürfel in etwas Mehl wenden, danach in reichlich heißem Butterschmalz (4–5 EL) knusprig braten, warm stellen. 3–4 EL Mehl im Bratfett rasch zu einer Einbrenn verrühren, nach und nach mit insgesamt 1 Liter Rindsuppe oder Kalbsbrühe aufgießen, dann die Suppe 15 Minuten auf kleiner Flamme köcheln lassen. Suppe mit Bieressig, Kümmel, Salz und Pfeffer abschmecken.

Brennsuppe in tiefe Teller füllen, mit Brieswürfeln bestreuen, mit einer Obershaube und gehackter Petersilie garniert servieren.

KITZLEINBRATEN

Ein Kitz im Ganzen (etwa 4 Kilogramm) wird gut gesalzen und gepfeffert, in die Bauchhöhle ein großes Kräuterbund oder auch eine Semmelfülle (aus in Milch eingeweichten, ausgedrückten Semmeln, 2 Eiern, gehackter Kitzleber, gekochtem Kitzleinherz und fein gehackten Kräutern) geben. Das Kitz in heißem Fett zunächst rundherum anbraten, dann im Rohr unter häufigem Begießen mit eigenem Saft goldbraun werden lassen. Wenn das Fleisch gar ist, die Sauce durchpassieren und mit Zitronensaft, Macisblüte, etwas Rahm, einem guten Stück Butter und reichlich fein gehackter Kresse verfeinern; zum Kitzlein servieren.

BRENNSUPPE MIT KALBSBRIES

CONRAD HAGGER UND DAS NEUE SALZBURGER KOCHBUCH

Der 1666 in Marbach im Rheintal geborene Koch Conrad Hagger arbeitete zwischen 1678 und 1680 als Küchenjunge in der Klosterküche zu St. Gallen, kam dann im Dienste des Grafen Latour im Türkenkrieg bis Ofen, Essenk und Griechisch-Wiessenburg, werkte danach am kurfürstlich-bayrischen Hof und ging in die Lehre beim berühmten Augsburger Stadtkoch Johann Ludwig Pressin. 1690 als Geselle freigesprochen trat er zunächst in die Dienste des Bischofs von Chiemsee, bevor er 1701 vom Fürsterzbischof Ernst Thun an den lebenslustigen und kunstsinnigen Salzburger Hof geholt wurde. Zum einen sollte er dort den Fürsterzbischof kulinarisch verwöhnen, zum anderen diesem – über den Umweg grandioser Gerichte und einzigartiger Tafelfreuden – zu „Unsterblichkeit“ verhelfen.

Dass dieses Unterfangen gänzlich gelungen ist, beweist das von Conrad Hagger 1718/19 erschienene, nahezu drei Kilogramm schwere und mit mehr als 2.500 Rezepten auch umfangreichste Kochbuch seiner Zeit: „Neues Saltzburgisches Koch-Buch für hochfürstliche und andere Höfe“. Dieses einzigartige Werk wurde weit über Salzburg hinaus berühmt, setzte neue Maßstäbe und wurde zum Standardwerk in den Küchen nahezu aller europäischen Fürstenhäuser.

Unter anderem taucht in diesem Werk auch das erste schriftlich festgehaltene Rezept für die in Österreich so beliebten Backhendln auf, in dem die „Hünlein“ nicht nur „aus abgeschlagenen Eyern gebachen“, sondern vor dem Backen in „Semmel-Bröslein“ gewälzt wurden. Conrad Hagger, welcher immerhin 27 Jahre am Salzburger Hof kochte, war sich seines Genies und auch seines Wertes für den Salzburger Hof durchaus bewusst, so sagte er einmal über seine Küche: „Es ist von Gott so eingerichtet und verordnet, dass die Herrscher, die Ebenbilder Gottes, delektiert und gelabt werden durch den Überfluss der Erde und damit ein Bild von der Sinnhaftigkeit der Welt abgeben.“

DAS BERÜHMTE KOCHBUCH VON CONRAD HAGGER

KALBSFRICANDEAU AUF ERZBISCHOF-ART

1 1/2–2 kg Kalbsnuss (Fricandeau),
75–100 g Spickspeck,
fein geriebener frischer Ingwer oder Ingwerpulver,
geriebener Kardamom,
Salz und Pfeffer aus der Mühle,
3–4 in feine Scheiben geschnittene unbehandelte Zitronen

Außerdem:
Semmelbrösel zum Wenden,
6–8 EL Butter,
3–4 Salbeiblätter,
Kalbsbrühe oder Rindsuppe zum Begießen,
knapp 200 ml Weißwein

Die Kalbsnuss in dickere Scheiben schneiden, jede mit Hilfe einer Spicknadel mit dem feinnudelig geschnittenen Speck spicken; leicht klopfen. Fleischscheiben mit Ingwer, Kardamom, Salz und Pfeffer würzen, in eine Schüssel schichten und mit den Zitronenscheiben belegt 2–3 Stunden im Kühlschrank marinieren lassen; währenddessen ab und an wenden und die Zitrone auf das Fleisch drücken.
Die Zitronenscheiben entfernen und die Kalbsnüsschen in Semmelbrösel wälzen, so dass sie dick damit überzogen sind. Butter in einer großen und schweren Kasserolle zerlassen, das Fleisch darin beidseitig anbraten, danach die Zitronenscheiben und den Salbei hinzufügen. Die Kasserolle abdecken und das Fleisch darin etwa 1 Stunde auf kleinster Flamme weich dünsten lassen; währenddessen bei Bedarf etwas (wenig!) Brühe oder Suppe angießen.
Zitronenscheiben und Salbei wieder aus dem Topf nehmen und alles mit sehr gutem Weißwein begießen, nochmals aufkochen lassen und heiß servieren. Dazu serviert man junges Gemüse und Butterreis – schmeckt großartig!

PONGAUER LAMMAUFLAUF

800 g faschiertes Lammfleisch (vorzugsweise von der Schulter),
2 Zwiebeln, 2–3 EL Butter,
3–4 mit Salz zerdrückte Knoblauchzehen,
Rosmarin, Thymian,
Salz und Pfeffer, Schmand,
Butter für die Form

Für das Püree:
1 kg Erdäpfel (mehligkochend),
200–250 ml Milch, 4 EL Butter, 1 Eidotter,
Muskatnuss, Salz

Die Zwiebeln fein hacken und in heißer Butter andünsten, das Faschierte dazugeben und kurz durchrösten. Mit zerdrücktem Knoblauch, Rosmarin, Thymian, Salz und Pfeffer würzen und letztlich den Schmand untermengen und noch wenige Minuten durchkochen. Eine Auflaufform gut ausbuttern und die leicht überkühlte Masse einfüllen.
Zwischenzeitlich hat man die Erdäpfel geschält und in Salzwasser weich gekocht. Die ausgedämpften Erdäpfel werden nun passiert und mit Milch, Butter sowie Ei zu einem eher festen Püree verrührt, das noch mit Muskatnuss und Salz angeschmeckt wird. Das Püree in einen Spritzsack mit großer Tülle füllen und dekorativ auf das glattgestrichene Fleisch spritzen (ganz nach Belieben z. B. Gitter, Wellen, Karos). Einige Butterflocken über dem Auflauf verteilen und diesen bei 180 Grad gut 30 Minuten im Ofen goldbraun backen, dazu serviert man einen grünen Salat.

GEFÜLLTE BUTTERMILCH-LAMMKEULE IM BLÄTTERTEIG

Eine große Lammkeule auslösen, waschen und trocken tupfen. Einen halben Liter Buttermilch mit 1–2 EL Senf verrühren und die Keule damit gut einstreichen, abgedeckt über Nacht im Kühlschrank marinieren lassen.
Am nächsten Tag für die Fülle 3 gut gewässerte Lammnieren halbieren, von Fett und den Harnsträngen befreien, gut durchwaschen und sehr fein hacken. Gut 200 g gemischte Waldpilze zurechtputzen und ebenfalls fein hacken. In einer Schüssel die Nieren mit den Pilzen, 125 g guter Leberpastete, 3–4 EL frisch gehackten Gartenkräutern (gemischt), 4–6 cl Weinbrand, Salz und Pfeffer zu einer recht lockeren Farce vermengen.
Die Keule aus der Marinade heben, abtupfen, rundherum mit Salz und Pfeffer würzen sowie innen mit der Farce bestreichen. Die Keule zusammenrollen und mit Küchengarn binden. Das Fleisch in eine Bratpfanne mit etwas Fett legen und im Backrohr bei 180 Grad unter ständigem Wenden und Begießen mit der Senf-Buttermilch braten.
Wenn die Lammkeule nahezu fertig ist, wird sie aus dem Ofen gehoben und leicht überkühlt (Backofen nicht ausschalten).
500 g Blätterteig (oder Fertigprodukt) so ausbreiten, dass man die Keule bequem darin einschlagen kann und der Lammbraten rundherum in Blätterteig gehüllt ist; Teigenden fest andrücken. Aus überschüssigen Teigresten Verzierungen schneiden und den Braten damit belegen. Alles mit versprudeltem Eidotter bestreichen.
Den Lammbraten auf ein mit Backpapier ausgelegtes Blech legen, mit einer Gabel mehrmals einstechen, danach bei 180 Grad weitere 20–30 Minuten backen, bis die Teighülle goldbraun ist. Anschließend den Ofen abschalten und die Keule noch knapp 15 Minuten bei leicht geöffnetem Rohr nachziehen lassen.
Den Braten aus dem Ofen nehmen und auf einer dekorativen Platte anrichten, erst bei Tisch tranchieren, dazu schmecken Kohlsprossen, Speckfisolen oder Erdäpfelgratin.

PONGAUER LAMMAUFLAUF

Oberösterreich

„Der Oberösterreicher liebste Kost, sind Bratl, Knödel, Bier und Most!" ist sicherlich eine mehr als zutreffende Aussage über die Essgewohnheiten dieses Bundeslandes, zumindest für den nördlicher gelegenen Teil. Man würde der oberösterreichischen Küche aber Unrecht antun, würde man sie nur mit dieser eher deftigen Hausmannskost beurteilen.
Vor allem im Salzkammergut, insbesondere am Traunsee, liebt man nämlich auch Fischgerichte. Überhaupt kennt die oberösterreichische Küche überraschend viele Zubereitungsvarianten für alle Arten von Süßwasserfischen. Und auch das Geflügel nimmt einen wesentlichen Platz auf den Tafeln ein, und es werden dabei nicht nur Henderl, Gänse und Enten verzehrt, wie man zunächst meinen könnte, nein, auch Tauben, Wachteln, Rebhühner oder Perlhühner zählen hier zu begehrten Gaumenfreuden.
Doch unbestritten ist und bleibt die Tatsache, dass die Oberösterreicher ihre Knödel lieben und daher auch unzählige Varianten für diese kennen. In alten Kochbüchern sind viele Rezepte beschrieben, die heute nahezu in Vergessenheit geraten sind, wie z. B. „Gebackene Reisknödel", „Braune Grießknödel" oder auch „Sunndörrte Knod'n". Andere konnten zu Klassikern werden, die heute sogar zum Inbegriff der österreichischen Küche zählen. „Bartlknödel", „Speckknödel", „Grammelknödel" oder „Selchfleischknödel" sind hierfür nur einige Beispiele. Zugegeben, Knödel sind nicht wirklich für eine Schlankheitsdiät geeignet, dafür schmecken sie aber umso besser! Ja, es kann einem richtig warm ums Herz werden, wenn die Oma dampfende Knödelvariationen mit Kraut und einem herzhaften Bratl auftischt. Da fühlt man sich wohl und irgendwie ist das Schlaraffenland sehr nah.
Erwähntes Kraut ist unbestritten das Gemüsestandbein Oberösterreichs. Ein Zentrum der österreichischen Krautherstellung war schon immer das Eferdinger Becken, hier allen voran die bekannte Firma EFKO. Mittlerweile werden in Eferding viele weitere Gemüsesorten angebaut, insbesondere Kohl, Salate, Erdäpfel und Wurzelgemüse. Und im „Bio-Land" wachsen zudem Edelgemüse, wie z. B. der Eferdinger Spargel.
Oberösterreich ist seit langem ein Zentrum der Sauerkraut- und Stöckelkraut-Liebhaber. Ein Grund dafür ist, dass sie nicht nur hervorragend zu Knödel schmecken, sondern vor allem auch zu den allseits beliebten „Bratln", welche knusprig und frisch aus dem Ofen kommend einen echten Sonntagsschmaus bilden. Eine knusprige Schwarte ist hierbei genauso erwünscht, wie das geschmacksgebende Fett! Und noch immer gehört das Bratl ebenso fix zum oberösterreichischen Sonntag, wie die Heilige Messe!
Im Innviertel ist das so genannte Innviertler Allerlei ein mehr als populäres Festessen, das nicht nur zu Hause, sondern auch in vielen Gasthöfen angeboten wird. Ein Zentrum dieser Völlerei ist der „Moar Sepp" im Hausruck, wo der Schmaus in einer recht schlichten Rein aufgetischt wird. In dieser türmen sich dann knuspriges Surbratl (aus dem Holzofen!), unzählige Knödel (mit verschiedensten Füllungen), gebratene Blut- und Leberwürste, saftiges Stöckel- oder auch Sauerkraut und als „Sättigungsbeilage" geröstete Erdäpfel. Dazu gibt's Bier und Schnaps – Prost, Mahlzeit!
Da zu den deftigen Leibgerichten der Oberösterreicher naturgemäß ein kühles Bier besser passt als ein Gläschen Wein, verwundert es wenig, dass dieses auch das „Nationalgetränk" bildet. Das Hopfengebiet im Mühlviertel liefert den hierfür notwendigen Rohstoff und neben den bekannten Brauereibetrieben versorgen auch etliche Kleinbrauereien das klassische Bierland. Daneben schmeckt den Oberösterreichern aber auch ein Krug Most sehr gut, was ihnen den Beinamen „Mostschädel" eingebracht hat, obwohl sie vom Most viel weniger trinken, als allgemein angenommen wird.
Deutlich erkennbar sind in der oberösterreichischen Küche auch die böhmischen Einflüsse, welche insbesondere bei sauren und süßen Mehlspeisen, der Vielzahl von Schmalzgebackenem oder der häufigen Verwendung von Powidl erkennbar werden.
Hinzu kommen viele traditionelle Gerichte, wie z. B. die Linzer Torte, Linzer Augen, Leberschedl, Erdäpfelkas, Blunzenradl'n, Antenoasch, Katzeng'schroa oder die Bad Ischler-Törtchen, welche Zeugnis dafür sind, dass man in Oberösterreich sehr gut und opulent zu speisen versteht.

Salz und Hallstatt

Seit mehr als 7.000 Jahren wird in Hallstatt Salz abgebaut, was die UNESCO dazu veranlasst hatte, die Region Dachstein-Hallstätter See zum Natur- und Weltkulturerbe zu ernennen.
Die landschaftliche Schönheit und die kleingliedrige Handwerks- und Volksarchitektur, in der alle Stilrichtungen von der Romanik, über Gotik und Barock bis zur Moderne ihre Einordnung finden, geben Hallstatt seine besondere Anziehungskraft.
Hallstatt, der „schönste Seeort der Welt", so der Weltreisenden Alexander von Humboldt, liegt auf einer Seehöhe von 508 Meter und hat heute etwa 950 Einwohner. Und neben der pittoresken Landschaft und den einzigartigen Kulturdenkmälern ist das alte Salzbergwerk heute eine der meistbesuchten Attraktionen der Region.
Natursalz wird in den Bergwerken des Salzkammergutes zum Teil noch immer nach traditionell bergmännischer Art und Weise abgebaut. Im Übrigen befindet sich bei Altaussee die einzige Lagerstätte, in der bergmännischer Abbau möglich ist, da der durchschnittliche Salzanteil im Gestein bei über 98 Prozent liegt.
Nachdem das Steinsalz aus dem Berg gebrochen wurde, wird es vorverlesen und anschließend obertage transportiert. Hier wird der Bergkern (wie die Salzablagerungen auch genannt werden) noch einmal per Hand sortiert, und den verschiedenen Verwendungsmöglichkeiten entsprechend, zerkleinert und vermahlen. Die teils rot-bräunlichen Färbungen der Salzblöcke sind auf Eiseneinschlüsse zurückzuführen.
Das heimische Steinsalz zeichnet sich aber vor allem durch seinen unvergleichlichen Geschmack aus, der ein rundes vollmundiges Gaumenerlebnis garantiert.

ALLES SALZ KOMMT AUS DEM MEER

Egal ob als Kristallsalz, ob als Meersalz oder natürliche Sole – letztlich kommt jedes Salz aus dem Meer. Es wird angenommen, dass schon bei der Abkühlung des glühenden Erdballs das Salz durch Vulkanismus und Erosionswasser in die Urmeere gelangte und daher die Ozeane seit ihrer Entstehung einen gewissen Anteil an Salzen gehabt haben müssen. Durch die Abschnürung von Meeren zu Binnenmeeren und darauf folgende Verdunstung des Wassers entstanden jedenfalls Salzlager, die dann durch die Auffaltung von Gebirgen in weiterer Folge sozusagen „in den Berg gelangt" sind. Neben dem Salz, einer Verbindung aus Natrium und Chlor, die mit weit über 90 Prozent den bei weitem größten Teil ausmacht, enthält Speisesalz aus Österreich auch weitere verwandte Salze und in geringeren bzw. geringsten Mengen nahezu jedes natürliche chemische Element.

STEINSALZE VON DER FIRMA SALZKAMMER

URSALZFISCH

Zutaten:
4 Fische (Forellen oder Saiblinge),
4 Einheiten Salzmischungen für Ursalzfisch (ersatzweise grobes Salz), 4 Eigelbe, Zitronenscheiben (unbehandelt), Knoblauchzehen, Petersilienzweige

1. Fisch (Saibling, Forelle) säubern, ein bis zwei geschälte Knoblauchzehen, Zitronenscheiben und Petersilie in die Bauchöffnung füllen.
2. Salzmischung für „Ursalzfisch" (je Fisch eine Einheit) mit jeweils 1 Eigelbe und 3–4 EL Wasser in einer Schüssel vermengen.
3. Den Boden einer Aluschale mit etwas Salzmischung belegen, dann den Fisch darauf platzieren und mit der restlichen Salzmischung bedecken.

Tipp: Besonders hübsch wird das Ganze, wenn man aus dreifach gelegter Alufolie die Umrisse des Fisch „nachzeichnet" (etwas Abstand zwischen Folie und Fisch lassen), dann den Alu-Ring in der Form des Fisches auf ein Backblech setzt, den Boden mit Salz bestreut, dann den Fisch darauf bettet und schließlich mit Salz bedeckt – wenn das Ganze gebacken ist, hat es die Form eines Fisches.

4. Der in Salz eingebettete Fisch wird im Backrohr bei 200 Grad je nach Größe 13–15 Minuten gegart. Dabei wird die Salzkruste hart.
5. Die feste Kruste mit dem Messerrücken vorsichtig aufklopfen und das oben auf liegende Salz abheben.
6. Nun kann man den Fisch aus der Salzkruste heben, die Haut abziehen und servieren. Um den köstlichen Geschmack des Fisches zu belassen wird das Ganze ohne Beilagen serviert!

Wer auf Beilagen nicht verzichten möchte, reicht Buttererdäpfel und zerlassene Butter dazu.

KRÄUTER-HENDL IN SALZKRUSTE

Ein großes Hendl (vorzugsweise BIO-Geflügel) von 1 1/2–2 kg,
2–3 Zitronen (unbehandelt),
12 Knoblauchzehen leicht zerdrückt (wer dezenteres Aroma mag, lässt die Schale dran),
1 Bund Wildkräuter (z. B. Kerbel, Kresse, Sauerampfer) grob gehackt,
1 Bund Wildkräuter im Ganzen,
eine mittlere Trüffel in feine Scheiben geschnitten,
Pfefferkörner,
Öl oder Butter zum Bestreichen

Außerdem:
3–4 kg grobes Steinsalz, 3–4 Eiweiße, etwas Wasser, zerlassene Butter

Das Salz zusammen mit dem versprudelten Eiweiß, etwas Zitronensaft (die Schalen zur Seite legen), einem Esslöffel leicht zerstoßenen Pfefferkörnern sowie einem Glas Wasser in eine Schüssel geben und alles gut miteinander vermischen.
Die Haut des Hendl mit dem Stiel eines hölzernen Kochlöffels anheben und die Trüffelscheiben zusammen mit den grob gehackten Kräutern unter die Haut schieben. Danach das Geflügel mit Öl oder zerlassener Butter bestreichen (für ein intensives Trüffelaroma auch Trüffelbutter).
Das Hähnchen mit dem Kräuterbund, den Knoblauchzehen und ausgedrückten Zitronenhälften ausstopfen (es ist wichtig, dass der Hohlraum vollkommen ausgefüllt ist, daher kann es sein, dass man noch eine Zitrone und einige Knoblauchzehen benötigt).
Den Boden einer ausreichend großen Bratrein mit der Salzmischung dick bedecken.
Das Hendl darauf betten und mit dem restlichen Salz bedecken – es muss dick rundherum vom Salz umhüllt sein. Das Salz leicht andrücken, dabei aber vorsichtig vorgehen.
Danach wird das Hendl für 1–1 1/2 Stunden im vorgeheizten Ofen gebacken (200–220 Grad), damit die Kruste nicht verbrennt, sollte diese mit Alufolie abgedeckt werden. Das Huhn herausnehmen und 5 Minuten ruhen lassen.
Die Salzkruste aufbrechen, sie sollte leicht auseinander brechen und ein nach Trüffeln und Kräutern duftendes Hendl freigeben, dass einem das Wasser im Munde zusammenlaufen läßt! Nun zieht man vorsichtig die Haut ab, nimmt die köstlichen Trüffelscheiben ab und legt diese in zerlassene Butter.
Das Fleisch von Brust und Keulen tranchieren und zusammen mit Brot und der Trüffelbutter auftischen. Dazu passen auch Butter-, Kräuter- oder Trüffel-Reis.

KRÄUTER-HENDL IN SALZKRUSTE

Hinweis: Sehr gut schmeckt auch eine Ente in Salzkruste gebacken. Hierfür den küchenfertig vorbereiteten Vogel binden und in heißem Fett rundherum anbraten. Haut mit einem Honig-Rosmaringemisch bestreichen, den Vogel in Salzkruste packen und bei 220 Grad 50 Minuten garen. Die Kruste aufbrechen, die köstlichen Brustfilets tranchieren und genießen. Die Keulen werden noch nicht ganz gar sein und daher zu einem anderen Gericht weiterverarbeitet.

1. Den Saibling mit Aromaten füllen.

2. Das Ursalz mit Ei und Wasser vermengen.

3. Saibling in Salz einbetten.

4. Den Fisch im Ofen garen.

5. Salzkruste aufklopfen und abheben.

6. Mit Petersilienbutter u. Weißbrot genießen.

Rinderzucht und Milchwirtschaft

Schon während des ausgehenden Mittelalters bildete das Rindfleisch neben dem Brot eines der wichtigsten und vor allem billigsten Nahrungsmittel der Bevölkerung, besonders der städtischen (am Lande zog man fetthaltigere Lebensmittel vor). Vor allem in der bürgerlichen Küche wurde seit jeher gerne Rindfleisch gegessen, und das sowohl reichlich, als auch häufig – in manchen Haushalten mindestens drei Mal pro Woche. Während in Wien der Tafelspitz zu kulinarischen Ehren kam, so wurde in Oberösterreich eher das kräftigere Beinfleisch vorgezogen. In der bäuerlichen Küche gab es Fleisch allerdings meist nur bei Notschlachtungen oder zu Feiertagen: ein Gericht aber wird in allen Landesteilen zum Totenmahl – der so genannten Zehrung – gegessen, nämlich „Gekochtes Beinfleisch mit Semmelkren und Erdäpfelschmarren". Als Vorspeise wird hier eine einfache Rindsuppe, eine Leberknödelsuppe oder auch eine Nudelsuppe gereicht.

Österreich ist ein traditionelles Rinderland mit vielen unterschiedlichen Rinderrassen, die sich durch Jahrhunderte den natürlichen Gegebenheiten angepasst haben. Schwerpunktmäßig werden in Österreich die Rassen Fleckvieh, Braunvieh und Holstein gehalten. In den Bergregionen Salzburg und Tirol sind die alpinen Rassen Pinzgauer und Grauvieh zusätzlich beheimatet. Weitere traditionelle Rassen sind die Murbodner, das Kärtner- und Waldviertler Blondvieh sowie die Pustertaler Sprintzen und Tuxer Rinder. In den letzten Jahren haben sich auch spezielle Milch- (Jersey) und Fleischrassen (Limousin, Angus, Charolais, Blonde d' Aquitaine) sowie Extensivrassen (Galloway, Schottische Hochlandrinder) etabliert, die vorwiegend aus Frankreich und England importiert wurden. Das Rind ist für bäuerliche Familienbetriebe ein äußerst wichtiges Nutztier, welches vorwiegend für die Erzeugung wertvoller Nahrungsmittel dient. Die Rinderwirtschaft leistet aber auch einen wesentlichen Beitrag zur Erhaltung der Kulturlandschaft, so würden zum Beispiel die Almwiesen schnell verwildern, würden nicht Rinder auf ihnen weiden. Zudem haben aktuelle Studien gezeigt, dass, so widersprüchlich es klingen mag, Weidewirtschaft auf der Alm zur Artenerhaltung von Wiesenkräutern beiträgt.
Noch heute haben sehr viele oberösterreichische Höfe (z. B. im Mühlviertel) eigene Rinder auf der Weide, doch dienen diese oftmals für die Milchwirtschaft. Mit rund einem Drittel der gesamten österreichischen Milchlieferleistung kann das traditionelle Milch- und Butterland selbstverständlich auch einen großen Reichtum an Käsesorten vorweisen. Die bekanntesten unter ihnen sind so berühmte Käse wie der Mondseer Käse, Traunseer Käse, Prälatenkäse oder die berühmten Schlosskäse, wie Schlierbacher und Achleitner. Bergbaron und Traungold sind neuere Sorten, die sich außerordentlicher Beliebtheit erfreuen. Und neben dem auch hier bekannten Kochkäse ist Oberösterreich eine Hochburg für Frischkäse.

Als im Jahre 1900 von einigen engagierten Landwirten in Schärding die erste österreichische „Zentral Theebutter Verkaufsgenossenschaft" gegründet wurde, um sich vor den ausbeuterischen Methoden der Zwischenhändler zu schützen, dachte wohl niemand daran, dass der Name Schärdinger hundert Jahre später nicht nur mit Markenbuttersorten wie Primina oder Sommerbutter in Verbindung gebracht wird, sondern geradezu ein Synonym für österreichischen Qualitätskäse sein würde. Man könnte also sogar sagen, dass kaum jemand anderer (außer die Almwirtschaften) in Österreich die letzten hundert Jahre die österreichische Milch- und Käsewirtschaft so sehr prägte wie Schärdinger. Neben „Österreichs beliebtestem Käse", nämlich dem Bergbaron, erzeugt Schärdinger z. B. auch hervorragende Schimmelkäse, von denen der Österkron wohl der bekannteste sein dürfte. Eine erlesene Delikatesse hingegen, ist der so genannte „Affineur Kracher"; ein zart-cremiger Schimmelkäse, welcher mit edelstem Süßwein aus dem Hause Kracher (siehe S. 360) veredelt wurde.

EINIGE WICHTIGE SCHÄRDINGER-PRODUKTE

1. Primina Butter: Traditionell hat sich die Firma Schärdinger der Erzeugung von hochwertiger Butter verschrieben, die streichfähige Primina ist (neben der so genannten Sommerbutter) eines der bekanntesten Produkte des Hauses.

2. Bergbaron: Österreichs beliebtester Käse ist ein Schnittkäse mit geschmeidigem Teig und 45 % F. i. T.; typisch sind für ihn die unregelmäßige, große Lochung und der süßlich-milde Geschmack.

3. Chorherrenkäse: Ein Schnittkäse mit 50% F. i. T., in Laibform mit Relief, weich geschmeidiger Teig mit Schlitzlöchern, sehr rahmig, zart pikanter Geschmack.

4. Moosbacher: Eines der erfolgreichsten Exportprodukte des Hause Schärdinger ist der einzige Großlochkäse mit Oberflächenreifung; ein sehr g'schmackiger Käse mit 45 % F. i. T., der traditionell im attraktiven Leinentuch auf den Markt kommt.

5. Österkron: Österreichs beliebtester Edelschimmelkäse mit feinen Grünschimmeladern durchzogen, leicht cremige Konsistenz, herzhaft-würziger Geschmack, etwa 55 % F. i. T; wird in Gröbming (Stmk) erzeugt.

6. Affineur Kracher: Eines der edelsten Produkte von Schärdinger! Edelschimmelkäse mit Beerenauslese verfeinert, ein nuancenreiches Spiel aus Würze und Süße, die Harmonie zueinander finden; unendlicher Geschmacksreichtum, welcher einfach nur fasziniert und begeistert! Wird in Gröbming (Stmk) erzeugt, 55 % F. i. T.

MIT SCHÄRDINGER LÄSST SICH'S LEBEN

Rindfleischrezepte

Neben den berühmten Varianten des gekochten Rindfleisches, bei dem es sich genau genommen um ein Siedefleisch handelt, erfreut sich in der österreichischen Küche der Rindsbraten besonderer Beliebtheit. Wobei vom küchentechnischen Standpunkt her der österreichische Braten kein echter Braten ist, denn unter der Bezeichnung „Braten" versteht man in der Küche im Allgemeinen die Zubereitung in heißem Fett. Der in Österreich so beliebte und weit verbreitete Rindsbraten hingegen wird nur rasch in heißem Fett rundherum angebraten, das eigentliche Garen erfolgt aber durch das Dünsten des Fleisches.
Auch das (französische) „boeuf à la mode" taucht schon früh in den österreichischen – insbesondere den Wiener – Kochbüchern auf. So ist bereits im „Bewährten und wohl-eingerichteten Koch-Buch" von Hohenberg aus dem Jahre 1715 vom „boeuf à la mode oder Rindfleisch auf die neue Manier" zu lesen. Bei diesem Gericht, das heute vor allem im oberösterreichisch-bayerischen Raum zu finden ist, handelt es sich um ein mit Speck und Zunge gespicktes Scherzl, das zuerst in heißem Fett rundherum angebraten wird, dann mit Wurzelgemüse, Zwiebel, Lorbeerblatt, Thymian, Knoblauch, Gewürzen, Wein, etwas Essig und Wasser weich gedünstet wird; zum Binden der Sauce verwendet man oftmals Schwarzbrot.
Einzig bei im Ganzen gebratenen Rinderlenden oder Rindslungenbraten handelt es sich nach küchentechnischer Definition um echte Braten.
Die für Nicht-Österreicher ungewöhnliche Bezeichnung „Lungenbraten" für das Rinderfilet hat ihre eigene Wort-Geschichte: Der Lungenbraten hat überhaupt nichts mit der Lunge zu tun. Korrekterweise müsste der Lungenbraten nämlich „Lummelbraten" heißen. Denn das Wort leitet sich vom lateinischen Wort „lumbus", was Lende bedeutet, ab. Aus diesem lateinischen „lumbus" wurde im Mittelalter „lume" oder „lumpe", im alten Wien sagte man auch noch meist „Lummel- oder Lumpelbraten". Doch ist in Kochbüchern aus dem 18. Jahrhundert schon ab und an vom „Lungel-Braten" die Rede, irgendwann hat sich dann diese falsche Lautung im Sprachgebrauch eingebürgert. Übrigens, unter einem „Alt-Wiener Lungenbraten" versteht man eine mit Gänseleber, Kalbs- und Schweinefaschiertem sowie Schneidsemmeln gefüllte Roulade in feiner Rahmsauce. Ein besonders schönes Gericht ist der „Geflochtene Lungenbatenzopf", der schon von Anna Dorn empfohlen worden ist. Lungenbratenzopf wird mit einer Sardellen-, Kapern- oder auch sehr elegant mit einer Morchelsauce serviert.
Neben den klassischen Rostbratengerichten, von denen die österreichische Küche unzählige Varianten kennt und den allseits begehrten Suppen sind die verschiedenen Rindfleischsalate und -sulzen Spezialitäten der österreichischen Küche.

BEIRIEDSCHNITTE MIT ROTWEIN-SENFSAUCE

Zunächst wird die Sauce zubereitet: hierfür 1–2 EL Zucker karamellisieren, dann mit 500 ml Rotwein ablöschen, Gewürze (Pfefferkörner, Rosmarin, Wacholder, Lorbeerblatt) hinzugeben und sirupartig einkochen lassen. Danach 100 g aromatischen Senf (z. B. Dijon-Senf) einrühren, warm stellen.

4 schöne Beriedschnitten (oder Rinderfilets) werden beidseitig sehr scharf angebraten, mit Salz und grob geschrotetem Pfeffer gewürzt und im Rohr einige Minuten nachgegart. Sie sollen innen zwar warm, aber nahezu roh sein.
Fleisch auf vorgewärmten Tellern anrichten und mit der Sauce umkränzen; als Beilage passen z. B. Erdäpfelrösti, Erdäpfelpüree und/oder glasiertes Gemüse.

BEIRIEDSCHNITTE MIT ROTWEIN-SENFSAUCE

IM GANZEN GEBRATENE RINDERLENDE

3 kg gut abgehangene Rinderlende,
4 EL gutes Sonnenblumen- oder Olivenöl,
1 1/2 EL Salz,
1 1/2 EL grob geschroteter Pfeffer,
Öl zum Braten

Für die Sauce:
2 Eigelb,
1 TL Senf,
250 ml erstklassiges Sonnenblumenöl,
2–3 sehr fein gehackte Anchovis,
einige gehackte Salzkapern (gut abgespült),
2 fein gewiegte Schalotten,
2 feinst gehackte Essiggürkchen,
2 EL geschnittene Gartenkresse,
1 EL fein gehackte Petersilie,
Spritzer Worchestershiresauce,
etwas Zitronensaft,
Salz und Pfeffer aus der Mühle

Für das Fleisch zunächst einmal das Öl mit Salz und Pfeffer zu einer Würzpaste verrühren. Das Fleisch damit dick einreiben und einmassieren, anschließend 1–2 Stunden bei Zimmertemperatur einziehen lassen.
Öl rauchend heiß werden lassen (Olivenöl lässt sich übrigens am besten so stark erhitzen), das Fleisch darin rundherum (!) also von allen Seiten sehr scharf anbraten – jeweils etwa 1 Minute. Das Fleischstück danach im 120 Grad heißen Ofen etwa 45 Minuten nachgaren, den Ofen ausschalten und das Fleisch darin auskühlen lassen. Danach muss das Fleisch ein bis zwei Tage rasten, bevor es – vorzugsweise mit einer Aufschnittmaschine – in dünnere Scheiben aufgeschnitten wird.
Dazu reicht man folgende Sauce: Aus Eigelben, Senf und Sonnenblumenöl eine Mayonnaise rühren (die Zutaten sollten Zimmertemperatur haben). Die fein gehackten Würzzutaten in die Mayonnaise geben und diese würzig abgeschmeckt zum Fleisch servieren.

BEIRIED MIT GEBACKENEN ZWIEBELRINGEN

Ein Rezept für Fleischliebhaber: Eine dicke Scheibe (etwa 300–400 g schwer) vom gut abgelagerten Beiried wird in heißem Öl beidseitig sehr scharf angebraten, bis es eine schöne Farbe hat, dann mit Salz und Pfeffer gewürzt warm gestellt. Fett aus der Pfanne abgießen, Bratensatz mit Rindsuppe loskochen, einreduzieren und mit eiskalter Butter binden. Fleisch mit der Sauce anrichten, dazu passen gebackene Zwiebelringe (mehlierte Zwiebelringe in reichlich Öl herausbacken, abtropfen lassen, gut salzen) und Bratenerdäpfel.

MARINIERTES RINDFLEISCH

Vorgekochtes Rindfleich (vorzugsweise Schulterscherzel, Tafelstück oder Tafelspitz) mit einer Aufschnittmaschine in dünne Scheiben schneiden. Diese dekorativ auf Tellern anrichten, mit Kernöl, Mostessig, Salz und Pfeffer würzen. Zwiebelringe, Tomaten uund Schwarzbrot dazu reichen.

BEINSCHEIBEN IN ROTWEIN

4 große Beinscheiben mit Markknochen, 1 1/2 Liter guter Rotwein (z. B. Zweigelt), 2 kleinere Zwiebeln, 2 Karotten, einige Pfefferkörner, 2–3 Lorbeerblätter, 75 g Butter, 1–2 EL gehackter Speck, Mehl oder Maisstärke (in kaltem Wasser angerührt) zum Binden, Salz und Pfeffer aus der Mühle

Den Wein in eine Terrine gießen, geschältes und gehacktes Gemüse dazugeben, dann Pfefferkörner sowie Lorbeerblätter und Salz hinzufügen. In diese Marinade das Fleisch einlegen und 24 Stunden marinieren lassen. Die Butter zusammen mit dem gehackten Speck in einer Kasserolle erhitzen. Das Fleisch aus der Marinade heben, gründlich abtrocknen und im Fett von beiden Seiten anbraten. Die Marinade währenddessen in einem zweiten Topf auf die Hälfte einkochen lassen, dann durch ein Sieb über das Fleisch gießen. Nach Geschmack salzen, einen Deckel auflegen, bei schwacher Hitze schmoren lassen, bis das Fleisch schön weich ist. Beinscheiben aus der Sauce heben und warm stellen. Die Sauce mit Mehl oder Maisstärke binden, die gut heiße Sauce über das Fleisch geben und servieren. Dazu passen Reis oder Erdäpfelpüree.

Hinweis: Auf die gleiche Weise kann man auch Ochsenschwanz zubereiten.

OCHSENFILET NACH WINZER-ART

Einst gab es auch in Oberösterreich ausgedehnten Weinbau. Wenngleich heute kaum mehr Wein angebaut wird, so geben Ortsnamen wie „am Weinberg" oder Rezepte wie dieses, Zeugnis von der ehemaligen Bedeutung des oberösterreichischen Weines ab.

Ein Ochsenfilet im Ganzen (1 1/2–2 kg) gut mit Salz und Pfeffer einreiben, danach dick mit Senf bestreichen. In einer großen Pfanne etwa 100 g Butter erhitzen, das Fleisch rundherum darin anbraten, den Bratenrückstand mit einem 1/16 Rotwein (vorzugsweise Zweigelt) ablöschen. Das Fleisch im vorgeheizten Rohr bei 200 Grad etwa 30 Min. braten, währenddessen immer wieder mit wenig Rotwein übergießen – das Fleisch sollte innen rosa bleiben. Fleisch herausnehmen, zugedeckt einige Minuten rasten lassen, in 3–4 cm dicke Scheiben aufgeschnitten auf einer Platte anrichten und mit dem Rotweinsaft umkränzt servieren.

GEDÜNSTETER OCHSENSCHWANZ MIT SENF UND KAPERN

Einen Ochsenschwanz in größere Stücke zerteilen, danach zusammen mit Wurzelgemüse, Zwiebeln, Petersilie, Lorbeerblatt, Weißwein (oder Most), Salz und Pfeffer in Wasser zugedeckt weich garen (nicht kochen!); Fleisch herausnehmen, den Sud durch ein feines Sieb passieren. In einer frischen Kasserolle aus Butter und Mehl eine lichte Einbrenn bereiten, diese mit der Kochbrühe aufgießen und zur gewünschten Konsistenz verkochen lassen. Sauce mit etwas Zitronensaft, Senf und grob gehackten, gewaschenen Salzkapern nach Geschmack würzen, man kann auch ein oder zwei feinst gehackte Sardellen hinzufügen. Die fertige Sauce mit etwas Crème fraîche verfeinern und abschmecken, Fleisch noch einige Minuten darin ziehen lassen, mit Beilagen nach Wahl servieren.

BEINSCHEIBEN IN ROTWEIN

BÖHMISCHER LUNGENBRATEN

1 Lungenbraten Mittelstück im Ganzen, 2 Zwiebeln, Wurzelgemüse (2 Karotten, 1 Gelbe Rübe, 1 Petersilienwurzel, Sellerie), Rindsuppe, Öl zum Anbraten, Thymian, Lorbeer, 2–3 EL Butter, 3 EL Mehl, Rotwein, Salz, Pfeffer

Wurzelgemüse putzen und klein schneiden. Zwiebel fein hacken, in einem Topf mit etwas Öl anbraten, Lungenbraten und Wurzelgemüse dazugeben, ebenfalls anbraten. Alles mit Rindsuppe aufgießen, bis der Braten bedeckt ist, Thymian und Lorbeer einlegen, würzen. Aufkochen lassen, einen Deckel auflegen und das Fleisch bei Mittelhitze garen, aber nicht zerkochen. Fleisch aus dem Sud heben, in Scheiben schneiden. Lorbeer und Thymian entfernen, den Kochsud fein passieren. Aus Butter und Mehl eine hellbraune Einbrenn erzeugen, mit Rotwein aufgießen und verkochen lassen. Den passierten Sud dazugeben, aufkochen und das Fleisch darin kurz ziehen lassen. Sauce mit etwas Rahm verfeinern. Mit Serviettenknödeln auftischen.

OCHSENMAULSALAT

1 gut gereinigtes Ochsenmaul (vom Fleischer vorbereitet) einige Tage trocken pökeln. Dann wird das Maul in Wasser unter Zugabe von Essig und Öl weich gekocht. Das Fleisch in eine Form füllen und über Nacht pressen; vorzugsweise in einer Schinkenpresse oder mit Brett und Gewichten beschwert. Am nächsten Tag das Ganze mit einer Aufschnittmaschine sehr dünn aufschneiden, mit fein geschnittenen Zwiebeln, gehackter Petersilie, Schnittlauchröllchen, nach Belieben auch einigen Trüffelspänen, Essig, Öl, Salz und Pfeffer mariniert servieren.

GEBRATENE HOCHRIPPE

Eine Rippe von der Hochrippe schneiden (hat samt Knochen etwa 1 1/2 kg) und den Knochen entfernen. Das Fleisch mit Küchengarn etwas in Form bringen. Pfefferkörner grob hacken und beidseitig ins Fleisch drücken (noch nicht salzen).
Schmalz in einer schweren Pfanne erhitzen, bis es raucht, dann das Fleisch darin auf einer Seite 2–3 Minuten (je nach Dicke) anbraten. Das Fleisch wenden und auch die zweite Seite 2–3 Minuten braten; angebratene Seite während dessen salzen. Nochmals wenden, auch die zweite Seite salzen und Aromaten nach Belieben (wie Knoblauch, Rosmarin) hinzugeben. Einen Deckel auflegen und das Fleisch etwa 7–8 Minuten zugedeckt ohne Flamme ziehen lassen.
In Tranchen aufgeschnitten mit viel Brot und Wein (oder Bier) servieren.

RINDSROULADEN NACH HAUSFRAUEN-ART

Für 4 Portionen nimmt man:
12 dünnere Scheiben Rindfleisch aus der Oberschale (je etwa 100 g),
Senf, 100–150 g in dünne Scheiben geschnittenen Jausen- oder Frühstücksspeck,
2–3 Stangen Lauch (nur das Weiße), 4–5 Karotten, nach Wunsch einige Anchovis,
Butterschmalz, Salz und Pfeffer

Für die Sauce braucht man außerdem:
Mehl zum Stauben, 1 Bund Suppengrün,
150–200 ml sehr guten Rotwein,
100–150 ml Rinderbrühe, 125 ml Crème fraîche,
Salz und Pfeffer

Die Fleischscheiben sanft weich klopfen, leicht würzen und mit Senf bestreichen. Jede Fleischscheibe mit einer schönen Scheibe Speck belegen, dann einige streichholzfein geschnittenen Lauch- und Karottenstreifen und nach Wunsch auch eine Anchovi leicht gebündelt darauf packen. Die Rouladen nicht zu fest zusammenrollen und verschnüren (oder mit Spießen zusammenstecken).
Butterschmalz in einer Kasserolle erhitzen, die Rouladen rundherum darin anbraten, währenddessen mit wenig Salz und Pfeffer nachwürzen. Das geputzte und gewürfelte Suppengemüse dazugeben, ebenfalls anrösten, schließlich alles mit Mehl stauben. Mit Wein und Brühe aufgießen, danach die Rouladen etwa 1 1/2–2 Stunden bei milder Hitze schmoren lassen.
Wenn das Fleisch weich ist, dieses aus der Kasserolle heben auf einer Platte warm halten. Crème fraîche in die Sauce rühren und 10–15 Minuten verkochen, dann die Sauce aufmixen und durch ein feines Sieb streichen. Sauce sehr heiß über die Rouladen gießen, dazu reicht man in Butter geschwenkte Nudeln, Spätzle oder Nockerln.

ZOPF VOM RINDSLUNGENBRATEN MIT MORCHELSAUCE

Für dieses wahrhaft königliche Gericht werden 2 Rindslungenbraten (es können auch 2 Kalbslungenbraten verwendet werden) wie folgt geschnitten: zuerst das dicke Ende von den Lungenbraten abschneiden (für ein anderes Rezept verwenden), dann die Filets längs halbieren. Jede der 4 Hälften vom dicken zum dünnen Ende längs zweimal einschneiden, so dass 3 Streifen entstehen, die am dickeren Ende noch miteinander verbunden sind. Das Fleisch in eine Schüssel füllen und mit Salz, Pfeffer, Basilikum, Rosmarin und Majoran würzen. Das Fleisch sollte gut mit den Kräutern überzogen sein. Dann werden die Streifen zu Zöpfen geflochten. Die vier Fleischzöpfe nebeneinander über ein eingeöltes Stahlrohr mit ungefähr 6–8 cm Durchmesser wickeln, so dass die Enden miteinander verbunden werden können – mit Zahnstochern oder Fleischnadeln fixieren.
Fett in einer ausreichend großen Pfanne erhitzen, das Fleisch unter Drehen des Stahlrohrs rundherum knusprig braun braten. Das fertige Fleisch vorsichtig vom Rohr schieben und die Lendenzöpfe auf vorgewärmten Tellern anrichten. Den Fleischring im Inneren mit gedünstetem Butter-Reis füllen und eine runde Scheibe (ausstechen) kurz gebratene Gänseleber darauf legen. Die Morchelsauce rundherum anrichten:
Für die Morchelsauce gut 500 g frische (ersatzweise 50–75 g eingeweichte, getrocknete) Morcheln sorgfältig waschen, um möglichst allen Sand aus den Runzeln zu lösen. Zwei fein gehackte Schalotten in 2–3 EL heißer Butter andünsten, die Morcheln hinzugeben und kurz mitdünsten lassen. 150 ml Obers und 250 ml kräftige Rinderbrühe (oder bei getrockneten Morcheln das gefilterte Einweichwasser) angießen; Sauce cremig einkochen und mit Salz, weißem Pfeffer sowie etwas Weinbrand abschmecken.
Zum Ausgarnieren bzw. Dekorieren eignen sich z. B. in Butter gedünstete oder auch mit Kalbsfarce gefüllte Champignonköpfe, Spargelspitzen, Gänseleberwürfel, Trüffeln u. v. m.

GEKOCHTE SELCHZUNGE

Eine geselchte Rinderzunge wird mit Lorbeer, Nelke und Neugewürz weich gekocht, danach gehäutet und in Scheiben geschnitten mit gerissenem Kren und Brot oder mit Erdäpfelpüree serviert.

MOSTBRATL

1 kg Rindsbraten, Speck, 1 Zwiebel,
250 g Wurzelwerk, 1–2 Lorbeerblätter,
Zitronenschale, Rindsuppe, Schwarzbrotbrösel,
Most zum Aufgießen, Salz, Pfeffer, Kren

Das Fleischstück wird gesalzen und mit Speck gespickt. In der Pfanne etwas klein gewürfelten Speck anlaufen lassen, den Boden mit der klein geschnittenen Zwiebel und dem stiftelig geschnittenen Wurzelwerk bestreuen, das Fleisch hinein legen zugedeckt im eigenen Saft anbraten.
Mit wenig Rindsuppe aufgießen, Lorbeer und abgeriebene Zitronenschale zufügen, den Braten mit Brösel bestreuen und offen im Rohr anrösten; danach wird mit Most aufgegossen und der Braten weich gedünstet, dabei immer wieder mit Most aufgießen.
Vor dem Servieren den Saft abseihen, mit etwas Rindsuppe aufgießen und mit Schwarzbrotbrösel binden, salzen und pfeffern. Saft zur gewünschten Molligkeit einkochen und über den in Scheiben angerichteten Braten gießen; nach Wunsch diesen mit frisch geriebenem Kren bestreuen. Dazu werden Speckknödel und Salat gegessen.

GEBRATENE HOCHRIPPE

GEKOCHTE SELCHZUNGE

FLEISCHERMEISTER SCHRÖCKER MIT LEBERKÄSE

Leberkäse

Der Leberkäse (auch Leberkas oder Lewakas) ist ein gutes Beispiel dafür, dass die österreichische Küche zwar Einflüsse aus den benachbarten Ländern aufgenommen, dann aber nach ihrem eigenen Geschmack umgewandelt hat. So stammt der Leberkäse ursprünglich aus Bayern, wo er 1776 von einem Metzger erfunden wurde, welcher wiederum aus Mannheim stammte. Dieser Metzger hatte wohl die französischen Pasteten und Terrinen als Inspiration genommen, um diese Wurstspezialität zu kreieren, welche heute zu den so genannten Brühwürsten gezählt wird.

Der Name „Leberkäse" geht vermutlich auf das aus dem Mittelhochdeutschen stammende „lab" (gerinnen) und das dem Westslawischen entnommene „quas" (Schmaus) zurück, die im damaligen Dialekt noch gebräuchlich gewesen sein dürften; demnach wäre der Leberkäse also ein aus geronnenem Fleisch zubereiteter Schmaus. Eine andere Deutung besagt, dass das Wort „Leber" von „Laib" abstamme und eine ganz andere Vermutung führt das Wort auf den Mannheimer Dialekt des Metzgers zurück: Als besagter Metzger diese Spezialität erfand, so soll er festgestellt haben, dass die Form einem Käselaib sehr ähnlich ist. Der Mannheimer sagt dazu „Lääb Kees" (Laib Käse) – daher könnte auch aus diesem „Lääb Kees" dann der „Lewwekäs" und schließlich die heute gebräuchliche Form „Leberkäse" entstanden sein.
Wie auch immer das Wort selbst entstanden sein mag, so ist der Leberkäse selbst zu einem Grundnahrungsmittel der Österreicher geworden und wird in unzähligen Variationen in nahezu allen Fleischereien, Lebensmittelläden und natürlich an den unverzichtbaren Würstelständen angeboten. Meist wird er in Scheiben geschnitten mit Senf gereicht oder in eine Semmel gebettet.
Neben dem eigentlichen Leberkäse, der weder Käse noch Leber enthält, haben sich in Österreich viele Varianten entwickelt, die wie der Käse-Leberkäse tatsächlich Käse enthalten oder sogar aus Leber hergestellt worden sind. Auch bei der Würze sind der Fantasie kaum Grenzen gesetzt, weshalb sich der Leberkäse-Liebhaber über Rezepturen wie z. B. „pfeffer-scharf", „pikant", „Paprika-", „Zwiebel-", „Oliven-", „Kürbiskern-", „Pizza-" oder „Schinken-Leberkäse" freuen darf.
Als besondere Spezialitäten gelten der Pferdeleberkäse, welcher von der Firma Gumprecht in Enns erzeugt wird, der herzhafte Holzofenleberkäse sowie der besonders fettarme und sehr fein gewürzte Neuburger. Selbstverständlich gibt es im wildreichen Österreich auch Leberkäserezepturen von Reh, Gams, Hirsch oder Wildschwein.

Und auch in der Küche dient der Leberkäse in Scheiben aufgeschnitten als willkommene Abwechslung, die zu zahlreichen regionalen Speisen weiter verarbeitet werden kann. In der traditionellen Beislküche bietet man heute noch sehr gerne einen „Gebackenen Leberkäse mit Mayonnaise-Salat", „Gebratenen Leberkäse mit Spiegelei, Spinat und gerösteten Erdäpfeln" oder auch einen „Leberkäsesalat" (Variante des Wurstsalates) an. Aber allen kulinarischen Bemühungen zum Trotz, ist und bleibt die Leberkäsemmel die beliebteste Form, diesen herzhaften Schmaus zu genießen.

ALT-ÖSTERREICHISCHER LEBERKÄSE

**1 kg mageres gepökeltes Rindfleisch,
200 g gepökeltes Schweinefleisch (Schopf),
gut 100 g fetter Bauchspeck, 500 ml Wasser,
etwas Schmalz, 1 große Zwiebel,
3–4 zerdrückte Knoblauchzehen,
etwas gemahlener Kümmel,
etwas abgeriebene Zitronenschale,
Majoran, etwa 35 g Salz,
weißer Pfeffer aus der Mühle**

Das gut gekühlte Fleisch würfeln und durch die mittlere Scheibe des Fleischwolfs drehen, danach im Mixer mit dem Salz und dem Wasser portionsweise zu einem glatten, glänzenden Brei verarbeiten. Alles in eine Schüssel füllen und zum Quellen sehr kühl stellen; danach mit sehr fein geriebener Zwiebel, dem Knoblauch und den anderen Gewürzen vermischen, gut abschmecken und in eine mit Schmalz gefettete Kastenform füllen. Die Fleischmasse fest drücken und 1 1/2–2 Stunden bei mittlerer Hitze (etwa 160 Grad) backen.

GEFÜLLTER LEBERKÄSE

Eine dickere Scheibe Leberkäse in der Mitte teilen, mit ein oder zwei Scheiben Bergkäse oder Emmentaler sowie einer Scheibe Schinken füllen, dann wie ein Schnitzel panieren und in Butterschmalz goldbraun ausbacken. Dazu passen ein grüner Salat oder Erdäpfelsalat.

REH-LEBERKÄSE

KÄSE-LEBERKÄSE

JAUSENSTATION „ZEISL“

Von Rindsbraten, Ofenbratl und Kistenbradl

Dass den Oberösterreichern ihr saftiges Bratl geradezu heilig ist, dürfte weithin bekannt sein. Aber weniger bekannt ist wahrscheinlich die Tatsache, auf welch unglaubliche Vielfalt an Rezepten und Zubereitungsformen die oberösterreichischen KöchInnen zurückgreifen können.

Da sind zunächst einmal die verschiedensten Formen des klassischen Rindsbraten zu nennen, wie Burgunderbraten, Schmorbraten und ähnliches. Natürlich wird in Oberösterreich Rindfleisch auch gekocht und gesiedet, doch sind Gerichte wie das herzhafte Mostbratl (siehe S. 119) oder der aromatische Gewürznelkenbraten generell gesehen beliebter. Recht verbreitet sind auch Rezepturen, bei denen der Rindsbraten mit einer Wurzelrahmsauce aufgetischt wird. Wie die meisten Knödelrezepturen, dürften auch diese Rezepte unter böhmischem Einfluss entstanden sein; denn das in Böhmen äußerst beliebte Gericht „Svíčková“ (Rindslungenbraten mit einer kräftigen Wurzelrahmsauce) wird sehr ähnlich zubereitet.

Selbstverständlich liebt man in Oberösterreich auch alle Arten von Schweinsbraten, ganz gleich ob geselcht oder natur. Eine Spezialität ist der so genannte Kremser-Senfbraten, bei dem der (mit Kümmel und Salz gewürzte) Schweinsbraten (vom Schlegel) mit Kremser-Senf und Rindsuppe gebraten wird und schließlich mit einer aus seinem Bratensaft (und viel Senf) zubereiteten Rahmsauce serviert wird. Der Ofenbraten hingegen ist eine absolute Leibspeise der Oberösterreicher, hierfür werden größere Fleischstücke vom Schwein (im eigenen Saft) im Ofen (vorzugsweise ein mit Holz befeuerter) gebraten. So bilden sich einerseits schöne Krusten, andererseits wird das Fleisch ungemein saftig und aromatisch.
Eine sehr regionale Spezialität ist das vom Schlierbacher Fleischermeister Schröcker erfundene „Kistenbradl“. Hierfür nimmt Fleischer Schröcker Fleischteile (von Rind, Schwein oder Pute), würzt diese sehr gründlich mit Knoblauch, Koriander, Kümmel, Senf, Salz sowie Pfeffer und gart diese anschließend in einer speziell angefertigten Kiste. Das besondere am Kistenbradl ist, dass die Hitze (eines am Deckel entfachten Feuers) von oben kommt und das Fleisch daher besonders langsam gart. Der Nachteil dieses herzhaften Schmauses ist aber, dass er tatsächlich „süchtig“ machen kann und leider viel zu selten erhältlich ist!
Letztlich bleibt noch zu erwähnen, dass auch Braten vom Truthahn (Puter, Indian) sehr geschätzt werden. Einerseits werden aus den Fleischteilen vom Oberschenkel der Vögel saftig-schmackhafte Rollbraten gebunden, andererseits aus der Brust auch Braten angefertigt. Neuerdings werden sogar Bratln aus Straußenfleisch angeboten, weil sich mittlerweile gerade in Oberösterreich verschiedene Straußenfarmen etablieren konnten.

Egal auf welche Art der beliebte Festschmaus zubereitet wurde und aufgetischt wird, das Bratl gehört zu Oberösterreich, wie die Knödel, das Bier und die Heilige Messe!

GEWÜRZNELKEN-BRATEN

**1 1/2–2 kg Fleisch von der Rinderkeule im Ganzen (man kann auch ein Schulterscherzel nehmen),
6-8 Knoblauchzehen,
Gewürznelken nach Geschmack (etwa 30–50 Stück),
125 g Speck,
100 g Butter, etwas Öl,
1–2 Gläser trockener Rotwein,
5–6 sehr reife Paradeiser (geschält und durch ein Sieb gestrichen),
etwas Paradeismark,
Rindsuppe nach Bedarf,
Salz und Pfeffer aus der Mühle**

Den Knoblauch und Speck stifteln. Mittels eines Spickmessers oder einer scharfen Messerspitze das Fleisch einschneiden und mit den Knoblauch- bzw. Speckstiften spicken. Dann reichlich Gewürznelken in das Fleisch stecken.
Butter mit etwas Öl in einer Kasserolle erhitzen, das Fleisch von allen Seiten darin scharf anbraten, danach Tomatenmark hineingeben und kurz anrösten. Rindfleisch mit dem Wein ablöschen, diesen bei starker Hitze einkochen lassen. Wenn die Flüssigkeit nahezu verkocht ist, die passierten Paradeiser, Salz und Pfeffer dazugeben. Deckel auflegen und das Fleisch gut 1 1/2 Stunden bei niedriger Hitze köcheln lassen, dabei ab und an wenden. Sollte die Sauce zu stark einkochen, mit etwas Suppe verlängern. Wenn das Fleisch weich ist, dieses aus der Sauce heben und in 2–3 cm dicke Scheiben schneiden. Dazu reicht man in Butter geschwenkte Nudeln oder Braterdäpfel.

KISTENBRADL

DAS BRATL VOM ZEISL

Gasthaus „Zum Moar Sepp“

Seit mittlerweile drei Jahrzehnten werden im kleinen Ort Pötting bei Andrichsfurt im Hausruck Knödel und Braten auf die ganz traditionelle Art gefertigt; insofern darf auch das Gasthaus „Zum Moar Sepp“ zu den kulinarischen Institutionen Österreichs gerechnet werden.
Dass es so weit hat kommen können, ist vor allem der Tatsache zu verdanken, dass man immer „am Boden“ geblieben ist und die Köchin Gerti einerseits niemals versucht hat, mehr zu bieten, als ihr kulinarisch möglich ist und dabei andererseits doch etwas anzubieten, was einzigartig ist. Die Leute sollten extra und eigens dafür anreisen. So kam ihr schnell die Idee auf zwei Rezepte zu setzen, die ihr mittlerweile leider verstorbener Gatte und ihr Sohn nahezu täglich liebend gerne verspeist hatten: Knödel und Braten!

Und so war sie geboren, die Idee der „Gefüllten Hausrucker Knödel“, welche zusammen mit gebratener Blunzen und Leberwurst, saftigem Surbraten sowie Sauer- oder Stöckelkraut zu ihrer Hausspezialität „Innviertler Allerlei“ wurde. Tatsächlich kann man die liebe Wirtin Gerti, wenn man „früh genug“ erscheint und etwas Glück hat, an ihrem bevorzugten Fensterplatz in der urigen Wirtsstube sitzend antreffen, während sie gerade mit unglaublicher Fingerfertigkeit und natürlich in reiner Handarbeit ihre berühmten Knödel dreht.
„Nach wie vor wird hier nichts fertig gekauft. Grammeln, Speck, Bratenfüllung, Blunzen und Leberwürste werden immer noch in reiner Handarbeit hergestellt“, begrüßt sie dann ihre Gäste herzlich „und noch immer koche ich am alten mit Holz befeuerten Herd!“, strahlt sie weiter.
Irgendwie ist ihr Charme einvernehmend und man fühlt sich hier einfach zu Hause. Es ist ganz so, als würde man seine liebe Oma auf dem Land besuchen, sieht über kleinere Fehler hinweg, für die man andere Lokale sofort mit spitzer Feder bestrafen würde und setzt sich automatisch an einen der großen Tische – wie früher bei Oma! Die Serviette umgebunden, mit Messer und Gabel bewaffnet wartet man dann schon ungeduldig auf die herrlich köstlich-deftigen Hausmacherspezialitäten. Zum Zeitvertreib dienen Bier und ein Schwätzchen.
Schließlich ist es dann soweit! Dampfend und herrlich nach Schmalz und Gewürzen duftend kommt der Schmaus auf den Tisch. Zuerst muss man sich einfach eines dieser kleinen, verschiedenst gefüllten Knödelchen in den Mund schieben – Grammeln zuerst, dann noch einen zweiten Knödel mit Speckfüllung: Schmatz! Nachdem die erste Gier befriedigt worden ist, wird der Teller zusammengestellt. Eine schöne Portion Kraut, je zwei Grammel-, Bratl- und Speckknödel, etwas geröstete Erdäpfel, eine Blunzen (ja, eine ganze!), eine Leberwurst (wie bei einem Schlachtfest) und schließlich noch eine ordentliche Scheibe gesurten Karreebraten; herzhaft, köstlich – gut! Dazu frisch gezapftes Bier, Schnaps und eine fröhliche Runde, das Leben kann einfach schön sein! Und da es hier so gemütlich ist, trinkt man gerne noch einige weitere Bierchen und das eine oder andere Schnapserl dazu! Und weil's gar so schön war, gibt's auch noch einen Nachschlag in Form von diesen wunderbaren kulinarischen Kleinoden, welche Gerti „Grammelknödel“ zu nennen pflegt.
Ist es nicht einfach nur schön, dass es derartiges in unserer hektisch gewordenen Welt noch gibt? Hier scheint die Zeit stehen geblieben zu sein, das Holz knistert in Herd und Kachelofen, das Essen wird mit viel Liebe und Arbeit (!) zubereitet, der Braten verfügt noch über Schwartl und Fettn, die Erdäpfel und Würste werden noch in Schmalz herausgebraten, Kalorien werden hier zwar keine gezählt, dafür aber die Anzahl der vertilgten Knödelchen.

GEFÜLLTE HAUSRUCKER KNÖDEL

Für den Knödelteig:
250 g griffiges Mehl, 250 g glattes Mehl, 2 Eigelbe, 125 ml Milch, 125 ml Wasser, gut 1 TL Öl, Salz

Für die Füllungen:

Fleischknödel:
300 g Schweinsschulter oder -hals, 1 große Zwiebel, 2–3 Knoblauchzehen, fein gehackte Petersilie, nach Geschmack eine Prise gemahlenen Kümmel, Salz und Pfeffer

Grammelknödel:
500 g frischer ungesalzener Rückenspeck, 1 Zwiebel, Salz und Pfeffer

Speckknödel:
300 g frisch gepökelter Bauchspeck, Paprika „edelsüß“ und „rosenscharf“ nach Geschmack, gehackter Schnittlauch nach Belieben

Zunächst den Teig vorbereiten: Hierfür beide Mehlsorten in einer Rührschüssel mischen, die Eigelbe, Öl und Salz hinzufügen, dann nach und nach die beiden Flüssigkeiten hinzugießen; währenddessen ständig mit dem Rührhaken der Küchenmaschine oder Löffel rühren, bis man einen glatten, geschmeidigen Teig erhalten hat. Diesen mindestens eine Stunde zugedeckt ruhen lassen, damit er sich entspannen kann.

Für die Fleischknödel wird das Fleisch einfach durch den Wolf gedreht und dabei sehr fein zerkleinert. Fleischmasse mit einer geriebenen Zwiebel, gepresstem Knoblauch, fein gewiegter Petersilie, Salz und Pfeffer würzen.

Für die Grammelknödel den Rückenspeck in schmale Streifen schneiden und bei geringer Hitze drei Stunden lang auslassen. Die Grammeln herausheben, gut auspressen, bis sie wirklich trocken sind, danach mit sehr fein gewiegter Zwiebel, Salz und Pfeffer würzen.

Für die Speckknödel den Speck in winzig kleine Würfel schneiden, mit Paprika und Schnittlauch würzen, abschmecken.

Aus den vorbereiteten Füllungen jeweils kleine Kugeln formen (aus jeweils 1/2–1 Teelöffel Füllung) und diese gut durchkühlen lassen. Vom Teig ein nussgroßes Stück abzupfen, flach drücken und damit jeweils eine vorbereitete Füllung umhüllen. Gleichmäßig und schön rund formen.
Fertige Knödel in reichlich Salzwasser etwa 10 Minuten kochen lassen.

GERTI

1. Füllung vorbereiten.

2. Teig formen und füllen.

3. Knödel drehen.

4. Holzofen anfeuern.

5. Die Knödel kochen.

6. Schmalz zum Braten in die Pfanne geben.

6. Blut- und Leberwürste braten.

7. Knödel, Würste u. Rösterdäpfel anrichten.

8. Fertig zum Schlemmen und Genießen.

PATER ALFRED STRIGL

STIFT SCHLIERBACH

Stiftskäserei Schlierbach

Das Stift Schlierbach wurde am 22. Februar 1355 ursprünglich als ein Frauenkloster gegründet, schließlich stillgelegt und als Männerkloster im Jahre 1620 wiederbesiedelt. Seit jeher prägt das Stift nicht nur den Ort Schlierbach, sondern auch das gemeinschaftliche Leben der hiesigen Bevölkerung. Die Kirche und das Kloster wurden im 17. und 18. Jahrhundert neu errichtet und von der oberitalienischen Künstlerfamilie Carlone prunkvoll gestaltet. Die Schlierbacher Zisterzienser selbst leben nach festgelegter benediktinischer Tradition, welche vor allem auf Gottsuche und Dienst am Nächsten basiert. Der Tag erhält seinen ganz bestimmten Rhythmus durch gemeinsame Gebete und die Arbeit, die heute neben der Seelsorge auch in der angeschlossenen Käserei zu verrichten ist.
Dass es sich hierbei trotz aller Tradition auch um ein recht weltoffenes Kloster handelt, wird dem Besucher sofort klar, wenn er das Genusszentrum betritt. Hell und offen gestaltet, mit bunten Glaselementen aus eigener Werkstätte ausgestattet, vermittelt es Offenheit und das Gefühl „willkommen zu sein". Es ist schon beeindruckend, wie großartig es den Architekten gelungen ist, dem Raum etwas Erhabenes zu verleihen und gleichzeitig mit Elementen moderner Architektur, zeitgemäß wirken zu lassen. Kurz, ein Platz zum Wohlfühlen, dessen Terrasse zudem einen einzigartigen Blick ins Tal mit der Krems und ihren Auen ermöglicht.
Bei Münsterkäse, Stiftskäse und einem Pils aus der Stiftsbrauerei Schlägl erzählt Pater Alfred: „Die Stiftskäserei wurde 1924 durch Bruder Leonhard Kitzler, der im Erdgeschoss des Stiftes die ersten Produktionsräume eingerichtet hatte, gegründet. Die barocken Kellergewölbe erwiesen sich dabei schnell als ideale Reifungskeller. Heute verfügt die Stifts-Käserei über einen beachtlichen Sortenreichtum, doch ist nach wie vor der klassische „Schlierbacher-Klosterkäse" unbestritten das bekannteste Produkt der Kloster-Käserei.
Als ganzjähriges Ausflugsziel öffnet das Zisterzienserkloster seine Pforten und bietet seinen Besuchern ein Erlebnis für alle Sinne. Kochkurse werden hier in der hochmodernen Küche genauso abgehalten, wie Genuss-Seminare oder verschiedenste Ausstellungen. Nicht nur Nase und Gaumen werden angesprochen, auch Auge und Ohr, Seele und Geist erleben hier zu jeder Jahreszeit eine weltweit einzigartige Kombination von Glaube, Kunst und Genuss."

SCHLIERBACHER KÄSERAHMSUPPE

100 g Zwiebeln, 100 g Speck,
2 EL Butter, 2 EL glattes Mehl,
250 ml Milch, 750 ml Rindsuppe,
3 Stk. reifer Schlierbacher Schlosskäse gold (55 % F.i.T.) oder 200 g St. Severin,
Knoblauch, Salz, Pfeffer

Außerdem:
in Butter geröstete Schwarzbrotwürfel, Kresse

Die Zwiebeln und Speck kleinwürfelig schneiden, in Butter anrösten und mit Mehl stauben. Mit Milch und Suppe aufgießen. Gut durchkochen lassen. Wenn die Suppe sehr heiß ist, den reifen Käse darin schmelzen lassen, so dass sich keine Klümpchen bilden. Dabei ständig mit einem Schneebesen durchrühren. Mit Knoblauch, Salz und Pfeffer würzen. Eventuell mit Sauerrahm oder Obers verfeinern. Die Suppe mit den gerösteten Brotwürfeln und mit gehackter Kresse servieren.

VANILLE-BIRNE MIT PREISELBEEREN UND „2 MÖNCHE"

Rezept vom Autor dieses Buches

4 schöne, recht große und festfleischige Birnen werden geschält, halbiert und entkernt. An den Abrundungen jeweils eine dünne Scheibe abschneiden, damit die Birnenhälften besser stehen können. Nun aus Wasser, Zucker nach Geschmack, einer Zimtstange, 2–3 Nelken und zwei oder drei halbierten Vanilleschoten einen Sud kochen, in dem man die Birnen etwa 30 Minuten ziehen lässt (sie sollten nicht ganz weich werden).
Die abgetropften Birnenhälften werden nun auf ein mit Backpapier ausgelegtes Backblech gesetzt und in der Aushöhlung des Kerngehäuses mit Preiselbeeren gefüllt. Den Sud abseihen, nur die Vanilleschoten zurückgeben und zu einem Sirup einkochen lassen.
Birnenhälften dick mit Scheiben vom Schlierbacher „2 Mönche" belegen und im Ofen bei Oberhitze hell goldbraun gratinieren lassen.
Jeweils zwei Birnenhälften auf einen Teller setzen, mit etwas Vanillesud nappieren und mit Minze ausdekoriert servieren.

GEBACKENER SCHLIERBACHER

Pro Person 1–2 Stk. Schlierbacher Schlosskäse rot (möglichst jung und vor allem gut gekühlt), glattes Mehl, 2 Eier, Brösel, Butterschmalz zum Ausbacken, Preiselbeeren

Die Käse wie Schnitzel in Mehl, versprudelten Eiern und Bröseln panieren und anschließend noch einmal durch Ei und Brösel ziehen, damit die Käse beim Backen nicht auslaufen. Backfett gut erhitzen und die panierten Käse darin schwimmend goldbraun backen, die gebackenen Käse gut abtropfen lassen und mit Blattsalaten und Preiselbeermarmelade als Beilage servieren.

ÜBERBACKENE BIRNE MIT „2 MÖNCHE"

GEBACKENER SCHLIERBACHER

Der Hopfen vom Hansbergland

Die Oberösterreicher, im Speziellen die Inn- und Mühlviertler, trinken seit jeher gerne Bier. Bis zur Zeit Karl des Großen wurde dieses von den meisten Haushalten selbst gebraut, wobei vornehmlich die Frauen das Mälzen und Brauen besorgten. Im früheren Mittelalter wurde das Bierbrauen Sache der Lehnsherren. Im 9. Jahrhundert entstanden dann die berühmten Klosterbrauereien. Das Klosterbier wurde bald derart beliebt, dass eigene Fronhöfe eingerichtet wurden, die nichts anderes zu tun hatten, als Bier zu brauen. Gegen Ende des 12. Jahrhunderts gab es das Klosterbier auch in speziellen Schänken, in denen drei Sorten Bier ausgeschenkt wurden: Bier für die Mönche, Bier für die Knechte und Pilger sowie ein spezielles Bier für das gemeine Volk.

Im 12. Jahrhundert wurde urkundlich der Hopfenbau im Hansbergland erwähnt. Die sechs Mühlviertler Gemeinden Niederwaldkirchen, St. Peter, St. Veit, St. Johann, St. Ulrich und Auberg hatten sich zur Region Hansbergland zusammengeschlossen. 1880 gab es allein im Bezirk Rohrbach noch 1.000 Hektar Hopfen, heute nur mehr etwa 1/10 davon: 1938 nach der Eingliederung Österreichs ins Deutsche Reich wurde im Zuge des Wirtschaftsplans des damaligen Dritten Reiches ein Rodungsbefehl für Hopfen im Mühlviertel verfügt, pro Stock wurde eine Reichsmark Rodungsprämie bezahlt. Dies bedeutete das Ende des österreichischen Hopfenbaues und sieben Jahre lang (1938–1945) gab es gar keinen Hopfenbau mehr im Mühlviertel. Georg Engleder aus Auberg, damaliger Besitzer vom Saxenhoferhaus samt Hofstatt war ein glühender Verfechter dieser alten Kulturpflanze und hat 1945 – sofort nach Loslösung Österreichs vom Dritten Reich – wieder mit dem Hopfenanbau begonnen.

Weil der Hopfen nach dem Krieg Mangelware war, wurde auf Druck der Brauereien der Hopfenbau im Mühlviertel besonders im Bezirk Rohrbach verstärkt und auch durch die Regierung gefördert. Im Jänner 1951 wurde der erste Abnahmevertrag mit den Brauereien unterzeichnet und im November des gleichen Jahres die Hopfenbaugenossenschaft unter der Leitung von Georg Engleder gegründet.

Landschaft, Kultur und Menschen bringen im Mühlviertel eine besondere Bierkultur hervor: das klare Wasser, die feinste Braugerste und der köstliche Hopfen vereinen sich hier mit traditionsreichem Handwerk zu Bieren von höchster Qualität. Das Mühlviertel, nördlich der Donau zwischen Linz und Passau, ist zudem eine der zauberhaftesten, abwechslungsreichsten und schönsten Regionen Österreichs. Auf uraltem Granitmassiv gelegen, garantiert die ruhige, hügelige Landschaft mit ihren weiten Feldern, Wiesen, Weideflächen und Wäldern nicht nur Ruhe und Ausgeglichenheit für die Seele, sondern auch landwirtschaftliche Produkte aller erster Güte. Das Mühlviertel ist unbestritten Balsam für Leib und Seele jener Menschen, die das Ursprüngliche suchen und lieben.

Im Mühlviertel dominieren kleine landwirtschaftliche Betriebe, die allein schon aufgrund ihrer Struktur für eine naturnahe Bewirtschaftung stehen. Die heute 115 Hektar Mühlviertler Hopfen werden von 53 Betrieben gehegt und gepflegt. Die durchschnittlich zwei Hektar pro Betrieb garantieren, dass dem Hopfen jene individuelle Pflege zuteil wird, die er braucht, um ausgezeichnete Qualitäten hervorzubringen. Und so liegen die kleineren und größeren Hopfenanbauflächen wie große Kräutergärten inmitten der ökologisch intakten Natur des Mühlviertels und das besondere Klima mit seinen kühlen Nächten und heißen Sommertagen verleiht dem Hopfen das einzigartige Aroma, welches die erfahrenen Bierbrauer so sehr schätzen.

HOPFENFELD

MICHAELA ALLERSTORFER

Das Mühlviertler Hopfenland

Das Mühlviertler Hopfenland der Familie Allerstorfer ist im Kreis St. Ulrich gelegen und umfasst das Hopfenerlebnismuseum, das Hopfengartl und das Gasthaus Hopfenstubn. Die geschichtliche Entwicklung des Hopfens, die Ernte im Vergleich zu früher und heute, sowie seine Weiterverarbeitung werden im Hopfenerlebnismuseum bildlich dargestellt. Hier erfährt der Besucher auch, dass der Hopfen nicht nur zur Biererzeugung dient, sondern noch einiges mehr zu bieten hat.

Im Gasthaus Hopfenstubn werden von der Familie Allerstorfer ausschließlich bäuerliche Produkte von Landwirten der Umgebung bzw. vom eigenen Betrieb angeboten, wie z. B. Ochsenfleisch, Rinderschinken und Rinderspeck der Familie Ganser, Bauernspeck, Gselchtes, Bratl, Most, selbstgemachte Säfte und einmal im Monat die allseits beliebten frisch gebackenen Bauernkrapfen. Wunderbar schmeckt der von Michaela Allerstorfer hausgemachte Kochkas, doch sind auch Topfenkas und Erdäpfelkas – vor allem zusammen mit dem wunderbaren Holzofenbrot der Bäckerei Kreuzwieser – absolut verkostenswert. Dazu sollte selbstverständlich das frische Hausbier oder eines der vielen Mühlviertler Spezial-Biere genossen werden.

Sobald es draußen warm genug ist, wird das dem Gasthaus zugehörige Hopfengartl geöffnet. Hier verweilend, hat man den Eindruck inmitten der Hopfenfelder zu sitzen (die Familie Allerstorfer betreut zurzeit etwa sechs Hektar Hopfen) und kann gleichzeitig den herrlichen Ausblick übers Hansbergland mit seinen Hopfenfeldern genießen.

MÜHLVIERTLER KOCHKAS

Da der Kochkas von Michi Allerstorfer ein streng gehütetes Geheimnis ist, sei hier eine klassische Version des Kochkas angegeben:
Gut 1 kg trockenen Topfen salzen, in einem irdenen Geschirr an einem warmen Ort reifen lassen, bis er gerinnt und glasig ist; das dauert je nach Zimmertemperatur 8–10 Tage.
Dann werden 1–2 EL Butter erhitzt und in diese 1–2 TL gehackter Kümmel samt dem Topfen eingerührt.
Unter ständigem Rühren erhitzen, bis der Topfen geschmolzen ist und Blasen wirft.
Nach Wunsch kann der überkühlte Kochkas nun mit 1–2 Eiern, welche glatt in die Masse gerührt werden, verbessert werden.
Schließlich den Kochkas in ein sauberes und kalt ausgespültes Geschirr gießen, darin stocken lassen.

ERDÄPFELKAS

4 gekochte oder gedämpfte Erdäpfel werden zum Auskühlen beiseite gelegt, währenddessen 1 große Zwiebel sehr fein hacken und mit 2–3 EL Butter vermischen: „Wenn man vü Buda dazurührte, so war's a köstliche Sach!", besagt eine alte Weisheit der Region. Die ausgekühlten Erdäpfel schälen und auf einem Reibeisen grob reiben. In einer Schüssel die Erdäpfel mit der Zwiebelbutter, 4–5 EL saurem Rahm, Kümmel, Salz und Pfeffer würzen; nach Belieben können auch Knoblauch, Schnittlauch und/oder gehackte Petersilie dazu gegeben werden.
Alles zu einer streichfähigen Masse verrühren, danach mindestens eine Stunde durchziehen lassen. Vor dem Servieren wird der Erdäpfelkas mit frisch gemahlenem Pfeffer oder mit Paprikapulver bestreut.
Als Beilage dienen Brot oder Laugenbrezeln, Tomatenviertel, Paprikascheiben, Zwiebelringe und/oder heiße Grammeln.

GRATINIERTER HOPFEN

750 g Hopfen,
200 ml Rahm,
2–3 EL frischer Majoran gehackt,
1–2 EL Bärlauch fein geschnitten,
1–2 fein gewiegte Knoblauchzehen,
150–200 g geriebener Bergkäse,
100 g Butter,
Muskat,
Salz,
Pfeffer aus der Mühle

Die Hopfensprossen putzen (mit der Messerklinge abschaben) und etwa eine Minute lang in kochendem Salzwasser blanchieren. Abtropfen lassen, in eine mit Butter reichlich gefettete Auflaufform schichten.
Den Rahm (Obers) mit den Gewürzen, Kräutern, der restlichen Butter und der Hälfte des Käses kurz in der Küchenmaschine mixen, danach über die Hopfensprossen gießen.
Die zweite Hälfte des Käses darüber streuen und bei etwa 200 Grad eine halbe Stunde lang überbacken.

BIERBROTSUPPE

Das Wirtshaus Lang liegt inmitten der idyllischen Hügellandschaft des Mühlviertels und hat sich auf Rezepte mit und zum Mühlviertler Bier spezialisiert; zudem kann man hier das original Mühlviertler Heubad genießen.

Zwei Zwiebeln fein hacken, in 4–5 EL Butter goldbraun rösten, mit 750 ml kräftiger Rindsuppe aufgießen, etwas einkochen lassen, dann mit 500 ml Bier auffüllen und fertig garen.
Suppe mit Salz und Pfeffer abschmecken.
Brotscheiben in etwas Bier tränken, danach in Butterschmalz rösten und als Einlage in der Suppe servieren.

MÜHLVIERTLER KOCHKAS

BIERBROTSUPPE

ALBERT GRUBER

Der Hopfenspargel

Die jungen Triebe des Hopfens – die so genannten Hopfensprossen oder auch Hopfenspargel – sind ein sehr altes Gemüse. Lange bevor die Menschen entdeckten, dass seine Blütendolden das Bier angenehm bitter und länger haltbar machen, haben sie die jungen Triebe gegessen. Erst als der bayerische Herzog Wilhelm IV. im Jahr 1518 mit seinem Reinheitsgebot den Hopfen zur Grundsubstanz beim Bierbrauen erklärte, verdienten die Hopfenbauern mehr Geld mit den Blütendolden.

Die jungen Triebe des Hopfens (Hopfenspargel) sind eine echte Delikatesse, doch leider nicht ganz einfach zu beschaffen: Selbst im Mühlviertel bekommt man die Hopfensprossen fast nur in guten Restaurants, bei manchen Gemüsehändlern auf Bestellung und seltener ab Hof.

Heute sind die zarten Hopfensprossen eigentlich nur mehr ein „Abfallprodukt" beim Hopfenanbau: Für eine kräftige neue Hopfenpflanze reichen zwei bis sechs Triebe, der Rest der 20 bis 25 jungen Triebe wird von den Wurzelstöcken abgebrochen; diese sind dann die begehrten Hopfensprossen.

Die Ernte von Hopfensprossen ist zeitraubend und mühsam, denn sie müssen vorsichtig aus der Erde geholt, mit einem Messer abgeschnitten und von Hand aufgelesen werden. Seit die Arbeitskräfte knapp und die Löhne sehr hoch sind, lohnt sich der Aufwand für die meisten Bauern nicht mehr, weshalb viele der alten Hopfenrezepte von den Speisekarten verschwunden sind.

HOPFENSPARGELSALAT

Geputzten Hopfenspargel in einem Sud aus Wasser, Salz, Zucker, 1 TL Butter und Saft von 1 Zitrone gar kochen, abschrecken und auskühlen lassen; in reichlich Essig-Öl-Marinade ziehen lassen, danach mit viel Pfeffer bestreut anrichten, nach Geschmack etwas Rahm darauf setzen.

HOPFENSPARGELGEMÜSE

Aus 500 ml Bier, 500 ml Wasser, Saft einer Zitrone, 2–3 TL Salz sowie 1 TL Zucker einen Kochsud herstellen. Gesäuberte Hopfensprossen darin gar ziehen lassen.

Aus 50 g Butter und 2 EL Mehl eine lichte Einbrenn breiten, diese mit etwas Zucker verfeinern, danach mit 300–500 ml Biersud aufgießen und zu einer dicken Einmach verkochen.

Diese nach Geschmack mit Knoblauch, gehackten Kräutern (Petersilie, Schnittlauch, Kerbel) und Obers verfeinern, dann den abgetropften Hopfenspargel darin ziehen lassen.

Dieses Hopfengemüse schmeckt sehr gut zu Schweinebraten und Knödel.

Stiftsbrauerei Schlägl

Von den einst so zahlreichen Stiftsbrauereien Österreichs ist die des Stifts Schägl die einzige, welche auch heute noch betrieben wird. Die Brauerei wurde im Jahre 1580 erstmalig urkundlich erwähnt – und daher ist dies auch das offizielle Gründungsdatum, obwohl das Brauwesen im Stift Schlägl sicher älter ist. Die alte Braustätte war direkt im Stift untergebracht, sie befand sich im jetzigen Bereich des Stiftskellers. Das Stift Schlägl ist bekannt für seine Naturverbundenheit, und deshalb wird hier nicht nur auf die Ökonomie geachtet, sondern auch auf die Ökologie.

Im Jahre 1997 wurde die Brauerei nach EMAS (europäisches Umweltmanagementsystem) zertifiziert, das zum Ziel hat, relevante Umweltvorschriften nicht nur einzuhalten, sondern auch laufend Verbesserungen hinsichtlich der Umweltauswirkungen zu erzielen; und im Jahr 2003 wurde die Brauerei für ihr nachhaltiges Wirtschaften vom Lebensministerium ausgezeichnet.

SCHLÄGL-BIERCREME MIT POWIDLMARK

Für die Creme werden 10 Stück Würfelzucker mit 250 ml Doppelbock-Bier, 8–10 Eidotter (je nach Größe), abgeriebener Schale einer Orange (unbehandelt) sowie 4–5 EL Honig über Wasserdampf aufgeschlagen. Die Creme danach in Eiswasser kalt schlagen und 500 ml geschlagenes Obers unterheben. Die kalte Creme in eine mit Klarsichtfolie ausgelegte Form füllen (oder in kleine Dariolförmchen, Masse reicht für 6–8 Stück) und tiefkühlen. Zum Anrichten aus der Form heben und aufschneiden (oder nur aus der Dariolform stürzen); aus mit Rum verrührtem Powidlmark einen Saucenspiegel auf Teller setzen, Biercreme darauf legen und mit halbierten Zwetschken garniert servieren.

Hauder – der Hopfenbrand

Der Bauernhof von Albert und Marianne Gruber in Niederwaldkirchen ist ein typisch oberösterreichischer landwirtschaftlicher Betrieb mit 21 Hektar Nutzfläche, von denen die eine Hälfte Wiesen, die andere Ackerland ist. Neben der Milchproduktion und Viehwirtschaft beschäftigt sich Albert Gruber mit der Erzeugung hochwertiger Brände und Liköre, die er unter dem alten Hausnamen „HAUDER" ab Hof vermarktet.

Der Hof macht sich dabei seit langem ein so genanntes Maria-Theresien-Brennrecht zu Nutze, das ihn dazu berechtigt jährlich 1000 Liter Schnaps aus eigenem Getreide herzustellen. In der hauseigenen Brennerei werden so nach uralten Rezepten unter Zuhilfenahme modernster Techniken edle Tropfen gebrannt. Hauptprodukt ist der Roggenbrand, doch auch andere Getreidesorten wie Gerste, Hafer und Dinkel werden zu Schnaps verarbeitet. Eine Rarität und besondere Spezialität des Hauses ist der sehr aromatische Hopfenkorn, den die Grubers auch gerne zum Kochen oder Backen verwenden.

HAUDERS FAMILIENKUCHEN

600 g Mehl, 300 g Butter,
600 g Zucker, 375 ml Milch,
6 Eier, 2–4 cl Hopfenbrand,
etwas Kakao nach Geschmack,
kleine Prise Salz

Aus den Zutaten einen glatten Teig bereiten, diesen auf ein mit Backpapier ausgelegtes Backblech streichen und bei 160–180 Grad etwa 40–45 Minuten backen. Nach dem Abkühlen in Würfel schneiden und nach Wunsch mit Schokoladeglasur überziehen.

SCHLÄGLBIER

HAFER (OBEN) UND DINKEL

Der Dinkel

„Der Dinkel ist das beste Getreide, es ist warm, nährend und kräftig und es ist milder als die anderen Getreidesorten. Er bereitet dem, der ihn isst, rechtes Fleisch und rechtes Blut, er macht frohen Sinn und Freude im Gemüt", mit diesen Worten lobte schon Hildegard von Bingen diese alte Getreideart. Der Dinkel zählt zu den ältesten Getreidearten der Menschheit und wird seit der späteren Steinzeit kultiviert. Bis ins 19. Jahrhundert hinein war der Vorfahre von Weizen auch in Österreich mit zahlreichen lokalen Sorten vertreten und damit ein ausgesprochenes Grundnahrungsmittel; doch wurde er nach und nach von ertragreicheren Weizensorten verdrängt. Erst seit einigen Jahren erlebt der aromatische Dinkel eine Rennaissance und wird wieder vermehrt angebaut – vor allem von BIO-LandwirtInnen.
Dinkel ist eiweißreich und hat einen hohen Klebergehalt; dieser bewirkt, dass Backwaren aus Dinkelmehl sehr flaumig sind und lange frisch halten.
Eine Spezialität ist der Dinkelreis, ein entspelzter und leicht geschliffener Dinkel; dadurch wird die Garzeit erheblich verkürzt und das Einweichen der Körner entfällt. Dinkelreis wird eigentlich wie Reis zubereitet: Die Körner mit der doppelten Wassermenge (oder je nach Rezept auch Suppe) aufkochen und bei kleiner Hitze in etwa 30 Minuten weich dünsten, salzen. Dinkelreis eignet sich als Suppeneinlage, er passt als Beilage zu Fleisch, kann wie Risotto zubereitet werden oder für pikante wie süße Aufläufe verwendet werden.

DINKEL-REIS

200 g Dinkelreis,
1 Zwiebel fein gewürfelt,
2–3 Knoblauchzehen,
1 EL Butter,
150 ml Paradeisersaft,
2–3 geschälte und entkernte Paradeiser,
2–3 EL Sonnenblumen- oder Olivenöl,
Oregano,
Prise Zucker, Salz

Die fein gewiegte Zwiebel in der Butter anschwitzen, den Dinkelreis dazugeben, umrühren und mit der doppelten Menge Wasser aufgießen. Dann mit Salz und Pfeffer würzen, einmal aufkochen und danach auf kleiner Flamme zugedeckt weich dünsten. Zwischenzeitlich die Paradeiser würfeln und in einer Pfanne mit dem Öl erwärmen, Knoblauch, Oregano und Zucker dazugeben und mit dem Paradeisersaft aufgießen. Etwas einkochen lassen. Den gedünsteten Dinkelreis darunter rühren und einige Minuten am Herd ziehen lassen, nochmals abschmecken und zu gebratenen Hühnerbrüstchen, Putenschnitzeln oder Schweinefilets servieren.

BUNTER KÖRNERSALAT

Dieses Rezept stammt aus der österreichischen k. u. k. Heeresküche, daher die ungewöhnliche Menge. Die Zutaten reichen gut und gerne für etwa 15 Personen.

1 kg Rote Rüben,
250 g Dinkel-Reis,
125 g Grünkern, 250 g Rote Linsen,
Paprika (je eine rote, grüne und gelbe Schote),
500 g Rahm,
2–3 Bund Schnittlauch und Petersilie,
1 Hand voll Walnüsse,
Sonnenblumen- oder Distelöl,
Kümmel,
Salz und Pfeffer

Die Rote Rüben waschen, in Kümmelwasser kochen, schälen und klein würfeln. Den Dinkelreis weich kochen, Grünkern einweichen und ebenfalls gar kochen. Die Roten Linsen blanchieren und abschrecken, den Paprika klein würfeln.
Wenn alle Zutaten gegart und abgekühlt sind, diese in einer Schüssel zusammenmischen, Rahm und gehackte Kräuter darunter heben; den Salat mit Öl abschmecken, anrichten und mit Nüssen bestreuen.

MOSTSTANGERL

500 g Dinkelfeinmehl (Typ 700 oder 1000),
300 ml Most, 50 g Butter,
Prise Zucker, 30 g Germ, 1 TL Salz,
gehackter Knoblauch

Zum Bestreuen:
Anis, Mohn, Sesam oder grobes Salz

Aus den Zutaten einen geschmeidigen Germteig bereiten, diesen zugedeckt an einem warmen Ort etwa 30–40 Minuten rasten lassen. Teig nochmals durchkneten und kleine Stücke abschneiden. Diese zu Kugeln schleifen, ausrollen, mit Knoblauch nach Geschmack bestreuen und zu Stangerl zusammenrollen. Auf ein mit Backpapier ausgelegtes Blech legen und zugedeckt nochmals 15–20 Minuten gehen lassen. Vor dem Backen mit Most bestreichen und nach Belieben mit Anis, Mohn, Sesam oder grobem Salz bestreuen. Im vorgeheizten Backrohr bei 200 Grad 12–15 Minuten backen.

Tipp: Die Mohnstangerl vor dem Zusammenrollen nicht nur mit Knoblauch, sondern auch mit Speck oder Schinken, Käse und Kümmel bestreuen.

DINKEL-SALAT

125 g Dinkel weich kochen, abtropfen und erkalten lassen, danach in eine Schüssel füllen. Gut 125 ml Rahm, 1 fein gehacktes hartgekochtes Ei, 1 fein gewiegte Zwiebel, 1–2 gehackte Knoblauchzehen, 1–2 EL gehackte Kräuter (z. B. Dill, Petersilie, Schnittlauch) sowie Salz und Pfeffer dazugeben und alles gut vermengen. Auf Blattsalaten angerichtet servieren.

Der Hafer

Die ältesten Nutzungsnachweise des Hafers lassen sich in Mitteleuropa auf etwa 2500 v. Chr. datieren. Ab dem Hochmittelalter ist Hafer in Mittelgebirgslagen eine bedeutende Feldfrucht die erst durch die Einführung der Kartoffel ihre Stellung verlor. Noch um 1940 rangierte Hafer in der weltweiten Bedeutung nach Weizen und Mais an dritter Stelle der Getreidearten.
Die Haferkörner sind fest mit den Spelzen umschlossen, die sich durch den Drusch nicht voneinander trennen lassen und daher entfernt werden müssen.
Hafer ist die hochwertigste Getreideart, die in Österreich angebaut wird; indem die Körner entspelzt und nicht geschält werden, bleiben die Vitamine der äußeren Kornschicht erhalten. Infolge des geringen Kleberanteils ist Hafer zur Herstellung von Brot kaum geeignet. Nach dem Entspelzen, Schälen und Darren dienen die Körner in gewalzter Form als Haferflocken. Haferflocken können roh oder gekocht verzehrt werden und sind leicht verdaulich.
In einigen Regionen Oberösterreichs wird aus Hafer ein Schnaps gebrannt oder sogar Whiskey hergestellt.

TANTE ANNIS HAFERFLOCKENSUPPE

Eine große Zwiebel schälen und fein hacken, danach in Fett (Butter oder Magarine) goldgelb anrösten. Kümmel nach Geschmack dazugeben und ebenfalls kurz durchrösten. Ein bis zwei Hand voll Haferflocken hinzufügen, abrösten und mit Rindsuppe aufgießen.
Haferflocken weich kochen, dabei Suppe oder Wasser nachgießen und zur gewünschten sämigen Konsistenz kochen (die Suppe sollte weder zu dick noch zu flüssig sein); mit reichlich gepresstem Knoblauch, etwas Rahm, Salz und Pfeffer abschmecken. Nach Wunsch noch klein geschnittenes gekochtes Geselchtes einrühren; mit Eidotter servieren.

TANTE ANNIS HAFERFLOCKENSUPPE

DIE ACHLEITNERS

Das Eferdinger Becken, Kohl und BIO-Gemüse:

Das Eferdinger Becken war einst Meeresboden. Dies ist durch viele archäologische Funde belegt. Als das Wasser dann zurückging wurde es eine sumpfige, von vielen Wasserläufen durchzogene Gegend mit schiffbaren Armen der Donau. Funde aus der Jungsteinzeit (5000–1800 v. Chr.) zeugen von einer frühen Besiedelung. Später lebten hier die Kelten, die bereits eine hohe Kultur entwickelten, welche dann schließlich von den Römern in friedlicher Weise verfeinert wurde. Eferding beherbergte damals die Legion II aus Enns, die im Bereich der Schlossergasse einen landwirtschaftlichen Hof betrieb. Eine römische Reiterkohorte war hier zur Bewachung der Nordgrenze des Römischen Reiches, des Donau-Limes stationiert. Als diese dann abzog, wurde das Land durch die Einfälle der Germanen immer wieder stark verwüstet. Der Name „Eferding" dürfte vom germanischen Edeling Evrid (Häuptling einer germanischen Sippe) abstammen.
Die Stadt Eferding liegt heute mitten im Herzen von Oberösterreich und ist die drittälteste Stadt Österreichs, ihr reizvolles Umland ist geprägt vom fruchtbaren Eferdinger Becken mit seinen imposanten Vierkanthöfen und liebevoll gepflegten Gemüsegärten. Eferding war schon sehr früh ein Handels- und Handwerkszentrum. Seit jeher spielt die Donau eine gewichtige Rolle, nicht nur für die Schifffahrt und die Fischerei, sondern auch für die Landwirtschaft. Die Nähe zu den Städten Wels und Linz sowie die allgemein verkehrsgünstige Lage des Eferdinger Beckens bildeten schnell die Grundlagen für das Entstehen einer weitverbreiteten Gemüsekultur, nicht nur was den Anbau betrifft, sondern auch den Handel mit selbigem.
Bis ins 20. Jahrhundert hinein existierten verschiedene Seitenarme der Donau, auf denen große Lieferungen an Getreide und Gemüse mit Flößen bis nach Linz verschifft worden sind. So gibt es nette Erzählungen aus den Anfängen des Eferdinger Gemüsehandels, als noch Marktfahrerinnen – im Volksmund liebevoll „Grünspeisweiber" genannt – zweimal pro Woche mit einer Plätte flussabwärts nach Linz fuhren. Wenn die Ware ihre Abnehmer gefunden hatte, wurden die Plätten wieder an Schiffe gebunden und von Pferden stromaufwärts heimgezogen. Die Marktfahrerinnen hingegen mussten den mitunter recht beschwerlichen und bis zu 20 km langen Heimweg durch die Donauauen zu Fuß zurücklegen.
Das Eferdinger Becken ist neben seinen fruchtbaren Böden auch klimatisch überaus begünstigt. Die Sommer sind hier wärmer als anderswo in Oberösterreich; vom frühen Mittelalter bis ins 19. Jahrhundert wurde hier sogar Wein angebaut, heute gibt es Gemüse- und Obstanbau.
Von der „Gemüse-Lust" gepackt, kultivieren die ortsansässigen Landwirte mit Liebe und in sorgfältiger Handarbeit mehr als siebzig verschiedene Gemüsearten. Ausgezeichnete Anbaubedingungen und eine lange Tradition um Leben und Arbeit in natürlichen Kreisläufen machen den kleinsten Bezirk Oberösterreichs zu einem gigantischen Gemüsegarten. Vor allem Kohlgemüse, Salate, Gurkengewächse, Wurzelgemüse und viele andere Schmackhaftigkeiten geben sich hier im optimalen Fruchtwechsel die Hand. Gemüsegourmets wissen dies zu schätzen: Intensiver Geschmack, sortentypischer Duft und kräftige, natürliche Farben zeichnen das erntefrische Gemüse aus dem Eferdinger Landl aus.
Weit mehr noch als z. B. Erdäpfel, ist das viel ältere und traditionsreichere Kraut als eigenständige Vor- oder Zuspeise beliebt, wobei das klein geschnittene oder gehachelte Kraut süß oder sauer (Sauerkraut) zubereitet wird – G'selchtes, Kraut und Knödel ist seit Jahrhunderten eine Lieblingsspeise der Oberösterreicher und die Krautsuppe eine der häufigsten Vorspeisen des Landes. Es wird angenommen, dass im Eferdinger Becken das Kraut bereits im 12. Jahrhundert flächendeckend angebaut wurde; heute werden in Oberösterreich alleine jährlich mehr als 2.000 Waggons voll Sauerkraut erzeugt.
Insbesondere das Schlagwort „BIO" begegnet einem in Eferding und Umgebung sehr häufig, wie Oberösterreich ja ohnehin als das „BIO-Bundesland" Österreichs gilt. Bei den Achleitners in Eferding wird der BIO-Philosophie in einer ganz besonderen Art und Weise gehuldigt, die beim Stammhof beginnt und bei einem modernen Neubau mit bemerkenswerter Architektur noch kein Ende genommen zu haben scheint. „Die Basis für eine erfolgreiche Vermarktung von BIO-Produkten ist und bleibt der eigene BIO-Bauernhof, denn hier hat nicht nur alles begonnen, hier sind wir auch heute noch als Produzenten tätig und liefern gemeinsam mit partnerschaftlich verbundenen BIO-Bauern aus der Umgebung das Gemüse an den hauseigenen BIO-Frischmarkt (im Neubau, A. d. V.), an die Öko-Kisten-Kunden und über den Großhandel an die Bioläden, aber auch Krankenhäuser und Schulen. Für viele war und ist unser Bauernhof beispielgebend für qualitativ hochwertigen BIO-Gemüseanbau, dessen Früchte man den eigenen Kunden natürlich gerne zukommen lässt!", erklären Ilse und Günter Achleitner nicht ohne berechtigten Stolz.
Imposant ist er schon, der Neubau der Achleitners. Streng nach ökologischen Gesichtspunkten gestaltet ist dieses Logistik- und Vertriebszentrum, dessen besondere Merkmale zum einen die offenen, hellen und sonnendurchfluteten Räume sind, zum anderen die unzähligen Pflanzen, welche für ein angenehmes Raumklima sorgen. Bemerkenswert ist außerdem die überall spürbare Liebe zum Detail, die nicht nur den Mitarbeitern ein angenehmes Betriebsklima schaffen soll, sondern auch ein Beweis dafür ist, dass die Achleitners den BIO-Gedanken wirklich aus voller Überzeugung leben!
Trotz der Größe, die der BIO-Handelsbetrieb mittlerweile erreicht hat (derzeit werden mehr als 100 Mitarbeiter beschäftigt), ist der BIO-Hof Achleitner seinen Wurzeln immer treu geblieben. Es wird großer Wert auf die Aufrechterhaltung kleiner und mittlerer landwirtschaftlicher Strukturen gelegt sowie auf die Zusammenarbeit mit den Partnerbetrieben, um ausgezeichnete regionale BIO-Qualität anbieten zu können. Die fruchtbare Kooperation mit den Bio-Bauern der Gegend brachte auch schnell mit sich, dass jeder Zulieferer seinen eigenen Schwerpunkt, sozusagen sein Spezialgebiet finden konnte. Es war so möglich geworden, gemeinsam die Existenz vieler kleinerer Betriebe zu sichern, so dass heute die meisten langjährigen Partner und Zulieferer ihre Landwirtschaft im Vollerwerb bewirtschaften.
So hat man zumindest in der Region Eferding einen Weg gefunden, jenem Trend entgegenzuwirken, dass die Bauernhöfe aufgegeben werden und/oder Äcker zusammengelegt werden, um anonyme, industrielle Agrarstrukturen zu schaffen. Es ist schön zu sehen, dass sich das Modell durchgesetzt hat und sich eine Trendwende abzeichnet.

WARMER SPECK-KRAUTSALAT

1 kg Kraut, 100–150 g Speck,
Essig,
1–2 Stückchen Würfelzucker,
Kümmel, Salz

Variante 1
Das vorbereitete Kraut feinnudelig schneiden, mit kochendem Wasser abbrühen und einige Zeit stehen lassen, dann abseihen. Essig mit Salz, etwas Wasser, Würfelzucker und Kümmel aufkochen, über das Kraut gießen und 20 Minuten zugedeckt stehen lassen. Zwischenzeitlich den Speck auslassen und zum Kraut geben. Alles durchmischen, mit Essig, Öl, Salz und Kümmel abschmecken.

Variante 2
Den Speck klein würfeln und auslassen, Grammeln herausnehmen und warm stellen. Etwas Schmalz hinzugeben und eine fein geschnittene Zwiebel darin zusammen mit etwas Kümmel andünsten. Das fein geschnittene Kraut dazugeben, und zusammen mit Essig weich dünsten. Vor dem Servieren mit den Grammeln bestreuen.

WEISS-ROTKRAUTSALAT

Jeweils 250 g Weiß- und Rotkraut sehr fein schneiden (nicht dicker als ein Faden!). Zwei Pfannen mit Butter aufsetzen, jeweils eine kleine fein gewiegte Schalotte darin andünsten. Dann in die eine Pfanne das Weiß- in die andere das Rotkraut geben und beides unter Zugabe eines guten Esslöffels Rindsuppe vorsichtig weich dünsten (es darf keine Farbe nehmen und soll knackig bleiben), das Rotkraut zusätzlich mit einem Schuss Zitronensaft oder Essig abschmecken. Beide Krautsorten in einer Schüssel locker miteinander vermischen, mit einer Prise Zucker und Salz abschmecken. Kleine Brot- und Speckwürfel zusammen sehr knusprig braten, kurz vor dem Servieren über das Kraut streuen. Dieser Salat schmeckt ausgezeichnet zu kurz abgebratenem Schweinslungenbraten.

BLAUKRAUT

1 Kopf Blaukraut, 1 Zwiebel, 1 Apfel,
1 kleine Tasse Rotwein,
1 kleine Tasse Kirschsaft,
3 EL Fett, Staubzucker,
Essig, Kümmel, Salz

Für die Buttersauce:
2 EL Butter, 1–2 EL Mehl,
etwas Rindsuppe

Das Blaukraut nicht zu fein schneiden, in eine Schüssel geben und mit Salz, Kümmel, Kirschsaft, Rotwein, Essig sowie etwas Staubzucker vermengen, durchziehen lassen.
Die fein geschnittene Zwiebel zusammen mit etwas Zucker und einem klein gewürfelten säuerlichen Apfel in Fett (vorzugsweise Gänseschmalz) anlaufen lassen, das gut ausgedrückte Kraut hinzugeben und leicht durchrösten. Sobald das Kraut glänzt, etwas von der Marinade dazugeben und zugedeckt weich dünsten; mit wenig Flüssigkeit, es soll dünsten, nicht kochen!
Zwischenzeitlich aus Butter, Mehl und Rindsuppe eine Buttersauce bereiten, diese verkochen lassen. Wenn das Kraut nahezu gar ist, die Buttersauce dazugeben und alles zusammen verkochen lassen. Das Blaukraut würzig abschmecken und zu gebratener Ente oder Gans reichen.

STÖCKELKRAUT

Im Landl, jene Gegend um Eferding, Grieskirchen und Peuerbach – bekannt auch durch die musikalische Form des Ländlers – gibt es auch die Besonderheit des so genannten Stöckelkrautes, für das der Weißkohl nicht gehobelt, sondern in Stücke (Stöckel) geschnitten wird.

Hierfür wird ein kleinerer Krautkopf gesäubert, geviertelt und Stöckel geschnitten, dabei auch den Strunk entfernen. Danach wird das Gemüse in Salzwasser mit Kümmel weich gekocht. Das fertige Stöckelkraut wird entweder in die Bratrein zum Schweinsbraten gegeben oder separat als Beilage (mit Bratenfett oder abgeschmalzten Zwiebeln verfeinert) serviert.

VORDERE SCHWEINSSTELZE IM KOHLBETT

VORDERE SCHWEINSSTELZEN IM KOHLBETT

4 vordere Schweinsstelzen,
etwa 1 1/2 kg Kohl,
2 Zwiebeln, 6–10 Knoblauchzehen,
Majoran, Kümmel, Paprikapulver scharf,
Salz und Pfeffer

Außerdem:
Schmalz und Rindsuppe

Für die Stelzen zunächst den Knoblauch schälen und mit Salz zerdrücken. Die Schwarten der Stelzen rundherum im Abstand von 1 cm etwa einen halben Zentimeter tief schröpfen, danach die Stelzen gut mit Knoblauch, Kümmel, Pfeffer, scharfem Paprika sowie etwas Salz einreiben. Die Stelzen in eine geräumige Auflaufform setzen, etwas Wasser angießen und die Stelzen im Backofen bei 180–200 Grad etwa 1 1/2 Stunden schmoren lassen, bei Bedarf etwas Wasser nachgeben.
Den Kohl waschen, putzen und von allen harten Teilen (z. B. Strunk) befreien. Den Kohl in fingerbreite Streifen schneiden. Zwiebeln fein hacken, in Schmalz anrösten, mit etwas Suppe aufgießen, den Kohl dazugeben. Gemüse mit Kümmel, Majoran, Salz und Pfeffer würzen; 10 Minuten dünsten lassen.
Sind die Stelzen schön vorgebraten, werden sie aus dem Ofen genommen. Stelzen aus der Bratform nehmen und mit dem Kohl darin ein „Bett" bereiten. Die Stelzen darauf legen und in weiteren 20–30 Minuten braten, bis sie eine schöne knusprige Schwarte haben. In der Form servieren.

EFERDINGER LANDL-ERDÄPFELKÄSE MIT RADI

250 g mehlig kochende Erdäpfel,
150 g Sauerrahm, 150 g Topfen,
1 Zwiebel feinst gehackt,
3–4 EL frisch geriebener Bierrettich (Radi),
Salz und Pfeffer aus der Mühle

Garnitur:
gehackter Schnittlauch und/oder
Radieschenscheiben

Die Erdäpfel kochen, schälen und noch heiß durch eine Erdäpfelpresse drücken. In eine Schüssel füllen und mit den restlichen Zutaten verrühren bzw. abschmecken. Eine Scheibe frisch gebackenes Bauernbrot dünn buttern, mit dem Erdäpfel-Radikäse bestreichen, danach mit gehacktem Schnittlauch und/oder dünnen Radieschenscheiben garniert servieren.

ÜBERBACKENE KOHLSPROSSEN

Sauber zugeputzte Kohlsprossen werden in Salzwasser blanchiert, kalt abgeschreckt und trocken getupft. Butter in einer Pfanne erhitzen, in Streifen geschnittenen Selchspeck und Selchfleisch sowie eine gehackte Zwiebel darin anschwitzen. Kohlsprossen darin schwenken, mit geriebener Muskatnuss (oder Kümmel), Salz und Pfeffer würzen. Reichlich geriebenen Käse und noch einige Speckstreifen darauf legen, im Ofen bei 200 Grad goldbraun überbacken.

ROTKRAUTSALAT

Das Rotkraut sehr fein schneiden, mit siedendem Wasser übergießen, etwa 10 Minuten zugedeckt ziehen lassen. Das Kraut abseihen, mit etwas geriebenem Apfel, Kümmel, Zitronensaft, Zucker, Salz und Öl würzen.

ÜBERBACKENER KOHL

Zunächst eine Fülle vorbereiten:
Hierfür werden 400 g Faschiertes (vorzugsweise von der Kalbsschulter) mit zwei in Milch angeweichten, gut ausgedrückten und passierten Semmeln sowie 4 Eiern vermischt. Die Masse mit 1 großen, sehr fein gewiegten Zwiebel, 4–5 mit Salz zerdrückten Knoblauchzehen, Salz und Pfeffer würzen.
Von 3 mittelgroßen Kohlköpfen die äußeren Blätter sowie den Strunk entfernen und die Kohlköpfe in vier Teile zerschneiden. Den Kohl in einen großen Topf füllen und zusammen mit reichlich fein geschnittenem Knoblauch, grob gehackter Zwiebel und viel Majoran in Rindsuppe 15–20 Minuten überkochen. Danach den Kohl durch ein Sieb abtropfen lassen.
Eine Auflaufform geeigneter Größe (vor allem recht hoch sollte sie sein) dick mit Butter einfetten und mit Semmelbrösel ausstreuen. Die Hälfte des Kohls hineinschichten, dick mit der Farce bestreichen (man wird vielleicht nicht alles brauchen) und diese mit Kohl bedecken. Drei Becher Sauerrahm (750 ml) mit 5 Eiern versprudeln und mit fein gehackter Petersilie, Salz und Pfeffer würzen; über den Auflauf gießen, dabei darauf achten, dass die Zwischenräume vom Kohl gut ausgefüllt werden (Schüssel etwas hin und her bewegen).
Auflauf bei 180 Grad 40–45 Minuten goldbraun backen, bis die Oberfläche gut gebräunt ist.

KOHLROULADEN

1 Krauthappl,
gut 800 g gemischtes Faschiertes,
1 große Zwiebel, 3–5 Knoblauchzehen,
1 Bund Petersilie, 1 Karotte, 2 Paradeiser,
1 Semmel, 2 Eier, Majoran, Kümmel, Senf,
Semmelbrösel nach Bedarf,
2–3 EL Butter, Paradeismark,
500 ml Rindsuppe, Salz und Pfeffer,
Petersilie zum Garnieren

Das Krauthappl von den groben, äußeren Blättern befreien, dann den Kopf in Salzwasser blanchieren. Die großen Blätter abnehmen. Zwiebel, Knoblauch und Petersilie hacken, Karotte und Paradeiser sehr klein schneiden; Semmel in etwas heißem Wasser einweichen. Dann das Faschierte mit der gut ausgedrückten Semmel, zwei Dritteln vom Knoblauch, der Hälfte der Petersilie und den Eiern vermengen, mit Majoran, Kümmel (gemahlen), Senf, Salz und Pfeffer würzen. Masse mit Semmelbrösel steifen und zu Rollen formen. Die vorbereiteten Krautblätter vom Strunk befreien und die Fleischröllchen jeweils in mehrere Blätter einwickeln. Alle Röllchen in eine gut gebutterte Form schichten.
Zwiebel in Butter andünsten, Karotten und Paradeiser hinzugeben, das Paradeismark einrühren und mit der Suppe aufgegossen etwas verkochen. Sauce mit dem restlichen Knoblauch, Majoran, Salz und Pfeffer würzen, danach über die Krautrouladen gießen. Einige Butterflocken aufsetzen und im Ofen bei 180 Grad etwa 30 Minuten backen, mit Petersilie bestreut servieren und Erdäpfel dazu reichen.

GEFÜLLTES KRAUTHAPPL

1 Krauthappl (etwa 1 1/2 kg),
400–500 g faschiertes Schweinefleisch,
200–250 g fetter Speck (dünnblättrig geschnitten),
2 Eier, 80–100 g Semmelbrösel,
2 Zwiebeln, 5–6 Knoblauchzehen fein gehackt,
1 kleines Bund Petersilie fein gehackt,
2 EL Schnittlauchröllchen, Kümmel,
Majoran, Öl, Salz und Pfeffer

Außerdem:
Rindsuppe zum Aufgießen

Den Krautkopf sorgfältig säubern und aushöhlen (dazu nimmt man am besten einen Parisienne-Ausstecher). Zwiebel fein hacken und in etwas Öl goldgelb anrösten. Das Faschierte mit Eiern, Semmelbrösel, Knoblauch, Kümmel, gehackter Petersilie, Schnittlauch, Majoran, Salz und Pfeffer würzen, alles gut vermengen; die angerösteten Zwiebeln untermengen.
Den ausgehöhlten Krautkopf in Salzwasser etwa 10 Minuten auf kleiner Flamme vorgaren, dann vorsichtig aus dem Wasser heben und gut abgetropft überkühlen lassen. Danach wird das Kraut mit der vorbereiteten Fleischfarce gefüllt und der Krautkopf dick mit Speckscheiben umwickelt. Den Speck mit Küchengarn fest zusammen binden, den Krautkopf in eine geeignete Backform oder Kasserolle setzen und mit etwas Rindsuppe untergießen. Krautkopf in den Ofen schieben und unter häufigem Begießen mit eigenem Saft etwa 1 Stunde lang garen. Das Kraut danach etwa 20 Minuten rasten lassen, dann erst das Garn entfernen und aufschneiden. Mit einem Speck-Erdäpfelsalat servieren.

GEBACKENE KOHLSPROSSEN

GEFÜLLTES KRAUTHAPPL

Sauerkraut

Sauerkraut ist vermutlich das älteste aller haltbar gemachten Nahrungsmittel und stammt ursprünglich aus Nordchina. Von dort aus gelangte es durch wandernde Mongolenstämme nach Europa und schon die alten Römer lobten seine Vorzüge. Im Mittelalter geriet es vieler Orts eher in Vergessenheit, doch vor allem in osteuropäischen Staaten, Österreich und Deutschland wurde – und wird es – reichlich und liebend gerne verzehrt.

Früher war man insbesondere im Winter froh, über das feine Gemüse verfügen zu können. Besonders durch seinen hohen Gehalt an Vitamin C konnte es Mangelerscheinungen vorbeugen.

Für Sauerkraut wird frischer Weißkohl in feine Streifen geschnitten und unter Zugabe von Salz und Kümmel in große Holzfässer eingefüllt. Das beigefügte Salz entzieht während des Gärungsprozesses dem Weißkohl viel Flüssigkeit. Bei Weinsauerkraut wird zusätzlich etwas Weißwein dazugegeben, bei Champagnerkraut etwas Champagner oder Sekt.

Die Salzlake bedeckt während der ganzen Gärung, die circa vier bis sechs Wochen dauert, den Weißkohl. Wichtig ist, dass keine Luft zwischen dem frischen Kohl verbleibt, da sonst statt der gewünschten sauren Gärung ein Fäulnisprozess beginnen könnte. Deswegen muss Sauerkraut in den Lagerräumen mit Gewichten beschwert werden. Die Gärung kommt durch die in der Luft vorhandenen und auch am Kohl haftenden Milchsäurebakterien zu Stande.

Insbesondere Oberösterreich ist heute ein Zentrum der Sauerkraut-Liebhaber und das Eferdinger Becken bildet eines der Hauptanbaugebiete für Kohl.

Aus der österreichischen Küche ist das Sauerkraut nicht mehr wegzudenken. Es wird frisch (also roh) als Salat oder unter Zugabe von Lorbeerblättern, Wacholderbeeren, Zucker, Salz und Pfeffer in Wasser oder Brühe gekocht. Eine besondere geschmackliche Verfeinerung erzielt man durch die Beigabe von Speckschwarten, Schinkenknochen oder Speck.

Meist wird das Sauerkraut vor der Zubereitung auf einem Brett etwas durchgehackt; Sauerkraut sollte vor dem Dünsten immer gekostet werden, wenn es zu scharf schmeckt, muss es gut ausgedrückt werden – aber gewaschen sollte es niemals werden!

EINGEBRANNTES SAUERKRAUT

1 kg Sauerkraut,
1 große Zwiebel fein geschnitten,
100 g Schweineschmalz,
8–10 leicht angedrückte Wacholderbeeren,
2–3 EL Mehl, Knochensuppe oder Selchfleischsuppe, 1 TL Zucker, Salz

Das Wichtigste für eingebranntes Sauerkraut ist, dass viel Schmalz verwendet wird und das Kraut längere Zeit in der Einbrenn kocht. Das Sauerkraut einige Male durchschneiden, dann zusammen mit den Wacholderbeeren in Wasser weich kochen. Schmalz in einer Kasserolle erhitzen, die Zwiebel darin goldgelb rösten, mit Mehl stauben und unter ständigem Rühren das abgetropfte Sauerkraut dazugeben.
Alles eine Zeit lang dünsten, danach mit Brühe aufgießen und verkochen, zum Schluss mit Zucker und Salz abschmecken.

APFELSAUERKRAUT

1 kg Sauerkraut, 4–5 Äpfel,
4 Zwiebeln, Apfelmost, 75 g Speck,
50 g Schmalz, Salz

Die fein geschnittenen Zwiebeln im Schmalz anrösten, dann das einige Male durchgehackte Sauerkraut dazugeben und mit so viel Apfelmost aufgießen, bis das Kraut saftig dünsten kann. Während des Garens die geschälten und in Würfel geschnittenen Äpfel sowie den ausgelassenen und goldbraun gerösteten Speck dazugeben. Das Kraut braucht etwa 1 1/2 Stunden und wird schließlich mit Salz abgeschmeckt.

Tipp: Besonders frisch wird das Apfelkraut, wenn man kurz vor dem Servieren 250 g gehacktes, frisches Sauerkraut unterhebt.

WELSER SAUERKRAUT

1 kg Sauerkraut einige Male durchschneiden, in einen Topf füllen und so viel Wasser angießen, dass es fingerbreit bedeckt ist; mit Salz und Kümmel würzen. Das Kraut 20 Minuten gut kochen lassen, dann einen großen, rohen (geschälten) Erdapfel auf dem Reibeisen in das Kraut reiben, mit Zucker abschmecken und unter öfterem Umrühren weitere 15–20 Minuten weiter kochen lassen. Das fertige Kraut in einer tiefen Schüssel anrichten, mit fein gewiegter und goldgelb gerösteter Zwiebel sowie einigen gerösteten Speckwürfeln bestreut servieren.

1. Strunk entfernen

2. Schneiden

3. In Fässer füllen

4. Salzen und würzen

5. Pressen

6. Mit Steinen beschweren und lagern

LEERE GÄRFÄSSER

SAUERKRAUTKUCHEN

Für den Teig:
350 g Mehl,
125–150 g Butter oder Schmalz,
2–3 EL Milch oder Wein, 1 Ei, Salz

Für den Belag:
600 g Sauerkraut, 250 g durchwachsener Räucherspeck,
1 Zwiebel, 3–4 Knoblauchzehen,
250 ml Rindsuppe, etwas Wein (4–5 EL),
gut 250 ml Obers, 2–3 Eier, 1 EL Senf,
Paprikapulver „edelsüß" und scharf, Salz

Außerdem:
300 g Tilsiter in kleine Stücke gebrochen,
Schnittlauchröllchen, Backpapier

Aus gesiebtem Mehl, Butter oder Schmalz, etwas Flüssigkeit, Ei und Salz rasch einen glatten Teig bereiten, diesen in Folie schlagen und etwa 1 Stunde im Kühlschrank rasten lassen.
Das Sauerkraut abtropfen lassen. Den Speck und die Zwiebel fein würfeln, danach zusammen in etwas Öl leicht knusprig rösten. Das Sauerkraut hinzugeben, mit Wein und Suppe ablöschen und 5 Minuten dünsten. Mit gehacktem Knoblauch, den beiden Paprikapulvern, Senf und Salz würzen. Das Obers zufügen und alles einige Minuten einkochen lassen. Masse vom Herd nehmen, die Eier unterheben.
Den vorbereiteten Teig auswalken. Ein Backblech mit Backpapier auslegen und den Teig darauf ausbreiten. Teigboden mit einer Gabel mehrmals einstechen, danach die Sauerkrautmasse darauf verteilen. Die Tilsiterstücke auf dem Kuchen auflegen, dann im auf 180 Grad vorgeheizten Ofen gut 35–40 Minuten goldbraun backen. Fertigen Kuchen noch lauwarm mit Schnittlauchröllchen garniert auftischen.

SAUERKRAUTSUPPE MIT RÄUCHERFLEISCH

1 geräucherte Schweinshaxe oder
gut 1 kg geräucherte Schweinerippchen,
250 g Knoblauchwurst,
500–600 g Sauerkraut,
1–1 1/2 Liter Sauerkrautlake,
2 Zwiebeln,
1 scharfe Paprikaschote,
gut 1 EL Paprikapulver „edelsüß",
5–6 EL Mehl,
250–300 ml saure Sahne,
75–100 g Schmalz,
Salz,
Pfeffer aus der Mühle

Die Schweinshaxe (oder Rippchen) weich kochen. Das Sauerkraut unter fließendem Wasser abspülen, dann klein schneiden. Die Zwiebeln und die Paprikaschote feinst hacken.
In einem ausreichend großen Topf den fein gewiegten Zwiebel in der Hälfte des Schmalzes goldgelb anrösten, dann den Topf vom Herd nehmen und das Paprikapulver über die Zwiebel stauben – gut verrühren und sofort 2–3 EL Wasser zugeben. Danach das Kraut dazu mengen.
Die Sauerkrautlake mit der Brühe vom Fleisch zu einer säuerlichen, nicht zu salzigen Brühe vermischen, diese über das geschnittene Kraut gießen. Das Räucherfleisch in mundgerechte Würfel schneiden und zusammen mit der scharfen, klein gehackten Paprika ebenfalls dazugeben. Alles kurz aufkochen, dann mit Pfeffer abschmecken.
In einem separaten Töpfchen das Mehl im Schmalz hell rösten, die Suppe damit binden. Die saure Sahne in die Suppe rühren und diese nochmals aufkochen lassen. Letztlich die in Räder geschnittene Debrecziner hineingeben und die Suppe nochmals abschmecken.

SAUERKRAUTSCHNITZEL

500 g Sauerkraut, 1 kleine Karotte,
1 kleines Stück Sellerie,
gehackte Petersilie,
2–3 Schalotten, 1–2 Knoblauchzehen,
1 kleine rohe Kartoffel,
2 Dotter, 1–2 EL Butter,
Öl zum Ausbraten, Kümmel, Salz

Für die Sauce:
250 g Topfen, 1 Becher Joghurt,
etwas Sonnenblumenöl,
Kräuter nach Belieben (z. B. Kresse, Schnittlauch, Petersilie),
1 gepresste Knoblauchzehe,
Salz und weißer Pfeffer

Das Sauerkraut wird unter fließend kaltem Wasser gewaschen, danach gehackt und abgetropft. Karotte und Sellerie putzen, danach sehr klein würfeln. Die Petersilie und die Zwiebel sehr fein hacken, den Knoblauch mit groben Salz zerreiben.
Die Schalotten und Gemüsewürfel in Butter anschwitzen, das Sauerkraut hinzufügen; alles mit Knoblauch, Kümmel und Salz recht kräftig würzen. Kraut vom Herd nehmen und mit den Dottern sowie fein geriebener Kartoffel binden. Aus dieser Masse Laibchen formen.
Nicht zu wenig Öl in einer Pfanne erhitzen, die Laibchen darin beidseitig goldbraun braten, danach auf Küchenpapier abtropfen lassen.
Für die Sauce die frisch gehackten Kräuter mit Topfen und Joghurt glatt rühren und abschmecken. Zu den Sauerkrautlaibchen servieren, als weitere Beilage passen z. B. kleine Salzerdäpfel.

SAUERKRAUTSUPPE

SAUERKRAUTKUCHEN

Oberösterreich, das „Knödelland"

Oberösterreich gilt als das klassische Knödelland, denn kaum anderswo sind derart viele Rezepturen und Gerichte mit Knödel bekannt wie hier. Und noch heute werden in zahlreichen gastronomischen Betrieben so genannte Knödelwochen abgehalten, bei denen alle möglichen Varianten von Knödel serviert werden. Ein altes Sprichwort der Oberösterreicher lautet daher: „Ein Mittagessen ohne Knoan is nix, denn wenn man keinen Knödel isst, hat man den ganzen Tag Hunger!"
Im Innviertel gibt es das alte Brauchtum des Bratknödel-Wettessens, bei dem es darum geht, möglichst viele der herrlichen Bratknödel zu verdrücken. Zugegeben: Besonders groß sind die köstlichen Leckerbissen nicht, aber mehr als 25 (!) dieser in einem einzigen Durchgang zu verschlingen, das setzt „gesundes Training" voraus. Überhaupt verheißen die oberösterreichischen Knödel wahre kulinarische Wonnen: Seien es Erdäpfel-, Grammel-, Speck- oder der treffliche Haschee-Knödel, da legt kein Freund der traditionellen, ländlichen Bauernküche so schnell die Gabel beiseite.

GEBACKENE LEBERKNÖDEL

50 g Nierenfett fein schneiden, zergehen lassen und darin 1 fein gewiegte Zwiebel goldgelb anschwitzen. 3 altbackene Semmeln würfeln und in etwas Milch oder Fleischsuppe aufweichen, danach ausdrücken und passieren. 150 g Leber und 150 g Rind- oder Schweinefleisch fein schaben oder faschieren. Alles zusammen gut vermengen, dann 1 Ei, zerdrückten Knoblauch, Thymian, gehackte Petersilie, abgeriebene Zitronenschale, Salz und Pfeffer dazugeben; sorgfältig verrühren, die Masse gut abschmecken und wenn notwendig zum Festigen noch einige Semmelbrösel dazugeben. Eierförmige Knödel aus der Masse formen und diese in heißem Schmalz schwimmend ausbacken. Abtropfen lassen und noch heiß mit Sauerkraut genießen.

GRIESSKNÖDEL

250 g frisch gekochte Erdäpfel noch heiß zerdrücken, 2–3 EL Fett dazugeben (oder gerösteten Speck), weiter ein Ei, Salz und etwa die gleiche Menge Grieß wie Erdäpfel einarbeiten. Teig zu Knödel formen und diese in kochendem Salzwasser garen. Als Suppeneinlage oder – mit geröstetem Speck übergossen – als Hauptspeise servieren.

ERDÄPFELKNÖDEL

1 kg Erdäpfel am Vortag kochen; Erdäpfel schälen, passieren und mit etwa 150 g Grieß, 100–120 g Mehl, 2 Eiern, zerlassener Butter sowie Salz auf einem Brett zu einem lockeren Teig verarbeiten. Zwischenzeitlich 4 Semmeln in Würfel geschnitten in Schmalz anrösten, danach unter den Erdäpfelteig mengen oder in kleinen Häufchen in die Knödel füllen. Die Erdäpfelknödel in Salzwasser garen, bis sie an der Oberfläche schwimmen. Knödel in mit Rinderschmalz gerösteten Semmelbrösel schwenken, dann zu Kraut und Surbraten reichen.

BRÖSELKNÖDEL

200 g Semmelbrösel etwa 20 Minuten in 125 ml Milch ziehen lassen. Zwischenzeitlich zimmerwarme Butter schaumig rühren, nach und nach ein ganzes Ei sowie einen Eidotter einarbeiten. Die Bröselmasse und reichlich fein gehackte Petersilie dazugeben, Masse mit Salz, Pfeffer und Muskatnuss abschmecken, danach gut 30 Minuten kühl rasten lassen. Mit nassen Händen zu Knödel formen und in siedendem Salzwasser etwa 10 Minuten köcheln lassen. Als Suppeneinlage oder Beilage zu feinen Ragouts verwenden.

SAUERKRAUT MIT FLEISCHKNÖDEL

FLEISCHKNÖDEL

500 g faschiertes Schweine- oder Kalbfleisch mit Salz, Muskat, Pfeffer und abgeriebener Zitronenschale würzen, mit 4 Eiern und 4 EL Brösel gut vermengen. Fleischteig 20 Minuten ausquellen lassen, danach zu Knödel formen und diese 10–15 Minuten in Fleischsuppe kochen lassen. Man kann sie in einer Suppe servieren oder als Hauptspeise mit einer beliebigen Sauce und Erdäpfelpüree.

SAURE SCHWEMMKNÖDEL

80 g Rinderschmalz oder ersatzweise 100 g Butter schaumig schlagen, 2 Eier darunter rühren, dann 200–250 g Grobgrieß und etwa 1 EL kaltes Wasser dazu mischen, Masse mit Salz und Muskat würzen und 15 Minuten ziehen lassen. Aus der Masse kleinere Knödel formen, dann in mit Kümmel gewürztem Salzwasser 8–10 Minuten garen. Danach mit kaltem Wasser abschrecken und schließlich nochmals 5 Minuten ziehen lassen, wobei die Knödel stark aufquellen. Schwemmknödel werden als Hauptspeise mit Speck-Erdäpfelsalat oder zu Sauerkraut gegessen.

KRAUTKNÖDEL

Einen Krautkopf in Blätter zerteilen, diese in Salzwasser überbrühen, abtropfen lassen und klein hacken. 75 g Schmalz erhitzen und das Kraut darin rösten. 1–2 fein gehackte Zwiebeln und 2–3 Knoblauchzehen fein hacken, zusammen mit gut 50 g Semmelbrösel in 40–50 g Schmalz abrösten, danach unter das Kraut mischen. 2 Eier, 2 EL Obers, Salz, Pfeffer und Muskat dazugeben, alles gut vermengen und zu Knödel formen, diese in Fleisch- oder Selchsuppe etwa 20 Minuten mehr ziehen als kochen lassen.

SEMMELKNÖDEL

250 g kleinwürfelig geschnittene Semmeln leicht rösten, dann in eine Schüssel füllen. Eine fein gehackte Zwiebel in Butter oder Schmalz rösten, samt fein gewiegter Petersilie, 1–2 Eiern, 250 ml Milch und etwas Salz zu den Semmelwürfeln geben, alles gut vermengen und ziehen lassen; nach Bedarf Mehl dazugeben. Den Teig zu Knödel beliebiger Größe formen, die schließlich 10 Minuten in Salzwasser gegart werden. Als Beilage, oder abgeröstet mit Salat genießen.

SCHWARZE KNÖDEL

Aus 500 g gekochten, geschälten Erdäpfel, etwa 150–200 g Roggenmehl, etwas Schmalz, Salz und Rahm einen Teig bereiten, den man zu Knödel formt, die in Salzwasser gekocht werden.

REIBERKNÖDEL

200 g rohe Erdäpfel schälen, reiben und in einem Tuch auspressen. 500 g gekochte Erdäpfel schälen, passieren und mit den rohen Erdäpfel vermengen. Masse salzen und zu Knödel formen, in Salzwasser 15–20 Minuten kochen; Beilage zu Schweinsbraten.

MEHLKNÖDEL

500 g Mehl mit einigen Löffeln zerlassenem Schmalz sowie etwas Salz gut vermengen, dann mit so viel kochendem Wasser vermengen, dass ein trockener, fast krümeliger Teig entsteht aus dem sofort kleine Knödel geformt werden, die man in Salzwasser langsam kocht.

INNVIERTLER SPECKKNÖDEL

Etwa 500 g Surspeck sehr kleinwürfelig schneiden, mit Schnittlauch und/oder gehackter Petersilie sowie mit reichlich Pfeffer würzen. Speckwürfel zu nussgroßen Kugeln formen und kalt stellen. Speckmasse in Erdäpfelteig (siehe Erdäpfelknödel) hüllen und in Salzwasser garen. Dazu isst man Sauerkraut.

G'HACKKNÖDEL

Aus 500 g Mehl, Salz und Wasser einen nicht zu festen Mehlteig bereiten, daraus knödelgroße Flecken formen. Aus fein gehackten (nicht faschierten) Resten von Schweinsbraten, gekochtem Rindfleisch, Kaiserfleisch und/oder Wurst, gehackter Zwiebel, Knoblauch, Majoran, gehackter Petersilie, Salz und Pfeffer eine Fülle zubereiten und aus dieser kleine Kugeln formen, welche dann in den Teig eingeschlagen werden. Knödel etwa 15 Minuten in Salzwasser garen.

Z'SAMMENG'LEGTE KNÖDEL

Aus 300 g Mehl, einem Ei, einer guten Prise Salz und kaltem Wasser einem mittelfesten Teig herstellen, diesen zu einer Rolle formen, 2 cm dicke Scheiben abschneiden, flachdrücken und auswalken, danach eine Zeit lang trocknen lassen. Teigflecken mit zerlassener Butter bestreichen, in die Mitte etwas Grieß und gehackten Schnittlauch (oder klein gehackte Fleisch- oder Wurstreste) streuen, die Ränder der Teigscheiben zur Mitte übereinander schlagen und mit einem Zahnstocher fixieren. In Salzwasser 10–15 Minuten ziehen lassen, abgetropft mit Sauerkraut auftischen.

GRAMMELKNÖDEL

1,2 kg Erdäpfel kochen, schälen, zerdrücken und mit 600 g Mehl, zwei Eiern, etwas Öl und einer sehr guten Prise Salz rasch zu einem Erdäpfelteig vermengen. Daraus Knödel formen, die mit gut gesalzenen Grammeln gefüllt werden; in Salzwasser gut 10 Minuten garen, danach mit Speck-Krautsalat (siehe S. 132) oder Sauerkraut servieren.

BRATKNÖDEL

Für den Teig:
500 g Mehl, 2 EL Öl, 5–6 EL Wasser, Salz

Fülle:
je 300 g gekochtes oder gebratenes Rindfleisch, Schweinefleisch und Surfleisch, 1 gutes Stück Kernfett, Knoblauch, Majoran, Thymian, Salz und Pfeffer

Aus den Zutaten für den Teig einen Nudelteig bereiten, diesen nicht zu dünn auswalken, in Flecken schneiden. Aus den verschiedenen Fleischsorten, Kernfett und den Gewürzen eine kräftig gewürzte Fülle bereiten, diese zu Kugeln geformt auf die Flecken setzen und zu kleinen Knödel zusammen drehen. Knödel etwa 20 Minuten kochen. Dazu serviert man süßsauren Kren und einen Salat.

EIERKNÖDEL

500 g am Vortag gekochte Erdäpfel fein reiben, mit 150 g Mehl, 1 Ei, 30–40 g weicher Butter und etwas Salz zu einem Teig vermengen. Teig etwas rasten lassen, dann eiergroße Teile davon abnehmen, schüsselförmig auseinander drücken und mit einem Esslöffel zuvor hergestellter Eierspeise (diese beliebig mit Petersilie, Schnittlauch, Grammeln, Speck gewürzt) füllen und zu nahtlosen Knödel formen, welche in schwach kochendem Salzwasser 12–15 Minuten offen gegart werden. Fertige Knödel herausnehmen und in Semmelbrösel, welche in reichlich Butter geröstet wurden, wälzen. Dazu serviert man einen grünen Salat.

GEBACKENE SPECKKNÖDEL

500 g Selchspeck sehr kleinwürfelig schneiden, pfeffern und mit Schnittlauch vermengen; aus der Masse etwa nussgroße Kugeln formen und kalt stellen. 1 kg ausgekühlte, gekochte Erdäpfel schälen, reiben, mit etwas Mehl, einer Prise Salz und zwei Eiern zu einem glatten Erdäpfelteig verarbeiten. Den Teig zu einer Rolle formen, in 2 cm dicke Scheiben schneiden und auseinander drücken. Je ein Speckkügelchen darauf setzen und zu Knödel drehen (die Teighülle sollte sehr dünn sein). In einer Kasserolle Schmalz zergehen lassen, die Knödel eng aneinander geschichtet hinein geben und im Rohr backen; kurz bevor sie gar sind, mit einer Mischung aus 150 ml Obers, einem Ei und einer Prise Salz übergießen, danach nochmals goldbraun überbacken.

DIE DONAUSCHLINGE IM SAUWALD

GEBACKENE SPECKKNÖDEL

Klosterküche und Fastenspeisen

Das oberösterreichische Voralpenland hat Geschichte und Tradition. Liegen hier doch so bekannte Klöster wie St. Florian, Kremsmünster oder Schlierbach, die seit Jahrhunderten geistliche und geistige Zentren sind. Die Mönche haben aber immer dafür gesorgt, dass „Leib und Seele zusammengehalten" werden. Hier ist die Philosophie des Genießens zu Hause; denn Essen und Trinken bedeuten ja nicht nur Nahrungsaufnahme, sondern auch Freude am Genuss. Genuss wird hier in den Klöstern als eine der „Kraftquellen unserer Zeit und Gesellschaft" gesehen.
Spätestens seit der berühmte Abt Bernhard Buchinger im Jahre 1671 sein „Kochbuch so wol für Geistliche als auch für weltliche Haushaltungen ..." in Molsheim (bei Straßburg) veröffentlichte, weiß man, dass die Geschichte der Kochkunst und der Gastronomie nicht ohne den Einfluss der Mönche betrachtet werden kann. Bis heute tragen viele berühmte Gerichte Beinamen wie z. B. nach Kardinalsart, nach Art der Dominikaner, nach Art der Karmeliter, nach Kloster-Art, nach Abtei-Art. Und da die kulinarisch versierten Mönche meist alles andere als Asketen waren, muss für sie die Fastenzeit ganz besonders schwer gewesen sein.
Aber offenbar regten gerade die auferlegten Einschränkungen die Fantasie der Küchenmönche an und – nur allzu menschlich – wurde versucht, die schwere Bürde des Fastens so angenehm wie möglich zu gestalten; Not macht halt doch erfinderisch! So legten die Kapuziner-Klöster im Elsaß beispielsweise Schneckengärten an und sammelten Frösche, um den Speiseplan abwechslungsreicher zu gestalten – denn Schnecken essen, galt offenbar nicht als Sünde!
In den klösterlichen Refektorien war man weiter der Meinung, dass Fische zwar eine „Art Fleisch" haben, dieses aber bedenkenlos gegessen werden dürfe, da es kein „rechtes Fleisch" sei. Es wurde sogar nach allerlei Hintertürchen gesucht, wie man denn die Ausschließlichkeit des Fischessens umgehen könnte, um auch während der Fastenzeit etwas Schmackhaftes auf den Tisch zu bekommen – und man wurde fündig: neben den bereits angesprochenen Schnecken und Fröschen wurden auch Schildkröten, Biber, Fischotter, Duckenten, Stockenten, Fischreiher und sogar Schwäne zu Fastenspeisen erklärt, weil diese ja auch im Element Wasser leben würden. Und da Gott aus dem Element Wasser am Anfang aller Dinge die Erde erschaffen hatte, konnte der Verzehr dieser Tiere keine Sünde sein.
Nicht nur bei der Auswahl der Speisen zeigten die Mönche viel Fantasie, sondern auch bei der Auslegung gewisser Gebote, denn den frommen Christen war streng genommen nur eine Mahlzeit am Tag erlaubt. Eine Mahlzeit am Tag, das hieß in vielen Fällen schon bald nicht mehr eine Speise, sondern vielmehr eine Menuefolge; und diese war nicht selten derart opulent, dass man die Fastenzeit mit dieser einen Mahlzeit gut hat überstehen können. Zeitgenössischen Berichten zu Folge dürften vor allem die Wiener Katholiken ziemlich ausufernd gefastet haben. So wird vom Verzehr faschierter Krebse, fettfleischiger Karpfen in Biersauce, schmackhafter Kräutersuppen mit Eiern, gesottener Aale in Sardellensauce, gebratener Fischotter, gespickter Hechte, von Schneckensalaten oder Paulanerwürsten berichtet; sechs bis acht Gänge sollten hierbei keine Seltenheit gewesen sein. Gegessen wurde also reichlich, Hauptsache kein Fleisch!
Dass die Klosterbrüder vor allem gutem und reichhaltigem Essen zugetan waren – eigenartigerweise wird über die Klosterschwestern im kulinarischen Bereich nur wenig berichtet – hat aber auch immer wieder zu heftiger Kritik geführt. Übrigens war es kein geringerer als Martin Luther, der das Fasten an sich als überflüssig empfand, da für ihn – er selbst war eher ein bescheidener Esser – das Essen anstrengender war als das Fasten. Er war aber nicht gegen das Fasten im Allgemeinen, sondern eher gegen das damit verbundene Korsett und die auferlegten Regeln.
Bei all dieser Völlerei darf jedoch nicht übersehen werden, dass in vielen Klöstern die Fastenzeiten tatsächlich sehr streng eingehalten wurden – und zwar in einem Ausmaß, das man normalen Christen wohl nie zugemutet hätte. Zum Beispiel fasten noch heute manche Mönche und Nonnen während der 40tägigen Fastenzeit freiwillig fünf Tage in der Woche, nur Samstag und Sonntag wird ein wenig gegessen. Andere enthielten sich bis zum Abend jeglicher Nahrung und wieder andere nahmen (das ganze Jahr über) nur Brot, Salz, Gemüse, Kräuter (meist in Form von Tee), getrocknete Früchte und Wasser zu sich. Nicht selten wurden die durch karge Nahrung ersparten Gelder an die Ärmsten der Armen weitergegeben – ein Zeichen von Solidarität mit denen, die nicht einmal das Wenige haben, was es zum Leben braucht.

GUTE FASTENSUPPE

Einen Kohl klein schneiden und zusammen mit 1–2 grob geteilten und geschälten Erdäpfeln, 1 großen geachtelten und abgezogenen Zwiebel, 1 geschälten und grob zerteilten Kohlrübe in 1–1 1/2 Litern Wasser oder Gemüsebrühe gut 45 Minuten lang kochen. Aus Butter oder Öl und Mehl eine schöne gelbe Einbrenn erzeugen, diese mit etwas Kochbrühe ablöschen, danach zum Gemüse gießen und noch weitere 15 Minuten kochen. Die Suppe abschmecken und mit gerösteten Semmelschnitten servieren.

PAULANERWÜRSTE

Vor etwa 400 Jahren ließen sich die Paulaner in Wien nieder und gründeten auf der Wieden das Paulanerkloster samt dazugehörender Kirche. Und weil die Paulaner das Gelübde ablegten, kein Fleisch zu essen, hielten sie sich neben Gemüsegärten auch Fischteiche (zwischen Wiedner Hauptstraße, Favoritenstraße und Floragasse). Da die Wiener bekanntlich schon immer gerne gut speisten, spielte in der Fastenzeit die Imitation von Fleischspeisen wenigstens dem Aussehen und dem Namen nach eine große Rolle, weshalb sich die Paulanermönche folgende Nachahmung einfallen ließen.

800 g von Haut und Gräten befreites Hechtfleisch wird mit 3 gut ausgedrückten, zuvor in Milch eingeweichten Semmeln und einer in etwas Butter goldbraun gerösteten Zwiebel vermengt. Das Ganze mit Salz, Pfeffer, Muskatnuss und Majoran würzen und mit zwei Eiern zu einer Farce verarbeiten, nach Notwendigkeit mit Brösel festigen. Auf einem bemehlten Brett daumendicke und halbfingerlange Würstchen drehen, diese in mit wenig Öl und etwas Wasser versprudeltem Ei wälzen, danach in feinen Semmelbrösel wenden. Die Paulanerwürstchen in heißem Öl oder Butterschmalz goldbraun ausbacken, abtropfen lassen und mit Erdäpfelsalat servieren.

ERDÄPFELSUPPE

1 kg mehlig kochende Erdäpfel werden geschält und klein gewürfelt, 2 Zwiebeln fein gehackt, 1 Stange Lauch in kleine Ringe geschnitten und 1–2 Knoblauchzehen mit Salz zerdrückt.
Danach die Zwiebeln und den Lauch in Öl goldgelb rösten, die Erdäpfelwürfel darin andünsten und mit 2–3 EL Mehl stauben. Das Mehl 1 Minute durchrösten, danach mit 1 1/2 Litern Gemüsebrühe aufgießen, 2–3 Lorbeerblätter hinzugeben und mit Salz und Pfeffer würzen.
Langsam kochen lassen, bis die Erdäpfel weich sind; kurz bevor die Suppe fertig ist, nochmals abschmecken und etwas Majoran zugeben.
Verfeinert werden kann diese Suppe mit dünnblättrig geschnittenen Pilzen (z. B. Champignons, Eierschwammerln, Steinpilzen), die kurz bevor die Suppe fertig ist, hinzugegeben werden. Auch etwas Butter oder Obers verbessern den Geschmack.

BROTSUPPE

Gut 500 g altbackenes Brot (vorzugsweise Bauernbrot oder Vollkornbrot) zerkleinert in einen Topf geben, mit etwa 1 1/2 Litern kaltem Wasser oder Gemüsebrühe aufgießen und zusammen mit etwas Öl und Salz zum Kochen bringen.
Auf kleinster Flamme sanft kochen lassen, bis das Brot zerfällt, währenddessen immer wieder umrühren. Suppe vom Herd nehmen und noch eine weitere halbe Stunde ziehen lassen. Danach wird die Suppe passiert oder püriert, abgeschmeckt und nach Belieben nachgewürzt.
Die Brotsuppe kann mit in Öl gerösteten Zwiebelringen, Eidottern und/oder einigen Esslöffeln geriebenem Käse verfeinert werden.

MATJES (HERING) NACH CHORHERREN-ART

4 Doppel-Matjesfilets zerteilen, die einzelnen Filets in 2–3 Stücke schneiden. Zwei Salatgurken schälen, der Länge nach halbieren, die Kerne entfernen und grob würfeln. Einen halben Liter fettreicheren Joghurt (5–10 %) mit zerdrücktem Knoblauch, Salz und Pfeffer würzen. Auf einer ausreichend großen Platte die Gurkenwürfel ausbreiten, die Matjesfilets darauf legen und alles mit der Joghurt-Sauce übergießen. Reichlich gehackte feine Kräuter (Dill, Petersilie, Kerbel und Schnittlauch oder Zitronenmelisse) darüber streuen, mit frisch gebackenem Schwarzbrot und Butter servieren.

FASTENKNÖDEL

500 g ausgelöstes Fischfleisch (Karpfen oder Hecht), 3 EL Butter, 2 in Milch eingeweichte altbackene Semmeln, Semmelbrösel, 1 Zwiebel, gehackte Petersilie, Majoran, Muskatnuss, Salz und weißer Pfeffer

Fische entgräten und faschieren. Butter und Eier schaumig rühren, die eingeweichten und ausgedrückten, passierten Semmeln glatt dazu rühren, danach das Fischpüree darunter mischen. Masse mit feinst gehackter Zwiebel, Petersilie, Majoran, Muskatnuss, Salz und Pfeffer nach Geschmack würzen, bei Bedarf mit etwas Semmelbrösel festigen. Masse kurz ziehen lassen, nochmals abschmecken, zu Knödel formen und diese in gesalzenem Wasser etwa 15 Minuten köcheln lassen. Mit zerlassener Butter oder einer Sauce nach Wahl (z. B. Rahmsauce) und Erdäpfeln servieren.

PAULANERWÜRSTE

MATJES NACH CHORHERREN-ART

Linzer Torte und Linzer Augen

Die oberösterreichische Landeshauptstadt Linz ist nicht nur wegen ihrer berühmten Köchinnen, der hübschen Linzerinnen oder der Musik von Anton Bruckner bekannt – sie ist auch die Geburtsstätte der weltbekannten Linzer-Torte. Diese wunderbare barocke Mehlspeise gehört sicherlich zu den kulinarischen Aushängeschildern Österreichs und wurde schon zur Biedermeierzeit in aller Herren Länder verschickt. Der deutsche Dichter und Dramatiker Ernst von Wildenbruch (1845–1909) würdigte die Torte mit der Zeile: „Was sind aller Dichter Worte gegen eine Linzer Torte?“

Eine Originalrezeptur gibt es zwar nicht, dafür ranken sich aber jede Menge Anekdoten und Geschichten um diese Torte: Da wurde anno dazumal zum Beispiel geschrieben, dass die Linzer Torte zu Kaisers Zeiten von einem Bad Ischler Konditormeister namens „Linzer“ erfunden worden sei. Andere Quellen berichten davon, dass einer der Leibköche des Salzburger Erzbischofs Firmian diese köstliche Torte kreiert haben soll und eine sehr abenteuerliche – und daher völlig falsche These – schreibt sie dem ungarischen Meisterkoch Károly Gundel zu. Auch von einem Linzer Konditor namens Johann Konrad Vogel ist die Rede, der sie 1828 im Auftrag des Linzer Magistrats erschaffen haben soll.

Gegen all diese Legenden spricht aber die Tatsache, dass die so genannten gerührten Torten aus mit Mandeln zubereitetem Bröselteig schon im 17. Jahrhundert bekannt waren und sogar in der ägyptischen Antike hat es ähnliche Rezepturen gegeben. Weil dieser Teig in Fachkreisen „Linzer Teig“ genannt wird, wird daher wohl auch der Name stammen.

Zahlreiche Linzer Konditorenfamilien können auf eine bis ins 17. Jahrhundert zurückreichende Ahnentafel verweisen und nicht wenige von ihnen nehmen das „Originalrezept“ für sich in Anspruch. Drei der bekanntesten Erzeuger sind z. B. die Konditoreien Jindrak, Hofmann und Wrann.

Auch wenn es viele verschiedene Rezepte für diese Torte gibt, so ist doch – neben dem Teig – vor allem das Aussehen der Torte von entscheidender Bedeutung, das sogar hartnäckigen Tortenverweigerern bekannt sein dürfte. Und die Linzer Torte hat auch noch eine kleine Schwester: die beliebten Linzer Augen, jene mit Marmelade gefüllten Kekse aus Mürbteig, welche durch das „Auge“ (manche haben auch drei „Augen“) auf der Oberseite ihr charakteristisches Merkmal aufweisen.

Gmundner Keramik

LINZER TORTE

**150 g Butter, 250 g Mehl (Typ 700),
150 g Staubzucker, 100 g geröstete Haselnüsse und/oder Mandeln, 1 Ei, Gewürze (Vanille, Zitronenschale, Zimt, Nelkenpulver),
10 g Backpulver, 300 g Ribiselmarmelade**

**Außerdem:
gehobelte Mandeln, zusätzlich Ribiselmarmelade, Staubzucker**

Die Butter mit dem Zucker verkneten, danach das gesiebte, mit dem Backpulver vermischte Mehl, Nüsse, Eier und Gewürze einarbeiten. Den fertigen Teig kalt stellen, nach einiger Zeit aus dem Kühlschrank nehmen und vierteln. Dreiviertel des Teiges auf etwa 1,5 cm ausrollen (Tortendurchmesser etwa 22 cm), die Ribiselmarmelade aufstreichen. Den restlichen Teig zu dünnen Rollen formen und als Gitter und Rand auf die Marmelade auflegen. Teig mit Ei bestreichen, am Rand mit gehobelten Mandeln bestreuen. Bei 190 Grad 40–45 Minuten backen.
Nach dem Erkalten die Öffnungen zwischen den „Gitterstäben“ zusätzlich mit Marmelade ausfüllen, dann die Torte mit Staubzucker bestäuben.

LINZER AUGEN

100 g Staubzucker, 200 g Butter, 280 g glattes Mehl, 80 g feinst geriebene Mandeln und/oder Haselnüsse, 1 Ei, Staubzucker zum Bestreuen, Ribiselmarmelade zum Füllen

Alle Zutaten zu einem glatten Teig verarbeiten und diesen für 30–40 Minuten in den Kühlschrank legen. Danach den Teig auf einer gut bemehlten Arbeitsfläche 4 mm dick ausrollen und mit zwei runden Ausstechern (8 bzw. 9 cm Durchmesser) jeweils etwa 18 Kekse ausstechen. Bei den kleineren Keksen wahlweise je 1 „Auge“ oder 3 „Augen“ ausstechen. Kekse auf ein mit Backpapier ausgelegtes Blech setzen und im vorgeheizten Rohr bei 170 Grad backen. Die größeren Kekse dick mit Marmelade bestreichen, die kleineren (die mit den „Augen“) mit Staubzucker bestreuen und auf die Marmeladenkekse setzen.

Bereits im 17. Jahrhundert galt Gmunden als Hochburg der alt-österreichischen Fein- und Zierkeramik. Die Naturschönheiten rund um den Traunsee inspirierten die Keramikkünstler zu besonderen Formen und Farben und so entstand schon damals das noch heute so beliebte grüngeflammte Dekor!
Im Jahr 1843 erwarb Franz Schleiß ein seit 1500 bestehendes Hafnerhaus, sein Sohn Leopold Schleiß gründete dann 1903 die Gmundner Tonwarenfabrik auf dem heutigen Gelände der Gmundner Keramik-Manufaktur.
Mit der „Künstlerischen Werkstätte Franz und Emilie Schleiß" fand 1909 seinen Anfang, was bis heute das besondere Flair des Unternehmens ausmacht – die Liebe zur Kunst. Bildende Künstler und Baumeister wie Dagobert Peche, Ludwig Heinrich Jungnickel, Anton Klieber oder Camillo Sitte machten Gmunden in den Sommermonaten zwischen 1913 und 1923 zu einer Künstlerkolonie. Franz von Zülow und Paul Hartmann unterrichteten in der 1917 gegründeten „Lehrwerkstätte für Keramik“. Michael Powolny, Herta Bucher oder Mathäus Fellinger arbeiteten eng mit der Familie Schleiß zusammen. Diese Tradition setzt sich in der Keramikwerkstätte Sylvia Schleiß bis heute fort.
Die Geschichte des Unternehmens war ab dem Jahre 1923, wo es in eine Aktiengesellschaft umgewandelt wurde und die Familie Schleiß die Kapitalmajorität verlor, wechselvoll. Nach wiederholter Änderung der Besitzverhältnisse erwarb 1968 Johannes Hohenberg den Betrieb. Während man sich bis zu diesem Zeitpunkt hauptsächlich der figuralen Kunst gewidmet hatte, begann man nun die Erzeugung von Gebrauchsgeschirr zu forcieren. So begann der Siegeszug des „Grüngeflammten“ und die Identifikation der Österreicher mit ihrem traditionellen Geschirr, das heute nahezu 90 Prozent aller Österreicher kennen.
Im Herbst 1997 übernahm der Salzburger Unternehmer Johannes Graf von Moy, der bisher nur 26 Prozent hielt, 79 Prozent Unternehmensanteile von der befreundeten Familie Hohenberg, weitere elf Prozent hält die Moysche Privatstiftung, die restlichen zehn Prozent gehören Mag. Wolfgang Stier, dem Direktor der Moyschen Gutsverwaltung Anif.
Im Jahre 2003 konnte dieser österreichische Traditionsbetrieb sein 100jähriges Jubiläum feiern und mit derzeit 230 Beschäftigten ist Gmundner Keramik die größte Keramikmanufaktur in Mitteleuropa.

Von Hand gemacht

Bevor das wertvolle Keramikgeschirr zum Kunden kommt, wird jedes einzelne Stück insgesamt rund 60 Mal in die Hand genommen: 90 Prozent der Wertschöpfung macht noch immer die Handarbeit aus. Jeder Teller, jede Schüssel, jede Tasse ist ein Einzelstück, denn wenn auch die Zahl und Plazierung der einzelnen Tupfen vorgegeben ist, jedes Kringel beim Geflammten präzise zu seinem Ausgangspunkt zurückfindet, so gleicht am Ende doch keines wie ein Ei dem anderen; etwa 10.000 dieser Unikate werden hier täglich produziert.
In Österreich ist die Gmundner Keramik nicht nur die bekannteste Geschirrmarke, sondern auch Marktführer im Bereich der Tischkultur.

GMUNDNER KERAMIK

Powidl und Zwetschken

Diese berühmte Variante des Pflaumen- oder Zwetschkenmus stammt aus Böhmen und ist eine der wichtigsten Zutaten in der alt-österreichischen Mehlspeisenküche. Ja, die verführerischen Rezepte der böhmischen Köchinnen wurden geradezu zum Inbegriff einer liebevollen, das Herz erwärmenden Küche; und nicht selten war es der kräftigende, dunkle Powidl, welcher die Herren des Hauses um ihren Verstand brachte und dazu veranlasste die Küche ihres Hauses genauer zu inspizieren. Der Powidl gehört zweifelsohne zu den Spezialitäten, welche die österreichische Küche berühmt gemacht haben.

Powidl ist in Österreich und in Böhmen die Grundlage für z. B. Buchteln, Kolatschen, die berühmten Powidltascherln, den Powidlkuchen, für die Germknödel und nicht zu vergessen die Liwanzen; Powidl wird aber auch als Brotaufstrich verwendet oder als Basis für Saucen genommen. Der Powidl ist lang haltbar und wird vornehmlich in Tontöpfen aufbewahrt.

Die traditionelle, bäuerliche Powidl-Herstellung war ein spätherbstliches Gesellschaftsereignis, bei dem dieses Zwetschkenmus gemeinschaftlich in großen Mengen als Wintervorrat und natürliches Süßungsmittel hergestellt wurde. Da das zäh Gekochte unentwegt kräftig gerührt werden muss, hat man sich bei der schweren Muskelarbeit gegenseitig abgelöst, während die anderen Teilnehmer derweil leichtere Handarbeiten verrichteten. Die tschechische Powidl-Bezeichnung „povidla" gibt es nur als Mehrzahl und kommt vom povídat (erzählen).

Eine besonders schöne Beschreibung über die Herstellung eines echten Powidls findet sich in Anna Dorns „Neuestem Universal-Kochbuch" von 1827: „Die Zwetschken werden geschnitten, die Kerne herausgenommen, dann in einen großen Kessel geschüttet, der vorher mit Speckschwarten durchaus gut eingestrichen seyn muss; damit sie sich nur nirgends anlegen oder anbrennen, muss eine Person stets mit einer eigenen, bekannten, langen Rührstange umrühren. Wenn nun die Zwetschken alle verkocht sind, werden sie mit Kellen in ein auf einem Trog oder einer Wanne auf Hölzern stehendes Sieb geschöpft, und mit großen hölzernen Kochlöffeln oder eignen Schäufelchen durchgeschlagen, dass die Brühe in die Wanne geht, die Schalen oder Hülsen aber zurückbleiben. Dann, wenn alles durchgetrieben ist, wird diese dickliche Masse wieder in den Kessel geschüttet. Ingwerzehen werden indeß im Töpfchen gekocht, in Stückchen zerschnitten, und nebst zerschnittenen Citronenschalen, auch wohl Nelkenpfeffer und Citronat, bey gelindem Feuer wieder gekocht, und beständig so lange umgerührt, bis es ein dickes, schwarzes, stätes Muß ist, welches dann in große irdene Töpfe ausgeschöpft wird, die gehäuft vollgemacht und gerüttelt, zuletzt in Speisekammern oder anderen trockenen Orten aufbewahrt werden.

Auch pflegen einige grüne Nussschalen mitzukochen, wovon es indeß nur eine schwärzere Farbe bekömmt. Wenn es nun recht gut und steif gekocht ist, bekommt es eine harte Haut, die den Zugang aller Luft abhält, wodurch es sich dann mehrere Jahre hält. Dergleichen Muße kann man auch von Kirschen, Äpfeln, Birnen und mancherlei Früchten, Holunder- und anderen Beeren auf ähnliche Art, in kleinen Kesseln oder Töpfchen kochen."

ZWETSCHKENKNÖDEL MIT POWIDL-SAUCE

Für die Knödel:
1 kg mehlige Erdäpfel, 350 g glattes Mehl, 1 EL Butter, 1 Ei, Salz, 8 schöne reife Zwetschken, 8 Stück Würfelzucker

Für die Powidl-Sauce:
4 EL Powidl, 4 EL guter Rotwein, Zitronensaft und Rum nach Geschmack

Für den Teig zunächst die Erdäpfel kochen, schälen und durch eine Erdäpfelpresse drücken. Butter dazugeben und mit Mehl, dem Ei sowie etwas Salz zu einer geschmeidigen Masse verarbeiten. Sollte der Teig zu weich sein, muss noch etwas Mehl dazugegeben werden. Die Zwetschken waschen, entkernen und jeweils ein Stück Würfelzucker statt dem Kern hinein geben. Zwetschken mit dem Teig umhüllen, zu Knödel formen und etwa 12 Minuten in siedendem Salzwasser garen; danach in Butterbrösel (250 g Brösel in 250 g Butter rösten) wälzen und mit Staubzucker bestreuen. Powidl zusammen mit dem Rotwein erwärmen, mit Zitronensaft und Rum nach Geschmack verfeinern, wer mag gibt noch eine Prise Zimt und/oder Sternanis dazu. Zwetschkenknödel auf der Sauce anrichten.

BÖHMISCHE LIWANZEN

Für den Teig:
300 g glattes Mehl, 500 ml lauwarme Milch, 40 g Staubzucker, 1 Ei, 1 Dotter, 20 g frischer Germ, abgeriebene Zitronenschale, Salz, Öl zum Herausbacken

Für den Belag:
200 g Powidl, etwas Sliwowitz, Zimt nach Geschmack, gut 250 ml Sauerrahm, 250 g Altwiener Topfen (ist ein sehr trockener, bröseliger Topfen), Staubzucker zum Bestreuen

Den Germ in eine Schüssel bröckeln, mit Ei, Dotter, einem Drittel der Milch, etwas Salz, abgeriebener Zitronenschale und Zucker gut verrühren. Danach die restliche Milch und das Mehl abwechselnd nach und nach unter ständigem Rühren in die Teigmasse einarbeiten. Alles so lange verarbeiten, bis der Teig dickflüssig wird und Blasen wirft – dazu braucht es etwa fünf Minuten. Dann den Teig in der Schüssel im lauwarmen Backofen bei etwa 35 Grad gut eine halbe Stunde lang aufgehen lassen.

Die Vertiefung einer Dalkenpfanne oder eine normale Pfanne mit einer Speckschwarte ausschmieren (ersatzweise mit wenig Öl einpinseln) – Dalken oder Liwanzen werden nicht schwimmend ausgebacken. Teig mit einem Schöpflöffel in die Pfannenmulden oder in die Pfanne gießen, anbacken, wenden und fertig backen.

Den Powidl mit Sliwowitz und Zimt verrühren, die Liwanzen dünn damit bestreichen, den Topfen darauf bröseln, mit etwas Sauerrahm nappieren und mit Staubzucker bestreut servieren.

POWIDL-REZEPT

Eines vorweg: Aus weniger als 6 Kilo Zwetschken ein Powidl zu kochen, ist sinnlos. Frühere Rezeptangaben gehen von bis zu 50 kg Zwetschken aus. Eine Geschmacksfrage ist die Beigabe von Zucker, in den originalen Rezepturen ist kein Zucker angegeben, doch gibt es auch „modernere" Varianten die Zucker verwenden; pro 25 kg ist die höchstzulässige Menge 1 kg Zucker.

Mindestens 6 kg Zwetschken werden gewaschen, entstielt und in einem großen Topf zu Brei gekocht, bis die Kerne sich vom Fruchtfleisch lösen. Anschließend wird der Brei durch ein sehr grobes Sieb gestrichen, wodurch die Kerne und grobe Hautstücke entfernt werden. Den Brei wieder aufsetzen und bei geringer Hitze unter ständigem Rühren – es besteht ständige Gefahr, dass der Powidl anbrennt – so lange wie möglich kochen; mindestens einen halben Tag, besser einen ganzen. Der Powidl-Brei darf zum Schluss nicht mehr vom Kochlöffel tropfen. Fertigen Powidl in Tongefäße oder heiß ausgespülte Gläser füllen, dabei das Gefäß immer wieder vorsichtig schütteln, damit sich keine Luftbläschen in der Masse befinden. Pergamentpapier rund ausschneiden (eine Spur kleiner als der Durchmesser des Gefäßes) und mit Rum tränken. In jedes Gefäß ein Blatt vom getränkten Papier legen und gut verschlossen aufbewahren.

ZWETSCHKENKNÖDEL

Erdäpfel

Die Kartoffeln – in Österreich bekanntlich Erdäpfel – wurden 1588 vom Botaniker Charles de l'Ecluse nach Wien gebracht, er vermerkte sie damals mit der Aufschrift: „Kleiner Trüffel (Taratoufli), erhalten von Philippe de Siovry zu Wien am 26. Januar 1588". Es dauerte eine geraume Zeit, bis man die Knolle kulinarisch zu nutzen wusste und wahrscheinlich wurde sie zunächst nur zum Schnapsbrennen verwendet, so ist bekannt, dass bereits 1662 der so genannte Kartoffelspiritus in Umlauf war. Doch auch der Erdäpfelsalat war – zumindest in den kulinarisch interessierteren Kreisen – bekannt, so schrieb der im 17. Jahrhundert lebende Freiherr von Hohberg: „Man kocht die indianischen Papas und isst sie warm oder auch, überbrüht und geschält, kalt mit Öl, Essig, Pfeffer und Salz."

Der Wiener Botaniker Wilhelm Heinrich Kramer dagegen hielt noch im Jahre 1756 die Erdäpfel nicht einmal einer Erwähnung wert. Doch in Oberösterreich wurden sie – verbreitet durch die Stifte St. Florian und Kremsmünster – bereits angebaut, wenngleich in bescheidenem Ausmaße. Ausgehend vom Mühlviertel (hier wurde im Klostergarten von Windhaager bereits um 1694 mit dem Erdäpfelanbau experimentiert) und dem Salzkammergut gelangten sie ins Eferdinger Becken, wo man seit 1774 den Erdäpfelanbau betreibt.

Die zahlreichen Missernten im ausgehenden 18. Jahrhundert verhalfen der Knolle dann endgültig zum Durchbruch und zu den verdienten kulinarischen Ehren. Um 1800 wurde der Erdäpfelanbau bereits in größerem Ausmaße betrieben, veranlasst durch die napoleonischen Kriege, in denen die Erdäpfel als billiges Volksnahrungsmittel gepriesen wurden. Die kulinarisch verwöhnten Wiener freundeten sich mit der Knolle allerdings erst an, als ihre böhmischen Köchinnen sie als Teig verarbeitet servierten oder Knödel daraus bereiteten.

Als im Jahre 1816 ein schlimmer Mehltaubefall beinahe ganze Ernten vernichtete, waren Hungersnöte die Folge. Um die Not zu lindern wurde auf Donauschiffen Hirse eingeführt; doch ein findiger Mann namens Johann Scherfler kam auf die Idee sich einen Hut voll Erdäpfel zu erhandeln, den er im Frühjahr aussetzte und – zum großen Erstaunen der Bevölkerung – damit eine gute Ernte erzielte.

Doch die Erdäpfel hatte es wahrlich nicht leicht, noch Karl Friedrich von Rumohr warnte 1822 vor den giftigen Substanzen der Kartoffel, die der oberirdische Teil der Pflanze tatsächlich in sich trägt. Nicht nur das für Nachtschattengewächse typische Gift war einer raschen Ausbreitung hinderlich, auch die Geistlichen taten das Ihrige dazu, indem sie sich gegen die „Teufelswurzel" heftig zur Wehr setzten. Grund dafür war aber nicht die Knolle selbst, denn in den Klostergärten wurde die Erdäpfel schön fleißig angebaut, sondern vielmehr die Tatsache, dass sie für die Erdäpfel keinen Zehent erheben durften!

Insbesondere Maria Theresia und der Fürst Liechtenstein waren es, die den Erdäpfelanbau in Österreich förderten. Bereits seit 1948 ist der Sauwald (bewaldeter Teil des Böhmischen Massivs) am Donau-Südufer im nördlichen Innviertel so genanntes „Kartoffelgesundungsgebiet". Die Landschaft ist geprägt von kleinen Siedlungen, Wiesenland und wenigen Straßen, die durchschnittlich in 500–600 m Seehöhe über tief eingeschnittenen Waldgräben führen.

Neun Gemeinden arbeiten in dieser waldreichen Region im Nordwesten von Oberösterreich zusammen. Rund 17.000 Menschen leben in dieser reizvollen ländlichen Region mit Mittelgebirgscharakter, die viel Ursprüngliches erhalten hat, aber sinnvollem Neuen gleichermaßen aufgeschlossen gegenübersteht. Der Sauwald lag früher einmal im Einflussbereich des Fürstbistums Passau und ist für seine qualitativ erstklassigen Kartoffeln („Sauwald-Erdäpfel") berühmt. Grundlage für die hohe Qualität der Erdäpfel sind die Urgesteinsverwitterungsböden sowie das Klima in 600–700 m Höhe und die Bevölkerung, welche sich sehr stark mit ihrem regionalen Produkt Kartoffel identifiziert.

ERDÄPFEL FRISCH VOM FELD

SAUWÄLDER-ERDÄPFELSORTEN

Linzer Delikatess: Die festkochende „Linzer Deklíatess" ist eine für Salatzubereitung geeignete Speisekartoffel mit besonders ansprechender Knollenform und einem sehr guten, besonders feinen Geschmack.

Julia: „Julia" ist eine universell verwendbare festkochende, rotschalige Speisekartoffel, die besonders als Beilage und Salatkartoffel geeignet ist.

Rosetta: „Rosetta" ist eine neue festkochende, rotschalige Sorte, deren Eigenschaften der Sorte „Julia" sehr ähnlich sind.

Evita: Die festkochende Sorte „Evita" ist eine besonders für Beilagen und Salate geeignete Speisekartoffel mit ausgeprägtem, feinem Geschmack.

Exempla: Die vorwiegend festkochende Sorte „Exempla" ist eine für alle Zwecke gut geeignete Speisekartoffel mit sehr gutem Geschmack.

Goldsegen: „Goldsegen" ist eine mit Kochtyp B vorwiegend festkochende (eher mehligkochende) Speisekartoffel, die besonders für Püree und Erdäpfelteige geeignet ist und einen sehr feinen Geschmack hat.

Salome: Die festkochende Frühsorte „Salome" ist ein für alle Zwecke geeigneter Erdapfel mit ausgezeichnetem Geschmack, besonders auch für Salate.

Princess: Die festkochende Sorte „Princess" ist ein für alle Zwecke geeigneter Erdapfel, besonders auch für Salate.

Weitere wichtige Erdäpfelsorten

Kipfler: Die längliche, unregelmäßig geformten „Kipfler" sind eine speckige Sorte. Sie sind wahrscheinlich die besten Salaterdäpfel überhaupt.

Sieglinde: Eine altbewährte, festkochende Frühsorte mit fein-mildem Geschmack.

ERDÄPFEL-EXPERTE
EDUARD PAMINGER

MAJORAN-ERDÄPFEL

**1 1/2 kg Erdäpfel (vorzugsweise Kipfler),
80–100 g Mehl,
80–100 g Schmalz,
kräftige Rindsuppe oder Wasser,
1 Zwiebel,
reichlich Majoran (möglichst frischer),
Spritzer Essig,
gehackte Petersilie,
Salz**

Die Erdäpfel werden fast gar gekocht, geschält und in dünne Scheiben geschnitten. Zwiebel fein hacken, aus Mehl und Schmalz eine Einbrenn bereiten und die Zwiebel darin mitrösten. Die geschnittenen Erdäpfel dazugeben und mit Rindsuppe vergießen (ersatzweise mit Wasser), bis die Erdäpfel knapp bedeckt sind. Mit reichlich (wenn möglich frischem) Majoran und Salz nach Geschmack würzen und nach dem Aufkochen mit Essig abschmecken. Das Gericht in tiefen Tellern anrichten, frisches Hausbrot dazu reichen.

ERDÄPFELLAIBCHEN

1 kg Erdäpfel werden samt Schale gekocht, dann geschält und zusammen mit 4 klein geschnittenen Knackwürsten durch die Faschiermaschine getrieben. 1–2 klein geschnittene Zwiebeln und frisch gehackte Petersilie in reichlich Schmalz anrösten, dann zu der Erdäpfelmasse geben. Alles mit 2–3 Eiern (je nach Größe) und Gewürzen (Salz, Pfeffer) zu einer homogenen Masse verarbeiten, aus dieser kleinere Laibchen formen, in Semmelbrösel wälzen und in heißem Fett ausbacken. Abtropfen lassen und mit grünem Salat servieren.

ERDÄPFELPOGATSCHERL

**1 1/2 kg vorgekochte Erdäpfel,
griffiges Mehl nach Bedarf,
250 g Topfen,
250 g Rahm, 3 Eier,
1 Packung Backpulver,
6–8 gepresste Knoblauchzehen,
1 TL Salz**

Die Erdäpfel pressen. Aus den angegebenen Zutaten (ohne Mehl) einen homogenen Teig bereiten, Mehl nach Bedarf hinzugeben. Teig rasten lassen, dann nochmals durchwalken und ausrollen. Kleinere Krapfen ausstechen, diese auf ein gefettetes Blech geben und im Ofen goldbraun backen.

ERDÄPFELPALATSCHINKEN

**4 mittelgroße mehlige Erdäpfel,
etwa 500 ml Milch,
4 Eier,
1 EL Sauerrahm,
3 EL Erdäpfelmehl,
1 Prise Salz,
Butterschmalz zum Ausbacken**

Erdäpfel schälen, dämpfen und noch heiß durch die Erdäpfelpresse drücken. Milch und Eier dazugeben, gut verrühren. Rahm, Salz und Erdäpfelmehl nach Bedarf einrühren, so dass ein sämiger Teig entsteht.
Wenig Butterschmalz in einer Pfanne erhitzen, den Erdäpfelteig einlaufen lassen und portionsweise – wie Palatschinken – beidseitig goldbraun backen. Werden süß mit in Zwetschkenbrand eingelegten Dörrzwetschken, Powidl und Schlagobers gegessen, oder pikant mit gerösteten Speck- und Zwiebelwürfeln.

FALSCHER SCHWEINSBRATEN

**2 kg große Erdäpfel,
6–8 Knoblauchzehen,
Kümmel, 150 g Schmalz, Salz,
Röstzwiebeln als Garnitur**

Die Erdäpfel gründlich waschen, trocknen und halbieren. Den Knoblauch mit Salz zerdrücken, das Schmalz in einer weiten Pfanne zerlassen und den Knoblauch einrühren. Die Erdäpfel hinzugeben und rundherum im Fett wenden. Danach mit der Schnittfläche nach oben in der Pfanne anordnen, mit Kümmel und etwas Salz bestreuen, dann im Ofen fertig braten, bis die Schnittfläche schön knusprig braun ist – während des Bratens öfters übergießen. Zwischenzeitlich reichlich geschnittene Zwiebel in Schmalz rösten und würzen. Erdäpfel auf Tellern anrichten und mit den Röstzwiebeln garniert auftragen.

ERDÄPFEL-SPECKKUCHEN

**1 kg Erdäpfel,
250–300 g durchwachsener Speck gewürfelt,
250 g Zwiebel fein gehackt,
2 Eier, 2 EL Grieß,
1 TL Majoran, Butter,
Salz und Pfeffer aus der Mühle**

Die Erdäpfel reiben, Wasser ausdrücken. Erdäpfel in einer Schüssel mit Speckwürfeln, gewiegten Zwiebeln, Eiern, Grieß, Majoran, Butter, Salz und Pfeffer vermischen. Masse in eine gebutterte Auflaufform füllen und mit Butterflocken belegen. Erdäpfelkuchen gut 1 Stunde im Rohr bei 160–180 Grad backen, bis die Kruste goldbraun ist. Dazu serviert man einen grünen Salat.

FALSCHER SCHWEINSBRATEN

ERDÄPFEL-SPECKKUCHEN

GESTAMPFTE OFENERDÄPFEL MIT SAIBLING UND GERÄUCHERTEM KAVIAR AUF KRESSE-ZITRONENSAUERRAHM

4 sehr große Ofenerdäpfel, 4 frische Saiblingsfilets, 4 große Esslöffel geräucherter Kaviar (Fischzucht Haas), zerlassene Butter zum Bestreichen der Filets, Butter nach Belieben für die Erdäpfel (etwa 150 g), 2 EL feinst gehackte Kräuter (Schnittlauch, Kerbel, Brunnenkresse), abgeriebene Zitronenzesten, Salz und weißer Pfeffer aus der Mühle

Für die Sauce:
250 g Sauerrahm, etwas Obers, 4 EL kräftiger Fischfond, Schuss Zitronensaft, gehackte Kresse, Prise Salz

Die Erdäpfel in Alufolie wickeln und etwa 1 Stunde bei 180 Grad im Ofen backen. Eine Auflaufform mit Butter bepinseln, die sauber filetierten und leicht gesalzenen Saiblingsfilets nebeneinander hinein legen, mit etwas Butter überpinseln und mit Klarsichtfolie abgedeckt im Ofen bei 75–80 Grad etwa 10 Minuten garen. Die Fische heraus nehmen und kurz nachziehen lassen.

Die Erdäpfel noch warm schälen, danach mit der weichen (zimmerwarmen) Butter sowie den gehackten Kräutern grob zerstampfen, alles mit Salz abschmecken.
Für die Sauce den Sauerrahm zusammen mit Obers, Fischfond und Zitronensaft glatt rühren, danach mit gehackter Kresse und Salz würzen. Die Saiblingsfilets auf den Erdäpfeln anrichten und mit der Sauce umkränzen. Gut einen Löffel geräucherten Kaviar auf die Filets setzen, mit Kresse und Zitronenschalen garniert servieren.

Hinweis: Statt geräucherten Kaviar aus der Fischzucht Haas, kann man euch edlen Saiblings- oder Forellenkaviar verwenden.

Von Steckerlfischen und Staberlfischen

Steckerlfisch ist nicht gleich Steckerlfisch, denn bei näherer Betrachtung handelt es sich bei diesem rustikalen Traditionsrezept nicht um eine einfache Fischbraterei über offener Glut mit Lagerfeuerromatik (aus der sie aber sicherlich entstanden ist), sondern um eine – zugegeben recht einfache – dennoch sehr differenzierte Art der Fischzubereitung.
Eines vorweg: für oberösterreichische Puristen unter den Steckerlfisch-Freunden haben Fische wie die Makrele niemals, wirklich absolut niemals etwas auf dem heiligen Staberl oder Steckerl zu suchen! Was z. B. im Burgenland oder auf vielen Volksfesten in und um Wien gang und gäbe ist, gilt in Oberösterreich als nahezu unverzeihbares Sakrileg. Und auch die Forelle kann niemals ein echter Steckerlfisch werden.
Somit steht also fest, dass nicht jeder Fisch zum Steckerl- oder Staberlfisch werden darf, da gibt es feste Regeln. An und für sich sind die Oberösterreicher ein eher legeres, lebenslustiges und tolerantes Völkchen, doch beim Steckerlfisch verstehen sie eben keinen Spaß und beharren auf Originalität und Tradition.
Der grundsätzliche Unterschied zwischen Steckerl- und Staberlfisch ist dabei nicht die Zubereitung, wie man zunächst glauben könnte, sondern vielmehr die Fischwahl und natürlich das Bratwerkzeug, also der Spieß an sich: Während beim Steckerlfisch ein 50–60 cm langer Stecken aus Weichholz verwendet wird, so kommen beim Staberlfisch eben kleine „Staberln“ zum Einsatz, die etwa so dick wie zwei Streichhölzer sind.
Beiden gemeinsam ist jedoch die Grundvorbereitung; die Fische werden geschröpft oder eingeschnitten und fachmännisch mit Salz behandelt. Und genau hier entscheidet sich, ob der Fisch eine eher seltsame marmorähnliche Textur erhalten wird, oder ob das Salz den Eigengeschmack perfekt zu heben vermag.
Richtig zubereitet schmecken Steckerl- wie auch Staberlfische wirklich köstlich und bilden im Sommer einen herzhaft-bodenständigen Imbiss. Das Zentrum der Steckerlfischbraterei liegt heute im Salzkammergut mit seinen vielen fischreichen Seen, in Sachen Staberlfisch insbesondere am Traunsee.

STECKERLFISCHE

Der Steckerlfisch entstammt der Küche der ehemaligen Donaufischer und in Büchern steht geschrieben, dass noch um 1900 mehr als 15.000 Steckerlfische allein am Linzer Fischmarkt verkauft und verzehrt wurden. Die Donaufischer verwendeten für ihre Steckerlfische ausschließlich heimische Weißfische mit einer maximalen Größe von 20 Zentimetern. Vornehmlich wurden Aiteln, Brachsen (Brassen), Barben, Rotaugen oder Näslinge genommen, die zunächst sauber geschuppt werden mussten. Allesamt sind sie – geschmacklich gesehen – sehr edle Speisefische, haben aber den Nachteil, dass sie über Millionen von Gräten verfügen. Das wussten auch die Fischer, weshalb sie nach einem Weg suchten, das Fleisch trotz seiner vielen Gräten genießen zu können. Die Lösung fand man schnell, in dem die Fische so zubereitet werden, dass man die feinen Gräten einfach mitessen kann!

Die geschuppten Fische sorgfältig ausnehmen, gut waschen und danach eng schröpfen, d. h. mit einem scharfen Messer den Fisch an den Seiten dicht nebeneinander (in etwa 5 mm Abständen) schräg einschneiden. Danach wird innen und außen gut gesalzen. Die Fische in eine Schüssel legen und dem Salz etwas Zeit zum Einwirken geben. Danach die Fische der Länge nach auf Steckerl aus Weichholz spießen.
Eminent wichtig für das fachgerechte Garen ist die Glut, denn die Fische sollen nicht über lodernder Flamme verbrennen, die Glut sollte vielmehr eine einheitliche, graue Schicht aufweisen.
Beim Rauch scheiden sich die Geister, während die einen meinen jeglicher Rauch sei möglichst zu vermeiden, gibt es auch die Fraktion jener, die der Glut sogar in Stücke gebrochenes grünes Holz zufügen, weil sie den Fisch gleichzeitig räuchern und braten wollen. So oder so werden die Fische schön eng aneinander geschichtet über der Glut platziert und rundherum knusprig gebraten. Derart zubereitet sind die feinen Gräten so zart, dass sie mitgegessen werden können. Zu der goldgelben Grillspezialität reicht man stilecht ein Flaschenbier und Schwarzbrot.

STABERLFISCHE

Der Staberlfisch (mancherorts auch Stanglfisch genannt) ist eine Spezialität vom Traunsee; die dort ansässigen Fischer haben sie wahrscheinlich kreiert, jedenfalls bevorzugen sie diese Variante gegenüber dem Steckerlfisch. Es werden hierfür ausschließlich kleine Saiblinge, die nicht größer als zehn Zentimeter sind sowie der Riedling verwendet, für viele der König aller Staberlfische.
Der Riedling ist eine kleine Art der Rheinanke, die im tiefen und kalten Traunsee gefangen wird. Er ist der Inbegriff des perfekten Staberlfisch. Im Übrigen hat sich vor allem der Ort Altmünster als „Mekka“ der Staberlfischfreunde etablieren können.

Die kleinen Fische (maximal 12 cm lang) brauchen nicht geschuppt zu werden, auch werden sie nicht geschröpft. Lediglich der Rücken wird mit kleinen Einschnitten versehen, bevor die Fische gesalzen werden. Nach einer gewissen Ruhezeit spießt man die Fische auf so genannte Staberl und brät sie wie Steckerlfische über sanfter Glut recht resch, damit die kleinen Gräten zart werden und mitverzehrt werden können. Auch zum Staberlfisch reicht man Bier und Schwarzbrot.

STECKERLFISCH ROH UND GEGRILLT

STABERLFISCHE AM GRILL

FISCHER HEINZ TRAWÖGER

GEGRILLTER SAIBLING

Am wunderschönen Traunsee, genauer in Altmünster, brät der Fischer und Fischzüchter Heinz Trawöger im Sommer seine schlachtfrischen Saiblinge aus eigener Zucht; ein wahrhaft köstlicher Schmaus!

Je nach Gusto und Hunger berechnet man pro Person einen oder zwei frische Saiblinge, welche zunächst küchenfertig vorbereitet und gut gewaschen werden. Danach die Fische in eine Wanne legen und mit grobem Salz bestreuen. Das Salz einziehen lassen, während des Marinierens die Fische hin und wieder wenden.

Schließlich werden die Saiblinge von überschüssigem Salz befreit in ein Grillgitter gespannt und über Holzkohle knusprig gegrillt, dabei die Fische ein oder zweimal mit einer Ölmarinade (bestehend aus z. B. Olivenöl, etwas grobem Salz, gehacktem Knoblauch, Petersilie) bestreichen. Wenn die Haut der Fische eine gute Farbe angenommen hat, so sind sie essfertig! Dazu gibt es Brot und Bier, auch ein kühler Weißer Spritzer schmeckt hierzu ausgezeichnet!

Tauben und Wachteln

Oberösterreich – hier vor allem im Mühlviertel – war bekannt für seine Taubenzucht und in Haslach wurde in der Zeit vom Neujahr bis Palmsonntag jeweils an den Sonntagen ein berühmter Taubenmarkt abgehalten. Dieser Markt hatte vor allem in der Zeit um 1870 seine Hochblüte. Doch auch in Wien liebte man seit jeher das schmackhafte Fleisch der fetten, jungen Täubchen, und so verspeisten die Wiener noch um 1900 mit dem größten Vergnügen jährlich rund 800.000 Tauben.
Viele Bauernhöfe in Oberösterreich hatten eine eigene Taubenzucht, die zumeist von den Knechten betreut wurde. Überzählige junge Tauben wurden dann gefüllt (damit sie mehr ausgaben) im Rohr gebraten; aber auch mit Hülsenfrüchten zubereitet, hat man sie gerne gegessen.
Wachteln erfreuen sich ebenfalls seit jeher großer Beliebtheit unter den Gourmets, doch sind diese kleinen Vögel in der bäuerlichen Küche kaum vorzufinden. Wachteln lagen auf den höfischen Tafeln, wurden zu pikanten Vorspeisen zubereitet oder auch nur als Garnitur verwendet. Anders in der gehobenen bürgerlichen Küche, wo ihr feines Fleisch schon immer sehr geschätzt wurde; „Wachteln im Speckmantel gebraten“ oder „Wachteln auf böhmische Art“ sind nur zwei klassische Rezepte, die noch heute oft vorzufinden sind.

GEBRATENE WACHTELN

Die gerupften und abgeflämmten Wachteln werden gereinigt und gut gewürzt in Weinblätter gewickelt, jeweils mit zwei dünnen Speckscheiben umwickelt sowie mit einem Spagat festgebunden. Bei starker Hitze in etwas Fett 10–15 Minuten im Rohr braten, dabei mit Butter begießen. Gegarte Wachteln aus den Blättern wickeln, kurz im Ofen Farbe nehmen lassen, dann auf gerösteten Weißbrotscheiben anrichten. Den Natursaft mit etwas Kalbs- oder Hühnerfond loskochen, einreduzieren und darüber gießen. Wachteln mit Zitronenscheiben, in Butter gedünsteten Trüffeln sowie etwas Kresse ausgarniert servieren.

WACHTELN AUF BÖHMISCHE ART

Küchenfertig vorbereitete Wachteln evtl. entbeinen, mit einem Stück Gänseleber und etwas fein gehackter Trüffel füllen, salzen und pfeffern. Die Vögel mit Speckscheiben umwickelt im Rohr braten. Die Vögel anrichten und mit dem Natursaft, der mit etwas Kalbjus losgekocht worden ist, servieren.

WACHTELN IM BLÄTTERTEIG

Küchenfertig vorbereitete Wachteln (evtl. entbeint) mit Salz und Pfeffer würzen, einige Wacholderbeeren und Rosmarin in die Bauchhöhle geben, binden und kurz in Butter braten. Wachteln in Blätterteig einschlagen und im Ofen goldbraun backen.

TAUBEN MIT RITSCHERT GEFÜLLT

**4 schöne Täubchen,
200 g Rollgerste, 200 g Bohnen,
40 g Schmalz, 20 g Mehl,
2 Zwiebeln,
frisch gehackte Petersilie,
Wasser oder Suppe, Majoran,
Salz und Pfeffer aus der Mühle,
Butter zum Braten**

Ritschert kochen (siehe S. 372) und in die Täubchen füllen. Die Tauben mit Salz, Pfeffer und etwas Majoran würzen, dann in einer Kasserolle mit reichlich Butter rundherum anbraten. Dann die Täubchen unter ständigem Begießen im Ofen fertig braten. Mit Salatgarnitur servieren.

WACHTELN AUF BÖHMISCHE ART

GEFÜLLTE WACHTELN ODER TAUBEN

Vögel waschen, putzen und mit einem Küchentuch trocken tupfen. Faschiertes (Menge nach Bedarf) mit Salz, Pfeffer, gepresstem Knoblauch und Muskatnuss würzen. Wachteln (oder Tauben) damit füllen. Vögel außen leicht mit Salz und Pfeffer würzen, mit Speckscheiben umwickeln und in einen mit Öl ausgestrichenen Bräter legen. Bei mittlerer Hitze im Ofen braten.

Hinweis: Gut schmeckt auch eine Fülle aus Semmelknödelteig, welcher mit zerlassener Butter, gerösteten Zwiebeln, Petersilie, Majoran oder Muskatnuss, Salz und Pfeffer kräftig abgeschmeckt wurde.

SPINATWACHTELN

Pro Person:
Eine ausgenommene Wachtel halbieren und vom Brustgerippe befreien. Den Vogel mit Salz und Pfeffer würzen, dann in zerlassener Butter auf der Hautseite braten, wenden und ohne Flamme einige Minuten ziehen lassen. Währenddessen mit etwas Walnussöl beträufeln. Gut ein bis zwei Hand voll verlesene Spinatblätter kurz in Butter dünsten, mit Salz, Pfeffer, Prise Muskat und etwas gepresstem Knoblauch würzen.
Einen vorgewärmten Teller mit schönen Spinatblättern auslegen, die Wachtelhälften darauf anrichten und mit der Bratbutter beträufeln. Nach Wunsch kann man noch etwas Speck-Obers-Schaum (Obers mit gewürfeltem Speck aufkochen, ziehen lassen, passieren und aufmixen; nur den Schaum verwenden) dekorieren.

GESPICKTE TAUBEN

Man spickt die Tauben auf Brust und Schenkeln, salzt sie innen ein und dünstet sie mit in Fett angelaufenen Zwiebeln, Zitronenschalen, einem Lorbeerblatt, etwas Wein und Suppe. Dann seiht man den Saft über die zerlegten Tauben und garniert die Schüssel mit gebackenen Schwarzwurzeln.

TAUBEN MIT ZITRONEN

Man schneidet die Tauben, nachdem Kopf, Flügel und Füße weggehackt wurden, der Länge nach entzwei, bestreut sie mit Salz und Pfeffer, dünstet sie mit Butter, mit viel fein geschnittener Zwiebel und ein wenig Suppe und gibt am Schluss etwas Zitronensaft dazu. Sie werden mit in Butter gebackenen Semmelschnitten und Zitronenscheiben garniert.

TAUBEN MIT LINSEN

4 junge Tauben,
400 g Linsen (über Nacht in kaltem Wasser eingeweicht),
75 g Selchspeck, 1 große Zwiebel,
2–3 EL Paradeismark,
abgeriebene Zitronenschale,
1–2 Sardellen, gehackte Petersilie,
Majoran, 50 g Fett,
Salz und Pfeffer aus der Mühle

Die sauber gerupften und ausgenommenen Tauben bei Bedarf nochmals absengen, Kopf samt Hals abschneiden und die Flügel entfernen. Die Vögel innen und außen gut unter fließend kaltem Wasser waschen, abtrocknen, kräftig mit Salz und Pfeffer würzen.
Fett (Butterschmalz) in einer Kasserolle erhitzen, die Tiere darin rundherum scharf anbraten, dann unter mehrmaligem Begießen 20 Minuten im Rohr garen. Tauben aus der Kasserolle herausnehmen und warm stellen; zwischenzeitlich hat man die eingeweichten Linsen halbweich gekocht und abgeseiht.
Im Bratfett den klein gewürfelten Selchspeck auslassen, dann die fein gehackte Zwiebel darin anrösten. Abgeriebene Zitronenschale, gehackte Sardellen, die Petersilie und frisch geschnittenen Majoran dazugeben, etwas Paradeismark einrühren und alles kurz durchschwitzen; salzen und pfeffern. Die Linsen hinzufügen und mit so viel Wasser oder Suppe aufgießen, dass das Linsengemüse wässrig erscheint. Die vorgebratenen Tauben halbieren oder vierteln, die Stücke in die Linsen einbetten und alles zugedeckt dünsten, bis das Taubenfleisch weich geworden ist; gegen Ende der Garzeit kann das Gericht mit Rotwein verfeinert werden.
Zunächst die Linsen in einer tiefen Schüssel anrichten, die Tauben darauf verteilen und alles mit gehackter Petersilie sowie gerösteten Semmelwürfeln bestreut servieren.

GEFÜLLTES TÄUBCHEN

4 fleischige junge Täubchen,
einige Thymianzweiglein,
Öl, 3–4 Knoblauchzehen,
250 ml Kalbsfond,
3–4 EL Butter,
Salz und Pfeffer aus der Mühle

Für die Semmelfülle:
5 Semmeln vom Vortag,
etwa 80 ml lauwarme Milch,
1 Zwiebel,
2–3 Knoblauchzehen,
2 Eier,
2 EL Butter,
reichlich gehackte Petersilie,
Muskatnuss,
scharfes Paprikapulver,
Salz und Pfeffer

Zunächst die Fülle vorbereiten: die Semmeln in Scheiben schneiden und mit etwas lauwarmer Milch beträufeln, einweichen lassen. Fein gehackte Zwiebel in Butter dünsten, dann den gehackten Knoblauch und zum Schluss die Petersilie untermischen. Die Semmeln in einer Schüssel mit der Zwiebel-Kräutermischung und den Eiern zu einer homogenen Masse vermengen, mit Paprikapulver, Muskatnuss, Salz und Pfeffer sehr kräftig würzen, eine halbe Stunde ziehen lassen.
Die küchenfertig vorbereiteten Täubchen mit der Semmelmasse füllen, mit Küchengarn zusammenbinden; damit sie schön kompakt zusammenbleiben. Täubchen mit Salz und Pfeffer einreiben, dann rundherum in Öl scharf anbraten. Die Kasserolle mit den Tauben in den Ofen schieben und bei 250 Grad zunächst 10–15 Minuten unter häufigem Begießen rundherum braten, danach bei 160 Grad weitere 30–45 Minuten sanft fertig garen; dabei immer wieder drehen und begießen. Täubchen aus der Kasserolle heben, warm

TAUBENHAUS

halten. Bratensatz mit dem Kalbsfond loskochen und mindestens um ein Drittel reduzieren. Sauce mit eiskalter Butter aufmixen, abschmecken und getrennt zu den Tauben reichen.
Als Beilage hat man aus der restlichen Semmelmasse kleine Knödel geformt, die in Salzwasser gegart wurden.

TAUBENSUPPE

2–3 Tauben,
1 Bund Suppengrün (Porree, Sellerie, kleine Karotte),
1 kleine Zwiebel,
1–2 Zweige Liebstöckel,
1–2 Zweige Thymian,
2 Wacholderbeeren,
1 Lorbeerblatt, Salz und Pfeffer

Küchenfertig vorbereitete Tauben samt Mägen und Herzen in 1 1/2–2 Liter gesalzenes, kaltes Wasser geben und aufkochen lassen, das sauber geputzte Suppengemüse und die geviertelte Zwiebel hinzufügen; gut 60 Minuten kochen lassen, dann auch die Gewürze (Pfefferkörner, Lorbeerblatt, Wacholder und Thymian) hinzugeben, weitere 30–60 Minuten köcheln lassen.
Gemüse und Tauben aus der Brühe heben, diese (bei Bedarf mit faschiertem Rindfleisch und Eiweiß geklärt) durch ein feines Tuch seihen. Das Fleisch von den Knochen lösen, klein schneiden und wieder in die Brühe geben, abschmecken. Noch einmal kurz aufkochen und mit gehacktem Liebstöckel bestreut, sehr heiß servieren.
Vorgekochte Rollgerste eignet sich als zusätzliche Einlage.

TAUBEN MIT ZITRONEN

TAUBE MIT LINSEN

MET-ETIKETTEN

Met, Most und historische Haustrunke

Neben dem Bier sind vor allem der Most und der Met die klassischen oberösterreichischen Haustrunke. Oberösterreich ist aufgrund seines Obstreichtums – neben dem Mostviertel – eine der bedeutendsten Mostregionen Österreichs. In Oberösterreich wird der Most jedoch meist nicht „reinsortig" getrunken, sondern gemischt; auf spezialisierten Höfen wird auch ein hervorragender Apfelmost gepresst. Insbesondere das Traunviertel ist für seine frischen Moste bekannt.

Früher eher abwertend als „Landessäure" abgetan, erlebt der Most zurzeit eine echte Renaissance und erweist sich heute als süffiges Jausengetränk und Speisenbegleiter. Dieser Qualitätsschub ist vor allem durch zwei Faktoren zu erklären: zum einen haben sich die Mostbauern – stur wie sie nun einmal sind – ihrer alten Traditionen erinnert und zum anderen doch innovative Techniken zugelassen, wo sie sinnvoll erschienen, wie z. B. im Keller.

Most machen kann ein jeder – guten Most dagegen nur sehr wenige. Es waren moderne Pioniere, die sich vom mehr oder minder zufälligen Entstehen des Mostes abwandten und die Sache profund angingen: Saubere Obstverarbeitung, vom Qualitätswein kopierte Kellertechniken und mitunter sogar reinsortige Moste waren für sie der Schlüssel zum Erfolg. Dieser gab ihnen schließlich Recht! Der Most wurde wieder salonfähig, doch werden weiterhin keine rauen Mengen erzeugt, vielmehr lautet das Motto: „klein aber fein".

Mittlerweile werden in Österreich sogar Mostsommeliere ausgebildet, die den wunderbaren Apfel-, Birnen- und Mischlingsmost über die Grenzen hinaus zu Ehre verhelfen sollen. Weiter sorgen Initiativen wie z. B. „Kochen mit Most" dafür, dass ein Teil der oberösterreichischen Tradition und ein wichtiger Teil des Heimatgefühls erhalten bleiben.

Auch Met (Honigwein) kennt man in Oberösterreich seit uralten Zeiten, schon mittelalterliche Kochbücher bringen Rezepte zum Met: einen Teil Honig mit sechs Teilen Wasser zusammen kochen, die ausgeschiedenen Eiweißstoffe durch Abschäumen entfernen und die entstandene Flüssigkeit zum Gären bringen; gut verschlossen über ein Jahr in Fässern unter Zusatz von Hopfen und Hefe (mitunter auch unter Zugabe von Kräutern, wie z. B. Salbei) gären lassen. Im Gegensatz zu Most und Bier war Met – vor allem im Mittelalter – ein wichtiges Getränk bei Festivitäten, das vor allem von Frauen getrunken wurde.

Das deutsche Wort Met hat seine Wurzeln im indogermanischen Wortstamm „medhu", mit dem der Honig bezeichnet wurde, aber auch der Rausch. Da seine Herstellung überaus einfach ist – die Gärung von Honig setzt bei genügend hoher Feuchtigkeit automatisch ein – gilt es als gesichert, dass Met zu den ersten alkoholischen Getränken der Menschheit zählt. Schon in ältester Zeit stellten die Germanen Met her, die damals noch riesigen Wälder boten zudem genügend Honig. Die spontane Verwandlung von Honigwasser in ein viel geschmackvolleres Getränk sowie die berauschende Wirkung (Met hat mitunter mehr als 15 % Alkoholgehalt) machten Met zum Trank und Geschenk der Götter, daher durfte er auf keiner Feier und bei keinen kultischen Handlungen fehlen. Durch das Aufkommen und die weitere Verbreitung von Bier und Wein verringerte sich der Konsum von Met seit dem Mittelalter stetig, weil die Herstellung von Met im Vergleich zu Bier und Wein teurer und aufwändiger ist. Trotzdem wurde auch im Mittelalter Met produziert und getrunken.

Gerade in Oberösterreich war Met bis ins 20. Jahrhundert tief im Brauchtum verankert. Vor allem die vorösterlichen Beichttage, die Karwoche, der Palmsonntag, der Kirchweihtag, Fronleichnam, der Sonnwendtag (24. Juni) und Weihnachten sowie die Erntezeit waren Anlässe zum gemeinschaftlichen Met-Trinken. Obwohl man den Met in vielen Häusern selbst herstellte, wurde er zumeist von den Lebzeltern produziert; und noch heute ist bei vielen bekannten Lebzeltern auch ein guter Met erhältlich (siehe S. 429).

Auch aus Früchten wurden schon immer gerne auch alkoholische Getränke bereitet, das bekannteste ist der in Österreich recht weit verbreitete Ribiselwein. Hierfür werden so viele Ribiseln durch ein Sieb passiert, bis man 2 Liter Ribiselsaft erhalten hat. Den Ribiselsaft mit vier Litern kaltem Wasser und einem Kilo Zucker vermengen, nach Wunsch kann auch etwas Zimtrinde dazu gegeben werden. Alles in eine genügend große Flasche füllen, so lange schütteln, bis sich der Zucker vollkommen aufgelöst hat.

Die Flasche mit einem Korken verschließen, durch den man ein mit Wasser gefülltes Gärröhrchen treibt (nur ein kleines Stück durch den Kork hindurchtreiben, es darf nicht mit dem Fruchtsaft in Berührung kommen). Dann wird die Flasche in den Vorkeller oder in die Speisekammer gestellt, so dass sie vor direktem Sonnenlicht geschützt ist. Wenn nach sechs bis acht Wochen das Aufsteigen der Gärbläschen aufgehört hat, wird der klare Wein in saubere Flaschen abgezogen, diese luftdicht verschlossen und der Ribiselwein dunkel und kühl gelagert.

Ein traditionsreiches, ausnahmsweise einmal antialkoholisches Getränk ist der so genannte „Weinscharl", eine Art sommerliches Erfrischungsgetränk, welches aus Berberitzen hergestellt wird. Hierfür wird zunächst ein Kilo Berberitzen geputzt, zerquetscht und mit etwas mehr als 250 ml Wassern vermengt 10 Minuten gekocht.

Die Fruchtmasse durch ein Tuch filtern und klar absetzen lassen, danach abmessen und die gleiche Menge an Zucker dazugeben. Den Saft aufkochen, 5 Minuten kochend heiß ziehen lassen, danach sogleich in kleine Flaschen abfüllen.

Nach dem Erkalten die Flaschen luftdicht verschließen, trocken und kühl aufbewahren. Vor dem Genuss den Weinscharl mit Wasser oder Sodawasser aufspritzen.

GUTE LAUNE BEIM MOSTTRINKEN

TRADITIONELLER TRINKGENUSS: KLARMOST

Traditionelle Rezepte aus Oberösterreich

SAURES KRONFLEISCH

500 g Kronfleisch blättrig schneiden, zusammen mit zwei fein gehackten Zwiebeln in heißem Fett abrösten, mit 1–2 EL Mehl stauben und mit einem guten Spritzer Essig ablöschen. Danach mit etwas Rindsuppe aufgießen, mit Majoran, gehackter Petersilie und Thymian würzen, sowie salzen und pfeffern. Das weich gedünstete Fleisch mit Sauerrahm verfeinert auftischen.

ANTENOARSCH

500 g Entenklein (Hals, Flügel, Herz, Magen, Leber und vor allem sehr viele Bürzel, von diesen hat das Gericht nämlich seinen Namen), 2–3 Entenkeulen, 100 g geputztes und klein geschnittene Wurzelgemüse, das Weiße einer Stange Lauch sowie einige Pfefferkörner zusammen in Hühnerbrühe aufsetzen (die Zutaten sollten knapp bedeckt sein); aufkochen lassen und in 45–60 Minuten weich kochen. Danach alles durch ein Sieb seihen, das Entenklein und Wurzelgemüse auskühlen lassen, die Suppe bereithalten.
30 g Enten- oder Gänseschmalz erhitzen, mit 30 g Mehl zu einer lichten Einbrenn verrühren, die mit etwa 250 ml durchgeseihter Kochbrühe und 250 ml Schlagobers aufgegossen wird. Sämig einkochen lassen, dann durch ein Sieb passieren.
Wurzelwerk (Menge nach Belieben) klein schneiden, Entenfleisch von den Knochen lösen und ebenfalls klein schneiden. Beides zusammen mit 75 g vorgekochten Erbsen in die Sauce geben, mit Muskatnuss, und Salz abschmecken, dann in tiefen Tellern anrichten. Mit gehackter Petersilie und etwas abgeriebener Zitronenschale bestreut sofort servieren; dazu schmecken Bandnudeln.

LEBERSCHEDL / LEBERBUNKL

500 g Schweinsleber,
300 g fettes Schweinefleisch (vorzugsweise Schweinsbackerl),
1 große Zwiebel, 4 Semmeln,
250 ml Milch, 2 Eier, Majoran,
abgeriebene Zitronenschale,
fein gehackte Petersilie, Fett,
1 gewässertes Schweinsnetz,
Rindsuppe,
Salz und Pfeffer aus der Mühle

Die Leber mit einem scharfen Messer schaben, das Schweinefleisch faschieren; die Semmeln in Milch einweichen, danach gut ausdrücken und ebenfalls faschieren oder durch die Flotte Lotte passieren. Aus all diesen Zutaten eine homogene Masse bereiten, in diese dann die Eier, feinst gehackte Zwiebel, Majoran, Zitronenschale und fein gewiegte Petersilie einarbeiten, pikant mit Salz und Pfeffer abschmecken; sollte die Masse zu dünn sein, mit etwas Semmelbrösel binden – die Masse sollte dicksämig sein.
Das vorbereitete Schweinsnetz in eine gefettete Bratrein legen, die Masse einfüllen und das Schweinsnetz darüber zusammenschlagen. Im auf 180 Grad vorgeheizten Ofen etwa 1 Stunde backen, bis die Oberfläche schön knusprig ist, dabei öfters mit Suppe begießen. Den Leberschädel in Scheiben geschnitten auf Sauerkraut angerichtet servieren, dazu passen Erdäpfel.

MOSTKITZERL

Ein halbes Kitz in gleich große Stücke teilen (vielleicht schon beim Fleischhauer vorbereiten lassen), dann zwei bis drei Tage in Most (2–3 Liter) beizen, ab und an wenden. Die Kitzstücke aus der Marinade heben, trocken tupfen. In einer ausreichend großen Kasserolle reichlich Butterschmalz (etwa 5 EL) erhitzen und die Kitzstücke – leicht mit Mehl gestaubt – zusammen mit 300 g gewürfeltem Frühstückspeck, 3–4 gehackten Zwiebeln sowie 350 g blättrig geschnittenem Wurzelgemüse (Karotte, Gelbe Rübe, Sellerieknolle, Petersilienwurzel) rundherum scharf anbraten. 2 in Scheiben geschnittene ungespritzte Zitronen, einige Lorbeerblätter und Gewürznelken, 1 EL Pfefferkörner und etwas Salz zufügen, unter häufigem Begießen mit der Mostmarinade 1 1/2–2 Stunden langsam im 160–180 Grad heißen Ofen braten.
Das fertig gegarte Kitz aus dem Ofen nehmen, Fleisch aus der Kasserolle stechen und warm stellen. Den Bratenrückstand durch ein Sieb in eine kleine Kasserolle ziehen, mit 2–3 EL Mehl stauben, 250 ml glatt gerührten sauren Rahm einrühren und die Sauce nochmals aufkochen lassen; über die auf einer Platte angerichteten Kitzteile passieren, zusammen mit einer Erdäpfelbeilage und einem Salat auftischen.

SAURE HAXL

1 1/2 kg gesurte Schweinshaxl in Scheiben schneiden, in siedendem Wasser zusammen mit Lorbeerblättern, Wacholderbeeren, Senf- und Pfefferkörnern halbweich kochen.
Aus 2 EL Schmalz und 2–3 EL Mehl eine Einbrenn bereiten, eine fein gewiegte Zwiebel darin andünsten, dann alles mit 250–300 ml vom durchgeseihten Kochsud aufgießen und verkochen lassen. Soße mit Muskatnuss und Salz abschmecken, das Fleisch dazugeben und fertig garen; bei Bedarf Flüssigkeit nachgießen, zum Schluss mit etwas Essig säuern.

SAURES KRONFLEISCH

SAURE HAXL

KATZENG'SCHROA

Im „Ethymologischen Wörterbuch" von Matthias Höfer ist schon 1815 über den eigentümlichen Namen dieses Gerichtes zu lesen: „So genannt wegen der Ungleichheit der Ingredienzien, indem Stücke von Rindfleisch, Kalbfleisch, Leber etc. zusammen gehackt oder geschnitten werden (Geschnaitel), wie das Geheul der Katze aus sehr ungleichen und missbilligenden Tönen besteht."
Für dieses sehr traditionelle und ursprüngliche Gericht gibt es kein Originalrezept, sondern sehr viele verschiedene Variationen, von eher einfacherer Hausmannskost bis hin zu anspruchsvolleren Wirtshausgerichten, hier drei bekannte Beispiele.

Katzeng'schroa I
350 g Schweinefleisch (z. B. von der Schulter), 300 g Schweinsleber, 2 Zwiebeln, Öl zum Anbraten, geriebene Zitronenschale, gemahlener Kümmel, Muskatnuss, Senf, 2–3 EL Mehl, etwas Rindsuppe, 125–150 ml Sauerrahm, 1 Spritzer Essig, 2 EL gehackter Schnittlauch und Petersilie

Für die Schnittlauchnockerln:
300 g griffiges Mehl, 250 ml Milch, 2 Eier, Salz, 1 großer Bund geschnittener Schnittlauch

Die Zwiebeln schälen und in feine Ringe schneiden, das Fleisch und die Leber blättrig schneiden. In einer Pfanne Öl erhitzen, Zwiebeln darin anrösten, Fleisch und Leber dazugeben, ebenfalls gut durchrösten. Mit Zitronenschale, Kümmel, Muskatnuss und Senf würzen. Dann alles mit Mehl stauben und mit etwas Rindsuppe aufgießen. Fleisch in dieser Sauce gar dünsten. Schließlich das fertig gegarte Fleisch mit Essig, Salz und Pfeffer abschmecken und mit Rahm verfeinern. Kurz vor dem Servieren mit den gehackten Kräutern bestreuen.
Für die Schnittlauchnockerln das Mehl mit Milch, Eiern, Schnittlauch und Salz verrühren; den Teig kurz ziehen lassen. Teig durch ein Nockerlsieb in kochendes Salzwasser streichen, kurz aufkochen lassen. Nockerln abseihen und mit kaltem Wasser abschrecken. In Butter geschwenkt zum Katzeng'schroa reichen.

Katzeng'schroa II
500–600 g Kalbfleisch in dünne Blätter schneiden. Eine feinnudelig geschnittene Zwiebel in heißer Butter abrösten, mit gestoßenem Kümmel, etwas abgeriebener Zitronenschale, Ingwer, einem guten Schuss Essig und etwas Salz würzen, im eigenen Saft zugedeckt weich schmoren; nur bei Bedarf Rindsuppe dazu gießen. Zum Schluss das Gericht mit Sauerrahm und Mehl legieren und mit einer Hand voll gehackter Kräuter verfeinern. Als Beilage dienen Wasserspatzen oder Bandnudeln.

Kateng'schroa III
Je 150 g Kalbsvögerl, Rindfleisch, Schweinsschulter und Leber in feine Streifen, 1 Bund Wurzelgemüse feinnudelig schneiden. Eine fein gewiegte Zwiebel in Öl anbraten, Fleisch und Wurzelgemüse dazugeben und alles zusammen rasch abbraten. Fleisch mit etwa 150 ml Rindsuppe ablöschen, salzen, pfeffern und zugedeckt weich dünsten. 1 1/2–2 EL Mehl mit 150 ml sauren Rahm versprudeln und – sobald das Fleisch weich ist – einrühren. Zwei Essiggurkerl fein hacken und zusammen mit einem guten Esslöffel voll Kapern in das Katzeng'schroa geben, dieses eventuell auch noch mit 1–2 Sardellenfilets würzen. Sauce mit einer Prise Zucker, abgeriebener Zitronenschale, Salz und Pfeffer abschmecken. Dazu passen Nockerln oder Nudeln.

BEIM ZAUNER

MOSTSULZ MIT FRÜCHTEN UND EIERLIKÖR-OBERS

Für die Sulz:
750 g Früchte nach Saison (z. B. Zwetschken, Rhabarber, Weintrauben oder Beeren), 750 ml Most, 2 Hand voll Mandelsplitter oder grob gehackte Walnüsse, 10–12 Blatt Gelatine, einige Nelken, 2–3 Zimtstangen, Zucker

Für den Eierlikör:
500 ml Obers,
250–300 ml Bauernschnaps 50 % (z. B. Obstler, Sliwowitz),
10 Dotter, 200–250 g Feinkristallzucker,
16 g Vanillezucker

Weiter:
250 ml Schlagobers,
Minze und gehackte Nüsse zum Garnieren

Mit dem Eierlikör beginnen; hierfür die 10 Dotter samt Zucker und Vanillezucker mit einem Handrührgerät 10–15 Minuten langsam mixen. Den Schnaps dazugeben, weitere 5 Minuten mixen. Das Obers beifügen, nochmals 5 Minuten mixen, anschließend in eine große Flasche füllen; kühl und dunkel lagern.

Früchte waschen und in gefällige Formen schneiden, d. h. würfeln, halbieren oder vierteln (kleine Frücke ganz lassen). Zwischenzeitlich den Most mit Zucker, Zimtstangen und Nelken aufkochen, kurz durchziehen lassen, abseihen und die in kaltem Wasser aufgelöste Gelatine – gut ausgedrückt – darin auflösen. Die Früchte in eine mit Klarsichtfolie ausgelegte Form füllen, die Nüsse dazwischen einarbeiten. Mostsud über die Früchte gießen und im Kühlschrank mindestens 4 Stunden sulzen lassen (am besten über Nacht). Vor dem Servieren vorsichtig aus der Form heben und in Scheiben schneiden.
Schlagobers steif schlagen, mit 3–4 EL Eierlikör aromatisieren und zur Sulz anrichten. Mit Minze und Nüssen garnieren.

HIMBEERSUPPE MIT VANILLE-GRIESSNOCKERLN

Für die Himbeersuppe:
350 g vollreife Himbeeren, 80–100 g Staubzucker, etwas Erdbeer- oder Himbeerwein (s. u.), Zitronensaft zum Abschmecken

Für die Vanille-Grießnockerln:
500 ml Milch, 2 Dotter, 100 g Staubzucker, 70 g Grieß, 2 Vanilleschoten, 6 Blatt Gelatine (in kaltem Wasser eingeweicht), 500 ml Obers, Prise Salz

Milch mit Zucker, etwas Salz und je nach Geschmack ein oder zwei halbierten Vanilleschoten (das Mark etwas auskratzen) aufkochen, dann Grieß und Dotter einrühren (Vorsicht das Ei darf nicht ausflocken).
Die Grießmasse vom Herd nehmen und einige Minuten quellen lassen, dann die gut eingeweichte Gelatine gut ausdrücken und unter die Grießmasse rühren. Die Masse in eine Schüssel füllen und etwas überkühlen lassen, kurz bevor sie zu stocken beginnt, das geschlagene Obers unterheben und danach für einige Stunden kalt stellen.
Für die kalte Himbeersuppe werden die Früchte durch ein Sieb passiert, das Fruchtmark mit Staubzucker und Fruchtwein (man kann natürlich aus einen schönen Eiswein oder Sekt nehmen) verrühren und mit Zitronensaft abschmecken; nach Belieben auch etwas gehackte Minze einrühren. Die Suppe in tiefen Tellern anrichten, aus der Grießmasse mit zwei Löffeln Nocken formen und diese in der Suppe anrichten.

Himbeerwein: Neben den Fruchtweinen, die wie Wein aus Trauben vergoren werden, gibt es eine sehr rasche Variante, die gerne zu Desserts und Mehlspeisen gereicht wird:
Hierfür werden einfach 250 ml dicker Himbeersaft (auch Brombeer- oder Erdbeersaft) mit 500 ml gutem Rotwein leicht erwärmt. Über Nacht stehen lassen, dann nochmals leicht erwärmen.

EFERDINGER ERDBEERCREME

Erbeeren aus dem Eferdinger Becken gelten als besonders schmackhaft.

125 ml Milch, 2 Dotter und 80 g Zucker über Dunst warm schlagen, die zuvor in kaltem Wasser eingeweichten 6–7 Gelatineblätter gut ausdrücken und unter die Masse rühren. Masse kalt schlagen. 250 ml Schlagobers steif schlagen, 200 g passiert Erdbeeren (und/oder Himbeeren) sowie etwas Zitronensaft in die fast gestockte Creme mischen. Creme in mit kaltem Wasser ausgeschwemmte Formen füllen, kühl stellen, dann stürzen und mit frischen Beeren ausgarniert servieren. Schlagobers dazu reichen.

ZAUNERSTOLLEN

Dieses beinahe hundert Jahre alte Rezept gehört zu den berühmtesten Süßigkeiten der traditionsreichen Konditorei Zauner in Bad Ischl.

240 g geriebene Schokolade,
250 ml Obers, 120 g geriebene Nüsse,
110 g zerbröselte Oblaten (ersatzweise Waffeln),
Öl, Schokoladeglasur

Die Schokolade in Obers unter ständigem Rühren aufkochen, unter Schlagen auskühlen lassen, bis die Masse steif ist. Ausgelöste Nüsse im Ganzen rösten, dann reiben und mit den zerbröselten Oblaten unter die Obers-Schokolademasse mengen. Eine Rehrückenform mit Öl auspinseln (noch besser mit Klarsichtfolie auslegen) und die Masse einfüllen. Am nächsten Tag aus der Form stürzen, mit Schokoladeglasur bestreichen und dünn aufgeschnitten servieren.

KONDITOREI ZAUNER IN BAD ISCHL

DER ZAUNERSTOLLEN

Niederösterreich

Das von vielfältigsten Landschaften und natürlich vor allem vom Wein geprägte Niederösterreich ist ein wahres Eldorado für Schlemmer und Genießer, denn die verschiedenen Regionen des Landes haben ihre unterschiedlichsten Spezialitäten, die es zu kosten und zu erschmecken gilt. Von qualitätsbewussten Herstellern werden hochwertigste Produkte nach traditionellen Rezepten erzeugt, die Wirtshauskultur wird gehegt und gepflegt, altbewährte Speisen und Gerichte neu wiederentdeckt und über allem thront der Wein, der hier zu alleredelsten Tropfen heranreifen darf. Zudem bietet Niederösterreich mit der Wachau, dem Wienerwald, dem Weinviertel, dem Waldviertel oder dem Semmering wunderschöne Landstriche, die zum Verweilen und Genießen einladen.
Da ist zum einen das Waldviertel, ganz im kühlen Norden des Landes gelegen, eine Gegend voller Mythen, Sagen und Geschichten. Hier findet man nicht nur einige der besten Fischzuchten des Landes, sondern auch aromatischen Mohn mit seinen Produkten oder edelsten Schaf- und Ziegenkäse.
Südlich vom Waldviertel gelegen ist die traumhaft schöne Wachau, deren berühmte Rieslinge und Grüne Veltliner zu Recht zu den besten der Welt gezählt werden, wodurch die Wachau zu Österreichs bekanntestem Weinbaugebiet wurde. Aber auch Marillen, herrliche Mehlspeisen, Donaufische oder Edelbrände sind Aushängeschilder, die der Wachau alle kulinarischen Ehren erweisen.
Nordöstlich von Krems beginnt dann das Weinviertel, Österreichs größtes Weinbaugebiet und zugleich auch wahrscheinlich das ursprünglichste. Hier setzt man ganz auf die heimischen Traubensorten, vor allem auf den Grünen Veltliner. Zarte Hügellandschaften prägen das Bild und in den unzähligen Winzerhöfen, urigen Buschenschänken sowie den malerischen Kellergassen lassen sich neben den traditionellen, reschen Weinen der Region auch edelste Kreszenzen verkosten.
Südlich der Donau liegt das Mostviertel, eine idyllische und ursprüngliche Landschaft, die ihren Namen von jenem säuerlichen und betörenden Getränk erhalten hat, das hier aus den kleinen Mostbirnen vergoren wird. In prächtigen alten Vierkanthöfen werden zum gekühlten Most gerne regionale Spezialitäten gereicht, wie etwa ein Mostbratl, Ziegenfrischkäse, Speck oder herzhaftes Bauerngeselchtes.
Im Nordosten von Niederösterreich wird die Landschaft flacher, zeigt sich weit und offen. Das Marchfeld prägt hier das Landschaftsbild, jener fruchtbare Gemüsegarten Niederösterreichs, in dem einer der besten Spargel Europas gestochen wird.
Die Bundeshauptstadt Wien ist zu einem großen Teil vom herrlichen Wienerwald umgeben. Einst ein Jagdzentrum des Adels, ist er heute vor allem auch ein Naherholungsgebiet, in dem man z. B. Bärlauch sammeln geht. Der Bärlauch – auch Knoblauchspinat genannt – war es übrigens, der die Wiener Bevölkerung vor allem in Notzeiten immer wieder mit wichtigen Vitaminen versorgte und zugleich für etwas kulinarische Abwechslung sorgen konnte.
Ganz im Süden liegen dann die zauberhaften Gebirgszüge von Semmering, Rax und Schneeberg. Von hier stammen so Köstlichkeiten wie das Schneebergrind, Gämsen, herrliches Lamm- und Ziegenfleisch oder auch Gebirgsforellen. Ja sogar Trüffeln sind am Semmering, wie auch im Wienerwald zu finden, wenngleich diese freilich sehr selten geworden sind.

Der Most

Die Geschichte der Obstbäume im Mostviertel reicht zurück bis in die Steinzeit. Unveredelt, klein und verschrumpelt waren sie Teil eines flächendeckenden Laubwaldes, in dem schon früh Nomadenstämme die herben Früchte sammelten. Später waren es dann die Römer, welche die meist kümmerlichen Bäumchen veredelten und in prachtvolle Obstbäume verwandelten. Über die Jahrhunderte entstand so ein riesiges Obstbaumgebiet, in dem heute auf mehr als einer Million Bäumen gut dreihundert verschiedene Birnensorten gedeihen – eine weltweit einzigartige Vielfalt.

Unterschieden werden die Birnen in Speisebirnen, Mostbirnen und Kletzenbirnen, welche eine Spezialität der Region darstellen. Die Mostbirne unterscheidet sich vom übrigen Mostobst durch einen hohen Gerbstoffgehalt, eine überdurchschnittlich hohe Saftausbeute und ihre fruchtige Süße, zudem hat sie eine geringere Säure, als z. B. die Mostäpfel. Ein Großteil der heute sehr ertragreichen Mostbirnbäume ist etwa 100–150 Jahre alt und bringt bis zu 1000 kg Früchte/Baum. Rund ein Drittel der Mostbirnen wird dann von etwa 1000 bäuerlichen Betrieben auch zu „Mostviertler Birnenmost" verarbeitet, wobei alle Rohstoffe im angegebenen geographischen Gebiet ihren Ursprung haben müssen und auch die Produktion dort stattzufinden hat.

Der heute verwendete Name „Mostviertel" ist aber weder eine amtliche noch eine kartographische Bezeichnung, sondern ein traditionell gebräuchlicher Begriff für den südöstlichen Teil von Niederösterreich, in dem der Most eine wirtschaftliche wie auch traditionelle Bedeutung als regionale Spezialität hat. Das für die Mostbirnbäume hervorragend geeignete Gebiet (vorwiegend Braunerde und Braunlehme mit entsprechender Tiefgründigkeit, hohe Luftfeuchtigkeit und reichhaltige Niederschläge (800–1500 mm/Jahr) wird allgemein geläufig als von der Donau bis zu den Alpen und von der Enns bis zum Wienerwald reichend verstanden. Somit gehören die Bezirke Amstetten, Scheibbs, Melk, Lilienfeld, Tulln, St. Pölten-Land und Teile von Wien-Umgebung zum Mostviertel, Europas größtem Birnmostgebiet.
Die Landschaft des Mostviertels ist nach wie vor von einer bäuerlichen Landwirtschaft geprägt, die sanften Hügel sind mit Obstbäumen überwuchert, dazwischen thronen teils riesige Vierkanthöfe mit ihren Mostkellern und Presshäusern.

Was ist Most?

Most ist grundsätzlich der vergorene Birnen- oder Apfelsaft, welcher nach österreichischem Weingesetz auch Obstwein genannt werden darf, im Mostviertel haben hierfür die Mostbirnen einen Anteil von 70–90 Prozent. Hergestellt wird dieser Birnmost aus eben genannten Mostbirnen, das sind jene Birnensorten, die aufgrund ihres adstringierenden Phenolgehaltes sich nicht zu Speisezwecken eignen.
Der berühmte „Mostviertler Birnmost" wird also durch Fassgärung des aus Mostbirnen gewonnenen Presssafts hergestellt, ist dabei vollständig durchgegoren, klar, ohne jegliche Trübung und weist – je nach verwendeten Mostbirnensorten – eine rötlichgelbe, goldgelbe, hellgelbe bis grünlich-gelbe Färbung auf. Besonders charakteristisch für die hier hergestellten Moste ist ihr fruchtig reiner Geschmack.
Zudem ist der „Mostviertler Birnmost" ein traditionell in bäuerlichen Betrieben hergestellter Birnenwein, dem kein Fruchtsaftkonzentrat oder Apfelsaft zugesetzt werden darf, wie das in anderen Gegenden üblich ist.

Bäuerliche Herstellung

Der schöne Hof der Familie Raikersdorfer ist ein für das Mostviertel klassischer landwirtschaftlicher Betrieb, etwas außerhalb von Neuhofen/Ybbs gelegen, inmitten einer idyllischen Landschaft, die von saftigen Wiesen und Weiden, endlosen Obstbaumreihen, Streuobstwiesen und stolzen Vierkanthöfen geprägt ist. Seit vielen Jahren betreibt die Familie nicht nur Obstbau, Land- und Viehwirtschaft, sondern auch einen eigenen Mostheurigen, der im urig-alten Presshaus untergebracht wurde. Nahezu alle Speisen und Getränke, welche hier angeboten werden, stammen aus eigener Erzeugung, wie z. B. das rauchig-schmackhafte Selchfleisch, der kernige Speck, das frisch gebackene Brot und natürlich der köstliche Most aus Birnen und/oder Äpfeln.

Die Erzeugung von richtigem Most ist eigentlich genauso aufwendig und anspruchsvoll wie die von Wein. Qualitativ hochwertiges Obst – meist Fallobst – wird händisch oder mittels Obstklaubmaschinen aufgelesen, danach sorgfältig gewaschen und zerkleinert. Die so gewonnene Maische wird dann zur Saftgewinnung gepresst, danach kommt der frische Saft für drei bis sechs (manchmal auch acht) Wochen in Gärfässer, meist aus Holz, Kunststoff oder Nirosta. Die Gärzeit wird bewusst kurz gehalten, um das Entstehen von Fehlgeschmack zu verhindern.

Nach dem Gärende wird der Most so rasch als möglich vom Geläger (abgestorbene Hefen, kleine Fruchtteilchen etc.) abgezogen und anschließend durch Schönung mit Gelatinen oder Benthoniten, Aufzuckerung und Filtration endbehandelt. Letztlich wird der ursprüngliche und naturnahe Most in so genannte Mostflaschen abgefüllt.

Traditionalisten unter den Mosttrinkern bevorzugen „g´mischte" Moste, welche im Mostviertel aus 2/3–3/4 Birnen (der Rest Äpfel) hergestellt werden. Viele Produzenten stellen auch einen gemischten Birnmost her, den man am besten als (Most-)„Cuvée" beschreiben kann, weil hierfür verschiedenste miteinander harmonierende Birnensorten gemischt und zu besonders harmonischen Mosten ausgebaut werden.

Ähnlich wie beim Wein haben sich aber auch im Mostbau die Zeiten geändert und deshalb sind in den letzten Jahren reinsortige Moste in Mode gekommen. Hierfür werden nur Früchte einer einzigen Sorte gepresst, vergoren und sortentypisch ausgebaut. Reinsortige Moste sind eine Spezialität für Kenner, die den unterschiedlichen Geschmack der einzelnen Mostbirnensorten herausschmecken wollen; deshalb sind Moste von z. B. Dorschbirne, Speckbirne, Knollbirne, Stieglbirne oder Rosenhofbirne auch echte Spezialitäten und dementsprechend rar.

KANINCHEN IN APFELMOST

1 Kaninchen, 1 Flasche Apfelmost,
20–25 Schalotten, 4–5 Knoblauchzehen,
2 Paradeiser, 1 Karotte, 4–5 EL Öl,
1–2 EL Mehl, Thymian, Lorbeerblatt,
Salz und Pfeffer aus der Mühle

Das Kaninchen zerteilen, salzen und pfeffern. Schalotten schälen und fein hacken, Karotte putzen und in dünne Scheiben schneiden, Paradeiser schälen und grob zerdrücken, den Knoblauch hacken.

Öl in einer Pfanne erhitzen, die Kaninchenteile portionsweise darin rundherum anbraten. Das Fleisch aus dem Topf nehmen und warm stellen. Schalotten samt Karotten einige Minuten im Bratfett andünsten, dann mit Mehl stauben. Alles rösten, bis das Mehl gebräunt ist, danach mit dem Most ablöschen. Kaninchen wieder in die Kasserolle legen, Paradeiser, Knoblauch, Thymian und Lorbeer zufügen, salzen, pfeffern, dann zugedeckt 45 Minuten schmoren. Deckel abheben, bei leichter Hitze offen weitere 30 Minuten fertig garen, bis die Sauce eingedickt ist. Kaninchen aus dem Topf heben, auf einer Platte anrichten und die Sauce darüber passieren. Mit hausgemachten Nudeln servieren.

1. Mostobst

2. Ernten/Aufklauben

3. Zerkleinern

4. Maische

5. Pressen

Fertig abgefüllter Most

6. Fruchtsaft

7. Gärung im Glasballon

MOST-SCHÜRFEL

600 g Mehl,
250 ml Most,
2 Dotter, 70 g Butter,
Staubzucker,
Butterschmalz zum Ausbacken

Most mit Dottern und flüssiger Butter versprudeln. Mit Mehl zu einem glatten geschmeidigen Teig verkneten. Den Teig eine halbe Stunde an einem kühlen Ort rasten lassen. Teig etwa 3 mm dick ausrollen und mit dem Teigradler Rechtecke schneiden. Die Teig-Schürfel in heißem Butterschmalz goldgelb backen. Vor dem Servieren mit Staubzucker und nach Geschmack etwas Zimtpulver bestreuen.

MOSTSUPPE

500 ml Most (vorzugsweise Birnenmost),
1 Liter kräftige Rindsuppe,
1 Zwiebel,
200 ml Sauerrahm,
50–60 g Butter,
3 EL Mehl,
frisch geriebener Kren,
Prise Salz

Weiter:
etwas geschlagenes Obers,
4 Scheiben Schwarzbrot gewürfelt,
Butter oder Butterschmalz

Die Zwiebel fein schneiden und in der Butter goldgelb anrösten, mit dem Most und dem Gemüsefond aufgießen, köcheln lassen. Den Sauerrahm mit dem Mehl verrühren, und die Suppe damit binden. Frisch geriebenen Kren nach dem Aufkochen darunter geben, Suppe abschmecken. Schwarzbrotwürfel in Butter oder Butterschmalz rösten.
Die Suppe in Teller füllen, mit einer Obershaube und den gerösteten Schwarzbrotwürfeln garnieren.

APFELMOSTCREME

200 ml Milch, 250 ml Apfelmost,
150 g Kristallzucker, 1 Vanilleschote,
6 Eier, 2–3 Blatt Gelatine, 125 ml Schlagobers

Die Gelatine in kaltem Wasser einweichen, dann gut ausdrücken und in etwas lauwarmer Milch auflösen. Eier trennen, die Dotter mit der Hälfte des Zuckers schaumig abtreiben. Restliche Milch mit dem Most und ausgekratzter Vanilleschote samt Mark aufkochen, die Gelatine-Milch dazugeben, dann mit einem Schneebesen unter ständigem Rühren unter die Dottermasse mischen.
Eiweiß mit restlichem Zucker zu steifem Schnee schlagen, portionsweise unter die Dottermasse heben. Letztlich das geschlagene Obers einarbeiten, die Vanilleschote entfernen und die Creme in Schüsseln oder Gläser abgefüllt kalt stellen.

MOSTSCHOBER

Für den Schober:
4 Eier,
150 g Kristallzucker,
100 g Semmelbrösel

Für den Mostschaum:
500 ml Most,
2 Eidotter,
150 g Staubzucker,
40 g Maisstärke,
Ingwer,
Piment,
Zimt

Außerdem:
Butter und Semmelbrösel für die Förmchen,
Beeren zum Garnieren

Für den Schober zunächst die Eier trennen, die Dotter mit dem Zucker schaumig abtreiben. Eiweiß mit einer Prise Zucker zu steifem Schnee schlagen, danach zusammen mit den Bröseln unter die Dottermasse heben, dann alles in vier mit Butter gefettete und mit Bröseln ausgestreute Förmchen füllen. Die Schober bei 180 Grad goldgelb backen (Nadelprobe machen).
Zwischenzeitlich den Most mit Dottern, Staubzucker, Maisstärke und Gewürzen nach Geschmack in einem Wasserbad über Dunst schaumig schlagen. Mit dem Schaum einen Saucenspiegel auf vier Teller setzen, den Mostschober in der Mitte anrichten und mit Beeren garniert servieren.

Hinweis: Schober kann auch wie folgt zubereitet werden; 3 Eier trennen, Dotter mit 60 g Zucker schaumig rühren, 40 g zerlassene Butter zugeben. Die Eiweiße steif schlagen und mit einer Mischung aus 70 g Mehl und 45 g gemahlenen Haselnüssen vermengt vorsichtig unter die Dottermasse heben (nach Belieben mit abgeriebener Zitronenschale und Vanillezucker verfeinern). In mit Butter gefettete und Zucker ausgestreuten Formen gefüllt bei 180 Grad im Ofen backen. Wer mag kann den Schober danach mit heißem Gewürzwein (aus Most, Zimtstange, Gewürznelken, Zucker, Orangen- und Zitronenschalen) übergießen und erhält so eine Variante des „Besoffenen Kapuzieners“.

MOSTBOWLE

1 Liter Most,
1–1 1/2 Liter Sodawasser,
500 g Beeren (Himbeeren, Brombeeren, Erdbeeren und/oder Heidelbeeren),
100 ml Holundersirup,
Saft von 2 Orangen,
4–6 cl Mostbrand,
Zucker nach Belieben

Beeren mit Orangensaft, Most, Sirup, Brand vermischen und im Kühlschrank 1–2 Stunden ziehen lassen, nach Belieben mit Zucker nachsüßen. Vor dem Servieren mit eiskaltem Mineral- oder Sodawasser auffüllen.

MOST UND SCHOFKAS

Der Schafkäse in Rollenform hat im Mostviertel eine sehr lange Tradition und stammt ursprünglich aus Erlauf- und Ybbstal. „Schofkas“ wurde im Mostviertel seit jeher auf den Höfen der Bauern für den Eigenkonsum produziert. Jedes Haus hatte damals Schafe, vor allem für die Wollgewinnung. Aus dem „Nebenprodukt“ Schafmilch stellten die Bauern ihren Schafkäse her. Heute ist der Schofkas im ganzen Mostviertel fixer Bestandteil der Mostjause. Schofkas schmeckt am besten auf einem guten Stück Bauernbrot mit Butter, bedeckt mit einer ordentlichen Schicht Schnittlauch, Salz und Pfeffer. Aber auch in der Küche verwendet man ihn gerne, eine Delikatesse ist dieser Frischkäse auf hausgemachtem Nussbrot mit Birnenmarmelade.

MOSTBOWLE

Kletzen

Kletzen sind getrocknete Most- oder Kletzenbirnen und bilden eine regionale Spezialität des Mostviertels, sind aber auch in Kärnten, Oberösterreich und Tirol sehr beliebt. Die Tradition Birnen zuerst zu trocknen und später dann gekocht für Füllungen, Saucen oder als Aroma zu verwenden ist uralt. Heute sind Kletzen nicht nur Bestandteil zahlreicher bekannter Rezepte, wie Kletzennudeln, Kletzenbrot oder Kletzen-Knödel, sondern werden auch zum aromatisieren von Schnäpsen oder zu Pralinen verarbeitet.

BERIEDSCHNITTEN MIT KLETZENBIRNEN-SCHNAPS

4 dicke Beiriedscheiben
(je 250–300 g) gut abgehangen,
30 g Mehl,
30 g Butter, Senf,
Öl zum Anbraten,
2–4 cl Kletzenbirnenschnaps,
Salz und Pfeffer aus der Mühle

Die Beiriedscheiben beidseitig dünn mit Senf bestreichen, leicht mehlieren und in Öl scharf auf beiden Seiten anbraten. Dann das Fleisch auf eine Platte legen, mit Alufolie abdecken und im Ofen bei 120 Grad gut 10 Minuten nachziehen lassen.
Zwischenzeitlich den Bratensatz mit Kletzenbirnenschnaps ablöschen und die eiskalte Butter darin schmelzen lassen, um den Saft zu binden, nochmals abschmecken. Die Steaks mit dem Saft servieren.

KLETZENBROT

Das Kletzenbrot ist eines der ältesten Weihnachtsgebäcke überhaupt, wurde allerdings früher ohne Feigen oder Rosinen gebacken, diese kamen erst später hinzu. Mit dem Backen des Kletzenbrotes wurde Ende November begonnen, doch angeschnitten wurde das Glück versprechende Brot erst am Heiligen Abend oder am Stefanitag (26. Dezember) vom Hausvater, der es dann an alle (auch an die Knechte und Mägde) verteilte – übrigens in manchen Gegenden auch an die Tiere im Stall!
Ein anderes altes Brauchtum ist das Kletzenbrotfahren, bei dem die Burschen eines Ortes sich das Gesicht kohlrabenschwarz färbten und mit einem Jauchefass bewaffnet zu jenen Höfen fuhren, in denen ledige Mädchen wohnten. Mit dem Fass wurde dann unter „Riesenbahöö" an die Türen geklopft, um die Töchter des Hauses zum Öffnen zu „zwingen" und ein Kletzenbrot anzuschneiden. Anhand der Schnittstelle sah der Anwärter dann, ob er mit einer Zu- oder Absage zu rechnen hatte: raue Schnittstelle hieß „nein", bei einer glatten durfte sich der potentielle Galan berechtigte Hoffnungen machen.
Kletzenbrot wird heutzutage mitunter auch mit Honig oder Zucker gesüßt, doch darauf wurde früher ebenfalls verzichtet, die Fruchtsüße der Kletzen, Zwetschken und Feigen sollte vollkommen ausreichen.

2 1/2 kg Schwarzbrotteig,
1 1/2 kg Kletzen,
500 g getrocknete Zwetschken,
250 g Haselnusskerne, 250 g Walnusskerne,
250 g Rosinen, 250 g Feigen,
125–150 ml Inländer-Rum, 200 g Zitronat,
200 g Orangeat, Anis, Nelken, Zimt, Pfeffer, 1 Ei

Die getrockneten Feigen über Nacht einweichen, Rosinen im Rum einlegen. Die Kletzen und Zwetschken getrennt weich kochen, dann die Kletzen durch den Fleischwolf drehen, Zwetschken entkernen. In einer Schüssel aus faschierten Kletzen, geviertelten Zwetschken, eingeweichten Feigen, grob gehackten Nüssen, Rosinen samt Rum, Orangeat und Zitronat, sowie den Gewürzen eine homogene Masse bereiten.
Die Hälfte des Schwarzbrotteiges ausrollen, mit der Kletzenmasse belegen und alles zusammen gut durchkneten. Aus dem restlichen Teig kleinere Flecken formen, die Kletzenmasse in Portionen teilen und jeweils zu einer Wurst formen; diese dann auf die Flecken legen und mit dem Teig umhüllen. Alle Kletzenbrote mit Ei bestreichen und im vorgeheizten Backrohr bei guter Mittelhitze etwa 1 Stunde backen.

KLETZEN-KNÖDEL

6 Semmeln in Würfel geschnitten,
3 Eier, 250 ml Milch,
150 g Kletzen klein gewürfelt,
50 g Butter, gehackte Petersilie,
Muskatnuss,
Salz und weißer Pfeffer

Eier trennen, Eiweiß steif schlagen. Die Semmelwürfel mit Milch und Dotter einweichen, zerlassene Butter und Gewürze darunter mengen, mit in Würfel geschnittenen Kletzen vermischen und Eischnee unterheben.
Masse in eine Serviette oder kochfeste Folie füllen, zu einer Rolle formen (es können auch mehrere Knödel zubereitet werden), danach im Rohr dämpfen oder in Salzwasser kochen.

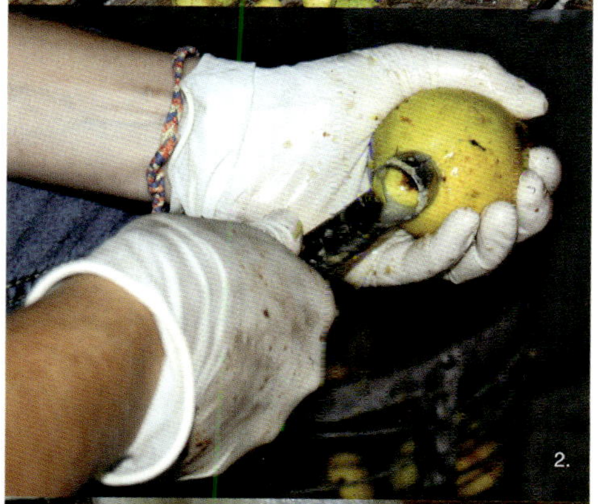

KLETZENHERSTELLUNG

1. Reife Most- oder Kletzenbirnen
2. Das Kerngehäuse entfernen
3. Die Kletzenbirnen gründlich waschen
4. Die Birnen bei bis zu 50 Grad im Ofen trocknen (die Backofentür einen Spalt breit offen lassen, damit die Kletzen beim Trocknen nicht schwitzen)
5. Die fertigen Kletzen

Die Wachau

Die Wachau ist eine einzigartige Wein- und Kulturlandschaft, Hektik kommt nur selten auf und gilt hier vor allem als degoutant. Hoch über der Donau thronen die Stifte Melk und Göttweig, in Dürnstein erhebt sich die mächtige Burgruine als Wahrzeichen über dem Ort und ganz im Westen endet das weltberühmte Weinbaugebiet in der Bezirks- und Weinhauptstadt Krems. Die faszinierende Landschaft des nur 36 Kilometer langen und teils sehr engen Donautals ist ein Paradies für Romantiker sowie ein Eldorado für Weinliebhaber, denn einige der besten Weißweine der Welt wachsen hier auf zum Teil extrem steilen Terrassen heran. So sind es auch die uralten Rebterrassen, die das Gesamtbild prägen und gleichzeitig bei näherem Betrachten einen Einblick in die harte Arbeit der Wachauer Winzer ermöglichen.
Zur Marillenblüte im Frühling ist die Wachau ein beliebtes Ausflugziel für Wanderer und Radfahrer, im Herbst dann für die Weinliebhaber und den Sommer über genießt man die Wachau z. B. bei einer Schifffahrt entlang der berühmten Rieden.
Kein Wunder, dass die geheimnisvolle, verträumte, lebensfrohe und impressionistisch anmutende Landschaft auch als Weltkulturerbe seine Bestätigung fand. Zudem ist der Menschenschlag hier überaus freundlich, was sicherlich auch mit dem Wein zusammenhängt – Weintrinker sind nun einmal ein geselliges Völkchen, denn: Wer trinkt den Wein schon gern allein? Ohne Wein geht in der Wachau nichts; was hier in den teils halsbrecherisch steil angelegten Rebgärten auf verwittertem Urgestein wächst, sind nicht nur einige der elegantesten Weißweine Österreichs, sondern Kreszenzen mit Herz und Seele.

Vor 600 Jahren bezeichnete der damals Oberste Schenk in Österreich, Leuthold I. von Kuenring aus Dürnstein, seine Weinlande als „Vinea Wachau Nobilis Districtus"; heute ist es der Name des 1963 gegründeten Schutzverbands der Wachauer Winzer. Die Bestimmungen dieser Vereinigung schreiben u. a. vor, dass nur Weine von Rieden aus der genau begrenzten Region Wachau zwischen Melk und Krems verwendet werden dürfen und keinerlei Zukauf von Traubenmaterial aus anderen Gebieten gestattet ist. Ein weiteres wichtiges Kriterium ist der natürliche Zuckergehalt in den drei Kategorien: „Steinfeder" (leicht und spritzig, bis maximal 10,7 % Alkohol; benannt nach dem hier typischen Gras „stipa penanata"), „Federspiel" (kraftvoll-elegante Weine mit einem Alkoholgehalt von bis zu 12 %; der Name erinnert an das Federspiel bei der Falkenjagd) und „Smaragd" (für dichte, komplexe und gehaltvolle Weine aus vollreifen Trauben, welche nur in guten Jahren aus den besten Rieden gelesen wurden; der Name bezieht sich auf die Smaragd-Eidechsen, welche sich mit Vorliebe auf den warmen Felsen in den Weinbergen sonnen). Die Wachauer Weine sind gekennzeichnet von einer elegant-feinen Säure, verfügen über einen starken Körper und begeistern durch ihre dichte Frucht sowie ihr charakteristisches Aroma.

Dominierende Rebsorten sind Grüner Veltliner und Riesling, die hier besonders gut reifen. Daneben werden Neuburger, Weißburgunder, Grauburgunder, Chardonnay (der hier Feinburgunder heisst) sowie Gelber Muskateller auf dem kargen, aber fruchtbaren Urgestein angebaut – Granit, Stein und Schiefer prägen die Wachauer Weine und machen sie so mineralisch.
Neuerdings wird auch wieder vereinzelt Rotwein angebaut, doch sind diese eher als seltene Rarität zu bezeichnen. Vor allem die Rieslinge, Weißburgunder und Grünen Veltliner der Güteklasse Smaragd haben der Wachau ihren grandiosen Ruf in der internationalen Weinwelt eingebracht.

Die bekanntesten Weinorte sind Spitz an der Donau (bekannteste Winzer: Karl Bracher, Martin Donabaum, Johan Donabaum, Franz Hirtsberger, Josef Högl, Karl Lagler, F. J. Gritsch vom Mauritiushof und Anton Nothnagl), Wösendorf (Erich Machherndl, Franz Pichler, Rudi Pichler), Joching (Jamek, Johann Schmelz), Weißenkirchen (mit Manfred Jäger, Kartäuserhof – Stierschneider, Karl Mayr, Ilse Mazza, Weingut Prager, Anton Schneeweiß), Dürnstein (Freie Weingärten Wachau, Stockingerhof) und Loiben, das weinmäßig in Unterloiben (mit Leo Alzinger, Emmerich Knoll, Rainer Wess) und Oberloiben (Wolfgang Bäuerl, F. X. Pichler, Urbanushof – Paul Stierschneider) unterschieden wird.
Auf der anderen Donauuferseite findet man Mautern (Silberbichlerhof, Nikolaihof, Weingut Mold), Rossatz (Heinz Sigl) und Arnsdorf (Weingut Wintner).

Die Grünen Veltliner und Rieslinge sind unvergleichlich. Schon bei den leichten, frischen Weinen spürt man diese klingende Frucht von Pfirsich und Marille, entsprechend ausgeprägter bei den kräftigeren bis monumentalen Weinen. Üppiger Schmelz, vibrierende Kraft, Eleganz und Terroir sind es, die Weine aus der Wachau zu weltweit gesuchten Raritäten machen; und für viele Sommeliers, Gourmets, Weinliebhaber und Genießer gilt das Motto „Keine Woche ohne Wachauer Wein!"

BURGRUINE DÜRNSTEIN

WEINGUT PRAGER WEISSENKIRCHEN/WACHAU

Das Weingut Prager gehört zu den traditionellsten Wachauer Weinbaubetrieben. So belegt ein alter Erbrechtsbrief des Klosters Michelbeuern, dass bereits im Jahre 1715 drei Weingärten bewirtschaftet wurden, die bis heute zum Weingut gehören: es sind dies die Rieden Ritzling, Hinter der Burg und Leber. Franz Prager zählt zu den Pionieren des Wachauer Weinbaus und hat das berühmte Weingut zu einem der besten Österreichs werden lassen; Tradition verpflichtet!

Seit Beginn der 90er Jahre sind DI Ilse und DI Toni Bodenstein für die Qualität des Gutes verantwortlich. Die 14 ha Weingärten, welche ausschließlich mit Weißwein-Trauben bestockt sind, befinden sich zum einen in Weißenkirchen (wie die Rieden Steinriegl, Klaus, Achleiten und Weitenberg) sowie in Dürnstein (Rieden: Kaiserberg und Hollerin). Die zum Teil auf extrem steilen Hanglagen befindlichen Gärten werden traditionell-innovativ bewirtschaftet. Die zentrale Keller-Philosophie lautet: Der Wein soll ein Abbild seiner jeweiligen Lage darstellen; entsprechend unverwechselbar müssen die feinen Unterschiede der Lagenweine sein!

Einen Wein herauszuheben ist bei der grandiosen Qualität kaum möglich, denn sowohl die Rieslinge, als auch die Veltliner sind einfach einzigartig: fruchtbetont, finessenreich, hochelegant und absolut terroir-spezifisch! Primus ex pares ist vielleicht der überaus finessenreiche und hoch-elegante Riesling Smaragd Wachstum Bodenstein, dessen feine Pfirsich-Marillen-Aromen von einer zarten Mineralik unterstützt werden; ein vollendeter Wachauer-Riesling, ein perfekter Wein.

STOCKINGERHOF DÜRNSTEIN

Das in Dürnstein gelegene Weingut Stockingerhof gehört zu jenen Betrieben, die von Quereinsteigern geleitet werden, die das Winzerhandwerk als Berufung und nicht als Beruf empfinden. Peter Stockinger (genannt der „Falke“) ist ein Winzer aus Leidenschaft mit einem kompromisslosen Streben nach bester Qualität. Heute bewirtschaftet er 4 ha Weingärten in den besten Wachauer Lagen, von denen 80 Prozent mit Weißweinen bestockt sind, 20 Prozent aber auch mit Rotweintrauben, für die Wachau eher untypisch.

Und so überrascht das Weingut Stockingerhof sehr positiv mit seinem hervorragenden Zweigelt sowie einem trinkanimierenden, sauber ausgebauten Blauburger. Glanzstücke des Hauses sind aber sicherlich die Weißweine, hier vor allem der extraktreiche und aromatische Grüne Veltliner Smaragd sowie der exzellente Gelbe Muskateller Federspiel, der mit seiner zarten Blütenaromatik und einer schönen Balance zwischen Frucht und Säure absolutes Trinkvergnügen bereitet.

F.X. PICHLER OBERLOIBEN

Einer der schillerndsten Namen in der Top-Klasse österreichischer Weißweine ist sicherlich das Haus Pichler, von Weinliebhabern und Freunden notorisch kurz „F.X.“ genannt; und längst ist dieses berühmte „F.X.“ auch zu einem internationalen Markenzeichen geworden. Franz Xaver Pichler ist ein penibler Weingärtner und kompromissloser Perfektionist: „Großer Wein wächst weder im Weingarten noch im Keller, sondern im Kopf.“

Das Weingut verfügt derzeit über 13 ha Weingärten, die zu 50 Prozent mit Grünem Veltliner, 40 Prozent mit Riesling und zu 10 Prozent mit Sauvignon blanc bestockt sind. Bereits im Jahre 1928 selektionierte Franz Pichler sen. einen besonderen Grünen Veltliner, der zwar sehr kleine Trauben hervorbringt, aber ein besseres Mostgewicht und eine größere Extraktfülle aufweist; diese Selektion steht heute in allen Rieden des Weingutes und legt so den Grundstein für die herausragenden Weine.

Die Weine wachsen zu einem großen Teil in den steilsten Lagen des Dürnsteiner (hier am Kellerberg) und Loibner (mit Loibnerberg) Raumes, weshalb diese Weingärten nur per Hand bewirtschaftet werden können. Beide Rieden gehören zu den besten Einzellagen der Welt, hier wachsen – durch ein spezielles Mikroklima begünstigt – ganz besondere Weine, die sich durch ihre Mineralik, Einzigartigkeit, Aromafülle und charakteristischen Geschmack auszeichnen. Die Weine sind zudem extrem dicht, komplex, fein strukturiert und wunderbar nuancenreich. Und so erzeugt hier die Familie Pichler individuelle Weine der absoluten Extraklasse, welche das Terroir, die wunderschöne Landschaft und das spezielle Mikroklima in sich aufgenommen haben und beim Genuss widerspiegeln.

Neben den legendären Grünen Veltlinern M und Dürnsteiner Kellerberg brillieren die kristallklaren Rieslinge, allen voran die extrem finessenreichen Rieslinge Kellerberg und Loibnerberg.

FRANZ HIRTZBERGER SPITZ AN DER DONAU

Das Weingut Franz Hirtzberger ist eines jener Wachauer Weingüter, die dem österreichischen Wein, insbesondere Riesling und Veltliner zu internationalem Ruf gebracht haben. Auf den 20 ha in und um Spitz an der Donau wachsen Trauben, aus denen mit viel Geschick und Erfahrung Weine von Weltklasse erzeugt werden. Kompromissloses Qualitätsdenken beginnt hier im Weingarten und im Keller wird keine Weintraube verwertet, die nicht genauestens überprüft worden ist.

Unglaublich eindrucksvoll der vielschichtige Riesling Smaragd Singerriedel mit seinem wunderbaren Säurespiel und der delikaten Marillen-Pfirsichnote. Geradezu klassisch und brillant erscheint der Riesling Smaragd Hochrain, mit einer feinen Marillen- und Kräuternote. Nicht vergessen darf man auch den Grünen Veltliner Smaragd, der mit würziger Nase und seiner hoch-eleganten Struktur jeden Weinfreund zu begeistern vermag.

WEINGUT FINK LOIBEN

Die Weingärten der Familie Fink liegen am östlichen Anfang der Wachau, wo etwa 7 ha Weingärten, teils Berglagen, die ausschließlich von Hand gepflegt werden müssen, bewirtschaftet werden. Das etwa 500 Jahre alte Winzerhaus, wird von der Familie Fink seit dem Jahr 1958 bewohnt. Es beherbergt einen Lagerkeller nur für Bouteillen und ein neues Presshaus mit modernsten Verarbeitungsmaschinen, die wesentlich zur Qualität der Weine beitragen. Es herrscht das Bestreben, durch sorgfältige Ausdünnungen der Trauben, welche von Hand erfolgt, ein gesundes, hochwertiges Traubenmaterial zu erzielen. Die Trauben werden nach der Pressung sortenrein in Edelstahltanks zu qualitativ hochwertigen Weinen herangereift. Besonders schön gelungen sind die Riesling-Reserve und der Rote Muskateller.

HOLZAPFEL JOCHING

Das Weingut Holzapfel in Joching hat seinen Stammsitz in einem 1696 von Jakob Prandtauer erbauten Weinlesehof und bewirtschaftet seine derzeit 9,5 ha Weingärten ausschließlich mit traditionellen Arbeitsmethoden. Die Böden der Wachauer Terrassenlagen, strikte Ertragsbegrenzung und laufende Selektion der besten Trauben bilden die Basis der Weinqualität. Das Lesegut der gesamten Ernte wird schonend und sorgfältig mit Hilfe innovativer Kellertechnik verarbeitet. Der daraus gewonnene Most wird anschließend temperaturkontrolliert vergoren.

Das Weingut strebt die Vinifizierung von klaren, fruchtig-feinen, charaktervoll-lebendigen Weinen für den täglichen Genuss an, ein weiteres Augenmerk wird auf die Erzeugung von trocken-kompakten, cremigen Smaragdweinen gelegt, welche alle die für die Gegend typische Mineralik aufweisen.

Neben dem finessenreichen Riesling Smaragd mit seinen schönen Zitrusaromen darf sicherlich der kraftvoll-kompakte Grüne Veltliner Smaragd Ried Achleiten als das Top-Produkt des Hauses bezeichnet werden.

WEINGUT EMMERICH KNOLL UNTERLOIBEN

Neben Hirtzberger, F.X. Pichler, Toni Bodenstein (Weingut Prager) ist Emmerich Knoll der Vierte im Bunde des berühmten Wachauer Winzerquartetts. Er steht für vielschichtige, extrem tiefgründige Weine; vor allem seine Smaragd-Weine sich ungemein wuchtig und mineralisch. Allein über die unzähligen Kultweine, welche das Weingut Knoll in vielen Jahrzehnten erzeugt hat, könnte man Bücher schreiben und Jahr für Jahr kommen neue Kultweine hinzu. Kaum ein Winzer arbeitet derart akribisch, detailverliebt und kompromisslos wie Emmerich Knoll. Auf seinen knapp 14 ha wachsen zu jeweils 45 Prozent Grüner Veltliner und Riesling, die restlichen 10 Prozent teilen sich Gelber Muskateller, Rivaner, Chardonnay, Blauer Burgunder und seit einigen Jahren Gelber Traminer. Die Toplagen des Hauses sind Schütt (als die wahrscheinlich beste Lage), Loibenberg, Kellerberg und Pfaffenberg, zudem wird eine „Vinothekfüllung" angeboten – als Synonym für allerfeinste Grüne Veltliner.

Es ist nahezu unmöglich den einen oder anderen Wein hervorzuheben, denn gerade bei den Smaragdweinen entscheidet einzig und allein der persönliche Geschmack – grandios sind sie alle! Weinliebhaber, welche eine tolle Mineralik bevorzugen, werden sicherlich von der „Vinothekfüllung" des Grünen Veltliner Smaragd begeistert sein, doch auch der Grüne Veltliner Smaragd Kreutles zeigt eine intensive und ausgeprägte Mineralik. Für Riesling-Freunde hat das Haus Knoll gleich mehrere Top-Kreszenzen parat, exzellent und von einer klaren Säure getragen der Riesling Smaragd Kellerberg, einzigartig der fulminante Riesling Smaragd Schütt und wunderschön nuanciert erscheint die Riesling Beerenauslese Pfaffenberg; allesamt Weine mit tollem Entwicklungspotential, weshalb man jüngeren Tropfen unbedingt die Zeit zum Reifen geben sollte.

SCHMIDL DÜRNSTEIN

Das Weingut Schmidl liegt im alten Weinort Dürnstein und verfügt heute über 8 ha Weingarten in den berühmten Lagen Kellerberg, Wunderburg oder Hollerin-Hollstoand'l. Eine Besonderheit ist die erstmals 1347 urkundlich erwähnte Riede Küss den Pfennig. Sie hat ihren Namen daher, weil sie besonders steil aufragt und ihre Bewirtschaftung mit besonderen Mühen verbunden ist; deshalb sollte man jeden Pfennig, den man mit ihr verdient hat, küssen. Die Weine wachsen an den besten Berg-Südlagen und verfügen durchs gesamte Sortiment hindurch über intensive sortentypische Frucht und hohen Extrakt. Von den eleganten Weinen ist besonders der wuchtige Weißburgunder mit seiner schön eingebundenen Säure zu erwähnen, aber auch der körperreiche und fruchtig-duftende Grüne Veltliner.

URBANUSHOF OBERLOIBEN

Paul Stierschneider leitet heute das 1696 gegründete Qualitätsweingut in Oberloiben, welches derzeit über 5 ha Weingarten verfügt. Das qualitativ hochwertige Traubengut wird in naturnaher Produktion mit strenger Ertragskontrolle zu einem guten Teil auf den Steinterrassen rund um Loiben gewonnen. Strenge Ertragsbeschränkung und schonende Verarbeitung des Traubenmaterials sind für das Weingut selbstverständlich. Neben den Wachauer Klassikern wie Grüner Veltliner und Riesling wird z. B. ein exzellenter Sauvignon blanc erzeugt.

LEO ALZINGER UNTERLOIBEN

Leo Alzinger zählt zu jenen Winzern, die bereits in den frühen 80er Jahren für ihre hervorragenden Qualitätsweine bekannt waren. Das Weingut verfügt heute über 8,5 ha Weingärten, die allesamt in Loibner und Dürnsteiner Top-Berglagen zu finden sind. Es werden zu 100 Prozent Weißweine angebaut, vor allem Riesling und Grüner Veltliner, aber auch ein wenig Chardonnay. Leo Alzinger wird heute von seinem gleichnamigen Sohn unterstützt, beide agieren etwas zurückhaltend und so sind auch ihre Weine; sie sollten reifen, denn erst dann entwickeln sie ihr tolles Potential und zeigen ihre Stärken. Leider werden sie meist viel zu jung getrunken, ein Schicksal, dass sie – vor allem in Österreich – mit vielen anderen Top-Weinen teilen müssen.

Bei den Rieslingen gefallen vor allem die sehr fruchtbetonte Riede Hollerin, mit ihrer Kräuter-Zitrusnote und der nur als herausragend zu bezeichnende Riesling Smaragd Steinertal, mit wunderschönen Pfirsich-Marillen-Apfel-Aromen und einem perfekten Säure-Fruchtspiel. Von den vielen Grünen Veltlinern erscheinen besonders die Rieden Loibenberg und Liebenberg hervorhebenswert, doch auch der grandiose Grüner-Veltliner-Reserve darf keinesfalls unerwähnt bleiben.

IMPRESSION WACHAU

Wachauer Marillen

Der Marillenbaum wurde von den Römern im ganzen Donauraum verbreitet, doch die Wachauer Marillen haben ein einzigartiges Aroma und sind von nahezu unverwechselbarem Geschmack. So viel steht für viele Kenner fest! So süß, so fruchtig und mit einer derart feinen Säure ausgestattet schmecken sie wahrscheinlich nirgendwo sonst. Daher haben die wunderschönen orange-gold glänzenden Früchte auch die Ehrung erhalten, europaweit mit einer originalen Herkunftsbezeichnung ausgestattet und dadurch geschützt zu sein.
Das besondere Aroma verdanken die Wachauer Marillen vor allem dem Klima mit seinen für die Region typischen Temperaturunterschieden zwischen Tag und Nacht, die sowohl für Säure, als auch für Süße sorgen.
Die Marillenblüte Anfang April begeistert und verzaubert jedes Jahr aufs Neue Einheimische wie Besucher gleichermaßen. Nicht weniger beliebt ist der Marillenkirtag in Spitz, der alljährlich am letzten Juli-Wochenende abgehalten wird.
Berühmt sind aber nicht nur die Marillen der Wachau, sondern auch die Rezepte, welche aus ihnen zubereitet werden. Marillenröster, Wachauer Marillenmarmelade, Marillenknödel oder -kuchen sind hier in aller Munde.
Ganz besonders berauschende Spezialitäten sind die Beschwipsten Marillen, Wachauer Marillenlikör und der edle Marillenschnaps, welcher mittlerweile weltberühmt sein dürfte. Der Marillenbrand wird aus der vergorenen Maische von vollfruchtigen Marillen gebrannt, wobei der Maische ein ganz bestimmter Anteil von gemahlenen Kernen zugefügt worden ist. Neben der 1872 gegründeten Firma Bailoni erzeugen z. B. auch die Holzapfels oder die Firma Wieser einen ausgezeichneten Marillenbrand, doch auch beim „Bauern nebenan" kann man sehr gute Hofbrände erstehen.

MARILLENBLÜTE

MARILLEN

POCHIERTER KALBSLUNGENBRATEN MIT MARILLEN

Rezept vom Autor des Buches

Für den Lungenbraten:
1 sauber parierter Kalbslungenbraten (das Mittelstück),
1 Zwiebel,
1–2 Bund geputztes Wurzelgemüse (Petersilienwurzel, Gelbe Rübe, Karotte, Lauch),
einige Petersilienstängel,
Schuss Weißwein,
1 Lorbeerblatt,
einige Pfefferkörner,
Salz

Für die Marillen:
12–15 gewaschene Marillen entkernt und halbiert,
1 EL feinst gehackte Zwiebeln,
Butter,
2–4 cl Marillenbrand,
Prise Zucker,
Prise Salz,
einige eingelegte grüne Pfefferkörner

Alle Zutaten für das Kalbsfilet in einen Topf geben, mit nicht zu viel Wasser auffüllen (der Lungenbraten sollte hinterher gerade bedeckt sein) und aufkochen, 10–15 Minuten kochen lassen. Lungenbraten in die kochende Brühe legen, 3–5 Minuten kochen lassen, dann den Topf vom Herd ziehen und das Fleisch 20–25 Minuten pochieren.
Butter in einer Kasserolle schmelzen, Zwiebel glasig dünsten, mit Zucker stauben. Dann die Marillen darin dünsten. Mit Marillenbrand (oder Likör), einigen grünen Pfefferkörnern (leicht angedrückt) sowie einer Prise Salz abschmecken.
Kalbsfilet quer in dünnere Scheiben aufschneiden, mit den Marillen servieren. Mit eingelegtem grünen Pfeffer garnieren.

MARILLENSTRUDEL

300 g Strudelteig, 1 1/2 kg Marillen, 100 g geriebene Mandeln, 100 g Semmelbrösel, 100 g Zucker, 80 g Butter, Prise Salz

Für die Fülle werden zunächst die Brösel zusammen mit den Mandeln in der Butter geröstet, dann fügt man einen Löffel Zucker hinzu und lässt diesen karamellisieren. Strudelteig auf einem feuchten Tuch hauchdünn ausbreiten, mit der Bröselmasse bestreichen. Darauf werden die entsteinten und halbierten Marillen dicht an dicht gelegt und mit Zucker bestreut. Mit Hilfe des Tuchs alles zu einem Strudel zusammenrollen, die Enden dabei einschlagen. Strudel auf ein gefettetes Blech legen, mit zerlassener Butter bestreichen und bei 180 Grad gut 35 Minuten goldgelb backen, dabei zwei- bis dreimal mit flüssiger Butter bestreichen.

MARILLEN-RÜHRKUCHEN

1 kg Marillen, 200 g Butter,
5 Eier, 100 g Kristallzucker,
1 Packung Vanillezucker,
100 g Staubzucker,
150 g glattes Mehl,
50 g Stärke, 1 TL Backpulver,
Prise Salz

Eier trennen. Die Butter weich werden lassen, dann mit dem Eigelb zu einer hellen Creme schlagen. In diese wird löffelweise zuerst der Kristall-, dann der Vanille- und zuletzt der Staubzucker eingearbeitet. Schließlich das Mehl und die Stärke darüber sieben und zusammen mit dem Backpulver und einer Prise Salz zu einem Rührteig verarbeiten, in diesen endlich den steif geschlagenen Schnee unterheben.
Ein Backblech dick ausbuttern und den Teig darauf streichen. Die entsteinten und halbierten Marillen dicht aneinander auf den Teig setzen, leicht andrücken. Kuchen bei 160–170 Grad etwa 45 Minuten backen. Den Kuchen mit Staubzucker bestäubt noch lauwarm servieren.

RAHMSCHMARREN MIT MARILLENRÖSTER

BESCHWIPSTE MARILLEN

Etwa 1 kg Marillen, 1 Liter Marillenbrand, 1 Liter Marillenlikör

Die Marillen kurz in kochendem Wasser blanchieren, dann eiskalt abschrecken und häuten. Marillen halbieren und entkernen. Früchte in ein geeignetes Gefäß füllen. Marillenlikör mit Marillenbrand vermengen und über die Früchte gießen (sie müssen vollständig bedeckt sein!).

WACHAUER MARILLENHUHN

1 Masthuhn (vorzugsweise BIO) von 1 1/4–1 1/2 kg, 500 g Marillen, etwa 4 Portionen vorgedünsteter Reis (vorzugsweise Risotto-Reis), knapp 100 ml Riesling, 125–150 ml Obers, Öl zum Braten, Salz und Pfeffer aus der Mühle

Marillen waschen, trocknen, halbieren und entsteinen. Mit einem Holzlöffel die Haut der Brust vom Fleisch lösen, 6 Marillenhälften zwischen Haut und Brustfleisch schieben. Die restlichen Marillen fein würfeln und mit dem vorgegarten Reis vermengen, leicht salzen. Das Huhn innen und außen gut mit Salz und Pfeffer würzen, danach mit der Reis-Marillenmischung füllen. Die Unterkeulen sowie die Flügelspitzen in Alufolie wickeln, damit sie nicht verbrennen. In einer ofenfesten Pfanne etwas Öl erhitzen, das Hendl darin rundherum anbraten, danach in den auf 160–180 Grad vorgeheizten Ofen schieben und in gut 1 Stunde fertig braten. Anschließend das Huhn aus der Pfanne heben und warm stellen.
Den Bratensatz mit Wein loskochen (man kann ihn zuvor mit etwas Marillenschnaps ablöschen) und kurz einkochen lassen. Das Obers hinzufügen, die Sauce reduzieren, währenddessen mit Salz und Pfeffer würzen.
Das Huhn portionieren und mit der Sauce servieren, dazu einen Wachauer Riesling genießen!

WACHAUER MARILLENHUHN

WACHAUER PALATSCHINKEN

4 große Palatschinken (siehe S. 311), Vanilleeis (siehe S. 331), Schlagobers, frische Minze

Für die Marillenröster:
Gut 1 kg Marillen, 500 g Zucker, 250 g Wasser, einige Mandelsplitter, Marillenschnaps

Für die Marillenröster die Früchte waschen, trocknen, halbieren und entsteinen. Marillen in Streifen schneiden. Zucker mit Wasser in einen Topf füllen und aufkochen, die Mandeln dazugeben und alles dicker einkochen lassen (den Zucker spinnen). Die Marillen hinzufügen und kurz ziehen lassen. Topf vom Herd nehmen und den Röster in sterile Gläser abfüllen, diese mit in Rum (oder Marillenbrand) getränktem Pergamentpapier luftdicht verschließen. Den Marillenröster 10 Minuten in Dunst kochen, danach kühl lagern.
Die frisch zubereiteten Palatschinken auf Teller verteilen, mit jeweils 1–2 Kugeln Vanilleeis füllen. Den Marillenröster mit Marillenbrand nach Geschmack verfeinern und um die Palatschinken herum anrichten. Mit Schlagobers und frischer Minze garniert servieren.

MARILLEN-MANDELKUCHEN

Die angegebene Menge reicht leicht für zwei Kuchenformen à 26 cm Durchmesser. Man wird auch zwei Kuchen backen müssen, denn er schmeckt absolut köstlich!

Für den Teig:
400 g Mehl, 300 g kalte Butter, 200 g Zucker, Prise Salz

Für den Belag:
2–2 1/2 kg Marillen, 300 g Zucker, 150 g geriebene Mandeln, 100 g Butter, gestiftete Mandeln, Mehl für die Arbeitsfläche und für die Formen

Aus Mehl, Butter, Zucker und etwas Salz sehr rasch einen mürben Teig zusammenkneten, diesen in zwei gleich große Stücke teilen und in Folie gewickelt im Kühlschrank mindestens 1 Stunde rasten lassen. Danach den Teig auf einer bemehlten Arbeitsfläche 3 cm stark auswalken, danach in gebutterte und bemehlte Kuchenformen (Tarteformen) legen. Teig mehrmals mit einer Gabel einstechen.
Die geriebenen Mandeln mit der Hälfte des Zuckers vermischen. Jeweils die Hälfte von diesem Gemisch auf einen Teigboden streuen und gleichmäßig verteilen. Marillen halbieren und entsteinen, mit der Fleischseite nach unten auf den Teig setzen, dabei dicht an dicht anordnen. Marillen großzügig mit flüssiger Butter bepinseln, dann mit Zucker bestreuen. Im 200 Grad heißen Ofen bei starker Unterhitze (!) etwa 45 Minuten backen, bis die Marillen ganz leicht Farbe genommen haben. 10 Minuten vor Ende der Backzeit mit Mandelstiften bestreuen.

BLÜHENDER MARILLENBAUM

WACHAUER GRIESS-SOUFFLÉ

Für das Grießsoufflé (6 Portionen):
400 ml Milch, 60 g Butter, 50 g Zucker, 70 g Grieß, 4 Eigelb, 5 Eiweiß, etwas abgeriebene Zitronenschale, Ingwer, Salz, Butter und Zucker für die Förmchen

Für das Marillenmark:
8 Marillen, Schuss Zitronensaft, Zucker

Für die Weißwein-Marillen:
18 Marillen, 250 ml Riesling, 250 ml Wasser, 250 g Zucker, etwas Vanillemark

Außerdem:
Staubzucker, Beeren und Minze als Garnitur

Vorbereitung: Alle Marillen in kochendem Wasser kurz blanchieren, in Eiswasser abschrecken und häuten.
Für das Mark werden die vorgesehenen 8 Marillen entsteint, danach in einem Mixer mit etwas Zitronensaft und Zucker fein püriert. Masse durch ein Sieb streichen und nochmals abschmecken.
Aus Weißwein, Wasser, Zucker und Vanillemark zunächst einen leichten Sirup kochen, die verbliebenen Marillen darin ziehen lassen, bis sie recht weich sind. Danach die Früchte halbieren und entsteinen.
Für das Soufflé wird die Milch mit der Butter, der Hälfte des Zuckers, etwas abgeriebener Zitronenschale, Ingwer und einer Prise Salz aufgekocht. Den Grieß dazumengen und alles ähnlich einem Brandteig abrösten. Masse etwas abkühlen lassen, dann die Eigelbe darunter mengen. Eiweiße mit dem restlichen Zucker steif schlagen und vorsichtig portionsweise unterheben. Kleine Soufflé-Förmchen zuerst ausbuttern, dann mit Zucker ausstreuen. Die Grießmasse nicht ganz bis zum Rand hoch einfüllen. Förmchen im Wasserbad bei 200 Grad etwa 25–30 Minuten im Ofen garen. Auf Nachspeisetellern zuerst einen Spiegel Fruchtmark streichen, dann je ein Soufflé in die Mitte eines Tellers setzen. Jeweils 6 Weißweinmarillen um ein Soufflé legen und mit etwas Mark überglänzen. Das Soufflé mit reichlich Staubzucker bestäuben, mit Beeren und Minze ausdekorieren und sofort genießen.

LISL WAGNER-BACHER

Das Landhaus Bacher

Seit einigen Jahrzehnten ist das Landhaus Bacher eine der ersten Genuss-Adressen Österreichs und weit über dessen Grenzen hinaus bekannt. Lisl Wagner-Bachers Küche ist so unverwechselbar wie die Wachau selbst. „Ihre Wachau“ ist für Lisl Wagner-Bacher der Ursprung und die Quelle aller Kreativität; und daher ist ihre Küche nicht zuletzt auch ein Spiegelbild der traumhaften Wachauer Landschaft, eine Komposition aus erlesensten (vornehmlich regionalen) Zutaten, verbunden mit spielerischen, mediterranen Akzenten.
In der Wachau ist schon etwas von der Leichtigkeit des Südens zu spüren, vor allem im Frühling und Sommer, wenn die Marillen prachtvoll blühen, die romantischen Laubengänge zum tagträumerischen Wandeln einladen oder die unzähligen Blumen mit ihrem Duft die Sinne betören. Die Wachau ist ein kleines Paradies, das sich seine ruhige Atmosphäre trotz aller Bekanntheit weitestgehend bewahren konnte. Und Teile dieses Paradieses finden sich in der verspielten und dabei doch sehr femininen Küche von Lisl Wagner-Bacher wieder. Ihre Küche ist nie überkandidelt, immer auf das Wesentliche bedacht und zudem typisch österreichisch; und so darf sich der Genießer im Landhaus Bacher nicht nur über Austern, Steinbutt, Jakobsmuscheln, Trüffeln oder Gänseleber freuen, sondern auch über panierten Lammrücken, Blunzen-Variationen, Kalbsnieren, gratinierte Steinpilze oder die berühmten Wachauer Marillenknödel.
Man merkt es dem Landhaus Bacher einfach an, dass Lisl Wagner-Bacher eine leidenschaftliche Gastgeberin ist und es liebt, Menschen um einen Tisch herum zu versammeln, für sie zu kochen, sie zu bewirten und ihnen einen genussreichen – wenn möglich unvergesslichen – Abend zu bereiten. Dieses liebenswerte Lebensgefühl hat sie in einem einzigen Satz auf den Punkt gebracht: „Ich möchte nichts anderes sein, als eine gute Hausfrau für eine große Familie.“ Sie versteht ihren Beruf als Berufung und versucht – gemeinsam mit ihren Gatten Klaus – dieses Selbstverständnis auch ihren Töchtern Christina und Susanne zu vermitteln.
Bei all den kulinarischen Höhenflügen hat sie niemals ihre Wurzeln verlassen und verweist auch heute immer wieder – mittlerweile als vielfach dekorierte Spitzenköchin – auf ihre Eltern, von denen sie erzählt, dass diese nicht einfach nur Wirtsleute waren, sondern „Wirtsleute mit Leib und Seele“. Sie hätten ihr das wichtige Gespür vererbt und natürlich auch das wundervolle Landhaus, das sie heute mit ihrer Familie führt.
Das Landhaus Bacher ist für viele Genießer der Inbegriff eines gepflegten Landrestaurants mit bemerkenswerter Tisch- und Kellerkultur. Und während Lisl Wagner-Bacher in der Küche werkt, so ist der Keller das Reich von Klaus Wagner, einem mittlerweile weit über Österreichs Grenzen hinaus bekannten und respektierten Sommelier.
„Meine Weine“ steht auf der Weinkarte des Hauses Bacher, es ist dies die Überschrift für eine wunderbare Sammlung bester und feinster Kreszenzen. Doch bevor Klaus Wagner zum Weinexperten wurde, war er Biertrinker aus Überzeugung! Erst Freund Gerald Malat (Weingut Malat, S. 177) und der Schwiegervater Hans Bacher vermochten es, in nächtelangen Verkostungen seine Leidenschaft für den Wein zu erweckten; und diese Leidenschaft sorgte dafür, dass der Keller des Hauses heute ein einzigartiges Weinprogramm bietet, das zu den bestsortiertesten Österreichs zählt.
Es ist keineswegs übertrieben, wenn man sagt, dass das Landhaus Bacher eine gleichermaßen charmante, wie gemütlich-elegante Oase für Genießer bietet, die vor allem im Frühling zum längeren Verweilen einlädt; in Herbst und Winter hingegen vermag das Landhaus die Seele zu erwärmen und vor prasselndem Kaminfeuer schmecken nach den kulinarischen Hochgenüssen Lisl Wagner-Bachers der Cognac und die Zigarre noch einmal so gut – Genuss in Reinkultur!

GEBACKENES KAVIAR-EI MIT SAUERRAHMSAUCE

4 sehr große Eier aus Freilandhaltung,
Mehl,
versprudeltes Ei,
Weißbrotbrösel,
Erdnussöl

Für die Sauerrahmsauce:
250 ml Sauerrahm,
3 EL Obers,
Spritzer Worcestershiresauce,
Salz und Pfeffer

Außerdem:
300 g feines Erdäpfelpüree,
200 g iranischer Kaviar (vorzugsweise Ocietra),
etwas Dill

Die Eier anstechen und 5 Minuten wachsweich kochen. Eier in Eiswasser abschrecken, vorsichtig schälen und leicht abtrocknen, danach mit Mehl, versprudeltem Ei und Semmelbröseln paniert in heißem Erdnussöl schwimmend goldgelb ausbacken.
Die Zutaten für die Sauce miteinander verrühren, dann mit der Sauce einen Spiegel auf den Teller setzen und auf diesen etwas heißes Erdäpfelpüree mit dem Dressiersack dekorativ aufspritzen. Von den Eiern Kappen abschneiden, eine große Nocke Kaviar daraufsetzen und mit der Kappe abdecken. Die Eier auf das Püree stellen und mit Dill ausgarniert servieren.

CARPACCIO VOM REH MIT ROTKRAUTSALAT

GEBACKENES KAVIAR-EI MIT SAUERRAHMSAUCE

LANDHAUS BACHER

CARPACCIO VOM REH MIT ROTKRAUTSALAT

Für das Carpaccio:
300 g Rehrückenfilet, 200 g Gänsestopfleber

Für den Rotkrautsalat:
200 g Rotkraut,
Himbeeressig, Haselnussöl,
Salz und schwarzer Pfeffer aus der Mühle

Für die Marinade:
1 TL Sherryessig, 1 TL Himbeeressig,
3 EL Haselnussöl

Zur Garnitur:
8 eingelegte schwarze Nüsse,
Walnusskerne

Das Rehrückenfilet der Länge nach etwa 1 cm dick aufschneiden, auseinander klappen und leicht plattieren. Die Gänseleber sauber parieren und durch ein Sieb streichen, das Filet mit der passierten Gänseleber bestreichen und einrollen. Das Fleisch in Klarsichtfolie wickeln und leicht anfrieren.
Rotkraut halbieren, vom Strunk befreien und sehr fein schneiden. Kurz in Salzwasser bissfest kochen, noch warm mit Himbeeressig und etwas Haselnussöl nach Geschmack marinieren; mit Salz und Pfeffer würzen.
Das angefrorene – nicht tiefgefrorene – Filet mit einer Küchenmaschine oder einem sehr scharfen Messer in etwa 3 mm dünne Scheiben schneiden, die Scheiben mit einer Marinade aus Sherryessig, Himbeeressig und Haselnussöl bepinseln; salzen und pfeffern.
In die Mitte eines großen Tellers Scheiben von aufgeschnittenen schwarzen Nüssen platzieren und den Rotkrautsalat darauf anrichten. Das aufgeschnittene Carpaccio rundherum anrichten und alles mit gehackten Haselnüssen bestreut servieren.

KALBSRÜCKEN IM GANZEN GEBRATEN

Etwa 1 1/2 kg Kalbsrücken im Ganzen
(samt Knochen, ohne Grat),
10–15 Salbeiblätter, 8 Lorbeerblätter,
4 Rosmarinzweige, 500 ml Kalbsfond,
Öl und Butter zum Braten,
100 g Butter für die Sauce, Salz und Pfeffer

Für das Gemüse:
4 große Erdäpfel, 4 kleine Karotten, 4 Schalotten,
1 Stange Lauch, einige Knoblauchzehen,
1 EL Erdnussöl, Thymian, Rosmarin,
Salz und Pfeffer

Den Kalbsrücken salzen, pfeffern und in einer Pfanne mit heißem Fett gut anbraten; die Hälfte der Kräuter dazugeben und mitbraten. Anschließend das Fleisch auf einen Grillrost legen, ein Fleischthermometer in die Mitte stechen, eine Abtropfpfanne darunter schieben und den Kalbsrücken im vorgeheizten Backofen bei 120 Grad zunächst braten, bis die Kerntemperatur 40 Grad beträgt. Danach die Temperatur auf 100 Grad zurückdrehen und das Fleisch braten, bis die Kerntemperatur 50 Grad beträgt und zum Schluss das Fleisch bei 70 Grad weiterbraten; bei 70 Grad kann der Braten lange im Rohr belassen werden, das Fleisch gart nicht weiter durch.
Vor dem Servieren in einer Pfanne gesalzene Butter aufschäumen und die restliche Kräuter dazugeben. Das Fleisch hineinlegen und immer wieder mit der Butter begießen, dann das Fleisch herausnehmen, das Fett abgießen und den Bratenrückstand mit Fond aufgießen, diesen einkochen lassen und abseihen. Sauce mit eiskalter Butter montieren und abschmecken.
Die Gemüse werden geschält und gewürfelt, danach mit Kräutern gebraten, gewürzt und als Beilage zum Fleisch gereicht.

WACHAUER MARILLENKNÖDEL

12 reife Marillen,
12 Stück Würfelzucker

Für den Topfenteig:
140 g Butter, 140 g Grieß, 140 g Mehl,
2 Eidotter, 2 Eiklar, 500 g Topfen,
Prise Salz

Für die Butterbrösel:
400 g Brösel, 200 g Butter,
80 g Kristallzucker,
20 g Vanillezucker,
gemahlener Zimt

Für den Topfenteig die Butter schaumig rühren, Eidotter einarbeiten, nach und nach Grieß, Eiklar und Salz untermischen. Abwechselnd Mehl und Topfen dazugeben, alles so lange rühren, bis man einen glatten Teig erhalten hat. Teig zu einer Rolle von etwa 7 cm Durchmesser formen und in Klarsichtfolie wickeln, 45–60 Minuten im Kühlschrank rasten lassen.
Mit einem Kochlöffel die Kerne aus den Marillen drücken und durch jeweils ein Stück Würfelzucker ersetzen. Den vorbereiteten Teig in gut 5 mm dicke Scheiben schneiden, die vorbereiteten Marillen darin einschlagen und mit nassen Händen zu gleichmäßigen Knödeln formen. Knödel in leicht kochendem Salzwasser gar ziehen lassen.
Für die Butterbrösel die Butter schmelzen, Brösel, Kristallzucker und Vanillezucker einrühren, auf kleiner Flamme langsam goldbraun rösten; nach Belieben etwas Zimt dazugeben.
Die fertigen Marillenknödel in den Butterbröseln wälzen und mit Staubzucker bestäubt, auf Marillenmark oder zerlassener Butter angerichtet servieren.

KALBSRÜCKEN IM GANZEN GEBRATEN

WACHAUER MARILLENKNÖDEL

© Wolfgang Hauer, Scharfling

Das Gasthaus Heinzle in Weissenkirchen (Wachau) ist nicht nur wegen seiner schönen Donauterrasse berühmt, sondern auch bekannt für seine Huchen-Spezialitäten.

Der Huchen

Der auch „Donaulachs“ genannte Huchen gehört zur großen Gattung der Lachsfische. Er besitzt einen schlanken, im Querschnitt fast runden Körper und einen langgestreckten Kopf. Seine Rückenfärbung ist meist bräunlich oder grünlich-grau, die Flanken sind rötlich bis silber-metallisch und glänzend. Die Haut ist von zahlreichen kleinen schwarzen Flecken übersät. Huchen können bis zu 150 cm lang und 50 kg schwer werden.

Vor etwa 20 Jahren befürchteten Experten, dass der Huchen vollständig aussterben würde. Der Huchen ist heute noch immer eine bedrohte Art, die Zukunft dieses Fisches scheint durch konsequente Zucht aber gesichert zu sein. Die Gründe für seinen Rückgang sind sehr vielfältig, sie reichen von der Flussregulierung, über Wasserkraftwerksbauten bis hin zur Wasserverschmutzung. Das vorherrschende Problem für den Huchen, der bevorzugt in kalten schnellfließenden Flüssen und Gewässern mit kiesbedecktem Untergrund und Schotterbänken lebt (er benötigt diese zum Ablaichen), sind heutzutage sicherlich die Mühlwehre und Sohlschwellen; diese verhindern die Laichwanderung. Auch ist seine Hauptnahrung, Äschen und Nasen, mangels Laichmöglichkeiten nicht mehr so massenhaft vorhanden wie früher.

Heute wird der Huchenbestand vor allem durch künstlichen Besatz aufrecht erhalten. Doch ist der Huchenbesatz nicht nur schwer erhältlich, sondern auch sehr kostenintensiv. Größere Bemühungen den Huchen zu erhalten gibt es z. B. an der Donau (hier vor allem in der Wachau) und ihren südlichen (Alpen-) Nebenflüssen. So ist der Huchen z. B. noch in Drau, Gail, Inn, Salzach, Enns, Steyr, Mur, Mürz und Pielach zu finden. Dennoch muss man als Angler (viel) Glück haben, einen Huchen zu fangen!

Der elegante Fisch wird wegen seines schmackhaften Fleisches seit jeher auch von den Gourmets geschätzt und gilt als ganz besondere Delikatesse. In der Küche wird der Huchen traditionell zumeist gebraten oder gebacken. Viel zu selten findet man heute noch geräucherten Huchen; eine einzigartige Gaumenfreude!

IM GANZEN GEBRATENER HUCHEN

Dieses Rezept zählt zu den ganz klassischen Zubereitungen für diesen edlen Fisch!

1 mittelgroßer Huchen,
2–3 Zwiebeln,
1 Gelbe Rübe,
1 Stück Sellerie,
Butter,
Semmelbrösel,
Zitronenschnitze,
Petersilie,
Salz

Den Fisch schuppen und gründlich ausnehmen, dann waschen, trocken und sorgfältig salzen. Den Fisch in einer passenden, mit reichlich Butter ausgestrichenen Pfanne aufstellen; damit er nicht kippt, wird er entweder mit Erdäpfeln im Bauch oder noch besser mit Holzstäben gestützt. Die Zwiebeln fein blättrig schneiden, die Gelbe Rübe und den Sellerie grob würfeln; beides zum Fisch geben. Den Huchen mit Butterflocken belegen. Im vorgeheizten Backrohr bei nicht zu starker Hitze braten, währenddessen immer wieder mit flüssiger Butter bestreichen und mit Semmelbröseln bestreuen.
Wenn der Fisch eine schöne Farbe erhalten hat, wird er auf einer langen Fischplatte angerichtet, mit Zitronenschnitzen, Erdäpfeln und Petersilie ausgarnieren. Der Saft wird abgeseiht und extra dazu serviert.

HUCHEN IN OBERS

Normalerweise ist das Fleisch des Huchen schneeweiß, allerdings kann dieses auch rosa gefärbt sein, insbesondere dann, wenn der Huchen karotinhaltige Nahrung zu sich genommen hat, wie dies bei Zuchtfischen oftmals der Fall ist.

4 Huchenfilets von knapp 200 g
1–2 Paradeiser, 4 Knoblauchzehen,
40 g Butter, 2 Schalotten sehr fein gehackt,
250–300 ml Obers, Prise Kümmel,
Salz und weißer Pfeffer aus der Mühle,
gehackte Petersilie zum Garnieren

Die Huchenfilets sauber zurechtputzen, waschen und trocken tupfen. Die Tomate schälen und entkernen, danach das Fruchtfleisch in sehr kleine Würfel schneiden. Vier Auflaufformen in Portionsgröße oder eine größere Form mit angedrückter Knoblauchzehe einreiben (Knoblauchzehen in der/den Form/Formen belassen).
Butter in einer Pfanne erhitzen, gewiegte Schalotte darin andünsten, Tomatenwürfel kurz darin schwenken, dann alles ebenfalls in die Form/en füllen. Die mit Salz und Pfeffer gewürzten Fischfilets darauf betten. Das Obers mit Salz und Kümmel nach Geschmack würzen und über die Huchenfilets gießen. Im auf 220 Grad vorgeheizten Backofen geben und dort schmoren, bis das Obers eine schöne Farbe angenommen hat. Mit gehackter Petersilie bestreuen.

WIRT HEINZLE AUF SEINER DONAUTERRASSE

HUCHEN IN OBERS

Das Traisental

Die Kelten waren es, die dem bezaubernden Landstrich seinen Namen verliehen, denn sie nannten das rasch fließende Gewässer „Traisga“ (die schnell Fließende). Und somit ist das Traisental seit der Gesetzesnovelle von 1995 einerseits zwar das jüngste, gleichzeitig aber auch das älteste Weinbaugebiet Österreichs. Im idyllischen Franzhausen, einer der bedeutendsten prähistorischen Fundstätten Europas wurde ein Weinsamen gefunden, der nachweislich aus der Bronzezeit um 2000 v. Chr. stammt.

Das Traisental ist ein malerischer Flecken Erde, der zwischen den Ausläufern des Wienerwald und der Donau sanft eingebettet ist. Es ist eine friedliche Weinbauoase mit langer Tradition. Zwischen gepflegten Weingärten, saftigen Wiesen, frisch-duftenden Wäldern und freundlichen Höfen kann man hier vor allem Natur pur vorfinden – fernab von jeglichem Massentourismus.

Das Weinbaugebiet Traisental ist südlicher Nachbar der renommierten Regionen Wachau, Kremstal und Kamptal und das einzige Weinbaugebiet des Mostviertels. Unter Kennern gilt dieses Gebiet noch als Geheimtipp, denn die Qualität der Weine ist hervorragend und dazu bieten die Winzer zumeist ein überragendes Preis-Leistungsverhältnis.

Über das Tullnerfeld herauf wirken sich die Einflüsse des pannonischen Klimas aus, mit mehr als 1700 Sonnenstunden pro Jahr ist die Traubenvollreife kein Problem. Dazu gesellt sich der berühmte „Ziehharmonika-Effekt“: kühle Nächte sowie warme, sonnendurchflutete Tage sorgen für ein permanentes Ausdehnen und Zusammenziehen der Vegetation; ähnlich dem Balg einer Ziehharmonika. Dieser Effekt lässt die Weinreben atmen und die Aromenfülle der würzreichen Luft in sich aufnehmen. Das Ergebnis sind ebenso duftende wie vielschichtige, teilweise auch kräftig-würzige Weine.

Gemeinsam mit der komplexen Bodenstruktur – von Löss über kalkhaltige Konglomeratböden bis hin zu verwittertem Urgestein und schottrigen, sandigen Böden ist alles vorhanden – entsteht eine Vielzahl von Weinen, die oftmals eine straffe, mineralische Note zeigen, bisweilen auch von erdig-würzigen Anklängen unterlegt sind. Die zum Teil sehr kleinen Terrassenweingärten bringen sowohl sortentypische Gewächse mit knackiger Frucht und erfrischender Rasse hervor als auch – jahrgangsbedingt – kräftige, körperreiche Weine. Finesse und Vollmundigkeit stehen einander dabei nicht im Wege, sondern vereinen sich in geradezu spielerischer Weise und geben vielen Weinen ein ganz eigenständiges, individuelles Profil.

Weinbauorte wie Inzersdorf, Herzogenburg (Weingut Ludwig Neumayer), Getzersdorf und Reichersdorf (Winzer Markus Huber) liegen inmitten von Weinbergen, wo die Rebsorten Grüner Veltliner, Weißburgunder und Blauburger dominieren.

Schon um 1900 genossen die Wiener Sommerfrischler den berühmten Nußdorfer Wein, der Ort Nußdorf an der Traisen liegt im Norden des kleinen Weinbaugebietes (Weingut Alfred und Monika Holzer).

Direkt am Fluss liegt der größte Weinort der Region, Traismauer (Josef Nolz, Hans Schöller), wo nicht nur hervorragende Weine gekeltert werden, sondern auch viele kulturelle Schätze sowie ein Weinlehrpfad auf die Besucher warten. Insgesamt werden im Traisental derzeit rund 675 Hektar Weingärten bewirtschaftet, die neben den weißen Sorten Grüner Veltliner, Welschriesling, Rheinriesling und Chardonnay auch mit den klassischen Rotweinsorten wie z. B. Blauer Zweigelt, Pinot noir und St. Laurent bestockt sind.

© Dockner

DOCKNER THEYERN

Das Weingut der Familie Dockner liegt idyllisch zwischen Obstbäumen, Wiesen und Weinbergen im kleinen Ort Theyern. Mit dem Motto „Qualität kann nur im Weingarten entstehen" bewirtschaftet das Weingut unter der Leitung von Gerhard und Thomas Dockner seine 7 ha Rebflächen. Nur aus Top-Traubenmaterial kann ein Top-Wein entstehen, zudem wird der individuellen Bodencharakter zum Ausdruck gebracht. Bei den Rebsorten vertrauen Gerhard und Thomas Dockner auf das Typische der Region, vor allem auf den Grünen Veltliner, den Riesling und etwas Traminer, daneben wachsen Zweigelt und Pinot noir als Rotweinsorten.

Die Rotweine sind die Leidenschaft von Gerhard und Thomas Dockner und daher wird ihnen besonderes Engagement geschenkt. Das Ergebnis sind facettenreiche Weine mit schöner Frucht und viel Eleganz. Bei den Weißweinen sind sicherlich die Grünen Veltliner die Stärke des Hauses, vor allem der komplexe Konglomerat Reserve und der Theyerner Herbstgold Ried Spiegel sind an dieser Stelle hervorzuheben.

HOLZER NUSSDORF

Der Winzerhof der Familie Holzer liegt im berühmten Nußdorf und wird als reiner Familienbetrieb bereits seit 1838 bewirtschaftet. Auf 12 ha wachsen neben dem Grünen Veltliner vor allem Riesling, Chardonnay, Sauvignon blanc und Gelber Muskateller, aber auch ein breites Sortiment an Rotweinen. Die Rieden befinden sich auf einer idealen Bodenstruktur, wodurch optimale Vorraussetzungen für qualitativ hochwertigste Weine gegeben sind. Eines der wichtigsten Dinge für die Familie Holzer ist die Konzentration auf das Wesentliche: naturnahe Bewirtschaftung, hohe Laubwände, sinnvolle Ertragsreduktion sowie ein optimal gewählter Erntezeitpunkt. So entstehen in Verbindung mit modernster Kellertechnik fruchtbetonte Weißweine und gehaltvolle Rotweine. Das Motto des Betriebes lautet: „Natürliche Weine zu erzeugen, damit erhalten bleibt, was uns die Natur bei der Ernte an Fruchtigkeit und Fülle zum Geschenk macht."

Wenngleich in diesem Weingut ein sehr ansprechender Zweigelt erzeugt wird, sind doch die Weißweine – wie nahezu überall im Traisental – die eigentliche Stärke des Hauses. Sehr ansrechend ist der würzig-frische Sauvignon blanc mit zarten Aromen nach Stachelbeeren und Tropenfrüchten. Sehr kraftvoll und komplex präsentiert sich der Grüne Veltliner Privat, zeigt dabei eine schöne Frucht (Birnen-Apfel-Aroma) sowie eine finessenreiche Struktur.

WEINGUT NEUMAYER HERZOGENBURG

Ludwig Neumayer ist wohl der bekannteste Winzer der Region und gilt nicht zu Unrecht als einer der Vorreiter für Qualitätsweine des Traisentals. Mit der 2001 erfolgten Aufnahe bei den „Österreichischen Traditionsweingütern" wurde sein bisheriges Engagement gewürdigt und zudem ein weiterer Schritt in Richtung Top-Elite vollzogen. Das in Herzogenburg gelegene Weingut bewirtschaftet derzeit rund 9 ha, die zu 98 Prozent mit Weißweinreben bestockt sind. Sehr schön präsentieren sich die extratrockenen Grünen Veltliner Zwirch und „Der Wein vom Stein", während der finessenreiche und schön strukturierte Riesling „Der Wein vom Stein" mit seinem Pfirsich-Marillen-Aroma wirklich überzeugt.

Der sehr elegant und gehaltvolle Sauvignon blanc „Der Wein vom Stein" empfiehlt sich durch seine Finessen, seine spielerische Mineralik und die schönen Beerenaromen; zudem ist sicherlich auch der wunderbare Weißburgunder aus dem Hause Neumayer zu empfehlen.

WEINHOF ENGELHART HERZOGENBURG

Der Weinhof Engelhart hat seinen Sitz in Herzogenburg und bewirtschaftet 6 ha Weingärten, die mit Grünem Veltliner, Neuburger, Chardonnay, Rheinriesling, Rivaner, Zweigelt, Blauem Portugieser und St. Laurent bestockt sind. Die Weine gedeihen auf den sonnigen Südosthängen von Inzersdorf. Das Weingut Engelhart legt großen Wert auf die Qualität seiner Weine; die beginnt im Weingarten durch kurzen Rebschnitt, gezielte Laubarbeit und Traubenausdünnung. Da der Boden ganzjährig dauerbegrünt ist, lässt er keinerlei Erosion zu. Besonders gefällig ist der Grüne Veltliner Weinengl mit seinen feinen Zitrusaromen, einer rassigen Säure und schön saftigem Abgang, ein trinkanimierender Wein, der Lust auf mehr macht!

Neben dem Weinbau betreibt der reine Familienbetrieb auch eine Landwirtschaft mit Schweinezucht, weshalb im angeschlossenen Heurigen auch wunderbare hausgemachte Selch- und Wurstwaren angeboten werden können.

HASLINGER INZERSDORF

Das in Inzersdorf gelegene Weingut der Familie Haslinger umfasst derzeit knapp 7 ha Weinberge, auf denen neben Grünem Veltliner vor allem Weißburgunder, Chardonnay, Riesling, Sauvignon blanc und St. Laurent wachsen. Die Familie setzt auf eine naturnahe Weingarten- und Bodenpflege, kurzen Rebschnitt und eine ausgiebige Fruchtreduzierung und erzeugt so, zusammen mit den guten Böden des Traisentals, exzellente Traubenqualitäten; die Basis für jeden guten Wein.

Diese Grundlagen und eine bis zum letzten ausgefeilte, moderne Kellertechnik ermöglichen die Produktion von hochwertigen Weinen, vor allem ausgezeichneten Grünen Veltlinern in verschiedensten Spielarten. Recht interessante Weine des Hauses sind auch der Grüne Veltliner Eiswein sowie der trockene Sauvignon blanc.

WEINGUT FAMILIE STEYRER KUFFERN

Das in Kuffern gelegene Weingut der Familie Steyrer wird seit 1987 bewirtschaftet und gehört damit zu den neueren Betrieben im Traisental. Die 6 ha Weingärten liegen am Nordrand von Kuffern auf urgesteinsgeprägtem Untergrund, die bedeutendsten Rieden sind Stoaried und Beri mit trockenen, sandiglössartigen Böden sowie Mittlere Point mit dichten, lehmigen und speicherfähigen Böden.

Das Weingut Steyrer gehört der Gruppe der „Kufferner-Situla-Weine" an, einer Winzergemeinschaft, die sich zur Aufgabe gemacht hat, ausschließlich Weine mit hohen Qualitätsansprüchen zu erzeugen. Und so unterliegen die Weine dieser Markengemeinschaft bereits vor der Flaschenabfüllung einer strengen Prüfung durch eine professionelle Kostkommission. Nur entsprechend ertragsreduzierte und sorgfältig vinifizierte Weine dürfen in die so genannte Situla-Flasche kommen. Der Situla ist übrigens ein alter keltischer Eimer aus Bronze, der 1891 in einem Kriegergrab aus der Zeit von 400 v. Chr. in der Flur Bauernfeld Kuffern, gefunden wurde.

Ein besonders schöner Wein des Hauses ist der Chardonnay-Kabinett, der ein gut strukturiertes Frucht-Säurespiel zeigt und sich zudem mit sehr feinen, fruchtigen Aromen präsentiert.

WEINGUT HEISS-HAIMEL TRAISMAUER

Das Weingut der Familie Heiss-Haimel liegt in Traismauer und wurde erstmalig im Jahre 1815 erwähnt. Heute ist Renate Heiss-Haimel als erste weibliche Nachfolgerin für sämtliche Produkte des Hauses verantwortlich und bewirtschaftet 6 ha Rebfläche im Weinbaugebiet Traisental nach dem österreichischen Umweltprogramm mit kontrollierter, integrierter Landwirtschaft. Neben Sauvignon blanc, Frührotem Veltliner und Rivaner wird vorwiegend Grüner Veltliner angebaut, daneben Blauer Zweigelt und Blauer Burgunder als Rotweinsorten; insgesamt stehen nur heimische Sorten an vorderster Stelle. „Back to the roots" war für Frau Heiss-Haimel niemals ein Thema, denn sie hat ihre Wurzeln niemals verlassen. Wein zu produzieren, bedeutet für Renate Heiss-Haimel, ihre Persönlichkeit in das Produkt zu legen und die Herkunft des Weines deutlich zu unterstreichen. Besonders erwähnenswert sind der wunderbar leichte und frische Grüne Veltliner Sperling, ein geradezu perfekter Sommerwein, sowie der schwere und komplexe Grüne Veltliner Löss; doch besonders stolz ist Frau Heiss-Haimel auf ihren wirklich gelungenen Zweigelt Vorberg.

WEINGUT HUBER REICHERSDORF

Seit dem Einstieg des Sohnes Markus herrscht im Weingut Huber so etwas wie Aufbruchstimmung, zudem bilden Vater Anton und Sohn Markus ein optimales Team: während sich der Vater um die 15 ha Weingärten kümmert und dafür Sorge trägt nur bestes und hochwertigstes Traubenmaterial hervorzubringen, leitet Sohn Markus den Keller und ist für die Vinifikation zuständig. Die Weingärten werden naturnah bewirtschaftet, zudem wird mit rigoroser Ertragsbeschränkung, hohen Laubwandhöhen sowie nahezu akribischer Kleinarbeit gearbeitet, um die hohen Qualitätsansprüche zu erreichen, welche man selbst an das Traubenmaterial stellt. Das Bestreben des jungen Winzers liegt darin, individuelle und charakteristische Weine zu erzeugen.

Hauptaugenmerk des Jungwinzers liegt natürlich auf der Leitsorte des Traisentals, dem Grünen Veltliner, der in vier unterschiedlichen Stilen erzeugt wird. Weiter werden Riesling, Sauvignon blanc und Gelber Muskateller gekeltert; daneben vervollständigen Rotweine und in geeigneten Jahren auch Süßweine das Sortiment. Glanzsstücke des Hauses bleiben aber die Weißweine, von denen zum einen der Riesling Von den Terrassen und Riesling Berg ausgezeichnet munden und zum anderen der Grüne Veltliner Obere Steigen und Grüner Veltliner Berg absolut empfehlenswert erscheinen. Insgesamt sicherlich ein Weingut mit Zukunft, wenn der vielversprechende Weg beibehalten wird.

WALLERFILETS AUF WIRSINGFLECKERLN
Haslinger

Für die Fischfilets:
4 Wallerfilets (je 200–250 g),
2–3 EL Mehl,
45 g Butter,
etwas Öl,
Zitronensaft,
Salz und weißer Pfeffer aus der Mühle

Für den Wirsing:
750 g Wirsingkohl,
200–250 ml Gemüsebrühe,
100 g weiße Zwiebeln,
125 g durchwachsener Räucherspeck,
75 g Butter,
Muskatnuss,
Salz und weißer Pfeffer

Für die Fleckerln den Kohl halbieren, Strunk entfernen und die Blätter in kochendem Salzwasser blanchieren. Kohl aus dem Wasser heben und in eiskaltem Wasser abschrecken, harte Rippen herausschneiden. Die derart vorbereiteten Blätter in Quadrate (Fleckerln) beliebiger Größe schneiden. Die Zwiebel schälen und klein hacken, den Speck fein würfeln und in einem Gemisch aus Butter und Öl auslassen. Die Zwiebel dazugeben und – wenn diese glasig sind – auch die Wirsingfleckerln hinzufügen; unter ständigem Rühren 2–3 Minuten braten. Das Gemüse mit der Brühe aufgießen und je nach gewünschtem Biss 10–20 Minuten weich dünsten.
Zwischenzeitlich werden die Wallerfilets mit Zitronensaft, Salz und Pfeffer gewürzt. Die Fischfilets leicht mit Mehl bestaubt in Öl oder Butterschmalz beidseitig auf Mittelhitze braten (je nach Dicke der Filets 2–4 Minuten pro Seite).
Mit dem Gemüse ein Bett auf vorgewärmten Tellern anrichten und die Fischfilets darauf gebettet mit gehackter Petersilie bestreuen. Sofort servieren, nach Wunsch Butter- oder Petersilerdäpfel dazu reichen.

WALLERFILETS AUF WIRSINGFLECKERLN

WEINBLÄTTERTEIGAPFELSTRUDEL
Weingut Huber

**50 dag Butter, 50 Mehl,
1/4 l Wein Grüner Veltliner
2 kg Äpfel in dünne Scheiben geschnitten,
Messerspitze Zimt, 10 dag Brösel, 1 Ei**

Butter, Mehl und Wein vermengen und kneten; über Nacht kühl stellen; ein Viereck ausrollen; Äpfel mit Zimt und Brösel vermischen und auf den Teig aufbringen; Teig einrollen (nicht ganz schließen, sondern etwa 5 cm zwischen den Teigrändern freilassen) mit Ei bestreichen und bei 180 Grad 1 Stunde backen.

HAUSSTELZE ZUR WEINLESE
Dockner

Eine schöne, große Stelze wird mit reichlich Knoblauch, Zwiebeln, Kümmel und Salz weich gekocht, danach herausgehoben und abgekühlt. Unter häufigem Begießen mit Kochsud und eigenen Bratensaft im Ofen knusprig grillen. Gekochte und in Butterschmalz knusprig gebratene Erdäpfel dienen als Beilage.

GEBEIZTE LACHSFORELLE MIT RÄUCHERFORELLENMUS
Weingut Heiss-Haimel

Ein frisches Lachsforellenfilet sauber von allen Gräten befreien, kräftig mit Salz und Zucker würzen. Etwas weißen Pfeffer darauf streuen, das Filet dick mit gehacktem Dill belegen und in Klarsichtfolie einwickeln. Das Filet leicht beschwert für drei Tage im Kühlschrank beizen. Für das Räucherforellenmus 500 g geräuchertes Forellenfilet im Cutter fein mixen, 350 ml Obers und 8–9 Blatt eingeweichte Gelatine untermengen; gut mit Zitronensaft, Salz und Pfeffer abschmecken. Kleine Förmchen mit Klarsichtfolie auskleiden, dann mit dünnen Scheiben von der gebeizten Lachsforelle auslegen und das Räucherforellenmus einfüllen; einige Stunden im Kühlschrank stocken lassen, danach mit Dillzweiglein, fein gewiegten Schalotten sowie Buttertoast servieren.

KARPFEN IN PAPRIKARAHM
Weingut Heiss-Haimel

4 geschröpfte frische Karpfenfilets, Butterschmalz, scharfes Paprikapulver, Mehl, Salz

**Für die Sauce:
4 rote Paprika, 3–4 Knoblauchzehen,
500 ml Suppe, 1 Becher Crème fraîche,
Butter, frischer Majoran, Salz
6 kleine Schalotten und 6 Knoblauchzehen**

Zuerst bereitet man die Sauce zu: Paprika klein würfeln, zusammen mit zerdrücktem Knoblauch und Majoran in Butter anschwitzen, mit der Suppe ablöschen und einige Minuten köcheln lassen. Die Crème fraîche einrühren und aufmixen; zwischenzeitlich die geschälten und halbierten Schalotten zusammen mit den halbierten Knoblauchzehen in Butter anschwitzen. Schalotten und Knoblauch zur Sauce geben, diese noch mit Salz abschmecken. Karpfenfilets gut salzen, das Paprikapulver mit etwas Mehl vermischen, die Filets darin beidseitig gut andrücken; Fischfilets in Butterschmalz nicht zu lange braten, danach auf der Sauce angerichtet servieren. Dazu schmecken knusprige Braterdäpfel.

FEINSCHMECKERTELLER
Weingut Familie Steyrer

Dieses Gericht serviert die Familie Steyrer ihren Gästen beim alljährlichen Kellergassenfest. Für den Feinschmeckerteller werden gut gewürzte Schweine- und Hühnerbrustfilets gegrillt. Einen Salatteller (Kopfsalat, Lollo Rosso, Lollo Bianco, Tomatenachteln, Gurkenscheiben und Paprikastreifen) anrichten und zwei in Dreiecke geschnittene – hell angetoastete – Toastbrotscheiben darauf platzieren und das gegrillte Fleisch darauf legen. Mit einem Kräuterrahmdressing (Rahm, Majonnaise, etwas Essig, Knoblauch, Petersilie, Schnittlauch, Salz und Pfeffer) übergießen, mit Kräuterbutter und Zwiebelringen ausgarniert servieren.

TRAISENTALER WEINBRATEN MIT KAPERN
Weinhof Engelhart

Ein Stück Schweinsschulter (etwa 1–1 1/2 kg) mit Salz und Pfeffer würzen sowie mit klein gehackten Kapern einreiben. Mit einem Messer kleine Einstiche machen und mit nudelig geschnittenem Speck spicken. Öl oder Butterschmalz erhitzen, das Fleisch rundherum darin anbraten, dann aus der Pfanne heben und im Fett eine klein gehackte Zwiebel zusammen mit 1 Bund fein geschnittenem Suppengemüse (Karotte, Gelbe Rübe, Sellerie, Petersilienwurzel) anrösten.
Fleisch und angeröstetes Gemüse in eine Kasserolle mit Deckel umfüllen, 250 ml Weißwein (Grüner Veltliner) und etwas Wasser angießen; 2 Lorbeerblätter, einige Pfefferkörner sowie zwei Zitronenscheiben (samt Schale) hinzugeben. Zugedeckt bei Mittelhitze im Rohr braten. Ist das Fleisch weich, wird es aus der Kasserolle genommen und der Saft durch ein Sieb passiert. Saft mit 125–150 ml Obers einkochen, abschmecken und über den aufgeschnittenen Braten gießen. Dazu werden Serviettenknödel gereicht.

HAUSPLATTE
Weinhof Engelhart

Verschiedene aufgeschnittene Wurstwaren aus hauseigener Engelhart-Produktion, wie z. B. Geselchtes, Rohschinken, Bauernspeck, Schweins- und Surbraten, Hauswurst, Blutwurst, Grammelschmalz, Leberpastete und/oder Bratenfett.

HAUSSTELZE ZUR WEINLESE

KARPFEN IN PAPRIKARAHM

HAUSPLATTE

Der Stör (Hausen)

Der Stör gilt seit alters her als einer der aristokratischsten und vornehmsten Speisefische. Grund dafür ist nicht nur sein weltberühmter und begehrter Rogen (Kaviar), sondern auch sein überaus schmackhaftes Fleisch, das sich auf viele Arten zubereiten lässt.

Einst kam der Stör in nahezu allen europäischen Gewässern vor, so auch in weiten Teilen der Donau. Durch Verschmutzung der Gewässer und vor allem Überfischung ist er in Westeuropa nahezu ausgestorben und – wenn überhaupt – nur noch aus Zuchten erhältlich. Der Legende nach soll um 1900 der letzte Hausen mit einem Gewicht von über 200 kg und einer Länge von fast 9 m aus der Donau gefischt worden sein.

In der österreichischen Küche war er nahezu ausschließlich auf den Tafeln der Adeligen, der Klöster und des reichen Bürgertums präsent. Da die Österreicher schon immer gerne über den eigenen Tellerrand hinausgesehen haben und fremde Einflüsse in ihre Küche integrierten, verwundert es wenig, dass die überlieferten Zubereitungen stark an französische, italienische oder gar russische Rezepturen erinnern. Als Krönung einer Festtafel wurde der in Champagner gesottene Stör angesehen, doch auch im Wurzelsud gekocht oder mit feiner Champagner-Kaviar-Sauce überzogen schmeckt er ganz vorzüglich. Ein ganz besonderer Genuss ist der geräucherte Stör, doch diese einzigartige Delikatesse ist seltener geworden, als echter Kaviar!

GEBRATENER STÖR

Einen kleinen Stör ausnehmen, Knochenschilde entfernen und die Haut abziehen. Den Fisch salzen und mit Zitronensaft beträufeln. Stör in eine geeignete Kasserolle legen und mit reichlich zerlassener Butter übergießen. Mit Semmelbröseln bestreuen und im Ofen bei nicht zu starker Hitze goldbraun braten.

EIN GEWÄSSER DER FISCHZUCHT HAIMEL - BEKANNT FÜR STÖRE, HUCHEN UND SEEFORELLEN

IM GANZEN GEGARTER STÖR MIT CHAMPAGNER-KAVIAR-SAUCE

Dieses wahrhaft königliche Gericht zeigt deutlich, wie gut es die österreichischen Köche verstanden haben, ihren eigenen Stil zu bewahren und dabei dennoch Einflüsse aus anderen Küchen zu integrieren.

Für den Stör:
1 kleiner Stör im Ganzen (etwa 3–4 kg), 3 Karotten, 2 Gelbe Rüben, 1 gutes Stück Sellerie, 2 Petersilienwurzeln, 2–3 Zwiebeln, 2 Knoblauchzehen, 1 Flasche guter Chardonnay oder Weißburgunder, 1 Liter Fischfond, Butter, 1 unbehandelte Zitrone in Scheiben geschnitten, 4–6 Lorbeerblätter, 2–3 Nelken, 2 Zweige Thymian, 1 TL weiße Pfefferkörner, Salz

Für die Sauce:
250 ml von der Garflüssigkeit, 200–250 ml Champagner, 5–6 Eigelbe (je nach Größe), knapp 200 ml geklärte Butter, 7–8 EL geschlagenes Obers, 5 TL Sevruga- oder Beluga-Kaviar, Salz und Pfeffer aus der Mühle

Für die Garnitur:
Reis, Zitronenscheiben (unbehandelt), Petersiliengrün und wenn möglich Kaviar [schön ist roter (vom Lachs) und schwarzer (z. B. Sevruga) gemischt]

Den Fisch ausnehmen, Knochenschilde entfernen und gründlich reinigen, man kann auch noch die Mittelgräte entfernen (einen tiefen Einschnitt am Rücken machen und die Gräte entfernen). Sämtliches Gemüse putzen und in dicke Scheiben oder Ringe schneiden. Eine große Kasserolle mit Deckel nehmen, den Boden mit etwas Butter ausstreichen und das Gemüse darauf legen. Den Fisch auf das Gemüsebett setzen, den Wein angießen. Alles mit so viel Fischbrühe auffüllen, dass der Fisch zu gut einem Viertel in Flüssigkeit „sitzt" (der Fisch darf nicht zu hoch mit Flüssigkeit aufgegossen werden!). Danach die Lorbeerblätter, Nelken, Pfefferkörner, Zitrone und das Salz hinzufügen, den Deckel auflegen und den Fisch im Rohr bei 140–160 Grad etwa 2 Stunden langsam pochieren.
Wenn der Fisch nahezu gar ist, nimmt man 3–4 Schöpfer von der Flüssigkeit weg, seiht diesen Sud durch und misst 250 ml ab. Der abgemessene Sud wird nun etwas einreduziert, dann überkühlt. Die Eidotter über einem Wasserbad schaumig schlagen, nach und nach portionsweise den einreduzierten Fond dazugeben, das Ganze wird ähnlich einer Sabayon aufgeschlagen. Anschließend wird die geklärte Butter, danach das Obers und ganz zum Schluss der Champagner sorgsam eingearbeitet. Die Sauce mit Salz und Pfeffer fein abschmecken. Die Hälfte des Kaviars in die Sauce rühren.
Den fertigen Stör aus der Pfanne heben. Eine große Servierplatte dick mit einem Reisbett auslegen, den Stör darauf setzen und mit ganz wenig Sauce überziehen. Den Fisch mit Kaviar, Petersilie und Zitronenscheiben ausgarnieren und servieren; erst am Tisch vor den sicher beeindruckten Gästen zerlegen. Die Sauce wird extra dazu gereicht.

GESOTTENE HAUSENFILETS

4 Störfilets (je 150–200 g), 2 Karotten, 1 Stange Lauch, 1 Stück Knollensellerie, 1 große Zwiebel, 2 Knoblauchzehen, etwas abgeriebene Zitronenschale, einige weiße Pfefferkörner, 2 Lorbeerblätter, 1/2 Bund Petersilie, 1 Flasche Riesling, Salz und Pfeffer aus der Mühle, 100 ml Obers für die Sauce, kalte Butterflocken

Das gesamte Gemüse putzen und in feine Streifen schneiden. Dann zunächst den Sellerie, die Karotten und Zwiebeln in einen Topf trocken andünsten. Nach 5–10 Minuten den Weißwein dazu gießen, danach Knoblauch (im Ganzen), Zitronenschale, Pfefferkörner, Lorbeerblätter, Petersilstängel sowie etwas Salz zufügen. Aufkochen lassen und bei mittlerer Hitze 10 Minuten garen. Das Gemüse darf nicht verkochen.
Die gewaschenen Störfilets salzen, pfeffern und in die noch heiße Brühe legen, darin zugedeckt bei milder Hitze 10–15 Minuten leise pochieren. Danach den Fisch samt Gemüse aus dem Sud nehmen und warm stellen (Lorbeerblätter, Petersilie und Pfefferkörner aus dem Gemüse nehmen).
Den Sud bei sehr starker Hitze auf ein Viertel einkochen lassen, währenddessen das Obers zufügen. Dann die Sauce mit kalten Butterflocken leicht abbinden, abschmecken. Gemüse auf einer vorgewärmten Platte anrichten, Fischfilets darauf verteilen und mit der Sauce überzogen servieren. Dazu passen Salz-, Butter- oder Petersilerdäpfel.

IN CHAMPAGNER GEKOCHTER HAUSEN

4 dicke Störkoteletts oder Filets, 1 Flasche Champagner (oder ein guter österreichischer Sekt nach Champagner-Methode hergestellt), 40–50 g Butterflocken, 1 unbehandelte Zitrone in dünne Scheiben geschnitten, Salz

Die gewaschenen und abgetupften Koteletts oder Filets leicht salzen, dann in eine Kasserolle legen. So viel Champagner angießen, dass die Fischteile zu gut zwei Dritteln bedeckt sind. Mit Butterflocken und Zitronenscheiben belegen. Kasserolle auf den Herd stellen und den Sud aufkochen lassen. Pro Zentimeter Dicke 2–3 Minuten kochen. Kasserolle vom Herd nehmen und den Fisch noch zwei Minuten nachziehen lassen. Auf vorgewärmten Tellern anrichten, dazu wird ein grüner Salat gereicht.

Tipp:
In vielen vornehmen Haushalten wurde hierzu eine Kaviarbutter serviert: Butter schaumig rühren und mit geschlagenem Obers verfeinern. Zitronensaft und Kaviar nach Geschmack untermengen. Kalt zum fertigen Fisch reichen.

GEBRATENE STÖRKOTELETTS MIT KNOBLAUCH-SCHALOTTENBUTTER

4 dicke Störkoteletts, Mehl zum Wenden, Butter zum Braten, Zitronensaft, Salz und weißer Pfeffer aus der Mühle

Für die Butter:
125–150 g Butter, 3–4 Schalotten oder 2 kleine Zwiebeln, 2–4 Knoblauchzehen, 1–2 EL fein gehackte Petersilie, Zitronensaft, Salz und Pfeffer

Die Schalotten oder Zwiebeln sehr fein hacken, Knoblauch pressen und beides mit der fein gewiegten Petersilie in einer Schüssel vermengen. Butter schaumig rühren, Kräutermischung unterheben, mit Zitronensaft, Salz und Pfeffer abschmecken.
Den Fisch waschen, trocken tupfen und mit Zitronensaft beträufeln; mit Salz und Pfeffer würzen, dann im Mehl wenden. Überschüssiges Mehl abklopfen. Butter in einer Pfanne erhitzen, Störkoteletts darin beidseitig goldgelb braten. Auf gewärmten Tellern anrichten und mit der Butterzubereitung bestrichen servieren (Beilagen: Reis, Salat oder in Butter geschwenktes Frühlingsgemüse).

FISCHZÜCHTER HAIMEL MIT STÖR

Weinbaugebiet Kremstal

Das Kremstal liegt östlich angrenzend an die Wachau und ist nach dem sich durch das Gebiet schlängelnden Fluss Krems benannt. Seine nördliche Grenze bildet das Kamptal und im Süden grenzt es an die Weinbauregion Traisental. Das Kremstal ist ein sehr altes Weinbaugebiet, bereits seit der Römerzeit wird hier Weinbau betrieben. Aus dem Jahre 973 werden Weingärten des Bistums Passau für das Kremstal beurkundet, Bischöfe aus Salzburg und Bayern ließen ab dem 10. Jahrhundert hier Weingärten kultivieren. Auch Kaiser Napoleon (1769–1821) besuchte 1805 vor der Besetzung Wiens das Stift Göttweig und war von der Gegend und dem hier genossenen Wein begeistert. Heute hat sich rund um den Göttweiger Berg eine bemerkenswerte Heurigenkultur etabliert. Stark verbunden mit dem Gebiet ist die 1000-jährige Geschichte der Winzer-Dynastie Moser. Laurenz Moser III (1905–1978) führte ab dem Jahre 1929 die sogenannte Hochkultur in seinen Weingärten ein; das Stammhaus befindet sich in der Gemeinde Rohrendorf bei Krems.

Krems ist der bekannteste Weinbau-Ort am linken Ufer der Donau und westlich des Flusses Krems auch das Zentrum des Kremstal. Der Ort wurde erstmals 995 als „Urbs chremisa“ erwähnt. Im Jahre 1305 wurde Krems zur Stadt erhoben und im Stadtrecht die Verbundenheit zum Weinbau durch den Zusatz „die Ehre der Stadt zu allermeist in den Weingärten liegt“ sowie mit der Bezeichnung „Cittá del Vino“ dokumentiert. Im 13. Jahrhundert befand sich beinahe die Hälfte der Kremser Rebflächen noch im Besitz der Klöster. Im Jahre 1875 wurde in Krems eine bekannte Weinbauschule gegründet. In und um Krems keltern so namhafte Winzer wie Wolfgang Aigner, Meinhard Forstreiter, Josef Hammerschmidt, Karl Ditz (Lehenhof), Salomon – Undhof, Franz Tanzer sowie das in Besitz der Stadt befindliche Weingut „Stadt Krems“ ihre edlen Tropfen.

Im Jahre 1614 erfolgte die Grundsteinlegung des Kapuzinerklosters UND, das zwischen Krems und Stein liegt. Der eigenwillige Name stammt aus einer Abkürzung; nach wochenlangen Regenfällen trat die Donau über die Ufer und wurde so zum Namensgeber: zu Baubeginn nannte man das Kloster aufgrund der Überschwemmungen „Claustrum ad undam“ – das Kloster zur (Donau)Welle. Bekannte Weinbau-Gemeinden sind Gedersdorf (Weinbau Aichinger, E. und M. Berger, Weingut Buchecker, Walter Buchegger, Weingut Eder, Winzerhof Schachinger), Rohrendorf (Weingut Mittelbach, Hermann Moser, Lenz Moser, Sepp Moser, Josef Rosenberger, Winzerhof Ossberger, Weinbau Thiery-Weber) und Senftenberg mit Imbach (Winzerhof Fischer, Martin Nigl, Weinbau Obermayr, Hubert Siller, Franz Proidl). Im durch die Donau abgetrennten südlichen Bereich liegen die Orte Furth bei Göttweig und Palt (Josef Edlinger, Konrad Hackl, Gerald Malat, Helma Müller-Grossmann, Dr. Unger), Stift Göttweig (das 1072 gegründete Kloster der Benediktiner), Krustetten (Leopold Müller), Oberfucha und Tiefenfucha (Geyerhof, Christian Parzer).

Als Bodentyp herrscht Urgestein und Löss vor, das relativ kühle und feuchte atlantische Klima wird durch den Einfluss des pannonischen Klimas entscheidend positiv geprägt. Besonders das tief eingeschnittene Donautal ist klimatisch begünstigt.

Auf den rund 2.080 Hektar mit großteils terrassierten Rebflächen dominiert der Grüne Veltliner, gefolgt von Riesling und Traminer. Die Grünen Veltliner sind zugänglich, fruchtig und mit typischem „Pfefferl“ versehen, duftig und elegant die Rieslinge aus den Steinterrassen. Eine Spezialität stellt der Rote Veltliner dar, der hier sehr würzig gedeiht. Einige Winzer produzieren zudem hervorragende Sekte. Im südlichen Teil ist die Struktur der Weine kerniger, zudem findet man hier einige bemerkenswerte Rotweine.

WINZERHOF DOCKNER HÖBENBACH

Dass der Weinbau für die Familie Dockner immer schon eine wesentliche Rolle gespielt hat, merkt man an der Leidenschaft, mit der die Winzerfamilie agiert. Das günstige Klima rund um den Göttweiger Berg und die hervorragenden Böden werden genutzt, um im modernen Keller des Hauses frische, trockene und sortentypische Weine zu erzeugen. Das mit 38 ha recht ansehnliche Weingut legt sehr großen Wert auf eine harmonische Säurestruktur und das feine Bukett seiner Weine. Dass es in einem Familienbetrieb nicht immer einen Generationskonflikt geben muss, beweisen die Dockners: Während Vater Sepp Dockner seine ganze Erfahrung und das Gespür für guten Wein einbringt, steht Sohn Josef für frische und neue Ideen. Und so bietet sich dem Weinfreund mit dem Winzerhof Dockner eine Adresse, bei der eine sehr breite Palette von Weinen angeboten wird, die durchwegs echtes und pures Trinkvergnügen bereiten. Besonders stolz ist man im Hause Dockner auf die Cuvée „Sacra“ (CS/ME), vor allem in der edlen Form als „Grande Reserve“.

WEINGUT MALAT PALT

Ohne Zweifel gehört Gerald Malat zu den bekanntesten Winzerpersönlichkeiten Österreichs und hat die Erfolgsgeschichte des Weinbaus in Österreich entscheidend mitgeprägt – was nicht zuletzt auf seine hervorragenden Weine zurückzuführen ist. Galt Österreich schon lange als anerkanntes Weißweinland, so ist es Winzern wie G. Malat zu verdanken, dass nunmehr auch den Rotweinen des Landes – vor allem international – mehr Aufmerksamkeit und Anerkennung geschenkt wird. Daher sind die mittlerweile rund 40 ha Anbaufläche jeweils zur Hälfte mit weißen und roten Sorten bestockt. In den Weißweinlagen dominieren Grüner Veltliner, Riesling, Chardonnay und Weißburgunder. Bei den Rotweinen setzt man vor allem auf Pinot noir, Cabernet Sauvignon, St. Laurent und Zweigelt.

Auch wenn das Haus Malat Weine mit der Bezeichnung „Das Beste vom Veltliner“ oder „Das Beste vom Riesling“ in den Handel bringt, ist dennoch das weitere Sortiment – hier insbesondere der Chardonnay Hochrain – mehr als beachtenswert. Unter den Rotweinen fällt vor allem der hervorragende Pinot noir auf, der hier feine Aromen nach Zwetschken und exotischen Gewürzen (z. B. Vanille, Nelke) zeigt. Unbedingt verkostet werden sollte der elegantfrische Winzersekt „Malat Brut Traditionelle Flaschengärung“, ein weiteres Beispiel dafür, wie umfangreich das Sortiment an großen Weinen im Hause Malat ist.

WEINGUT DR. UNGER FURTH/PALT

Das traditionsreiche Weingut wird heute von Petra Unger geführt. Sie übernahm das einst 40 ha große Weingut im Jahre 1999 von ihrem Vater und trennte sich zunächst von allen gepachteten Flächen. Heute bewirtschaftet sie 11 ha in den traditionsreichen Toplagen rund um Krems. Den Grundstein für die hervorragenden Weine des Gutes legten die Eltern Veronika und Dr. Wolfgang Unger, die nicht nur die gesamte Kellertechnik modernisierten, sondern auch den sehenswerten Weinkeller – dessen älteste Teile mehr als 600 Jahre alt sind – rundum sanierten.

Hauptaugenmerk schenkt das Weingut Dr. Unger den weißen Sorten, insbesondere Riesling und Veltliner werden hier zu großartigen Kreszenzen ausgebaut. Und so erscheint der Grüne Veltliner Oberfeld mit einer feinwürzigen Nase und einer kraftvollen Textur; sehr schön ist zudem sein lebendiges Säurespiel. Weiters darf unbestritten auf den Riesling Gaisberg Stein mit seinen feinen Pfirsicharomen hingewiesen werden; ein recht komplexer Wein, der vor allem nach ausreichender Flaschenreife sein ganzes Potential entwickeln wird. Aber auch der Grüne Veltliner Gottschelle sowie der Riesling Reserve Silberbügel Wachau vermögen zu überzeugen.

MEINHARD FORSTREITER KREMS/HOLLENBURG

Dass Meinhard Forstreiter durch und durch ein Genussmensch ist, ist unverkennbar und sein Motto „Ich mache Weine, wie sie mir selbst schmecken. Und da ich nicht alles selber trinken kann, verkaufe ich auch etwas!“, spricht Bände für sich selbst. Im etwas abseits gelegenen Hollenburg findet er die Ruhe, welche er braucht, um seine ausdrucksstarken Weine mit zum Teil bemerkenswertem Potential zu erzeugen. Bereits seit der Römerzeit wird hier an den sonnenbeschienenen Hängen Weingeschichte geschrieben. Neben dem Klima sind es vor allem die sandigen Lehmböden mit Konglomeratunterlage, die den Weinen ihren speziellen Charakter verleihen. Ein weiteres Merkmal der Weine ist die persönliche Handschrift des Winzers, die von einem gesunden Selbstbewusstsein geprägt ist.

Bekannt geworden ist das etwa 20 ha umfassende Weingut durch seine exzellenten Veltliner, doch werden auch viele andere hervorragende Weine hier erzeugt. Ganz besonders hervorzuheben ist der wunderschöne Eiswein mit seinen feinen Aromen nach Kiwi und Stachelbeere. Leider nur in geringsten Mengen erhältlich ist der kraftvolle und komplexe Grüne Veltliner Tabor, dessen Traubenmaterial aus einem der ältesten Weingärten Österreichs stammt.

MANTLERHOF BRUNN IM FELDE

Das Weingut Mantlerhof befindet sich östlich von Krems an der Donau in einem gemütlichen kleinen Dorf namens Brunn im Felde, der schon 1114 urkundlich erwähnt wurde. Damals war hier ein Kuenringersitz (ein bedeutendes Rittergeschlecht); außer den Kuenringern waren auch die Domvögte von Regensburg in Brunn begütert. Das Weingut wurde schon im 12. Jahrhundert als Lesehof (Stift Admont) erwähnt und auch der Weinbau hat in der Umgebung bereits eine wichtige Rolle gespielt. Die Familie Mantler wird um 1365 bereits in einer Urkunde erwähnt. Simon Mentler und seine Frau Elsbet kauften 1365 einen Weingarten bei Krems. Der Mantlerhof wird von der Familie seit etwa 1800 bewirtschaftet. Die Weingärten mit einer Fläche von ungefähr 16 ha befinden sich in einer einzigartigen Lösslandschaft und sind zu mehr als 90 Prozent mit Weißweintrauben bestockt – insbesondere der Veltliner liebt diesen Standort, denn er fühlt sich auf dem gebietstypischen Boden (Löss-Rohboden aufgeschichtet auf Konglomerat) besonders wohl.

Sepp Mantlers größtes Engagement gilt dem Roten Veltliner, dem Grünen Veltliner und als Drittes dem Riesling. Wer das Weingut besucht, darf unter Umständen darauf hoffen, dass der Winzer in den Keller des Guts steigt und einen jener Tropfen hervorholt, die der Weingenießer so liebt: z. B. einen wunderschön gereiften Roten Veltliner, der noch mit 25 Jahren und mehr unglaubliches Trinkvergnügen bereiten kann. Berühmte Glanzstücke des Hauses sind aber vor allem die exzellenten Rieslinge, allen voran der saftige und finessenreiche Riesling Zehetnerin und der kraftvoll-samtige Riesling Wieland Auslese, dessen feine Karamell-Honigklänge ein wenig an Eiswein erinnern.

WEINGUT MARTIN NIGL
SENFTENBERG

Martin Nigl ist weder ein Mann der großen Worte, noch einer, der sich gerne etwas einreden lässt. Auch im Büro fühlt er sich nicht sehr wohl, im Keller schon eher, doch das wahre Element des Martin Nigl ist der Weingarten. Oftmals hört man von Winzern „Der Wein wächst im Weingarten!" – bei Martin Nigl ist dies nicht nur eine Weisheit, sondern Lebenseinstellung. Nahezu täglich unternimmt der Winzer Kontrollgänge im Weingarten, um wichtige Entscheidungen zum richtigen Zeitpunkt treffen zu können, denn gerade bei Weißwein ist der Weingarten das Um und Auf, denn der Wein verzeiht nicht den geringsten Fehler. Martin Nigl kennt wahrscheinlich jeden seiner Weinstöcke „persönlich", dessen Geschichte, Stärken und Schwächen, denn er ist der Überzeugung, dass man dem fertigen Wein anmerkt, wie im Weingarten gearbeitet wurde, ob die Stöcke gelitten haben, oder ob es ihnen gut ging.

Dass am Ortseingang von Senftenberg gelegene Weingut verfügt derzeit über 25 ha Weingärten, die zu 90 Prozent mit Weißwein bestockt sind. Die besten Weine des Weingutes dürfen den Zusatz „Privat" auf dem Etikett tragen, das Traubengut für die beiden Füllungen (Grüner Veltliner und Riesling) stammt aus alten Weingärten im Senftenberger Piri. Die hier wachsenden Rebstöcke sind 35 Jahre alt und wachsen auf kargen Urgesteinsböden. Der Ertrag ist naturgemäß sehr gering, doch dafür die Qualität umso höher. Die Weine von Martin Nigl spiegeln sein Wesen wider, denn sie sind ruhig, bodenständig und bestechen durch Klarheit und offene Gradlinigkeit; hinzu kommt eine geradezu bestechende Konzentration und eine ausgewogene, sehr harmonische Mineralik.

WEINGUT PROIDL
SENFTENBERG

Der Senftenberger Winzer Franz Proidl ist sicherlich einer der individuellsten und eigenwilligsten von ganz Österreich; seine uneingeschränkte Liebe zur Natur und sein ausgeprägtes Interesse für Geologie, Klima und seine Weinberge haben ihm den Beinamen „Der mit dem Berg spricht" eingebracht. Und tatsächlich verbringt heute kaum mehr ein Winzer derart viel Zeit in seinen Weingärten wie Franz Proidl. Die etwa 15 ha liegen zum Teil auf Hängen mit 50 Prozent Gefälle; aus dem hier gewonnenem Traubenmaterial erzeugt der umtriebige Winzer Weine, die – vor allem was Rieslinge betrifft – zum Charaktervollsten (und auch Besten) gehören, was Österreichs Weinwelt zu bieten hat. Besonders schön ist die Tatsache, dass Franz Proidl eine ganz ureigene, unverwechselbare Stilistik entwickelt hat und er selbst von irgendwelchen gutgemachten Mode-Weinen Abstand halten möchte.

Neben einem sehr gefällig-eleganten Senftenberger Gelben Muskateller, der sich vor allem als frischer Sommerwein empfiehlt, erzeugt das Weingut eine ganze Reihe von exzellenten Rieslingen und Grünen Veltlinern, wobei die Weine vom Urgestein mit ihrer herrlichen mineralischen Brillanz punkten. Erwähnt werden müssen auch die Süßweine, insbesondere der Riesling Senftenberger Reserve überzeugt hier mit Eleganz, klassischer Stilistik und sehr viel Potential.

WEINGUT SEPP MOSER
ROHRENDORF BEI KREMS

Die in seinem Besitz befindlichen Toprieden bilden den Grundstock für Nikolaus Mosers hervorragende Weine. Hierzu muss man aber anmerken, dass das Weingut nicht nur über Lagen im Kremstal (24 ha in Rohrendorf), sondern auch im Weinbaugebiet Neusiedlersee verfügt, genauer in Apetlon (27 ha). Von den Kremstaler Weinen liegen zwei Drittel in Rohrendorf, der Rest in der „Kremser Freiheit". Ziel beim Ausbau der Weine ist es, dass Frucht, Sorte und vor allem der regionale Charakter mit all ihren Ausprägungen bestmöglich erhalten bleiben.

Natürlich kann ein Weingut mit mehr als 50 ha Rebflächen ein breites Sortenspektrum anbieten; neben einer ganzen Reihe von ansprechenden Rotweinen (vornehmlich aus burgenländischem Traubenmaterial) und Grünen Veltlinern sind vor allem die Sauvignon blancs (mit einer wunderschönen Note nach Wermut und Stachelbeere ausgestattet) sowie die Süßweine – allen voran die saftig-elegante Riesling Beerenauslese – die Glanzstücke des Hauses.

JOSEF SCHMID
STRATZING

Der kleine Ort Stratzing liegt auf einem Hochplateau zwischen Krems und Langenlois – und inmitten des Ortes liegt das hübsche Weingut der Familie Schmid; die insgesamt 10 ha (80 Prozent weiße Sorten, 20 Prozent Rotweine) Weingärten befinden sich zu einem Großteil in Stratzing, in Senftenberg (auf Bergterrassen) und rund um die Stadt Krems. Aufgrund der Verteilung kann Josef Schmid über verschiedenste Böden verfügen, so steht z. B. ein Teil der Rebstöcke auf Löss, andere wiederum auf mineralischen Urgesteinsböden. Der sympathische Winzer bewirtschaftet seine Weingärten nach den Richtlinien der integrierten-kontrollierten Produktion. Sein Ziel ist es, möglichst elegante und fruchtbetonte Weine im Kabinettbereich zu erzeugen.
Durch den sehr eleganten, frisch strukturierten Grünen Veltliner Priorissa, Kremser Gebling erlangte das Weingut große Anerkennung in der Fachwelt. Finessenreich und filigran wirkt der Riesling Priorissa Sunogeln, der mit Vielschichtigkeit und einem schönen mineralischen Nachklang überzeugt.

ANTON HAGEN
KREMS-REHBERG

Das im Kremser Stadtteil Rehberg gelegene Weingut der Familie Hagen befindet sich bereits seit mehr als 200 Jahren im Besitz der Familie. Das Weingut hat sich ganz dem Grünen Veltliner verschrieben, mit dem mittlerweile mehr als zwei Drittel der 15 ha Rebfläche bestockt sind. Hauptgrund dafür ist die Tatsache, dass der Grüne Veltliner in seiner Vielfalt optimale Bedingungen in und um Krems vorfindet. Vom fruchtig-frisch-pikanten Sommerwein bis hin zu ausdrucksstarken, vielschichtigen, dichten und sehr lange lagerfähigen Weinen bietet der Grüne Veltliner von Jahr zu Jahr neue exzellente Qualitäten. Aus 45- bis 75-jährigen Weingärten hat Anton Hagen jenen Veltlinertyp selektioniert, der sich in Krems am wohlsten fühlt. Wenn neue Weingärten angelegt werden, wird aus diesen alten Anlagen das Edelreismaterial genommen, aus dem dann die Setzlinge gezogen werden. Doch erzeugt Anton Hagen nicht nur Spitzenweine aus dem Grünen Veltliner, denn auch seine Rieslinge, Chardonnay, Weißburgunder, Rivaner und Sylvaner sind durchwegs hervorragende Kreszenzen.

WEINGUT GEYERHOF FURTH-OBERFUCHA

Unweit des mächtigen Barockstiftes Göttweig befindet sich das schöne Anwesen der Familie Maier: das Weingut Geyerhof. Seit 1985 bewirtschaften Ilse und Josef Maier ihren Gutshof, der schon für sich alleine eine Sehenswürdigkeit ist. Die etwas mehr als 16 ha Weingärten sind von einem großem Spektrum an verschiedenen Böden gekennzeichnet, was es der Familie möglich macht, auf die spezifischen Bedürfnisse der unterschiedlichen Traubensorten einzugehen. Hauptaugenmerk wird auch hier den Weißweinen geschenkt, neben Grünem Veltliner und Riesling werden Chardonnay und Weißburgunder gepflegt. Im Weingarten herrschen strickte biologische Grundsätze, schon sehr früh hat die Familie Maier auf die Grundsätze des Verbandes „Ernte" mit seiner organisch-biologischen Landwirtschaft gesetzt und nach diesen ihre Weingärten bewirtschaftet. Neben der exzellenten und komplexen Grünem Veltliner Gutsreserve sind es vor allem die perfekt-harmonischen Süßweine (Neuburger TBA und Riesling Beerenauslese), welche das Weinherz höher schlagen lassen.

WEINGUT SALOMON – UNDHOF KREMS-STEIN

Die Vorfahren der heutigen Winzerfamilie Salomon (siehe S. 222) waren Schiffmeister, welche einerseits donauaufwärts Wein nach Salzburg und Bayern transportierten, stromabwärts nahmen sie das begehrte Salz mit. Der durchaus lukrative Handel mit diesen Edelgütern versetzte sie in die Lage im Jahre 1780 den Undhof zu erwerben, der zuvor als Wirtschaftshof eines Kapuzinerklosters diente. Im Laufe vieler Generationen hat sich die Familie einen hervorragenden Ruf in der Weinwelt erworben und war dabei Neuerungen und Modernisierungen gegenüber immer aufgeschlossen. Das in Stein an der Donau gelegene Weingut hat sich auf seinen 25 ha Weingarten ganz den weißen Sorten verschrieben, im Mittelpunkt stehen ausgezeichnete Grüne Veltliner und Rieslinge, hinzu kommt etwas Gelber Traminer. Dieser Gelbe Traminer nimmt zwar nur einen ganz kleinen Teil der Weingärten für sich in Anspruch, besticht aber durch eine sehr harmonische Würze sowie feine Aromen von Ananas, Zitrusfrüchten und Pfirsich.

SURSCHNITZEL
Winzerhof Dockner

Gewürzmenge (zum Suren von 1 kg Schweinskarree, ohne Knochen)

Für die Trockensur:
5 g Wacholderbeeren grob gerieben,
5 g Koriander, 3 Knoblauchzehen gehackt,
1 KL Fein-Kristallzucker,
25 g Nitrat-Pöckelsalz

Surwasser:
man verwendet die gleiche Gewürzmischung wie bei der Trockensur (jedoch ohne (!) Fein-Kristallzucker) und verrührt diese mit 1 Liter kalten Wasser

Das Schweinskarree wird im Ganzen mit der Trockensur gut eingerieben und 3 Tage im Kühlschrank aufbewahrt. Anschließend wird das Fleisch in Surwasser eingelegt und 14 Tage lang in einem verschlossenen Behälter abermals in den Kühlschrank gestellt. Nach 14 Tagen kann das Fleisch in Schnitzel geschnitten werden. Die Schnitzel werden nun paniert (wie Wiener Schnitzel) und in heißem Fett langsam goldbraun gebacken; als Beilage dienen Erdäpfelsalat oder Krautsalat.

GESCHMORTE SCHULTER VOM WILDSCHWEIN ODER REH MIT GEMÜSE
Weingut Malat

Schulter mit Gewürzen von Thymian, Wildgewürz, Wacholder, schwarzem und rotem Pfeffer, etwas Majoran und Senf mit Olivenöl marinieren. Etwa 24 Stunden kühl lagern. In einer Pfanne kurz anbraten, danach länglich oder würfelig geschnittenes Gemüse von gelben und roten Karotten, Zwiebeln, Lauch, Stangensellerie, Sellerie und etwas Knoblauch in der Pfanne verteilen und gemeinsam im Rohr bei etwa 180 Grad schmoren. Mit Suppe und Rotwein aufgießen, etwas mit Balsamico und Preiselbeeren abschmecken. Die letzten 5–10 Minuten die Temperatur auf 200 Grad erhöhen. Als Beilage kann man Blaukraut und Serviettenknödel servieren.

FÄCHERBRATEN
Von Winzer Josef Edlinger (Furth)

Ein schönes Mittelstück vom Rindslungenbraten (etwa 1–1 1/2 kg) wird zur (!) Faser im Abstand von jeweils 1–1,5 cm sehr tief eingeschnitten, das Fleisch muss aber unten zusammenhängend bleiben. Nun wird das Fleisch mit Pfeffer und Salz gewürzt, dann in jeden Einschnitt etwas gehackten Knoblauch streuen. Jeden Einschnitt zuerst mit gekochtem Schinken (z. B. Beinschinken), danach mit Käsescheiben (z. B. Emmentaler) auslegen und den Braten mit Küchengarn fest verschnüren. Im vorgeheizten Rohr bei lebhafter Hitze braten, ab und an mit Rindsuppe aufgießen. Nach dem Überkühlen das Küchengarn lösen und den Braten quer zur Faser in dicke Scheiben aufschneiden. Als Beilage dienen Butterspätzle und Salat.

KREMSTALER FLEISCHKNÖDEL

500 g Kornmehl,
200 g Schweinefleisch,
1 Zwiebel, 1–2 zerdrückte Knoblauchzehen,
1 Ei, 1 Stück Butter, Sauerrahm,
Petersilie, Salz und Pfeffer

Das Mehl in einen Weitling sieben, mit so viel leicht gesalzenem, kochendem Wasser „abbrennen", bis unter tüchtigem Durcharbeiten ein nicht zu fester Teig entstanden ist. Die Masse in etwa eiergroße Stücke portionieren, jedes handtellergroß auseinander drücken und mit folgender Fleischfülle belegen:
Das nicht zu fette Schweinefleisch faschieren, mit in Butter gerösteter, klein gehackter Zwiebel und zerdrücktem Knoblauch vermengen, mit gehackter Petersilie, Salz und Pfeffer würzen; schließlich die Masse mit einem Ei binden und abarbeiten – zu eiergroßen Teilen portionieren.
Den Teig um die Fülle schlagen, gut verschließen, die Knödel ein wenig flach drücken und in kochendes Salzwasser legen; langsam etwa 20 Minuten köcheln lassen, dann aus dem Sud heben und in eine Pfanne mit heißer Butter legen. Mit so viel versprudeltem Sauerrahm übergießen, dass dieser bis zur halben Knödelhöhe reicht. Im Rohr nochmals eine halbe Stunde dünsten.

WEINFREUNDE
Mantlerhof

3 Eier werden schaumig abgetrieben, dann 140 g Zucker hinzugefügt und ein Päckchen Vanillezucker eingearbeitet. 100 g Mehl, eine Messerspitze Backpulver und etwa 300 g gehackte Walnüsse zum Abtrieb geben, alles gut vermengen und 1 cm dick auf ein mit Backpapier ausgelegtes Backblech streichen. Bei 170–180 Grad im vorgeheizten Ofen backen, nach dem Auskühlen in Würfel schneiden und als Knabberei zu körperreichen Weinen reichen.

FÄCHERBRATEN

Das Kamptal

Das Kamptal hat seinen Namen vom Fluss Kamp, der hier, vor allem in seinem Oberlauf so manch tiefe Schlucht ins Urgestein gegraben hat. Im Unterlauf hingegen, dort wo der Wein wächst, ist das Kamptal recht weit, so dass die Sonne ungehindert und möglichst lange auf die Weinterrassen am Kampufer scheinen kann. Gleichzeitig ist es aber auch eng genug, damit die Uferhänge geschützt sind vor den rauen Winden, die aus dem Norden wehen und der Fluss seine wohltuende Wirkung auf die Ufervegetation ausüben kann. Und ganz am Ende des Kamptals, in Nähe der berühmten Weinstadt Langenlois, öffnet sich das Tal dann völlig, bevor der Fluss Kamp in die Donau mündet.
Das Kamptal ist alt, nein uralt. Mit einer Milliarde Jahre Erdgeschichte und 30.000 Jahren Menschheitsgeschichte gehört es zu den ältesten Landschaften und Kulturregionen Europas. In der Eiszeit setzte sich hier Löss in gewaltigen Schichten ab, der Kamp sorgte für lehmig-sandigen Untergrund und an manchen Orten tritt auch das Urgestein zutage. Ein wahrlich guter und abwechslungsreicher Boden für großartige Weine.
Folgt man dem ruhig fließenden Fluss stromaufwärts, so ist Schönberg am Kamp der erste bedeutende Weinort, denn hier werken die namhaften Winzer Josef Aichinger, Alfred Deim, Matthias Hager und Stefan Leopold. Auf der gegenüberliegenden Seite, ganz am Rande des Weinbaugebietes findet man im kleinen, idyllischen Weinbauort Schiltern das Weingut Thomas Herndler und den Winzerhof von Franz Kolm.
Danach kommt mit Zöbing einer der bedeutendsten Weinbauorte des Kamptals. Ein wichtiges Wahrzeichen für den Weinbau ist die in Zöbing gelegene Riede Heiligenstein, die bereits im Jahre 1280 in einem Verzeichnis des Stifts Zwettl unter der Bezeichnung „Hellenstein" (Hollenstein) erwähnt wurde; es wurde damit der Berg beschrieben, auf dem die Sonne „höllisch heiß" brenne. Dieser berühmteste Kamptaler Weinberg besteht aus 200 Millionen Jahre altem Urgestein und bildet das Herzstück des gleichnamigen Naturschutzgebietes. Günther Brandl, Erwin Retzl, Weinbau Fries, Weingut Kirschner oder das Weingut Rögelsperger sind hier besuchenswerte Adressen.
Nun kommt man in Österreichs größte Weinstadt, nach Langenlois, dessen international berühmtester Winzer sicherlich Willy Bründlmayer ist, doch haben hier auch Fred Loimer (in der Weinwelt für seine sensationellen Rieslinge ein absoluter Superstar) und die Familie Jurtschitsch (Sonnhof) ihr Domizil. Weitere Top-Winzer sind Ludwig Ehn, Ludwig Hiedler, Weingut Familie Leithner, Rudolf Rabl, Karl Steiniger, Erwin Steinschaden, Rupert Summerer, der Winzerhof Sax, das Weingut Schuberth oder auch das Weingut Gruber.
Dem Flusslauf folgend kommt als nächstes Gobelsburg. Hier liegt das erstklassige Weingut Schloss Gobelsburg, das zu den ältesten und traditionsreichsten Weingütern Österreichs zählt. Aber auch das Weingut Daschl und der bekannte Cobaneshof sind hier zu finden. Etwas abseits am südwestlichen Ende des Weinbaugebietes liegt Strass im Strassertal, das durch Winzer wie Michaela und Erwin Haas (Weingut Allram), Peter Dolle, Birgit Eichinger, Hermann Huber, Johann Topf, Heinrich Weixelbaum oder Franz Zottlöderer einen exzellenten Ruf in der Weinwelt genießt.
Die rund 3.750 Hektar des Kamptals sind zumeist mit Grünem Veltliner und Riesling bestockt, die sich auf dem Boden – viel Löss, Lehm und in Berglagen Verwitterungsgestein – sehr wohl fühlen und eine ganz eigene, frische Charakteristik entwickeln. Im unteren Kamptal berühren einander zwei Klimazonen: das trocken-heiße pannonische Klima und die rau-kühlen Lüften des nordwestlichen Waldviertels. Dies kommt insbesondere dem Grünen Veltliner entgegen, der hierdurch eine besonders klare und würzige Note erlangt.
Ein typisches Merkmal der Kamptal-Weine ist, dass sie über ein sehr gutes Lagerungspotential verfügen und besonders Liebhabern von gereiften Weinen auch noch nach Jahren viel Freude bereiten. Es werden mitunter auch recht ansprechende und finessenreiche Chardonnay-Weine angeboten, einige Winzer erzielen beachtliche Ergebnisse mit schönen (feinbeerigen) Roten, die hier zumeist zu eleganten Cuvée-Weinen vinifiziert werden.

KURT ANGERER LENGENFELD

Kurt Angerer ist einer jener Winzer, die bodenständiges Denken mit modernen Techniken und einer gewissen Weltoffenheit verbinden wollen. Und daher steht das Weingut Kurt Angerer für die glückliche Verbindung von Natur und Kultur sowie den Ideenreichtum und die Schaffenskraft eines Winzers aus der neuen Generation. Kurt Angerer bewirtschaftet 33 ha, von denen 60 Prozent den weißen Trauben und 40 Prozent den roten gewidmet sind, die wichtigste Sorte ist gebietstypisch der Grüne Veltliner.

Durch kompromissloses Engagement für höchste Qualität schon im Weinberg und erst recht bei der Vinifikation im eigenen Keller entstehen bei Kurt Angerer Weine, die zu den besten aus dem Kamptal zählen.

Eine Spezialität von Kurt Angerer ist, dass insbesondere die Grünen Veltliner ihre mineralische Struktur und ihre unterschiedlichen Standorte auszudrücken im Stande sind. Der Grüne Veltliner Unfiltriert kann hier als „primus ex pares" hervorgehoben werden, denn es handelt sich bei ihm um einen sehr extravaganten, ausdrucksstarken und eigenwilligen Veltliner, der nahezu burgundische Stilistik aufweist. Sehr schön sind seine vollen Kräuteraromen und vegetalen Noten, sicherlich kein klassischer Veltliner, dafür aber wunderbar individuell.

HIRSCH KAMMERN

Das Traditionsweingut der Familie Hirsch liegt in Kammern, unweit der bekannten Wein- und Kulturstadt Langenlois, die zugleich das Zentrum des Weinbaugebietes Kamptal darstellt. Sitz des Betriebes ist ein ehemaliger Zehenthof des Stiftes Passau aus dem frühen 16. Jahrhundert, der bereits seit 1878 als weinbauliche Wirkungsstätte der Winzerfamilie dient. Unweit vom Gut entfernt liegen die berühmten Kamptaler Weinberge Heiligenstein und Gaisberg. Heute wird das Weingut vom Vater-Sohn-Gespann Josef und Johannes Hirsch geführt, ein perfektes Zusammenspiel der Generationen ist ein Teil des Erfolges und der Betriebsphilosophie. Die Gesamtrebfläche, die sich auf Lagen in Kammern und Zöbing beschränkt, beträgt etwa 25 ha, die ausschließlich mit den Sorten Grüner Veltliner (60 Prozent) und Riesling (40 Prozent) bepflanzt sind.

Dass nicht immer nur die Lagenweine aus den berühmten Rieden Lamm, Gaisberg und Heiligenstein im Rampenlicht stehen müssen, sondern ebenso auch einmal so genannte Einstiegs-Weine beweist der frische, junge und spritzige Grüne Veltliner Hirsch, den man recht treffend „Trinkvergnügen" getauft hat. Glanzstücke des Hauses bleiben aber die Top-Weine, allen voran die Lagen-Veltliner sowie die Lagen-Rieslinge Gaisberg und Heiligenstein.

MAGLOCK-NAGEL STRASS

Der in Strass gelegene Familienbetrieb bewirtschaftet derzeit 11 ha Weingärten, die vor allem mit Riesling und Veltliner, aber auch Weißburgunder bestockt sind. Die Weine stammen durchwegs von hervorragenden Lagen und werden betont fruchtig sowie sortentypisch ausgebaut. Besonders bemerkenswert erscheinen der Riesling Gaisberg mit seinen feinen Zitrusaromen, der ausgezeichnete Grüne Veltliner und der Zweigelt Lammberg.

JURTSCHITSCH-SONNHOF LANGENLOIS

Der Sonnhof gehört zu den ganz traditionellen Weingütern Österreichs. Das Winzerhaus stammt aus dem 16. Jahrhundert und der 700 Jahre alte Naturkeller ist eine Sehenswürdigkeit für sich. Die drei Brüder Paul, Edwin und Dr. Karl Jurtschitsch teilen sich die Aufgaben der Bewirtschaftung von 60 ha Weingarten (welche selbstverständlich nach den genauen Richtlinien der naturnahen, kontrollierten-integrierten Produktion bearbeitet werden), die Vinifikation und auch das Vermarkten ihrer Weine.

Kaum ein österreichisches Weingut ist derart zuverlässig bei der Erzeugung von hochwertigsten Qualitätsweinen. Mit den Rotweinen war man zudem imstande neue Maßstäbe für die Region zu setzen; dennoch sind es vor allem die Grünen Veltliner und Rieslinge, welche dem Weingut Ruhm und Ehre einbrachten.

Aus dem breiten Angebot an Spitzenweinen ist es nicht einfach den einen oder anderen hervorzuheben, sicherlich sind aber der Grüne Veltliner Schenkenbichel und Spiegel Reserve Weine von außergewöhnlicher Qualität. Der tiefdunkle und sehr saftige Zweigelt Tanzer Reserve mit seinen ausgeprägten Zwetschkenaromen gehört ohne Zweifel zu den besten Rotweinen der Region. Ein ganz besonderes Erlebnis ist aber der Riesling Heiligenstein TBA, ein nahezu vollendeter Süßwein von wunderbarer Harmonie, Eleganz und Vielschichtigkeit.

SPIELAUER MOLLANDS

Martin Spielauer bewirtschaftet 10 ha bester Weinbaufläche in Mollands. Aufgebaut wurde das Weingut von seinen Eltern Martin und Johanna Spielauer; 1995 übernahm er selbst den Betrieb. Das Winzerhaus ist das ehemalige Schloss zu Mollands, und daher kann die Vinifizierung in den dicken Gemäuern des alten Schlosskellers erfolgen. Im Vordergrund steht die Frische und Fruchtigkeit der Weißweine und die Balance und Geschmeidigkeit der Rotweine.

Ein vollreifer Grüner Veltliner Graf A zeigt sich mit sehr harmonischen und feinen Aromen, der kristallklare Chardonnay duftet frisch nach Apfel und überzeugt durch seinen recht langen Abgang. Sehr schön ist, dass man hier nicht jeden Modetrend bedingungslos folgen will, sondern noch Weine von regionaltypischer Stilistik erzeugt.

WEINGUT JOHANN TOPF STRASS

Hans Topf widmet sich auf seinen 29 ha (80 Prozent weiße, 20 Prozent rote Trauben) ganz der Erzeugung von möglichst gebietstypischen Weinen, die zu einem großen Teil sorten- und riedenrein abgefüllt werden. Der Einklang mit der Natur und eine gelungene Symbiose von althergebrachtem Winzerhandwerk und moderner Kellertechnik sind die Eckpfeiler der charaktervollen und eigenständigen Weine. Vor allem die Veltliner und die Rieslinge des Hauses überzeugen mit Kraft und viel Potential, wobei man den Rieden Wechselberg und Zöbinger Heiligenstein besonderes Augenmerk schenken sollte.

WEIXELBAUM
STRASS IM STRASSERTAL

Bereits seit 1770 besteht dieser typische und traditionelle Strasser Familienbetrieb, der derzeit 16 ha Weingärten bewirtschaftet, die zu 70 Prozent mit weißen und zu 30 Prozent mit roten Traubensorten bestockt sind. Heinrich Weixelbaum ist ein begeisterter Winzer, für den Begriffe wie Familie, Tradition oder Natur noch echte Werte darstellen. Und so verwundert es wenig, wenn man ihn sagen hört: „Ich produziere Weine, wie ich sie selber zu trinken liebe und sehe gerne Weinliebhabern zu, wenn sie sich ebenfalls an meinen Weinen erfreuen!" Hauptsorte des Weingutes ist der Grüne Veltliner, doch wird zudem eine recht umfangreiche Sortenvielfalt angeboten. Sehr überzeugende Weine, die viel Trinkvergnügen bereiten sind z. B. der Weißburgunder Wahre Werte Ried Sandgrube und der gleichnamige Sauvignon Blanc Wahre Werte. Ein echtes Glanzstück des Hauses ist zudem der kraftvolle Grüne Veltliner Wahre Werte; ein harmonischer und saftiger Veltliner, der durch einige Jahre Flaschenreifung sicherlich gewinnen wird.

WEINGUT FRED LOIMER
LANGENLOIS

Zu den bekanntesten und berühmtesten Weingütern des Kamptal zählt mit Sicherheit und auch vollkommen zurecht das Weingut Fred Loimer in Langenlois. Nicht nur die herausragende Qualität seiner Weine oder die Tatsache, dass Fred Loimer zu den fachkundigsten Önologen Österreichs zählt, haben in der Weinwelt für Aufsehen gesorgt, sondern auch die eigenwillige und extravagant-moderne Architektur von Keller und Wohnhaus, denn das Weingut ist in einem pechschwarzen, schlichten, nahezu utopisch anmutendem Gebäude untergebracht, dass sich aber perfekt in die Umgebung einschmiegt – ein Beispiel dafür, dass moderne Architektur durchaus auch mit einem traditionellen Rahmen harmonieren kann.

Nicht umsonst gilt Fred Loimer als Qualitätsfanatiker, denn seine Weine sind von kristallklarer Struktur und von unverwechselbarer Charakteristik. Fred Loimer selbst sieht sich eher als Winzer mit Mut und Freude zur Innovation; und daher stellte er auch seine derzeit 28 ha auf bio-dynamischen Anbau um. Seine Weingärten sind zu 95 Prozent mit weißen Trauben bestockt, vornehmlich – dem Gebiet entsprechend – Grüner Veltliner und Riesling. Wenn es der jeweilige Jahrgang zulässt, erzeugt Fred Loimer auch Prädikatsweine bis hin zu Trockenbeerenauslesen. Ein sehr interessanter Pinot Noir Dechant von eigener Stilistik rundet das Sortiment ab.

Die Grünen Veltliner erscheinen im Weingut Loimer in einem immensen Variantenreichtum, von denen der klassisch ausgebaute Grüne Veltliner Spiegel und der Grüne Veltiner Käferberg sicherlich das größte Trinkvergnügen bereiten. Eine sehr vielschichtige Cuvée aus Chardonnay und Pinot gris, für den nur die besten Trauben selektiert wurden, kommt unter der Bezeichnung „Fred Loimer" in den Handel; der Wein überzeugt mit an große französische Weine (Burgunder) erinnernden Elementen und beeindruckt gleichzeitig mit einer hervorragenden Nachhaltigkeit, saftiger Tiefe und einem großartigen, würzigen Abgang.

Das schöne am Weintrinken ist, dass es immer wieder Tropfen gibt, die einen derartigen Hochgenuss bereiten, dass man alles um sich herum vergisst und sich nur diesem einen Wein widmen möchte.

Ein solcher Wein ist sicherlich der Riesling AL (AL steht für Auslese). Durch Selektion bei der Ernte werden die überreifen und edelfaulen Trauben je nach Lage gepresst und anschließend zu einer hochfeinen Auslese in einem großen Eichenfass vergoren. Das Ergebnis ist ein Riesling von eher deutscher Stilistik mit faszinierenden, ja geradezu fesselnden Marillen- und Pfirsicharomen, unterlegt mit zarten Anklängen von Zitrusfrüchten. Ausgestattet mit einer spielerischen Mineralik und wunderschönem Sortenausdruck wird dieser exzellente Wein sicher jeden Riesling-Freund begeistern; wichtig ist jedoch, dass man ihm einige Jahre Reifezeit in der Flasche gönnt.

DASCHL
GOBELSBURG

„Ich bin überzeugt, dass es für Kunden viel interessanter ist, Weine zu trinken, die eine persönliche Note widerspiegeln, als Weine zu probieren, die sich nur in Nuancen unterscheiden." Das ist der Grundsatz von Karl Daschl jun. Ein ungeschriebenes Gesetz, das für den Jungwinzer zur Maxime wurde.

Der Weinbau liegt der Familie Daschl im Blut. Bereits über Generationen verschreibt man sich im Gobelsburger Traditionsbetrieb der Kunst des Weinbaus. Und einige Kundengenerationen halten schon fast 100 Jahre dem Qualitätsweingut aus dem Kamptal die Treue.

Trauben aus einer Gesamtfläche von rund 19 ha ermöglichen es dem Weingut Daschl, ein abgerundetes Programm anzubieten. Es besticht durch die für das Kamptal typische Sortenreinheit.

Am Weißweinsektor bestimmen zwei Hauptlinien das Angebot: Die fruchtig leichten Kabinettweine und die elegant kräftigen Lagenweine, die von ausgesuchten Trauben der gebietstypischen Rieden gekeltert werden. Die Rotweine reichen vom samtigen St. Laurent bis hin zu den im Barrique gelagerten vollmundigen Rotweinen wie Zweigelt und Cuvée. Als Besonderheiten verfügt das Weingut Daschl über Jahrgangsweine bis ins Jahr 1950 zurück.

KARL STEININGER
LANGENLOIS

Das Weingut Steininger ist ein Familienbetrieb in Langenlois und bewirtschaftet derzeit eine Rebfläche von 25 ha. Der Schwerpunkt – und zugleich die Stärke – des Hauses liegt beim Grünen Veltliner, der allein 50 Prozent Anteil einnimmt. Die Vielfältigkeit des Grünen Veltliner zeigt das Weingut in verschiedenen Ausbauarten, vom leichten bis zum kräftigen Grünen Veltliner und auch vom Sekt bis zum Süßwein. Neben dem Grünen Veltliner werden auch Riesling, Sauvignon blanc, Weißburgunder und Zweigelt angebaut.

Bekannt ist das Weingut Steininger in den letzten Jahren durch seine Sektproduktion geworden. Die Steiningers versekten bereits seit 1989 und mittlerweile ist der Sekt ein wesentlicher Bestandteil des Betriebes. Die Philosophie des Weinguts lautet hierbei: Guter Sekt kann nur aus gutem Wein gemacht werden, der Grundwein entscheidet über das Endprodukt. Das Ziel ist es, den Sortencharakter, den Duft und die Frucht unserer für die Region typischen Weine auch im Sekt wieder zu finden. Daher versektet das Weingut Steininger jahrgangsrein nach der traditionellen Flaschengärmethode – und jeder Sekt hat, sei es Grüner Veltliner, Riesling, Traminer, Burgunder oder Zweigelt, sein eigenes Geschmacksbild.

Ein absolutes Highlight des Weingutes ist sicherlich der unglaublich eigenwillige und charaktervolle Sekt aus Sauvignon blanc, der in dieser Form wohl einzigartig sein dürfte. Der Wein fasziniert mit seinen Aromen nach (frisch gemähtem) grünem Gras, Kräutern und vorallem Wermut und ist daher ein Muss für jeden Liebhaber von besonderen Geschmackserlebnissen!

SCHLOSS GOBELSBURG GOBELSBURG

Das geschichtsträchtige Haus gehört heute dem Zisterzienserstift Zwettl im Waldviertel, welches zunächst im Jahre 1740 das eigentliche Schloss, später dann auch das Weingut übernommen hatte. Das Stift besaß bereits 1171 ausgedehnte Ländereien und Weingärten in Kammern und Gobelsburg. Das Weingut wurde dann seit 1958 von Pater Bertrand Baumann geleitet, einem absoluten Fachmann für gereifte und tiefgründige Weine. Heute ist Michael Moosbrugger für die Geschicke des Hauses verantwortlich; dass die besten Lagen rein biologisch bewirtschaftet werden, ist hier eine Selbstverständlichkeit. Von den derzeit 38 ha sind 75 Prozent dem Weißwein und 25 Prozent den roten Sorten gewidmet.

Die Palette der angebotenen Weine ist recht groß, bemerkenswert ist vor allem die Vielfalt an Grünen Veltlinern. Der Grüne Veltliner Gobelsburger Messwein wurde schon unter Pater Bertrand Baumann zu einer weithin bekannten Marke, daneben empfehlen sich insbesondere der saftig-komplexe Grüne Veltliner Kammerner Lamm und der harmonisch-kraftvolle Grüne Veltliner Tradition. Neben dem ausgezeichneten Eiswein sollen auch der sortentypische Pinot noir sowie der exzellente Rheinriesling Alte Reben (sicher eines der Vorzeigeprodukte des Hauses) nicht unerwähnt bleiben.

WEINGUT WILLI BRÜNDLMAYER LANGENLOIS

Das Weingut Bründlmayer gehört sicherlich zu den beeindruckendsten von Österreich, und das vor allem deshalb, weil hier ganz besonders freundliche Menschen werken. Ja, es ist in der Tat beeindruckend, mit welcher Ruhe und Übersicht das mit 70 ha für österreichische Verhältnisse sehr große Weingut von Willi Bründlmayer geleitet wird; und diese freundliche Ruhe scheint sich auf alle Mitarbeiter des Betriebes zu übertragen, denn es herrscht hier eine besonders angenehme Atmosphäre und ein Betriebsklima, wie man es in dieser Form nicht mehr all zu oft vorfindet – man lebt hier für den Wein und arbeitet für den Genuss!

Es würde sicherlich nicht all zu schwer fallen, allein über dieses Weingut ein ganzes Buch zu schreiben, denn nahezu alles, was hier produziert wird, ist von feinster Qualität; insbesondere die herausragenden Weißweine und die edlen Sekte haben das Weingut Bründlmayer zu einem österreichischen Paradeweingut werden lassen, das ohne Zweifel zu den wichtigsten und einflussreichsten Weingütern der Welt gezählt werden darf.

Die Weingärten sind nahezu gänzlich in Terrassen angelegt, rund ein Drittel der Rebstöcke wird in der so genannten „Lyra-Erziehung" kultiviert, dass die Weingärten grundsätzlich ökologisch bewirtschaftet werden (auf Herbizide wird völlig verzichtet), versteht sich nahezu von selbst. Die sicherlich interessanteste und wahrscheinlich auch beste Lage ist der Zöbinger Heiligenstein, dessen Böden aus der 270 Millionen Jahre alten Perm-Zeit stammen; dieser Wüstensandstein mit vulkanischen Elementen bietet ideale Voraussetzungen für herausragende Weine. Hoch oben, in einem in sich geschlossenen Naturschutzgebiet wachsen Merlot, Cabernet Sauvignon und Riesling mit erlesenstem Traubenmaterial heran.

Besonders stimmungsvoll lassen sich die wunderbaren Weine des Hauses im angeschlossenen Heurigen verkosten, einem Renaissancebau aus dem 16. Jahrhundert.

Einzelne Weine hervorzuheben gestaltet sich hier naturgemäß schwierig, denn die Vielfalt an Klasseweinen ist groß. Der Chardonnay des Hauses zeigt sich wunderbar ausgewogen mit feinen Aromen nach Apfel und Birne; erinnert dabei wegen seiner zarten Holzwürze an internationale Stilistik. Ganz besonders bemerkenswert erscheint der sehr kraftvolle und komplexe Riesling Heiligenstein Lyra, ungemein vielschichtig und von herrlicher Mineralik bereitet er sehr viel Trinkvergnügen; allerdings nur dann, wenn man ihm die notwendige Reifezeit auf der Flasche gegönnt hat. Genauso verhält es sich mit dem Riesling Heiligenstein Alte Reben, dessen Marillenaromen und der feine Fruchtcharakter schön von einer frischen Säure umschmeichelt werden – auch hier muss man einfach Geduld haben und den Wein reifen lassen.

Bleibt nur noch zu erwähnen, dass auch die Bründlmayer-Sekte zum Besten zählen, was österreichische Kellereien zu bieten haben.

PRINZESSFILET IM ERDÄPFELMANTEL

**600 g Puten-Prinzessfilets,
3 EL Mehl zum Wälzen,
500 g Erdäpfel, 50 g glattes Mehl, 2 Eier,
Rosmarin, Salz, Pfeffer,
Öl oder Butterschmalz zum Ausbacken**

Prinzessfilet salzen, pfeffern, mit Rosmarin würzen und in Mehl wenden. Rohe Erdäpfel schälen, grob raspeln, danach salzen; Erdäpfel mit Eiern und Mehl vermengen. Das Fleisch mit der Erdäpfelmasse umhüllen und in heißem Öl schwimmend goldgelb ausbacken. Fertige Prinzessfilets in nicht zu dünne Scheiben schneiden, mit einer Kräutersoße und Salaten der Saison anrichten.

GEDÄMPFTE SCHWEINSRIPPCHEN

**Pro Person:
2 schöne Schweinskoteletts,
2 mittlere Zwiebeln,
1 TL gestoßener Kümmel,
1 Tasse Rindsuppe,
Schuss Essig,
Butter und Öl, Salz und Pfeffer**

Öl in einer Pfanne erhitzen, Koteletts auf beiden Seiten darin anbraten, aus der Pfanne heben und warm stellen. Das Öl abgießen, ein Stück Butter in der Pfanne schmelzen, fein gehackte Zwiebeln und gestoßenen Kümmel darin rösten (man kann auch etwas Knoblauch dazugeben). Mit etwas Rindsuppe und einem guten Schuss Essig aufgießen, aufkochen lassen. In diesem Saft die angebratenen Koteletts 10 Minuten dämpfen, mit Salz und Pfeffer abgeschmeckt servieren. Dazu passen Bratkartoffeln.

GEBACKENE SCHINKENFLECKERL

**Für die Fleckerl:
250 g Mehl, 1 großes Ei, Wasser, Salz**

**Weiter:
80–100 g Butter, 2 Eier,
250 g Selchfleisch, 250 ml saurer Rahm,
Muskatnuss, Salz und Pfeffer**

**Außerdem:
Butter und Brösel für die Form,
Butterflocken und geriebenen Käse (fakultativ)**

Aus den Zutaten für die Fleckerl einen Teig zubereiten, dünn ausrollen und zu Fleckerl schneiden. Diese in Salzwasser 5 Minuten kochen, abseihen und abschrecken.
Die Eier trennen. Butter mit den zwei Dottern flaumig schlagen, Rahm und die zu steifem Schnee geschlagenen Eiweiße unterheben, würzen und das fein geschnittene Selchfleisch einarbeiten. Dieses Gemenge mit den Fleckerl vermischen. Eine Auflaufform einfetten und ausbröseln, Nudelgemisch einfüllen, mit Butterflocken und nach Geschmack etwas geriebenem Käse bestreuen, danach im Rohr goldgelb backen. Mit Salat auftragen.

GESPICKTES RINDSHERZ IN WEIN-WURZELSAUCE

Dies ist eine ganz alte und traditionelle Zubereitung für Rindsherz, die heute nicht mehr häufig vorzufinden ist, da dem Rahmherz (siehe S. 339) meist der Vorzug gegeben wird.

1/2 Rindsherz im Ganzen,
Speckstreifen zum Spicken,
2 Bund Wurzelwerk,
Schmalz oder Öl zum Anbraten,
1 Zwiebel,
250 ml Wein,
75–100 g Schmalz,
75–100 g Mehl, Salz und Pfeffer

Das Wurzelwerk putzen und zerschneiden. Das Herz parieren, dann mit Speck spicken (mittels eines scharfen Messers oder Spickmessers). Das Rinderherz in etwas Fett zusammen mit der Zwiebel braun anbraten. Geschnittenes Wurzelwerk dazugeben, ebenfalls durchrösten lassen. Salzen, pfeffern, Wein und Wasser angießen, danach zugedeckt weich dünsten; ab und an wenden. Wenn das Herz weich ist, Kochsud entfetten und durch eine Sieb oder die Flotte Lotte passieren. Herz warm halten.
Aus Schmalz und Mehl eine dunkelbraune Einbrenn bereiten, den passierten Sud dazugeben und alles verkochen lassen, abschmecken. Ist die Sauce zu dick, mit etwas Rindsuppe verdünnen.
Das Herz in Scheiben schneiden, mit der Sauce übergießen und Serviettenknödel oder Erdäpfel dazu servieren.

SAURER SCHWEINSLUNGENBRATEN MIT EI

3 mittlere Schweinslungenbraten,
4 hartgekochte Eier,
5–6 Lorbeerblätter, Thymian,
Pfefferkörner,
3–5 Knoblauchzehen,
1 kleine und eine große Zwiebel,
Essig nach Geschmack (2–3 EL),
Schmalz und Mehl für die Einbrenn,
250 ml Wein,
Wasser, Salz

Aus Weißwein (vorzugsweise Grünem Veltliner), Wasser (insgesamt braucht man etwa 1 1/2 Liter Flüssigkeit), Lorbeerblättern, Thymianzweigen, Pfefferkörnern, geschälten Knoblauchzehen, einer kleinen gehackten Zwiebel, Essig nach Geschmack sowie etwas Salz einen Sud kochen, die Schweinslungenbraten etwa eine Stunde darin garen.
Etwas Schmalz in einer Pfanne erhitzen, eine große fein gehackte Zwiebel darin hellgelb rösten, mit etwas Mehl stauben und alles weiter rösten, bis die Einbrenn eine lichtbraune Farbe angenommen hat. Den Lungenbraten aus dem Sud nehmen und warm stellen. Nun die Einbrenn mit so viel vom Sud aufgießen, bis man eine schön mollige Sauce erhalten hat. Sauce durch ein Sieb passieren und mit Obers oder Sauerrahm verfeinern, salzen und pfeffern. Dazu schmecken kleine Erdäpfelknödel oder Salzerdäpfel sowie ein grüner Salat.

SAURER SCHWEINSLUNGENBRATEN MIT EI

ULLI AMON-JELL

EINGANG GASTHAUS JELL

Ulli Amon-Jell

Das Gasthaus Jell liegt im ältesten Stadtteil von Krems, dem Tor zur Wachau. Hier, am Hohen Markt werkt eine der liebenswürdigsten Köchinnen Österreichs, die zudem niemals ihre kulinarischen Wurzeln vergessen hat; als Entdeckungsreisen mit Bodenhaftung kann man ihre Küche wohl am treffendsten beschreiben.

„Meine besten Ideen hab' ich immer am späten Abend. Wenn ich nach der Sperrstunde mit meiner Köchin Silvia bei einem Glaserl Wein sitze und tief durchatme, dann ist der Kopf wieder frei für Neues. Wir spinnen dann so vor uns hin, was man nicht alles machen könnte und womit wir unsere Gäste wieder überraschen werden. Und dann bleibt oft eine Idee hängen. Gleich am nächsten Tag gehen wir in unsere „Versuchsanstalt", die Wirtshausküche, und setzen die Idee vom Vortag um. Klar, dass bei strengem Küchenlicht nicht sehr viel von dem übrig bleibt, was am Vortag so verlockend schien, aber manch ein Gericht schafft es dann doch auf die Karte. Und einige wenige davon werden sozusagen zu jungen Klassikern. Das sind dann jene Gerichte, die wir nicht von der Karte nehmen dürfen, weil sonst zu viele Gäste dagegen protestieren würden", so Ulli Amon-Jell über ihre Küche.

Und in der Tat ist ihre Küche ein ständiges Spiel zwischen Altem und Neuem, ein ständiger Prozess Neues zu entdecken, ohne dabei das Alte über Bord zu werfen. Ulli Amon-Jell hat einfach Spaß am Kochen und am Genuss und diese Freude will sie auch ihren Gästen vermitteln. Dabei vergisst sie aber niemals, dass sie Österreicherin ist und ihre Wachauer Wurzeln finden sich in nahezu allen Gerichten wieder.

Im 16. Jahrhundert wurde das Haus am Hohen Markt errichtet. In seiner langen Geschichte war es nahezu immer eine Stätte, in der Gäste bewirtet wurden. Ein Wirtshaus im ursprünglichsten Stil eben. Die Familie Jell ist 1867 hier heimisch geworden. Es war ihr Urgroßvater Josef Jell, der das Gebäude erworben und mit seiner Frau Anna die Wirtshaus-Generation begründet hatte, in deren vierter Generation nun Frau Amon-Jell werkt. Sie ist in diesem Haus aufgewachsen und sagt von sich, dass sie niemals woanders leben wollen würde, als in dem ehrwürdigen und wuchtigen Bau, in dem sie sich geborgen und beschützt fühlt; geradezu liebevoll nennt sie ihn „mein großes Wohnzimmer".

Zu einer Wirtshausküche wie Ulli Amon-Jell sie interpretiert, gehört auch eine gewisse Großzügigkeit. Bei aller Kreativität darf bei ihr keiner hungrig vom Tisch gehen. Erbsen- und Kalorienzähler sind hier absolut fehl am Platze. Zum Gedeck gibt es beispielsweise Selchspeck (aus der Fleischhauerei ihres Gatten), Leberpastete und Kräutertopfen. Ja, im „Wirtshaus" wird nach Herzenslust geschlemmt und dazu werden die edelsten Kreszenzen österreichischer Topwinzer genossen. Ein Platz zum Wohlfühlen!

Übrigens, wer das Glück hat, einen Blick in ihre Küche zu werfen, wird feststellen, mit welcher Leichtigkeit und Freude Ulli Amon-Jell ans Werk geht. Neben aller Konzentration und Professionalität geht es hier nie akribisch, dafür nahezu immer lustig zu!

REHMEDAILLONS MIT GÄNSELEBER-BLUNZ'N UND SCHOKO-WEICHSELSAUCE

Das Rehfilet wird kurz beidseitig gebraten, danach in einer Sauce aus geschmolzener Schokolade und Weichseln fertig gedünstet. Blunz'n häuten, zerteilen und anbraten, in die gebratene Blunz'n fein gewürfelte Stopfleber unterheben, abschmecken.
Blunz'n auf Tellern anrichten, das Filet quer durchgeschnitten darauf anrichten. Mit der Schokoladensauce umkränzen und nach Belieben ausgarniert servieren.

BRENNNESEL-SCHAFSKÄSE-ROULADE

REHMEDAILLON MIT GÄNSELEBER-BLUNZ'N UND SCHOKO-WEICHSELSAUCE

RINDERFILET MIT GÄNSELEBER

Dieses Gericht gehört sicherlich zu den Klassikern der Wirtshausküche von Ulli Amon-Jell. Zur Saison verwendet sie auch schon einmal Morcheln (statt der Trüffeln) für diesen Hochgenuss, eine interessante Variante!

Für das Filet:
4 dicke Rinderfilets (etwa je 200 g),
4 schöne Scheiben Gänseleber,
Öl, etwas Rotwein,
Parmesan

Für die Trüffelbutter:
125 g Butter, 1 schwarze Trüffel,
etwas Trüffelöl, etwas Zitronensaft,
Salz, Pfeffer

Für die Pilznudeln:
500 g Bandnudeln,
300 g Pilze (Steinpilze oder Morcheln),
Butter, gehackte Petersilie, Salz und Pfeffer

Garnitur:
Petersilie und 1 schwarze Trüffel

Für die Trüffelbutter wird die Butter zunächst schaumig geschlagen, dann mit Trüffelöl, Zitronensaft, Salz und Pfeffer aromatisieren. Zum Schluss die fein gehobelte Trüffel unterheben.
Die Rinderfiletscheiben beidseitig scharf anbraten, salzen, pfeffern und die Trüffelbutter auf dem Fleisch verteilen. Mit Rotwein ablöschen und zugedeckt etwa 3–4 Minuten ziehen lassen. Filets herausnehmen, warm stellen und den Saft einkochen lassen.
In einer zweiten Pfanne die Gänseleberscheiben beidseitig kurz in Öl braten, salzen, pfeffern und auf die Rinderfiletscheiben legen.
Die fein geschnittenen Pilze in Butter dünsten,

ULLI AMON-JELL IN AKTION

bis sie keine Flüssigkeit mehr lassen, danach die bissfest gekochten Bandnudeln unterheben. Fein gehackte Petersilie dazugeben, durchschwenken und abschmecken.
Pilznudeln auf vorgewärmten Tellern anrichten, die mit den Gänseleberscheiben belegten Filets darauf geben und frische Trüffel darüber hobeln.

BRENNNESSEL-SCHAFSKÄSE-ROULADE

Für die Roulade:
2 Hand voll Brennnesselblätter,
1 EL Butter, 8 Eier,
125 ml Obers,
2 EL Parmesan,
150 g glattes Mehl,
Muskatnuss, Salz und Pfeffer

Für die Schafskäsefülle:
250 g Schafskäse (z. B. Feta),
einige EL Sauerrahm,
frische Kräuter (Basilikum, Salbei, Schnittlauch)

Garnitur:
Blattsalate nach Lust, Laune und Saison

Die Brennnesselblätter kurz in heißem Wasser blanchieren (das zerstört die Brennhaare) und kalt abschrecken. Die Blätter in einem Tuch trocknen, danach fein hacken. Butter in einer Pfanne erhitzen, die Brennnesseln darin dünsten, bis alle Kochflüssigkeit verdampft ist; auskühlen lassen. Die Eier in einem Kessel über Dampf schaumig schlagen, bis man eine cremige Masse erhalten hat. Die gedünsteten Brennnessel, Obers, Parmesan und Mehl unter die Masse heben, würzen und den Teig auf

IMPRESSION GASTRAUM

ein mit Backpapier ausgelegtes Blech streichen. Bei 200 Grad im vorgeheizten Ofen etwa 8–10 Minuten backen, fertigen Teig auf ein sauberes Tuch stürzen, das Papier vorsichtig abziehen und zusammenrollen. Eingerollt auskühlen lassen.
Den Schafskäse durch ein Sieb streichen, so viel Sauerrahm dazugeben, bis eine geschmeidige (nicht flüssige) Konsistenz erreicht ist. Die fein gehackten Kräuter untermengen.
Die Teigrolle vorsichtig öffnen, die gesamte Fläche mit der Schafskäsemasse bestreichen, wieder einrollen und 2 Stunden rasten lassen.
In Scheiben aufgeschnitten auf Blattsalat anrichten.

APFELTASCHERL AUF VANILLE-EIERLIKÖRSAUCE

3 Äpfel,
Zucker,
Rum, geriebene Nüsse,
etwas Zimt und Rosinen nach Belieben,
2 EL süße Brösel (kann von einem Kuchen oder geriebene Kekserl sein),
4 Strudelblätter

Außerdem:
Vanillesauce und Eierlikör

Die Strudelblätter vierteln; die Äpfel schälen, klein schneiden und mit den übrigen Zutaten vermengen. Apfelmasse auf die Strudelblätter verteilen, oben zu Sackerln zusammendrehen und im Rohr etwa 15 Minuten bei 180 Grad backen.
Die fertigen Tascherl auf die mit Eierlikör verfeinerte Vanillesauce setzten und mit Staubzucker bestreuen.

RINDERFILET MIT GÄNSELEBER

APFELTASCHERL AUF VANILLE-EIERLIKÖRSAUCE

Der Mohn

Die geheimnisvollen Kräfte des Mohns (lat. papaver somniferum) waren der Menschheit schon vor mehr als 5000 Jahren bekannt; damit zählt der Mohn zu den ältesten Kulturpflanzen der Welt. Bereits in den jungsteinzeitlichen schweizer Pfahlbauten konnten Belege für seine Verwendung gefunden werden. Der einjährige Kulturmohn gehört zur Familie der Mohngewächse (Papaveraceae), die rund 600 Arten umfasst. Ursprünglich diente der Anbau von Mohn überwiegend der Ölgewinnung aus den Samen (30–40 % Fett); auch die Verwendung des Milchsaftes (aus den unreifen Kapseln gewonnen) als Rauschmittel sowie die Verwendung der Samen als Lebensmittel dürften schon lange bekannt gewesen sein.

Die alten Ägypter verehrten den Mohn als Heilmittel und für die Griechen wurde der Mohn zum Symbol für die Götter des Schlafes und des Todes, wie anhand von Darstellungen des Gottes Hypnos, der mit Mohnkapseln umgeben gestaltet wurde, zu entnehmen ist. „Mekane", die Mohnstadt wurde bereits um 800 v. Chr. die antike Stadt Sikyon genannt. Auch verwendeten die Griechen schon den Mohnsamen für ihre Gebäcke; z. B. erwähnte bereits der Lyriker Theognis Alkman den Gebrauch von Mohn zu Speisezwecken. Auch die Römer verwendeten den Mohn; nicht nur als Lebensmittel, sondern auch als Rauschmittel (Opium, dunkelbrauner, bitterer, eingetrockneter Milchsaft des Schlafmohns) und Brennstoff (Mohnöl) für ihre Lampen.

Im 8. Jahrhundert lernten die Chinesen durch den Handelsverkehr mit den Arabern die Mohnpflanze und ihren Gebrauch kennen. Die erste Anwendung des Opiums bei Darmbeschwerden findet sich in Schriften aus dem 12. Jahrhundert. In den Opiumkriegen (1840–1842 und 1856–1860) erzwang England übrigens den freien Handel und die Einfuhr von Opium nach China.

Die ursprüngliche Heimat des Mohns ist wahrscheinlich die karge Hochebene Persiens und er dürfte zusammen mit dem ersten Saatweizen vor vielen Jahrhunderten nach Mitteleuropa gekommen sein.

Was den Mohn in seiner jahrtausendalten Geschichte so begehrt machte, war nicht zuletzt seine vielseitige Verwendbarkeit, die weit über die Topf- und Pfannenränder hinausreicht. Mohn ist nicht nur ein ausgesprochen wohlschmeckendes und wegen seines Reichtums an ungesättigten Fettsäuren auch überaus gesundes Nahrungsmittel, sondern heilbringend, Droge und Narkotikum, Segens- und Trostspender. Das aus dem Samen gepresste Öl, klar und von wunderbar feinem Geschmack, dient seit alters her als Nähr-, aber auch Brennstoff; und von den im Saft enthaltenen Alkaloiden machte die Menschheit seit der Antike Gebrauch.

Schon im 13. Jahrhundert wurde die wundersame Blume, die offenbar von Mönchen importiert wurde, im Waldviertel als Heil- und Ölpflanze angebaut. So ist im ältesten Urbar des Stiftes Zwettl, nämlich im Urbar des Abtes Ebro von 1280, festgehalten, dass in der Region Zwettl schon damals Mohnanbau betrieben wurde.

Welch große wirtschaftliche Bedeutung der Mohn im Waldviertel einst hatte, lässt sich daran erkennen, dass er bis zum Jahre 1933 sogar an der Londoner Produktbörse notiert war. Jahrelang ist der Mohnanbau verpönt gewesen, doch in den späten 1970er/Anfang der 1980er Jahre besann man sich im Waldviertel der langen Tradition des Mohnanbaus und so feierte der Mohn hier eine regelrechte Renaissance. 1985 wurden im westlichen Waldviertel 600 Hektar mit Mohn bepflanzt, doch die Ostöffnung überschwemmte den österreichischen Markt mit Billigprodukten. Hinzu kamen Subventionskürzungen, was zur Folge hatte, dass der Mohnanbau wieder auf 200 Hektar reduziert wurde. Nahezu ein Viertel aller Anbauflächen im Waldviertel ist nicht größer als 500 Quadratmeter, die anderen sind maximal einen Hektar groß; zum Vergleich: allein in Tasmanien werden jährlich etwa 10.000 Hektar mit Mohn bepflanzt, allerdings nicht zur Verwertung der Samen, sondern zur Kodeingewinnung – die Samen werden quasi als „Abfallprodukt" nach Europa gesandt.

Um sich gegen diese Übermacht behaupten zu können, wird im Waldviertel kompromisslos auf Qualität gesetzt, so erzählt Martin Greßl vom Mohnhof in Ottenschlag: „Unser einheimischer Mohn kostet zwar nahezu dreimal so viel wie die billige Importware, aber es handelt sich bei ihm auch um eine völlig andere Qualität!" Und so wissen die österreichischen Feinschmecker, welche immerhin die stattliche Menge von 350 g pro Kopf im Jahr verzehren, dass der Waldviertler Mohn, hier vor allem der Graumohn, mit keiner der importierten Mohnsorten zu vergleichen ist; und um den Waldviertler Mohnbauern zu einer besseren Akzeptanz ihrer Spezialprodukte zu verhelfen, wurde ihr Mohn in die EU-Liste der Nahrungsmittel mit geschützter Herkunftsbezeichnung aufgenommen.

Der Waldviertler Mohnhof

FAMILIE GRESSL BEI DER MOHNERNTE

Auf den Feldern rund um den Waldviertler Mohnhof, einem alten Erbeinöd der Familie Greßl, werden seit vielen Jahrzehnten verschiedene Mohnsorten angebaut, mit viel Sorgfalt und Fachwissen aufbereitet und weiterveredelt.

Durch die vielen Sonnentage, die kühlen Nächte und den intensiven Taubefall – der Waldviertler Mohnhof befindet sich auf knapp 900 m Seehöhe – gedeihen die Mohnsorten besonders gut und entwickeln dabei die wichtigen und wertvollen ungesättigten Fettsäuren.
Aus diesen Mohnsamen werden die hochwertigen und aromatischen, kaltgepressten Mohnöle gewonnen.

Der Waldviertler Mohnhof ist ein kleinbäuerlicher Familienbetrieb, der sich auf die Produktion von hochwertigen Mohnölen spezialisiert hat. Erzeugt wird das Mohnöl – auch Olivenöl des Nordens genannt – in drei edlen Varianten: Grau-, Blau- und Weißmohnöl.
Auf knapp 200 Quadratmetern hat die Familie Greßl ein Mohnmuseum eingerichtet, in dem nicht nur viel über die Mohnpflanzen und das Öl zu erfahren ist, sondern vor allem eine überwältigende Sammlung von alten Mohnmühlen bestaunt werden kann – es ist dies übrigens die größte Mohnmühlensammlung Österreichs.

Mohnöl

Schon seit alters her werden im Waldviertel Ölfrüchte produziert und die klimatischen Voraussetzungen sind hier besonders gut dafür geeignet, dass die Pflanzen einen sehr hohen Anteil an ungesättigten Fettsäuren entwickeln. Martin Greßl hat sozusagen eine alte Tradition wiederbelebt und neben der naturnahen Landwirtschaft sind Mohnpflege, Mohnernte und natürlich das schonende Pressen die „Geheimnisse“, warum seine Mohnöle derart aromatisch sind. Kapsel für Kapsel wird hier von Hand geerntet, denn mit dem Mähdrescher würden die empfindlichen Körner gequetscht und verletzt werden, sie oxydieren dann schnell an der Luft und werden ranzig. Hinzu kommt, dass die Fruchtkapseln oben offen sind; ein heftiger Wind kurz vor der Ernte könnte die Kapseln einfach ausschütteln und alle Mühe wäre umsonst gewesen. Ein genauer Blick offenbart die kleine Öffnung unterhalb der hübschen „Krone“ und durch diese werden die Kapseln auf dem Feld in Behälter ausgeleert; schonender kann der Mohn kaum geerntet werden und obendrein bleiben die dekorativen Kapseln intakt. Die Samen werden schließlich auf Tüchern ausgebreitet und getrocknet. Diese Samen können dann entweder (ganz oder gemahlen) für verschiedenste, köstliche Rezepte verwendet oder zu feinen Mohnölen verarbeitet werden, wofür sie vorsichtig kaltgepresst werden; zudem werden die Waldviertler Edelöle weder raffiniert noch filtriert und schon gar nicht verschnitten.
Vier Kilogramm Mohnsamen sind erforderlich, um einen Liter Öl zu gewinnen. Die Besonderheit des Waldviertler Mohnöls lässt sich vor allem am Geschmack feststellen, es gibt drei Varianten: 1. das leicht nussartig schmeckende Weißmohnöl, 2. das fein-milde Graumohnöl und 3. ein kräftiges Blaumohnöl mit ausgeprägtem Mohngeschmack.

VERSCHIEDENE MOHNPRODUKTE

MOHNMÜHLENSAMMLUNG DER FAMILIE GRESSL

BLATTLSTOCK

Dieses nahrhafte Festtagsrezept ist eine alpenländische Spezialität, welche heute insbesondere noch in Osttirol und dem Kärntner Lesachtal genossen werden kann. In früheren Zeiten hat man diese köstliche Mehlspeise vor allem zu Weihnachten (nach dem Kirchgang) aufgetischt.

Der Blattenstock besteht aus 7 Germteigplatten, welche im Ofen goldbraun gebacken worden sind. Diese Teigplatten werden mit einer saftigen Füllung aus reichlich geriebenem Mohn, weichgekochten und faschierten Kletzen, Zimt, Nelkenpulver und früher auch Hanf (!) aufeinander geschichtet; jede Lage zudem mit viel zerlassener Butter und/oder Rahm übergossen. Das letzte Blatt wird mit besonders viel zerlassener Butter getränkt!

MOHNZELTEN

Für den Teig:
500 g glattes Mehl,
300 g gekochte mehlige Erdäpfel (gerieben),
250 g Butter, 2 Eier,
2 EL Rahm, 1 TL Backpulver, Salz

Für die Fülle:
200 g geriebener Mohn,
200 g Zucker, 100 g Butter,
etwas Honig, Rum, Zimt,
1 Päckchen Vanillezucker

Aus den Zutaten für den Teig einen Erdäpfelteig bereiten. Für die Fülle die Butter erhitzen, Mohn und Zucker einrühren; die Füllmasse mit Honig, Rum, Zimt und Vanillezucker abschmecken. Aus dem Teig eine Rolle formen, gleich große Stücke abschneiden, diese mit der ausgekühlten Mohnmasse belegen und zu Knödel formen. Diese Knödel dann zu Zelten flach drücken und auf ein mit Backpapier ausgelegtes Blech legen. Auf jeder Seite etwa 15 Minuten bei 200 Grad backen.

MOHNBLÜTE

MOHNTORTE

Aus 160 g Butter, 200 g Staubzucker und 6 Eidottern einen Abtrieb rühren, 250 g gemahlenen Mohn abwechselnd mit Rotwein einarbeiten. Schließlich 50 g Brösel und den Eischnee unter die Masse heben. In eine gut befettete und mit Bröseln ausgestreute Form füllen, danach im vorgeheizten Backofen bei 200 Grad gut 1 Stunde backen. Ausgekühlten Kuchen nach Wunsch glasieren.

MOHNKNÖDEL

Für den Teig:
500 g gekochte Erdäpfel (passiert),
1 Ei, 1 EL Butter,
250 g Mehl, Prise Salz

Für die Fülle:
250 g Mohn, 80 g Butter,
2 EL Zucker, 1–2 EL Powidl,
1 Packung Vanillezucker, Rum, Zimt

Außerdem:
Semmelbrösel, Butter, Staubzucker

Aus den Teigzutaten einen Erdäpfelteig zubereiten. Für die Fülle zunächst die Butter zergehen lassen, dann den Mohn hineingeben, mit Zucker, Powidel und Vanillezucker verrühren, Masse mit Rum und Zimt abschmecken. Den Teig in 12 gleich große Stücke teilen, diese flach drücken und füllen; zu Knödel formen. Die Knödel in heißem Salzwasser etwa 8–10 Minuten kochen lassen. Abgetropfte Knödel in warmen Butterbröseln wälzen und mit Staubzucker bestreut anrichten; dazu schmecken Hollermandl oder Zwetschkenröster.

MOHNKAPSEL

MOHNPINGL

Zuerst aus 60 g gemahlenem Mohn, 100 g Powidl, 1 Prise Vanillezucker, 10 g Staubzucker sowie 1 EL Rum eine Füllung zubereiten, diese einige Minuten rasten lassen, dann zu 12 gleich großen Kugeln formen. Die Kugeln in den Kühlschrank legen.
Zwischenzeitlich aus 125 ml gutem Weißwein, 120 g glattem Mehl, 3 Eidottern und einer Prise Salz einen Backteig rühren; die 3 Eiklar zu steifem Schnee schlagen und vorsichtig unter den Teig mengen.
Die vorbereiteten Mohnkugeln durch den Teig ziehen und in heißem Butterschmalz schwimmend goldbraun ausbacken, abtropfen lassen und noch heiß sofort servieren. Dazu reicht man Sauerrahm und frische Beeren.

MOHN-OBERSWÜRFEL

8 Eiklar mit 180 g Kristallzucker zu sehr steifem Schnee schlagen, dann 100 g geriebenen Mohn und 80 g Mehl vorsichtig unter den Schnee ziehen. Die Masse gleichmäßig – eher dünn – auf zwei mit Backpapier ausgelegte Bleche streichen und im vorgeheizten Rohr bei 180 Grad 7 Minuten backen. Die so entstandenen Biskuitplatten halbieren, mit Erdbeer- oder Preiselbeerlikör beträufeln. 3 Teigplatten dick mit geschlagenem Obers bestreichen, dann aufeinander schichten und mit der unbestrichenen Platte abdecken. Gleichmäßige Quadrate daraus schneiden, diese mit einem Tupfer Schlagobers und in Schokolade getauchten Früchten (z. B. Erdbeeren oder Kirschen) garnieren.

MOHNTORTE

MOHNZELTEN

WALDVIERTLER MOHNSTERZ

150 g Erdäpfel schälen, würfeln und in Salzwasser weich kochen; dann das Wasser bis zur Viertelhöhe der Erdäpfel abgießen und gut 500 g Mehl sowie etwas Salz dazu rühren. Alles so lange verarbeiten, bis ein trockener Teig entstanden ist. Aus diesem Teig mit einem Löffel kleinere Nockerln ausstechen, diese in heißem Schmalz (oder Butter) rösten, dabei öfters wenden und zerkleinern, bis man einen schönen, lockeren Schmarren erhalten hat. 75 g Mohn mit Zucker nach Geschmack vermischen und unter den Sterz rühren. Zu diesem Sterz serviert man Zwetschkenröster.

WALDVIERTLER MOHNKUGELN

250 ml Obers,
125 g fein gemahlener Mohn,
100 g Staubzucker,
160 g geriebene Haselnüsse,
20 in Rum eingelegte Dörrzwetschken,
Prise Zimt,
Rum nach Geschmack

Außerdem:
Schokoladenglasur,
Papierförmchen

Obers mit Zucker und Zimt aufkochen lassen, geriebenen Mohn und die Nüsse dazugeben, nochmals kurz aufkochen lassen, dann kalt stellen. Die in Rum eingeweichten Dörrzwetschken fein hacken und ebenfalls unter die Mohn-Nuss-Masse rühren, mit Zimt und Rum abschmecken. Sollte die Masse zu weich sein, kann sie mit einigen Semmelbröseln gefestigt werden. Kleine Kugeln aus der Masse formen, diese mit geschmolzener Kuvertüre oder Schokoladenglasur überziehen, abtropfen lassen und in die Papierförmchen setzen.

MOHNNUDELN

500 g mehlige Erdäpfel,
250 g Vorschussmehl,
80–100 g Butter,
200 g geriebener Mohn,
100 g Zucker

Die Erdäpfel schälen, vierteln und in Salzwasser kernig weich kochen, dann abseihen. Erdäpfel in einen Topf füllen, Vorschussmehl über die Erdäpfel streuen und mit dem Stil eines Holzlöffels Löcher hineinstechen. Deckel auflegen und im Rohr etwa 30 Minuten garen, bis sich das Mehl vom Topfrand löst (ein leicht bräunlicher Rand entstanden ist). Die Masse vom Herd nehmen, gut zerstampfen und auf einem Nudelbrett zu einem Teig abarbeiten. Anschließend kleinere Nudeln daraus wuzeln. In einer Pfanne Butter zerlaufen lassen und darin die Nudeln mit Mohn, Zucker (oder Honig) und etwas Rum durchschwenken.
Im Waldviertel isst man traditionell dazu ein Sauerkraut, sicher eine etwas ungewöhnliche Beilage, aber im Waldviertel schwört man darauf.

MOHN-KÜMMELGEBÄCK

250 g Topfen, 250 g Mehl und 250 g Butter zu einem homogenen Teig verkneten, diesen über Nacht rasten lassen. Den Teig etwa 2,5–3 mm dick auswalken, mit einem Ausstecher Kekse ausstechen oder Stangen ausradeln; mit verquirltem Ei bestreichen und dick mit Mohn und Kümmel bestreuen. Im vorgeheizten Rohr bei etwa 180 Grad etwa 10 Minuten backen.

MOHNOMELETT

3 Eier in eine Schüssel schlagen, mit gehackter Petersilie, gehacktem Basilikum, Schnittlauchröllchen, geraspeltem Hartkäse, Salz und Pfeffer nach Geschmack vermengen. Mit dem Schneebesen etwas Obers und gemahlenen Graumohn nach Belieben in die Masse einarbeiten. Die Masse in eine größere Pfanne mit heißer Butter oder Butterschmalz geben und stocken lassen. Zusammengeklappt auf Teller stürzen, mit einem kalten Butterflöckchen „glasieren", mit Schnittlauchröllchen bestreuen und zusammen mit einem grünen Salat auftischen.

MOHNOMLETT

Mohnwirt in Armschlag

Unweit des Waldviertler Mohnhofes der Familie Greßl liegt der kleine Ort Armschlag, dessen Name sich von den umfangreichen Waldrodungen her ableitet, die im 14. Jahrhundert von einem gewissen Arbo durchgeführt wurden. Ein Ort mit rund 100 Einwohnern und etwa 25 Gebäuden. Ende der 80er Jahre vorigen Jahrhunderts hat sich das Dorf selbst zum ersten Mohndorf Österreichs ernannt. Eine Idee die Wirkung zeigte, denn heute pilgern vor allem am dritten Sonntag im September tausende Menschen nach Armschlag, um sich am so genannten „Mohnkirtag" zu amüsieren. Aber auch während der übrigen Jahreszeit bestimmt der Mohn das Leben der Dorfbewohner. Und in Armschlag befindet sich ein bekanntes Gasthaus, nämlich der so genannte „Mohnwirt" der Familie Neuwiesinger. Hier hat man sich ganz der Zubereitung verschiedenster regionaler Spezialitäten mit und um die drei Mohnsorten verschrieben.

SCHAFKÄSETERRINE MIT GRAUMOHN

1 kg Schaffrischkäse,
Salz, Pfeffer,
Kräuter nach Wahl (Schnittlauch, Petersilie, eventuell klein gehackte Jungzwiebel),
50 g Waldviertler Graumohn,
12 Blatt Gelatine,
250 g Schlagobers

Schaffrischkäse verrühren, würzen, Kräuter beimischen, Waldviertler Graumohn dazugeben, Schlagobers schlagen, Gelatine in kaltem Wasser aufweichen und lippenwarm mit Schafkäse und Schlagobers verrühren. Eine Terrinenform mit Klarsichtfolie auslegen – Masse einfüllen und 5 Stunden kaltstellen. Die Terrine auf ein Brett stürzen, in Scheiben schneiden, mit Salat und Mohnöl angerichtet servieren.

WEISSMOHNAUFLAUF MIT WARMER KIRSCHENSAUCE

Für den Weißmohnauflauf:
70 g Butter,
70 g Kristallzucker,
70 g gemahlener Weißmohn,
1 Semmel,
20 g Milch,
3 Eiklar,
3 Dotter,
20 g Brösel,
Vanillezucker,
abgeriebene Zitronenschale

Für die Kirschensauce:
300 g entsteinte Kirschen,
1 guter EL Honig,
Zucker nach Geschmack,
0,2–0,4 cl Cognac oder Cointreau,
etwas Orangensaft und Zitronensaft,
etwas Maisstärke

Für den Auflauf die Semmel in heißer Milch einweichen. Butter ein Drittel des Zuckers und die Dotter zusammen schaumig rühren. Die passierte Semmel unter den Abtrieb mischen. Eiklar mit restlichem Zucker zu steifem Schnee schlagen, Mohn und Brösel miteinander vermengen, beides vorsichtig unterheben. Die Masse in eingefettete und mit Kristallzucker ausgestreute Förmchen füllen und im Wasserbad bei 200 Grad etwa 45 Minuten garen.
Zwischenzeitlich kann die Kirschensauce hergestellt werden: entsteinte Kirschen mit etwas Wasser, Honig, Zucker, Cognac oder Cointreau, Orangensaft und Zitronensaft sanft aufkochen lassen, mit einem guten Löffel Maisstärke (mit kalten Wasser abgerührt) binden.
Auflauf aus dem Rohr nehmen, auf Teller stürzen, mit warmer Kirschensauce und Schlagobers anrichten. Mit gemahlenem Weißmohn bestreut servieren.

DER „MOHNWIRT"

MOHNSCHÖBERLSUPPE

2 Eiklar zu Schnee schlagen, die 2 Eidotter unterheben, dann 40 g Mehl, 20 g geriebenen Graumohn und etwas Salz vorsichtig einarbeiten. Masse fingerdick auf ein mit Backpapier ausgelegtes Blech streichen und im auf 180 Grad vorgeheizten Ofen 8–10 Minuten hellbraun backen. Nach dem Erkalten das Schöberl in Karos schneiden und kurz vor dem Servieren in heiße Rindsuppe geben.

ZANDER IM MOHNMANTEL

Sauber zugeputzte und entgrätete Zanderfilets leicht salzen und mit Zitronensaft beträufeln. Danach zuerst in Mehl, dann in versprudeltem Ei und zuletzt in Mohnbröseln (1/3 Semmelbrösel und 2/3 gemahlener Waldviertler Graumohn) panieren. In heißem Butterschmalz goldbraun ausbacken, abtropfen lassen und mit einem Erdäpfelsalat (mit Graumohnöl angemacht) servieren.

MOHNSCHÖBERLSUPPE

WEISSMOHNAUFLAUF MIT WARMER KIRSCHENSAUCE

ZANDER IN MOHNMANTEL

Waldviertel

Rustikale Spezialitäten aus dem Waldviertel

WALDVIERTLER KNÖDEL MIT EINTAUCH

Für die Knödel:
300 g Erdäpfel,
Salz, 1 kg Erdäpfel

Für die Eintauch:
2–3 Zwiebeln,
3 EL Schmalz,
3–4 Knoblauchzehen,
Schuss Essig,
Kümmel, Salz

300 g Erdäpfel kochen, heiß schälen, reiben und auf einem Teller zum Trocknen ausbreiten. 1 kg Erdäpfel roh schälen, waschen und auf einem Reibeisen in eine Schüssel mit kaltem Wasser reiben. Danach werden die gewässerten Erdäpfel durch ein Tuch geseiht (Flüssigkeit auffangen!) und so fest wie nur möglich ausgedrückt. Den so gewonnenen Erdäpfelklumpen mit den vorgekochten Erdäpfeln vermischen und die Masse salzen. Nun wird das Auspresswasser vorsichtig abgegossen und die Stärke, welche sich am Boden abgesetzt hat, zum Teig gegeben. Alles zu einem glatten Teig verarbeiten (übrigens: Mehl kommt keines dazu!). Mit nassen Händen zu Knödeln formen, welche in kochendem Salzwasser etwa 20 Minuten gegart werden.
Dazu reich man eine Eintauch, die deshalb so heißt, weil man bei Tische die Knödelstücke darin eintaucht: Die Zwiebeln werden hierfür klein geschnitten und in heißem Schmalz goldgelb geröstet; danach würzt man mit zerdrücktem Knoblauch, Kümmel und einem guten Schuss Essig. Mit etwas Knödelkochwasser zu einem dünnen Saft aufgießen und mit Salz abgeschmeckt zu den Knödeln reichen.

GESELCHTES

Der klassische Waldviertler Sonntagsbraten stammt vom Schwein, ist ein mehrere Kilo schweres Stück Fleisch, das zunächst in einer Marinade aus verschiedenen Gewürzen, etwas Zucker und Salz gesurt und anschließend über Tannen- oder Fichtenholz für etwa zwei Wochen in die Selch (Räucherkammer) gehängt wurde.
Geselchtes wird in jedem traditionellen Bauernhaus und in jeder Fleischerei etwas anders zubereitet, es schmeckt daher überall etwas anders.

5–10 Kilogramm schwere, etwas durchzogene Schweinefleischstücke werden mit einer Mischung aus Salz, Zucker, Knoblauch, Koriander, Paprika, Kümmel, Wacholder und nach Wunsch auch etwas Pökelsalz gründlich einreiben, danach in einer Weidling schlichten und das Ganze gut beschwert an einem kühlen Ort etwa 10 Tage ziehen lassen. Ursprünglich wurden die gepökelten Fleischstücke direkt in den Rauchfang (heute in eine Kastenselch) gehängt und vorzugsweise über Glut von Tannen- und Fichtennadeln geselcht (geräuchert). Nach zwei Wochen war das Fleisch geselcht und wurde anschließend noch in einem zugigen Raum luftgetrocknet.
Später hat man dann nicht nur große Fleischstücke, sondern auch verschiedene Würste, Speck und Saumoasn geselcht.
Für die eigentliche Zubereitung wird dann ein schönes Stück Fleisch im Ganzen in Wasser unter Zugabe von Gewürzen wie Wacholder und Lorbeerblättern gekocht, danach in dicke Scheiben aufgeschnitten auf Sauerkraut angerichtet serviert.
Dazu isst man traditionell Erdäpfel, Waldviertler Knödel oder ein Püree aus Erbsen oder Erdäpfeln.

WALDVIERTLER SAUMOASN

1 kg geselchtes Teilsames oder Schopfbraten (vom Schwein),
6–8 Zwiebeln (je nach Größe),
15–20 Knoblauchzehen,
abgeriebene Zitronenschale,
Paprikapulver „edelsüß“,
Salz und Pfeffer;
1–2 gewässerte Schweinsnetze

Das Geselchte wird gemeinsam mit den Zwiebeln und den Knoblauchzehen durch den Fleischwolf gedreht, danach die Masse mit abgeriebener Zitronenschale, Paprikapulver, Salz und Pfeffer gewürzt, wer mag gibt auch noch etwas Majoran und/oder gemahlenen Kümmel dazu. Die Fleischmasse gut durchkneten, danach einige Stunden – besser über Nacht – im Kühlschrank zugedeckt ziehen lassen.
Gewässertes und trocken getupftes Schweinsnetz in Quadrate von 15–20 cm Kantenlänge schneiden, jeweils eine Portion vom Fleischteig darauf setzen und das Netz darüber zusammen schlagen; zu Kugeln formen und diese bei Bedarf mit Küchengarn binden. Nochmals über Nacht im Kühlschrank rasten lassen.
Die fertigen Saumoasn können in heißem Wasser gekocht oder im Rohr knusprig gebraten werden. Als Beilagen passen Kraut und Erdäpfel oder Erdäpfelpüree und abgeschmälzte Zwiebeln.

WALDVIERTLER SAUMOASN

WALDVIERTLER NETZBRATEN

**600–750 g gemischtes Faschiertes,
150 g durchzogener Speck,
2 altbackene Semmeln,
1 große Zwiebel,
3–4 zerdrückte Knoblauchzehen,
gehackte Petersilie, Majoran,
1 Ei, 1–2 EL Semmelbrösel,
Butterschmalz,
Salz und Pfeffer;
Schweinsnetz**

**Für die Fülle:
2–3 hartgekochte Eier,
3–4 Essiggurkerl,
2 EL gehackter Selchspeck,
4 EL gehackter Beinschinken**

**Außerdem:
Paradeismark nach Belieben,
Rindsuppe zum Aufgießen,
250 ml Sauerrahm,
1–2 EL Mehl**

Die Zwiebel fein hacken und in heißem Butterschmalz hell anrösten, danach auskühlen lassen. Die Semmeln in Wasser oder Rindsuppe einweichen, gut ausdrücken und faschieren; den Speck fein würfeln.
Das Faschierte mit den passierten Semmeln, Speckwürfeln, der abgerösteten Zwiebel, zerdrückten Knoblauchzehen, Petersilie, Majoran, einem Ei, Semmelbröseln, Salz und Pfeffer rasch zu einem homogenen Teig verarbeiten. Den Teig zu einer länglichen Rolle formen und der Länge nach eine Vertiefung eindrücken, diese mit den geschälten hartgekochten Eiern (ganz oder gehackt), Gurkenstreifen, Speckwürfeln und gehacktem Beinschinken dekorativ ausfüllen, das Fleisch darüber zusammenschlagen. Teig mit nassen Händen zu einem schönen Laib formen und ins gewässerte Schweinsnetz einschlagen.
Den Netzbraten in eine geeignete Bratform legen und zunächst bei 220 Grad im Rohr braten, dann stetig die Hitze reduzieren und unter oftmaligem Begießen mit dem eigenen Bratensaft etwa eine Stunde garen bis der Braten goldbraun ist.
Wenn der Braten schön gebraten ist, diesen herausheben und warm stellen; den Bratenrückstand mit etwas Paradeismark verrühren, Rindsuppe angießen und einmal kräftig aufkochen lassen. Sauerrahm mit Mehl versprudeln, in den Saft rühren und diesen zur gewünschten Konsistenz einkochen lassen. Netzbraten aufgeschnitten mit der Sauce servieren, Gurkerln und Erdäpfelpüree sind passende Garnituren.

WALDVIERTLER ERDÄPFELKRAUT MIT GESELCHTEM

**1 Selchroller oder Geselchtes
von etwa 1 kg,
350–400 g Erdäpfel,
150–200 g gehackter Selchspeck,
1 große Zwiebel fein gehackt,
3–4 zerdrückte Knoblauchzehen,
1 Apfel,
gut 500 g Sauerkraut,
125 ml Weißwein,
100 ml Rindsuppe,
4 hartgekochte Eier,
2–3 EL Butter,
Wacholderbeeren,
Lorbeerblatt,
Kümmel,
Pfefferkörner,
Salz**

Zunächst einmal die Erdäpfel schälen und in Scheiben schneiden, das rohe Selchfleisch ebenfalls in Scheiben schneiden. In einer Pfanne Butter erhitzen, gehackten Speck zusammen mit der Zwiebel darin goldbraun braten, den zerdrückten Knoblauch dazugeben und alles vom Herd nehmen.
Den Apfel schälen, Kerngehäuse entfernen, blättrig schneiden. Das Sauerkraut bei Bedarf etwas ausdrücken, in eine Schüssel füllen und mit Apfel-, Erdäpfelscheiben, dem Speck-Zwiebel-Gemisch, Wacholder, Lorbeerblatt, Kümmel, Pfefferkörnern und etwas Salz gut vermengen.
In eine gut gebutterte Form zunächst die Hälfte vom Kraut einfüllen, die Selchfleischscheiben darauf anrichten und mit dem restlichen Kraut abdecken. Nun wird alles mit Wein und Rindsuppe übergossen und im vorgeheizten Backofen bei 180 Grad etwa 1 1/2 Stunden weich gedünstet.
Auf einer schönen Platte zunächst das Kraut anrichten, mit dem Selchfleisch belegen und mit den geschälten, halbierten oder geviertelten Eiern dekoriert auftischen.

BAUERNSCHMAUS

Den Bauernschmaus könnte man als kleinere oder moderne Variante der Schlachtplatte bezeichnen. Er besteht aus Schweinsbraten, Geselchtem, Bratwürsten, gebratenen Frankfurtern, gegrilltem Speck, Sauerkraut und Semmelknödel. Das Ganze wird mit Essiggurkerln und Bratensaft oder -fett garniert serviert.

WALDVIERTLER ERDÄPFEL-GRAMMELSTERZ

**1 kg Erdäpfel,
500 g Weizenmehl,
3 EL Schmalz,
150–200 g Grammeln,
Salz,
nach Geschmack etwas Majoran**

Erdäpfel schälen, in leicht gesalzenem Wasser kochen, nach halber Kochzeit das Mehl dazugeben und alles ohne umzurühren zugedeckt weich kochen; danach abseihen, salzen und zerstampfen. Das Schmalz in einer schweren Pfanne zerlassen, die Grammeln darin erhitzen und den Sterz darin gut abrösten, mit einigen gerösteten Speckwürfeln oder Grammeln garniert auftischen, dazu passen Kraut oder ein grüner Salat.

WALDVIERTLER ERDÄPFELKRAUT MIT GESELCHTEM

BAUERNSCHMAUS

Der Waldviertler Karpfen

Das sagenumwobene Waldviertel mit seinem rauen Klima ist eine sehr ursprüngliche Landschaft mit ausgedehnten Wäldern, einsamen Hochmooren, kargen Heideböden und bizarren Granitblöcken, die viel Stoff für Legenden und Märchen bilden. Inmitten dieser urigen Idylle wurden seit dem Mittelalter mehr als tausend kleinere und größere Teiche angelegt, die der unvergleichlichen Gegend nicht nur einen ganz besonderen Reiz verleihen, sondern vor allem der Fischzucht dienen; denn in ihrem gesunden, unbelasteten Wasser gedeiht eine ganz besondere Delikatesse: der Waldviertler Karpfen.

Vor allem die Stiftsküchen der Klöster Zwettl und Gera sind Initiatoren der Karpfenzucht, da sie zur Fastenzeit (und Fastentage gab es sehr viele!) hauptsächlich Fische aus der Familie der Karpfen verwendeten und der ungeheure Appetit der Mönche befriedigt werden wollte. Erste Zuchtbecken wurden so schon um 1400 angelegt und viele werden auch heute noch bewirtschaftet. Eine weitere sehr bekannte Zucht ist die der Familie Kainz, die eine der bemerkenswertesten Teichwirtschaften betreibt, und das nicht nur, weil sie die meisten Teichbecken selber angelegt hat, sondern vor allem wegen ihrer ständigen Bemühungen um den Naturschutz. An ihren urwüchsigen Teichen herrscht eine einzigartige Flora und Fauna und den hier lebenden Kormoranen, Reihern und anderen seltenen Wasservögeln ist es gestattet, sich am Karpfen zu laben.
Die Karpfen-Teichwirtschaft ist ein Spezialgebiet der Landwirtschaft: Der Karpfen ist deshalb ein Produkt der Landwirtschaft, da er in Teichen heranwächst und nicht wie z. B. die Forelle auf engstem Raum mit intensivster Fütterung gehalten werden kann. Beim Waldviertler Karpfen hat das Plankton als natürliche Nahrungsquelle sehr große Bedeutung und die Zufütterung besteht ausschließlich aus heimischem Getreide wie Roggen, Gerste, Weizen oder Erbsen. Ein besonderes Ereignis ist die „Karpfen-Ernte", das so genannte Abfischen. Dabei wird das Wasser fast zur Gänze aus den Teichen abgelassen und die Fische mit langen Zugnetzen ans Ufer geholt, wo sie aus dem Wasser gehoben werden.
Klimabedingt und aufgrund des Verzichts auf Fertigfutter wachsen die Karpfen hier sehr langsam und die Aufzucht braucht in der Regel zwei bis drei Jahre länger, als in klimatisch günstigeren Gegenden. Dafür sind die Waldviertler Karpfen fettärmer, von kerniger Konsistenz und haben einen ausgezeichneten Geschmack.

© Florian Kainz

Der Weihnachtskarpfen

Das alljährlich wiederkehrende Nebeneinander von Weihnachtsgans und Weihnachtskarpfen lässt sich leicht damit erklären, dass die schmackhaftesten Karpfen aus von Gänsen besiedelten Teichen stammen. Noch in der alten k. u. k. Zeit war es daher üblich, die Karpfen in Gänseteichen zu züchten. In vielen österreichischen Haushalten ist der Karpfen, insbesondere in der allseits beliebten gebackenen Form auf Erdäpfelsalat gebettet, das Festessen für den Heiligen Abend schlechthin. Warum dem so ist, hat sowohl weltliche, als auch theologische Wurzeln:
Profan gesehen wird der Karpfen deshalb bevorzugt um die Weihnachtszeit gegessen, da zum einen das Karpfenfleisch in der kalten Jahreszeit am wohlschmeckendsten ist, zum anderen auch die Adventzeit früher Fastenzeit war; streng genommen gilt das Fastengebot ja auch noch am Heiligen Abend.
Dass der Karpfen aber ausgerechnet zum Feste Christi Geburt auf den Tellern landet, hat auch theologische Wurzeln: Lange Zeit herrschte die irrige Annahme, dass der Karpfen geschlechtslos sei und dem Wassergrunde selbst entspringe. Somit eignete er sich vorzüglich als essbare Metapher für die Jungfrauengeburt.
Übrigens: Ein alter Aberglaube besagt auch, dass der Karpfenrogen – zu Weihnachten oder Silvester gegessen – Glück bringen soll!

DIE VERSCHIEDENEN KARPFEN-ARTEN

1. Spiegelkarpfen: wenige, unregelmäßig verteilte, große Schuppen (Spiegel)

2. Schuppenkarpfen: die Stammform mit regelmäßigen Schuppen

3. Lederkarpfen: keine oder nur ganz wenige Schuppen, dafür eine dicke, ledrige Haut

4. Karauschen: unter Kennern höher eingeschätzt als der verwandte Karpfen, sehr anpassungsfähiger Fisch

KARPFEN IM BOTTICH

KARPFEN ALTENBURGER-ART

**2 Karpfenfilets je 500 g geschröpft,
125 g Butter, 2 Zwiebeln fein gewiegt,
300 ml Rahm, 4–5 EL Brösel,
250 g geriebener Käse (z. B. Emmentaler),
2–3 Lorbeerblätter, zerdrückte Wacholderbeeren,
Majoran, Salz und Pfeffer aus der Mühle,
gehackter Kerbel oder Petersilie**

In einer ausreichend großen Form oder Pfanne 50–75 g Butter verteilen und den Boden mit fein gewiegten Zwiebeln, Wacholderbeeren, einige frischen Majoranblättern und Lorbeer belegen. Die Karpfenfilets beidseitig salzen und pfeffern, dann mit der Hautseite nach oben auf das Zwiebel-Gewürzbett legen.
Karpfenfilets mit reichlich Butterflocken belegt im vorgeheizten Rohr bei 200 Grad 15 Minuten backen.
Fisch herausnehmen, mit Rahm bestreichen, Brösel und Käse darüber streuen. Karpfen erneut in den Ofen schieben und weitere 15–20 Minuten backen, bis das Gericht eine schöne Farbe hat. Dazu schmecken Salat und Erdäpfel.

KARPFENFILETS IM BIERTEIG

**1 kg schieres Karpfenfleisch,
Zitronensaft, Salz und weißer Pfeffer**

**Für den Teig:
250 g Mehl, 200 ml Bier,
2 Eier, 2 Eiweiße, Salz**

Zuerst den Teig vorbereiten; hierfür das Mehl in eine Schüssel sieben, Bier, Eier und Salz sorgfältig einrühren, bis man einen glatten Teig erhalten hat. Teig mit einem Tuch abdecken und 20 Minuten quellen lassen.
Die Karpfenfilets in Streifen oder Würfel schneiden, mit Zitronensaft marinieren.
Den aufgequollenen Teig durch ein Sieb streichen, um vorhandene Klümpchen zu entfernen. Die Eiweiße nicht zu steif schlagen, dann mit einem Holzlöffel locker unter den Teig heben. Die Fischstücke vorsichtig trocken tupfen, salzen und pfeffern. Die Stücke sorgfältig durch den Teig ziehen, bis sie rundherum bedeckt sind. Fischstücke in heißes Frittierfett tauchen und darin knusprig-goldgelb ausbacken. Auf Küchenpapier abtropfen lassen und mit gemischten Blattsalaten servieren.

Variante
Zur Abwechslung kann der Teigmantel ebensogut mit Weißwein zubereitet werden.

PFEFFERKARPFEN

**1 großer Milcher-Karpfen küchenfertig,
80 g Schmalz,
etwas Wurzelgemüse, 1 große Zwiebel,
2–3 zerdrückte Knoblauchzehen,
250 ml Weißwein, 125 ml Essig,
80 g Mandeln, Thymian, Kümmel, Zucker,
Salz und weißer Pfeffer aus der Mühle**

Den Karpfen sauber filetieren, den Milcher reinigen und das Fleisch zuerst in Hufeisenstücke schneiden, diese danach halbieren. Die fein geschnittene Zwiebel im Schmalz anrösten, etwas zerdrückten Knoblauch hinzufügen und den Milcher einrühren. Etwas später kommen die Karpfenstücke dazu und werden zugedeckt bei milder Hitze gedünstet. In einem zweiten Topf den in Stücke zerschlagenen Karpfenkopf mit 250 ml Wasser, 250 ml Wein, 125 ml Essig, dem Wurzelwerk, Thymian, Kümmel, Pfeffer und etwas Salz gut verkochen. Den Sud über das Karpfenfleisch seihen, Mandeln hinzugeben und alles kurz aufkochen lassen.
Dann hebt man die Fischstücke vorsichtig aus dem Sud und richtet sie auf einer Platte an, warm halten. Die Sauce wird nun passiert und pikant-fein abgeschmeckt, sie sollte nicht zu süß sein. Sauce über den Fisch gießen und sofort auftischen.

WALDVIERTLER KNUSPERKARPFEN

**1 kg Karpfenfilet,
Zitronensaft, Semmelbrösel,
Fett zum Ausbacken, Salz, Kräuterbutter**

Die Karpfenfilets auf der Hautseite schröpfen, aber nicht durchschneiden! Dann beidseitig mit Zitronensaft beträufeln und salzen. Mit der Fleischseite in Semmelbrösel drücken, die Hautseite bleibt natur.
Fett – vorzugsweise Butterschmalz – in einer Pfanne erhitzen und die Filets mit der Bröselseite zuerst darin knusprig goldbraun backen. Abtropfen lassen, mit Kräuterbutter servieren. Dazu passen Erdäpfelsalat und grüner Salat.

Hinweis: Karpfen kann natürlich auch wie ein Schnitzel paniert gebacken werden, nur sollten die Filets (oder auch Hufeisenstücke) vorher mit Zitronensaft beträufelt werden.

GEBRATENES KARPFENFILET AUF REIS UND ZWIEBELN

**1 kg Karpfenfilet (2 Filets je 500 g), 2 Tassen Reis,
4–5 mittlere Zwiebeln, 5–6 Knoblauchzehen,
reichlich Butterflocken oder Olivenöl,
Zitrone, Salz und Pfeffer, gehackte Petersilie**

Die Karpfenfilets mit Zitronensaft beträufeln und würzen. In eine ausreichend große Auflaufform 4 Tassen Wasser gießen, den Reis einstreuen und leicht salzen. Zwiebel in feine Ringe schneiden, Knoblauch hacken. Die meisten Zwiebelringe und den Knoblauch unter den Reis rühren (man kann auch einige Nelken und/oder Lorbeerblätter hinzufügen). Die Karpfenfilets auf den Reis legen, mit den restlichen Zwiebeln belegen und reichlich Butterflocken oder Olivenöl darüber verteilen. Form in den auf 180 Grad vorgeheizten Ofen schieben und den Fisch darin gut 30–40 Minuten braten lassen. Das fertige Gericht mit gehackter Petersilie bestreut servieren, Zitrone dazu reichen.

KARPFEN MIT SARDELLENBUTTER

**1 Karpfen von 1 1/2–2 kg küchenfertig vorbereitet,
2–3 Zwiebeln fein gewürfelt,
1 Bund Petersilie fein gehackt,
1 Bund Suppengemüse (Karotte, Gelbe Rübe, Petersilienwurzel, Zeller, Lauch),
abgeriebene Zitronenschale,
30–40 g Semmelbrösel,
80–100 g Butter,
75 g Sardellenbutter (Butter mit Sardellenpaste nach Geschmack gewürzt), Salz**

Den Karpfen unter fließendem kalten Wasser abspülen, trocken tupfen. Den Fisch innen und außen gut salzen, dann mit dem Rücken nach oben stehend in eine Bratpfanne geben (man kann mit Holzstäbchen abstützen). Zwiebeln, Petersilie, geputztes und gehacktes Suppengemüse sowie die abgeriebene Zitronenschale in Butter dünsten, dann alles über den Karpfen geben. Im auf 180–200 Grad vorgeheizten Rohr unter öfterem Begießen braten.
Den Fisch aus dem Rohr nehmen und das Gemüse entfernen, Sardellebutter zergehen lassen. Den Fisch gut mit Bröseln bestreuen, danach mit der Sardellenbutter beträufeln. Unter häufigem Begießen im Ofen fertig braten. Mit Salzerdäpfeln servieren.

DER „KARPFENSPECK" VOM UFERHAUS (GEHEIMREZEPT)

ANNA REHATSCHEK

Die Grasel-Wirtin

Es war einmal ein Räuberhauptmann namens Johann Georg Grasel, der zwar ein übler Bursche gewesen sein muss, jedoch in der Erinnerung der Waldviertler und Südmährer noch heute als der „edle Räuber", der die Reichen gestraft und die Armen beschenkt hatte, weiter lebt; sozusagen als alt-österreichischer Robin Hood.
Johann Georg Grasel wurde 1790 im südmährischen Neu-Serowitz geboren, wo sein Vater den geächteten Beruf des Schinders ausübte; hauptsächlich lebten er und seine Familie aber von Diebstählen, Betrügereien und Raubzügen, auf die der junge Grasel seinen Vater schon früh begleitete. Doch sehr bald gründete er seine eigene Räuberbande und diese erlangte rasch traurige Berühmtheit. Im späteren Prozess konnten Johann Georg Grasel 71 Verbrechen nachgewiesen werden – alleine aus dem Jahre 1814! Darunter auch ein grausamer Totschlag aus Habgier, bei dem er Anna Maria Schindler in Zwettl erschlug, was ihm schließlich den Kopf kosten sollte.
Durch eine List und einen Verrat konnten er und zwei seiner engsten Mitarbeiter am 20. November 1815 im Wirtshaus zu Mörtersdorf verhaftet werden. Nach einem langen Prozess verkündete das Militärgericht zu Wien am 28. Jänner 1818 das Todesurteil über Grasel und seine Weggefährten. Am 31. Jänner 1818 um 8 Uhr früh wurden sie in Wien, vor dem Neutor auf dem Glacis, im Beisein einer riesigen Menschenmenge öffentlich durch den Strang hingerichtet.
Obwohl er nur 28 Jahre alt wurde, gelang es Johann Georg Grasel zur Legende zu werden. Das Gasthaus in dem Grasel ergriffen wurde, steht heute noch – und bei der „Grasel-Wirtin" Anna Rehatschek (bekannt für ihre üppigen und herzhaften Mahlzeiten) lebt die Legende weiter.

KARPFENSUPPE MIT SEMMELSCHÖBERL

2 1/2 Liter Wasser,
gut 1 kg Karpfenkarkasse
(Mittelgräten und Köpfe ohne Augen und Kiemen),
150 g Wurzelgemüse
(Sellerie, Karotte, Gelbe Rübe, Petersilienwurzel),
2 Zwiebeln, 2 Lorbeerblätter,
6 Neugewürzkörner, 10 Pfefferkörner, Salz

Außerdem:
400–500 g Karpfenfilets in etwas Fischfond blanchiert, je 100 g geputzte Möhren, Sellerieknolle und Gelbe Rübe in feine Streifen geschnitten, 100 g Lauch in feine Ringe geschnitten, Zitronensaft, fein gehackte frische Gartenkräuter (z. B. Petersilie, Schnittlauch, Kerbel, Dill)

Karpfenmittelgräten und Köpfe (ohne Augen und Kiemen) waschen, in einen Topf füllen, geputztes und grob geschnittenes Wurzelgemüse sowie die zwei Zwiebeln dazugeben. Alles mit kaltem Wasser auffüllen und langsam 45 Minuten kochen, dabei den auftretenden Eiweißschaum entfernen. Fertigen Fischfond durch ein feines Küchentuch passieren.
Das Karpfenfleisch klein würfeln, in etwas Fond leicht pochieren. Das in Julienne (feine Steifen) geschnittene Gemüse für die Einlage in wenig heißer Butter oder Öl recht trocken anschwitzen, dann mit dem kochenden Fischfond (Brühe) auffüllen und würzig mit Zitronensaft, Salz und Pfeffer abschmecken. Die pochierten Karpfenfilets in tiefe Teller verteilen und mit der Suppe aufgießen. Mit Grießnockerln (S. 280) oder Semmelschöberln servieren.
Für die Semmelschöberln: 3 entrindete Semmeln in Wasser oder Fischfond einweichen, gut ausdrücken und passieren. 45–50g Butter mit 3 Dottern sehr schaumig abtreiben, die passierten Semmeln dazugeben, salzen und mit Muskat abschmecken. Sie 3 verbliebenen Eiweiße zu steifem Schnee schlagen, den Schnee und etwa 1 EL Semmelbrösel vorsichtig unter die Semmelmasse heben. Auf ein mit Backtrennpapier belegtes Blech streichen und bei mittlerer Hitze im Ofen goldbraun backen. In gleichmäßige, gefällige Stücke (z. B. Rauten) schneiden und je nach Geschmack in oder zur Suppe reichen.

WALDVIERTLER KARPFEN „NATUR"

Schöne Karpfenfilets möglichst entgräten, in Stücke schneiden, mit Salz und Zitronensaft würzen; nach Belieben die Hautseite leicht mit Mehl stauben. Filets in Butterschmalz braten, bis sie eine schöne Farbe angenommen haben. Mit einer Garnitur nach Wahl, z. B. Petersilerdäpfel oder grüner Salat, servieren.

WALDVIERTLER GRAMMELKUCHEN

250 g glattes Mehl, 250 g zerkleinerte Grammeln (fein gehackt oder durch den Fleischwolf gedreht), 110 g Staubzucker, 1 Ei, 1/2 Pck. Backpulver, Zimt, Zitronenschale, Nelkenpulver, Rum nach Geschmack, Ribiselmarmelade zum Bestreichen

Aus den Zutaten für den Teig (ohne Ribiselmarmelade) der Reihe nach einen glatten Mürbteig herstellen, diesen etwa 20–30 Minuten kalt stellen. Danach etwa zwei Drittel des Teiges 2 cm dick ausgerollt auf ein mit Backpapier ausgelegtes Backblech legen und den Teig entsprechend dieser Form zu den Rändern hin drücken. Dick mit Ribiselmarmelade bestreichen. Dann den restlichen Teig zu dünnen (etwa 0,5 cm dicken) Rollen formen und mit diesen auf dem Kuchen ein Gitter legen. Im Rohr bei 160 Grad etwa 45 Minuten backen, bis der Kuchen eine schöne Farbe bekommt. Die Löcher zwischen den Gittern mit Ribiselmarmelade ausfüllen.

KARPFENSUPPE MIT SEMMELSCHÖBERL

WALDVIERTLER GRAMMELKUCHEN

WALDVIERTLER OCHSENSCHLEPP

1 kg Ochsenschlepp in Scheiben schneiden (beim Fleischhauer vorbereiten lassen), salzen, pfeffern und beidseitig in Mehl wenden. Gut 350 g Zwiebeln in 75 g Schweineschmalz goldbraun rösten, dann gehackten Knoblauch nach Geschmack, 6–7 EL Paradeismark, geriebenen Kümmel, Majoran, Pfeffer und Salz zufügen. Die Ochsenschleppscheiben hineingeben, mit Wasser auffüllen und so lange garen, bis sich das Fleisch vom Knochen löst (3–4 Stunden); bei Bedarf etwas Wasser oder Brühe dazugeben. Die vorzugsweise schön sämig eingekochte Sauce mit Kremser Senf und Salz abschmecken. Dazu serviert man Böhmische Knödel und ein frisch gezapftes Pils.

WALDVIERTLER OCHSENSCHLEPP

Weinviertel

Das Weinviertel als größtes Weinbaugebiet Österreichs ist kein in sich geschlossenes Gebiet, sondern besteht aus vielen, teilweise kleinen Weingarten-Bereichen. Es wird in der Weinwelt in drei Gebiete unterteilt: in den im Westen gelegenen Bereich um die berühmten Weinorte Retz und Hollabrunn (westliches Weinviertel), den östlichen Teil mit den Weinorten Poysdorf und Falkenstein sowie das südliche Gebiet „Weinviertel Süd", das bis an die Stadtgrenzen von Wien reicht und mit Wolkersdorf seinen bekanntesten Weinort besitzt.

Im Weinviertel wurde schon zur Keltenzeit viele Jahrhunderte vor der Zeitenwende Weinbau betrieben. So fand man z. B. in der Weinbau-Gemeinde Stillfried Traubenkerne der Kulturrebe Vitis vinifera, die auf 900 v. Chr. datiert wurden. Damit zählt dieser Ort neben dem burgenländischen Zagersdorf im Weinbau-Gebiet Neusiedlersee-Hügelland zu den ältesten Weinbau-Gemeinden Österreichs und auch Mitteleuropas. Nach einem alten Handelsweg von Wien in das tschechische Brünn (Brno) ist ein typischer Weinviertler Wein, der „Brünnerstraßler" benannt. Im Herbst 1814 reisten Zar Alexander I. (1777–1825) von Russland und König Friedrich-Wilhelm III. von Preußen (1770–1840) zum Wiener Kongress an und machten im Weinort Poysdorf Station. Der resche Veltliner fand den Geschmack der beiden Persönlichkeiten und so ergab es sich, dass Poysdorfer Weine ab diesem Zeitpunkt nach Berlin und St. Petersburg exportiert wurden. Noch heute werden in Wien die säurebetonten Weine aus dieser Gegend als „Brünnerstraßler" bezeichnet. Das nördlich der Donau liegende, sanft hügelige Gebiet grenzt im Norden an Tschechien und erstreckt sich vom Manhartsberg (mit 536 m) im Westen bis an die Grenze der Slowakei im Osten.

Der Grüne Veltliner in seinem breiten Spektrum – vom schwungvollen „Leichtgewicht" bis zum lagerfähigen „Kraftlackel" – prägt das Bild des größten Weinbaugebietes Österreichs, in dem derzeit rund 16.000 Hektar Weingärten bewirtschaftet werden. Die vinophile Dynamik des Weinviertels – das gerne auch als das „gelobte Weinland" bezeichnet wird – zeigt sich vor allem darin, dass es das erste Weinbaugebiet in Österreich ist, das einen Herkunftswein mit Profil auf den Markt gebracht hat: Der gebietstypische Grüne Veltliner wird unter der Bezeichnung „Weinviertel DAC" vermarktet. Die Bodentypen sind auf Grund des sehr weitgestreuten Gebietes natürlich sehr unterschiedlich, es dominieren aber Löss-, Lehm-, Urgestein- und Schwarzerdeböden. Das Klima ist kontinental, nur im äußersten Osten gibt es einen pannonischen Einfluss; die Sommer sind überwiegend heiß und trocken, während die Winter sehr kalt sein können.

SÜDLICHES WEINVIERTEL

WESTLICHES WEINVIERTEL

Westliches Weinviertel

Zentrum des westlichen Weinviertels ist die über 700 Jahre alte Weinstadt Retz mit ihrem Wahrzeichen, der Windmühle. Die Stadt Retz kann zurecht stolz auf eine uralte Tradition des Weinbaus und Weinhandels zurückblicken. Die Stadt selbst steht auf einer wasserfesten Schicht aus Lehm, Tegel und Mergel und ist zum Teil mehrstöckig unterkellert. Diese Weinkeller sollen nach einheimischen Angaben länger als das überirdische Straßennetz sein. Sehenswert ist hier vor allem auch der historische Weinkeller der Stadt.

Das Pulkautal südlich von Retz schließt die Rotweininseln Haugsdorf und Jetzelsdorf ein. Mailberg ist durch die begünstigte Kessellage sowie das Malteser-Schloss bekannt. Von Eggenburg, einer verträumten mittelalterlichen Stadt, lohnt sich ein Abstecher nach Röschitz. In Schrattenthal mit seiner gotischen Wehrkapelle herrschen fast südländische, mikroklimatische Bedingungen, weshalb hier prächtige Rot- und Weißweine gedeihen.
Heiß und trocken ist es im Land unter dem Manhartsberg, der einer der wesentlichen Einflussfaktoren für den Weinbau im westlichen Weinviertel ist. Viele Sonnenstunden im Sommer, kühle Winde im Herbst lassen die Trauben ideal reifen und prägen den Charakter der Weine: fruchtige, würzig – volle Grüne Veltliner, gehaltvolle Weißburgunder und schöne Rieslinge. Eine Spezialität sind die Rotweine der Sorte Zweigelt und Blauer Portugieser.

Südliches Weinviertel

Der südliche Teil des Weinviertels reicht bis vor die Tore Wiens. Hier präsentiert sich auch die Weinkultur naturgemäß eher nach dem Geschmack der Wiener: urige Heurige, pfeffrige Grüne Veltliner, Rieslinge mit zum Teil überwältigender Frucht, kräftige Weißburgunder und elegante Chardonnays.

Insgesamt sind die Weine betont blumig und vollmundig. In unmittelbarer Nähe wächst der berühmte Marchfelder Spargel. Wolkersdorf liegt am Rande des fruchtbaren Marchfeldes, wo das trockene Klima die oben erwähnten Weißweinsorten sehr positiv beeinflusst, aber auch der Blaue Zweigelt fühlt sich hier durchaus wohl. Das Matzner Hügelland wird durch den Matzner Wald geteilt; die Weine nördlich davon zeichnen sich durch Frische und Spritzigkeit aus, südlich davon sind sie dann – wie bereits angesprochen – blumig und vollmundig. Mannersdorf an der March mit seinem pannonischen Klimaeinfluss bringt auch Traminer und Prädikatsweine zur vollen Reife. Markant für Korneuburg und Umgebung sind die bukettreichen und spritzigen Weine, vornehmlich Grüne Veltliner (hier die häufigste Rebsorte), aber auch Rieslinge von außerordentlicher Mineralität.

Östliches Weinviertel

Im östlichen Weinviertel liegen die bekannten Weinbauzentren wie Poysdorf, Falkenstein, Mistelbach und Zistersdorf. Der Weinort Poysdorf hat eine der größten Anbaufläche von Grünem Veltliner; nicht zuletzt deshalb nennt man diese Gegend auch Veltlinerland. Gemeinsam mit Herrnbaumgarten (600 Hektar Rebfläche) liefert Poysdorf darüber hinaus hervorragende Grundweine für die traditionellen österreichischen Sektkellereien, aber auch den bereits eingangs erwähnten „Brünnerstraßler" aus den Weingärten in der Nähe der Straße nach Brünn. Heute werden vorwiegend fruchtige, pfeffrige Grüne Veltliner, Welschrieslinge mit knackiger Säure und muskulöse Weißburgunder gekeltert.

Von den Steilhängen Falkensteins kommen auch duftig-feine Rieslinge. Das 900 Jahre alte Falkenstein ist – neben der mächtigen Ruine – vor allem durch die Stein gewordene Kultur der Presshäuser in seiner Kellergasse bekannt. Mistelbach, der wirtschaftliche und kulturelle Mittelpunkt des Teilgebietes, hat in seiner Umgebung zahlreiche Heurigen und Buschenschänken.

Außerdem findet man im Veltlinerland die wahrscheinlich schönsten Kellergassen, welche für den Weingenuss eine geradezu ideale Kulisse darstellen.

WESTLICHES WEINVIERTEL

WESTLICHES WEINVIERTEL

SCHLOSSWEINGUT GRAF HARDEGG SEEFELD-KADOLZ

Alten Dokumenten aus dem 16. Jahrhundert zufolge, wurde auf den heutigen Lagen des Schlossweinguts bereits im späten Mittelalter Weinbau betrieben. Aus dem Jahre 1640 stammt der schöne Hofkeller des Hauses, in dessen Kellergängen noch heute die Weine ausgebaut werden.

Der Name Hardegg selbst geht vermutlich auf den Erbauer der Burg Hardegg zurück. Dieser, Luitold II. aus dem bayerischen Geschlecht der Grafen von Pleyn, erbaute im 12. Jahrhundert eine Burg an der Thaya, und zwar in einer Schleife des Flusses, einer so genannten harten Ecke. Nun war es damals üblich, den Stammsitznamen zum Familiennamen zu machen und so konnten sich die Lehensherren der Burg Hardegg (etwa 10 km nordwestlich von Retz) nunmehr Grafen von Hardegg nennen. Die älteste, heute noch vorhandene, urkundliche Erfassung stammt aus dem Jahre 1188 und führt ebendiesen Luitold II. als „Comte de Hardek" an.

Danach wechselte die Grafschaft mehrfach den Eigentümer und fiel mangels zahlungskräftiger Interessenten zurück an die Habsburger. Kaiser Maximilian I. verkaufte (!) sie schließlich laut Urkunde vom 28. März 1495 an Heinrich Prueschenk, einen direkten Vorfahren der heutigen Familie Hardegg.

Das Weingut, welches heute 43 ha Weingärten (etwa 70 Prozent weiß und 30 Prozent rot) bewirtschaftet, hat sich zur Aufgabe gemacht, feine, trinkfreudige Weine zu erzeugen. Insofern steht nicht übermäßige Reife im Vordergrund, durch die opulente Verkostungsweine vinifiziert werden sollen. Vielmehr soll die Frische der Frucht erhalten bleiben, um so Weine entstehen zu lassen, die in erster Linie durch die äußerste Harmonie Trinkspaß bereiten und weniger durch hohe Alkohol- oder Extraktwerte.

Folglich werden die Trauben wie auch die Weine im Keller handwerklich (im Gegensatz zu lebensmitteltechnologisch) hergestellt. Dies bedeutet die Ablehnung von z. B. Reinzuchthefen, Enzymen, Schönungen oder Verzicht auf Einsatz technischer Methoden zur Anreicherung.

Konsequenterweise gehen bei dieser traditionellen Ausbauart immer mehr Weine (auch weiße) wieder ins Holz. Allerdings nicht in Barriques sondern in 1200- bis 4000-Liter-Fässer.

Neben dem Grünen Veltliner Alte Reben, einem hervorragenden Riesling Steinbügel und dem frischen, fruchtbetonten Pinot Noir Steinbügel ist der Riesling Mailberger Hochlüssen ein Wein des Hauses, der besonderes Trinkvergnügen bereitet.

WEINGUT ZULL SCHRATTENTHAL

Schrattenthal im Weinviertel ist die kleinste Weinstadt Österreichs und seit jeher umgeben von Weingärten. Die Natur selbst mit ihrem Boden und Klima definiert an diesem Ort ein unverwechselbares Terroir und bestimmt so den Charakter der Weine. Hier fühlen sich Grüner Veltliner, Riesling und Zweigelt wohl – Sorten, auf die sich das Weingut Zull spezialisiert hat. Heiße Sommertage und kühle Nächte während der Reifezeit verleihen den Trauben ihr unverwechselbares harmonisches Aroma. Die kompromisslose Handarbeit des passionierten Winzers Phillip Zull sowie das liebevolle Pflegen der derzeit etwa 17 ha (70 Prozent weiß, 30 Prozent rot) bringen offene und finessenreiche Weine hervor, die leicht zu trinken sind und doch viel Tiefgang zeigen. Dabei stellen sie authentische Weine dar, in denen sich die Region widerspiegelt. „Weine fürs Leben!" will das Vater-Sohn-Gespann Werner und Phillip Zull erzeugen und stellen in diesem Sinne eines der besten und interessantesten Wein-Sortimente des Weinviertels her.

Besonders gefällig sind der elegante Pinot noir, der mineralisch-kompakte Grüne Veltliner Äußere Bergen, der saftige und trinkanimierende Riesling Innere Bergen sowie der hervorragende, hochelegante und sehr finessenreiche Chardonnay Vom Manhartsberg.

STUDENY OBERMARKERSDORF

Der noch recht junge Winzer Herbert Studeny bewirtschaftet sein 14 ha umfassendes Weingut im wunderschönen Retzer Land im westlichen Weinviertel. Aufgrund des recht kühlen Klimas sind 80 Prozent der Weingärten mit weißen Trauben bestockt und nur 20 Prozent mit roten. Das Ziel ist ganz einfach die Erzeugung von hochwertigen Weißweinen aus physiologisch reifen Trauben, die vor allem durch Eleganz, Finesse und mineralischer Frucht bestechen sollen. Die großen Stärken der Studeny-Weine sind nicht Dichte und Kraft, sondern Vielfältigkeit und Feinheit der Aromen. Harmonie, Frucht, Frucht und nochmals Frucht sind hier die besonderen Anliegen; und die Weißweine überzeugen durch Facettenreichtum und eine spannende Säurestruktur.

Besonders schön zeigt sich der Sauvignon Blanc Sündlasberg, dessen feine Wildkräuteraromen und frische Strukturierung sehr viel Trinkvergnügen bereiten. Neben einem erstklassigen Weinviertel DAC und einem saftigen Urgesteinsriesling Alte Reben Triftberg erzeugt das Weingut Studeny einen tollen Welschriesling Eiswein, dessen feine Honig-Dörrobstaromen genauso Genuss bereiten, wie seine Frische und Harmonie.

HOFKELLEREI DES FÜRSTEN VON LIECHTENSTEIN WILFERSDORF

Zur Domäne des Fürsten von Liechtenstein zählen die Hofkellerei Stiftung Fürst Liechtenstein in Wilfersdorf samt dem Schloss Wilfersdorf, die Hofkellerei mit angeschlossener Vinothek in Vaduz sowie das Spezialitätenrestaurant Torkel.

Die gemeinsam geführten Betriebe geniessen weltweit einen sehr guten Ruf. Fundiertes Fachwissen und neueste Erkenntnisse der Weinbauforschung, gepaart mit umweltschonenden Anbaumethoden, sichern die erstklassige Qualität der fürstlichen Weine. „Wir berücksichtigen im Rebberg die neuesten Erkenntnisse der Weinbauforschung in Bezug auf Bodenpflege, Düngemitteleinsatz und Nützlingsförderung (integrierte, kontrollierte Produktion). Auch die Verarbeitung der Trauben zu Wein untersteht strengen Richtlinien, die das Ziel haben, naturbelassene Weine zu produzieren."

Die derzeit 42 ha sind zu 48 Prozent mit Weißweinen und zu 52 Prozent mit roten Sorten bestockt, Hauptsorten sind der Grüne Veltliner und der Zweigelt, aber auch Riesling und Merlot spielen eine wichtige Rolle.

Die Topprodukte des Hauses sind die Weine der Selektion Karlsberg, wie etwa der Riesling Amato, der im kleinen französischen Fass ausgebaute Zweigelt Profundo und der Merlot Anberola. Sehr schön sind zudem die trinkanimierenden Sekte, welche reinsortig aus Grünem Veltliner und Riesling nach traditioneller Flaschengärmethode hergestellt werden.

WEINGUT FIDESSER
PLATT

Südlich der bekannten Weinstadt Retz liegt der kleine Weinort Platt inmitten einer sanften Hügellandschaft. Hier findet man das ambitionierte Weingut Fidesser, dass einerseits klassisch bewährte Weine produziert, andererseits aber auch die Moderne nicht außer Acht lässt. Die Familie Fidesser versteht sich in aller erster Linie als Weingärtner, was insbesondere durch ihr Motto deutlich wird: „Die modernen kellertechnischen Möglichkeiten, verbunden mit dem Ruf eines großen Teiles des Marktes nach vergleichbaren, sofort verständlichen, in Wahrheit aber seelenlosen Weinen, haben uns die Erinnerung an die Eigenheiten unseres Gebietes genommen. Wir müssen wieder lernen, uns ausschließlich auf den Charakter unserer Weinberge zu verlassen." Nicht der technisch perfekt gemachte Wein ist für die Familie Fidesser der wertvolle, sondern der authentische, der unverfälschte, der unverwechselbare. Daher darf jeder ihrer Weine eigenständig bleiben und seine Herkunft zeigen. Das Ergebnis sind saubere, signifikante Weine mit Charakter und Profil.

Auf den 11 ha (75 Prozent weiß, 25 Prozent rot) werden vornehmlich Grüner Veltliner, aber auch Frühroter Veltliner und Roter Veltliner angebaut. Weitere Sorten sind Gelber Muskateller, Sauvignon blanc und Traminer – Blauer Zweigelt und Pinot noir erweitern das Sortiment. Neben dem floralen und rassigen Gelben Muskateller und einem elegant-saftigen Sauvignon blanc ist sicherlich der sehr harmonische Weiße Traminer Oberer Höhweingarten eines der herausragenden Produkte des Hauses.

RESPIZ-HOF-KÖLBL
RÖSCHITZ

Im nordwestlichen Weinviertel, genauer an den Ausläufern des Manhartsberges, liegt Röschitz, das bereits im Jahre 1198 unter dem Namen Respiz (Rebspitz) erstmalig urkundlich erwähnt worden ist. Seit 1660 ist die Familie Kölbl hier ansässig und von Beginn an gehört der Weinbau zur Familientradition. Die 12 ha Weingärten befinden sich rund um Röschitz und gedeihen auf verwittertem Granitmassiv (Urgestein) und Lössböden. Bestockt sind die Rebflächen zu 45 Prozent mit Grünem Veltliner, 30 Prozent Riesling, 10 Prozent Chardonnay, dazu Pinot blanc und Neuburger, die restlichen 10 Prozent gehören dem Blauen Zweigelt.

Mit Liebe und Sorgfalt keltert die Familie ihre Weine, ganz nach dem Motto: „Qualität ist nie Zufall, sondern das Zusammenwirken von Natur und Mensch sowie dessen angewandtes ökologisches Know-how, aber vor allem Fingerspitzengefühl und Erfahrung."

Der sehr kraftvolle Blaue Zweigelt Selektion erscheint dementsprechend auch sehr regionstypisch und charakteristisch, viel Trinkvergnügen bereitet auch der rassige und finessenreiche Riesling vom Urgestein Selektion.

WEINGUT R. & A. PFAFFL
STETTEN IM WEINVIERTEL

Ihre Liebe zum guten Wein haben Roman und Adelheid Pfaffl, die das Weingut aufgebaut haben, wohl an Roman, Elisabeth und Heidi vererbt, denn alle drei sind im Weinbereich tätig. Und dass ihnen die Arbeit mit und für den Wein große Freude bereitet, sieht man schon bei der Pflege der Weingärten, die ihnen besonders wichtig ist. Die Familie Pfaffl versucht dabei, möglichst naturnah und schonend zu arbeiten. Es ist ihnen bewusst, dass hochwertige Trauben nur durch intensive Anstrengungen während des Jahres entstehen. Daher wird schon beim Rebschnitt der Ertrag pro Stock eingeschränkt, im Frühjahr und Sommer wird mit penibler Laubarbeit und weiterer Ertragsreduktion fortgefahren, damit die Rebe ihre ganze Kraft in die wenigen, verbleibenden Trauben stecken kann. Dadurch wird eine hervorragende Komplexität in den Weinen erreicht, die dem Genießer auch Jahre später noch Freude bereitet.

Verstreut in etwa 10 verschiedenen Gemeinden liegen die Weingärten im südlichen Weinviertel und, weil es sehr nahe liegt, auch im Stadtgebiet von Wien. Von den derzeit etwa 50 ha Weingärten sind 70 Prozent mit Weißweinen und 30 Prozent mit Rotweinen bestockt. Besonderes Interesse schenkt man dem Grünen Veltliner, der von leicht, spritzig bis kräftig und rund ausgebaut wird; das Weingut Pfaffl versucht dabei, alle seine Facetten zu ergründen. Große Freude bereitet dem Weinkonsumenten auch der Riesling des Hauses, da er hier seine ganze Mineralität zeigen darf.

Glanzstücke des Hauses sind sicherlich der sehr burgundisch anmutende und wunderschön harmonische Chardonnay Rossern sowie der exzellente und sehr elegante Weißburgunder mit seinen feinen Nussaromen (die Riede heißt übrigens auch In Nussen).

WOLFGANG SEHER
PLATT

Sitz des Weinbaubetriebs Seher ist der Weinort Platt im Retzer Land. Wolfgang Seher bewirtschaftet 8 ha Weingärten, die in etwa zu gleichen Teilen in Platt und in Obermarkersdorf (Gemeinde Schrattenthal im Retzer Land) liegen. Die unterschiedlichen Terroirs machen ein an den Standort bestens angepasstes, weites Spektrum an Sorten möglich. In Platt herrschen kalkhaltige Lehm- und Lössböden vor, die – verbunden mit einer geschützten Kessellage – sich besonders für die Burgunderfamilie und verschiedene Rotweinsorten eignen. Obermarkersdorf liegt an den Ausläufern des Manhartsbergs, die dortigen Urgesteinsböden sind ein hervorragender Standort für Grünen Veltliner und Riesling.

Die beste Obermarkersdorfer Veltlinerlage heisst Nussberg, eine tiefgründige Urgesteinslage mit sehr hohem Mineralanteil. Diese ist mit einer eigenen Veltliner-Selektion bestockt, die bereits mehr als 30 Jahre alt ist. Aus diesem hervorragenden Traubenmaterial wird ein opulenter und kraftvoller Veltliner-Reserve angeboten, dessen angenehme Kräuterwürze viel Genuss bereitet.

Platter Leithen ist die klassische Platter Rotweinlage. Auf dem mächtigen, gut wasserspeichernden Lehmboden wachsen dichte und fruchtige Zweigeltweine. Die kleine Lage Platter Aufeld wird im Betrieb auch Röschitzerweg genannt, da sie neben der alten Poststraße nach Röschitz liegt. Tiefgründiger lehmiger Boden liefert die Nährstoffe, die der Blauburger benötigt. Der Wein aus dieser Lage ist die Grundlage für die fruchtige Cuvée Vertigo.

WEINRIEDER KLEINHADERSDORF

Mitten im Herzen des Weinviertels findet man Kleinhadersdorf, in dem das Weingut Weinrieder beheimatet ist. Von hier, an der Schnittstelle zwischen Wien und Brünn, stammt übrigens der größte Teil der Spitzenweine für die österreichische Sekterzeugung.

Das Weingut Weinrieder selbst hat sich auf die Erzeugung von hochwertigen Weißweinen, kraftvollen Premiumqualitäten mit hohem Potential und ganz besonders auf die Erzeugung von erstklassigen Süßweinen spezialisiert. Das Traubenmaterial für die Weine stammt von 15 ha besten Süd- und Süd-West-Lagen; die bekanntesten sind Birthal, Kugler, Schneiderberg, Hohenleiten und Bockgärten. Das ausgeglichene Kleinklima und die fruchtbaren Löss- und Lehmböden ermöglichen Weine von besonderer Art. Naturnaher Weinbau, rigorose Ertragsbeschränkung (durch kurzen Rebschnitt und Ausdünnen bis auf eine Traube/Rebstock), behutsame Traubenverarbeitung, sanftes Pressen, das Naturbelassen (kein Aufzuckern) sowie das Vergären im Stahltank sind die Eckpfeiler für die brillanten Weine.

Das edelsüße Sortiment von internationaler Klasse überzeugt mit einem phantastischen Süße-Säurespiel und besteht aus einem hervorragenden Strohwein, einem seidig-eleganten Welschriesling Kugler Eiswein und dem sehr delikaten Riesling Schneiderberg Eiswein. Doch werden auch die traditionellen Weine gepflegt, wie der pfeffrige Grüne Veltliner, schön rassige Rieslinge, sehr feine Chardonnays und kraftvolle Weißburgunder.

„RM“ WEINGUT ROLAND MINKOWITSCH MANNERSDORF/MARCH

Im stillen Weinort Mannersdorf/March, nur 35 km östlich von Wien, liegt das traditionsreiche Weingut am Fuße des Rochusberges. Die wunderschöne Anlage verfügt über einen idyllischen Weinkeller mit einer alten Baumpresse von 1820 (die heute noch in Betrieb ist) und schön geschnitzten Holzfässern. Die 7,5 ha Weingärten (zu 100 Prozent mit Weißweinen bestockt) stehen auf tiefgründigen, sandigen Lehmböden. Das pannonische Klima mit Sonnentagen bis in den späten Oktober ergibt harmonische, fruchtige Kabinettweine mit elegantem Säurespiel und ausdrucksstarke, vollmundige Weine im Spätlesebereich. Roland Minkowitsch tendiert zu einer relativ späten Lese. Der Ausbau der Weine geschieht ausnahmslos in Edelstahl und Holz, beim Chardonnay auch in Barriques.

Paradewein des Weingutes ist der Rheinriesling, welcher mit dem Prädikat „de vite“ ausgezeichnet wird. Der Name kommt von „vinum de vite“, Wein (nur) aus der Traube, dem lateinischen Begriff für Messwein. Eine Spezialität des Hauses ist der charaktervolle Gewürztraminer Spätlese.

BIO-WEINGUT HOFER AUERSTHAL

Nicht weit von Wien entfernt liegt das kleine Dörfchen Auersthal, in welchem das Weingut Hofer beheimatet ist und seine derzeit 14 ha Weingärten bewirtschaftet. Die Rieden liegen in einer sanften Landschaft, dort wo die Hügel des Weinviertels allmählich in die Ebene des Marchfelds übergehen. Da hier schon der Einfluss des pannonischen Klimas herrscht, werden fruchtig-leichte und auch stoffig-dichte Weine erzeugt. Während man bei den Rotweinen den Zweigelt mittlerweile generell im Barrique ausbaut, setzt man beim klassischen Blauburger noch immer auf das traditionelle große Holzfass. Als regionales Kulturerbe versucht man den Gemischten Satz (siehe hierzu auch S. 321) zu bewahren, dazu werden (natürlich) Grüner Veltliner, Welschriesling, Weißburgunder und Riesling gekeltert.

Flaggschiffe das Hauses sind – neben den beiden genannten Rotweinen – sicherlich der rassig-saftige Weinviertel DAC sowie der sehr schöne und finessenreiche Grüne Veltliner Kabinett Freiberg.

PANADLSUPPE

150 g geselchtes Kaiserfleisch,
1 Zwiebel, 4 Scheiben Bauernbrot,
25 g Butter,
1 Liter kräftige Rindsuppe,
Salz und Pfeffer,
Schnittlauch zum Bestreuen

Die Zwiebel fein hacken, Brot und Kaiserfleisch in Würfel schneiden. Butter in einer Kasserolle zerlassen, zuerst die Zwiebel, dann auch Selchfleisch und Brotwürfel darin anrösten. Alles mit der Suppe aufgießen, etwa 15 Minuten leise köcheln lassen. Suppe abschmecken, in vorgewärmte Teller füllen und mit Schnittlauchröllchen bestreut servieren.

PANIERTE KALBSBRUST

1 1/2 kg Kalbsbrust,
Mehl, 2–3 verquirlte Eier,
Semmelbrösel, Schmalz,
Salz und Pfeffer aus der Mühle,
Zitronenscheiben zum Garnieren

Die gewaschene und ausgelöste Kalbsbrust einige Zeit in Suppe oder leicht gesalzenem Wasser kochen, dann in kaltem Wasser auskühlen lassen; danach die Kalbbrust gründlich abtrocknen.
Kalbsbrust gut mit Salz und Pfeffer würzen, in Mehl, verquirlten Eiern und Semmelbrösel panieren. Schmalz in einer Bratrein erhitzen, die Kalbsbrust hineinlegen und im Rohr bei etwa 150 Grad unter häufigem Wenden beidseitig goldgelb backen. Kalbsbrust auf Küchentuch abtropfen lassen und mit der geviertelten Zitrone sowie Reis als Beilage servieren.

PANADLSUPPE

LAMMKEULE IM ZWEIGELTSAFTL

Eine Lammkeule häuten, den Knochen auslösen und mit in Streifen geschnittenem Selchspeck (etwa 150 g) spicken. Das Fleisch mit Thymian, Salz und Pfeffer würzen, danach zu einer Roulade zusammenrollen – mit Küchengarn binden.
Die Lammkeule in einer schweren Kasserolle zusammen mit 2–3 geschnittenen Zwiebeln, etwa 200 g blättrig geschnittenem Wurzelwerk, einer in Scheiben geschnittenen unbehandelten Zitrone, einigen Lorbeerblättern, Pfefferkörnern, Gewürznelken, und ungefähr einem Liter Zweigelt an einem kühlen Ort einige Tage beizen, dabei öfters wenden.
Dann das Lammfleisch aus der Marinade heben, mit Küchenpapier gründlich abtrocknen und in eine frische Kasserolle setzen. Mit zerlassener Butter beträufeln, dann im auf 200 Grad vorgeheizten Backrohr unter oftmaligem Begießen mit der (abgeseihten) Zweigeltmarinade etwa 1 1/2–2 Stunden braten, dabei die Hitze ständig reduzieren (bis auf 150 Grad).
Das fertig gebratene Fleisch aus der Sauce heben, warm rasten lassen. Zwischenzeitlich die Sauce mit Mehl stauben, nach Belieben auch etwa 125 ml Sauerrahm einrühren und die Sauce nochmals aufkochen lassen. Sauce durch ein Sieb passieren, abschmecken und über das aufgeschnittene Fleisch gießen. Dazu passen Fisolen, Erdäpfel oder auch Teigwaren.

BUTTERSCHNITZEL

750 g Kalbfleisch aus der Schulter faschieren, 2 altbackene Semmeln in 250 ml Milch einweichen, gut ausdrücken und zusammen mit 2 Eiern unter die Fleischmasse mischen. Sollte der Teig zu weich sein, mit etwas Semmelbröseln binden – doch sollte der Teig locker und leicht sein. Nun wird mit Muskatnuss, Salz und Pfeffer gewürzt und der Teig zu Laibchen geformt, die man in reichlich heißem Butterschmalz beidseitig scharf anbrät. Sobald die Laibchen goldbraun sind, werden sie in eine Rein geschichtet und der Bratensatz mit etwas Rindsuppe und Weißwein losgekocht. Saft stark einreduziert über die Laibchen gießen, Butterflocken darüber verteilen und im Ofen bei 180 Grad in etwa 20 Minuten ohne Deckel fertig garen. Fertige Laibchen aus der Rein heben, warm halten und den Saft abgießen. Saft leicht stauben, kurz aufkochen und durch ein Sieb passieren. Butterschnitzel mit Erdäpfelpüree, dem Bratensaft und gerösteten Zwiebelringen auftischen.

WEINVIERTLER EISWEINTASCHERLN

200 g Mehl mit 200 g Butter abtreiben, Eiswein (etwa 1 dl) hinzufügen und alles zu einem geschmeidigen Teig verkneten. Den Teig in Alufolie schlagen und für eine halbe Stunde im Kühlschrank rasten lassen. Den Teig messerrückendick auswalken, runde Formen ausstechen und auf jede davon einen Kaffeelöffel Stachelbeermarmelade setzen. Die runden Kekse werden nun zu Taschen zusammengeschlagen, an den Rändern fest verschlossen und auf ein mit Backpapier ausgelegtes Blech gesetzt. Im auf 170 Grad vorgeheizten Backofen die Eisweintascherln goldbraun backen, nach dem Abkühlen mit Staubzucker bestreuen.

POYSDORFER EISWEINSCHMARREN

**6 Eier, 40 g Zucker,
150–200 ml Milch, 75 ml Eiswein,
200 g glattes Mehl, Prise Salz,
50 g Weinbeerln (Rosinen),
50 g Mandelstifte, Butter zum Ausbacken,
Staubzucker zum Bestreuen**

Die Eier werden getrennt, dann die Dotter mit Zucker, Milch, Eiswein und Mehl verrührt. Die Eiweiße mit einer Prise Salz zu steifem Schnee schlagen, vorsichtig unter die Dottermasse heben. In einer großen Pfanne die Butter zum Schmelzen bringen, Masse eingießen und die (halbierten) Rosinen sowie die Mandelstifte darüber streuen. Einige Minuten anbacken lassen, bis man den Schmarren wenden kann, auch die zweite Seite anbacken lassen, dann den Schmarren mit zwei Gabeln zerteilen. Unter Zugabe von etwas Butter und Staubzucker einige Minuten bei 180 Grad im Ofen fertig backen. Schmarren mit Staubzucker bestreut servieren, ein Gläschen Eiswein extra dazu reichen.

BUTTERSCHNITZEL

Osterfest und Schinkenvielfalt

Für das stark vom Katholizismus geprägte Land Österreich bilden die Karwoche und das Osterfest mit vielen traditionellen Brauchtümern verbundene hohe Feiertage. Gerade nach der langen, harten und entbehrungsreichen Fastenzeit schmecken die kulinarischen Köstlichkeiten gleich noch einmal so gut, doch bevor der berühmte Osterschinken angeschnitten und genossen werden darf, sollte er geweiht – und damit zum so genannten „Woachfleisch“ – werden. Damit ist auch schon gesagt, dass das „Woachfleisch“ seinen Namen nicht vom „weich Kochen“ hat, sondern daher, dass es vor oder während der Osternacht „geweiht“ worden ist. Und deshalb hängt man in vielen Gebieten das für den Ostersonntag bestimmte Fleisch noch vor Sonnenaufgang an einen Baum, weil der Papst in Rom mit seinem Segen das Fleisch für die ganze Welt weiht.
Das erste Fleisch, das am Ostersonntag genossen wird, sollte geweihtes Fleisch sein. Das hierfür bestimmte Schinkenstück (meist geselcht) wird nachdem es den päpstlichen Segen erhalten hat, im Anschluss an den Kirchgang noch im Festtagsgewand am Mittagstisch verzehrt, dazu werden meist junge Salate gereicht. Übrig gebliebene Knochen werden dann an verschiedenen Stellen im Acker vergraben: „Die g'weiht'n Boan' begrabt ma' inner'm Roan.“ [Die geweihten Knochen „begräbt“ man im Rasen (Acker)].
Das Weihen von Speisen ist eigentlich ein Bestandteil der Osternachtsliturgie, dennoch wird es in einigen ländlichen Gegenden manchmal schon am Nachmittag durchgeführt; Grund dafür ist, dass der Herr Pfarrer rechtzeitig von Kapelle zu Kapelle, von Bildstock zu Bildstock oder zu einem der zahlreichen Wegkreuze gelangen muss, um die dort angebrachten, mit karierten Tüchern abgedeckten Körbe, Beuteln usw. pünktlich segnen zu können. In vielen abgelegenen Regionen ist das ein regelrechter Marathon. In den Körben muss sich aber nicht nur das für die Weihe bestimmte Fleisch befinden, denn auch Ostereier, Butter, Brot, Krapfen oder Osterpinzen lässt man sich gerne segnen.

In Oberösterreich legte man übrigens noch eine typisch regionale Spezialität ins Weihekörbchen, nämlich den traditionellen Eierkäse, den so genannten „Oarkas“. Speziell im Innviertel wurde dieser Oarkas an den Ostertagen nach jeder Mahlzeit gereicht und gemeinsam davon gegessen (Rezept nachfolgend). Die bei der Herstellung angefallene gelbe Flüssigkeit wurde insbesondere von Kindern – noch sofort am Karsamstag, dem traditionellen Zubereitungstag für Oarkas – sehr gerne getrunken.
Vor allem diejenigen Gläubigen, welche die bis zu drei Stunden dauernde Osternachtsliturgie mitgefeiert haben, freuen sich über den Inhalt des geweihten Körbchens, das – als herzhafte Mitternachtsjause – das Ende der Fastenzeit bedeutet. Und mit dem Weihen der Speisen sollte sicherlich auch ausgedrückt werden, dass Nahrung und Speisen nicht irgendeine Selbstverständlichkeit darstellen und gedankenlos verkonsumiert werden dürfen, wie das heutzutage leider viel zu oft der Fall ist.

Am Ostersonntag gibt es dann die bunt gefärbten Ostereier, welche ausnahmsweise einmal nicht von den ohnehin sehr strapazierten Legehennen stammen, sondern vom Osterhasen. Die Wurzeln für diesen Aberglauben liegen tief in der Vergangenheit und haben ihren Ursprung im heidnischen und später christlichen Gedankengut. Bereits im früh-germanischen Sagengut findet man das seltsame Zusammentreffen von Hase und Ei, denn der Hase galt als das Lieblingstier der Frühlingsgöttin Ostara, die nicht nur dem Osterfest ihren Namen schenkte, sondern auch bunt bemalte Eier (denen magische Kräfte zugesprochen wurden) als Opfergeschenk sehr geschätzt haben soll.

BAUERNKRAPFEN UND OSTEREIER

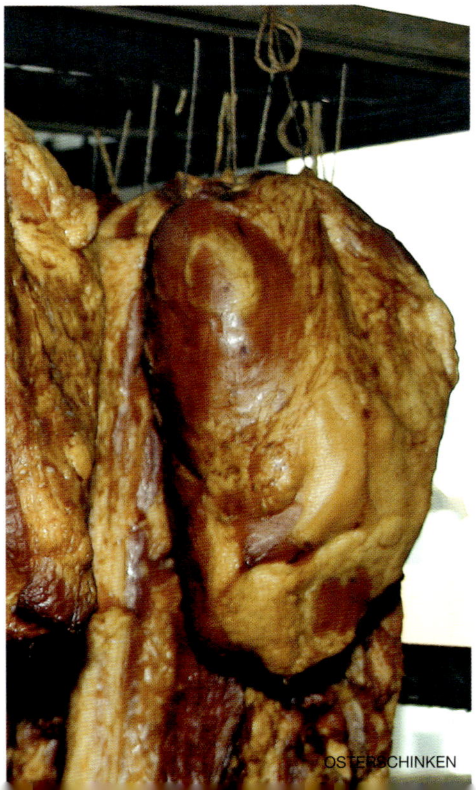

OSTERSCHINKEN

Den christlichen Predigern kamen solche heidnischen Bräuche sehr gelegen, ließen sie sich doch vortrefflich in die christliche Lehre einbauen. So gilt das Ei beispielsweise als Symbol für Fruchtbarkeit und Vollkommenheit, aber auch als Zeichen der Zerbrechlichkeit. Ein Symbol, das sich auch im Judentum findet: zum Pessachmahl wird ein Ei in Essigwasser gereicht, das an die Zerbrechlichkeit aller Existenz erinnern soll.
Im christlichen Glauben wurde das Ei sogar zum Symbol der Auferstehung. Das Ei stellt dabei den Leib Christi dar, das Eiweiß die Grabtücher und die Schale das Grab selbst. Durch das Eierpecken konnte man den Kindern die Auferstehung bildhaft verdeutlichen, denn die zerbrochenen Schalen waren ein vortreffliches Sinnbild für das geöffnete Grab. Und das heute so beliebte Eiersuchen ist ein Symbol für die den Leichnam Jesu suchende Maria Magdalena.
Doch trotz allem ist das Eierfärben, -suchen und -pecken ein eher junges Brauchtum, das sich in Österreich erst um das 17. Jahrhundert herum hat etablieren können.
Das heutige Osterfest hat sich freilich sehr gewandelt, denn zum einen wird die Fastenzeit nicht gar so streng gehandhabt und zum anderen wird das kirchliche Gebot nicht mehr ganz so eng genommen wie einst. Dennoch wurden zahlreiche Brauchtümer beibehalten – und beim Eierpecken ist es immer noch so, dass ein Ei, das beim Pecken nicht sofort zerbricht, seinem Besitzer Glück bringen wird. Und zu einem richtigen Osterfest gehören neben den bunt bemalten Eiern auch nach wie vor die Osterlämmchen, Pinzen und natürlich herrlich saftige und überaus schmackhafte Osterschinken!

Beinschinken

Für diese Lieblingsspeise aller Österreicher wird eine hintere Keule vom Schwein im Ganzen einige Tage in Salzlake gepökelt und nach Möglichkeit zart über Buchenholz geräuchert. Danach kocht man das Fleisch sehr schonend. Seine herausragende Saftigkeit erhält der Schinken dadurch, dass der Knochen nicht entfernt wird.
Wichtig ist vor allem, dass der Schinken nicht zu lange gelagert wird, denn durch die Lagerung verliert er zunehmend an Geschmack; deshalb den Beinschinken immer möglichst sofort genießen. Beinschinken kann warm oder kalt serviert werden, Kren, Butter und frisch gebackenes Brot gehören unverzichtbar dazu.

Es gibt zahlreiche Abwandlungen dieses köstlichen Rezeptes, so kann dem Schinken nicht nur durch Räuchern, sondern auch durch das Kochen ein spezieller Geschmack verliehen werden; hierfür wird das Kochwasser z. B. mit Lorbeerblättern, getrockneten Feigen, Pfefferkörnern, Koriander, Wacholderbeeren oder sogar Trüffeln angereichert.

OSTERLÄMMCHEN

Osterlämmchen werden noch heute in vielen Ortschaften (vor allem an der March) gebacken. Verwendet werden dafür meist die alten, traditionellen, glasierten Tonformen.

240 g griffiges Mehl, 60 g Butter, 6 Eier,
120 g Kristallzucker, 120 g Staubzucker,
Zitronensaft und -schale,
1 TL Kakao

Außerdem:
Butter und Mehl für die Formen,
Mandeln, Rosinen,
Schnürleis (200 g Zucker mit 2 Eiklar vermengt)

Die Eier trennen, Eiklar zu festem Schnee schlagen, dann den Kristallzucker nach und nach einarbeiten, bis der Schnee recht zäh wird. Die Dotter mit dem Staubzucker schaumig rühren, etwas Zitronensaft und abgeriebene Zitronenschale dazugeben. Die beiden Massen leicht miteinander vermengen, danach langsam das Mehl und die zerlassene Butter einrühren.
Drei Esslöffel von der Masse mit dem Kakao vermengen. Die Lammformen sehr gut einfetten und mit Mehl ausstäuben. Danach mit den beiden Teigmassen abwechselnd füllen, für die Augen werden Rosinen verwendet, Mandeln bilden die Zungen. Osterlämmchen bei 180–190 Grad im vorgeheizten Backofen gut 45 Minuten gebacken, etwas auskühlen lassen, dann aus den Formen lösen. Osterlämmchen mit dem Schnürleis verzieren, dieses trocknen lassen, danach mit roten Bändchen schmücken.

PRAGER SCHINKEN IN WEISSBURGUNDER

Ein Prager Schinken oder ein anderer Selchschinken bester Qualität von 2 1/2 kg wird zunächst 50–60 Minuten in Wasser vorgekocht, danach entfernt man die Schwarte und bei Bedarf überschüssiges Fett (nicht das ganze Fett entfernen).
250 g Wurzelgemüse (Karotten, Sellerie, Lauch) putzen, klein schneiden und in einem großen Bräter mit etwas Butter dünsten. Dann den Schinken mit der Fettseite nach oben darauf legen und mindestens 1 Flasche besten Weißburgunder angießen. Zugedeckt im auf 200 Grad vorgeheizten Ofen 45 Minuten schmoren lassen, dann den Deckel abnehmen, das Fett des Schinkens mit Staubzucker bestreuen und bei Oberhitze bräunen. Saft abgießen, den Schinken warm halten. Den Bratensaft durch ein feines Sieb passieren, dann mit Mehlbutter binden und abschmecken (wer mag, gibt noch einen Schuss Madeira hinzu).
Schinken in Scheiben geschnitten auf einer Platte anrichten, mit etwas Sauce nappieren und ausgarnieren, restliche Sauce extra dazu servieren.

SCHINKEN AUF FÖRSTER ART

Pro Person werden 250 g Prager Schinken in dickere Scheiben geschnitten in gut 50 g Butter rasch angebraten. 100 g geputzte Pilze (Steinpilze, Champignons und/oder Eierschwammerln) in grobe Stücke teilen, etwas Räucherspeck klein würfeln. Schinken aus der Pfanne heben, beiseite stellen. Speck in der Bratbutter etwas auslassen, dann die Pilze dazugeben und andünsten. Etwas Tomatenmark einrühren, danach die Pilze mit wenig Rotwein ablöschen, den Schinken kurz in der Sauce ziehen lassen. Zuerst die Schinkenscheiben auf einem vorgewärmten Teller anrichten, dann die Pilze darüber verteilen. Mit Kräuterbutter und einer Beilage nach Wahl (Kroketten oder Erdäpfelpüree) auftischen.

OARKAS (EIERKÄSE)

Für die Zubereitung dieser typischen Osterspeise verwendet man den so genannte „Oarkasmodel". Das sind zumeist runde Tongefäße mit etwa 15 cm Durchmesser und 8 cm Tiefe an deren Grund Verzierungen – vielfach Osterlämmchen oder Hennen – eingearbeitet sind sowie mehrere Abflusslöcher. Ein alter Brauch verlangt, dass jeweils ein Drittel der Milch vom Gründonnerstag, vom Karfreitag und Karsamstag zu stammen habe. Die vollgefüllten Models stellt man auf Teller oder in Schüsseln, damit die herauslaufende Flüssigkeit, die so genannte „Stiermilli", aufgefangen wird.
Für 15–20 Models werden 3 Liter Milch (je einer von Gründonnerstag, Karfreitag und Karsamstag), 250 ml flüssiges Obers, 30 Eier, Rosinen, Zucker nach Geschmack (etwa 25–30 Stück Würfelzucker) sowie eine Prise Salz gut verrührt, dann auf kleiner Flamme erhitzen und ständig rühren, bis die Masse fest ist. Die dicklich-feste Masse dann in die Models füllen und abtropfen lassen (dauert eine gute Stunde), die Stiermilli wird sofort genossen, der Oarkas erst am Ostersonntag.

ÜBERBACKENER SCHINKEN MIT SPARGEL

800 g in dicke Scheiben geschnittenen Selchschinken in reichlich Butter anbraten, in vier feuerfeste Formen schichten und mit vorgekochtem Spargel (man braucht etwa 1 kg) garnieren. Mit jeweils 2–3 EL Semmelbrösel und 100 g geriebenem Käse bestreuen; frische Butter zur Bratbutter geben (etwa 150 g) und aufschäumen lassen; Butter mit Salz, Pfeffer und Muskat würzen, in die Auflaufformen verteilen und das Ganze bei 200 Grad goldbraun überbacken. Mit Schnittlauch oder Petersilie garnieren.

SCHINKEN IM BROTTEIG

Ein Beinschinken oder Geselchtes von 2–3 kg wird zunächst 24 Stunden kalt gewässert, danach in einen Topf gefüllt und mit heißem Wasser begossen, geschnittenes Wurzelgemüse dazugegeben und zugedeckt 1–2 Stunden leicht vorgekocht. Schinken herausnehmen und abtrocknen, Schwarten und überschüssiges Fett entfernen. 1 1/2–2 kg Brotteig (beim Bäcker kaufen) auf einer bemehlten Arbeitsfläche auswalken, den Schinken gleichmäßig darin einhüllen; Teig mit einer Gabel mehrmals einstechen, 2–3 EL Milch mit 2 Eidottern versprudeln und den Teig damit bepinseln. Auf einem mit Mehl bestreuten Backblech bei 200 Grad etwa 2 Stunden backen, bis der Brotteig schön knusprig braun ist. Mit Oberskren und/oder Eierkren (hartgekochte Eier mit einer Gabel zerdrücken, mit frisch gerissenem Kren, etwas Mayonnaise, Salz und Pfeffer abschmecken) servieren.

KLASSISCHER BEINSCHINKEN

Eingelegtes und Vorratshaltung

Die klassische Vorratshaltung bestand in der Regel aus drei Standbeinen: dem Dachboden, dem Keller und der Speis. Auf dem Dachboden wurden das Getreide, getrocknete Hülsenfrüchte, Dörrobst sowie Speck und Geselchtes gelagert. Im Keller, der im Sommer kühl und im Winter nicht zu kalt war, lagerten Bier, Wein, Most, Obst, Erdäpfel, Zwiebel, Knoblauch und Krautköpfe, manchmal auch Wurzelgemüse. Die Speis, welche sich in der Nähe der Küche befand, schließlich musste kühl und luftig sein, denn sie diente als Lagerraum für alles Eingelegte, Marmeladen, Schmalz, Essig, Schnaps, Eier, Frischobst, getrocknete Pilze, das Mehl, Brotlaibe oder auch vorbereitete Mehlspeisen. Auch die Milch und der Käse kamen – lange bevor es Kühlschränke gab – in die Speis.
Die Vorratswirtschaft war ein sehr wichtiger Bestandteil der Hauswirtschaft. Vor allem in sozial schwächeren Kreisen ging man in Sommer und Herbst in die Natur, um Beeren und Pilze zu sammeln. Einerseits wollte man damit den eigenen Speisezettel aufbessern, zum anderen brachte der Verkauf etwas Geld in die Haushaltskasse. Die bäuerliche Bevölkerung nahm sich eher weniger Zeit zum Sammeln von Pilzen und Beeren, wenn überhaupt waren es zumeist die älteren Frauen, welche für derartige Vorräte sorgten. Nicht nur Eingelegtes und Marmeladen wurden als Vorrat angelegt, sondern auch verschiedene Säfte, Öle, Essige und Würzmittel wie z. B. Senf.

DIRNDLMARMELADE

Drei Kilo Kornelkirschen (Dirndl) mit 250 ml Wasser auf den Herd stellen und zugedeckt weich dünsten. Dann die Früchte möglichst sauber durch ein Haarsieb ziehen. Auf ein Kilo Fruchtmasse gibt man nun etwa 750 g Kristallzucker und kocht das Ganze unter ständigem Rühren rasch ein; Geleeprobe machen (dauert etwa 25 Minuten). Dirndlmarmelade noch heiß in Gläser füllen, luftdicht verschließen und kühl lagern.

KASQUARGEL

Für diese ehemals berühmte regionale Spezialität wurde Topfen mit etwas Rahm, Salz und Kümmel vermengt zu kleinen Kegeln geformt, welche man dann in Reihen auf einem Brett im offenen Dachbodenfenster getrocknet hat. Die Kegel wurden fest, bekamen eine harte, gelbliche Rinde und einen ansprechenden Geschmack.

OBSTESSIG (AUS OBSTABFÄLLEN)

Ein Kilo getrocknete Obstschalen und Kerngehäuse (ohne Kerne) mit 2 l Wasser, 250 ml Branntwein, einigen Senfkörnern, und 40–50 g blättrig geschnittenem Sauerteigbrot verrühren. Mit einem Tuch bedeckt an der Sonne gären lassen, dann durch ein Tuch filtern und in Flaschen abgefüllt lagern.

MOSTESSIG

1 Liter Wasser mit 1 Liter Apfelmost, ein paar Tropfen Essig und 10 g blättrig geschnittenes Sauerteigbrot in einem Topf verrühren, an einem warmen Ort offen (nur mit einem Tuch bedeckt) drei Wochen stehen lassen. Dann durch ein Etamin in Flaschen ziehen und diese verschlossen lagern.

KALKEIER

Als Kalkeier bezeichnete man Eier, die durch das Einlegen in eine Kalklösung haltbar gemacht wurden. Mancherorts wurden die Eier auch einfach nur in Weizenkorn gelagert.

DÖRRZWETSCHKEN

Reife Zwetschken werden mit der Stielöffnung nach oben auf ein Gittergestell gestellt, und in der Sonne einige Tage getrocknet, bis sie am Stiel einschrumpfen. Danach werden sie bei 60 Grad im Ofen so lange gedörrt, bis sie fest, aber nicht hart geworden sind.

PREISELBEEREN

Preiselbeeren säubern, kalt waschen, lose abtropfen lassen und ohne Wasserzugabe in einem irdenen Topf unter Rühren aufkochen und nach Belieben mehr oder weniger eindünsten (je weniger, desto besser, damit die natürliche Farbe erhalten bleibt). Heiß in kleine Ton- oder Porzellantöpfe abfüllen und mit Papier abdecken. Kühl und trocken aufbewahrt halten sie sich einige Monate.

Variante mit Zucker
Auf je ein Kilo Preiselbeeren 500 g Zucker geben und unter Rühren vorsichtig einkochen, bis die Beeren glasig sind. Noch heiß in Steinguttöpfe füllen, drei Tage offen stehen lassen, dann mit Papier zubinden, das Papier mit einer Nadel durchstechen. Diese Variante hält sich Jahre.

KREMSER SENF

500 g süßes Senfmehl,
250 g bitteres Senfmehl,
8 Liter süßer Weinmost,
1 Stück Zimtrinde,
einige Pimentkörner,
Gewürznelken nach Geschmack,
1 größeres Stück Kren geschält und in Scheiben geschnitten,
Zitronenschale

Zunächst den Most mit Zimt, Pimentkörner, Nelken und Kren um die Hälfte einkochen lassen. Beide Senfmehlsorten mit etwas heißem Wasser abbrennen, verrühren und den heißen Würzmost angießen.
Mit abgeriebener Zitronenschale und etwas Zucker verrühren, bis keine Bröckchen mehr vorhanden sind. Senf bis zum nächsten Tag ruhen lassen, dann mit etwas Most verrühren und in Gläser abgefüllt kühl lagern.

OBSTESSIG, SENF UND EINGELEGTE KÖSTLICHKEITEN

Retzer Salzgurken

Einst standen sie überall, die Gurken-Verkaufer mit ihren Leiterwagen, auf denen ein größeres Holzfass voll mit herrlich-pikanten, saftig-grünen und einzigartig schmackhaften Salzgurken stand. Um wenige Schillinge waren sie käuflich erwerblich und schon der erste Biss ins saftige Fruchtfleisch erfrischte ungemein. Doch beim Reinbeißen war Vorsicht geboten, denn der herausspritzende Saft benetzte liebend gerne auch das Obergewand. Heute sind die fahrenden Händler mit ihren Karren weitestgehend verschwunden, doch das Salzgurkerl ist geblieben und erfreut sich nach wie vor allergrößter Beliebtheit – und die aus der Gegend um Retz, jenem berühmten Weinort im nördlichen Weinviertel, galten schon in der alten k. u. k. Zeit als die schmackhaftesten.

Das schöne an den Salzgurken ist, dass sie zu den Lebensmitteln gezählt werden dürfen, an denen man sich nicht „überfrisst", denn nach einer oder maximal zwei hat man einfach genug, so gut sie auch schmecken! Ihr Geschmack ist einfach derartig intensiv, dass man gar nicht mehr will.

Eines vorweg, eine Salzgurke darf nicht mit einer Essiggurke verwechselt werden, denn eine Salzgurke wird ausschließlich mit Salz konserviert, wobei keine weiteren Säuerungsmittel, wie Essig oder Zitronensaft verwendet werden. Während das Essiggurkerl viele einfache Gerichte, wie Wurstsemmeln, Käsebrote oder diverse Aufstriche geschmacklich veredelt, so ist die störrische Salzgurke eher ein Einzelgänger und bleibt lieber für sich allein.

Was genau macht aber das Geheimnis der Retzer Salzgurken aus? Nun, neben dem angesprochenen, sehr individuellen Geschmack sicherlich auch der Mythos von der viel zitierten guten alten Zeit, wo man – vornehmlich an heißen Tagen – im Prater, am Markt oder eben beim Gurkenmann mit dieser Köstlichkeit erfreut wurde. Das optische Erscheinungsbild kann in diesem Fall eher vernachlässigt werden. Wichtig hingegen ist der Biss, und damit dieser stimmt, werden ganz besondere Gurken ausgewählt; schön warzig sollten sie sein, wie etwa die Stachelgurken.

Ein Sommer ohne Salzgurken ist demnach auch heute noch für viele Wiener undenkbar und an gut sortierten Würstelständen stehen sie stolz neben ihren Artverwandten, den Essiggurken. Besonders gut schmecken sie natürlich frisch aus dem Fass, wie etwa beim berühmten Gurken-Leo am Wiener Naschmarkt, dessen Familie einst einer der größten Salzgurken-Produzenten in Zeiten der ehemaligen k. u. k. Monarchie war.

SALZGURKEN

SALZGURKEN

Zum Füllen eines Fünf-Liter-Glases werden etwa 3 1/2–4 kg Gurken benötigt; am besten eignen sich knackig-frische, etwa 10–15 cm lange und zwei Finger dicke Gurken. Weiter sind einige Stengel Dillkraut, möglichst mit Blüten, einige Knoblauchzehen und natürlich Salz von Nöten, in manchen Rezepten werden auch noch einige Scheiben dunkles Brot dazugegeben. Die Gurken zunächst einmal in eine große Schüssel mit lauwarmem Wasser legen, damit sich der an der Schale haftende Sand löst. Danach nochmals unter fließendem Wasser mit einer Bürste gründlich reinigen. Die beiden Enden abschneiden, das Fruchtfleisch bei Bedarf etwas einritzen. Es empfiehlt sich auch, jede einzelne Gurke zu testen, ob sie nicht bitter schmeckt, denn schon eine einzige schlechte kann das gesamte Einmachgut verderben.
Gut zwei Liter Wasser mit mindestens 3–4 EL Salz kurz aufkochen, danach etwas abkühlen lassen. Inzwischen den Boden eines sterilen Einmachglases mit geschälten in Scheiben geschnittenen Knoblauchzehen sowie der Hälfte des Dillkrauts auslegen. So viel Gurken dicht an dicht hinein schichten, bis das Glas zu etwa zwei Dritteln gefüllt ist. Dann folgt eine zweite Schicht Knoblauch und Dill; auf diese wird eine Brotscheibe gelegt. Das Ganze wird nun mit der Salzlake übergossen, so dass sowohl die Brotscheibe gut durchtränkt ist, als auch die Gurken vollkommen bedeckt sind. Das Glas wird mit einem Deckel oder Teller verschlossen und in die Sonne gestellt, wo die Gurken dann gären können. Je nach Wärme und Sonneneinstrahlung brauchen die Gurken 4–8 Tage zum Ausgären, das Aufgusswasser verfärbt sich in dieser Zeit übrigens milchig-trüb.
Bevor der Gärprozess abgeschlossen wird, empfiehlt sich eine Kostprobe: die Salzgurken sollten angenehm pikant-säuerlich schmecken. Auf keinen Fall dürfen sie zu weich sein, denn beim Hineinbeißen soll es richtig knacken! Endlich wird die Brotscheibe entfernt, die Gurken heraus genommen und kalt abgespült. Anschließend in kleinere Gläser umfüllen und das Gärwasser durch ein Sieb darüber gießen. Gut verschlossen können sie im Kühlschrank einige Wochen aufbewahrt werden.

Hinweis: Wer besonders würzige Salzgurken bevorzugt, kann der Marinade noch halbierte Zwiebeln und/oder ein Stück Kren hinzufügen.

Schwarze Nüsse

Bei den so genannten Schwarzen Nüssen handelt es sich keinesfalls um eine exotische Spezialität, sondern vielmehr um die althergebrachte Walnuss, welche allerdings schon im Juni als unreife Frucht gepflückt wird und erst nach langwieriger Prozedur zur Delikatesse wird.
Früher pflanzten die meisten Winzer und Landwirte auf dem Brachland hinter ihren Gebäuden Obst und Gemüse an, eben das, was zum täglichen Leben so gebraucht wurde. Irgendwann kann dann jemand auf die Idee, schon die unreifen Früchte zu ernten und damit diese verzehrt werden konnten, mussten sie erst genießbar gemacht werden.
Heute werden Schwarze Nüsse als regionale Spezialität von einigen sehr guten Produzenten (z. B. Karl Buchta) im Handel angeboten, doch schmecken die selbst eingelegten immer noch am besten. Und wenn man diese Köstlichkeit dann zu Rehpaste, Wild oder Käse genießen darf, wird man für alle Mühen reichlich entlohnt.

SCHWARZE NÜSSE (REZEPT)

Die vorzugsweise Mitte Juni geernteten Früchte werden zunächst in reichlich kaltes Wasser gelegt und unter Wasser mit einer Nadel mehrmals eingestochen; dabei unbedingt Gummihandschuhe tragen, denn die austretende Gerbsäure hinterlässt sonst schwarze Flecken an den Fingern. Danach müssen die Nüsse 9–14 Tage gewässert werden, wobei das Wasser ein- bis zweimal täglich gewechselt werden muss.
Danach werden die Nüsse einige Minuten (etwa 10) in leicht gesalzenem Wasser überkocht und abgeschreckt. Inzwischen wird für jeweils 500 g Nüsse 1 Liter Wasser mit 350–500 g Zucker, einigen Nelken und Zimtstangen zu Läuterzucker gekocht, dieser wird kalt über die Nüsse gegossen. Am nächsten Tag abseihen, den Läuterzucker erneut aufkochen, kurz einreduzieren und wieder über die Nüsse geben; diese Prozedur 6–7 Tage täglich wiederholen. Beim letzten Mal Nüsse nach dem Abseihen in Wasser durchkochen, mit Schaumlöffel in Gläser abfüllen und mit dem dick eingekochten Läuterzucker einkochen. Die nunmehr Schwarzen Nüsse müssen jetzt mindestens 8 Wochen lagern, am besten sind sie aber nach 4–5 Jahren, da haben sie dann ihr volles Aroma erreicht.

TOPFENTASCHERL MIT FÜLLUNG VON SCHWARZEN NÜSSEN

250 g Magertopfen mit 300 g Mehl, einem Ei und einem Dotter, etwas zerlassener Butter sowie einer Prise Salz zu einem Teig kneten, diesen in Folie eingeschlagen gut 1 Stunde im Kühlschrank rasten lassen.
Für die Füllung 100–150 g Schwarze Nüsse mit Zucker nach Geschmack pürieren, die Masse mit etwas Obers und/oder zerlassener Kuvertüre verfeinern.
Den Teig durch eine Nudelmaschine treiben oder dünn auswalken. Kreise von 7–8 cm Durchmesser ausstechen, in die Mitte eines jeden Teigkreises einen guten Kaffeelöffel Füllung setzen. Die Teigränder mit verquirltem Ei bestreichen und mit einer Gabel fest zusammendrücken. Ravioli etwa 5 Minuten in kochendem Salzwasser garen, gut abtropfen lassen und kurz vor dem Servieren in reichlich Butter schwenken.

PARFAIT VON SCHWARZEN NÜSSEN

500 ml Milch mit 400 g Zucker und 10–12 Eigelben über Dunst schaumig schlagen, bis die Masse sämig ist, dann zerlassene 150 g Kuvertüre, 150 g Nougat und 400 g Püree von Schwarzen Nüssen einarbeiten. Wenn alles so sämig ist, dass man mit den Stil des Kochlöffels deutliche Furchen ziehen kann, vom Herd nehmen und 500 ml geschlagenes Obers unterheben. Parfaitmasse in eine mit Klarsichtfolie ausgelegte Form gießen und einfrieren. In Scheiben geschnitten mit frischen Beeren servieren.

PRALINEN MIT SCHWARZEN NÜSSEN

250 g Zartbitter-Kuvertüre im Wasserbad schmelzen, mit 150 g Püree von Schwarzen Nüssen und 50 g Sahne vermengen. Masse auf ein Blech streichen und erkalten lassen. Danach daraus Pralinen formen, die in geschmolzene Zartbitterkuvertüre getaucht werden, abtropfen und erstarren lassen.

LEBERPASTETE MIT SCWARZEN NÜSSEN

Das Wildschwein

Das Wildschwein ist eine mehrere Millionen Jahre alte Wildart und der Vorfahre unseres Hausschweins. Vor allem seine Anpassungsfähigkeit an Lebensraum und Nahrung (Allesfresser) lassen die Zahl der Bestände stetig ansteigen und dadurch mehr und mehr auch in das Blickfeld von Landwirten geraten, die Wildschäden befürchten.

Als Nahrung dienen dem Schwarzwild Wurzeln, Gräser, Klee, Eicheln, Bucheckern, Insekten und Nager, auch am Boden lebende Kleintiere wie Würmer, Insekten und Mäuse werden von ihm gerne gefressen. Mitunter bilden auch Jungtiere wie Junghasen oder Rehkitze und Aas den Speiseplan, was zur Folge hat, dass ein starker Schwarzwildbestand sogar negativen Einfluss auf den Rehwildbestand ausüben kann.

Ganz besonders profitiert das Schwarzwild von der intensiven Landwirtschaft, denn der großflächige Anbau von z. B. Mais oder Erdäpfeln kommt dem Wildschwein sehr gelegen und sorgt für paradiesische Zustände; doch ist der Schaden, den es dabei anrichtet mitunter enorm.

Bevorzugt werden in der Küche vor allem Jungtiere, denn das Fleisch der Frischlinge ist überaus zart und wohlschmeckend. In August Mauers „Illustriertem Wiener Kochbuch" von 1885 wird berichtet: „Das Fleisch des Wildschweins wird hoch geschätzt und muss deshalb auch mit großer Accuratesse zubereitet werden. Besonders wird sehr viel Wert auf den Wildschweinkopf gelegt, denn dieser wird zu einer der luxuriösesten Speisen umgewandelt und prangt bei jeder tunlichen Gelegenheit als eines der schönsten Schaustücke auf Buffets."

Die derberen Fleischstücke (mit Schwarte) wurden in der alt-österreichischen Küche zumeist mit Wurzelgemüse, Zwiebeln, Gewürzen und Essig gekocht und mit Kren oder einer Hagebuttensauce genossen.

Das Fleisch der Wildschweine – vor allem das jüngerer Tiere – lässt sich genauso vielseitig zubereiten, wie das von Hausschweinen, muss aber unter Umständen gespickt werden. Besonders schmackhaft sind der Rücken und die Schlögel, aber auch die Stelzen ergeben richtig zubereitet ein wunderbares Essen. Unter Feinschmeckern gilt die Wildschweinleber als große Delikatesse, aber auch Herz, Hirn und Zunge werden gerne genossen.

GEKOCHTES WILDSCHWEIN

**2 kg Wildschweinschlegel,
1 Liter Rotwein,
Weinessig,
200 g Wurzelgemüse,
1 große Zwiebel,
Lorbeerblätter,
einige Thymianzweige,
Pfefferkörner,
Salz**

**Für die Beilage:
1 Karotte,
1 Petersilienwurzel,
1/2 Sellerieknolle,
1 Gelbe Rübe,
1 Zwiebel,
abgeriebene Zitronenschale,
Zitronensaft,
Orangensaft,
Weinessig,
Worcestershiresauce (fakultativ),
3–4 Stück Würfelzucker,
zerdrückte Pfefferkörner, Salz**

Das Fleisch wird gut gewaschen, danach in einem Sud aus 2 Litern Wasser, Rotwein, Essig, geputztem und grob geschnittenem Wurzelgemüse, geschälter Zwiebel, Lorbeerblättern, Thymian, Pfeffer und Salz weich gekocht.
In einem zweiten Topf wird das geputzte und fein nudelig geschnittene Wurzelgemüse mit der fein gewiegten Zwiebel, etwas geriebener Zitronenschale, zerdrückten Pfefferkörner, Würfelzucker, Essig und einem halben Liter Kochsud gedünstet. Mit Zitronen- und Orangensaft und nach Geschmack mit etwas Worcestershiresauce abschmecken.
Das gekochte Fleisch in Scheiben geschnitten in tiefen Tellern anrichten, mit dem Suppengemüse garnieren und etwas geseihter Kochbrühe übergießen. Schnittlauchröllchen darüberstreuen und mit z. B. Serviettenknödeln und Preiselbeeren oder Hagebutten servieren.

WILDSCHWEINSTELZEN MIT KÜMMELSAUCE

**4 Wildschweinstelzen à etwa 500 g,
etwas Wurzelgemüse (Karotte, Sellerie, Petersilienwurzel, Porree),
1 Zwiebel,
Liebstöckel,
8–10 Scheiben Speck,
gepresster Knoblauch,
Salz**

**Für die Sauce:
200 g Butter,
1 Ei,
gemahlener Kümmel nach Geschmack,
Zitronensaft,
Salz und Pfeffer**

Aus Wasser, Wurzelgemüse, Zwiebel, Liebstöckel und Salz einen Sud bereiten, die Stelzen darin 45 Minuten vorkochen. Dann die Stelzen herausheben, abtropfen lassen, mit gepresstem Knoblauch, Salz und Pfeffer würzen, auf einen Rost setzen, mit Speckscheiben abdecken und im auf 200 Grad vorgeheizten Backofen gut 30 Minuten braten; eine Fettpfanne darunter stellen. Butter zergehen lassen. Das Ei in eine Schlagschüssel geben und unter Zugabe von zerlassener Butter über Dunst schlagen, bis die Masse dicklich ist. Die Sauce mit reichlich Kümmel, Zitronensaft, Salz und Pfeffer abschmecken.
Wildschweinstelzen auf einer Platte anrichten, mit dem eigenen Bratensaft begießen, leicht nachsalzen und die Sauce getrennt dazu reichen. Dazu schmeckt z. B. Erdäpfelpüree.

WILDSCHWEINRAGOUT MIT MOST-ROTKRAUT

WILDSCHWEINRAGOUT MIT MOST-ROTKRAUT

**Für das Ragout:
800–1000 g Wildschweinschlögel,
2 Zwiebeln,
1–2 Knoblauchzehen,
1 Karotte, 1 Stück Sellerie,
1 Petersilienwurzel,
500–600 ml Wildfond,
250–300 ml Most,
2 EL Paradeismark,
Rahm nach Geschmack,
3–4 Thymianzweige,
1–2 Rosmarinzweige,
einige Wacholderbeeren,
Pfefferkörner, Salz**

**Für das Most-Rotkraut:
400–500 g Rotkraut,
1 große Zwiebel,
1 Apfel,
250–300 ml Most,
3 EL Preiselbeeren,
3 EL Ribiselmarmelade,
1 Zitrone,
etwas Apfelessig,
Zucker, Wacholder,
Pfefferkörner,
Kümmel, Salz,
Mehl zum Stauben**

Den ausgelösten Schlögel in kleinere Würfel schneiden, in eine Schüssel füllen. Zwiebel in Ringe schneiden, Gemüse putzen und grob hacken, danach zusammen mit den Gewürzen und Kräuterzweigen zum Wildschwein geben. Alles mit dem Most begießen und über Nacht marinieren lassen.
Das Fleisch aus der Marinade heben, gut abtropfen lassen und im Öl scharf anbraten. Fleisch aus der Kasserolle heben und das abgetropfte Gemüse darin rösten, tomatisieren und mit der Marinade ablöschen. Den Fond dazu gießen und gut würzen. Das Fleisch hineinlegen, weich dünsten lassen.
Das fertige Fleisch erneut aus der Sauce heben, Kräuterzweige und Gewürzkörner entfernen, die Sauce passieren und mit Rahm vollenden; nochmals mit Most abschmecken. Das Fleisch einlegen.
Für das Most-Rotkraut das Rotkraut hobeln, in eine Schüssel füllen und mit fein geriebenem Apfel, Ribiselmarmelade, Preiselbeeren, Zitronensaft, Most, Essig und den Gewürzen etwas marinieren. In einer Kasserolle fein gehackte Zwiebel in wenig Öl anrösten, mit Zucker karamellisieren, dann das vorbereitete Kraut dazugeben. Etwas Wasser angießen, 15–20 Minuten dünsten. Das Rotkraut leicht mit Mehl stauben und zum Ragout servieren. Zu diesem Gericht schmecken Kletzenknödel vorzüglich.

FRISCHLINGSRÜCKEN MIT LEBKUCHENKRUSTE

1 kg ausgelöster Frischlingsrücken,
Butterschmalz, Salz und Pfeffer aus der Mühle

Für die Lebkuchenkruste:
100 g Butter, 1 Dotter,
75 g geriebener Lebkuchen,
30–40 g Semmelbrösel,
1 EL Rosmarinnadeln fein gehackt

Für die Sauce:
750 g Wildparüren (z. B. Abschnitte, Knochen),
30 g Butterschmalz, 100 g Sellerie gewürfelt,
100 g Karotten gewürfelt, 100 g Zwiebel gehackt,
75 g Lauch in Ringe geschnitten,
Lorbeerblätter, Thymianzweige,
Rosmarinzweig, Wacholderbeeren,
2 EL Tomatenketchup,
1 Flasche sehr guter Rotwein,
2 TL Speisestärke, 100 g Preiselbeerkompott,
etwas Gin, Salz und Pfeffer aus der Mühle

Mit der Sauce beginnen; hierfür das Butterschmalz in einer Kasserolle erhitzen und die Wildparüren darin scharf anbraten, das Gemüse dazugeben und ebenfalls einige Minuten anrösten. Lorbeerblätter, Thymianzweige sowie Wacholderbeeren einfüllen und das Ketchup untermischen. Alles mit Rotwein ablöschen, diesen einige Minuten einkochen lassen, danach mit gut 1 1/2 Litern Wasser auffüllen und mindestens 2 Stunden köcheln lassen, Schaum und Trübstoffe immer wieder abschöpfen.
Zwischenzeitlich die Lebkuchenkruste vorbereiten: die Butter mit dem Dotter sehr schaumig abtreiben, gehackten Rosmarin und Semmelbrösel untermischen, dann den geriebenen Lebkuchen einarbeiten. Wenn die Masse gut vermischt ist, diese zwischen zwei Lagen Klarsichtfolie 3–4 mm dünn ausrollen und in der Folie kalt stellen.
Nach Abschluss der Vorbereitungen wird der zuvor zubereitete Fond durch ein Sieb geseiht und offen nochmals 30–45 Minuten bei lebhafter Flamme offen einreduziert.
Das Fleisch in 8 gleich große Stücke zerteilen, rundherum salzen und pfeffern. Etwas Butterschmalz in einer schweren Pfanne erhitzen, den Frischlingsrücken darin rundherum anbraten. Das Fleisch mit seinem Bratenfett übergießen, einige Thymian- und Rosmarinzweiglein darüber streuen und den Rücken 10–15 Minuten im Ofen fertig braten.
Den eingekochten Wildfond nochmals durch ein feines Sieb ziehen, dann mit Preiselbeerkompott, einigen Thymianblättern, zerstoßenem Wacholder und Gin würzen; die fertige Sauce mit angerührter Stärke leicht abbinden und nochmals mit Salz und Pfeffer abschmecken. Das fertige Fleisch aus dem Backrohr nehmen und rasten lassen. Die Lebkuchenkruste in 8 Stücke zerschneiden und diese auf die Fleischstücke legen, unter dem Grill des Backofens 3–4 Minuten gratinieren, bis die Kruste schön goldbraun und knusprig ist.
Mit der Sauce einen Spiegel auf vorgewärmte Teller setzen und das schön aufgeschnittene Fleisch darauf anrichten, dazu reicht man kleine Serviettenknödel und einen mit Preiselbeeren gefüllten Pfirsich.

GETRÜFFELTER WILDSCHWEINBRATEN

Einen Wildschweinrücken (vom Jungschwein) dicht mit in Stifte geschnittenen schwarzen Trüffeln (man braucht etwa 2 Stück) spicken, über Nacht das Trüffelaroma annehmen lassen. Am nächsten Tag das Fleisch mit Salz und Pfeffer würzen, mit heißer Butter übergießen und auf dem Rost (Fettpfanne darunter stellen) bei großer Hitze etwa 1 Stunde unter häufigem Begießen braten.
Den Bratensatz in eine Kasserolle gießen, mit Mehl und Rindsuppe verkochen, passieren und abschmecken; nach Belieben mit Sauerrahm verfeinern. Sauce zum Braten servieren, dazu passen getrüffelte Nudeln.

WILDSCHWEINKOTELETTS IN WACHOLDERRAHM

8 fingerdicke Koteletts vom
Wildschweinrücken,
50–75 g Spickspeck,
Mehl zum Wenden,
Butterschmalz zum Braten,
Salz und Pfeffer aus der Mühle

Für die Sauce:
2–3 EL Butter, 12–15 Wacholderbeeren,
1–2 EL Mehl zum Stauben,
150 ml Wildfond oder Rinderbrühe,
150 ml Obers, 2–4 cl Wacholderschnaps,
Salz

Den Speck in feine Streifen schneiden, die Koteletts mit Hilfe einer Spicknadel damit spicken, dann salzen, pfeffern und auf einer Seite im Mehl wenden. Butterschmalz in einer schweren Pfanne erhitzen und die Koteletts mit der bemehlten Seite zuerst darin 30–45 Sekunden scharf anbraten, dann wenden und auch auf der anderen Seite scharf anbraten. Die Wildschweinkoteletts aus der Pfanne nehmen, in Alufolie einschlagen und warm stellen.
Überschüssiges Bratfett aus der Pfanne gießen und statt dessen die Butter darin aufschäumen lassen. Im Mörser zerdrückte Wacholderbeeren dazugeben und das Mehl darüber stauben. Alles mit Wildfond (oder Rindsuppe) aufgießen und einige Minuten auf kleiner Flamme verkochen lassen. Dann die Koteletts mitsamt Saft, der sich gebildet hat, in die Sauce legen und zugedeckt einige Minuten köcheln lassen.
Wenn das Fleisch gar ist (beim Anstechen mit einer Gabel darf kein roter Saft mehr austreten), dieses wieder herausnehmen und auf einer gut vorgewärmten Platte anrichten. Die Sauce mit Obers und Wacholderschnaps verfeinern und noch einmal sämig einkochen, dann über die Koteletts gießen und mit einer Beilage nach Wahl servieren.

GETRÜFFELTER WILDSCHWEINRÜCKEN

LUFTGETROCKNETER WILDSCHWEINSCHINKEN

Österreichisches Kleingebäck:

KAISERSEMMEL

Der „Klassiker“; resch, knackig, frisch und vielseitigst verwendbar!

MOHNSEMMEL

Eine mit Mohnsamen bestreute Kaisersemmel.

BEJGL

Typisch jüdisches Backwerk, für die osteuropäischen Juden eine der letzten Erinnerungen an das Stetl, wo die Bejgls – auf langen Stöcken aufgespießt – von fahrenden Händlern angeboten wurden.
Es rangt sich um dieses Gebäck die Legende, dass ein Wiener Bäckermeister das Bejgl im Jahre 1683 erstmals zu Ehren des Polenkönigs Sobieski als Dank für die Hilfe bei der Türkenbefreiung gebacken haben sollte, wobei der Bejgl an die runden Steigbügel der Türken erinnern sollte.
Tatsächlich dürfte der Bäcker den Bejgl aber bereits gekannt haben, denn im frühen 17. Jahrhundert bekamen in Polen jüdische Mütter bei der Geburt ihres Kindes einen Bejgl als Geschenk.

KÜRBISKERN-WECKERL

SALZSTANGERL

Beliebtes Gebäck aus hellem Mehl, das mit grobem Salz und etwas Kümmel bestreut gebacken wird; schmeckt besonders gut zu Gulasch.

SPECKWECKERL

Kleingebäck mit Schmalz im Germteig. Wird vor dem Backen mit Kümmel und gewürfeltem Speck bestreut. Es gibt auch Varianten, die zusätzlich mit geriebenem Käse bestreut worden sind.

KÄSESEMMEL

KORNSPITZ

Der Kornspitz wurde 1984 von der Firma „backaldrin“ in Oberösterreich erfunden. Für dieses beliebte Gebäck werden nur beste Rohstoffe verwendet, die in einem exakten Verhältnis und nach einer geschützten Original-Rezeptur gebacken werden sollten; diese sind: Weizenmehl, Wasser, Weizenschrot, Roggenschrot, Weizenkleie, Sojaschrot, Weizen-Malzschrot, Roggenmehl, Hefe, Salz, Backmittel und Gewürze.

SONNENBLUMEN-WECKERL

KÄSEPLUNDER

MEHRKORNKIPFERL

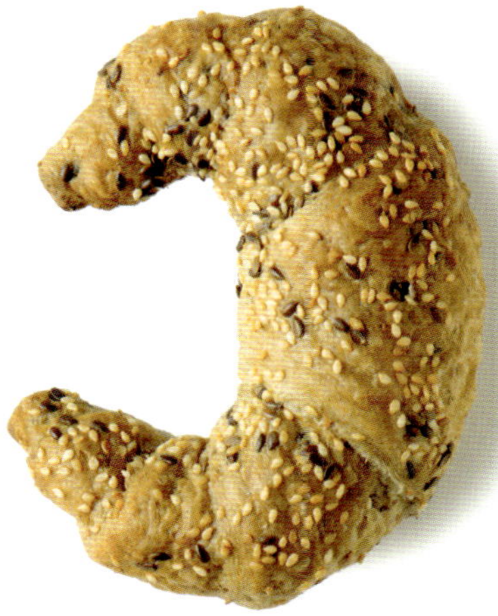

KÄSESTANGERL

WACHAUER-LABERLN

Seit 1857 ist die alteingesessene Bäckerei der Familie Schmidl (seit dem 17. Jahrhundert wird das traditionsreiche Handwerk von ihr betrieben) in jenem Haus in Dürnstein ansässig, wo heute noch die köstlichen Backwaren bezogen werden können. Und seit mehr als hundert Jahren werden dort täglich die berühmten Wachauer-Laberln gebacken, welche vom Großvater Schmidl 1905 kreiert worden sind. Das Wachauer-Laberl gehört sicherlich zu Österreichs beliebtesten und berühmtesten Kleingebäcken. Das Besondere an diesem Gebäck ist die Tatsache, dass die „Original Wachauer Laberln“ ohne jegliches Gewürz zubereitet werden, weshalb sie so gerne bei Weinverkostungen gereicht werden. Daneben sind weitere Geheimnisse die – natürlich streng geheime – Mehlmischung und die „Liebe des Bäckers“, wie Bäcker Schmidl versichert.

MOHNSTRIEZERL

VINTSCHGERL

Ein ursprünglich aus Südtirol stammendes Fladenbrot. Das Vintschgerl wird aus Roggen- und Weizenmehl gebacken und hat einen charakteristischen Anis-Fenchel-Geschmack; besonders gut mundet es zu Speck, Schinken und anderen Wurstwaren.

WACHAUER-LABERLN

VINTSCHGERLN

Weinbaugebiet Wagram-Donauland

Das Weinbaugebiet Wagram-Donauland erstreckt sich von Feuersbrunn im Westen entlang der Donau bis nach Klosterneuburg als östliches Ende. Damit sind auch gleich die zwei Bereiche genannt, auf die sich das Weinbaugebiet aufteilt: zum einen der Wagram, in etwa auf halber Strecke zwischen Wien und Krems gelegen mit seiner mächtigen Lössstufe und berühmten Weinbauorten wie Kirchberg am Wagram (Weinberghof – Fritsch, Salomon – Gut Oberstockstall), Fels am Wagram (Franz Grill, Franz Leth, Gerhard und Horst Kolkmann, Weingut Wimmer-Czerny und der berühmte Urbanihof), Feuersbrunn (Josef „Joe" Bauer, Bernhard Ott), Großriedenthal mit seinen herausragenden Eisweinen (Familie Josef Bauer, Karl Diwald, Karl Schuster) und Gösing (mit Leopold Blauensteiner, Rainer Gerhold, Ludwig Güntschl, Toni Söllner). In Großweikersdorf sollte noch Josef Ehmoser erwähnt werden, in Großwiesendorf die Weinbaufamilie Ernst.
Der zweite Bezirk ist das im Norden von Wien gelegene, weltberühmte Klosterneuburg mit seinem historisch bedeutenden Chorherrenstift, dessen Grundsteine im Jahre 1114 gelegt wurden. Das Stift verfügt zudem über einen sehr bemerkenswerten Weinkeller im Stiftsweingut.
Klosterneuburg war einst ein beliebter Wallfahrtsort, heute sind es mehr die Winzer-Schüler, welche nach Klosterneuburg pilgern, denn hier befindet sich auch die Höhere Bundeslehr- und Versuchsanstalt für Wein- und Obstbau. Auch ist Klosterneuburg nicht zuletzt wegen seiner zahlreichen Heurigen mit Donaublick ein beliebtes Ausflugsziel, insbesondere natürlich für die Wiener; doch auch die hier erzeugten Sekte zählen zu den besten von Österreich.
Es sind die landschaftlichen Besonderheiten, die den Wein am Wagram so begehrenswert machen, denn hier herrschen optimale Voraussetzungen für große Veltliner und Weißburgunder von Format. Als Folge eiszeitlichen Gletschers entstand eine mächtige Geländestufe, einige Kilometer entlang der Donau, auf der heute von den Winzern angelegte Weingärten gedeihen. Gerade am Wagram geht der Trend eindeutig in Richtung naturnaher Weinbau, forciert durch engagierte und innovative Winzer.
Insgesamt umfasst das Weinbaugebiet Wagram-Donauland etwa 2.730 Hektar, die vorwiegend mit Lössböden ausgestattet sind. Hauptsorte ist eindeutig der Grüne Veltliner, doch gelingen auch Rheinriesling und Weißburgunder ganz ausgezeichnet. Die Veltliner erlangen hier eine außerordentliche Würze, die Weißburgunder erhalten durch die tiefgründigen Böden eine schöne Substanz. Eine absolute Spezialität des Gebietes ist der Frührote Veltliner, eine uralte Rebsorte, die körperreich-schmelzige Weißweine mit sehr zarten Aromen hervorbringt. Das Sortenspektrum wird durch einige Rotweine – vorwiegend von der Sorte Blauer Zweigelt – ergänzt.

„JOE“ BAUER FEUERSBRUNN

Mittlerweile bereits in vierter Generation bewirtschaftet Josef Bauer sein in Feuersbrunn am Wagram gelegenes Weingut. Das Weingut umfasst 10 ha Reben vorwiegend in Hang und Terrassenlagen; Hauptsorte mit einem Anteil von 50 Prozent ist der Grüne Veltliner, daneben sind auch noch Riesling, Chardonnay, Weißburgunder und Sauvignon blanc sowie rote Sorten (insgesamt mit 15 Prozent) ausgepflanzt. Vor allem Löss in Schichten bis zu 20 Metern, gepaart mit dem Wechsel kühler Luft vom Manhartsberg mit jener heißen des pannonischen Raums schaffen dieses Terroir, das gerade dem Grünen Veltliner jene Eigenständigkeit verleiht, die man mit dem Slogan „Des Grünen Veltliners Lust auf Löss“ wohl kaum besser beschreiben könnte. Desweiteren bilden Lagen mit Böden aus rotem Tertiärschotter beste Voraussetzung für Rieslinge.

„Joe“ Bauer legt besonderes Augenmerk auf die Fruchtigkeit seiner Weißweine. Eine schonende Lese, Ganztraubenpressung und gekühlte Vergärung sind Voraussetzung für Reintönigkeit, dennoch legt der Winzer Wert darauf, dass auch das Terroir und seine Arbeit erkennbar bleiben. Das Ergebnis sind sortentypische Weine mit viel Frucht, die viel Trinkvergnügen bereiten.

WEINBAU KARL DIWALD GROSSRIEDENTHAL

Die Familie Diwald betreibt Weinbau in einem urig-schmucken Hauerhaus aus dem 17. Jhdt. und ist bekannt für ihre Gastfreundschaft. Das Weingut ist noch ein reiner Familienbetrieb, der derzeit etwa 10 ha Weingarten bewirtschaftet. Der Betrieb baut zu 30 Prozent Rotweine und zu 70 Prozent Weißweine an, wobei die Hauptsorte der Grüne Veltliner bildet, der vom leichten, fruchtigen Wein bis hin zu einem wunderbaren Eiswein ausgebaut wird, der alle Beachtung verdient (und vor dem Genuss unbedingt einige Jahre reifen sollte). Aber auch Frühroter Veltliner, Chardonnay, Riesling und Gelber Muskateller runden das Weinprogramm ab.

Bei den Rotweinsorten dominiert der Zweigelt mit Cabernet Sauvignon, Merlot und Blauer Portugieser. Besonders bemerkenswert sind die Cuvée „terra rubra“ (ZW/CS) und der Blaue Portugieser Eisenhut.

Das Weingut Diwald ist stets um beste Qualität bemüht, kurzer Rebschnitt, gute Laubarbeit, selektionierte Lese und schonende Vergärung sollen ihnen dabei helfen. Für den Wein zuständig ist mittlerweile Karl Diwald jun., der in einigen namhaften österreichischen Betrieben, sowie im Napa Valley und in Südafrika praktiziert hat.

FRANZ LETH FELS AM WAGRAM

Der Wagram, die Geländestufe am nördlichen Ufer der Donau, die sich von Krems stromabwärts bis vor die Tore Wiens zieht, ist die unverwechselbare Landschaft in der auf 38 ha die Weinreben von Franz Leth gedeihen. Auf den fast ausschließlich nach Süden gerichteten, sanften Lössterrassen fühlt sich vor allem der Grüne Veltliner besonders wohl, daher ist fast die Hälfte der Rebfläche mit dieser Traubensorte bestockt. Daneben pflegt das Weingut traditionell eine große Sortenvielfalt, so finden sich hier auch Riesling, Weißburgunder, Chardonnay, Sauvignon blanc und der gebietstypische Rote Veltliner. Etwa 30 Prozent Anteil nehmen die roten Sorten für sich in Anspruch, vor allem Blauer Zweigelt, Pinot noir und Cabernet Sauvignon.

Da die Vinifikation nur mehr das bewahren kann, was die Trauben an Aroma liefern, sind im Keller schonende Verarbeitungsweise und Sorgfalt von höchster Bedeutung. Daher sichern pneumatische Pressung, vollständige Mostklärung und gekühlte Gärung den Weißweinen eine tiefe, sortentypische Fruchtigkeit und äußerst klare Struktur. Traditionelle Maischegärung und anschließender biologischer Säureabbau sorgen für kräftige, langlebige Rotweine mit angenehmer Tanninstruktur. Die besten Gewächse aus großen Jahrgängen baut das Weingut Leth in neuen Barriques zu komplexen, aromatischen Weinen mit großem Reifepotenzial aus.

Um die Entwicklung im Laufe der Jahre verfolgen zu können, um zu erkosten wie sich Bukett und Aroma weiterentwickelt, wurden seit Anfang der 1970er Jahre jeweils die schönsten Jahrgangsvertreter in die hauseigene Vinothek eingelagert.

Eine Novität der besonderen Art hat das Weingut dem Seniorchef Franz Leth zu verdanken, denn dieser hat es sich vor einigen Jahren zur Aufgabe gemacht, die ehemals im österreichischen Weinbau verwendeten Sorten für die Nachwelt zu erhalten. So entstand Österreichs erstes „lebendes“ Rebsortenmuseum, das rund 150 alte, vielfach bereits fast ausgestorbene Rebsorten beherbergt; auch solche, die nie große Bedeutung erlangten oder einige, die es überhaupt nicht bis in die Praxis geschafft haben.

Besonders eindrucksvoll ist der saftige und harmonische Rote Veltliner Scheiben, aber auch auf den wunderbaren, zur Gänze in neuem Holz ausgebauten Weißburgunder Scheiben muss hingewiesen werden, denn bei ihm handelt es sich sicherlich um einen der besten Weißburgunder von ganz Österreich.

WEINGUT SÖLLNER GÖSING

Die Pflanzen des in Gösing am Wagram gelegenen Weingut Söllner gedeihen in einer Lebensgemeinschaft mit vielen anderen Arten aus Flora und Fauna, denn die Weingärten mit derzeit 14 ha Rebfläche (80 Prozent weiß, 20 Prozent rot) werden seit 1997 nach den Richtlinien des biologischen Landbaus bewirtschaftet. Seit Beginn 2005 ist das Weingut Söllner Mitglied bei Demeter und daher folgt nunmehr eine Umstellung von biologisch auf biodynamischen Anbau.

Und so erklärt Toni Söllner die Philosophie des Hauses: „Wir hatten und haben seit einigen Jahren die Möglichkeit unsere bewirtschafteten Flächen in unseren Lagen zu vergrößern und zu arrondieren, was für uns natürlich ein wichtiges Anliegen ist, um eigene Biotope schaffen zu können und nicht nur eine monotone Weinlandschaft zu zeigen. Die Lagen rund um Gösing bieten uns aufgrund der Kleinstrukturiertheit beste Voraussetzungen dafür. Am Berg Eisenhut schaffen wir auf momentan rund 5 ha Land ein ideales Biotop. So haben wir uns nun entschlossen auch in den biodynamischen Anbau einzusteigen – dies bedeutet, unseren Betrieb als komplexes Ganzes zu sehen und mit Hilfe von Wiederkäuern wie Kühen, Schafen und Ziegen und deren wertvollem Dung bzw. mit verschiedenen Heilkräutern versetzten und dynamisierten Präparaten oder auch mit Komposten und unter Bedachtnahme des Einflusses der Gestirne, die Belebung unserer Böden mit Mikroorganismen wie z. B. Regenwürmern voranzutreiben. Denn nur in einem lebendigen Boden kann ein wirklich guter und bekömmlicher Wein mit Seele und Charakter entstehen. So geschieht es aber bei allen Früchten der Erde. Wir sind bestrebt, unser Land auch für nachfolgende Generationen fruchtbar und lebendig zu erhalten.“

Insbesondere den frisch-fruchtigen Roten und Grünen Veltlinern, aber auch dem Riesling ist es durchaus anzumerken, dass sie Weine mit Seele, Charakter und Lebendigkeit darstellen, die zum Genießen einladen!

WEINGUT GERHOLD GÖSING

Rainer Gerhold ist nicht nur ein sehr sympathischer, sondern auch sehr ambitionierter Winzer im kleinen, verträumten Weinort Gösing. Das Weingut Gerhold selbst lässt sich, durch die Ortschronik belegt, bis in das Jahr 1750 zurückverfolgen und ist das älteste Gut des Ortes im Familienbesitz. 1970 übernahmen Roman und Helga Gerhold den damaligen Mischbetrieb und stellten auf reinen Weinbau um. Es folgten Jahre der Umwälzung, der Markt änderte sich schnell und das Qualitätsdenken im Weinbereich begann sich endlich gegen die traditionelle Orientierung auf Massenproduktion durchzusetzen. 1988 begann dann Sohn Rainer eine neue Produktionsphilosophie zu entwickeln. Heute umfasst das Gut 12 ha Weingärten in den besten Lagen (Reich, Mittersteig, Zeisleiten und Fumberg) rund um Gösing am Wagram, die Weingärten selbst sind zu 65 Prozent mit Weißweinen und 35 Prozent Rotweinen bestockt. Sehenswert sind vor allem die alten Lösskeller und Lössgänge, welche den Hauskeller mit dem ehemaligen Presshaus verbinden.

Und irgendwie scheint sich das freundliche Wesen des Winzers in seinen Weinen widerzuspiegeln, denn diese erscheinen durchwegs freundlich, harmonisch, betont frisch und fruchtig und bereiten viel Freude beim Trinken. Ein Tropfen für Genießer ist der ausgewogene Grüne Veltliner Reserve mit seinen vegetalen Noten und feinem Apfel-Birnenaroma.

WIMMER-CZERNY FELS AM WAGRAM

Seit mehr als 200 Jahren steht der Weinbau im Mittelpunkt der Familie Wimmer-Czerny, Zeugnis hierfür sind z. B. die alte hölzerne Baumpresse aus dem Jahre 1848, ein Hoftor aus dem Jahre 1912 und der über 200 Jahre alte Weinkeller in der Kellergasse. Nach mehrmaligem Etikettenwechsel wurde schließlich in den 60er Jahren des vergangenen Jahrhunderts der Name Wimmer-Czerny erstmals auf die Etiketten gesetzt, Grund hierfür war die Einheirat des Johann Czerny. So war für jedermann die Kontinuität des Familienbetriebs ersichtlich; es arbeiteten zwei Generationen in einem Weingut. Die Rebflächen stiegen im Laufe der Jahre von damals 6 auf die heutigen 14 ha an, der Hauptkeller wurde beim Wohnsitz im Ort ausgebaut, die Traubenverarbeitung und Weißweinlagerung dem heutigen technischen Stand angepasst.

Mit Hans Czerny begann in den 1980ger Jahren eine Weingartenrevolution: Alle Weingärten wurden ab 1985 einer Totalsanierung und Sortenbereinigung unterzogen. 1990 begann das Weingut auf einen Bogenschnitt mit maximal 15 Augen/Stock umzustellen, den Drahtrahmen höher und gleichzeitig tiefer zu ziehen – ein Projekt für ein Jahrzehnt.

Bereits seit 1980 arbeitet man mit hoher, schlanker Laubwand, ohne Aufzuckerung und Mineraldüngung; daher sind die Erträge ziemlich niedrig, aber dafür die Weine durchwegs charaktervoller.

2005 erfolgte dann die endgültige Umstellung auf biodynamische Wirtschaftsweise, Umstellungsstatus bei Demeter (Kompostherstellung startete schon 2004), diverse Tiere kehrten wieder zurück in das Betriebsareal (Schweine, Schafe, Enten, Hühner), als Selbstversorgung und als Einstellungssache, aber auch aus Tradition des Hofes.

Schnell wird dem Genießer klar, dass hier eine höhere Ethik des Winzers besteht, als das Gesetz vorschreibt.

Und tatsächlich bietet das Weingut eine ganze Reihe von wunderschönen, charaktervollen Weinen, die geschmacklich nicht einem internationalen Trend folgen, sondern ihre Wagramer Heimat in sich tragen und das Terroir sauber und rein wiedergeben wollen. Neben den traditionellen Veltlinern in verschiedensten Varianten ist vor allen eine exzellente und finessenreiche Grüne Veltliner Beerenauslese zu erwähnen, die mit ihren feinen Dörrobst-Aromen (Zwetschke, Apfel) den Gaumen verzaubert.

JOSEF FRITZ ZAUFENBERG

Josef Fritz, Winzer aus Leidenschaft, kann sich selbst keinen anderen Beruf vorstellen. In seinem Weingut, das als reiner Familienbetrieb geführt wird, ist er bestrebt, Altbewährtes mit Neuem auf hohem Niveau zu vereinen. Besonders Grüner Veltliner, Roter Veltliner, Chardonnay und Pinot noir haben es ihm angetan, seine Leidenschaft gilt aber der Weinspezialität Roter Traminer.

Er selbst bezeichnet sich als zielstrebig und ehrgeizig, ist sehr kritisch zu anderen und noch kritischer zu seinen eigenen Weinen. Seit fünf Generationen betreibt die Familie Fritz in der Großlage Wagram-Donauland Weinbau, wo sie derzeit 10 ha Weingärten bewirtschaftet; 70 Prozent davon sind mit Weißweinen bestockt, der Rest mit roten Sorten. Durch die Ausläufer des pannonischen Klimas sowie des etwas raueren Klimas des nördlich vom Betrieb beginnenden Weinviertels wird der Wein klimatisch gesehen sehr begünstigt. Josef Fritz ist bestrebt, trockene, fruchtige und feine Weine zu keltern. Und so erzeugt er im neuen Presshaus und im alten Kellergewölbe sortentypische Grüne Veltliner, recht feine Rieslinge und vor allem Raritäten, wie Roten Veltliner und Roten Traminer, dem auch seine ganze Liebe gilt. Und so verwundert es wenig, dass der im Barrique ausgebaute Rote Traminer nicht nur mit einem herrlichen Sortencharakter ausgestattet ist, sondern auch mit seinen feinen Kräuternuancen viel Genuss bereitet.

FRITZ SALOMON KIRCHBERG AM WAGRAM

Das Gut Oberstockstall bei Kirchberg am Wagram wurde in den Jahren 1300 bis 1548 mit Kapelle, Wohnhaus und Wirtschaftsgebäude von den Passauer Domherren erbaut. Die Passauer wussten, dass sie am Wagram die besten klimatischen Bedingungen für den Weinbau hatten, und kelterten für den oberösterreichischen und bayrischen Kirchenraum den Messwein. 1863 übernahm Franz Salomon das Gut. Er betrieb bereits in Stein an der Donau ein kleinens Weingut namens „Undhof" (siehe S. 179) und einen Salzhandel. Er verkaufte das Salzmonopol und seine Schiffe und entschloss sich, sich nun ganz dem Weinbau und der Landwirtschaft zu widmen. Heute umfasst der organisch, biologisch wirtschaftende Gutshof Weinbau, Ackerbau, Obstbau (Edelbrände und Marmelade), Gemüsebau und eine kleine Viehzucht (z. B. Schafe, Gänse, Enten).

Mutter Eva verarbeitet die Erzeugnisse und verwöhnt so ihre Gäste in ihrem Restaurant Gut Oberstockstall. Alle Weingärten stehen auf Lössböden oder auf roten schottrigen Sand und liegen in der Großgemeinde Kirchberg am Wagram. Rund zwei Drittel der Gesamtfläche sind mit Weißweinsorten (Grüner Veltliner, Riesling, Chardonnay, Weißburgunder, Traminer) ausgepflanzt und wachsen in den Rieden Brunnberg, Grünbichl, Kirchenberg und Tobel. Die Rotweinsorten (Pinot noir, Blauer Zweigelt, Cabernet Sauvignon) sind vorwiegend in den Rieden Glockengießer und Wagramterrassen ausgepflanzt.

Fritz Salomon und sein Team sind bemüht, so wenig wie notwendig in die Natur einzugreifen und gebietstypische, bekömmliche Weine zu erzeugen. Die Weißweine reifen im Stahltank, die Rotweine in großen Holzfässern. Lediglich kleinere Mengen Chardonnay sowie Cabernet Sauvignon werden in Barriques ausgebaut.

WEINGUT STIFT KLOSTERNEUBURG KLOSTERNEUBURG

© Weingut Stift Klosterneuburg

Der Ort Klosterneuburg gilt seit jeher als die heimliche Wiege der österreichischen Weinkultur, denn schon im 3. Jahrhundert nach Christus ließ der römische Kaiser Probus in dieser Region Wein anbauen und schuf so den Grundstock für eine aufblühende Weinkultur an der Donau, die sich bis heute fortsetzt.

Das Stift Klosterneuburg selbst wurde im Jahre 1114 vom Markgrafen Leopold III. gegründet und an die Augustinerchorherren übergeben. Es zählt damit zu den ältesten Weingütern Österreichs. Traditionell mit Wissenschaft und Kunst verbunden, reifte der Weinbau unter der Obsorge der Augustinerchorherren zum wichtigsten Wirtschaftszweig in Klosterneuburg heran und wurde dank seiner besonderen Qualität schon früh in aller Herren Länder exportiert. Im Jahr 1860 gründete das Stift Klosterneuburg die erste Weinbauschule der Welt. Der damalige Direktor Freiherr von Babo entwickelte ein Jahr später die wohlbekannte Klosterneuburger Mostwaage, die auch heute noch zur Bestimmung des Zuckergehaltes im Most verwendet wird.

Heute ist das Weingut Klosterneuburg mit einer Rebfläche von 108 Hektar (etwa 40 Prozent weiße und 60 Prozent rote Sorten) und einer Jahresproduktion von 1,2 Millionen Flaschen der größte Privatbetrieb unter den österreichischen Weinkellereien.

Das Augustinerchorherrenstift Klosterneuburg besitzt ausgedehnte Weingärten in Klosterneuburg selbst, zudem in Wien, Gumpoldskirchen und Tattendorf, wo der weltweit größte, geschlossene Weingarten der Sorte St. Laurent steht.

Es ist ein Erlebnis, das Stift mit seinen weltberühmten Kunstschätzen wie den „Verduner Altar" zu besuchen und anschließend in den vier Stockwerke tiefer gelegenen Weinkeller hinabzusteigen, wo Weine aus vielen Jahrzehnten unter Idealbedingungen reifen dürfen.

Es würde jeglichen Rahmen sprengen, wolle man alle Kreszenzen des Weingutes aufzählen. Doch neben den hervorragenden Rotweinen (vor allem aus St. Laurent) ist sicherlich der erstklassige Sekt „Mathäi" besonders empfehlenswert.

GEFÜLLTE ZUCCHINIBLÜTEN

Rezept von Eva Salomon, Restaurant Gut Oberstockstall

**Zucchiniblüten mit anhängenden kleinen Zucchini,
1 kg Schaffrischkäse (5 Schafkäserollen natur),
1/2 kg Feta Käse, 3 Knoblauchzehen,
frisches Basilikum, 100 g Pignoli, Knoblauchöl,
Pfeffer, Salz**

Zucchiniblüten unter fließendem Wasser vorsichtig waschen und den Stempel entfernen. Pignoli ohne Fett in einer Pfanne hellbraun rösten. Erkalten lassen.
Schafkäse in eine Schüssel geben. Feta mit dem Krenreißer dazureißen, Knoblauch dazupressen, gehacktes Basilikum, geröstete Pignolis zufügen und pfeffern. Mit der Hand gut durchkneten.
Mit dem Spritzsack ohne Tülle gleichmäßig in die Blüten füllen und den Käse mit den Blütenblättern verschließen. Zucchini fächerartig aufschneiden.
Mit Knoblauchöl nur die Zucchini (nicht die Blüte) bestreichen und salzen. Unter dem Salamander oder Grill kurz backen.
Mit marinierten Paradeiswürfeln und nach Geschmack mit Petersilerdäpfeln servieren.

WAGRAMER HÜHNERKEULEN MIT ROTEM VELTLINER

Weingut Fritz

**8 Hühnerkeulen,
gut 50 g Butter,
125 g durchzogener Räucherspeck,
2 Zwiebeln, 200 ml Rindsuppe,
200 ml Roter Veltliner,
125 ml Obers, 1 EL Mehl, 1 Ecke Schmelzkäse,
gehackte Petersilie, Muskatnuss, Salz**

Die Hühnerkeulen gut salzen, danach in zerlassener Butter langsam rundherum goldbraun braten. Hühnerkeulen aus dem Fett heben und in eine Kasserolle schichten. Im verbliebenen Bratenfett den in dünne Streifen geschnittenen Räucherspeck glasig dünsten, die fein gewiegten Zwiebeln dazugeben und ebenfalls anschwitzen lassen. Mit Rindsuppe und Veltliner ablöschen, danach über die Hühnerkeulen gießen. Das Fleisch etwa 30 Minuten im Rohr weich dünsten. Danach die Hühnerkeulen aus der Flüssigkeit nehmen, zugedeckt im Rohr warm halten.
Die Sauce in ein Töpfchen gießen, etwas einkochen lassen, dann Obers mit Mehl versprudeln und die Sauce damit binden. Letztlich noch etwas Schmelzkäse dazugeben und mit Muskatnuss, weißem Pfeffer und Salz abschmecken.
Hühnerkeulen auf einer Platte oder Tellern anrichten, mit der Sauce überziehen und mit gehackter Petersilie bestreut auftischen. Als Beilage passen Butter- oder Spinatspätzle.

FLUGENTENBRUST AUF HETSCHERLSAUCE

Rezept von Eva Salomon Restaurant Gut Oberstockstall

**4 Flugentenbrüste (gerichtet),
Salz, schwarzer Pfeffer aus der Mühle,
Butterschmalz zum Braten**

**Hetscherlrahm:
290 ml Hagebuttenmarmelade (Hetscherlr),
Saft von 2 Orangen,
abgeriebene Orangenschale,
300 ml Rotwein,
1 EL Kastanienhonig,
1 Bund Thymian,
Salz, Pfeffer aus der Mühle,
nach Geschmack Zucker,
1/8 l Obers geschlagen,
frische Thymianblättchen**

Für die Sauce alle Zutaten ohne Obers aufkochen und auf zwei Drittel einreduzieren lassen. Durchseihen und beiseite stellen.
Die Haut der Entenbrüste mit einem scharfen Messer der Länge nach (5 mm Abstand) einschneiden, salzen und pfeffern, danach in heißen Fett zuerst auf der Hautseite knusprig braten, wenden und auf der anderen Seite kürzer braten. Entenbrust wieder auf die Hautseite drehen und mit der Pfanne im vorgeheizten Rohr auf dem Rost bei 190 Grad etwa 5–7 Minuten rosa fertig braten. Herausnehmen und die Brüste auf einem vorgewärmten Teller mit der Hautseite nach oben 4 Minuten rasten lassen.
Überschüssiges Fett aus der Pfanne abgießen. Bratenrückstand mit der vorbereiteten Hetscherlsauce aufgießen, etwas einkochen lassen, frisch gezupfte Thymianblättchen eistreuen, eventuell nachwürzen und geschlagenes Obers flüchtig unterziehen.
Die Entenbrüste quer in nicht zu dünne Scheiben schneiden und auf dem Hetscherlrahm fächerförmig anrichten. Schupfnudeln oder Buchteln mit schwarzem Nussmus gefüllt als Beilage dazu servieren.

BARBARIE-ENTENBRUST AUF HAGEBUTTEN-RAHMSAUCE

WILDE SPARGELTRIEBE

Der Marchfelder Spargel

Der Legende nach, wurde das edle Gemüse bereits von den römischen Legionären ins Marchfeld gebracht. „Asparagus officinalis“ lautet seine botanische Bezeichnung. „Asparagus“ bedeutet soviel wie „fetter Keim einer Pflanze, ehe sich die Blätter entwickeln“ und „officinalis“ weist darauf hin, dass der Spargel früher in den Klosterapotheken für allerlei Wehwehchen als Heilmittel Verwendung fand. So wurde ihm Wunderwirkung bei der Behandlung von z. B. Zahnweh, Leberschäden, Fieber, Hüftleiden oder auch Rheuma zugesprochen und in einem Kräuterbuch aus dem Jahre 1563 ist zu lesen: „Spargen in der speis genossen bringen lustige begirde den männern.“ Natürlich ist Spargel weder ein Heilmittel, noch ein Aphrodisiakum. Dennoch ist er sehr gesund und reich an Vitamin C, Calcium und Phosphor.

Kaisergemüse, Königsgemüse, Frühlingswonne, Elfenbein – kaum ein anderes Gemüse kann sich mit so vielen Namen schmücken, wie der Spargel. Und auch kein anderes Gemüse erfreut sich derartiger Wertschätzung unter den Feinschmeckern, wie das edle Frühlingsgemüse. Er wird in vielen Gegenden angebaut, doch einige traditionelle Anbaugebiete zeichnen sich durch ganz besondere Güte aus. Der niederösterreichische Spargel aus dem Marchfeld gehört ohne Zweifel dazu und darf sich mit seiner feinen Qualität durchaus mit den berühmten Kollegen aus Schwetzingen (Deutschland) vergleichen.

Das Luxusgemüse Spargel war bis ins 19. Jahrhundert hinein nahezu ausschließlich für die Hoftafel bestimmt, allenfalls reiches Großbürgertum durfte sich noch am edlen Geschmack erfreuen. Die Bauern aus dem Marchfeld stachen den Spargel früh morgens und brachten ihn dann (meist nach Wien) zum Verkauf. Selber aßen sie nur wenig Spargel, sie bevorzugten die nahrhafteren Erdäpfel.

Spargel, der zur Familie der Liliengewächse zählt, wächst am besten in sorgfältig kultivierten, schön aufgelockerten Sandböden. Der von den meisten Genießern bevorzugte weiße Spargel (Bleichspargel) muss durch etwa kniehohe Erdwälle vor dem Sonnenlicht geschützt werden. Diese Erdwälle sollten möglichst nach Süden ausgerichtet sein. Der Spargel verfärbt sich ansonsten durch das Sonnenlicht lila oder grün (wird zum grünen Spargel). Grünen Spargel gibt es auch in eigenen Züchtungen.

Der Spargel wird immer noch von Hand geerntet. Feine Risse im Erdwall zeigen dem Pflücker, wo er graben muss. Der Spross wird freigelegt und kurz über dem Wurzelstock abgeschnitten. Alljährlich beginnt die Spargelernte im April, wenn der Boden eine Erdwärme von etwa 12 Grad aufweist, vorher treibt der Spargel nicht. Saisonende ist traditionell der Johanni-Tag, der 24. Juni. 6 Wochen vor diesem Tag findet im Marchfeld das traditionelle Spargelfest statt. Die meisten Spargelbauern sind alteingesessene (klein-)bäuerliche Familienbetriebe. Der Vertrieb der Ware erfolgt meist ab Hof oder durch eigene Verkaufsstände, die zur Saison überall im Großraum Marchfeld zu finden sind.

Frischen Spargel erkennt man daran, dass er klingt, wenn man zwei Stangen aneinander schlägt oder dass der Spargel „quietscht“, werden zwei Stangen aneinander gerieben. Die Schnittflächen müssen dabei hell und saftig sein. Vor dem Kochen wird der Spargel gewaschen und geschält, danach gart man ihn in einem Sud aus Wasser, Salz, Zucker und etwas Zitronensaft; manche Köche geben dem Sud noch eine altbackene Semmel hinzu, auch werden mancherorts die Spargelschalen zuvor ausgekocht. Im vorbereiteten Sud wird der Spargel, je nach Stärke und gewünschter Konsistenz, 10–18 Minuten gegart. Will man den Eigengeschmack des edlen Gemüses voll zur Geltung kommen lassen, serviert man ihn nur mit zerlassener Butter und neuen Erdäpfeln.

GESCHICHTE DES MARCHFELDER SPARGELS

1565 Erster nachweisbarer Spargelanbau

1743 Am Hofe Maria Theresias ist der Spargel so beliebt, dass er fast täglich serviert wird.

Ende 18. Jahrhundert – Spargel erscheint in zahlreichen Wiener Kochbüchern.

1809 Auch Kaiser Franz Josef ließ sich zur Saison täglich Spargel kommen.

Anfang 19. Jahrhundert – Immer mehr Spargelhöfe etablieren sich im Marchfeld.

1938 Auf bereits 200 Hektar wird im Marchfeld Spargel angebaut.

1945 Spargel-Pflanzverbot: Das „aristokratische“ Gemüse war in der Nachkriegszeit verpönt, da es nicht sättige. Den Erdäpfeln wurde daher die größere Bedeutung zugesprochen.

1956 Neubeginn der Marchfelder Spargelkultur

1980 Gründung des „Bundes der Marchfelder Spargelgüter“

2000 Schutz der Marke „Marchfeld-Spargel“ durch die EU

Die Sortierung nach Durchmesser:

Weiss	Solo Plus	ab 25 mm
	Solo	20–26 mm
	Classic	15–21 mm
	Classic fein	10–16 mm
Grün	Solo Plus	ab 25 mm
	Solo	20–26 mm
	Classic	15–21 mm

SPARGELERNTE

SPARGEL-GRUNDREZEPT

**2 kg frischer Solo-Spargel,
1 Stück Butter,
1 alte Semmel (fakultativ),
etwas Zitronensaft,
Zucker und Salz**

Aus Wasser, Butter, Zitronensaft (oder Essig), Salz und Zucker einen Sud bereiten. Den Spargel schälen, vorhandene holzige Enden abschneiden. Den Spargel in vier gleich große Bündel zusammenbinden und im Sud – je nach Größe und Geschmack – 10–18 Minuten bissfest kochen (er sollte nicht ganz weich sein!).
Den Spargel abtropfen lassen und warm stellen. Spargel kurz vor dem Servieren mit etwas Salz, frisch geriebener Muskatnuss und gemahlenem Pfeffer würzen. Dazu reicht man eine Schinkenplatte und zerlassene Butter und/oder gekochte Erdäpfel.

Variante mit Sauce Hollandaise

Klassisch serviert man auch eine Sauce Hollandaise dazu.

**250 g Butter,
3 Eigelb,
3 EL Wasser (oder Spargelfond),
1 EL Weißweinessig,
Salz und weißer Pfeffer aus der Mühle**

Zuerst den Essig mit 1 EL Wasser (oder Fond) und etwas Pfeffer erhitzen, auf etwa 1 Teelöffel einreduzieren lassen. Dann die 2 weiteren EL Wasser (oder Fond) und die Eigelbe hineingeben, mit dem Schneebesen aufschlagen, bis die Masse glatt und cremig ist. Nun fügt man tropfenweise die geschmolzene Butter hinzu. Sollte die Sauce zu dick werden, kann man sie während des Aufschlagens mit etwas lauwarmem Wasser verdünnen. Zum Schluss wird die Hollandaise mit Salz und Pfeffer abgeschmeckt.

SPARGEL MIT BUTTERBRÖSEL

Spargel mit Butterbröseln gehört zu den ganz traditionellen Rezepten der alt-österreichischen Küche.

**2 kg frischer Spargel,
200 g Butter,
Semmelbrösel,
Salz,
Pfeffer**

Den Spargel nach Grundrezept zubereiten, warm halten. Zwischenzeitlich die Butter in einer Pfanne braun werden lassen, die Semmelbrösel darin goldgelb rösten, abschmecken. Spargel auf Tellern anrichten, mit Salz und Pfeffer würzen und mit der Bröselbutter (überzogen) auftragen.
Man kann die Spargelstangen auch in der Bröselbutter wälzen.

SPARGEL MIT EIERSPEISE

**Pro Person:
300–400 g frischer Spargel (man kann hierfür weißen und grünen verwenden),
2–3 Eier,
etwas Milch oder Schlagobers,
Butter,
Salz,
Pfeffer aus der Mühle,
gehackte Petersilie zum Garnieren**

Den Spargel nach Grundrezept zubereiten. Eier mit Milch oder Schlagobers versprudeln, Masse mit Salz und Pfeffer abschmecken. Die Butter in einer Pfanne erhitzen, Eiermasse einfüllen und unter ständigem Rühren zu einer Eierspeise garen, sie sollte nicht zu dünnflüssig sein.
Die Spargelstangen, welche man nach Wunsch noch in zerlassener Butter geschwenkt hat, auf einem vorgewärmten Teller anrichten und die Eierspeise darauf geben. Mit Salz und Pfeffer nachwürzen, mit Petersilie garnieren.

MARCHFELDER SPARGELCREMESUPPE

**250 g Suppen- oder Bruchspargel,
1 l Spargelfond (Sud),
30–40 g Butter,
30 g Zwiebel fein geschnitten,
25 g Mehl glatt,
1/4 l Obers,
Salz,
Pfeffer,
Zucker,
Muskatnuss**

Geschälten Spargel in 1 l Salz-Zucker-Zitronenwasser weich kochen, Sud abseihen und aufheben.
Die Butter in einer Kasserolle schmelzen, Zwiebel darin glasieren, dann mit Mehl stauben. Das angeschwitzte Mehl mit Sud und Obers aufgießen, alles glatt rühren und kurz aufkochen lassen.
Spargelköpfe abtrennen, die Spargelstangen in Stücke schneiden und der Suppe beigeben. Weitere 20 Minuten leise köcheln lassen, danach mixen und durch ein feines Sieb passieren. Suppe mit Salz, Pfeffer, etwas Zucker und Muskatnuss abschmecken, die Spargelköpfe als Einlage verwenden.

Tipp: Die Suppe mit 1–2 EL Crème fraîche oder Schlagobers zur Geschmacksverbesserung aufmixen.

SPARGEL KLASSISCH

SPARGEL MIT BUTTERBRÖSEL

SPARGEL MIT EIERSPEISE

SOLOSPARGEL MIT SCHINKEN-KÄSESAUCE

1 1/2 kg Solo-Spargel,
Salz, Zucker, Essig, Butter

Für die Sauce:
300 g Schinken, 4–5 EL Butter,
500 ml Schlagobers, 2 Eidotter,
300 g geriebener Käse,
Muskatnuss,
Salz und Pfeffer aus der Mühle

Den Spargel schälen, holzige Enden abschneiden und wie im Grundrezept beschrieben, je nach Dicke 10–18 Minuten in Salz-Zucker-Essig-Wasser mit etwas Butter garen. Spargel aus dem Fond heben und warm stellen. Zwischenzeitlich die Sauce vorbereiten. Hierfür den in Streifen geschnittenen Schinken in zerlassener Butter leicht anschwitzen, dann mit Obers aufgießen und etwas einkochen lassen. Pfanne vom Herd nehmen, Eidotter mit etwas Obers versprudeln und die Sauce damit legieren. Den geriebenen Käse einarbeiten, unter ständigem Rühren leise köcheln lassen, bis der Käse geschmolzen ist. Sauce mit Salz, Pfeffer und Muskatnuss abschmecken. Spargel auf einer schönen Servierplatte anrichten, etwas Sauce darüber gießen und servieren. Restliche Sauce separat dazu reichen.
Als Beilage passen Erdäpfel und geröstete Weißbrotscheiben.

SPARGEL MIT MORCHELN

Dieses Rezept stammt aus dem um 1900 erschienenen „Wiener Kochbuch" der aus Bad Deutsch-Altenburg stammenden Louise Seleskowitz.

1 1/2 kg weißer Spargel,
150 g frische Morcheln (oder 50 g getrocknete),
1 TL gehackte Petersilie,
1/8 l Sauerrahm,
80 g Butter,
80 g Mehl,
1/4 l Weißwein,
1/4 l Kalbssuppe,
Salz,
Pfeffer,
eventuell eine Prise Zucker,
Butter

Von den Morcheln die Stiele abschneiden und den Sand entfernen (trockene Morcheln etwa 15 Minuten in etwas Wasser einweichen).
In Scheiben schneiden und in etwas Butter andünsten. Die Petersilie dazugeben, salzen und pfeffern. Warm stellen.
Für die Buttersauce aus Butter und Mehl eine helle Einmach bereiten, mit Wein und Kalbssuppe aufgießen und gut verkochen.
Sauerrahm und etwas Spargelwasser hinzufügen, nochmals gut aufkochen, mit Salz, Pfeffer und eventuell etwas Zucker abschmecken.
Den gekochten Spargel auf vorgewärmten Tellern anrichten. Mit der Sauce den Spargel überziehen und mit Morcheln garnieren. Als Beilage eignet sich gedünsteter Reis.

SPARGEL-KIRSCHSALAT

Anfang Juni, wenn die ersten süßen Kirschen reif sind und die Spargelsaison bereits am Ausklingen ist, schmeckt dieser Salat besonders gut; insbesondere an lauen frühsommerlichen Abenden als Vorspeise eines leichten Frühlingsmenüs.

Für den Salat:
400 g weißer Spargel,
250 g Kirschen (vorzugsweise entkernt),
1 kleinerer Kopfsalat,
einige Estragonblätter und Kirschen zum Garnieren

Für die Marinade:
6–7 EL guter Rotweinessig,
5–6 EL Öl,
3 TL scharfer Senf,
1 große Knoblauchzehe sehr fein gehackt,
einige Blätter Estragon fein gehackt,
Salz und Pfeffer

Den Spargel in 5–10 cm lange Stücke schneiden, diese in einen Korb legen und in kochendem Salzwasser nicht ganz weich garen. Sofort in kaltem Wasser abschrecken.
Kirschen halbieren und mit den Spargelstücken vermischen. Den Kopfsalat zerteilen und waschen. Salat trocknen, danach mit den schönsten Blättern vier Teller auslegen. Die Spargel-Kirsch-Mischung darauf verteilen.
Aus den Zutaten für die Marinade ein Dressing bereiten, abschmecken und über den Salat verteilen. Mit Kirschen und Estragon garniert servieren.

SOLOSPARGEL MIT SAUCE HOLLANDAISE

SPARGEL-KIRSCHSALAT

Der Marchfelderhof

Wenn sich jemand um den Marchfelder Spargel verdient gemacht hat, so ist dies Gerhard Bocek vom Marchfelderhof, darin sind sich die meisten Spargel-Bauern des Marchfeldes einig. Und so steht dieser alt-ehrwürdige Gasthof auch unter dem Motto „ASPARAGUS HIC LEX, HOSPES HIC REX“ – hier ist der Spargel das Gesetz, der Gast König!
Es ist schon ein einzigartiges Gesamtkunstwerk, dieser Marchfelderhof, welcher seinesgleichen lange sucht! Für die einen ist er ein Sammelsurium und Kuriositäten-Sammlung mit derzeit mehr als 15.000 Exponaten, von alten Küchengeräten über Musikinstrumente, Krims-Krams, Artefakten aus der alten Kaiserzeit und rund um den Spargel bis hin zu einer Schatzkammer, in der echte Museumsstücke (unter anderem die Marchfelder Spargelkrone) ausgestellt sind. Andere wiederum sehen in ihm eine etwas überladene Kuriosität, die man allerdings einmal erlebt haben muss. Kulinarisch gesehen, ist der Marchfelderhof zumindest zur Spargelzeit absolut besuchenswert, denn Gerhard Bocek lässt nur absolute Top-Qualität von der Küche zubereiten und der Marchfelderhof wird zu einem „Spargeldorado“!
Gerhard Bocek selbst sieht in seinem Marchfelderhof kein klassisches Gasthaus im herkömmlichen Sinne, sondern das „fröhlichste Museum der Welt“, sozusagen eine Art Scheinwelt, die er sich selber geschaffen hat, weil er eigentlich viel lieber Zirkusdirektor geworden wäre. Hier im Marchfeld hat er sich seine eigene Zirkuswelt geschaffen, an dieses Konzept hat sich auch die Küche zu halten. Und da es sich in diesem Rahmen besonders gut feiern lässt, ist das „fröhliche Museum“ zugleich ein schönes „Festaurant“, wie Gerhard Bocek – übrigens ein Urgroßneffe der berühmten Kochbuchautorin Olga Hess – immer wieder gerne betont.
Im heutigen Deutsch-Wagram wurde der Marchfelderhof im Jahre 1843 von Carl Bocek gegründet, der zuvor ein Gutsanwesen und eine Mühle betrieben hatte. Die Famile Bocek selbst stammt zum Teil aus Regensburg, zum anderen Teil aus Pilsen, also eine richtige Monarchie-Mischung und sie brachten auch eigens Spargelpflanzen ins Marchfeld, dem so genannten Schlachtfeld Europas. Das kleine Deutsch-Wagram erlangte im Übrigen nicht zuletzt durch den Franzosenkaiser Napoleon Bonaparte und die Schlacht bei Wagram einen bleibenden Platz in den Geschichtsbüchern. Der Marchfelderhof war einst ein bekanntes k. u. k. Wirtshaus, dem ein Kaffeehaus, ein Tanzsaal, eine Fleischerei und sogar eine Greißlerei (Lebensmittelgeschäft) angeschlossen waren und schon Kaiser Franz Josef soll hier sehr gerne frischen Spargel genossen haben.
Mit der Zeit wurde aus dem urtümlichen Marchfelderhof ein kulinarischer Geheimtipp, der Stars, Könige, Politiker, Primadonnen und den Geldadel als Gäste empfangen durfte: Der griechische König Konstantin, der ägyptische König, Scheichs, Sultane, Emire und Milliardäre, der Hochadel, Filmstars wie Liz Taylor, Clark Gable, die Großen aus den Filmmetropolen Hollywood und Rom, Prinzen, Fürsten, Ballerinen, Präsidenten, Kanzler und Sportler: mehr als 40 Gästebücher quellen über vor großen Namen und legen Zeugnis davon ab. Aber auch bei den Bürgern war der Marchfelderhof schon immer beliebt, was Bruno Kreisky zu folgender Äußerung veranlasst haben soll: „So viel gelebte Demokratie auf einmal, habe ich noch nie gesehen!“ Und eines spürt man als Gast auch heute noch: die fröhliche, natürliche und ungezwungene Gastfreundschaft von Gerhard Bocek und seinem Team!

VARIATION VON GEBACKENEM SPARGEL

1 kg Solospargel nach Grundrezept vorgekocht (siehe S. 226), einige Scheiben Kochschinken, einige Schieben Emmentaler, Mehl, versprudeltes Ei, Semmelbrösel, Öl oder Butterschmalz zum Ausbacken

Die eine Hälfte des Spargels wird „natur“ belassen paniert, die andere Hälfte zuerst in Käse, danach in Kochschinken gewickelt paniert. Alles portionsweise in heißem Fett ausbacken, auf Küchenpapier abtropfen lassen und mit kleinem Salatbukett und Zitronenschnitzen garniert servieren.

POT AU FEU VOM SOLO-SPARGEL

Dieses Rezept ist seit mehr als hundert Jahren ein Klassiker im Marchfelderhof. Im Grunde genommen ist es nichts anderes als eine kräftige Rindsuppe, mit gekochtem Fleisch vom Mastochsen, Wurzelgemüse und Spargelspitzen als Einlage.

SOLO-SPARGEL MIT DONAUFISCHEN UND SAUCE MOUSSELINE

Für den Spargel:
1 1/2–2 kg frischer Solo-Spargel nach Grundrezept vorbereitet (siehe S. 226)

Für die Fische:
verschiedene Fischfilets von z. B. Zander, Karpfen, Barbe oder Waller, Zitronensaft, Paprikapulver, Salz

Für die Sauce-Mousseline:
300 ml Sauce Hollandaise (siehe Variante S. 226), 100 ml geschlagenes Obers

Die Fischfilets sauber entgräten, bei Badarf schröpfen, mit Zitronensaft beträufeln und würzen. Danach in einer beschichteten Pfanne oder auf einer Grillplatte langsam braten.
Für die Sauce Mousseline die fertige Hollandaise mit geschlagenem Obers verfeinern und nach Geschamck noch mit Zitronensaft abschmecken.
Die Fischfilets mit dem Spargel dekorativ auf Tellern anrichten und mit Petersilerdäpfeln garniert servieren, die Sauce extra dazu reichen.

DIE MARCHFELDERHOF-SPARGELGESCHICHTE

1794 Spargelanbau der Marchfelderhof-Urahnen Sterl, Kraft und Zehetbauer

1852 Ab diesem Zeitpunkt belieferte die Ur-Ur-Urgroßtante Barbara Sterl-Kraft die Wiener Herrschaftsküchen mit Spargel.

1956 Nach dem Spargel-Pflanzverbot der Nachkriegszeit neuerlicher Beginn der Marchfeld-Spargelkultur

2000 Festliche Verleihung des Preises „Lebenswerk Spargel“ an Marchfelderhof-Wirt Gerhard Bocek

2003 Verleihung des European Award der europäischen Wirtschaftskammer Brüssel an den Marchfelderhof – Österreichs ältestem Spargelwirtshaus

DER MARCHFELDERHOF

HERR GERHARD BOCEK

VARIATION VOM GEBACKENEN SPARGEL

SOLO-SPARGEL MIT DONAUFISCHEN UND SAUCE MOUSSELINE

Weinbaugebiet Carnuntum

Das relativ kleine Weinbaugebiet Carnuntum erstreckt sich im Osten Wiens entlang der Südgrenze des Marchfeldes bis an die slowakische Grenze und grenzt im Süden an das Weinbaugebiet Neusiedlersee. Sein Name erinnert an einen einstigen römischen Heeresstützpunkt an der pannonischen Donaugrenze bei Bad Deutsch-Altenburg, wo z. B. das Weingut Perger zu finden ist. Weiter östlich liegen mit Prellenkirchen und Berg zwei weitere bekannte Weinbauorte, die z. B. durch Winzer wie Pelzmann, Preis oder Burkhart bekannt wurden. In Prellenkirchen befinden sich außerdem ein Weinbaumuseum sowie ein Weinlehrpfad; zudem ist die schöne Kellergasse äußerst sehenswert.

Lange Zeit im Schatten der bekannteren Weinbaugebiete gelegen, wurde Carnuntum in den letzten Jahren vom Geheimtipp zum strahlenden Star. Verantwortlich dafür sind die kräftigen Böden (vornehmlich Sand, Lehm, Schotter und Löss), der Einfluss des Neusiedler Sees sowie die kühlen Winde von den Donauauen – und vor allem die jungen Winzer der Region, die das Potenzial zu nutzen wussten und von den Erfahrungen der alteingesessenen Winzerdynastien profitieren konnten.

Einer der traditionellen Weinbauorte von Carnuntum ist Höflein, dessen Geschichte eng mit den Spuren antiker Kultur und Jahrhunderte alter Weinbautradition verbunden ist. Schon die Römer kannten die Vorzüge dieses Gebietes und bauten hier Wein an, was anhand archäologischer Ausgrabungen belegt werden konnte. Bekannte Winzer wie Artner, Payr oder Zwickelstorfer haben hier ihre Weingüter.

Uneingeschränktes Zentrum des modernen Weinbaus ist aber Göttelsbrunn, wo alteingesessenes Winzerhandwerk eine wunderbare Symbiose mit modernen Techniken eingegangen ist. Walter Glatzer, H. u. P. Grassl, Ernst Lager, Markowitsch, Netzl, Oppelmayer, Pimpel, Pitnauer und auch Taferner sind Winzer, die mit ihren saft- und kraftvollen Weinen das Weinbaugebiet Carnuntum in den Wein-Olymp geführt haben. Vor allem die zum Teil monumentalen Rotweine (Zweigelt, Blaufränkisch, Cabernet Sauvignon und St. Laurent sind die wichtigsten roten Rebsorten) mit ihrer üppigen Frucht wie auch die muskulös-dichten Grünen Veltliner waren hierfür ausschlaggebend.

Auf den derzeit knapp 900 Hektar werden zwar nach wie vor zum Großteil Weißweine wie Grüner Veltliner, Welschriesling, Weißburgunder und Chardonnay bestockt, vereinzelt auch mit Gelbem Muskateller. Die Rotweine sind aber stark im Kommen und auch dem traditionellen „Gemischten Satz" wird löblicherweise wieder mehr Beachtung geschenkt. Die besten Rotweine werden unter dem Markennamen Rubin-Carnuntum vertrieben.

PITNAUER GÖTTELSBRUNN

Hans Pitnauer ist ein gründlicher Mensch, der ungern Dinge dem Zufall überlässt. Und so verwundert es wenig, dass er zu den ersten Winzern zählt, die mit ihrem Betrieb das Weinbaugebiet Carnuntum an die internationale Spitze geführt haben: vor allem was den Rotwein betrifft. Zu Nutze machte er sich dabei vor allem das hier vorhandene hohe Qualitätspotential von Natur und Böden. Hinzu kommt eine geradezu bestechende Qualitätskonstanz, die das Weingut zu einem der besten des Landes werden ließ. In seinen 17 ha Weingärten konzentriert sich Hans Pitnauer insbesondere auf rote Sorten, allen voran den Zweigelt, aber auch Merlot und Cabernet Sauvignon spielen eine große Rolle.

Seinen in der Fachwelt hervorragenden Ruf verdiente sich Hans Pitnauer aber wegen der grandiosen Rotweine, die er in seinem Weingut erzeugt: Bienenfresser, ein dichter und konzentrierter Blauer Zweigelt oder Quo Vadis, ein sortenreiner Merlot von wunderschöner Textur mit feinem Kakao und ausgeprägter Frucht am Gaumen, sind Weine die einfach Trinkvergnügen bereiten. Doch auch der Gelbe Muskateller überzeugt mit intensiver Frucht, feinen Blütenaromen und einer schönen Zitrusnote.

MARKO GÖTTELSBRUNN

Zu den aufstrebenden Weingütern von Carnuntum zählt zweifelsohne jenes von Lukas und Hans Markowitsch, die unter dem Label „MARKO" ihre ausgezeichneten Weine vermarkten. Dass die beiden Jungwinzer bereits eine unverwechselbare Handschrift zeigen, hat zwei Gründe: Erstens ist Lukas Markowitsch trotz seiner Jugend ein ausgezeichneter Kellermeister mit fundiertem Wissen um den Wein und zweitens ist sein Bruder Hans, Absolvent der Universität für Bodenkultur und Experte in Sachen Grund, Boden und Pflanzen. Das Team ergänzt sich perfekt und sorgt dafür, dass jede Pflanze möglichst optimale Wachstumsbedingungen vorfinden kann.

Der Blaufränkisch Rosenberg ist ein samtiger Rotwein, dabei saftig und sehr stilvoll, während sich der fruchtbetonte Zweigelt Rubin Carnuntum als eleganter Speisebegleiter in Szene setzt. Das Haus MARKO erzeugt aber auch einen schönen Chardonnay und eine Cuvée Aurel (Chardonnay mit Sauvignon blanc), welche Beachtung verdienen.

PERGER BAD DEUTSCH-ALTENBURG

Das Weingut Perger liegt ganz im Osten des Weinbaugebietes Carnuntum, schon sehr nahe an der slowakischen Grenze. Lange Zeit stand das Weingut sozusagen im Schatten der bekannteren Weingüter des Weinbaugebietes Carnuntum, doch konnte es sich in den letzten Jahren vom Geheimtipp zu einem regelrechten „Kultweingut" entwickeln. Verantwortlich hierfür ist vor allem eine gewissenhafte und konsequente Arbeit im Weingarten sowie eine strenge Ertragsreduktion. Auch machen sich die Pergers die kräftigen Böden, den Einfluss des Neusiedler Sees sowie die kühlen Winde von den Donauauen für ihre Weine zu Nutzen. Die besten Lagen befinden sich in Bad Deutsch-Altenburg und am Spitzerberg bei Prellenkirchen. Vor allem die Sorte Blaufränkisch gedeiht hier auf den sandigen Lehm- und Lössböden ganz vortrefflich, weshalb sie auch die Leitsorte des Betriebes darstellt.

Bei den Weißweinen dürfen sicherlich die schöne, von einer saftigen Frucht geprägte Chardonnay und der kräftige Grüne Veltiner Reserve besonders hervorgehoben werden. Paradewein des Hauses Perger ist aber sicherlich der Imperator Rex ein exzellenter Blaufränkisch aus den besten Lagen, dessen markantestes Merkmal sicherlich die wunderschönen Beerenaromen – vor allem Brombeere und Johannisbeere – sind; unbestritten ein großer Wein!

LAGER GÖTTELSBRUNN

Der Betrieb von Familie Lager liegt in Göttelsbrunn und bewirtschaftet dort etwa 8 ha Weingärten. Durch sorgfältige, naturnahe Weinerzeugung und ertragsreduzierte, selektionierte Lese gelingt es, elegante, fruchtige Weißweine und kräftige, vollmundige Rotweine zu erzeugen. Ein besonderes Augenmerk wird im Familienbetrieb auf die klassischen Burgundersorten gelegt. Sowohl der wunderbare Weißburgunder als auch der feine Pinot noir überzeugen stets. Aber auch dem schönen Sauvignon blanc sollte man Beachtung schenken.

ZWICKELSTORFER HÖFLEIN

Bereits seit dem Jahre 1752 betreibt die Familie Zwickelstorfer ihr Traditionsweingut in Höflein. Das Wissen um den Wein wurde von Generation zu Generation weiter gegeben und so verbinden sich heute traditionelle Methoden mit den modernen ökologischen Erkenntnissen. Von den 14 ha in absoluten Bestlagen sind etwa 35 Prozent mit Weißwein und 65 Prozent mit Rotweintrauben bestückt, die hier besonders gut gedeihen.

Viel Liebe, Geduld und Ehrgeiz sind die Aushängeschilder des Weingutes, das z. B. neben einem knackig-frischen Welschriesling mit feinen Kräuternoten auch einen cremigen Pinot blanc mit eleganter Säure erzeugt. Auf dem Rotweinsektor ist der tief dunkle Rubin Carnuntum, mit seinen Aromen nach Waldbeeren, Schlehen und schwarzen Johannisbeeren das Aushängeschild des Hauses.

ARTNER HÖFLEIN

Das Weingut Artner ist in Höflein im Herzen des Weinbaugebietes Carnuntum gelegen und verfügt über 21 ha Weingärten. Sie befinden sich vorwiegend auf steinigen Kalk- und Lössböden und genießen den klimatischen Einfluss des Neusiedler Sees sowie der nahe gelegenen Donau. Ein besonderes Augenmerk richtet man in diesem Weingut darauf, dass die besonderen Eigenschaften der unterschiedlichen Sorten herausgearbeitet werden.

Man hat sich insbesondere auf die heimischen Sortenvertreter wie Zweigelt und Blaufränkisch spezialisiert, welche in kleinen Eichenfässern eine zuweilen unglaubliche Dichte und Fruchtigkeit erreichen. Doch auch am Weißweinsektor vermag das Weingut zu punkten. Vor allem der Grüne Veltliner verfügt über eine sehr würzige Frucht und einen harmonischen Säurespiegel, aber auch der Gelbe Muskateller zeichnet sich durch eine traumhafte Frucht aus.

TRAPL SARASDORF

Das mit 6 ha eher kleinere Weingut der Familie Trapl liegt im verschlafenen Örtchen Sarasdorf, das der Weinwelt bis heute relativ unbekannt sein dürfte. Die Weingärten dieses Gutes liegen in Stixneusiedl, das wiederum eine ehemalige Weinmetropole darstellt, die etwas in Vergessenheit geraten ist. Der junge Kellermeister Johannes Trapl hat sich zur Aufgabe gemacht, den Wein in dieser Gegend wieder zu forcieren. Und so versucht er das große Potential, welches die Natur hier bietet, für seine Weine zu nutzen. Vornehmlich werden autochthone Sorten angebaut. Neben dem Pinot blanc sind vor allem die Roten erwähnenswert, besonders der Zweigelt und der Blaufränkisch vermögen zu gefallen. Sicherlich ein Weingut mit viel Zukunftspotential.

BÖHEIM ARBESTHAL

Im Arbesthaler Hügelland gelegen ist dieses kleinere Weingut, das derzeit über 10 ha Weingärten verfügt. Diese sind zu 75 Prozent mit roten Sorten bestückt, der Rest mit weißen Rebsorten, vor allem Veltliner. Natürlich bietet das von Johann Böheim geleitete Weingut auch einen Rubin Carnuntum an; hier erscheint er in Form eines reinsortigen Blauen Zweigelt. Weiter wird ein sehr schöner Blaufränkisch angeboten. Besonders gefällig erschien jedoch der leicht extravagante Grüne Veltliner Reserve mit seiner feinen Kräuter-Zitrusnote.

© Hans Pitnauer

PELZMANN BERG

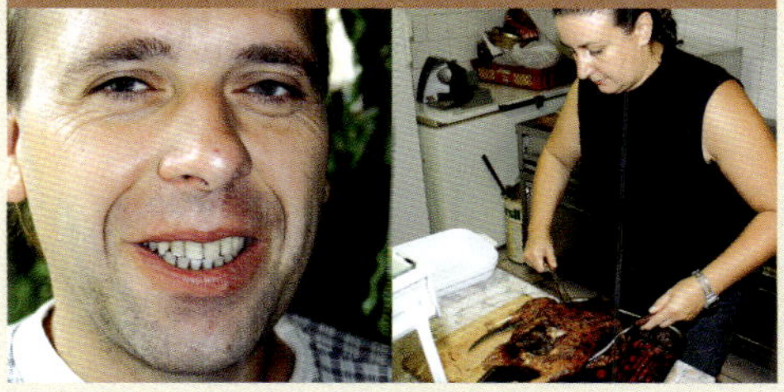

Die alte und traditionsreiche Weinbaugemeinde Berg liegt nahe der slowakischen Grenze bei Hainburg an der Donau. Durch den Einfluss des pannonischen Klimas gedeihen hier besonders fruchtige Weine. Seit 1850 wird im Hause Pelzmann Weinbau betrieben, wobei man sich auf den Ausbau von sortenreinen Weinen spezialisiert hat. Während die Weißweine im Stahltank ausgebaut werden, so reifen die Rotweine in großen Holzfässern oder Barriques. Die Weine von Horst Pelzmann bereiten ganz besondere Trinkfreude, allen voran der elegante Blaufränkisch Rubin Carnuntum mit seiner feinen Säure und der schön ausgeprägten Frucht.

PAYR GÖTTELSBRUNN

Eines der bemerkenswertesten Weingüter in Carnuntum ist sicherlich das von Robert Payr geführte „Weingut Payr" in Höflein, denn er versteht sich vortrefflich darauf, die steinigen Kalk- und Lössböden, gemeinsam mit dem pannonischen Mikroklima für seine Zwecke zu nutzen. Robert Payr hat seine derzeit 10 ha zu 25 Prozent mit Weißweinen (Chardonnay und Grüner Veltliner) und zu 75 Prozent mit Rotweinen (vor allem Blauer Portugieser, Blauburger, Zweigelt, Blaufränkisch, aber auch Merlot und Cabernet Sauvignon) bestockt.

Neben seinem frischen, sehr sauber vinifizierten und mineralischen Welschriesling gefällt der trockene Chardonnay mit seinen Noten nach Tropenfrüchten und dem angenehmen Frucht-Säurespiel von den Weißweinen besonders gut. Die große Stärke des Hauses sind aber sicherlich die zum Teil herausragend guten Rotweine, von denen insbesondere der elegante Zweigelt Classic mit seinen weichen Tanninen, der saftige in kleinen Eichenfässern gelagerte Rubin Carnuntum sowie die Cuvée Matthäus mit ihrer komplexen Frucht hervorgehoben werden dürfen. Ein neueres Produkt des Hauses ist der so genannte Schaumpayr Winzersekt, dessen feinperliges Mousseux und das kräftig-elegante Säurespiel Trinkgenuss bereiten!

TAFERNER GÖTTELSBRUNN

Den meisten Weinbeißern ist der Heurigenbetrieb des Hauses Taferner geläufiger, als die Weine selbst. Doch damit tut man vor allem den ausgezeichneten Rotweinen des Hauses Unrecht, denn sowohl der finessenreiche Cabernet Sauvignon Tribun, wie auch die kraftvolle Cuvée Excalibur (ZW/CS/ME) mit ihren schönen Kirschenaromen sind hochklassige Weine und absolut wert, ernsthaft verkostet zu werden. Auch der saftige Gelbe Muskateller mit seiner intensiven Nase nach Hollerblüten, Trauben und Zitrusfrüchten vermag ebenfalls voll und ganz zu überzeugen: Gründe genug, Franz Taferner in die Riege der ambitionierten Winzer Carnuntums zu reihen, welche regelmäßig köstliche Weine mit viel Kraft zu erzeugen vermögen.

OPPELMAYER GÖTTELSBRUNN

Bereits seit 1638 existiert das Traditionsweingut Oppelmayer, das heute von Franz Oppelmayer in zwölfter Generation geleitet wird und über derzeit rund 10 ha Weingärten verfügt. Seine Liebe gilt nicht nur dem Wein, sondern auch der Natur, weshalb seine Weinflaschen mit Tiermotiven verziert sind. Das Gut produziert eine breite Palette von hervorragenden Weinen und bietet zudem eine große Sortenvielfalt an.

Die hier gekelterten Weine sind gekennzeichnet von einer ausgeprägten, reintönigen Frucht und einer ganz typischen Stilistik. Bei den Weißen kann man den Sauvignon blanc, bei den Roten den wunderschönen Zweigelt Rubin Carnuntum mit seinem finessenreichen Schmelz als herausragend bezeichnen.

GEBRATENE ENTE MIT ROTWEINPARADEISERN

Pelzmann

1 Ente,
400–500 g Cocktailparadeiser,
350–400 ml Rotwein,
Salz,
Pfeffer aus der Mühle

Die Ente waschen, abtrocknen, innen und außen salzen, pfeffern. Ente in eine Pfanne mit Bratrost setzen, im vorgeheizten Backrohr bei 220 Grad zunächst mit der Brust nach oben 30 Minuten braten, dann wenden und weitere 20 Minuten braten lassen. Überschüssiges Entenfett aus der Pfanne abgießen, Fond mit Rotwein auffüllen und die Tomaten dazugeben (nach Wunsch kann auch noch eine Hand voll Oliven hinzugefügt werden). Alles zusammen weitere 15–20 Minuten im Ofen braten. Ente tranchieren, mit den abgeschmeckten Rotweinparadeisern servieren. Dazu reicht die Familie Pelzmann Salz- oder Folienerdäpfel.

WILDRAGOUT

MARKO

1 1/2 kg Hirsch- und/oder Rehfleisch aus der Keule,
500 g geputztes Wurzelwerk nudelig geschnitten,
1 große Zwiebel fein geschnitten,
4 Lorbeerblätter, 4 Zweige Thymian,
3–4 Zehen Knoblauch,
10 Erdäpfel, Essig,
Salz und Pfeffer

Das Fleisch würfeln und in Salzwasser halbweich kochen. Das Wurzelgemüse, die Zwiebel, Lorbeerblätter, Thymian, gehackten Knoblauch, Salz und Pfeffer dazugeben. Erdäpfel schälen, grob würfeln und ebenfalls in den Topf geben. Wenn nötig Wasser nachfüllen, salzen, pfeffern und fertig garen. Mit Essig abgeschmeckt servieren.

PACHFURTER WEIDELAMM IN RUBIN CARNUNTUM

Oppelmayer

8 Lammkoteletts,
200 g Eierschwammerl,
1 kleine Zwiebel, 2–3 Knoblauchzehen,
1 TL Thymian, 1 TL Rosmarinnadeln,
2 EL gehackte Petersilie,
125–150 ml Rubin Carnuntum,
75 ml Schlagobers, 5–6 EL Olivenöl,
Salz und Pfeffer aus der Mühle,
Brombeeren als Garnitur

Für die Eierschwammerl 2–3 EL Öl erhitzen, die geputzten und gewaschenen Pilze dazugeben, 5–7 Minuten rösten. Mit gehackter Petersilie, Salz und Pfeffer würzen, warm beiseite stellen.
Lammkoteletts mit fein gehacktem Thymian und Rosmarin einreiben. Die Zwiebel zusammen mit den Knoblauchzehen sehr fein hacken, in Olivenöl anrösten. Wenn die Zwiebel glasig ist, gehackte Rosmarinnadeln mitrösten. In dieser Mischung die Lammkoteletts beidseitig anbraten, dann Hitze zurückdrehen und das Fleisch 10 Minuten garen; Fleisch herausnehmen und warm halten.
Den Bratensatz mit Rotwein ablöschen, Bratenrückstand loskochen, das Obers dazugeben und alles zu einer sämigen Sauce verkochen. Mit Salz und Pfeffer abschmecken. Fleisch in die Sauce legen und einige Minuten darin ziehen lassen.
Die fertigen Koteletts auf Tellern anrichten, Sauce darüber gießen, die Eierschwammerln anlegen und mit Brombeeren garnieren. Dazu passen Schupfnudeln.

FLUGENTENBRUST À LA HELMA

Zwickelstorfer

Zutaten pro Person:
1 Flugentenbrust, 50–75 g Dörrpflaumen,
Rotwein, Weinbrand, Honig, Salz, Pfeffer,
Pflanzenöl (Olivenöl)

Frische Flugentenbrust beidseitig pfeffern und salzen und scharf in der Pfanne mit etwas Öl (Olivenöl) beidseitig anbraten. Das Ganze mit Rotwein und Weinbrand ablöschen und im Backrohr bei etwa 200 Grad 30 Minuten braten lassen. Etwas Honig mit Weinbrand vermengen und die obere Seite der Brust damit bestreichen und die Dörrpflaumen beigeben. Die Entenbrust noch etwa 30 Minuten knusprig fertig braten lassen. Als Beilage eignen sich Kartoffelbirnen.

FASANENBRÜSTCHEN IM SPECKMANTEL AUF LINSENGEMÜSE

2 Fasanenbrüstchen im Ganzen,
einige Scheiben geräucherter Bauchspeck,
Butter, Wacholderbeeren, Salz und Pfeffer

Für die Linsen:
400 g in ungesalzenem Wasser vorgekochte Linsen (ersatzweise aus der Dose),
1 kleine Zwiebel, 1–2 Lorbeerblätter,
150–200 g Speck,
Salz und Pfeffer aus der Mühle

Fasanenbrüstchen häuten, mit Salz, Pfeffer und gemahlenem Wacholder würzen. Beidseitig in heißer Butter rasch anbraten. Fasanenbrüstchen aus der Pfanne nehmen, in Portionsstücke schneiden, diese nochmals leicht mit gemahlenem Wacholder würzen, dann in Speckscheiben einwickeln. Röllchen mit Zahnstochern fixieren, in eine gebutterte Auflaufform setzen und im vorgeheizten Ofen braten, bis der Speck knusprig ist.
Dazu serviert man folgendes Linsengemüse: Zwiebel sehr fein hacken. Speck würfeln und in einer Kasserolle auslassen. Zwiebel im ausgelassenen Speck anrösten, die abgetropften Linsen und Lorbeerblätter dazugeben, mit Obers, Essig, Salz und Pfeffer abschmecken. Etwas ziehen lassen.
Linsen in vorgewärmten tiefen Tellern anrichten, jeweils 4–6 Fasanenröllchen darauf setzen und sofort servieren.

GEBRATENE ENTE MIT ROTWEINPARADEISERN

RINDERFILET MIT PARMESAN UND RUCOLA

IN ROTWEIN GESCHMORTER TAFELSPITZ MIT KRÄUTERPÜREE

Böheim

Für den Tafelspitz:
1 1/2 kg Tafelspitz im Ganzen,
250 g Wurzelgemüse (Karotte, Gelbe Rübe, Petersilienwurzel, Zeller), 2 Zwiebeln,
4–5 g Öl, 1 EL Tomatenmark, 750 ml Rotwein,
2 Lorbeerblätter, einige Pfefferkörner, Salz

Für das Kräuterpüree:
750 g mehlige Kartoffeln,
250 ml Milch, etwas Obers,
Salz, Pfeffer, Muskatnuss,
125 g gemischte gehackte Kräuter (z. B. Petersilie, Schnittlauch, Salbei), 45–50 g Butter

Den Tafelspitz mit Salz und Pfeffer würzen, danach im Öl rundherum scharf anbraten. Das geputzte Wurzelgemüse und die geschälten Zwiebeln würfelig schneiden, zum Fleisch geben, ebenfalls anbraten. Tomatenmark zugeben, etwas abrösten, dann alles mit dem Rotwein aufgießen. Lorbeerblätter und Pfefferkörner dazugeben, Deckel auflegen, alles bei 160–180 Grad etwa 3–4 Stunden langsam im Rohr garen.
Für das Püree zunächst die Kartoffeln schälen, vierteln und in Salzwasser weich kochen. Kartoffeln durch eine Kartoffelpresse drücken, mit heißer Milch und etwas Obers zu einem cremigen Püree verrühren, mit Salz, Pfeffer und Muskat abschmecken. Dann die Butter in einer Pfanne leicht braun werden lassen, die gehackten Kräuter darin kurz braten, danach alles unter das Püree mischen, nochmals abschmecken.
Den Tafelspitz aus dem Bräter nehmen und kurz in Alufolie gewickelt rasten lassen. Währenddessen den im Bräter entstandenen Bratenrückstand ablösen, mitsamt der Sauce und dem Gemüse durch die Flotte Lotte treiben, danach noch etwas einkochen.
Den Tafelspitz in Scheiben geschnitten mit der Rotweinsauce und dem Kräuterpüree auf Tellern angerichtet servieren.

BLUNZEN-NUDELN

Artner

Dieses Gericht kann auf zweierlei Art zubereitet werden: entweder serviert man das „Blunzenragout“ als Sauce zu fertigen Eierteigwaren (z. B. Bandnudeln oder breite Nudeln) oder wie in diesem Rezept angegeben zu Erdäpfelnudeln.

Für die Nudeln:
300 g mehlige Erdäpfel,
100 g griffiges Mehl,
2 EL Grieß, 1–2 EL Butter, 1 großes Ei,
Prise Muskatnuss (nach Geschmack),
Salz, Butter und/oder Schweineschmalz zum Schwenken

Für die Blunzen-Sauce:
300 g feine Blutwurst, Schmalz,
1–2 EL Zwiebeln fein gehackt,
1–2 Knoblauchzehen fein gehackt,
1 EL Petersilie fein gehackt,
etwas Majoran,
Salz und Pfeffer aus der Mühle,
frisch gerissener Kren

Für die Erdäpfelnudeln zunächst die Erdäpfel kochen, schälen, abkühlen lassen und pressen. In das so entstandene Püree wird nun das Mehl, der Grieß, etwas flüssige Butter sowie 1 Ei eingearbeitet und der fertige Teig mit Muskatnuss und Salz abgeschmeckt. Mit den Händen kleine, längliche und wurstähnliche Nudeln formen, diese in Salzwasser kochen, abtropfen lassen.
Schmalz in einer hohen Pfanne erhitzen, gehackte Zwiebel darin lichtgelb andünsten, dann Knoblauch und Petersilie dazugeben. Die Blutwurst häuten, klein würfeln und ebenfalls in die Pfanne füllen. Alles zusammen rösten, bis man eine homogene Saucen-ähnliche Masse erhalten hat, diese mit Majoran, Salz und Pfeffer würzig abschmecken.
Erdäpfelnudeln in Schmalz mit etwas Butter schwenken, auf Tellern anrichten und die Blutwurstsauce darüber verteilen. Alles mit frisch gerissenem Kren bestreut servieren.

ZIEGENKÄSE MIT DÖRROBST

Artner

Frischen Ziegenkäse in Sonnenblumenöl und Dörrobst einlegen. Auf Tellern anrichten und mit Nüssen, frischen Früchten und dem Dörrobst garniert servieren.

RINDERFILET MIT PARMESAN UND RUCOLA

Pitnauer

8 dünne Scheiben Rinderfilet,
3–4 EL geriebener Parmesan oder Bergkäse,
100 g Rucolasalat gewaschen und verlesen,
Olivenöl, Salz, Pfeffer

Das Fleisch sauber parieren, würzen und im Olivenöl rasch auf beiden Seiten abbraten. Mit dem geriebenen Käse bestreuen, diesen etwas zerfließen lassen und mit Rucolasalat belegt servieren.

TOPFEN-GITTER-KUCHEN

Lager

Teig:
5 Eier, 340 g Kristall-Zucker, 125 ml Öl,
125 ml Wasser, Vanillezucker, 340 g Mehl,
1/2 Packung Backpulver

Topfenmasse:
500 g Topfen, 2 Eier, 200 g Staubzucker,
Vanillezucker, etwas Rum

Für den Teig die 5 Eier mit dem Zucker und Vanillezucker schaumig rühren. Öl, Wasser und Mehl sowie das Backpulver einarbeiten. Teig auf ein mit Backpapier ausgelegtes Backblech streichen
Den Topfen mit Eiern, Staubzucker, Vanillezucker und Rum glatt rühren. Topfenmasse in einen Dressiersack füllen, gitterförmig auf den Teig spritzen. 30 Minuten im vorgeheizten Ofen backen.

ZIEGENKÄSE MIT DÖRROBST

TOPFEN-GITTER-KUCHEN

GEORG (III) HUMER

Fischessen an der Donau (Das Uferhaus)

Vor allem im Frühjahr und Sommer zieht es die Wiener seit jeher ins Grüne. Während die Weinliebhaber unter ihnen vor allem in Richtung Wachau oder Thermenregion (z. B. Gumpoldskirchen) gewandert sind, so fanden die Fischliebhaber an der schönen blauen Donau ihre Refugien.
Zu den traditionellsten Ausflugszielen in Sachen Fisch zählt Orth an der Donau mit seinen zahlreichen Fischrestaurants. Eines dieser bekannten ist das so genannte Uferhaus, das seit über drei Generationen täglich frische Fischspezialitäten anbietet, die auch heute noch nach den Originalrezepten der Großmütter zubereitet werden.
Die Geschichte des Uferhauses begann im Jahre 1906, als in Orth nächst dem Anlegeplatz der Dampfschiffe ein Fachwerkbau eröffnet wurde, der den Fahrgästen eine Unterkunftsmöglichkeit während der Wartezeit bieten sollte. Laut Ortschronik erhielt dieser Bau den Namen „Uferhaus“. Nach verschiedenen Pächtern konnten Georg (I) und Aloysia Humer dieses Uferhaus von der Gemeinde pachten. Die Familie Humer ihrerseits ist seit 1704 urkundlich erwähnt als „Bürgerliche Fischermeister“ und übte in Orth die Donaufischerei bereits seit 1853 aus. 1992 musste diese traditionelle Fischerei leider eingestellt werden.
Der jüngste Sohn, Georg (II) übernahm Mitte der 1950er Jahre den Betrieb und baute das Uferhaus kontinuierlich aus, vor allem auch, um die stetig wachsenden Besucherzahlen bewirten zu können. Selbst die immer wiederkehrenden und teilweise verheerenden Hochwasser der Donau konnten dem Erfolg keinen Abbruch tun.
Im Jahre 1986 wurde das bekannte Fischrestaurant von Georg Humer (III) übernommen, der bis heute die Geschicke des Hauses leitet. Die Besucher schätzen die entspannte Atmosphäre an der Donau und genießen dabei so klassische Gerichte wie Serbischen Karpfen oder Fischbeuschelsuppe; damals wie heute mit gleicher Begeisterung!

TERRASSE UFERHAUS

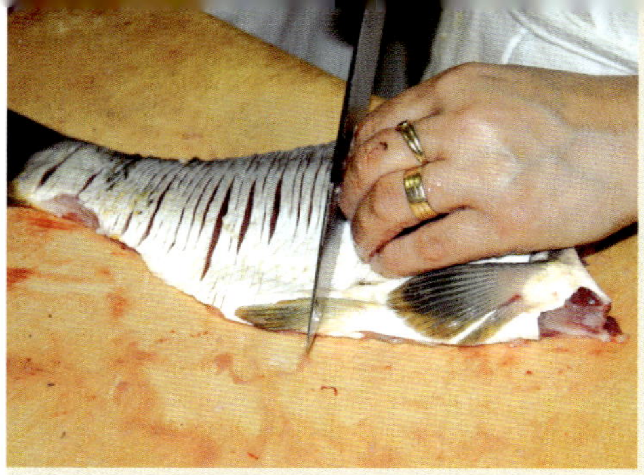

Karpfen Serbische Art: Den Karpfen in 2 cm Abständen schröpfen.

2. Mit Zitronensaft beträufeln und salzen; ziehen lassen.

3. Fisch zuerst in Mehl, dann im Paprikapulver wenden.

4. Reichlich Öl in einer tiefen Pfanne oder Friteuse erhitzen, den Fisch goldbraun ausbacken.

5. Karpfen auf Küchenpapier abtropfen lassen.

6. Den Fisch mit Knoblauchbutter und Pommes Frittes oder Bratkartoffeln servieren.

KARPFENBEUSCHEL-SUPPE

4–6 frische Karpfenköpfe,
2 Zwiebeln,
3–4 Bund Suppengemüse (Karotte, Gelbe Rübe, Zeller, Petersilienwurzel, Lauch),
4–5 Lorbeerblätter, 1 EL Pfefferkörner, Salz

Außerdem:
Zitronensaft oder Essig,
weißer Pfeffer aus der Mühle,
4–5 EL Butter, 3–4 EL Mehl

Als Einlage:
Herz, Leber und Milcher vom Karpfen,
Schwarzbrotcroutons oder Backerbsen

Die Zwiebeln werden in Öl goldbraun angeschwitzt. Dann die gewaschenen Karpfenköpfe mit den angerösteten Zwiebeln, reichlich geputztem Suppengemüse, Lorbeerblättern, Pfefferkörnern und etwas Salz in einen Topf füllen, so viel kaltes Wasser zugießen, bis die Köpfe gut bedeckt sind. Dann alles auf den Herd stellen und köcheln lassen, den aufsteigenden Schaum entfernen. Wenn sich die Geschmacksstoffe gut gelöst haben (nach etwa 30–40 Minuten) werden die Köpfe mit einem Stampfer zerdrückt. Endlich die Brühe durch ein feines Sieb abseihen. Den Fond mit Zitronensaft oder Essig, Salz und weißem Pfeffer abschmecken.
Die Karpfen-Innereien in Salzwasser kurz blanchieren. Aus Butter und Mehl eine lichte Einbrenn bereiten, so viel Brühe dazugießen, dass man eine schön mollige Suppe erhält. Die Suppe verkochen lassen, die Innereien einige Minuten darin ziehen lassen. Suppe nochmals abschmecken, dann mit Croutons oder – wie früher – mit Backerbsen servieren.

GEBACKENER KARPFENMILCHER

Den frischen Milcher waschen, vorsichtig trocken tupfen, mit Zitronensaft beträufeln und leicht salzen. Danach in Mehl, versprudeltem Ei und Brösel paniert in heißem Fett goldbraun ausbacken. Mit Zitronenschnitzen garniert servieren.

KARPFEN SERBISCHE ART

4 Stücke Karpfen von etwa 300–350 g (möglichst mit Gräte), Paprikapulver mittelscharf, Mehl zum Wenden, Öl zum Ausbacken, Zitronensaft, Salz

Für die Knoblauchbutter:
250 g Butter, 12–15 Knoblauchzehen,
Saft einer Zitrone, Salz

Karpfenzubereitung wie oben beschrieben.
Für die Knoblauchbutter wird die zimmerwarme Butter schaumig abgetrieben, dann mit reichlich gehacktem Knoblauch, Zitronensaft und Salz gewürzt (nach Geschmack eine Prise weißen Pfeffer zugeben); kalt stellen.

EISPALATSCHINKEN

Ein oder zwei schöne Palatschinken (Grundrezept S. 311) werden warm mit Vanilleeis und Obstsalat gefüllt. Reichlich Schlagobers und Schokoladensauce als Garnitur, dann sofort servieren.

KARPFENBEUSCHEL-SUPPE

GEBACKENER KARPFENMILCHER

Der Waller

Der in Mittel- und Osteuropa recht weit verbreitete Waller (Wels) bevorzugt als Lebensraum warme Seen und große Flüsse mit weichem Boden, wo er sich am liebsten aufhält. Als gefräßiger Raubfisch ernährt er sich vor allem von Fischen aller Art, Krebsen und Fröschen, aber auch Wasservögel und Kleinsäuger sind vor ihm nicht sicher. Daher ist er als Wildfisch (außer bei Anglern) nicht immer willkommen, da er unter den anderen Nutzfischen oft großen Schaden anrichtet. Der Waller wird aber auch in Teichwirtschaften gezüchtet.
Der Waller (auch Donau-Waller) kann bis zu 3 m lang werden und 150 kg auf die Waage bringen. Wegen seines köstlichen und geschmackvollen Fleisches ist er bei Gourmets und Sportfischern gleichermaßen beliebt.

WALLER MIT PAPRIKASAUCE

8 Koteletts vom Waller (je 90–100 g), 20 kleine junge Zwiebeln, 2 große rote Paprikaschoten, 2–3 Schalotten, 2–3 Knoblauchzehen, 3 Zweige frischer Thymian, knapp 1 Liter Fischbrühe, 50 g Butter, 50–60 g eiskalte Butterflöckchen zum Montieren, Öl zum Braten, Salz und Pfeffer aus der Mühle, Petersilie und scharfes Paprikapulver als Garnitur

Die Wallerkoteletts waschen und trocken tupfen, die Frühlingszwiebeln putzen, die Schalotten schälen und in feine Ringe schneiden, den Knoblauch hacken; die Paprikaschoten vierteln, Samen und Scheidewände entfernen, dann das Fruchtfleisch grob würfeln.
Für die Paprikasauce werden nun zunächst 25 g Butter in einer Pfanne erhitzt und die Schalotten darin glasig gedünstet. Danach kommen Paprikawürfel, Thymian und grob gehackter Knoblauch hinzu. Alles mit 700–750 ml Fischbrühe auffüllen, aufkochen und bei geringer Temperatur etwa 15–20 Minuten weich kochen. Thymianzweige entfernen (nach Belieben auch den Knoblauch), endlich die Paprikaschoten mit einem Mixer pürieren. Masse durch ein feines Sieb streichen, abschmecken und warm stellen. Kurz vor dem Servieren wird die warme Paprikasauce mit eiskalten Butterflocken montiert und mit einem Stabmixer aufgeschlagen.
Die Wallerkoteletts würzen. In einer schweren Pfanne die restliche Butter mit etwas Öl erhitzen, den Fisch darin auf beiden Seiten goldbraun braten. Die Frühlingszwiebeln dazugeben und ebenfalls anrösten, dann mit Salz und Pfeffer würzen. Etwas vom restlichen Fischfond angießen, reduzieren, bis alles wieder zu braten beginnt, diese Prozedur wiederholen, bis der Fond verbraucht ist (Fisch und Zwiebeln sind gar, wenn beide glänzen).
In tieferen Tellern jeweils einen Saucenspiegel setzten, 2 Wallerkoteletts pro Portion darauf setzen und die Zwiebeln anrichten. Mit etwas Petersilie garnieren und scharfem Paprikapulver bestreuen. Als Beilage passen Salz- oder Buttererdäpfel.

WALLERNOCKERLN MIT SPARGEL IN SEKTSCHAUM

Für die Nockerln:
1 kg gut gekühltes Wallerfilet,
2 EL eiskalte Crème fraîche,
2–3 TL Eiweiß zu steifem Schnee geschlagen,
150 g Topfen (eiskalt), 40–50 g Speckwürfel,
feine Semmelbrösel, Zitronensaft, Salz,
weißer Pfeffer, gutes Öl

Für den Sektschaum:
70 ml trockener Sekt, 30 ml kräftiger Fischfond,
1 Eigelb, 25–30 g eiskalte Butterflocken,
Salz, weißer Pfeffer aus der Mühle,
nach Geschmack etwas Cayennepfeffer

Für den Spargel:
1 kg weißer Spargel
(küchenfertig vorgekocht, S. 226),
reichlich Butter, Salz, Pfeffer aus der Mühle

Die gut gekühlten Wallerfilets mit Salz, Pfeffer, Zitronensaft und einem Schuss Weinbrand im Mixer fein pürieren (das muss sehr schnell gehen, sonst bindet das Eiweiß später nicht richtig), dann der Masse Crème fraîche und Eischnee zufügen, nochmals kurz aufmixen. Die Fischfarce in eine Schüssel auf Eis stellen und mit feinen Speckwürfelchen und Topfen zu einer homogenen Masse vermengen. Mit einem nassen Löffel kleinere Nockerln abstechen und kalt stellen.
Für den Sektschaum alle Zutaten über Dunst schaumig schlagen und kurz vor dem Servieren mit der eiskalten Butter montieren. Den vorgekochten Spargel gut abtrocknen, in reichlich zerlassener Butter erwärmen. Die vorbereiteten Nockerln in feinen Semmelbrösel wälzen, danach langsam in Öl goldbraun ausbacken, abtropfen lassen und leicht nachsalzen.
Spargel auf vorgewärmten Tellern anrichten und mit dem Sektschaum überziehen, die Nockerln darauf anrichten und alles als feine Vorspeise oder als Zwischengericht servieren.

WALLERWANGEN

Als besonders seltene Delikatesse gelten die in Butter gebratenen Wangen des Waller.

IM OFEN GEBRATENER WALLER

1 kg Wallerfilets küchenfertig vorbereitet,
800 g Erdäpfel,
2 mittlere Zwiebel,
300–400 ml Sauerrahm,
1 TL Paprikapulver „edelsüß“,
etwas scharfes Paprikapulver,
40–50 g Butter,
Salz, gehackte Petersilie als Garnitur

Den Waller in Portionsstücke schneiden und salzen (nach Belieben mit etwas Zitronensaft beträufeln). Die Erdäpfel schälen und in sehr dünne Scheiben schneiden.
Eine feuerfeste Form (vorzugsweise aus Emaille) mit Butter kräftig einfetten und mit den Erdäpfelscheiben auslegen. Die Erdäpfel salzen, bevor die Fischfilets darauf angerichtet werden. Die Zwiebeln in dünne Ringe hobeln, in einer Schüssel mit Sauerrahm und den beiden Paprikapulvern verrühren. Diese Sauce über die Wallerfilets gießen. Alles im Backofen bei 150 Grad etwa 45–50 Minuten garen, bis die Erdäpfel gar sind. Dazu reicht man einen grünen Salat.

WALLER IN DILL-OBERSSAUCE

Gut 1 kg Wallerfilets in Portionsstücke schneiden, salzen und mit Zitronensaft beträufeln. 1 Zwiebel sehr fein hacken, danach in einer weiten Pfanne mit etwas Butter licht andünsten, dann die Wallerfilets darauflegen und etwas Wein oder Gemüsebrühe angießen. Reichlich gehackten Dill darüber streuen und mit gut 300 ml Obers auffüllen. Den Fisch (möglichst zugedeckt) darin 10–15 Minuten garen lassen.
Fischfilets vorsichtig aus der Pfanne heben und warm halten. Die Sauce kräftig durchrühren, dann durch ein Sieb passieren. Sauce nochmals auf den Herd stellen und mit etwas Mehlbutter abbinden, mit frischem gehackten Dill sowie etwas Senf abschmecken. Fisch auf Tellern anrichten und mit der Sauce überzogen servieren, dazu Blattsalate, Erdäpfel, Reis und/oder Blattspinat reichen.

WALLER IM WURZELSUD

1 kg Wallerfilets küchenfertig,
2 Karotten, 1 Gelbe Rübe,
1 Stück Sellerieknolle, 1 Petersilienwurzel,
1 kleine Stange Lauch (nur das Weiße),
sehr guter Weinessig nach Belieben,
1 Zwiebel, Lorbeerblatt,
frisch geriebener Kren,
einige Pfefferkörner,
gehackte Petersilie, Salz

Das Gemüse putzen und in möglichst gleichmäßige feine Streifen schneiden. Gemüsestreifen in einen Topf füllen, mit so viel Wasser aufgießen, dass das Gemüse 5 cm bedeckt ist. Dann mit Lorbeerblatt, Essig (oder Zitronensaft), Pfefferkörnern und Salz würzen; knapp kernweich kochen.
Jetzt die Wallerfilets hineingeben, Hitze zurückdrehen und die Fischfilets zugedeckt gar ziehen lassen (je nach Größe der Stücke etwa 10–15 Minuten).
Fischfilets vorsichtig aus dem Topf heben und auf vorgewärmten Tellern anrichten, das abgetropfte Wurzelgemüse darüber verteilen und mit frisch gerissenem Kren nach Geschmack würzen. Mit gehackter Petersilie garnieren. Dazu passen Salzerdäpfel.

IM OFEN GEBRATENER WALLER

Die Thermenregion

Südlich von Wien gelegen ist das Weinbaugebiet Thermenregion, welches vor allem durch die beiden Rebsorten Zierfandler und Rotgipfler sowie den malerischen Weinort Gumpoldskirchen berühmt geworden ist. Die Thermenregion erstreckt sich vom südlichen Stadtrand Wiens entlang einer Hügelkette über die Region des bekannten Baden bei Wien bis hin nach Wiener Neustadt. Die bekanntesten Weingärten schmiegen sich sanft an die Ausläufer des Wiener-Waldes mit dem Anninger (674 m) als höchstem Gipfel der Region. Dieser Höhenzug schützt die Reblagen vor dem rauen Westwetter, das milde pannonische Klima hingegen kann im Osten und Süden positiv Einfluss nehmen.

Seit mehr als 2000 Jahren wird die sonnenreiche Gegend, welche als eine der trockensten Österreichs gilt, als Weinanbaugebiet genutzt. Wahrscheinlich haben römische Legionäre, die in Vindobona und dem benachbarten Carnuntum stationiert waren, hier die bereits vorhandenen Weinstöcke durch mitgebrachtes Rebmaterial aus Italien verbessert. Sie brachten neben den Pflanzen auch bereits fundiertes Wissen um die Pflege des Weingartens und die Weinbereitung mit.
Heute werden in der Thermenregion rund 2300 Hektar Rebflächen von etwa 1300 Weinbaubetrieben bewirtschaftet, die allerdings nicht alle selbst abfüllen.

Die Böden der Thermenregion sind zum Teil sehr unterschiedlich, wobei relativ schwere Böden, wie lehmige Tone, sandige Lehme und Kalksteinbraunerden (zum Teil mit Kalkschotter) überwiegen. Durch darunter liegendes Verwitterungsgestein und tiefe Schichten von Schwemmland werden die Böden gut gewässert und gewärmt.
Dieses Terroir macht die Thermenregion zu einem der ganz wenigen Weinbaugebieten, in denen eine Vielzahl hochwertiger Weine gekeltert werden können. Neben sehr eleganten Weißweinen stehen vollfruchtige Rotweine und Süßweine von Weltruf. Die Thermenregion zeichnet sich durch seine vollreifen, extraktreichen und sehr harmonischen Weine aus, wobei die Rebsorten Zierfandler und Rotgipfler zu den Spezialitäten dieses Weinbaugebietes zählen.

Auf nennenswerter Fläche werden diese beiden Rebsorten eigentlich nur in der Thermenregion angebaut. Grund dafür ist nicht zuletzt die Tatsache, dass sie hier ideale Bedingungen vorfinden, die es erlauben, Trauben von enormer Aromavielfalt und einzigartiger Geschmacksdichte hervorbringen zu können. Eben jene Grundlage, die notwendig ist, große und vielschichtige Weine erzeugen zu können.
Sowohl Zierfandler als auch Rotgipfer sind spätreifende Rebsorten, die nur in geschützten und sehr sonnenreichen Regionen ihr volles Potential entfalten. Und genau diese speziellen Anforderungen an das Terroir erfüllt die Thermenregion: Der Anninger schützt vor unwirtlichem Westwetter, das Gebiet ist besonders sonnenreich, die Böden haben einen hohen Schotteranteil und entwässern gut – ideale Voraussetzungen also, dass die Trauben vollendet reifen.
Zierfandler und Rotgipfler gelten als zwei der seltensten Rebsorten, zählen aber auch zu den wertvollsten. Zierfandler – dessen alter Name „Spätrot“ ist – wird in der Thermenregion auf rund 100 Hektar angebaut, der Rotgipfler auf etwa 125 Hektar. Etwa ein Drittel der gesamten Rebfläche ist mit roten Sorten bestockt, vor allem Portugieser, Cabernet Sauvignon, Blauer Zweigelt und Pinot noir.

Besonders erwähnenswert ist sicherlich auch der wunderschöne Weinort Gumpoldskirchen mit seinem pittoresken Zentrum. Einige der bedeutendsten Winzer der Thermenregion sind hier zu Hause wie z. B. Manfred Biegler, Richard und Hannes Thiel oder Harald Zierer. Ein anderer wichtiger Weinort liegt mit Sooß weiter südlich. Namen wie Christian Fischer, Schwertführer oder Franz Schlager haben ihm einen sehr guten Ruf in der Weinwelt eingebracht. Bei den meisten Winzern wird man – wenn „ausgesteckt“ ist, im angeschlossenen Heurigen-Betrieb verwöhnt.

Erwähnenswert ist sicherlich auch noch der Kurort Bad Vöslau, denn von hier stammt nicht nur ein bekanntes Mineralwasser, sondern auch das für seine hervorragenden Schaumweine bekannte Gut „Schlumberger“. Die Rotweine aus dem Hause Schlumberger sind ein Stück österreichischer Weinbaugeschichte, denn schon die englische Königin Viktoria genoss die edlen Tropfen aus der Thermenregion.

Heiligenkreuzer Klosterweingut Freigut Thallern

Inmitten von wunderschönen Weingärten, nahe Gumpoldskirchen befindet sich dieses Weingut des Klosters Heiligenkreuz. Es wird seit dem 18. Oktober 1141 ununterbrochen von den Zisterziensern des Stiftes Heiligenkreuz bewirtschaftet und ist somit eines der ältesten Weingüter Österreichs.
Marktgraf Leopold IV., Sohn des Heiligen Leopold, hat kurz vor seinem Tod dem Stift Heiligenkreuz dieses Weingut in feierlicher Form vermacht. Dem Gut angeschlossen war auch das Dorf Thallern, das damals von 14 Männern mit ihren Frauen und Kindern bewohnt und mit all seinen Bewohnern, 6 Huben, 8 1/2 Weingärten und 4 Hofstätten für alle Zeiten übergeben wurde. Die rastlosen und fleißigen Zisterzienser machten aus dem ehemaligen winzigen landesfürstlichen Besitz in den vergangenen mehr als 850 Jahren das heute so bedeutsame Weingut.
Der Ortsname Thallern dürfte auf das Wort Tal zurückzuführen sein, und tatsächlich liegt es in einer sanften Mulde, umgeben von den Hängen, auf denen der Wein gedeiht.

Seit vielen Jahrzehnten ist das Klosterweingut Thallern nicht nur berühmt für seine Weine, sondern auch ein sehr beliebtes Ausflugsziel, insbesondere für die Wiener. Grund dafür dürfte nicht der Wein allein oder die reizvolle Natur sein, nein vielmehr auch die schmackhaft-knusprigen Backhenderln, welche in der dem Weingut angeschlossenen „Backhendlstation“ angeboten werden. Aber auch die köstliche Thallerner Cremeschnitte mit Vanillesauce erfreut sich allgemeiner Beliebtheit.

THALLERNER CREMESCHNITTEN

Für die Fülle:
100 ml Obers,
80 g Zucker,
2 Dotter,
5 g Reismehl,
Vanille,
100 g Butter

Weiter:
Blätterteig,
1 Eiklar zum Bestreichen,
30 g Zucker

Für die Fülle wird zuerst eine Mischung aus Obers, Zucker, Dotter, Reismehl und Vanille über Dampf dick geschlagen. Nach dem Erkalten löffelweise mit schaumig geschlagener Butter vermengen.
Der Blätterteig wird in gleichgroße, messerdicke Rechtecke geschnitten, mit Eiklar bestrichen und auf einem nassen Blech bei starker Hitze im Ofen goldbraun gebacken.
Nach dem Auskühlen wird ein Stück Blätterteig dick mit der Vanillemasse bestrichen, eine zweite Blätterteigscheibe darauf gelegt und diese wird wiederum mit Vanillecreme bestrichen. Das Ganze mit einer dritten Scheibe bedecken und mit reichlich Staubzucker stäuben.
Cremeschnitten auf Tellern anrichten, mit z. B. Schlagobers und Vanillesauce genießen.

THALLERN BACKHENDL

Backhühner sind eine besondere Spezialität der Wiener Küche und man verbindet mit ihnen das unbeschwerte Wohlleben. Vergangene glückliche Epochen wurden auch als „Backhendlzeit“ bezeichnet.

2 junge Hühner (Brathühner),
Salz,
Mehl zum Wenden,
3–4 versprudelte Eier,
Semmelbrösel zum Panieren,
Öl oder Butterschmalz zum Ausbacken

Die jungen Hühner werden ausgenommen, sauber geputzt und in sechs bis acht Teile zerlegt. Man kann – wenn gewünscht – auch die Haut entfernen. Danach werden die Hühnerteile gut gesalzen, in Mehl, Ei und Brösel paniert und schwimmend in nicht zu heißem Fett goldbraun ausgebacken.
Gebackene Hendl auf Küchenpapier abtropfen lassen und mit Salat servieren.

WEINGUT ROTES MÄUERL GUMPOLDSKIRCHEN

Das schöne Weingut hat seinen Sitz im Landhaus-Spanner, welches vom Architekten Adolf Loos erbaut worden ist. Von der Terrasse des Heurigenlokals aus genießt man einen herrlichen Blick weit über das Wiener Becken hinweg. Traditionellerweise sind die Hauptsorten des Betriebes Weißweinsorten wie Zierfandler, Rotgipfler, Welschriesling und Chardonnay, doch hat man in den letzten Jahren auch vermehrt auf Süßweine gesetzt. Die 6 ha Weingärten befinden sich hauptsächlich in Südostlagen und bieten so neben starker Ertragsbegrenzung durch den Winterschnitt, durch gezielte Laubarbeit als auch durch die strenge Selektion der Trauben bei der Ernte die ideale Grundlage für einen qualitätsorientierten Weinbaubetrieb.

Das Weingut hat sich unter der Leitung von Erich Heimburg vor allem der Produktion von edlen Süßweinen verschrieben. Eine Spezialität ist die sehr gelungene Zierfandler TBA, ein Süßwein, der zu den besten der Region gezählt werden darf! Außerdem ist der Rotgipfler zu empfehlen, ein leicht zu trinkender, frischer Sommerwein.

WEINGUT KARL ALPHART TRAISKIRCHEN

Feine und elegante Weine von zum Teil herausragender Qualität sind das Aushängeschild dieses 1762 gegründeten Weingutes. Die Trauben gedeihen auf 12 ha in einigen der besten Lagen der Thermenregion. Karl Alphart sieht sich als Spezialist für Burgundersorten, doch pflegt er auch die klassisch autochthonen Sorten wie Rotgipfler und Zierfandler. Die Liebe zur Natur und zum Handwerk des Winzers spiegelt sich im Charakter seiner besonderen Weine wider. Auf seinen derzeit 12 ha widmet er sich zu mehr 80 Prozent den weißen Sorten, daneben erzeugt das Weingut auch etwas Rotwein (besonders gefällig ist die Cuvée „Alpha" aus PN/ZW/SL).

Der sehr elegante Rotgipfler Rodauner (Top-Selektion) überrascht durch eine Fülle an Aromen, vor allem exotische Fruchtnoten stechen hervor. Dieser Wein der Extraklasse gehört sicherlich zum Besten, was Österreich hervorbringt. Doch sollte man auch den ausgezeichneten Neuburger Hausberg beachten, eine urösterreichische Sorte, die Karl Alphart besonders schätzt. Exzellent sind ebenfalls die Süßweine; vor allem die Trockenbeerenauslesen von Karl Alphart sind ein Traum! Erwähnenswert ist sicherlich noch der Winzersekt „Pinot & Pinot brut de brut", den Karl Alphart zusammen mit Christian Fischer (siehe Weingut Fischer, Sooß) produziert hat.

WEINGUT FISCHER SOOSS

Ganz dem Rotwein verschrieben hat sich das in Sooß ansässige Weingut, welches mit Fug und Recht als eines der Rotweinpioniere der Thermenregion bezeichnet werden kann. Es keltert durchwegs gehaltvolle, sehr vielschichtige Rotweine, die über eine ausgewogene Tanninstruktur und eine sehr fein würzige Frucht verfügen. Von den heute 17 ha Weingarten sind mehr als 85 Prozent mit Rotwein bestückt, die Rebstöcke gedeihen auf den für die Region typischen warmen, lehmig-tonigen Böden.

Neben der berühmten Cuvée „Gradenthal" (bestehend aus Zweigelt, Cabernet Sauvignon und Merlot), einem eleganten Wein mit wunderbarem Kirscharoma, ist der sorgfältig im Barrique ausgebaute Pinot Noir Premium wahrscheinlich das edelste Produkt des Hauses. Die Familie Fischer serviert diesen Wein im eigenen Buschenschank bevorzugt zur gebratenen Ente.

LEOPOLD AUMANN TRIBUSWINKEL

Der kleine Weinort Tribuswinkel liegt ganz in der Nähe des berühmten Kurort Baden. Hier liegt das Weingut, das unter Regie des jungen Önologen Leopold Aumann zu einem Begriff in der Weinwelt geworden ist. Auf 9 ha Weingärten hat er sich ganz dem Rotwein verschrieben, der mehr als 80 Prozent der Rebfläche ausmacht und die das Weingut auch zu gewisser Berühmtheit führten. Doch werden aus den Sorten Rotgipfler, Zierfandler, Veltliner, Chardonnay, Riesling auch sehr gute Weißweine erzeugt.

Bemerkenswert ist sicherlich die Badner Toplage Flamming, auf der Leopold Aumann seinen Rotgipfler angepflanzt hat; diesen baut Aumann in neuen Barriques aus. Bekanntester Wein das Hauses ist sicherlich die charmante Cuvée „Harterberg" (CS/ME/ZW), Freunde reinsortig ausgebauter Weine werden ihre Freude am Merlot Harterberg haben, ein opulenter Wein mit saftigem Beerenaroma und schöner Finesse.

MÜHLEGGER SOOSS

Der Qualitätsweinbaubetrieb Walter und Gabriele Mühlegger ist seit zwei Generationen im Familienbesitz und befindet sich im schönen Weinort Sooß, die 4 ha Rebfläche werden nach den strengen Richtlinien des „Verbandes organisch-dynamisch wirtschaftender Bauern" bewirtschaftet. Walter Mühlegger sieht in dieser ökologischen Wirtschaftsweise den einzig gangbaren Weg, die Lebensgrundlage Boden auf Dauer gesund zu erhalten. Diese natürliche Behandlung der Trauben und des Weines spiegelt sich in höchster Bekömmlichkeit wider.

Der Rebschnitt wird sehr kurz angelegt, um kleine Erträge mit hoher Qualität zu erreichen. Die Begrünung gewährleistet besseren Nährstoffaustausch, höhere Wasserspeicherkapazität und Schutz vor Erosion, Abschwemmung und Bodenverdichtung. Außerdem ist der Dauermulch notwendig, um wichtigen Nützlingen einen geeigneten Lebensraum zu schaffen. Zur Fruchtbarkeitserhaltung des Bodens werden statt synthetischer Mineralsalze (Kunstdünger) ausschließlich organische Bodenverbesserungsmittel verwendet (Stroh, Stallmist, Kompost, Steinmehl, Trester, usw.).

Diese Reben können sich gegenüber Schädlingen und verschiedenen Schadorganismen besser behaupten. An den Weinstöcken wird genauere Laubarbeit durchgeführt, um bessere Belüftung der Traubenzone zu erzielen. Kurz nach der Blüte wird der Traubenbesatz kontrolliert und wenn notwendig, ausgedünnt. Die Schädlinge werden nicht totgespritzt, sondern mit Hilfe von Nützlingen dezimiert und unter der Schadschwelle gehalten. Die Bekämpfung anderer Krankheiten erfolgt durch Stärkung der Rebe mit Pflanzenextrakten, selbst hergestellten Pflanzenjauchen und Steinmehlen. Es kommen keinerlei Insektizide, Fungizide und Pestizide zum Einsatz.

Neben einer ganzen Reihe von ansprechenden Qualitätsweinen sind vor allem die verschiedenen Sekte die Spezialität des Hauses Mühlegger.

WEINGUT SCHNEIDER TATTENDORF

Im Mittelpunkt des weinbaulichen Strebens der Familie Schneider stehen die aus der reichhaltigen Burgunderfamilie stammenden Rebsorten St. Laurent und der Pinot noir bei den Rotweinen sowie Weißburgunder und Chardonnay bei den Weißen. Die hervorragenden Lagen der Thermenregion mit ihren vielschichtigen Böden bieten ideale Voraussetzungen für große Weine. Die Spezialisierung ergibt sich aus dem Zusammenspiel von kontinentalem Klima und Kaltschotterböden; und so sind von den 9 ha Weingärten auch nahezu 90 Prozent mit Rotweintrauben bestockt.

Mit Traditionsbewusstsein und Leidenschaft bewirtschaften die Schneiders ihr Weingut, wobei ökologische und biologische Grundsätze in der Bewirtschaftung der Weingärten für die ambitionierten Winzer selbstverständlich sind. Nachhaltige Qualität erreicht man nur mit der Natur und nicht gegen sie, ist die Leitlinie ihres Handelns.

„Flaggschiff" ist der komplexe und saftige St. Laurent, der eine intensive Beerenfrucht präsentiert und über eine schöne Länge verfügt. Doch auch der dichte, terroiretypische Pinot Noir Reserve überzeugt voll und ganz!

KRUG „DAS WEINGUT" GUMPOLDSKIRCHEN

Top-Weine im „Alten Zechhaus", die mehr als nur eine Versuchung wert sind! So oder ähnlich könnte man das berühmte Weingut beschreiben. Doch hat Gustav Krug die alten Strukturen aufgebrochen und aus dem traditionellen Weingut der Familie einen modernen, sehr funktionelle gestalteten Betrieb gemacht. Rund 60 Prozent der 14 ha Rebfläche sind mit Weißweinen bestockt.

Bei den Rotweinen sind die Cuvée mit dem schönen Namen „Die Versuchung" oder auch der Cabernet Sauvignon Privat besonders zu erwähnen, weil sie die Handschrift des Winzers sehr typisch widerspiegeln. Die Rasslerin Rotgipfler ist dagegen ein Wein, deren Versuchung wohl nur ein eingefleischter Antialkoholiker zu widerstehen vermag. Und so lässt man sich im alten Zechhaus die modern gekelterten Weine schmecken, ein Beispiel dafür, dass Alt und Neu sich gut ergänzen können.

CHRISTIAN KAMPER GUMPOLDSKIRCHEN

Seit dem Jahre 1692 besteht dieses Traditionsweingut. Das Wissen um die richtige Erziehung der Reben, die Pflege der Rieden und den Ausbau der Weine wird seit Generationen innerhalb der Familie weitergegeben und jede Generation erweitert dieses Wissen mit dem ihrigen. Seine Aushängeschilder Zierfandler und Rotgipfler werden selbst den verwöhntesten Weingaumen überzeugen können.

Den ausgezeichneten Rotgipfler reicht man im wunderschönen Naturgarten des angeschlossenen Heurigen vorzugsweise zu Leber-Pastete.

STADLMANN TRAISKIRCHEN

Das traditionsreiche Weingut besteht bereits in siebenter Generation. Seit dem Jahre 1780 ist man hier um Qualitätsweine bemüht, den Grundstock hierfür bilden das über Generationen gesammelte Wissen und natürlich die Weingärten. In seinen 12 ha Weingärten, im Herzen der Thermenregion gelegen, gedeihen vorwiegend alte Rebstöcke (bis zu 45 Jahre), die mit Boden und Klima der Thermenregion harmonieren. Sie werden nach dem Prinzip einer konsequenten Ertragsbeschränkung bewirtschaftet.

Das Hause Stadlmann hat sich vor allem den Weißweinen verschrieben, allen voran dem Zierfandler. Neben der Premium Cuvée und dem ausgezeichneten Rotgipfler Tagelsteiner ist der berühmte Zierfandler Mandel-Höh, ein Wein voll Kraft, Dichte und Aromavielfalt, die beeindruckendste Visitenkarte des Hauses.

WEINGUT HECHER SOOSS

Das in Sooß gelegene Weingut ist ein seit 1765 bestehender Familienbetrieb, dessen besonderes Anliegen ist, Tradition und Moderne zu verbinden, um qualitativ hochwertige Weine zu produzieren. Nur handverlesenes Traubengut wird geerntet und schonend verarbeitet. Jede Sorte wird individuell vinifiziert und ausgebaut, um den jeweiligen Ansprüchen gerecht zu werden.

Neben den guten Rotweinen, die sowohl im Barrique als auch im großen Holzfass ausgebaut werden, ist der frische Muskat-Sekt (erzeugt in Zusammenarbeit mit der Golser Sektkellerei Szigeti, S. 333) sehr gefällig und schmeckt im Haus-Heurigen besonders gut.

EINFAHRT „THALLERN"

REH IN WALDMEISTERSAUCE
Stadlmann

**750 g Rehfleisch (vom Schlegel),
Öl, Salz, 1/8 l Rotwein,
1 Gewürzsäckchen (Wacholder, Piment, Pfefferkörner und Lorbeer),
3/4 l Wildfond,
1 kleines Sträußchen Waldmeister,
2 EL Orangenmarmelade,
etwas Orangensaft, Mehl zum Binden**

Fleisch in nicht zu kleine Würfel schneiden, salzen, in einem Topf in heißem Öl anbraten und mit Rotwein ablöschen. Mit dem Wildfond aufgießen, das Gewürzsäckchen dazugeben und zugedeckt das Fleisch weich dünsten. Topf vom Herd nehmen, das Waldmeistersträußchen dazugeben und 15 Minuten ziehen lassen. Gewürzsäckchen und Waldmeister entfernen, Sauce mit Mehl binden und mit Orangenmarmelade und Orangensaft dezent abschmecken. Dazu reicht man Briocheknödel.

KALBSLEBER-PASTETE
Christian Kamper

**800 g Kalbs- oder Rindsleber enthäutet und pariert,
200–250 g Bauchspeck,
3 in Milch oder Suppe eingeweichte Semmeln (entrindet), 3 Dotter,
3–4 Schalotten,
2–3 EL gehackte Petersilie,
1 Prise Majoran,
1 Prise Thymian,
Salz, Pfeffer,
Pastetenspeck für die Form**

Bauchspeck und Schalotten hacken, dann zusammen mit der gewürfelten Leber und den gut ausgedrückten Semmeln zweimal durch die feine Scheiben des Fleischwolfs drehen. Diese Masse wird mit den Dottern vermengt, danach mit Petersilie, Majoran, Thymian, Salz und Pfeffer gewürzt. Die Masse kann zusätzlich mit z. B. Muskat, Cayennepfeffer, Pistazien, gehackten schwarzen Trüffeln verfeinert werden.
Eine Pasteten- oder Terrinenform mit Speckscheiben auslegen und die Lebermasse einfüllen. Mit klein würfelig geschnittenem Speck bestreuen und einen Papierdeckel auflegen.
In ein Wasserbad setzen, 1 1/2–2 Stunden im Rohr garen. Pastete überkühlen lassen, stürzen und mit Aspik sowie Preiselbeeren garniert anrichten.

GESURTER JUNGSCHWEINSBRATEN
Weingut Hecher

**1 Stück Jungschweinsbraten (etwa 2–3 kg) mit Schwarte leicht gesurt,
2 kleine Zwiebeln geviertelt,
etwas Wasser oder Brühe,
gepresster Knoblauch, Kümmel, Salz**

Die Schwarte quer in fingerdicken Abständen schröpfen, dabei das Fleisch nicht verletzen. Die Fleischseite kräftig mit geriebenem Knoblauch würzen, dann mit der Schwarte nach oben in eine Bratpfanne legen. Geviertelte Zwiebeln hineinlegen, Brühe angießen und die Schwarte mit Kümmel und etwas Salz bestreuen. Im nicht zu heißen Ofen (etwa 160–180 Grad) unter häufigem Begießen braten, bis die Schwarte schön knusprig ist. Als Beilage eignen sich klassisch Kraut und Knödel, aber auch Erdäpfel.

HIRSCHRÜCKENSTEAKS MIT PINOT NOIR UND WEICHSELN
Weingut Schneider

**4 schöne Hirschrückensteaks,
80 g Selchspeck, Salz und Pfeffer aus der Mühle**

**Für die Beize:
5 EL Öl, Lorbeerblätter, Pfefferkörner, Wacholderbeeren, Petersilie, Zwiebelringe**

**Für die Sauce:
Senf, Tomatenmark, etwas Rindsuppe,
125 ml Pinot noir, 125 ml Obers**

**Für die Weichseln:
20 g Butter, 2 EL Zucker, 250 g Weichseln,
etw. Weinbrand, Zitronensaft**

Die Steaks sauber parieren und mit dem Selchspeck spicken, einige Stunden in die Beize legen. Steaks zart rosa braten, aus der Pfanne heben und warm stellen.
Im Bratenrückstand das Tomatenmark kurz mitrösten. Mit Pinot noir ablöschen, etwas Rindsuppe zugeben und mit Senf, Salz und Pfeffer würzen. Sauce mit Obers sämig einkochen lassen.
Für die Weichseln die Butter in einer Kasserolle schmelzen, Zucker darin leicht karamellisieren, abgetropfte Weichseln dazugeben und mit Weinbrand flambieren. Weichseln mit Zitronensaft abschmecken.
Hirschsteaks mit der Sauce und den Weichseln auf vorgewärmten Tellern anrichten, dazu passen Kroketten.

GESURTER JUNGSCHWEINSBRATEN

KALBSLEBERPASTETE

RIESENGARNELEN MIT CURRY UND ANANAS

Weingut Karl Alphart

**12–15 frische Riesengarnelen,
150–200 g Ananasstücke,
1 Bund Frühlingszwiebeln,
je 1/2 Paprika (rot, grün und gelb),
1 EL Curry,
1 Schuss Rotgipfler,
2 EL Obers, Pflanzenöl,
etwas gehackte Petersilie**

Die Garnelen werden in heißem Wasser kurz blanchiert, dann lässt man sie abtropfen. Wenig Öl erhitzen, Garnelen darin rasch abbraten, herausnehmen. Im selben Öl die fein geschnittene Jungzwiebel und die würfelig geschnittenen Paprika anbraten, mit Curry stauben und die Ananaswürfel dazugeben. Alles mit Wein ablöschen, kurz einkochen lassen, schließlich mit dem Obers abbinden. Sauce abschmecken, Garnelen hineinlegen und mit gehackter Petersilie bestreut servieren.

ERDÄPFEL-GRAMMEL-STRUDEL

Weingut Rotes Mäuerl

**200–250 g Strudelteig (siehe Grundrezept S. 406),
800 g vorgekochte mehlige Erdäpfel,
250 g Grammeln, 1 große Zwiebel fein gehackt,
4–5 Knoblauchzehen fein gehackt, 1 KL Majoran,
1–2 EL gehackte Petersilie, 4–5 EL Schmalz oder Öl,
Salz und Pfeffer aus der Mühle**

Zwiebeln in etwas Fett anrösten, dann den Knoblauch dazugeben und die Grammeln darüberstreuen. Alles gemeinsam gut durchrösten, salzen und pfeffern. Die gekochten Erdäpfel schälen und mit einer Gabel grob zerkleinern. Erdäpfel in eine Schüssel füllen, Zwiebel-Grammelmasse einfüllen, gut durchmischen und mit Majoran, Petersilie, Salz und Pfeffer würzig abschmecken. Fülle auskühlen lassen.

Den Strudelteig auf einem feuchten Tuch ausziehen und mit flüssigem Schmalz oder Öl bestreichen. Die Masse auf Dreiviertel des Teiges auftragen, den Strudel einrollen und an den Enden überlappend verschließen, damit die Fülle nicht austreten kann.
Den Strudel mit Schmalz oder Öl bestrichen auf ein gefettetes oder mit Backpapier ausgelegtes Blech legen. Im vorgeheizten Ofen bei 220 Grad etwa 15–20 Minuten backen, bis er goldbraun ist.
Dazu schmeckt eine Joghurtsauce aus: 125 ml Rahm, 125 ml Joghurt, gepresstem Knoblauch, Schnittlauchröllchen, Salz und Zucker.

GEBRATENE ENTE MIT NATURSAFT'L UND KLEINEN ERDÄPFELKNÖDEL

Weingut Fischer

**1 Ente, Entenfett,
Rindsuppe, Butter, Majoran,
Salz, Pfeffer aus der Mühle**

Die Enten werden geputzt, ausgenommen, mit Salz und Majoran eingerieben und bei Bedarf dressiert. Ente in heißem Fett unter Zugabe von etwas Suppe bei fleißigem Begießen gut 1 Stunde im Rohr braten.
Den Saft etwas entfetten, einen Löffel Butter einrühren, mit etwas Rindsuppe aufgießen und leicht verkochen.
Ente tranchieren, Brustfilets auslösen und auf einer Platte anrichten. Mit Saft überziehen und kleine Erdäpfelknödel als Beilage anlegen. Man kann dazu Rotkraut und/oder Preiselbeeren reichen.

SPECKSALAT

Mühlegger

Die Blätter von 1–2 Salathäupteln waschen, abtropfen lassen und in eine Schüssel füllen. Salat salzen, pfeffern und mit gehacktem Knoblauch würzen. 1–2 Zwiebeln sehr fein hacken, die Hälfte davon mit dem Salat vermengen. Speck nach Belieben würfeln, in einer Pfanne auslassen, dann die Grammeln herausnehmen und auf Küchenkrepp abtropfen lassen. Im Fett die restliche Zwiebel anrösten und mit verdünntem Essig ablöschen; danach die Zwiebeln über den Salat geben. Den Salat auf Tellern anrichten und mit den Grammeln bestreuen, nach Wunsch mit abgeschmälzten Erdäpfelwürfeln oder Croûtons anreichern; den fertigen Specksalat mit frisch gehackten Kräutern, Kirschparadeisern und/oder Kernöl garniert servieren.

GESCHMORTE LAMMSTELZE MIT KNOBLAUCH UND THYMIAN

Krug „Das Weingut"

**4 Lammstelzen,
10–15 Knoblauchzehen
(im Ganzen oder grob gehackt),
2 EL frische Thymianblätter,
etwas Mehl zum Stauben,
Rindsuppe zum Aufgießen,
Tomatenmark,
Salz,
Pfeffer aus der Mühle**

Die Lammstelzen werden gewaschen, gut mit Salz und Pfeffer gewürzt und in einer Pfanne mit heißem Öl rundherum kurz angebraten. Dann kommen reichlich Knoblauchzehen hinzu und werden ebenfalls mitgeröstet. Sind die Stelzen rundherum gebräunt, nimmt man sie heraus. Den Bratenrückstand mit Mehl stauben und ein wenig Tomatenmark hinzugeben, bevor mit Rindsuppe abgelöscht wird.
Bratensatz vom Boden lösen und den frischen Thymian dazugeben. Lammstelzen mit dem Saft in eine Bratpfanne geben und im Kombidämpfer bei 120 Grad etwa 45 Minuten braten. Dazu schmecken Thymianerdäpfel und/oder ein Paprikagemüse.

SPECKSALAT

GEBRATENE ENTE MIT NATURSAFT'L

GESCHMORTE LAMMSTELZE

HEINZ HANNER

Restaurant Hanner

Ein geschichtsträchtiger Ort:
Der Ort Mayerling bei Alland ist im Jahre 1889 Zeuge eines bis heute ungelösten Rätsels geworden, denn hier kamen in der Nacht vom 28. auf den 29. Jänner der damalige Kronprinz Rudolf und seine Geliebte Mary Vetsera auf bis heute ungeklärte Weise ums Leben. Die haarsträubendsten Geschichten über den Tod des Liebespaars kursierten, denn niemand wollte die offizielle Version glauben, dass der Kronprinz trotz jung an Jahren an Herzschlag gestorben sein soll, so war schnell von Mord und Totschlag, in anderen Versionen gar von Selbstmord die Rede. Der Hof entschied sich damals für Selbstmord unter Geisteskrankheit, damit Rudolf ein christliches Begräbnis ermöglicht werden konnte – Marys Tod wurde gar gänzlich verschwiegen.
Nie sind die Gerüchte abgerissen, insbesondere als die Zensur mit dem Zusammenbruch der Monarchie von Österreich-Ungarn nach dem verlorenen Ersten Weltkrieg aufgehoben wurde; doch noch immer ist der tatsächliche Ablauf rätselhaft. Bis heute hat die Mayerlingtragödie nichts von dieser schaurigen Faszination verloren. 1991 ging diese Faszination sogar soweit, dass jemand den Leichnam Marys heimlich ausgraben ließ, um durch eine medizinische Untersuchung die wahre Todesursache herauszufinden. Auch dies war letztlich vergeblich. Mary und Rudolf sind tot, doch die Gerüchte leben weiter ...

Das Restaurant Hanner:
An diesem geschichtsträchtigen Ort befindet sich heute ein Tempel des Genusses – das Restaurant Hanner! Im Einklang mit der Natur und dem Streben nach vollendeter Gastlichkeit präsentiert Heinz Hanner ein Restaurant, das als überraschend kreativ und unkonventionelles Gesamtkunstwerk beschrieben werden muss. Ja, Heinz Hanner hat bereits jetzt schon eigene Geschichte geschrieben, denn Ende der 1980er Jahre begann ein geradezu kometenhafter Aufstieg, der 1997 mit der dritten Haube (Gault Millau) und der Auszeichnung zum Koch des Jahres einen ersten Höhepunkt fand. So ähnlich ging es weiter Schlag auf Schlag, 1999 bereits 18 Punkte im Gault Millau, der erste Michelin Stern usw. usw.
Heinz Hanner ist einer der Vorreiter der österreichischen Moderne und dabei zugleich tief verwurzelt in der Region, er ist kreativ und visionär, ohne dabei den Blick fürs Wesentliche zu verlieren. Ein Herzstück seines Wirkens sind die nahezu utopisch anmutenden High-Tech-Küchen, die alleine 300 Quadratmeter Raum beanspruchen. Die Hauptküche ist eine der modernsten und innovativsten Küchen im deutschsprachigen Raum, angrenzend an die kleine Schau-Küche für Forschung und Entwicklung mit Aromen-Labor.
Einen wesentlichen Bestandteil des Gesamtkunstwerkes „Hanner" nimmt die Architektur ein, die mit Worten kaum zu beschreiben ist. Heinz Hanner selbst meint dazu, dass die Planung des Restaurants ein zeitgemäßes Statement zum Umgang mit Form und Material in traditionsbehafteter Umgebung formuliere. Und so erwarten den Gast hier weite Hinterglas-Fluchten mit viel Landschaft davor, aber nur wenigen Tischen dahinter – manch ein ökonomisch denkender Unternehmensberater würde dieses Ambiente wohl als verschwenderisch bezeichnen, könnte man in den weiten Räumlichkeiten des Restaurants doch gut und gerne nahezu doppelt so viele Sitzplätze schaffen, wenn man wollte. Doch Heinz Hanner wollte nicht, weshalb „dem Kochen als älteste Kunstform nicht nur Platz zur Produktion gegeben wurde, sondern viel mehr auch zur Aktion – durch Fenster zwischen „Speisenbauer" und interessiertem Gast", wie er selbst erklärt.
Heinz Hanner gestaltet Speisen natürlich mit den besten Produkten, Gewürzen und heimischen Wildkräutern unter Einsatz moderner und klassischer Kochtechniken. Er projiziert bewusst Assoziationen der bekannten Küchen und Geschmäcker, denn er will keine Provokation, sondern durch Abstrahieren „Brainfood" zur Bewusstseins- und Geschmackserweiterung für Menschen schaffen, die alte Geschmacksnuancen neu empfinden möchten und ebenso auch neue zulassen. Heinz Hanner spielt gerne mit Konsistenzen, Kontrasten und Gegensätzen, wie süß-sauer, bitter und mild, schaumig weich kontra zart crispy und vielem mehr. Die Grundlagen für eine erfolgreiche Umsetzung sind hierbei sein Innovationsgeist, ein präzises Handwerk und nicht zuletzt Disziplin!

Heinz Hanner zur persönlichen Zukunft in seiner Küche:
„Der Trend zum Esserlebnis ist immer mehr spürbar, die Menschen wollen immer mehr Dinge probieren, sie haben Sehnsucht nach neuen Geschmackserlebnissen und fordern vermehrt neue Speisen, die in Entwicklung, Zusammensetzung, Kochtechnik, Struktur, Stil und Geschmack neue Geschmackswelten zugängig machen und den Gaumenhorizont erweitern.
Als zweite Komponente wird die Produktherkunft und Authentizität der Regionen und deren Wiedererkennbarkeit an den Speisenkreationen verstärkt gefordert.
Aus diesen Anforderungen entwickeln wir ein Menü, das Avantgarde mit Klassik und Region verknüpft; eine Küche, tief verwurzelt in alten Bräuchen und Rezepten, mit Kräutern und Beeren direkt aus Wald und Wiese, die durch zeitgemäße Kochtechniken neu und modern interpretiert werden.
Das Menü bietet viele kleine Kostproben der Hannerküche, „Brainfood" steht hier im Vordergrund, nicht die Sättigung mit wenigen Speisen, sondern die Bewusstseinserweiterung von Hirn und Zunge."

REHRÜCKEN IN DER LEHMKRUSTE

ROTE RÜBEN MIT TRÜFFEL UND GÄNSELEBER

REHRÜCKEN IN DER LEHMKRUSTE MIT COUSCOUS UND EINGELEGTEN DIRNDLN

**2 Rehkarrees à 300 g,
Kräutermischung (Rosmarin, Wacholder, Thymian),
Tannenzweige, 250 g Lehm (feucht), 1 TL Olivenöl,
20 g Butter, 250 ml Rehjus, Salz, Pfeffer,**

**Für das Couscous:
250 g Couscous 125 ml Wasser,
3 Kardamomkapseln, 3 Pfefferkörner,
3 Pimentkörner, 1 rote Chilischote,
gemahlener Zimt, Sternanis,
5 Tropfen Arganöl, Saft und Schale von 1 Limette**

**Für die eingelegten Dirndl:
2 l Wasser, 400 g Salz, 800 g Dirndl (Kornelkirschen)**

Die Dirndl vorbereiten: Für die eingelegten Dirndl Wasser mit Salz aufkochen, die Dirndl darin einlegen und beschwert darin etwa 6 Wochen ziehen lassen. Man verwendet die Dirndl wie eingelegte Oliven.
Die Rehrücken mit Salz und Pfeffer würzen, in Olivenöl kurz auf allen Seiten scharf anbraten; auskühlen lassen. Jeden Rehrücken mit Kräutern und Tannenzweigen in ein Backpapier einschlagen, dann in den ausgerollten Lehm einpacken. Im Heißluftofen bei 200 Grad 20 Minuten garen.
Couscous in wenig Wasser quellen lassen. Arganöl mit den fein gemahlenen Gewürzen erhitzen, fein geschnittene Chilischote und Couscous dazugeben und kurz durchrösten. Couscous mit Salz, Limettensaft und -zeste abschmecken.
Die restlichen Kräuter klein schneiden, in Butter anschwitzen. Rehjus dazugießen und kurz reduzieren; die Sauce mit Butterflocken binden. Das Reh aus dem Lehm schlagen. Couscous auf Tellern anrichten, Reh darauf betten und mit den eingelegten Dirndln sowie der Rehsauce garniert servieren.

GODER VOM SCHWEIN MIT WASABI-KAVIAR UND CHAMPAGNERLINSEN

**1 Goder à 500 g vom Schwein,
6 Knoblauchzehen,
Salz, Pfeffer, Kümmel, 1 l Wasser
100 g Wasabikaviar (Tobikokaviar vom Fliegenfisch)**

**Für die Sauce:
Angelikawurzeln, Kümmel**

**Für die Champagner-Linsen:
100 g Belugalinsen,
1 EL Schweineschmalz,
3 Schalotten, 3 Scheiben Bauchspeck,
250 ml Geflügelfond, 1 Spritzer Balsamico-Essig,
Schuss Champagner
1 Karotte, 1 Sellerie, 1/2 Stange Lauch,
1/2 Bund Schnittlauch, 1 Lorbeerblatt,
Salz, Pfeffer, 60 g kalte Butter.**

Zunächst den Schweinsgoder mit zerdrücktem Knoblauch, Kümmel, Salz und Pfeffer mindestens einen Tag marinieren. Am Tag der Zubereitung den Schweinsgoder mit der Fettschicht nach unten in eine Bratenform legen und mit Wasser fast bedecken. Im Rohr bei einer Temperatur von 180 Grad 45–50 Minuten garen. Goder umdrehen und die Fettschicht einschneiden (in kleine Vierecke); danach im eigenen Saft und Fett fertig garen, bis das Fleisch weich ist und die Fettschicht schön knusprig braun geworden ist. Bratensaft abschöpfen, in einer Kasserolle mit Kümmel und etwas Angelikawurzel kurze Zeit auf dem Herd köcheln lassen.
Das Schweineschmalz in einer Kasserolle erhitzen und den fein geschnittenen Bauchspeck zusammen mit den Schalotten darin anschwitzen. Die Belugalinsen hinzufügen, kurz durchschwenken, dann mit dem Balsamico-Essig ablöschen. Geflügelfond zugießen, mit Lorbeerblatt, Salz und Pfeffer würzen und die Linsen bei mittlerer Hitze langsam garen. Wenn die Linsen halb gar sind, werden die fein geschnittenen Gemüsewürfel zugegeben und noch kurz garen. Zum Schluss die Sauce mit einem guten Schuss Champagner abschmecken, mit kalter Butter montieren und die Linsen mit fein geschnittenem Schnittlauch vollenden.
Schweinsgoder in Würfel schneiden, mit dem Kaviar belegen und auf die Linsen setzen, mit etwas Bratensaft angerichtet servieren.

© Hanner

ROTE RÜBEN IN DER SALZKRUSTE MIT PERIGORD TRÜFFEL UND ENTENLEBER

4 rote Rüben mittlerer Größe, Schuss Essig, Kümmel, 200 g Eiweiß, 200 g Meersalz, 100 g Mehl, 4 Scheiben Entenleber à etwa 50 g (vorzugsweise Entenstopfleber) 1 mittelgroße Perigord Trüffel

Das Eiweiß zu leicht steifem Schnee aufschlagen, mit Meersalz verrühren und zum Schluss das Mehl beigeben. 30 Minuten im Kühlschrank rasten lassen, später verarbeiten.
Zwischenzeitlich die Roten Rüben in Wasser mit einem Schuss Essig und einem TL Kümmel kernig kochen, abschrecken und schälen.
Rote Rübe in den Salzteig einschlagen, dann 10 Minuten im auf 190 Grad vorgeheizten Ofen backen.
Die Entenstopfleber kurz in Olivenöl auf beiden Seiten leicht anbraten. Den Salzteig aufschneiden und auseinander geklappt auf Tellern anrichten. Die gebratene Leber dazulegen und Perigord Trüffel darüber hobeln.

HEINZ HANNERS BERÜHMTE SCHNEPFEN-KREATION

SCHWEINSGODER MIT WASABIKAVIAR UND BELUGALINSEN

Der Wienerwald

Der Wienerwald gehört nicht etwa zu Wien, wie man meinen könnte, sondern zu Niederösterreich, auch wenn er die Bundeshauptstadt weitläufig umkränzt und Ausläufer von ihm in Wien enden. Doch dieser wunderschöne Wald, mit seinen traumhaften Ausblicken und Wanderwegen, den verträumten Wiesen und Ruhebänken, dem Wildreichtum, den lieblichen Flüssen und seiner majestätischen Ruhe war immer wieder bedroht, wie ein Blick auf seine lange Geschichte zeigt: Waren es früher unkontrollierte Abholzungen zwecks Bebauung, Kriege oder unkontrollierte Nutzung (vor allem als Brennholzlieferant), so sind dies heute vor allem die zahlreichen Tagesurlauber, Autos und der Müll, welche ihm arg zusetzten. Durch den Wienerwald führen die Westbahn, die Westautobahn (A 1) und das über Alland führende Verbindungsstück zwischen West- und Südautobahn (A 21). Zahlreiche Schutzmaßnahmen dienen dazu, diese einzigartige Natur- und Kulturlandschaft zu bewahren.

Im Norden (dem so genannten Flysch-Wienerwald) weist der Wienerwald zu 77 Prozent Laubwaldbestand auf (vor allem Buche, Eiche und Hainbuche), im Südosten (Kalk-Wienerwald) zu etwa 46 Prozent Nadelwaldbestand (Fichte, Schwarzkiefer, Tanne und Lärche); an den Osthängen des Wienerwalds wächst Wein. Im Wienerwald liegen unter anderem die Naturschutzgebiete Lainzer Tiergarten und Naturpark Sparbach. Wien und Schwechat (Helenental) sind die wichtigsten Flüsse im Wienerwald. Lange Zeit war der Wienerwald Bannwald und landesfürstliches Jagdrevier; in den Jahren 1870–1872 rettete J. Schöffl den Wienerwald vor der drohenden Abholzung. 1905 trat das „Gesetz zur Erhaltung des Wald und Wiesengürtels" in Kraft, 1987 wurde die „Wienerwald-Deklaration" zum Schutze des Waldes beschlossen, beides dringend notwendig gewordene Maßnahmen.

Durch den Wienerwald führen übrigens auch die beiden Hochquellenleitungen, welche die Bundeshauptstadt Wien mit frischem Quellwasser versorgen. Während die erste am Rax-Schneeberggebiet über Payerbach, Neunkirchen, Vöslau, Baden, Mödling, Liesing, Mauer bis zum Wasserbehälter am Rosenhügel führt, so kommt die zweite aus dem steirischen Hochschwabgebiet über Wildalpen, Lunz am See, Scheibbs, Wilhelmsburg, Pyhra, Auern, Neulengbach, Eichgraben und Preßbaum vorbei bis nach Wien-Mauer. Am Stadtrand von Wien warten dann die größten Wasserspeicher auf das köstlich-frische Nass und von hier aus verzweigt sich das Netz. Wien hat rund 100.000 Hausanschlüsse, 3.200 km Rohrleitungen versorgen Haushalte und Betriebe mit frischem Hochquellwasser.

Der Wienerwald war und ist aber nicht nur Holzlieferant, Jagdrevier oder Naherholungsgebiet, nein auch einige erlesene Gaumenfreuden wachsen hier, allen voran die Graue Burgundertrüffel. Weiters findet man hier eine ganze Reihe von wertvollen Wildfrüchten und Kräutern, von denen der Bärlauch, auch Knoblauchspinat genannt, wohl der bekannteste sein dürfte. Nicht nur in Kriegszeiten vermochte er mit seinem reichhaltigen Vorkommen vor allem die Wiener mit wichtigen Nährstoffen zu versorgen. Er wird immer noch leidenschaftlich gesammelt, allerdings nur mehr aus kulinarischen Gründen.

Heute ist der Wienerwald eines der größten Naherholungsgebiete Österreichs und durch vielfältigste Aktionen wird diese einzigartige Flora und Fauna auch weitestgehend geschützt, um sie für die Nachwelt zu erhalten.

TONY PLA

Der Trüffelzüchter vom Wienerwald: Tony Pla

Beim Wort Trüffel läuft wohl beinahe allen Gourmets auf dieser Welt das sprichwörtliche Wasser im Munde zusammen und sie schwärmen von den betörenden Aromen, welche unsere Geschmacks- und Geruchsnerven so in Extase versetzen können. Doch dass es auch in Österreich Trüffeln gibt, das wissen nur die Wenigsten von ihnen, denken die Meisten doch zuerst an Italien mit der berühmten weißen Alba-Trüffel. Fortgeschrittene Trüffel-Afficionados kennen auch die schwarze Périgord-Trüffel aus Frankreich. Von der heimischen Burgundertrüffel (Tuber aestivum var. uncinatum) jedoch haben – nicht nur hierzulande – recht Wenige gehört.
Dabei waren bis in die 70er Jahre vorigen Jahrhunderts Trüffelfunde im Wienerwald (und auch am Semmering) alles andere als eine Seltenheit, denn die Böden hier sind ideal und die Köche Wiens und Niederösterreichs wussten auch durchaus kulinarisch etwas mit der grauen Burgundertrüffel anzufangen. Aber irgendwie ist das Wissen um die graue Burgundertrüffel verloren gegangen, was wohl auch daran gelegen haben mag, dass die Funde aus verschiedenen Gründen (z. B. Ausdehnung der Siedlungen) seltener geworden sind.
Nun hat sich aber ein gebürtiger Franzose namens Tony Pla der Trüffel im Wienerwald angenommen und erweckte den kostbaren Knollenpilz in hiesigen Breiten geradezu zu neuem Leben. Der Forstingenieur impft Bäume mit dem Myzel der Burgundertrüffel und pflanzt sie in einer eigens dafür angelegten Plantage aus. Bei günstigen Bedingungen sind 200 Kilogramm Ertrag pro Hektar möglich. Seine Nobelpilz-Zuchtstation hat Tony Pla gemeinsam mit dem Botaniker Alexander Urban gegründet und ihr den Namen „Trüffelgarten“ verliehen.
Aber Tony Pla versteht sich nicht nur als Trüffelzüchter und Händler, sondern auch als Landschaftspfleger. Deshalb beschäftigt er sich auch mit Bodenanalysen, Standortberatungen und der Pflanzenpflege rund um die edle Knolle. Ambitionierten Trüffelsuchern kann er sogar zu einem eigens dafür ausgebildetem Hund verhelfen. Ja, Hunde sind den schon legendär gewordenen Trüffelschweinen weit überlegen, denn Schweine fressen einerseits die Knollen selber sehr gerne, andererseits sind sie nur in ihrer Jugend dafür geeignet. Hunde hingegen suchen und finden die Trüffeln mindestens zehn Jahre sehr zuverlässig. Und ohne diese schnüffelnden Helfer würde der Mensch der Trüffel recht hilflos gegenüberstehen, lebt sie doch bekanntlich unter der Erde.
Und so dürfen sich die österreichischen Gourmets wieder an einer Delikatesse laben, die beinahe schon als verschollen gegolten hat. Vielleicht wirft Tony Plas Plantage irgendwann einmal so viel ab, dass auch Gerichte wie „Mit Trüffeln gefüllter Kapaun“ (siehe S. 291) wieder genossen werden können, für die man etwas mehr braucht als nur die vier, fünf hauchdünnen Scheibchen, mit welchen heutige Trüffelgerichte üblicherweise „gekrönt“ werden.
Immerhin haben einige Gasthäuser (z. B. in der Region Eichgraben) wieder regelmäßig Gerichte mit Trüffeln aus dem Wienerwald auf ihrer Karte; natürlich nur im Herbst, wenn die edle Knolle Saison hat!

GETRÜFFELTE EIER

Pro Person: 2–3 Eier werden in 4–5 Minuten wachsweich gekocht, abgeschreckt und vorsichtig geschält. Dann dünstet man die fein gehackten Schalen von zwei (gut gereinigten) Burgundertrüffeln in zwei Esslöffeln heißer Butter, mit Salz, wenig Pfeffer und Muskat abschmecken. Die geschälten Trüffeln werden gehobelt oder ebenfalls gehackt und kurz vor dem Servieren in der Butterzubereitung erhitzt. Eier auf einer Schüssel anrichten, dann mit der Trüffelbutter, gehacktem Schnittlauch und Kerbel ausgarniert servieren.

JUNGE TRÜFFELBÄUMCHEN

GRATINIERTES MARK MIT TRÜFFELN

TRÜFFELOMELETTE

Pro Person: Zwei Eier aufschlagen und in einer Schüssel vorsichtig mit zwei bis drei Esslöffeln Obers vermengen (nicht verquirlen!). Eine sauber gereinigte Trüffel wird fein gehackt und in wenig Butter gedünstet, abkühlen lassen. Trüffel unter das Ei heben, alles etwa 30–45 Minuten ziehen lassen, damit das Ei das Trüffelaroma annehmen kann, dann mit Salz und Pfeffer würzen.
Einen halben Esslöffel Butter in einer Omelettpfanne erhitzen, wenn die Butter die Farbe karibischer Haut angenommen hat, kommt die Eiermasse hinein. Nur so lange backen, dass das Ei an der Unterseite leicht angebraten, an der Oberseite aber noch flüssig ist. Omelett zusammenklappen und auf einer Platte anrichten. Mit einem Stück eiskalter Butter überglänzt servieren.

Tipp: Frische Trüffel nach Geschmack darüberhobeln.

GRATINIERTES MARK MIT TRÜFFELN

Rezept vom Autor des Buches

Das Mark von 4 schönen Markknochen (vom Mittelstück, etwa 8 cm lang) ausdrücken, Knochen sauber reinigen. Das Mark in kleine Würfel schneiden. 2–3 Schalotten, eine Knoblauchzehe und 2 sauber gereinigte schwarze Trüffeln (Burgundertrüffel) sehr fein hacken; alles in einer Pfanne mit 1 EL Öl anschwitzen. Danach das Mark hinzugeben, leicht erwärmen, ohne dass es dabei schmilzt; mit Salz und Pfeffer würzen.
1 EL gehackte Petersilie mit 1–2 gepressten Knoblauchzehen und etwas gehackter schwarzer Trüffel vermengen, danach 1–2 EL Weißbrotbrösel dazugeben, alles zu einer homogenen Masse vermischen, würzen. Knochen in ein ofenfestes Geschirr stellen, das Mark einfüllen und mit den gewürzten Bröseln bedecken. Im Backofen bei 230 Grad gratinieren, bis die Kruste gebräunt und die Masse innen heiß ist.
Diese Markknochen schmecken sehr gut als Vorspeise oder auch als Beilage zu kurzgebratenem Fleisch.

TRÜFFEL

KREN
10 dag
0,70
Petersilw. oder
Gelbe o. Pastina
1Kg 3,50

Butterblätterteig
ca. 1kg € 5,-

HEURIGE
KRAUT
1 Kilo 1.50
KOHL
1 Stk 1.50

Weingarten
Knoblauch
3 St. 1.-
1 St. 0.50

Ab-Hof-Verkauf, Bauernläden und Bauernmärkte

Traditionell ist Österreich ein Land der eher klein- bis mittelbäuerlichen Strukturen. Große zusammenhängende Agarindustrie ist hier Gottlob noch ein Fremdwort und das wird – schon allein aufgrund der geografischen Verhältnisse – hoffentlich auch in Zukunft so bleiben.
Während in früheren Zeiten das Einkaufen beim Bauern auf eigens dafür eingerichteten Märkten geradezu selbstverständlich war, so kam dies mit dem Aufkommen großer Supermarktketten etwas in Vergessenheit. Plötzlich bemerkten die geschmacksbewussten Konsumenten aber, dass die so genannten Segnungen des Supermarktes auch auf einen Bereich ihre Schatten geworfen haben, den sie für unantastbar hielten: die herausragende Qualität der Grundprodukte, von denen in Österreich immer gesprochen wird. Man wollte sich dann doch nicht daran gewöhnen müssen, dass viele Lebensmittel zwar billiger geworden sind, dafür aber nach immer weniger schmeckten.
Nun genügt es sicher nicht, nur zuzusehen, wie BIO-Verbände und Bauernmärkte als Gegenpol entstehen. Es muss der Genussmensch auch zum Bauern kommen, nicht nur umgekehrt der Bauer einmal in der Woche zu einem fest geschriebenen Termin auf einem Bauernmarkt seine Ware feilbieten. Die Einkaufsfahrt aufs Land sollte aber bitte nicht als eine romantische Landpartie verstanden werden. Der Besuch am Bauernhof dient nämlich vor allem dem besseren Verständnis dafür, welch harte Arbeit beste Qualität bedarf. Die zumeist wesentlich schwächeren Erträge vieler ökologisch arbeitender Betriebe bei viel mehr Arbeitsaufwand, bedürfen mehr als nur moralischer Anerkennung und der Kundenbesuch dient dem Bauern nicht zuletzt als finanzielle Bestätigung dafür, dass sein Weg und seine Arbeit geschätzt werden.
Mittlerweile haben auch die großen Lebensmittelketten das Umdenken der Konsumenten erkannt und ihre eigenen BIO-Linien eingeführt. Auch wenn dies grundsätzlich zu begrüßen ist, ersetzt es sicherlich das Einkaufserlebnis auf Bauernmärkten oder in Hofläden („ab Hof") nicht, bei dem man zusätzlich den persönlichen Kontakt zum Produzenten pflegen kann. Viele Genießer kaufen mittlerweile ihre Weine direkt beim Winzer, um mehr über sein Terroir und seine Philosophie zu erfahren – warum hat sich dieses Denken nicht auch längst bei anderen Agarprodukten durchgesetzt?
Ein wesentlicher Faktor hierfür ist sicherlich die Tatsache, dass die meisten BIO-Betriebe noch immer unter einem gewissen „Müsli-Image" zu leiden haben, obwohl die Realität längst anders aussieht. Der moderne Konsument erwartet sich offensichtlich auch ein entsprechendes Ambiente und die passende Verpackung. Natürlich gibt es immer noch BIO-Bauern, die geradezu missionarisch hinter ihrem Verkaufstresen hervorblicken und das ist gut so – eine Gesellschaft lebt ja schließlich nicht zuletzt auch von solchen Visionären!
Viel wesentlicher aber sind doch die Produkte selbst, und wie sie entstanden sind. Hat man also die Wahl zwischen zwei gleich schönen Karotten, so sollte man der biologisch erzeugten den Vorzug geben. Sie schmeckt nicht nur fast immer viel besser, sondern hat auch eine höhere ernährungsphysiologische Qualität und ihre Produktion hat die Umwelt nicht so sehr belastet. Sollte sich einmal die Gelegenheit ergeben, einen dieser BIO-Höfe zu besuchen, sollte dies unbedingt wahrgenommen werden!
Viele ambitionierte Bauern, die zurecht stolz auf ihre Produkte sind, haben eigene Hofläden eingerichtet. So ist insbesondere das Marchfeld mit federführend in der Gestaltung unterschiedlich ein- und ausgerichteter Hofläden; aber auch anderer Orts ist man diesbezüglich sehr ambitioniert. Es gibt für den Genießer kaum etwas schöneres, als in solchen Genussläden einzukaufen. Vom Gemüse bis zum Getreide, vom Wein bis zum Schnaps, vom Käse bis zur Wurst oder vom Schinken bis zum Speck ist hier alles von herausragender Qualität und mit einem ganz ursprünglichen, authentischen Geschmack ausgestattet.

Aber nicht nur ab Hof können diese köstlichen Viktualien gustiert und bezogen werden, sondern auch auf einem der vielen Bauernmärkte, die es z. B. in Niederösterreich noch immer gibt. Nahezu jede größere Ortschaft hat hier einen eigenen Bauernmarkt, auf dem die Landwirte der jeweiligen Region ihre – zumeist in biologischer Landwirtschaft erzeugten – Lebensmittel anbieten. Viele Delikatessen, insbesondere z. B. frischer Ziegenkäse, können in ansprechender Qualität eigentlich nur direkt beim Bauern bezogen werden.

Flächendeckende Versorgung

Einer der schönsten Bauernmärkte wird in Kirchberg am Wagram abgehalten, doch auch in der Bundeshauptstadt Wien selbst existieren immer noch zahlreiche Bauernmärkte. Einer der größten befindet sich beim Viktor-Adler-Markt (siehe S. 253), aber auch die Bauernmärkte auf der Freyung (ein eigener BIO-Bauernmarkt mit rund 30 Ständen, auf dem auch viele Imbisse angeboten werden) und am Naschmarkt (siehe S. 254) sind gleichermaßen bekannt wie beliebt.
Mittlerweile hat sich bei vielen Menschen das Bewusstsein durchsetzen können, das es schon ein unglaublicher Vorteil (und Luxus) ist, direkt beim Erzeuger einzukaufen. Und so haben sich Bauernmärkte österreichweit durchgesetzt und nahezu überall kann man auf zahllosen Bauernmärkten und Hofläden die ganz speziellen Delikatessen der jeweiligen Region erspüren, verkosten und erwerben. Somit ist auch heute wieder flächendeckend das möglich, was früher selbstverständlich war: das Einkaufen beim Bauern!

SPECKWURST (GIBT ES IN VIELEN REGIONALEN VARIANTEN)

BAUERN-GRAMMELN UND „DÜRRE"

HAUSSALAMI – EINE DER BELIEBTESTEN WÜRSTE

CABANOSSI – WIRD MILD UND SCHARF ANGEBOTEN

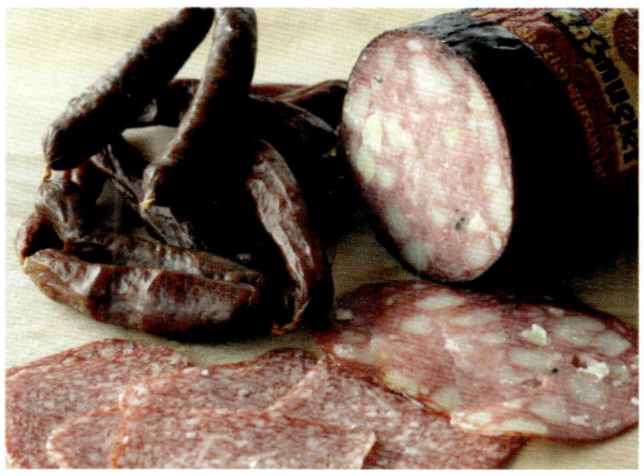

JAUSENWÜRSTE: KLETZERLN, KASMUGLER UND KANTWURST

BAUERNSALAMI, GEREIFT UND FRISCH (ZUM KOCHEN)

Wien

Die Wiener Küche ist die einzige der großen Regionalküchen der Welt, die ihren Namen nicht einem Landstrich, sondern einer Stadt zu verdanken hat – auch das macht sie so unverwechselbar. Andererseits hatte die Wiener Küche ein kleines Problem, denn dadurch, dass sie bis heute verschiedensten Einflüssen ausgesetzt war, hatte sie es zunächst sehr schwer, als eigenständig akzeptiert zu werden. Schon allein die Wiener Küchenbegriffe entstammen einem Konglomerat aus verschiedensten sprachlichen Einflüssen der ehemaligen Kronländer der alten Donaumonarchie, welche die Wiener Küche maßgeblich beeinflusst und mitgeprägt haben. So waren es Tschechen, Slowaken, Polen, Ungarn, Slowenen, Bosnier, Kroaten, Serben, Italiener und nicht zuletzt Juden, welche die Wiener Küche mitentwickelt haben, ja sogar Hirten und Zigeuner durften das Ihrige dazu beigetragen. Obendrein hegte der Hof lange Zeit eine besondere Liebe für das Französische und die französische Küche. Doch bei all diesen Einflüssen ist es der Wiener Küche – insbesondere im 19. Jahrhundert – gelungen, eine ganz eigene, selbstständige Handschrift zu entwickeln; und so wurden, neben eigenen neuen Ideen, die fremdartigen Rezepte übernommen, sozusagen „eingewienert" und die Wiener Küche konnte zu ihrem eigenen Profil finden.
Essen und Trinken sind wahrscheinlich das Wichtigste im Leben der Wiener und die meisten von ihnen werden sich uneingeschränkt Werner Schneyder anschließen, der auf die Frage nach dem vollkommenen irdischen Glück „Gebackener Karpfen mit Grünem Veltliner" antwortete und dabei das Lesen von Speisekarten als seine Lieblingsbeschäftigung angab.
Wenn in Wien die Lust zum Essen und Trinken erwacht, so ist es mit anderen Leidenschaften meist recht schnell vorbei. Für kaum eine andere Stadt (außer vielleicht noch Bologna) gilt der Satz des französischen Feinschmeckers Brillat-Savarin mehr als für Wien: „Die Entdeckung eines neuen Gerichts ist für das Glück der Menschheit wichtiger, als die Entdeckung eines neuen Gestirns." Und dieser langen Tradition folgend, sind heute längst auch griechische, türkische, arabische, indische, chinesische und japanische Gerichte in Wien heimisch geworden und haben die einzigartige kulinarische Landschaft der Stadt bereichert. Was das Essen und Trinken betrifft sind die Wiener nach wie vor so offen für neue Ideen wie seinerzeit. Ein schönes Beispiel dafür ist die Tatsache, dass Wien wahrscheinlich die „Sushi-Hauptstadt" Europas werden könnte. Nirgendwo sonst wird man eine derartige Dichte an Sushi-Lokalen vorfinden wie in Wien.
Bei all dieser kulinarischen Neugierde haben die Wiener aber drei feste Säulen, auf die sie nie und nimmer verzichten werden wollen. Es sind diese: das Kaffeehaus, der Heurigen und natürlich das Beisl. Hier ist man nicht so erpicht auf Veränderungen, hier sollte möglichst Alles beim Alten bleiben, „Überraschungen" sind daher eher unerwünscht.
Die Wiener waren schon immer sehr brave Esser, so wurden im ausgehenden 20. Jahrhundert von den etwa 2 Millionen Einwohnern im Jahresschnitt rund 650.000 Schweine, 325.000 Kälber, 250.000 Rinder, nahezu 500.000 Hasen sowie mehrere Millionen Stück Geflügel verspeist, ganz zu schweigen von den unzähligen Fischen, Wild, Lamm, Kitz, Kaninchen, Eiern, etc. Dazu wurden jährlich mehr als 3 Millionen Hektoliter Bier und weit mehr als eine halbe Million Hektoliter Wein weggeschlürft – Prost, Mahlzeit! Essen und Trinken hält eben „Leib und Seel' z'sammen!"

Die Hauptmahlzeiten gehören als regelmäßige Kulthandlungen schon immer zu den Höhepunkten des Tages. Zwischendurch muss aber auch Zeit für die Zehnerjaus'n, das Gabelfrühstück oder eine kleine Mehlspeis' zur Kaffeejause am Nachmittag sein. Hin und wieder vielleicht ein kleines Konfekt aus der Konditorei, an der man gerade zufällig vorbeischlendert oder vielleicht doch eine schnelle Burenwurst am Würstelstand mit Kremser Senf und 16ner Blech? Der Wiener genießt bei aller kulinarischen Weltoffenheit seine G'röste Leber, sein Beinfleisch, Beuschel, Gollasch, Schnitzel, den guten Schweinsbraten (mit rescher Kruste), Backhendl, Stelzen und das feine Rostbratl; da kann der Türke vor den Toren der Stadt stehen, die Pest toben, die Börse krachen oder auch die Reichsbrücke einstürzen – beim Papperl kennt er nix und lässt sich nicht aus der Ruhe bringen; für das gute Papperl und ein Achterl Wein muss in Wien halt immer Zeit sein.
Dass Wien im Laufe der Zeit zu einem derartigen Schlaraffenland werden konnte, in dem zwar nicht – wie in Bologna – der Himmel voller Würste hängt, dafür aber „allaweil die Backhendln rumfliegen", wie der Satiriker Hans Jörgel von Speising im Jahre 1852 bemerkte, liegt nicht zuletzt daran, dass die Metropole in einem einzigartigen landwirtschaftlichen Umfeld liegt und insbesondere vom Weinviertel und Marchfeld mit einer Vielzahl von Produkten versorgt wurde und wird! Hinzu kommt, dass in Wien selbst noch heute fast zweitausend Bauernhöfe existieren, die nicht nur Weinbau betreiben, sondern z. B. auch Gemüseanbau und Viehhaltung.
Und so stellte der bekannte deutsche Gastrosoph Wolfram Siebeck nach einem mehrtägigen Wien-Aufenthalt, bei dem er vor allem die eher üppigen Mahlzeiten der so genannten Vorstadtbeisln genossen hatte, begeistert fest: „Die Wiener Küche ist zu einer Insel des Genießens im Meer der anonymen Einheitlichkeit geworden!"

Wiener Landwirtschaft und eingelegtes Gemüse

In Wien liebt man seit jeher nicht nur die Musik, sondern auch den Genuss. Seit dem Mittelalter werden die Stadtbewohner vor allem von Weinviertel und Marchfeld mit einer Vielzahl an Produkten versorgt; doch was die Wenigsten wissen: auch in der Bundeshauptstadt selbst gibt es noch immer etwa 2000 landwirtschaftliche Betriebe, welche saftige Gemüsevariationen, aromatische Kräuter und fruchtig-frische Weine erzeugen, ja teilweise sogar Viehzucht betreiben.
Sonnengereifte Paradeiser oder knackig frische Salate aus einer Millionen-Stadt sind sicher nicht alltäglich. Aber „Wien ist anders", wie auf diversen Werbetafeln bereits bei der Stadteinfahrt zu erfahren ist. Natürlich werden dem Genussmenschen nicht gerade in der Wiener Innenstadt die Gänse, Enten oder Schweine für seinen geliebten Braten über den Weg laufen. Da muss er sich schon in die Außenbezirke begeben. Simmering z. B. oder Oberlaa, Stammersdorf und Jedlersdorf, ja auch im noblen Grinzing findet der Donau-Phäake Betriebe, welche ihm köstliche Zutaten für das begehrte Papperl produzieren. Denn beim Papperl kennt er bekanntlich nichts, der Phäake, hat er doch sogar einen ganzen Stadtteil nach seiner Leidenschaft benannt, nämlich das im 13. Bezirk gelegene „Speising"!
Selbstredend sind derart geschulte Gaumen dann auch wählerisch, zumindest viel wählerischer als andere. Man erkennt und schätzt die gute Qualität von Speisen ja auch nur dann, wenn man sich und seinen Gaumen damit so oft wie nur möglich verwöhnt. Und nicht zuletzt die Wiener Landwirte, Gärtner und Winzer tun daher gut daran, auf eine besondere Güte ihrer Produkte zu achten; denn keine gute Küche ohne hochwertige Produkte.
Frische Salate, vitaminreiches Gemüse und würzige Kräuter gehören selbstverständlich auch dazu, selbst in der Genussstadt Wien, die ja bekanntlich berühmt für ihre Stelzen, Rindfleischspezialitäten, Gulasch-Varianten, Braten und Würschtl ist. Während die meisten in Wien eingemachten Früchte und Gemüse allerdings echte „Gscherte vom Land" sind, bevor sie von Meisterhand den richtigen kulinarischen Feinschliff verpasst bekommen (siehe STAUD'S), so stammt doch das Frischgemüse großteils von heimischen Betrieben. So genannte Landpomeranzen werden dem Phäaken daher nur an den wenigsten Wiener Marktständen angeboten werden.
Vor allem Wien-Simmering ist eine der wichtigsten Gemüse-Produktionsstätten Wiens. Insbesondere werden hier Paradeiser und Rispen, Gurken und Paprika produziert. Die Genussregion Wien hat aber noch viele weitere Köstlichkeiten zu bieten: knackfrische Radieschen, zarter Karfiol, herzhafter Grünkohl, bunte Salate, Fisolen, Erbsen, Wurzelgemüse aller Art, Spinat, schmackhafte Zucchini oder aromatische Kräuter sind nur ein kleiner Auszug des nahezu 70 verschiedene Produkte umfassenden Sortiments, welches in Wien produziert wird.
Zwei größere landwirtschaftliche Betriebe sind z. B. das Weingut der Stadt Wien Cobenzl, welches neben Weinbau (siehe S. 317) auch ausgedehnte Landwirtschaft betreibt oder das Stift Schotten: Bereits seit dem 12. Jahrhundert verfügt das Stift Schotten über landwirtschaftliche Flächen. Heute werden neben Weinbau in Maria-Enzersdorf, Viehzucht und Ackerbau auf Gut Siehdichfür und in Untersiebenbrunn, auch Obstgärten in Klostermariengarten und Wien-Breitenlee (22. Gemeindebezirk) bewirtschaftet. Das Stift firmiert sogar österreichweit als größter nichtgenossenschaftlicher Obstbau-Betrieb und ist nach der Gemeinde Wien zweitgrößter Eigner von landwirtschaftlichen Flächen innerhalb der Stadtgrenze.
In den weitläufigen Obstplantagen werden nicht weniger als 14 Apfelsorten, vier Arten von Kirschen, Weichseln, Zwetschken, Erdbeeren und Brombeeren kultiviert. In den Gütern baut man Ackerfrüchte wie Getreide, Zuckerrüben, Mais, Erbsen, Raps sowie Wintermohn an und betreibt zudem Viehzucht. Auf der Wiener Freyung können das frische Obst und die Produkte, welche daraus gewonnen wurden (z. B. 30 Sorten Marmeladen, Most, Wein, Erdäpfel), gleich neben dem Hauptportal der Kirche in einem eigens dafür eingerichteten Klosterladen erstanden werden.
Traditionell wird in der Wiener Küche das Gemüse entweder „eingebrannt" oder natürlich auch „gebacken". Salate sind ebenfalls sehr beliebt, typisch für diese ist die süßlich abgeschmeckte Marinade. Wahrscheinlich ist aber das sauer eingelegte Gemüse, welches z. B. so vortrefflich zu allen Arten von Würsten schmeckt, der Wiener liebste Form, die Früchte aus dem Garten Eden zu genießen! Bekannte Produzenten von eingelegtem Gemüse sind z. B. die Firmen Radl (am Viktor-Adler-Markt) und STAUD'S (am Yppenmarkt).

WIENER PARADEISSUPPE

Wichtig für die Zubereitung dieses Klassikers ist vor allem, dass nur vollreife Paradeiser bester Qualität verwendet werden!

1 kg aromatische Paradeiser, 1–2 große Zwiebeln, 1–2 Knoblauchzehen, 1 Liter Wasser oder Brühe, 45–50 g Fett (Butter oder Schmalz), 45 g Mehl, Zitronensaft (oder Essig), Zucker, Salz und Pfeffer

Zwiebel in Fett anrösten, mit dem Mehl stauben und weiterdünsten, dann die geschälten und geviertelten Paradeiser sowie etwas Brühe dazugeben. Die weich gedämpften Paradeiser durch ein Sieb passieren. Suppe erneut aufkochen lassen und der gewünschten Konsistenz entsprechend Brühe dazu gießen, mit Knoblauch, Zucker, Zitronensaft, Salz und Pfeffer abschmecken. Als Einlage werden vorgekochte Makkaroni oder gedünsteter Reis verwendet, als Garnitur Schnittlauchröllchen oder gehackte Petersilie.

WIEN STAMMERSDORF HAT SICH SEINEN DÖRFLICHEN CHARAKTER BEWAHRT

FENCHEL UND PAP

Die Gemüsemanufaktur Leopold Radl am Viktor-Adler-Markt

Einer der ursprünglichsten und urigsten Wiener Märkte ist der im 10. Bezirk gelegene Viktor-Adler-Markt, welcher mit seinen eng aneinandergereihten Ständen, deren Markisen und Schirme die Zwischengassen nahezu verdecken, auch zu den schönsten Wiener Märkten gezählt werden muss. Und obwohl natürlich auch hier vor allem türkische Händler längst Fuß gefasst haben, ist dennoch ein Großteil der Stände in österreichischer Hand geblieben.
Hierher verirren sich nur die wenigsten Touristen, man ist sozusagen unter sich. Man trifft sich auf ein Schwätzchen, genießt ein Achterl Wein oder Flaschl Bier, bestellt sich „a Eitrige mid an Bugl" (eine Käsekrainer mit Brotscherzerl), lässt sich eine Pferde-Leberkäsesemmel schmecken und den „lieben Herrgott einen braven Mann sein".
Und wie auf einem orientalischen Basar werden von kritischen Hausfrauen die Viktualien geprüft, während sich die Herren der Zunft bei einem Stehachterl darüber den Kopf zerbrechen, ob in Österreich überhaupt noch Fußball gespielt werden solle und was in dieser traurigen Welt alles verändert oder verbessert werden müsse. Insbesondere der Würstelstand von Karl Kajca und Gabler's Geflügel-Imbiss sind beliebte Refugien diskussionsfreudiger Herrschaften.
Schlendert der von wohligen Düften betörte Genussmensch durch das enge Gassengewirr des über 125 Jahre alten Viktor-Adler-Marktes, so wird er schon sehr bald einen der schönsten Stände ausmachen: das Geschäft von KommR. Leopold Radl. Ein wahres Eldorado für Freunde eingelegter Köstlichkeiten präsentiert sich hier dem Genießer. In große Holzfässer abgefülltes, hausgemachtes Sauerkraut fällt sofort auf und lässt einem das sprichwörtliche Wasser im Munde zusammenlaufen. Das rustikale Ambiente des Standes sowie die vollen Regale mit ihren verschiedensten Gemüse-Delikatessen erfreuen Herz und Auge gleichermaßen. Eingelegte Ölpfefferoni, Kirschpfefferoni, Senfgurken, Knoblauchzehen, Zwiebelchen und Salzkapern machen Appetit auf mehr! Und während eine herzhafte Salzgurke gerade den Gaumen verzückt, kann in Ruhe überlegt werden, was sich denn später alles in der heimischen Speis wiederfinden soll. Ein kleiner Tipp: Die würzigen Krautpaprika von Radl müssen auf jeden Fall in den Einkaufskorb, denn sie sind einfach „urguat"!

GEBACKENES GEMÜSE

Karfiolröschen, Zellerschnitten, Schwarzwurzeln, Porree, Zwiebelringe, Jungzwiebeln, Knoblauch oder andere gartenfrische Gemüse werden geputzt und in mundgerechte Stücke geschnitten in kochendem Salzwasser blanchiert (wobei sich die Zeitdauer nach der Gemüseart richtet; keinesfalls darf es weich gekocht werden). Danach gut abtropfen lassen, leicht würzen und panieren. In heißem Butterschmalz goldbraun ausbacken, auf Küchenkrepp abtropfen lassen und mit einer Sauce Tartar sofort servieren.

WIENER ERDÄPFELSALAT

Für den klassischen Erdäpfelsalat wird 1 kg festkochende Erdäpfel (Kipfler oder Siglinde) in der Schale gekocht, noch heiß geschält. In Scheiben geschnitten mit einer großen feingehackten roten Zwiebel vermengen. Aus Hesperiden-Essig oder Apfelessig, etwas Wasser, Prise Zucker und Salz einen Überguss bereiten, diesen über die noch warmen Erdäpfel gießen. Salat mit Sonnenblumenöl und frisch geriebenem schwarzen Pfeffer verfeinern. Es schmecken auch Senf, Schnittlauch oder Dill dazu.

STAUD'S

Einer der bekanntesten Gemüse verarbeitenden Betriebe Österreichs ist die im 16. Wiener Gemeindebezirk ansässige Firma STAUD'S, welche bereits im Jahre 1883 gegründet wurde. Bis ins Jahr 1971 war STAUD'S aber ein reiner Obst- und Gemüsehandel. Ab diesem Zeitpunkt übernahm dann aber Hans Staud, der Urgroßenkel des Gründers, die traditionsreiche Firma und änderte die Ausrichtung der Firma STAUD'S. Mit Obst und Gemüse wurde fortan nicht mehr gehandelt, zumindest nicht mehr als Frischware, denn man hat sich der Weiterverarbeitung und Veredelung verschrieben. Unter selbst auferlegten, sehr strengen Qualitätskriterien werden seither Sauergemüse, Marmeladen, Kompotte, eingemachte Früchte und vieles mehr erzeugt.
Die Feinkostmanufaktur ist bei der Auswahl der Früchte rigoros. So kommen die Früchte zumeist zwar nicht aus Wien, doch zeugen sie von allerbester Qualität, wie z. B. die Pfirsiche aus Kukmirn (Burgenland), Weichseln aus Deutschlandsberg (Steiermark), Himbeeren überhaupt nur von einem speziellen Bauern und die aus der Wachau stammenden Marillen!
Die Konfitüren von STAUD'S zählen zu den besten Österreichs, gipfelnd in einer von Hans Staud entwickelten zuckerfreien Konfitüre mit 100 % Fruchtanteil. Ein jüngeres Produkt, welches vor allem für Käse-Liebhaber von Interesse sein dürfte, sind die in Zusammenarbeit mit Alois Kracher entwickelten Weingelees.

DKFM. HANS STAUD

MARKTFRISCHES GEMÜSE

FRAU RADL SEN. MIT EINGELEGTEM GEMÜSE

Der Naschmarkt in Wien

Das ehemalige k. u. k. Wien, welches Mitte des 19. Jahrhunderts nach der Schleifung der Stadtmauern und nach Eingemeindung der Vororte (z. B. Grinzing, Nussdorf, Ottakring) zur Großstadt wurde, bot auf vielen kleineren und größeren Märkten „Am Schanzl“, „Am Hof“ oder eben auf dem zentral gelegenem „Naschmarkt“ ein Lebensmittelangebot von geradezu überwältigender Fülle an. Viele dieser Märkte konnten sich behaupten, wenngleich sich ihr Gesicht gehörig gewandelt hat. So wurde beispielsweise der „Brunnenmarkt“ zu einem orientalischen Bazar, fest in türkischer Hand. Der „Naschmarkt“, Wiens größter und bekanntester Markt hingegen zu einem internationalen Kulturzentrum zum Thema „Essen und Trinken“, mit Standlern aus Österreich, Italien, Russland, Griechenland, Türkei, Iran, Irak, Usbekistan, Ägypten, Marokko, China, Korea, Japan und aus anderen Ländern. Sie alle feilschen, handeln und arbeiten hier in friedlichster Einigkeit zusammen, egal ob Christ, Jude oder Moslem!

Der bedeutendste Markt Wiens hieß früher einmal Aschenmarkt. Er lag zunächst am Beginn der Wiedner Hauptstraße, wo es eine Aschenlagerstätte gab; außerdem wurde auf dem Markt Holzasche zum Reinigen von Geschirr verkauft. Eine weitere Theorie besagt, dass der Name „Aschenmarkt“ auch von mittelhochdeutsch „asch“ (= Gefäß), eventuell auch Milchkanne abgeleitet werden könnte. Demnach hätte der Markt deshalb seinen Namen erhalten, weil es dort Milch zu kaufen gab. Weil es auf diesem Markt schließlich keine Asche mehr zu kaufen gab, in dem reichhaltigen Angebot aber auch Näschereien zu finden waren, erfolgte eine Umdeutung von Aschenmarkt zu Naschmarkt. Erst 1919 übersiedelte der Markt im Zuge der Neugestaltung des Karlsplatzes auf den heutigen Standort, die Wienflussüberdachung an der Wienzeile.

Es ist wahrlich eine Freude, die verschiedenen Spezialitäten und Genüsse zu verkosten, die Mentalitäten kennen zu lernen und bei einigen Gläsern Wein dem bunten Treiben zuzusehen. Ein Treiben voll Farbe, Wellen und Wogen unterschiedlichster Düfte und Gerüche, ein die Sinne betäubendes Durcheinander von Stimmen und Geräuschen, rege Geschäftigkeit auf der einen Seite, Muße und wählerisches Begutachten der Waren auf der anderen. Ja, der Naschmarkt ist unzweifelhaft der größte Bauch von Wien, in den man einfach eintauchen muss! Hier gibt es nahezu alles, was man an Viktualien begehren kann bis hin zu den ausgefallensten und exotischsten Genüssen. Und die meisten Waren stammen aus bäuerlicher (teilweise sogar BIO-) Landwirtschaft, was hervorragendste Qualität garantiert.
„Wolle Rose' kaufen?!“, schreit ein kleiner Ägypter und hält ein Büschel mehr oder weniger blühender Blumen in der Hand, „Koste' Sie, gute Oliven, die besten!“ ruft's gegenüber und dazwischen preist ein Standler sein Gemüse als das schönste und billigste von Wien an! Hier grüßt der Fleischhauer „Was brauch ma denn heut?!“ und weiter vorn möchte man mit frisch gebratenem Kebab punkten, während der Duft von Knoblauch und Zwiebeln eher zu Stehachterl und Gulasch animiert.
Ja, die Berge von Äpfeln, Birnen, Kürbissen, Kohl, Gurken, Kohlrabi, Salaten, Rüben, Zwiebeln, Kartoffeln, Kräutern, Gewürzen, Wild, Fleisch, Fisch und Geflügel wollen genauso unter die Leute gebracht werden, wie die aromatischen Salzgurken oder das herrliche Champagnerkraut, welches „die Herrschaften bitteschön ihrer Gesundheit zulieben vorziehen mögen!“ Der Naschmarkt ist ein richtiges Schlaraffenland, das allzu leicht darüber vergessen lässt, welch harte Arbeit für die Standler dahinter steht: 14 bis 16 Stunden am Tag sind keine Seltenheit, um die verwöhnten Gäste befriedigen zu können.
Gegen Abend lässt das Getriebe dann nach. Die Gassen zwischen den Ständen leeren sich und die Putzkolonnen tauchen auf, einige Strotter suchen nach Resten, während eingefleischte „Draher“ (sinnesfrohe Zechkumpane, auch Lebeleute) wirklich und „ganz ehrlich“ das vorvorletzte Stehachterl zu sich nehmen – versprochen! Die hungrigen Mägen Wiens sind versorgt; bis morgen jedenfalls.

DAS NASCHMARKTGULASCH

Diese Variante des berühmten „Wiener-Saftgulasch", die auch unter der Bezeichnung „Marktgulyas" auf alten Speisekarten zu finden war, ist längst so gut wie ausgestorben. Es wurde ursprünglich speziell für die Marktstandler und -standlerinnen kreiert, um diesen in aller Herrgottsfrühe ein kräftigendes Mahl zu bieten, das zudem munter machen sollte. Marktgulyas war deftig, nahezu barbarisch und zeichnete sich dadurch aus, dass Unmengen von Zwiebeln, Knoblauch und Kümmel verwendet wurden, die dem saftigen Wadschinken die richtige Würze verleihen sollten. Dazu gab es ein Krügl Bier oder einen „Reschen" (billiger Schankwein) sowie frisch aufgebackene Semmeln, besser situierte Standler gönnten sich auch noch „ein Frackerl" Schnaps (etwa 6–8 cl).
Das allerwichtigste für dieses Gulasch ist – wie beim klassischen Saftgulasch auch – das Fleisch; es sollte vom vorderen Rind sein, nicht fasern und von guter Qualität zeugen! Auch darf man an der Menge nicht sparen, denn das Gulasch wird nur dann vollendet sein, wenn eine gehörige Menge gekocht wird und man dadurch genügend aromatischen Saft erhält, der zudem über den so genannten Spiegel verfügen muss; jener glänzenden Fettschicht, die das Marktgulyas eben braucht, um „echt guat" zu sein!

3–4 kg vorderer Wadschinken (samt Fett und Leim), gut 4 kg Zwiebeln (das Marktgulyas darf ruhig eine süßliche Note haben, die war im alten Wien recht beliebt), 12–15 zerdrückte Knoblauchzehen, 600 g Schweineschmalz (das gibt Kraft!), 3 EL Paprikapulver „edelsüß", 1–2 TL scharfes Paprikapulver, 3–4 EL Paradeismark, 2–3 EL Gulyas-Gewürzmischung (Majoran, Kümmel und Zitronenschale werden zusammen fein gehackt), Salz

Marktgulyas wird, wie das Saftgulyas auch, nicht gestaubt oder gebunden, das sei vorweg genommen. Die Zwiebel zunächst schälen und fein nudelig schneiden. Schmalz in einer großen Kasserolle erhitzen, die Zwiebel darin auf nicht zu kleiner Flamme rösten, bis sie goldgelb (nicht braun!) sind; das ist sehr wichtig, denn von der Farbe der Zwiebel hängt die Qualität und Farbe des Saftes ab! Dann staubt man mit den beiden Paprikapulvern, die man nur wenige Sekunden durchschwitzen lässt, damit sie der Soße keine bittere Note verleihen können. Nun kommt der grobwürfelig geschnittene Wadschinken dazu (der weder entfettet wird, noch hat man die leimigen Teile entfernt!!!), Salz nach Geschmack, zerdrückte Knoblauchzehen, das Paradeismark sowie das feinst gehackte Gulaschgewürz. Danach wird das Ganze im offenen Topf unter mehrmaligem Umrühren geschmort, bis das Fleisch kernig weich ist und der Saft eine rotbraune Farbe hat. Ist das Fleisch zäh, wird während des Dünstens etwas Wasser zugegossen, aber immer nur so viel, wie unbedingt erforderlich ist, sonst erreicht man weder die gewünschte Farbe noch die richtige Konsistenz des Saftes. Nach dem Eindünsten wird mit gerade einmal so viel Wasser aufgegossen, dass man einen molligen, sehr fetten Saft erhalten hat, der gleich hoch mit dem Fleisch steht. Langsam vollends weich kochen. Dazu werden frische Semmeln oder Salzstangen gereicht!

Einige wichtige Naschmarkt-Standler

GRUBER

Der Stand „Hella Gruber" ist die älteste Fischhandlung am Naschmarkt und verfügt nicht nur über eine sehr gute Auswahl an Edelfischen, sondern bietet saisonal auch Lebend-Fische (z. B. Karpfen, Forelle) und Krustentiere an (lebende Hummer, Langusten oder Flusskrebse).

UMAR-FISCH

Mediterranes Fischrestaurant mit angeschlossener Fischhandlung, spezialisiert auf frischeste Meeresfische aus Wildfang.

URBANEK

Der absolute „Inn-Treff" am Naschmarkt. Exzellente Schinken, Wurstwaren, Pasteten und Käse. Kleine aber feine Weinauswahl.

HERTA GRUBER

Bestes Rindfleisch, hausgemachte Sulz und saisonale Fleischspezialitäten sind die Markenzeichen von Herta Gruber. In ihrem angeschlossenen Beisl kann man zudem Wiener Traditionsgerichte verkosten.

„ESSIG-BRAUEREI" GEGENBAUER

Erste Wiener Essig-Brauerei mit zahlreichen Essig-Variationen (diverse Weinessige, Tomatenessig, Fruchtessig-Sorten) und Eingelegtem. Die Essig Brauerei gilt als einer der innovativsten und kreativsten Betriebe, was „Saures" betrifft.

KÄSELAND

Beste Auswahl an österreichischen, französischen und italienischen Käsen, insbesondere Ziegen- und Schafskäse.

GOCKELHAHN

Der Geflügelspezialist am Naschmarkt, beste ungarische Stopfleber. Neben Ente, Gans, Strauß, Wachtel, Fasan und anderem Gefieder sind auch Wildbret und Kaninchen Teil des Sortiments.

DER GURKEN-LEO

Der „Gurken-Leo" ist eine weit über Österreichs Grenzen hinaus bekannte Institution am Wiener Naschmarkt. Mit bürgerlichem Namen heißt er Leo Strmiska und ist ein Enkel des zweitgrößten Salzgurkenherstellers der ehemaligen Monarchie. Feinste Salzgurken, Champagnerkraut, Quittenkraut und eingelegte Paprika können hier vor Ort goutiert und genossen werden.

EISERNE ZEIT

Seit 1918 besteht dieses urige Wiener Beisl, in dem die Wiener gerne „Würstl mit Saft" oder ein kleines Gulasch verzehren. Dazu genießt man ein „Reparatur"-Seidl oder einen G'spritzten.

ÄGYPTISCHE FLEISCHEREI

Lammfleisch, Kalb und Geflügel, ägyptische Spezialitäten (z. B. eingelegte Okraschoten).

KRAVITZ GEMÜSE

Die Familie Kravitz betreibt einen sehr gut sortierten Gemüsestand mit frischester Ware und schwärmt für den Borschtsch ihrer russischen Heimat!

AKAD MEDITERRANE UND ORIENTALISCHE SPEZIALITÄTEN

Ein typischer bunter Mix an Produkten, wie man ihn von Märkten und Basaren des östlichen Mittelmeerraumes oder des Orients her kennt. Gewürze, Nüsse, Trockenfrüchte, Cerealien und vieles mehr werden feilgeboten, besonders stolz ist man aber auf den hausgemachten Tamara-Salat.

„ETSAN“

Türkische Fleischerei, Spezialist für Lamm- und Kalbsinnereien

WICKERL AM NASCHMARKT

Beisl-ähnliches Lokal mit kleinen, leichten Gerichten aus der Wiener und mediterranen Küche.

DÖNER-KEBAB „ABU MAHMUT“ UND „EGE“

Der Döner-Stand von Abu Mahmut ist einer der ersten von Wien überhaupt und seine riesigen Döner-Spieße sind fast schon legendär. Hervorragendes Kebab aus eigener Fleischerei bietet auch der danebenliegende Stand „EGE“ an.

WEINKELLER AM NASCHMARKT „BEI JAKOV“

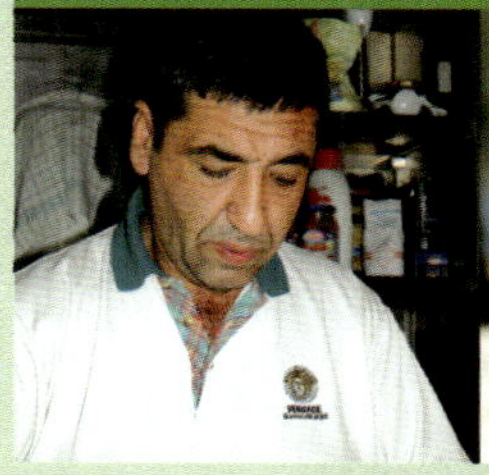

Gemütliche Weinstube mit großer Auswahl an nationalen wie internationalen Weinen, italienischen Schmankerln und tagesfrischen Speisen.

LASHIN MOHAMED

Orientalische Delikatessen (Iran, Indien, Ägypten und vorderer Orient), Reis und Gewürze aus aller Welt.

ORIENTALISCHE BÄCKEREI

Persische Bäckerei mit vielen orientalischen Brotspezialitäten, wie z. B. Fladenbrote, Sesamringe oder persisches Brot.

DR. FALAFEL

Schafskäse in vielerlei Variationen, Oliven, Hummus und vor allem köstliche Falafeln sind Teil des umfangreichen Sortiments.

„BEI GABRIEL“

Hummus, Puten-Kebab, Lammspieße sowie diverse Salate kann man sich bei „Gabriel“ schmecken lassen. Insider hingegen schätzen die usbekische Hausmannskost seiner Gattin, wie z. B. den köstlichen Plow.

FRISCHE AUSTERN

HAUSSULZ
Herta Gruber

1 kleine Schweinstelze, 2 Schweinshaxerln, und 1/4 Schweinskopf (samt Zunge und Ohr) mit reichlich Wurzelwerk, 2–3 Zwiebeln, und etwas Salz weich kochen. Fleisch herausnehmen und klein schneiden (Knochen, Sehnen und Fasern entfernen). Fleisch salzen, pfeffern, in eine Schüssel füllen (nach Wunsch kann man auch vom gekochten und klein geschnittenen Gemüse dazugeben), etwas von der Brühe darüberseihen, dann an einem kühlen Ort stocken lassen. Sulz in Scheiben geschnitten auf einem Teller anrichten, mit einer Marinade aus Essig, Öl, Zucker und Salz übergießen. Gehackte Zwiebel darüberstreuen und Gebäck dazu reichen.

PLOW
„Bei Gabriel"

Zunächst 4 gehackte Zwiebeln in reichlich Öl anbraten, dann 1 1/2–2 kg würfelig geschnittenes Lammfleisch (aus der Keule) dazugeben und mitbraten lassen. Mit Salz und weißem Pfeffer würzen. Wenn das Fleisch gut gebräunt ist, etwas Wasser angießen und 30 Minuten köcheln lassen. Danach 1 1/2 kg geraspelte Karotten, 1 kg Reis, 1–2 TL gemahlener Kreuzkümmel, 1 TL Kreuzkümmelsamen, 1 Löffel Chiliflocken und 1–2 TL Berberitzen dazugeben. Mit so viel Wasser aufgießen, dass der Reis gerade bedeckt ist; weitere 30 Minuten garen, nochmals mit Salz und Pfeffer abschmecken. Plow so auf einer großen Platte (oder Tellern) anrichten, dass der Reis unten liegt und das Lammfleisch obendrauf. Plow wird traditionell mit Brot und den Fingern (!) gegessen.

BORSCHTSCH
Kravitz Gemüse

1–1 1/2 kg Rinderbrust (im Ganzen) mit 2 Bund Suppengemüse, 500 ml Rote-Beete-Saft und 1 1/2 Litern Wasser in einen Topf füllen und gut 2 Stunden köcheln lassen. Dann 250 g geräuchertes Kassler oder mageren Bauchspeck und 25 g getrocknete Steinpilze (in etwas Wasser eingeweicht) dazu füllen, alles eine gute Stunde weiter köcheln lassen, bis das Fleisch gar ist. Die Brühe durch ein feines Sieb abseihen, nicht entfettet beiseite stellen. Das Fleisch und die Pilze klein schneiden. Eine große Zwiebel hacken und in wenig Butter leicht anrösten. Gut 600 g Rote-Beete in feine Streifen schneiden, kurz mit anrösten, dann mit etwas Brühe ablöschen und weich dünsten, kurz bevor die Rote Beete weich ist, 2–4 feinst gehackte Knoblauchzehen dazu mischen. Das Gemüse mit 50–75 g Mehl stauben und dieses unter Rühren zu einer Einbrenn andicken lassen, mit der vorbereiteten Brühe auffüllen und gut durchkochen. Das klein geschnittene Schweinefleisch sowie in Scheiben geschnittene Würstchen in der Suppe erwärmen, letztlich mit Salz, Pfeffer und Essig würzig abschmecken. Vor dem Servieren 250–300 ml saure Sahne unter die Suppe rühren und mit gehacktem Dill bestreuen.

***Hinweis:** Mit 500 g Weißkraut, 100 g gekochten weißen Bohnen und 5–6 gekochten Kartoffeln zu einem gehaltvollen Eintopf erweitern.*

FRISCHE AUSTERN MIT WEISSWEIN
Gruber

1/2 Dutzend Austern öffnen, auf Eis anrichten, mit Zitronenvierteln, Pfeffer aus der Mühle und einem Glas Weißwein servieren.

GERÖSTETE LAMMINNEREIEN

Fein parierte Lammleber, -nieren und -herzen in Scheiben schneiden. Olivenöl in einer Pfanne erhitzen, zuerst geschnittene Zwiebel, danach das Herz und die Nieren darin von allen Seiten rösten. Die Leber dazugeben und ebenfalls scharf anbraten. Alles mit Salz, Pfeffer, Rosmarin (oder Oregano), Thymian und etwas gehacktem Knoblauch würzen. Reisring auf Teller anrichten, Innereien samt Öl in den Ring füllen. Mit Petersilie garnieren, nach Geschmack einen Flocken Butter dazugeben.

ZAHNBRASSE IM PERGAMENT
Umar-Fisch

1 große Zahnbrasse schuppen, ausnehmen und abspülen, den Fisch innen und außen mit Meersalz würzen. Danach Zitronenscheiben, etwas gehackte Chilischote und gehackte Petersilie in die Bauchhöhle füllen. 2–3 Pergamentpapier-Bögen (jeweils etwa 20 cm länger als der Fisch) übereinanderlegen, mit Olivenöl bestreichen und den Fisch darauflegen. Pergamentbögen über dem Fisch zusammenschlagen und an den Seiten verschließen; 20–25 Minuten im Dampfgarer garen, mit Knoblauchöl und Ajvar servieren.

WÜRSTL MIT GULASCHSAFT
Eiserne Zeit (Bild S. 262)

1 Paar Frankfurter-Würstchen in siedendem Wasser erhitzen (nicht kochen). Einen großen Schöpfer Gulaschsaft auf einen Teller geben, heiße Würstchen darauf legen, mit Semmeln servieren.

FRITTIERTE HAMSI BEI „WICKERL"

HAUSSULZ

ZAHNBRASSE IM PERGAMENT

Andreas Wojta, und das Bewahren von Traditionen!

Andreas Wojta ist wohl eines der besten Beispiele dafür, dass gewisse Traditionen und Philosophien in Wien nie und nimmer aussterben werden; modernisiert werden, ja – aber gottlob nicht aussterben! Und so verkündet Andreas Wojta stolz: „Mein Minoritenstüberl ist eine Kantine mit Beisl-Flair. Wichtig ist das gute Papperl, welches jeden Tag frisch zubereitet wird, selbstverständlich. Doch mindestens genauso wichtig ist mir der Kontakt mit meinen Gästen." Und somit steht Andreas Wojta – einer langen Wiener Beisl-Tradition Folge leistend – nicht nur Tag für Tag in seiner kleinen Kuchl (welche sich übrigens inmitten des urigen Gastraumes befindet), um täglich 12 verschiedene Gerichte zu kochen, sondern begrüßt und berät seine Gäste mit unnachahmlichem Wiener Charme, „schenkt ein" und gibt die von ihm zubereiteten Speisen höchstpersönlich aus.
Natürlich ist seine „Beisl-Kantine" kein Refugium für arbeitsscheue Subjekte, verbummelte Studenten, Kleinganoven mit kühnen Tätowierungen oder extrem trinkfreudige Damen und Herren. Das erlaubt schon allein die doch etwas exponierte Lage im Souterrain-Keller des Bundesministeriums für Wissenschaft und Kunst nicht. Dennoch ist dem Minoritenstüberl eine gewisse „noble" Distanz zur Arbeit anzumerken: Hier trinken insbesondere Menschen ihr Gläschen Wein, für die halt Arbeit nicht das alleinige Lebensprinzip darstellt!
Genau genommen ist das Minoritenstüberl fast so etwas, wie ein kleines Wien-Kaleidoskop, in dem „Hackler" frühstücken, sich strebsame Beamte am Gabelfrühstück laben, allerlei Minister (und solche, die es noch werden wollen) lebhafte Diskussionen ausfechten und vor allem ganz normale Bürger die urwienerischen Speisen von Andreas Wojta genießen. Dazu gibt es guten Wein aus der Austria-Magnum (der traditionellen 2-Literflasche Österreichs), Bier vom Fass und zum Abschluss wohltuende Schnäpse.
Und da Andreas Wojta, wie bereits angesprochen, sehr viel Wert auf die Alt-Wiener-Traditionen legt, kann man hier auch noch das klassische, eher deftig gehaltene Gabelfrühstück genießen. Dass viele Rezepte noch von der „Omili" stammen, ist sicherlich mit ein Grund dafür, dass die Speisen über einen ganz authentischen, urwienerischen Geschmack verfügen.
Kurz: Es ist einfach beruhigend zu wissen, dass Wien – trotz aller Veränderungen – immer noch Wien ist, und (hoffentlich) auch bleibt!

DAS WIENER GABELFRÜHSTÜCK

Das traditionelle Wiener Gabelfrühstück ist eine kleine, warme Speise (zumeist ohne Beilage, aber mit Gebäck) und wird als eigenständige Mahlzeit zwischen 9.00 Uhr und 11.00 Uhr vormittags im Stammbeisl, Wirtshaus oder auch Kaffee-Haus (sofern dies über eine Küche verfügt) eingenommen.
Das Gabelfrühstück war im Alten Wien eine Institution; einerseits für die hart arbeitende Bevölkerung geradezu überlebensnotwendig, für Frühaufsteher eine Möglichkeit den sich einstellenden „kleinen Hunger zwischendurch" zu stillen und für die Schlemmer unter den Phäaken eine gute Gelegenheit, die Zeit zwischen Frühstück und Mittagessen leichter überbrücken zu können.
Das klassische Wiener Gabelfrühstück besteht in den meisten Fällen entweder aus einem kleinen Gulasch, Würsteln mit Saft oder einem Innereiengericht (insbesondere Salon-Beuschel und Bruckfleisch), verschiedenen Eierspeisen, zuweilen auch etwas Gebackenem. Wie der Name schon sagt, handelt es sich um kleinere Speisen, für deren Verzehr kein vollständiges Besteck, doch immerhin eine Gabel benötigt wird.
Mittlerweile sind die Grenzen fließender und daher werden auch belegte Brote, Würstel und Wurstsemmeln zum Gabelfrühstück gezählt, obwohl diese freilich nicht einmal mit der Gabel verspeist werden.

GEBACKENER KAVIAR-ERDAPFEL
Rezept von Andreas Wojta

4 kleine, vorgekochte Erdäpfel werden gesalzen in Mehl, verschlagenem Ei und Brösel paniert, danach in heißem Butterschmalz (oder Öl) goldbraun ausgebacken. Nach dem Abtropfen die Erdäpfel in der Mitte leicht einschneiden, vorsichtig auseinander drücken, mit Lachs- oder Forellenkaviar füllen und mit Kerbel verzieren. Dazu schmeckt frischer Sauerrahm, eine Basilikum- oder Spinat-Creme.

BRÖSELSOUFFLÉ MIT KNOBLAUCHRAHM
Rezept von der „Omili"

100 g feine Weißbrot-Semmelbrösel mit 3 Esslöffeln geriebenem Käse (Parmesan oder Emmentaler), 250 ml Milch, 3 Eiern und 1 TL Maisstärke vermengen, mit Salz und Pfeffer würzen und alles gut vermengen.
Feuerfeste Formen mit etwas Butter ausstreichen, die Masse einfüllen. Im Wasserbad 20 Minuten bei 180 Grad im vorgeheizten Rohr garen. Zwischenzeitlich 250 ml Sauerrahm mit 3-4 fein geschnittenen Knoblauchzehen vermischen, mit Salz und Pfeffer kräftig abschmecken.
Das fertige Bröselsoufflé auf Teller stürzen und mit dem Knoblauchrahm garniert servieren.

KALBSRAHMGULASCH MIT ZITRONENNOCKERL

Für das Kalbsrahmgulasch:
1 1/2 kg Kalbfleisch (Schulter oder Stelze), 3 Zwiebeln, 3–4 rote Paprikaschoten, 2 Knoblauchzehen, 2 EL Paprikapulver, 1 Schuss Essig, abgeriebene Schale einer halben Zitrone, 250 ml Schlagobers, Öl zum Rösten, Salz und Pfeffer

Für die Zitronennockerl:
300 g glattes Mehl, 3 Eier, gut 250 ml Milch, Abrieb und Saft einer Zitrone, Salz, Butter zum Schwenken

Zuerst das Fleisch in nicht zu kleine, gleichmäßige Würfel schneiden, Zwiebel und Knoblauch schälen und wie auch den entkernten Paprika (von dem alle weißen Teile entfernt worden sind), grob schneiden. Die Zwiebeln in etwas Öl goldbraun rösten, Paprikastücke hinzufügen und nochmals kurz durchschwenken, vom Feuer nehmen, paprizieren und mit Essig ablöschen. Knoblauch, Zitronenschale und das Kalbfleisch beigeben, durchrühren und mit etwas Wasser aufgießen. Salzen, pfeffern und auf kleiner Flamme 30–40 Minuten sanft köcheln lassen. Danach das Kalbfleisch aus der Sauce stechen und in einen frischen Topf füllen. Das Schlagobers in die Sauce geben und alles kräftig mit dem Stabmixer pürieren, danach durch ein feines Sieb streichen. Die nunmehr sämige Sauce über das Fleisch gießen, nochmals kurz aufkochen und endgültig abschmecken.
Für die Zitronennockerln alle Zutaten zu einem Teig verkneten, danach mit Hilfe einer Teigspachtel durch ein grobes Reibeisen (welches verkehrt herum verwendet wird) in kochendes Salzwasser drücken. Einige Male umrühren, 2 Minuten köcheln lassen, in ein Sieb schütten und kalt abschrecken. Vor dem Servieren in aufgeschäumter Butter schwenken und zum Kalbsrahmgulasch servieren.

ANDREAS WOJTA MIT SEINEM KALBSRAHMGULASCH

Gulasch und Pörkölt

Das heute allgemein gebräuchliche Wort „Gulasch" leitet sich vom ungarischen „gulyás" ab, was ursprünglich nur Rinderhirte bedeutete. Das eigentliche Essen hingegen hieß „gulyáhus", zu deutsch Gulaschfleisch. Es handelte sich hierbei um ein einfaches Fleischgericht der Puszta-Hirten, welches im Kessel über offenem Feuer zubereitet wurde. Vom Mittelalter an bis weit ins 19. Jahrhundert war die Puszta das Reich riesiger Rinderherden, die zu zehntausenden auf Europas große Märkte getrieben wurden, so z. B. nach Mähren, Wien, Nürnberg oder gar bis nach Venedig. Unterwegs sorgten die Rinderhirten dafür, dass es immer ein „krankes" Tier zum Schlachten gab, aus dessen Fleisch sie sich ein schmackhaftes Mahl bereiten konnten.
Erst Ende des 18. Jahrhunderts im Zuge aufkeimenden Nationalbewusstseins fand das Hirtengericht den Weg vom einfachen Kessel in die Kochtöpfe der wohlhabenden Bürgerschicht. Vor allem in den durchgreifenden Reformen, welche der österreichische Kaiser und ungarische König Joseph II. nach 1780 durchführte, sahen viele Ungarn ihre kulturelle Identität und Eigenständigkeit bedroht. Neben dem Schutz der ungarischen Sprache (Deutsch war nun Amtssprache), landestypischen Sitten und Gebräuchen wollte man den nationalen Charakter der Magyaren auch in der Küche pflegen – und so kam das Gulyás in Mode. Das Gericht, das ursprünglich von den Hirten gemeinsam aus einem Kessel mit einfachen Holzlöffeln gegessen wurde, lag nun auf den Porzellantellern der reichen Bürgerschicht und wurde mit Silberlöffeln zelebriert.
Das einfache Kesselgulasch der Hirten entspricht heute am ehesten der Gulaschsuppe und hat – außer Paprika und dem Namen vielleicht – kaum etwas mit unserem Gulasch gemeinsam. Für das Kesselgulasch werden nur 2 Zwiebeln in reichlich Fett geröstet, dann kommen 1 1/2–2 kg würfelig geschnittenes Rindfleisch hinzu. Das Fleisch wird dann mit einer dicken Schicht Paprikapulver bestreut, mit Wasser aufgegossen und weich gekocht. Gegen Ende der Garzeit kommen noch Salz, Paprikaringe und kleine Erdäpfelwürfel hinzu – fertig!
Das bei uns gebräuchliche Gulasch entspricht noch am ehesten dem ungarischen „pörkölt" oder manchmal auch den „paprikás"-Gerichten. Es ist leider nicht bekannt, welch begnadetem Koch die Idee gekommen war, Fett, Zwiebeln und Paprika zu dieser wunderbaren „Dreier-Beziehung" zusammen zu führen und damit jene Geschmacksharmonie zu schaffen, die immer wieder aufs Neue zu begeistern vermag. Und zu den beiden von Fett-Paprika-Zwiebel geprägten Gerichten hat sich aus Siebenbürgen noch ein dritter Verwandter eingeschlichen, das „tokány".
Grundsätzlich wird Pörkölt aus Geflügel-, Schweine-, Rind-, Hammel- oder Wildfleisch zubereitet, wobei den roten Fleischsorten der Vorzug gegeben wird und diese in Würfel geschnitten zubereitet werden. Für Paprikás nimmt man eher mageres gewürfeltes Fleisch von Kalb, Huhn oder Hasen. Das Tokány hingegen kocht man aus in Streifen geschnittenem Rind-, Hammel- oder Wildfleisch, wobei zudem meist auf Paprika verzichtet wird. Der Meister der ungarischen Küche, Károly Gundel über die Zubereitung des paprizierten Quartetts von Gulyás, Pörkölt, Tokány und Paprikás: „... Gulyás wird zubereitet, indem man fein geschnittene Zwiebel, Kartoffel- und Fleischwürfel, grüne Pfefferschoten und Tomaten, Kümmel, Knoblauch, Salz und Paprika zusammen kocht. Manchmal gibt man auch ein wenig Nudelteig hinein, den man Stück für Stück zwischen Zeigefinger und Daumen zerreibt. Man nimmt Rindfleisch dazu und das Gericht muss viel Brühe enthalten, fast so viel wie eine Suppe. Pörkölt enthält ebenfalls fein geschnittene Zwiebel, Paprika und Fleisch, aber man nimmt hierzu größere Stücke und Fleisch von fetteren Tieren – also Kalb, Hammel, Wild, Schwein, Gans oder Ente. Beim Tokány wird das Fleisch für gewöhnlich in längere Stücke geschnitten. Dazu kommt süße oder saure Sahne (die man auch weglassen kann), Pilze, Spargelspitzen und Petersilienwurzel. Und was schließlich den Paprikás – für meinen Geschmack das feinste der vier Gerichte – betrifft, so besteht er aus Fisch, Huhn, Lamm- oder Kalbfleisch und entweder süßer oder saurer Sahne oder aus einer Mischung von beidem ..."

Im Gegensatz zum original ungarischen Gulasch ist das Wiener Saftgulasch eine typisch wienerische Speise und eigentlich vielmehr eine Art Rindsragout. Entstanden ist dieses Gericht aus einem Missverständnis gepaart mit Wiener Eigensinn und Kochtradition. Entwickelt hat es sich selbstverständlich aus dem Kesselgulasch der ungarischen Hirten und dürfte Mitte des 19. Jahrhunderts über Pressburg nach Wien gelangt sein. Hier ersetzte man die Paprikaschoten durch Paprikapulver – der Grundstein für das „Gollasch" war gelegt. Der Ausdruck „Gollasch" kam so zustande, dass der Name „Gulyás" über die Ui-Mundartlautung Niederösterreichs nach Wien kam und man hier glaubte, das original-U in das „originalere" O zurücklauten zu müssen – so wurde aus dem eigentlich richtig gesprochenen Gulasch das fälschliche Gollasch.
Ein anderer Fehler war die Fleischwahl, denn die Wiener nahmen zunächst den zarten Lungenbraten für ihr Gollasch, der kaum Leim beinhaltet, welcher eine schöne Sauce ergibt, weshalb mit Mehl gestaubt werden musste, sollte die Gollasch-Sauce mollig sein. Später kam man dann auf das wesentlich billigere, aber weitaus besser bindende Fleisch des vorderen Wadschinkens. Zudem fiel das Gericht für die Wiener Köche in die Kategorie der „Eingemachten Speisen", welche mit einer Einmach aus Fett, Zwiebeln und Mehl zubereitet wurden. So entstand das Wiener Rindsgulasch, das – vor allem aus edlem Lungenbraten – schnell auch auf den Tafeln der Reichen „salonfähig" wurde. Mit der Zeit entwickelten sich dann Varianten wie das berühmte Wiener Saftgulasch (welches nicht mehr mit Mehl gestaubt wird) oder das Fiakergulasch und auch das traditionsreiche Sacher schloss sich an und kreierte das „Sachergulasch". Heute ist das Gulasch nach wie vor eines der beliebtesten Gerichte, insbesondere fürs Gabelfrühstück und manch ein Beisl oder Lokal wird überhaupt nur deshalb aufgesucht, weil es ein gutes Gulasch hat.

WIENER SAFTGULASCH

Das Saftgulasch wird zum Unterschied vom gewöhnlichen Rindsgulasch (Gollasch) nicht mit Mehl gestaubt. Wichtig ist die richtige Fleischwahl, denn es soll zum einen nicht fasern und zum anderen von Flachsen durchzogen sein, die leimhaltig sind und daher eine gute Sauce machen – am besten nimmt man Wadschinken vom vorderen Rind.

**1 kg Wadschinken grobwürfelig geschnitten,
750–800 g Zwiebeln,
3 zerdrückte Knoblauchzehen,
1 guter EL Paradeismark,
150–200 g Schmalz,
1–2 TL Paprikapulver „edelsüß",
1–2 TL Gulaschgewürz (feinst gehackte Mischung aus Majoran, Kümmel, etwas abgeriebener Zitronenschale), Salz**

Die Zwiebeln feinnudelig schneiden und im heißen Schmalz unter Rühren auf großer Flamme rösten bis sie zwar goldgelb nicht aber braun sind (von der Farbe der Zwiebeln hängt später die Farbe des Saftes ab). Dann mit Paprika stauben, diesen nur 2–3 Sekunden durchschwitzen (er würde sonst bitter werden), dann den Wadschinken dazugeben und mit Salz, Knoblauch, Paradeismark sowie der Gewürzmischung würzen. Im offenen Topf schmoren bis das Fleisch kernig-weich ist, dabei ab und an umrühren. Das Gulasch sollte eine schöne rotbraune Farbe erhalten haben. Wenn das Fleisch noch zu zäh ist, wird etwas Wasser angegossen, aber nur so viel wie zum Weichdünsten notwendig ist. Nach dem Dünsten gerade so viel Wasser, Rindsuppe oder Brühe angießen, dass man einen molligen Saft hat, der knapp gleich hoch dem Fleisch steht. Das Gulasch weich dünsten und mit Semmeln, Nockerln oder Erdäpfeln auftischen.

UNGARISCHES SCHWEINSPÖRKÖLT

**Knapp 1 kg Schweinefleisch,
1–2 Zwiebeln fein geschnitten,
3 Paprikaschoten,
2 Paradeiser,
75 g Fett (Schmalz oder Öl),
1 TL Paprikapulver, Salz**

Das Fleisch in 2 cm große Würfel schneiden, Zwiebeln fein hacken, die Paprikaschoten von den Samensträngen befreien und klein schneiden, die Tomaten achteln.
Fett in einer Kasserolle erhitzen, die Zwiebel darin andünsten, vom Herd nehmen und das Paprikapulver sowie das Fleisch dazugeben. Wieder auf den Herd stellen, einige Minuten unter Rühren rösten und schließlich salzen. Danach die Tomaten- und Paprikastücke untermischen. Einen Deckel auflegen, alles im eigenen Saft schmoren, bei Bedarf etwas warmes Wasser angießen.
Das fertige Gericht mit ein oder zwei in Ringe geschnittenen Paprikaschoten garnieren und mit Nockerln servieren.

Egon Fridell: „In Wien bekommt man, genaugenommen, in allen Restaurants nur Gulasch zu essen, aber es schmeckt immer anders!“

BOHNEN-GULASCH

**1 kg Schweinefleisch aus der Schulter,
300 g Zwiebeln,
250 g getrocknete weiße Bohnen
(über Nacht eingeweicht),
80 g Schmalz, Brühe,
2–3 Knoblauchzehen,
1–2 Löffel Paradeismark, Paprika,
Kümmel, Salz und Pfeffer**

Die fein gehackten Zwiebeln in heißem Schmalz licht anrösten, dann Paprika und das in Würfel geschnittene Fleisch dazugeben, mit Paradeismark, Salz und Kümmel würzen. Dann die Bohnen und zerdrückten Knoblauch dazugeben, alles langsam weich dünsten, nach Bedarf mit etwas Brühe aufgießen. Das Bohnengulasch würzig abschmecken und mit Sauerrahm garniert servieren, Erdäpfel als Beilage.

ALT-WIENER RINDSGOLLASCH

**1 kg hochwertiges Rindfleisch
(z. B. Lungenbratenspitz oder Schulterscherzel),
1 kg Zwiebeln, 150 g Schmalz, 2–3 EL Mehl,
1 Löffel Rosenpaprika, 1 Löffel Paradeismark
(fakultativ), Rindsuppe, Majoran, Kümmel, Salz**

Die fein geschnittenen Zwiebeln im Schmalz anrösten, Salz und Paprika hinzugeben. Dann das in gröbere Würfel geschnittene Fleisch darin dünsten bis der austretende Saft ganz verkocht ist – wer mag, gibt auch noch Paradeismark hinzu. Nun wird mit Majoran und Kümmel gewürzt, mit dem Mehl gestaubt und unter Zugabe von Suppe oder Wasser das Fleisch vollends weich gedünstet – nie zu viel Wasser auf einmal dazugeben, damit die Sauce schön mollig wird. Wenn das Fleisch weich ist, die Fleischwürfel aus der Sauce stechen und diese passieren, Fleisch wieder hineinlegen, alles nochmals abschmecken und mit Salzerdäpfeln oder Nockerln servieren.

GUTES WURSTGULASCH

**1 kg ausgelöstes Fleisch von der Schweinsstelze
(ohne Schwarte), 2 Paar Debrecziner,
2 Paar Frankfurter, 2–3 EL Schmalz,
400–500 g Erdäpfel (mehligkochend),
2 Zwiebeln, 4–5 Knoblauchzehen,
3–4 EL Paprikapulver „edelsüß",
1–2 TL scharfes Paprikapulver,
Kümmel, Majoran,
Salz und Pfeffer aus der Mühle**

**Außerdem:
150 g geräucherten Speck,
2 rote Paprikaschoten in Streifen geschnitten,
1 grüne Paprikaschote in Ringe geschnitten**

Das Fleisch würfelig schneiden, mit Salz und Pfeffer würzen. Zwiebel in feine Streifen schneiden, den Knoblauch zuerst grob, dann zusammen mit Kümmel fein hacken. Schmalz in einer Kasserolle erhitzen, Zwiebel darin goldgelb andünsten. Kasserolle vom Herd nehmen, Knoblauch-Kümmelgemisch, die beiden Paprikapulver sowie etwas Majoran einrühren, zurück auf den Herd stellen und sofort das Fleisch hineingeben. Fleisch kurz durchschwitzen, dann so viel Wasser oder Brühe hinzugeben, dass das Fleisch noch nicht ganz bedeckt ist. Auf kleiner Flamme gut 45 Minuten schmoren, dabei öfters umrühren und nach Bedarf etwas Flüssigkeit nachgießen.
Zwischenzeitlich die Erdäpfel schälen und grob würfeln. Wenn das Fleisch fast weich ist (das sollte es nach angegebenen 45 Minuten sein) die Erdäpfel hinzugeben und 10 Minuten mitkochen. Wenn auch die Erdäpfel weich und gar sind, kommen die in Ringe geschnittenen Würstchen hinein und werden darin nur erwärmt.

Für die Garnitur den Speck und die roten Paprikaschoten in dünne Scheiben schneiden, zusammen in etwas Schmalz anrösten. Wurstgulasch in Teller füllen, die Speck-Paprikamischung darauf verteilen und mit frischen grünen Paprikaringen ausgarniert servieren.

KALBSWANGEN PÖRKÖLT

**1 kg Kalbswangen,
1–2 Zwiebeln,
1 junger Knoblauch im Ganzen
(ersatzweise einige Knoblauchzehen),
3–4 EL Paradeismark,
3–4 EL scharfes Paprikapulver,
3–4 EL Paprikapulver „edelsüß",
300 ml Weißwein,
gut 1 Liter Kalbs- oder Hühnerbrühe,
Öl, 3 EL Butter, 2–3 EL Mehl,
Salz und frisch gemahlener Pfeffer**

Die Kalbswangen in 5 x 5 cm große Würfel und die Zwiebel in Streifen schneiden. In einer hohen Kasserolle die Zwiebeln in etwas Öl hellgelb anrösten, das Fleisch dazugeben und mitbraten. Während dessen den jungen Knoblauch in feine Scheiben schneiden. Ist das Fleisch rundherum angebraten, kommen Knoblauch, Paradeismark, die beiden Paprikapulver und eine Prise Salz dazu. Alles vermischen, danach mit Brühe und Wein aufgießen. Nochmals salzen und pfeffern, weich kochen lassen.
Aus Butter und Mehl in einer zweiten Kasserolle eine helle Einbrenn erzeugen, diese mit etwas Sauce vermischen und glatt rühren. Mit den Kalbswangen vermengen, weitere 10–15 Minuten köcheln lassen, bis die Sauce gebunden ist. Wer mag, kann mit Rahm verfeinern.

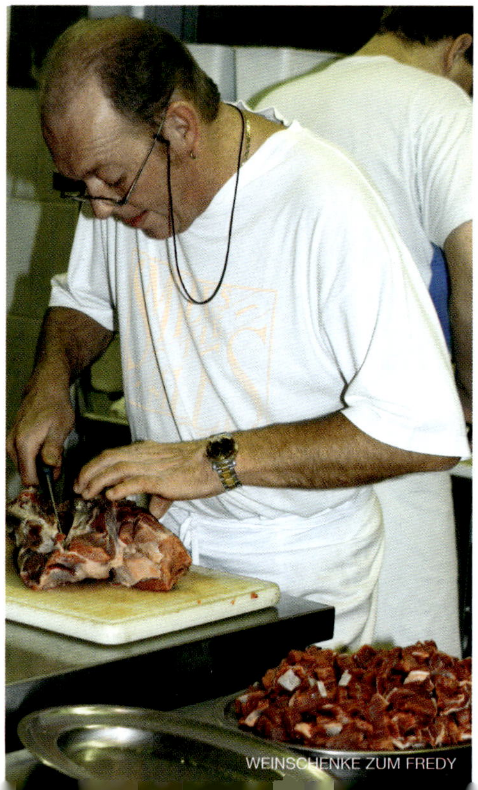
WEINSCHENKE ZUM FREDY

WÜRSTL MIT GULASCHSAFT (REZEPT S. 258

GULASCH-VARIANTEN

1. FIAKERGULASCH: Ein fertig zubereitetes Saftgulasch wird nach alter Fiaker-Sitte mit einem Spiegelei, Würstel, Essiggurkerl und einem süßlich abgeschmeckten Paprikasalat angerichtet.

2. SACHERGULASCH: Ein gut zubereitetes Rindsgulasch wird vor dem Anrichten mit geschnittenen Gurkerln und frisch zubereiteten Pommes frites vermengt.

3. BAUERNGULASCH: Ein Rindsgulasch mit Semmelknödel

4. DEBRECZINER GULASCH: Ein Rindsgulasch oder Saftgulasch mit grünen Paprikaschoten und klein geschnittenen Debrecziner-Würstchen, dazu Salzerdäpfel

5. ESTERHÁZY GULASCH: Ein Kalbsrahmgulasch mit Wurzelwerk, Kapern und Erbsen, dazu gibt es üblicherweise Salzerdäpfel.

6. FIUMER GULASCH: Ein Rindsgulasch mit Speckwürfeln, Erdäpfeln und geschnittenem Kohl

7. KAISER GULASCH: Ein sehr fein zubereitetes Rindslungenbratengulasch mit in Butter abgeschmälzten Bandnudeln

8. PESTER GULASCH: Zum einen ein Rindsgulasch mit Tarhony, zum anderen auch (nach Maria von Rokitansky) ein Gulasch mit Pfeffer und Reis

9. TRIESTER GULASCH : Ein Rindsgulasch mit Polenta

10. ZIGEUNER GULASCH : Ein pikantes Rahmgulasch aus Rind-, Kalbs- und Schweinefleisch sowie abgeröstetem Speck, dazu Salzerdäpfel und in Ringe geschnittene bunte Paprikaschoten als Beilage

11. ZNAIMER GULASCH: Ein Rindsgulasch mit nudelig geschnittenen Znaimer Gurken (aus Znaim stammende Spezialität, bei der die Gurken mit Dill und Kräutern eingelegt werden)

12. FISOLENGULASCH: Ein Rindsgulasch mit Paradeisern und reichlich Fisolen (Schnittbohnen werden hinzugegeben, wenn das Fleisch halb weich ist)

13. PFEFFERFLEISCH: Ein Rindsgulasch, das an Stelle von Paprika mit reichlich schwarzem Pfeffer gewürzt und mit einem Schuss Essig säuerlich abgeschmeckt wird.

Das Wiener Beisl

Zunächst sollte man einmal die immer wiederkehrende Frage klären, was denn eigentlich ein „Beisl" sei? Nun, das Wörterbuch sagt hierzu ganz pragmatisch: ein einfaches Gasthaus. Das sollte man aber nicht so stehen lassen, denn für die Wiener bedeutet ihr Beisl mehr, als das!
Lange Zeit dachte man, dass das Wort „Beisl" aus dem Jiddischen stamme, wo „bajs" (hebr; bájiss) so viel wie „kleines Haus" bedeutet, viele Wiener sagen auch heute noch „Beiz" statt „Beisl". Richtig ist aber, dass das Wort vom böhmischen „paizl" (Kneipe, Spelunke, später auch Bordell) herzuleiten ist.
Anfangs verstand man unter den Beisl kleine, unbedeutende Wirtshäuser – vielmehr schummrige Spelunken – in den Vorstädten Wiens, wo neben Wurst, Käse und kleinen Fleischgerichten vor allem Bier genossen wurde, denn der Wein war um 1800 noch den Heurigen und besseren Gastwirtschaften vorbehalten. Im Laufe des 19. Jahrhunderts wandelte sich der Beisl-Begriff wesentlich und wurde auch für einfache Gasthäuser angewandt, in denen neben Bier vor allem typische Gerichte der Wiener Hausmannskost (z. B. Gulasch, Beinfleisch, Beuschel, Erdäpfelgulasch, Schweinsbraten, Bauernschmaus und Bruckfleisch) zu günstigen Preisen angeboten wurden.
Im 20. Jahrhundert setzte dann die vollkommene Verfälschung des Begriffs ein, vor allem seit den 80er Jahren; heute nennen sich auch viele In- und Szene-Lokale „In-Beisl" oder gar „Nobel-Beisl" und bieten statt bodenständiger Wiener Kost lieber Carpaccio, Vitello tonnato, gebackene Tintenfischringe oder gegrillte Garnelen zu teuren Preisen an, dazu sollten selbstverständlich Pinot grigio und Barolo genippt werden. Andere Beisl wiederum sperrten ganz zu und wurden in Butiken, China-Restaurants, Pizza-Buden oder gar Fast-Food-Refugien umgewandelt.
Also – rekapitulieren wir: Ein Wiener Beisl ist ein uriges Lokal mit einer preiswerten, aber frisch und hoffentlich auch gut gekochten Hausmannskost! Die Küche bietet meistenteils keine großen Überraschungen, der Stammgast weiß, worauf er sich freuen darf und genießt das auch; da weiß man, was man hat! Nahezu jeder Wiener hat sein persönliches „Stamm-Beisl", das seinen Ansprüchen voll und ganz entspricht. Derartige Stamm-Beisl werden nicht selten zu Wohnzimmern und manch ein Wiener hat auf seiner Visitenkarte nicht die Adresse seiner Wohnung, sondern die seines Stamm-Beisls stehen. Gründe das Stamm-Beisl aufzusuchen – allein oder mit den Seinen – gab und gibt es viele: Zahltage, Namens- oder Geburtstage, beliebige Jahrestage, Hochzeiten mit „pipifeinen" Schmausereien im Extrazimmer, Trauerfeiern mit opulenteren Trinkgelagen gegen die Trauer, das klassische Wurstessen (meist Freitags), bachanale Stammtischrunden, Sparvereinssitzungen, Preisschnapsen, Hausbälle, Faschingsfeiern u. a. – oder um einfach nur im Vorrübergehen ein Seidl Bier, ein Stehachterl oder einen G'spritzten zur Erfrischung von Leib und Seele an der Budel oder am Stammtisch zu trinken.
Überhaupt ist der Stammtisch das Epizentrum eines jeden Beisls, hat man es geschafft einen dieser begehrten Plätze zu ergattern, so kann einem im Leben nicht mehr viel passieren. Hier ist man wer, hier wird einem Gehör geschenkt und das auch noch nach 17 bis 20 Vierteln. Über alles herrscht der Wirt, egal ob über Geld, Politik, Fußball und überhaupt das Universum diskutiert wird – der Wirt hat immer Recht.
Und wenn dann im Sommer der Schanigarten lockt (vielleicht sogar mit altem Baumbestand), das offene Bier frisch gezapft im Glase perlt, der kalte Spritzwein zischt, der gut aufgelegte Wirt mit einem frisch bereitetem Schmaus antanzt und dann auch noch ein lockerer Schmäh rennt, dann ist die Welt in Ordnung – zumindest in Wien!

REISFLEISCH

**1 kg Kalbsschulter oder Schweinefleisch,
300 g Reis, Rindsuppe,
2 große Zwiebeln fein gehackt,
50 g Fett (Schmalz oder Öl),
50 g durchwachsener Speck,
Rosenpaprika, Salz und Pfeffer aus der Mühle,
geriebener Käse**

Der feinst gewürfelte Speck wird zunächst im Fett ausgelassen, danach gibt man die fein gewiegte Zwiebel dazu und lässt sie goldgelb werden. Mit Rosenpaprika stauben, dann das parierte und gewürfelte Fleisch dazugeben, salzen. Das Fleisch im austretenden eigenen Saft bei milder Hitze halbweich dämpfen. Nun wird der Reis dazu gegeben und alles mit so viel Rindsuppe aufgegossen, dass der Reis etwa 3 cm hoch bedeckt ist. Den Reis weich dämpfen. Kurz vor dem Anrichten schmeckt man nochmals mit Salz und Pfeffer ab, dann wird etwas Käse eingearbeitet. Mit geriebenem Käse und etwas gehackter Petersilie bestreut servieren.

MAJORANFLEISCH

Eines der ganz klassischen Beislgerichte, das noch besser schmeckt, wenn man die Hälfte der Suppe durch Weißwein ersetzt!

**1 kg Rindfleisch zum Dünsten,
400 g fein gehackte Zwiebeln, reichlich Majoran,
125–150 g Butter oder Öl,
50–60 g Mehl, Rindsuppe zum Aufgießen,
etwas Essig, Salz, Pfeffer aus der Mühle**

Zuerst die gehackten Zwiebeln im Fett anrösten, dann das klein geschnittene Fleisch dazugeben, salzen, pfeffern und mit wenig Rindsuppe aufgießen. Das Fleisch weich dünsten, dabei nur wenn notwendig Flüssigkeit nachgeben.
Wenn das Fleisch fast gar ist, wird mit Mehl gestaubt, dieses abgeröstet und schließlich alles mit Rindsuppe (oder Rindsuppe und Wein) aufgegossen. Majoran nach Belieben hinzufügen und alles fertig dünsten. Kurz vor dem Servieren mit Essig, Salz und Pfeffer abschmecken. Teigwaren oder Erdäpfel sind geeignete Beilagen.

GEDÜNSTETE RINDSCHNITZEL

**1–2 Rindschnitzel,
etwas Mehl zum Wenden,
2 EL fein geschnittene Zwiebel,
Öl zum Anbraten, etwas Rindsuppe,
Mehl zum Stauben, Rahm,
Paradeismark,
scharfes Paprikapulver,
Salz und Pfeffer aus der Mühle**

Die Rindschnitzel klopfen, an den Rändern einschneiden, leicht salzen und auf einer Seite melieren. Bei starker Hitze in etwas Öl beidseitig anbraten, aus der Pfanne heben. Die Zwiebel hineingeben und ebenfalls abrösten, dann mit Suppe ablöschen und das Fleisch darin weich dünsten. Das Fleisch aus der Pfanne heben und mit dem Natursaft auf einem Teller anrichten.

Variante
Fertig gedünstetes Fleisch warm stellen. Sauce leicht mit Mehl stauben, Rahm, Paradeismark und Paprikapulver dazugeben, schnell verkochen lassen, abschmecken und durch ein Sieb über die Rindschnitzel passieren. Dazu isst man Teigwaren.

HENDERL MIT WEIN-SAUERKRAUT

**1 großes Huhn von etwa 1 1/2 kg,
knapp 1 kg Sauerkraut,
5 EL Schmalz,
1 große Zwiebel, 6 Knoblauchzehen,
250 ml Weißwein, etwas Hühnerbrühe,
1 Lorbeerblatt,
scharfes Paprikapulver,
einige Pfefferkörner, Salz**

Das Henderl in 8 Teile zerlegen, die Zwiebel in feine Ringe schneiden und den Knoblauch fein hacken oder zerdrücken. Das Schmalz in einer Kasserolle erhitzen, die Hühnerteile darin von allen Seiten scharf anbraten, Zwiebel und Knoblauch dazugeben und mit dem Wein ablöschen. Etwas salzen und die angedrückten Pfefferkörner hineingeben.
Das Sauerkraut kurz abspülen, ausdrücken dann ebenfalls in den Topf füllen. Mit Hühnerbrühe aufgießen bis alles knapp bedeckt ist. Das Paprikapulver einstauben, Lorbeerblatt einlegen und das ganze eine gute Stunde köcheln lassen.
Sauerkraut auf einer Platte anrichten, Hühnerteile darauf legen und mit Brot servieren.

HERING-SALAT

Dies war in früheren Zeiten der klassische Heringsschmaus am Aschermittwoch.

**6 große Salzheringe, 1 kg Erdäpfel,
1–2 fein gehackte Zwiebeln,
125–150 ml gutes Pflanzenöl,
250–300 ml Sauer-Rahm, etwas Rindsuppe,
50–75 g Kapern, Estragonessig,
einige Lorbeerblätter, Salz und Pfeffer**

Die Heringe zunächst 12–15 Stunden wässern, falls nötig entschuppen, längs halbieren und entgräten. Danach die Fische in 1 cm lange Stücke schneiden. Erdäpfel (vorzugsweise Kipfler) in Salzwasser kochen, schälen und in Scheiben schneiden.
Aus 3–4 EL Einweichwasser von den Heringen, etwas Rindsuppe, dem Sauerrahm, Öl, Essig, fein gehackten Zwiebeln sowie Kapern eine Marinade bereiten, die mit Salz und Pfeffer kräftig gewürzt wird.
Heringe mit den Erdäpfeln in einer irdenen Form vermengen und mit der Marinade überziehen (Erdäpfel und Heringe müssen vollständig von der Sauce bedeckt sein!). Lorbeerblätter unterheben und mindestens 12 Stunden (über Nacht) im Kühlschrank durchziehen lassen.

MAJORANFLEISCH

HENDERL MIT WEIN-SAUERKRAUT

SAURE WURST/BEAMTENFORELLE

**100 g Knack- oder Extrawurst
in dünne Scheiben geschnitten,
1 Zwiebel in Ringe geschnitten,
Essig,
Öl,
Prise Zucker,
Salz und Pfeffer aus der Mühle**

Die aufgeschnittene Wurst dekorativ auf einem Teller anrichten. Aus 2–3 EL Essig, 6–8 EL Pflanzenöl, etwas Zucker und Salz eine Marinade herstellen, diese über die Wurst gießen. Pfeffer darüber streuen und mit Zwiebelringen garniert servieren. Gebäck dazu reichen.

GEBACKENE PALATSCHINKENROLLE MIT CREMESPINAT

**3–4 fertige Palatschinken
(Zubereitung siehe S. 311),
1 nussgroßes Stück Butter,
2 Eier,
125 ml Rahm,
150 g gekochter Schinken,
Ei und Semmelbrösel zum Panieren,
Schmalz zum Ausbacken,
Salz und Pfeffer,
Rahmspinat als Beilage (siehe S. 278)**

Die Butter in einer Pfanne zerlassen, die Eier hineinschlagen und verrühren, Rahm, fein gehackten Schinken, etwas Salz und Pfeffer dazugeben. Masse gut vermischen, dann vom Herd nehmen.
Die ausgekühlten Palatschinken (man berechnet für eine Hauptspeise 2–3 Stück pro Person) werden nun mit der Masse bestrichen, danach zusammengerollt und in jeweils zwei Teile geschnitten. Man paniert mit Ei und Bröseln (kein Mehl) und bäckt in heißem Schmalz goldgelb heraus. Dazu wird ein cremiger Rahmspinat serviert.

EIERNOCKERLN

**500 g Mehl, 8 Eier,
250 ml Milch, Öl,
1 Bund Schnittlauch, Salz**

Aus dem Mehl, vier Eiern, einer Prise Salz und der Milch mit einem Löffel einen glatten Teig herstellen. Diesen 20 Minuten rasten lassen. Dann mit einem Kaffeelöffel Nockerln ausstechen, diese in siedendem Salzwasser garen (man kann den Teig auch durch ein Nockerl-Sieb streichen). Wenn die Nockerln aufsteigen noch 1–2 Minuten kochen lassen, dann abseihen und mit kaltem Wasser abschrecken.
Öl oder Margarine in einer Pfanne erhitzen, die Nockerln darin schwenken. Die verbliebenen vier Eier aufschlagen, leicht versprudeln und über die Nockerln gießen. Wenn das Ei nahezu gestockt ist, sind die Eiernockerln fertig. Mit reichlich gehacktem Schnittlauch bestreuen und einen grünen Salat dazu reichen.

REINBRATEN

Auch dieses alte Rezept ist heute leider auf Speisekarten kaum mehr zu finden, obwohl es in vielen Wiener Haushalten verschiedenste Rezepte für den Reinbraten gibt. Hier ein traditionelles aus der Beislküche:

**6–8 große Rostbraten geklopft,
3–4 Zwiebeln klein gehackt,
Paprikapulver
(nach Belieben süß und/oder scharf),
Rindsuppe,
4–5 Erdäpfel geschält und in Würfel geschnitten,
Paradeismark,
Mehl zum Stauben,
Öl zum Anbraten,
Salz und Pfeffer**

In einer ausreichend großen Kasserolle das Fett erhitzen, die Zwiebeln darin hellgelb rösten mit Paprikapulver stauben. Das geklopfte und gesalzene Fleisch hineinlegen und mit ein paar Esslöffeln Rindsuppe aufgießen. Dünsten

lassen.
Bevor das Fleisch ganz weich ist, gibt man die klein gewürfelten Erdäpfel und etwas Paradeismark hinzu und dünstet alles weiter bis Fleisch und Erdäpfel ganz weich sind. Das Fleisch aus der Kasserolle heben und auf einer vorgewärmten Platte anrichten. Warm halten. Den Saft mit Mehl stauben, mit Rindsuppe aufgießen, verkochen lassen und letztlich passieren. Saft abschmecken und über das Fleisch gießen. Mit Salz- oder Rösterdäpfeln auftragen.

ZWIEBELFLEISCH

Ein Gericht, das eigenartigerweise besser wird, je größer die zubereitete Menge ist. Wenn man statt Suppe Bier nimmt, so erhält man ein Bierfleisch (in diesem Falle wird nicht mit Essig gewürzt)!

**1,2–1,5 kg Rindfleisch zum Dünsten,
500–600 g fein geschnittene Zwiebeln,
gut 150 g Öl,
50 g Mehl,
Rindsuppe zum Aufgießen,
Essig,
1 TL Kümmel,
Salz und Pfeffer**

Die Zwiebeln in reichlich Fett anrösten, das klein geschnittene Fleisch dazugeben und alles mit Salz und etwas Kümmel würzen. Im eigenen Saft dünsten lassen, nach Bedarf etwas Suppe dazugeben.
Wenn das Fleisch fast weich ist, alles mit Mehl stauben, dieses etwas abrösten, dann Rindsuppe angießen und alles fertig garen. Mit Essig, Salz und Pfeffer abschmecken. Zum Zwiebelfleisch reicht man z. B. Braterdäpfel.

BEAMTENFORELLE

EIF

GEKOCHTE SELCHRIPPERLN

**2 kg Selchripperln,
1 Karotte, 250 g Zeller, 1 Petersilienwurzel,
1 Zwiebel, 4 Lorbeerblätter, einige Pfefferkörner**

Wasser in einem großen Topf zum Sieden bringen, das portionierte Selchfleisch, geschnittenes Wurzelgemüse, Zwiebel und Gewürze hineingeben. Das Fleisch weich kochen. Ripperln auf Tellern anrichten, mit Erbspüree oder Erdäpfelpüree servieren.

GERÖSTETE SEMMELKNÖDEL MIT EI

1–2 ausgekühlte Semmelknödel (siehe S. 136), 2–3 Eier, Öl, gehackte Petersilie, Salz

Die Semmelknödel in 2–3 cm dicke Scheiben schneiden. Öl in einer Pfanne erhitzen, die Semmelknödelscheiben auf einer Seite darin knusprig goldbraun braten, dann wenden. Das versprudelte Ei salzen, dann über die Knödel gießen und stocken lassen. Knödel mit Ei auf eine Platte gleiten lassen, gehackte Petersilie darüber streuen und mit einem grünen Salat servieren.

EINGEBRANNTE ERDÄPFEL MIT AUGSBURGER

„Einbrennte Hund", wie der Wiener Volksmund dieses Traditionsgericht nennt, werden auch gerne zu Fleischlaberln oder als Hauptspeise genossen.

Augsburger Würste, Mehl zum Wenden, Öl

Für die Erdäpfel:
gut 1 kg festkochende Erdäpfel (Kipfler) 75 g Schmalz, 75 g Mehl, 1 große Zwiebel fein gehackt, Wasser oder Rindsuppe, 1 unbehandelte Zitrone, Essig, 1–2 Lorbeerblätter, Thymian, 5–6 Essig- oder Salzgurken, 4–5 EL Sauerrahm, fein gehackte Petersilie, Salz

Salzwasser zum Kochen bringen, die Kipfler darin weich kochen lassen, dann schälen und in Scheiben schneiden. Aus dem Fett und dem Mehl eine braune Einbrenn herstellen, fein gewiegte Zwiebel darin anrösten. Mit Wasser oder Rindsuppe leicht aufgießen, danach mit Salz, Essig, Lorbeerblatt und Thymian würzen. Zitronenschale abreiben und ebenfalls hinzugeben. Alles miteinander gut verkochen lassen. Zwischenzeitlich die Gurken feinblättrig schneiden. Zum Schluss die Erdäpfel, Gurken, Petersilie und Rahm einrühren, nochmals mit Salz und Essig oder Zitronensaft abschmecken. Die Augsburger von der Haut befreien, quer durchschneiden und auf der oberen Seite kreuzweise einschneiden. Würste in Mehl wenden, danach in heißem Fett auf beiden Seiten knusprig braten, mit den Erdäpfeln auftragen.

GEFÜLLTE PAPRIKA MIT PARADEISSAUCE

Für die Schoten:
6 Paprikaschoten, 400 g faschiertes Schweinefleisch, 1 Zwiebel fein gehackt, 6 Esslöffel gekochter Reis, 2 Eier, 1/2 Bund fein gehackte Petersilie, Öl, Salz und Pfeffer

Für die Paradeissauce:
750–1000 g reife Paradeiser, 50 g Butter, 50 g Mehl, etwas Paradeismark, etwas Rindsuppe, Essig, Zucker und Salz

Zuerst die Sauce zubereiten. Dafür werden die Paradeiser gewaschen, zerteilt und ohne Wasser in einem Topf gegart, danach durch die Flotte Lotte passiert. Aus Butter und dem Mehl eine lichte Einbrenn herstellen, in diese die passierten Paradeiser und 1 TL Paradeismark untermischen, dann mit Rindsuppe vergießen. Verkochen lassen, dann mit Essig, Zucker und Salz nach Geschmack würzen (Tipp: Besonders aromatisch schmeckt die Sauce, wenn man zusätzlich 1 EL Marillenmarmelade oder Wein hineingibt!).
Von den Paprikaschoten am Stielansatz einen Deckel abschneiden, die Schoten fein säuberlich aushöhlen. Danach mit heißem Salzwasser überbrühen, 1/2 Stunde stehen lassen, das Salzwasser wegschütten und die Schoten in kaltes Wasser legen.
Für die Füllung die gehackte Zwiebel in etwas Öl anlaufen lassen, gehackte Petersilie und das Faschierte dazugeben. Wenn das Fleisch gar und der austretende Saft nahezu verkocht ist, alles in eine Schüssel füllen und mit dem gekochten Reis sowie den Eiern vermengen. Masse mit Salz und Pfeffer würzig abschmecken, danach in die Paprikaschoten füllen. Gefüllte Schoten mit den Deckeln belegen und in eine Bratreine stellen. Die Tomatensauce darüber gießen und alles im Rohr etwa 60 Minuten dünsten lassen. Paprikaschoten mit der Tomatensauce und Salzkartoffeln servieren.

SPECKBRATEN

Knapp 1 kg Rindfleisch (siehe S. 283, 13a–c) (Hüferschwanzel oder -scherzel), 75–100 g Speckstreifen (je 1 x 1 cm dick), geputztes Wurzelwerk (1 Peterwurz, 1/4 Knollensellerie, 1 Gelbe Rübe), 1 Zwiebel, einige Pfefferkörner, 2 Neugewürzkörner, 2 Lorbeerblätter, 1 Thymianzweig, 1 Prise Ingwer, etwas Muskatnuss, Fett zum Braten, 200 ml guter Rotwein (Zweigelt), 1 Stück Brot (etwa 30 g) in etwas Rindsuppe eingeweicht, Rindsuppe zum Aufgießen, Salz und Pfeffer aus der Mühle

Das Rindfleisch wird längs der Faser mehrfach durchstochen, die Schnitte mit einem Kochlöffel verbreitert und dann mit langen Speckstreifen durchzogen (beim Aufschneiden ergibt sich dann ein mosaikartiges Bild). Das Fleisch anschließend mit Salz und Pfeffer würzen. Das Wurzelwerk blättrig schneiden, in einer Kasserolle das Fett erhitzen. Zuerst die Zwiebel darin anrösten, dann das Wurzelwerk dazugeben und ebenfalls andünsten. Das Fleisch dazugeben und unter ständigem Begießen mit eigenem Saft und Suppe ziemlich weich schmoren. Danach das Fett weitestgehend abschöpfen, eingeweichtes Brot, die Gewürze und den Rotwein in den Topf füllen, mit Suppe aufgießen. Das Fleisch fertig garen.
Wenn das Fleisch gar ist, dieses aus dem Topf nehmen und warmstellen. Den Saft durch ein grobes Sieb streichen und abschmecken. Braten aufgeschnitten auf einer Platte servieren, Sauce extra dazu reichen. Als Beilagen eignen sich z. B. Gemüse, Reis, Erdäpfelpüree oder Butternudeln.

Gutes von Innen!

Innereien werden zwar in ganz Österreich gerne gegessen, doch in Wien ganz besonders gerne. Vor allem aus der klassischen Beisl- und Gasthausküche sind Innereien nicht wegzudenken und werden hier auf die vielfältigste Weise zubereitet – nicht nur gebacken! Neben dem berühmten „Salonbeuschel“ (Speise aus geschnetzelter Lunge) gibt es zahlreiche traditionelle Zubereitungen für Hirn, Bries, Zunge und Herz, aber auch Milz, Kutteln und Löser stehen hoch im Kurs.
Und wenn die These stimmt, dass überall dort, wo eine gute Küche praktiziert wird (man nenne an dieser Stelle Frankreich, Italien oder China als Beispiele) auch Innereien eine bedeutende Rolle haben, so steht dem die österreichische Küche in nichts nach und ist damit sicherlich zu den Besten der Welt zu zählen.

KUTTELSUPPE

750 g küchenfertig vorbereitete Kutteln,
1 große Zwiebel fein gehackt,
40 g Butter, 40 g Mehl, 1–1 1/2 l Rindsuppe,
reichlich frischer Thymian gehackt,
3 EL Crème fraîche (nach Belieben),
Essig oder Zitronensaft, gehackte Petersilie,
Salz und Pfeffer aus der Mühle

Die Zwiebel in der Butter glasig dünsten, mit Mehl stauben und dieses abrösten. Rindsuppe und Thymian dazugeben und alles verkochen lassen. Die Kutteln in die Suppe füllen, danach mit Essig oder Zitronensaft, Salz und Pfeffer abschmecken. Wenn die Suppe zu dick wird, etwas Rindsuppe nachgeben. Kurz vor dem Servieren gehackte Petersilie und die Crème fraîche einrühren. Nach Wunsch mit Safran verfeinern.

HIRN MIT EI

Ein Kalbshirn reinigen und häuten. 2 EL Butter in einer Pfanne zerlassen, das Hirn zusammen mit 2 EL Petersilie darin rösten bis es weiß und nicht mehr blutig ist. Unmittelbar vor dem Anrichten 3–4 verquirlte Eier dazugeben, salzen, pfeffern; wenn die Eier leicht gestockt sind mit gehackter Petersilie garniert servieren.

ÜBERBACKENES HIRN MIT KAPERN

Gut 500 g Kalbshirn gründlich säubern und die Haut abziehen, dann mit wenig kaltem Wasser und etwas Salz in einen Topf geben und einige Minuten garen. Vorsichtig mit einem Schaumlöffel herausheben und kalt abschrecken.
Eine feuerfeste Form ausbuttern, das Hirn hineinlegen, salzen, pfeffern und mit 1–2 EL gut gewaschenen Salzkapern belegen. Leicht mit Semmelbrösel bestreuen, Butterflocken aufsetzen, dann im vorgeheizten Ofen bei 180 Grad etwa 20 Minuten backen. Garniert wird mit gehackter Petersilie und Zitronenscheiben, einen grünen Salat dazu servieren.

GEBACKENE HIRNPALATSCHINKEN

Für die Palatschinken:
500 ml Milch, 2 Eier, 200 g Mehl, Salz

Für die Fülle:
1/2 Kalbshirn oder 1 Schweinshirn,
1 Ei, Butter, etwas gehackte Petersilie,
Salz und Pfeffer

Weiter:
Ei und Brösel zum Panieren,
Schmalz zum Ausbacken

Aus den Zutaten für die Palatschinken einen Teig bereiten, diesen in einer Pfanne mit Butter portionsweise zu Palatschinken ausbacken.
Für die Fülle das Hirn häuten und hacken, zusammen mit etwas Petersilie in Butter anrösten. Salzen, Pfeffern und das Ei in die Masse einrühren.
Palatschinken halbieren, etwas von der Füllung auf jedes Teil streichen und die Palatschinken so zusammen schlagen, dass die Füllung nicht heraus fließen kann. In Ei und Brösel panieren und in heißem Schmalz goldgelb backen, abtropfen lassen. Mit grünem Salat auftischen.

GEFÜLLTE KALBSMILZ

1/2 Kalbsmilz,
2 Semmeln, 125–150 g Selchspeck,
80–100 g fein gehackte Petersilie, Thymian,
Muskatnuss, gehacktes Basilikum,
Milch, 2 Eier,
Salz und Pfeffer aus der Mühle

Das dickere Ende der Kalbsmilz wird vorsichtig aufgeschlitzt, gewendet und das Innere mit einem Messerrücken auf ein Brett gestreift. Die Milzmasse in eine Schüssel füllen, fein geschnittene entrindete Semmeln, gehackte Petersilie, 1 TL gehackte frische Thymianblätter, einige fein geschnittene Basilikumblätter

KUTTELSUPPE

sowie fein gewiegten Speck untermischen. Ein ganzes Ei und einen Eidotter darunter rühren, alles mit Muskatnuss, Salz und Pfeffer feinwürzig abschmecken.
Die wieder umgewendete Milz wird nun mit der vorbereiteten Masse gefüllt und zugenäht. In Salzwasser etwa 45 Minuten kochen, herausnehmen und überkühlen lassen. Milz in dickere Scheiben schneiden, diese in Butter leicht knusprig braten. Mit Schnittlauchröllchen bestreut zu Sauerkraut servieren.

KALBSZUNGE MIT SARDELLENSAUCE

2 Kalbszungen (je etwa 500 g), Salzwasser

Für die Sauce:
50 g Schmalz, 50 g Mehl, 1 Zwiebel fein gehackt,
Rindsuppe, 4 große Sardellen, etwas gehackte
Petersilie, 1–2 EL Senf, Zitronensaft

Die Kalbszungen in Salzwasser weichkochen. Wenn sie gar sind, diese in kaltem Wasser abschrecken und häuten. Zungen nochmals in ihrer Brühe erwärmen.
Für die Sauce aus Fett und Mehl eine lichtbraune Einmach zubereiten. Die fein gehackte Zwiebel darin mitrösten, danach mit nicht zuviel Suppe aufgießen. Die Sardellen zerdrücken, zufügen und alles gut verkochen lassen bis die Sauce schön abgebunden ist. Letztlich die Sardellensauce mit Petersilie, Senf und Zitronensaft verfeinern.
Kalbszungen in nicht zu dicke Scheiben schneiden, auf einer vorgewärmten Platte anrichten und mit der Sardellensauce überzogen servieren (Kapern bilden eine nette Garnitur). Dazu reicht man Reis.

ÜBERBACKENES HIRN MIT KAPERN

GEDÜNSTETE KALBSLEBER

**1 1/2–2 kg Kalbsleber im Ganzen,
250–300 g Selchspeck in bleistiftdicke Streifen geschnitten,
einige Scheiben grüner Speck,
6 große Gelbe Rüben, Rindsuppe, Weißwein,
Salz und Pfeffer aus der Mühle**

Die Kalbsleber sauber häuten und mit den Speckstreifen durchziehen. Eine schwere Kasserolle mit den Speckscheiben auslegen, die Leber mit der gespickten Seite nach oben darauflegen und die geputzten, grob zerteilten Gelbe Rüben rundherum legen. Alles Pfeffern, danach je eine große Schale Rindsuppe und Weißwein angießen. Den Deckel auflegen, dann den Inhalt ungefähr 45–60 Minuten lange weich dünsten, wenn notwendig etwas Wein nachgeben.
Die Leber herausheben, in beliebige Scheiben geschnitten auf einer Platte anrichten, salzen und mit dem zuvor entfetteten Saft anrichten. Dazu schmeckt Reis.

WEINHERZ

**1 Kalbsherz,
Wurzelgemüse (bestehend aus: 2 Karotten, 2 Gelbe Rüben, 2 Petersilienwurzeln, 2–3 Scheiben Sellerieknolle), 1–2 Zwiebeln,
4 Lorbeerblätter, 4–5 Zweige frischer Thymian,
1 TL schwarze Pfefferkörner,
300 ml Weißwein, etwas Zitronensaft,
3–4 EL Butter, 4 EL Mehl, Salz**

Sämtliches Wurzelgemüse putzen und klein schneiden, Zwiebel hacken. Das Herz in einen Topf legen, Wurzelgemüse, Zwiebel, Thymian, Lorbeer, Pfefferkörner und etwas Salz dazugeben, mit Wasser aufgießen und weichkochen. Das Herz aus dem Sud nehmen, Lorbeer und Thymian entfernen. Kochsud durch eine Flotte Lotte passieren. Das ausgekühlte Herz in Scheiben schneiden. Passierten Kochsud zurück in den Topf füllen, Wein dazu gießen, mit Zitronensaft würzen, Kalbsherz einlegen und alles erneut aufkochen lassen.
In einem zweiten Topf aus der Butter und dem Mehl eine lichte Einbrenn erzeugen, diese mit etwas Sauce auffüllen und verrühren, damit keine Klümpchen entstehen. Einbrenn mit dem Herz vermischen, unter rühren aufkochen lassen bis die Sauce gut gebunden ist. Weinherz wird mit Semmel- oder Serviettenknödel serviert.

GESCHMORTE KALBSNIEREN

**2 schöne Kalbsnieren,
2–4 Knoblauchzehen, 1 Bund Petersilie,
Mehl zum Wenden, 30–40 g Butter,
Salz und frisch gemahlener Pfeffer**

Nieren sorgfältig von sämtlichem Fett befreien, in Scheiben schneiden und salzen, dabei das Salz mit den Händen etwas in das Fleisch einmassieren. Nieren in ein Sieb legen, etwas ziehen lassen. Unter fließendem Wasser abwaschen, dann sorgfältig trocken tupfen.
Nierenscheiben in Mehl wenden. Butter in einer Kasserolle schmelzen, bis sie schaumig ist, die Nierenscheiben hinein legen und bei schwacher Hitze anbraten, bis das Mehl eine braune Kruste gebildet hat. Wenig heißes Wasser dazugeben, bis man eine cremige Sauce erhalten hat. Dann mit Salz und Pfeffer würzen. Petersilie und Knoblauch feinst hacken, unter die Nieren mischen, alles bei schwacher Hitze weitere 10 Minuten garen, dabei häufig wenden, damit nichts anlegt (Nieren nicht zu lange garen, sonst werden sie hart).
Die Sauce sollte die Konsistenz einer Béchamel haben. Heiß servieren.

GERÖSTETE KALBSNIEREN

**2 Kalbsnieren samt Nierenfett,
2–4 Knoblauchzehen zerdrückt,
Rindsuppe,
1–2 EL Mehl,
1–2 TL Paradeismark,
Rosenpaprika,
Salz und Pfeffer aus der Mühle,
etwas gehackte Petersilie als Garnitur**

Die Kalbsnieren werden gut gewaschen, der Fettmantel dabei nicht entfernt. Nieren abtrocknen, rundherum kräftig mit Salz und Pfeffer würzen. Nieren in eine Bratpfanne legen und ohne Fettzugabe im Rohr braten bis das Nierenfett rundherum schön resch ist (das Rohr darf nicht zu heiß sein, sonst ist das Fett braun, bevor die Nieren gar sind!).
Die Nieren aus der Pfanne heben und warm halten, den Großteil des Fettes abgießen. Restliches Bratfett mit Mehl und ein wenig Rosenpaprika stauben, dann das Paradeismark einrühren, mit Suppe aufgießen, den Knoblauch hinzugeben und alles gut durchkochen lassen.
Die Kalbsnieren in Scheiben geschnitten auf Tellern anrichten, mit der Sauce nappieren oder umkränzen und heiß servieren. Dazu passen Risi-Pisi, Mandelreis oder Braterdäpfel.

HIRNSCHNITZERL

**1 Schweinshirn oder 1/2 Kalbshirn,
300 g Kalbfleisch,
2 in etwas Milch eingeweichte Semmeln,
2 Eier, 1 EL gehackte Petersilie,
Brösel, Salz, Pfeffer, Fett zum Ausbacken**

Das Hirn in kaltem Wasser wässern und von den blutigen Häutchen befreien. Danach das Hirn in etwas Fett abrösten, bis es gar aussieht. Das Fleisch zusammen mit den gut ausgedrückten Semmeln zwei Mal durch die feine Scheibe des Fleischwolfs drehen.
Hirn, Kalbfleisch, Eier, Petersilie, Salz und Pfeffer zu einer homogenen Masse mischen. Ein Brett oder eine Arbeitsplatte leicht mit Brösel ausstreuen. Aus der Fleischmasse Nocken abstechen, diese auf dem Bröselbrett zu kleinen „Schnitzeln“ formen. In heißem Fett ausbacken und mit einem Salat servieren.

GEBACKENES KALBSHIRN „PARISER ART“

**500 g Kalbshirn,
1 kleine Zwiebel,
etwas Essig, 1 Zitrone,
Mehl zum Wenden,
3 versprudelte Eier,
Salz, Öl zum Ausbacken**

Das Hirn in kaltes Wasser legen, dabei das Wasser einige Male wechseln. Danach das Hirn in einen Topf mit Zwiebel, etwas Salz, Schuss Essig legen, alles leicht mit Wasser bedecken und zum Kochen bringen. Sobald das Wasser kocht, das Hirn herausnehmen und unter kaltem Wasser abschrecken.
Das Kalbshirn in gleich große Stücke zerteilen, die mit etwas Zitronensaft und Salz gewürzt werden. Stücke zuerst in Mehl wenden, dann durch verquirltes Ei ziehen und im heißen Öl (bei nicht zu starker Hitze) goldbraun backen. Auf Küchenpapier abtropfen lassen und mit einem Salat nach Wahl sofort servieren.

GRATINIERTES BEUSCHEL

HIRN MIT NIERNDL

Eine in Milch eingelegte Schweinsniere waschen und trocken tupfen, in dünne Scheiben schneiden. Schweinshirn kurz blanchieren, kalt abschrecken und häuten. Eine fein geschnittene Zwiebel in Butter mit etwas Öl anrösten, Nieren dazugeben und nicht zu lange braten. Das Hirn und 1–2 EL Petersilie zu den Nieren in die Pfanne geben. Wenn das Hirn gestockt ist, 2 versprudelten Eier unterheben, anziehen lassen, alles abschmecken und sofort servieren. Salat oder Petersilerdäpfel sind gute Beilagen.

LÖSER IN WEINSOSS

Heutzutage gibt es den Blättermagen nur mehr selten, was sehr schade ist, da er eigentlich viel edler als die üblichen Kutteln ist: weniger gallerthaltig und viel fleischiger.

**750–800 g Löser gut gereinigt und in Salzwasser weichgekocht (kann man beim Fleischer vorbestellen, manchmal ist er auch vorbereitet im Handel erhältlich),
50 g Speck, 30 g Butter, 30 g Mehl,
1 Zwiebel fein gehackt,
2–3 gepresste Knoblauchzehen,
2 gehäutete Paradeiser,
125–150 ml Weißwein, etwas Öl,
frisch gehackte Petersilie, Zitronensaft,
Salz und Pfeffer aus der Mühle**

Blättermagen fein nudelig schneiden, den Speck klein würfeln. Den Speck in etwas Öl auslassen, Zwiebeln dazugeben und hellgelb rösten. Blättermagen, klein gewürfelte Paradeiser, Knoblauch, Weißwein, Zitronensaft nach Geschmack, Salz und Pfeffer dazugeben und köcheln lassen. In einem zweiten Topf aus der Butter und dem Mehl eine Einbrenn bereiten, beides miteinander vermischen und weitere 30 Minuten dünsten. Kurz vor dem Servieren frisch gehackte Petersilie unterheben und nochmals abschmecken.

RINDERZUNGE MIT POLNISCHER SAUCE

**1 Rindszunge,
2 Bund geputztes Wurzelwerk,
50 g Fett, 50 g Mehl,
50 g Mandeln (abgezogen und gehackt),
50 g Rosinen,
etwas Essig, 250 ml Rotwein,
etwas abgeriebene Zitronenschale,
Zucker, Salz**

Die Rinderzunge waschen, danach in Salzwasser zusammen mit Wurzelwerk und einigen Pfefferkörnern weichkochen (gut 2 Stunden). Zunge häuten und in Scheiben schneiden, die Brühe durch ein Sieb seihen und einkochen, bis sie einen kräftigeren Geschmack hat. Aus der Butter und dem Mehl eine goldbraune Einbrenn erzeugen, die mit Wein und Zungensuppe aufgegossen wird. Die abgezogenen und gehackten Mandeln, Rosinen und Zitronenschale in der Sauce kochen lassen; gewürzt wird mit Essig, Zucker und Salz. Sauce kräftig aufkochen lassen, die Zungenscheiben hineinlegen und darin heiß werden lassen. Dazu serviert man Reis.

GRATINIERTES BEUSCHEL

**1 Kalbsbeuschel,
2 Bund Wurzelwerk,
1 Zwiebel,
2–3 Dotter,
etwas Milch oder Rahm,
Brösel,
50–75 g Butter,
2–3 Löffel Mehl,
1 EL gehackte Petersilie,
Salz und Pfeffer**

Das parierte Kalbsbeuschel in Wasser mit Wurzelwerk, Zwiebel, Salz und einigen Pfefferkörnern weichkochen. Auskühlen lassen und in kleine Stücke schneiden, Sud durchseihen und beiseite stellen.

Aus Butter und Mehl eine helle Einbrenn bereiten, das geschnittene Beuschel dazugeben und mit etwas Beuschelsud aufgießen. Danach auskühlen lassen.
In die abgekühlte Masse die Dotter einmengen, etwas Milch oder Rahm untermischen und die gehackte Petersilie unterheben, salzen und pfeffern. Eine gebutterte Backform (oder Portionsförmchen) mit der Beuschelmasse füllen, Semmelbrösel darüber streuen und einige Butterflocken aufsetzen. Im heißen Ofen backen bis die Semmelbrösel goldbraun sind. Sofort mit Salat auftischen.

LIMONENBEUSCHEL

**1 Kalbsbeuschel,
1 Kalbsherz,
150–175 g Butter,
175 g Mehl,
1 Zwiebel,
1 Zitrone unbehandelt,
25 g Kapern,
500 ml Suppe,
250 ml Essig,
125–150 ml Rahm,
Thymian,
gehackte Petersilie, Salz**

Das Beuschel zusammen mit dem Herz in Salzwasser weichkochen, danach auskühlen lassen und grob nudelig schneiden. Das Mehl in der Butter licht abrösten, die fein gewiegte Zwiebel und gehackte Petersilie dazugeben und ebenfalls andünsten. Wenn diese Masse dann ordentlich braun geworden ist, wird mit Suppe und Essig aufgegossen, die Kapern sowie der gerebbelte Thymian hineingeben und leicht gesalzen. Dann kommen noch abgeriebene Zitronenschale und Zitronensaft dazu bevor man den Rahm und das Fleisch einfüllt. Alles gut verkochen lassen. Die Sauce soll angenehm säuerlich schmecken und nicht zu dick sein, ggfs. nochmals mit Zitronensaft und Salz abschmecken und/oder Suppe nachgeben. Klassisch isst man hierzu Semmelknödel.

LIMONENBEUSCHEL

RINDERZUNGE IN POLNISCHER SAUCE

Die Krönung aller Innereien-Gerichte: Das Bruckfleisch

Einst galt das Bruckfleisch als ausgesprochenes Arme-Leute-Essen, dann wurde es ein beliebtes Gabelfrühstück und gewann an Beachtung. Doch heutzutage macht sich kaum ein Wirt mehr die Mühe, dieses köstliche Gericht zuzubereiten, wodurch ein Klassiker der Wiener Küche Gefahr läuft, in Vergessenheit zu geraten oder verfälscht angeboten zu werden (was mindestens genau so schlimm ist!). Seinen Namen hat dieses Gericht von der Schlachtbruckn des ehemaligen Marxer Schlachthofes, wo die Rindfleischreste lebenswarm um billiges Geld verkauft wurden. So empfiehlt die berühmte Marie von Rokitansky in ihrem Kochbuch „Die österreichische Küche", 1897: „Die Zubereitung dieses echten Wiener Gerichtes ist deshalb schwierig, weil gewisse Vorbedingungen gegeben sein müssen. Es müssen nämlich die einzelnen Bestandteile noch lebenswarm verarbeitet werden, dies ist nur dann möglich, wenn man in der Nähe des Schlachthauses wohnt."
Nun, das wird sich vielerorts nicht so leicht bewerkstelligen lassen und deshalb ist es durchaus nicht verwerflich, den Fleischer seines Vertrauens um schlachtfrische Zutaten zu bitten, das Ergebnis wird mehr als zufriedenstellend sein. Wichtig ist allerdings, dass man darauf achtet, dass das Blut (vorzugsweise Ochsenblut) nicht gerinnt, bevor die Sauce damit vollendet wird, denn traditionell wird das Bruckfleisch nur mit Blut gebunden, nicht mit Mehl – eher noch mit einer gerösteten Brotrinde. Die Zugabe von Rotwein, um die Sauce zu verfeinern, ist auch mehr originell als original, aber durchaus nicht als Häresie anzusehen; vorausgesetzt man nimmt einen guten österreichischen Rotwein, wie z. B. einen Zweigelt.
Und wie bei vielen Ragouts und Eintöpfen auch, ist es sinnvoll eine größere Menge zu kochen, das Ergebnis wird einfach harmonischer!

**2–2 1/2 kg Bruckfleisch bestehend aus:
Rindsleber, Milz, Rindsbries,
Herz samt Liachteln (Aorta),
Kronfleisch (und Beuschel),
ein Töpfchen Blut (etwa 500 ml)**

**Außerdem:
100–120 g Fett,
1 große Gelbe Rübe, 1 größeres Stück Zeller,
1 Petersilienwurzel,
2 Zwiebeln, 2–3 Knoblauchzehen,
Essig, Wasser oder Rindsuppe,
250 ml Rotwein (fakultativ),
fein geriebener Majoran,
Thymian, Salz und Pfeffer**

Zunächst wird sämtliches Gemüse geputzt und das Fleisch wie folgt geschnitten: Kronfleisch in größere Würfel, Liachteln zu Ringen, Herz nudelig, Leber blättrig, Milz in kleine Stücke, das Bries wird zerkleinert enthäutet und kurz blanchiert und wenn vorhanden das Beuschel in kleine Würfel geschnitten. Zwiebeln und Knoblauch fein hacken, das gesäuberte Gemüse auf einem Reibeisen grob raspeln.
In einer Kasserolle geeigneter Größe wird das Fett erhitzt und die fein gehackten Zwiebeln darin goldgelb angeröstet, dann das geraspelte Wurzelwerk sowie den Knoblauch dazugeben und ebenfalls kurz anschwitzen. Wenn alles gelblich geröstet ist, kommen Kronfleisch, Herz, Liachteln (und das Beuschel) hinein, alles ein wenig dünsten lassen und Essig daran spritzen. Nach einiger Zeit kommen Majoran, Thymian und gestoßener Pfeffer dazu und es wird mit wenig Wasser oder Suppe untergossen (das Fleisch darf maximal bedeckt sein!). Langsam etwa eine Stunde dünsten lassen.
Als nächstes kommen Leber, Milz und das blanchierte Bries hinzu, bevor man mit Rotwein, Blut (das mit einem Schuss Essig und etwas Wasser verquirlt wurde) und etwas Suppe aufgießt. Alles noch eine Weile langsam dünsten lassen, mit Salz und Pfeffer abschmecken. Dazu werden Semmelknödel gereicht.

Hinweis: Wenn eine molligere Sauce gewünscht wird, so wird mit 3–4 EL Mehl gestaubt, wenn alle Fleischsorten im Topf sind (bevor Blut und Rotwein hinzu kommen). Man kann auch separat eine Einbrenn aus Fett und Mehl bereiten, die mit etwas Suppe aufgegossen und dann in die Sauce gerührt wird.

BRUCKFLEISCH

Das Erdäpfelgulasch

ZUNÄCHST DAS REZEPT FÜR DAS EINZIG ORIGINALE ERDÄPFELGULASCH:

**1 kg speckige Erdäpfel, 350 g Zwiebel,
100 g würfelig geschnittener Bauchfilz
(ist der nicht zu erhalten,
darf man Schmalz nehmen),
etwas gepresste Knoblauchzehe (fakultativ),
1 EL Paprikapulver „edelsüß",
1 EL Rosenpaprika, Salz
Sonntags können auch Wurstscheiben
(Burenwurst) mitgekocht werden.**

Die Erdäpfel schälen und vierteln oder in große Würfel schneiden, keinesfalls dürfen sie zu klein gewürfelt werden. Eine gusseiserne Kasserolle auf die Flamme setzen und in dieser den würfelig geschnittenen Bauchfilz auslassen (bzw. das Schmalz erhitzen). Zwischenzeitlich die Zwiebeln fein nudelig schneiden, hinzufügen und im Fett schön goldbraun rösten. Dann den Topf vom Herd nehmen. Erdäpfel leicht mit glattem Mehl stauben und zu den Zwiebeln geben. Alles einige Male umrühren, danach den Topf wieder auf den Herd stellen und die Erdäpfel unter gelegentlichem umrühren rundherum anbraten aber keine Farbe nehmen lassen. Sodann nimmt man den Topf abermals vom Herd und überstreut alles mit den beiden Paprikapulvern, nach Geschmack darf eine Spur Knoblauch hinzugegeben werden. Gut umrühren, dann wieder auf die Flamme stellen und mit heißem, aber nicht kochendem Wasser gerade so viel aufgießen, dass die Erdäpfel knapp bedeckt sind. Nun salzt man nach Geschmack und lässt das Erdäpfelgulasch auf kleiner Flamme vor sich hin köcheln (wenn das Gulasch nahezu fertig ist, kommen die Wurstscheiben hinein). Das Gulasch ist gar, wenn die Erdäpfel weich sind. Dazu wird ein knuspriges Kümmelbrot gegessen.

Tipp: Wohlhabendere Bürger haben das Erdäpfelgulasch mit einem Schuss Madeira-Wein verfeinert, auch wurde so genannter Süßsauer-Rahm (ein Süßrahm mit Zitronensaft gewürzt) mit einer Gabel ins fertige Erdäpfelgulasch gerührt.

Hinweis: In moderneren Rezepten wird das Erdäpfelgulasch zusätzlich mit Pfeffer, Majoran, Kümmel und/oder auch Essig gewürzt. Das mag gut schmecken, hat aber mit dem Originalrezept wenig zu tun.

Es gibt wohl kaum ein Gericht der Wiener Küche, das mit der Zeit derart verfälscht worden ist, wie das Paradegericht der „Arme-Leut'-Küche" – das Wiener Erdäpfelgulasch.
Als am 9. Mai 1873, jenem Schwarzen Freitag der österreichischen Wirtschaftsgeschichte nur wenige Tage nach der Eröffnung der Weltausstellung und wirtschaftlicher Euphorie der dramatische Zusammenbruch folgte, stürzten viele Familien ins Unglück. Nicht wenige Neureiche wurden wieder arm und Arme noch ärmer. Es musste buchstäblich jeder Heller umgedreht werden und Schmalhans war Küchenmeister.
In dieser schlimmen Zeit hat sogar Seine Majestät, obwohl selbst ohne jeden Begriff von Geld, der Verschwendung bei Hofe Einhalt gebieten wollen. Als er einmal Einsicht in die Abrechnungen der Hofküche nahm und darin täglich ein Fass Bier verrechnet fand, ließ er den Wirtschaftsbeamten rufen und fragte diesen, wer denn täglich ein Fass Bier trinken würde?! „Ihre Majestät!" stotterte der zuständige Beamte. „Ich?! Wie kann Er denn so etwas behaupten? Ich trink' ein Glas, und das wenn's hochkommt!" konterte Franz Joseph I. energisch. Da zog der Beamte die unschuldigste aller Minen und antwortete in unnachahmlicher Wiener-Art: „Ja, schon, Majestät, aber mitten heraus!"
Wie immer gab es Leute, die zumindest die Fassade aufrecht erhalten und ihre Armut weder zeigen noch zugeben wollten. Es ist eine wahre Geschichte, dass man in vielen Häusern am Sonntag aus den Küchen lebhaftes Klopfen vernehmen konnte, ganz so als ob echte Sonntags-Schnitzel zubereitet werden würden. Doch die wissenden Hausmeisterinnen lächelten dann hämisch und tuschelten hinterrucks: „Da klopfen's beim Pokorny wieder mit der Faust auf die flache Hand, damit ma alle glauben, sie ham heut' Schnitzerln. Dabei hab' i die gnädige Madam selber g'sehn, wie's beim Rossfleischhauer um zwanzig Kreuzer a dürre Wurst kauft hat, fürs Erdäpfelgulasch!"
Dass aber auch sparsamst gekochte Gerichte durchaus köstlich schmecken können, beweist nicht zuletzt das Erdäpfelgulasch. Puristen sind der Ansicht, dass außer den drei Grundelementen, zwei Gewürzen und reinem Wasser, nichts anderes im echten Erdäpfelgulasch etwas zu suchen hätte. Doch schmeckt es mit ein Paar Debrecziner-Würsteln, Scheiben von Burenwurst oder Dürren (vorzugsweise aus Pferdefleisch) noch mal so gut – und diese hinzuzufügen ist sicherlich kein Sakrileg!

Pferdefleisch

Welch große Bedeutung das Pferdefleisch insbesondere in der Wiener Küche einst gespielt hat, belegen unter anderem Titulierungen und Synonyme wie z. B. „Gulasch", „Leberkäse" oder auch „Würstel". Tatsächlich gibt es bis heute keine Alternative zum legendären Pferdeleberkäse, einer echten Wiener Spezialität; doch werden aus Pferdefleisch auch viele andere Köstlichkeiten zubereitet, vor allem Ragouts und Wurstwaren.
Pferdefleisch ist ein mageres, eiweißreiches und cholesterinarmes Fleisch, das trotz seiner Vorzüge nur sehr regionale Bedeutung genießt. Die Gründe dafür sind sicherlich zum einen in seiner nicht flächendeckenden Verfügbarkeit zu suchen, zum anderen natürlich auch in einer gewissen Hemmschwelle, welche viele Menschen noch immer vom Genuss des Pferdefleisches abhalten. Lange Zeit galt das Pferdefleisch auch als ausgesprochenes Arme-Leute-Essen und hatte damit den Nimbus einer minderwertigeren Speise. Aufgrund seines hervorragenden Geschmacks (liegt zwischen Rind und Wild) ist es heutzutage aber eine vielfach geschätzte Bereicherung des Speisezettels.
Von den einst recht zahlreich verbreiteten Ross-Fleischhauern sind allerdings nur noch zwei Betriebe von größerer Bedeutung und zwar die Firma Rudolf Schuller in Wien, berühmt vor allem für ihren Leberkäse und das exzellente Pferdegulasch sowie die Firma Gumprecht im oberösterreichischen Enns, bekannt für Fohlen-Maisen, Pferde-Gauchos, Pferde-Dürre und andere schmackhafte Wurstwaren mit Pferdefleisch, aber auch für einen hervorragenden Pferdeleberkäse.

PFERDELEBERKÄSESEMMEL

Den Kult-Leberkäse gibt es in Wien:

Im Jahre 1916 wurde die Pferdefleischerei „Schuller" gegründet, die noch heute über ein recht weit gestreutes Filialnetz verfügen kann. Das Fleisch der geschlachteten Tiere wird zu 90 Prozent verwurstet, wobei die breit gefächerte Palette österreichischer Wurstwaren ziemlich ausgeschöpft wird.
Eine besondere Spezialität ist der überaus saftige Pferdeschinken, welcher in Geschmack und Zartheit seinesgleichen lange suchen wird. Die Firma Schuller erzeugt zudem einen einzigartigen Pferdeleberkäse, jene Köstlichkeit, die unter Kennern absoluten Kultstatus genießt. Dieser Pferdeleberläse wird in verschiedenen Geschmacksrichtungen angeboten: „klassisch", „pikant", „pfefferscharf" oder als Käse-Leberkäse. Die Rezeptur für diesen Wiener Traditionsimbiss, der meist zwischen zwei Semmelhälften liegend verzehrt wird, ist verständlicher Weise „streng geheim" und wurde seit der Firmengründung im Jahre 1906 nicht verändert – noch heute kennen nur drei eingeweihte Personen die genaue Rezeptur!

PFERDEWÜRSTE

PFERDESCHINKEN

PFERDE-GULASCH

Gut 1 kg Zwiebeln schälen und fein schneiden, danach in 200 g Fett (Öl oder Schmalz) nicht zu licht anrösten, dabei ständig rühren. Wenn die Zwiebeln die richtige Farbe angenommen haben, wird mit 50–60 g Paprikapulver papriziert, dieses kurz durchgeschwitzt, danach sofort mit etwas Essig und Wasser abgelöscht. 1 1/4 kg Pferdefleisch vom Wadschinken klein würfeln und zusammen mit etwas Salz, zerdrücktem Knoblauch, gehacktem Kümmel, Majoran und etwas Paradeismark zu den Zwiebeln geben. Nicht ganz zugedeckt im eigenen Saft dünsten, dabei sollte der Saft einige Male eingehen, wobei er immer wieder mit wenig Wasser untergossen wird – das ist sehr wichtig, denn sonst würde das Fleisch kochen, es darf aber nur dünsten und außerdem verkochen auf diese Weise die Zwiebeln, welche dem Saft dann die notwendige Bindung geben. Nach dem letzten Eingehen wird mit Mehl gestaubt (2–3 EL) und das Gulasch mit Wasser zur gewünschten Konsistenz eingekocht. Kurz vor dem Fertigwerden kommen noch in Streifen geschnittene Paprikaschoten und etwas geschnittene Essiggurke hinzu. Mit einer Beilage nach Wahl servieren.

„WÜRSTEL"-SUPPE

Gut 500 g Fohlenfleisch wird gewürfelt und zusammen mit 100 g geputztem und geschnittenem Wurzelwerk, 1 großen gewiegten Zwiebel, einigen Pfefferkörnern und etwas Salz in 75 g Fett angebraten, danach mit 50 g Mehl gestaubt und mit gut 1 1/2 Litern Wasser aufgegossen. Danach gut 2 Stunden kochen lassen, während dessen etwas Paradeismark hinzugeben. Gegen Ende das Fleisch herausstechen und sehr fein hacken oder faschieren. Die Suppe fein passieren, das Fleisch wieder hineingeben und mit gutem Rotwein verfeinern, nochmals abschmecken.

PFERDEROULADEN MIT SAUERKRAUTFÜLLE

8 mittelgroße Pferde-Rouladen,
4 Pferde-Frankfurter,
8 Scheiben durchwachsener Speck,
4–5 Zwiebeln, 500 g Sauerkraut,
scharfer Senf, Paprikapulver,
Salz und Pfeffer aus der Mühle

Für die Sauce:
75 g Butter, 75 g Mehl,
250 ml Sauerrahm,
600 ml Rindsuppe,
150 ml Wein,
Zitronensaft, Salz und Pfeffer

Die Rouladen auf einer Arbeitsfläche ausbreiten und dünn klopfen, salzen, pfeffern und eine Seite mit etwas scharfem Senf bestreichen. Etwas Paprika auf den Senf streuen und längs mit Speck belegen. Die Würstchen in passende Streifen schneiden und darauf legen, weiter fein nudelig geschnittene Zwiebel und Sauerkraut auf das Fleisch legen und dieses von der Füllung beginnend dicht einrollen, mit einer dünnen Schnur binden. Danach die Rouladen in einer Kasserolle mit heißem Öl rundherum scharf anbraten, herausnehmen und beiseite stellen.
Überschüssiges Bratfett aus der Kasserolle gießen, dann die Butter darin aufschäumen, mit dem Mehl stauben und dieses goldgelb rösten. Mit Wein ablöschen, diesen einkochen lassen, dann die Rindsuppe dazugeben und ebenfalls kurz verkochen lassen. Die Rouladen in die Sauce legen und darin in etwa 1 1/2 Stunden weich dünsten. Sauce mit Senf, Zitronensaft, Salz und Pfeffer abschmecken. Dazu passen Erdäpfel oder Teigwaren.

PFERDEFILET-BRATEN

Etwas 1 kg Pferdefilet am Stück (Achtung: Es muss unbedingt gut abgelagert sein!) leicht klopfen, mit Salz und Pfeffer einreiben und mit in Scheiben geschnittenen Speck umwickeln – wenn nötig mit ein paar Fäden Küchengarn umbinden.
Das Filet in der Bratpfanne unter Begießen mit heißer Butter, auf allen Seiten anbraten. Mit wenig Brühe angießen und unter regelmäßigem Beschöpfen, bei mittlerer Hitze etwa 40 Minuten garen. Fleisch herausnehmen, auf einer Platte anrichten und heiß stellen. Einen guten Teelöffel Stärkemehl (10–15 g) mit 5–6 EL Obers verquirlen und den etwas entfetteten Fond damit binden. Den Fond über das Fleisch gießen und dieses mit Erdäpfeln, Teigwaren und/oder Gemüse servieren.

WEINSTÜCK

Für vier Personen ein ungefähr 1 kg schweres Stück aus der Keule vier bis fünf Tage im Weißwein schwimmend einlegen, danach das Stück sehr gut abtrocknen und mit Salz, Pfeffer, Thymian und Muskat würzen.
Das Fleisch mit Mehl rundherum bestäuben und in einer Kasserolle zwei bis drei Minuten anbraten, danach Butter dazugeben und im vorgeheizten Ofen bei 200 Grad in 30 Minuten fertig garen. Das Fleisch in Tranchen schneiden, in Alufolie wickeln und warm halten.
Das Fett aus der Kasserolle abgießen und den Bratensatz mit Wein ablösen. Danach etwas Rindsuppe und Obers dazugeben und sämig einkochen lassen, abschmecken. Das Fleisch in die Sauce legen und noch einige Minuten darin ziehen lassen, mit Teigwaren servieren.

VERSCHIEDENE PFERDEWÜRSTE

PFERDE-AUGSBURGER

PFERDE-KNACKER

Die Seele der Wiener Küche – das omnipräsente Rindfleisch

Auch wenn sich in Wien das Schweinefleisch äußerster Beliebtheit erfreut (jährlich werden in der Bundeshauptstadt hunderttausende Schweine verzehrt), so ist das „Gekochte Rindfleisch" – welches streng genommen eigentlich ein Siedfleisch ist – zur Seele der Wiener Küche geworden; und das nicht nur, weil sich der „alte Herr in Schönbrunn", Kaiser Franz Josef fast bis zum Ende seines Lebens hauptsächlich von Beinfleisch, Schulterscherzl und Tafelspitz ernährte.
Das Zerlegen des Rindes nach traditioneller Wiener-Art ist eine Kunst, die nur noch von wenigen Metzgern beherrscht wird. Nirgendwo anders als in der alten Kaiserstadt Wien wusste jeder, der als echter Kenner gelten wollte, die diffizilen Unterschiede der Rindfleischspezialitäten zu bewerten, wie man sie auf der alten Speisekarte des ehemaligen Mekkas der Rindfleisch-Gourmets finden konnte, dem legendären „Meissl & Schaden" am Neuen Markt: Tafelspitz, Tafeldeckel, Rieddeckel, Beinfleisch, Gestutzte Rippe, Kavalierspitz, Hüferschwanzel, Schulterschwanzel, Schulterscherzel, Mageres Meisl, Fettes Meisl, Zwerchried, Mittleres Kügerl, Dünnes Kügerl, Dickes Kügerl, Bröselfleisch, Ausgelöstes, Brustkern, Brustfleisch, Weißes Scherzel, Schwarzes Scherzel, Zapfen und Ortsschwanzel waren die begehrten Fleischteile, welche gesiedet das Genießer-Herz höher schlagen ließen.
Ein Grund dafür, dass man früher derart viele verschiedene Teile verkosten konnte, lag darin, dass seinerzeit nur ganze Rinderhälften (und nicht spezielle Teile) verkauft wurden. Die Köche mussten diese selber zerlegen und so entstand zwangsläufig die Vielfalt an Teilen (siehe Schaubild S. 283). Dazu konnte der Gast im „Meissl & Schaden" sein Rindfleisch mit mehr als 10 nahezu täglich wechselnden Beilagen kombinieren. Doch eine Beilage gehört immer dazu: abgeröstete Erdäpfel.
Heute verhält sich die Sachlage für den Konsumenten einfacher, er kann sein bevorzugtes Fleischteil (zumindest in Wien) nahezu überall erhalten. Die Vielfalt hat nur bedingt darunter gelitten, die meisten Fleischteile gibt es auch heute noch; wenngleich natürlich Tafelspitz, Schulterscherzel, Kruspelspitz, Mageres Meisl und das Beinfleisch – der Wiener liebstes Gustostückerl – in der Gunst der Gourmets ganz vorne rangieren.
Ein Problem hat die moderne Zeit mit sich gebracht, das für den Rindfleischgenuss noch entscheidender ist als der Zuschnitt: die Fleischqualität, welche leider nicht immer so gut ist, wie sie für diese ehrwürdige k. u. k. Spezialität sein sollte. Die Unterschiede zwischen Tafelspitz und Tafelspitz können daher unermesslich sein! Seinerzeit wurde für gesiedetes Rindfleisch bevorzugt ein Ochse von den Weiden der ungarischen Puszta genommen, dessen Fleisch jene Zartheit, Saftigkeit und Würze hatte, die das gesiedete Rindfleisch in Wien eben erst zu dieser begehrten Spezialität gemacht hat. Der Wiener Hof (und damit Kaiser Franz Josef) wurde von der Rinderhandelsfirma „Sborsky & Co" beliefert, diese kaufte ganze Herden in Ungarn auf, die zu Fuß (!) nach Wien getrieben wurden. Natürlich magerten die Tiere auf dem tagelangen Marsch ab, dennoch galten die prächtigen ungarischen Ochsen als Mastfleisch. Schnell wurde die Fleischhandelsfirma „Sborsky & Co" in der gesamten Monarchie für ihre Fleischqualität berühmt; und das nicht nur, weil sie den Hof belieferten. Täglich wurde in der Hofküche ein ganzer ungarischer Ochse gekocht, das feinste Stück davon wurde dem Kaiser vorgesetzt. Dazu servierte der Oberhofmeister dem Monarchen Kohl oder Kohlrabi, ein Tellerchen frisch geriebenen Kren, einige junge Zwiebeln, altbackenes Brot (zum Aufnehmen des Saftes) sowie drei Deziliter Wein.
Übrigens: Heute kann man Fleisch von natürlich (biologisch) gefütterten Weidetieren nehmen, das zwei Wochen abgelagert sein sollte. Mit solch einer Top-Qualität werden Gustostückerl gelingen, die einem schon das Wasser im Mund zusammen laufen lassen, wenn man nur an das zarte, butterweiche Rindfleisch denkt, das einem auf der Zunge zergehen wird. Ohne Zweifel gehört das gesiedete Rindfleisch zu den Höhepunkten der k. u. k. Wiener Kochkunst!

Gesottenes (gesiedetes) Rindfleisch

Da das Sieden von Rindfleisch in Wien eine lange Tradition hat, verwundert es wenig, dass sich verschiedene Zubereitungsphilosophien herausgebildet haben. Es geht um zwei wesentliche Punkte, über die sich die Köche nicht ganz einig geworden sind. Hierbei handelt sich um folgende beiden Fragen:

1. Soll das Fleisch in kaltem Wasser aufgesetzt werden oder in bereits kochendes Wasser eingelegt werden?
2. Soll das Fleisch mit oder ohne Suppengemüse gesiedet werden?

Nun, die Antworten auf beide Fragen sind nicht vollends geklärt, daher lässt sich nur soviel sagen: Die einen Köche meinen, dass das Fleisch saftiger bleibt, wenn man es ins kochende Wasser legt, da sich dann die Poren sofort schließen. Andere wiederum sind der Ansicht, dass das Fleisch aromatischer wird, wenn es in kaltem Wasser aufgesetzt wird.
Die zweite Frage ist eine reine Geschmacksache: Wird das Fleisch nur in Salzwasser mit Pfefferkörnern und einer angerösteten Zwiebel gesiedet, so behält es eher seinen typischen Eigengeschmack. Gibt man Gemüse und weitere Gewürze dazu, so erhält man eine aromatischere Brühe. Da die Wiener Küche – trotz aller Opulenz – schon immer darauf bedacht war, den Eigengeschmack der Speisen möglichst zu erhalten, ist die Variante ohne Gemüse sicherlich typischer, doch für Privathaushalte bietet sich die Variante mit dem Gemüse an, da man gleichzeitig eine aromatische Rindsuppe erhält.

Ein weiteres für die Qualität entscheidendes Kriterium ist das Fleischstück an sich. Es sollte nicht nur von aller erster Güte sein, sondern auch mindesten 2 kg Gewicht auf die Waage bringen, kleinere Fleischstücke könnten auslaugen und zuviel an Geschmack verlieren. Auch sollte man darauf achten, dass die Garzeit eingehalten wird, denn verkochtes Rindfleisch ist nicht zart und mürbe, sondern fasrig! Für einen Tafelspitz von 2 kg rechnet man etwa 3 Stunden, doch die Garzeit variiert von Fleischsorte zu Fleischsorte.
Und noch etwas: Das Rindfleisch darf während des Siedens niemals mit einer Gabel eingestochen werden, da es sonst seinen wertvollen Saft verliert!

1 Stück Rindfleisch zum Sieden nach Wahl (mindestens 2 kg),
6 Markknochen,
1 große Zwiebel,
reichlich Pfefferkörner,
Salz

Weiter:
2 Karotten,
2 Gelbe Rüben,
1 Stück Sellerie,
1 Stange Lauch (nur das Weiße),
gehackte Petersilie oder Schnittlauch,
dünne Schwarzbrotscheiben

Zuerst werden die Markknochen in Eiswasser gelegt, so wird das Mark nicht nur schön weiß, sondern lässt sich auch leicht aus den Knochen drücken. Das Mark im Eiswasser belassen. Mit den leeren Markknochen den Boden eines ausreichend großen Topfes auslegen. Das sauber abgewischte Rindfleisch darauf betten, damit es nicht mit dem Topfboden in Kontakt kommt. Das ist wichtig, damit das Wasser um das Fleisch herum zirkulieren kann. Die Zwiebel ungeschält halbieren und auf der heißen Herdplatte (ein Stück Alufolie unterlegen) schwarz rösten. Zwiebelhälften zusammen mit etwas Salz und reichlich Pfefferkörnern in den Topf füllen. Alles mit Wasser auffüllen, langsam zum Kochen bringen. Nach dem ersten Aufwallen den Deckel auflegen und nunmehr auf sehr sanfter Flamme je nach Fleischsorte 2–3 Stunden ziehen (nicht kochen!) lassen.
Zwischenzeitlich wird das gesamte Gemüse geputzt und in Scheiben oder dekorative Stücke geschnitten. Das Gemüse in der Brühe oder separat in Salzwasser garen, es sollte dabei bissfest bleiben!
Das fertige Rindfleisch quer (!) zur Faser aufschneiden (langfasrig geschnitten schmeckt auch das beste Stück nicht!) und auf einer vorgewärmten Platte anrichten. Mit etwas Brühe glacieren und mit dem gekochten Gemüse garnieren; gehackte Petersilie oder Schnittlauch darüber streuen. Beilagen nach Wahl dazu servieren.
Das zurückbehaltene Knochenmark wird in feine Scheiben geschnitten, bevor man es kurz in wenig heißer Brühe ziehen lässt. Die Schwarzbrotscheiben im Ofen knusprig werden lassen (bähen), ersatzweise toasten. Das warme Mark auf die gebähten Schwarzbrotscheiben legen und kräftig gewürzt genießen.

DER BERÜHMTE TAFELSPITZ VOM „PLACHUTTA“

RINDFLEISCHSPEZIALIST MARIO PLACHUTTA

Beilagen für gesottenes Rindfleisch

Besonders charakteristisch für die Gemüsebeilagen zu Rindfleisch ist die häufige Verwendung von „Einbrenn", die nicht nur bestens mit dem Gemüse harmoniert, sondern auch vorzüglich zu gesiedetem Rindfleisch mundet. Englisches Gemüse wird man in der Wiener Küche sehr selten finden – Gott sei Dank!
Ein weiteres wichtiges Merkmal der klassischen Wiener Rindfleischküche ist die an sich reichhaltige Gestaltung der Beilagen, die zumindest aus einem Erdäpfelrezept, einer Gemüsebeilage und zwei verschiedenen Saucen bestehen sollten.

DILL-RAHMFISOLEN

1 kg grüne Fisolen (Spargelfisolen),
1 kleine Zwiebel feinst gehackt,
50 g Mehl, 50 g Butter, etwas Rindsuppe,
200–250 ml Sauerrahm,
Essig oder Zitronensaft,
reichlich gehackter Dill, Salz und Pfeffer

Fisolen waschen, in mundgerechte Stücke schneiden und in reichlich Salzwasser weich kochen. Fisolen abtropfen lassen, Kochwasser aufheben.
Zwiebeln in Butter anschwitzen, mit Mehl stauben und mit etwas Fisolenwasser sowie Rindsuppe zur gewünschten Konsistenz verkochen. Fisolen dazugeben. Rahm mit wenig Mehl versprudeln, dann durch ein Sieb zu den Fisolen streichen. Gemüse säuern und mit viel frisch gehacktem Dill verfeinern. Mit Salz und Pfeffer abschmecken.

Variante
Wenn man statt Rahm Senf nimmt, erhält man Senffisolen.

Tipp: Es können genauso Schwarzwurzeln, Porree oder auch Kohlsprossen „eingebrannt" werden, das Verfahren ist immer ähnlich: Gemüse vorkochen, Einbrenn bereiten, mit Suppe oder Kochwasser aufgießen, nach Wunsch Rahm dazu und nach Geschmack würzen.

PARADEIS-FISOLEN

500 g Paradeiser blanchieren, kalt abschrecken, die Haut abziehen und in Stücke schneiden.
2 sehr fein gehackte Zwiebeln in nicht zu wenig Fett hellgelb anrösten, zerschnittene Paradeiser dazugeben, mit einer Prise Zucker und etwas süßem Paprika würzen. Zugedeckt 15–20 Minuten garen. Dann die gut geputzten Fisolen klein schneiden, in den Topf geben und in den Paradeisern weich dünsten. Mit Salz und Pfeffer abschmecken.

RAHMSPINAT

1 kg Spinat wird gewaschen und in siedendem Salzwasser – nicht zugedeckt! – gekocht; dann abseihen, sofort kalt abschrecken und leicht ausgedrückt passieren.
Aus 80 g Butter und 80 g Mehl eine lichte Einbrenn bereiten, in der eine fein gehackte Zwiebel gedünstet wird. Zwei Knoblauchzehen mit grobem Salz zerquetschen und ebenfalls einrühren; den passierten Spinat dazugeben, mit 500 ml Obers aufgießen und so lange rühren, bis der Spinat kocht, dann mit Salz, Pfeffer und nach Wunsch auch Muskat würzen.

KOHLRABI-GEMÜSE

2–3 Kohlrabi mit Blättern,
1 kleine Zwiebel,
1 großer Löffel Schmalz,
Rindsuppe,
Mehl zum stauben,
etwas Zucker,
Salz (evtl. auch weißer Pfeffer)

Die Zwiebel feinst hacken, Kohlrabi schälen und klein würfeln, die Blätter in feine Streifen schneiden und beiseite legen.
Zwiebel in Schmalz andünsten, die Kohlrabiwürfel und einen guten Löffel Zucker dazugeben. Das Gemüse etwas abrösten, dann unter Beigabe von wenig Rindsuppe und den geschnittenen Blättern weich werden lassen. Das Kohlrabigemüse mit Mehl stauben, etwas Rindsuppe angießen und verkochen; schließlich mit Zucker und Salz abschmecken.

Tipp: Das Gemüse kann vielfältig mit z. B. saurem Rahm, Essig, und/oder Kümmel abgewandelt und verfeinert werden.

ERDÄPFELSCHMARREN

1 kg Erdäpfel werden in Salzwasser gekocht, dann geschält und dickblättrig geschnitten. Schmalz oder Margarine in einem Topf erhitzen, 1 fein gewiegte Zwiebel darin andünsten, Erdäpfel dazugeben und leicht anrösten. Mit Salz und Pfeffer abschmecken, man kann auch noch Majoran hinzugeben.

Variante:
Fertig zubereiteter Erdäpfelschmarren wird kräftig abgeschmeckt in eine gut gefettete und mit Bröseln ausgestreute Form gefüllt und im Rohr gut 30–45 Minuten lichtbraun gebacken. In eine Schüssel oder auf einen Teller gestürzt servieren.

KOCHSALAT

Kochsalat in feine Streifen schneiden. Gehackte Zwiebel im Schmalz anrösten, mit Mehl stauben, danach die Rindsuppe angießen und die Sauce dicklich einkochen. Den geschnittenen Salat dazugeben, würzen und weich dünsten. Vorgekochte Erbsen untermischen, mit Knoblauch, Salz und Pfeffer abschmecken.

RAHMGURKEN

Eine fein gewiegte Zwiebel in heißem Fett anschwitzen, mit dem Mehl stauben, mit etwas Suppe aufgießen und zu einer Sauce verkochen lassen. Geschälte, halbierte, entkernte und in dicke Scheiben geschnittene Gurken darin weich kochen. Sauerrahm mit Salz, Pfeffer und gehackter Dille verquirlen und in das Gemüse rühren. Alles mit Essig oder Zitronensaft säuerlich-pikant abschmecken.

RÖSTERDÄPFEL

RÖSTERDÄPFEL

Ein Kilo am Vortag gekochte Erdäpfel wird nicht zu klein geraspelt, danach portionsweise im heißen Öl knusprig gebraten, wobei sie mit einer Bratschaufel immer wieder gewendet werden. Sie sollten recht locker sein, rundherum knusprig und nicht zusammen pappen. Zum Schluss wird nach Geschmack gewürzt.

SENFSAUCE

In einer Schüssel die 80 g Butter mit 6 Dottern, 6 EL Senf und 250 ml kalter Rindsuppe mit dem Schneebesen über Dunst heiß schlagen, nicht kochen lassen. Dann mit Salz, Senf, Zitronensaft und Ribiselmarmelade abschmecken.

SCHNITTLAUCHSAUCE

100 g Weißbrot wird entrindet und mit etwa 100 ml Milch angefeuchtet. Zusammen mit 2 rohen und 2 gekochten Eigelben in einen Mixer geben, danach mit Senf, Zitronensaft, Zucker, Salz und Pfeffer würzen. Alles mixen, dabei langsam 250 ml Öl einfließen lassen. Schnittlauchsauce nochmals fein-würzig abschmecken, reichlich Schnittlauchröllchen unterheben und kalt stellen.

Variante:
Die Dotter von drei hartgekochten Eiern passieren und mit 1 EL Öl verrühren. Masse gut salzen und pfeffern, Rahm dazugeben und mit dem Schneebesen zu einer glatten Sauce rühren. Mit 1–2 Hand voll Schnittlauchröllchen verfeinern.

ALT-WIENER PARADEISSAUCE

800 g Paradeiser werden gewaschen, halbiert und zusammen mit 1 gehackten Zwiebel und 1 EL gehackter Petersilie in Schmalz angeröstet, dann gibt man 1 EL Paradeismark dazu und dünstet alles weich; danach wird die Sauce passiert. Aus 50 g Butter und 50 g Mehl eine lichte Einbrenn bereiten, diese mit etwas Rindsuppe vergießen und salzen. Passierte Paradeiser hinzufügen und mit Zucker, Zitronensaft, 125 ml Rotwein und Salz würzen. Die Sauce wird eine Weile kochen gelassen, falls sie zu dick wird, Rindsuppe nachgeben.

DILLSAUCE

Aus Schmalz und Mehl eine lichte Einbrenn bereiten, in dieser Zwiebel und Petersilie andünsten, mit Rindsuppe aufgießen, nicht zuviel, da die Sauce dicklich sein sollte. Reichlichst fein gehackten Dill hinzugeben. Sauce mit Zitronensaft oder Essig sowie Salz abschmecken, mit Rahm verfeinern und verkochen lassen.

KRENSAUCE

25 g Mehl mit wenig Obers glatt rühren. 500 ml Obers in einem hohen Topf aufkochen, dann 20 g Butter, 20 g Zucker, das angerührte Mehl sowie etwas Salz dazugeben und verkochen lassen, bis man eine dickliche Sauce erhalten hat. Zum Schluss frisch gerissenen Kren nach Geschmack untermischen.

Tipp: Für Essigkren gerissenen Kren mit Rindsuppe, Essig, einer Prise Zucker und Salz würzen.

MANDELKREN

Geriebene Mandeln in Butter anrösten, mit Mehl stauben und auch dieses abrösten. Mit kochender Milch aufgießen, Zucker und Salz zufügen. Alles zu einer dicklichen Sauce verkochen lassen. Kurz vor dem Servieren reichlich frisch gerissenen Kren unterheben. Wird vornehmlich zu Zunge serviert.

SEMMELKREN

3 Semmeln klein schneiden, mit 125 ml Suppe aufkochen lassen, glatt rühren. 30g Butter und 3–4 EL frisch geriebenen Kren einarbeiten, wenn die Sauce zu scharf ist mit etwas Milch mildern. Salzen nach Geschmack.
Variante: Semmelkren kann mit etwas Obers, Knoblauch und/oder Muskatnuss verfeinert werden. Auch rohe oder gekochte Äpfel können hineingerieben werden.

APFELKREN

Äpfel werden gewaschen, das Kerngehäuse entfernt, danach in sehr wenig Wasser weich gedünstet. Äpfel durchpassieren, mit beliebig viel frisch gepresstem Orangensaft, Zucker und Salz würzen. Danach frisch gerissenen Kren nach Geschmack untermischen.

Variante
4 Äpfel werden geschält und entkernt, danach fein geraspelt und sofort mit Zitronensaft oder verdünntem Essig vermischt. Dann reibt man etwa 8–10 cm Krenwurzel dazu und würzt mit Salz und Zucker. Zum Schluss rührt man 2–3 EL Öl in das Apfel-Kren-Gemisch.

APFELKREN UND SCHNITTLAUCHSAUCE

GEKOCHTER KRUSPELSPITZ

RAHMSPINAT

Einlagen für Rindsuppe

Während vielerorts die meisten Suppen mittels Petersilie, Schnittlauch, Leibstöckel und ähnlichen Kräutern Aroma erhalten, so sollen diese „Aufgabe" in Wien vor allem die Suppeneinlagen übernehmen, von denen es hier mehr als hundert gibt, wie in alten Kochbüchern zu lesen ist. Neben Klassikern, wie Leberknödeln, Fritatten, Grießnockerln, Schöberln und Lungenstrudel existieren auch Raritäten, wie Schmarrnteigwürfel, Reiswanderl oder kleine Erdäpfelknödel.
Anhand dieser unglaublichen Vielzahl von Suppeneinlagen wird deutlich, welch große Bedeutung einer guten Suppe in Wien zu Gute kommt. Auch heute noch ist es für viele Wiener geradezu undenkbar, dass ein gutes Mahl ohne Suppe auskommen könnte.

LEBERKNÖDEL

100 g Rindsleber schaben, danach mit 2 eingeweichten und gut ausgedrückten Semmeln durch den Fleischwolf drehen. 1 fein gewiegte Zwiebel in Fett goldgelb rösten, zu der Lebermasse geben. Ein Ei unterheben, Masse mit gehackter Petersilie, Majoran, Salz und Pfeffer würzen. Semmelbrösel darüber streuen, danach die Masse ziehen lassen. Nochmals gut durchmengen, kleine Knödel formen und diese in Salzwasser oder Rindsuppe 10 Minuten zugedeckt kochen.

Tipp: Leberknödel werden besonders schmackhaft, wenn man einen Teil der Leber durch Milz ersetzt.

MEHLSCHÖBERL

Ein Ei trennen, das Eiweiß zu steifem Schnee schlagen. 30 g Butter flaumig rühren, mit einem ganzen Ei, Dotter, 40 g Mehl, Salz und etwas Milch vermischen. Eine Tortenform ausbuttern und mit Mehl ausstreuen. Den Eischnee unter die Masse heben, diese in die Form füllen und im Rohr backen. In Stücke geschnitten als Suppeneinlage verwenden.

SPECKGRIESSKNÖDEL

45 g Speck sehr klein würfeln, danach in einer Kasserolle goldgelb rösten. Mit 125 ml Milch aufgießen und diese aufkochen lassen. Dann 60 g Weizengrieß einarbeiten und alles so lange rühren, bis man eine dickliche Masse hat, die sich vom Löffel löst. Vom Herd nehmen und erkalten lassen. Die erkaltete Masse mit einem Ei vermengen und salzen. Zu kleinen Knödeln von ca. 1,5–2 cm Durchmesser formen (ist die Masse zu fest mit 1–2 EL heißem Wasser auflockern). Knödel 5 Minuten in kochendem Salzwasser garen, abtropfen. Sofort mit warmer Rindsuppe servieren.

FRITATTEN

Woher die Fritatten wirklich stammen, ist schon etwas umstritten. Tatsache ist, dass Norditalien zumindest so etwas wie Namensgeber war, denn die „fritatta" ist dort schon seit dem 15. Jahrhundert fixer Bestandteil der bürgerlichen Küche. Auch findet man in der alemannischen Küche die so genannten „Flädle", die ähnlich zubereitet werden. Dennoch zeigt sich in diesem Rezept einmal mehr, wie kreativ die Wiener Köche diverse Rezepte abgeändert und damit eingewienert haben, denn die spezielle Art Fritatten zuzubereiten dürfte tatsächlich in Wien kreiert worden sein. Für gewöhnlich wird ein dünnflüssiger Palatschinkenteig verwendet und die in Butter ausgebackenen Palatschinken nach dem Erkalten in feine Streifen geschnitten. Es gibt aber auch noch andere Varianten und wer jemals nachstehendes Fritatten-Rezept gekostet hat, wird ihr wahrscheinlich für immer verfallen. Sie schmeckt einfach zu köstlich, als dass man ihr widerstehen könnte! Zu beachten ist allerdings, dass das Gelingen dieser Fritatten entscheidend vom Hitzegrad des Schmalzes, wie auch der Qualität des verwendeten Fettes abhängt.

In einer tiefen Schüssel werden unter ständigem Rühren 250 ml Milch zu 250 ml Mehl gegossen. Sobald man einen glatten Teig erhalten hat, werden 3 Eier dazu gemischt, dann erst wird gesalzen! Nicht zu wenig Schweineschmalz in einer Kasserolle erhitzen. Von diesem Schmalz gibt man mittels eines Schöpflöffels ein wenig in eine Fritatten- oder Omelettpfanne und erhitzt das Fett darin abermals. Dann gießt man das überschüssige Fett ab, so dass nur der Pfannenboden eingefettet ist. In die derart eingefettete Pfanne werden je nach Größe der Pfanne zwei bis drei Esslöffel des zuvor zubereiteten Teiges gegeben (gute Fritatten haben etwa die Stärke eines Kartons) und gleichmäßig verteilt. Die Pfanne mit dem Teig wieder auf den Herd stellen und von der Seite neuerlich etwas Schmalz angießen, dann die Fritatte wenden und abermals Schmalz angießen. Die braungebackene Fritatte auf Küchentuch oder -krepp abtropfen lassen. Die erkalteten Fritatten werden dann entweder zu feinen Nudeln geschnitten oder können mit Keksformen beliebig ausgestochen werden.

BACKERBSEN AUS BRANDTEIG

250 ml Milch und 50 g Butter zusammen zum Kochen bringen, dann langsam 220 g Mehl einrühren. Diesen Teig so lange über Feuer rühren, bis er sich vom Löffel und dem Topfrand ablöst. Danach leert man den Teig in eine tiefe Schüssel und lässt ihn unter mehrmaligem Umrühren auskühlen, bevor die ganzen Eier eingearbeitet werden. Den fertigen Teig durch die grobe Seite des Reibeisen treiben und in heißem Schmalz ausbacken, bis sie lichtbraun sind. Mit einer Schaumkelle

FRITATTEN

herausheben und auf Küchenkrepp abtropfen lassen.

Tipp: Die Krapfen formen, zur Hälfte aufschneiden und mit Eierspeise, Haschee oder auch einem abgerösteten Hirn füllen.

HIRNSCHÖBERL

2 Eier trennen, Eiweiß zu steifem Schnee schlagen. 50 g Butter flaumig rühren, mit den 2 Dottern, 2 eingeweichten, gut ausgedrückten und passierten Semmeln, Petersilie sowie Salz vermengen; 100 g in etwas Butter geröstetes Kalbshirn einarbeiten. Masse mit Eischnee auflockern, dann in eine mit Butter eingefettete und mit Mehl gestaubte Backform füllen. Im Ofen backen, in Stücke geschnitten als Einlage verwenden.

Varianten
Leberschöberl: Statt dem Hirn 100 g frische, geschabte, passierte Rindsleber verwenden
Schinkenschöberl: 50–75 g gekochtes, fein gewiegtes Selchfleisch oder Kochschinken.
Milzschöberl: 100 g frische, geschabte und passierte Milz

GRIESSNOCKERLN

250 g Butter mit einem Ei schaumig schlagen, 50 g Grieß (spezieller Nockerlgrieß) einarbeiten und alles leicht salzen. Masse eine halbe Stunde rasten lassen, dann mit zwei Kaffeelöffeln Nockerln ausstechen und diese in der heißen Rindsuppe 10–15 Minuten langsam ziehen lassen. Besonders fein schmecken die Grießnockerln, wenn der Masse 1 TL feinst gehackte Trüffel beigemengt wird.

Hinweis: Gar sind Nockerln, wenn sie oben im Wasser schwimmen. Das Wichtigste dabei ist aber, dass sie außen himmlisch flaumig und zart sind, innen aber noch über eine etwas „kernige" Mitte verfügen.

MILZSCHNITTEN

Eine eingeweichte Semmel gut ausdrücken, mit 75 g faschierter Milz, einem Ei, 25 g Butter, etwas angerösteter Zwiebel, Petersilie, Salz und Pfeffer zu einer homogenen Masse verarbeiten. Diese Masse wird auf Semmelschnitten gestrichen und anschließend in heißem Butterschmalz (bestrichene Seite zuerst, dann wenden) goldbraun gebacken. Abtropfen lassen und separat zur Rindsuppe servieren.

TARHONYA, REIBGERSTEL, REIBTEIG

Das ungarische Wort für Eiergraupen „Tarhonya" ist turk-osmanischen Ursprungs. In Ungarn soll demnach die Kunst der Eiergraupenbereitung im 16. und 17. Jahrhundert zur Zeit der osmanischen Herrschaft von den Türken übernommen worden sein. Doch besteht auch die Theorie, dass die Tarhonya aus Asien stammen könnten, da in der Tat bei vielen Balkan- und Turkvölkern, ja sogar bei den Persern Teigwaren existieren, die ähnlich zubereitet werden und auch vom Namen her mit der Bezeichnung „tarhonya" verwandt sind. Ihren Namen haben sie von ihrer Form, die stark an Gersten- oder Reiskörner erinnert.

Aus 100 g Mehl, 1 Ei, 1–2 EL Wasser und Salz einen sehr festen Teig zubereiten, diesen auf einem Reibeisen zu feinem Gerstl reiben. Gerstl auf einem Brett auslegen und trocknen lassen. Vor dem Verwenden als Suppeneinlage kann das Gerstl in Fett geröstet werden, wodurch es schmackhafter wird.

LUFTSTRUDEL

1 Bund Petersilie fein hacken, in 100–150 g zerlassener Butter schwenken und salzen. Ein Stück Strudelteig ausziehen, mit der Petersilienbutter beträufeln und wie einen Strudel zusammenrollen. Auf einem mit Backpapier ausgelegtem Blech im Rohr bei 200–220 Grad backen, dabei einige Male mit zerlassener Butter betreichen. Noch warm in Stücke geschnitten als Suppeneinlage verwenden.

EINTROPFTEIG

30 g Mehl mit 1 Ei und Salz in einer Schüssel zu einem zähflüssigen Teig vermengen. Mit Hilfe eines kleinen Trichters oder Spritzsackes kleine Nockerln in die Suppe eintropfen, einmal aufkochen lassen und sofort servieren.

FLEISCHROULADE

4 Palatschinken,
150–200 g fein faschiertes Kalbsfleisch,
75 ml Milch, 15 g Mehl, 10 g Butter, 1 Eidotter,
2–3 EL in Butter gedünstete Champignons,
etwas gewiegte Petersilie, Muskat, Salz, Pfeffer

Die Milch zum Kochen bringen, Butter dazugeben. Wenn alles aufkocht, das Mehl mit einem Schneebesen einrühren und die Masse rühren, bis sie die Form eines Knödels angenommen hat. Vom Herd nehmen und erkalten lassen.
Nach dem Erkalten mischt man den Dotter, fein faschiertes Kalbfleisch sowie Petersilie unter die Masse und würzt mit Salz, Pfeffer sowie Muskat.
Die Palatschinken zu einem Viereck übereinander legen und mittels Eiklar zusammenkleben. Masse auf das Teig-Viereck streichen, mit gedünsteten Champignons bestreuen und zu einer Rolle formen. Ränder dabei einklappen. Eine Serviette einfetten, die Roulade einwickeln und mit Spagat zusammenbinden. Eine Stunde in leicht siedendem Salzwasser garen. Rolle erkalten lassen.
Erkaltete Rolle aus der Serviette wickeln, in Scheiben geschnitten zur Suppe reichen.

LEBERREIS

90 g Leber und Milz gemischt (Kalb und Rind) mit 2 eingeweichten und gut ausgedrückten Semmeln faschieren. Eine feinst gewiegte Zwiebel in Fett lichtgelb anrösten. Ein Ei und angeröstete Zwiebel zur Lebermasse geben, alles mit Salz und Pfeffer nach Geschmack würzen. Die Lebermasse wird nun durch ein Leberreissieb oder durch umgedrehtes, grobes Reibeisen (Rillenseite nach unten) in die heiße Rindsuppe gestrichen und darin langsam eingekocht.

GRIESSNOCKERLSUPPE

LUNGENSTRUDEL

200 g vorgekochtes Beuschel gut auskühlen lassen, dann fein hacken oder fein faschieren. Etwas Fett in einer Pfanne erhitzen, 2 EL fein gehackte Zwiebel darin hell dünsten, dann das Beuschel dazugeben und kurz mitbraten. Alles mit einem guten Esslöffel Mehl stauben, dieses ebenfalls durchrösten, danach wenig Suppe aufgießen, so dass man eine saftige, aber feste Masse erhält; mit gehackter Petersilie, Salz und Pfeffer würzen.
Diese Masse wird auf einen nicht zu großen Strudelteig gestrichen und zu einem Strudel eingerollt. Aus der Rolle mit dem Stiel eines Kochlöffels Portionen abteilen, Ränder fest zusammendrücken und die Strudelteile in heißem Salzwasser etwa 8–10 Minuten garen. Herausnehmen und erkalten lassen.
Den fertigen Lungenstrudel kurz in heißer Rindsuppe erwärmen, dann als Suppeneinlage servieren.

EISCHNEESCHÖBERL

3 Eiweiß zu steifem Schnee schlagen, 3 Dotter, 60 g Mehl und Salz vorsichtig unterheben. Eine Auflaufform gut ausbuttern und mit Mehl stauben, die Eiermasse einfüllen. Im Rohr bei nicht all zu heißer Temperatur backen.

GEBACKENE ERBSEN

50 g Mehl, ein Ei und Salz werden mit so viel Milch (wenig) verquirlt, bis der Teig dickflüssig ist. Diese Masse wird dann durch ein grobes Sieb (z. B. Leberreissieb) oder ein umgedrehtes grobes Reibeisen in siedendes Öl oder Butterschmalz gestrichen und darin hell goldgelb gebacken. Mit einer Schaumkelle herausheben und auf Küchentuch abtropfen lassen. Backerbsen werden separat zur heißen Rindsuppe serviert und erst im letzten Moment hineingegeben, damit sie schön knusprig bleiben.

MARKKNÖDEL

Zwei in Rindsuppe eingeweichte Semmeln gut ausdrücken und in eine Schüssel füllen. 40–50 g frisches Knochenmark durch ein feines Drahtsieb zu den Semmeln passieren, dann mit 2 Eidottern gut vermengen, bis man eine glatte, homogene Masse erhalten hat. Dazu mischt man dann noch etwas Semmelbrösel und gehackte Petersilie, bevor mit Salz und Pfeffer würzig abgeschmeckt wird. Aus der Masse kleine Knödel formen und diese in heißer Rindsuppe sieden lassen.

Tipp: Man kann die Masse zusätzlich mit fein gehackter Trüffel und Muskatnuss veredeln.

DER RENNER

Das Gasthaus Renner und die Tellerfleischsuppe

Nicht nur auf dem Land, nein auch in Wien liebt man seit jeher kräftigende Suppen, insbesondere die klaren Varianten. Während Rindsuppe meist mit gehaltvollen Einlagen verzehrt wird und als Vorspeise eines jeden kompletten Mahls als geradezu unentbehrlich gilt, so sind in der Alt-Wiener Beislküche zwei Varianten entstanden, die durchaus ein sättigendes Mahl darstellen können: der Suppentopf und die Tellerfleischsuppe.
Die Tellerfleischsuppe ist eine bodenständige Spezialität, die vornehmlich dazu diente den Hunger zu stillen, wie z. B. beim berühmten Renner in Nussdorf zu lesen ist: „Besser zu viel essen, als zu wenig trinken!"
Manchmal findet man das beliebte Tellerfleisch auch unter dem Begriff „Kesselfleisch" auf Speisekarten, wahrscheinlich deshalb, weil diese bürgerliche Spezialität in einem großen Suppenkessel zu Tisch gebracht wird.
Das urige Gasthaus Renner befindet sich am Nussdorfer Platz und ist ein wunderschönes Beispiel für traditionelle Wiener Küche und Gasthauskultur, denn hier werden die Speisen so zubereitet, wie die meisten Wiener sie lieben: erstklassige Qualität der Zutaten (das Fleisch stammt aus eigener Fleischhauerei), traditionelle Rezepte und anständige Portionen lassen das Wiener Genießer-Herz höher schlagen! Das Gasthaus wurde vom Großvater des heutigen Besitzers gegründet, dessen Onkel übrigens der österreichische Bundespräsident Dr. Karl Renner war. Der gemütliche Altwirt Werner Renner hat die Geschicke des Hauses zwar der nächsten Generation übergeben, wacht aber immer noch über das Geschehen und referiert bei einem Gläschen Wein gerne über die zahlreichen hausgemachten Spezialitäten, wie Beinschinken, Krainer-Würste, Wildschweinripperln und andere Gaumenfreuden.

ALTWIENER SUPPENTOPF

**1 1/2 kg Rindfleisch,
1 1/2 kg Suppenhuhn,
250 g Rindsleber, 250 g Kalbsmilz,
2 Karotten, 2 Gelbe Rüben,
1 Petersilienwurzel, 1/2 Zeller,
1 Stück Lauch, 2 Zwiebeln,
2 Knoblauchzehen,
1 Bund Schnittlauch,
einige Fäden Safran,
Salz, Pfefferkörner,
250 g Suppennudeln als weitere Einlage**

Das Rindfleisch wird mit dem Suppenhuhn, der Leber und der Milz zusammen mit gut 3 Litern kaltem Wasser in eine Kasserolle gefüllt. Auf den Herd setzen und aufkochen lassen. Nach dem Abschäumen einen gehäuften Kaffeelöffel voll Salz und die halbierten Zwiebeln hineingeben. Alles zwei Stunden langsam köcheln, dann die Suppe abseihen, Zwiebeln wegwerfen.
Das Suppenhuhn wird nun gehäutet, das Fleisch von den Knochen gelöst und in Stücke geschnitten. Das Rindfleisch, Leber und Milz ebenfalls klein würfeln. Das gesamte Gemüse putzen und in dickere Scheiben schneiden, Knoblauch schälen und vierteln. Jetzt wird das gesamte Gemüse mit dem Knoblauch und allem Fleisch wieder in den Topf gegeben und mit der geseihten Brühe übergossen. Suppe eine weitere Stunde kochen lassen. Sollte nicht genug Flüssigkeit vorhanden sein, wenig Wasser nachgießen! Dann würzt man noch mit einigen Fäden Safran, Pfefferkörnern und Salz.
Vor dem Anrichten die in Salzwasser vorgegarten Suppennudeln hineingeben und mit reichlich Schnittlauchröllchen bestreuen.

TELLERFLEISCHSUPPE

Eine Besonderheit des Hauses ist die oben angesprochene Tellerfleischsuppe, ein Alt-Wiener Rezept, das wahrscheinlich woanders kaum besser gemacht wird! Es handelt sich hierbei um einen großen Suppentopf, gefüllt mit Markknochen, Nudeln, Gemüse und dem Fleisch, das eben „am Teller" gegessen wird, während man die Suppe dazu löffelt:

1 Brustspitz (Kügerl) vorzugsweise vom Mastochsen, 4–6 schöne Markknochen, 250 g Suppennudeln, 1 Karotte, 1 Gelbe Rübe, 1 Petersilienwurzel, 1/2 Knolle Zeller, 1 Stange Lauch (nur das Hellgrüne mit dem angrenzenden Weiß davon), 3 kleine Zwiebeln, 4 Knoblauchzehen, 1 EL Pfefferkörner, Salz, Schnittlauchröllchen

Den Brustspitz in kochendes Wasser geben (er sollte gerade einmal bedeckt sein) und darin sieden. Nach 1 1/2–2 Stunden Garzeit (diese hängt vom Gewicht ab, man rechnet etwa 1 1/2 Stunden/Kilo) das geputzte und in grobe Scheiben geschnittene Wurzelgemüse, die Zwiebeln mit Schale, die Knoblauchzehen im Ganzen, Pfefferkörner und etwas Salz dazugeben; auf kleiner Flamme sieden, bis das Fleisch fertig ist (dauert je nach Größe des Fleisches noch mal gut 1 1/2 Stunden). 15 Minuten vor Ende der Garzeit die gewaschenen und mit Salz kräftig eingeriebenen Markscheiben einlegen und mitkochen.
Das Fleisch aus der Suppe heben und nach dem Auskühlen in gut 2,5 cm dicke Scheiben schneiden. Die Suppe abseihen, Zwiebeln und Pfefferkörner entfernen. Die Fleischscheiben in einen großen Suppenkessel legen, das Wurzelgemüse, Markknochen und vorgekochte Suppennudeln (diese sollten bissfest sein!) darauf anrichten, mit reichlichst Suppe aufgießen und mit Schnittlauchröllchen garniert servieren. Dazu reicht man gebähtes Schwarzbrot, auf das man vor allem das ausgelöste Knochenmark streicht.

TELLERFLEISCHSUPPE

SCHULTERSCHERZEL KLASSISCH SERVIERT

Wichtige österreichische Rindfleischteile zum Sieden und Dünsten:

1a Rostbraten: Er wird traditionell in Scheiben geschnitten zu Zwiebelrostbraten, Vanillerostbraten o. ä. verarbeitet. Zuweilen aber auch in dickere Tranchen wie ein Steak gebraten.
1b Beiried: zum Kurzbraten

2 Tafelspitz (Tafelstück): Der feinfasrige Tafelspitz schließt an das so genannte Tafelstück an und ist eines der besten Fleischteile zum Sieden überhaupt; typisch der schmackhafte Fettrand. Aus dem sehr mageren Tafelstück bereitet man Rindschnitzel und Rindsrouladen zu, verwendet es im Ganzen zum Sieden oder gespickt zum Braundünsten.

3 Kavalierspitz und Kruspelspitz: Beides sind Fleischteile von der Schulter. Der Kavalierspitz ist ein sehr saftiges Stück, das an der Unterseite des Schulterblattes liegt. Der eher vorne, unter der Schulter gelegene Kruspelspitz wird von einem weichen Knorpel (= Kruspel) durchzogen und ist daher ein sehr saftiges Stück. Beide Teile werden nahezu ausschließlich im Ganzen zum Sieden verwendet.

4 Kügerl: Das Kügerl wird in Dickes (**4a**) und Mittleres Kügerl (**4b**) unterschieden; es ist ein festes Stück mit Fettrand und liegt zwischen Brustkern und Platte (Beinfleisch). Es wird im Ganzen zum Sieden oder Räuchern verwendet. Das grobfaserige Dünne Kügerl (**4c**) liegt am hinteren Ende der Platte und wird im Ganzen ebenfalls gesiedet.

5 Brustkern: Von Fett umgebenes, jedoch nicht durchzogenes, geschmackvolles Rindfleisch, das am vorderen Teil der Brust sitzt. Es wird im Ganzen zum Sieden oder Räuchern verwendet.

6 Meisl (Mageres Meisl, Fettes Meisl): Fleischteil(e) von der Schulter. Das Magere Meisl ist der vorderste Teil und schmeckt gesiedet ganz ausgezeichnet. Das Fette Meisl bildet den eigentlichen Hals des Rindes (meist aber des Ochsen) und überdeckt das magere Meisl; es ist etwas fett, grobfaserig aber sehr saftig – wird wie das magere Meisl verwendet, beansprucht aber eine längere Kochzeit.

7 Rieddeckel: Ein sehr grobfaseriges und saftiges Fleisch, das die Schulter und Teile des Halses sowie den oberen Teil des Rostbratens bedeckt; im Ganzen ein beliebtes Siedefleisch.

8 Schulter: Das aromatische Fleisch von der Rinderschulter wird in Wien gesiedet, kann aber auch zu saftigen Braten verarbeitet werden. Besonderes Kennzeichen des Schulterscherzels ist die in der Mitte eingeschlossene Flachse, welche das Fleisch besonders saftig und „g'schmackig" werden lässt.

9 Beinfleisch: Die Rinderrippe ist aufgrund der Fetteinschlüsse eines der besten Stücke für gesiedetes Rindfleisch überhaupt und zudem ausgezeichnetes Suppenfleisch.

10a Vorderer Wadschunken und
10b Hinterer: Es werden sowohl Vorderer, als auch Hinterer Wadschunken (Wadschinken) zu Gulasch verarbeitet, doch vom Vorderen gelingt es am besten! Allerdings kann man auch aus dem so genannten Wadelstutzen (das ist das Fleischteil, welches am Tafelstück anschließt) hervorragendes Gulasch bereiten, noch besser eignet sich dieses Stück aber für alle Saftfleisch-Varianten.

11 Riedhüfel: Sehr saftiges Stück Rindfleisch, welches zwischen Beinfleisch und dem so genannten Knöpfel (Rinderkeule) liegt; im Ganzen zum Sieden.

12a Zapfen, 12b Schwarzes Scherzel, 12c Beinscherzel und die Schale: Alle Teile werden für Rouladen, Braten und Geschnetzeltes verwendet, auch saftige Rindschnitzel werden aus ihnen bereitet.

13a Hüferscherzel: Es kann zwar auch zum Kurzbraten verwendet werden, ist aber gerade Gesiedet ein ausgezeichnetes Gusto-Stückerl.
13b und 13c Hüferschwanzel geteilt: zum Sieden.

14 Fledermaus: In der differenzierten Wiener Rindfleischküche gehört die Fledermaus zu den ganz typischen Spezialitäten. Es ist ein aus dem Kreuzbein ausgelöstes, sehr saftiges, etwas fettes aber weiches Rindfleisch. Man verwendet es zumeist zum Sieden, doch auch in einer herzhaften Rahmsauce wird es gerne serviert.

15 Ochsenschwanz: Dieser Klassiker der Altwiener Rindfleischküche wird gekocht oder geschmort und für Ragouts verwendet.

16 Rindszunge: Die beliebteste Innerei vom Rind wird roh oder geselcht gekocht.

17 Kamm: Ein beliebtes Teil zum Kochen

18 Ohrwange: Sie wird gerne geschmort oder gedünstet.

19 Stich: Früher ein billiges Suppenfleisch

Innereien: Kronfleisch (Zwerchfell), Leber, Herz, Beuschel (Lunge), Milz, Bries, Liachteln (Aorta), Blut. Aus den aromatischen Innereien wird z. B. eines der besten Gerichte der Altwiener Küche zubereitet, nämlich das Bruckfleisch (siehe S. 272).

Kalbfleisch

Eine der traditionellsten und beliebtesten Fleischzutaten der Alt-Wiener Küche ist das Kalbfleisch. So werden nicht nur das klassische Wienerschnitzel oder das berühmte Kalbsrahmgulasch aus ihm zubereitet, sondern eine Vielzahl von verschiedensten Gerichten, wie der Kalbsnierenbraten, das eingemachte Kalbfleisch, Naturschnitzel, Butterschnitzel, Kalbskoteletts, Kalbschlegel, um nur Einige zu nennen. Alleine nur mit den bekanntesten Kalbfleischgerichten könnte man ganze Bücher füllen, von den herrlichen Innereien-Rezepten, die uns die Wiener Küche überliefert hat, noch gar nicht zu reden!
Oftmals werden heute viele dieser wunderbaren Rezepte verändert angeboten, vor allem hat sich leider eingebürgert, das Kalbfleisch durch das (wesentlich preisgünstigere) Schweinefleisch zu ersetzen. Das Wiener-Schnitzel und vor allem das Naturschnitzel leiden unter dieser Entwicklung, um nur zwei Beispiele zu nennen.

GESPICKTER KALBSSCHLEGEL AUS DEM ROHR

1 Kalbsschlegel (ohne Stelze),
200–250 g Selchspeck, 200–250 g Selchzunge,
1 Trüffel (in Ermangelung dieser kann man auch Mandeln oder Gurken nehmen),
200–250 g Sardellenfilets,
Schmalz,
Salz und Pfeffer

Der Kalbsschlegel (sollte nicht zu groß sein) wird zunächst gut gesalzen, danach mit Speck-, Zungen- und Trüffelstiften sowie den Sardellen folgendermaßen gespickt: Mit einem kleinen Messer wird in das Fleisch gestochen und, während man das Messer zurückzieht, die etwa bleistiftdicken und 5–10 cm langen Zutaten abwechselnd in die Schlitze stecken. Den Selchspeck vorher mit Salz und Pfeffer kräftig würzen.
Etwas Schmalz in einer größeren Bratreine erhitzen, den Schlegel darin rundherum anbraten, währenddessen immer wieder mit heißem Fett übergießen. Danach kommt das Fleisch in den Backofen, wo es unter ständigem Begießen fertig gebraten wird, was je nach Größe 2–3 Stunden dauern wird (sollte die Oberfläche dabei zu dunkel werden, mit gefettetem Pergamentpapier abdecken).
Den Saft entfetten, Braten aufschneiden und mit der Sauce anrichten. Dazu passen alle Arten von Gemüse, Reis, Erdäpfelzubereitungen u. v. m.

NATURSCHNITZEL

Pro Person:
2 Kalbschnitzel von der Schale (je 125 g schwer),
Mehl,
etwas Rindsuppe oder Kalbfond,
Öl zum Braten,
Butter,
Salz und weißer Pfeffer

Die Kalbschnitzel klopfen und gut abtrocknen, die Ränder leicht einschneiden. Schnitzel leicht salzen und pfeffern, danach auf einer Seite mehlieren. Schnitzel in heißem Fett (bemehlte Seite zuerst einlegen) rasch auf beiden Seiten anbraten (nie mehr als zwei auf einmal, sonst tritt zuviel Saft aus und die Schnitzel werden nicht schön braun!).
Die abgebratenen Schnitzel aus der Pfanne nehmen und auf einem vorgewärmten Teller anrichten. Bratfett aus der Pfanne gießen, den Bratenrückstand mit wenig Suppe oder Kalbfond ablöschen und alle Bratenreste vom Pfannenboden abschaben. Einen guten Stich Butter dazugeben und den so gewonnenen Saft über die Schnitzel seihen. Sofort mit Reis servieren, Naturschnitzel dürfen nicht stehen, sonst kann das Fleisch zäh werden!

PARADEISKOTELETTS

Pro Person:
1–2 magere Kalbskoteletts
(je nach gewünschter Portionsgröße),
1–2 EL Paradeismark,
Rindsuppe oder Kalbsfond,
Mehl zum Wenden,
Öl zum Anbraten,
eine Hand voll Erbsen,
Salz und Pfeffer

Die Koteletts leicht klopfen, salzen und in Mehl wenden, überschüssiges Mehl abschütteln. In heißem Fett auf beiden Seiten scharf anbraten, herausnehmen und das Fett aus der Pfanne abschütten. Zum Bratenrückstand das Tomatenmark geben, etwas abrösten, danach alles mit Suppe oder Fond ablöschen, aufkochen lassen, das Angelegte dabei vom Pfannenboden ablösen. Die Koteletts in diesem Saft weich dünsten, die Erbsen dazugeben und weich dünsten. Vor dem Servieren abschmecken. Dazu reicht man Salzerdäpfel, Reis oder Teigwaren.

KALBSSTEAK IN DER PFANNE

Pro Person:
1 sehr dick geschnittenes Kalbsschnitzel,
4 EL blanchierte Kartoffelkugeln
(mit einem Parisienne-Messer ausgestochen),
Butterschmalz,
Salz,
weißer Pfeffer aus der Mühle,
1–2 Spiegeleier als Garnitur

In einer gusseisernen Pfanne das Butterschmalz erhitzen. Kalbsschnitzel leicht klopfen, an den Rändern etwas einschneiden und salzen. Im Butterschmalz zunächst auf beiden Seiten scharf anbraten, Hitze zurückdrehen und die Erdäpfel-Kugeln dazugeben. Fleisch unter zwei- bis dreimaligem Wenden fertig braten. Wenn Erdäpfel und Fleisch schön braun sind, mit Salz und Pfeffer kräftig würzen, Spiegeleier als Garnitur darauf legen und in der Pfanne servieren.

EINGEMACHTES KALBFLEISCH

Dieses wunderschöne Alt-Wiener Rezept ist so klassisch, wie einfach, wie genial: zartes Kalbfleisch verbunden mit edlem Gemüse in einer feinen Sauce! Übrigens: Die klein gehaltenen Bröselknödel werden nicht separat als Beilage serviert, sondern vor dem Anrichten in die Sauce gegeben.

1 kg fein pariertes Kalbfleisch,
125–140 g Butter, 60–70 g Mehl,
1/2 Karfiol vorgegart,
300 g blanchierte Spargelspitzen,
100 g junge Erbsen,
kräftige Rindsuppe oder Kalbsfond,
1–2 Eidotter, Obers,
1–2 EL gehackte Petersilie oder Kerbel,
geriebene Muskatnuss (nach Belieben),
Salz, weißer Pfeffer aus der Mühle,
kleine Bröselknödel als Beilage
(Rezept siehe S. 136)

Etwas Butter zusammen mit der gehackten Petersilie heiß werden lassen, das in Würfel geschnittene Kalbfleisch darin von allen Seiten anbraten, salzen. Wenn das Fleisch Farbe genommen hat, mit etwas Suppe oder Fond aufgießen und das Fleisch darin weich dünsten lassen.
Ist das Fleisch gar, so bereitet man in einem frischen Topf eine lichte Einmach aus Butter und dem Mehl, gießt diese mit dem durchgeseihten Kochfond auf und stellte so eine leicht-samtige Velouté her (ist die Sauce zu dick, noch etwas Suppe oder Kochwasser von den Gemüsen dazugeben). In die fertige Velouté das Fleisch und die vorgegarten Gemüse einlegen, nach Geschmack mit Salz, Pfeffer und Muskat würzen.
Eidotter mit Obers versprudeln und das Gericht damit legieren. Die Bröselknödel einlegen und das Ragout in einer vorgewärmten Schüssel servieren.

KALBSKOTELETTS MIT EI

Ein Alt-Wiener Klassiker, der nahezu in Vergessenheit geraten ist und kaum mehr auf Speisekarten angeboten wird – schade eigentlich!

Pro Person 1–2 Kalbskoteletts,
2 EL vorgekochter Reis,
2 Eidotter,
geriebener Käse,
Semmelbrösel, Mehl zum Wenden,
Öl zum Anbraten,
Butter für die Form,
Salz

Die Koteletts leicht klopfen, salzen, in Mehl wenden und in heißem Fett auf beiden Seiten goldgelb braten. Eine schöne Auflaufform mit Butter einfetten, angebratene Koteletts hineinlegen und auf jedes mittig einen schönen Löffel Reis setzen. Mit dem Rücken einer Schaumkelle Vertiefungen in den Reis drücken und in diese je einen Eidotter gleiten lassen. Alles mit reichlich geriebenem Käse und Brösel bestreuen, dann im Ofen backen, bis die Eidotter leicht gestockt sind.

GESPICKTE KALBSNUSS IN RAHMSAUCE

800–1000 g Kalbsnuss, 50–70 g Speck, 50 g Schinken, Rindsuppe, Salz

Für die Sauce:
200 ml Rahm, 2 Dotter, 50–60 g geriebener Käse (z. B. Parmesan), etwas Reismehl

Zum Gratinieren:
eine Hand voll Parmesan, 1–2 Hand voll Brösel, zerlassene Butter

Die Kalbsnuss wird gehäutet, gesalzen und mit den in Streifen geschnittenen Speck und Schinken gespickt. Danach die Kalbsnuss in etwas Rindsuppe 1 1/2 Stunden weich dämpfen.
Zwischenzeitlich die Rahmsauce zubereiten. Hierfür den Rahm, die Dotter, geriebenen Parmesan und Reismehl in eine Schüssel füllen und über Wasserdampf dick aufschlagen. Das fertige Fleisch wird in dünnere Scheiben geschnitten, die in einer gebutterten feuerfesten Schüssel angerichtet werden. Fleisch mit der Rahmsauce überziehen, mit Parmesan und Bröseln bestreuen, mit zerlassener Butter beträufeln und im heißen Backofen gratinieren. Dazu passen Salat, Butterreis oder Gemüse.

KALBSVÖGERLN AUF DIE „ALTE ART“

In der modernen Küche sind Kalbsvögerln immer noch ein Thema und man hat inzwischen zahlreiche Varianten für dieses schmackhafte Gericht kreiert. Doch die klassische Art ist diese einfache Version:

800 g Kalbschnitzelfleisch aus der Schale, 75–100 g Bauchspeck in feine Streifen geschnitten, 80 g Fett (Butter oder Schmalz), Rindsuppe zum Aufgießen, 125 ml Rahm, Mehl zum Stauben, Salz

Aus dem Fleisch schneidet man etwa 10 schöne Schnitzel, die geklopft und gesalzen werden. Dann durchzieht man die Schnitzel mit feinen Speckstreifen und klappt sie zusammen; Enden mit Zahnstochern zusammenstecken. In reichlich Fett von allen Seiten scharf anbraten, mit Suppe aufgießen und weichdünsten lassen. Den Saft mit Mehl stauben, verkochen lassen und letztlich mit Rahm verfeinern. Alles dünsten lassen, abschmecken und mit Erdäpfelpüree servieren.

KALBSKOPF NACH ALT-WIENER ART

Für den Kalbskopf:
1/2 besonders gut zurecht geputzter Kalbskopf, 2 gespickte Zwiebeln (mit Lorbeerblättern und Nelken), 75 ml Essig, etwas Öl, Salz

Für die Sauce:
1 Eidotter, 1 TL scharfer Senf, 2 TL Essig, 250–300 ml Öl, Prise Zucker, Salz und Pfeffer, reichlich frisch gerissener Kren, Schnittlauchröllchen als Garnitur

Den Kalbskopf entbeinen, aufrollen und zu einer Roulade zusammen binden. Den Kalbskopf in ein sauberes Leinentuch schlagen, in einen Topf geben und mit Wasser bedecken. Gespickte Zwiebeln, Essig und Salz hinzufügen. Zum Kochen bringen, dann das Öl dazugießen und mindestens 4 Stunden köcheln lassen. Zwischenzeitlich die Sauce zubereiten. Hierfür den Eidotter mit Senf, Essig und Salz mit einem Schneebesen schaumig quirlen. Danach das Öl langsam eintröpfeln, bis man eine cremige Mayonnaise erhalten hat. Dann reichlich (!) frisch geriebenen Kren unterheben und nochmals mit Essig, Zucker, Salz und Pfeffer pikant abschmecken.
Wenn das Fleisch gar und weich ist, wird der Kopf auf ein Küchenbrett gelegt und aus dem Tuch gewickelt. Das Küchengarn entfernen, dann den Kopf in dicke Scheiben schneiden. Diese in vorgewärmte tiefe Teller legen, etwas Kochbrühe darüber sieben und mit Schnittlauchröllchen (nach Geschmack auch mit etwas gerissenem Kren) garnieren. Zusammen mit der Sauce servieren. Wer mag, reicht auch noch Salzkartoffeln dazu.

KALBSKOTELETTS MIT EI

GEFÜLLTER KALBSBAUCH

Gut 1 kg Kalbsbauch, 1 Kalbsbries, 1 Kalbshirn, etwa 100 g Euter, 100–125 g Beuschel, 150–200 g Kalbfleisch, 1 Zwiebel fein gehackt, 2–3 Knoblauchzehen fein gehackt, 75–100 g Butter, 1 1/2 Tassen Erbsen (blanchiert), 5–6 Eier, 4–5 EL geriebener Käse, 1–2 EL gehackte Petersilie, Prise Majoran, Salz und weißer Pfeffer aus der Mühle, Rind- oder Gemüsebrühe zum Kochen

In den Kalbsbauch eine Tasche einarbeiten (oder vom Fleischer vorbereiten lassen). Bries, Hirn und Lunge blanchieren, die Haut abziehen. Butter in einer weiten Pfanne erhitzen, alle Innereien, Euter, Kalbfleisch, Zwiebel sowie Knoblauch darin dünsten. Alles in kleine Würfel schneiden und in eine Schüssel füllen.
Die Erbsen, versprudelte Eier, Reibkäse, Majoran, Salz und Pfeffer nach Geschmack dazugeben (wenn die Masse sehr dünnflüssig ist, noch etwas Reibkäse oder Semmelbrösel dazugeben). Die Füllung in den Kalbsbauch füllen und diesen eng zusammen rollen. Öffnung mit Küchengarn zunähen. Brühe in einem Topf erhitzen, den Kalbsbauch einlegen und bei niedriger Hitze 1 Stunde köcheln lassen. Dann einen Deckel auflegen und den Kalbsbauch weitere 1 1/2 bis 2 Stunden garen. Den Kalbsbauch kann man in Scheiben aufgeschnitten warm mit Erdäpfelpüree und Gemüsebeilage servieren, aber auch kalt mit Salatgarnitur und Senfvinaigrette.

KALBSNUSS IN ZWIEBELRAHMSAUCE

1–1 1/2 kg Kalbsnuss (mit Küchengarn gebunden oder vom Fleischer vorbereiten lassen), 400–500 g Zwiebeln, 250–300 ml Weißweinessig, 2 Becher Obers oder Crème fraîche, 125 g Butter, etwas Öl zum Braten, Salz, Pfeffer aus der Mühle

Zwiebeln in feine Ringe schneiden und in der Butter mit etwas Öl glasig dünsten. Das Fleisch darauflegen und auf allen Seiten anbraten, währenddessen würzen. Den Essig angießen, Hitze reduzieren, Deckel auflegen und das Fleisch langsam etwa 2 Stunden schmoren, dabei wenn nötig den Bratensatz immer wieder mit Wasser lösen.
Die zu einem Brei verkochten Zwiebeln aus dem Topf nehmen und fein passieren. Zwiebelmasse mit Rahm vermischen, dann wieder zum Fleisch geben und abschmecken, kurz aufkochen lassen. Fleisch aus der Sauce heben, in Scheiben schneiden und auf einer Platte anrichten. Mit der Sauce servieren. Reis oder Teigwaren als Beilage reichen.

ZUBEREITUNG DES WIENER SCHNITZELS

Der Spitzenkoch Reinhard Gerer (Restaurant Korso bei der Oper, Wien) hat sich zur Aufgabe gemacht, klassische Wiener Gerichte zu schützen und zu bewahren, von ihm stammt folgende Anleitung:

1. Wiener Schnitzel sind aus Kalbfleisch – ausschließlich! Das beste Fleisch für Schnitzel ist das aus der Schale (oder auch Nuss) des Kalbschlegels.

2. Das Fleisch muss quer zur Faser geschnitten werden.

3. Das Fleisch darf nicht durch eine Klopfmaschine verdorben werden. Schnitzel werden in dünnen Tranchen vom Schlegel geschnitten und kaum geklopft (besser mit dem Messer ein wenig eingeritzt). Es sollte etwa einen halben Zentimeter dick sein.

4. Nur mäßig salzen!

5. Das Fleisch zuerst leicht mehlieren, überschüssiges Mehl abklopfen!

6. Danach in pures (!) Ei tauchen; die Verlängerung versprudeltes Ei mit Obers oder gar mit Milch ist eine Unart. Am besten souffliert die Panier, wenn das Ei ohne jeden Zusatz verwendet wird.

7. Die Brösel: am besten selbst geriebene.

8. Schweineschmalz – jawohl! Und zwar so viel, dass das Schnitzel darin schwimmt.

9. Niemals zu viele Schnitzel auf einmal ausbacken, sie dürfen weder an den Pfannenrand noch aneinander stoßen!

10. Schnitzel immer ein wenig in Bewegung halten, weil dadurch die Panier schöner aufgeht.

11. Niemals ins Fleisch stechen!!! Die Panier saugt sich sonst mit Fett voll und wird nicht knusprig.

12. Die Farbe – goldene Grundregel: Ein Wiener Schnitzel soll von jenem tiefen Goldgelb sein, dass man vom Holz der Stradivari-Geige her kennt. Wie manche Historiker erzählen, habe der Oberkellner des legendären „Meisl & Schaden" nicht nur eine Rindfleisch-Farbtabelle bereithalten, sondern auch eine Schnitzel-Farbkarte zur Auswahl des richtigen Stradivari-Tones vorlegen können.

13. Abtropfen lassen – Fett weg: Schnitzel gründlich auf Küchenpapier abtupfen. Test: Wenn man sich draufsetzt, muss der Hosenboden trocken bleiben!

14. Beilage: Erdäpfelsalat von Kipflern! Pommes frites schmecken zu anderen Gerichten ausgezeichnet.

15. Guten Appetit!

Tipp vom Autor: Das Fett sollte für Schnitzel immer möglichst frisch sein! Dem Schmalz ein Stück Butter hinzufügen, kurz bevor die Schnitzel fertig sind, muss sicher nicht als Häresie bezeichnet werden und verleiht den Schnitzeln eine feine, nussige Note!

Das Wiener Schnitzel

Unzählige Geschichten ranken sich um das Wiener Schnitzel und lange Zeit hat sich die Legende gehalten, dass der berühmte Feldmarschall Radetzky das Schnitzel in Italien unter der Bezeichnung „costoletta milanese" kennen gelernt und das Rezept hierfür in einem Lagebericht an den Hof erwähnt haben soll. Eine nette Fama, doch was Radetzky kennen gelernt hat, war keineswegs ein in Schmalz herausgebackenes paniertes Schnitzel, sondern ein schlichtes Kalbskotelett, das in Olivenöl braun gebraten wurde. Tatsächlich war den Wienern das Panieren schon weitaus früher bekannt, wie sich am ähnlich gearteten Backhendl feststellen lässt, das schon im 17. / 18. Jahrhundert die Feinschmecker begeisterte; also lange vor Radetzkys Zeit.

Wahr ist allerdings der Umstand, dass das „Ausbacken von Speisen" nicht in Wien erfunden wurde, darin sind sich selbst die patriotischsten Kulinarik-Historiker einig. In Panier eingehülltes Fleisch, das in heißem Fett ausgebacken wird, findet man bereits bei den Mauren des Mittelalters, die diese Art der Zubereitung nach Andalusien gebracht haben. Und bereits im 12. Jahrhundert (wahrscheinlich sogar noch früher) kannte man in Konstantinopel die Kunst des in Teig gehüllten, und in Fett ausgebackenen Fleisches, das sich hier allergrößter Beliebtheit erfreute und von dort aus nach Venedig gelangte. Einer der Gründe, warum sich das goldbraun Gebackene schnell durchsetzen konnte war nicht allein der Geschmack, sondern auch die an Gold erinnernde, appetitliche Optik.
Insbesondere die feudalen Medici in Florenz, wie auch die im Luxus schwelgenden Dogen, welche die maurische Kultur sehr schätzten, waren bekannt dafür, bei ihren pompösen Festen vielerlei Speisen und Garnituren mit Blattgold zu überziehen. Eine Sitte, welche schon sehr früh im arabisch-maurischen Raume Usus gewesen war – und dort heute noch in vielen Regionen (z. B. Dubai) beobachtet werden kann. Bekanntlich stand Venedig über viele Jahrhunderte unter der Herrschaft Konstantinopels und dürfte diese Art der Garnitur ziemlich sicher von dort übernommen haben. Über vielfältige Handelsbeziehungen gelangte das Vergolden über Venedig in den mitteleuropäischen Raum, sehr wahrscheinlich auch über die in Spanien herrschenden Mauren.

Als das Vergolden von Speisen um 1500 (es wird in einschlägiger Literatur auf 1514 datiert) verboten wurde, entsinnten sich die Köche der alten Rezeptur und fanden in der goldigen Panier auch einen adäquaten Ersatz für das Blattgold.
Da das alte Habsburgerreich bekanntlich sowohl mit Spanien, als auch mit Italien (Venedig war sogar Teil des Reiches) intensive Beziehungen pflegte, ist es tatsächlich nicht schlüssig nachzuvollziehen, ob die Inspiration des Panierens aus dem spanischen Raum (Mauren) oder doch von Venedig aus nach Österreich gelangte. Tatsache ist aber unbestritten, dass das Ausbacken von panierten, oder zumindest in Teig gehüllten Speisen im osmanischen Raum – wahrscheinlich sogar von in Konstantinopel lebenden Juden – erfunden wurde.

Unumstritten ist, dass die Wiener ihr berühmtes Schnitzel nicht von den Mailändern „gestohlen", sondern eine uralte Kochkunst eingewienert, verfeinert und vollendet haben und ihre daraus entstandene Kreation erst viel zu spät mit den nötigen Lorbeeren dekorierten; wie sie es auch mit vielen Künstlern taten. Allerdings ist die in Österreich vorherrschende Art des Ausbackens – bei dem die Panier so wunderbar aufsoufflierte – einzigartig und nirgendwo sonst auf der Welt derart vollendet. Und somit trägt diese kulinarische Kreation zurecht den Namen „Wiener Schnitzel".

DAS BERÜHMTE WIENER SCHNITZEL VON REINHARD GERER

Das Wiener Backhendl

Während beim Heurigen oder mittlerweile auch in den meisten Beisln unter „Backhuhn" ein in zwölf bis sechszehn Teile zerlegtes Huhn, das paniert und ausgebacken wurde, verstanden wird, so ist die klassische Version etwas anders: das traditionelle Wiener Backhuhn wird nämlich nur in vier Teile zerlegt, als fünftes Stück galt der Kragen samt Kopf und auch die Innereien (Herz, Magen, Leber) wurden mitserviert. Das Backhendl wurde zudem nicht wie heute üblich in Öl gebacken, sondern in reinem Schweineschmalz oder in einer Mischung aus Schweine- und Rinderschmalz; auch Butterschmalz wurde gerne genommen, jedoch niemals Öl.
Lange bevor das Wiener Schnitzel kulinarische Berühmtheit erlangte, war das Backhendl bereits Lieblingsspeise der Wiener. Bereits im 18. Jahrhundert, so berichten zeitgenössische Aufzeichnungen, sollen beim legendären „Wilden Mann" und beim „Paperl" im Prater köstlich-knusprige Backhendln die Mägen hungriger Bürger gefüllt und die Gaumen in Verzücken versetzt haben. Später wurde das Backhendl sogar zum Synonym einer ganzen Epoche, man bezeichnete damit gegen Ende des 19. Jahrhunderts die gute alte Zeit, worunter damals das Biedermeier verstanden wurde. In alten Schriften lässt sich weiter lesen, dass z. B. an einem einzigen Tag, und zwar dem Pfingstsonntag (der traditionelle Firmungstag) des Jahres 1852, allein im Prater mehr als 12.000 gebackene Hühner verzehrt worden sein sollen.

Doch – wie bereits angesprochen – ist das, was heute unter „Backhendl" verstanden wird, noch gar nicht so alt, denn das Rezept hat sich im Laufe seiner Geschichte (teils nicht unbedingt zu seinem Vorteil) gewandelt:
Im 17. Jahrhundert gibt es erste Schriften, die von „bachenen Hühnern" berichten, jedoch sei hierzu angemerkt, dass diese „Ur-Backhendl" noch mehr oder weniger natur ausgebacken wurden, zumindest gingen ihnen die Semmelbrösel ab, welche die schöne goldbraune Umhüllung so richtig knusprig werden lassen.
Erst um 1720 finden wir im Conrad Haggers berühmten „Salzburgischen Kochbuch" ein Rezept unter der Bezeichnung „Hünlein aus abgeschlagenen Eiern gebacken". Hier wird ein junges Huhn zunächst in Essig mariniert, bevor es mit Eiern, Mehl und Semmelbröseln paniert gemeinsam mit gehackter Petersilie in Schmalz ausgebacken wurde.
Christoph Friedrich Nocolai erzählt, 1781 in Wien geviertelte Hühner gegessen zu haben, welche entweder in Schmalz oder in geschmolzener Butter ausgebacken wurden. Im 1810 erschienenen Kochbuch der Theresa Ballauf werden schmalzgebackene „Hühner im Schlafrock" beschrieben.
Anna Dorn beschäftigt sich 1827 mit der Frage, welches Fett denn besser sei, (Schweine-)Schmalz oder Butterschmalz. Sie spricht sich eindeutig für das Butterschmalz aus: „Gebackene Hühner dürfen schwache und kranke Leute nur unter der Bedingung essen, dass sie den über dem Huhn befindlichen Überzug aus geriebener Semmel, Mehl und Eyern abschneiden, weil er in Butter gebraten ist."
Die berühmte Autorin Katharina Prato schreibt in ihrem Kochbuch „Die süddeutsche Küche" von gebackenen Hühnern oder Tauben, welche dem späteren Backhendl schon sehr ähnlich sind.
Bei Alice Urbach findet sich dann Ende der 30er Jahre vorigen Jahrhunderts bereits ein Rezept unter „Backhühner", bei denen die Hühner gehäutet paniert werden, damit die Panier besser halte. Sie erwähnt bei diesem Rezept übrigens auch die „Backhendlzeit".

Tatsächlich scheiden sich die heutigen Geister darüber, ob das Backhuhn denn nun klassisch mit Haut und Knochen paniert wird, oder – wie viele zeitgenössische Köche meinen – enthäutet und entbeint serviert werden sollte. Die zweite Variante ist genauso erst in neuerer Zeit aufgekommen, wie die Tatsache, dass die Backhendln nicht mehr in Butterschmalz oder Schmalz ausgebacken werden, sondern in Öl. Das mag vielleicht gesund sein, schmeckt aber bei weitem nicht so gut und ist auch absolut nicht authentisch!
Wenn sich schon durchgesetzt hat, dass das Huhn in viele Teile zerlegt wird und meist auch dem Öl der Vorzug gegeben wird, so gibt es doch noch einige traditionsbewusstere Lokale, die zumindest zwei Varianten anbieten: einmal das so genannte „Ausgelöste Backhendl" und zum anderen unter Bezeichnungen wie „Omas Bachhendl" oder „Altwiener Backhendl" dann das gute Backhendl mit Haut und Knochen, welches viel saftiger und g'schmackiger ist.
So oder so zubereitet sind die „Backhendln" (sprich: Båchhendl) das geblieben, was sie schon immer waren, nämlich eine „Lieblingsspeise der Wiener". Für manche Wiener ist es sogar eine derartige Leibspeise, dass sie über den berühmten Backhendlfriedhof (auch Backhendlgottesacker) verfügen, jene ironische Bezeichnung für einen dickeren Bauch, der auf den Genuss von (zu viel) Backhühnern zurückzuführen ist.

WIENER BACKHENDL

DAS AUTHENTISCHE WIENER BACKHENDL

Junge und zarte Hühner samt Innereien und Hälsen, Mehl, Eier, handgeriebene Semmelbrösel, Backschmalz (Butterschmalz oder Schweineschmalz, auch Schweine- und Rinderschmalz gemischt), Salz

Außerdem:
Zitronenschnitze, krause Petersilie

Die Hühner werden mit einem schweren Messer in vier Teile geteilt: zunächst der Länge nach durch und durch halbiert, dann jede Hälfte knapp ober dem Schenkel noch einmal. Danach die Schenkel beim Gelenk einschneiden. Der vorher abgetrennte Kopf bildet das fünfte Stück.
Alle Hühnerteile, auch Kragen, Lebern (mehrmals mit einer Gabel eingestochen) und enthäutete Mägen zuerst salzen, danach in Mehl, verschlagenem Ei und feinen Semmelbröseln panieren.
Backschmalz in einer hohen Kasserolle erhitzen und die Hühnerteile portionsweise darin goldbraun backen. Fertig gebackene Teile aus dem Fett heben, auf eine mit Küchenpapier ausgelegte Platte legen und im Ofen warm halten. Danach werden die Hälse und die Innereien ausgebacken, zuletzt reichlich Petersilie einige Sekunden ins heiße Fett tauchen.
Die fertigen, goldbraun gebackenen, wunderknusprigen Backhendl auf einer großen, mit weißem Papier ausgelegten Platte anrichten, die Innereien rundherum legen, alles mit der gebackenen Petersilie bestreuen und mit den Zitronenschnitzen garniert servieren. Dazu isst man einen Salat (z. B. Erdäpfel-, Mayonnaise-Salat oder grünen Salat).

Gebackenes

In der österreichischen Küche liebt man die knusprige, goldgelbe Panier derart, dass nahezu alles in ihr eingehüllt ausgebacken wird. Neben dem berühmten Wiener Schnitzel, Backhendl oder Gebackenem Fisch erfreuen auch z. B. Rindfleisch, Innereien, allerlei Gemüse, Pilze, Käse oder Kaninchen die Herzen der Feinschmecker. Allerdings kann nicht jede Zutat einfach paniert werden, bei Einigen bedarf es einer gewissen Vorbereitung. Nicht wenige Schnitzelfreunde sind übrigens der Ansicht, dass das gebackene Schweineschnitzel viel besser schmecke als sein edles, aristokratisches Vorbild aus Kalbfleisch. Innereien-Freunde schwören hingegen auf gebackene Leber und der Gipfel des Genusses ist für sie ein gebackenes Hirn oder gar Bries.
Nicht vergessen dürfen wir – vor allem in Wien – die Fraktion derer, welche dem gebackenen Rindfleisch den Vorzug geben, nicht zu Unrecht, denn ein gebackenes Beiried oder ein Schnitzel aus Rindslungenbratenfleisch sind schon erlesenste Gaumenfreuden.
Auch an Fastentagen mussten die Wiener nicht auf ihr geliebtes „Paniertes" verzichten: Karpfen, Forelle, Zander, Hecht, Schnecken und natürlich allerlei Gemüse (gebackener Zeller ist ein traditionelles Karfreitags-Essen) lassen sich genauso gut herausbacken und schmecken vorzüglich.
Erwähnenswert ist an dieser Stelle sicherlich, dass die Wiener Küche schon lange vor dem Wiener Schnitzel gebackenes Paniertes gekannt hat: in vielen alten Kochbüchern findet man vor 1850 zwar keine Schnitzel, aber das Backhendl war schon etabliert und das „Leibgericht" der Wiener!

PANIERTER KOHL

3 feste Kohlhäuptel, 2–3 Eier,
Mehl, Semmelbrösel, Schmalz zum Ausbacken

Die Kohlhäuptel vierteln, dann in siedendem Salzwasser einige Minuten blanchieren. Kalt abschrecken und trocknen lassen.
Die abgekühlten Kohlvierteln flach drücken, dann in Mehl, Ei und Brösel panieren. In heißem Schmalz goldbraun ausbacken, abtropfen lassen. Mit Mayonnaise oder Sauce Tartar und einem Salat servieren, auch ein Erdäpfelpüree passt gut dazu.

GEBACKENER KALBSKOPF ODER KALBSFUSS

Ein halbierter Kalbskopf oder 2 Kalbsfüße,
1 Bund Wurzelgemüse (Karotte, Gelbe Rübe, Lauch, Petersilienwurzel, Zeller, Petersilie),
2 Lorbeerblätter, Essig, Pfefferkörner, Salz

Für die Panier:
Mehl, Ei, Brösel, Schmalz zum Ausbacken

Den Kalbskopf oder die Kalbsfüße mit Wurzelwerk, Lorbeer, Essig, Pfefferkörnern und Salz in Wasser 1 1/2–2 Stunden kochen, dann im Sud auskühlen lassen, herausheben und auslösen. Das überkühlte Fleisch in Stücke schneiden, in der Brühe nochmals aufkochen, herausheben, gut abtropfen lassen und salzen. Danach die Fleischstücke in Mehl, Ei und Brösel paniert im heißen Butterschmalz rasch goldgelb ausbacken, abtropfen lassen.

GEBACKENES HIRN ODER BRIES

1 Kalbshirn oder Bries,
Mehl, Ei, Brösel, Salz, Butterschmalz

Das Hirn oder Bries in Salzwasser blanchieren, danach auskühlen lassen und von Äderchen und Haut befreien. In größere Scheiben schneiden oder zu Röschen zerteilen, wie gewohnt panieren und im Butterschmalz ausbacken, abtropfen lassen. Mit grünem Salat servieren.

GEBACKENES SCHOPFSCHNITZEL

1 kg Schweinsschnitzel vom Schopf,
2–3 Zehen Knoblauch, 2 Eier,
250 ml Milch, Mehl,
Semmelbrösel, Salz und Pfeffer aus der Mühle,
1 kg Schmalz zum Ausbacken

Eier mit Milch versprudeln. Die Schnitzel klopfen, am Rand mit einem scharfen Messer etwas einschneiden, salzen und pfeffern. Die Knoblauchzehen mit Salz zerdrücken und entweder auf die Schnitzel streichen oder in die Eiermilch rühren (ist im Geschmack milder). Die Schnitzel erst in Mehl, dann in die Eiermilch tauchen und schließlich mit Semmelbrösel panieren. In heißem Schmalz ausbacken und mit Salat servieren.

GEBACKENE LEBER

Eine Schweinsleber oder auch Kalbsleber wird sauber zugeputzt, gehäutet und in nicht zu dicke Scheiben geschnitten. Wie ein Schnitzel panieren und in Schmalz ausbacken, abtropfen lassen und erst jetzt würzen.

GEBACKENE KALBSKOTELETTS

Die Koteletts werden zu zwei Drittel vom Knochen abgelöst (dieser aber nicht abgetrennt!) und geklopft. Danach mit Salz, weißem Pfeffer und einer Prise Muskat würzen. Danach in Mehl, verschlagenem Ei und Semmelbrösel panieren und sofort in heißem Butterschmalz oder Öl langsam (das Fett darf nicht zu heiß sein, sonst ist die Panier gebräunt bevor das Fleisch gar ist) goldgelb ausbacken.

GEBACKENES KANINCHEN

Ein Hauskaninchen wird sauber pariert – mit oder ohne Knochen – in Stücke geschnitten, mit Salz und Pfeffer gewürzt und nach Wunsch mit etwas Zitronensaft beträufelt. Wie gewohnt panieren und langsam in nicht zu heißem Butterschmalz ausbacken.
Man kann auch den Kaninchenrücken rundherum auslösen und entbeinen, würzen und danach wie ein Schnitzel ausbacken.

GEBACKENES RINDFLEISCH

1 kg frischer Lungenbraten, Beiried
oder vorgekochtes Rindfleisch,
Mehl, Ei, Brösel,
Zitronensaft,
Salz und Pfeffer, Butterschmalz

Das Rindfleisch in Schnitzel schneiden, gekochtes Rindfleisch mit Zitronensaft beträufeln, Lungenbraten nur leicht klopfen, alles salzen und pfeffern. Wie gewohnt panieren und in heißem Butterschmalz ausbacken, abtropfen lassen und mit Mayonnaisesalat auftischen.

GEBBACKENES SCHOPFSCHNITZEL

Beilagen zum Gebackenen

GEBACKENE PILZE

Steinpilze, Champignons oder andere essbare Pilze werden geputzt und in gefällige Stücke geschnitten. Nach Grundrezept panieren und in heißem Butterschmalz ausbacken, abtropfen lassen, salzen und mit Schnittlauchsauce servieren.

GEBACKENE SCHWEINSOHREN

Dieses sehr traditionelle Wiener Gericht ist schon eine wunderschöne Sache: Das zart-würzige, weichgekochte Schweinsohr in einer goldgelben, knusprigen Panier schmeckt ganz ausgezeichnet, insbesondere zu einem Erdäpfel-Vogerl-Salat und Sauce Tartar!

16 Schweinsohren,
2 Bund Wurzelgemüse, etwas Essig, Lorbeerblätter, Pfefferkörner, Salz, Mehl, verquirltes Ei und Semmelbrösel zum Panieren, Schmalz

Die gut gereinigten Ohren zusammen mit dem Wurzelgemüse, etwas Essig, Lorbeer und Pfefferkörnern in Salzwasser weichkochen (dauert 2–3 Stunden), bis sich die Knorpel leicht mit einer Nadel durchstechen lassen. Das Fleisch noch heiß vom Knorpel lösen, dann kann man auf zwei Arten weiter verfahren:

Variante 1
Ohren abtropfen lassen, zwischen zwei Bretter legen und einige Stunden pressen, danach in Mehl, verquirltem Ei und Brösel paniert in heißem Schmalz oder Butterschmalz ausbacken.

Variante 2
Das Fleisch auf einem Küchentuch ausbreiten und zu einer Roulade aufrollen. Einige Stunden kalt stellen, bis die Rolle fest geworden ist. Roulade in finderdicke Scheiben schneiden, diese panieren und in heißem Schmalz goldgelb backen.

GEBACKENE BEIRIEDSCHNITTE MIT ERDÄPFELSALAT

Am häufigsten wird der Wiener einen Erdäpfelsalat (siehe S. 253) oder einen Mayonnaise-Salat zu seinem Gebackenem bestellen, welche vorzugsweise aus Kipflern (einer speziellen festkochenden Erdäpfelsorte) zubereitet wurden. Zu gebackenen Innereien beispielsweise wird auch der „Grüne Salat" (Häuptel-Salat) gerne serviert. Backhendl harmoniert hervorragend mit Erdäpfel-Vogerlsalat (insbesondere wenn dieser mit Kernöl verfeinert wurde) während gebackene Schweinsohren hervorragend zum Kongress-Salat munden. In seltenen Fällen isst man auch eine Sauce Tartar zu „Gebackenem", so z. B. zu „Gebackenem Fisch" (wie Kabeljau oder Seezunge) und gebackenem Gemüse oder gebackenen Pilzen.
Gemischte Salate werden in neuerer Zeit häufig aufgetischt, zu manchen Rezepturen schmecken auch Braterdäpfel (größere Erdäpfelstücke), welche in reichlich heißem Öl schwimmend (auch in der Friteuse) goldbraun gebraten wurden oder gedünsteter Reis recht gut.

GRÜNER SALAT ODER HÄUPTEL-SALAT

Der Salat wird von dunklen und braunen Blättern befreit, danach gewaschen und in vier Teile geteilt. Gut abgetropft wird der Salat in einer mit Knoblauch ausgeriebenen Schüssel zunächst nur gesalzen und mit etwas kaltgepresstem Sonnenblumenöl mariniert, kurz vor dem Servieren kommt ein Überguss aus gezuckertem Essig oder Zitronensaft darüber. Alles gut vermengt sofort auftischen.

GURKENSALAT

Zwei Gurken schälen, fein hobeln und salzen. Etwas ziehen lassen, danach leicht ausdrücken. Mit 5–6 EL Essig, 6–8 EL kaltgepresstem Sonnenblumenöl, Knoblauch nach Geschmack, 1–2 TL Zucker, nach Geschmack etwas Senf, Salz sowie weißem Pfeffer marinieren.

Hinweis: Will man Böhmischen Gurkesalat, so wird dieser mit Sauerrahm, etwas Essig und Öl, gehacktem Knoblauch und Paprikapulver angemacht.

Tipp: Gurkensalat mit fein gehackten Kräutern (Schnittlauch, Dill) verfeinern.

KONGRESSSALAT

500 g Erdäpfel (Kipfler) kochen, dann schälen und in nicht zu dünne Scheiben (oder Würfel von 1 cm Größe) schneiden. 400 g geputzte Karotten leicht überkochen (sie sollten noch bissfest sein) und klein würfeln. Fünf bis sechs Essiggurken grob hacken. Alles in eine geeignete Schüssel füllen, mit Salz und einer Prise Zucker würzen. Aus 3–4 EL Senf, Essig, 50–75 ml Öl, etwas Wasser und noch ein wenig Salz eine Marinade bereiten, diese über das Gemüse gießen, alles vermengen und mindestens 30 Minuten kühl rasten lassen, vor dem Servieren nochmals abschmecken.

MAYONNAISE-SALAT

1 1/4 kg Kipfer-Erdäpfel,
fein gehackte Schalotten (fakultativ),
Essig, Salz

Für die Mayonnaise:
3 Dotter, 250 ml feines Sonnenblumenöl, Estragonessig, Zitronensaft, etwas scharfer Senf, Salz, nach Geschmack auch etwas Zucker

Zunächst die Mayonnaise zubereiten: Hierfür die Dotter mit einer Prise Salz und etwas Essig verquirlen, dann tropfenweise das Öl einarbeiten. Wenn die Mayonnaise fast fertig ist, wird mit Zitronensaft nach Geschmack, Senf sowie noch etwas Salz gewürzt. Die fertige Mayonnaise kann zudem mit einer Prise Zucker verfeinert werden.
Die Kipfler in Salzwasser kochen, noch warm schälen und in Scheiben schneiden. Die Erdäpfel in eine Schüssel füllen, salzen und leicht mit Essig benetzen, man kann auch noch fein gewiegte Schalotten hinzufügen. Danach Mayonnaise dazugeben und alles gut vermengen.

Tipp: Zur Geschmacksverbesserung wurden früher einige Tropfen Bertramessig darüber geträufelt.

ERDÄPFEL-VOGERLSALAT

800 g Kipfler (ersatzweise festkochende Erdäpfel),
200 g Vogerlsalat,
1 Zwiebel,
1 EL Senf,
3–4 EL Rinderbrühe,
Weinessig,
Sonnenblumenöl,
Salz und Pfeffer aus der Mühle, Kürbiskernöl

Die Erdäpfel in der Schale weich kochen, abtropfen, nur wenig abkühlen lassen, sofort häuten und in Scheiben schneiden. Noch warm mit einer Marinade aus der sehr fein gehackten Zwiebel, etwas Rindsuppe, Essig, Öl, Senf, Salz und Pfeffer übergießen und gut vermengen. Kurz vor dem Servieren den Vogerlsalat leicht mit Essig, Öl und Salz (nach Geschmack mit einer Prise Zucker) marinieren. Erdäpfelsalat mit dem Vogerlsalat leicht vermengen und anrichten. Etwas Kernöl darüber träufeln, sofort servieren.

SAUCE TARTAR

Eine Mayonnaise (siehe z. B. bei Mayonnaise-Salat) mit klein gehackten Zwiebeln oder Schalotten, Essiggurken, Sardellen, Kapern, fein gewiegter Petersilie (oder auch Schnittlauch), Bertramkraut, Salz und etwas Pfeffer gewürzt. Zu gebackenen Pilzen oder Gemüsen servieren.

MARIA THERESIA

Speisen bei Maria Theresia

Während die bäuerliche Küche aus bodenständigen Zutaten zubereitet wurde, so fiel die bürgerliche Küche bis weit in das 19. Jahrhundert hinein meist äußerst bescheiden aus. Die Woche über gab es einfache Hausmannskost und nur Sonn- oder Feiertags gab es etwas besonderes wie z. B. die verschiedensten „Bratel".
Beim Großbürgertum, dem Adel und natürlich am Hofe hingegen wurde der Speiseplan von der Mode diktiert, lange Zeit regierte hier Frankreich – bis zu Maria Theresia. Sie war aufgeklärt, herzlich und natürlich, redete wie ihre Landsleute, liebte die heimische Kost und förderte die regionale Kochkunst. So ließ sie eines Tages die zu ihrer Zeit berühmte Köchin Eva Mühlbauer, Wirtin des legendären „Gasthaus zum Wilden Mann" in der Kärntnerstrasse, zu sich kommen, um mit ihr über die Kochkunst zu plaudern. Maria Theresia war eine bekennende Genießerin und konnte die Freuden eines guten Mahles sehr wohl schätzen, wenngleich sie dabei all zu steife Etikette ablehnte. So beauftragte die Kaiserin Eva Mühlbauer, ein Diner für sie zuzubereiten; gekocht wurde im „Wilden Mann". Die Hoflakaien brachten Geschirr aus dem kaiserlichen Service, auf denen die mehr als 30 köstlichen Kreationen und Gaumenfreuden angerichtet wurden. Maria Theresia war von dem Mahl derart begeistert, dass sie Eva Mühlbauer kaiserlich entlohnte.
Die barocken Tafeln waren mit ihren opulenten Speisen nach wie vor stark von Frankreich beeinflusst und unzählige Gerichte wurden schon zu kleineren Anlässen aufgetragen. Doch bei all den Schlemmereien hatten es zwei Speisen der Kaiserin ganz besonders angetan und avancierten zu ihren Lieblingsgerichten; es waren diese die nach ihr benannte „Bouillon Maria Theresia" und die „Gewickelten Krebsgermnudeln".

BOUILLON MARIA THERESIA

Diese edle Kraftbrühe mit ihren mehr als 20 Zutaten erlangte am Hofe Maria Theresias die gleiche Berühmtheit, wie später die legendäre Oligo-Suppe Kaiser Franz Joseph I.. Beide wurden zu großen Anlässen als „Erfrischung" gereicht.
Allerdings gibt es von der Bouillon zwei überlieferte Varianten, bei der einen handelt es sich um eine Geflügelkraftbrühe mit Sherry und verschiedenen Palatschinkenröllchen, bei der anderen um eine Kraftbrühe mit vielen verschiedenen Einlagen, ähnlich diesem Rezept:

Für die Brühe:
1 Suppenhuhn (etwa 3 kg),
1 Poularde,
250 g Hühnermagen,
2 Karotten, 2 Lauchstangen,
1 Stange Stangensellerie,
1 Zwiebel, 1 Knoblauchzehe,
6–8 Petersilienzweige, 1 Lorbeerblatt,
1 Nelke, Salz

Außerdem:
Champagner oder sehr guter Sekt,
12 gehäutete und in Brühe vorgekochte Hahnenkämme, 12 schöne große Champignons,
1–2 vorgekochte Hummer,
24–36 vorgekochte Flusskrebse,
4 schwarze Trüffeln,
6–8 weiße Zwiebeln,
1 Kalbshirn,
etwas kalt gewässertes Knochenmark,
Butter, Kerbel, Salz und Pfeffer

Zunächst die Geflügelzutaten für die Brühe in 5–6 Litern Wasser aufsetzen, erhitzen und den aufsteigenden Schaum abschöpfen. Dann kommen alle anderen Bestandteile in den Topf und werden in mindestens 3 Stunden zu einer kräftigen Geflügelbrühe gesiedet, nicht gekocht! Die fertige Brühe durch ein mit Küchenpapier oder Küchentuch ausgelegtes Sieb abseihen und kalt stellen, Hühnermägen heraussuchen und reinigen. Die Fettschicht abheben und wie folgt weiter verarbeiten: Brühe einreduzieren, bis sie einen sehr kräftigen Eigengeschmack hat, insgesamt wird man etwa 3 Liter Brühe benötigen. Brühe warm beiseite stellen.

1. Champignons in dünne Scheiben schneiden und in etwas Butter hell dünsten, würzen

2. Hühnermagen zusammen mit den Hahnenkämmen in etwas Butter anrösten, abschmecken

3. Hummer und Krebse auslösen, Därme entfernen. Hummerscheren und Krebsscheren ganz lassen, Hummer-Schwanzfleisch würfeln, Krebsschwänze halbieren oder ganz lassen. Alles in etwas Brühe wärmen.

4. Die Trüffeln gründlich reinigen, in dünne Scheiben schneiden und in etwas Champagner mit einem Stück Butter ziehen lassen.

5. Das Kalbshirn in Salzwasser blanchieren, kalt abschrecken, häuten und in Röschen teilen.

Nun werden die weißen Zwiebeln fein nudelig geschnitten und in einem großen Topf mit etwas Butter kurz angeschwitzt, bevor das Hirn hinzugegeben wird. Zugedeckt knapp 5 Minuten weiter dünsten.
Jetzt wird die Geflügelbrühe angegossen und die Trüffeln dazugegeben. Nach weiteren 5 Minuten kommen die Pilze, die Hühnermägen, das Hummer- und Krebsfleisch (ohne die Scheren) in die Suppe. Mit Champagner, Salz und Pfeffer abschmecken.
Suppe vorsichtig in eine große Terrine füllen und mit dem kurz blanchierten Knochenmark sowie schönen Kerbelblättern ausgarniert zu Tische bringen.

SCHLOSS SCHÖNBRUNN

GEWICKELTE KREBSGERMNUDELN

Der Überlieferung zufolge soll dieses „einfach köstliche“ Gericht Maria Theresias Lieblingsgericht gewesen sein.

30 frische Flusskrebse,
330 ml Obers, 700 g Mehl,
100 g Butter,
150–160 ml Milch,
10 Eier, 4 Löffel Germ

Außerdem:
Butter für die Form

Die Krebse vorkochen, das Fleisch von Scheren und Schwänzen auslösen und eine Krebsbutter bereiten (Rezepte siehe S. 93).
Das Mehl wird in eine Schüssel gesiebt, dann gibt man die zerlassene Butter, Milch, 5 ganze Eier und 5 Dotter sowie Germ dazu und vermischt alles zu einem Germteig, den man vorzugsweise in einer Küchenmaschine abschlägt. Das Fleisch von den Flusskrebsen mit etwas Krebsbutter vermischen. Den Germteig schön auswalken und mit der Flusskrebsmasse bestreichen. Längliche Flecke ausradeln und diese zusammenrollen.
Eine feuerfeste Form gut ausbuttern, dann die gewickelten „Nudeln“ hineinlegen, nicht zu dicht aneinander und nicht aufgestellt! An einem warmen Ort aufgehen lassen.
Obers in einer Kasserolle erhitzen, über die aufgegangenen Nudeln gießen und im vorgeheizten Ofen backen bis die Krebsnudeln leicht goldbraun sind. Sofort servieren.

GEDÄMPFTE GÄNSELEBER

1 große möglichst weiße Gänseleber,
1 geschälte schwarze Trüffel,
zwei Scheiben grüner Speck,
1 Glas Madeira-Wein,
einige Zweige Thymian,
etwas Majoran,
Salz und Pfeffer

Weiter:
Madeira-Aspik
oder Süßweingelee und
Petersilie zum Garnieren

In die Mitte der Stopfleber einen Einschnitt machen, die grünen und grauen Teile entfernen, dann die Leber mit Trüffelspänen oder -scheiben im Einschnitt füllen. Danach die Leber mit Majoran, Salz und Pfeffer bestreuen, mit Thymianzweigen umlegen und die Speckscheiben herumwickeln.
Nun legt man die Gänseleber in einen kleineren Topf, gießt den Madeira-Wein an und legt den Deckel auf. Zugedeckt lässt man die Leber 1 1/2–2 Stunden im Dunst oder Wasserbad garen. Fertige Leber herausnehmen, abkühlen lassen und vom Speck befreien. Gänseleber in Scheiben geschnitten auf gehacktem Aspik anrichten und mit Petersilie garniert servieren.

MIT TRÜFFELN GEFÜLLTER KAPAUN

Drei bis vier Tage vor der Zubereitung des Gerichtes wird der Kapaun ausgenommen, Leber und Magen kühl aufbewahrt. Gut 350 g schwarze Trüffeln mit 250–300 g fettem Speck fein hacken, pfeffern, salzen und mit Muskat würzen. Weitere 750 g gut gebürstete, ganze Trüffeln mit der Farce vermischen, den innen gesalzenen Kapaun damit füllen. Die Öffnung mit Küchengarn zunähen, den Vogel in ein Tuch einwickeln und im Kühlschrank rasten lassen, damit der Kapaun das Trüffelaroma annehmen kann.
Am Tag der Zubereitung den Kapaun mit flüssiger Butter bestreichen, salzen, pfeffern und im auf 160–180 Grad vorgeheizten Ofen gut 1 1/2 Stunden braten, dabei häufig mit seinem Bratensaft begießen; nach Bedarf etwas Hühnerbrühe angießen, damit der Vogel nicht austrocknet. 30 Minuten vor Ende der Garzeit werden Leber und Magen hinzugegeben.
Den Vogel auf einer Silberplatte anrichten, tranchieren und mit den Trüffeln servieren. Dazu reicht man gebutterte Makkaroni mit Gänseleberwürfeln.

SCHNEPFEN MIT SCHNITTEN

Die Eingeweide von zwei Schnepfen sehr fein wiegen. Butter mit etwas Mehl in einer Pfanne erhitzen, das Feingewiegte dazugeben und etwas Weißwein angießen. Alles nach Geschmack mit Neugewürz, Nelkenpulver, Muskatnuss, weißem Pfeffer und Salz würzen. Mit etwas Semmelbrösel bestreuen, auf kleiner Flamme einkochen.
Zwischenzeitlich werden die Schnepfen halbiert und langsam in Butter gebraten, mit Salz und Pfeffer würzen. Man kann die Schnepfen auch mit Speck umwickelt im Rohr braten.
Vier Semmeln in Scheiben schneiden, danach in Butter goldgelb rösten. Schnepfen auf den Semmelschnitten anrichten und mit der Sauce servieren.

WESPENNESTER

100 g Butter,
100 g Schmalz,
4 Eier, 3 Löffel Zucker,
gut 250 ml Milch,
25 g Germ,
550–560 g Mehl

Weiter:
Zucker,
Zitronenschale,
Zimt, Mandeln,
Rosinen, Weinbeeren,
Schmalz

Für den Teig die Butter mit dem Schmalz schaumig schlagen, vier Dotter und 1 Vollei, drei Löffel Zucker, die Milch und den Germ dazugeben, dann das Mehl sauber einarbeiten. Den Teig in eine Schüssel füllen und zugedeckt an einem warmen Ort aufgehen lassen. Den Teig auf einer bemehlten Arbeitsplatte ungefähr messerdick auswalken. Daraus zwei Finger lange und drei Finger breite Streifen herausschneiden. Diese Streifen mit Zucker, einem Gemisch aus abgeriebener Zitronenschale und Zimt, Mandeln, Rosinen und Weinbeeren belegen. Streifen zusammenrollen und in eine gut mit Schmalz eingefettete Backform schlichten. Mit Schmalz gründlich bestreichen und nochmals aufgehen lassen. Im Backofen goldgelb backen, aus der Form stürzen, auseinander teilen und mit reichlich Staubzucker bestreuen.

GEBRATENER INDIAN MIT TRÜFFELN

FRANZ JOSEPH UND SISSI

Speisen unter Kaiser Franz Joseph

Das 19. Jahrhundert war geprägt von tiefgreifenden Einschnitten und Veränderungen in der Küche. Da war einmal zu Beginn der Wiener Kongress mit seinen endlosen Bällen, Festen und Gelagen, von deren kulinarischer Vielfalt die österreichische Küche, insbesondere die Wiener Küche, sicherlich sehr profitieren konnte. Aber auch das Bürgertum lernte die Lebenskunst des Genießens kennen, was zuvor eigentlich nur dem Adel vorbehalten war. Doch aus einer gewissen Unkenntnis heraus wurde vom reichen Bürgertum dieses Vergnügen aber eher wie eine Art Pflichtausübung behandelt. Im Jahre 1848 war das Kaiserhaus mit der Thronbesteigung Kaiser Franz Joseph I. wieder gestärkt aus der 1848er-Revolution hervorgegangen und die alte Herrschaft etablierte sich neu im Neoabsolutismus. Durch den von Graf F. Beust herbeigeführten österreichisch-ungarischen Ausgleich 1867 entstand die berühmte k. u. k. österreichisch-ungarische Monarchie, jene vielzitierte Doppelmonarchie, eine Realunion der beiden selbständigen Staaten Österreich und Ungarn.

Vor allem Wien wurde zu dieser Zeit Umschlagplatz für Völker, Waren, Genüsse und Rezepte und die heute weltberühmte Wiener Küche hatte begonnen ihren vollen Geschmacksreichtum zu entfalten. Im Zeitalter des bürgerlichen und geselligen Genusses, von dessen Klischeevorstellungen über Österreich noch heute gezehrt wird, waren es vor allem zwei Völker, die der Wiener Küche ihren Stempel aufzusetzen vermochten; zwei Länder, die von ihrer Lebensweise kaum unterschiedlicher hätten sein können: Böhmen und Ungarn!

Von Böhmen her kamen in erster Linie Handwerker und Bedienstete, Schneider, Schuster, Ammen, Lakaien und Köchinnen. Aus Ungarn hingegen der Herr, Aristokrat, Magnat, Schriftsteller, Künstler und zahlreiche Schöngeister; es waren die berühmten Adelsgeschlechter der Esterházy, Andrássy, Zichy und Szécheny, die mit ihrem Glanz den böhmischen Bossaks, Simoneks, Tschischeks oder Wlassaks entgegenstanden. So unterschiedlich wie das Volk, so unterschiedlich auch die Einflüsse. Waren die ungarischen Speisen geprägt von Leidenschaft, Eleganz aber auch feurig aufloderndem Nationalbewusstsein, was am Beispiel Gulyás schön zu verfolgen ist (siehe S. 260 und 386), so war die Böhmische Küche eine zärtlich liebevolle, fraulich-mütterliche Umschmeichelung der Seele, bei der es mehr ums Wohl der „Herrschaft" ging, denn um irgendwelchen Nationalstolz. Deshalb kamen aus Böhmen dann auch derart süße Verführungen wie die Taschkerln, Liwanzen, Dalken, Buchteln oder Golatschen, welche die Seelen der Genießer noch heute erfreuen.

Und über allem lag dann noch der Glanz der Gründerzeit, der Großindustriellen, Neureichen, Geldbarone und des Finanzadels. Diese wollten natürlich ihren neu erworbenen Reichtum auch reichlich auskosten und hielten sich hierfür eigens Köchinnen.

Doch während das Volk zu Genießen verstand, begnügte sich der Kaiser meist mit einfacher Kost und ernährte sich bis zum Ende seines Lebens nahezu ausschließlich von Tafelspitz und Beinfleisch. Typisch war für den Kaiser, dass er bereits im frühen Morgengrauen seine Schlafstätte verließ (bekanntlich zog er ein unbequemes Stahlbett dem weichen höfischen Samt vor) und zum Frühstück meist nur einen Milchkaffee mit 2–3 Stück Gugelhupf oder ähnlichem zu sich nahm. Nach einigen Audienzen gab es am späteren Vormittag eine kleine Stärkung, zwischendurch schickte der Kaiser nicht selten einen Vertrauten ins nahegelegene Wirtshaus, um ein paar Würstel mit Senf und Kren (dazu gab's ein Seidl Bier). Präzise mit dem Mittagsläuten trank der Kaiser seinen Krug Bier. Zwischen eins und zwei wurde ihm dann sein heißgeliebtes Gustostück (bevorzugt Beinfleisch und Tafelspitz) vom Oberhofmeister ins Arbeitszimmer serviert, dazu trank der Monarch stets drei Deziliter Wein, manchmal auch – auf Anraten seines Arztes – Champagner.

Weniger „spartanisch" waren freilich die festlichen Galadiners oder die zahlreichen exklusiven Bälle bei Hof; zehn bis zwölf Gänge wurden hierbei den Gästen von Lakaien in prächtigen Gewändern gereicht. Hier ein kleines Beispiel eines „kleinen" sommerlichen Diners:

1. Oglio-Suppe mit Rind-, Kalb- und Geflügelfleisch, Krebsschwänze à la bordelaise mit Schalotten-Sabayon und frischen Dillspitzen
2. Kalbsrosen mit sautierter Gänsestopfleber und grünen Spargel, Hirnroulade, Rebhuhnbrüstchen mit Champignon-Köpfen und Kohl-Soufflé
3. Käse und Birne im Strudelteig
4. Pfirsich Cardinal mit Himbeersorbet auf Himbeermarksauce, Pudding à la Trautmannsdorff
5. Zum Kaffee: Kognak, Schwedischen Punsch, Benediktinerlikör und Demel-Konfekt

Sogar bei weniger exklusiven Anlässen wurden im Rittersaal der Hofburg gigantische Buffets errichtet, bei denen sich auf künstlerisch dekorierten Schüsseln vor den staunenden Augen der Gäste riesige Berge von Hummern, Langusten, Auer- und Birkhähnen, Fasane im Federkleid, ganzes Wildbret, kunstvoll zubereitete Wildscheinköpfe und vielerlei mehr auftürmten. Für jeden Gast wurde ferner ein Viertelkilo Konfekt berechnet, damit auch den Daheimgebliebenen etwas mitgebracht werden konnte (zu jener Zeit hatten nicht wenige Röcke sogenannte „Geheimtaschen", die mit allerlei Leckereien gefüllt werden konnten).

Es darf aber nun nicht der Fehlglaube entstehen, dass am Hofe des Kaisers immer nur prunkvoll und ausschweifend geschlemmt wurde, meist war das Gegenteil der Fall; vor allem bei kleineren Dejeuners schrieb der Kaiser die Tischordnung vor, eine für den damaligen Gast wichtige Sache, denn es wurde streng nach dem Habsburger Zeremoniell „à la cour" gespeist, was folgendes bedeutete: Die ehrenwerte Gäste durften an der Tafel Franz Josephs nur so lange kauen und schlucken, so lange der Monarch, der eher ein schwacher Esser war, kaute und schluckte. Eine verhängnisvolle Regel für Gäste niederen Ranges, denn es wurden die zehn bis zwölf Gänge innerhalb einer Stunde serviert und wenn der Kaiser mit einem Gang bereits fertig war, so hatten die hinteren Ränge vielleicht noch nicht einmal einen Bissen auf dem Teller liegen. Zudem wurde berichtet, dass die Lakaien eher sehr langsam auftischten, denn je weniger ausgegeben wurde, desto mehr blieb für die Bedienstetenküche! Dieser Umstand veranlasste den ungarischen Ministerpräsidenten Graf Tisza einmal zu der Bemerkung: „Beim Kaiser Franz Joseph kann man nach Herzenslust verhungern". Die Wohlhabenderen unter den hungernden Gästen begaben sich im Anschluss an das kaiserliche Diner zum Souper ins nahegelegene Sacher, alle anderen labten sich an einem der beliebten Würstelstände, von denen es rings um die Hofburg überdurchschnittlich viele gegeben haben soll …

Da die damalige Zeit aber viel mehr von Geld, Wirtschaft, Macht und politischen Umbrüchen geprägt war, als von Vorbildern oder geistreichen Idolen, wurde der Kaiser – eigentlich kein großer Gourmet – trotzdem mit zahlreichen Gerichten beehrt, die nach ihm und ihm zu Ehren benannt wurden. Hier einige Beispiele, von denen nur eine kleine Rezeptauswahl erfolgt: Kaiserschöberl, Kaisersuppe, Kaiserschnitzel, Kaiseromelette, Kaiserknödel, Kaiserfleisch, Kaisergulasch, Kaisersemmel, Kaiserschmarren, Kaiserstollen, Kaiserwein, Kaiserbier, Kaiserbirne, Kaiserschlegel, Kaisererdäpfel, Kaiserbiskuit und der Kaffee zum Abschluss musste natürlich eine Kaiser-Melange sein: ein kleiner gestreckter Kaffee, mit einem Eidotter und zwei Kaffeelöffel Honig verrührt und in einer großen Mokkaschale serviert.

Als der betagte Kaiser in einem Wiener Innenstadt-Kaffee eines Tages einmal höchstpersönlich „seine Kaisermelange" bestellte, wurde ihm diese auch prompt serviert, doch der Ober hat dem Monarchen dafür eine irrwitzige Summe verrechnet. „Ist der Kaffee bei Ihnen so rar, dass er so teuer ist?", soll ihn Kaiser Franz Joseph daraufhin gefragt haben. Und nach typischer Wiener Manier erwiderte die herbeigeeilte Kaffeesiederin mit der unschuldigsten aller möglichen Minen: „Nein, Majestät! Der Kaffee ist nicht rar – aber der Kaiser!"

KAISERSUPPE

2 1/2 Liter helle Kalbsbrühe,
75 g Butter, 100 g Mehl,
1 Kalbszunge,
150 g Wurzelgemüse geputzt,
1 Zwiebel,
3–4 Artischockenböden,
1/4 Karfiol,
1/2 Kalbsbries,
30–40 g Champignons oder Eierschwammerl,
250 g Hühnerfleisch vorgekocht,
3 EL grüne Erbsen,
etwas Obers mit einem Eidotter versprudelt,
Muskatnuss, Salz und Pfeffer

Außerdem:
frisch gehackte Petersilie,
Kaiserschöberl (s.u.)

Zunächst die Kalbszunge in Salzwasser weich kochen, dann häuten und klein würfeln. Das Bries blanchieren, grobe Adern und Häutchen entfernen und in kleine Stücke teilen. Wurzelgemüse, Artischockenböden, Karfiol, Pilze und Erbsen kochfertig machen bzw. klein würfelig schneiden, die Zwiebel fein hacken. Aus 75 g Butter und 100 g Mehl eine lichte Einbrenn bereiten, diese mit der Kalbsbrühe aufgießen und etwa 30 Minuten auf kleiner Flamme verkochen lassen.
Die fein gewiegte Zwiebel in etwas Butter andünsten, dann das Gemüse, Artischocken, Karfiol, Pilze und Erbsen dazugeben und darin dämpfen. Schließlich die gewürfelte Zunge und das zerteilte Bries hineingeben, alles mit Muskatnuss, Salz und Pfeffer würzen. Wenn alles gut durchgeröstet ist, mit etwas Kochwasser von der Zunge ablöschen und zum Schluss das vorgekochte und gewürfelte Hühnerfleisch darin wärmen.
Die gedünsteten Zutaten werden nun in die fertige Kalbseinbrenne gegeben und diese nochmals pikant-würzig abgeschmeckt.

Zum Schluss die Suppe mit der Obers-Eimischung legieren und in vorgewärmte Suppenteller verteilen. Mit gehackter Petersilie bestreut und Kaiserschöberln als weitere Einlage servieren.

KAISEROMELETTE

250 ml Milch zusammen mit 50 g Butter und einer Prise Salz aufkochen, dann 70 g Mehl einrühren, durchrösten und rühren, bis sich die Masse leicht vom Topfrand löst. Topf vom Herd nehmen, Masse leicht überkühlen lassen, dann nach und nach 5 Eidotter einarbeiten. Die verbliebenen 5 Eiklar mit 60 g Kristallzucker zu steifem Schnee schlagen, zuerst nur ein Drittel vom Schnee unter den Teig rühren, dann den Rest locker darunter ziehen. In einer Pfanne etwas Butter aufschäumen lassen und mit einem kleinen Schöpfer pro Portion 2 kleine Omelette einlegen. Die Masse anbacken, dann wenden und auf kleiner Flamme (besser noch im Ofen) fertig backen. Omelette einmal diagonal einritzen, umdrehen, Marmelade (vorzugsweise Marillenmarmelade) darauf setzen, Omelette zusammen klappen und mit reichlich Staubzucker angezuckert servieren; nach Wunsch Schlagobers dazu reichen.

KAISERSCHÖBERL

60 g Butter schaumig rühren, 3 Eidotter, 2 EL Milch und 80 g Mehl nacheinander einarbeiten und gut vermengen. Die Masse mit etwas geriebenem Käse, Muskatnuss und Salz würzen, danach 3 steif geschlagene Eiweiße unterheben. Die Schöberlmasse in eine gefettete Springform oder Auflaufform füllen und bei starker Hitze im Ofen 10 Minuten goldgelb backen. Auskühlen lassen und geschnitten als Suppeneinlage verwenden.

KAISERSCHNITZEL

1 Kalbsnuss,
200–250 g Selchspeck,
300 ml Sauerrahm,
1 unbehandelte Zitrone,
Rindsuppe,
Salz und Pfeffer aus der Mühle,
Schmalz

Die Kalbsnuss wird in gut 3–4 cm dicke Schnitzel geschnitten, die etwas geklopft werden. Dann salzt man auf der einen Seite, während die andere mit Streifen vom Selchspeck durchzogen wird. Die derart vorbereiteten Schnitzel werden kurz auf beiden Seiten in Schmalz angebraten, dann in einer Pfanne (mit der Speckseite nach oben) für einige Minuten in die heiße Röhre geschoben. Sobald sich der Speck goldgelb verfärbt, wird das gesamte Fett abgeseiht und die Schnitzel mit dem Sauerrahm übergossen. Unter ständigem Begießen noch eine Weile braten lassen.
Die fertigen Schnitzel in tiefe Teller legen und leicht pfeffern, warm stellen. Die Sauce wird abgegossen, in einem Töpfchen mit etwas Rindsuppe und abgeriebener Zitronenschale versetzt aufgekocht sowie mit Zitronensaft leicht säuerlich abgeschmeckt (wer mag kann die Sauce noch mit etwas Mehlbutter binden). Sauce über die Schnitzel passieren, mit hauchdünnen Zitronenschalen bestreuen und sofort servieren.

HOFBURG

KAISERSCHNITZEL

OGLIO-SUPPE

Einst war auch Spanien Teil des riesigen Habsburgerimperiums und hinterließ seine kulinarischen Spuren in der Wiener Küche. Eines der bedeutendsten Gerichte, welche aus iberischem Einfluss entstammen sein dürften, ist die seinerzeit am Wiener Hof so hoch geschätzten Ogliosuppe, bei Katharina Prato richtiger „Olla Potrida" genannt.

1 Rinderzunge (vorzugsweise geselcht),
1 kg Kalbfleisch, 1 kg Schöpsenfleisch,
1 Poularde, 1 Rebhuhn, 1 Taube,
1 kleiner Hase, 1–2 große Zwiebeln,
1 kleiner Sellerie,1 Gelbe Rübe,
1–2 Petersilienwurzeln, Piment, Muskatnuss,
Salz und Pfeffer

Alle Fleischsorten (außer der Zunge), auch das Geflügel und der Hase werden zunächst scharf angebraten, dann mit geputztem Suppengrün und den Gewürzen in 5 Liter kaltes Wasser gegeben, zum Kochen gebracht und bei kleinster Hitze 7–8 Stunden lang zugedeckt gesiedet. Während des Kochens sollten Schaum und Fett entfernt werden. Dann seiht man die Suppe zuerst durch ein grobes, dann durch ein feines Sieb; wenn sie zu trüb ist, muss mit Eiklar aufgehellt (geklärt) werden. Die Suppe nach Belieben abschmecken und in kleinen Bechern servieren.

Des Kaisers Zauberelixier

Der Wiener Fasching ist seit jeher eine besondere Art des Gesellschafts-Karnevals bei dem – zumindest für die „guten Leute" – vor allem ausgelassene Feste und Bälle im Vordergrund stehen. Ein bis drei Mal während des Faschings wurde der exklusive „Ball bei Hof" im von tausenden Kerzen erleuchteten Redoutensaal (später leider durch einen Brand zerstört) der Wiener Hofburg gegeben. Eine Einladung zu diesem gesellschaftlichen Großereignis der Monarchie wurde nur dem allerhöchsten Adel zuteil. Sobald zwischen elf und zwölf Uhr der Schlusstanz verklungen war, servierte man den Gästen die stärkende Suppe, die für viele den Hofbällen erst den richtigen Glanz verlieh. Ein zeitgenössischer Bericht erzählt: „In der Oglio-Küche wird eine Spezialität der Wiener Hofküche zubereitet. Es ist eine Suppe von entzückendem Geschmack, die in vier großen Kesseln hergestellt wird. Eine ganze Reihe von Zutaten dient zur Würze dieser Suppe, deren Rezept als strengstes Geheimnis gehütet wird!"

In kleinen Porzellantässchen wurde die berühmte „Oglio-Suppe" als Erfrischung gereicht und man erzählte sich wahre Wunderdinge über die – vor allem bei Männern – beobachtete, stärkende Wirkung!

Übrigens: Geschlürft wurde von der feinen Gesellschaft freilich nur die eigentliche Essenz, das ausgekochte Fleisch blieb in der Hofküche und wurde in der Bedientenküche weiter verarbeitet.

© Augarten

Augarten

Neue Wiener Porzellanmanufaktur Augarten
Porzellanmanufaktur seit 1718

Das erste Augarten-Schloss namens „Favorita“ ließ Kaiser Leopold I. 1654 als Jagdschloss in den ehemaligen Donau-Auen errichten. Nur 29 Jahre später, während der Belagerung Wiens durch die Türken (1683), wurde es jedoch fast vollständig zerstört und erst um 1705 ließ Kaiser Joseph I. das Schloss im Stile des Barock wieder aufbauen; so ist es im Wesentlichen bis heute erhalten. 1769 fand Kaiser Joseph II. Gefallen an dem Schloss und ließ es zu seiner Sommerresidenz erweitern. Als sehr volksnaher Kaiser öffnete er nicht nur den Wiener Prater sondern auch 1775 Teile des Augartens für die Bevölkerung.
Berühmt wurde das Schloss Augarten vor allem durch die schönen Künste. Ab 1782 dirigierte hier Wolfgang Amadeus Mozart die bekannten „Morgenkonzerte“. Am 24. Mai 1803 um 8 Uhr früh wurde unter der Leitung von Ludwig von Beethoven die Kreutzersonate, op. 47, in diesem kaiserlichen Ambiente uraufgeführt. Seit dem Jahr 1923 befindet sich die traditionelle Wiener Porzellanmanufaktur Augarten in diesem barocken Palais.

Die Geschichte des berühmten Wiener Porzellans beginnt im Jahre 1718. Bereits acht Jahre nach der Erfindung des Weißen Goldes durch Johann Friedrich Böttger (1709) wurde die Wiener Porzellanmanufaktur eröffnet, die seitdem weltweit höchstes Ansehen genießt. Die wechselvolle Historie lässt sich am Besten anhand der Wirkungszeit bedeutender Persönlichkeiten in fünf charakteristische Perioden einteilen:

1.) Ein so genanntes „Spezialprivilegium“, am 25. Mai 1718 durch Kaiser Karl VI. unterzeichnet, verlieh Claudius Innocentius du Paquier, dem k. u. k. Hofkriegsagenten, eine Monopolstellung: er hatte die alleinigen Rechte, Porzellan innerhalb der österreichischen Kronländer zu erzeugen. In der heutigen Porzellangasse (im 9. Wiener Bezirk) fertigte man das erste Wiener Porzellan, mit dem das Kaiserhaus und der höfische Adel ausgestattet wurden. Heute ist dieser spätbarocke Stil als die „Du-Paquier-Periode“ bekannt.

2.) In der Zeit des Rokoko übernahm Kaiserin Maria Theresia das private Unternehmen in kaiserlichen Besitz. Neben der Reorganisation der Manufakturleitung wurde 1744 vor allem eine tragende Neuerung eingeführt – die Kennzeichnung des Porzellans mit dem Familienwappen der Babenberger, dem Bindenschild. Dieser war anfangs eingepresst, eingeritzt oder farbig auf der Glasur angebracht. Ab 1749 wurde der unterglasurblaue Bindenschild Vorschrift.

3.) Unter der Direktion von Conrad Sörgel von Sorgenthal erlangte die Wiener Porzellanmanufaktur im Klassizismus Weltruf. Gegenüber dem vorangegangenen Rokoko zeichnet sich der Klassizismus durch eine Rückkehr zur Geradlinigkeit mit einer stärkeren Anlehnung an klassisch-antike Formen aus. Einzigartige Reliefgolddekore und andere klassizistische Motive wie Akanthusblattranken, Palmetten, Füllhörner und eine malerische Qualität, die bis heute unerreicht bleibt, sind die Zeugnisse aus dieser Periode.
Nachdem die Franzosenkriege die Manufaktur an den Rand der Existenz gebracht hatten, erlebte das Porzellan aus Wien durch den „Wiener Kongreß“ zu Beginn des 19. Jahrhunderts einen erneuten Aufschwung. Viele, wichtige Persönlichkeiten, unter ihnen Zar Alexander I. von Russland und der König von Preußen, waren damals in der Manufaktur zu Gast. Das Porzellan aus Wien avancierte zu einem hoch geachteten Geschenk, wovon heute noch manch zierliches Empire-Déjeuner (Frühstücks-Service) zeugt.

4.) Auch der aufstrebende Bürgerstand des Biedermeier schätzte die Reinheit des Wiener Porzellans. Die klassizistisch geradewandigen – zylindrischen oder konischen – Formen wurden von vielfach geschwungenen oder gebauchten Konturen abgelöst. Entzückende, fast miniaturartige Blumenbuketts und Streublumendekore auf weißem Grund, oft kombiniert mit strengen Randstaffagen dokumentieren diese Periode in ihrer schönsten Form.
Durch die Industrialisierung und die rasch anwachsende Konkurrenz, vor allem böhmischer Fabriken mit Serienproduktion, hatte die Wiener Porzellanmanufaktur mit großen finanziellen Problemen zu kämpfen, die mit der offiziellen Schließung der Manufaktur im Jahre 1864 endeten. Die weltberühmte Erzeugung wurde eingestellt und das umfangreiche Vorlagenwerk dem heutigen Österreichischen Museum für angewandte Kunst (MAK) überlassen.

5.) Mit dem Wiener Art Déco erreichte die 1923 im heutigen Schloss Augarten wiedereröffnete Manufaktur – erstmalig unter der Bezeichnung „Wiener Porzellanmanufaktur Augarten“ – einen neuerlichen Höhepunkt. Die Zielsetzung des neu gegründeten Unternehmens wurde in den Statuten festgehalten. Einerseits versuchte man, die Arbeit der ehemaligen kaiserlichen Manufaktur fortzusetzen und zu erneuern, andererseits sollte die Zusammenarbeit mit zeitgenössischen Künstlern forciert werden. Besonders Josef Hoffmann und bekannte Vertreter der Wiener Werkstätte, wie Michael Powolny oder Franz von Zülow, wiesen mit der Kunst des Art Déco den österreichischen Weg zur Moderne. Deren Einfluß währt bis heute.

Wiener Porzellan ist weltberühmt für seine zarte und anmutige Form, die Reinheit der Linien und die exquisite Ausarbeitung. Neben herausragender Handwerksarbeit, künstlerischer Gestaltung und modernen technischen Hilfsmitteln vereint Augarten auf unvergleichliche Art ehrwürdige Tradition mit zeitgenössischem Kunstverständnis.
Die Wiener Porzellanmanufaktur Augarten hegt und pflegt seit 1718 das Credo „manu factum est“ – von Hand gefertigt – im wahrsten Sinne des Wortes. „Manufaktur“ ist ein Ausdruck für eine rein händische Fertigung, die Aufrechterhaltung der kunsthandwerklichen Tradition sowie des kulturellen und künstlerischen Gedankenaustausches in den jeweiligen Epochen unter Bewahrung höchster Qualität. Augarten-Porzellan ist damit auch ein Spiegel der Kultur der letzten drei Jahrhunderte.

© Augarten

© Augarten

© Augarten

HEINZ REITBAUER JUN.

Das Steirereck im Stadtpark

Nicht nur in der heimischen Top-Gastronomie, sondern auch international hat sich das Steirereck in den letzten 35 Jahren einen Namen als eine ganz besondere lukullische Adresse gemacht. Der österreichische Gault-Millau beehrte das Haus seit Jahren mit 4-Hauben und auch der gestrenge Guide-Michelin geizte nicht mit Auszeichnungen.
Neben der hervorragenden Küche zeichnete sich das Steirereck stets durch eine klare Positionierung als österreichisches Lokal aus. Anfangs als gestandenes Wirtshaus geführt, entwickelte es sich im Laufe der Jahrzehnte zwar zu einer kulinarischen Adresse ersten Ranges, ist dabei aber seinen heimischen Wurzeln immer treu geblieben. Und auch die Liebe zur Qualität wie auch eine stetige Verbesserung und die Aufnahme neuer Entwicklungen in das Gesamtkonzept sind Bedürfnisse der Familie Reitbauer, welche seit Beginn konsequent die Linie des Hauses bestimmen.
Angefangen hat alles im Jahre 1970 im 3. Wiener Gemeindebezirk mit einem einfachen, steirischen Wirtshaus. Doch schon bald beginnen sich Margarethe und Heinz Reitbauer, an der internationalen Spitzengastronomie zu orientieren. 1978 übernahm dann Helmut Österreicher die Leitung der Küche und führte das Restaurant in den folgenden Jahren an die Spitze. 1993 wird das Steirereck das erste 4-Hauben-Restaurant Österreichs.
Am 31. Dezember 2004 schließt das „alte" Steirereck nach genau 35 Jahren seine Pforten im 3. Bezirk und eröffnet zwei Monate später das „neue" Steirereck im Stadtpark. Hier übernimmt nunmehr Heinz Reitbauer jun. nach dem Ausscheiden Helmut Österreichers nicht nur die Küche, sondern auch die kulinarische Gesamtleitung. Es erwartet den Gast ein gastronomisches Gesamtkunstwerk mit großzügigen Glasflächen und einladenden Terrassen, die einen traumhaften Ausblick auf Stadtpark samt durchfließender Wien ermöglichen. Man kann hier glatt vergessen, dass man sich in einer Millionenstadt befindet.
Im Steirereck im Stadtpark findet der Gast verschiedene kulinarische Bereiche vor. Da ist zum einen natürlich das exquisite Spitzenrestaurant, welches die Gäste mit einer typisch österreichischen Hochküche verwöhnt. An der so genannte „ess.bar" werden kleine, exklusive Gerichte gereicht, die auch ohne Reservierung an einem goldenen Hochtisch genossen werden können. Und da sich das „neue" Steirereck in einer ehemaligen Milchbar befindet, gibt es auch hier eine solche. Wenig verwunderlich, ist das Steirereck bereits seit langem berühmt für seine perfekt gereiften Käse; nicht weniger als 150 verschiedene Sorten heimischer und internationaler Käsespezialitäten werden hier angeboten. Und auch der großartige Weinkeller des Hauses darf natürlich nicht unerwähnt bleiben. Kompetente Beratung für Wein und Käse liefern die Gebrüder Schmid – erstklassige Sommeliers!
Bleibt an dieser Stelle noch zu erwähnen, dass die Familie Reitbauer am steirischen Pogusch eine zweite kulinarische Destination erster Güte betreibt, nämlich das „Wirtshaus Steirereck am Pogusch". Hier verwöhnen die Reitbauers auf 1000 m Seehöhe mit erlesenen heimischen Köstlichkeiten im bewusst bodenständig gehaltenen Ambiente (siehe S. 432).
Die Familie Reitbauer sieht und führt die Marke „Steirereck" somit als kulinarisches Gesamtkonzept, welches über normale Top-Restaurants weit hinausgeht. Heinz Reitbauer sen. hierzu: „Schon der Name „Steirereck" drückt die Authentizität aus, die in allen Bereichen täglich gelebt und kommuniziert wird. Wir wollten mit dem Steirereck am Pogusch ein Lokal schaffen, das auf der Welt einzigartig ist – bei aller Professionalität unverkennbar konzentriert auf die heimische Küche und mit einem Niveau das im internationalen Spitzenfeld liegt. Dazu sollen sich hier Einheimische, Wanderer oder Genießer gleich wohl fühlen – vom Holzknecht bis zum Bundespräsidenten! Und auch im Steirereck im Stadtpark ist die Identifikation der Gäste mit dem Team des Hauses hoch: man geht auch hier zur Familie Reitbauer essen und nicht in ein anonymes Haubenlokal, schönster Beweis hierfür ist die sehr große Zahl an Stammgästen!"

GEBRATENER WALLER MIT ZITRUSSPINAT UND KALBSERDÄPFEL

GEBRATENER WALLER MIT ZITRUSSPINAT UND KALBSERDÄPFELN

Für den Waller:
600 g Wallerfilet ohne Haut, 2 EL Pflanzenöl, 1 EL Butter, 12 Essigkapern, 2 fein geschnittene Schalotten, 1 TL kandierte und geschnittene Zitronenschalen, Salz

Für die Béchamel:
20 g Mehl, 20 g Butter, 200 ml Milch, 1 kleine geschnittene Zwiebel, 1 geschnittene Knoblauchzehe, 1 Nelke, Salz, Pfeffer, Muskatnuss

Für den Spinat:
400 g Blattspinat, 1 EL kandierte Zitronenschalen, Zitronensaft, Salz, Muskat

Für die Kalbserdäpfel:
4 große mehlige Erdäpfel, 125 ml Kalbsfond (ersatzweise Rindsuppe), 1 EL Pflanzenöl, 1 EL Butter, 1 Zweig Thymian, 1 Zweig Rosmarin, 50 g Kalbspresskopf, 4 EL Kalbssauce, Salz

Für die Brösel:
1 EL Weißbrotbrösel, 2 EL Butter, Salz, Pfeffer

Zunächst die Béchamel zubereiten. Hierfür die Zwiebel zusammen mit Knoblauch in der Butter leicht anschwitzen, Gewürze kurz mitrösten und alles mit Mehl stauben. Die erwärmte Milch einrühren und die Sauce 10 Minuten unter ständigem Rühren leicht kochen lassen; mixen und passieren.
Den Blattspinat putzen, waschen, blanchieren und in Eiswasser kurz abschrecken. Den lauwarmen, ausgedrückten Spinat mit der überkühlten Béchamel und den kandierten Zitronenschalen fein pürieren; mit Salz, Muskat und Zitronensaft abschmecken (man wird nicht die ganze Béchamel verwenden müssen).
Fertigen Cremespinat beiseite stellen. Den Kalbspresskopf in grobe Würfel schneiden und beiseite stellen. Für die Kalbserdäpfel die Erdäpfel waschen, schälen und in etwa 2 cm dicke Scheiben schneiden. In einer gusseisernen Pfanne das Pflanzenöl erhitzen und die Erdäpfel goldbraun darin anbraten, salzen und mit dem Kalbsfond untergießen. Erdäpfel mit Alufolie bedecken und bei 220 Grad im Rohr etwa 10 Minuten schmoren lassen.
Anschließend Kräuter und Butter zugeben, die Erdäpfel mit dem Kalbskopf bestreuen und fertig braten. Die Flüssigkeit sollte dann vollständig verdampft sein.
Die Semmelbrösel trocken in einer Pfanne langsam goldgelb rösten, danach aus der Pfanne nehmen. Dann die Butter in die Pfanne geben und bei mittlerer Hitze nussbraun werden lassen. Die Nussbutter über die Brösel gießen, dann mit Salz und Pfeffer abschmecken.
Wallerfilets in 4 gleich große Stücke teilen, salzen und in Pflanzenöl beidseitig scharf anbraten. Mit Butter, Schalotten, Kapern und den kandierten Zitronenschalen fertig garen.
Die Kalbserdäpfel nach Wunsch mit Kalbsauce beträufeln und zusammen mit dem Zitrusspinat auf Tellern anrichten. Den Waller darauf anrichten und mit den Nussbutterbrösel vollenden.

Mit mehr als 150 verschiedenen Käsesorten ist die „Meierei im Stadtpark" ein Eldorado für jeden Käse-Liebhaber.

FLUSSKREBSE MIT LAMMKUTTELN UND RÖSTGEMÜSE

Für die Krebse:
24 Edelkrebse, 1 EL Butter,
3 EL Geflügelfond oder Rindsuppe

Für die Krebsensauce:
Krebskarkassen, 150 g Karotten,
50 g Stangensellerie, 100 g Schalotten,
50 g Lauch, 2 Knoblauchzehen,
3 EL Olivenöl, 30 g Tomatenmark,
2 cl Cognac, 125 ml Rotwein,
2 reife Tomaten, Kümmel, Lorbeer,
80 g Butter

Für die Kutteln:
500 g Lammkitzkutteln (ersatzweise Kalbskutteln),
100 g Mirepoix (Röstgemüse kleinwürfelig gehackt), 50 g Butter, 100 g Schalotten,
10 g Kapern, 1 Knoblauchzehe, 20 g Essiggurkerl,
50 g Mehl, 125 ml Sekt, 125 ml Geflügelfond,
125 ml Obers, Majoran, Piment, Lorbeer,
Pfefferkörner, Nelken

Für das Röstgemüse:
150 g Sellerie, 150 g Karotten,
150 g Gelbe Rüben,
1 EL Gewürzöl, 30 g Korinthen

Außerdem:
1 Bund Petersilie,
75 ml Olivenöl,
75 ml Sonnenblumenöl,
Salz, Pfeffer

Krebse etwa 1 Minute im Salzwasser kochen und mit kaltem Wasser abschrecken. Die Krebse ausbrechen, Innereien entfernen und die Karkassen gut waschen.
Für die Sauce werden die Karkassen mit dem geputzten, geschälten und würfelig geschnittenen Gemüse in Olivenöl langsam geröstet. Dann etwas Tomatenmark beigeben und ebenfalls kurz anrösten, bevor mit Cognac flambiert wird. Alles mit dem Rotwein ablöschen und mit Wasser bedecken.
Anschließend die Gewürze sowie die Tomaten hinzufügen. Die Sauce 30 Minuten leicht köcheln lassen, dann abseihen und auf 1/3 der Flüssigkeit einreduzieren lassen; zum Schluss mit Butter montieren.
Die Kutteln werden zunächst gut gewässert, danach grob zugeputzt und drei Mal mit jeweils frischem, kalten Wasser aufgekocht. Beim dritten Mal Mirepoix, Gewürze und Salz dazugeben und die Kutteln etwa 3 Stunden weich kochen; dann die Kutteln nochmals zuputzen und in sehr feine Streifen schneiden.
Schalotten, Kapern, Sardellen, Knoblauch, Essiggurkerl in Butter anschwitzen, mit Mehl stauben und eine helle Einbrenn herstellen. Diese mit Sekt und Geflügelfond aufgießen und mit den vorgesehenen Gewürzen abschmecken. Die Sauce 15 Minuten bei geringer Hitze köcheln lassen, danach das Obers zugeben, dieses gut aufmixen, schließlich die Sauce durch ein feines Sieb streichen oder durch ein Etamin ziehen. Die geschnittenen Kutteln in die Sauce geben und mit Salz, Pfeffer und Muskatnuss abschmecken.
Für das Röstgemüse werden Sellerie, Karotten, Gelbe Rüben geschält und in sehr feine Streifen geschnitten. In einer großen Pfanne mit dem Gewürzöl die Wurzeln bei mittlerer Hitze etwa 15–20 Minuten rösten (so lange, bis das Gemüse anfängt, leicht knusprig zu werden). Zum Schluss die gehackten Korinthen beigeben.
Die Hälfte der Petersilie in Sonnenblumenöl kurz und heiß frittieren. Die restliche Petersilie mit Olivenöl und der frittierten Petersilie mixen und durch ein feines Sieb streichen. Mit Salz und Pfeffer abschmecken.
Die Krebse im Geflügelfond zusammen mit etwas Butter erwärmen und salzen. Kutteln in vorgewärmten Tellern anrichten, das Röstgemüse auf die Kutteln setzen, Krebse dazwischen legen und alles mit der Krebsensauce und dem Petersilienöl überzogen servieren.

MARINIERTER HUCHEN MIT MUSKATKÜRBIS UND PAPRIKA

Muskatkürbis mit Essigaromen schmoren, bis er „butterweich" ist. Streifen vom Kürbis als Gemüse zusammen mit rotem Paprika, Petersilie und Zitronenconfit braten.
Klein gewürfelten Muskatkürbis mit Kümmel sowie Rieslingessig würzen, mit Liebstöckel und Koriander roh marinierten Huchen darauf anrichten. Das gebratene Kürbisgemüse und eine schöne Nocke vom geschmorten Kürbis dazu reichen und alles mit dem Schmorsaft vom Kürbis überzogen servieren.

REHRÜCKEN MIT AROMATEN UND SCHEITERHAUFEN

Einen ausgelösten Rehrücken würzen, braten und mit einer starken Reduktion aus Portwein und Ahornsirup bestreichen, danach mit Zwieback-Lavendelbrösel bestreuen.
Aus Zwieback, Quitten, Datteln, Rosmarin und einer Royal einen Scheiterhaufen backen, diesen mit einem Piment-Eischnee verzieren und lichtbraun gratinieren.
Beides auf vorgewärmten Tellern anrichten, eine kräftige Rehsauce sowie herbstliche Aromate (z. B. Vogelbeeren oder Quittenwürfel) als Garnitur verwenden.

MARINIERTER HUCHEN MIT MUSKATKÜRBIS UND PAPRIKA

REHRÜCKEN MIT AROMATEN UND SCHEITERHAUFEN

FRANZ SACHER

Das Hotel Sacher und seine berühmte Torte

Das alt-ehrwürdige Hotel Sacher Wien wurde 1876 von Eduard Sacher, dem Sohn des Erfinders der Original Sacher-Torte eröffnet. Eduard Sacher wurde nachgesagt, der größte Gaumenschmeichler Wiens gewesen zu sein, so sehr wurden seine süßen Sünden geliebt und geschätzt. Als Sohn des wohlhabenden Delikatessenhändlers Franz Sacher genoss er nicht nur eine vorzügliche Ausbildung, sondern wusste diese auch zu nutzen. So etablierte er als erster Wiener Restaurator die Chambres séparées, welche er in Paris kennen gelernt hatte. In diesen konnte man in diskreter Atmosphäre soupieren, politisieren und Geschäfte abwickeln, meist wurden sie aber für diskrete Flirts und sonstige amouröse Abenteuer aufgesucht und nicht zuletzt dadurch schnell zum Gesprächsthema Nr. 1 im biedermeierlichen Wien.
Die eigentliche Epoche des Nobel-Hotels begann erst als 1880 Eduards Frau, die 21-jährige Anna Sacher, das Kommando im Haus übernahm. Vor allem ihr verdankt das noble Hotel seinen legendären Ruf. „Der Herr im Haus bin ich!", soll die Grande Dame der Sacher-Dynastie gesagt haben, die eine ausgeprägte Vorliebe für edelste Zigarren hatte.
Seit 1934 ist das Hotel im Privatbesitz der Familie Gürtler, deren großes Anliegen es ist, die Tradition des weltberühmten Hauses zu erhalten und weiterzuführen. Und auch heute wird das noble 5-Sterne Deluxe Hotel von zwei engagierten Damen – den Eigentümerinnen Elisabeth Gürtler und Alexandra Winkler – mit viel Liebe und Sorgfalt geführt.
Von Beginn an war das Sacher ein Treffpunkt der High Society, vor allem aus Kunst und Kultur; und das sicher nicht nur deshalb, weil es genau hinter der weltberühmten Wiener Staatsoper liegt. Eine Institution des Hauses war sicherlich Marcel Prawny, der viele Jahre im Hotel Sacher wohnte; doch gaben sich hier auch Größen wie Leonard Bernstein, Jose Carreras, Placido Domingo, Herbert von Karajan, Caterina Valente, Udo Jürgens und sogar Königin Elizabeth II. von England die Ehre.

Aber nicht nur das noble Luxushotel mit seinem unvergleichlichen Charme machte den Namen „Sacher" weit über die Grenzen des Landes Österreich berühmt; noch bekannter ist sicherlich „Die Original Sacher-Torte", die berühmteste Torte der Welt. Allerdings wurde sie gar nicht im Hotel Sacher erfunden, sondern mehr als 40 Jahre vor dessen Eröffnung, genauer im Jahre 1832; Eduard Sacher schrieb hierzu im Jahre 1888:
„Die Sachertorte ist eine Erfindung meines jetzt noch lebenden Vaters [Franz Sacher, A. d. V.]. Er hat die Torte als junger Koch-Eleve zusammengestellt und wurde selbst beim alten Metternich, wo mein Vater die Kochkunst erlernte, vor 56 Jahren auf die Tafel gesetzt, fand allgemeinen Beifall und trug ihm sehr viel Lob des Fürsten ein. Seit dieser Zeit ist diese Torte, als sich mein Vater etablierte, fort erzeugt worden und kann von keinem Koch oder Zuckerbäcker nachgeahmt werden. Der Beweis ist, dass diese Torte von mir täglich auf den Tische Ihr. Mayestät u. dem h. Kronprinzenpaare steht. Man findet sie in ganz Wien, in allen größeren Städten, kurz überall am Speiszettel als eine bekannte Spezialität. Es arbeiten bei mir vier Leute in einer eigens eingerichteten Küche, Tag und Nacht, das ganze Jahr hindurch und manchen Tagen werden 200 bis 400 Torten von 1 fl. bis zu 6 fl. [fl. = Gulden, A. d. V.] verkauft und verschickt. Nach Paris, Berlin, London und auch übers Meer gehen Sachertorten."
Angesprochener Franz Sacher wurde 1816 als Sohn eines fürstlich-schwarzenbergschen Gutsverwalters in Wien geboren und begann, wie bereits angesprochen, als Kocheleve im Hause des berühmten Wenzel Clemens Fürst Metternich. Im Jahre 1832 erteilte dieser den Befehl für seine kulinarisch verwöhnte Gesellschaft ein besonders wohlschmeckendes Dessert zu kreieren, mit den Worten: „Dass Er mir aber keine Schand' macht, heut Abend!" Da aber sein Chefkoch zu diesem Zeitpunkt krank im Bett gelegen haben soll, landete der Auftrag beim damals erst sechzehnjährigen, im zweiten Lehrjahr stehenden Franz Sacher. Was sich nun genau zugetragen hatte, ist nicht überliefert; Tatsache ist aber, dass der Lehrjunge die grandiose Torte kreierte, welche bei den Herrschaften letztlich außerordentlichen Beifall genoss.
Als bereits ausgelernter Koch diente Franz Sacher später in der gräflichen Familie Esterházy, ehe er Küchenchef im Pressburger „Adeligen Casino", dem Speisesaal der Offiziere und danach im Budapester Kasino wurde. Getrieben von den Folgen der Revolution 1848 und dem neu aufkeimenden Nationalismus, beschloss Franz Sacher Ungarn zu verlassen und eröffnete im Jahre 1849 einen Delikatessenladen an der Ecke Weihburggasse/Rauhensteingasse. Schon bald gehörte es zum guten Ton bei Franz Sacher einzukaufen und seine Kunden stammten aus den vornehmsten Häusern Wiens. Als wohlhabender Kaufmann ermöglichte er seinem Sohn Eduard Sacher die bestmögliche Ausbildung in Paris und London. Dieser eröffnete dann das Hotel Sacher, von wo aus die Torte ihren Siegeszug um die Welt antrat. Heute wird die zartschmelzende Schokoladentorte mit der einzigartigen Glasur in nahezu alle Länder der Welt versandt und ist damit einer der wichtigsten kulinarischen Botschafter Österreichs.

© Hotel Sacher
ANNA SACHER

© Hotel Sacher
HOTEL SACHER

SACHERTORTE

Eines der Geheimnisse der Sachertorte ist die wunderbar matt glänzende Glasur, die aufwendig auf einer Marmorplatte tabliert wird. Da wahrscheinlich nur die wenigsten über eine Marmorplatte in der Küche verfügen, sei hier eine Glasur angegeben, welche zu Hause leichter bewältigt werden kann:

130 g Butter,
110 g Staubzucker, Vanille,
6 Eidotter, 130 g feinste Kochschokolade,
6 Eiklar, 110 g Kristallzucker, 130 g Mehl,
Marillenmarmelade zum Bestreichen

Glasur:
200 g Zucker,
125 ml Wasser,
150 g Schokolade

Die leicht erwärmte Butter mit dem Staubzucker und Vanille schaumig rühren, dann nach und nach die 6 Eidotter in die Masse einarbeiten. Mit einem Schneebesen die vorgewärmte Schokolade darunter ziehen und alles recht schaumig abtreiben.
Aus 6 Eiklar und dem Kristallzucker einen sehr steifen Schnee schlagen, diesen portionsweise mit einem Kochlöffel vorsichtig unter die zuvor bereitete Masse heben. Anschließend sehr vorsichtig auch das Mehl mit der Masse verrühren.
Den Boden einer Tortenform von 22 bis 24 cm Durchmesser mit einem Blatt Pergamentpapier oder Backpapier auslegen, danach die Masse in die Form füllen und sanft glatt streichen. Im vorgewärmten Backofen bei 170 Grad backen; dabei lässt man die ersten 12 bis 15 Minuten die Backofentür einen Spalt breit offen, damit die Masse sich heben und wölben kann, sich aber noch keine Kruste bildet. Danach wird die Torte bei geschlossener Ofentür eine Stunde lang fertig gebacken. Ausgebacken ist sie, wenn sie einen leichten Fingerdruck ganz „leise" erwidert. Nun wird die Torte samt der Form auf ein Sieb gestürzt, wo man sie 20–30 Minuten auskühlen lässt. Dann stellt man die Torte so, wie sie in der Form lag und lässt sie vollends auskühlen. Erst dann wird der Teig aus der Form genommen; dazu wird sie mit einem scharfen Messer vom Rand losgeschnitten, der Boden und das Papier entfernt. Die Torte horizontal halbieren, auf der Oberseite glatt schneiden und wieder umdrehen. Die Tortenböden mit leicht erwärmter, geschmeidig verrührter Marillenmarmelade füllen, zusammen setzen und auch außen herum vollends mit Marillenmarmelade bestreichen. Die Marillenmarmelade übertrocknen lassen, während die Glasur zubereitet wird:
Den Zucker mit dem Wasser 5 bis 6 Minuten stark kochen, dann halb auskühlen lassen. Zwischenzeitlich wird die Schokolade erwärmt. Die weiche Schokolade mit der Zuckermasse nach und nach verrühren, so dass eine dickflüssige, glatte Glasur entsteht (wenn man die fertige Glasur über einen Löffel laufen lässt, so sollte dieser etwa 4 Millimeter dünn bedeckt bleiben). Wenn die Glasur zu dick ist, wird sie mit einigen Tropfen Wasser gestreckt. Die Glasurmasse muss träge-flüssig bleiben und lippenwarm sein; würde sie zu warm sein bekäme sie beim Trocknen keinen Glanz und bliebe stumpf, ist sie zu kalt, trocknet sie schlecht und läuft auch nicht sauber am Rand hinab.
Die fertige lippenwarme Glasur gibt man dann in einem einzigen Guss über die Torte, streicht rasch mit zwei, drei Strichen die Oberfläche schön glatt und verstreicht den Tortenrand mit der Glasur. Dann die fertig glasierte Torte auf einen Tortenteller stellen und einige Stunden ruhig stehen lassen, damit die Glasur schön glatt austrocknen kann. Die Sachertorte bleibt unverziert, nur das Haus Sacher – welches das Original erzeugt – darf ein Schokoladesiegel aufbringen. Zur Sachertorte reicht man ungesüßtes Schlagobers!

ORIGINAL SACHERTORTE

Im Kaffeehaus

„Du kannst zehnmal vergebens nach der Wohnung eines Wieners gehen, mit dem du Notwendiges zu sprechen hast, kennst du aber sein Kaffeehaus, so triffst du ihn sicher!“, sagte einmal Adolf Glassbrenner (1810–1878) ein Berliner Humorist und Satiriker. Der Schriftsteller und gestrenge Theaterkritiker Alfred Polgar (1873–1955) meinte gar in seiner „Theorie Cafe Centraal“: „Im Kaffeehaus wohnen Menschen, die allein sein wollen, aber dazu Gesellschaft brauchen.“
Besser kann man die Seele des typischen Wiener Kaffeehaus-Besuchers kaum beschreiben, denn für die einen ist das Kaffeehaus ein Wohnzimmer, für andere wiederum ein Ort stiller Besinnung, wo man bei einem Großen Braunen darüber nachdenken kann, was man alles erleben könnte, würde man nicht gerade im Kaffeehaus sitzen.
Das Kaffeehaus ist eine Wiener Institution mit einer mehr als drei Jahrhunderte dauernden Geschichte und vielen netten Geschichten mit mehr oder weniger wahrheitsgerechtem Inhalt. Lange Zeit wurde erzählt, dass ein gewisser Josef Georg Kolschitzky, das erste Wiener Kaffeehaus eröffnet haben soll: der umtriebige Kaufmann, Dolmetscher und Kurier soll am Höhepunkt der Türkenbelagerung 1683 in einer schwülen Augustnacht, als Türke verkleidet, während eines Gewitters ins feindliche Lager geschlichen sein. Dieses war freilich schon recht verlassen, da die Osmanen bekanntlich vom bayrisch-polnischen Entsatzheer überrascht wurden und Hals über Kopf die Flucht angetreten hatten. Nun hat der schlaue Kolschitzky angeblich in gerade diesem Lager hunderte Säcke von Kaffeebohnen gefunden und mit dieser Grundausstattung das erste Wiener Kaffeehaus eröffnet. Eine schöne Geschichte, aber leider nicht ganz wahr!
Vielmehr wurde das erste Wiener Kaffeehaus im Jahre 1685 von einem Griechen namens Johannes Theodat gegründet und erst im Jahre 1686 erhielten 3 ehemalige Kundschafter der Türkenbelagerung das Privileg, ebenfalls ein Kaffeehaus zu eröffnen, unter ihnen auch besagter Georg Kolschitzky.
Im Gegensatz zu einfachen Schänken und Beisln boten die bürgerlichen Kaffeehäuser nicht nur wesentlich mehr Komfort, sondern auch einen weitaus besseren Service. So gab es bereits seit 1703 verschiedene Zeitungen zu lesen, öffentliches Billard, hitzige Kartenpartien und versonnenes Schachspiel, was schnell dazu führte, dass das Wiener Kaffeehaus nicht nur zu einer Institution wurde, sondern vor allem ein wesentlicher Teil des gesellschaftlichen Lebens. Literaten, Politiker, Bürger und Philosophen diskutierten zwischen Marmortischen, Thonet-Stühlen, Melange oder Großem Braunen, Bergen von Zeitungen und dem unaufhörlichen Klick-Klack der Billardkugeln hitzig ihre Weltanschauungen. Andere Kaffees wurden zum Treffpunkt der Künstler und Lebenskünstler, junger Schauspielerinnen und alternder Regisseure, erfolgloser Musiker und alles-besser-wissenden Studenten, die allesamt stundelang bei einem Kaffee, Tee mit Rum, Bier oder Achtel Wein saßen und darüber sinnierten, warum die Welt ihnen nicht die Beachtung schenkt, die ihnen eigentlich zustehen müsste.
Neben all dem schlürfen vom Diskutieren müde gewordene Journalisten ihr Achtel Rot (nicht um Farbe zu bekennen, sondern weil man halt anders ist) und erklären mehlspeisverliebten Pensionisten, dass in Wien eigentlich niemand einsam sein müsse – zumindest nicht, solange es das Kaffeehaus gibt!
Und so unterschiedlich wie die Wiener selbst, sind dann natürlich auch ihre Kaffeehäuser; da gibt es die barocken Klassiker, die mondänen Ringstrassen- Cafés, die alt-eingesessenen Kaffeehäuser des Bürgertums, Billard- oder Schachcafés, Vorstadt-Cafés, einfache Kaffeesieder und Tschocherln, denn auch ein Tschocherl kann ein Kaffeehaus sein (ursprünglich stammt der Begriff von Zigeunern aus Südtirol und bezeichnete ein einfaches Bierlokal).
Die Kaffeehausliteraten mögen vielleicht weitgehend verschwunden sein, doch der Kaffee und die den Wiener Kaffeehäusern ureigenste Atmosphäre sind großteils geblieben.

Julius Meinl
Wien 1862

Der Meinl-Mohr

Weltberühmt dürfte er mittlerweile sein, der sympathische Mohr, welcher das Meinl-Logo bildet. Ursprünglich entworfen hat es der Wiener Künstler Joseph Binder; es sollte die Traditionen aus dem türkischen Sultanat und Arabien mit der Zentraleuropas verbinden.
Der Kaffee wurde bekanntlich 1683 von der Armee Pasha Kara Mustafas zuerst nach Wien gebracht und später dann auf der Flucht zurückbelassen. Der Fez, die rote Kopfbedeckung mit schwarzer Quaste, wurde in den türkischen Landen weit verbreitet getragen und war ein Symbol der Herrschaft des Sultans. Eigentlich stammt der rote Fez von der griechisch-christlichen-Kopfbedeckung ab, die vor allem auf den ägäischen Inseln verbreitet war. Den Ursprung hatte der Fez bei den Seeräubern vor der Küste Nordafrikas.
Die europäische Komponente im Meinl Mohr spiegelt sich im zarten Barockengel-ähnlichen Gesicht des Mohren wider.
In den 50er Jahren wurde das Logo vom Wiener Künstler und damaligen Chef der Meinl-Werbeabteilung Otto Exinger modernisiert und es entstand daraus das heutige Logo, das weltweit geschützte Markenzeichen einer alt eingesessenen Wiener Traditionsfirma.

IM CAFÉ CENTRAL

MODERNE MEINL-WERBUNG

Demel

Die Geschichte dieser – neben dem Sacher – wohl berühmtesten Kaffee-Konditorei Wiens beginnt im Jahre 1786 als der aus Württemberg stammende Zuckerbäckergehilfe Ludwig Dehne in Wien sesshaft wurde. Ludwig Dehne startete Anfangs nur mit dem Verkauf von Gefrorenem, doch bald erweiterte er seine Produktion mit Bonbons, Faschingskrapfen sowie verschiedenen Backwaren. Wegen der bald stadtbekannten Qualität seiner Naschereien, dauerte es nur wenige Jahre bis sich die Kavaliere Wiens mit ihren schönen Herzensdamen bei kunstvoll geformten Süßigkeiten ein Stelldichein gaben.
August Dehne, Ludwig Dehnes Sohn, verkaufte dann 1857 das Geschäft an seinen ersten Gehilfen Chistoph Demel. Dessen Söhne Josef und Carl waren es dann schließlich, welche die Kaffee-Konditorei „K. u. K. Hofzuckerbäcker Ch. Demel's Söhne" nannten, denn der Ehrentitel „Hoflieferant" war zu diesem Zeitpunkt bereits erworben worden.
Im Jahre 1888 übersiedelten die Brüder Demel in das Palais am Kohlmarkt, da Kaiser Franz Joseph die Stadtbefestigung schleifen ließ. 1918 ging die österreichisch-ungarische Monarchie zwar unter, im Demel scheint jedoch die Zeit stillzustehen. Anna Demel wachte streng darüber, dass die alte Ordnung aufrecht erhalten wurde und trotz Verbotes und damit verbundenen Strafen ließ Anna Demel weder auf dem Portal noch auf den Bonbonnieren das Emblem „K. u. K. Hofzuckerbäcker" streichen. Anna Demel wird 1952 als erster Frau der Titel Kommerzialrat verliehen. 1956 übernahm ihre Adoptivtochter Klara Demel die Geschicke des Hauses und nach ihrem Tod im Jahr 1965 ihr Mann Baron Federico von Berzeviczy-Pallavicini.
Der hochbegabte Künstler und Schüler der Wiener Werkstätten begründete die bis heute bestehende kunstvolle Auslagengestaltung und die feinen Verpackungen.
1972 verkaufte Frederico von Berzeviczy-Pallavicini das traditionsreiche Familienunternehmen; was folgte, waren sehr turbulente Zeiten, denn das Haus wechselte mehrfach den Besitzer, einer von ihnen war Udo Proksch, eine der illustren Gestalten der Wiener Champagner-Szene. Danach kam ein deutscher Baustoff- und Immobilienhändler zum Zuge, bevor das ehrwürdige Haus in den Besitz eines nüchternen Bankhauses gelangte. Heute zeichnet der Catering-König Attila Dogudan für die Geschicke des Hauses am Kohlmarkt verantwortlich, allerdings sehr touristisch – und ohne die rauschenden Feste, welche einst im skandalträchtigen „Club 45" abgehalten wurden.
Als 1888 das Haus am Kohlmarkt eröffnet wurde, sah es faktisch genauso aus wie heute, damit sind aber die faktischen Tatsachen erschöpft. Nicht nur weil die Torten, Kuchen und Mehlspeisen heute anders zubereitet werden, als zu Kaisers Zeiten, sondern – und vor allem – auch wegen des Publikums. Heute wird das Demel kaum mehr von der vornehmen Gesellschaft Wiens besucht, sondern meist von Touristen. Dennoch hat es das Demel irgendwie verstanden, den Geist der alten Kaiserzeit zu bewahren und so wird sich der kundige Mehlspeisenfreund wohl auch noch in hundert Jahren an den berühmten Demel-Trinkschokoladen, Marzipanrollen, Fächertorten, Potitzen und kunstvoll verzierten Annatorten erfreuen können.

„ANNATORTE"

Da das Originalrezept verständlicher Weise nicht preisgegeben wird, hier ein ähnliches, das dem Original aber sehr nahe kommt:

Für den Tortenboden:
3 Eier, 600 g Kristallzucker,
600 g glattes Mehl,
300 g Butter, 150 g Kakao,
etwas Rumläuterzucker,
6–8 cl Orangennektar

Für die Pariser-Creme:
200 g beste Kochschokolade,
200 ml Obers

Für die Dekoration:
200 g Grillage (Grillage, auch Nougat genannt, sind geröstete Haselnüsse, die mit Fett versetzt und fein gerieben werden),
500 g Kuvertüre (Bittertunkmasse Demel)

Für den Teig die Eier mit dem Kristallzucker über Dunst aufschlagen und anschließend mit dem Mixer schaumig rühren. Mehl und Kakao einstreuen und schließlich die flüssige Butter einrühren. Masse in eine Tortenform mit 17 cm Durchmesser füllen und im vorgeheizten Ofen bei 170 Grad etwa 25 Minuten backen.
Danach auf einem Gitter auskühlen lassen, zwei- bis dreimal durchschneiden. Und mit einem Gemisch aus Orangensaft und Rumläuterzucker tränken.
Für die Parisercreme das Obers zum Kochen bringen, die weiche Schokolade einrühren, kurz aufkochen lassen und danach kühl stellen. Anschließend die Tortenböden mit der aufgeschlagenen Parisercreme füllen, zusammensetzen und mit der restlichen Parisercreme rundherum verstreichen.
Feine Grillage mit der Kuvertüre vermischen, auf einer gekühlten Marmorplatte gleichmäßig verstreichen, anziehen lassen. Danach in Streifen schneiden, von der Platte lösen und die Torte damit dekorativ eindecken.

ZUCKERFIGUREN IM DEMELMUSEUM

ANNATORTE

Café Central

Das Café Central befindet sich in dem 1865 vom Architekten Heinrich Ferstl erbauten ehemaligen Bank- und Börsegebäude und etablierte sich um 1875 als Treffpunkt für das literarische und intellektuelle Wien. Peter Altenberg (gab das Central einst sogar als Wohnadresse an), Adolf Loos, Egon Friedell, Alfred Polgar, Karl Kraus, Franz Blei, Anton Kuh oder Franz Werfel, lang ist die Liste derer, welche im Dunst ihrer Pfeifen und Zigarren großes Gedankengut austauschten. Das Central war ein Ort der Selbstdarstellung in geistig-philosophischen und literarischen Diskussionen.
Heute gibt es keinen Dunst mehr – weder geistigen, noch intellektuellen und schon gar keinen rauchigen; dafür sorgt nicht nur die „Air Condition", sondern auch die Tatsache, dass sich die Zeiten einfach geändert haben. Heute ist daher leider kaum mehr etwas vom Geiste der Dichter, Denker und Künstler zu spüren. Dennoch sind die Räumlichkeiten immer noch schön und sehenswert, ein Café für Geschäftsleute, Hofratswitwen, (pensionierte) Kommerzial- und Kanzleiräte oder Menschen, die von der „guten alten Zeit" träumen wollen.

MALAKOFFTORTE

Woher der eigenwillige Name stammt, weiss kein Mensch so genau, und auch die Anzahl der Varianten ist groß. Hier eine sehr gehaltvolle und „schlagobersreiche" Rezeptur der auch heute noch sehr beliebten Torte.

180 g Butter, 200 g Staubzucker, 4 Eidotter, 180 g geschälte und geriebene Mandeln, 150 ml Schlagobers, etwa 50 Stück Biskotten, Milch (mit etwas Obers vermengt) zum Einweichen, Rum

Für die Garnitur:
500 ml Schlagobers, Mandelsplitter, Biskotten, einige Cocktailkirschen

Die Butter zunächst auf Zimmertemperatur erwärmen, dann in einer Schüssel schaumig abtreiben, dabei nach und nach Zucker und Eidotter dazugeben. Mandeln und flüssiges Schlagobers hinzufügen und alles zu einer steifen Creme schlagen.
Milch mit Rum aromatisieren (auch etwas Obers dazugeben). Die Biskotten nach und nach in der aromatisierten Milch wenden, dann den Boden einer Springform damit auslegen, den Rand ebenfalls mit halbierten Biskotten auskleiden. Danach die Biskotten großzügig mit der vorbereiteten Creme bestreichen, abermals mit eingeweichten Biskotten auslegen und diese erneut bestreichen. So lange fortfahren, bis alle Zutaten verbraucht sind, mit Biskotten abschließen. Die Torte mit Frischhaltefolie abdecken und mindestens 6 Stunden kalt stellen.
Torte vorsichtig aus der Springform lösen, danach mit reichlich – und zwar wirklich reichlich (!) – Schlagobers bestreichen, danach mit Mandelsplittern überstreuen. Die Oberfläche zusätzlich mit aufgespritztem Schlagobers und Cocktailkirschen verzieren.

Das Landtmann

Unter allen Kaffeehäusern Wiens nimmt das Café Landtmann eine Sonderstellung ein; nicht nur, weil das Speisen und Mehlspeisenangebot weit überdurchschnittliche Qualität aufweist, sondern auch wegen seiner äußerst vorteilhaften Ringstraßen-Lage; das Landtmann liegt direkt neben dem Burgtheater, der SPÖ-Parteizentrale, der niederösterreichischen Landwirtschaftskammer der ÖVP, schräg gegenüber der alten Universität und nur wenige Schritte von Rathaus, Parlament und Hofburg entfernt – also genau im Zentrum von Politik, Wissenschaft und Kultur.
Der Cafetier Franz Landtmann eröffnete das Café im Jahre 1873, verkaufte es aber bereits 8 Jahre später wieder. In den folgenden Jahren wechselte es zwar öfters den Besitzer, doch die Gäste aus Wirtschaft, Kunst, Kultur und Politik blieben immer gleich.
In den heimeligen Nischen vermag jeder Gast seine eigene Ruhe zu finden, entweder um eine der zahlreichen in- und ausländischen Zeitungen zu lesen, eine Geschäftsbesprechung zu tätigen, sich in Kaffeehaus-Philosophie zu üben oder lediglich seine Gedanken bei einem Gläschen Wein freien Lauf zu lassen. Das Landtmann hat sehr wohl eine etwas distinguierte Atmosphäre, ohne dabei „überkandidelt" zu wirken. Stammgäste werden vom Ober noch persönlich empfangen und begrüßt und – wenn möglich – auch zum Stammplatz geleitet. Ein Kaffeehaus für Wiener, die etwas zu sagen haben, aber auch für die, welche nur so tun wollen, als ob sie etwas zu sagen hätten.

FRÜHSTÜCK IM KAFFEEHAUS UND EIER IM GLAS

Zu einem klassischen Wiener Kaffeehaus-Frühstück gehören neben einer Schale Kaffee oder Tee auch frische Semmeln, Wiener Brioche-Kipferl oder -Striezel (auch Croissants oder Plundergebäck), zwei verschiedene Marmeladen, Butter, vielleicht auch noch Honig und ein kleiner Wurst-/ Käseteller. Dazu gibt es ein weiches Ei oder „Eier im Glas": Hierfür werden 2 Eier (vorzugsweise Eier aus biologischer Landwirtschaft) wachsweich gekocht (je nach Größe etwa 4–5 Minuten), kalt abgeschreckt, vorsichtig geschält und in ein Glas gelegt. Mit gehackter Petersilie und/oder Schnittlauchröllchen bestreuen und mit Salz und Pfeffer würzen. Man kann auch noch etwas zerlassene Butter darüber träufeln.

DER „PATRON" VOM SPERL

Café Sperl

Das Sperl ist eines der großen, traditionsreichen Wiener Kaffeehäuser und wurde 1880 von Jakob Ronacher gegründet, der das Haus von Schülern Theophil Hansens erbauen ließ. Kurze Zeit später erhielt es von seinem damaligen Besitzer seinen heutigen Namen. Bis heute hat es seinen nahezu überschwänglichen und prachtvollen Stil der alten k. u. k. Monarchie bewahren können. Das wunderschöne Kaffeehaus ist noch eines von jener Sorte, wie man sie sich als Gast wünscht, denn es bietet alles, was ein klassisches Kaffeehaus ausmacht: schönes, gediegenes Ambiente, typische Kaffeehaus-Speisen und Mehlspeisen, Billard, Schach, Zeitungen und viel Ruhe. Damit sich die unterschiedlichen Interessensgruppen nicht stören, bietet das Sperl zwei unterschiedliche Abteilungen, die einander aber gut ergänzen: Auf der einen Seite können diejenigen verweilen, welche nur Ruhe, Zeitung und eine Schale Kaffee wünschen, auf der anderen Seite können sich dann die Karten- und Billardspieler im zweiten Trakt auf eine Partie verabreden.

MALAKOFFTORTE

MAYONNAISE-EIER

CAFÉ SPERL

MAYONNAISE-EIER

8 Eier werden hart gekocht, geschält und an der Spitze oder Längsseite abgeflacht.
Die Dotter mit einer Spicknadel herausholen und passieren, dann mit 2–3 EL frisch zubereiteter Mayonnaise sowie mit entweder a.) gehacktem Schinken, b.) Lebermus, c.) Räucherlachs, d.) Sardinen oder e.) einem Gemenge aus gehackten Gurken, Sardellen, Kapern und Schalotten vermengen, würzig nach Belieben abschmecken.
Die Eier damit füllen, auf ein Gitter setzen und mit Aspikmayonnaise (1/3 Aspik mit 2/3 Mayonnaise vermengt) überziehen; kalt stellen.
Mit einer Garnitur nach Wahl (z. B. Blattsalate, Paradeiser, frische Kräuter) servieren.

Café Prückel

Ein mondänes klassisches Ringstraßen-Kaffeehaus mit hallenartigen Räumen, deren Wände zum großen Teil verspiegelt sind, um den Räumen mehr Breite zu geben.
Der etwas nüchterne 50er Jahre Stil wird durch zahlreiche Grünpflanzen aufgelockert und im dem angenehmen Café ist noch viel von der klassischen Wiener-Kaffeehaus-Tradition zu spüren.

TRADITIONELLE WÜRSTELEIERSPEISE

Etwas Butter mit Öl in einer Pfanne erhitzen, etwas fein gehackte Zwiebel darin andünsten, in nicht zu dünne Rädchen geschnittene Würstchen (je nach Geschmack z. B. Frankfurter, Sacher, Knacker, Debrecziner) dazugeben und knusprig anbraten.
Leicht verschlagenes Ei mit Pfeffer und Salz würzen (nach Belieben auch mit etwas Milch oder Obers vermengen) und über die Wurstscheiben in die Pfanne gießen, unter Rühren das Ei bis zur gewünschten Konsistenz stocken lassen und mit gehackten Kräutern (Schnittlauch, Petersilie) bestreut servieren.

Variante
Eine Auflaufform gut ausbuttern und mit weißen Semmelbröseln bestreuen, leicht verschlagene und gewürzte Eier hineingeben und mit reichlich Butterflocken belegt im Ofen backen. Kleine Bratwürste knusprig braten, dann dünn schneiden und die Eier damit bekränzen, mit Kräutern ausgarnieren.

Café Hummel

Das Café Hummel ist sicher kein Ort für Kaffeehausbesucher, die auf mondänes oder klassisches Ambiente großen Wert legen, denn sein Interieur ist bestenfalls als zweckmäßig zu bezeichnen.
Und dennoch ist es ein für Wien typisches „Vorstadt-Café“: unaufdringlich, gut besucht (um nicht zu sagen, ständig überfüllt) und ein beliebter Treffpunkt für Einheimische aus der näheren Umgebung. Hier kann man zahlreiche Zeitschriften und Zeitungen durchblättern, essen und trinken, Karten und Schach spielen oder einfach nur ein wenig plaudern.
Auch für Menschen, die das gemeinschaftliche Fernseherlebnis suchen, wird im Extrazimmer gesorgt und man ist stolz darauf, 365 Tage im Jahr geöffnet zu haben.

TRADITIONELLE WÜRSTELEIERSPEISE

ZUBEREITUNGSARTEN WIENER KAFFEE

Brauner: Schwarzer Kaffee mit Milch

„Erzherzog Johann“: Mokka mit Cognac und Kaffeelikör, verfeinert mit Schlagobers und Zimt

Einspänner: Henkelglas mit schwarzem Kaffee, Obers und Staubzucker; (Henkel, weil der Fiaker mit einer Hand die Züge halten mußte.)

Intermezzo: Kleiner Mokka, mit heißer Schokolade und Creme de Cacao verrührt und Schlagobershaube mit Praline/Mokkabohne

Salon-Einspänner: Ein mit Wodka aromatisierter Einspänner

Fiaker: Schwarzer Kaffee mit Kirschwasser oder Rum „aufgespritzt“ samt Kirsche

Franziskaner: Kleiner gestreckter Mokka (auch koffeinfrei) mit heißer Milch, Schlagobers und Schokostreusel

Kaisermelange: Großer Mokka mit Eidotter, Honig und Cognac (Weinbrand) vermischt

Kaffee Sobiesky: Großer Mokka mit Wodka und Honig separat

Kapuziner: Kleiner Mokka mit einigen Tropfen Ober (bis er Farbe der Kapuziner-Kutte annimmt)

Konsul: Großer Mokka mit einem Spritzer Obers

Kosakenkaffee: Kleiner Mokka im Einspännerglas, vermischt mit Rotwein, Wodka und flüssigem Zucker

Kurzer: Mokka, mit wenig Wasser zubereitet

„Maria Theresia“: Kleiner gestreckter Mokka mit zu gleichen Teilen Orangenlikör und Weinbrand, 2 Kaffeelöffel Rohrzucker; darüber Schlagobershaube, mit buntem Streuselzucker bestreut (im Laufglas serviert)

„Mazagran“: Kalter Kaffee im Laufglas, vermengt mit Maraschino, Gewürzen, flüssigem Zucker und einem Eiswürfel versetzt

Meisterkaffee: Schale Kaffee mit Weinbrand serviert

Melange („Wiener Melange“): 1/2 Mokkaschale, Kaffee mit 1/2 Schale durch Wasserdampf schaumig geblasener Milch vollendet

„Obermaier“: Schwarzer, leicht gesüßter Kaffee, mit über Löffelrücken an den Rand gegossenem kalten Obers. Wird heiß durch das kalte Obers getrunken

Pharisäer: 4 cl Rum mit Kristallzucker im Einspännerglas verrührt, mit heißem Mokka aufgegossen und Schlagobershaube bedeckt (versteckt)

Überstürzter Neumann: Schlagobers mit großem Mokka überstürzt

Verlängerter: Kleiner Mokka, mit heißem Wasser auf großes „Mokkamaß“ gebracht

„Verkehrter“: Im Teeglas wird ein kleiner Mokka mit geschäumter heißer Milch aufgefüllt.

Kaffeegebäck

In Wien gehören seit der Gründung der Kaffeehäuser der Kaffee – hier vor allem die Wiener Melange mit Schlag – und Kaffeegebäck unzertrennlich zusammen, weshalb sich eine ganze Reihe von typischen und charakteristischen Gebäckarten und -formen entwickelt hat. Das besondere an diesem Gebäck ist, dass es trotz seiner aromatischen Füllungen und Zutaten einen eher unaufdringlichen Eigengeschmack hat, sondern vielmehr das Aroma des Kaffees verstärkt oder durch den Kaffee selbst erst vollendet schmeckt (indem es z. B. in den Kaffee getunkt wird).

BRIOCHE-KIPFERL

Auch wenn der Name französisch klingt, handelt es sich beim Brioche-Gebäck doch um eine typische Wiener Mehlspeise, wobei die Herkunft des Wortes bis heute ungeklärt blieb.

300 g glattes Mehl,
50 g Zucker, 3 Eier,
6 EL lauwarme Milch,
150 g Butter, 20–25 g Germ,
abgeriebene Zitronenschale,
Prise Salz

Außerdem:
Ei zum Bestreichen,
Hagelzucker zum Bestreuen

Das Mehl in eine Rührschüssel sieben, in die lauwarme Milch etwas Zucker geben und den Germ darin auflösen. In die Mitte des Mehls eine Vertiefung drücken, den aufgelösten Germ hineingießen und mit etwas Mehl vermischen; danach mit einem Tuch abgedeckt 15 Minuten an einem warmen Ort gehen lassen. Zwischenzeitlich die Butter schmelzen.
Wenn der Teig etwas gegangen ist, kommen alle Zutaten (zerlassene Butter, Eier, Zucker, abgeriebene Zitronenschale, Salz) in die Schüssel und werden zu einem glatten Teig verrührt. Den Teig erneut an einem warmen Ort aufgehen lassen, bis er sich verdoppelt hat, danach erneut kurz durchkneten.
Jetzt kann man aus dem Teig die Kipferl formen; dafür den Teig auf einer bemehlten Arbeitsfläche zu einem Quadrat ausrollen, aus diesem Dreiecke schneiden, die dann zu Kipferl zusammengerollt werden. Die Kipferl auf ein mit Backpapier ausgelegtes Blech legen und nochmals 30 Minuten gehen lassen, danach mit versprudeltem Ei bestreichen und mit Hagelzucker bestreuen. Im vorgeheizten Backrohr bei 200 Grad in gut 10–15 Minuten goldbraun backen. Mit Butter und Marmelade als Frühstück reichen oder zur Kaffeejause servieren.

TOPFENGOLATSCHE

Diese zarte Plunderteigtasche, deren Ursprung wahrscheinlich in Böhmen liegt, ist ein absoluter Klassiker der Wiener Mehlspeisenküche und nahezu unverzichtbarer Bestandteil der Kaffeejause. Das Besondere am Plunderteig ist die überaus glückliche Liaison von Blätterteig und Germteig. Es empfiehlt sich eine größere Menge Plunderteig zuzubereiten, weil er dann einfach besser gelingt, der Rest kann tiefgekühlt werden.

Für den Plunderteig:
600 g Mehl, 250 ml Milch,
50 g Germ, 3 Eidotter,
50 g Butter, 50 g Kristallzucker,
Vanillezucker, Salz

Für den Fettziegel:
400 g Butter, 50 g glattes Mehl,
glattes Mehl zum Bestreuen

Für die Topfenfülle:
120 g Topfen (20 %), 40 g Staubzucker,
1 EL Butter, 1 Eidotter, 1 TL Vanillepuddingpulver,
1 TL Vanillezucker, abgeriebene Zitronenschale,
Saft einer halben Zitrone, Salz,
einige Rosinen

TOPFENGOLATSCHE

Außerdem:
Ei zum Bestreichen,
ett für das Backblech,
Staubzucker

Zuerst den Fettziegel für den Plunderteig vorbereiten: Butter und Mehl mit der Hand gut verkneten. Während dessen öfters mit etwas Mehl stauben. Masse zu einem Ziegel formen und kühl stellen (nicht in den Kühlschrank!).
Germ in die kalte Milch bröseln und sanft mit dem Schneebesen verrühren, bis er sich aufgelöst hat. Das Mehl mit der Germmilch und den übrigen Teigzutaten zu einem Teig kneten (alle Zutaten sollten hierbei Raumtemperatur haben), dann den Teig zu einer Kugel formen und mit einem Tuch bedeckt etwa 10 Minuten wie den Fettziegel kühl stellen, damit Fettziegel und Teig bei der weiteren Verarbeitung die gleiche Temperatur haben (zu weiche Butter glitscht bei der weiteren Verarbeitung aus dem Teig, zu feste bricht).
Den Teig auf eine bemehlte Arbeitsfläche setzen und mit dem Messer kreuzweise tief einschneiden. Den Teig auswalken, so dass er mehr als dreimal so breit wie der Fettziegel ist. Den Fettziegel in die Mitte des Teiges setzen und die Teiglappen von rechts und links darüber schlagen, so dass sich drei Lagen Teig ergeben, auf deren erster der Fettziegel liegt. Teig von der Mitte zu den Rändern zu einer großen Platte auswalken. Teig erneut zweimal falten und etwa 5 Minuten im Kühlschrank rasten lassen; danach den Teig erneut ausrollen, falten und rasten lassen. Schließlich noch ein drittes Mal ausrollen. Auf diese Weise ergeben sich insgesamt 27 Schichten.
Für die Fülle der Golatschen wird die Butter, Staubzucker, Vanillezucker mit dem passierten Topfen cremig aufgerührt (jedoch nicht zu lange, da der Topfen sonst flüssig wird). Eidotter mit Puddingpulver verrühren, gemeinsam mit einer Prise Salz, dem Saft von einer halben Zitrone und etwas abgeriebene Zitronenschale unter die Topfenmasse rühren, danach auch die Rosinen dazugeben.
Ein Drittel des Plunderteigs (der Rest kann für eine spätere Verwendung tiefgekühlt werden) auf einer bemehlten Arbeitsfläche etwa 3 mm dick auswalken, danach in Quadrate von 10 cm Kantenlänge schneiden. Auf jeden Teigfleck einen Esslöffel Fülle setzen. Ei verquirlen und die Ecken des Teiges damit bestreichen, Teigecken zur Mitte ziehen und leicht aufeinander drücken.
Die Golatschen auf ein gut gefettetes Blech setzen und bei Zimmertemperatur (etwa 25 Grad) aufgehen lassen. Danach die Golatschen mit verquirltem Ei bestreichen und im auf 200–220 Grad vorgeheiztem Backrohr 3–4 Minuten anbacken, danach die Hitze auf 180 Grad reduzieren und die Golatschen in 15 Minuten fertig backen. Mit Staubzucker bestreut servieren.

MOHN- UND NUSSBEUGEL

Mohnbeugel sind etwas breitere, Nussbeugel etwas schmalere Kipferl. Für einen Beugelteig wird jedoch kein Dampfl angesetzt, sondern alle Zutaten gemeinsam verarbeitet.

250 g Mehl, 120 g Butter,
20 g Zucker, 15 g Hefe,
etwa 1/16 Liter Milch,
1 Dotter, Salz

Für die Nussfülle:
140 g Zucker, 125 ml Wasser,
300 g Nusskerne,
30–45 g Butter,
30 g Arancini,
abgeriebene Zitronenschale

Für eine Mohnfülle:
120 g Mohn, 80 g Zucker,
125 ml Milch, 20 g Rosinen,
abgeriebene Zitronenschale,
Zimt

Außerdem:
Ei zum Bestreichen

Mit der Füllung beginnen: Für die Nussfüllung wird der Zucker mit Wasser ein wenig gekocht, danach mit geriebenen Nusskernen, Arancini, Zitronenschale und Butter gut verrührt; auf einem nassen Blech zu Röllchen formen. Oder für eine Mohnfülle den Zucker mit Milch aufkochen, den fein gemahlenen Mohn darin weichkochen und mit Rosinen, Zitronenschalen und Zimt vermengen (man kann noch fein geschnittenes Zitronat dazugeben und mit Honig abschmecken).
Für den Teig die Butter mit Mehl abbröseln, danach mit Zucker, mit der in kalter Milch verrührten Hefe, Salz und Dotter zu einem Teig verarbeiten, den man gut abgeknetet und zugedeckt auf einem Brett rasten lässt.
Nach gut 45 Minuten wird der Teig ausgewalkt und in 10 x 7 cm breite Rechtecke geschnitten. Die Rechtecke mit einer Füllung nach Wahl belegen und einrollen, danach zu Beugel formen. Die Beugel auf ein gefettetes oder mit Backpapier ausgelegtes Backblech legen, mit Ei bestreichen und an einem warmen Ort aufgehen und trocknen lassen. In der Mitte ein wenig auseinander ziehen, damit die mit Ei bestrichene Oberfläche kleine Risse bekommt, die ihnen nach dem Backen die typische Zeichnung geben; schließlich bei mäßiger Hitze backen.

INDIANER MIT SCHLAG

Ein halbkugelförmiges Biskuitgebäck, gefüllt mit Schlagobers und mit Schokolade überzogen.

Anfang des 19. Jahrhunderts war der ungarische Herzog Ferdinand Pálffy Intendant des Wiener Theaters. Weil das aus Klassikern bestehende Repertoire damals beim Publikum keinen großen Anklang fand, engagierte der Herzog einen europaweit berühmten indischen Magier, um den Spielplan zu beleben. Als die Wiener dennoch nur spärlich das Theater besuchten, ließ Pálffy seinen ungarischen Koch ein neuartiges Kleingebäck kreieren, das im Theater verteilt werden und die Zuschauer an den indischen Künstler erinnern sollte. Die Idee funktionierte: Das Theater füllte sich schlagartig Abend für Abend und der Indianer wurde zum festen Bestandteil Wiener Konditoreien.

10 g Mehl, Vanille, 6 Eier,
70 g Kristallzucker, 50 g Mehl,
40 g Maizena (oder andere Stärke),
400 ml Schlagobers,
Butter und Mehl fürs Backblech

Für die Glasur:
etwa 300 g Kristallzucker,
etwa 175 ml Wasser,
160 g Schokolade

DAS LANDTMANN

Die Eier trennen. Für den Teig zunächst die Dotter mit Vanille und 10 g Mehl sehr gut schaumig rühren. Das Eiklar mit dem Kristallzucker zu steifem Schnee schlagen. Die Dottermasse mit dem Schnee vorsichtig vermengen, danach die 50 g Mehl und die Stärke mit einem Holzlöffel unterheben.
Ein Backblech befetten und mit Mehl bestreuen. Teigmasse in einen Dressiersack (glatte, sehr weite Tülle) füllen und kleinere Krapfen aufs Blech spritzen. Bei mäßiger Hitze etwa 15 Minuten im Rohr backen, etwas auskühlen lassen. Dann die Hälfte der Krapfen von unten, die andere Hälfte von oben aushöhlen; vollends auskühlen lassen.
Für die Glasur den Zucker mit Wasser zur Perle kochen, dabei den sich bildenden Schaum öfter mit einem Löffel abschöpfen. Schokolade über Dunst weich werden lassen, glatt abrühren, dann solange heißen, gesponnenen Zucker dazugeben bis die Glasur die richtige Dicke hat (sie soll einen eingetauchten Kaffeelöffel dünn überziehen).
Das Schlagobers steif schlagen (nach Bedarf mit Staubzucker süßen). Die Krapfen in den Aushöhlungen großzügig damit füllen, jeweils eine untere Hälfte (Aushöhlung oben) und eine obere Hälfte (Füllung unten) so zusammensetzen, dass der Indianer dick mit Schlagobers gefüllt ist. Die Oberfläche der so entstandenen Indianer kann noch mit etwas Marillenmarmelade bestrichen werden, bevor sie mit der Schokoladeglasur überzogen werden. Möglichst rasch verzehren.

INDIANER MIT SCHLAG

KAFFEE ALTENBERG

Warme Mehlspeisen

Die warmen Mehlspeisen sind wahrscheinlich die Spezialität der Wiener Küche, denn sie werden hier in einer Vielfalt produziert, wie ihresgleichen wohl lange zu suchen und wahrscheinlich kaum jemals zu finden sein wird. Ob Strudel, Knödel, Tascherl (Tatschkerl), warme Nudeln, Aufläufe, Soufflés, Koche, warmes Schmalzgebäck, Palatschinken, Früchte im Backteig, Omelettes, Pofesen oder auch die weltberühmten Schmarren, schier endlos ist die Liste der Varianten und Rezepte von diesen süßen Köstlichkeiten. Entstanden sind die Wiener Mehlspeisen zum einen aus einfachen Fastenspeisen der Klöster und zum anderen aus ursprünglich eher derben Bauerngerichten, die „urban" veredelt worden sind. So entstanden aus den einst sättigenden Milch- und Mehlspeisen duftige Gebilde aus Eischnee und Schlagobers, die mit Rum, Vanille, Zimt und anderen feinen Zutaten aromatisiert wurden. Aus ehemals sättigenden Hauptspeisen haben die Wiener auf diese Weise feinste Nachspeisen kreiert.
Im berühmten Appetit-Lexikon (1894) von Habs und Rosner steht zum Thema „Mehlspeisen" folgendes: „Mehlspeisen sind die Pointen der Wiener Küche, eine immer überraschender, bestechender, blendender und beifallswürdiger, als die anderen, Compositionen von berückender Fülle und Lieblichkeit, gastronomische Ghaselen von so wunderbar verschlungenem Bau, daß der Laie staunend vor ihnen inne hält und, wie der Hauptmann der sieben Schwaben beim Anblick des Esels verwundert ausruft: >Ka Hirschkuh is's und ´s is ka Has' – Du lieber Himmel, was ist das?<
Er hat Recht zu dieser Frage, denn die Wiener Mehlspeisen sind wirklich ein Wunder der Kunst. Was Grillparzer in seinen Dramen, Strauß in seinen Walzern, Makart in seinen Gemälden der Welt nur vorgaukeln: tiefes Gefühl, helle Lust am lieben Leben und herzinniges Behagen am ewig Schönen – das Alles und noch etwas mehr legt die Wiener Mehlspeis-Köchin in eine einzige Schüssel Dalken, in einen Äpfel-Strudel, in eine Schüssel mit Zwetschken-Knödel, Topfen-Tascherl oder auch in einen einfachen Kaiser-Schmarren. Kein Wunder also, daß selbst der Laie von solcher Ideenfülle hingerissen wird und daß der Kenner sich nicht selten versucht fühlt, die Schöpferin dieser Kunstwerke auf dem nicht mehr ungewöhnlichen Wege durch die Kirche für alle Ewigkeit an sich zu fesseln.
Kein Wunder aber auch, daß außer der Wiener keine Sprache der Welt reich genug ist, um den Begriff eines einzigen Kramel-Pogatscherls oder eines Salzburger Nockerls mit all seinen Feinheiten knapp und klar zum Ausdruck zu bringen.
Dieser Theil der Wiener Küche kann nur an Ort und Stelle gründlich studiert werden, und vielleicht wird dies Studium noch zu einer wirklichen Revolution in der europäischen Tischordnung führen, denn bekanntlich schließt das französische, deutsche und englische Menue mit dem Gemüse, das Wiener mit einer Mehlspeise."
Auch wenn dieser Text einer Lobeshymne gleicht, so sind vor allem die warmen Mehlspeisen tatsächlich ein unverzichtbarer Eckpfeiler der Wiener Küche – und wenn diese süßen Verführungen auch nicht wirklich für die so genannte „Schlanke Küche" geeignet sind, so erfreuen sie sich dennoch ungebrochener Beliebtheit!

MOHR IM HEMD

Der „Mohr im Hemd" gehört zu den beliebten warmen Mehlspeisen Wiens. Er ist ein klassischer „Koch", hierzu die berühmte Kochbuchautorin Anna Finks (1894): „ ... als Koch bezeichnet man eine leichte Mehlspeise, welche in der Form oder im Papierkästchen gebacken, in demselben hoch aufläuft während des Backens und dann sofort zu Tisch gebracht wird (...). Werden die Speisen aber in festgeschlossenen Formen, im Wasserdampf oder Dunst gesotten und gestürzt serviert, so nennt man sie Puddings oder auch Dunstköche." Der Mohr wird heute zumeist in Portionsformen gebacken, ursprünglich aber als ein einzelner größerer „Koch".

MOHR IM HEMD

**90 g Butter, 40 g Staubzucker,
3 Dotter, 60 g Schokolade,
1 1/2 entrindete und in Milch eingeweichte Semmeln ausgedrückt und passiert,
60 g geriebene Nüsse, 50 g Semmelbrösel,
3 Eiklar zu steifem Schnee geschlagen,
50 g Kristallzucker**

**Für die Schokoladesauce:
250 g Schokolade, 200 g Zucker,
250 ml Wasser, 4 cl Kognak, Obers**

**Außerdem:
Butter und Staubzucker für die Puddingform,
Schlagobers**

Butter und Zucker sehr schaumig abtreiben, mit den Dottern, der geschmolzenen und leicht überkühlten Schokolade, den passierten Semmeln, den Nüssen und letztlich mit den Bröseln vermischen. Zum Schluss den mit Kristallzucker vermischten Eischnee unter die Masse ziehen, Alles in eine eingefettete und mit Staubzucker ausgestreute Puddingform dreiviertelhoch einfüllen, danach im Wasserbad nicht ganz zugedeckt etwa 35 Minuten leicht kochen.
Zwischenzeitlich Schokolade mit Wasser und Zucker aufkochen, dann unter Rühren zu einer Sauce ähnlichen Konsistenz verkochen, mit etwas Obers und Kognak abschmecken.
Den fertigen Pudding beim Anrichten mit der Schokoladesauce überziehen und mit Schlagobers verziert servieren.

ANGEDÜNSTETE NUDELN

Aus 400 g Mehl, 2 Eiern etwas Salz und Wasser wird ein Nudelteig zubereitet, der nach dem Rasten in 3–4 mm breite Bandnudeln geschnitten wird. 375 ml Milch zusammen mit gut 50 g Butter sowie 30 g Zucker aufkochen, die Nudeln hineingeben und darin so lange kochen, bis die Milch verkocht ist. Nudeln in eine gefettete Auflaufform füllen; mit einem Guss aus 250 ml Milch, 1 Eidotter und 30 g Zucker im Rohr backen, bis sich eine Kruste gebildet hat. Nudeln samt Kruste ausstechen, mit Staubzucker bestreut servieren.

WIENER SCHLOSSERBUAM & WÄSCHERMADLN

**Für die Schlosserbuam:
500 g möglichst große Dörrzwetschken,
100 ml Rum, 100 g abgezogene Mandeln**

**Für die Wäschermadln:
12 Marillen, 100 g Marzipan,
6 cl Marillenschnaps, Zucker**

**Für den Backteig:
300 g Mehl, 250 ml Milch (oder Wein), 4 Dotter,
Eischnee aus 4 Eiklar, 40 g Öl, Prise Salz**

**Außerdem:
Butterschmalz oder Pflanzenöl zum Ausbacken,
Staubzucker, geriebene Schokolade, Vanillezucker**

Bereits einige Stunden vor der eigentlichen Zubereitung müssen die Dörrzwetschken in Rum und etwas Wasser mariniert werden. Dann werden die Zwetschken für die Schlosserbuam eingeschnitten, entkernt sowie mit jeweils einer Mandel gefüllt.
Für die Wäschermadln werden die Marillen geschält und entkernt, dann mit Zucker und Marillenschnaps mariniert. Nach dem Marinieren gibt man eine Kugel Marzipan – statt des Kerns – in die Mitte einer jeden Marille. Aus Mehl, Milch oder Wein, Dottern, Öl und Salz einen glatten, nicht zu dünnen Backteig rühren (den man noch mit Rum aromatisieren darf). Kurz vor der Verwendung mit Zucker steif geschlagenen Eischnee unter den Teig ziehen. Schlosserbuam und Wäschermadln einzeln in den Backteig tunken und in heißem Fett goldbraun ausbacken, abtropfen lassen. Schlosserbuam werden mit einem Gemisch aus Staubzucker und Schokolade, Wäschermadln mit Vanillezucker bestreut. Warm angerichtet sofort servieren.

Der Millirahmstrudel (Milchrahmstrudel)

Nach vorherrschender Meinung soll der Milchrahmstrudel (in Wien gerne auch als „Millirahmstrudel" bezeichnet) im „Roten Stadl" zu Breitenfurt im 19. Jahrhundert von einer Köchin namens Milli erfunden worden sein, was allerdings rein erfunden ist.
Tatsächlich wurde der berühmte Millirahmstrudel bereits im Jahre 1696 in einem handschriftlich verfassten Wiener Kochbuch („Koch-Puech") erwähnt, und zwar unter „Mülch Raimb Strudl zu machen".
Heute gibt es von dieser beliebten Mehlspeise so viele verschiedene Rezepte, wie KöchInnen, die sich damit beschäftigt haben: von ganz ursprünglich angefangen bis hinauf in die hohe Schule feinster Wiener Pâtisserie. Ein recht traditionelles Rezept dürfte nachstehendes sein:

250 g Strudelteig (selbst hergestellt, Rezept siehe S. 406)

Für die Fülle:
10 altbackene Semmeln,
250 ml Milch, 100 g Butter,
125 g Staubzucker,
100 g passierter Topfen,
Vanille,
abgeriebene Zitronenschale,
5 Eidotter, 125 ml Sauerrahm,
5 Eiklar, 40 g Kristallzucker,
80–100 g Rosinen

Für den Überguss:
500 ml Milch,
50–75 g Zucker, 1 Ei

Für die Vanillecremesauce:
500 ml Milch,
Mark von 2–3 Vanilleschoten,
125 g Zucker, 20 g Cremepulver oder Speisestärke (es kann auch Puddingpulver verwendet werden), 3 Eidotter, 60 ml Obers

Außerdem:
Butter zum Bestreichen und für die Form

Für die Fülle zuerst einmal die Semmeln entrinden, klein würfelig schneiden und mit Milch befeuchten. Danach Butter mit Staubzucker, Eidotter, passierten Topfen, Vanille sowie abgeriebener Zitronenschale sehr schaumig rühren, nach und nach den Sauerrahm und die Semmelwürfel unter die Masse heben, zuletzt das Eiklar mit dem Kristallzucker zu steifem Schnee schlagen und ebenfalls locker unter die Masse heben. Den Strudelteig auf einem bemehlten Tuch ausziehen, zwei Drittel davon mit der Füllmasse belegen, das restliche Drittel mit zerlassener Butter bepinseln. Rosinen auf der Füllung verteilen, wenn vorhanden Teigränder abschneiden und zu einem Strudel zusammenrollen. Eine Auflaufform gut ausbuttern, dann den Strudel hineinlegen.

Für den Überguss die Milch mit Zucker und Ei verquirlen, zunächst nur ein Drittel davon über den Strudel in die Auflaufform gießen. Strudel in den auf 180–200 Grad vorgeheizten Backofen schieben und 45 Minuten backen, währenddessen immer wieder mit der Zuckermilch begießen – der Milchrahmstrudel wird mehr gekocht als gebacken. Den fertigen Strudel warm mit Vanillesauce servieren.
Für die Vanillesauce zwei Drittel der Milch mit Vanille aufkochen, dann die restliche Milch mit Zucker und Stärke glatt rühren und mit der Schneerute unter ständigem Schlagen in die kochende Milch einrühren und einmal aufkochen lassen; Sauce vom Herd ziehen, Obers mit Eidotter vermischen und die Sauce damit legieren.

MILCHRAHMSTRUDEL

Die Schmarren

Der Schmarren ist in seiner ursprünglichen Form sicherlich ein bäuerlich-ländliches Essen, das erst verhältnismäßig spät in der Wiener Küche Einzug hielt. Wahrscheinlich stammen die Schmarren, wie Pfannkuchen übrigens auch, von den alpenländischen Pfannenspeisen ab. Der Wiener Volkskundler und Univ. Prof. Leopold Schmidt schrieb hierzu: „Während im bäuerlichen Bereich die Brei- und Musspeisen aus Mehl usw. vorwiegen, haben die Almwirtschaftler dies zum >Melkermus< erweitert, wobei die Vollmilch, das Mehl und die Butter zusammen die Grundlage aller österreichischen Pfannenspeisen, also der Schmarren und der Palatschinken usw. bilden. Auch das „Schupfen" der Pfannenspeisen gehört offensichtlich dieser almerischen Männerkochkunst an, wie sie auch den Holzknechten vertraut ist."
In der einschlägigen Kochbuchliteratur werden die Schmarren erstmals 1563 in der Hochzeitspredigt des Johannes Mathesius erwähnt, in der von einem „feisten" Schmarren die Rede ist (was deutlich zeigt, dass das Wort Schmarren mit dem alten Wort „Schmer"= rohes Schweinefett zusammenhängt). In den Kochbüchern des 18. Jahrhunderts findet man bereits fast alle auch heute bekannten Schmarrenrezepte, wie z. B. Kirschenschmarren, Semmelschmarren oder Grießschmarren.

DER KAISERSCHMARREN MIT ZWETSCHKENRÖSTER

Der Kaiserschmarren nimmt unter allen bekannten Schmarren eine Sonderstellung ein, denn er ist nicht bäuerlicher, sondern bürgerlicher Abstammung. Dieser Kaiserschmarren bildet heute fast ein Synonym für die Wiener-Mehlspeisenküche.
Allerdings existieren über die Entstehungsgeschichte dieses Klassikers zahlreiche Legenden. Eine von diesen erzählt von einem Zuckerbäcker, der für die krankhaft schlankheitsbewusste Kaiserin Elisabeth, die obendrein schlimme Zahnprobleme gehabt haben soll, ein leichtes und duftiges Dessert kreieren musste. Als er mit dieser Kreation aus einem modifizierten Omelettenteig und Röster bei der Kaiserin keine „Lorbeeren" ergattern konnte, soll Kaiser Franz Joseph gemeint haben: „Na, geb' er mir halt her den Schmarren, den unser Leopold da wieder z'sammkocht hat." Wahr an dieser Geschichte ist sicherlich, dass Kaiserin Elisabeth dieses Gericht nicht besonders gemocht hat.
Ein anderes Gerücht besagt, dass der Kaiser auf einem Jagdausflug, der naturgemäß auf einer Hütte endete, von deren Senn – in Österreich auch Kaser genannt – dem Kaiser einen „Kaserschmarren" (als eine edle Abwandlung des bekannten „Melkermus") vorsetzte. Und nachdem dieser von der Speise höchst angetan gewesen sein soll, wurde sie kurzerhand in Kaiserschmarren umgetauft. Auch wenn dies nur eine der vielen Theorien über den Kaiserschmarren ist, so soll seiner Majestät Kaiser Franz Joseph I. der „Kaiserschmarren" besonders auf einer seiner zahlreichen Jagden tatsächlich sehr gut gemundet haben, wenn man den zahlreich vorhandenen Zeitzeugen Glauben schenken will.

KAISERSCHMARREN MIT ZWETSCHKENRÖSTER

Für den Kaiserschmarren:
200 g Mehl, 250 ml Milch, 6–7 Eier,
50 g Zucker, 1 Prise Salz, 50 g Rosinen, Butter zum Ausbacken, Staubzucker zum Bestreuen

Für den Zwetschkenröster:
1 kg Zwetschken, 200 g Zucker,
2 Zimtstangen, einige Nelken,
Saft und Schale einer unbehandelten Zitrone

Mit dem Zwetschkenröster beginnen: Dazu die Zwetschken gut reinigen, halbieren und die Kerne entfernen. Nelken in ein Gewürzsäckchen binden und gemeinsam mit Zimtstangen, Zucker, Zitronensaft und -schale in gut 125 ml Wasser aufkochen. Die Zwetschken dazugeben und darin garen, bis sie nach etwa 20–30 Minuten weich sind. Zimtstangen und Gewürzsäckchen entfernen, danach den Röster kalt stellen.
Für den Schmarren zunächst die Eier trennen, dann die Dotter mit dem Mehl, der Milch und dem Zucker sehr gut verrühren. Die Eiklar mit einer Prise Salz zu steifem Schnee schlagen und behutsam unter die Masse heben. In einer größeren Pfanne Butter aufschäumen lassen, die Schmarrenmasse einfüllen und die Rosinen hineinstreuen. Den Schmarren einige Minuten anbacken lassen, dann wenden und auch die zweite Seite anbacken. Wenn der Kaiserschmarren noch nicht ganz fertig ist, diesen mit zwei Gabeln zerteilen. Den Schmarren in Ofen fertig garen, gerade so bis er gestockt ist. Kaiserschmarren mit Staubzucker bestreut servieren, den Röster dazu reichen.

KIPFERL- ODER SEMMELSCHMARREN

8 Kipferl oder Semmeln vom Vortag blättrig schneiden. 400 ml Milch mit 4–6 Eiern, 30 g Zucker, Vanille und Zimt nach Geschmack gut verrühren, dann über die geschnittenen Kipferl oder Semmeln gießen. Die Masse in eine gut gebutterte Auflaufform geben, mit Rosinen bestreuen, mit Butterflöckchen belegen und danach 25–30 Minuten im Rohr langsam backen. Fertigen Schmarren mit einer Gabel zerreißen und mit Staubzucker bestreut servieren, ein Kompott nach Wahl dazu reichen.

RAHMSCHMARREN

Von den vielen Schmarrenrezepten, die die Wiener Küche kennt, ist dieses vielleicht das allerfeinste. Das Wichtige beim Rahmschmarren ist, dass er perfekt gegart wird; zu kurze Garzeit bedeutet, dass er zu feucht wird, eine zu lange Garzeit macht ihn taub und trocken. Daher immer wieder den Garzustand überprüfen. Perfekt gegart ist der Rahmschmarren dann, wenn er innen noch eine leicht cremige Konsistenz hat.

140 g Mehl, 375 ml Sauerrahm, 4 Eier,
90 g Kristall-Zucker, Vanillezucker,
abgeriebene Zitronenschale, Prise Salz, Butter

Zunächst 3 Eier in Dotter und Eiklar trennen. Danach in einer Schlagschüssel den Sauerrahm mit Dottern, einem ganzen Ei, 1 TL Vanillezucker, etwas abgeriebener Zitronenschale sowie einer Prise Salz verrühren, dann das Mehl langsam einarbeiten und alles glatt rühren. Drei Eiklar mit dem Kristallzucker zu halbfestem Schnee schlagen und behutsam unter die Masse heben.
In einer Pfanne ein Stück Butter aufschäumen lassen, die Schmarrenmasse etwa 2 cm hoch hineingießen, anbacken lassen, schließlich im auf 180 Grad vorgeheiztem Rohr weiterbacken, bis die Unterseite goldbraun ist und der Teig etwas angezogen hat. Den Teig wenden und auch die zweite Seite goldbraun backen, dabei immer wieder die Konsistenz prüfen. Rahmschmarren aus dem Ofen nehmen und mit zwei Gabeln zerzupfen, dann in der Pfanne auf eine Seite schieben. Noch etwas Butter in die Pfanne geben, einen Löffel Zucker darin karamellisieren lassen, dann den Schmarren damit vermischen. Als Beilage einen Marillenröster, Zwetschkenröster oder Kompott reichen.

GRIESS-SCHMARREN

500 ml Milch, 200 g grober Weizengrieß,
50 g Butter, 1 Ei, 100 g Butter,
25 g Staubzucker, 50 g Rosinen,
abgeriebene Zitronenschale,
Prise Salz, Staubzucker zum Bestreuen

Die Milch leicht salzen und mit 50 g Butter zum Kochen bringen, den Grieß einrieseln lassen, dick einkochen, dann überkühlen – in die abgekühlte Masse das Ei einarbeiten. Die Masse in eine Pfanne oder Auflaufform geben und im Rohr mit reichlich Butter ausdünsten lassen, den Schmarren dabei öfters mit einer Gabel zerteilen. Nach etwa 20 Minuten Zucker, Rosinen und abgeriebene Zitronenschale dazugeben und den Schmarren in weiteren 20–25 Minuten knusprig braun backen. Fertigen Schmarren mit Staubzucker bestreuen, mit Röster oder Kompott auftischen.

KIRSCHENSCHMARREN

**200–250 g von Stängeln befreite Kirschen,
4 Eier, 30 g Zucker,
250 ml Milch, 125 g Mehl,
Prise Salz, Butter zum Backen,
Staubzucker zum Bestreuen**

Die Eier trennen. Dotter mit Zucker abtreiben, dann mit Milch, Mehl sowie einer Prise Salz zu einem glatten Teig verarbeiten. Eiklar zu steifem Schnee schlagen und zusammen mit den Kirschen vorsichtig unterheben.
Butter in einer Pfanne aufschäumen lassen, den Teig hineingießen und auf der Unterseite anbacken lassen, dann wenden und auch die zweite Seite bräunen. Schmarren mit zwei Gabeln zerteilen und die Stücke zusammen mit etwas Butter und Zucker nochmals durchrösten. Auf einer Schüssel anrichten und mit Staubzucker bestreut servieren.

Palatschinken

Wenn man einen französischen, einen böhmischen, einen ungarischen und einen österreichischen Koch fragen würde, wer denn die Palatschinke „erfunden" habe, so wird ein jeder seine heimatliche Kreation hervorloben: der Franzose liebt seine Crêpes, der Böhme seine Palatcinky, der Ungar die Palatcsinta (vor allem die berühmte Gundel-Palatcsinta) und der Österreicher wird natürlich auf seine Palatschinken verweisen. Und dann sind da noch die Deutschen mit ihren zahlreichen Variationen von Pfannkuchen. Recht von ihnen hat aber keiner, denn die Palatschinke war schon in der Antike bekannt. So hatten die Griechen einen Teigfladen, welcher in Olivenöl herausgebacken wurde und die Römer bereiteten sich ihre „placenta" zu. Und so waren es dann auch die römischen Legionäre, welche die köstliche Mehlspeise in ganz Europa verbreiteten.

Aus dem Grundrezept der Römer haben sich dann überall eigene regionale Spezialitäten herausgebildet und Palatschinke ist deshalb nicht gleich Palatschinke. Man kennt in der Wiener Küche zudem auch die Pfannkuchen, für sie wird aber ein wesentlich dickflüssigerer Teig genommen, der zudem auch dicker gebacken wird.

Die Palatschinken sind, neben dem Gebackenen und den Strudeln, das dritte Standbein der Wiener Küche, bei dem eine Zutat oder Füllung in einer hübschen, goldgelben Hülle serviert wird. Bei Palatschinken kommt es übrigens nicht so wirklich auf den Teig an, viel wichtiger ist hierbei die Fülle, daher sind auch verschiedene Teigvariationen gebräuchlich.

RAHMPALATSCHINKEN

Vorbereitete Palatschinken mit folgender Fülle bestreichen: 80 g Butter mit 120 g Zucker, 2 Dottern, 60 g Rosinen, 125 ml Rahm und abgeriebene Zitronenschale schaumig schlagen, 40–50 g weiße Semmelbrösel darunter mischen und die Masse mit 125–150 ml Sauerrahm zu einer homogenen Creme verarbeiten, diese mit 2 steif geschlagenen Eiweißen auflockern.

Die Palatschinken zusammen rollen, in eine gebutterte und mit Bröseln ausgestreute Auflaufform schichten. 250 ml Rahm mit 2 Dottern versprudeln, über die Palatschinken gießen und diese im Ofen bei 180 bis 200 Grad goldgelb überbacken.

PALATSCHINKENTEIG I

140 g Mehl, 250 ml Milch, 2 Eier, 1 Eidotter, Salz, Fett zum Backen (in der Alt-Wiener Küche war eine Kombination von Butter und Schweineschmalz geläufig)

Zuerst Mehl mit Milch vermischen, zwei Eier und einen Dotter einarbeiten und mit einer Prise Salz zu einem glatten Teig rühren, soviel Milch dazugeben, dass ein dünnflüssiger Teig entsteht (wenn man einen Teil der Milch durch Obers ersetzt, so werden die Palatschinken besonders fein). In einer Palatschinkenpfanne etwas Fett erhitzen, den Teig so hineinschöpfen, dass er dünn den ganzen Boden bedeckt. Über mäßiger Hitze zuerst die eine Seite anbacken, danach wenden und schließlich auch die zweite Seite backen.

PALATSCHINKENTEIG II

200 g Mehl, 250 ml Milch, 2 Eier, Salz, 100 ml Sodawasser, nach Belieben eine Prise Zucker, Öl zum Ausbacken

Zunächst Mehl, Milch, Eier mit einer Prise Salz (wenn eine süße Füllung geplant ist, kommt auch etwas Zucker hinzu) zu einem glatten Teig verrühren. So viel Sodawasser hinzugeben, dass er eine flüssig-cremige Konsistenz erhält. Palatschinken wie gewohnt in etwas Butter oder Öl beidseitig goldbraun backen.

PALATSCHINKENTEIG III

250 g Mehl, 200 ml Milch, 3 Eier, 50ml sehr gutes Öl, 150 ml Sodawasser, 1 Prise Salz, nach Belieben 2–3 TL Zucker, etwas Butter oder Öl zum Ausbacken

Zuerst das Mehl mit etwas Salz vermengen, dann Eier, Milch und fast das gesamte Öl hinzufügen, will man die Palatschinken süß füllen, so kommt auch Zucker dazu. Alles zu einem glatten Teig verrühren, danach mit Sodawasser verdünnen bis der Teig cremig ist. 10 Minuten rasten lassen, dann das restliche Öl und noch einen Schuss Milch einarbeiten. Wie gewohnt Palatschinken ausbacken, doch braucht man hier nur sehr wenig bis gar kein Öl mehr, weil dieses ja bereits im Teig enthalten ist.

KLEINE FLEISCHRÖLLCHEN

Für die Fülle je 150 g kalten Schweinsbraten und Selchfleisch faschieren, dann in einer Pfanne Butter erhitzen, 1 große feinst gehackte Zwiebel anschwitzen, das Faschierte dazugeben und mit Salz, Pfeffer, Knoblauch, Paprikapulver und etwas Senf (oder auch Paradeismark) würzen. Pfanne vom Herd nehmen und in die noch warme Masse 2 Eier einrühren. Füllung auf fertige Palatschinken streichen, diese in der Mitte durchschneiden, so dann panieren und in Butterschmalz oder Öl goldgelb backen, abtropfen lassen und als Imbiss oder mit Salat servieren.

MARILLENPALATSCHINKEN

Variante
Die gefüllten Palatschinken zerschneiden, dachziegelartig in eine gefettete Form schichten und mit einem Guss aus 250 ml Sauerrahm, 150 ml Obers, 50 g geriebenem Käse und 3 Eiern etwa 20 Minuten im Ofen backen, bis die Oberfläche schön braun ist.

BÄRLAUCHPALATSCHINKEN

Fertige Palatschinken mit folgender Fülle belegen:
500 g frischen Bärlauch blanchieren, ausdrücken und grob hacken. 2 fein gewiegten Schalotten in etwas Butter andünsten, dann 2–3 zerdrückte Knoblauchzehen hinzugeben, mit Salz, Pfeffer und Muskat würzen, nach Belieben auch etwas Schafkäse einbröckeln. Die Palatschinken zweimal einschlagen, dann aus 4 EL Butter und 4 EL Mehl eine Einbrenn bereiten, mit 300 ml Milch aufgießen und verkochen lassen.
Sauce mit Obers, einigen Löffeln geriebenen Käse, Salz, Pfeffer und Muskat verfeinern. Palatschinken in eine gebutterte Form legen, mit der Sauce übergossen im Ofen backen. Mit frisch gehacktem Schnittlauch bestreut servieren.

MOZART-PALATSCHINKEN

Palatschinken zuerst mit Scheiben von Kochschinken oder fertigem Selchbraten, dann mit Emmentaler-Scheiben belegen, mit reichlich Schnittlauchröllchen bestreuen und zusammenrollen; mit einem Zahnstocher fixieren. Palatschinkenrollen wie ein Schnitzel panieren und in heißem Butterschmalz ausbacken.

GEBACKENE PALATSCHINKEN MIT SCHINKENFÜLLE

PALATSCHINKEN WEITERE KLASSISCHE FÜLLUNGEN

1. Marmelade-Palatschinken: Fertige Palatschinken auf einer Seite mit Marmelade nach Wahl bestreichen, zusammenrollen und mit Staubzucker bestreut servieren.

2. Walnussfüllung: 250 ml Obers mit 200 g geriebenen Walnüssen, 50 g gehackten Rosinen, 125 g Zucker, 2–3 EL Rum, abgeriebene Orangenschale miteinander vermengen, etwa eine Minute leise köcheln lassen. Die gefüllten Palatschinken mit einer Schokoladesauce und Schlagobers garnieren oder mit einer Marmelade (z. B. Erdbeere) überziehen.

3. Mohnfülle: 120 g gemahlenen Mohn mit 80 g Staubzucker und 2 Päckchen Vanillezucker vermischen, 100 ml heiße Milch darüber gießen und zu einer homogenen Masse rühren. Nach Belieben noch einige Rosinen dazugeben.

4. Topfenfülle: 250 g Topfen, etwas Sauerrahm, 3 Stamperln Rum, 50 g Rosinen, 125 g Staubzucker, abgeriebene Zitronenschale, Vanillezucker und Honig zu einer homogenen Masse rühren und in die Palatschinken füllen.

5. Dill-Topfen-Fülle: 250 g Topfen mit reichlich frisch gehacktem Dill, etwas Zitronensaft, Salz und gepresstem Knoblauch abschmecken, die Palatschinken damit füllen und etwas Sauerrahm darauf geben.

6. Champignon-Paradeiser-Fülle: 250 g Zwiebeln in gut 50 ml Öl andünsten, 3 gehackte Knoblauchzehen hinzugeben. 200 g Champignons grob hacken, in die Pfanne geben und zuletzt 350 g geschälte und grob gewürfelte Paradeiser untermengen. Alles durchrösten, schließlich mit reichlich feinen Kräutern (wie z. B. Kerbel, Schnittlauch, Petersilie), Salz und Pfeffer abschmecken.

KLEINE FLEISCHRÖLLCHEN

APFELSTRUDEL VARIANTEN

Alt-Wiener Apfelstrudel: Für die Fülle 2 1/2 –3 kg Äpfel und gut 150 g Semmelbrösel in 125 g Butter geröstet nehmen und die Fülle zusätzlich mit 250 ml Sauerrahm oder leicht geschlagenem Obers anreichern (nach Belieben kann der Füllung auch etwas Rum beigegeben werden).

Salzburger Apfelstrudel: Der Strudel wird mit gezuckerter Milch übergossen, damit er saftig bleibt.

1. Äpfel (vorzugsweise Strudler) schälen,

2. Strudelteig dünn ausziehen.

3. Füllung auf Teig verteilen.

4. Einrollen

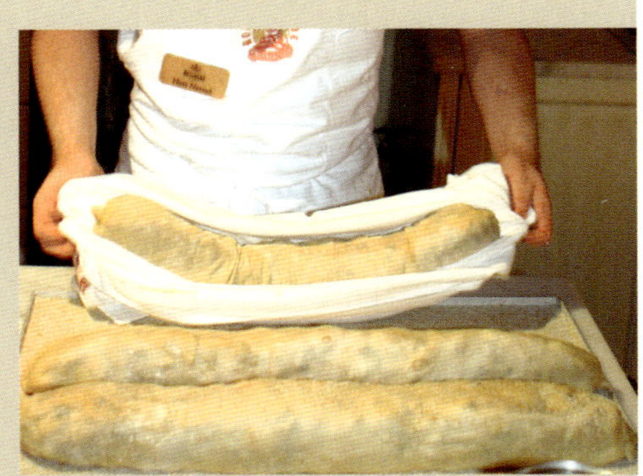

5. Auf das Backblech legen.

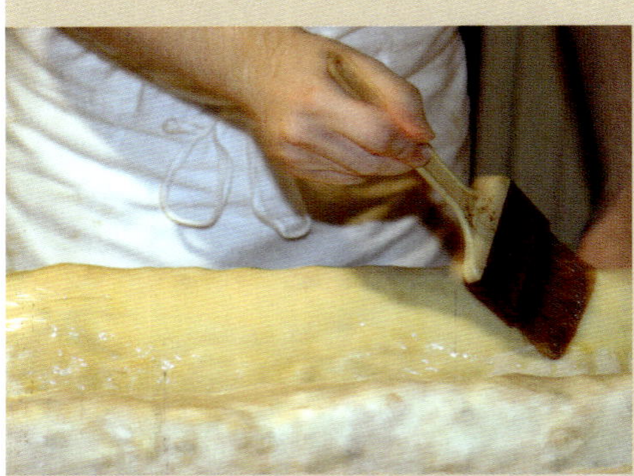

6. Mit zerlassener Butter bepinseln.

7. Backen

8. Fertigen Apfelstrudel mit Staubzucker bestreut servieren.

Der Apfelstrudel

Ein Glanzstück der österreichischen Strudelküche ist der berühmte Apfelstrudel, jenes herrliche Gebilde aus hauchdünnem Teig mit einer duftenden Fülle von Zimt, Äpfeln und Butter. Nach Überzeugung der meisten Hausfrauen braucht es sehr viel Erfahrung, den Strudelteig richtig auszuziehen, denn der Teig sollte für Apfelstrudel nämlich so dünn sein, dass er nahezu transparent ist und man durch ihn hindurch bequem eine Zeitung lesen kann; eine Kunst, die nur wenige wirklich perfekt beherrschen.
Sehr wichtig ist vor allem die Wahl der richtigen Äpfel, grüne und säuerliche Sorten sollten es sein, so genannte „Strudler". Überreife Äpfel sind hierfür genauso wenig geeignet, wie die leider häufig verwendeten Dunstäpfel oder gar Halbkonserven.

REZEPT:

250–300 g Strudelteig (Zubereitung siehe S. 406)

Für die Fülle:
1 1/2 kg Strudel-Äpfel, 40-50 g Butter,
80 g Semmelbrösel,
etwa 100 g Zucker (bei sehr säuerlichen Äpfeln etwas mehr),
gemahlener Zimt nach Geschmack,
75 g geriebene Walnüsse, 75 g Rosinen

Außerdem:
Butter zum Bestreichen, Staubzucker

Der Strudelteig wird auf einem bemehlten Tuch hauchdünn über den Handrücken ausgezogen. Dann bestreut man zwei Drittel des Teiges mit den in Butter gerösteten Semmelbröseln. Die geschälten und blättrig geschnittenen Äpfel darauf verteilen, auf diese dann Rosinen und gemahlene Nüssen streuen; mit Zimt und Zucker nach Geschmack würzen. Das frei belassene Teigdrittel mit zerlassener Butter bestreichen und den dicken Teigrand ringsherum abschneiden.
Danach das Tischtuch anheben und den Teig zur freien Teigseite hin einrollen. Den Strudel mit der Nachtseite nach unten auf ein befettetes oder mit Backpapier ausgelegtes Blech legen, wobei der Strudel entweder in entsprechend lange Stücke geschnitten oder hufeisenförmig aufgelegt wird.
Nun den Strudel mit reichlich zerlassener Butter bestreichen und im vorgeheizten Backrohr bei 160–190 Grad etwa 35 Minuten backen. Während des Backens den Strudel drei Mal mit zerlassener Butter bestreichen. Fertigen Apfelstrudel warm oder kalt mit reichlich Staubzucker bestreut servieren.

Schlumberger

Wenn der Österreicher Sekt sagt, so ist dies meist gleichbedeutend mit dem Namen des Weinguts Schlumberger, weshalb es wenig verwundert, dass Weine aus diesem Traditionshaus auf nahezu allen Getränkekarten der gehobenen Gastronomie zu finden sind.

Der Gründer Robert Schlumberger fand in der Thermenregion, genauer in der Gegend um Bad Vöslau, so etwas wie seine eigene „Champagne" und legte rund um das Goldeck seine ersten Weingärten an.

Robert Schlumberger „Edler von Goldeck" begann seine Karriere in Reims (Frankreich) bei der ältesten Champagner-Kellerei Ruinart Père et Fils und war schon 1840 der Ansicht, dass „... auch in Österreich die Möglichkeit geboten sei, moussierende Weine von solcher Vollkommenheit zu erzeugen, dass sie mit vollem Recht den in der Champagne erzeugten an die Seite gestellt werden können ...". Er sollte Recht behalten, denn bereits ab 1845 wurde das Haus Schlumberger mit vielen Medaillen ausgezeichnet.

„Schlumberger Champagner", wie dieser Sekt bis zum Friedensvertrag von Saint Germain genannt wurde (der Vertrag enthielt auch einen Namensschutz für den französischen Champagner, was bedeutete, dass seitdem keine Schaumweine außerhalb der Champagne diese Bezeichnung tragen dürfen), avancierte zum Lieblingsgetränk der Wiener Gesellschaft des ausgehenden 19. Jahrhunderts.

In mehr als 150 Jahren gelang es dem Haus Schlumberger die „méthode traditionnelle" weiterzuentwickeln. Heute gehört Schlumberger zu den führenden Sektmarken Europas.

Bis heute erzeugt das Unternehmen nach der klassischen „méthode traditionnelle", jener Flaschengärung, bei der die Hefe bis zu 24 Monaten auf der Flasche liegt und durch ständiges Rütteln und Drehen zum Kork gebracht wird, bis sie schließlich vereist und abgestochen wird. Der dadurch entstandene Hohlraum in der Flasche wird mit der so bezeichneten Dosage aufgefüllt, bevor die Flasche letztlich verschlossen wird. Die Zusammensetzung der Dosage ist meist das Geheimnis eines jeden Winzers und besteht im Allgemeinen aus einem Wein-Zuckergemisch – außer bei „extra brut" wo kein Zucker zugesetzt wird. Der Kellerpunkt auf jeder einzelnen Flasche ist Garant dafür, dass mit dieser Methode gearbeitet worden ist. Genauso wie bei der Verarbeitung legt das Haus natürlich auch größten Wert auf die Qualität des Traubenmaterials. Die Grundweine für Schlumberger kommen ausschließlich aus Österreich. Das Haus Schlumberger legt höchsten Wert auf die Auswahl der Trauben, die von Hand und besonders schonend in kleinen Kisten verlesen werden. Alle Vorgänge wie z. B. Weinstockpflege, Düngung, Erntezeitpunkt werden von Schlumberger mit den Vertragswinzern vereinbart und laufend überwacht. Diesen Luxus kann man schmecken und der kundige Genießer wird dies zu honorieren wissen.

Ein derart traditionelles Haus hat selbstredend ein breit gefächertes Angebot. Klassiker ist natürlich der Schlumberger Sparkling Brut. Absolute Spitzenklasse sind aber sicherlich der mit dem Arachon-Winzertrio bestehend aus Illa Szemes, Manfred Tement sowie F.X. Pichler kreierte DOM, der Schlumberger Chardonnay brut 2001 sowie der extravagante und sehr trockene Schlumberger Extra brut!

Der DOM (Chardonnay und Pinot noir) zeigt sich sehr elegant, mit einem gut integrierten Säurespiel und einer feinen, doch kräftigen Perlage – für viele schon einem Champagner sehr ähnlich.

Beim üppigen Schlumberger Chardonnay brut sind die Apfel-Birnen-Aromen sehr deutlich, zudem verfügt er über eine angenehme Frische – ein stilvoller Sekt mit viel Charakter.

Der Schlumberger Extra brut ist mit seinem fein perligen und lang anhaltenden Mousseux, seiner Aromavielfalt und durch seine feine Frucht ein äußerst harmonische Sekt; wegen der fehlenden Dosage zudem besonders trocken – ein Schaumwein für Kenner.

Weinbaugebiet Wien

Wie alles begann:

Die Weinrebe ist älter als die Menschheit und der aus ihm gewonnene Wein bekannt, seit er angebaut und kultiviert wird. Bei den Ägyptern war der Wein schon vor mehr als 6000 Jahren als göttliches Getränk bekannt. Die antiken Griechen wiederum tranken ihn zu nahezu allen Anlässen und machten ihn zum alltäglichen Getränk. Ins alte Vindobona kam der Wein schließlich mit den Römern. Doch die verwöhnten Legionäre waren mit der Anfangs hier produzierten Qualität unzufrieden und pochten auf ihre tägliche Ration Wein. So war es Kaiser Probus (232–282 n.Chr.), der den Grundstein für die heute untrennbar miteinander verbundene Liebe „Wien und Wein" legte: denn er erlaubte seinen römischen Legionären im damaligen Vindobona Wein anzubauen und zu kultivieren. So verbesserten die Römer die vorhandene Qualität drastisch, brachten ihre Reben sowie ihren Rebschnitt mit und führten für die damalige Zeit hochmoderne Kellertechniken ein. Zum Dank und zur Erinnerung gibt es heute noch eine Heurigengasse in Heiligenstadt, die den Namen „Probusgasse" trägt.
Als die Römer Vindobona schließlich verließen, blieb dennoch ein Teil der Befestigungsanlagen besiedelt. Zwischen Hohem Markt, Judengasse, Sterngasse und der Marc-Aurel-Straße lag ein festungsähnlicher Komplex, der den Namen „Berghof" erhielt. Dieser Name leitete sich vom Weinberg ab und war Sitz des Bergherrn, der seine Weinberge gegen ein so genanntes „Zehent" (das war ein Zehntel des Ertrages) verpachtete.
Um 482 wurden die Weinberge (vor allem die Heiligenstädter) vornehmlich von germanischen und slawischen Winzern (Weinbauern) gehegt und bewirtschaftet. Die Qualität muss damals schon recht ansprechend gewesen sein und so wurde bereits zwischen gutem fränkischen Wein und eher schlechten hunnischen Reben unterschieden.

Wien – Weinbaugebiet und Welthauptstadt des Weins:

Heute weist Wien als einzige Hauptstadt der Welt innerhalb der Stadtgrenzen rund 700 Hektar Weingärten auf (vorwiegend auf Schiefer, Schotter, Lehm und Löss), die neben der primären Funktion als Traubenlieferant vor allem auch eine ökologische Funktion erfüllen. Mit seiner landschaftlichen Vielfalt, dem Schutz des Artenreichtums von Pflanzen und Tieren, dem gesunden Klima und der guten Luft entsteht so im wahrsten Sinn des Wortes ein lebendiger Lebensraum inmitten der Großstadt. Während ein Hektar Wald den Sauerstoff-Jahresbedarf für 10 Menschen produziert, so liefert ein Hektar Weinberg den für 25 Personen. Die Weinberge Wiens werden derzeit von rund 640 Winzern bewirtschaftet.

WEINBAU KIERLINGER

Im Jahre 1787 wurde dieses Traditionsweingut von Urban Kierlinger gegründet, der damit die Ära einer Hauerdynastie einleitete, die vor allem wegen ihres Geschicks und Fachwissens immer wieder wunderbare Weine hervorzubringen vermag. Die Trauben für diese Kreszenzen gedeihen auf 6ha Weingärten an den sonnigen Südlagen des Nussberg, einer der besten Lagen Wiens. Sowohl der berühmte „Gemischte Satz" als auch der exzellente, sehr resche und für Wien typische Riesling schmecken im urigen Buschenschank wunderbar.

Überhaupt gehört der „Kierlinger" zu Wiens romantischsten und traditionellsten Weinbau-Betrieben, denn es ist schon ein besonderes Erlebnis, die ausgezeichneten Weine des Hauses in dem herrlichen Gastgarten unter Linden und Kastanien verkosten zu dürfen. Und so kann durchaus behauptet werden, dass der Kierlinger nicht nur eine Wiener Heurigen-Institution ist (es handelt sich um einen Heurigen, wie er früher einmal war und wie er heute leider selten geworden ist), sondern auch ein Weingut darstellt, welches ganz klassische Wiener Weine erzeugt.

WIENINGER

Ein Winzer, der einen derart bedeutungsvollen Namen auf seinem Etikett trägt, ist von Hause aus dazu verpflichtet, seinem Namen alle Ehre zu machen und kompromisslos auf Qualität zu setzen: „Nomen est omen"! Fritz Wieninger erfüllt diese verantwortungsvolle Aufgabe seit vielen Jahren, denn er bringt Weine hervor die nicht nur zu den besten Wiens zählen, sondern auch Österreich alle Ehre machen. Angesichts des hohen Export-Anteils nicht ganz unwichtig!

Das traditionsreiche Weingut versteht es, gleich eine ganze Palette von Spitzenweinen hervorzubringen, die Lagen hierfür sind zum einen am berühmten Nussberg gelegen, zum anderen auf der anderen Donauseite. Sein im Barrique gereifter Pinot noir verdient alle Beachtung der Weinwelt, doch sein hocheleganter Chardonnay Tribute ist unglaublich: nicht nur der Finessenreichtum verzückt den Gaumen, nein auch die perfekte Harmonie des Weines ist eine Klasse für sich! Trinkvergnügen pur bereitet der Nussberg Alte Reben, ein nahezu beispielloser Wein mit feinen Zitrusnoten, leicht mineralischen Komponenten, schöner Frische und viel Kraft.

MUTH

Einer der wenigen Heurigen und Buschenschänken, die noch wirklich Augenmerk auf guten Wein legen und weniger auf „Showeffekte" ist das Weingut Muth. Der Eigentümer Detlev Neudeck achtet zusammen mit seinem Kellermeister Andreas Wagner sehr darauf, dass hier Weine produziert werden, die seinen hohen Qualitätsansprüchen gerecht werden. Und daher sind sowohl der klassische „Wiener Satz", wie auch Grüner Veltliner und Rheinriesling sehr gelungene Tropfen, die den Weinbeißer erfreuen. Doch richtig Freude kommt auf, wenn man ein Gläschen der Weißburgunder-Cuvée ansetzt, sauber, fein vinifiziert und ungemein süffig. Glanzstücke das Hauses sind aber sicherlich die Rotsortigen, welche durch die Bank zu überzeugen vermögen. Besonders gelungen erscheinen die „Cuvée Rot" (BB/CS/ZW) sowie die Cuvée aus Cabernet Sauvignon und Merlot; dezentes, sehr gekonnt eingesetztes Barrique soll die feinen Weine unterstützen und nicht „erschlagen", wie dies leider oft der Fall ist.

MAYER AM PFARRPLATZ

Dieses wohl berühmteste Weingut Wiens verdankt seine Bekanntheit vor allem dem Umstand, dass in den ehrwürdigen Gemäuern einst Beethoven taub wurde und seine 9. schrieb. Ob seine Taubheit auch ursächlich mit den mehr leidenschaftlichen als schönen Gesängen der umherziehenden Weinbeißer und Zechern zusammenhing, ist ungeklärt, jedenfalls halfen die Behandlungen im ehemals nahegelegenen Heilbad nichts, wo er Linderung seines Leidens suchte. Tatsache aber ist, dass das Haus im Originalzustand erhalten ist, vielleicht auch ein Verdienst des Heiligen Florian, der in Form einer Statue die Fassade ziert.

Die Familie Mayer ist in Heiligenstadt und Grinzing seit 1683 ansässig und kann somit auf eine lange Tradition und Erfahrung im Weinbau zurückblicken. Seit mehr als 10 Jahren wird eine naturnahe Bearbeitung der Weingärten betrieben. Man kultiviert derzeit 26 ha und neben den hervorragenden reinsortigen Weinen werden auch zwei Varianten des „Gemischten Satzes" angeboten: der Nussberger und der Grinzinger; vor allem der Alte Nussberger Satz verdient Beachtung. Sehr gelungen erscheint außerdem die Gewürztraminer Auslese, ein Wein für Genießer.

ZAHEL

Im Süden Wiens gelegen ist das Hause Zahel, welches heute von Richard und Alfred Zahel geleitet wird. Sie beide zählen zu der modern ausgerichteten, jüngeren Garde der Wiener Winzer. Verschrieben haben sich die beiden Qualitätsfanatiker einer dynamisch ökologisch ausgerichteten Bewirtschaftung der Weingärten, welche zum einen an den Ausläufern des Wienerwaldes liegen, zum anderen an den Hängen des Nussberg, wahrscheinlich Wiens bester Riede.

Neben der bekannten Cuvée Antares (St. Laurent, Zweigelt, Cabernet Sauvignon und Merlot) sind vor allem der reinsortig ausgebaute, sehr elegante St. Laurent und der für Wien so typische und heimische Wiener Gemischte Satz die „Steckenpferde" der ambitionierten Winzer. So haben es sich Alfred und Richard Zahel zur sehr löblichen Aufgabe gemacht, den „Gemischten Satz" zu schützen und zu erhalten. Das Ergebnis ist ein archetypischer Wiener Wein, der unglaubliches Trinkvergnügen bereitet und das Herz eines jeden Weinliebhabers höher schlagen lässt. Die Brüder experimentieren zudem mit alten, teils vergessenen Sorten wie dem roten Riesling oder der so genannten Orangetraube, die einen fruchtig, gehaltvollen Weißwein ergibt.

GÖBEL

Seit den 30er Jahren besteht dieses Weingut in Wien Stammersdorf, das heute in dritter Generation von H.P. Göbel betrieben wird. Sein Wissen in Sachen Wein hat er hauptsächlich von den Eltern übernommen, weshalb er sich gerne als Autodidakt bezeichnet. Von den etwa 3,5 ha Rebfläche sind mehr als 70 Prozent mit Rotwein bestückt, für Wien eher ungewöhnlich. Neben dem wunderschön ausgebauten Riesling liegen die Stärken des Betriebes vorwiegend im Bereich der Rotweine, die allesamt in kleinen Holzfässern ausgebaut und erst nach 2 Jahren Lagerung abgefüllt werden. Mit seinen Rotweinen hat sich der ambitionierte Winzer mittlerweile einen sehr guten Namen in der Weinwelt erarbeitet, als besonders gelungen erscheint die sehr fein vinifizierte Cuvée Berg, welche im architektonisch ausgefeiltem Buschenschank gerne zu Lamm serviert wird. Mehr als nur „verkostenswert" ist auch der ausgezeichnete Riesling des Hauses.

SCHILLING

Das in Wien-Strebersdorf gelegene Weingut verfügt derzeit über 8 ha Weingarten, der zur Gänze an den Südhängen des Bisamberg gelegen ist, die Böden sind sandig, lehmig und verfügen über einen hohen Kalkgehalt. 60 Prozent der Reben sind Weißweine und 40 Prozent Rotweintrauben.

Der Betrieb steht für naturnahe integrierte Produktion, welche höchste Traubenqualitäten hervorbringt. Durch sorten- und lagerbewussten Rebschnitt, konsequente Laubarbeit, bewusstes Traubenausdünnen nach der Rebblüte, naturgemäße Bodenbearbeitung und ein nützlingsschonender Einsatz von anerkannten Pflanzenschutzmitteln kann im günstigen, fast pannonischen Wiener Klima reifes gesundes Traubenmaterial höchster Qualität geerntet werden. Händische Weinlese sowie schonende Traubenverarbeitung sind selbstverständlich für die qualitativ hochwertigen Weine aus dem Hause Schilling.

WEINGUT DER STADT WIEN „COBENZL"

Da Wien heute die einzige Weltstadt ist, in der in größerem Maße Wein kommerziell angebaut wird, muss wohl auch die Stadt an sich in Besitz eines Weingutes sein. Seit 1907 befindet sich das traditionsreiche Weingut Cobenzl in Besitz der Stadt Wien und gehört mit 37 ha Anbaufläche und einer Jahresproduktion von etwa 1000 Hektolitern zu den bedeutendsten der ganzen Stadt. Die Rieden des Weingutes befinden sich im 19. und 21. Bezirk.

Heute wird das Weingut von Ing. Thomas Podsednik und seinem Kellermeister Martin Schmuckenschlager geleitet, die den Betrieb nicht nur modernisiert haben, sondern auch die Palette an hochwertigen Weinen (vor allem weiße) weiterentwickelten. Grüner Veltliner, Rheinriesling, Weißburgunder oder Chardonnay erscheinen hier durchwegs als sehr frische, fruchtige Weine von hoher Qualität.

KÜRBISGEMÜSE MIT GEKOCHTEM RINDFLEISCH

Weingut der Stadt Wien „Cobenzl"

Da das Weingut Cobenzl nicht ein reiner Weinbaubetrieb ist, sondern auch über andere landwirtschaftliche Zweige verfügt, werden hier Gemüse (weiter auch Rüben oder Getreide) aus eigener Produktion verwendet.

1 kg gekochtes Schulterscherzel (siehe Zubereitung S. 277),
1 1/2 kg Kürbis
(z. B. Butternusskürbis oder Muskatkürbis),
2–3 Zwiebeln,
30 g Butter,
4 Paradeiser,
125 ml heiße Rindsuppe,
1–2 EL Mehl,
1 EL Paradeismark oder Tomatenketchup,
1–2 EL gehackter Dill,
Essig,
Zucker,
Salz,
Pfeffer aus der Mühle

Kürbis schälen, Kerne entfernen. Das Fruchtfleisch in 1 x 1 cm große Würfel schneiden, die Zwiebel schälen und ebenfalls klein würfeln. Butter in einer Kasserolle erhitzen, Zwiebel darin hellgelb rösten, dann den Kürbis dazu geben und 5 Minuten mitbraten. Die Paradeiser waschen, blanchieren und die Haut abziehen. Tomaten klein würfeln und in den Topf füllen. Etwas Fleischbrühe zum Gemüse gießen und alles mit Essig, Zucker, Salz und Pfeffer aus der Mühle würzen (nach Geschmack noch Muskatnuss zufügen). Kürbisgemüse 5 Minuten weiterdünsten, danach mit Mehl stauben und weitere 4–5 Minuten gar kochen, wer mag schmeckt noch mit etwas Paradeismark oder Ketchup ab. Die Hälfte vom gehackten Dill kurz vor dem Servieren unterrühren. Kürbisgemüse mit in Scheiben geschnittenem Rindfleisch auf Tellern anrichten, mit gehacktem Dill bestreut servieren. Erdäpfelschmarren oder Salzkartoffeln dazu reichen.

SCHWEINSLUNGENBRATEN MIT PILZ-KRÄUTERFÜLLE UND KLEINEN GRAMMELKNÖDELN

Wieninger

Für das Filet:
600 g Schweinefilet pariert,
100 g Hamburger Speck dünn geschnitten,
200 g gemischte Pilze (vorzugsweise Eierschwammerl),
1/2 Zwiebel,
1–2 Knoblauchzehen,
gemischte gehackte Kräuter,
Butter, Salz und Pfeffer

Für die Grammelknödel als Beilage:
Teig: 250 g mehlige Erdäpfel gekocht und gepresst,
1 Eidotter, 60 g griffiges Mehl,
Salz und Muskatnuss

Grammel-Fülle:
150 g gehackte Grammeln,
1/2 Zwiebel in Öl braun geröstet,
1 gepresste Knoblauchzehe,
Salz, Pfeffer

Weiter:
Sauerkraut als Beilage

Mit der Fleisch-Fülle beginnen; hierfür zunächst die fein gewiegte Zwiebel in etwas Butter anschwitzen, die geputzten Pilze dazugeben und alles rösten, bis die Masse trocken ist. Dann salzen, pfeffern, gepressten Knoblauch und die gehackten Kräuter untermischen. Füllung vom Herd nehmen.
Den Lungenbraten der Länge nach aufschneiden, klopfen und mit der Fülle bestreichen. Fleisch zu einer Roulade zusammenrollen, salzen und pfeffern. Mit dem Speck umwickeln, in einer Pfanne scharf anbraten, danach bei 200 Grad im Rohr in etwa 8 Minuten fertig braten, es soll innen schön rosa sein!
Für die Grammelfüllung die Grammeln mit den übrigen Zutaten für die Fülle vermengen, kalt stellen und kleine Kugeln formen. Für den Knödelteig alle dafür vorgesehenen Zutaten rasch zu einem glatten Teig vermischen, Teig zu einer Rolle formen und kleine Scheiben abschneiden. Scheiben jeweils mit einer Grammel-Kugel belegen und den Teig darüber schlagen. Zu Knödeln formen, die dann in Salzwasser vorsichtig gekocht werden, bis sie an die Oberfläche schwimmen.
Lungenbraten quer aufschneiden und auf einer Platte anrichten, etwas Sauerkraut anlegen und die Grammelknödel darauf platzieren. Sofort servieren.

SCHINKENSULZ

Muth

Für den Aspik:
1 1/2 kg Schweinskopf, 2 Schweinsfüße,
250 g Schweinsschwarten,
3 Liter Wasser,
250 g Wurzelgemüse, 150 g Zwiebel,
1 Bund Petersilie, 5–6 Lorbeerblätter,
6 Knoblauchzehen im Ganzen,
einige Pfefferkörner, 100 ml Weißweinessig, Salz

Zum Klären:
4 Eiklar, Saft von 1/2 Zitrone, 150 ml Weißwein,
eingeweichte Gelatineblätter (zum Nachhelfen)

Für die Einlage:
750–1000 g magerer gekochter Schinken in kleine Würfeln geschnitten, 2 Bund Petersilie gehackt

Weiter:
Zwiebelringe, Essig,
Öl, Pfeffer aus der Mühle

Die angegebenen Zutaten ergeben 1 1/4 bis 1 1/2 Liter fertiges Aspik: Den Kopf und die Füße grob hacken, dann zusammen mit den Schwarten gut waschen. Zutaten in einem großen Topf mit kaltem Wasser aufsetzen, aufkochen lassen, abschäumen, dann 1 Stunde garen. Nun das geputzte Gemüse, Zwiebel, Knoblauch, Petersilie, Lorbeerblätter, Pfefferkörner, Essig und Salz hinzugeben. Alles weiterkochen, bis die Schwarte und die Füße

KÜRBISGEMÜSE MIT GEKOCHTEM RINDFLEISCH

SCHINKENSULZ

sehr weich sind (sie sollten von der Gabel rutschen). Den Fond abseihen, vollkommen degraissieren (entfetten), etwas vom Fond als Probe in den Kühlschrank stellen, um die Konsistenz zu überprüfen. Sollte der Fond nicht perfekt ausgelieren, kann mit etwas fertiger Gelatine nachgeholfen werden.
Dann den Fond klären. Hierfür die Eiklar mit Zitronensaft und Weißwein versprudeln, in den nicht zu heißen Fond einrühren, umrühren, bis der Fond aufkocht. Bei schwacher Hitze ziehen lassen, bis der Fond klar ist. Aspik durch ein Etamin ziehen und nochmals mit Wein und Salz abschmecken (Kopffleisch, Schwarten und ausgelöste Füße können zum Aussulzen in eine Form gepresst werden).
Eine große Porzellanschüssel oder kleinere Portionsformen mit Aspik chemisieren. Dann die Schinkenwürfel mit der gehackten Petersilie vermengen und in die Schüssel bzw. Portionsformen füllen. Mit dem Aspik aufgießen und gut vermengen.
Schinkensulz in Scheiben geschnitten oder aus der Form gestürzt auf Tellern anrichten. Mit Zwiebelringen, Essig und Öl anmachen und mit geriebenem Pfeffer gewürzt servieren.

KNIELING
Schilling

4 Stück Knieling (vordere Schweinsstelze fakultativ gesurt), etwas Wurzelwerk, 2–3 Zwiebeln, 2–3 Knoblauchzehen, Lorbeerblatt, einige Wacholderbeeren (fakultativ), 125–250 ml Weißwein, Pfefferkörner, Salz, frisch gerissener Kren

Die gut gereinigten Knielinge zusammen mit Zwiebel, Wurzelwerk, Knoblauch, Lorbeer, Wacholder und Pfefferkörnern in leicht gesalzenem Wasser weich köcheln lassen. Dann entweder mit gekochtem Wurzelwerk oder natur servieren. In beiden Fällen reicht man viel frisch geriebenen Kren dazu.

LAMMPASTETE MIT CUVÉE BERG-GELÉE
Göbel

4 Lammstelzen, 4 Zweige Rosmarin, 4 Zweige Thymian, Olivenöl, 200 ml Gemüsebrühe, 6–8 geschälte Knoblauchzehen, 4 geschälte Zwiebeln, 2–3 EL Dijon-Senf, 4 EL Butter, 2 EL Rosmarinnadeln frisch gehackt, 400 ml Cuvée Berg (Göbel), 1 EL neutraler Honig, 2–3 Blatt Gelatine, Salz und Pfeffer aus der Mühle

Die Lammstelzen mit Salz und Pfeffer kräftig würzen, danach in Olivenöl rundherum scharf anbraten. Mit den Knoblauchzehen, den ganzen Kräutern und den geviertelten Zwiebeln in einen Bräter geben. Stelzen mit der Gemüsebrühe untergießen und die Butter auf dem Fleisch verteilen. Im vorgeheizten Rohr bei 200 Grad etwa 80–90 Minuten garen, bis sich das Fleisch vom Knochen zu lösen beginnt. Während des Bratens immer wieder Suppe nachfüllen. Die Stelzen aus dem Bräter nehmen, das Fleisch vom Knochen lösen und in Stücke schneiden. Im Fleischwolf fein faschieren.
Die Kräuter aus der Sauce heben. Faschiertes Fleisch zusammen mit der Bratensauce, dem Knoblauch und den Zwiebeln sowie dem frisch gehackten Rosmarin fein cuttern oder durch die feine Scheibe des Fleischwolf drehen. Wenn die Masse zu fest wird, mit etwas flüssiger Butter oder Olivenöl korrigieren.
Für das Gelée den Wein auf die Hälfte einreduzieren, den Honig unterrühren und die in kaltem Wasser eingeweichten Gelatineblätter darin auflösen.
Die fertige Fleisch-Farce in kleine Rex-Gläser füllen, auskühlen lassen. Danach mit dem Weingelée bedecken und auch dieses im Kühlschrank stocken lassen. Die gut durchgekühlte Pastete mit frisch gebackenem Brot servieren.

OMAS BUCHTELN

„OMAS BUCHTELN" NACH IRMHILDE ZAHEL
Zahel

500 g Mehl, 1 Würfel Germ, 100 g Zucker, 100 g Butter, 3 Dotter, Prise Salz, 2–3 EL Rum, gut 250 ml Milch, beliebige Marmelade zum Füllen

Aus den Zutaten einen weichen Teig abschlagen, diesen an einem warmen Ort gehen lassen, danach nochmals kurz durchkneten und in 33 kleine (etwa 40 g schwere) gleich große Stücke zerteilen.
Die Teigstücke flach drücken, einen TL beliebiger Marmelade darauf setzen und mit mehligen Fingern zu Buchteln zusammenschließen. Eine Auflaufform mit flüssiger Rama ausstreichen, die Buchteln hineinsetzen. Buchteln bei 180 Grad Umluft (mittlere Schiene) im vorgeheizten Rohr 30 Minuten backen. Mit Staubzucker bestaubt servieren, eventuell eine Vanillesauce dazu reichen.

KIERLINGERS HAUSGEHEIMNIS
Weinbau Kierlinger

Die genaue Rezeptur für diesen Liptauer-ähnlichen Aufstrich ist seit mehr als 100 Jahren das Geheimnis des Hauses und wird nicht preisgegeben. Deshalb hier nur die Ingredienzien.

Butter, Quargel gehackt, Emmentaler gehackt, Cervais, gehackte Zwiebeln, Kapern, Sardellen, Senf, Kümmel, Paprikapulver (süß), Salz

Die Zutaten in einer Schüssel vermengen, dann die Masse durch die feine Scheibe des Fleischwolfs drehen und nochmals abschmecken. Mit süßem Paprikapulver bestreuen.

SCHWEINSLUNGENBRATEN MIT PILZ-KRÄUTERFÜLLUNG

KNIELING

LAMMPASTETE MIT CUVÉE BERG-GELÉE

Der Wiener Heurige

Der Heurige ist ein Teil von Wien, ja mehr noch ein Teil der Wiener Seele. Und so ist es wenig verwunderlich, dass die Tausenden von Fremden, für die ein Heurigen-Besuch obligatorisch geworden ist, kaum verstehen werden, was diese traditionelle Einrichtung den Wienern bedeutet. Für viele von ihnen ist alleine schon der Umstand, dass der „Heurige" einerseits den jungen Wein bezeichnet, dann aber auch den Ort, wo er ausgeschenkt wird, sehr verwirrend. Und dieses Unverständnis hat leider dazu geführt, dass viele Heurigen-Betriebe meist wegen all zu ausgeprägten Geschäftssinnes zu charmelosen Heurigen-Lokalen mutierten und ihren traditionellen Charakter dabei verloren.

Vor dem Glas sind alle gleich, egal aus welcher Berufssparte oder Bevölkerungsschicht. Vielleicht ist dies einer der Reize des Heurigen, welche er auf den klassifizierten modernen Menschen ausübt. Denn kulinarisch gesehen ist der Heurige nicht wirklich etwas Außergewöhnliches und das Speisenangebot meist herrlich monoton, man weiß, was einen erwartet; allerdings ist „immer gleich" nicht „immer dasselbe". Und so gibt es doch gravierende Unterschiede, diese aber sind im Detail zu suchen und für ungeübte Heurigengeher meist schwer erkennbar. Jeder Weinort hat seine eigenen Heurigen und seine ureigenste Atmosphäre, jeder Wiener seine persönlichen Präferenzen.
Da ist z. B. auf der einen Seite das touristisch geprägte Grinzing, das drauf und dran ist, jegliche Tradition zu vernichten und sich ganz der modernen Homologie hinzugeben. Jenseits der Donau finden wir Stammersdorf oder Strebersdorf mit ihrem dörflichen Charme und vielen traditionell geführten Betrieben, die im reinsten Sinne einfach gut sind und im Süden Wiens trifft man sich in urigen Weinstuben sehr traditionellen Stils.

Zur Geschichte des Heurigen

Der 17. August 1784 ist laut Geschichts- und Lehrbüchern die amtliche Geburtsstunde des Wiener Heurigen, weil an diesem Tag der gute Kaiser Josef II. in einer Zirkularverordnung den Wiener Weinbauern gestattete, den selbst erzeugten Wein im eigenen Hause auszuschenken und zu verkaufen, ohne dass sie dafür eine spezielle Konzession benötigten.
Der Kaiser gestattete damit eigentlich nichts Neues, denn er hat nur das legalisiert, was schon lange Usus war: das Trinken beim Winzer!
Anfangs traf sich nur das einfache Volk beim Heurigen, doch mit der Zeit fand auch das aufsteigende Bürgertum Gefallen an „Wein, Weib und Gesang", die Schrammelmusik tat das Ihrige dazu und der Heurige wurde bürgerlicher. Später dann konnten sich sogar so genannte „Nobelheurigen" etablieren, wenngleich für diese Lokale das ungeschriebene Gesetz „vorm Glas sind alle gleich" wohl kaum mehr zutrifft.
Der echte Heurige ist ein Buschenschank, was daran zu erkennen ist, dass ein „Föhrenbuschen", der so genannte Zeiger, über der Tür hängt. Er weist darauf hin, dass der Betrieb zur Zeit nur Eigenbauweine ausschenkt. Das bedeutet, dass sich überhaupt nur solche Betriebe als „Heurige" bezeichnen dürfen, die in Wien oder angrenzenden Gemeinden den Wein selbst gepflanzt, geerntet und ausgebaut haben. Der Zukauf von Trauben und Wein jeglicher Art ist verboten. Das heutige Buschenschankgesetzt besagt, dass der Winzer zum Wein – je nach Konzession – auch kleinere oder größere Speisen anbieten darf, die in Form eines Selbstbedienungsbuffets ausgegeben werden dürfen. Der Wein selbst wird serviert.
Der Heurige mag sich im Laufe der Jahre stark gewandelt haben, doch geblieben ist zumindest in den traditionell geführten Betrieben ihre ureigenste Atmosphäre, vor allem jene für Fremde so unverständliche „melancholische Heiterkeit". So ist es für einen Nicht-Wiener meist rätselhaft, dass sich viele Wiener-Lieder eher zum „Weinen", als „Weinselig" anhören, insbesondere dann, wenn er auch noch der Sprache nicht mächtig ist. Wenn die Musik beispielsweise das berühmte Lied „Vakaufts mei Gwaund, i foar in Himmel" anstimmt oder gar die Weise „Waun i amoi stirb, stirb, stirb" erklingt, so kann sich nur ein echter Wiener oder zumindest ein waschechter Heurigen-Weinbeißer verstanden fühlen. Im Grunde genommen besagen die Wiener-Lieder nichts anderes, als dass man zum Leben nur ein bisserl Geld, gutes Essen und Trinken braucht. Das Leben und der Tod sind selbstverständlich und gehören einfach dazu; da kann man halt nichts machen!

„Der Tod muss ein Wiener sein", besagt eine alte Weisheit. Genau deshalb gibt sich der Wiener sehr gern seinem Weltschmerz hin und begründet nicht zuletzt auch damit seine Liebe zum (hoffentlich) alles erheiternden Wein, denn der ist „ein Stück vom Himmel" wie wir wissen. Möge uns dieses himmlische Stück noch lange erhalten bleiben, zum Wohle!

Johann Nestroy: „Wenn ich mir meinen Verdruß nit versaufet, ich müsst mich grad aus Verzweiflung dem Trunk hingeben!“

Der Gemischte Satz

Eine Besonderheit des Wiener Weins ist der „Gemischte Satz“. Ursprünglich gab es nämlich beim klassischen Heurigen-Betrieb nur drei Arten von Wein: den Heurigen, den Alten und den Spezi. Ein Heuriger und Alter wurden als „Gemischter Satz“ – eine typische Wiener Weinspezialität – verkauft, Spezi war der Vorläufer unserer heute so beliebten, reinsortig ausgebauten Weine. Als „Heurigen“ bezeichnete man all jene Weine der letzten Ernte, in allen Stadien, solange diese noch nicht von einem neuen Jahrgang abgelöst wurden; danach nannte man den Wein „Alten“. Ein Heuriger ist meist ein pikant fruchtiger Wein, säuerlich und süffig. Dieser typisch österreichische Begriff ist innerhalb der EU ausschließlich dem österreichischen Wein vorbehalten. Nach alter Tradition wird der Wein zu „Martini“ am 11. November, im Raum Wien zu „Leopoldi“ am 15. November zum „Heurigen“.
Der „Gemischte Satz“ darf nicht mit einer Cuvée verwechselt werden, auch wenn dies heute oftmals gemacht wird. Während eine Cuveé ein Verschnitt verschiedener fertiger Weine ist, so geschieht beim „Gemischten Satz“ das „Mischen“ schon in den Weinbergen.
In den Wiener Weinbergen wurden verschiedene Rebsorten bunt gemischt ausgepflanzt, weil man das Wetter-Risiko minimieren wollte. Und so mischte man schon bei der Auspflanzung Sorten mit unterschiedlichem Reifezeitpunkt und Säuregrad. Der klassische und traditionelle „Gemischte Satz“ besteht aus Grünem Veltliner, Müller Thurgau, Muskateller, Neuburger, Rheinriesling, Traminer sowie Weißburgunder, die im Weingarten nach einem bestimmten Muster gesetzt wurden. In die unteren, kühleren Lagen kamen Neuburger und Veltliner, weiter oben, wo es wärmer und die Sonne kräftiger ist, pflanzte man Weißburgunder und Traminer. Und letztlich ganz oben hin kamen Rebsorten wie der Rheinriesling.
Jeder Winzer hat hierfür seine eigene Handschrift und Philosophie. Die Sorten werden gemeinsam gelesen, gepresst und ausgebaut. Der typische Wiener Heurigen-Wein ist auch jetzt noch ein „Gemischter Satz“.
Dieser klassische „Gemischte Satz“ ist aber leider im Aussterben begriffen, da sortenreine Weine immer mehr an Bedeutung gewinnen. Die meisten Heurigen-Weine bestehen deshalb nicht mehr aus einem „Gemischten Satz“, sondern aus einer Cuvée. Und so gerät auch das uralte Sprichwort: „Eine Rebsorte ist eine Geige, ein ‚Gemischter Satz‘ aber ist ein Orchester!“ in Vergessenheit. Es wäre schade um dieses traditionelle Stück Wiener Weinkultur, auch wenn es der Heurige in Zeiten wie diesen, wo Reduktion und Klarheit vorherrschend sind, schwer haben dürfte. Doch Weinliebhaber, die auf der Suche nach bürgerlicher Einfachheit, klassischem Geschmack und Liebe zur Tradition sind, werden mit einem harmonischen „Gemischten Satz“ ihre Freude haben. Es bleibt zu hoffen, dass mit dem „Heurigen-Wein“ nicht auch der „Wiener-Heurigen“ als eigenständiges Kulturgut Wiens ausstirbt.

Mit dem Zeiserlwagen zum Heurigen!

Der Alt-Wiener Heurige ist nicht nur eine Wiener Institution, nein für die Wiener ist er vielmehr eine Bühne des Lebens, ein Treffpunkt für Jung und Alt und zum Schmähführen! In der Biedermeier-Zeit ließen sich dann auf einmal auch die so genannten besseren Leut', auf d' Nacht mit dem Zeiserlwagen, einer vom Gastwirt Johann Zeisel kreierten Pferdekutsche für 8–12 Personen, in die Weinberge rund um Wien hinausbringen. Und schon bald lernte auch der Adel, die wunderschöne weinselige Atmosphäre der kleinen, bescheidenen Buschenschänken zu schätzen. Selbst Kronprinz Rudolf liebte sie und geruhte recht oft bei seinem Stammheurigen in Heiligenstadt zu verweilen. In den kleinen, schattigen Innenhöfen und Gärten genießt man gern bei taubeschlagenen Gläsern den sorglos-heiteren Frieden und labt sich recht ausgiebig an Gemischtem Satz, Grünen Veltliner, Welschriesling und Rheinriesling; schließlich ist einem echten Wiener ein „Räuscherl liaber als wia a Krankheit oder a Fieber … “

Der Literat Mirko Jelusich stellte einst sehr treffend fest: „Der Wiener ist ein unverbesserlicher Romantiker, und wo er kein Paradies vorfindet, macht er sich eins zurecht!“ Bleibt nur zu hoffen, dass dem auch so bleibt, damit wir noch lange Gerhard Rühm nachsingen können: „Dar wein, dar wein, dar wein, sunsd foed ma goa nix ein … “

HEURIGE SCHÜBEL-AUER IN NUSSDORF

Innere Stadt:

Im 13. Jahrhundert wurde die Stadt Wien vor allem unterirdisch weiter ausgebaut. In dieser Zeit entstanden auch die zum großen Teil heute noch erhaltenen Weinkeller, die den Wienern während der schlimmen Jahre z. B. der Türkenbelagerungen nicht nur Schutz und Zuflucht boten, sondern auch reichlich Wein, um sich Mut anzusaufen. Die ersten Stadtheurigen entstanden aus schummrigen Trinkstuben, in denen außer Wein nur Brot, Zwiebel, Knoblauch und vielleicht noch ein Speck angeboten werden durfte, um die Gastronomie nicht zu schädigen. Schon damals gab es viele gastronomische Gesetzte, die den Ausschank und das Angebot regelten. Später begann man dann auch in den Kellern Schankräume einzurichten und Wein offen zu verkaufen.
Im späteren 14. Jahrhundert wuchs Wien zu einer ansehnlichen Stadt mit etwa 40.000 Einwohnern an. Viele dieser Einwohner betrieben Weinbau, auch innerhalb der Stadtmauern. Ein kleiner Rest dieser alten Weingärten ist am Schwarzenbergplatz erhalten, er umfasst unglaubliche 100 Quadratmeter. Im Übrigen ist es das Privileg des Bürgermeisters, diesen Weingarten zu lesen. Die daraus erzielten sehr wenigen Flaschen werden für einen guten Zweck versteigert.
Auch die Klöster bauten recht viel Wein an und schenkten diesen in eigenen Kellern aus. Die in den leicht zu bearbeitenden Lössboden gehauenen, meist mehrstöckigen Keller sind zum Teil heute noch erhalten und in Betrieb, so z. B.: Augustinerkeller, Zwölf-Apostel-Keller, Esterházykeller oder der Melker Stiftskeller.

FIGLMÜLLER
INNERE STADT

Wer nicht bei Figlmüller war, war nicht in Wien! Gerade einmal einen Steinwurf vom Wiener Stephansdom entfernt, wurde das Beisl zum Synonym für eine Wirtshaus-Kultur, wo die Zeit stehen geblieben zu sein scheint. Allerdings ist dieser berühmte Stadt-Heurige weniger seiner Weine wegen bekannt geworden, denn seiner überdimensionierten „Figlmüller-Schnitzel", welche nicht mit dem „Wiener-Schnitzel" verwechselt werden dürfen. Seit 1905 befindet sich diese „Schnitzel-Manufaktur" mit Heurigen-Atmosphäre im Durchgang von Wollzeile zur Bäckerstraße. Das besondere an diesen Schnitzeln ist nicht allein die Tatsache, dass sie über mindestens 250 g Fleischeinwaage verfügen, sondern jene, dass sie in speziellen Bröseln von Kaisersemmeln paniert werden. Die Riesenschnitzel ragen weit über den Tellerrand hinaus und schmecken besonders gut zu einem kühlen „Spritzer"!

Jedlersdorf:

Auch das heute zum 21. Wiener Gemeindebezirk Floridsdorf zugehörige Jedlersdorf ist ein alter, von Landwirtschaft geprägter Vorort Wiens gewesen. Heute wird man zwar nur mehr wenig vom ländlichen Flair vorfinden, dennoch bewahren einige traditionsbewusste Betriebe zumindest die Heurigenkultur.

WEINGUT CHRIST
JEDLERSDORF

Es ist nicht leicht, das Traditionsweingut Christ gebührend zu ehren. Es ist kein klassischer Weinbaubetrieb im herkömmlichen Sinne, da das vor rund 400 Jahren gegründete Gut erst im Jahre 1980 vollends auf den Weinbau gesetzt hat; vorher handelte es sich um einen landwirtschaftlichen Mischbetrieb. Das schöne am Weingut Christ ist einfach die Tatsache, dass der Betrieb vortrefflich Tradition mit Moderne verbindet.

Die Rebstöcke des heute 8 ha umfassenden Weingutes stehen allesamt auf den saften, südseitigen Hängen des Bisambergs, wo heute einige der besten Weine Wiens gedeihen. Hier wollen wir den krassen Gegensatz zu Grinzing dokumentieren, wo gekünsteltes Schrammel-Disneyland herrscht, und den eigentlichen Sinn eines Heurigen aufzeigen: Christ muss im etwas abgelegenen Jedlersdorf hervorragende Weine schon deshalb produzieren, weil die Leute sonst woanders hingehen würden. Hinzu kommt, dass über allem der unwiderstehliche Charme nachbarschaftlicher Atmosphäre liegt, ja sogar Innerstädtler gelten hier schon als „Fremde"! Es ist alles in allem ein Betrieb, der Wiener Lebensart zu verdeutlichen vermag und obendrein eine gute Küche bietet.

Zurück zum Wein sei erwähnt, dass man hier eine ganze Reihe gelungener Grüner Veltliner anbietet, doch der schön vinifizierte Sauvignon blanc vermag mehr zu begeistern. Recht interessant ist weiter der Weißburgunder (dessen Reben angeblich in einer Vollmondnacht gelesen wurden) und auch die Cuvée Mephisto (ZW/CS/ME) mit ihren kraftvollen Tanninen darf erweiterte Beachtung geschenkt werden.

Strebersdorf:

Strebersdorf wurde erstmals im Jahr 1078 genannt. Es war eine Fischersiedlung inmitten des damaligen Gewirrs von Donauarmen, in der Nähe der heutigen Scheydgasse. Die heutige Gemeinde Strebersdorf wurde in zwei Etappen in den 21. Wiener Gemeindebezirk und damit Wien eingemeindet. Der erste Teil (an der Pragerstraße) kam 1904 zu Wien, 1910/11 wurde der Rest Strebersdorfs dem Bezirk Floridsdorf eingemeindet.
Strebersdorf war schon immer ein landwirtschaftlich dominierter Ort, welcher sich um das Schloss (heute Marienheim) und dessen Meierhof gruppierte. Schwergewicht war und ist bis heute der Weinbau, welcher Strebersdorf einen guten Ruf als Insider-Tipp für Weinkenner verschafft hat.

Stammersdorf:

Stammersdorf, am nördlichen Stadtrand Wiens und am Fuße des Bisamberg gelegen, erstreckt sich durch seine Form eines Linsenangerdorfs bis in die Ebene des Marchfeldes. Überragt wird es von einer barockisierten mittelalterlichen Wehrkirche.

Obwohl es erst relativ spät zu Wien kann (um 1938) hat es sich im Laufe der Jahre zu einem beliebten Ausflugsziel entwickelt. Grund dafür ist einerseits der dörfliche Charakter, den sich Stammersdorf in weiten Teilen erhalten hat, andererseits mit Sicherheit auch der Wein und die zum Teil sehr urigen Heurigen.

OLSZEWSKI
STAMMERSDORF

Der Heurigen-Betrieb der Familie Olszewski gehört wohl zu den urigsten von Wien, er strahlt Behaglichkeit aus, ist ohne Hektik und Rummel. Hervorgetan hat sich dieser Betrieb nicht nur wegen seines schönen Natur-Gartens, sondern auch wegen des sehr traditionell gehaltenen Heurigen-Buffets und der familiären Wärme, mit der man hier umsorgt wird. Beim Heurigen Olszewski wird neben dem Leib auch die Seele gepflegt und man kann tief eintauchen in die sagenumwobene Weinseligkeit der Wiener.

Eine Besonderheit stellt der Attaché Wein dar, den man in die ganze Welt verschickt. Er schmeckt z. B. ausgezeichnet zu einem ganz natur belassenem Rehrücken, insbesondere dann, wenn das Reh vom Hausherrn selbst erlegt worden ist.

NATURGARTEN OLSZEWSKI

Stammersdorfer Kellergasse:

In eine romantische Welt, die so überhaupt nichts mit der Hektik einer üblichen Großstadt zu tun hat, taucht man ein, wenn man die wohl schönste Kellergasse Wiens betritt. Man könnte glauben, sich in einer anderen Welt zu befinden, einer Welt, in der die Zeit stehen geblieben zu sein scheint. Bauernhöfe, ländliche Idylle, zahlreiche Keller, Buschenschänken oder Heurigenlokale prägen das Bild. Man sitzt entweder in alten Kellern oder auf den Dächern und blickt nachdenklich, sinnierend und genießend auf die zahllosen Rebstöcke und kann ihnen dabei zusehen, wie sie die nächsten guten Tröpferln heranreifen lassen. In einer Welt, die immer öfter am Sinn des Fortschritts zu zweifeln beginnt, vermag der Wein eine ideale Mittlerposition einzunehmen, indem er dazu beiträgt, unser Dasein wesentlich erträglicher zu gestalten, die Ungeduld zu zügeln und unsere „Einsichten" zu mehren …
Viele verfallene Keller sind heute Zeugnis für eine uralte Weinkultur; tief eingeschnitten in den Löss, teilweise von Pflanzen überwuchert geben sie abends ein zuweilen gespenstisches Bild ab. Doch die meisten Keller sind noch in Betrieb und in den Buschenschänken herrscht weinselige Gemütlichkeit; und das alte Wienerlied „Ja, ja der Wein ist gut" liegt einem auf der vom Wein benetzten Zunge, während man die Probleme der ungeliebten Welt weit hinter sich lassen kann.

Kahlenbergerdorf:

Der alte Weinbauort „Kahlenbergerdörfl" wurde erstmals um 1136 erwähnt und ist seit jeher ein beliebtes Ausflugsziel der Städter.
Sein Einwohner waren Bauern, die vornehmlich Obst und natürlich Wein anbauten. 1892 wurde der Ort dann zusammen mit anderen Dörfern (z. B. Sievering, Grinzing oder Nussdorf) zu Wien eingemeindet, allerdings nur bis zum Ende des heutigen Leopoldberges, der Rest des Kahlenbergerdorfes ging an Klosterneuburg. Trotz immer wiederkehrender Katastrophen, von der Zerstörung durch die Türken bis hin zu verheerenden Hochwassern, konnte der Ort seinen ursprünglichen Charakter weitestgehend bewahren.
Von den Terrassen des Heurigen Hirt hat man einen wunderschönen Blick über die Donau und Wien hinweg, den man bei einem Liter von der Riede Gunersdorferin (liegt am Kahlenberg-Nussberg) ganz besonders genießen kann.

Nussdorf:

Der direkt an der Donau gelegene alte Weinort Nussdorf ist für viele Weinbeißer nicht nur einer der schönsten, sondern wegen seiner wunderbaren Weinlagen auch einer der besten. Nussdorf wurde bereits im Jahre 1081 unter der Bezeichnung „Nuzdorf an der Tunau" urkundlich erwähnt, aber erst im Jahre 1892 zu Wien eingemeindet.

Heiligenstadt:

Auch Heiligenstadt war noch bis 1892 eine selbständige Gemeinde, seitdem ist es bis heute ein Teil des 19. Wiener Gemeindebezirks Döbling. Sein Name leitet sich vermutlich davon ab, dass es in diesem Gebiet bereits in heidnischer Zeit „heilige" Stätten gegeben haben soll. Von Ungarn, Türken und Franzosen mehrmals zerstört, hat es sich dennoch viel vom alten Charme bewahren können.
Im Kern von Heiligenstadt befindet sich die alte Dorfstraße „Probusgasse", nach dem römischen Kaiser Marcus Aurelius Probus (232–282 n. Chr.) benannt, der den Weinbau im Wiener Raum förderte. Weinanbau wird hier also bereits seit der Römerzeit betrieben, wie auch die Heiligenstädter Heilquellen bereits den Römern (Thermae Cetiae) bekannt waren.
So labte sich auch Ludwig van Beethoven in Heiligenstadt mit seinen Trinkbrüdern Mozart und Haydn sehr ausgiebig am guten Wein, suchte hier Heilung seines Ohrenleidens und komponierte im Jahre 1802 sein „Heiligenstädter Testament".

FEUERWEHR-WAGNER HEILIGENSTADT

Bereits seit dem Jahre 1683 betreibt die Familie Wagner urkundlich belegt ihr Weingut, das mittlerweile mehr als 11 ha Weingärten in Wien und Klosterneuburg-Weidling umfasst. Seinen ungewöhnlichen Namen erhielt der Betrieb durch Josef Wagner, der um 1900 der letzte freiwillige Feuerwehr-Hauptmann von Heiligenstadt war. 1972 wurde das Stammhaus, dessen ältesten Teile noch aus dem 17. Jahrhundert stammen, revitalisiert und vergrößert. Im malerischen Arkandenhof kann man an lauen Sommerabenden die knusprigen Backhendl genießen, für die das Haus bekannt ist. Doch schmeckt der gefüllte Schweinsbauch ebenfalls hervorragend zum G'spritzten.
Wer Zeit zum Verweilen hat und Alt-Weine liebt, der möge Franz Wagner nach Tropfen wie „Gewürztraminer Auslese 1963", „Grinzinger Weißer Burgunder Auslese 1971" oder „Nussberger St. Laurent 1973" fragen, die im schmucken Keller des ehrwürdigen Hauses lagern.

Grinzing:

Für die meisten Besucher Wiens wird der Vorort Grinzing gleich gesetzt mit dem Heurigen schlechthin. Das ist – zumindest geschichtlich gesehen – nicht ganz falsch, ist doch ein sehr großer Teil der berühmten Wiener Heurigen und Buschenschänken hier ansässig, und in nahezu jedem zweiten Haus ein Heurigen-Restaurant zu finden. Doch hat das vielbesuchte Grinzing nahezu alles von seinem authentischem Charakter eingebüßt und darüber erboste Wiener nennen es das „Disneyland von Wien", was auch nicht ganz falsch ist. Wenn man allerdings sorgsam hinter die zum Teil schmuck hergerichteten Fassaden sieht, so wird man auch heute noch viel vom alten biedermeierlichen Charme finden, der Wien so liebenswert macht und der Japaner automatisch zur Kamera greifen lässt.
So verbrüdern sich im heutigen Grinzing traditionelle Weinbeißer mit Ortsfremden zum kollektivem Heurigen-Chor-Gesang, wenngleich das beliebte Wienerlied „Mei Mutterl war a Weanarin…" wahrscheinlich nur auf die Wenigsten zutreffen wird. Aber auch Beethoven, der lange in Grinzing lebte, war bekanntlich ein „Zuagreister"!

WIEGEL GRINZING

Seit mehr als 100 Jahren führt die Familie Wiegel den urigen Grinzinger Heurigen als reinen Familienbetrieb, wobei vor allem auf Tradition sehr viel Wert gelegt wird. Obwohl Grinzing nicht mehr viel von seiner Ursprünglichkeit bewahren konnte, behauptet sich dieser kleine Betrieb und bietet eine feine Weinauswahl aus eigenem Keller.
Die Trauben für z. B. Chardonnay und Grünem Veltliner wachsen auf nur 1,5 ha. In der urigen Buschenschänke kann man zu den edlen Tropfen Fleischlaberln genießen, von denen gesagt wird, dass sie zu den besten von Wien zählen.

DER WEINPFARRER

Sievering:

WEINBAU KNOLL
SIEVERING

Dieser sehr traditionell und familiär geführte Heurige mit klassischem Charme liegt am Stadtrand von Sievering. Die auf Tradition bedachte Familie schenkt schön ausgebaute Eigenbauweine aus, von denen der für die Region typische Rheinriesling besonders gut mundet.

Es handelt sich hierbei noch um einen der ganz klassischen Heurigen, von denen man liebevoll sagt: nicht daheim und dennoch z'haus! Übrigens: Neben den hausgemachten Strudeln und Aufstrichen ist man hier besonders stolz auf das reichhaltige Mehlspeisenangebot.

Neustift:

KRONENSTÜBERL
NEUSTIFT AM WALDE

Bereits seit der Zweiten Türkenbelagerung Anno 1683 wird dieser traditionelle Weinbaubetrieb von jeder Generation weitergeführt, wobei die Familie Eischer vor allem um die Erhaltung alten Kulturgutes bemüht ist. Das Haus ist – gerade was den Wiener Heurigen betrifft – ein Stück „lebende" Geschichte:
Im Jahre 1752 übergaben die Neustifter Weinbauern mit der Bitte um Steuernachlass (sie konnten auf Grund einer schlechten Ernte diese nicht bezahlen) ihrer Majestät, Kaiserin von Österreich und Königin von Ungarn Maria Theresia von Habsburg-Lothringen, die Winzerkrone. 1753 wurde diese Winzerkrone per Dekret den Neustifter Weinbauern mit der Auflage zurückerstattet, dass am Tage des Kirchenpatrons, des Heiligen Rochus, jährich ein Kirtag stattzufinden habe. Und in diesem Jahr erhielt das Haus auch seinen Namen „Kronenstüberl", da seit damals die Winzerkrone hier aufbewahrt wird und noch heute im Original besichtigt werden kann. Die Familie Eischer hütet seit damals diesen einzigartigen volkstümlichen Schatz, der von Generation zu Generation weiter gegeben wird.

Ottakring:

Die „10ner Marie", inmitten des alten Ortskerns vom ehemaligen Vorort Ottakring gelegen, darf sich rühmen, der älteste noch in Betrieb befindliche Heurige Wiens zu sein. Bereits seit dem Jahre 1740 wird hier Wein ausgeschenkt. Betrachtet man die alten Gemäuer, so wird einem klar, dass Ottakring einst wirklich ein netter Weinort gewesen sein muss. Noch vor 150 Jahren dominierte hier Landwirtschaft, wo heute Gemeindebauten, Villen und sonstige mehr oder weniger schöne Gebäude stehen. Sie alle entstanden nach der Eingemeindung Ottakrings, dem alten „Neulerchenfeld", das noch zu Kaisers Zeiten als das größte Wirtshaus Wiens bezeichnet wurde.

Viel ist allerdings vom alten Weinort Ottakring nicht übrig geblieben, sieht man einmal von einer handvoll Betriebe ab, die die Tradition zu wahren versuchen. Dieser kleine Rest bewirtschaftet Weingärten unterhalb des Schlosses Wilhelminenberg sowie nahe der Johann-Staud-Gasse und diese sind heute – Gott Lob! – geschützt. Ein karger Rest von den einst blühenden Weingärten, der sozusagen unter einer Art Denkmalschutz stehen muss, bevor er ganz zu verschwinden droht.
Heute werden die Geschicke der alt-ehrwürdigen „10ner Marie" übrigens von den geschäftstüchtigen Töchtern des Ernst Huber, vom berühmten Großbetrieb Fuhrgassl-Huber (Neustift am Walde), geleitet …

WEINBAU HERRMANN
OTTAKRING

Im Jahre 1955 wurde dieser urige Ottakringer Buschenschank von der Familie Weingartner gegründet. 1982 übernahm ihn dann die vom Weinbau begeisterte Renate Herrmann, die seit dem nicht nur die 1,5 ha Weingarten selbst pflegt, sondern auch den angeschlossenen Buschenschank betreut. Hauptsächlich sind die Weingärten mit dem berühmten „Gemischten Satz" bestückt, doch erzeugt Renate Herrmann auch reinsortige Weine, wie Rheinriesling oder Grünen Veltliner.

Eine Besonderheit dieses Buschenschanks ist weiter die „Urrebe", eine Selbstträgerrebe, die besser bekannt ist unter der im Südburgenland geschützten Bezeichnung „Uhudler". Der sehr traditionell geführte Buschenschank bietet neben den Eigenbauweinen ein klassisch gehaltenes Heurigenbuffet an, beliebt ist hier vor allem „Renates Liptauer": 1 kg Gervais wird mit 250 g Butter, gehackten Kapern, Paprikapulver „edelsüß" sowie Salz vermengt.

Mauerbach:

Bereits seit dem frühen 13. Jahrhundert werden in Mauer, Kalksburg, Rodaun und Liesing Weine angebaut. Vor allem in Mauer war der Wein ein wichtiges landwirtschaftliches Standbein für die ansässigen Bauern. Die städtischen Wiener zogen im Sommer gerne hierher auf so genannte „Sommerfrische" und genossen den guten Wein, der an diesem Standort bereits die ersten Merkmale der anschließenden Thermenregion aufweist.

Mauer wurde mit der Zeit eingemeindet, der Wohnungsbau verdrängte die Landwirtschaft und damit auch den großen Teil des Weinbaus. Heute betreibt nur noch eine handvoll „Unverwüstlicher" den Weinbau weiterhin, wenngleich nur in recht überschaubarem Rahmen. Der Weinkenner hingegen weiß, dass man die hiesigen Winzer beachten sollte. Ihre Weine sind mitunter hoch interessant und tragen eine ganz eigene Handschrift. Mauer zählt somit nach wie vor zur facettenreichen Wiener Weinlandschaft; und das ist gut so!

Oberlaa:

Oberlaa ist der kleinste Weinbauort von Wien, im heutigen 10. Gemeindebezirkt gelegen. Gleichzeitig wohl auch der – zumindest für Fremde – Unbekannteste. Somit herrscht hier noch ein ursprünglicher, sehr traditioneller Heurigenflair, wie man ihn aus der so genannten guten alten Zeit her kennt. Außerhalb des großen Kurparks finden wir die Weinrieden, geschützt gegen Westen und Norden, offen gegen Osten und Süden. Der Schotteruntergrund gibt dem Wein die richtige Wärme und der Untergrund spendet der Weinrebe genügend Feuchtigkeit. So können hier Weine von erstaunlicher Qualität heranreifen. Zahlreich sind die reizenden und urigen Buschenschänken mit ihrem dörflichen Charakter, in denen der süffige Wein genossen werden kann.

Einer dieser typischen Buschenschänken ist der Heurige Pinther, hier lässt sich noch das „echte Wien" erleben und zum guten Oberlaaer Wein schmeckt ein herzhafter Heurigenteller immer noch am besten!

WIENER HEURIGEN-BUFFET (WARM)

Wiener Heurigen-Buffet

Der Wiener Heurige darf traditionell nur bestimmte kalte (!) Speisen zu seinem Wein, Sturm, Traubenmost und Traubensaft anbieten, daher besteht ein klassisches Buffet aus: heimischen Wurst- und Käsesorten, Schinken, Speck, kaltem Fleisch, Sardinen und Sardellenringen, diversen Salaten, Essiggemüsen, hartgekochten Eiern, Brotaufstrichen aller Art, Schmalz, Grammeln, Butter, Salzmandeln, Nüssen, Weinbeißern, Salzstangen, es gibt auch Erdäpfelrohscheiben, Obst, Gemüse, Brot und Gebäck. Warme Speisen dürfen nur dann ausgegeben werden, wenn der Betrieb über eine gewerbliche Heurigenbuffet-Konzession verfügt.

GRAMMELKNÖDEL

Stammersdorfer Kellergasse

Diese köstliche Variante der Grammelknödel stammt vom Heurigen „Zur Christl", der in der Stammersdorfer Kellergasse schon zu den Institutionen gezählt werden darf.

Für den Teig:
1 kg gekochte Erdäpfel, 150–200 g Mehl,
150 g Grieß, 75 g Schmalz, 2 Eier,
gehackte Petersilie, Salz

Für die Fülle:
500 g frische Grammeln, 2 Dotter,
etwas Schmalz, 1–2 Zwiebeln fein gehackt,
3–4 Knoblauchzehen fein gehackt,
2 EL gehackte Petersilie, Majoran, Salz und Pfeffer

Die gekochten Erdäpfel werden durchgepresst, danach mit Mehl, Grieß, Schmalz, Eiern, gehackter Petersilie und Salz zu einem geschmeidigen Teig geknetet.
Für die Fülle zuerst die fein gehackte Zwiebel, danach auch den Knoblauch in etwas Schmalz glasig werden lassen. Grammel dazugeben und alles gut durchrösten. Masse mit Majoran, Salz und Pfeffer würzen. Masse erkalten lassen, danach die Eidotter untermischen. Vom Kartoffelteig werden recht grosse Teigstücke abgenommen, diese zu Flecken geformt, Grammel-Masse in der Mitte aufgesetzt und schließlich zu Knödel geformt. Die Grammelknödel in siedendem Salzwasser garen und mit Sauerkraut oder Speck-Kraut servieren.

GEGRILLTE SAUMAISEN

Mandahus

Die Saumaisen mit einem scharfen Messer 4–5 Mal einschneiden aber nicht durchschneiden. Die Schnitte mit Paprika- und Zwiebelschnitzen füllen, einen Zahnstocher zum Fixieren durchstecken. Saumaisen langsam über Holzkohle rundherum knusprig grillen. Während des Grillens mit einer Marinade aus Schweineschmalz, Honig, zerdrücktem Knoblauch, Paprikapulver, gem. Kümmel, Oregano, Chilipulver, Salz und Pfeffer bepinseln.

REHRÜCKEN IN ROTWEIN

Olszewski

1 Rehrücken im Ganzen, Speckscheiben, Fett,
Rotwein, Wacholderbeeren (fakultativ),
Salz und Pfeffer

Den Rehrücken sauber parieren, mit oder ohne Knochen verarbeiten (mit Knochen wird das Ergebnis besser!). Salzen, pfeffern und mit Speck belegen oder spicken (man kann den Rücken auch noch mit gestoßenen Wacholderbeeren einreiben). Rehrücken in eine Bratform legen und rundherum anbraten. Etwas Rotwein angießen und den Rehrücken etwa 45 bis 60 Minuten im Ofen schmoren lassen, dabei öfters mit Rotwein und eigenem Saft begießen. Den tranchierten Braten mit Rotkraut und Knödel servieren.

FLEISCHLABERLN

Wiegel

400 g Rindfleisch (z. B. Zapfen),
400 g Schweinefleisch (Schulter),
2 in Wasser oder Rindsuppe eingeweichte Semmeln, etwas Milch oder Wasser (etwa 75 ml),
1 mittlerer Zwiebel, 1 EL Schmalz, gehackte Petersilie, Majoran, Salz und Pfeffer aus der Mühle

Das Rindfleisch zusammen mit Schweinefleisch und den gut ausgedrückten Semmeln faschieren. Zwischenzeitlich die feinst gehackten Zwiebeln im Schmalz goldgelb anrösten.
Faschiertes in eine Schüssel füllen und mit den gerösteten Zwiebeln, Ei, gehackter Petersilie, Majoran, etwas Wasser oder Milch, Salz und Pfeffer aus der Mühle vermischen. Aus der Masse werden Laibchen geformt, die auf zweierlei Art zubereitet werden können:

GEGRILLTE SAUMAISE

FLEISCHLAIBCHEN

GEFÜLLTER SCHWEINEBAUCH

1. Laibchen in Mehl wenden, dann langsam in einer Mischung aus Butter und Öl braten.

2. Die Laibchen zuerst in versprudeltem Ei, danach in Semmelbrösel wenden und bei nicht zu starker Hitze in reichlich Öl oder Butterschmalz ausbacken.

Variante
Fleischlaibchen können auch mit z. B. Knoblauch, Senf, Kümmel, Paprika gewürzt werden.

SCHEITERHAUFEN

Weinbau Knoll

1 1/2 kg Äpfel (geschält und entkernt),
8 Semmeln, 1 L Milch, 4 Eier, 750 g Zucker,
etwas Zimt und Nelkenpulver, 1 Tasse Rosinen

Eier trennen. Die Milch mit den Dottern und 150 g Zucker verquirlen. Semmeln und Äpfel in dünne Scheiben schneiden. Semmeln in der Milch einweichen.
Eine Auflaufform gut einfetten. Den Boden mit der Hälfte der Semmeln auslegen, die Hälfte der Äpfel darauf schichten und diese mit etwas Zimt, Nelkenpulver, 150 g Zucker und den Rosinen bestreuen. Wieder eine Schicht Semmeln einlegen, mit den restlichen Äpfeln belegen und diese wieder mit Zimt und Nelkenpulver würzen. 150 g Zucker darauf streuen und das Ganze 20–25 Minuten im vorgeheizten Backofen bei 190 Grad backen. Zwischenzeitlich die restlichen 300 g Zucker mit den Eiweißen zu steifem Schnee schlagen. Scheiterhaufen aus dem Ofen nehmen, mit der Schneemasse bedecken und nochmals 10–15 Minuten fertig backen.

GEFÜLLTER SCHWEINEBAUCH

Feuerwehr-Wagner

1 1/2–2 kg Schweinsbauch oder Brust,
5–6 Semmeln, 4–5 Eier, wenig Milch,
60–75 g Butter, 70 g Fett,
gehackte Petersilie, Kümmel,
Salz und Pfeffer aus der Mühle, Brühe

Eine Tasche in den Schweinebauch einarbeiten und die Schwarte schröpfen, das Fleisch gut salzen.
Semmeln in Würfel schneiden, mit wenig Milch übergießen und mit der zerlassenen Butter, Eiern, gehackter Petersilie, Salz und Pfeffer vermischen, nach Geschmack etwas gemahlenen Kümmel oder Majoran dazugeben. Die Fülle in die vorbereitete Tasche einfüllen, Öffnung mit Küchengarn zunähen.
Schweinebauch in eine gefettete Bratform mit etwas Brühe setzen und mit Kümmel bestreuen. Im heißen Rohr unter Begießen braten. Die letzte halbe Stunde die Schwarte bei Oberhitze knusprig braun werden lassen.

Heurigen-Aufstriche

Zu den wichtigsten Zutaten eines klassischen Heurigenbuffets zählen schon immer die verschiedensten Brotaufstriche. Hier sind der Fantasie keine Grenzen gesetzt und daher gibt es auch entsprechend viele Varianten. Doch der Wiener liebt Beständigkeit, weshalb sich einige Aufstriche als Klassiker etablieren konnten.

1. Schmalzbrot mit Zwiebel: Eine Scheibe Brot mit reichlich Schweineschmalz bestreichen, salzen und etwas Pfeffern. Mit gehackten Zwiebeln bestreuen.

2. Grammelschmalz-Brot: Schweineschmalz mit frisch zubereiteten Grammeln vermengen, salzen und nach Wunsch durch gehackte Kräuter verfeinern.

3. Brat'l-Fett Brot: Als „Brat'l-Fett" bezeichnet man den Bratenrückstand von frisch zubereitetem Kümmelbraten. Es ist eine Mischung aus Fett und dem Bratensaft, der beim Erkalten ausgeliert.

4. Heurigen-Aufstrich: 500 g Schinken, 500 g Geselchtes, 4 hartgekochte Eier, 5 Essiggurkerln sowie 2 scharfe Pfefferoni im Fleischwolf fein faschieren. Mit 4–5 EL Mayonnaise verrühren und abschmecken.

5. Leber-Aufstrich: 1 kg Räucherspeck, 3 kleine Brustspitz (nur das Fleisch davon), 500 g Schwarte, 1 Schweinsleber, 5–6 Zwiebeln, Majoran, Salz und Pfeffer Brustspitz mit der Schwarte in Wasser weichkochen. Zwiebeln in etwas Schmalz rösten, fein geschnittene Leber dazugeben und ebenfalls abbraten. Brustspitz, Schwarten, Speck sowie das Zwiebel-Lebergemisch zusammen fein faschieren, die Masse mit etwas Brühe (von den Schwarten und Fleisch) verdünnen, dann alles mit Majoran, Salz und Pfeffer sehr kräftig würzen. In Rex-Gläser füllen, bei etwa 70 Grad gut 1 1/2 Stunden im Ofen sterilisieren.

6. Quargel-Aufstrich: Gut gereiften Quargel mit einer Gabel zerkleinern. Reichlich Butter untermischen und das Ganze mit fein gehackten Zwiebeln, Kümmel, Salz und nach Geschmack mit Paprikapulver abschmecken.

7. Eiaufstrich: 6 hartgekochte Eier schälen und fein hacken. 2 Zwiebel fein würfeln, mit den Eiern vermengen. 3–4 EL Senf, 3–4 EL Mayonnaise, 100 g Butter, Salz und frisch gemahlenen Pfeffer dazugeben und alles zu einer homogenen Masse verrühren.

8. Echter Liptauer: Bis heute scheiden sich die Wiener Küchengeister, ob man den wahren Liptauer mit Topfen oder mit frischem slowakischen Bergbrimsen anrühren solle. Ursprünglich wurde er tatsächlich mit Brimsen zubereite, einen Schafsfrischkäse aus der Slowakei, woher auch das Rezept stammt und dort „Liptovskýsyr" genannt wird. Heute verwendet man meist Speise-Topfen aus Kuhmilch, der „leichter" und weniger gehaltvoll ist oder mischt Topfen und Brimsen. Doch das „Originalrezept" ist unübertrefflich: 200 g frischen slowakischen Bergbrimsen mit 50–75 g schaumig geschlagener Butter und einer fein gewiegten Zwiebel vermengen. Gewürzt wird mit Paprikapulver, Kümmel und Salz. Weiter mögliche Zutaten sind z. B. Senf, Sardellenpaste, Kapern, gehackte Petersilie und/oder Schnittlauchröllchen.

9. Zigeuner-Aufstrich: 250 g Topfen mit Margarine nach Geschmack und etwas Pflanzenöl glatt rühren. Essiggurken, Zwiebeln, rote und grüne Paprikaschoten, Pfefferoni, Schnittlauch sowie gewaschene Salzkapern sehr fein hacken und unter die Masse mischen. Mit z. B. Senf, scharfem Paprikapulver, Pfeffer und Salz würzig-scharf abschmecken.

10. Knoblauch-Aufstrich: 250 g Gervais mit 150 g Topfen und 50 g zimmerwarmer Butter verrühren, dann reichlich Knoblauchzehen, die mit Salz zerdrückt wurden, untermengen. Abschmecken, mit Schnittlauchröllchen ausgarnieren.

11. Kren-Aufstrich: 250 g Topfen, 250 g Gervais und frisch gerissenen Kren miteinander vermengen, mit Salz und weißem Pfeffer abschmecken.

12. Frischkäse-Kräuter: 250 g Topfen mit etwas Joghurt oder Rahm verfeinern. Gemischte frisch gehackte Kräuter (z. B. Petersilie, Kerbel, Schnittlauch, Estragon), zerdrückten Knoblauch und fein gewiegte Zwiebel einarbeiten, mit Salz und Pfeffer abschmecken.

13. Blauschimmel-Käse-Aufstrich: 250 g Österzola oder Gorgonzola mit 200–250 g Butter passieren.

14. Heurigen-Brot „Alte Schmiede": 500 g Hausgeselchtes, 500 g Bauerngeselchtes, 3–4 Pfefferoni und 4–6 Knoblauchzehen sehr fein hacken, mit Chili, Salz und Pfeffer abschmecken. Scheiben von Bauernbrot mit Bratenfett bestreichen, Gehacktes darauf anrichten, mit Pfefferoni garniert zum Wein reichen.

15. Kürbisaufstrich: 300 g in Salzwasser weichgekochter Kürbis wird nach dem Abkühlen fein passiert; danach das Kürbismus in einer Schüssel mit 250 g Topfen, 2–3 EL Sauerrahm, 1 klein gehackten Zwiebel, 3–4 fein gewiegten Knoblauchzehen, 1–2 gehackten Essiggurkerln sowie 1 EL gehackter Petersilie vermengen, mit Salz und Pfeffer abschmecken.

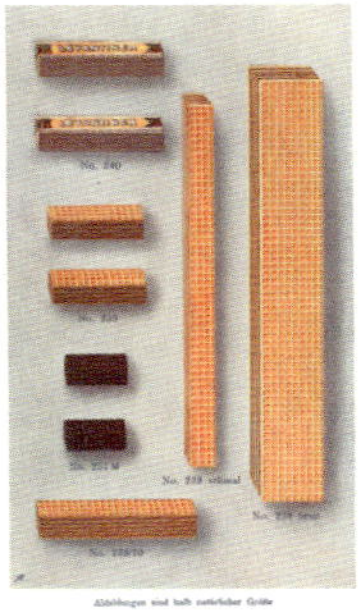

© Manner

Manner
... mag man eben!

Der bekannte Autor und Schriftsteller Peter Glaser bezeichnete die Manner-Schnitte einmal als eines der „wahren Wappen Österreichs", was angesichts eines Bekanntheitsgrades von nahezu 100 Prozent (zumindest was die berühmten Manner-Schnitten betrifft) gar nicht so abwegig erscheinen mag.
Tatsächlich ist das Haus Manner ein selten gewordenes Beispiel für ein erfolgreiches österreichisches Unternehmen, welches sich seit der Gründung am 1. März 1890 noch immer zum Großteil in Familienbesitz befindet.
Der Gründer Josef Manner betrieb in den letzten Blütejahren der k. u. k. Monarchie ein kleines Geschäft am Stefansplatz, in dem er vor allem Schokolade und Feigenkaffee verkaufte. Als eines Tages sein Lieferant Günther in Schottwien nicht die Schokoladenqualität erzeugen konnte, die J. Manner sich wünschte, fasste er den Entschluss, selbst eine bessere Qualität zu erzeugen.
So kaufte er als damals 25jähriger Kaufmann einen kleinen „Chocoladenerzeuger" in Wien V, Wildenmanngasse 7 (heute Strohbachgasse), mitsamt dessen Konzession, Lokal und bescheidener Einrichtung, um dort am besagten 1. März 1890 die Firma „Chocoladenfabrik Josef Manner" zu gründen. An diese erste Zeit erinnert ein alter Reibstein, auf dem früher die gerösteten Kakaobohnen per Hand gerieben wurden. Außerdem ist eine alte Visitenkarte erhalten, auf der bereits die „Schutzmarke Stefanskirche" abgebildet ist. Bis heute unterstützt die Firma Manner übrigens die ständigen Restaurierungsarbeiten am Stephansdom, indem sie einen Steinmetz „sponsert" – sozusagen als Dank dafür, dass der Stephansdom von Beginn an die Visitenkarten und später auch die Verpackung der berühmten Manner-Schnitten ziert.
Das Objekt der Begierde der meisten Manner-Fans ist die schon legendäre Manner-Schnitte, welche erstmals 1898 urkundlich erwähnt wurde und zwar als „Neapolitaner Schnitte No. 239". Diesen Namen erhielt die Schnitte, weil die Haselnüsse für die köstliche Füllung aus Zucker, Haselnüssen, Kokosfett und Kakaopulver aus der Gegend um Neapel kamen. Der clevere Kaufmann Josef Manner wählte diesen Namen recht geschickt, denn er spielte damit mit der heimlichen Leidenschaft der Wiener: nämlich mit der Sehnsucht nach dem mediterranen Lebensgefühl.
Der große Erfolg der Manner-Schnitten ist aber nicht nur in der Tatsache der geschickten Namensgebung und dem außergewöhnlich guten Geschmack zu suchen, sondern auch in einer sehr geschickten kaufmännischen Entscheidung, die man unter dem Titel „Schokolade für alle" stellen könnte: Die Schnitten wurden von Beginn an lose verkauft, damit sich auch alle Bürger (vor allem natürlich deren Kinder) wenigstens hin und wieder eine Schnitte leisten konnten. Was damals ein Kreuzer war, entspräche heute etwa 0,13 Euro. Im Jahre 1898 konnte sich eine Hilfsarbeiterin für ihren Stundenlohn daher 7 1/2 einzelne Schnitten kaufen. Heute erhält man um den Mindest-Stunden-Nettolohn rund 15 Packungen à 10 Stück. So wurde nicht zuletzt mit dieser kundenfreundlichen Kalkulation der Grundstein dafür gelegt, dass die Mannerschnitten zum erfolgreichsten Produkt des österreichischen Süßwarenmarktes wurden, was ihnen auch den Beinamen „süße Wurstsemmel der Österreicher" eingebracht hat, auch wenn sie der Lasagne vom Aufbau her wesentlich ähnlicher sind.
Im Hause Manner werden neben den Schnitten auch andere süße Träume erfüllt, wie verschiedene Schokoladen, süßer Christbaumschmuck, Kakaopulver u. v. m. Nach der Fusion mit der Firma „Napoli, Ragendorfer und Co." im Jahre 1970 wurde das Angebot um viele Produkte erweitert, die heute ebenfalls zu den Klassikern zählen, unter ihnen die knusprigen Dragee-Keksi, die frisch-fruchtigen Schokobananen und natürlich auch die berühmten Rum-Kokos-Kugeln.
Heutzutage sind die Firmenfarben des Hause Manner, „Altrosa" und „Blau" (für die Schriftzüge), nahezu überall auf der Welt unter Süßwarenliebhabern ein Begriff und bürgen für Qualität.
Doch die süßen Leckereien schmecken nicht nur pur gut, wie die in Zusammenarbeit mit dem Koch Mario Bernatovic kreierten Rezepte – aus den unterschiedlichsten Grundprodukten zubereitet – belegen.

SCHOKORAVIOLI MIT ERBEERCOULIS

Für den Teig:
250 g Mehl, 3 Eier,
35–40 g Kakaopulver

Für die Fülle:
80 g Couverture,
5 g Kakaopulver, 60 ml Milch,
15 g Butter, 15 g Mehl, 3 Eidotter,
20 g Zucker, 1 Eiklar

Für das Erdbeercoulis:
500 g vollreife Erdbeeren,
100 g Zucker, gut 2 cl Erdbeerlikör,
8 cl Wasser

Außerden:
Butter zum Schwenken,
Minze, Erdbeeren

Zunächst aus Mehl, Eiern und Kakaopulver einen festen Nudelteig kneten, diesen in Folie schlagen und kühl rasten lassen.
Für die Fülle die Couverture mit dem Kakaopulver und der Milch aufkochen, Die Butter mit dem Mehl zu einer so genannten Mehlbutter verkneten, danach in die Schoko-Milchmischung rühren und abbrennen (wie bei Brandteig). Masse leicht abkühlen lassen, dann die Eidotter unter ständigem Rühren beimengen, schließlich vollends auskühlen. Aus dem Eiklar und dem Zucker einen steifen Schnee schlagen und unter die Schokomasse heben. Danach die Masse kühl stellen.
Zwischenzeitlich das Erdbeercoulis zubereiten: Die Hälfte der Erdbeeren mit Zucker, Wasser und Erdbeerlikör pürieren (Stabmixer) und durch ein feines Sieb streichen. Die andere Hälfte der Erdbeeren in 3 bis 4 Millimeter große Würfel schneiden und unter die Sauce mischen.
Den vorbereiteten Teig durch eine Nudelmaschine treiben und dünn ausrollen. In zwei gleich große Teigplatten schneiden. Füllmasse in einen Spritzbeutel füllen und auf eine Teigplatte in gleichmäßigen Abständen kleine Häufchen Schokofülle aufspritzen, die zweite Teigplatte darauf legen und in den Zwischenräumen gut festdrücken. Nun mit einem Glas oder Teigrad Ravioli ausstechen und die Ränder nochmals fest zusammendrücken. Ravioli in leicht gesalzenem Wasser 3 bis 4 Minuten kochen, abtropfen und in leicht gebräunter Butter schwenken.
Zum Anrichten die Ravioli mittig auf Teller platzieren und das Erdbeercoulis darüber verteilen. Mit etwas Minze und frischen Erdbeeren ausgarniert servieren.

MANNERTONE

375 g glattes Mehl,
75 g gemischtes Trockenobst,
125 ml lauwarme Milch, 60 g Butter,
1 Würfel Germ, 3 Eier,
2 EL Zucker für den Teig,
1 EL Zucker für das Dampfl,
2 EL Orangensaft, abgeriebene Schale von
2 unbehandelten Zitronen, etwas Milch zum
Bestreichen, Butter für die Backform

Weiter:
3–4 Stück „Ildefonso" in Würfel geschnitten,
15 Dragee-Keksi, 10–12 Rum-Kokos-Kugeln,
eine halbe Packung Mannerschnitten (gebrochen)

Das Trockenobst zusammen mit der Zitronenzeste und dem Orangensaft in einer Schüssel vermengen und beiseite stellen.
Den Germ in eine Schüssel bröckeln und mit Zucker sowie 2 EL Wasser glatt rühren. Zugedeckt 10 Minuten an einem warmen Ort stehen lassen, bis die Masse zu quellen beginnt.
Das Mehl in eine große Schüssel sieben und die Butter in Flocken dazugeben. Das Ganze schnell abrebeln, bis ein streuseliger Steig entsteht, dem dann die Trockenobstmischung beigemengt wird. In einer zweiten Schüssel die Eier mit dem restlichen Zucker und der Milch gründlich verrühren und mit dem „Streuselteig" zu einem glatten Teig verkneten. Danach den Teig 30 Minuten gehen lassen.
In den vorbereiteten Teig die Manner-Zutaten einarbeiten und die Masse in eine ausgefettete hohe Kuchenform mit 20 cm Durchmesser (oder auch portioniert in z. B. Blumentöpfen – siehe Abbildung) füllen. Nochmals eine halbe Stunde aufgehen lassen, danach im auf 220 Grad vorgeheizten Backofen schieben, dabei die Hitze von 220 auf 180 Grad zurückdrehen, den Teig mit Milch bepinseln und etwa 1 Stunde backen. Mannertone kann heiß oder kalt serviert werden.

© Manner
SCHOKORAVIOLI MIT ERBEERCOULIS

GÄNSELEBER MIT SCHOKOLADENSAUCE UND QUITTEN

Für die Gänseleber:
4 Scheiben Gänsestopfleber (1 1/2–2 cm dick),
12 Amarenakirschen im eigenen Saft,
etwas grobes Meersalz, Öl zum Anbraten

Für die Sauce:
100 g Couverture, 100 ml Milch,
100 ml Obers, Zucker

Für das Quittencoulis:
2 Quitten, 150 g Zucker, Saft von 3 Zitronen,
4 cl Quittenschnaps

Die Quitten schälen und in kleine Würfel schneiden, sofort mit dem Zitronensaft vermengen, damit sie sich nicht verfärben. In einen Topf füllen, mit Wasser bedecken und einmal aufkochen. Abgießen und die Flüssigkeit dabei auffangen. Nun den Zucker mit ein wenig von der Kochflüssigkeit hellbraun karamellisieren, restliche Flüssigkeit zugießen und mit dem Quittenschnaps ablöschen. Auf die Hälfte einkochen lassen, dann die Quittenwürfel hinzugeben, nochmals aufkochen, dann in heiß ausgespülte Rexgläser füllen.
Für die Schokoladensauce alle Zutaten zusammen aufkochen und so lange kochen lassen, bis die Sauce schön abbindet.
Die sauber parierte Gänseleber in etwas Öl von beiden Seiten rasch abbraten, danach warm stellen.
Mit den Quitten einen Sockel in die Mitte von vorgewärmten Tellern setzen, je ein Stück gebratene Gänseleber darauf anrichten, mit etwas Meersalz bestreuen und mit Schokoladensauce und einige Amarenakirschen garniert servieren.

© Manner
MANNERTONE

© Manner
GÄNSELEBER MIT SCHOKOLADENSAUCE UND QUITTEN

ALMDUDLER-ERFINDER ERWIN KLEIN

Der Almdudler

„Wann die kan Almdudler hamm, fahr' ich wieder ham!" lautet der Sloagan der wohl bekanntesten österreichischen Limonade. Almdudler ist dabei aber nicht nur ein Getränk, nein, es subsumiert unter seinem folkloristischen Namen Heimatverbundenheit, natürliche Ingredienzien und ein bestimmtes Lebensgefühl (Wer liebt ihn nicht, den wunderbaren Almsommer?).
Almdudler wird auch heute noch aus den gleichen natürlichen Zutaten hergestellt, wie in seinem Gründungsjahr 1957, es sind dies: 1. Eine geheime, fein abgestimmte Kräutermischung, 2. Zucker und 3. feinkörniges, imprägniertes Sodawasser (aus Mineralwasser) ohne Fremdstoffe auf natürlicher Basis (imprägniertes Soda zeichnet sich dadurch aus, dass es nicht sofort entweicht, sondern länger im Wasser erhalten bleibt).
Die bereits im Jahre 1886 gegründete Firma A. & S. Klein war schon vor dem Zweiten Weltkrieg bekannt für ihre Fruchtsodas und Kracherl von höchster Qualität. Sie ist somit eine der ältesten Limonadenfabriken Wiens. Als die Firma mit ihren bombenbeschädigten Gebäuden nach dem Zweiten Weltkrieg wieder in den Besitz der Familie gekommen war, zeigte die Nachkriegszeit ihre unangenehmen Seiten: Zum einen war die Zuckerbeschaffung problematisch. Aber vor allem die Tatsache, dass kaum Früchte und Fruchtaromen zur Verfügung standen, war Grund dafür, dass keine Limonaden in gewohnter Qualität erzeugt werden konnten.
Doch Erwin Klein war entschlossen, das ursprüngliche Qualitätsimage der Firma A. & S. Klein wiederherzustellen. Jahre lang experimentierte er mit einem neuen alkoholfreien Erfrischungsgetränk, bis ein Besuch in den Alpen zu jener sagenhaften Inspiration führte, aus der dann der Almdudler entstanden ist. Es war niemand geringerer als die Natur selbst, welche mit ihren Kräutern, Wiesenblumen und Wurzeln die wertvollen natürlichen Zutaten bot, aus denen dann die Kräuterlimonade komponiert wurde. 1957 war es dann soweit, die völlig neuartige Limonade kam mit der Bezeichnung „Almdudler" auf den Markt. Der Name „Almdudler" ist übrigens eine traditionell gebräuchliche Bezeichnung für Mischgetränke aus Limonade, welche aus der unter Wanderern gebräuchlichen Redewendung: „Auf der Alm dudln" entstammte.
Der Name wurde gemeinsam mit dem Trachtenpärchen geschützt und auf die typischen Formflaschen gedruckt. Bald war Almdudler in allen Heurigenlokalen, Gaststätten und Restaurants zu Hause, ja bis in die entlegendsten Berghütten wurde er (zum Teil mit Tragtieren) befördert, um durstige Wandererkehlen zu erfrischen.
Heute ist Almdudler eine der bekanntesten österreichischen Marken schlechthin und erfreut sich ungebrochener Beliebtheit bei Alt und Jung; egal ob pur, gespritzt oder mit Wein genossen!

Das legendäre Kracherl

Der Ausdruck „Kracherl" wurde in Wien lange Zeit als Synonym für Limonade verwendet. Für die meisten Wiener ist ein Kracherl aber nur dann ein echtes Kracherl, wenn es beim Wiener-Heurigen verkauft wird. Zudem sind ausschließlich die Geschmacksrichtungen Himbeere und Zitrone als authentisch zugelassen.
Seinen Namen hat dieses Kultgetränk ursprünglich vom speziellen Verschluss, der beim Öffnen „krachte". Die originalen, sehr schönen Nostalgieflaschen hatten nämlich einen speziellen Bügelverschluss mit einer Glaskugel, der beim Öffnen den charakteristischen Ton verursachte.
Und weil es sich um ein alkoholfreies (daher Kindergetränk) handelte, wurde ihm auch gleich – etwas respektlos – der Diminutiv verpasst. Insbesondere das Himbeerkracherl fasziniert noch heute mit seinem herrlich fruchtigen Geschmack; es wird pur oder g'spritzt genossen, oder zum Mischen mit Rotweinen, Weißweinen und Bier verwendet.

© Almdudler
ALMDULER WIRD GERN MIT WEIN GENOSSEN

Trzesniewski

Als der Krakauer Francisek Trzesniewski im Jahre 1902 am Tiefen Graben in Wien seine erste Imbissstube eröffnete, ahnte er wohl noch nicht, dass er den Grundstein für eine Wiener Institution gelegt hat, die – allen Kriegswirren zum Trotz – mittlerweile mehr als ein Jahrhundert überdauerte.
Schon bald übersiedelte er mit seinem Imbiss vom Tiefen Graben in die Dorotheergasse, wo sich die legendären, „unaussprechlich guten Brötchen" noch immer allergrößter Beliebtheit erfreuen. Ein Bekanntheitsgrad von mehr als 90 Prozent spricht für sich selbst …
Die Idee kleine Minibrötchen anzubieten kam Herrn Trzesniewski in den rauen 20er Jahren vorigen Jahrhunderts. Er wollte mit den kleineren Portionen erreichen, dass sich ein jeder seine schmackhaften Brötchen leisten kann. Dazu erfand er den „Pfiff", jenes „Achterl Bier" das vor allem die Damen sehr gerne zu ihren Brötchen genießen.
Um 1939 übernahm seine Tochter Maria Trzesniewski das Brötchen-Buffet und machte daraus einen In-Treff mit bis heute andauernder Beliebtheit. Sie führte den Betrieb bis 1978 und etablierte währenddessen u. a. das Paketgeschäft, so dass man die schmackhaften Brote auch bequem mit nach Hause oder ins Büro nehmen kann.
Die Rezepturen für die Brotaufstriche (18 der mittlerweile 21 Sorten sind seit den Anfängen im Programm) sind naturgemäß streng geheim . Nur die besten Zutaten werden für die auf „Ei" basierenden Aufstriche verwendet, so kommen z. B. die Eier ausschließlich aus Bodenhaltung. Dass die Aufstriche ständig frisch angefertigt werden, ist selbstverständlich. Dazu werden täglich 600 kg spezielles Schwarzbrot gebacken, dessen Scheiben dann mit Aufstrich in gleich große Brötchen geschnitten werden – bis zu 60.000 Stück am Tag!
Übrigens: Auch wenn die Aufstriche in allen acht Filialen die gleichen sind, schmecken die Brötchen in der Dorotheergasse immer noch am besten…

KURT TICHY

ALT WIENER EISKAFFEE

Tichy oder „Weil Eis (halt doch) nicht gleich Eis ist!“

Die Eis-Tradition Wiens ist wie so vieles ein Relikt der alten Donaumonarchie, denn die Stadt verdankt ihre Eis-Kultur zu einem großen Teil den aus dem Zoldo-Tal (ein kleines Tal in den Dolomiten) emigrierten Gastarbeitern, die sich in der Donaumetropole ein neues Betätigungsfeld suchten. Sie kamen mit für den Wiener Gaumen neuen Geschmacks-Sorten, doch damals wie heute sind Vanille, Erdbeere und Schokolade die Favoriten der Schleckermäuler. Lange vor den schicken Eissalons wurde in Wien das Speiseeis vom so genannten „Gfurnimo“ (Gefrorenesmann) vertrieben, der die begehrte Süßspeise mit einem kleinen Karren durch die Stadt schob. Da man aber in Wien mit der Zeit keine ambulanten Eishändler akzeptierte, wurden die ersten Eisdielen eröffnet.
Als wohltuender Kontrapunkt zur allgegenwärtigen Speiseeis-Massenproduktion großer Lebensmittelkonzerne gibt es zahlreiche Eissalons mit eigener Produktion; der bekannteste von ihnen ist sicherlich „Tichy“ am Wiener Reumannplatz. Er ist einer jener Betriebe, die dem selbst erzeugten Eis seinen wohlverdienten Stellenwert in der kulinarischen Szene bewahren und sich mit ihren Eis-Stanitzeln erfolgreich neben dem omnipräsenten „Eis am Stiel“ behaupten.
Der gelernte Zuckerbäcker und Konditor Kurt Tichy sen. gründete das Imperium im Jahre 1952, als er mit einem kleinen Eiswagen seine süßen Kreationen unter die Leute brachte. Seine Frau Marianne Tichy wiederum verkaufte das Eis in einem kleinen Keller-Lokal. Die Geschäfte gingen so gut, dass man im Jahre 1955 den heute so beliebten Standort am Reumannplatz erwerben konnte. Hier erfand Kurt Tichy sen. die legendären Eismarillenknödel, jene gefrorene Köstlichkeit aus Marillenmark, Vanilleeis und gemahlenen Nüssen, die als einziges Produkt des Hauses auch exportiert werden, vor allem nach Deutschland. Im Jahr 1999 verstarb der Eisbaron; doch sein Sohn Kurt Tichy jun. hat die frostigen Geschäfte bereits im Jahre 1992 übernommen und führt sie im Sinne seines Vaters weiter.
Heute ist „Tichy“ mit 260 Sitzplätzen nicht nur einer der größten und berühmtesten Eissalons Europas, sondern steht auch für nicht wenige Wien-Besucher genauso auf dem Programm, wie das Schweizerhaus oder ein Heurigenabend. Somit kann der Eissalon „Tichy“ mit Fug und Recht von sich behaupten, zu den kulinarischen Institutionen der Stadt zu gehören.

VANILLEEIS
Vom Autor des Buches

**1 Liter Milch,
mindestens 8 Vanilleschoten,
6–8 Eidotter, 300 g Zucker,
500 ml Schlagobers**

Je mehr Vanille verwendet wird, desto besser ist dann das Eis. Manche Köche geben so viel Vanillefruchtmark hinzu, dass das Eis nahezu schwarz wird. Auch an Eidottern und Fett (Schlagobers) sollte nicht gespart werden, denn das sind schließlich die Geschmacksträger!
Die Vanilleschoten im Mörser nahezu pulverisieren. Vanille, Milch, Eidotter und Zucker im Wasserbad schaumig schlagen, bis die Masse so sämig ist, dass man mit dem Stiel eines Kochlöffels eine deutlich sichtbare Furche durchziehen kann. Schlagobers steif schlagen, danach unter die Masse heben. Die Eismasse in Gläser abfüllen und kalt stellen.
Dieses Vanilleeis schmeckt z. B. hervorragend zu Kastanienreis oder pochierten Marillen.

Karlsbader Oblaten

Ein kleines Geschäft in Nähe des Wiener Naschmarkts hält eine große Tradition am Leben: „Karlsbader Oblaten“. Die Geschichte dieser zarten Oblaten ist mehr als 200 Jahre alt, doch berühmt wurde das Knabbergebäck durch die kleine, nicht protokollierte Einzelfirma O. Sacher, welche im Jahre 1912 im Kurort Karlsbad gegründet wurde, einem Zentrum der damaligen „High Society“. Sehr bald hatte das köstliche, nach einer Spezialrezeptur zubereitete Gebäck, bei der verwöhnten Gesellschaft großen Erfolg. So dauerte es dann nicht lange, bis das anspruchsvolle Publikum auch in der Hauptstadt der Donaumonarchie nicht mehr auf die böhmische Bäckerei verzichten wollte, weshalb der Firmengründer eine Filiale am Wiener Naschmarkt eröffnete und dort seine „Karlsbader Oblaten“ streng nach seinem Erfolgsrezept herstellte.
Das kleine Lokal befindet sich „vis-à-vis“ vom Naschmarkt auf der Rechten Wienzeile Nr. 25–27 und ist auch heute noch die Anlaufstelle für Freunde dieser hauchdünnen Knabberei. Bis auf den heutigen Tag wird das Produkt auf die bewährte Art mit höchsten Qualitätsansprüchen hergestellt: Die geheime Originalrezeptur wird nur aus besten und ausgesuchtesten Zutaten bereitet und Teigstückchen für Teigstückchen auf traditionellen Maschinen händisch gebacken. Das Ergebnis sind eben diese wunderbar geschmackvollen „Karlsbader Oblaten“ und beim Genießen dieser Köstlichkeit merkt der Feinschmecker bei jedem Bissen den unverwechselbaren Charakter und die bei der Herstellung aufgewendete Liebe und Sorgfalt, wie sie bei industrieller Fertigung kaum erreicht werden können.

KARLSBADER „SANDWICH“

Jeweils zwei schöne Käse-Kümmel-Oblaten, vorzugsweise noch lauwarm (also frisch aus dem Waffeleisen), werden mit folgendem Aufstrich gefüllt:
6 Stück (Räder) überreifen Olmützer Quargel mit einer Gabel cremig zerdrücken. Dann die Käsemasse mit 2–3 Esslöffeln Margarine, einem Esslöffel zimmerwarmer Butter, zwei feinst gewiegten Knoblauchzehen, 1–2 Esslöffeln fein gehackter Zwiebel, gemahlenem Kümmel nach Geschmack, scharfem Paprikapulver und etwas Salz vermischen.

Tipp: Die zusammengesetzten Oblaten können nach Belieben (mit z. B. Salaten, eingelegtem Gemüse) ausdekoriert werden.

Gabelbissen

Da in Wien traditionell „lieber zuviel gegessen, als zuwenig getrunken" wird, wie auf einer stadtbekannten Tafel im Gasthaus Renner (Nussdorf) zu lesen ist, wird nach dem Frühstück ein Gabelfrühstück genommen, welches üblicherweise zwischen 9.30 und 10.30 Uhr eingenommen wird. Nach dem obligatorischen Mittagessen um 12.00–12.30 Uhr (meist 2–3 Gänge, bestehend aus Suppe, Hauptspeise, Dessert) kommt dann so gegen 15.30 die Jause, damit die Wartezeit bis zum Abendessen leichter überbrückt werden kann. So weit so gut; es kann in unserer hektischen Zeit aber durchaus vorkommen, dass man – meist aus terminlichen Gründen – die eine oder andere Mahlzeit auslassen muss, und wenn nicht einmal ein alles rettender Würstelstand in Reichweite ist, dann kann der so genannte „Gabelbissen" den ärgsten Hunger stillen.

Früher war der Gabelbissen schon beinahe eine kleine Mahlzeit, heute handelt es sich vielmehr um einen Imbiss. Das Grundprinzip ist aber gleich geblieben: ein kleinerer Happen, meist aus Ei, Hering, Schinken oder Gemüse wird mit Mayonnaise und Pickles in Aspik eingegossen. Die Portion ist dabei üblicherweise so klein, dass man sie mit zwei bis drei Gabelbissen verzehren kann. Natürlich gibt es auch gehaltvollere Gabelbissen, die schon eine anständige Jause bilden, zu denen gehören z. B. Klassiker wie die Schinkenrolle, die Tellersulz oder die beliebten Roastbeefröllchen.

In unseren umtriebigen Zeiten gibt es selbstverständlich Gabelbissen fertig zu kaufen, doch dabei muss nicht gleichzeitig auf gute Qualität verzichtet werden, denn einige alt-eingesessene Firmen bieten frische und schmackhafte Gabelbissen an, die durchaus gut munden. Ein Vorreiter in dieser Sache war z. B. die Firma Spack, die seit mehr als 70 Jahren Sorge dafür trägt, dass im Büro niemand Hunger leiden muss. Firmen wie Wojnar oder auch Hiksch erweiterten das Angebot und kamen mit eigenen Produkten auf den Markt. Offensichtlich scheint die größte Angst der meisten Wiener zu sein, dass sie unter Umständen nicht satt werden könnten und dann quälenden Hunger leiden müssten.

GÄNSELEBER IN ASPIK

250 g Gänseleber, etwas Gänseschmalz, 1 Schalotte, 75 ml Obers, etwas Pastetengewürz, Salz und frisch gemahlener Pfeffer

Weiter:
500 ml Aspik (vorzugsweise Hühneraspik), 1 kleine Trüffel

Eine schöne Gänseleber wird schwach gesalzen und gepfeffert in etwas Gänseschmalz mit angerösteten Schalottenwürfeln rasch gebraten, mit etwas Pastetengewürz verfeinert und danach sehr fein passiert. Das Gänseleberpüree mit dem (ungeschlagenen) Obers und 3–4 Esslöffeln flüssigem Aspik verrühren. Das Leberpüree etwa 1 cm dick auf ein mit Klarsichtfolie ausgelegtes Blech streichen und zum Stocken erkalten lassen. Wenn die Masse fest ist, mit einem Keksausstecher runde Scheiben ausstechen.
In kleine Förmchen wird eine dünnere Schicht Aspik gegossen, wenn diese erkaltet ist, kommen dekorative Trüffelscheiben (z. B. in Form einer Blüte) darauf, dann wieder etwas Aspik darauf träufeln und erstarren lassen. Danach die erste Scheibe Gänseleber einlegen, mit Aspik übergießen, dieses wieder erstarren lassen, eine erneute Scheibe Gänseleber, wieder Aspik und eine dritte Scheibe Gänseleber, schließlich mit Aspik ausgießen.
Vor dem Anrichten einige Sekunden in heißes Wasser tauchen, auf Teller stürzen und ausgarniert servieren.

Tipp: Besonders fein wird diese köstliche Kreation, wenn das Aspik zusätzlich mit Madeira oder – noch besser – mit einem edlen Süßwein (z. B. Eiswein oder Ruster Ausbruch) abgeschmeckt wird.

FISCH IN ASPIK

1 kleiner Zander (etwa 1 kg) wird geschuppt, ausgenommen, filetiert und zusammen mit etwas geputztem Wurzelgemüse, Essig, 1 Zwiebel und einigen Pfefferkörnern in leicht gesalzenem Wasser einmal aufgekocht. Dann den Topf vom Herd nehmen und den Fisch weitere 10 Minuten ziehen lassen.
Fisch aus dem Sud heben und beiseite stellen; den Sud durch ein Sieb seihen, einen 3/4 Liter abmessen und mit der nötigen Menge eingeweichter Gelatineblätter (1 Blatt pro 100 ml Flüssigkeit) versetzen. Kleine Förmchen mit diesem Aspik chemisieren. Wenn das Aspik gestock ist, kleine Fischstücke einlegen und mit Scheiben oder Streifen vom gekochten Wurzelgemüse sowie Aspik-Mayonnaise garnieren. Vorsichtig mit Aspik auffüllen und kühl stocken lassen.

TELLERSULZ

Vorgekochtes Rindfleisch wird in mundgerechte Stücke geschnitten, etwas bissfest gekochtes Wurzelgemüse (Karotte, Gelbe Rübe) in dekorative Stücke schneiden, einige blanchierte Karfiolröschen und Erbsen bereit halten. In einen kleinen, tiefen Suppenteller das Fleisch zusammen mit dem Gemüse dekorativ anrichten, mit Petersilie, Scheiben vom gekochten Ei, Mayonnaise u. a. hübsch ausgarnieren, danach mit Aspik (Kalbsfond oder Rindsfond mit Gelee) übergießen. Kühl stocken lassen, mit Zwiebelringen und einer Essig-Ölmarinade servieren.

GESULZTES HIRN

2 Kalbshirne,
1 schwarze Trüffel,
Mayonnaise,
500–600 ml klare Rindsuppe,
5–6 Blatt Gelatine,
etwas geselchte Rinderzunge,
1–2 Eier hartgekocht,
Salz

Die Kalbshirne häuten, mit kochendem Salzwasser überbrühen und ziehen lassen. Hirn in Röschen teilen und erkalten lassen.
Rindsuppe aufkochen und die in kaltem Wasser eingeweichte Gelatine darin auflösen. Förmchen (je nach Größe etwa 6–8 Stück) mit dem Aspik chemisieren. Trüffel, Ei und Zunge in dekorative Stücke schneiden und die Förmchen damit auslegen. Restliche Trüffel und Zunge sehr fein hacken.
Das verbleibende Aspik mit Mayonnaise verrühren. In diese Aspik-Mayonnaise das Hirn und die gehackten Zutaten mischen, abschmecken, in die Förmchen füllen. Im Kühlschrank stocken lassen.

EI IN ASPIK

Förmchen werden mit Aspik chemisiert, dann mit in Butter geschwenkten (vorgekochten) Spargelspitzen ausgelegt. Darauf kommt ein gut abgetropftes pochiertes Ei, dann wird alles mit blanchierten Lauchstreifen und hübsch ausgestochenen Trüffelscheiben oder -spänen garniert. Alles mit flüssigem Aspik übergießen und kühl stocken lassen. Vor dem

SCHINKENROLLE

Servieren aus der Form stürzen und mit (getrüffelter) Mayonnaise sowie einiger Salatblättern garniert servieren.

ROASTBEEFRÖLLCHEN

Jeweils 2–3 dünnere Scheiben rosa gebratenes Roastbeef (erkaltet) überlappend nebeneinander legen und dick mit Aspik-Mayonnaise (welche nach Geschmack mit z. B. fein gehackten Kräutern, Senf, Zitronensaft, grob gehackten hartgekochten Eiern u. a. verfeinert worden ist) bestreichen. Einige Stangen eingelegten Spargel darauf legen, diese ebenfalls mit Aspik-Mayonnaise bestreichen und alles eng zu einer Roulade zusammen rollen. Roastbeef-Rolle mit Aspik überglänzen, dann auf der Oberseite mit Scheiben von hartgekochtem Ei, Tomatenschnitzen u.a. verzieren, diese ebenfalls mit Aspik überglänzen und die Rolle im Kühlschrank stocken lassen, dann nochmals mit Aspik überziehen.

SCHINKENROLLE

Aus 300 g klein würfelig geschnittenen gekochten Kipfler-Erdäpfeln, 150 g blanchiertem und klein gewürfeltem Wurzelgemüse (Karotte, Sellerie, Petersilienwurzel), einigen Löffeln gekochten Erbsen, 2 klein gewürfelten Essiggurken, Mayonnaise, etwas Aspik und Salz einen Salat zubereiten, dieser nach Wunsch noch mit Zitronensaft, kleinen Apfel- und/oder Sardellenstückchen verfeinern. Jeweils zwei Scheiben Kochschinken überlappend nebeneinander legen, dick mit diesem Salat belegen und zusammenrollen. Mit Aspik übergießen und nach Belieben verzieren.

TELLERSULZ

ROASTBEEFRÖLLCHEN

Der Würstelstand

Zunächst sei geklärt, dass ein Würstelstand keine Frittenbude ist, auch wenn manche Würstelstände Pommes anbieten. Ein klassischer Würstelstand hat keine Pommes, auch keine Pizzaschnitten oder Kebab, deshalb heißt er ja auch WÜRSTEL-Stand und nicht Imbiss- oder Frittenbude. Es dreht sich bei ihm alles um die Wurst, von der er sechs bis acht Sorten haben sollte, dazu zählen auch verschiedene Spielarten des Leberkäse; ansonsten bilden nur noch verschiedene Senfsorten, Brot und Gebäck, eingelegtes Gemüse sowie Getränke das echte Sortiment!

Genauso wichtig wie die Würste sind auch Würstelstandler selbst. Es gibt von ihnen zwei Arten: Die eine Sorte ist redselig wie ein Radio und verkündet gern – meist ungefragt – den neuesten Tratsch und Klatsch der nahen Umgebung (man kennt seine Stammgäste) oder die aktuellen Schlagzeilen der Abendausgabe der Kronen-Zeitung. Die andere Sorte sieht fern, blickt bei der Bestellung nicht einmal auf, kennt ihren Stand „blind", weiß wo alles steht und nimmt den Kunden nicht wahr (außer beim Zahlen); Sportclub, Admira, Austria und Rapid sind wichtiger! Als Kunde könnte man glatt glauben, etwas Falsches gesagt oder einen Menschen in seiner Ruhe gestört zu haben. Und dennoch kommt nach drei Handgriffen (bei denen das krumme Essbare, das den persönlichen Hunger stillen soll, auf ein gewelltes Papptellerchen befördert wurde) die monotone Frage: „Süß oder Scharf?" „Süß, bitte!", flüstert man leise, mit der Hoffnung endlich satt zu werden. „Semmel oder Brot?", immer noch kein Blick, kein verbindliches Wort, aber das Essen naht! „Brot bitte, ein Scherzel, wenn geht…", patsch (!) landet ein Endabschnitt Brot auf der Wurst, meist auch mitten im Senf – es geht offensichtlich! Dann folgt das Zahlen, den Blick weiter starr zum Fernseher gerichtet, wird so was ähnliches wie nachgezählt. Als Kunde sind vorm Würstelmann alle gleich „Wurst", nur Rapid wird etwas Aufmerksamkeit geschenkt!

Entstanden ist diese Institution der kulinarischen Basis, welche wider aller Sperrstundenregelungen sogar in den Randzeiten menschlichen Daseins den verspürten Hunger zu stillen vermag, aus den alten Garküchen der Vorstädte und Praterauen. Ursprünglich sollten sie auch Kriegsinvaliden dazu verhelfen, ein Einkommen zu haben. Schnell konnten sich die Standeln mit ihren schmackhaften Würsten in Wien durchsetzen und vom Draher, der noch einige Dosen Bier braucht über hungernde Taxifahrer und Beamte bis hin zu Politikern und Ballbesuchern erfreuen sich alle – vornehmlich nächtens – an einer „klassen Haßen".

Heute muss sich der Würstelstand leider vehement und auch etwas trotzig gegen die immer stärker werdenden Döner-Imbisse, Pizza-Schnitten und „American-Fast-Food-Ketten" wehren, und wenn auch viele Würstelstände den scheinbar aussichtslosen Kampf bereits verloren haben, so gibt es immerhin doch noch einige, die tapfer die Stellung halten und die Fraktion der Wurstliebhaber bedienen können. Es wäre doch auch zu schade, wenn einem der Duft von gegrillter Käsekrainer, Bratwurst und Waldviertler nicht mehr umschmeichelt oder eine Burenwurst, frisch aus dem Kessel kommend, nimmer die Unterlage für einige Dosen Brau AG-Bier bilden könnte.

DEBRECZINER

Gut gewürzte Wurst aus Ungarn, die im Originalrezept aus Rind- und Schweinefleisch, deren rote Farbe vom Gewürzpaprika stammt. Heute wird sie oft auch nur aus Schweinefleisch mit grober Speckeinlage hergestellt. Debrecziner werden meist gebrüht mit Senf und Kraut-Paprika oder Pfefferoni gegessen, man kann sie aber auch grillen.

WALDVIERTLER

Der Ursprung dieser Wurst ist das Waldviertel. Die Spezialität dieser Region sind geräucherte Fleisch- und Wurstwaren, weshalb diese Wurst aus Rind- und Schweinefleisch, Speck, Wasser, Salz und Gewürzen auch stark geräuchert wird. Sie kann gekocht oder gegrillt werden, dazu isst man Senf, Brot und Gurken.

KÄSEKRAINER

Eine derbe – ursprünglich steirische – Wurst aus Schweinefleisch, Speck, Salz und Gewürzen mit eher grober Wurstmasse und eingearbeiteten Käsewürfeln, die beim Grillen schmelzen sollen. Im Wiener Volksmund liebevoll auch „Eitrige" genannt, da der heiße Käse beim Grillen gelbe Blasen wirft und beim Anschneiden herausrinnt. Dazu gibt's Senf, Semmel oder Brot und frisch gerissenen Kren. Es gibt übrigens auch Krainer-Würstel ohne Käse, diese werden gebrüht.

Knacki Fracki

Schon immer war der Prater ein Vergnügungspark der besonderen Art und ein ganz außergewöhnliches Erlebnis muss die Vergnügungsstätte „Venedig in Wien" gewesen sein, welche seinerzeit von Gabor Steiner (1858–1944) kreiert worden war. Auf dem Gelände der heutigen Kaiserwiese wurden Gondelfahrten auf künstlichen Kanälen, Cafés, Restaurants, Verkaufsbuden und auch eine Operettenbühne geboten. Somit war „Venedig in Wien" eine eigene Welt im Prater und vermutlich auch der erste Themenpark der Welt. Hier amüsierte sich die High Society gleichermaßen, wie Bürger, Dienstmägde und Soldaten des österreichisch-ungarischen Vielvölkerstaates. Und da der Park ständig erweitert wurde, kam im Jahre 1897 auch das heutige Wahrzeichen des Prater – das Wiener Riesenrad – hinzu, dessen Errichtung Gabor Steiner ein ganz besonderes Anliegen war.

Doch Gabor Steiner war nicht nur ein ideenreicher Veranstalter, sondern wahrscheinlich sogar der „Erfinder" des Hot-Dog. Schon damals bot er seinen Gästen eine mit Teig umhüllte Knackwurst an, welcher er den Namen „Knacki-Fracki" gab. Noch heute werden im Prater ähnlich geartete Wurst-Imbisse gereicht, wie z. B. der allseits beliebte „Debri-Lángos" (eine Debrecziner, welche mit einem Lángos (S. 391) umhüllt ausgebacken wird).

Angesichts der Tatsache, dass Gabor Steiner 1938 in die Staaten fliehen musste, erscheint es nicht unwahrscheinlich, dass kein Geringerer als der Erfinder des „Hot-Dog" selbst seiner Kreation auch zu weltweiter Verbreitung verholfen hatte. Heute liegt der große Prater-Visionär in Beverly Hills auf dem Waldfriedhof begraben.

Die Frankfurter

Das „Frankfurter Würstchen“, welches sonst nahezu überall auf der Welt als „Wiener Würstchen“ bekannt und beliebt ist, ist jedoch nicht ganz „ein und dasselbe“, denn genau genommen bestehen die Frankfurter-Würstchen ausschließlich aus Schweinefleisch, während die Wiener-Würstchen sowohl Schweinefleisch als auch Rindfleisch beinhalten, zudem Speck, Wasser, Salz und Gewürze.
Diese Tatsache geht auf den Erfinder dieser berühmten Wurst zurück, einem gewissen Johann Georg Lahner, der in der Nähe von Ebermannstadt (bei Nürnberg) am 5. Okt. 1774 geboren wurde. Seine Lehre absolvierte Lahner in Frankfurt und lernte dort die Schweinswürstel kennen. Nach der Lehre verschlug es ihn nach Wien, wo er anfangs als so genannter „Aufhackknecht“ arbeitete. Als er im Jahre 1804 seine erste eigene Fleischerei eröffnete (in der heutigen Neustiftgasse 111), experimentierte er mit der aus Frankfurt bekannten Wurst. Er machte sich dabei eine ganz bestimmte Tatsache zu Nutzen: in Frankfurt durften die Fleischer nur die Sorte eines einzigen Tieres verwenden, in Wien konnten es mehrere sein. So verfeinerte und veränderte Lahner die ursprüngliche Rezeptur so lange, bis sie seinem Geschmack entsprach und dabei alle Vorzüge einer Schweins- und einer Rinderwurst in einem Schafsaitling verband. Im Jahre 1805 war es dann so weit, er lieferte die ersten Würstel unter der Bezeichnung „Wiener Frankfurter“ oder „Frankfurter Würstel“ aus – in Erinnerung an seine Lehrzeit im Frankfurter „Worschtquartier“.
Als Lahner 1845 starb, war seine Wurst bereits weit über die Stadtgrenzen Wiens hinaus bekannt, am Firmenkopf stand nunmehr: „Leopold Lahner, Feine Wurst-, Fleisch- und Selchwaren. Spezialerzeugung der Original Wiener Lahner-Frankfurter Würstel. Gegründet im Jahre 1805.“
Im Laufe der weiteren Geschichte wurde immer wieder versucht, die Wurst zu verändern oder dem jeweiligen Zeitgeist anzupassen. So ersetzte man beispielsweise das Rindfleisch durch Kalbfleisch, was die Wurst zwar feiner, aber weniger kernig machte. Auch wurde der Fettanteil von ursprünglichen 40 % (Fett gilt als Geschmacksverbesserer) auf nunmehr 20–25 % gesenkt, was dem Geschmack der Wurst nicht wirklich gut getan hat, aber dem Zeitgeist zuliebe offensichtlich notwendig war!
Übrigens: Wiener Würstchen/Frankfurter Würstel dürfen niemals gekocht werden, man bringt einfach reichlich Wasser zum Sieden, nimmt den Topf vom Herd und lässt die Würstel darin 8–10 Minuten ziehen. Frankfurter treten immer paarweise auf und werden mit scharfem Senf, Kren und einer Kaisersemmel genossen.

Die Burenwurst

Das Burenheidl, wie der Wiener Volksmund sein kulinarisches Heiligtum benennt, ist keine feine Wurst, das sagt schon der Name; die Burenwurst hat nämlich nichts mit den Buren (Niederländern) zu tun, sondern hat ihre Beizeichnung vom Sprachengewirr der alten k. u. k. Zeiten. „Buren“ stammt von „Buur“ oder „Bure“ ab, was soviel wie Bauer bedeutet. Zum selben Ergebnis kommt man übrigens, wenn man den Fachbegriff hernimmt, denn beim Fleischer heißt sie nämlich „Klobasse“, was von „Kolbasz“, dem slowakischen Wort für „Bauer“, abstammt.
Aber dem echten Wiener ist „des eh wurscht“ und er bestellt einfach nur „a Haße mid an siassn“, also eine Burenwurst mit süßem Senf. Derartige Bestellungen versteht ein jeder alt-eingesessene Würstelstandler, vorausgesetzt er hat wirklich einen Wiener Würstelstand und nicht eine dieser neumodischen Aludosen mit Pizza, Kebab, Toast und Hamburgern aus der Mikrowelle.
Die Burenwurst ist rein fachlich gesehen aus der Gattung der Bratwürste, die „Landesinnung Wien der Fleischer“ hat ihr immerhin die Güteklasse 3b verliehen – damit liegt sie qualitätsmäßig eher im hinteren Mittelfeld, denn danach kommen eigentlich nur die ausgemusterten Speckschwarten (zum Mittelfeld hatten die Wiener schon immer ein sehr dehnbares Verhältnis). Sie besteht demnach aus Fleisch – ja, auch! Also, die Wurstmasse setzt sich zunächst aus 50 Teilen Rindfleisch II, 50 Teilen Rindfleisch III und 50 Teilen Wiener Hochquellwasser zusammen, das alles wird gut vermengt und auf 100 Teile dieses Bräts kommen dann 3 Teile Herzmuskulatur, vorausgesetzt sie ist schlachtfrisch. Aus diesem Brät wird nun die eigentliche Wurstmasse wie folgt gemischt: 55 Teile Brät, 25 Teile Speck und 20 Teile Salzstoß, dazu kommen auf 100 Teile Wurstmasse 3 Teile Kartoffelstärke. Das geschmackliche Geheimnis der Burenwurst ist der Salzstoß – und das soll er auch bleiben!
Am besten schmeckt die Burenwurst natürlich frisch aus dem Kessel (bitte nicht gegrillt) nach einer durchgezechten Nacht (was in Wien – insbesondere zur Ballsaison – allerdings recht oft vorkommen kann) an einem Würstelstand des Vertrauens, dem jegliche Sperrstunde absolut „wurscht“ ist. Dazu isst der kundige Burenheidl-Feinschmecker ein Scherzel, einen scharfen Ölpfefferoni und süßen (!) Senf, denn diejenigen, welche scharfen Senf wählen, drücken sich nicht nur vor der Schärfe des Pfefferoni, sondern laufen zu dem Gefahr, als „schlecht informiert“ zu gelten!
Damit der Genuss vollends zufriedenstellend ist, sollte man zur „Haß'n“ stilecht ein „16ner Blech“ bestellen, den traditionellen Duz-Freund der nahrhaften Wurst. Und als echtes Kameradschaftsgericht muss man den Schmaus mit Kameraden (das können nach Wiener Sitte alle sein, die gerade am selben Stand stehen) zelebrieren, dann rollt zu dem der „Schmäh“ und das „Burenheidl“ hat das standesgemäße Umfeld, wo es sich am wohlsten fühlt.

Schweizerhaus

1766 erstmals als Schweizerhütte urkundlich erwähnt

1800 umbenannt in „Zur Tabakspfeife"

1814 zur Zeit des Wiener Kongresses Umbenennung: „Zum russischen Kaiser"

1868 Anläßlich der Weltausstellung wird das Lokal als „Schweizer Meierei" eröffnet.

1873 Erste namentliche Erwähnung als das „Schweizerhaus"

1882 Die Gebrüder Pach machen aus dem Schweizerhaus einen Biergarten und servieren „Pilsner Bier".

1907 Jan Gabriel, der Wirt vom „Alten Kühlerfuß", übernimmt das Schweizerhaus.

1920 Beginn der Ära Kolarik: Der damals 19jährige Karl Kolarik musste für großjährig erklärt werden, um das Schweizerhaus übernehmen zu können.

1926 Karl Kolarik reist nach Böhmen und bringt das Budweiser „Budvar Bier" nach Wien.

1929 errichtete Karl Kolarik (als gelernter Fleischer und Selcher) einen Pavillon mit dem Namen „Wiener Würstelselcherei"; es war dies die erste Schauküche, die es den Gästen ermöglichte, die Erzeugung der Speisen zu beobachten.

1945 In den letzten Kriegstagen wurde das Schweizerhaus vollkommen zerstört.

1947 Mit einem alten Riesenrad-Waggon und einer Holzhütte begann Karl Kolarik den Wiederaufbau.

1993 stirbt Karl Kolarik, aber die Institution „Schweizerhaus" wird seither von seiner Familie weitergeführt.

KARL JAN KOLARIK

Das Schweizerhaus

Gastronomisch gesehen kann Wien etliche Institutionen vorweisen, doch kaum eine andere ist derart unumstritten wie das Schweizerhaus, zumindest was Bier betrifft. Seit nunmehr über 80 Jahren ist das „Schweizerhaus" untrennbar mit der Geschichte des Wiener Praters, ja mehr noch, mit der Geschichte Wiens verbunden und kann darüber hinaus auf eine noch viel längere Vorgeschichte verweisen (siehe Chronik). So wie den Heurigen, das Stammbeisl und natürlich das Kaffeehaus, darf man das Schweizerhaus mit Fug und Recht als Teil der Wiener Seele bezeichnen.
Wien ist und bleibt zwar die Wein-Hauptstadt der Welt, doch ist man hier – der böhmischen Vergangenheit und Nachbarschaft Ehre zollend – auch einem Krügel Bier nicht abgeneigt. Im Schweizerhaus gibt's das große Blonde mit der unglaublich perfekt gezapften Haube: Eben jenes legendäre Budweiser aus gleichnamiger tschechischer Kleinstadt, das schon den Kaiser begeistert haben soll. Dieses Bier wurde vom „Vater des Schweizerhauses" Karl Kolarik sen. nach Wien importiert und der gelernte Fleischhauer und Selcher servierte dazu knusprige Kartoffelpuffer, Olmützer Quargel, Erdäpfel-Rohscheiben sowie die mittlerweile legendäre Schweizerhaus-Stelze.
Seitdem pilgern Wiener, Zuagraste, Politiker, Bürgermeister und allerlei wichtige oder weniger wichtige Personen in den eigentlichen Volksgarten Wiens; natürlich sind Gäste herzlich willkommen, doch man ist sehr darauf bedacht, dass dieser Biergarten ein persönliches Wohnzimmer der Wiener bleibt. Dafür sorgen nicht zuletzt Hanni und Karl Jan Kolarik, die nicht nur jeden Stammgast persönlich begrüßen, sondern auch ihr Schweizerhaus beseelen. Sie gehören noch zu der Gruppe von Wirten, die ihren Beruf als „Berufung" empfinden und denen man anmerkt, dass sie das, was sie tun, auch lieben! Und diese Liebe gilt Besuchern, Gästen, Kellnern, Köchen und selbstverständlich auch den wunderschönen Bäumen, die den Gastgarten im Sommer in ein schattiges und beschauliches Plätzchen verwandeln, gleichermaßen.
Oftmals wird die Frage gestellt, wie viele Biere oder Stelzen da täglich über den Tresen geschoben werden – aber das bleibt „Geheimnis" der Familie Kolarik. Was kein Geheimnis (mehr) ist, ist die Liebe zum gutem Essen und dem Bier: trotz aller Quantität wird hier größten Wert auf Qualität gelegt. Und so ist es wenig verwunderlich, dass man hier dem Bier eine Liebe zu Teil werden lässt, die man sonst nur von vollkommen versonnenen Weinliebhabern her kennt, wenn sie über perfektes Dekantieren philosophieren. Die 50-Liter Fässer kommen direkt aus der böhmischen Brauerei Budweis in den Prater und gelangen dort in einen eigenen Bierkeller, in dem außer Bier nichts anderes lagert. Zwischen 3 und 5 Grad kühl ist es da und kein Fass verlässt nach der Lagerung seinen Platz, bis es geleert ist. 14 Tage ruht das edle Bräu nun, damit es sich – bevor es gezapft wird – von der Fahrt erholen kann. Um keine Verwirrung aufkommen zu lassen, wird das Lieferdatum auf jedem Fass vermerkt. Beim Zapfen durchläuft dann ein jedes Krügel mehrere Hähne, bevor es endlich serviert wird. Durch die spezielle Zapf-Prozedur erhält es seine standhafte Haube und kann sich in aller Pracht vor dem Gast präsentieren.
Der weltberühmte Haubenkoch Reinhard Gerer sagte einmal: „… man kann in Wien alle möglichen Schanigarten-Konzepte ausprobieren, doch letztlich landen alle bei einer Stelze und einem kühlen Bier im Schweizerhaus …" Das dem so bleibt, dafür sorgt die Qualität und die Kontinuität, welche von den Kolariks hochgeschrieben wird. Sie fühlen sich dabei der Tradition des Hauses und dem Erbe Karl Kolarik sen. verbunden, stehen dabei aber sinnvollen Neuerungen immer offen gegenüber. Hanni und Karl Jan Kolarik über ihr Unternehmen: „Zu uns kommt man, weil man plaudern will, daher gibt es auch keine Musik. Der Mensch, eine gepflegte Bierkultur und das gute böhmische Essen stehen bei uns im Mittelpunkt."
Und so sind sie im Schweizerhaus alle gleich, egal ob Pop-Star, Politiker, Schauspieler oder (Normal-) Bürger. Gutes Essen und Trinken verbindet eben nicht nur, sondern hält auch „Leib und Seele z'am"!

Das Schweizerhausmenü:

- *Kartoffelpuffer (Erdäpfelpuffer) und Bierrettich (Radi)*
- *Prager Kuttelflecksuppe „Dršt'ková"*
- *Grillstelze mit Krautsalat und Gebäck*
- *Böhmische Powidltascherln mit Butterbröseln*

KARTOFFELPUFFER (ERDÄPFELPUFFER)

1 kg Erdäpfel (mehlig-kochend), 2 große Eier, 6 Knoblauchzehen gepresst, 2 EL Sauerrahm, 1/16 heiße Milch, 4–5 EL Mehl, 1–2 TL Majoran, frisch gehackter Liebstöckel (fakultativ), Salz und Pfeffer aus der Mühle, Butterschmalz oder Schweineschmalz zum Ausbacken

Die Erdäpfel schälen, fein reiben und gut ausdrücken. Danach in eine Schüssel füllen und mit heißer Milch übergießen. Etwas Sauerrahm, die Eier, das Mehl, den gepressten Knoblauch, Majoran und etwas Liebstöckel nach Geschmack hinzugeben, alles mit Salz und Pfeffer kräftig würzen. Aus dem Teig Fladen formen und diese in heißem Fett goldbraun-knusprig ausbacken.

PRAGER KUTTELFLECKSUPPE

750 g vorgekochte Rinderkutteln in Streifen geschnitten, 1 1/2 Liter echte Rindsuppe, 30–35 g Butter, 2 Zwiebeln fein gehackt, 3–4 zerdrückte Knoblauchzehen, 2 TL Paprikapulver „edelsüß", 3 EL Tomatenmark, 2 TL frischer Majoran gehackt, gemahlener Kümmel, 6 EL Mehl, 1 1/2–2 Becher Sauerrahm oder Crème fraîche, 1 Bund frische Petersilie gehackt, Salz und schwarzer Pfeffer aus der Mühle

Die fein gehackte Zwiebel in Butter anrösten, Paprika und Tomatenmark nacheinander dazugeben und alles mit Suppe aufgießen. Kümmel, Majoran, zerdrückte Knoblauchzehen, etwas Salz und die Kutteln hinzugeben, alles 10–15 Minuten kochen.
Zwischenzeitlich das Mehl mit dem Rahm verrühren; mit etwas Rindsuppe flüssiger machen. Masse durch ein Sieb in die Suppe streichen, diese damit binden. Kuttelflecksuppe mit Salz und Pfeffer abschmecken und mit frisch gehackter Petersilie bestreut servieren.

STELZE MIT KRAUTSALAT

1 Schweinsstelze (1–1 1/2 kg), Kümmel, Knoblauch, Salz, frisch gerissener Kren, Senf

Für den Krautsalat:
1 Krautkopf von etwa 1 kg (Weißkraut), Kümmel, Salz, Öl, Essig

Zuerst den Krautsalat zubereiten, da dieser mindestens 2–3 Stunden ziehen muss. Krautkopf fein nudelig hobeln, dann in kochendem Salzwasser einige Sekunden blanchieren, kalt abschrecken und trocken schleudern. Kraut mit Kümmel, Salz, Essig und Öl würzen, einige Stunden ziehen lassen. Vor dem Servieren nochmals abschmecken.
Da die rohe Schwarte sich nur schwer schröpfen lässt, sollten Sie die Stelze einmal ganz kurz überkochen. Danach legen Sie das Fleisch in kaltes Wasser. Jetzt lässt sich die Stelze leicht schröpfen. Sie werden erstaunt sein, wie einfach das Schröpfen nun geht und wie knusprig die Schwarte wird! Stelze mit Knoblauch, Kümmel und Salz würzen. Langsam (am besten mit einem Drehspieß) im Ofen grillen. Mit dem Krautsalat, frisch gerissenem Kren und Senf servieren. Dazu schmeckt am besten ein frisch gezapftes Bier oder ein G'spritzter.

POWIDLTASCHERLN (POWIDLTASCHKERLN)

Für den Teig:
500 g Erdäpfel (mehlig-kochend, vorzugsweise Bintje), 150 g griffiges Mehl, 1 Ei, 1 EL Stärkemehl

Für die Fülle:
150–200 g Powidl, 2–3 EL Rum, etwas gemahlener Sternanis

Zum Wälzen:
Reichlich zerlassene Butter, Semmelbrösel und Staubzucker zum Betreuen

Zuerst den Teig vorbereiten. Hierfür die Erdäpfeln kochen, über Nacht auskühlen lassen. Am nächsten Tag die Erdäpfel schälen und durch eine Presse drücken. Mit den übrigen Zutaten vermischen und alles zu einem geschmeidigen Teig verkneten, der sofort weiter verarbeitet werden sollte:
Den Erdäpfelteig auf einer bemehlten Arbeitsfläche 3–4 Millimeter dick ausrollen und Kreise mit jeweils 6–8 cm Durchmesser ausstechen.
Für die Fülle den Powidl mit Rum und Sternanis abschmecken, danach jeweils einen guten Teelöffel voll auf jede Teigscheibe setzen. Diese zusammenklappen und zu Halbmonden formen. Ränder sorgfältig zusammendrücken. Teigtaschen in siedendem Salzwasser 5–6 Minuten ziehen lassen, danach abtropfen.
Die Semmelbrösel in etwas Butter goldbraun rösten. Die Powidltascherln darin wälzen. Auf Tellern anrichten und mit reichlich Butter, Semmelbröseln sowie Staubzucker bestreut warm servieren.

PRAGER KUTTELFLECKSUPPE

POWIDLTASCHERLN

Traditionelle Alt-Wiener Klassiker

KALBSKOPFSUPPE

**1 kg Kalbskopf, 3 1/2 Liter Salzwasser,
150 g Wurzelwerk (Karotten, Gelbe Rüben, Zeller, Petersilienwurzel, Porree),
75 g Butter, 75 g Mehl, 1 Zwiebel,
150 g Champignons, 1–2 EL gehackte Petersilie,
Madeirawein, 2–3 Semmeln vom Vortag,
Salz und weißer Pfeffer**

Die 3 1/2 Liter Salzwasser aufkochen lassen, das Wurzelwerk hineingeben und den grob zerteilten Kalbskopf darin weichkochen. Kopf herausnehmen, das Fleisch ablösen und würfelig schneiden. Den Sud abseihen und auffangen.
Aus Butter und Mehl eine helle Einbrenn bereiten, die fein gewiegten Zwiebel darin rösten, dann alles mit dem abgeseihten Kalbssud aufgießen. Suppe gut verkochen lassen, salzen und pfeffern. Die in feine Scheiben geschnittenen Champignons und gehackte Petersilie in die Suppe geben; mit Madeira, Salz und Pfeffer abschmecken. Semmeln in Scheiben schneiden und bähen. Das gewürfelte Kalbskopffleisch und gebähte Brotscheiben in tiefe Teller verteilen und mit der Suppe übergossen servieren.

ALT-WIENER KARPFEN-BEUSCHEL-SUPPE

Trotz seiner Binnenlage hat der Fischmarkt in Wien eine lange Tradition und bereits im 14. Jahrhundert wurde der erste Fischmarkt am Hohen Markt eingerichtet. Zweifellsohne kommt dem Karpfen seit jeher die größte Bedeutung in der Wiener Küche zu und aus seinen „Anfällen" (Kopf, Gräte, Milcher, Rogen) bereitete man die köstliche Karpfenbeuschel-Suppe zu, die später unter der Bezeichnung „Fischbeuschelsuppe" bekannt wurde. In guten und traditionsbewussten Wiener Gasthöfen ist sie heute noch fixer Bestandteil. Mittlerweile gibt es unzählige Abwandlungen und Verfeinerungen, doch am authentischsten ist dieses Rezept:

**Kopf und Gräte von einem großen Karpfen,
200–300 g Karpfenbeuschel (Rogen, Milcher und die Innereien ohne Fischblase, Gallenblase und Gedärme), 3–4 Milcher und/oder Rogen extra,
50 g Schmalz, 50 g Mehl, etwas Essig, 1 Zwiebel,
1 Stück Sellerie fein nudelig geschnitten (julienne),
1 große Gelbe Rübe (julienne), 1 Zwiebel (julienne),
1 Petersilienwurzel (julienne)
2 Lorbeerblätter, etwas frischer Thymian,
etwas Rotwein (man kann auch Weißwein nehmen),
Sauerrahm, Zucker, Salz und Pfeffer**

In einem großen Topf den gewaschenen Kopf mit dem Karpfenbeuschel, 1 Zwiebel, einigen Pfefferkörnern, etwas Essig und Salz in gut 1 1/2 Litern Wasser kochen (30 Minuten). Brühe durchseihen, das Fleisch vom Kopf lösen, das Beuschel durch ein Sieb drücken, Zwiebel entfernen und wegwerfen.
In einem frischen Topf den Zucker im heißen Schmalz bräunen, mit dem Mehl stauben und eine dicke Einbrenn erzeugen. Wenn diese recht braun ist, kommen die fein nudelig geschnittenen Gemüse (Sellerie, Gelbe Rübe, Zwiebel und Petersilienwurzel) dazu und werden mitgedünstet. Mit der geseihten Brühe vergießen, Lorbeer und Thymian dazugeben, einen Schuss Rotwein hineingeben, mit Zucker, Salz und Pfeffer abschmecken und alles gut verkochen lassen; Suppe ggfs. passieren.
Den Milcher und/oder Rogen in etwas Wein und Essig 1 Minute vorgaren, dann durch ein Sieb streichen.
Fleisch vom Kopf und den Milcher/Rogen in die fertige Suppe rühren und diese – wenn gewünscht – mit etwas Rahm verfeinern. Die Suppe mit Backerbsen bestreut servieren.

SALONBEUSCHEL

Gerade Innereien-Gerichte sind es, von welchen gesagt werden darf, dass sie urwienerisch sind und nicht – wie so viele andere Speisen – aus den Küchen der Kronländer importiert und eingewienert wurden. Auch wenn man Beuschel-Rezepte auch in anderen Bundesländern kennt, so hat man in Wien dieser Speise aus Lunge und Herz eine kulinarische Krönung zuteil werden lassen: Das Salonbeuschel. Eines vorweg: Salonbeuschel wird immer aus Kalbsinnereien zubereitet, und zwar ausschließlich. Lamm-, Reh- und Hirschbeuschel schmecken zwar ausgezeichnet, können aber kein Salonbeuschel werden.
Der Name dieses ursprünglich vor allem montags genossenen Gerichts kommt daher, dass die traditionellen Beuschelrezepte (z. B. Limonenbeuschel S. 271) aufgrund ihrer „minderen" Zutaten einst als für die herrschaftliche Tafel ungeeignet gegolten haben. Doch nachdem das Lüngerl von allen Röhren befreit worden ist und das Innereiengemisch sehr feinnudelig geschnitten in einer sensationell schmeckenden „pipifeinen" Sauce aufgetischt wurde, galt es plötzlich auch als „salonfähig". So war das Salonbeuschel bereits im 19. Jahrhundert fixer Bestandteil gutbürgerlicher Tafeln und wurde (wie z. B. das Bruckfleisch auch) ein klassisches Alt-Wiener Gabelfrühstück, welches bevorzugt mit Semmel- oder Serviettenknödel genossen wird.

**1 Kalbsbeuschel (Lunge), 1/2 Kalbsherz,
1 Bund Wurzelwerk (1 Karotte, 1 Gelbe Rübe, Stück Zeller, 1 Petersilienwurzel), 1 Zwiebel,
2 Knoblauchzehen, 1–2 Lorbeerblätter,
2–3 Zweige Thymian, einige Pfefferkörner, Salz,
Pfeffer aus der Mühle, Saft einer halben Zitrone**

**Für die Sauce:
80 g Schweineschmalz,
60 g Mehl, 1 Zwiebel, 3–4 Essiggurken,
8–10 Kapern, 3–4 Sardellenringe,
Petersilie, frischer Majoran,
abgeriebene Schale einer halben Zitrone,
2–3 EL Essig, 1–2 TL Senf, etwas Zucker,
etwas Gurkenwasser (von den Essiggurken),
Rosenpaprika,
Salz und weißer Pfeffer aus der Mühle**

Das Beuschel und das Herz waschen, danach zusammen mit geputztem Wurzelgemüse, einer gehälfteten Zwiebel, Knoblauchzehen, Lorbeer, Thymian, Pfefferkörnern und Salz in 3 Litern Wasser zugedeckt weich kochen, nach 20–30 Minuten wenden. Wenn beim Anstechen mit einer Gabel keine helle Flüssigkeit mehr austritt, das Beuschel herausnehmen und in eiskaltes Wasser legen, das Herz noch etwas weiter kochen lassen, wenn es gar ist, ebenfalls herausnehmen. Den Sud passieren und beiseite stellen, Herz und Beuschel zuerst in dünne Blätter, danach in nicht zu dicke Streifen schneiden. Das Fleisch mit Salz, gemahlenem Pfeffer und Zitronensaft vermengen, ebenfalls beiseite stellen.
Für die Sauce zunächst eine Zwiebel mit Essiggurken, Kapern, Sardellen, Petersilie, Majoran und Zitronenschale sehr fein hacken. Das Schmalz in einer Kasserolle erhitzen, das Mehl darin zu einer dunkelbraunen Einbrenn rösten, dann das Feingehackte dazugeben und kurz mitrösten. Einbrenn mit Essig ablöschen, dann mit etwas Kochsud vergießen. So viel Sud dazugeben, dass man eine schöne, sehr cremig-mollige Sauce erhält, diese 20 Minuten verkochen lassen. Dann das geschnittene Fleisch hinzugeben und das Beuschel mit Senf, etwas Zucker, Gurkenwasser sowie Rosenpaprika pikant würzen, noch weitere 15–20 Minuten köcheln lassen. Endlich mit Salz und Pfeffer, nach Bedarf auch mit Essig oder Zitronensaft abschmecken und mit Semmelknödel heiß servieren.

Tipp: Das Beuschel kann weiter mit Wein, Rahm und/oder Streifen von Wurzelgemüse abgewandelt werden.

RAGOUTREIFEN

**Für den Reifen:
150 g Butter, 4 Eidotter, 250 g vorgekochte Erdäpfel, Prise Muskat, Salz**

**Für die Fülle:
1 Schweinshirn, 1 Kalbsbries, 1 Stück gekochte Kalbszunge, 75 g gedünstete Champignonwürfel,
50 g Schinken grob gehackt, einige Erbserln,
50 g Butter, 40–50 g Mehl, Rindsuppe nach Bedarf,
2 Eidotter, Saft einer Zitrone, Salz und Pfeffer**

Die Butter mit den Eidottern, den heiß passierten Erdäpfeln sowie den Gewürzen abtreiben. Masse in eine Reifenform füllen und 45 Minuten über Dunst garen.
Zwischenzeitlich das Ragout zubereiten: Hierfür zunächst das Hirn und das Bries abkochen, dann häuten und würfeln.
Aus der Butter und dem Mehl eine lichte Einmach herstellen, diese mit Rindsuppe aufgießen und verkochen, so dass man eine dicksämige Velouté erhält. Die Sauce mit Eidotter (die man mit etwas Zitronensaft verquirlt) legieren, letztlich mit Zitronensaft, Salz und Pfeffer abschmecken. Vorbereitete Champignons, Innereien und Schinken in die Sauce einarbeiten.
Den Kranz auf einen Teller stürzen und das Ragout in die Mitte einfüllen. Mit gedünsteten grünen Erbserln garniert servieren.

RAHMHERZ

Ein Rinderherz wird von der dicken Haut befreit, halbiert und sauber pariert. Danach das Herz in Salzwasser unter Zugabe von 1 Zwiebel, reichlich Senfsaat und etwas geputztem Wurzelwerk weich kochen. Herz herausheben, in Stücke schneiden und mit etwas Salz, Pfeffer und Zitronensaft würzen. Den Sud passieren, beiseite stellen.
Aus 60 g Butter und 40–50 g Mehl eine dunkle Einbrenn bereiten auf dieser etwas fein gehackte Zwiebel rösten, Einbrenn mit dem passierten Sud vergießen und zu einer sämigen Sauce verkochen. Geschnittenes Rinderherz in die Sauce geben und mit etwas Senf würzen, Herz darin weitere 10–15 Minuten dünsten. Zum Schluss Rahm oder Crème fraîche nach Geschmack in die Sauce einrühren, Sauce nochmals nachwürzen und das Rinderherz mit Semmelknödel servieren.

VANILLEROSTBRATEN

Beim „Vanillerostbraten" handelt es sich nicht um einen mit Vanille zubereiteten Rostbraten, sondern vielmehr um einen Knoblauch-Rostbraten. Der eigenwillige Name hat seinen Ursprung in der Geschichte Alt-Wiens: Gewürze aus fernen Ländern waren zu alten Zeiten des Ost-Indien-Handels für Normalbürger unerschwinglich. Im besonderen galt dies für die begehrte Vanille, die als Kostbarkeit galt. So kam es, dass man sich im Volk die Sehnsucht nach Exotischem damit erfüllte, dass man Alltagsgerichte mit den Namen der unerreichbaren Spezialitäten bezeichnete. Die Weinbergschnecke wurde so zur „Auster des kleinen Mannes", der Zeller zum „Kaviar der Armen" und der Knoblauch zur „Vanille des kleinen Mannes". Mit dieser „Vanille" wurde der Rostbraten zubereitet und erhielt so seinen Namen, den er bis heute beibehalten hat.

4 schöne Scheiben gut abgehangener Rostbraten,
250–300 ml kräftige Rindsuppe,
8–10 Knoblauchzehen,
Öl zum Braten,
1–2 EL Butter,
Salz und Pfeffer aus der Mühle

Die Rostbraten klopfen, an den Rändern leicht einschneiden, salzen, pfeffern und mit etwas zerdrücktem Knoblauch einreiben. Öl in einer Pfanne erhitzen, die Rostbraten nacheinander rasch von beiden Seiten darin anbraten. Wenn das Fleisch gebräunt ist, dieses herausnehmen und warm stellen.
Das überschüssige Bratfett aus der Pfanne abgießen. Einige Knoblauchzehen in Scheiben schneiden. Zunächst 1 EL Butter in der Pfanne aufschäumen lassen, Knoblauchscheiben darin anschwitzen. Mit der Suppe ablöschen und einige Minuten bei starker Hitze einkochen lassen, den ausgetretenen Fleischsaft dazu geben. Noch etwas kalte Butter in den Saft geben, um diesen leicht zu binden, dann kräftig mit Salz und Pfeffer würzen. Den fertig zubereiteten Saft über das Fleisch gießen und mit Braterdäpfeln angerichtet sofort servieren.

SALONBEUSCHEL

GIRADI-ROSTBRATEN

Pro Person:
1 schönes Stück Rostbraten (gut 200 g),
1 Schalotte, 1–2 Zehen Knoblauch,
1 EL gehackte Petersilie, 1 TL Kapern,
1 großer Champignon, etwas abgeriebene Zitronenschale (unbehandelt), etwas Zitronensaft, Senf, 2–3 EL kräftige Rindsuppe, Fett zum Braten, Mehl zum Stauben, Salz und Pfeffer aus der Mühle

Den gut abgelagerten Rostbraten ausklopfen, am Rand mehrmals einschneiden, salzen und pfeffern. Eine Seite in Mehl tauchen und mit dieser zuerst ins heiße Fett einer gusseisernen Pfanne legen. Auf beiden Seiten scharf anbraten.
In einer Kasserolle etwas Butter schmelzen, den blättrig geschnittenen Champignon zusammen mit der fein gewiegten Schalotte, gepresstem oder gehacktem Knoblauch, etwas Petersilie, Zitronenschale und gehackten Kapern dünsten.
Wenn das Fleisch fertig gebraten ist, das Fett aus der Pfanne abgießen und ein Stück Butter zufügen. Fleisch auf einem vorgewärmten Teller anrichten. Bratensatz mit 2–3 EL Suppe löschen, Gemüse in die Pfanne geben und alles mit Zitronensaft und Senf recht würzig abschmecken. Sauce über den Rostbraten gießen und mit Braterdäpfeln servieren.

RAHMBRATEN

800–1000 g gut abgelagertes Rindfleisch (Hüferscherzel oder Beiried), 75 g Speck, geputztes Wurzelwerk (1 Petersilienwurzel, Stück Zeller, 1 Gelbe Rübe), 1 große Zwiebel, 2 Lorbeerblätter, einige Pfefferkörner, etwas Neugewürz, Prise Ingwerpulver, Muskatnuss, 1–2 Zweiglein Thymian, Öl zum Anbraten, Rindsuppe zum Aufgießen, gut 30 g Mehl zum Stauben, 150–200 ml Rahm, Salz

Das Rindfleisch wird geklopft, mit feinen Speckstreifen gespickt und gesalzen. Das Wurzelwerk fein blättrig schneiden, Zwiebel hacken. Wurzelwerk und Zwiebeln in einer Kasserolle mit etwas Öl abrösten, das Fleisch dazugeben und anbraten. Wenn das Fleisch Farbe genommen hat, mit Suppe aufgießen und die Gewürze hineingeben. Unter öfterem Begießen so lange braten, bis der Saft klar geworden ist.
Das Fleisch aus der Kasserolle heben. Saft bei Bedarf etwas entfetten, mit Mehl stauben und dieses abrösten. Nochmals mit Suppe aufgießen, das Fleisch wieder einlegen und weich dünsten.
Fleisch aus der Sauce nehmen und zugedeckt warm stellen. Die Thymianzweige sowie die Neugewürzkörner entfernen, dann die Sauce durch die „Flotte Lotte" passieren. Rahm untermischen, nochmals aufkochen lassen. Fleisch in Scheiben geschnitten auf einer Servierplatte anrichten, mit der Sauce überziehen. Restliche Sauce extra dazu reichen und mit Erdäpfelröllchen, Herzoginnenkartoffeln oder Teigwaren servieren.

JOSEF WEINHEBER, AUS „WIEN WÖRTLICH" DER PHÄAKE

Ich hab sonst nix, drum hab ich gern
ein gutes Papperl, liebe Herrn:
Zum Gabelfrühstück gönn ich mir
ein Tellerfleisch, ein Krügerl Bier,
schieb an und ab ein Gollasch ein,
(kann freilich auch ein Bruckfleisch sein),
ein saftiges Beinfleisch, nicht zu fett,
sonst hat man zu Mittag sein Gfrett.
Dann mach ich – es is eh nicht lang
mehr auf Mittag – mein' Gesundheitsgang,
geh übern Grabn, den Kohlmarkt aus
ins Michaeler Bierwirtshaus.
Ein Hühnersupperl, tadellos,
ein Beefsteak in Madeirasoß,
ein Schweinspörkelt, ein Rehragout,
Omletts mit Champignon dazu,
hernach ein bisserl Kipfelkoch
und allenfalls ein Torterl noch,
zwei Seidel Göß – zum Trinken mag
ich nicht viel nehmen zu Mittag –
ein Flascherl Gumpolds, nicht zu kalt,
und drei, vier Glaserl Wermut halt.
Damit ich's recht verdauen kann,
zünd ich mir mein Trabukerl an
und lehn mich z'rück und schau in d' Höh,
bevor ich auf mein' Schwarzen geh.
Wann ich dann heimkomm, will ich Ruh,
weil ich ein Randerl schlafen tu,
damit ich mich, von zwei bis vier,
die Decken über, rekreir.
Zur Jausen geh ich in die Stadt
und schau, wer schöne Stelzen hat,
ein kaltes Ganserl, jung und frisch,
ein Alzerl Käs, ein Stückerl Fisch,
weil ich so früh am Nachmittag
nicht schon was Warmes essen mag.
Am Abend, muß ich Ihnen sagn,
eß ich gern leicht, wegn meinen Magn,
Hirn in Aspik, Kalbsfrikassee,
ein kleines Züngerl mit Püree,
Faschiertes und hin und wieder wohl
zum Selchfleisch Kraut, zum Rumpsteak Kohl,
erst später dann, beim Wein zur Not,
ein nett garniertes Butterbrot.
Glaubn S' nicht, ich könnt ein Fresser wern,
ich hab sonst nix, drum leb ich gern,
kein Haus, kein Auto, nicht einmal
ein G'wehr im Überrumplungsfall.
Wenn nicht das bissel Essen wär –
(Stimme des Volkes)
Segn S', deswegen ham S' nix, liaber Herr!

ZWIEBELROSTBRATEN

**4 Stück Rostbraten je 200–250 g schwer,
Mehl zum Wenden,
4 große Zwiebeln in Ringe geschnitten,
Fett zum Ausbacken und Braten,
Rindsuppe, Butter, Salz und Pfeffer aus der Mühle**

Die Rostbraten klopfen, am Rande mehrmals einschneiden, leicht salzen und pfeffern. Rostbraten in Mehl wenden, dann (nicht mehr als zwei auf einmal!) beidseitig in Fett braten. Wenn alle Scheiben geröstet sind, das Fleisch warm stellen und das Fett aus der Pfanne abgießen. Einen EL Butter in der selben Pfanne schmelzen, 1–2 Zwiebel darin rösten, bis die Zwiebelringe braun sind, dann die Rostbratenscheiben wieder in die Pfanne legen, mit Rindsuppe aufgießen und weich dünsten.
Zwischenzeitlich die restlichen Zwiebelringe (leicht in Mehl gewendet) in reichlich Fett goldbraun rösten, abtropfen lassen und salzen. Zwiebelrostbraten auf Tellern verteilen, Saft angießen und mit den gerösteten Zwiebelringen garnieren. Dazu isst man Braterdäpfel.

STOFFADE

**2 kg Ortscherzel, 100 g Schinken,
100 g Zunge, 80 g Selchspeck,
einige Scheiben grüner Speck, 3 Zwiebeln,
1 Bund Wurzelwerk (2 Karotten, 1 Gelbe Rübe,
1 Stück Sellerie, etwas Porree),
2–3 Lorbeerblätter,
einige Pfefferkörner,
6–8 Wacholderbeeren zerdrückt,
4–5 getrocknete Feigen,
2 dicke Schwarzbrotscheiben,
750 ml bester Rotwein,
Salz**

Schinken, Zunge und Speck in möglichst gleich lange Stücke schneiden. Das Fleisch gut klopfen, mit Salz und Pfeffer einreiben, danach mit den Schinken-, Zungen- und Speckstücken spicken.
Den Boden einer schweren Kasserolle mit einigen Scheiben Speck auslegen, dann die fein geschnittenen Zwiebeln sowie das gehackte Wurzelgemüse darauf streuen. Zerdrückte Wacholderbeeren, einige Pfefferkörner und Lorbeerblätter einfüllen, die Brotscheiben darüber legen und das Fleisch darauf betten. Die getrockneten Feigen rundherum streuen. Einen Deckel auflegen und das Ganze in den Ofen schieben. Wenn das Fleisch leicht Farbe genommen hat, wird der Rotwein dazu gegossen und alles 2–3 Stunden gedünstet. Sollte die Flüssigkeit zu sehr einkochen, mit etwas Rindsuppe auffüllen. Den fertigen Braten in Alufolie wickeln, warm stellen. Bratensaft entfetten und passieren. Das Fleisch aufgeschnitten auf einer Platte anrichten, mit etwas Saft übergossen servieren.

JUNGZWIEBEL AUS DEM MARCHFELD

WIENER KALBSNIERENBRATEN

**1 Kalbsnierenbraten im Ganzen (ist der hintere Teil des halben Kalbsrückens mit anhängender Niere),
150 g Butter, Rindsuppe, Salz**

Den Kalbsnierenbraten zunächst häuten, dann am Knochen des Kalbsrückens einhacken (oder alles vom Fleischer vorbereiten lassen). Das Fleisch salzen.
Gut 100 g Butter in einer schweren Kasserolle erhitzen, das Fleisch darin anbraten, danach ins Rohr schieben und unter ständigem Begießen mit dem eigenen Saft je nach Größe etwa 2 Stunden lang braten (man rechnet etwa 1 Stunde pro Kilo Fleisch). Knapp vor Ende der Garzeit besonders oft mit frischer Butter bestreichen. Braten aus dem Saft heben und warm halten.
Den Bratenrückstand in der Kasserole entfetten, mit frischer Butter versetzen und mit etwas Rindsuppe aufkochen.
Fleisch auf einer Platte anrichten und dekorieren, Sauce extra dazu reichen. Risi-Pisi, Gemüse oder gratinierte Erdäpfel sind geeignete Beilagen.

ZWIEBELROSTBRATEN ZUTATEN

ALLIANCE-BRATEN

Dieses Rezept stammt aus der Zeit des Wiener Kongresses, der ja bekanntlich nicht nur tanzte, sondern wohl auch sehr genussvoll zu tafeln verstand. Grund dafür – damals wie heute – satte Gegner sind angenehmere Verhandlungspartner!
Um den Ideen des Wiener Kongresses eine Art kulinarisches Denkmal zu setzen, wurde der „Alliance-Braten" erfunden. Zugegeben, die Zubereitung ist recht aufwendig und erfordert etwas Geschick, doch wer diese Köstlichkeit nachkocht, wird sich nicht nur ein Stück österreichische Gastronomiegeschichte ins Haus holen, sondern sich auch über einen optischen und geschmacklichen Hochgenuss freuen dürfen!

2–3 große Rindschnitzel,
1 sehr großes Kalbschnitzel,
5 Schweinsjungfern,
1 großes Schweinsnetz,
etwas Rindsuppe,
1 unbehandelte Zitrone,
Salbei,
Basilikum,
Rosmarin,
Petersilie,
Salz und Pfeffer aus der Mühle

Salbei, Basilikum, Rosmarin und Petersilie werden sehr fein geschnitten, man braucht insgesamt etwa 4–5 Esslöffel voll. Die Schweinsjungfern werden gesalzen, gepfeffert und mit den Kräutern rundherum eingerieben, danach lässt man sie 2–3 Stunden ruhen.
Nun wird das Kalbschnitzel geklopft, leicht gesalzen und um eine Schweinsjungfer gerollt. Die übrigen Schweinsjungfern werden der Länge nach bis zur Hälfte eingeschnitten und aufgefaltet. Schweinsjungfern rund um die Kalbschnitzelrolle anordnen, danach mit den Händen zu einem Stück zusammendrücken. Jetzt klopft man die Rindschnitzel aus, würzt diese leicht und wickelt sie um alles herum, so dass man eine schöne Roulade hat.
Die Zitrone in dünne Scheiben schneiden, eine Reihe davon auf die Fleischroulade legen, rechts und links ganze Petersilien- und Basilikumzweige anordnen. Alles vorsichtig in das gewässerte Schweinsnetz einlegen und mit diesem fest umwickeln.
Den fertig vorbereiteten Alliance-Braten in eine ofenfeste Pfanne legen und etwas Rindsuppe angießen. In die vorgeheizte Röhre (etwa 160–180 Grad) schieben und gar braten (Anstechproben mit einem Holzspan machen, ob der Braten gar ist. Wer mag, kann auch ein Fleischthermometer verwenden).
Den fertigen Braten auf einer großen Platte anrichten. Als Garnitur reicht man Reis und/oder Erdäpfelpüree sowie Frühlingsgemüse. Wenn der Braten mit einem scharfen Messer angeschnitten wird, zeigt er ein schönes Muster von dreierlei Fleischsorten und verströmt einen geradezu verführerischen Duft nach frischen Kräutern!

FLEISCHROULADE

Dieses Rezept ist die einfache (bürgerliche) Version des fürstlichen Alliance-Bratens.

1 Rindschnitzel, 1 Schweinsschnitzel,
1 Kalbsschnitzel, 1 Scheibe Kalbspariser,
Mehl zum Stauben, Öl zum Anbraten,
1 EL gehackte Zwiebel, etwas Rindsuppe,
Salz und Pfeffer aus der Mühle

Alle Schnitzel breit ausklopfen. Das Rindschnitzel leicht salzen, dann das Schweinsschnitzel darauf legen, ebenfalls salzen. Dann das Kalbschnitzel darauf legen und leicht salzen, mit Pariser-Wurst abschließen. Alles zu einer Roulade fest zusammenrollen, mit Küchengarn binden. Außen leicht salzen und pfeffern.
Roulade in Öl mit etwas Zwiebeln rundherum anbräunen, mit Suppe aufgießen, etwas Mehl darüber stauben und dünsten lassen; bei Bedarf etwas Brühe nachfüllen. Wenn das Fleisch weich ist, Sauce abschmecken und nach Wunsch verfeinern (z. B. mit Rahm, Senf, Sardellenpaste). Mit gut gebutterten Erdäpfelpüree oder Butternudeln servieren.

HIRNPOFESEN

3–4 Scheiben Toast- oder Weißbrot entrindet,
1 Kalbshirn geröstet (siehe Rezept Hirn mit Ei, S. 269),
etwas Milch, 2 Eigelbe verschlagen,
Semmelbrösel, Schmalz

Die entrindeten Weißbrotscheiben in möglichst gleich große Dreiecke zurechtschneiden. Die Hälfte der Dreiecke mit dem gerösteten Hirn bestreichen, einen Rand freilassen. Mit den restlichen Brotscheiben belegen, beidseitig kurz in Milch tauchen und die Ränder zusammendrücken. Die Pofesen in verquirltem Eigelb und Semmelbrösel panieren, dann in heißem Schmalz goldgelb ausbacken. Separat zur Suppe oder mit einem grünen Salat servieren.

RINDERFILET „METTERNICH"

Es gibt auch ein Rezept, das statt Champignons mit edler Trüffel zubereitet wird.

Pro Person:
1 kleines Rinderfilet, 4 EL gedünsteter Reis,
2–3 EL gehackte Champignons,
1 EL gehackte Petersilie, 1 großer Champignonkopf,
3–4 EL kräftige Rindsuppe, Butter,
Salz, Pfeffer aus der Mühle

Gehackte Champignons in 2 EL Butter dünsten, dann den gedünsteten Reis einrühren, Petersilie unterheben und alles abschmecken. Champignonkopf in etwas Butter dünsten.
Rinderfilet in Butter braten, warm beiseite stellen. Bratensatz mit wenig Rindsuppe löschen, einen Löffel Butter dazugeben und verkochen lassen, abschmecken.
Aus dem Reis einen Sockel auf einem vorgewärmten Teller anrichten, das Filet darauf legen und mit dem Champignonkopf kränzen. Alles mit dem würzig abgeschmeckten Bratensaft übergießen und mit gehackter Petersilie bestreut servieren.

RINDERFILET „METTERNICH"

HOTEL SACHER

SAUTIERTES BRIES MIT PETERSILIENPÜREE

Für das Bries:
500 g Lamm- oder Kalbsbries,
1 guter Schuss Weißwein,
1 Knoblauchzehe, 1 Zweig Thymian,
1–2 EL Butter, etwas Zitronensaft, Salz

Für das Püree:
800 g große Erdäpfel mehlig-kochend,
100 ml Milch, 150–200 ml Obers,
2–3 EL Butter, 1 1/2 Bund glatte Petersilie,
etwas hochwertiges Pflanzenöl,
Salz und weißer Pfeffer aus der Mühle

Zuerst das Püree zubereiten: Hierfür die Erdäpfel schälen und in gut gesalzenem Wasser weichkochen, abseihen. Erdäpfel mit warmer Milch durch die Flotte Lotte passieren, danach mit Obers und Butter nach Geschmack glatt rühren, würzen. Petersilie waschen, die Stängel entfernen, Blätter in kochendem Wasser blanchieren, kalt abschrecken und auskühlen lassen. Petersilie mit etwas Öl vermengen und mit dem Stabmixer pürieren. Petersilienmus unter das Erdäpfelpüree mischen, abschmecken und warm halten. Das Bries in einen Topf geben, mit Wasser bedecken und etwas Weißwein dazugeben, salzen, pfeffern. Bries auf kleiner Flamme einige Minuten pochieren, anschließend häuten und in Röschen zerteilen. Butter in einer Pfanne schmelzen. Knoblauch und Thymian zum Aromatisieren dazugeben. In der aromatischen Butter die Bries-Röschen langsam braten.
Das Petersilienpüree dekorativ auf Tellern anrichten, Bries darauflegen, würzen. Bratbutter mit etwas Zitronensaft und Salz abschmecken, über das Bries träufeln und servieren.

PAPRIKAHENDL

Auch dieses Gericht darf sich rühmen, ein sehr berühmtes und klassisches zu sein. Vollendet zubereitet schmeckt es in der Tat sehr gut. Ob man nur die Keulen oder ein ganzes Huhn verwendet ist Geschmacksache, ursprünglich wurde es sicherlich aus ganzen Hühnern zubereitet.

2 Hühner in jeweils 4 Teile zerlegt (oder 8 Keulen),
2 große Zwiebeln,
100 ml Öl,
Hühnersuppe,
1 Löffel Paprikapulver „edelsüß",
1–2 Löffel Rosenpaprika (nach gewünschter Schärfe),
etwas Paradeismark,
Mehl,
Rahm,
Salz und Pfeffer

In einer geeigneten Kasserolle die Zwiebeln im Fett anrösten, dann das gesalzene Huhn dazugeben und mit etwas Suppe aufgießen, nahezu weich dünsten. Hühnerteile aus dem Topf nehmen und warm stellen. Paradeismark, die beiden Paprikapulver und das Mehl in den Saft rühren, mit Suppe aufgießen und alles verkochen lassen. Sauce passieren, Rahm nach Geschmack einrühren und die Hühnerteile darin fertig garen, abschmecken. Mit Nockerln oder Salzerdäpfeln servieren.

GLACIERTE KALBSBRUST

**1–1 1/2 kg Kalbsbrust,
50–75 g Champignons,
etwas Petersilie,
1/2 Bund Schnittlauch,
4–5 Schalotten,
Butter,
Öl zum Anbraten,
3–4 EL kräftiger Kalbsfond,
1–2 EL flüssiges Aspik (Gelatineblätter eingeweicht),
Salz**

Die Kalbsbrust wird eingehackt, von den Rippen befreit, gewaschen und untergriffen. Dann die Kalbbrust innen wie außen gut salzen. Champignons, Petersilie, Schnittlauch und Schalotten zusammen fein hacken, bis sie eine cremige Masse bilden. Mit dieser Masse die Kalbsbrust innen bestreichen, dann die Tasche mit Küchengarn zunähen. Kalbbrust in einer Kasserolle mit Öl unter Wenden braten, bis das Fleisch weich ist.
Das fertige Fleisch herausnehmen und zugedeckt warm stellen. Saft entfetten und mit etwas kräftigem Kalbsfond würzen. Aspik dazugeben und alles dick einkochen. Die Kalbsbrust auf einer Platte anrichten, mit der Sauce dick bestreichen. Restliche Sauce extra dazu reichen, als Beilage passen Gemüse, Erdäpfel oder Salat.

GEFÜLLTE KALBSNUSS

**800–1000 g Kalbsnuss,
75 g Fett zum Braten,
Butter,
Salz,
Rindsuppe**

**Für die Fülle:
200–250 g faschierte Kalbsschulter,
1 1/2 in Milch eingeweichte entrindete Semmeln gut ausgedrückt,
40 g Butter,
1–2 Dotter,
30–40 g klein würfelig geschnittene geselchte Kalbszunge,
Salz und Pfeffer**

Zuerst die Fülle zubereiten: Hierfür das faschierte Fleisch mit den ausgedrückten Semmeln passieren. Butter in einer Schüssel schaumig schlagen, dann Dotter, das Passierte, Zungenwürfel sowie Salz und Pfeffer untermengen.
Die Kalbsnuss enthäuten und einen breiten Querschnitt machen, so dass eine Tasche entsteht. In diese Tasche die Füllung geben, danach zunähen. Das Fleisch kräftig salzen und unter ständigem Begießen in einer Kasserolle mit nicht zu wenig Fett braten. Wenn das Fleisch fertig ist, dies aus der Kasserolle heben und warm stellen.
Saft reichlich entfetten, mit etwas Suppe vergießen und mit Butter einmal aufkochen. Das Fleisch in Scheiben geschnitten mit dem Saft servieren, dazu reicht man Gemüse, Reis oder Risi-Pisi.

KALBSLUNGENBRATEN IN SAFRAN-KNOBLAUCHSAUCE

Noch bis um 1900 wurde in Österreich recht häufig Safran angebaut und dementsprechend oft in der Küche verwendet. Heute gibt es nur mehr einen einzigen Safran-Produzenten im Burgenland (siehe S. 419), dennoch werden die traditionellen Rezepte nach wie vor gerne zubereitet und genossen.

**800 g Kalbslungenbraten, Salz
1 Dose Pannonischer Safran (0,5 g)
etwas frisch geriebener Ingwer,
zerdrückter Knoblauch nach Geschmack,
gut 125 g Fett (vorzugsweise Süßrahmbutter mit etwas Öl vermengt), 60 g Mehl,
300 ml trockener Weißwein,
etwas Rindsuppe, gut 250 ml Süßrahm**

Den Safran am besten über Nacht in etwas Wein (oder Wasser) einweichen, oder am Tag der Zubereitung kurz in Flüssigkeit aufkochen und danach 2 Stunden ziehen lassen.
Kalbslungenbraten in daumendicke Scheiben schneiden, diese ziemlich dünn ausklopfen und anschließend mit Salz, Ingwer sowie zerdrücktem Knoblauch würzen.
Die Fleischscheiben einseitig in Mehl tauchen, Fett erhitzen. Fleisch auf beiden Seiten kurz hellbraun braten. Das Fleisch aus der Pfanne heben, den Bratenrückstand zunächst mit etwas Mehl stauben, dann mit Suppe und Weißwein ablöschen. Die Safranreduktion hinzugeben. In die Sauce 6–9 Knoblauchzehen pressen und gut verkochen lassen. Den Süßrahm hineingießen und etwa 15 Minuten einkochen lassen. Das Fleisch vor dem Servieren in der Sauce ziehen lassen. Dazu wird ein Butter-Reis gereicht.

REISAUFLAUF SCHÖNBRUNN

Dass irgendeinem gekrönten Haupt in Schönbrunn dieser Auflauf besonders gut gemundet haben soll, konnte bis dato zwar nicht bestätigt werden, dennoch schmeckt die imperiale Nachspeise wahrhaft königlich, vor allem dann, wenn sie beim Backen perfekt aufgegangen ist.

**180 g Rundkornreis,
70 ml Milch, 60 g Butter, 80 g Kristallzucker,
20 g Kakao, 6 Eier, 2 Oblaten, Vanillezucker,
abgeriebene Zitronenschale, Salz**

**Für die Schneehaube:
3 Eiklar, 90 g Kristallzucker, 80 g Staubzucker**

**Außerdem:
In reichlich Butter abgeröstete Semmelbrösel,
Staubzucker**

Reis in 500 ml Wasser aufkochen, 3 Minuten kochen lassen, abseihen und kurz unter kaltem Wasser abspülen, gut abtropfen lassen.
Milch mit der Butter, Vanillezucker, geriebener Zitronenschale und etwas Salz aufkochen, den Reis dazugeben und auf kleiner Flamme weichdünsten (dauert 25–30 Minuten), dann auskühlen lassen.
Die 6 Eier trennen, die Dotter mit gut 1 Teelöffel Vanillezucker cremig rühren und mit dem Reis vermischen. Eiklar mit Zucker zu nicht ganz steifem Schnee schlagen. Reismasse in zwei gleich große Hälften teilen, eine davon mit Kakao dunkel färben. Dann jeweils die Hälfte vom Eischnee unter jede Masse heben.
Eine Backform mit Butter einfetten und mit Bröseln ausstreuen. Zuerst die dunkle Masse einfüllen und diese mit 2–3 Oblaten abdecken (damit die Massen sauber getrennt bleiben), Oblaten hierfür mit einer Schere zurechtschneiden. Dann die helle Masse darauf verteilen und den Reisauflauf etwa 50 Minuten bei 180 Grad im vorgeheizten Ofen backen. Backrohr auf starke Oberhitze oder Grillfunktion umstellen. Für die Haube die Eiklar mit der Hälfte vom Kristallzucker zu cremigem Schnee schlagen, dann mit dem restlichen Zucker fest ausschlagen, zum Schluss den Staubzucker untermischen. Den Schnee auf dem Auflauf vorsichtig verteilen (vorzugsweise dekorativ mit einem Dressiersack aufspritzen), nochmals mit Staubzucker bestauben und im Ofen braun überbacken.
Den Reisauflauf warm mit Vanilleeis, Beeren, Marillenröster oder karamellisierten Apfelspalten servieren.

KIPFERLKOCH

Dem Umstand, dass früher keine Lebensmittel weggeschmissen worden sind, haben wir heute einige köstliche Rezepte zu verdanken. Aus staubtrocken gewordenen Kipferln hat man kurzerhand einen saftigen Kipferlkoch gezaubert. Mit industriell gefertigten Kipferln wird man aber vor dem Problem stehen, dass sie nicht richtig trocken werden – ein Wunder moderner Backzutaten! Allerdings kann das Rezept auch mit frischen Kipferln ganz gut zubereitet werden, dann wird aber weniger Milch verwendet.

**5 altbackene Kipferl,
125 ml Milch, 1 Ei,
25 g Kristallzucker, Prise Salz**

**Für die Füllung:
350 g Äpfel, 50 g Rosinen,
25 g Kristallzucker, Zimt**

**Für den Guss:
125 ml Milch, 1 Dotter**

**Außerdem:
Butterflocken zum Belegen,
Butter für die Form, Staubzucker**

Die Kipferl in Schieben schneiden und in einer Schüssel mit einer Mischung aus kalter Milch, Ei, Zucker und Salz übergießen. Die Hälfte der Masse in eine sehr gut eingefettete Auflaufform schichten und mit geschälten, blättrig geschnittenen Äpfeln, Rosinen, Zucker und Zimt belegen. Mit der zweiten Hälfte der Kipferl-Masse abdecken. Alles mit einer Mischung aus Milch und Eidotter übergießen, reichlich Butterflocken darauf legen und bei 160–180 Grad gut 45 Minuten im Ofen backen. Wenn die Oberfläche schön knusprig braun ist, mit reichlich Staubzucker bestreut servieren, dazu schmeckt ein Zwetschkenröster.

Burgenland

Als das Burgenland im Jahre 1921 als letztes Bundesland zu Österreich kam, war es eine der ärmsten Regionen des Landes, geprägt von traditioneller Armut und Kargheit. Bereits der römische Geschichtsschreiber Cassius Dio, welcher einige Jahre hindurch als Statthalter des Imperium Romanum in Pannonien weilte, schrieb über seine Untertanen: „Sie führen das allerkümmerlichste Leben, da sie weder guten Boden noch günstiges Klima haben und kein Öl."

War das Burgenland bis vor gar nicht so langer Zeit eher Bestandteil von öden Witzen, präsentiert es sich heute opulent, ja geradezu als Schlaraffenland und bietet eine der interessantesten kulinarischen Landschaften Österreichs. Basierend auf bodenständigen und regionalen Zutaten sowie den Rezepten der Urgroßmutter werden hier mittlerweile vielfältigste kulinarische Köstlichkeiten angeboten.

Grundlage für diese Vielfältigkeit ist vor allem die Tatsache, dass unterschiedlichste Völker hier zusammengefunden haben. Auch wenn die pannonische Küche jahrelang vornehmlich von der magyarischen „Dreifaltigkeit": Paprika, Tomaten und Zwiebeln geprägt war, so haben hier ansässige Kroaten, Serben und Slowaken ebenfalls keinen unwesentlichen Beitrag geleistet. Mindestens so groß wie der ungarische Einfluss zeigt sich in Bezug auf die Küche auch jener der so genannten Heanzen, jener Heidebauern, die aus bayrischen und alemannischen Gebieten eingewandert sind. So stammt zum Beispiel die Vorliebe der Burgenländer für Suppen und Eintöpfe, der ihnen – ähnlich wie den Alemannen – den Spitznamen „Suppenschwaben" einbrachte, sicherlich von den Heanzen. Und auch Slawen und Juden prägten die Kochgewohnheiten des Burgenlandes; so basieren die köstlichen Gänsegerichte samt ihrer wunderbaren Lebern und Stopflebern zumeist auf jüdischen Rezepten und die berühmte „Jiddische Hühnerleber" gehört zu den allerfeinsten Gaumenkitzlern.

Neben Gänsen, edelsten Neusiedlersee-Fischen, unzähligen Paradeiser-Sorten, Mangalitza-Schweinen, köstlichem Speck, würziger Blunz'n, frischen Grammeln, Steppenrindern, Hülsenfrüchten (vor allem Bohnen), Kraut, Kukuruz, Umurken (Gurken), Zwiebelgewächsen (insbesondere Knoblauch und Porree), Paprika und Getreideprodukten ist der Rebensaft das Lebenselixier der Burgenländer. Nicht nur, dass er sozusagen das Nationalgetränk des Landes ist, er konnte auch den Winzern des Burgenlandes zu internationalem Ansehen verhelfen und bietet daher auch eine nicht unwesentliche wirtschaftliche Grundlage. Vor allem die Rotweine und Süßweine sind es, welche das Burgenland zu einer der ersten Adressen für Weinliebhaber werden ließ.

Viele Gasthäuser und Restaurants wie z. B. die „Dankbarkeit" (Podersdorf), das „Presshaus" (Illmitz), die „Blaue Gans" (Weiden), „Am Nyikospark" (Neusiedl am See), der „Rusterhof" (Rust), „Der Reisinger" (Pöttsching) oder der berühmte „Taubenkobel" (Schützen am Gebirge) sind zu Recht stolz auf ihre Küche. Ja, das Burgenland ist eine der interessantesten kulinarischen Landschaften Österreichs!

GEBRATENE NIEREN

Sie gelten noch immer als großer Leckerbissen.

Nieren in Milch einlegen, dann abtrocknen, halbieren und sauber zuputzen. In Scheiben geschnitten werden sie dann in Schmalz unter Zugabe von in Ringe geschnittenen Zwiebeln, Knoblauch, Salz und Pfeffer knusprig geröstet (man kann noch mit etwas Essig und/oder Majoran würzen).

***Hinweis:** Wenn reichlich Saft gewünscht wird, so staubt man die Nieren mit Mehl, röstet dieses 5 Minuten mit und gießt mit Wein auf. Dazu gibt es eine resche Kaisersemmel!*

Hausschlachtung und Verwurstung

Ein Schlachttag war in vergangenen Zeiten nicht nur ein äußerst arbeitsreicher Tag, sondern vor allem ein großes Fest. Es war einer der wenigen Tage, an dem es frisches Fleisch gab und die zahlreichen Helfer wurden mit reichlich Essen belohnt, da Blut, Innereien und andere nur schwer oder gar nicht zu konservierende Teile vom Schwein sofort aufgearbeitet werden mussten. So gab es z. B. Bluttommerl zur Jause, Sauerkraut mit Speckschwarten, geröstete Nieren, geschwellten Speck und Sauschädelsuppe zum Festschmaus. Zu den frischen Würsten und Schlachtspezialitäten wurde reichlich Kraut und Rote-Rüben-Salat gereicht und die kräftige Kochbrühe von Schwarten und Würsten wurde an die Armen verschenkt.
Der Tag des Sautanzes war also ein richtiger Festtag, an dem Freunde und Verwandte zum Mitarbeiten und Feiern eingeladen wurden.
Abgestochen wurde hauptsächlich im Winter, zum einen weil es in dieser Zeit keine Feldarbeit gab, zum anderen hielt sich das Fleisch in der Kälte besser; dennoch musste möglichst schnell gearbeitet werden und da war jede Hand mehr hilfreich. Neben der Blunze, die am Abend frisch zubereitet gereicht wurde, stellte man Surfleisch, Selchfleisch, Presskopf, verschiedenste Würste und natürlich Schmalz, Grammeln sowie Speck her.

BLUTTOMMERL

Eine typische Jause beim Schlachten.

Frisches Schweinsblut wird mit etwas Milch und Mehl verrührt. Fein gewiegte Zwiebeln mit zerdrücktem Knoblauch in Schmalz goldbraun rösten, das Blut dazugeben, gut salzen und etwas Majoran dazugeben, durchrühren und im Ofen backen.

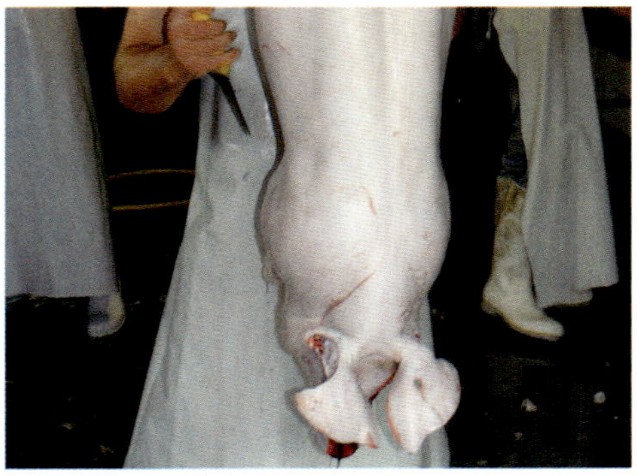

Stich, Blut auffangen

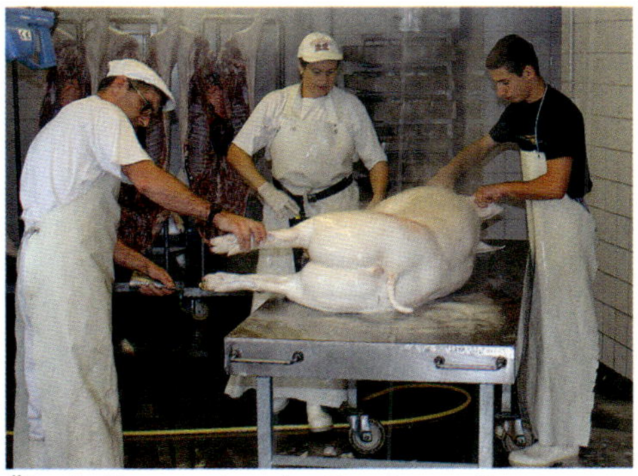

Überbrühen und grobe Borsten entfernen

Gestell aufrichten

Haut abflämmen

Ausnehmen

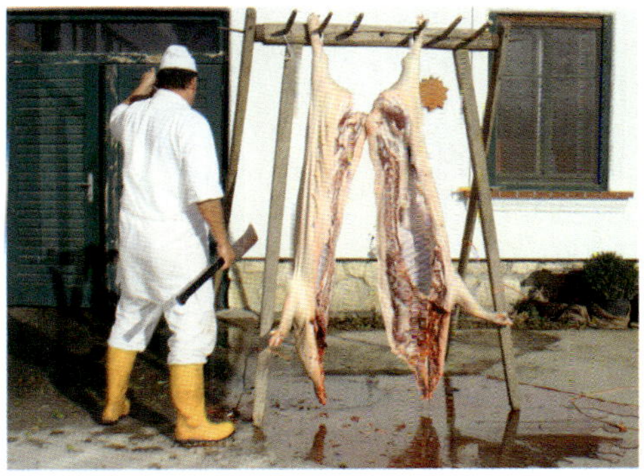

Zerteilen

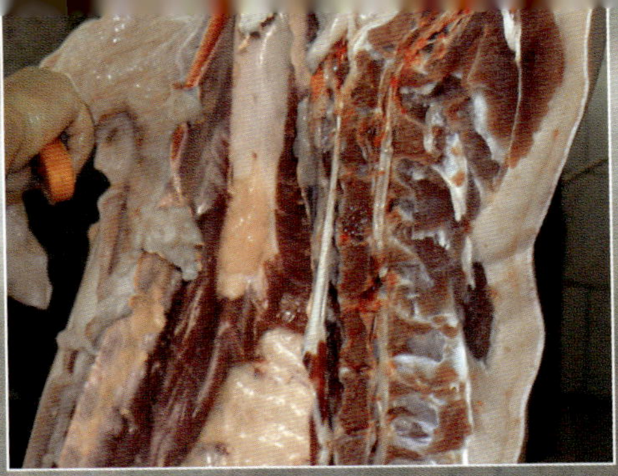

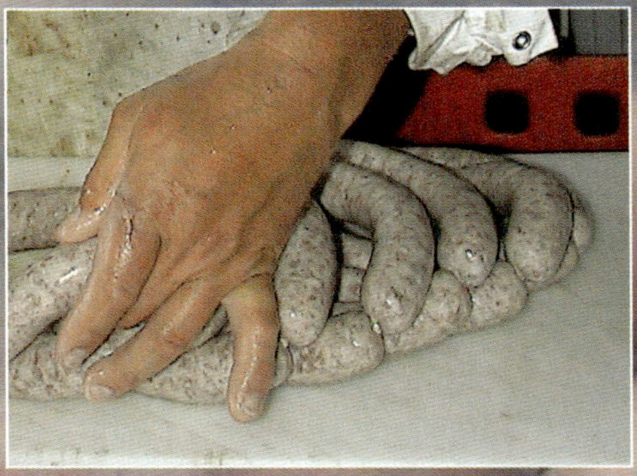

BRATWÜRSTE

Variante 1
Für frische Bratwürste, die sofort verzehrt werden sollen.

1 kg mageres Schweinefleisch zusammen mit 1 kg Schweinefilz grob faschieren, dann je nach Geschmack mit gemahlenem Lorbeer, Majoran, Neugewürz, Knoblauch, abgeriebener Zitronenschale, Salz und Pfeffer kräftig würzen. Alles sorgfältig mit etwas eiskaltem Wasser vermischen und nicht zu fest in gut gereinigte Därme füllen. Aus den Därmen Würste passender Größe abdrehen und diese in heißem Schmalz rundherum knusprig braten. Mit Kraut und Erdäpfeln servieren.

Variante 2
7 kg Schweinefleischreste und -abschnitte,
2 kg Speck,
1 kg Eis (oder sehr kaltes Wasser),
frischer Knoblauch, Majoran,
Rosenpaprika,
Salz oder 20 g Nitritpökelsalz

Fleisch und Speck faschieren, würzen und mit dem Eis (früher wurde auch Wurstbrühe verwendet) gut verarbeiten. Masse in gesäuberte Schweinsdärme füllen, dann entweder bei 75 Grad in Wasser brühen oder 2–3 Tage in kalten Rauch hängen.

LEBERWÜRSTE

1 Schweinsleber,
2 kg fettes Kopffleisch,
2 Zwiebeln,
40–50 g Schmalz,
Muskatnuss,
Piment,
Majoran,
Salz,
Pfeffer

Die Leber mit einem Messer in kleine Stücke hacken, das Fleisch fein faschieren. Die Zwiebeln hacken, danach in Fett rösten. Die Fleischmasse roh mit der Leber vermengen und sehr kräftig würzen, das Salz soll leicht durchschlagen. Die Zwiebeln dazu geben, alles sauber vermengt in gewässerte Därme füllen.
Portionen von etwa 300 g abdrehen, die Würste in 80 Grad heißem Wasser etwa 45 Minuten ziehen lassen.
Heiß gegessen werden sie rund herum in heißem Schmalz knusprig geröstet, kalt serviert man sie einfach mit Brot.

BRAESUPP'M

Diese traditionelle burgenländische Suppe gab es in der Gegend um Deutschkreuz am Schlachttag, abends beim „Blunz'nansingen". In ihr hat man zuerst die Schwarten für die Blunz'n, danach auch alle Würste und Innereien sowie Fleischreste gekocht.
Die würzige Brühe wurde auch an die armen Einwohner eines Dorfes verschenkt, die sich die nahrhafte Brühe am Abend eines Schlachttages abholen durften.

SCHLACHTINGAKRAUT

Besonders in Deutschkreuz aß – und isst man heute noch – gerne das Schlachtingakraut, ein klassisches Sautanzessen. In großen Reinen wurde es aufgetragen, um all die Helfer zu verköstigen durfte man ja nicht knausrig sein. Im Grunde genommen ist es nichts anderes als ein kräftig gewürztes Sauerkraut, in dem reichlich Schweineschwarten mitgekocht wurden; dadurch schmeckte es besser als sonst das Jahr über.

Gewürztes Brät

Saitling auf Wurstspritze ziehen

Füllen und Würste abdrehen

Aufhängen

Die Blunz'n

Die Blunze erfreut sich im Burgenland nicht nur großer Beliebtheit, sondern auch einer langen Tradition. Nahezu jeder Bauer hat hierfür sein Geheimrezept und sie schmeckt wirklich überall anders.
Am Schlachttag wurden die ersten, frisch aus dem Kessel kommenden Blutwürste in eine große Pfanne mit Schmalz gegeben und langsam im Rohr gebraten. Am Abend nach der harten Arbeit genoss man dann den herrlich knusprig gebratenen Schmaus mit Rote-Rüben-Salat oder Sauerkraut.
In einigen Gegenden des Burgenlands feierte man das so genannte „Blunznoa'singa" [Blunz'n-(Blutwurst)ansingen], zu dem alle jungen Leute aus der Nachbarschaft geladen waren und bevor die riesigen Mengen von Blunz'n vertilgt werden durften, gab es ein Ständchen:

„Liawa Vejda, liawi Muam,
Mia singa ejngari Blunzn huam;
nit zu dick und nit zu loang,
dass nei'mal uman Oufa gloangt."

Noch heute stellen die meisten Bauern, die Schweine haben, ihre Blunz'n selbst in traditioneller Art und Weise her. Doch gibt es auch Fleischerei-Betriebe, in denen ausgezeichnete Blutwürste hergestellt werden, wie z. B. beim Wagenhofer in Zemendorf.

Ein weiteres nettes Brauchtum ist das der Luzelfrau, so etwas ähnliches wie das irische Halloween, nur eben auf burgenländisch. Die so genannte Luzelfrau (eigentlich ein weiblicher Krampus) erscheint am 12. Dezember, einen Tag vorm Luziafest und klopft mittels eines Kochlöffels an die Türen der Dorfbewohner, wo sie unter handfesten Gehabe Unheil prophezeit, sollte man sie nicht ausreichend mit Speis und Trank versorgen: „Wenn ich keinen Speck bekomme, schneide ich den Balken ab. Und wenn ich keine Blutwurst kriege, nehm' ich deine Töchter mit!" Gespendet wird allerdings nicht aus reiner Angst, sondern aus einem anderen sehr guten Grund: das „Luzelgehen" ist heute ein der Dorfjugend vorbehaltener Brauch, die sich dadurch so manch köstlichen Happen ergattert (und zuweilen auch das Taschengeld aufbessern kann).

BLUNZ'N MIT BLAUFRÄNKISCH

BLUNZ'N MIT BLAUFRÄNKISCH

**4 Blutwürste je etwa 200 g,
1 Flasche kräftiger Blaufränkisch aus dem Mittelburgenland,
100 ml kräftige Rindsuppe, 2–3 Zwiebeln,
1 Knoblauchzehe,
150 g Gänseleber (keine Stopfleber),
2–3 EL Butter,
gehackte Petersilie,
Salz und Pfeffer aus der Mühle**

Die Blutwürste mit einer spitzen Gabel vorsichtig anstechen, Zwiebel und Knoblauch feinst hacken. Den Boden einer schweren Kasserolle mit den Zwiebeln auslegen, die Blutwürste darauf legen, Knoblauch einfüllen und alles mit Rotwein begießen, bis die Würste knapp bedeckt sind (man kann noch ein Lorbeerblatt dazugeben). Auf kleiner Flamme köcheln lassen, bis zwei Drittel des Weins verdampft sind. Die Rindsuppe sowie etwas frischen Rotwein dazugeben und die Flüssigkeit nahezu vollständig verdampfen lassen, dabei die Hitze niedrig halten, damit die Würste nicht platzen.
Die Gänseleber in kleine Würfel schneiden, diese in Butter kurz braten, würzen und beiseite stellen.
Die Blutwürste aus der Kasserolle heben, längs aufschneiden, auf Tellern anrichten. Die Zwiebeln aus dem Sud heben und darüber verteilen, mit Salz und Pfeffer würzen, dann alles mit Gänseleberwürfeln und gehackter Petersilie garniert servieren.

TRADITIONELLE BAUERNBLUNZ'N

**3 kg fettes Fleisch (Schweinskopf, Hals, Lunge, Milz, Schwarten),
2–3 Liter Schweineblut,
30 Semmeln (oder die vergleichbare Menge gekochter Reis),
5 Zwiebeln,
Knoblauch nach Belieben,
wenn vorhanden 2–3 Hand voll Grammeln,
75 g Schmalz,
Majoran,
Thymian,
Salz und Pfeffer**

Die Semmeln am Vortag klein schneiden und trocknen lassen. Das Fleisch wird in einen großen Kessel weich gekocht, danach faschiert. Die Semmeln in etwas Brühe einweichen. Fein gehackte Zwiebeln in Schmalz goldbraun rösten, dann mit den ausgedrückten Semmeln, den Grammeln, einigen feinst gehackten Knoblauchzehen sowie dem Faschierten vermengen. Alles gut durcharbeiten, dabei das Blut zugießen, die Masse recht würzig abschmecken.
Blutwurstmasse in dünnere, gereinigte Därme füllen und bei 80 Grad 45–60 Minuten in der Kochbrühe vom Fleisch langsam garen. Fertige Würste lauwarm abspülen.
In einer tiefen Pfanne reichlich Schmalz erhitzen, die Blutwürste darin rundherum knusprig braten bis die Haut resch ist. Dazu isst man frisch gerissenen Kren, Sauerkraut und Erdäpfelschmarren.

BLUNZ'NSUPPE

**500 g Blutwurst,
1 Zwiebel fein gehackt,
2–3 Knoblauchzehen zerdrückt,
45–50 g Fett,
1–2 EL Mehl,
1-11/4 Liter Wasser oder Brühe,
1–2 EL Mehl,
Salz und Pfeffer aus der Mühle,
gehackte Petersilie oder Schnittlauch**

Die Blunz'n häuten und klein würfelig schneiden. Die Zwiebeln in heißem Fett goldbraun rösten, dann den Knoblauch und das Mehl dazugeben, ebenfalls andünsten lassen. Danach die Blutwurst und den Majoran hinzu geben, alles kräftig durchschwitzen und endlich mit der Brühe aufgießen. Alles zu einer sämig molligen Suppe verkochen, abschmecken und mit gehackten Kräutern bestreut servieren. Dazu reicht man gebähte Brotscheiben.

Tipp: Die Suppe mit knusprigen Grammeln bestreuen.

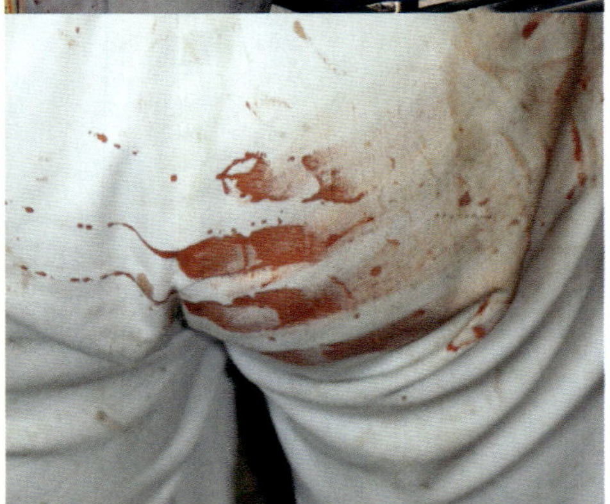

TRADITIONELLE BAUERNBLUNZ'N

1. Vom rohen Schweinespeck die Schwarte abtrennen und Bräsupp'm (S. 351) kochen.

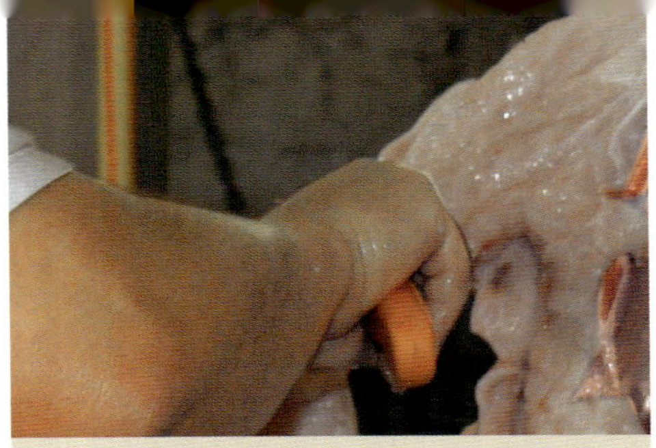

2. Den Speck und evt. Schmer in 2–3 cm dicke Scheiben schneiden, dann würfeln.

3. Unter ständigem Wenden wird alles gegart, ...

... bis das Fett ausgelassen ist und sich die Grammeln bilden.

4. Die Grammeln goldbraun bräunen.

5. Ständig Temperatur überprüfen, Grammeln dürfen nicht zu heiß werden.

6. Goldbraune Grammeln abseihen und auspressen.

7. Das entstandene Schmalz wird zum Aufbewahren in einen Schmalztopf gefüllt.

8. Nach Belieben Grammeln unters Schmalz mischen.

Grammeln und Grammelrezepte

Neben dem allgegenwärtigen Speck gehören Schmalz und Grammeln zu den Lieblingsspeisen der Burgenländer. Früher wurden die frisch ausgelassenen Grammeln nur am Schlachttag dem Hausherrn als erlesener Leckerbissen gereicht, ansonsten bewahrte man sie in einer speziellen Dose auf, um Gemüse, Kraut oder verschiedene Sterze damit abzuschmelzen; mit Knoblauch geröstete Grammeln wurden beispielsweise zu Erdäpfeln gereicht.
Heute werden Grammeln nicht nur pur zu einem guten Glas Wein genossen, sondern verleihen auch zahlreichen regionalen Spezialitäten eine ganz typische Geschmacksnote.

BURGENLÄNDISCHER GRAMMEL-STERZ

EIERSPEISE MIT GRAMMELN

Der Schmalztopf

Bis heute gibt es kaum einen traditionellen burgenländischen Haushalt ohne Schmalztopf. Dieser ist für gewöhnlich aus Emaille gefertigt, besitzt zwei Henkel, einen Deckel mit Scharnierschloss und kleine Löcher, die für die Belüftung sorgen. In ihm wird aber nicht nur das Schmalz aufbewahrt, sondern auch Bratenstücke lassen sich darin – völlig von Fett bedeckt – an einem kühlen Ort sehr lange konservieren.

GRAMMELN UND SCHMALZ

Den Bauchfilz vom Schwein in gleichmäßige Würfel schneiden, diese in einen Topf mit Wasser (fakultativ auch etwas Milch) füllen und auf dem Herd zum Sieden bringen.
Bei möglichst gleichmäßiger Hitze (sie sollte nicht zu stark sein) den Filz langsam auslassen, bis sich knusprige goldgelbe Grammeln gebildet haben. Diese werden gut ausgedrückt (z. B. mit einer Kartoffelpresse) und zum Trocknen über Nacht beiseite gestellt oder sofort – noch warm – mit Weißbrot oder gekochten Erdäpfeln verzehrt. Das Schmalz wird in geeignete Gefäße gefüllt und zum Festwerden kühl gestellt.

EIERSPEISE MIT GRAMMELN

Eine fein gewiegte Zwiebel in wenig Butter hellgelb dünsten, 2–3 EL Grammeln dazu geben und ebenfalls etwas rösten. 2–3 Eier versprudeln, mit Salz und Pfeffer würzen, über die Masse gießen und unter ständigem Rühren zu einer Eierspeise garen. Diese auf gebähtem Schwarzbrot anrichten, mit ein paar Grammeln und Schnittlauchröllchen garnieren.

BURGENLÄNDISCHER GRAMMEL-STERZ

400 g griffiges Mehl,
750 ml Wasser,
200 g Grammeln,
Schmalz,
Salz

Das Mehl in einer schweren Kasserolle unter ständigem Rühren sehr heiß werden lassen, aber nicht bräunen! Nach und nach etwas Salzwasser dazu gießen und den Sterz mit einer Gabel verrühren, so dass man größere und kleinere Brocken erhält. Hierzu wird flüssiges Schmalz gegeben, die Brocken darin abrösten.
Grammeln separat in einer Pfanne rösten, zum Sterz geben und alles mit Salz abschmecken. Diesen Grammelsterz kann man als Suppeneinlage (z. B. Rahmsuppe) verwenden oder mit einem grünen Salat als Hauptspeise servieren.

DER SCHMALZTOPF

ERDÄPFEL-GRAMMEL-ROULADE

Für den Teig:
400 g mehlige Erdäpfel vorgekocht,
20–25 g Butter,
gut 60 g Mehl,
gut 60 g Grieß,
1 Dotter,
Kümmel,
Muskatnuss,
Salz

Für die Fülle:
100–125 g frische Grammeln,
1 fein gehackte Zwiebel,
2–3 fein gewiegte Knoblauchzehen,
1 Ei,
Salz und Pfeffer aus der Mühle

Mit der Fülle beginnen; hierfür die Grammeln fein hacken und mit den Zwiebelwürfeln in wenig Schmalz rösten. Das Ei versprudeln und kurz mitrösten. Masse mit Knoblauch, Salz und Pfeffer würzen, danach kalt stellen. Für den Teig die Erdäpfel pressen, mit Kümmel, Muskatnuss und Salz würzen. Das Mehl, den Grieß, Dotter und zerlassene Butter untermengen. Erdäpfelteig ausrollen, mit der kalten Grammelmasse bestreichen und zu einer Roulade einrollen. Die Teigwurst in Klarsichtfolie wickeln und in leicht siedendem Wasser 10–15 Minuten gar ziehen lassen.
In Scheiben aufgeschnitten mit Weinkraut oder Sauerkraut servieren.

GRAMMEL-KRAUTSTRUDEL

1 Weißkraut,
125 g frische Grammeln,
Schmalz,
Kümmel,
Prise scharfes Paprikapulver (fakultativ),
Butter oder Schmalz zum Bestreichen,
Salz und Pfeffer,
1 Packung Strudelteig

Das Weißkraut fein hobeln und in etwas Schmalz dunkelbraun rösten. Grammeln in einem zweiten Topf abrösten, dann unter das Kraut mengen. Alles kräftig mit Salz, reichlich Pfeffer und Kümmel würzen (man kann auch eine Prise Zucker dazugeben), nach Wunsch mit scharfem Paprikapulver pikantieren. Masse überkühlen lassen.
Strudelteig ausbreiten und mit zerlassener Butter oder Schmalz bestreichen. Krautmasse darauf verteilen, danach einrollen. Nochmals mit Fett bestreichen, im Rohr bei 180 Grad hellbraun backen. In Stücke geschnitten mit Knoblauchrahm servieren.

GRAMMELN

BURGENLÄNDISCHE GRAMMELROULADE

500 g faschierte oder passierte Grammeln,
250 g Zucker,
250 g Mehl,
2 Eier,
etwas Rum,
1 Prise Zimt,
Nelkenpulver und Neugewürz,
Marmelade zum Füllen

Aus den angegebenen Zutaten (außer der Marmelade) einen glatten Teig zusammenkneten, diesen gut 30 Minuten rasten lassen. Teig auswalken und mit Marmelade bestreichen. Zu einem Strudel einrollen, im Rohr backen.

GRAMMELPOGATSCHERL

Aus 200 g Mehl, 60 g Schmalz, 10 g Germ, 80 g Grammeln, 2 Eidottern, 1 Vollei, 2 EL lauwarme Milch, 2 EL Weißwein, 1 EL Sauerrahm, Salz und Pfeffer einen nicht zu festen Teig kneten, 10 Minuten rasten lassen.
Auf einem bemehlten Brett 1/2 cm dick ausrollen, auf vier Teile zusammenlegen und erneut ausrollen. Diesen Vorgang zwei bis dreimal wiederholen, dazwischen jeweils 10 Minuten kühl rasten lassen. Zuletzt den Teig zweifingerdick ausrollen, mit einem runden Keksausstecher Pogatscherln ausstechen, diese auf ein gut gefettetes Backblech legen und mit den Zinken einer Gabel kreuzweise einritzen.
Den Teig etwas aufgehen lassen, dann mit gewässertem, versprudeltem Ei bestreichen und bei mittlerer Hitze im Rohr goldbraun backen.

SCHMER-POGATSCHEN

Schmer ist das Fettgewebe aus der Bauchhöhle des Schweins und ist sehr viel weniger fest als der eigentliche Speck. Schmer muss gründlich gewässert werden, ehe man ihn zum Schmalz auslassen kann, seine Grieben können übrigens nur sofort nach der Zubereitung – noch warm – genossen werden. Allerdings werden aus Schmer köstliche Bäckereien erzeugt, wie diese Pogatschen:

Der Schmer wird durch den Fleischwolf gedreht und mit heißer Milch übergossen. Das ganze wird mit Mehl, Ei, saurer Sahne, Zitronensaft und Salz zu einem festen, glatten Teig verarbeitet. Den Teig auswalken, beliebig große Pogatschen ausstechen, diese mit Ei bestreichen und im heißen Ofen knusprig backen.

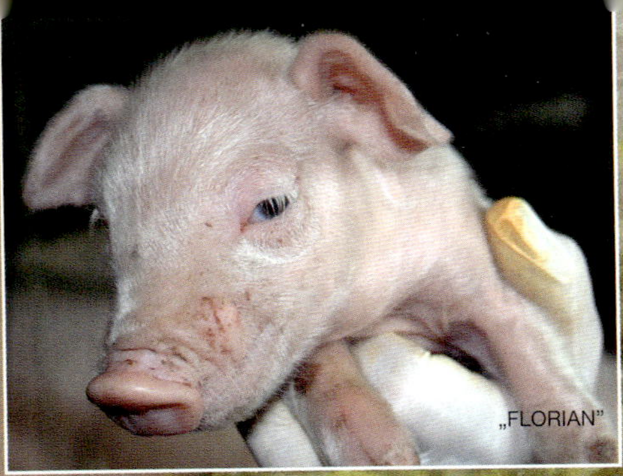
„FLORIAN"

Das Spanferkel

Als Krönung eines großen Hochzeitsmahls galt (und gilt noch immer) bei den burgenländischen Bauern das Spanferkel, wenngleich sich früher nur die wenigsten Bauern ein derartiges Festmahl mit drei bis vier Schweinen haben leisten können. In der Mittelburgenländischen Gegend um Deutschkreuz herrscht der Brauch, dass das Hochzeitsferkel nicht nur schön braun glasiert auf den Tisch kommen muss, sondern vor allem ein rotes Halstuch zu tragen habe und im Maul eine Nuss. Der Bräutigamvater hat dann zuerst den Kopf abzutrennen, bevor das Spanferkel tranchiert werden darf. Den Kopf bekommt traditionell die Hochzeitsköchin, bei spendableren Brautvätern auch noch den Hals (nicht wenige Köche/innen freuen sich über die knusprig gebratenen Ohren, den saftigen Saurüssel, das schmackhafte Wangenfleisch und die knusprige Schwarte, das Beste am Schwein). Ein weiterer Anlass für einen derartigen Festschmaus war schon immer Silvester, wo das „Glücksferkel" verspeist wird. Ein Brauch, der insbesondere im Norden des Burgenlandes bis hinunter nach Eisenstadt verbreitet ist.

Kein Wunder also, dass jene Köche/innen und Spanferkelbratereien gefragt sind, die die hohe Kunst beherrschen, ein Ferkel auf dem Spieß so knusprig zu braten, dass die Haut kracht, wenn man mit einem Messer darauf schlägt.

Viele verschiedene Arten der Spanferkelzubereitung haben sich im Laufe der Zeit entwickelt und neben der Variante des „am Spieß braten" werden Spanferkel auch im Ofen gebraten oder sogar gefüllt, was u. a. den Vorteil hat, mehr Gäste bewirten zu können.

Als echtes Spanferkel bezeichnet man ursprünglich nur Ferkel, die noch am Span (an der Zitze) hängen und saugen; heute werden aber auch ausgewachsenere Tiere für Spanferkelzubereitungen genommen.

KLASSISCHES SPANFERKEL

1 kleineres Spanferkel (für etwa 12 Personen),
1 Speckschwarte,
4–6 zerdrückte Knoblauchzehen (auch mehr nach Geschmack),
frischer Majoran,
Kümmel,
Salz und Pfeffer aus der Mühle

Das ausgenommene und sauber geputzte Spanferkel zunächst innen und außen kräftig mit Salz und Pfeffer einreiben, dann innen zusätzlich mit Majoran, Kümmel und Knoblauch nach Geschmack würzen. In die Körperhöhlung einen großen Bogen zusammengeknülltes Pergament stopfen und den Bauch zunähen. Die Füße mit einem Spagat dressieren.
Der Spieß wird durch Rüssel und After gesteckt, die Vorderfüße nach rückwärts, die Hinterfüße nach vorwärts gespeilt und das Spanferkel am Spieß fixiert.
Spanferkel bei mittlerer Hitze oder über sanfter Glut 1–2 Stunden grillen; während des Bratens wird es immer wieder mit einem Tuch abgewischt und mit einer Speckschwarte geschmiert. Wenn es halb gar gebraten ist, macht man am Hals einen Einschnitt, damit der Dampf ausströmen kann und die Haut knusprig bleibt.
Ist das Ferkel fertig gebraten, werden die Speile und das Pergament herausgenommen, das Spanferkel auf einer großen Platte oder einem entsprechenden Brett angerichtet und serviert. Je nach Region reicht man warmen Krautsalat, verschiedene Knödel oder auch Zwetschkenkompott.

SPANFERKEL AUS DEM OFEN

DIE „GEFÜLLTE SAU" DER JAHNERS

Eine berühmte Spezialität: Die Schweine werden hier am Hof gezüchtet, mit hofeigenem Futter aufgezogen, geschlachtet und von der Familie Jahner verarbeitet.

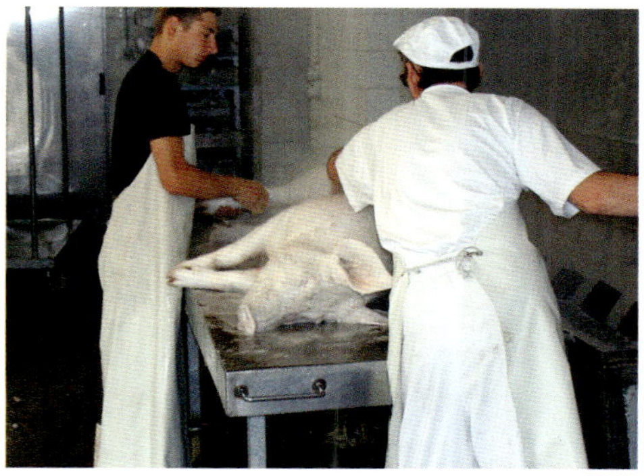

1. Nach dem Schlachten die Sau abbrühen

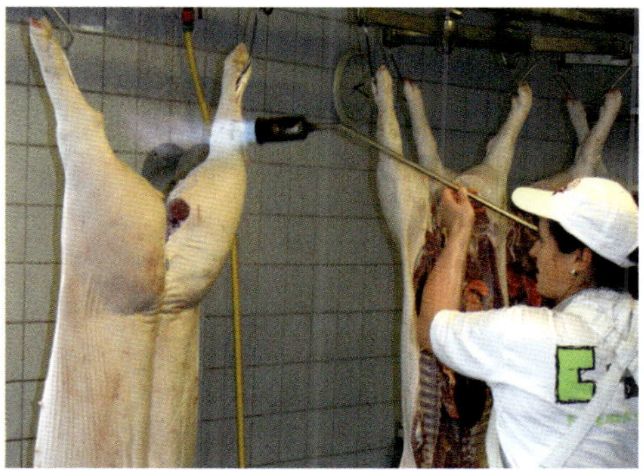

2. Borstenabsengen

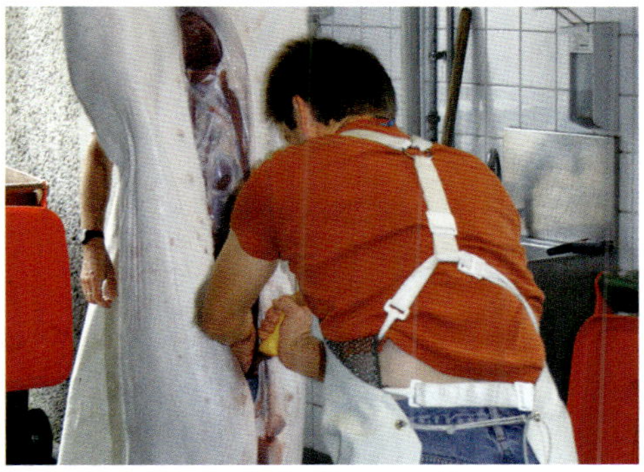

3. Aufbrechen und Gedärme entfernen

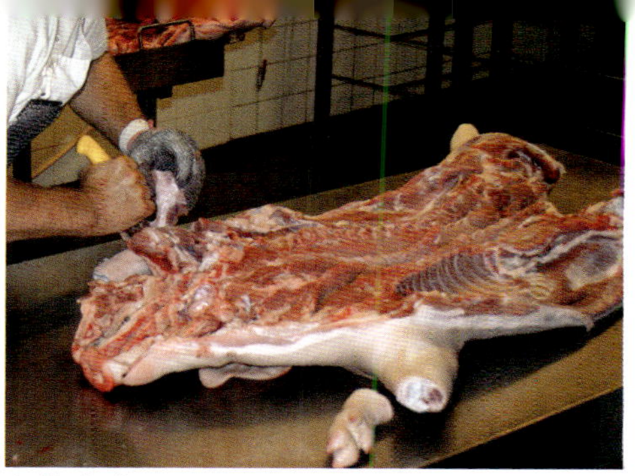

4. Entbeinen

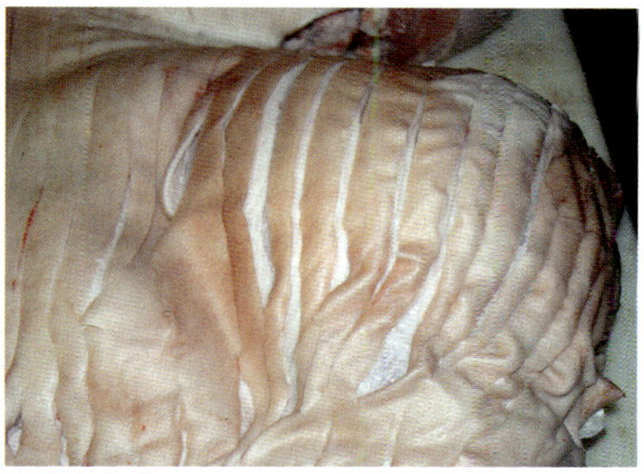

5. Schröpfen

6. Würzen (Paprika, Salz, Kümmel, Knoblauch)

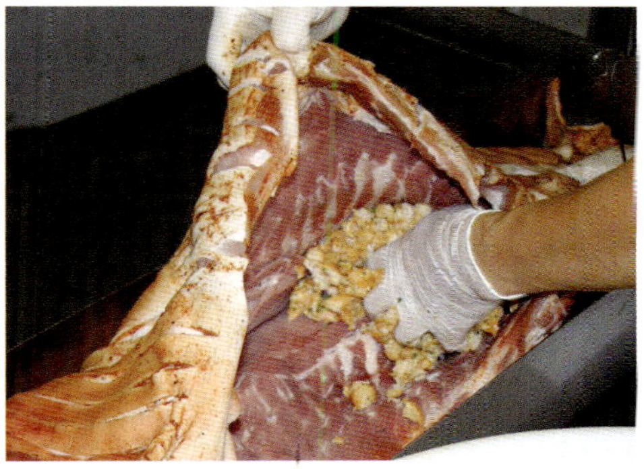

7. Füllen (Semmelfülle)

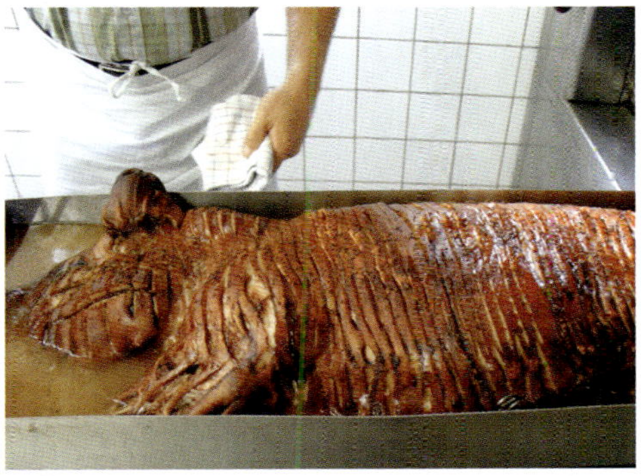

8. Braten

9. Saft abschöpfen und überkrusten.

Peter Stachl

Weinbaugebiet Neusiedlersee

Das Weinbaugebiet Neusiedlersee erstreckt sich Großteils am Ostufer des Neusiedler Sees mit dem Seewinkel und dem Naturschutzgebiet über Halbturn mit seinem berühmten Barockschloss, Mönchhof, der Weinbaugemeinde Gols nach Neusiedl am See, um dann über Jois im Ort Winden am See im Nord-Westen des Neusiedler Sees zu enden.
Die Gegend des Seewinkels erscheint vollkommen eben und erinnert stark an die ungarische Puszta. Hier ist nahezu das gesamte Ostufer des Sees mit Reben bepflanzt und so berühmte Winzer wie Alois Kracher, PMC-Münzenrieder, Walter Kroiss, Kadlec-Riedenhof, Robert und Richard Goldenits, Martin Haider, Franz Heiss, Erich Scheibelhofer, Gerald Tschida, Josef Umatum, Velich und Alfred Ziniel haben hier ihre Weingüter. Früher gab es Weingärten fast ausschließlich auf den Gemarkungen von Illmitz, wo die Winzer das durch den flachen und warmen See begünstigte Klima ausnutzten. Dieses spezielle Klima begünstigt die Gewinnung von hochwertigen Prädikatsweinen, die auf internationalen Wettbewerben nicht nur für hohe Auszeichnungen gut sind, sondern zu den besten der Welt gezählt werden dürfen.
Weiter Richtung Norden liegt am östlichen Ende Halbturn, wo man das bekannte Jagdschloss gleichen Namens findet, das in den letzten Jahren nicht nur wegen seiner barocken Schönheit ein beliebtes Ausflugsziel darstellt, sondern auch für seine wunderbaren Pinot noir einigermaßen berühmt wurde.
Bei vielen Aufzeichnungen über bekannte Weinbauorte im Seewinkel fehlt das am nord-östlichen Ende des Seewinkels gelegene Mönchhof. Doch darf sich dieser kleine und beschauliche Ort rühmen, die wahrscheinlich älteste Weinbaugemeine von Österreich zu sein. Schon die Römer, welche den Wein in die Provinz Pannonien brachten, pflanzten hier ihre Rebstöcke aus. Urkundlich erwähnt wurde Mönchhof erstmals 1217, als das damalige Gut Leginthov von König Andreas II. den Zisterziensern des Stiftes Heiligenkreuz als „immerwährenden Besitz“ zur Kultivierung des Gebietes geschenkt wurde. Allerdings ist die Bezeichnung „Mönchhof“ erst seit dem 19. Jahrhundert gebräuchlich, frühere Bezeichnungen waren „Novum Praedium“, „Neuaygen“ und „Münichhof“. Sicher ist, dass der Name „Mönchhof“ als Ehrerbietung an die alten Zisterzienser-Mönche zu verstehen ist, die den Grundstein für den Weinbau in dieser Region legten. Genau hier ist Josef Pöckl tätig, einer jener Pioniere, denen Österreich seinen Rotwein-Boom zu verdanken hat.
Etwas westlich von Mönchhof liegt mit Gols die wohl berühmteste Weinbaugemeinde dieses Gebietes, wobei Gols auch gleichzeitig die größte Weinbaugemeinde Österreichs bildet. Hier werkt neben Arrivierten eine Garde von jungen Winzern, die mit ihren zahlreichen Dekorierungen bereits in den Weinolymp aufgenommen wurden. Lang ist die Namensliste derer, welche den Ort zu einer der ersten Adressen für Weinliebhaber werden ließen, unter ihnen sind sicherlich Paul Achs, Judith Beck, Gsellmann&Gsellmann, Siegfried Gsellmann, Heike und Gernot Heinrich, Juris (Fam. Stiegelmar), Lehner, Leitner, Heinrich Lunzer, Nittnaus, Gerhard Pittnauer, Claus Preisinger, Georg Preisinger, Helmut Preisinger, H. u. G. Schmelzer, Temer sowie Paul Wendeling zu finden, um einige Beispiele zu nennen. Auch die bekannte Sektkellerei Szigety ist hier beheimatet.
Über Weiden und Neusiedl am See gelangt man schließlich langsam an das nord-westliche Ufer des Sees, wo der kleine Weinbauort Jois liegt. Einige traditionelle Winzer hegen und pflegen hier ihre Weingärten und über allem thront das Weingut von Leo Hillinger in seinem utopisch anmutendem ultra-modernen Weinkeller mit Panorama-Verkostungsraum, von wo aus man einen herrlichen Blick in die Weingärten von Jois genießen kann.
Ein Stück weiter Richtung Eisenstadt, genau an der Grenze zum Weinbaugebiet Neusiedlersee-Hügelland befindet sich schließlich der Ort Winden am See, der sozusagen den Abschluss des Weinbaugebietes bildet. Hier empfiehlt sich ein Besuch des urigen Bacchus-Kellers.
Insgesamt umfasst das Weinbaugebiet Neusiedlersee derzeit rund 7.100 Hektar Weingärten, die sich auf Löss, Schwarzerde, Schotter und Sand befinden. Hauptsorten sind der Welschriesling und Weißburgunder, zu den Spezialitäten sollten Bouvier, Muskat Ottonel und Traminer gezählt werden. An Rotweinen findet man vornehmlich Zweigelt, St. Laurent, Blaufränkisch, Cabernet Sauvignon und Pinot noir, sie zusammen haben aber nur einen Anteil von etwa 15 Prozent.

KRACHER ILLMITZ

International gesehen ist Alois Kracher wohl die herausragendste Erscheinung der österreichischen Süßweinszene, vielfach ausgezeichnet und hoch dekoriert. Seine Weine werden in nahezu allen Top-Restaurants auf der Welt angeboten; nicht nur weil Robert Parker sie stets mit hohen 90er Bewertungen auszeichnet, sondern weil sie bei aller Klasse ganz gebietstypische, österreichische Weine darstellen. Das Weingut „Weinlaubenhof Kracher“ verfügt heute über gut 20 ha Weingärten, die zwischen Illmitz und dem Ufer des Neusiedler Sees gelegen sind. Alois Kracher sen. erklärt, dass er seine Reblagen mit einer hohen Pflanzendichte bestockt, um die Rebstöcke zu „stressen“, dadurch werde zwar eine geringere Menge produziert, die Trauben würden dafür aber mehr Konzentration bieten.

Zwei Linien des Ausbaus werden im Keller verfolgt, eine traditionelle unter dem Namen „Zwischen den Seen“ sowie eine internationale, im neuen Barrique vinifizierte Linie mit der Bezeichnung „Nouvelle Vague“.

Es ist sicher nicht übertrieben zu sagen, dass nahezu alles, was das Hause Kracher produziert absolute Weltklasse darstellt. Daher ist es auch schwierig, den einen oder anderen Wein hervorzuheben, weil es einfach Geschmackssache ist. Sicherlich gehören aber die Grand Cuvée TBA Nouvelle Vague (aus Chardonnay und Welschriesling) sowie die Welschriesling TBA Zwischen den Seen zu den Tropfen mit erhöhtem Suchtpotential.

MÜNZENRIEDER APETLON

Das 1950 von Andreas Münzenrieder gegründete Weingut umfasst heute 20 ha Weingärten, die von Johann und Johannes Münzenrieder gepflegt werden. Naturnaher Anbau ist hier selbstverständlich und auf Pflanzenschutz wird großen Wert gelegt. Schwerpunkt des Hauses sind die Süßweine, allen voran die wunderschönen Prädikatsweine. Die Rebsorten Chardonnay, Welschriesling und Bouvier werden hier zu gebietstypischen Trockenbeerenauslesen verarbeitet, die keinen Vergleich zu scheuen brauchen.

Doch das exportorientierte Haus setzt mittlerweile auch auf eine breitere Produktpalette und so wird neben einem reinsortigen Zweigelt auch eine kräftig-elegante Cuvée Names „Mavie“ (CS/ZW/BF) erzeugt. Eine sehr interessante Rarität des Hauses ist der Rosecco ein Frizzante-ähnliches Getränk aus Rotwein, das viel Trinkfreude bereitet.

HANS GSELLMANN GOLS

Das in Gols gelegene Weingut von Hans Gsellmann und seinem mitwirkenden Sohn gehört zu den interessantesten der Region. Nicht nur, weil sie zu den rennomierten „Pannobile-Winzern“ zählen, sondern weil sie auch über eine sehr harmonische Palette an Weiß- und Süßweinen verfügen. Wichtig ist vor allem, dass ihr Stil und ihre Handschrift im Wein zu erkennen sind.

Und so kann sich der Weinfreund an einem fruchtig frischen Welschriesling genauso erfreuen, wie an einem opulenten Pannobile (ZW/BF) oder einem im gebrauchten Barrique ausgebauten Grauburgunder mit feinen mineralischen Anklängen. Verkostenswert erscheinen außerdem der Pannobile Weiß (CH/WB), sowie der „Malvasier“, ein Prädikatswein, der sowohl als Aperitif, als auch für sich allein genossen viel Gaumenfreude bereitet.

JURIS GOLS

Das im Herzen von Gols gelegene Traditionsweingut besteht bereits seit 1571 und wird heute von den ambitionierten Winzern Herta und Axel Stiegelmar bewirtschaftet. Sie übernahmen das Weingut von Georg Stiegelmar, einem Pionier und Doyen des Weinbaus in Österreich. Das Weingut bewirtschaftet heute 24 ha in den besten Golser Lagen. Bei den Rotweinen setzt man insbesondere auf die Burgundertrauben (St. Laurent und Pinot noir), bei den Weißen sind es der Chardonnay und der Sauvignon blanc, denen besonderes Augenmerk geschenkt wird.

Das Haus produziert zwei Linien, die „Selection“ für traditionell im großen Holzfass ausgebaute Weine und die „Reserve“-Linie für mindestens 18 Monate gereifte Weine, die auch den anspruchvollsten Gaumen überzeugen vermögen.

Der hochelegante und vollmundige Pinot noir von Axel Stiegelmar gehört sicherlich zu den Besten von ganz Österreich. Bei den Weißen verdient der Chardonnay Reserve mit seiner intensiven Kräuternote besondere Anerkennung. Erwähnenswert ist sicherlich auch der schön vinifizierte Strohwein, auch deshalb weil man diese Weine mittlerweile zu den Wein-Raritäten zählen darf.

GERHARD PITTNAUER GOLS

Gerhard Pittnauer gilt in der umtriebigen Golser Weinszene nicht nur als innovativ, sondern auch als sehr kreativ und talentiert. Diese Kreativität kann er seit 2001 in einem utopisch anmutendem, sehr reduziertem Betriebsgebäude inmitten der Weingärten am Altenberg ausleben, ganz nach seinem Motto: „Weinmachen ist Selbstverwirklichung, wobei es einerseits mit Sorge und Verantwortung zu tun hat, andererseits auch mit Emotion, Großzügigkeit und Lust.“

Die Rebflächen befinden sich rund um das Weingut, wobei die derzeit 18 ha zu 90 Prozent mit Rotwein bestockt sind, von denen wiederum St. Laurent und Pinot noir einen großen Teil ausmachen. Dies sind auch die Trauben, die es Gerhard Pittnauer am meisten angetan haben. Nach durchschnittlich 16 Monaten Reifezeit im Barrique glänzt sein Pinot noir mit einem leuchtenden Rubingranatrot, feinen Chassisaromen in der Nase und vor allem durch seine ganz spezielle und individuelle Note; ein Wein, den man unbedingt im Keller Zeit lassen sollte, sein volles Bukett zu entwickeln. Von den Weißen ist sicherlich die Cuvée Weiße Reben (CH/WB/SB) hervorzuheben, ein Wein der mit feiner Kräuternote und seinem schönen Bukett durchaus an klassischen Burgunder erinnert.

SCHOSS HALBTURN HALBTURN

Das Weingut Schloss Halbturn wurde nach langjährigem Dornröschenschlaf zu alter, neuer Blüte erweckt. Der Weckruf brachte aber mit sich, dass vieles Altes verworfen, Weingärten gerodet und neu ausgepflanzt, Personen getauscht und die Kellertechnik modernisiert wurde. Ergebnis ist ein österreichisches Wein-Chateau, ausgestattet mit dem Feinsten vom Feinsten, das trotzdem den barocken Charme seiner langen Geschichte kaum verloren hat.

Eine perfekte Bewirtschaftung der Weingärten und ein allerstrengstes Ausleseverfahren der Trauben im Keller sollen Garanten dafür sein, dass hier in Zukunft wieder Weine produziert werden, die zum Besten zählen, was Österreich zu bieten hat. Und die (Neu-)Anfänge sind mehr als vielversprechend.

Man setzt hier in Halbturn heute auf zwei Steckenpferde: zum einen produziert man eine saftig elegante Cuvée namens „Imperial" (CS/ME/CF/BF), zum anderen einen hervorragenden Pinot noir. Vor allem der Pinot noir soll es sein, der das Gut zum Weinhimmel führt. Das Potential ist jedenfalls gegeben, denn der Wein zeigt Klasse: eine wunderbare Frucht nach Kirschen und Waldbeeren, feines Tannin sowie sein langer Abgang überzeugen voll und ganz!

JOSEF PÖCKL MÖNCHHOF

In der Weinwelt des Burgenlandes ist Josef Pöckl eine feste Größe; und das nicht nur wegen seines berühmten Admiral, einem Rotwein der Extraklasse, sondern viel mehr wegen seines kompromissloses Streben nach Qualität. Anfangs ein vehementer Gegner von Malolaktic und Barrique hat er sich 1989 nach reiflichem Überlegen und Diskutieren doch dazu entschlossen das Neue auszuprobieren, ein Meilenstein für die Rotweinbereitung des Weingutes.

Das Weingut verfügt heute über 28 ha eigene Weingärten, die an den Abhängen der Parndorfer Platte liegen. Der größte Teil der Rieden ist mit Pöckls Lieblingstraube, dem Zweigelt bestückt, aber auch der Pinot noir nimmt 4 ha in Anspruch. Weitere Traubensorten sind Cabernet Sauvignon, Merlot und Syrah, was zeigt, dass das Weingut zu 99 Prozent auf Rotweine setzt. In Jahren mit gutem, sauberem Botrytisbefall wird aus den kleinen Parzellen, die mit Chardonnay und Scheurebe bestockt sind, auch ein sehr edler Prädikatswein erzeugt.

Neben dem angesprochenem Admiral (Cuvée aus Zweigelt und Blaufränkisch mit etwas Cabernet Sauvignon, Merlot und selten Syrah), dessen Beerenfruchtaromen und Gewürznoten geradezu betören, sind sicherlich der Rêve de Jeunesse (mehr als nur ein so genannter Zweitwein) sowie der Zweigelt Classique Vorzeigeprodukte des Hauses.

LEEB WINDEN/SEE

Die Weine von Hermann Leeb gedeihen an den sonnigen Südost-Hängen des Leithagebirges. Sein ständiges Streben nach höchster Qualität und die Liebe zu gutem Wein und der Natur sind die Garanten dafür, dass nach der Ernte der Wein sehr sorgfältig und auf hohem Niveau in Keller und Flasche reift.

Bei den Rotweinen richtet man besonderes Augenmerk auf weiche, dichte und gehaltvolle Weine, die sowohl klassisch wie auch im Barrique ausgebaut werden. Bei den Weißen Weinen achtet H. Leeb auf Frische, Frucht und ein pikantes Säurespiel. Besonders gefällig ist sein Welschriesling, der ausgezeichnet mit bodenständigen Schmankerln harmoniert.

WEINGUT RENNER GOLS

Helmut Renners Bestreben ist es, beständig zu sein und dabei ohne Abstriche zu halten, was man verspricht. Nach dieser Maxime bewirtschaftet er sein Weingut in Gols, das er im Jahre 1988 von den Eltern übernommen hatte. Von den heute 13 ha liegt ein Gutteil in den Toplagen Altenberg, Schafleiten und Setzlüss. Das Weingut erzeugt einen sehr schönen Weißburgunder und einen ausgezeichneten Pannobile Weiß (CH/WB); beides Weine die deutlich zeigen, dass er diese Weine liebt.

Doch der Schwerpunkt liegt bei den gebietstypischen Trauben Zweigelt und Blaufränkisch, aus denen auch der wunderbar dichte und elegante Pannobile gekeltert wird, dem ein sehr schönes Beerenbukett zueigen ist und der sich sehr harmonisch präsentiert. Renners Weine sind sehr gebietstypisch, komplex und von einer ganz persönlichen Stilistik.

WEINGUT OLEANDERHOF WINDEN/SEE

Das Traditionsweingut der Familie Kroyer in Winden am See wird seit Generationen mit großem persönlichem Einsatz geführt. Das daraus gewonnene Wissen um den Wein der Region sowie das pannonische Klima mit seinen milden Wintern und sonnenreichen Sommern ermöglichen die Herstellung von hochwertigen Qualitätsweinen bis hin zu höchsten Prädikaten. Besonderes Augenmerk wird auf den Einklang mit der Natur und auf die alten gebietstypischen Rebsorten gelegt.

Neben dem gebietstypischen Welschriesling gehört die Liebe Hermann Kroyers besonders dem fein fruchtigen und eleganten Neuburger, eine traditionelle Sorte der Region, die leider etwas in Vergessenheit geraten ist. Top-Produkt des Hauses ist sicherlich die Cuvée Weißer Oleander aus den klassischen Burgundersorten Chardonnay, Weißburgunder und Pinot blanc. Von den Rotweinen ist insbesondere die Cuvée VEROSO (VERschiedene ROte SOrten) aus Cabernet Sauvignon, Merlot und Zweigelt zu erwähnen, der nur aus hochwertigstem Traubenmaterial nach internationalem Vorbild hergestellt wird.

HARETER WEIDEN/SEE

Am Nordostufer des Neusiedler Sees inmitten der schönen Weinbaugemeinde Weiden am See liegt der Familienbetrieb von Alois Hareter. Er ist derzeit Herr über knapp 10 ha Anbaufläche, wobei die Weingärten auf die besten Lagen rund um Weiden am See verteilt sind. Die Familie Hareter befasst sich schon seit Generationen mit dem Weinbau und legt besonderen Wert auf die Laubarbeit, was die Reife bzw. die Gesundheit der Trauben fördert. Neben schönen, typisch burgenländischen Weißweinen wie Welschriesling oder Grüner Veltliner, wird auch eine ansprechende rote Cuvée namens „In prima collectura" erzeugt. Eine Spätlese sowie der edelsüße Eiswein runden das traditionelle Angebot ab.

EINGELEGTE ZUCCHINI
Gsellmann

1 kg Zucchini, 1–1 1/2 kg frische reife Tomaten, 12–15 Knoblauchzehen, Olivenöl, 2–3 Bund frisches Basilikum, Meersalz und Pfeffer

Die Zucchini in längliche Streifen schneiden, mit Meersalz bestreuen und etwa 30 Minuten ziehen lassen. Danach die Zucchini-Streifen in etwas Olivenöl beidseitig scharf anbraten, beiseite stellen.
1 kg Tomaten mit etwas Salz und einer Prise Zucker weich kochen, dann durch ein Sieb passieren. Gut 200 g frische Tomaten häuten, klein würfeln und unter die Tomatensauce mischen. Reichlich Knoblauch feinst hacken oder zerdrücken sowie sehr viel frisches Basilikum fein schneiden. Beides unter die Tomatensauce mischen. Etwa 150 ml bestes Olivenöl in die Tomatensauce rühren und abschmecken.
Den Boden einer Auflaufform mit Olivenöl bestreichen und eine Lage Zucchini einlegen. Etwas Tomatensauce darüber gießen und die nächste Schicht Zucchini darauf legen. So weiter verfahren, bis alle Zutaten verbraucht sind, mit Sauce abschließen. Etwas Öl über das Ganze gießen und zugedeckt im Kühlschrank durchziehen lassen.

BOHNENSTERZ (Abb. S. 377)
Weingut Oleanderhof

300 g griffiges Mehl, 200 g Dinkelmehl, 350 g mittelgroße weiße Bohnen, 250 g Schmalz, 2–3 Handvoll Speckwürfel, Salz

Die Bohnen werden in ungesalzenem Wasser weich gekocht. Das Mehl unter ständigem Rühren in einer Kasserolle erhitzen (15–20 Minuten). Die Bohnen mit einem Teil des Bohnenwassers in das Mehl geben, die Masse gut durcharbeiten, bis man kleinere und größere Brocken hat. Man kann bei Bedarf noch etwas vom Kochwasser nachgeben, muss aber aufpassen, dass der Sterz nicht patzig wird. Die Kasserolle zudecken und den Sterz im Rohr ziehen lassen.
Das Schmalz (Menge nach Geschmack) wird erhitzt, die Speckwürfel werden leicht angebraten. Das Schmalz über den Sterz gießen und untermischen, mit Salz abschmecken. Den Sterz mit den gerösteten Speckwürfeln bestreut servieren. Dazu schmeckt Gurkensalat.

BALASS'N
Dieses Schmalzgebäck ist laut Familie Kracher eine ganz typische Spezialität aus Illmitz, die dort in vielen Varianten bekannt ist. Besonders gut munden sie hausgemacht oder im Gasthaus "Der Illmitzer".

500 g Mehl, 4 Dotter, 125 g Butter, 75 ml Wein (Beerenauslese), 125 ml Rahm, 2–4 cl Weinbrand, 1 EL Zucker, 1 Prise Salz

Für die Fülle:
750 g geschälte und entkernte Äpfel, Zitronensaft, Zimt und Zucker

Weiter:
Schmalz zum Ausbacken, Staubzucker

Zuerst die Äpfel reiben, dann mit Zimt und Zucker würzen, etwas ziehen lassen. In der Zwischenzeit den Teig zubereiten; hierfür alle angegebenen Zutaten zu einem festen, homogenen Teig vermengen, diesen rasten lassen, danach recht dünn auswalken und mit einer Tasse Kreise ausstechen. In die Mitte eines Kreises etwas von der Apfelfüllung setzen, mit einem zweiten Teigrad belegen und die Ränder gut verschließen. So fortfahren, bis der Teig aufgebraucht ist. Reichlich Schmalz in einer hohen Pfanne erhitzen, Teigtaschen darin goldgelb ausbacken, auf Küchenkrepp abtropfen lassen. Mit Staubzucker bestreut warm oder kalt servieren.

KRIEGSSTRUDEL

KRIEGSSTRUDEL
Münzenrieder

8 Dotter, 400 g Staubzucker, 125 ml Milch, 75 ml Rum, 2 Päckchen Vanillezucker, 1 Päckchen Backpulver, 800 g Mehl, 250 g Thea oder Margarine, Powidl zum Füllen

Dotter mit Butter und Zucker schaumig rühren. Milch mit Rum und Vanillezucker versprudeln, zum Dotterabtrieb mischen. Mehl und Backpulver unterheben. Den Teig 30 Minuten im Kühlschrank rasten lassen, danach auswalken und dick mit Powidl bestreichen. Zu einem Strudel zusammenrollen und im vorgeheizten Rohr bei 180 Grad backen. Mit Staubzucker bestreut servieren.

RÄUCHERAAL MIT JOGHURT-SAUCE
Leeb

1 mittelgroßer Räucheraal, 2 Becher Joghurt, 1 Tasse gehackte Nüsse, 1–2 Äpfel klein würfelig geschnitten, 1–2 EL frische gehackte Kräuter (Schnittlauch, Petersilie), Zitronensaft, Senf, Kren, Salz

Joghurt mit Nüssen, Äpfeln und Kräutern vermischen, mit Senf, Kren und Salz abschmecken. Aal in größere Portionsstücke zerteilen. Beides zusammen auf Tellern anrichten und mit Salat, Tomaten sowie Gurken ausgarniert servieren.

RÄUCHERAAL MIT JOGHURT-SAUCE

EINGELEGTE ZUCCHINI

Sektkellerei Szigeti

Die in Gols gelegene Sektkellerei Szigety zeichnet sich gleich durch mehrere Faktoren aus, denn hier werden nicht nur zahlreiche Sektvarianten feinster Qualität erzeugt, sondern man produziert auch die Schaumweine für viele der namhaftesten österreichischen Winzer.
Die Sektkellerei der Gebrüder Szigeti wurde von A bis Z durchdacht, konzipiert und letztlich in Frankreich – der historischen Heimat der besten Schaumweine der Welt – bis ins Detail geplant. Sämtliche der hochmodernen Maschinen wurden dort gekauft, fachkundig in Gols installiert und in Betrieb genommen. Ein Vertrag mit dem führenden Hefelabor der Welt sichert oberste Qualität der verwendeten Champagnerhefe, optimale Weinberatung und die sensorische und analytische Untersuchung aller Weine und Sekte sollen für hochwertigste Schaumweine garantieren.
Neben den handverlesenen Trauben und ihrer schonenden Verarbeitung sind die ausgesuchte Champagnerhefe und die traditionelle Flaschengärung ausschlaggebend dafür, dass die Szigeti-Sekte von einem unverwechselbaren Mousseux gekennzeichnet sind. Das schöne am Hause Szigeti sind vor allem die sortenreinen Qualitäts-Sekte, bei denen die jeweilige Rebsorte sauber herauskommt und durch eine lebendig-elegante Kohlensäure unterstützt wird. Dabei bietet Szigeti zudem eine einzigartige Vielfalt an Sektsorten, wie z. B. vom Grünen Veltliner, Welschriesling, Riesling, Muskat Ottonel oder gar Zweigelt.
Glanzstücke des Hauses sind – neben den Klassikern Welschriesling und Muskat-Ottonel Prestige – sicherlich die Burgunder: allen voran der sehr elegante Blanc de Blanc mit seinen Weißdorn-Akazien-Aromen, die von reifen Zitrusfrüchten unterstrichen werden. Für Liebhaber kräftiger Aromen empfiehlt sich der Blanc de Noir, ein außergewöhnlicher Schaumwein mit delikatem Duft nach roten Beeren, der sich am Gaumen sehr geschmeidig und kraftvoll präsentiert; seine feine, komplexe Perlage wirkt dabei leicht und lebendig. Beide Sekte sind pures Trinkvergnügen!
Übrigens: Erstklassige Sekte, Champagner und andere Schaumweine sollten nicht genippt werden, wie das beim Wein der Fall ist, sondern in „Strömen" fließen – der Sensorik wegen!

ZANDER IN SZIGETI-SEKTSAUCE

2 Zander, Olivenöl, Zitronensaft, Salz, Pfeffer

Für die Sauce:
Kopf und Gräten der Zander,
etwas geputztes Wurzelwerk, 2 Lorbeerblätter,
1 Zwiebel fein gehackt, Obers, Szigeti-Rieslingsekt,
Butter, Zitronensaft, Salz und weißer Pfeffer

Die Zander filetieren, entgräten, mit Zitronensaft beträufeln, salzen und kalt beiseite stellen. Gräten und die Köpfe mit etwas Wurzelgemüse und Lorbeerblatt in 500 ml Wasser mit 500 ml Weißwein sowie etwas Salz 30 Minuten sanft auskochen. Fond passieren und einreduzieren. Für die Sauce die fein gehackte Zwiebel in Butter anschwitzten, mit Rieslingsekt ablöschen und mit Fischfond aufgießen. Alles gut einreduzieren, dann passieren, Obers angießen und nochmals einkochen lassen. Zwischenzeitlich die Fischfilets leicht mit Pfeffer würzen und auf der Hautseite in Olivenöl kross anbraten, wenden und warm stellen. Kurz vor dem Servieren die Sauce mit Rieslingsekt abschmecken, zu den Filets servieren, Reis als Beilage.

JUNGGANSLGELEE IN SZIGETI-SEKTSAUCE

JUNGGANSLGELEE IN SZIGETI-SEKTSAUCE

Etwa 1–1 1/2 kg junge Gans,
2 Kalbsfüße (in dünne Scheiben geschnitten),
250 g geputztes und klein geschnittenes Wurzelgemüse,
250 g Champignons feinblättrig geschnitten,
1 Flasche Szigeti-Sekt (Blanc de Blanc),
2 Liter Wasser, 1/2 Liter Geflügelfond,
4–5 Blatt Gelatine,
etwas gemahlener Koriander,
2–3 Eiklar zum Klären der Brühe,
Salz und Pfeffer

Für die Sauce:
250 ml Szigeti-Sekt
(man kann auch einen Süßwein nehmen),
50–75 g Butter,
2–3 fein gehackte Schalotten,
2 EL Crème fraîche,
etwas Safran oder Kurkuma, Schuss frisch gepresster Orangensaft,
Salz und weißer Pfeffer

Die Gans in Ober-, Unterkeule und Brust zerlegen. In einem großen Topf die Kalbsfußscheiben in kaltem Wasser zum Kochen bringen und langsam köcheln lassen; dabei immer wieder den Schaum abschöpfen. Gut 600 ml Sekt und den Geflügelfond hinzu gießen, Brühe mit Koriander, Salz und Pfeffer würzen. Nach etwa 1 1/2 Stunden die Brühe durch ein Sieb seihen und die Kalbsfüße entfernen. Ober- und Unterkeulen der Gans einlegen und 45 Minuten langsam köcheln, dann auch die Gänsebrust und das grob geschnittene Wurzelgemüse sowie die Champignons dazugeben. Alles köcheln bis das Fleisch weich geworden ist. Danach das Fleisch herausheben, auskühlen lassen, auslösen und in Würfel schneiden. Zwischenzeitlich die Brühe mit dem Eiweiß klären und durch ein Etamin ziehen. Brühe mit Sekt, Salz und Pfeffer abschmecken (man muss sehr gut würzen, da die Gelatine viel Geschmack nimmt!) und etwa einen Liter abmessen. Die eingeweichte Gelatine ausdrücken, unter die abgemessene Brühe mengen und das Gänsefleisch dazugeben. Alles vermengen und in eine mit Klarsichtfolie ausgelegte Terrine füllen; einige Stunden im Kühlschrank stocken lassen.
Für die Sauce die Butter in einer Kasserolle erhitzen, feinst gehackte Schalotten darin anlaufen lassen und mit dem Sekt ablöschen; einkochen lassen und die Crème fraîche einrühren. Sauce mit Orangensaft, Kurkuma, Salz und Pfeffer abschmecken, durch ein feines Sieb ziehen und auskühlen lassen.
Die Terrine stürzen, das Gänsegelee in Scheiben schneiden und auf einem Saucenspiegel angerichtet servieren; nach Belieben ausgarnieren.

STEKOVICS
STEKOVICS
STEKOVICS
capsicum
annuum
manibus
tractatum
STEKOVICS
capsicum
annuum
manibus
tractatum

Erich Stekovics

Es war einmal ein Mann namens Noah, der auf seiner Arche das vielfältige Tierleben rettete, bevor die Natur von der Sintflut zerstört wurde. Heute gibt es einen Verein der sich „Arche Noah" nennt und sich zur Aufgabe gemacht hat, in Vergessenheit geratene Nutzpflanzen zu erforschen und für die Nachwelt zu erhalten; und dieser Verein hat ein Mitglied, das seinen Beruf als Berufung sieht und sich zur Aufgabe gemacht hat, den Paradeisern ein Paradies auf Erden zu schaffen. Sein Name ist Erich Stekovics oder „König der Paradeiser" wie ihn Freunde liebevoll nennen.

Eigentlich hatte Erich Stekovics früher einmal Theologie studiert, doch dann war die Leidenschaft zu aromatischem Gemüse, seinem Duft und seiner Vielfalt, den bunten Farben der reifen Früchte auf den Feldern und das Zusammensein mit der Natur stärker. So übernahm er dann doch den elterlichen Betrieb und wurde Gemüsebauer, geblieben ist ihm aber das missionarische, denn bei Stekovics erwirbt man nicht einfach ein Glas eingelegte Früchte, sondern gleichzeitig eine innige Ideologie: „Dem Einfachen und Ursprünglichen auf der Spur sein und nach verlorengegangenen Geschmäckern suchen!"

Begonnen hat alles aber nicht mit den Paradeisern, sondern mit Chilis und Paprika. Auf der Suche nach neuen Wegen versuchte er, seine edlen Früchte einzulegen und begann mit drei Produkten: Apfelpaprika klassisch, Apfelpaprika Spätlese und Apfelpaprika im Schmalz von Mangalitza-Schwein gebraten. Eine Nische war damit entdeckt, denn Spitzenrestaurants wie z. B. Der Taubenkobel nahmen seine Produkte mit Begeisterung ab.

Was folgte, war bereits angesprochene Zusammenarbeit mit dem Verein Arche Noah, die im wahrsten Sinne des Wortes „fruchtete". Zunächst pflanzte Erich Stekovics 70 Sorten Paradeiser an, etwas, was im damaligen Österreich als absolut unmöglich galt und vielerorts sogar belächelt wurde. Doch schon bald sprach Erich Stekovics nicht mehr von 70 Sorten, sondern von 1000 und heute ist er Herr über sage und schreibe 3000 (!) Sorten Paradeiser, die er nicht nur zu erlesenen Delikatessen verarbeitet, sondern auch sorgfältig dokumentiert. Unter freiem Himmel, auf guter Erde und durch das milde burgenländische Klima gedeihen so Früchte, deren Aroma einzigartig ist und ihresgleichen sucht. Dass Mutter Natur in machen Jahren z. B. durch zuviel Regen im August für dramatische Ernteausfälle sorgt (zuviel Wasser lässt die Paradeiser aufplatzen und faulen), nimmt Erich Stekovics mit geradezu stoischem Gleichmut hin; er liebt die Natur zu sehr, als dass er ihr gram sein könnte.

Von der unwahrscheinlichen Vielfalt an Früchten einmal abgesehen, ist auch die geschmackliche wie farbenfrohe Vielfalt seiner edlen Konserven ein wunderschöner Genuss, für Augen, Zunge und Gaumen! Gleich einem Alchemisten mischt er einmal verschiedene Sorten Paradeiser zusammen, ein anderes Mal gibt er sich als Purist und belässt es bei einer Sorte, je nachdem was im jeweiligen Jahr der Garten hergibt. Dabei verfolgt er immer den Grundsatz: „Zuerst ist immer die Frucht da, erst aus ihrem Geschmack ergibt sich dann das Rezept." Und was für Rezepte! Dattelwein-Paradeiser in Muskat Ottonel-Essig, rohe Fleischparadeiser in Essigmarinade, getrocknete Johannisbeer-Paradeiser oder eine Paradeiser-Marmelade aus 120 verschiedenen Sorten bereitet – himmlisch!

Der umtriebige Gemüse-Papst erzeugt mittlerweile mehr als 70 verschiedene Produkte, nicht nur aus Paradeisern, sondern auch Gurken, Weingartenknoblauch, seltene Erdbeersorten, verschiedenste Paprikasorten und Chilis (von denen er zur Zeit schon 450 Sorten angepflanzt hat) werden kunstvoll ins Glas gebracht.

Erich Stekovics hat ein kleines Paradies auf Erden geschaffen, in dem übrigens auch Platz für hunderte schnatternde Gänse ist, die sich auf einem 4 ha großen Areal austoben dürfen. Bleibt zu hoffen, dass nicht eine neuerliche Sintflut diese Arche des Genusses hinwegschwemmt!

„Für mich bedeutet Landwirt sein, eine ganz innige Beziehung zu dem zu haben, was man tut. Von dem angesteckt und fasziniert sein, was da auf einen zukommt. Und es so zu lassen wie es ist."
ERICH STEKOVICS

PAPRIKA-, PARADEIS- ODER ZWIEBEL-LÉKVÁR

Das Wort Lékvár (Burgenland: Legwa, Lekwa) stammt aus dem ungarischen und bedeutet Marmelade. Pikante Formen wie von Paprika, Paradeisern oder Zwiebeln werden z. B. zu Mangalitza-Speck, Grammel-Pogatscherln oder auch Gänsebraten gereicht. Für Lékvár typisch ist die fein abgestimmte Würze sowie die süß-saure zuweilen auch pikante Geschmacksnote. Das Hause Stekovics hat eigene Geheimrezepte, deshalb hier ein traditionelles Rezept für Paprikalékvár:

100 ml Wasser mit 100 ml Gewürztraminer, 300 g (braunem) Zucker und 4–6 Gewürznelken mischen, etwa 15 Minuten kochen (Zucker spinnen). Je 300 g rote und gelbe Paprikaschoten waschen, Kerne und weiße Rippen entfernen, Fruchtfleisch in feine Würfel schneiden. Eine Kirschpfefferoni entkernt und von weißen Teilen befreit fein hacken. Gewürznelken aus dem Topf fischen, gut 125 ml Weinessig und Paprika hineingeben (nach Belieben auch eine Packung Vanillezucker). Die gehackten Kirschpfefferoni zugeben und alles gut 30 Minuten kochen lassen. In sterile Gläser füllen und erkaltet zu Fleisch- und Wildgerichten servieren.

Gänse und Enten

Das Burgenland war die größte Gänseweide der ehemaligen Donaumonarchie und das Federvieh genoss hohes Ansehen, denn es konnte eine ganze Familie mit edlen Happen, wie Braten, Leber (insbesondere Stopfleber), Suppe, Grammeln und Schmalz versorgen. Gänseschmalz lieferte zudem einen größeren Vorrat an Fett zum Kochen und begeistert noch heute als Brotaufstrich viele Weinbeißer.

Anders verhält es sich mit der Ente, welche seit jeher in der Gunst der Burgenländer weit hinter der Gans rangiert und als „komischer Vogel" bezeichnet wird; viele betrachten noch heute das Tier sehr skeptisch, weil es für einen zu viel, für zwei zu wenig Fleisch liefere. Ob dies nur für junge, sehr zarte Bratenten zutrifft, oder auf die Enten im Allgemeinen, ist nicht vollends geklärt und sei deshalb dahingestellt. Allerdings genießen Enten vor allem in urbanen Kreisen hohes Ansehen und werden dort als Delikatesse gehandelt, wodurch sie sich zumindest gut verkaufen lassen und daher ebenfalls gezüchtet werden.

Noch in den 50er Jahren vorigen Jahrhunderts hat man im burgenländischen Seewinkel (z. B. Podersdorf oder Illmitz) teilweise die Weiden vor lauter Gefieder nicht erkennen können, wird von älteren Einwohnern berichtet. Die Zucht von Gänsen hat hier eine jahrhundertelange Tradition und die Gegend bietet ideale Vorraussetzungen für die Aufzucht: Sandböden und viele Sonnentage! Das Wissen um die richtige Tierhaltung und um die Kunst des natürlichen Mästens wird als Familiengeheimnis von Generation zu Generation weiter gegeben. Das Ergebnis sind Gänse von erstklassiger Qualität und einzigartig gutem Geschmack.

GANSLJUNGES MIT BOHNEN

Im Burgenland liebt man schon immer deftigere Genüsse, vor allem Hülsenfrüchte und Gänse werden seit jeher zu schmackhaften Gerichten gerne zubereitet. Nachstehendes Rezept stammt von Winzern aus dem Seewinkel, die es traditionell zum „Neuen Wein" servieren.

Gansljunges von 3 Gänsen [Leber (keine Stopfleber), Mägen, Herzen, Flügel, Füße, Kragen, Hälse],
500 g getrocknete weiße Bohnen (über Nacht in kaltem Wasser eingeweicht),
Gänseschmalz,
Majoran,
Bohnenkraut,
gehackte Petersilie,
Salz und Pfeffer aus der Mühle

Salzwasser in einem großen Topf zum Kochen bringen und das gesamte Geflügelklein darin gar kochen. Die Fleischstücke herausheben und von den Knochen lösen. Brühe durch ein Passiertuch seihen. Fleisch und Brühe beiseite stellen.
Bohnen in frischen Wasser weich kochen, abseihen. Die Hälfte der Bohnen mit etwas Brühe fein pürieren und passieren. Etwas Gänseschmalz, passierte Bohnen, ganze Bohnen und die grob zerkleinerten Fleischstücke zusammen in einen Topf füllen und würzig mit Majoran, Bohnenkraut, Salz und Pfeffer abschmecken. In vorgewärmte Teller füllen und mit gehackter Petersilie bestreut servieren. Dazu schmeckt gebähtes Brot.

GÄNSEGRAMMELN

Reichlich Gänsehaut,
unausgelassenes rohes Gänsefett,
etwas Milch, Salz

Die Fettschicht von der Haut ablösen, dann die Haut gründlich säubern. Die Haut und das Fett in gleichmäßige, nicht zu große Stücke schneiden, die Haut zusätzlich etwas einschneiden (schröpfen).
Eine größere (möglichst weite) Kasserolle damit auslegen und soviel Wasser angießen, dass die Stücke knapp bedeckt sind. Zugedeckt schmoren, bis das Fett an die Wasseroberfläche steigt. Dann den Deckel abnehmen und alles solange weiterkochen, bis die oben schwimmenden Grammeln eine schöne goldbraune Farbe angenommen haben. Währenddessen sollte man den Topf einige Male sanft schwenken oder die Grammeln mit einem Holzlöffel wenden.
Wenn die Grammeln fertig sind, den Topf vom Herd nehmen und etwas Milch dazugießen; Vorsicht, das Fett spritzt! Zugedeckt noch einige Minuten stehen lassen. Schließlich das Fett abgießen und die Grammeln mit einer Schaumkelle herausheben. Da die Grammeln nun noch viel Fett enthalten, müssen sie gut ausgedrückt werden bevor sie gesalzen werden. Warme Gänsegrammeln werden zu eingelegtem Gemüse oder Salat gereicht, aber auch für Garnituren (Gänsebraten, Ganslreis) verwendet. Die kalten Grammeln schmecken gut zum Wein und zu Gemüsen wie Frühlingszwiebeln, Tomaten oder Paprikaschoten.

GÄNSEBLUTKNÖDEL

Das Blut von z. B. Schweinen wird in vielen Regionen zum Binden von Saucen, als Geschmacksgeber für Würste oder auch zu regionalen Gerichten verwendet. Weniger bekannt ist die Verwendung von Gänseblut. Nachstehendes Rezept ist eine sehr alte und traditionelle burgenländische Spezialität. Es stammt aus dem Seewinkel, wo das Schmankerl bei Weinverkostungen als „Stärkung" dient. Heute wird dieses Gericht nicht mehr oft in Heurigen-Lokalen oder Gasthäusern anzutreffen sein, deshalb bleibt nur die Möglichkeit, es selbst zuzubereiten. Frisches Gänseblut erhält man bei Hausschlachtungen oder auf Vorbestellung in gut sortierten Geflügel-Fachgeschäften (bitte darauf achten, dass das Blut mit Essig abgerührt wurde).

Das frische Blut von 1 Gans,
etwas Essig,
etwa 150 g Butter, etwa 150 g Semmelbrösel,
8 Eigelbe,
abgeriebene Schale einer unbehandelten Zitrone (fakultativ),
2 EL fein gehackte Zwiebel,
Majoran,
Salz und Pfeffer aus der Mühle

Weiter:
Butter und Semmelbrösel zum Wenden

Das vorzugsweise schlachtfrische Blut mit etwas Essig verrühren und verquirlen, bis es kalt ist. Wenn das Blut nicht 100%ig frisch ist, wird das Gericht nicht perfekt! Das Essig-Blutgemisch durchseihen.
Die Butter mit den Eidottern schaumig schlagen, dann das Blut untermischen und die Masse mit Zitronenschale, Zwiebel, Majoran, Salz und Pfeffer würzen. So viel Semmelbrösel dazugeben, dass man schöne (noch flaumige) Knödel formen kann. Kleine Knödel formen und diese in Salzwasser in etwa 10 Minuten gar kochen. Herausfischen und sofort in Butterbrösel (Semmelbrösel in reichlich Butter geröstet) wälzen und mit Brot servieren. Dazu schmecken auch Kartoffeln und/oder Sauerkraut.

GEBRATENE GANS

1 Mastgans (3–4 kg) küchenfertig vorbereitet,
Majoran,
einige kleine Äpfel (nach Geschmack mit Nelken gespickt),
Mehl, Butter, Salz

Den Vogel innen und außen gut salzen, innen zusätzlich mit Majoran würzen. Die Bauchhöhle mit kleinen ungeschälten Äpfeln ausfüllen, dann die Gans zunähen, Füße und Flügel am Körper feststecken. Das Tier mit der Brust nach unten in eine nicht zu große Kasserolle legen, mit zerlassener Butter (oder Gänseschmalz) übergießen und etwas Wasser dazugeben.
Gans in den Ofen schieben und bei lebhafter Hitze unter öfterem Begießen mit Eigensaft und regelmäßigem Abschöpfen des Fettes etwa 2 Stunden braten. Sobald der Rücken goldbraun ist, das Tier umdrehen und weiterbraten, dabei die stärkeren Fleischteile und die Schenkel mehrmals anstechen.
Ist die Gans rundherum schön knusprig gebraten, wird sie aus dem Bräter gehoben und warm gestellt. Den Bratensaft abgießen und entfetten; die Bratenrückstände im Bräter mit Mehl stauben, dieses kurz durchrösten, danach mit etwas Wasser ablöschen und verkochen. Den entfetteten Bratensaft und ein Stück Butter hinzugeben, die Sauce abschmecken.
Den perfekt goldbraun knusprig gebratenen Vogel auf ein Brett legen und bei Tische tranchieren, Sauce extra dazu reichen. Klassische Beilagen sind warmer Speck-Krautsalat, Rotkraut und Semmel- oder Erdäpfelknödel.

ENTENBRATEN MIT QUITTEN

1 küchenfertige Ente von mindestens 3 kg,
1–2 Quitten (ersatzweise Äpfel),
einige vorgekochte Erdäpfel, Salz

Die Ente innen und außen waschen, trocken tupfen und salzen. Die Keulen und Flügel mit Küchengarn zusammen binden. Die Bauchhöhle mit den gewaschenen Quitten füllen, Öffnung mit Zahnstochern oder Fleischspießen verschließen. Ente im vorgeheizten Backofen bei 180 Grad etwa 2–2 1/2 Stunden braten, dabei alle 10 Minuten an der Seite etwas heißes Wasser angießen. Den Braten mit Bratensaft begießen und öfters wenden, damit er rundherum gleichmäßig gart.
Den fertigen Braten an einem warmen Ort 10 Minuten ruhen lassen. Zwischenzeitlich die Erdäpfel in Scheiben schneiden und im Bratensatz wenden. Die Ente entweder im Ganzen oder tranchiert servieren, die Erdäpfel mit dem Bratensatz als Beilage dazu reichen.

ENTENBRATEN MIT KRAUTFLECKERLN GEFÜLLT

**2 schöne Enten,
500 g Fleckerl,
1 kleiner Weißkohl,
75 g Entenschmalz,
2 Eier,
1 TL Zucker,
2 EL Öl,
Majoran,
Salz und Pfeffer aus der Mühle**

Die küchenfertig vorbereiteten Enten von innen und außen mit Salz einreiben, innen zusätzlich mit Majoran und Pfeffer würzen. Einzeln in mit Öl eingefettete Alufolie wickeln und kalt stellen.
Das Kraut hobeln, gut salzen, danach 20 Minuten ziehen lassen. Das Schmalz in einer ausreichend großen Pfanne erhitzen, darin den Zucker karamellisieren. Das gut ausgedrückte Kraut hinzufügen und unter ständigem Rühren braun dünsten.
Zwischenzeitlich die Nudeln bissfest garen und abtropfen lassen. Die rohen Eier sowie die gut abgetropften Nudeln unter das Kraut mengen.
Die Enten mit den Krautfleckerln füllen, die Öffnungen mit Fleischnadeln verschließen. Enten in eine Bratpfanne (möglichst mit Abtropfgitter) setzen und unter häufigem Begießen bei 140–160 Grad im vorgeheizten Ofen braten. Dazu schmecken z. B. in Entenschmalz abgeröstete Scheiben von Serviettenknödeln.

GANSLREIS ZUM MARTINSTAG

**1 kg Gänseklein (Flügel, Hals, Herz, Magen),
350 g Reis,
1 Zwiebel,
1 Karotte,
1 Petersilienwurzel,
1 Tasse blanchierte Erbsen,
50–75 g Gänseschmalz,
2 Bund Petersilie,
einige Pfefferkörner,
Salz und Pfeffer aus der Mühle,
frisch ausgelassene Gänsegrammeln**

Das Gänseklein in Stücke schneiden; dabei die Flügel am Gelenk abtrennen, den Hals ohne Haut aufschneiden, Herz und Magen fein zerkleinern. Gänseklein mit den Pfefferkörnern in Salzwasser aufsetzen und kochen. Die Zwiebel schälen und im Ganzen belassen, die Wurzelgemüse putzen, danach in kleine Würfel schneiden. Wenn das Fleisch halb gar ist, die Gemüse in die Brühe geben und weiter köcheln lassen.
Gänseschmalz in einer Kasserolle erhitzen, den Reis darin kurz überglänzen. Mit etwas von der Gänsebrühe aufgießen und zugedeckt dünsten, dabei immer wieder Flüssigkeit nachgeben, bis der Reis weich ist.
Wenn der Reis gar ist, kommen die vorgekochten Erbsen (sie müssen nur gewärmt werden), das Gänseklein und die Gemüse (ohne Zwiebel und Pfefferkörner) dazu und alles wird gut vermengt. Mit Salz, Pfeffer aus der Mühle sowie reichlich frisch gehackter Petersilie abschmecken.
Den Ganslreis in tiefe Teller füllen und mit den frisch ausgelassenen Gänsegrammeln bestreuen, dazu serviert man milde Gewürzgurken.

ENTENBRATEN MIT KRAUTFLECKERLN

SEEWINKLER MARTINIGANS

**1 ausgenommene Mastgans von 4–4 1/2 kg,
4 altbackene Semmeln,
300 ml Milch,
etwas Butter,
300 g Gänseleber,
3 Eier,
4–6 weich gekochte Maroni,
gemahlener Majoran,
gemahlener Beifuss,
fakultativ etwas Kümmel,
Salz und Pfeffer**

**Außerdem:
Mehl zum Stauben der Sauce,
Geflügelbrühe (diese wurde vorzugsweise aus Gänseklein von Kopf, Hals, Füßen, Flügelspitzen, Magen und Ähnlichem mit etwas Suppengrün hergestellt) zum Aufgießen,
kleine Erdäpfelknödel und Petersilie zum Garnieren**

Die geflämmte und gereinigte Gans wird von Fettpolstern befreit und innen leicht gesalzen beiseite gestellt.
Für die Füllung zunächst die Semmeln in Milch einweichen, dann gut ausdrücken und durch ein Sieb passiert in Butter leicht anrösten. Die Leber durch einen Fleischwolf drehen, die Maroni sehr fein hacken. Semmeln in einer Schüssel mit den Eiern, Leberpüree sowie den Maroni vermengen, mit Salz und Pfeffer abschmecken. Die Masse sollte recht kompakt sein. Die Gans damit füllen und die Öffnung zustecken oder zunähen. Den Vogel rund herum mit Salz, Pfeffer, Majoran, Beifuss und nach Geschmack gemahlenem Kümmel würzen.
Einen Gänsebräter etwa einen Finger hoch mit heißem Wasser füllen, das Tier mit der Brust nach unten hineinlegen und bei guter Hitze (220 Grad) im vorgeheizten Ofen etwas Farbe nehmen lassen. Die Hitze reduzieren und die Gans bei 140 bis 160 Grad unter regelmäßigem Begießen gute drei Stunden langsam braten, dabei nach der Hälfte der Bratzeit wenden.
Sobald die Gans fertig gebraten ist, wird der Vogel aus dem Bräter gehoben, in vier Teile tranchiert und die Fülle herausgenommen. Die Fülle warm stellen, die Gänseteile bei hoher Hitze (220–250 Grad) oder unter einem Grill noch etwas braten bis die Haut knusprig braun ist (sie darf aber nicht zu dunkel werden).
Der Bratensaft wird zwischenzeitlich entfettet, mit etwas Mehl gestaubt und mit Geflügelsuppe aufgegossen zu einer sämigen Sauce verkocht.
Auf einer schönen Platte in die Mitte die Füllung setzen, die Ganslstücke rundherum anrichten und mit kleinen Erdäpfelknödeln sowie Petersilie garniert auftischen.

Die Martinsgans

Das „Martinigansl“ zählt zweifellos zu den bedeutendsten Brauchtümern. Ein deftiges Ganslessen mit Kraut und Knödel ist eine der beliebtesten kulinarischen Sitten. Bei historischer Betrachtung fällt auf, dass die Namensgebung des saftigen Festtagsvogels auf zwei verschiedene Begebenheiten zurückzuführen ist, wie so oft eine profane Weltliche und andererseits eine christlich Fromme: Die Profane ist schnell erzählt, waren doch früher die Steuern genau zu Martini fällig und das zarte Gänsefleisch erfreute sich unter den Naturalabgaben beim Fiskus ganz besonderer Beliebtheit und genoss daher hohes Ansehen. Martini war auch die Zeit der Pachteinbringung: Den Grundherren wie den Klöstern hatten die Bauern vor dem Winterbeginn heurige Mastgänse als eine Form der Zählung abzuliefern. Seit dem 12. Jahrhundert ist in Klöstern schriftlich verzeichnet, dass deshalb zu diesem Termin Gänsebraten auf den Tisch kam. So kann es durchaus der auf Martini fallende Zahltag gewesen sein, der dem Gansl seinen Namen gab.

Die schönere Geschichte ist aber die des Bischofs Martin von Tours (der dem Tag seinen Namen verlieh), der sich im 4. Jahrhundert nicht mehr in der Lage sah, die Last und Bürde seines Amtes zu tragen. Als die Kirche Späher nach ihm aussandte, um den präsumtiven Gottesdiener aufzuspüren, wurde dieser von schnatternden Gänsen verraten, als er sich in einem Stall versteckt hielt. Noch heute müssen die vorlauten Vögel (die mit ihrem Geschnatter immerhin Rom gerettet hatten) für diesen Verrat zu Martini büßen.

Kulinarisch gesehen gibt es noch weitere – sicherlich handfestere – Gründe dafür, warum die Gänse gerade zu Martini so zahlreich verspeist werden; einer ist, dass gerade zu Martini das Fleisch der Tiere am saftigsten und schmackhaftesten ist. Auch galt Martini früher als Beginn des Advents und vor der sechswöchigen Fastenzeit wollte man sich noch einmal hemmungslos den kulinarischen Genüssen hingeben. Nicht nur im Burgenland, dessen Landespatron seit 17. Februar 1925 kein geringerer als der heilige Martin selbst ist (er wurde übrigens im ungarischen Szombathely geboren), war die Martinigans der letzte Festbraten vor dem Adventfasten. Dazu konsumierte man Neuen Wein und allerlei Martinsgebäck.

Weitere alte und neue Bräuche sind das Martinifeuer, der Martinritt, der Martinisegen für die Viehhalter, die Weintaufe und natürlich angesprochenes Ganslessen, das im Volksmund auch Martiniloben genannt wird. Heute freilich erinnern sich nur die Wenigsten an die Ursprünge dieses traditionellen Brauches, doch das liebe Gansl ist für die Meisten immer noch der beste Vogel in der Küche, vor allem dann, wenn er resch und knusprig gebraten mit viel Kraut und Knödel aufgetischt wird!

GÄNSELEBER GÄNSESTOPFLEBER

Gänseleber-Rezepte

Seit der Antike ist die Gänsestopfleber mit ihrem exquisiten Geschmack eine der erlesensten Delikatessen überhaupt. Damit die Gänse aber jene schneeweiße Leber von kolossaler Größe erhalten ist eine spezielle Mast erforderlich, bei der den ohnehin schon recht gefräßigen Tieren zusätzliche Nahrung verabreicht wird. Die eigentliche Prozedur, welche zur beliebten Stopfleber führt, beginnt etwa zwei Wochen vor dem Schlachten. Nur ausgesuchte Gänse werden gestopft, welche Tiere dafür geeignet sind, ist ein Erfahrungswert des Züchters. Er kann durch ausgewählte Nahrungsmittel auch den späteren Geschmack der Leber beeinflussen, so sind z. B. Mais, Trauben, Kastanien und Fette traditionelle Zutaten für die spezielle Futtermischung; schließlich noch verschiedene Gewürze wie Salz, Pfeffer oder Paprikaschoten zum Veredeln. Getrocknete Feigen und Datteln hingegen sind exotischere Delikatessen für die Gänse, wenngleich die gefräßigen Vögel einen derartigen Heißhunger darauf entwickeln, dass sie sich von ganz alleine eine Fettleber anfressen können. Freilich kommen nicht alle Gänse in den Genuss derart schonend gemästet zu werden und mancherorts wird unter zu Hilfenahme technischer Geräte gemästet – eine berechtigte Kritik der Tierschützer, die zum Verbot dieser Technik in Österreich führte, allerdings auch dazu, dass die im Handel erhältlichen Lebern aus Ungarn importiert werden.
Heute gibt es im Burgenland die Gänseleber nur von kleinen Familienbetrieben, die einige wenige Gänse in Handarbeit mästen, vornehmlich für den eigenen Bedarf. Während die Bauern die Gänseleber rösten oder nach ungarischer Sitte auch in Schmalz eingießen, so kreierten die Köche der ehemaligen Adelsküchen fantasievolle Gerichte mit Stopflebern. Eine ganz besondere Delikatesse ist die über Weinruten gegrillte Gänseleber, eine seltene und erlesene Spezialität, deren Zubereitung viel Erfahrung und Geschick voraussetzt.

GANSLEINMACHSUPPE

1–2 kg Gansljunges (Kopf, Hals, Füße, Flügel, Herzen, Mägen und fakultativ auch ausgelöster Gansrücken und/oder Ganslknochen) gründlich waschen, danach in so viel kaltem Wasser ansetzen, dass alles gut 5 cm hoch bedeckt ist, salzen und aufkochen lassen; den dabei auftretenden Schaum mehrmals abschöpfen. Dazu kommen 300–400 g geputztes und zerkleinertes Wurzelgemüse (Karotte, Gelbe Rübe, Sellerie, Petersilienwurzel), 2 Zwiebeln, 5–6 zerdrückte Knoblauchzehen, 1 TL Pfefferkörner, wenn vorhanden auch etwas Ingwer und noch etwas Salz. Bei sehr schwacher Hitze alles mindestens 2 Stunden köcheln lassen.
Die fertige Ganslbrühe durch ein Etamin seihen, das Fleisch, Magen und Herzen herausnehmen und würfeln. Aus Gänseschmalz und Mehl eine Einmach bereiten, diese mit der Ganslbrühe aufgießen und verkochen lassen. Das ausgelöste und zerkleinerte Fleisch sowie Herzen und Mägen als Einlage hinein geben, die Suppe abschmecken. Als weitere Einlagen empfehlen sich Bröselknödel, kleine Semmelknödel und gewürfelte, kurz in Schmalz abgeröstete Gänseleber.

GANSLEINMACHSUPPE

GERÖSTETE GÄNSELEBER

150–200 g frische Gänseleber (keine Stopfleber) leicht mit Mehl stauben, dann rasch in heißem Gänseschmalz von allen Seiten anbraten. Leber aus der Pfanne heben und warm beiseite stellen. Im Bratfett eine fein gehackte Zwiebel braun rösten, nach Geschmack leicht paprizieren.
Leber auf oder in einem Reisring auf dem Teller anrichten, salzen und die Zwiebeln samt Bratfett darüber gießen. Sofort servieren.

GEBRATENE GÄNSELEBER

1 Stopf-Gänseleber waschen und parieren, danach mindestens 1 Stunde in Milch legen, gut abtropfen lassen und vorsichtig trocken tupfen. Die grünen und grauen Teile entfernen. 500–600 g rohes Gänsefett gründlich wässern und in gleich große Würfel schneiden, danach unter Zugabe von etwas Wasser in einem Topf auslassen. Das ausgelassene Fett durch ein Sieb in einen frischen Topf seihen, erneut erhitzen und die Leber vorsichtig hineinlegen. Kurz rundherum braten, bis sie eine schöne Farbe hat. Einmal behutsam wenden.
Danach wird so viel Wasser angegossen, dass die Leber gerade einmal bedeckt ist, nach Belieben 1–2 Knoblauchzehen und 1 Schalotte hinzufügen. Gänseleber zugedeckt bei sehr schwacher Hitze schmoren lassen, bis die Flüssigkeit auf das Bratfett einreduziert ist. Die fertige Leber vorsichtig auf eine tiefe Platte oder in eine irdene Form legen und leicht salzen. Etwas edelsüßes Paprikapulver in das Bratfett rühren und dieses durch ein Sieb über die Leber gießen. Im Kühlschrank rasten lassen, kalt mit Paprikaschoten, Zwiebelringen, Paradeisern und Schwarzbrot servieren.

ÜBER WEINRUTEN GEGRILLTE GÄNSELEBER

Eine schöne, sehr feste und möglichst helle Stopfleber von guter Qualität wird in dicke Portionsstücke geschnitten, man kann sie auch im Ganzen belassen. Aus Weinruten eine möglichst gleichmäßige, nicht zu heiße Glut bereiten und die Gänseleber darüber vorsichtig grillen, es ist darauf zu achten, dass der Grillrost nicht zu dünne Streben hat, sondern genügend Halt bietet. Die Leber soll auch nicht gänzlich durchgaren und innen nahezu roh bleiben. Die fertige Leber auf einen Teller legen, etwas abkühlen lassen, dann in dünnere Scheiben schneiden, salzen und ein wenig pfeffern.

GÄNSELEBER IN PILZRAHMSAUCE

GÄNSELEBER IN PILZRAHMSAUCE

500 g Gänseleber (keine Stopfleber; vorzugsweise 1 Stunde in Milch eingeweicht),
1–2 kleine Schalotten,
1–2 Knoblauchzehen,
200–250 g Champignons,
1 Bund Petersilie,
gut 50 g Gänseschmalz,
2–3 EL Mehl,
125 ml Obers,
100 ml trockener Weißwein,
Salz,
weißer Pfeffer aus der Mühle,
Selleriegrün zum Garnieren

Die in Milch eingelegten Lebern herausnehmen und trocken tupfen. Danach die Lebern enthäuten, von den Äderchen befreien und in Stücke schneiden. Die Schalotten und den Petersil sehr fein hacken, Champignons putzen und in feine Scheiben schneiden. Das Gänsefett in einer Pfanne erhitzen, die gewiegten Schalotten darin andünsten. Danach gehackten Petersil und den mit Salz zerdrückten Knoblauch dazugeben, alles dünsten bis die Flüssigkeit verdampft ist. Die Leberstücke in die Pfanne geben und vorsichtig unter sehr leichtem Schwenken anbraten. Lebern mit Mehl stauben, dieses kurz mitrösten bevor mit Weißwein abgelöscht wird. Obers dazugießen und das Ragout zugedeckt köcheln lassen. Kurz vor dem Servieren mit Salz und Pfeffer abschmecken. Dazu wird Reis gereicht.

GEKOCHTE GANSLEBER

Eine möglichst weiße Stopfleber fein säuberlich von allen grünen und grauen Adern befreien, häuten. Leber einige Stunden in Vollmilch einlegen.
Die Leber (fakultativ in eine Serviette eingewickelt) 15–20 Minuten in heißem Salzwasser garen, im Sud erkalten lassen. Leber aus dem Sud heben, in ein geeignetes Gefäß füllen und über Nacht in den Kühlschrank stellen. Am nächsten Tag in Scheiben aufgeschnitten und mit grobem Salz bestreut servieren; ein Süßweingelee oder auch Dirndlsauce eignen sich als Garnitur. Dazu reicht man Weißbrot oder noch besser Brioche.

GÄNSELEBER IN RUSTER AUSBRUCH

800 g Gänseleber oder Gänsestopfleber (Handelsklasse 2 oder 3),
2 säuerliche Äpfel,
150 ml Ruster Ausbruch (ersatzweise ein anderer hochwertiger Süßwein),
gut 125 ml Geflügelbrühe,
25–30 g Gänseschmalz,
Zitronensaft,
Salz und Pfeffer aus der Mühle

Die Gänseleber gut kühlen, danach in 1–2 cm dicke Scheiben schneiden (kleine Gänselebern im Ganzen belassen). Die Äpfel waschen, entkernen und in dünne Scheiben schneiden, mit Zitronensaft beträufeln, danach beiseite stellen.
Etwas Gänseschmalz in einer gusseisernen Pfanne zerlassen, die Leberscheiben auf jeder Seite einige Sekunden (etwa 20 bis 30) scharf darin anbraten, in eine feuerfeste Form legen und im auf 200 Grad vorgeheiztem Ofen 4 bis 5 Minuten garen.
Das in der Pfanne verbliebene Fett abgießen, den Bratfond mit Geflügelbrühe und Ruster Ausbruch ablöschen, die Apfelscheiben hineinlegen; darin dünsten, bis die Sauce einkocht und sämig ist.
Die Gänseleber aus dem Ofen nehmen und ohne ausgetretenes Fett in die Pfanne zu den Äpfeln legen, knapp 1 Minute darin ziehen lassen, bevor mit Salz und Pfeffer abgeschmeckt wird. Heiß mit Toast servieren.

Jiddische Einflüsse

Wenn man Burgenländer nach ihrem Lieblingsrezept fragt, so hört man immer wieder von der Gans und vor allem von Gänsekeule mit Ritschert. Tatsächlich ist diese Rezeptur mittlerweile so etwas wie ein Klassiker der burgenländischen Küche, auch wenn das Rezept seine Ursprünge in der jiddischen Küche haben dürfte (früher gab es einmal mehrere jüdische Gemeinden im Burgenland).
Von diesem Gericht existieren viele verschiedene Varianten und Abwandlungen, doch zwei von ihnen können als ursprünglich bezeichnet werden: Bei dem einen Rezept handelt es sich um ein Bohnen-Rollgersten Ritschert, das zumeist mit geräucherter Gänsekeule und gefülltem Gänsehals zubereitet wird, das zweite ist eine gedünstete Gänsekeule, die mit einem Erbsen-Ritschert serviert wird.

JIDDISCHE GÄNSE- ODER HÜHNERLEBER

Dieses Rezept ist wohl zugleich das beliebteste, wie auch bekannteste Rezept aus der jiddischen Küche des Burgenlandes und schmeckt ganz ausgezeichnet zusammen mit einem großen Süßwein.

Vier mittlere Zwiebeln in feine Ringe schneiden, danach in 300 g Gänseschmalz dünsten, ohne dass sie Farbe annehmen. Nun etwa 500 g geputzte Hühnerleber (oder ungestopfte Gänseleber) dazugeben und alles bei kleiner Flamme garen, bis die Leber gerade einmal durch ist. Jetzt das Ganze zusammen mit 4–6 Knoblauchzehen in einem Cutter fein pürieren, durch ein feines Sieb streichen. Mit Majoran, Salz und Pfeffer würzen, nochmals kurz erhitzen. Die heiße Leber in kleine Portionsförmchen aus Glas oder Porzellan füllen und erkalten lassen. Zum Schluss die Förmchen mit flüssigem Gänseschmalz etwa 5 Millimeter hoch bedecken und luftdicht verschließen.

GERÄUCHERTE GÄNSEKEULE UND GEFÜLLTER GÄNSEHALS IN RITSCHERT

Für den gefüllten Gänsehals:
Haut von 1 Gänsehals,
200 g Mehl, 50 g Gänseschmalz,
1–2 TL Paprikapulver edelsüß,
reichlich Pfeffer, Salz

Für den Ritschert:
600 g weiße Bohnen, 125–150 g Rollgerste,
2 große Zwiebeln, 3–4 Knoblauchzehen,
150 g Gänseschmalz, 1 guter EL Paprikapulver,
Salz und Pfeffer

Weiter:
1–1 1/2 kg geräucherte Gänsekeule (2–3 Stück)

Am Vorabend werden die Bohnen in kaltem Wasser eingeweicht. Vor der Zubereitung die Bohnen abgießen und unter fließendem Wasser abspülen.
In einer schweren Kasserolle die fein gewiegte Zwiebel im Gänseschmalz glasig dünsten, vom Herd nehmen und den fein gehackten Knoblauch sowie das Paprikapulver einrühren. Sofort mit reichlich kaltem Wasser auffüllen. Die abgetropften Bohnen mit der Rollgerste vermengen und zusammen mit den Gänsekeulen in den Topf geben. Kasserolle wieder auf den Herd stellen und alles aufkochen lassen. Dann einen Deckel auflegen und im vorgeheizten Ofen bei niedriger Temperatur garen.
Zwischenzeitlich den Gänsehals füllen, hierfür zunächst ein Ende der Haut zusammenbinden. Das Mehl mit zerlassenem Gänseschmalz, Paprikapulver, Pfeffer und Salz vermengen (besonders schmackhaft wird die Fülle, wenn man etwas Gänseleberpastete und/oder übrig gebliebenes vorgegartes Gänsefleisch dazu gibt). Mit dieser Masse die Haut
auch das andere Ende zusamm
Gänsehals in den Topf geb
Bohnen halb gar sind. So v
geben, dass die Bohnen be
im Backofen fertig garen, da
wenden. Kurz vor Ende Keule
auf die Bohnen legen und eine
nehmen lassen.
Kurz vor dem Servieren die Boh
und Pfeffer nach Belieben würze
Fleisch aufschneiden, auf den Bo
richtet servieren.

GANSKEULE MIT RITSCHER(T)

2–3 Gänsekeulen,
Gänseschmalz,
1 Gänserücken,
1–2 große Zwiebeln,
250 g Rollgerste,
100 g getrocknete Erbsen
(über Nacht eingeweicht),
Salz und Pfeffer aus der Mühle

Rollgerste einweichen. Die Gänsekeulen und der Rücken werden gut mit Salz und Pfeffer gewürzt und in heißem Gänseschmalz rasch auf allen Seiten gebräunt. Keulen herausnehmen und im gleichen Fett die fein gewiegten Zwiebeln anrösten. Das eingeweichte und abgetropfte Gerstel dazugeben und mit 3–4 Schöpflöffel Wasser oder Brühe aufgießen. Die Gänsekeulen samt Rücken und die halbierten getrockneten Erbsen (abgetropft) dazugeben, alles zusammen im Rohr weich dünsten, abschmecken. Das Gänsefleisch auf dem Ritschert angerichtet servieren.

Tipp: Es kann zusätzlich mit Majoran und/oder Thymian gewürzt werden.

GÄNSEKEULE MIT RITSCHER

Der Kukuruz

Das Getreide des Burgenlandes ist heute sicherlich der Kukuruz, der hier besonders weit verbreitet ist. Schnell konnte der Kukuruz die alten Hirse- und Heidengerichte verdrängen, nachdem er aus Amerika eingeführt worden war. Die meisten Höfe werden traditionell mit Kukuruz-Kolben geschmückt und insbesondere die im Burgenland ansässige kroatische Bevölkerung bevorzugt noch heute Gerichte aus Mais oder Maisgrieß (Polenta).
Einst wurde im Burgenland vorwiegend der weißkörnige Mais angebaut, dessen weißes Mehl wie Weizenmehl verwendet wurde. Er benötigt allerdings eine längere Reifezeit, als der gelbe Mais und auch das Abrebeln der Körner ist mühevoller. So konnte sich der gelbe Mais durchsetzen und wird auch heute meistenteils bevorzugt.
Grober Maisgrieß wurde in den bäuerlichen Küchen schnell heimisch und ersetzte dort die Hirsekörner; feinen gemahlenen Maisgrieß bereitete man zu schmackhaftem Sterz – Türkensterz genannt! Ganz hoch in der Gunst steht auch heute noch der in Salzwasser gekochte Maiskolben, welcher gut gesalzen und mit zerlassener Butter übergossen einen beliebten Imbiss abgibt.

KUKURUZSUPPE

350 g junge Maiskörner (Kukuruz),
gut 300 ml kräftige Rindsuppe,
125 g Rahm,
1 EL feinst gehackte rote Paprikaschote,
1 EL feinst gehackte grüne Paprikaschote,
2–3 EL Butter,
1 gehäufter EL Mehl,
Salz und Pfeffer aus der Mühle,
Schnittlauchröllchen

Das Mehl in der Butter anschwitzen, dann mit der Suppe ablöschen und gut 10 Minuten verkochen lassen. Danach die Maiskörner hinzufügen und mit Salz und Pfeffer würzen. Den Rahm untermengen, die Suppe fein pürieren und nochmals abschmecken.
Die feinst gewürfelten Paprika als Einlage hineingeben und sofort mit etwas fein gehacktem Schnittlauch servieren.

Tipp: Diese Suppe kann zusätzlich mit scharfem Paprikapulver oder auch mit gemahlener Nelke und Piment gewürzt werden.

KUKURUZFLECKEN

350 g grober Kukuruzgrieß (Polenta),
1 Liter Milch,
125–150 g Selchspeck,
Salz und Pfeffer aus der Mühle

Den Speck sehr klein würfeln, danach in einer Pfanne blassgelb rösten. Das Fett vom Speck in eine Kasserolle gießen und den Boden damit einfetten. Die verbliebenen Speckwürfel mit der Milch aufgießen und etwas darin kochen lassen, alles mit Salz und Pfeffer würzig abschmecken, bevor man den grob gemahlenen Kukuruzgrieß auf einmal unter kräftigem Rühren einrieseln lässt. Den Grieß dick verkochen lassen, danach die Masse sofort etwa daumendick in die eingefettete Kasserolle gießen. Zugedeckt im vorgeheizten Rohr etwas 20–25 Minuten backen lassen. Kukuruzfleck aus der Kasserolle stürzen und in Vierecke oder Rauten schneiden. Mit grünem Salat servieren.

KUKURUZ-LAIBCHEN

4 Maiskolben einige Minuten vorgekocht,
150 g Maisgrieß (Polenta),
250 ml Milch,
250 ml Gemüsebrühe,
4 Eier,
2 Knoblauchzehen fein gehackt,
Muskatnuss,
Salz und Pfeffer

Die Brühe mit der Milch, dem Knoblauch und etwas Salz zum Kochen bringen, den Maisgrieß einrieseln lassen und unter ständigem Rühren in 20–30 Minuten eine Polenta zubereiten; diese mit Muskat, Salz und Pfeffer kräftig würzen.
Mit einem scharfen Messer die Körner aus dem Kolben schneiden, mit der Polenta vermengen und wenn alles etwas abgekühlt ist, die Eier einrühren.
Öl mit etwas Butter in einer Pfanne erhitzen, kleine Laibchen aus der Masse formen und darin auf beiden Seiten knusprig goldbraun braten, auf Küchenkrepp abtropfen lassen. Dazu schmecken ein grüner Salat, Paradeis- oder Paprikasalat sowie eine Löwenzahnsauce.

In Salzwasser gekochte Maiskolben werden – manchmal auch mit zerlassener oder brauner Butter übergossen – auf Jahrmärkten und Rummeln gerne als Imbiss genossen.

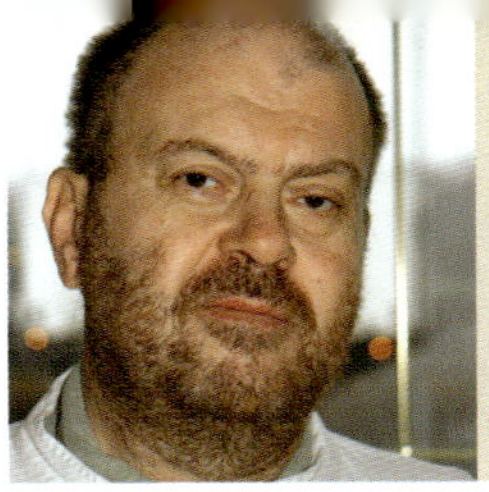

GERHARD WINDHOLZ
„ZUR ALTEN MAUTH“

Das Mangalitza-Schwein

Das aus Ungarn stammende Mangalitza-Schwein galt schon beinahe als ausgestorben, denn in den 70er Jahren vergangenen Jahrhunderts wurden nicht einmal mehr 200 reinrassige Exemplare gezählt. Mittlerweile haben sich die Bestände wieder erholt, da sie konsequent gezüchtet werden. Grund dafür sind vor allem ihre dicken Fettpolster, welche zwar nicht gerade zeitgemäß sind, dafür aber einen saftigen Schinken oder einen herzhaften Speck ermöglichen.
Das Mangalitza-Schwein entstammt einer Kreuzung, die in den dreißiger Jahren des 19. Jahrhunderts vorgenommen wurde. Die damals verbreiteten ungarischen Rassen aus z. B. Szalonta oder dem Bakony-Gebirge wurden mit dem Sumadia-Schwein aus Serbien gekreuzt. Ein Geschenk des serbischen Fürsten Milos an Erzherzog Joseph Anton Johann waren elf von diesen serbischen Schweinen und sie wurden auf sein Gut geschickt. Zucht und Mast verliefen derart erfolgreich und vielversprechend, dass das Mangalitza-Schwein bereits Ende des 19. Jahrhunderts zum führenden Zuchtschwein aufgestiegen war. Doch Mitte des 20. Jahrhunderts wurde es von englischen Schweinerassen rigoros verdrängt, bis man sich in den 90er Jahren seiner Vorzüge erinnerte und das Mangalitza-Schwein wieder an Bedeutung gewann. Das Speckschwein ist recht genügsam und verträgt durch seine dichte Behaarung Kälte sehr gut, kommt aber bei ausreichenden Suhlmöglichkeiten auch mit Wärme hervorragend zurecht.
Der Name „Mangalica“ bedeutet „walzenförmig“, er könnte vom Serbo-Kroatischen „mangala svinija“ – „Schwein, das sich gut ernährt“ oder vom Rumänischen „mancare“ – „essen“ abgeleitet worden sein. Vor allem im Nordburgenland wird das aromatische Fleisch dieser Rasse sehr geschätzt. Fleischer benutzen ihr reichhaltig vorhandenes Fett zum Wursten. Besonders für Trockenwürste aus ansonsten (zu) magerem Fleisch von z. B. Ziege oder Hirsch ist es von elementarer Bedeutung. Der Speck vom Mangalitza-Schwein gilt als der beste und schmackhafteste überhaupt und ist daher eine beliebte Delikatesse.
Berühmt für seine Wurstwaren vom Mangalitza-Schwein ist z. B. das „Gowerlhaus“ in Illmitz, denn hier hat man sich ganz dieser traditionellen Schweinerasse verschrieben. Die Tiere mit dem krausen hellen Borste wachsen artgerecht inmitten des Naturschutzgebietes Seewinkel auf, wo sie nicht nur genug Auslauf vorfinden, sondern auch zahlreiche Pfützen zum Suhlen. Wichtig ist, dass die Tiere in einer größeren Gemeinschaft aufwachsen, denn die Konkurrenz am Futtertrog fördert sowohl die Fresslust, als auch den Appetit. Genügend Auslauf, frische Seeluft und ausgewähltes Futter lassen das Fleisch der Mangalitza-Schweine zart und aromatisch werden, die für diese Rasse typische dicke Fettschicht macht es zudem wunderbar saftig – ideale Voraussetzungen für beste Speck- und Wurstwaren.
Eine weitere lohnende Adresse ist das Gasthaus „Zur Alten Mauth“ in Neusiedl am See, wo der umtriebige Gastwirt Gerhard Windholz nicht nur eigene Mangalitza-Schweine züchtet, sondern auch die traditionellen Zubereitungen hierfür parat hat. Neben köstlichen Wurstwaren (auch mit Hirse und Buchweizen) und Mangalitza-Speck gibt es Palotzengulasch (siehe S. 388), Bohnensuppe mit Mangalitzarippen oder „Mangalitzakoteletts mit Wurstfleisch gefüllt“. Unbestritten ist aber der „Burgenland-Burger“ (eine mit pikanter Paradeis-Marmelade und Mangalitza-Speck gefüllte Grammelpogatsche) die Hausspezialität!

MANGALITZA-SPECK VOM GOWERLHAUS

GOWERLHAUS

GRAMMELSCHMALZ UND
VERHACKERT VOM MANGALITZA

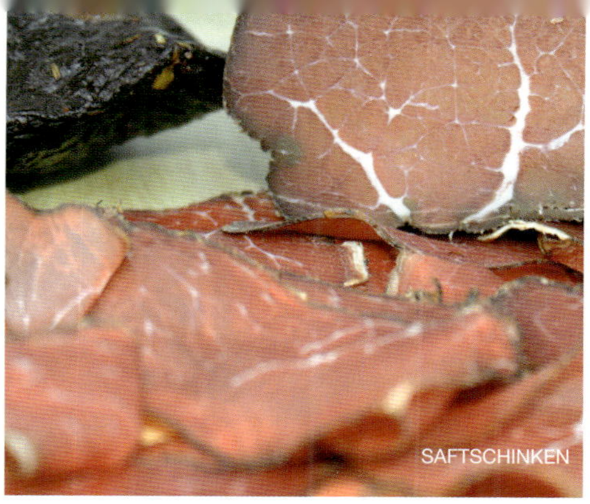

SAFTSCHINKEN

„KARLO“

Das Graue Steppenrind

Beim Grauen Steppenrind handelt es sich um jene ungarische Rinderrasse, die einst in den unendlichen Weiten der Puszta aufgezogen und dann zum Verkauf gen Westen getrieben wurde. Vom Steppenrind stammen jene legendären Mastochsen, deren Fleisch dafür sorgte, dass das Wiener Siedefleisch so beliebt und berühmt wurde; die Tiere lieferten aber nicht nur vorzügliches Fleisch, sondern waren auch als robuste Arbeitstiere sehr gefragt. Als die „Ochsenstärke“ von den „Pferdestärken“ der Maschinen abgelöst wurde, rückte die Milchleistung der Rinder in den Vordergrund. Da das Graurind aber vergleichsweise wenig Milch abgab, traten andere – produktivere Rassen – an seine Stelle. Es gab in den fünfziger Jahren vorigen Jahrhunderts sogar Beamte, die der Meinung waren, dass das Graurind abgeschafft werden könne. So stand diese altehrwürdige Rasse kurz vor dem Aussterben und nur engagierten Züchtern und Naturschützern ist es zu verdanken, dass das Graurind nicht völlig verschwand und noch heute existiert.

Die Kulturlandschaft im Nationalpark Neusiedlersee-Seewinkel zählt zu den artenreichsten Lebensräumen in Europa. Mit dem starken Rückgang der bäuerlichen Viehwirtschaft waren allerdings weite Gebiete von Verschilfung und Verbuschung bedroht, seltene Pflanzen und Tierarten verloren ihren angestammten Lebensraum. Seit der Gründung des grenzübergreifenden Nationalparks im Jahre 1993 wurde daher die Beweidung und großflächige Heumahd wieder eingeführt. So sorgte neben den Rinder- und Pferdeherden von zahlreichen viehhaltenden Betrieben vor allem die nationalparkeigene Graurinderherde für die erfolgreiche Wiederherstellung der Hutweiden im Seevorgelände.
Seit einigen Jahrzehnten wird das Graurind wieder systematisch gezüchtet und in der Bewahrungszone Sandeck-Neudegg leben mittlerweile wieder mehr als 300 Tiere. Die Nationalparkverwaltung ist ein registrierter viehhaltender BIO-Betrieb und nur ein kleiner Teil aus dem Bestand wird regelmäßig geschlachtet. Das Fleisch stammt also ausnahmslos von Weiderindern, zugefüttert wird ausschließlich Futter aus nationalparkeigener biologischer Landwirtschaft.
Aufgrund der natürlichen Kreisläufe ist das Fleisch vom Grauen Steppenrind nicht ganzjährig verfügbar, dafür aber um so schmackhafter. Die Schlachtung erfolgt stressfrei und ohne Tiertransporte durch den lokalen Fleischereibetrieb KARLO aus Pamhagen. Berühmt ist KARLO für seine vielen Wurstwaren, die er mit regionaltypischen Rezepturen zubereitet, legendär ist seine „Dürre“ – am besten frisch und heiß aus dem Kessel vor Ort! Und auch der überaus saftige und köstliche Schinken vom Graurind ist eine rare Delikatesse, die man sich nicht entgehen lassen sollte.

GEBRATENER OCHSE

In alten Chroniken und Überlieferungen wird immer wieder berichtet, dass es bei Volksfesten und großen Feiern, wie z. B. Hochzeiten durchaus üblich war, einen Ochsen im Ganzen zu braten. Doch im Laufe der Zeit scheint dieser Brauch außer Mode gekommen zu sein und wird nur mehr äußerst selten praktiziert.
Am besten eignet sich für das Ochsenbraten das ungarische Graurind mit seinem vorzüglichen Fleisch. Das Lebendgewicht sollte zwischen 350 und 500 Kilogramm liegen, wobei der Ochse weder zu mager, noch zu fett sein sollte. Die Vorbereitungen beginnen knapp eine Woche vor dem eigentlichen Braten: Nach dem Schlachten und Ausnehmen wird das Tier innen und außen mit einer Mischung aus Öl, Senf, Salz und Pfeffer gründlich eingerieben. Danach legt man den Ochsen in eine geeignete Wanne und begießt ihn mit einer Marinade aus Wurzelgemüse, reichlich Zwiebeln und Knoblauch, Lorbeerblättern, Senfsaat, Pfefferkörnern, Salz, Wein, Essig und Wasser. Es empfiehlt sich, die Marinade mit Hilfe einer Injektionsspritze in die dickeren Fleischpartien zu spritzen.
Am Tag des Bratens steckt man den Ochsen auf einen Spieß, bindet seine Beine zusammen, wickelt den Schwanz in Alufolie und bespickt den ganzen Körper dicht an dicht mit Speck und Knoblauch.
In einer Grube eine Glut (vorzugsweise aus Akazienholz) herunterbrennen und den Ochsen darüber 10 bis 14 Stunden unter ständigem Drehen braten und dabei immer wieder mit Beize bestreichen. Ist das Fleisch knusprig gebraten wird es direkt vom Spieß heruntergeschnitten und serviert.

NATIONALPARK STEPPENRINDER

Hülsenfrüchte

Wie bei Saucen und Suppen auch spielen im Burgenland bei der Zubereitung von Gemüse vor allem Fett und Rahm eine wichtige Rolle. Dazu sei gesagt, dass neben Süß- und Sauerkraut, Kohl, Rüben und bisweilen Kürbis, vor allem Erbsen und Bohnen als Gemüse galten. Alles andere, wie Paradeiser, Karfiol und ähnliches sind erst in der Neuzeit im Burgenland heimisch geworden. Mit dem Grünzeug, vor allem den Salaten, war man schon immer sehr sparsam und wie in vielen Bauernküchen wurden sie auch hier nur selten gegessen. Heute sieht das freilich anders aus und rund um den Neusiedler See wird auf langgestreckten Gemüsefeldern jeglicher Salat angebaut, bis zu 20 Millionen Salathäuptel können geerntet werden und spielen einen wichtigen Wirtschaftsfaktor. Eine Besonderheit ist der Neusiedler Majoran, eines der wichtigsten Gewürze der österreichischen Küche und unentbehrlich für die beliebten „Majoranlinsen". Sein Geschmack ist einzigartig, doch seine Pflege erfordert viel Wissen, welches von Generation zu Generation weiter gegeben wird. An die 20.000 kg werden von diesem wichtigem Küchenkraut jährlich geerntet.
Zurück zu den Hülsenfrüchten: Pflückbohnen aus Mörbisch waren bis nach Wien bekannt und manch ein Städter reiste allein wegen dieser „Delikatesse" ins Burgenland. Doch ist – neben dem Kraut – die Bohne unumstritten das meist genossene Gemüse. Sie ist nicht nur sehr nahrhaft und gibt genügend Kraft, sondern lässt sich auch noch vielfältigst zubereiten. Schier unendlich sind die Rezepturen, welche man in vielen Teilen des Landes mit der Bohne kreierte: selbstredend natürlich Suppen und Sterze, herzhafte Eintöpfe, Strudel in den verschiedensten Variationen (z. B. Weintraubenstrudel mit Bohnen, gebackener Bohnenstrudel), ja sogar Kuchen und Süßspeisen werden mit dieser vielseitig verwendbaren Hülsenfrucht zubereitet.
Und wenn sich auch die burgenländische Küche heute vielerorts als opulent präsentiert und sich manch ein „Fremder" hier schon im Schlaraffenland sieht, so haben die Burgenländer selbst nicht vergessen, dass viele ihrer heutigen Spezialitäten ihre Wurzeln in der vielzitierten Arme-Leute-Küche haben und genießen nach wie vor mit Begeisterung ihren Bohnensterz mit Rahmsuppe oder erfreuen sich an herzhaften Linsen.

LINSENTOPF MIT SELCHRIPPERLN

LINSENTOPF MIT SELCHRIPPERLN

**400 g Linsen,
300–400 g geselchte und geräucherte Rippchen,
1 Zwiebel,
3–4 Knoblauchzehen,
1 Paprikaschote,
1 Tomate, 1 Bund Petersilie,
1 EL gehackter Liebstöckel,
1 Bund Selleriegrün,
1 EL Senf, 250 ml saure Sahne,
125 g Enten- oder Gänseschmalz,
2–3 EL Mehl,
gut 100 ml bester Rotwein (vorzugsweise Blaufränkisch),
Estragonessig,
3 TL Zucker,
etwas Delikatesspaprika,
1 Prise gemahlener Kümmel,
Salz und Pfeffer aus der Mühle,
einige Blätter Liebstöckel zum Garnieren**

Die Linsen einige Stunden in kaltem Wasser einweichen. Die Rippchen zerteilen, 30 Minuten in kaltem Wasser wässern.
Zwiebeln fein hacken und zusammen mit den Rippchen, Liebstöckel, Kümmel, Pfeffer, Paprikaschote und Tomate in ausreichend kaltem Wasser ansetzen; 30 Minuten köcheln lassen, dann die eingeweichten Linsen dazugeben und alles in 1 Stunde gar kochen.
Das Enten- oder Gänseschmalz in einer Kasserolle erhitzen, Mehl und etwas Zucker einrühren und im Fett abrösten. Vom Herd nehmen, den fein gewiegten oder zerdrückten Knoblauch, fein gewiegte Petersilie und Sellerie sowie das Paprikapulver unterrühren.
Die Suppe mit der vorbereiteten Mehlschwitze binden, mit Rotwein und Senf nochmals aufkochen lassen, danach mit Essig abschmekken und nach Geschmack nachwürzen.
Kurz vor dem Servieren die saure Sahne in die Suppe rühren und den Linsentopf mit gehacktem Liebstöckel bestreuen.

MAJORANLINSEN

**300 g getrocknete Linsen,
100 g Selchspeck, 60–75 g Schmalz,
40–50 g Mehl,
1 EL Paradeismark,
gehackte Kapern,
frischer Majoran nach Geschmack
(vorzugsweise Neusiedler Majoran),
Salz und Pfeffer aus der Mühle**

**Für die Gewürzpaste:
1–2 Zwiebeln,
2–3 Knoblauchzehen,
abgeriebene Schale einer Zitrone,
1 kleines Bund Petersilie,
1 EL Majoran, Prise Kümmel,
10–12 zerdrückte Pfefferkörner,
Prise Zucker, 8 EL Essig,
250 ml Wasser**

Die Linsen über Nacht einweichen. Am nächsten Tag abtropfen lassen und in frischem Wasser kernig weich kochen.
Zwischenzeitlich die Gewürzessenz zubereiten: Hierfür die grob geschnittenen Zwiebeln mit gehacktem Knoblauch, abgeriebener Zitronenschale, gehackter Petersilie, Majoran, Kümmel, zerquetschtem Pfeffer, etwas Zucker, Essig und Wasser in einen Topf füllen und auf 100–125 ml Flüssigkeit einreduzieren lassen. Dann alles zu einer homogenen Gewürzessenz passieren.
In einem frischen Topf Schmalz erhitzen, das Mehl darin hellbraun rösten, Paradeismark und die zuvor bereitete Gewürzessenz hinzugeben, dann so viel vom Kochwasser der Linsen dazu gießen, dass eine mollige, dick-sämige Sauce entsteht, die man gut verkochen lässt.
Die abgetropften Linsen dazugeben, noch kurz darin ziehen lassen und abschmecken. Den Speck in kleine Würfel schneiden, diese in einer Pfanne goldgelb rösten, gehackte Kapern und Majoran dazugeben und in die Linsen rühren. Nochmals mit Majoran, Salz, Pfeffer und nach Geschmack einem Schuss Essig abschmecken, mit Bauernbrot servieren.

LINSENSUPPE

250 g getrocknete Linsen werden über Nacht eingeweicht, am nächsten Tag zusammen mit Petersilie in Suppe oder Wasser zusammen mit einer Speckschwarte weich gekocht. Eine Einbrenn aus 50 g Schmalz und 50 g Mehl bereiten, 1 fein gewiegte Zwiebel darin mitrösten. Linsen mit etwas Kochwasser einrühren, Suppe mit gehackter Petersilie, 2–3 gehackten Knoblauchzehen, Majoran, Kümmel, Salz und Pfeffer würzen. Als Einlage kommt grob gewürfelter geräucherter Bauchspeck in die Suppe.

RAHM-BOHNENSUPPE

**300 g getrocknete weiße Bohnen,
1 geräucherte Speckschwarte,
1 1/2 Liter Wasser oder Rindsuppe,
einige Petersilienzweige,
1 große Zwiebel, 2–3 Knoblauchzehen,
50 g Schmalz, 50 g Mehl,
300 ml Sauerrahm,
Essig, Kümmel, Majoran,
Salz und Pfeffer,
grob gewürfelter Speck oder
Selchfleisch als Einlage**

Die Bohnen über Nacht in Wasser einweichen. Am nächsten Tag abschütten und in frischem Wasser oder Rindsuppe mit Speckschwarte, Petersilienzweigen und Kümmel so weich kochen, dass sie passiert werden können. Speckwürfel in Fett auslassen, gehackte Zwiebel darin anrösten, gestoßenen Kümmel, Majoran und das Mehl dazugeben, leicht bräunen lassen. Die gekochten Bohnen (ganz oder passiert) dazu einrühren und unter Zugabe von recht wenig Flüssigkeit einige Minuten kochen. Schließlich die Suppe mit Knoblauch, Sauerrahm (wenn man eine sehr mollige Suppe wünscht, wird er mit etwas Mehl verrührt) und Essig verfeinern, würzig abschmecken. Mit grob gewürfeltem Speck bestreut auftischen.

HAADANA PAUNDLSTEAZ

Bei diesem sehr traditionellen Gericht handelt es sich um einen Bohnesterz aus Wachtelbohnen und Heidenmehl. Ursprünglich wurde zu dieser regionalen Spezialität Buttermilch gereicht. Statt dem Kompott können auch geröstete Speckwürfel über den Sterz gestreut werden.

**300 g Wachtelbohnen,
400 g Heidenmehl,
1 1/2 Liter Wasser,
150–200 g Schmalz,
Salz,
Kompott**

Die Bohnen in kaltem Wasser einweichen, danach weich kochen, abseihen und das Kochwasser dabei auffangen.
Das Heidenmehl in einer tiefen Pfanne ohne Fett „linden", d. h. unter ständigem Rühren erhitzen bis das Mehl zu dampfen beginnt, wobei es aber nicht braun werden darf. Bohnenwasser zum Mehl gießen (nicht zu viel, sonst wird der Sterz patzig) und alles kräftig verrühren bis das Mehl die Flüssigkeit aufgenommen hat und der Sterz locker wird. Sterz in den Ofen geben und ziehen lassen. Nun werden die Bohnen dazu gemengt und endlich das heiße Schmalz über den Sterz gegossen; alles gut vermengen. Mit dem Kompott servieren.

ÖDENBURGER BOHNENTORTE

200 g Zucker mit 3 Dottern schaumig abtreiben, 250 g sehr weich gekochte und passierte Bohnen dazugeben, weiter 2 EL Brösel, 50 g geriebene Haselnüsse sowie 1 Msp. Natron einarbeiten.
3 Eiklar zu steifem Schnee schlagen, unter die Masse heben.
Eine Form mit Butter ausstreichen und mit Mehl stauben, Teigmasse einfüllen und im vorgeheizten Ofen etwa 45 Minuten backen. Ausgekühlt einmal quer durchschneiden und mit Ribiselmarmelade füllen

RAHM-BOHNENSUPPE

BOHNENSTERZ (REZEPT S. 362)

B-14.029

Fischerei am Neusiedler See und das Fischrestaurant „Varga“

In der traditionellen Küche des Burgenlandes spielte der Fisch an sich überhaupt nur in der Küche der adeligen und stadtbürgerlichen Gesellschaft eine gewichtige Rolle. Vom reichen Fischangebot des Landes hat die burgenländische Bauernbevölkerung so gut wie nie Gebrauch gemacht und war weithin der Ansicht: „Der beste Fisch ist die Salami!“ So wurde nicht einmal an einem der zahlreichen Fastentage Fisch gegessen, man hielt sich lieber an Mehlspeisen.
Die meisten Fischgewässer waren Eigentum der adeligen Herrschaften, die Untertanen mussten für die Bewirtschaftung sorgen. Hin und wieder wurden Teiche, Gewässer oder auch Zuchtbecken verpachtet, natürlich nur gegen entsprechende Nutzungs-Abgaben: So hatten z. B. die Gemeinden Illmitz, Apetlon und Martinhofen jährlich einen Wagen voll Fisch an ihre Herrschaft in Eisenstadt zu liefern. Ein weiteres Beispiel finden wir an der Leitha, wo es der Bevölkerung zwar erlaubt war im Fluss zu fischen, dafür hatten sie aber den Fluss zu regulieren und dafür zu sorgen, dass die Mühlen ungehindert arbeiten konnten.
In Sachen Fisch ist heute im Burgenland neben kleineren Teichwirtschaften und einer recht weit verbreiteten Sportfischerei vor allem der Neusiedler See von Bedeutung. Wie in vielen anderen Gewässern ist der jetzige Bestand hauptsächlich durch künstliche Besatzung entstanden, so wurde bereits um 1900 der beliebte Zander ausgesetzt. Bis 1949 lebten ausschließlich Wildkarpfen im Neusiedler See, seitdem werden auch Spiegel-, Leder- oder Schuppenkarpfen eingesetzt. Hechte gedeihen im See ebenfalls sehr gut und erreichen hier mitunter kapitale Gewichte von bis zu 12 kg. Auf österreichischer Seite gibt es derzeit noch 14 Berufsfischer, die zwischen April und Dezember ihre Reusen auslegen und gelegentlich auch mit Zugnetzen fischen. Neben frischen Fischen bieten viele von ihnen auch Fischprodukte an oder bewirtschaften ein Restaurant. So hat sich beispielsweise die Familie Hoffmann in Winden am See auf den Aal spezialisiert, ihre Räucheraale zählen zu den besten der Gegend – ein leider selteneres kulinarisches Erlebnis ist der köstliche geräucherte Waller. Eine weitere prominente Fischerei ist die der Familie Varga im berühmten Weinort Gols. Sie betreiben neben der Fischerei auch das ausgezeichnete Fischrestaurant „Varga“, das für seine regionaltypischen Fischrezepte weithin bekannt ist. Glück hat man als Gast, wenn das „Varga“ frische Wallerleber anbieten kann; eine überaus erlesene Gaumenfreude!

GERÖSTETE WALLERLEBER
(Fischrestaurant Varga)

120–150 g Waller-/Welsleber,
2 Schalotten,
1 gepresste Knoblauchzehe,
etwas Majoran,
1 TL Paprikamehl (Paprikapulver und Mehl 1:1 gemischt),
Fischfond zum Ablöschen,
ein Spritzer Tabasco,
ein Spritzer Worcestershire-Sauce,
etwas Weinbrand,
1 EL Butter,
Salz und Pfeffer aus der Mühle

Die Butter in einer Pfanne zerlassen, fein gewiegte Schalotten und Knoblauch darin andünsten. Die Leber dazugeben und kurz rösten, mit dem Paprikamehl stauben. Sofort mit etwas Weinbrand und Fischfond ablöschen. Während des Einkochens mit Majoran, Tabasco, Worcestershire-Sauce, Salz und Pfeffer würzen. Fertige Welsleber mit Salzkartoffeln servieren.

KARAUSCHE

Der Aal

Der schlanke, schlangenähnliche Fisch ist wegen seines sehr schmackhaften Fleisches ein begehrter Speisefisch und gilt unter Feinschmeckern als ausgesprochener „Edelfisch". Seine ursprüngliche Heimat sind die nord- und westeuropäischen Gebiete, aber auch der Mittelmeerraum. Heute ist er vor allem durch Besatzmaßnahmen sehr weit verbreitet.

So geht die gegenwärtige Fischfauna des Neusiedler Sees größtenteils auf künstliche Besatzung sowie Einwanderungen über die Wulka und den Kanal zurück. Von der ehemals großen Fülle an Fischen sind heute nur mehr vier Arten von kommerzieller Bedeutung: Karpfen, Zander (ungarisch Fogosch), Hecht und vor allem der Aal, welcher zum wichtigsten Speisefisch des Neusiedler Sees geworden ist.

Erstmals wurde im Jahre 1958 von österreichischer Seite aus ein Besatz von etwa 200.000, 1974 gar von zusätzlich einer Million Glasaalen vorgenommen. 1976 konnten bereits 30.000 kg Aale aus dem Neusiedler See gefischt werden.

Heute will man die Verbreitung des gefräßigen Fisches wieder „einschränken", ja es gibt sogar Stimmen, die den Aal im Neusiedler See ausrotten wollen, da er keine heimische Fischart sei. Man hat deshalb wieder vermehrt Zander und Hechte ausgesetzt.

Jedenfalls haben zahlreiche Restaurants im Burgenland den Aal auf ihren Speisekarten. Selbstredend, dass er zumeist gebacken angeboten wird. Doch sind Gerichte wie z. B. „Aal in Paprika", „Aal mit Rotwein" und natürlich auch der begehrte Räucheraal willkommene kulinarische Bereicherungen.

AAL IN ROTWEIN GEDÄMPFT

**1 größerer Aal,
150–200g Butter,
1 Bund Wurzelgemüse (Karotte, Gelbe Rübe, Petersilienwurzel),
1 große Zwiebel, einige Zweige Thymian, einige Piment- und Pfefferkörner,
2–3 Lorbeerblätter,
500–750 ml sehr guter Rotwein,
2–3 cl Madeira (fakultativ),
Mehl zum Stauben, Salz**

Den Aal sauber putzen und häuten (oder vom Fischhändler vorbereiten lassen). Danach rollt man ihn vom Schwanz beginnend zu einer Schnecke zusammen und fixiert mit Stäbchen und/oder Garn, damit er in dieser Form bleibt. In einer weiten Kasserolle 150 g Butter zerlassen, das blättrig geschnittene Wurzelgemüse, fein gewiegte Zwiebel, Thymian sowie die Gewürze darin andünsten. Den Aal darauf platzieren, Wein angießen und bei Bedarf noch Wasser hinzugeben bis der Fisch bedeckt ist. Aufkochen lassen, einen Deckel auflegen und 40–50 Minuten garen, nicht kochen!
Den Fisch aus dem Topf heben und auf einem sauberen Geschirrtuch, das über dem Aal zusammen geschlagen wird, abtropfen lassen (so kann das austretende Fett abgesaugt werden).
Der Saft wird mit etwas Mehl gestaubt, dann gibt man etwas frische Butter hinzu und passiert den Saft durch ein Sieb, mit Salz abschmecken (der Saft kann auch mit etwa 20 g Mehlbutter gebunden werden). Nach Belieben den Saft mit etwas Madeira verfeinern. Sauce nochmals kurz aufkochen lassen. Den Fisch von Spießen und Garn befreien, auf einer Platte anrichten und mit Petersilie garnieren. Die Sauce extra dazu reichen, als Beilage passen Salzerdäpfel oder Reis.

GEBACKENER AAL

**1 kg küchenfertiger Aal,
125 g geputztes Wurzelwerk,
1 große Zwiebel, Pfefferkörner,
etwas Essig, Zitronensaft,
Salz und Pfeffer**

**Weiter:
Mehl, versprudeltes Ei
Brösel zum Panieren,
Butterschmalz oder Öl zum Backen**

Den Aal in Stücke schneiden, danach in einem Sud aus Wurzelwerk, Zwiebel, Pfefferkörnern, Essig, Zitronensaft und Salz 20 Minuten weich kochen. Aal herausheben, abtropfen, trocken tupfen und mit Salz und Pfeffer einreiben. Zitronensaft darüber träufeln und etwas marinieren lassen.
Die Aalstücke in Mehl, versprudeltem Ei und Brösel panieren, danach in heißem Butterschmalz oder Öl knusprig goldgelb schwimmend ausbacken. Auf Küchenpapier abtropfen lassen, danach sofort mit frittierter Petersilie und Zitronenscheiben servieren. Dazu reicht man Mayonnaise-Salat oder grünen Salat.

AALRAGOUT MIT PAPRIKA UND NUDELN

**2 Aale je 500–600 g (ausgenommen, gehäutet und ohne Köpfe),
750 ml kräftige Fischbrühe,
1 große Zwiebel, 3–4 Knoblauchzehen,
2 rote Paprikaschoten,
1 grüne Paprikaschote,
1 EL Paprikapulver „edelsüß“ oder „mittelscharf“,
1 guter EL Paradeismark,
etwas frischer Thymian,
gehackte Petersilie,
Prise Zucker,
Öl zum Anbraten,
eiskalte Butterflöckchen zum Binden,
Schuss Weinessig (nach Belieben),
Salz und Pfeffer aus der Mühle**

Die gut gesäuberten Aale in 5–7 cm lange Stücke schneiden und salzen. Zwiebel schälen und grob hacken, Paprikaschoten von Samensträngen befreien und grob würfeln. Öl in einer schweren und hohen Pfanne oder einer Kasserolle erhitzen, Zucker darin karamellisieren und die Zwiebeln licht andünsten. Paprikaschoten hinzufügen und ebenfalls kurz rösten. Das Tomatenmark einfüllen, dann den Topf vom Herd nehmen und das Gemüse mit Paprikapulver stauben. Dieses gut verrühren, danach mit Fischfond aufgießen.
Zurück auf den Herd stellen, alles aufkochen lassen, danach mit fein gewiegtem Knoblauch, Salz und Pfeffer würzen.
Die vorbereiteten Aalstücke einlegen und in der Sauce garen, das dauert etwa 20 Minuten; kurz vor Ende der Garzeit gehackte Thymianblätter und Petersilie einrühren.
Den Aal wieder aus der Sauce heben, Sauce mit eiskalter Butter montieren, Aal wieder hineinlegen und das Ragout mit in Butter geschwenkten Nudeln servieren.

GESCHMORTER AAL MIT FRÜHLINGSZWIEBELN

**2 küchenfertig vorbereitete Aale (ausgenommen und gehäutet) von je 1 kg,
25–30 kleine Frühlingszwiebeln geputzt und geschält,
1 Knoblauchzehe,
20 g Butter zum Anbraten, etwas Öl,
400 ml Fischbrühe,
100 ml trockener Wein,
2–3 EL Sauerrahm,
40 g Mehlbutter (20 g Mehl mit 20 g Butter vermengen; kalt stellen),
2 EL frische gehackte Kräuter (Schnittlauch, Petersilie),
etwas Zitronensaft (nach Belieben),
Salz und Pfeffer aus der Mühle**

Den Aal in 5–6 cm lange Stücke schneiden. Butter mit etwas Öl in einer Kasserolle erhitzen, aufschäumen lassen und den Aal darin rundherum anbraten. Die Frühlingszwiebeln hinzufügen und ebenfalls rösten (nicht zu braun werden lassen!); alles ab und an wenden, kräftig mit Salz und Pfeffer aus der Mühle würzen. Danach wird alles mit dem Wein abgelöscht und die Fischbrühe dazu gegossen. Einmal aufkochen, einen Deckel auflegen und bei geringer Hitze einige Minuten köcheln. Aalstücke und Zwiebeln vorsichtig mit einer Schaumkelle herausheben. Die Sauce mit der vorbereiteten kalten Mehlbutter binden, indem diese portionsweise mit einem Schneebesen eingearbeitet wird. Sauce 3–5 Minuten köcheln lassen, bis sie die gewünschte leicht sämige Konsistenz erreicht hat. Falls die Sauce dabei zu dicklich wird, mit etwas Fischbrühe oder Wasser verdünnen. Danach die Sauce durch ein feines Sieb passieren und erneut aufkochen. Sauerrahm mit einem Schneebesen in die Sauce schlagen und diese mit Salz, Pfeffer sowie Zitronensaft (nach Belieben) abschmecken.
Fisch und Zwiebeln wieder in die Sauce legen. Kurz vor dem Servieren die gehackten Kräuter einrühren. Aaltopf mit Reis oder Erdäpfeln auftischen.

AALFILETS IN ERDÄPFELKRUSTE AN THYMIANSAUCE

**Für den Aal:
4 küchenfertig vorbereitete Aalfilets, je etwa 150–200 g,
2–3 große mehlig kochende Erdäpfel,
Dijonsenf zum Bestreichen, Mehl zum Stauben,
Salz und weißer Pfeffer aus der Mühle**

**Für die Thymiansauce:
3–4 Zweiglein Thymian,
125 ml kräftiger Fischfond, Saft von einer Zitrone,
125–150 ml Obers, 2 EL kalte Butterflocken,
Salz und Pfeffer aus der Mühle**

**Für den Spinat:
5–6 gute Hände voll frischer Blattspinat,
2 EL Butter, Salz**

Für die Thymiansauce werden die Thymianblätter zunächst abgerebbelt und gehackt. Den Fischfond zusammen mit dem Obers aufkochen, die Thymianblätter, Zitronensaft und etwas Salz hinzugeben und etwas einreduzieren. Kurz vor dem Servieren mit einem Stabmixer aufmixen und mit kalten Butterflocken binden; nochmals abschmecken.
Für den Spinat die Stiele abzupfen, danach die Blätter abspülen. Kurz in kochendem Salzwasser blanchieren, eiskalt abschrecken. Kurz vor dem Anrichten Butter in einer Pfanne nussbraun werden lassen, den Spinat darin schwenken und würzen.
Die Erdäpfel waschen, schälen und am feinen Reibeisen raspeln. Anschließend die geraspelten Erdäpfel in ein Geschirrtuch füllen und sorgfältig ausdrücken. Die Aalfilets beidseitig würzen, auf einer Seite mit Senf bestreichen, danach diese Seite leicht mit Mehl stauben. Die gehobelten Erdäpfel auf die bemehlte Seite der Filets dünn auftragen und fest andrücken. In einer beschichteten Pfanne etwas Öl erhitzen, den Fisch mit der Erdäpfelschicht nach unten einlegen und bei mittlerer Hitze braten. Wenn die Erdäpfelschicht knusprig ist, den Fisch umdrehen und fertig braten.
Mit dem Blattspinat vorgewärmte Teller auslegen, den gebratenen Aal darauf anrichten und mit der Thymiansauce servieren.

Der Zander / Fogosch

Zweifellos zählt der Zander (ungarisch Fogosch) zu den edelsten aller österreichischen Speisefische. Bis zu einem Gewicht von 1 1/2 kg wird er auch „Schill" (ungarisch Süllö) genannt, erst darüber hinaus spricht man vom eigentlichen Zander, der immerhin bis zu 10 Kilogramm schwer werden kann und dabei eine Länge von 90 cm erreicht. Der silbergraue Zander ist ein recht gefräßiger Raubfisch, der sich überwiegend von Weißfischen ernährt. Er liebt insbesondere wärmere Flüsse und Stauseen, daher findet er im flachen Neusiedler See ideale Bedingungen vor.

Schon im Mittelalter waren österreichische Köche von dem aromatischen, fein faserigen, weißen sowie fettarmen Fleisch dieses Raubfisches fasziniert. So durfte er kraft königlichen Dekretes bereits im 15. Jahrhundert zollfrei nach Österreich eingeführt werden, wo der Zander vor allem in Wien und auf den Tafeln der adeligen Herrschaften mit Begeisterung genossen wurde. In den Neusiedler See gelangte er um 1900, als er erneut ausgesetzt wurde; „erneut" deshalb, weil zwischen 1855 und 1868 der See vollkommen ausgetrocknet war und den umliegenden Bauern als fruchtbarer Acker diente. Heute ist der Zander der bekannteste und neben dem Aal auch der beliebteste Speisefisch der regionalen Küche.

Wahrscheinlich hat auch die Nähe zu Ungarn (dessen Köche im Laufe der Geschichte zahlreiche Varianten der Fogosch-Zubereitung mit geradezu unendlich vielen Rezepten kreiert haben) dazu beigetragen, dass man im Burgenland viele bodenständige und fantasievolle Zander-Gerichte kennt. Es handelt sich bei ihnen zum Teil natürlich um Abwandlungen, aber auch neue und ungewöhnliche Kreationen sind vielerorts zu finden. Trotz aller Kreativität stehen dennoch die Klassiker in der Gunst der Zanderfreunde nach wie vor ganz oben, und daher erfreuen sich „Zander gebacken", „Zander mit Knoblauch" oder auch „Zander mit Krautsalat" ungebrochener Beliebtheit.

ZANDER/SCHILL

EINJÄHRIGER ZANDER

SCHILL IN ROTWEIN-PARADEISSAUCE MIT SEMMELSCHNITTEN

1 Schill von 1–1 1/2 kg,
2–3 weitere Zanderköpfe,
1 mittlere Zwiebel,
75 ml bester Rotwein,
40–50 g Paradeismark,
1–2 EL sehr guter Essig,
Öl,
Salz

Für die Semmelschnitten:
2 Semmeln,
50–75 g Butter,
1–2 angedrückte Knoblauchzehen,
Prise Salz

Den Fisch herrichten und filetieren (oder vom Fischhändler vorbereiten lassen). Die Fischfilets salzen und kühl beiseite Stellen, den Kopf für die Sauce verwenden:
Öl in einer hohen Kasserolle erhitzen, fein gewiegte Zwiebel darin anrösten, Rotwein dazu gießen und nach Geschmack mit Paradeismark, Essig und Salz würzen. Die Fischköpfe hineinlegen, 1 Stunde darin kochen lassen (nach Bedarf Wein oder Wasser nachgeben – wenig!). Danach wird die Sauce sauber passiert und das Wangenfleisch von den Zanderköpfen ausgelöst. In dieser Sauce lässt man die Zanderfilets gar ziehen.
Zwischenzeitlich die Semmeln in 2–3 cm dicke Scheiben schneiden, Butter in einer weiten Pfanne erhitzen, Knoblauch dazu legen und die Semmelschnitten darin beidseitig goldbraun rösten; leicht salzen.
Fischfilets mit der Sauce auf vorgewärmten Tellern anrichten und die Semmelschnitten als Beilage reichen.

GEBACKENER ZANDER

Möglichst entgrätete und trocken getupfte Zanderfilets leicht salzen, danach mit Mehl, versprudeltem Ei sowie Semmelbrösel panieren. In heißem Butterschmalz goldgelb ausbacken, auf Küchenkrepp abtropfen lassen und mit Zitronenschnitzen garniert servieren. Dazu schmecken Erdäpfel und/oder Salate (z. B. Kopf-, Gurken-, oder Erdäpfelsalat).

GEBACKENER ZANDER

GEBRATENER ZANDER MIT PAPRIKABUTTER

4 schöne Zanderfilets,
etwas griffiges Mehl zum Wenden,
Butterschmalz zum Braten,
Salz und Pfeffer aus der Mühle

Für die Paprikabutter:
200 g Butter,
5–6 EL Paprikapulver „edelsüß“,
6–8 Knoblauchzehen fein gewiegt,
Salz

Für die Paprikabutter wird die zimmerwarme Butter in einer Schüssel schaumig gerührt, danach mit Paprikapulver, Knoblauch und Salz kräftig gewürzt; kalt stellen.
Die Fischfilets in Mehl wenden, danach in heißem Butterschmalz rasch auf beiden Seiten schön kross braten, während des Bratens salzen und pfeffern. Kurz vor dem Servieren ein gutes Stück Paprikabutter über dem Fisch schmelzen lassen, Erdäpfel oder Salat als Beilage reichen.

Variante
Sehr beliebt ist dieses Rezept auch mit Knoblauchbutter. Für diese etwas mehr Knoblauch nehmen, das Paprikapulver weglassen und statt dessen die Butter mit wenig weißem Pfeffer würzen.

ZANDER-POFESEN

Große Toastbrotscheiben entrinden. Zanderfilets parieren, waschen, trocken tupfen, mit Salz und Pfeffer würzen. Die Brotscheiben mit zurechtgeschnittenen Filets belegen, Ränder fest zusammendrücken. Danach die Pofesen in mit Obers verquirltes Ei tauchen, Ränder fixieren und alles in Semmelbrösel panieren. Zander-Pofesen langsam in heißem Butterschmalz auf beiden Seiten goldbraun backen, abtropfen lassen. Pofesen in Dreiecke aufschneiden und mit grünem Salat als Vorspeise servieren.

ZANDER MIT SPECK-KRAUTSALAT

Fein parierte Zanderfilets waschen, trocken tupfen, leicht salzen und mit Zitronensaft beträufeln. Auf der Hautseite bei nicht zu großer Hitze in Butterschmalz braten, wenn die Haut knusprig ist den Fisch wenden und vom Herd nehmen. Mit warmem Speck-Krautsalat (siehe S. 132) servieren.

Hinweis:
Zum gebratenem Zanderfilet schmecken auch Majoranlinsen (siehe S. 377) ausgezeichnet.

SCHILL MIT CHAMPIGNONS

1 Schill von gut 1 kg küchenfertig vorbereitet,
40–50 g Schmalz,
Salz

Für die Pilze:
150 g Champignons,
2–3 Knoblauchzehen,
2 EL gehackte Petersilie,
100 g Butter,
Salz

Fett in einer ausreichend großen Pfanne erhitzen, den rundherum gesalzenen Fisch hineinlegen und unter häufigem Begießen im Rohr braten. Wenn der Fisch gar ist, wird der Saft entfettet und der Fisch warm gestellt. Zwischenzeitlich die Champignons blättrig schneiden und in reichlich Butter dünsten, mit fein gewiegtem Knoblauch, Petersilie und Salz würzen.
Den Fisch mit seinem Saft auf einer langen Platte anrichten, die gedünsteten Champignons darüber streuen und in reichlich Butter geschwenkte Kipfler (oder andere mehlig kochende Erdäpfel) rundherum legen – sofort servieren!

KLARE ZANDERSUPPE

1 Zander küchenfertig vorbereitet (1–1 1/2 kg),
2 Liter Wasser,
1 Zwiebel, 1 Karotte,
etwas Sellerie,
1 Petersilienwurzel,
2 Lorbeerblätter,
2 Zweige Thymian,
einige Pfefferkörner,
125–150 ml Weißwein,
Salz und Pfeffer aus der Mühle,
Petersilie oder Schnittlauch zum Bestreuen

Den Zander sauber filetieren. Dann die Karkassen zusammen mit dem geputzten Gemüse, Wasser, den Kräutern und Gewürzen in 2 Litern kaltem Wasser zustellen und leicht 20–25 Minuten kochen lassen, 5 Minuten vor Ende der Garzeit die Filets hineingeben und mitkochen. Der auftretende Schaum muss dabei immer wieder abgeschöpft werden. Nach dem Kochen, die Filets vorsichtig herausheben, die Suppe durch ein Tuch abseihen.
Zanderwangen auslösen, das Suppengemüse in Scheiben schneiden, das Zanderfleisch samt Wangen würfeln. Suppe erneut auf den Herd stellen, Gemüse und Fischfleisch als Einlage hineingeben und noch etwas ziehen lassen. Mit frischen Kräutern bestreut servieren, Grießnockerln sind eine schöne Beilage/Einlage.

Die Halászlé

Rund um den Neusiedler See wird in nahezu allen Gasthäusern, die etwas auf sich halten, diese berühmte Fischsuppe angeboten. Jeder kocht sie anders, doch streng genommen macht kaum jemand eine echte Halászlé, denn die meisten Versionen sind viel zu sehr veredelt worden und haben nicht mehr viel mit dem rustikalen Original aus Ungarn gemeinsam.
Zugegeben, auch in Ungarn gibt es zahlreiche Versionen dieser Suppe; mal werden die Zwiebeln zuerst abgeröstet, ein anderes Mal werden z. B. Bandnudeln als zusätzliche Einlage verwendet. Wird die Halászlé allerdings mit der Bezeichnung „nach Art der Fischer" angeboten, so gibt es nur ein einziges authentisches Rezept, darin ist man sich einig. Für diese aromatische Ur-Halászlé ist es wichtig, dass alle Zutaten einfach nur zusammen in einem Topf respektive Kessel zubereitet werden, um den Aufwand möglichst gering zu halten.
In jedem Fall gehört in die echte Halászlé roter Gewürzpaprika. Dem zu Folge kann sie in ihrer heutigen Form erst gegen Ende des 18. Jahrhunderts kreiert worden sein, als Paprika in Ungarn und im pannonischen Raum heimisch wurde. Die Fischsuppe benötigt aber kein edelsüßes Paprikapulver, sondern zumindest „mittelscharfes". Für Anhänger scharfer Sachen, werden zusätzlich entweder noch scharfe Paprikaschoten in die Suppe geschnitten oder separat in einem Schälchen serviert.
Ein weiterer wichtiger Punkt ist, dass die Halászlé aus mehreren Fischsorten zubereitet wird, man kann sie zwar auch nur aus einer Art zubereiten, doch ihr vollendetes Aroma erhält sie nur dann, wenn mehrere Sorten verwendet werden. Sollte man fangfrische Fische zur Verfügung haben, so kann man auch noch den Rogen und Milcher in die Suppe geben, um ihr den letzten Schliff zu verleihen! Übrigens: Eine Halászlé wird niemals umgerührt, sondern lediglich der Topf leicht hin- und herbewegt.

Noch heute spielt neben der professionellen Fischerei im Neusiedler See auch die Sportfischerei in Bächen und Flüssen eine gewisse Rolle. An Fischgewässer kommen u. a. die Leitha, Wulka, Stoobbach, Raabnitzbach, Pinka, Lafnitz, Raab sowie zahlreiche Nebenflüsse in Betracht, die über zahlreiche Fischarten verfügen, von denen Forellen, Karpfen, Hechte, Waller und Barbe wohl die häufigsten sind. Viele Fischereivereine veranstalten hier regelmäßig Feste, bei denen sie nach alter Tradition Krebse und Halászlé zubereiten und genießen.

1. 1 kg Zwiebeln in Ringe schneiden und den Boden eines Topfes oder Kessels damit auslegen, nach Belieben 3–4 gehackte Knoblauchzehen und einige Lorbeerblätter darüber streuen.

2. 5–6 kg gemischte Fische (z. B. Zander, Karpfen, Aal, Forelle, Wels und/oder Flussbarsch) schuppen, ausnehmen (Rogen und Milcher aufbewahren), möglichst entgräten und in 50–60 g schwere Portionsstücke schneiden.

3. Die gesäuberten Fischfilets auf die Zwiebeln betten und leicht salzen. Die Fischköpfe und Mittelgräten werden ebenfalls in den Topf gefüllt, um die Brühe aromatischer zu gestalten.

4. 5–6 Paprikaschoten (ungarischer Spitzpaprika) und 2–3 Tomaten klein schneiden, auf die Filets legen.

5. So viel Wasser in den Topf füllen, dass alles knapp bedeckt ist.

6. 3–4 EL Rosenpaprika in die Suppe geben, um ihr die richtige Würze zu verleihen. Wenn gewünscht noch 2–3 scharfe Paprikaschoten in die Suppe schneiden.

7. Ein ordentliches Feuer einheizen.

8. Die Fischsuppe aufkochen, dann etwa 1 Stunde köcheln lassen, etwa 20 Minuten vor Ende der Garzeit werden – so vorhanden – Milcher und Rogen hinzugefügt.

9. Die fertige Halászlé wird mit Brot und separat gereichten Pfefferschoten genossen.

Der Gewürzpaprika ist sicherlich der geschmacklich interessanteste Import aus Ungarn und für viele das ungarische Gewürz überhaupt! Tatsächlich hat sich der Paprika allerdings erst Ende des 18. Jahrhunderts in der ungarischen Küche seinen Platz erobern können, vorher waren Gewürze wie Wacholder, Anis, Thymian und vor allem Ingwer (die einst fast wichtigste Zutat der ungarischen Küche) ton- oder besser geschmacksangebend.
Seine Einbürgerung in die westliche Küche verdankt der Paprika übrigens keinem Geringeren als dem französischen Meisterkoch Auguste Escoffier; dieser ließ sich das feuerrote Paprikapulver 1879 aus Szeged an der Theiß nach Monte Carlo liefern und verschaffte dem fremdartigen Gewürz durch seine noble und einzigartige Küche zu Anerkennung und Weltruhm.
Gewürzpaprika gibt es heute in den unterschiedlichsten geschmacklichen Richtungen:

spezial: glänzend feuerrot, würzig duftend, kaum scharf bis leicht süßlich, aromatisch und sehr fein gemahlen

mild: helles Rot, angenehm aromatisch, nicht scharf und etwas gröber gemahlen

Delikatesspaprika: hellrot, sehr aromatisch, kaum scharf, mittelgrob gemahlen

edelsüß: eine dunkle satte Farbe, leicht scharfwürzig, mittelgrob gemahlen

halbsüß: helle matte Farbe, sehr würzig und angenehm scharf, gröber gemahlen

Rosenpaprika: ein schönes intensives Rot, recht scharf, mittelfein (auch „rosenscharf" genannt)

scharf: helles Braunrot bis dunkles Ziegelrot, sehr scharf, mittelfein gemahlen

UNGARISCHES PAPRIKAPULVER

Ungarische Einflüsse

Das Burgenland gehört als das östlichste Bundesland erst seit 1921 zu Österreich, vorher war es bekanntlich Teil des ungarischen Königreichs. Diese enge Verwandtschaft ist natürlich vor allem in der Küche erkennbar, auch wenn die deutschsprechende Mehrheit des Burgenlandes, die so genannten Heanzen und Hadbauern, die ungarischen Rezepte zunächst ablehnten. So wurden diese für die österreichische Küche heute so bedeutenden Gerichte zunächst nur von der ungarischen Minderheit erhalten. Die einheimischen Bauern labten sich lieber an Bohnensterz, Linsensuppe, Krautsuppe oder deftigen Speisen mit viel Speck und Schmalz.
Heute sieht das freilich anders aus, denn auch die deutschstämmige Bevölkerung liebt mittlerweile die herzhaft gewürzten Speisen; und in zahlreichen Gasthäusern bietet man stolz „Széklergulyás" (Szégediner Krautfleisch), Halászlé oder Hortobágyer Palatschinken als regionale Spezialitäten an.

SZÉGEDINER GULYÁS (SZÉKELYGULYÁS)

Von allen ungarischen Spezialitäten, die über die Grenzen hinaus bekannt wurden und sich vor allem in der österreichischen Küche einen festen Stammplatz erobern konnten, ist das Szégediner sicherlich das beliebteste, sieht man einmal vom omnipräsenten Gulasch ab. Es handelt sich beim Szégediner aber weder um ein Gulyás noch stammt es aus Széged: Ungarische Traditionalisten werden nicht müde, zu betonen, dass das Szégediner Gulyás eigentlich „Széklergulyás" heißen muss, wegen den in Siebenbürgen beheimateten Széklern, die es erfunden haben sollen. Heute wissen wir, dass auch diese Theorie falsch ist.
Vielmehr geht das Gericht auf einen gewissen Józef Székely zurück, der eines Tages im Jahre 1846 in seinem Stammlokal „Arany Ökör" in Budapest nach einem langen Arbeitstag erst kurz nach Küchenschluss eintraf. Hungrig wie der Komitatsarchivar aber nun einmal war, bat er den Wirt ihm etwas aufgewärmtes Pörkölt und Sauerkraut zu reichen, weil dies ja keine große Mühe machen könne. Auf seinen Wunsch hin wärmte man die Reste zusammen auf. Zufällig wurde der große ungarische Dichter Sándor Petöfi (1823–1849) Zeuge dieser Kreation und bat um selbige am nächsten Tag. Der Wirt garnierte die neue Speise noch mit etwas Rahm und „Hahnenkämmen" (dicke Scheiben Räucherspeck mit Schwarte) – und Petöfi, vom Geschmack begeistert, taufte das Gericht „Székelygulyás"!
Genau genommen handelt es sich hierbei nicht wirklich um ein Gulyás, sondern am ehesten noch um ein Paprikasch. So ganz falsch ist auch die gemein geläufige Bezeichnung „Szégediner Krautfleisch" nicht, auch wenn es mit Széged nichts gemein hat.

SZÉGEDINER GULYÁS

**800 g Schweineschulter,
150–200 g Räucherspeck,
1 kg Sauerkraut, 2 große Zwiebeln,
1–2 EL Paprikapulver „edelsüß",
etwas Paradeismark (fakultativ),
3–4 EL Mehl, 250–300 ml Sauerrahm,
Salz, scharfe Paprikaschote
und Petersilie zum Garnieren**

Das Fleisch in 2,5 x 2,5 cm große Würfel schneiden, Speck fein würfeln, die Zwiebeln fein hacken. Speckwürfeln in einer Kasserolle auslassen, die Grieben herausnehmen. Zwiebel im Fett anrösten, vom Herd nehmen und Paprikapulver sowie die Fleischwürfel hinzugeben. Topf wieder auf den Herd stellen, das Fleisch zugedeckt 30 Minuten halbgar schmoren. Zwischenzeitlich das Sauerkraut unter fließendem Wasser abspülen, zum Fleisch geben (wenn gewünscht auch das Paradeismark) und alles mit so viel Wasser begießen bis das Ganze gerade bedeckt ist. Langsam fertig garen – nicht kochen lassen! Das Mehl mit etwas Wasser klumpenfrei verrühren, 200 ml Sauerrahm dazugeben und mit dieser Mischung den Saft binden. Das Gericht nachwürzen und nach Belieben einen guten Schuss Tokajer abschmecken. In irdene Teller füllen, mit restlichem Sauerrahm, Paprikaschote und Petersilie garnieren.

***Tipp:** Eine typische Garnitur für das Gericht sind die „Hahnenkämme", für die dicke Scheiben Räucherspeck mit Schwarte auf der Fettseite 1,5–2 cm tief eingeschnitten und danach knusprig braun gebraten werden. Die Spitzen der „Hahnenkämme" in scharfes Paprikapulver tauchen.*

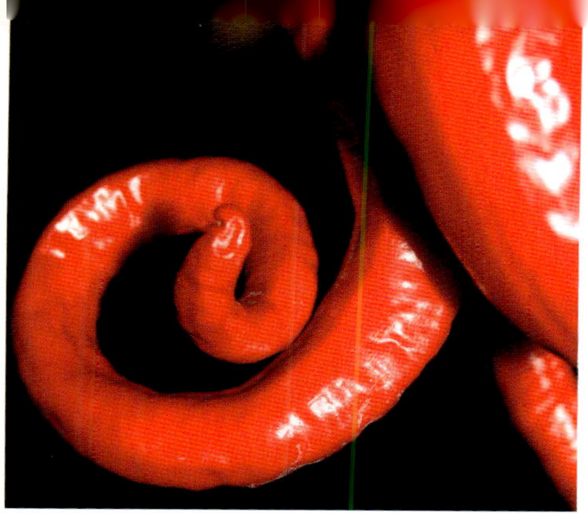

LETSCHO

Diese wohl bekannteste ungarische Gemüsezubereitung gibt es in zahlreichen Varianten. Der Geschmack ist vor allem vom verwendeten Paprika abhängig, wobei die einen Köche auf scharfe Paprikaschoten schwören, andere wiederum auf süße und milde Sorten. Ein Kompromiss ist sicherlich nicht falsch, wobei scharfe und süße Paprika einander ergänzen sollten. Fertiges Letscho lässt sich gut einfrieren oder auch einmachen. Man füllt das fertige Letscho in sterilisierte Gläser und begießt es mit etwas Öl bevor die Gläser in Papier gewickelt trocken sterilisiert werden.

**1 kg Paprikaschoten
(scharfe und milde Sorten gemischt),
500 g Paradeiser, 1–2 große Zwiebeln,
3–4 Knoblauchzehen (fakultativ),
75 g Schmalz oder Öl,
1 EL Paprikapulver, Salz**

Die Paprikaschoten von Stielen und Kernen befreien, danach in fingerbreite Streifen oder Ringe schneiden. Die Paradeiser in Scheiben schneiden oder zerdrücken, Zwiebel (und Knoblauch) fein hacken.
Die Zwiebel im Fett unter Rühren glasig dünsten, vom Herd nehmen und das Paprikapulver unterrühren. Die Paprikaschoten hinzugeben, salzen und 10–15 Minuten dünsten. Danach die Paradeiser (und nach Geschmack den Knoblauch) hinzufügen. Alles garen, bis das Gemüse weich ist, nochmals abschmecken.

Letscho-Varianten

Letscho mit Wurst:
In das fast fertige Letscho 250–300 g Debrecziner geben.

Letscho mit Reis:
80–100 g Reis im Gemüse ausquellen lassen.

Letscho mit Eiergraupen:
80–100 g Eiergraupen im Letscho mitgaren.

Letscho mit Ei
pro Person 2 Eier schlagen, über fertig gegartes Letscho gießen und unter ständigem Rühren stocken lassen.

HORTOBÁGYER PALATSCHINKEN

**8 Palatschinken (ungesüßt),
500 g Hühnerbrust (mit Haut ohne Knochen),
1 Zwiebel, 1 Paprikaschote,
1 Paradeiser, 400–500 ml saure Sahne,
40–50 g Öl oder Schmalz,
Paprikapulver, Salz, Petersilie zum Garnieren**

Das Huhn mit der Haut in Portionen zerteilen, Zwiebel fein hacken, dann in Fett goldgelb rösten, vom Herd nehmen und mit etwas Paprikapulver stauben. Das Fleisch hinzugeben, einige Minuten bei starker Hitze braten, danach die Hitze zurücknehmen, salzen und einen Deckel auflegen. Wenn das Fleisch gar ist, dies sehr klein würfeln oder durch den Fleischwolf drehen. Den Bratensaft mit 300 ml saurer Sahne verrühren, dann kurz aufkochen lassen. So viel von der Sauce zum Fleisch geben, bis man eine streichfähige Masse erhalten hat. Mit dieser Masse die Palatschinken bestreichen und zusammenrollen.
Eine feuerfeste Form einfetten, die Palatschinken nebeneinander hineinschlichten und mit der restlichen Sauce übergießen. Im vorgeheizten Ofen bei mittlerer Hitze 10–15 Minuten backen. Vor dem Anrichten mit dem restlichen Rahm beträufeln, mit Paprikaringen und Petersilienblättern dekorieren.

HORTOBÁGYER PALATSCHINKEN

ZANDER IN DER PFANNE GEBRATEN

**2 Zander je 700–800 g, 2 kleine Erdäpfel,
250 g Mehl, 3–4 EL Paprikapulver „edelsüß“,
500 ml Öl zum Braten, Salz,
Zitronen und Salatblätter zum Garnieren**

1. Die Fische schuppen, ausnehmen, Augen und Kiemen entfernen, dann waschen und trocken tupfen. Haut auf beiden Seiten im Abstand von 2–3 cm einschneiden. Innen und außen salzen, dann jeweils eine kleine Kartoffel ins Maul legen.
2. Das Mehl mit dem Paprikapulver vermengen (die Mischung darf nicht zu rot werden) und die vorbereiteten Fische darin von beiden Seiten wenden.
3. Öl in einer großen Pfanne mit hohem Rand erhitzen, die Fische nacheinander (!) halbmondförmig gebogen darin beidseitig braten. Wichtig ist, dass sie am Pfannenrand gebogen gebraten werden, damit sie ihre typische Form erhalten.
4. Die gebratenen Fische in der gebogenen Form auf einer Platte anrichten, die Kartoffeln entfernen und durch Zitronenscheiben ersetzen. Mit Salatblättern und Zitronenvierteln garnieren. Als Beilage reicht man Petersilienerdäpfel und Sauce Tartar.

PALOTZENGULASCH

Rezept von Gerhard Windholz

**750 g geräucherte Mangalitza-Haxe,
250 g grüne Bohnen (blanchiert),
500 g Erdäpfel (vorgekocht), 150 g Zwiebeln,
75 g Mangalitza-Schmalz, 1 EL Mehl, 1–2 EL Rahm,
1,5 dl Sauermilch, Prise Paprikapulver,
Salz und Pfeffer aus der Mühle**

Die geräucherte Mangalitza-Haxe grob zerteilen und in einer ausreichend großen Kasserolle zusammen mit gehackter Zwiebel in Mangalitza-Schmalz andünsten. Wasser angießen und das Fleisch weich dünsten.
Wenn das Fleisch gar ist, werden die vorgegarten Bohnen und gewürfelten Erdäpfel hinzu gegeben. Die fertige Suppe mit angerührtem Mehl binden sowie mit Rahm und Sauermilch verfeinern.

WALLERPÖRKÖLT

**1 Waller im Ganzen (mindestens 1 1/2 kg),
1 große Zwiebel,
1 große Paradeiser,
3 Paprikaschoten,
75 g Schmalz,
1–2 TL Paprikapulver,
Salz**

Den Fisch schuppen, ausnehmen und säubern. Kopf und Schwanz abtrennen, in einen Topf füllen, mit Wasser begießen und unter Zugabe von etwas Essig oder Zitronensaft aufkochen. Den Fisch filetieren, die so entstandenen Filets beidseitig salzen.
Zwiebel schälen und in dünne Ringe schneiden, den Paradeiser und die entkernten Paprikaschoten in kleine Stücke würfeln. Zwiebel in einem Topf mit Schmalz goldgelb rösten, vom Herd nehmen, das Paprikapulver einstreuen. Danach die Paprika- und Tomatenwürfel hinzufügen, alles gut verrühren. Die Fischbrühe durch ein Sieb dazugießen, alles zugedeckt köcheln lassen.
Sobald die Suppe sämig geworden ist, werden die Fischstücke eingelegt und bei nicht zu starker Hitze langsam 20 Minuten gegart. Zum Wallerpörkölt passen Nockerln.

KUTTELPÖRKÖLT

**1 kg in Salzwasser vorgekochte Kutteln,
2–3 große Zwiebeln in Ringe geschnitten,
100 g Schmalz,
4–6 Knoblauchzehen,
1 mittlere Tomate,
1–2 TL Paprikapulver „rosenscharf“,
Essig,
Salz**

Die vorgekochten Kutteln in feine Streifen schneiden. Schmalz in einer Kasserolle erhitzen, die fein geschnittenen Zwiebel darin glasig andünsten. Topf vom Herd nehmen, Knoblauchzehen zerdrücken, das Paprikapulver einrühren und 1–2 EL Wasser zufügen. Kasserolle wieder auf den Herd stellen und etwas einkochen lassen. Die Kutteln zugeben, salzen und fertig schmoren. Kurz vor Ende der Garzeit die klein gehackte Tomate hineingeben und alles nochmals mit einem Schuss Essig und Salz abschmecken.

ZANDER IN DER PFANNE GEBRATEN

SOMLÓER NOCKERLN

Diese berühmten Nockerln gehören zu den bekanntesten Nachspeisen im Osten Österreichs und erinnern ein wenig an den italienischen Klassiker Tiramisu. Sie stammen aber nicht, wie man aufgrund des Names meinen könnte, aus Somló, einer kleinen westungarischen Gegend mit einem erloschenen Vulkan gleichen Namens, sondern aus Budapest – genauer aus dem berühmten Restaurant „Gundel". Doch war es nicht der legendäre Koch Károly Gundel, welcher die Somlóer Nockerln erfand, sondern sein Oberkellner Károly Gollerits, ein gebürtiger Somlóer. Bekannt wurden die Somlóer Nockerln aber dann doch durch Károly Gundel, als dieser sie in sein berühmtes Kochbuch aufgenommen hatte.

Für die verschiedenen Biskuits:
8 Eier,
160 g Zucker, 160 g Mehl,
80 g Kakaopulver, 50 g Walnüsse

Für die Creme:
500 ml Milch, 1 Vanilleschote,
4 Eidotter, 100 g Zucker, 3 EL Mehl

Außerdem:
100 g Rosinen in 100 ml Barack (oder Marillenbrand) eingeweicht,
Marillenmarmelade, 40 g Kakaopulver,
Schlagobers, Schokoladensauce,
2 EL gehackte Nüsse oder Mandeln

Für den Grundteig zunächst die 8 Eier trennen, Eiklar mit Zucker zu steifem Schnee schlagen, die Dotter und das Mehl vorsichtig einarbeiten, danach die Masse in drei gleich große Teile trennen. Nun wird ein Teil natur belassen, einer mit Kakaopulver vermengt, der dritte mit geriebenen Nüssen. Nacheinander ungefähr fingerdick auf ein mit Papier ausgelegtes Blech streichen und bei 160–180 Grad 8 Minuten backen.
In der Zwischenzeit die Creme vorbereiten, hierfür die Milch mit dem ausgeschabten Vanillemark und der Schote, den Dottern, Zucker und Mehl zu einer dickflüssigen Creme einkochen und kalt stellen.
Eine geeignete Form aus Keramik wird zunächst mit dem Nussbiskuit ausgelegt, dann mit der Hälfte der Barack-Rosinen bestreut und mit etwas Marillenbrand beträufelt. Die Hälfte der Creme darauf streichen und als nächstes den Kakao-Biskuit darauf legen. Die zweite Hälfte der Rosinen darauf streuen und wieder mit Marillenbrand beträufeln. Restliche Creme darauf verteilen und mit dem Naturbiskuit abdecken.
Die Oberfläche des letzten Biskuits mit Marillenmarmelade bestreichen und großzügig mit Kakaopulver bestauben. Alles mindestens 8 Stunden – besser über Nacht – im Kühlschrank durchziehen lassen.
Zum Servieren mit einem großen Löffel Nockerln ausstechen, auf Tellern anrichten und mit reichlich Schlagobers, Schokoladensauce sowie gehackten Nüssen garnieren.

UNGARISCHE EIERSPEISE

80 g geräucherten Speck in Würfel schneiden, in einer Pfanne auslassen, dann 1 fein gehackte Zwiebel darin anrösten und 80–100 g Knoblauchwurst in Scheiben geschnitten hinzufügen. Wenn alles knusprig ist, werden 8 Eier mit etwas Salz verquirlt darüber gegossen und unter Rühren stocken gelassen. Fertige Eierspeise in eine Schüssel füllen, mit etwas scharfem Paprikapulver stauben und mit gehackter Petersilie sowie Paprikaringen garniert servieren.

UNGARISCHE EIERSPEISE

ESTERHÁZY-SCHNITTE (REZEPT WIE ESTERHÁZY-TORTE)

À LA ESTERHÁZY

Viele alt-österreichische Spezialitäten tragen den Namen „à la Esterházy" – die meisten zu Ehren von Fürst Pál Esterházy, einem großen Gourmet und Förderer der Kochkunst im 19. Jahrhundert, zu Zeiten der ehemaligen k. u. k Donaumonarchie.
Der berühmte Esterházy-Rostbraten hingegen soll nach Fürst Miklós Esterházy (mit dem Beinamen der Prächtige) benannt worden sein. Dieser führte im 18. Jahrhundert in seinen prunkvollen Schlössern ein wahrhaft barockes Leben. Unter anderem war ein festes Schauspiel- und Opernensemble engagiert, um für Unterhaltung und Kurzweil auf höchstem Niveau zu sorgen. Knapp drei Jahrzehnte war kein geringerer als Joseph Haydn sein Hofkapellmeister. Auch Fürst Miklós Esterházy war also ein Freund der schönen Künste und Förderer der Kochkunst, weshalb der berühmte Rostbraten zurecht seinen Namen trägt und diesem mit seinem Wohlgeschmack auch alle Ehre macht.

ESTERHÁZY-ROSTBRATEN

4 schöne gut abgelagerte Scheiben Rostbraten je 200–250 g (vorzugsweise aus der Hochrippe),
100 g Speck,
1 Karotte,
1 Gelbe Rübe,
1 Scheibe Sellerieknolle,
1 Petersilienwurzel,
1 Zwiebel,
3–4 Sardellen oder 1 EL Senf,
1–2 EL fein gehackte Kapern,
250 ml Rindsuppe,
150–200 ml Sauerrahm,
2 EL Butter,
Mehl,
etwas Zitronensaft,
Prise Zucker,
1 EL fein gehackte Petersilie,
Salz und Pfeffer

Die Rostbratenscheiben an den Rändern mehrmals einschneiden und mit dem Handballen leicht klopfen. Fleisch mit Salz und Pfeffer würzen, auf einer Seite bemehlen und mit der Mehlseite zuerst in Butter beidseitig anbraten. Inzwischen das Wurzelwerk und die Zwiebeln fein nudelig schneiden, Speck würfeln.
In einer Kasserolle den Speck auslassen, dann die Zwiebel und zwei Drittel des Gemüses darin andünsten, etwas Rindsuppe angießen und die Fleischscheiben darauf legen. Mit der Hälfte des Rahms, mit Kapern, Sardellen oder Senf darüber verteilt das Fleisch langsam weich dünsten. Währenddessen die restliche Gemüsejulienne in Butter dünsten und mit wenig Wasser weich dünsten.
Das fertig gegarte Fleisch aus der Kasserolle heben und warm stellen. Die Sauce entfetten und passieren, mit Mehl verquirlten Rahm einrühren und aufkochen lassen. Sauce mit Zitronensaft, Zucker, Salz und Pfeffer und fakultativ ein paar Kapern abschmecken, mollig einkochen.
Die Rostbratenstücke auf vorgewärmten Tellern anrichten, mit der Sauce überziehen und mit der in Butter gedünsteten Gemüsejulienne sowie gehackter Petersilie garnieren. Dazu werden Butternudeln serviert.

ESTERHÁZY-TORTE

Für den Teig:
8 Eiklar,
300 g Zucker,
300 g Mandeln

Für die Fülle:
8 Dotter,
200 g Zucker,
250 ml Milch,
1 Päckchen Vanillezucker oder echte Vanille,
4–5 Blatt Gelatine
(in kaltem Wasser eingeweicht),
220 g Butter

Für die Glasur:
350 g Staubzucker,
etwas kochendes Wasser,
1/2 Eiklar,
Saft einer Zitrone,
2 EL Kakao

Die Eiklar zu steifem Schnee schlagen, dann vorsichtig zunächst den Zucker unterheben, danach die Mandeln einrühren. Masse in 6 Portionen auf Backpapier streichen und bei 180 Grad 6 dünne Tortenböden backen. Diese auskühlen lassen.
Für die Fülle die Eidotter mit Zucker und Vanille in der Milch versprudeln, dann knapp bis zum Kochen bringen, Topf vom Herd nehmen und die gut ausgedrückte Gelatine einrühren, endlich die Butter in Stücken einarbeiten. Alles zu einer Creme schlagen bis diese erkaltet ist. Sobald die Creme kompakt und streichfähig ist, abwechselnd jeweils einen Tortenboden damit bestreichen, einen weiteren darauf legen und derart weiter verfahren, bis alles verbraucht ist. Mit einem Tortenboden abschließen.
Für die Glasur tropfenweise kochend heißes Wasser in den Staubzucker rühren und alles so lange rühren, bis sich ein Löffel mit einer dicklichen Creme überzieht. Dann das Eiklar einrühren und mit etwas Zitronensaft abschmecken (Hinweis: Hier ist etwas Geduld von Nöten, da es eine Weile dauert, bis sich die Glasur bildet). Die Glasur dritteln, 2 Drittel natur belassen, 1 Drittel mit dem Kakao färben. Die Torte zunächst mit der weißen Glasur überziehen und – solange die Glasur noch weich ist – mit Hilfe eines Zahnstochers mit der dunklen Glasur ein Muster (z. B. Fischgräten, Girlanden etc.) hinein malen. Glasur stocken lassen und die Torte kalt stellen.

SCHLOSS ESTERHÁZY

Loipersbacher Hammerfleisch und Schubwürstel

Otmar Tschürtz ist ein Dorffleischhauer in Loipersbach, wie es sie leider nicht mehr all zu oft gibt und mit seinem Bestreben und Suchen nach allerfeinsten Wurst- und Schinkenspezialitäten hat er eine alte, regionale Spezialität wiederentdeckt – das „Loipersbacher Hammerfleisch".
Lange recherchierte Otmar Tschürtz bei Zeitzeugen und in uralten Aufzeichnungen, ehe er die perfekte Kombination der Zutaten wiedergefunden hatte und damit einer ehrwürdigen Delikatesse mit alter Tradition im Jahre 1998 zu neuem Leben verholfen hat. Der Schlögel vom Schwein wird in dieser Gegend schon seit je her „Hammer" genannt und durch die spezielle Veredelung wird er dann zum „Hammerfleisch". Neben erstklassiger Fleischqualität verwendet der ambitionierte Fleischmeister für diese handgemachte Köstlichkeit lediglich drei Dinge: Meersalz, Knoblauch und Buchenholz, mit dem das Loipersbacher Hammerfleisch kalt geräuchert wird. Die anschließende Reifezeit beträgt 12 Monate, ehe der edle Schinken in den Verkauf gelangen darf.
Das Ergebnis ist ein überaus zarter, naturbelassener Rohschinken, der selbst den verwöhntesten Gaumen mit seinem feinen Aroma zu begeistern vermag. Das seit vielen Generationen bestehende Familienunternehmen Tschürtz produziert damit eine Delikatesse, die nicht nur eine österreichische Alternative zu Prosciutto und Co darstellt, sondern auch allerhöchsten Ansprüchen gerecht werden kann.
Es werden aber auch noch andere besondere Wurstspezialitäten vom Dorffleischhauer Tschürtz erzeugt, darunter auch so Raritäten wie die Schubwürste. Alle Wurst- und Selchfleischspezialitäten werden unter strengen Qualitätsauflagen in Eigenproduktion und nach altem Vorbild natürlich von Hand gefertigt. Das Ergebnis liegt dann auf der Zunge, denn die feinen Aromen der Speck-, Wurst- und Selchwaren sind von seltener Feinheit und erfreuen durch ihr einzigartiges Aroma, das noch von der persönlichen Handschrift eines echten Fleischhauers geprägt ist.

HAMMERFLEISCH

Lángos

Lángos ist ein aus Ungarn stammender Fladen, der in heißem Fett ausgebacken wird. Ursprünglich wurde er aus Brotteig geformt, der bei der Brotherstellung beiseite gelegt und in der Öffnung des Backofens nahe der Flamme gebacken wurde. Er wurde am Backtag mit frischem Rahm als Frühstück verzehrt. Diese Variante ist so gut wie ausgestorben, da kaum mehr einer sein Brot selber bäckt.
Heute besteht der Lángos aus einem Kartoffelteig, der natur ausgebacken wird, aber auch gefüllt und/oder gewürzt. Auf vielen Volksfesten, Rummeln oder Märkten bildet er einen herzhaften Imbiss, der von Alt und Jung gleichermaßen genossen wird; und deshalb findet man heutzutage im Osten Österreichs nahezu überall Lángos-Buden. Im Burgenland bildet er zuweilen auch ein Abendessen oder dient als Begleiter zum Wein, vornehmlich zum Uhudler des Südburgenlands.
Neben dem naturbelassenen Teigfladen haben sich viele Kreationen entwickelt, wobei der Lángos-Teig mit Dill oder Schinken gewürzt werden kann oder gefüllt wird mit z. B. Debrecziner-Würsten, Schafskäse oder Kraut.
Dieser beliebte Imbiss ist aber nur dann wirklich schmackhaft, wenn er frisch ausgebacken und heiß ist. Lángos mundet noch einmal so gut, wenn er mit saurer Sahne oder mit reichlich Knoblauch bestrichen verzehrt wird.

LÁNGOS GRUNDREZEPT

**400 g Mehl,
150 g mehlig kochende Erdäpfel,
30 g frische Hefe, 400 ml Milch,
50 ml Öl, 2–3 EL Staubzucker,
Salz, Knoblauchpaste oder Rahm**

**Außerdem:
reichlich Öl zum Ausbacken**

Die Erdäpfel werden zunächst samt Schale weich gekocht, danach geschält und lauwarm gestampft. Die Hefe im 100 ml lauwarmer Milch auflösen und 10 Minuten an einem warmen Ort gehen lassen.
Das Mehl in eine Schüssel sieben, in die Mitte eine Vertiefung drücken und die Hefer-Milch hineingießen. Die Erdäpfel und das Öl dazugeben, alles mit der restlichen lauwarmen Milch zu einem geschmeidigen Teig verarbeiten, den Zucker einarbeiten und salzen. Teig dünn mit Mehl bestauben, mit einem Geschirrtuch abdecken und an einem warmen Ort gut 1 Stunde aufgehen lassen.
Eine weite Pfanne etwa 6–8 cm hoch mit Öl füllen. Vom aufgegangenen Teig ein Stück abreißen, zu einem knapp 2 cm dicken Fladen formen und im heißen Öl beidseitig goldgelb ausbacken bis sie schön knusprig sind.
Fertige Fladen abtropfen lassen, salzen und mit Knoblauch oder Rahm bestrichen verzehren.

Weinbaugebiet Neusiedlersee-Hügelland

Entlang des Leithagebirges, bei Breitenbrunn beginnend, reiht sich eine ganze Reihe von namhaften Weinbauorten aneinander, unter ihnen Purbach (bekannte Winzer sind z. B. Gmeiner, Kloster am Spitz), Donnerskirchen (mit z. B. Bayer-Erbhof oder Sommer Leopold), Schützen am Gebirge (Engelbert Prieler), St. Margarethen (Rosi Schuster), Oggau (Christian Rainprecht oder MAD-Haus Marienberg) und schließlich die Landeshauptstadt Eisensadt mit ihrem prachtvollen Schloss und den Vororten Klein- und Großhöflein, welche in jüngerer Zeit durch Winzer wie Rudolf Kaiser, Hermann Fink, Römerhof-Kollwentz, Josef Leberl, Josef Sailer oder Rudolf Wagentristl in der Weinwelt von sich Reden machten.

Eine Sonderstellung nehmen die beiden Weinbauorte Mörbisch und Rust ein. In Mörbisch am See, wo bereits seit 1957 jeden Sommer die bekannten Seefestspiele stattfinden, ist von den Winzern der berühmte „Opernballwein" kreiert worden. Namen wie Fiedler-Grenzhof, Franz Schindler, Franz Sommer und Günter Schönberger, der nach stürmischen Musiker-Jahren mit der EAV endlich seiner Berufung nachgehen kann, haben dem Ort in der Weinwelt einen Platz in der ersten Reihe eingebracht.

Der weltberühmte Weinort Rust nimmt gleich aus mehreren Gründen eine Sonderstellung ein: zum einen verzaubert Rust mit einem wunderschönen alten Ortskern, zahlreichen Weinstuben, Vinotheken und natürlich den Winzerhäusern mit ihren idyllischen Innenhöfen, in denen man bei einer guten Flasche Wein die auf den Schornsteinen nistenden Störche beobachten kann. In Rust befindet sich auch der Sitz der Weinakademie Österreich, die erste deutschsprachige Ausbildungsstätte dieser Art mit einem sehr profunden Lehrprogramm, das – so man alle Prüfungen zu bestehen vermag – mit dem „Master of wine" seinen Abschuss findet. Und dann gibt es hier den legendären „Ruster Ausbruch"; aus von Hand selektierten Botrytis-Beeren wird diese Spezialität gewonnen; eine Symbiose aus köstlicher Süße, feinster und delikatester Säure sowie einem überdurchschnittlichem Extrakt- und Alkoholgehalt. Perfekt ausgebaut handelt es sich hier nicht mehr um Weine, sondern um Lebenselixiere, die den (Süß-)Weinliebhaber in einen extaseähnlichen Zustand versetzen können und mit ihrer puren, reinen Frucht auch jene zu überzeugen vermögen, die ansonsten nicht so für Süßweine schwärmen.

In vielen verschiedenen Spielarten wird der Ruster Ausbruch erzeugt, reinsortig oder als Cuvée, ja sogar aus Pinot-noir-Trauben. Von der Vereinigung „Cercle Ruster Ausbruch" wird dieser spezielle, kraftvolle, edelsüße Wein gepflegt und es gehören ihr so arrivierte Winzer wie das Weingut Feiler-Artinger, Giefing, Hammer, Schandl, Heidi Schröck, Friedrich Seiler, Tremmel, Weinbau Wenzel (mit einem sensationellen Ruster Ausbruch 2002 (SAZ) aus Furmit und Gelbem Muskateller; wobei noch anzumerken ist, dass Robert Wenzel als Doyen des Ruster Weinbaus gilt) sowie Günter Triebaumer und ET (Ernst Triebaumer) an.

Unter anderem hat es die Ortschaft Rust übrigens auch dem „Ausbruch" zu verdanken, dass sie „Freistadt" wurde. Im 17. Jahrhundert spendierten die Winzer der Stadt Kaiser Leopold und seinen Mannen im Kampf gegen die Türken und Ungarn reichlich Wein als Stärkungsmittel. Nach erfolgreichem Gefecht kam prompt der Dank: Seit 1681 darf sich die Gemeinde am schönen Neusiedler See „Freistadt" nennen. Das besondere an dieser Region ist weiter, dass hier nahezu alle Weine, Rote, Weiße wie auch Süße gut gedeihen und zu exzellenten Qualitäten ausgebaut werden, weshalb man auch von der Ruster Trilogie spricht: rot-weiß-edelsüß.

Die Böden des Weinbaugebiets Neusiedlersee-Hügelland bestehen aus Löss, Schwarzerde, Sand und Lehm, die derzeit 4160 Hektar sind mit Sorten wie Welschriesling, Weißburgunder, Neuburger, Zweigelt und Blaufränkisch bestockt. Sauvignon blanc und Chardonnay gelten als Spezialitäten und zur Zeit vermehrt auch der Cabernet Sauvignon.

REMUSHOF JAGSCHITZ OSLIP

Weine, die leben – eine Familie, die den Wein lebt und liebt! Am Remushof ist Wein eine Lebenseinstellung, die das Leben einfach lebenswerter macht. Bereits seit 6 Generationen wird hier Weinbau betrieben, in der Familienchronik findet sich das Jahr 1684 als Gründungszeitpunkt des Remushofes. Daher fühlt man sich hier der alten burgenländisch-kroatischen Weinbautradition besonders verpflichtet.

Der langen Tradition folgend, werden hier die autochtonen Sorten Welschriesling und Grüner Veltliner besonders gepflegt, doch auch die fast vergessene Sorte Neuburger hat ihren fixen Platz im Sortiment; bei den Roten setzt man auf die Klassiker wie z. B. Blaufränkisch und Zweigelt. Die 13 ha des Weingutes befinden sich Großteils an den Hängen und dem Plateau des Ruster Hügellandes. Neben dem frisch-fruchtigem Welschriesling ist der aus der Trauben-Rarität Passatutti gewonnene Wein besonders gelungen, ein sehr komplexer Tropfen mit zartem Anis und leicht vegetalen Noten: ein Wein für Weinliebhaber!

FEILER-ARTINGER RUST

Ganze Bücher könnte man füllen, wollte man alle Weine, die dieses weltberühmte Gut im Laufe seiner langen Geschichte erzeugt hat, aufzählen. Ohne Zweifel, Feiler-Artinger gehört zum Allerfeinsten und Besten, was die grandiose österreichische Weinwelt auszeichnet. Große Weine mit Tiefe, Struktur und Eleganz zu vinifizieren, ist auch heute noch das erklärte Ziel der ambitionierten Winzer Kurt und Hans Feiler. „Die Weine sind eine Symbiose aus Boden, Klima und Mensch!" propagiert das traditionelle Weingut, das heute 28 ha Weingärten bewirtschaftet.

Das besondere Kleinklima des Ruster Hügellandes am Westufer des Neusiedler Sees ermöglicht ihnen die Produktion der bereits erwähnten Ruster Trilogie (weiß-rot-edelsüß) nahezu in Perfektion. Bei den Weißen glänzen z. B. der vielschichtige und sehr elegante Pinot blanc, bei den Roten zählt unzweifelhaft der „Solitaire", eine Rotwein-Cuvée (BF/CS/ZW/ME), zum Besten, was das Burgenland hervorbringt.

Die große Spezialität des Hauses sind allerdings die Süßweine, allen voran natürlich der Ruster Ausbruch. Süßweine aus dem Hause Feiler-Artinger sind nicht nur eine Klasse für sich, sondern mittlerweile auch weltberühmt. Unter den zahlreichen Extraklasse-Kreszenzen ist es nicht leicht, den einen oder anderen hervorzuheben. Neben dem Ruster Ausbruch (WR/CH) sind die seltene Cabernet Sauvignon-Beerenauslese sowie der extravagante Pinot noir-Ausbruch, der nicht nur ganz besonderes Trinkvergnügen bereitet, sondern auch Süßspeisen ein feines Aroma verleihen kann, überaus bemerkenswert.

ZECHMEISTER EISENSTADT

Im Jahre 1582 gründete Wolfgang Zechmeister dieses Weingut, das sich seitdem ununterbrochen in Familienbesitz befindet. Diese mehr als 400 Jahre alte Winzertradition, ideale Böden, behutsamste Verarbeitung der Trauben und die Liebe zum Beruf prägen die hohe Qualität der Weine, die im alten massiven Steingewölbe des Kellers zur vollendeten Reife gelangen.

Auf heute 12 ha Weingärten wachsen die Reben, das milde pannonische Klima sowie die humösen und kalkreichen Lehmböden bieten ideale Voraussetzungen für hochwertige Trauben, welche schonend mit modernsten Kellertechniken verarbeitet werden. Ein kräftiger Ruländer sowie „Laetitia", ein klassischer burgenländischer Sauvignon blanc, überzeugen bei den Weißen, während unter den Roten der Blaue Burgunder erwähnenswert ist.

GÜNTHER SCHÖNBERGER MÖRBISCH

Nach vielen Wanderjahren in Österreich, Deutschland, Frankreich und Italien gründete die Familie Schönberger ihr eigenes Weingut im sonnenverwöhnten Neusiedlersee-Hügelland, genauer in Rust und Mörbisch. Im Jahre 1992 wurde der erste Wein vinifiziert, der streng nach den biodynamischen Richtlinien erzeugt wurde, denen sich das Weingut verschrieben hat. Man ist der Ansicht, dass ein reiner Wein nur aus intakter Natur stammen kann und daher werden ausschließlich natürliche Pflanzenpflegemittel eingesetzt, um Nützlingen den notwendigen Lebensraum zu erhalten.

Ein niedriger Hektar-Ertrag von maximal 2.000–2.500 Litern/ha ist die Vorraussetzung für die Produktion höchster Qualitäten. Dieses erstklassige Traubenmaterial wird behutsam im Keller verarbeitet, schonendst filtriert und nicht geschönt. Sowohl im Weingarten, wie auch im Keller wird den Mondphasen Beachtung geschenkt. So entsteht in diesem Qualitätsweingut neben den hervorragenden Weinen Herbstcuvée und Blaufränkisch auch ein herausragender und hoch-eleganter Welschriesling-Süßwein, der mit seinen feinen Honignoten alle Beachtung verdient und an große Sauternes erinnert, womit er ohne Zweifel zu den besten Süßweinen Österreichs zu zählen ist.

ELFENHOF RUST

Mit etwas mehr als 45 ha Weingärten gehört das seit 1642 ortsansässige Weingut Elfenhof zu den größeren Betrieben der Weinstadt Rust. Dementsprechend umfangreich ist auch das Sortiment, welches dem Kunden geboten werden kann. Durch reinsortige Ernte und sorgfältige Verarbeitung handelt es sich durchwegs um hohe Qualitätsweine, von denen der Ruster Riesling (Cuvée aus Welsch- und Rheinriesling), der Muskat Ottonel sowie der Ruster Red (ein Rotwein, gänzlich ohne Holz ausgebaut) besonders erwähnenswert erscheinen.

WEINHAUS SCHUMICH OSLIP

Rund um Oslip liegt eine fruchtbare Ebene, die schon in der Jungsteinzeit Siedlungen entstehen ließ. Der Hotter erstreckt sich vom Westhang des Ruster Hügelzuges in die Wulkaniederungen sowie in etwas verengter Form bis zum Kamm des Leithagebirges. Der Betrieb der Familie Schumich liegt im ältesten Ortsteil von Oslip, ihm sind gut 6 ha angeschlossen. Im Hause Schumich ist man darauf bedacht, dass Tradition mit modernen Ideen zusammengeführt wird, um dadurch neue Erlebnisse für den Gaumen zu schaffen.

Der Weinbau wird in der Familie schon in vierter Generation betrieben. Die Trauben werden mit traditioneller Kellertechnik zu edlen Kreszenzen verarbeitet unter denen insbesondere der vielschichtige Zweigelt Barrique punktet.

GIEFING RUST

Erwin Giefing betont immer wieder gerne, dass er sich als Quereinsteiger sieht. Allerdings als einen Quereinsteiger, der es sich zur Aufgabe gemacht hat, die hervorragenden Terroir- und Klimabedingungen des Neusiedlersee-Hügellandes bestmöglich für die Produktion von Topweinen zu nutzen. Und so kaufte er sich nach seiner Karriere als Haubenkoch ein 500 Jahre altes Weingut im Zentrum von Rust dem 8 ha Weingärten angeschlossen sind und begann die Weinwelt ein wenig zu revolutionieren.

85 Prozent der gekelterten Weine sind Rote, 10 Prozent Weißweine und 5 Prozent Süßwein. Die ältesten Anbauflächen sind 40 Jahre und älter. Jeder Rebstock wird vom Frühling bis Herbst mehrmals kontrolliert, um ihn in die gewünschte Richtung zu lenken. Es werden Triebe ausgebrochen und überzählige Trauben entfernt, um ein Maximum an physiologischer Reife zu erlangen.
Und so entstehen nach sorgfältigster Verarbeitung große Weine, die pures Trinkvergnügen bereiten. Unter den Roten gilt der „Cardinal", eine Cuvée aus Blaufränkisch mit etwas Zweigelt und Cabernet Sauvignon, 26 Monate im neuen französischen Holz gelagert als das Spitzenprodukt des Hauses. Bei den Weißen beeindruckt die „Contessa", ein 18 Monate gereifter, hoch-eleganter Chardonnay, der dem Genießer absoluten Hochgenuss bereitet.

ANSCHERINGER-RATH BREITENBRUNN

Eingebettet zwischen Leithagebirge und Neusiedler See liegt der Ort Breitenbrunn. Gute Lagen, tiefgründige, kalkreiche Böden und die intensive Sonne bieten ideale Voraussetzungen für Weine edler Güte. Das Traditionsweingut Anscheringer-Rath beschäftigt sich bereits seit dem frühen 18. Jahrhundert mit dem Weinbau und verbindet alte Weinbauerfahrungen mit zeitgemäßer Kellertechnik. So entstehen sehr bodenständige, gebietstypische Weine von zum Teil bemerkenswerten Qualitäten. Zu den deftigen regionalen Köstlichkeiten schmecken der rassige Welschriesling oder der fruchtige Rosé (gut gekühlt) besonders gut.

TINHOF EISENSTADT

Erst 1990 begann Erwin Tinhof seine Winzerkarriere, als er 6,5 ha Weingarten von seinem Onkel pachtete. Heute bewirtschaftet er bereits 11 ha Rebfläche, naturnah, ohne Insektizide und Herbizide sowie ohne künstliche Düngemittel. Er beschäftigt sich nur mit traditionellen österreichischen Sorten, wie Weißburgunder, Neuburger, Muskat, Blaufränkisch, Zweigelt und St. Laurent.

Durch kompromissloses Qualitätsstreben gelang es Erwin Tinhof innerhalb kürzester Zeit elegante, durch ihre Frucht bestechende Weine zu produzieren, von denen der rassige Neuburger oder die hervorragende Cuvée Fuchsenriegl (aus Neuburger und Weißburgunder) besonders in Erinnerung bleiben.

ERNST TRIEBAUMER RUST

Ernst Triebaumer vermittelt den Eindruck eines Mannes, der konsequent seinem Gespür und Naturell folgt, seine Gedanken über den Weinbau sind keine leeren Floskeln, sondern gewachsene Erfahrungen, die er durch Beobachtung und Arbeit mit seinen Reben und der Natur im Laufe von einigen Jahrzehnten gewonnen hat. Es gibt Werte, denen er sich verpflichtet fühlt und bestrebt ist, diese auch weiterzugeben. Einer dieser Werte ist der Wert des Bodens, der sorgfältige und überaus rücksichtsvolle Umgang damit, um ihn auch für künftige Generationen zu erhalten. Und so ist er ständig im Weingarten präsent, um zu beobachten, was der Rebstock gerade braucht oder will. Nein, seine Gärten sehen nicht aus, wie englische Parkanlagen, hier wachsen die natürlichen Begrünungspflanzen, Unkraut, Wicken und andere Beikräuter. So leben hier auch jede Menge Nützlinge, die an den „Heilmitteln", jenen stärkenden Kräuterjauchen, die er für seine Pflanzen selber mixt, keinen Schaden nehmen. Biodynamischer Anbau ist für Erwin Triebaumer selbstverständlich. Das Motto der Familie „Wir lassen nicht nachdenken – wir denken lieber selbst!" erfüllt sie mit Stolz, denn eines haben sie noch nie gebraucht, einen Berater.

Und so darf sich die Weinwelt z. B. an einem wunderbaren Blaufränkisch Mariental, einem komplexen Cabernet Sauvignon, einem frischen Chardonnay oder einem trinkanimierendem Sauvignon blanc erfreuen. Absolute Weltklasse ist unumstritten der einzigartige Ruster Ausbruch, ein Wein von ungeheurer Eleganz und Ausdrucksstärke, der leider viel zu selten erhältlich ist. Nicht zu vergessen der Eiswein aus Chardonnay, Welschriesling und Sauvignon blanc mit seinem leuchtenden Gold, Aromen nach Vanille und Exotik, feinster Würze und wunderschöner Eleganz.

ROTWEINNUDELN IN SPECKSAUCE

Weinhaus Schumich

300–400 g hausgemachte Rotweinnudeln (eine Pastavariante bei der das Wasser durch Wein ersetzt worden ist),
150–200 g Bauchspeck,
150 g fein gewiegte Zwiebel,
1–2 Knoblauchzehen,
250 ml kräftiger Wildfond,
250 ml Zweigelt Barrique (oder ein anderer guter Rotwein),
1 Lorbeerblatt,
Mehl zum Stauben,
Salz und Pfeffer aus der Mühle

Für die Sauce den Speck auslassen, Zwiebeln darin anrösten und alles mit Fond sowie Rotwein aufgießen. Lorbeerblatt und gepressten Knoblauch dazugeben, auf die Hälfte einreduzieren lassen. Mehl mit Wasser abrühren, die Sauce damit binden (statt Mehl kann für die Saucenbindung auch Rahm verwendet werden).
Nudel al dente kochen, mit der Rotweinsauce überzogen servieren. Knusprig frittierte Rosmarinnadeln sind eine geeignete Garnitur.

BLUNZ'NSTRUDEL

Remushof Jagschitz

250–300 g Strudelteig (siehe Grundrezept S. 406 oder Fertigprodukt),
3–4 Erdäpfel vorgekocht,
750–800 g Blunz'n,
1–2 große Zwiebeln fein gehackt,
4–5 Knoblauchzehen,
4–5 EL Sauerrahm,
Semmelbrösel,
Schmalz,
3–4 EL fein gewiegte Petersilie,
1–2 EL Majoran,
Salz und Pfeffer aus der Mühle,
1 versprudeltes Ei zum Bestreichen

Die vorgekochten Erdäpfel in einer Schüssel leicht zerdrücken. Etwas Schmalz in einer Pfanne erhitzen, Zwiebeln goldbraun darin anbraten. Die Blutwurst ggfs. häuten, grob würfen und kurz mitbraten. Dann alles zu den Erdäpfeln geben und kräftig mit gehacktem Knoblauch, Petersilie, Majoran, Salz und Pfeffer würzen. Dann einige Esslöffel Sauerrahm hinzufügen, alles zu einer homogenen Masse rühren. Sollte die Füllmasse zu dünnflüssig sein, mit Semmelbrösel nach Bedarf binden. Strudelteig auf einem feuchten Tuch ausbreiten und mit flüssigem Schmalz oder etwas Öl bestreichen. Masse auf dem Teig gleichmäßig verteilen, dann zu einem Strudel zusammenrollen, Ränder dabei einklappen. Strudel auf ein mit Backpapier ausgelegtes Blech legen, mit versprudeltem Ei (oder etwas flüssiger Butter) bestreichen und im vorgeheizten Ofen bei 180 Grad goldgelb backen. Dazu schmecken Knoblauchrahm mit frischen Kräutern und ein Salat.

RAHMSCHNITZEL

Elfenhof

4 schöne Kalbschnitzel,
50 ml Weißwein,
50 ml Glas kräftiger Kalbsfond,
100 ml Rahm,
Butter zum Braten,
Mehl zum Wenden,
Salz und Pfeffer aus der Mühle

Kalbschnitzel klopfen und kräftig würzen, danach in Mehl wenden. Butter in einer Pfanne aufschäumen lassen, Schnitzel nacheinander darin beidseitig braun anbraten. Schnitzel warm stellen.
Überschüssiges Fett aus der Pfanne entfernen, Bratensatz mit Fond und Wein ablöschen, beides stark einkochen lassen, das Obers dazugießen und nochmals verkochen bis die Sauce schön sämig ist. Sauce abschmecken, über die Schnitzel gießen und mit Reis oder Teigwaren servieren.

ROTWEINNUDELN IN SPECKSAUCE

TOPFENKNÖDEL MIT ZWETSCHKEN IN PINOT NOIR-AUSBRUCH

Feiler-Artinger

Für die Knödel:
500 g Topfen (10 %),
1/2 Toastbrot vom Vortag,
80 g Butter,
4 Dotter, 2 Eiklar,
80 g Zucker,
Mark einer Vanilleschote,
1 Löffel Rum,
etwas abgeriebene Zitronenschale (unbehandelt),
1 Prise Salz, etwa 2 Löffel Grieß

Für die Butterbrösel:
Butter, Brösel,
geriebene Mandeln

Für die Zwetschken:
400–500 g Zwetschken (entkernt und geviertelt),
Gelierzucker nach Geschmack,
Ruster Ausbruch „Pinot noir"

Den Topfen in ein Sieb geben und abtropfen lassen. Das Toastbrot entrinden, klein würfelig schneiden und mit den 2 Eiklar befeuchten. Butter mit Zucker schaumig schlagen, langsam die Eidotter, Vanille, Rum, abgeriebene Zitronenschale sowie eine Prise Salz einarbeiten. Topfen und Weißbrotwürfel dazugeben, nach Bedarf Grieß untermengen. Danach muss die Masse mindestens 1 Stunde rasten. Aus der Topfenmasse kleine Knödel formen, diese in leicht gesalzenem Wasser mehr ziehen als kochen lassen (zunächst einen Probeknödel machen – wenn er zu weich ist, noch Gries unterheben).
Zwischenzeitlich die Semmelbrösel zusammen mit den Mandeln in Butter abrösten, die fertigen Knödel darin wälzen.
Für das Kompott die Zwetschken mit Gelierzucker nach Geschmack und einigen Löffeln Ruster Ausbruch Pinot noir kurz aufkochen. Kompott auf Tellern anrichten, zwei bis drei Knödel darauf legen und mit Staubzucker bestreut servieren.

KRAUTFLECKERL

Anscheringer-Rath

1 1/2 kg Kraut,
400 g Fleckerl,
1–2 Zwiebeln,
Schmalz,
Prise Zucker,
Salz und Pfeffer

Das Kraut fein hobeln, die Zwiebeln in dünne Ringe schneiden. Danach die Zwiebeln in Schmalz andünsten, das geraspelte Kraut dazugeben und ebenfalls rösten bis es weich ist. Letztlich mit Zucker, Salz und Pfeffer würzig abschmecken.
Die Fleckerl in Salzwasser al dente kochen, zum Kraut geben, alles vermischen und nochmals abschmecken. Mit Essiggurken und Welschriesling servieren.

ENTENBRUST MIT ROTWEINZWIEBELN UND STEINPILZ-POLENTA

Günther Schönberger

4 Entenbrüstchen,
2–3 Zwiebeln,
100 g Butter,
70 g Zucker,
5–6 EL Wasser,
500 ml Blaufränkisch,
125 ml roten Portwein,
60 ml Preiselbeersaft,
Salz

Für die Steinpilzpolenta:
750 ml Entenfond
(ersatzweise Geflügelfond),
20 g getrocknete Steinpilze,
200 g Polenta,
30 g geriebenen Parmesan,
100 ml Obers,
Salz,
Pfeffer aus der Mühle

Für die Rotweinzwiebeln die geschälten Zwiebeln in etwa 1 cm dicke Scheiben schneiden. Die Butter mit dem Zucker erhitzen, etwas Wasser dazugeben und salzen. Die Zwiebeln in das Karamell geben, bei mittlerer Hitze weich dünsten. Zwischenzeitlich den Rotwein mit Portwein und Preiselbeersaft in einen zweiten Topf auf etwa 125 ml einreduzieren. Reduktion zu den Zwiebeln gießen und alles so lange weiterköcheln lassen bis die Zwiebeln kräftig rot sind und die Flüssigkeit eingedickt ist.
Für die Steinpilzpolenta wird der Fond mit den getrockneten Steinpilzen aufgekocht. Danach das Polentamehl einrieseln lassen und unter ständigem rühren 30 Minuten garen. Zum Schluss mit geriebenem Parmesan, Obers, Salz und Pfeffer kräftig würzen.
Die Entenbrüstchen nicht zu tief kreuzweise einschneiden und würzen. Etwas Öl in einer Pfanne erhitzen, die Brüstchen mit der Hautseite nach unten einlegen und 4–5 Minuten anbraten, wenden und im vorgeheizten Backrohr weitere 5 Minuten braten. Entenfilets aus dem Rohr nehmen und rasten lassen.
Entenbrüstchen quer aufschneiden. Zwiebeln auf Tellern anrichten, Entenfilets darauf platzieren, Polenta anlegen und sofort servieren.

BOHNENSTRUDEL

Tinhof

600 g Strudelteig,
gut 1 kg vorgekochte Weiße Bohnen,
2 Semmeln,
1 1/2 Becher Sauerrahm,
1 große Zwiebel in Würfel geschnitten,
Schmalz,
etwas Rindsuppe
oder Milch zum Einweichen,
reichlich Majoran,
Salz,
Pfeffer aus der Mühle

Die Zwiebel in Schmalz goldgelb anrösten. Gut zwei Drittel einer Semmel einweichen, danach fest ausdrücken. Die restliche Semmel würfelig schneiden, zur Zwiebel geben und alles noch weiter rösten.
Einen Abtrieb mit Schmalz, 1 1/2 Bechern Sauerrahm, Majoran, Salz und Pfeffer bereiten, wobei Majoran und Pfeffer vordringen sollten. Anschließend kommen die abgetropften Bohnen, die Zwiebelmasse sowie die ausgedrückte Semmel hinzu.
Aus dem Strudelteig und der Bohnenmasse vier dünne Strudel rollen, diese mit flüssigem Schmalz bestreichen. Bei 200–220 Grad im Rohr backen, währenddessen immer wieder mit Schmalz bestreichen. Wenn der Strudel schon fast fertig ist, werden kleinere Stücke geschnitten und diese wieder ins Rohr gegeben bis die Ränder auch knusprig sind.

KRAUTFLECKERL

Die Geschichte vom Purbacher Türken

Als die Türken im Jahre 1532 nach Wien zogen, um dieses endlich und endgültig zu unterwerfen, trieben sich auch vereinzelte Splittergruppen rund um den Neusiedler See herum. In den kleinen Dörfern und Bauernhäusern suchten sie plündernd nach Nahrung. So gelangten türkische Reiter auch in den Ort Purbach. Während die aufmerksamen Bewohner längst die Flucht ergriffen hatten und die Ortschaft wie ausgestorben war, wurden die Lämmer, Hühner, Enten und Gänse bald von den hungrigen Kriegern am Lagerfeuer gebraten. Die zahlreich herumlaufenden Schweine wurden hingegen verschmäht, da es den Muslimen bekanntlich untersagt ist, Schweinefleisch zu essen. Obwohl es ihnen ebenso verboten war, Wein zu trinken, vergaßen sie dies angesichts ihres Durstes – weit weg von der Heimat mit ihren strengen Geboten – und stürzten sich über die vollen Weinfässer in den zahlreichen kühlen Kellern. Allah ist groß und mächtig, aber bis nach Purbach sah er nicht! Bald erkannten sie, dass der köstliche Rebensaft nicht nur den Durst zu stillen vermag, sondern zudem auch wunderbar mit den gegrillten Speisen harmonierte. Und so dauerte es nicht lange bis die kleine Horde von Türken recht rauschig war und die betrunkenen Soldaten zu ihren Pferden taumelten, als der Anführer zum Weiterritt befahl.

Von ihrem Versteck in den nahegelegenen Wäldern des Leithagebirges aus beobachteten die Purbacher den eher ungezwungenen Abzug der benebelten Osmanen. Als die fremden Reiterscharen dann endlich verschwunden waren, traute man sich ins Dorf zurückzukehren. Inzwischen aber erwachte in einem der Weinkeller ein vergessener und zurückbelassener Türke aus seinem schweren Delirium. Er hatte den Abzug seiner Kameraden verpasst und diesen regelrecht zwischen den Fässern liegend verschlafen. Nun hörte er plötzlich unerwartete fremde Stimmen und das Fluchen der erzürnten Dorfbewohner, welche gerade die Spuren von Verwüstung und Plünderung entdeckten.

Wahrscheinlich fürchterlich verkatert und voll Angst vor Racheakten schlich sich der Türke aus dem Keller und suchte im Bauernhaus Versteck. Da konnte er den breiten Kamin der Rauchkuchl ausmachen und ersann den Fluchtplan, durch den Rauffang über das Dach und die nahe gelegene Befestigungsmauer zu türmen und so seinem drohenden Unheil zu entfliehen. Wie er schon den Rauchfang empor geklettert war und sein Haupt aus dem Schornstein steckte, wurde er allerdings von einer Bäuerin entdeckt. Unter gellendem Geschrei verkündete sie ihre Entdeckung und so wurde schon recht bald ein gutes Feuer in der Kuchl errichtet. Der nunmehr im Rauchfang festsitzende Türke wurde geradezu geräuchert, bis er sich schließlich ergeben musste und gefangen genommen werden konnte.

Nur dem Dorfpfarrer hatte es der ausgeräucherte Türke zu verdanken, dass man ihn nicht wie üblich erschlug, sondern nach längerer Verhandlung dem Bauern, bei dem er entdeckt wurde, als Knecht zugeteilt hat.

Der Sage nach soll der ehemalige Soldat ein fleißiger Arbeiter geworden sein und auch recht bald gut Deutsch gesprochen haben. Man erzählt sich, dass er zum christlichen Glauben bekehrt werden konnte (vielleicht war hier auch der Wein ein hilfreiches Argument) und sogar geheiratet haben soll. Nach dem Tode des Türken wurde – in Erinnerung an die schweren Kriegsjahre und die Gefangennahme eines Türken – am Rauchfang besagten Hauses eine steinerne Büste errichtet. Diese ist noch heute im Hause „Türkenkeller" zu besichtigen, das mittlerweile ein schönes Heurigen-Restaurant geworden ist. Es wird von der Winzerfamilie Weisz geführt und ist für seine bodenständig burgenländische Küche bekannt.

GEBRATENER AAL

GEBRATENER AAL

1 großer Aal küchenfertig vorbereitet und gehäutet, Paprikamehl zum Wenden (Mehl wird hierfür mit reichlich Paprikapulver gewürzt), Öl oder Butterschmalz zum Braten, Salz und weißer Pfeffer aus der Mühle, Zitronenschnitze

Den gewaschenen und abgetupften Aal in 5–10 cm lange Stücke schneiden und kräftig mit Salz und Pfeffer würzen (wer mag träufelt auch etwas Zitronensaft auf den Fisch). Dann die Aalstücke im Paprikamehl wenden, leicht abklopfen. Butter oder Butterschmalz in einer Pfanne erhitzen, die Aalstücke darin bei nicht zu starker Hitze in 10–15 Minuten rund herum goldbraun braten. Aal abtropfen lassen, vor dem Servieren etwas Knoblauch oder Kräuterbutter darüber schmelzen lassen; grünen Salat und Braterdäpfel dazu reichen.

BURGENLAND-SCHNITTE

Für den Biskuit:
9 Eier, 350 g Mehl, 350 g Staubzucker,
1 Packung Vanillezucker,
1 Packung Backpulver,
etwas mit Rum aromatisierte Milch
(Verhältnis 2 Teile Milch:1 Teil Rum) zum Tränken

Für die Creme:
1 Liter Patisseriecreme, 100 g Staubzucker,
1 Packung Vanillezucker, 50 g Kakao,
200 g zerlassene Schokolade,
2 Packungen Sahnesteif

Die Eier werden getrennt und die Dotter mit dem Zucker sowie Vanillezucker sehr schaumig abgetrieben. Eiweiß zu ganz besonders steifem Schnee schlagen, zusammen mit dem Mehl und etwas Backpulver in die Dottermasse einarbeiten. Teig auf ein mit Backpapier ausgelegtes Blech streichen und leicht mit Mehl stauben. Im Backofen lichtgelb backen (währen der letzten 5 Minuten die Backofentür eine Spalt weit öffnen). Den Teig auf einem Gitter auskühlen lassen, in zwei Teile teilen und mit dem vorbereiteten Milch-Rum-Gemisch etwas tränken.

Aus den Zutaten für die Creme eine schaumig-luftige Füllmasse schlagen. Einen Teigboden in eine Auflaufform legen und mit 2 Drittel der Masse bestreichen, den zweiten Boden darauf legen, diesen mit der restlichen Creme bestreichen. Im Kühlschrank durchziehen lassen. In Schritten aufgeteilt mit Schlagobershaube servieren.

Essiggemüse

Die Vorratswirtschaft hat im Burgenland einen festen Platz und in den meisten Haushalten werden auch heute noch zur Erntezeit frische Früchte eingelegt. Vor allem Hülsenfrüchte (Erbsen, Bohnen), Gurken, Kraut, Kürbis, Knoblauchzehen, Paprika oder Paradeiser wurden konserviert, um diese auch in der kargen Winterzeit zur Verfügung zu haben.
Während das Sauerkraut beispielsweise durch die so genannte Milchsäuregärung haltbar gemacht wird, so werden die Essiggemüse mittels einer etwa 2,5%igen Essiglösung konserviert. Eine andere Möglichkeit ist das Einlegen in eine Salzlösung. Zudem können den Gemüsen Zucker und zur Geschmacksverbesserung natürlich auch verschiedenste Gewürze und Kräuter beigegeben werden.

ESSIGGURKEN

**4–5 kg kleine Gurken,
25 Pfefferkörner,
einige Perlzwiebeln, Dill,
Estragon, Fenchel, geraspelter Kren,
Weinblätter, 1 1/2 –2 Liter bester Weißweinessig,
2–3 TL Zucker, Salz**

Die Gurken mit einem trockenen Tuch abreiben, in eine Schüssel füllen und gut gesalzen einen Tag ziehen lassen. Gurken herausnehmen und in ein irdenes Gefäß oder großes Einmachglas schlichten, dazwischen die Kräuter und Gewürze (Menge nach Geschmack) verteilen. Eine Prise Zucker darüber streuen und abgekochten Essig darüber gießen, gut bedecken. Die Gurken mit einem Brett beschweren und verschlossen kühl aufbewahren.

SENFGURKEN

Große, sehr reife Gurken werden geschält, geviertelt und entkernt, danach in fingerlange und -dicke Streifen geschnitten und eingesalzen; 24 Stunden ziehen lassen, dabei mehrmals wenden. Gurken aus der Lake nehmen, trocken tupfen, in Gläser füllen und Senfkörner, grob gemahlenen Pfeffer, einige Knoblauchzehen sowie fein geriebenen Kren dazugeben. Weinessig abkochen, auskühlen lassen und die Gläser damit voll füllen; 24 Stunden ziehen lassen. Danach den Essig abgießen, aufkochen, wieder erkalten lassen und die Gläser damit erneut füllen. Gläser luftdicht verschließen und kühl lagern.

EINGELEGTE ERBSEN

Die Erbsen in Salzwasser überkochen, abseihen, abkühlen lassen und in sterile Gläser füllen. Erbsen leicht zuckern, mit gekochter, abgekühlter Salzwasserlösung (1 Liter Wasser mit 3–4 Kaffeelöffeln Salz) übergießen, die Gläser fest verschließen und 20 Minuten im Dunst kochen. Nach dem Erkalten kühl lagern.

ÖLPFEFFERONI

1 1/2 kg mittelscharfe Pfefferoni putzen, waschen und abtropfen lassen. 1/2 Liter Essig 7,5 % (Hesperidenessig) zusammen mit 1 Liter Wasser, 500 g Zucker, 200 ml Öl (Raps- oder Sonnenblumenöl), 6 Lorbeerblättern und 2–3 EL Salz aufkochen; Pfefferoni hineinlegen und kurz (maximal 2 Minuten) darin kochen lassen.
Die Pfefferoni dann in Einmachgläser füllen, das Wasser nochmals aufkochen und schließlich über die Pfefferoni seihen, mit etwas Öl abschließen. Die Gläser gut verschlossen kühl und dunkel lagern.

GRÜNE PARADEISER

**4 kg feste grüne Paradeiser,
500 ml guter Weißweinessig,
125 ml Öl,
3–4 ganze Knoblauchzehen,
2 Zwiebeln,
12 angedrückte Pfefferkörner,
2–3 Lorbeerblätter,
3–4 Zweige Thymian,
3–4 Weinblätter,
1 EL Zucker,
1 EL Salz**

Die Paradeiser kurz in kochendem Wasser blanchieren, kalt abschrecken und häuten.
Die Paradeiser halbieren oder vierteln, dabei einen Großteil der Kerne entfernen – wenn die Früchte klein sind, kann man sie auch ganz lassen.
Aus Essig, 250 ml Wasser, Öl, Knoblauch, in Ringe geschnittenen Zwiebeln, Pfefferkörnern, Lorbeerblättern, Thymianzweigen und Weinblättern einen aromatischen Sud kochen. Die Paradeiser in ein Emailgeschirr füllen und den Essigsud darüber passieren.
Das Ganze einmal aufkochen lassen, dann die Früchte mit einer Schaumkelle herausheben und in sterile Gläser füllen, den Sud einige Minuten einkochen lassen, danach etwas abgekühlt die Gläser damit füllen.
Einmachgläser luftdicht verschließen und 45 Minuten über Dunst kochen, im Dunstwasser abkühlen lassen. Dunkel und kühl lagern.

EINGELEGTE PAPRIKA

**3 kg rote und/oder grüne
recht reife Paprikaschoten,
2–3 Pfefferoni,
1 Liter bester Weinessig,
2 Liter Wasser,
gutes Öl
(vorzugsweise Olivenöl oder
Sonnenblumenöl),
3–4 Lorbeerblätter,
Zucker,
1 Päckchen Einmachsalz
(im Fachhandel erhältlich),
Salz**

Die Paprikaschoten reinigen und von Samen und den weißen Teilen befreien, danach grob würfeln oder nur vierteln.
Den Essig mit dem Wasser, den Gewürzen und etwas Salz aufkochen, die Paprikaschoten hineinlegen und mitkochen, bis sie sich leicht verfärbt haben; dann herausnehmen.
Die Paprikaschoten in ein sterilisiertes Einmachglas von 5 Litern Fassungsvermögen füllen und Einmachsalz darüber streuen (1 Päckchen reicht normal für 5 Liter Flüssigkeit). Die Essig-Mischung auskühlen lassen und mit samt den Gewürzen über die Paprikaschoten gießen. Alles mit einer dicken Schicht Öl (mindestens 0,5 cm) bedecken. Einmachglas mit Pergamentpapier verschließen und einige Wochen stehen lassen.

EINGELEGTES GEMÜSE

Die dufte Knolle (Der Knoblauch)

Bereits in der Antike diente der Knoblauch als lustfördernde und sogar aphrodisierende Pflanze. So empfahl z. B. der Dichter Vergil die „weiße Zwiebel" zur Steigerung der Potenz. Tatsächlich ist der Knoblauch nicht potenzfördernd, allerdings sehr gesund. Schon der Mikrobiologe Louis Pasteur (1822–1895) beschäftigte sich intensiv mit der Erforschung der Wirkung des Knoblauchs (Allium sativum), dessen Allicin nicht nur bakteriostatische Wirkung hat, sondern auch den charakteristischen Geruch der Gewürzpflanze zum größten Teil verursacht. So soll angeblich in den Lazaretten des Ersten Weltkrieges tonnenweise Knoblauch als natürliches Antibiotikum verwendet worden sein. Und auch Salmonellen lassen sich mit Knoblauch verhindern: So können sich Salmonellen selbst in hausgemachter Mayonnaise aus rohen Eiern nicht vermehren, wenn diese mit reichlich gepresstem Knoblauch verfeinert wurde.

Knoblauch spielt in der österreichischen Gemüsekultur eine wichtige Rolle und ist als einzigartiger Aromaspender aus der Küche nicht mehr wegzudenken; unverzichtbar für feine Gerichte mit z. B. Lamm, Kitz, Kaninchen und Gemüsen. Ein Klassiker der österreichischen Küche ist die wunderbare Knoblauchcremesuppe, noch kräftiger im Geschmack ist die burgenländische „Knouflsupp'm" und das bekannteste Knoblauch-Gericht überhaupt ist mit Sicherheit der Wiener Vanillerostbraten (siehe S. 340). Ein Leckerbissen der alten Bauernküche ist zudem der so genannte „Husarenrostbraten" hierfür werden Scheiben altbackenen Brotes in reichlich Schmalz mit Knoblauch geröstet und danach mit zerriebenem und gesalzenem Knoblauch bestrichen.

Das burgeländische St. Margarethen ist nicht nur berühmt für seinen alten Römersteinbruch, in dem jeden Sommer Festspiele stattfinden, sondern auch für seine „Knoflfabrik", wie der Betrieb von Ernst Graf im Volksmund genannt wird. Die Firma Graf produziert nämlich Gewürzextrakte und Pflanzenkonzentrate aus Knoblauch und Zwiebeln. Hauptabnehmer ist zwar die Industrie, doch finden auch „Private" hier Schmankerln wie Knoblauchpaste oder Knoblauchcroûtons.

Köstlich schmecken auch der eingelegte Knoblauch vom Gurkenprinz und der Weingartenknoblauch von Erich Stekovics. Eingelegter Knoblauch ist im übrigen viel milder als frischer und schmeckt vorzüglich zur Brettljause, eignet sich bestens zum Aromatisieren von Salaten oder kann als pikante Garnitur für z. B. Canapés verwendet werden.

EINGELEGTER KNOBLAUCH

1 kg Knoblauch,
500 ml Welschrieslingessig,
500 ml trockener Weißwein (Welschriesling),
einige weiße Pfefferkörner, 8–10 Lorbeerblätter,
2–3 TL Thymian (fakultativ),
2–3 rote scharfe Pfefferoni (fakultativ) kleingeschnitten, 4–5 EL Zucker, 2 EL Salz
Außerdem: Sonnenblumenöl

Knoblauch schälen. Alle Zutaten außer dem Knoblauch erwärmen und kurz aufkochen lassen, dann erst die Knoblauchzehen hinzufügen und erneut kurz aufkochen lassen (2 Minuten); danach sofort in sterilisierte Gläser füllen und mit Sonnenblumenöl begießen. Den eingelegten Knoblauch gut verschließen und kühl lagern (etwa 4 Monate haltbar).

KNOUFLSUPP'M

1 Bund Suppengemüse (Sellerie, Porree, Karotte, Petersilienwurzel),
2 Zwiebeln, 8–12 Knoblauchzehen,
50 g Gänseschmalz oder Butter,
3 EL Mehl,
etwas mehr als 1 Liter Rindsuppe,
fakultativ etwas Sauerrahm,
Kümmel, Salz und Pfeffer

Das Suppengemüse putzen und klein schneiden, 10 Minuten in der Rindsuppe kochen, Kümmel, Salz und eine geschnittene Zwiebel hinzugeben und weitere 20 Minuten garen; Brühe durch ein Sieb abgießen und warm beiseite stellen.

Eine Zwiebel feinst hacken, geschälten Knoblauch mit Salz zerdrücken. Die Zwiebel in Gänseschmalz anrösten, (mit etwas Piment würzen), Knoblauch hinzugeben, mit Mehl stauben und alles hellgelb werden lassen. Unter ständigem Rühren die Suppe angießen und gut verkochen lassen. Suppe mit Salz, Pfeffer und Sauerrahm abschmecken. Knoblauchsuppe in tiefen Tellern anrichten, mit gerösteten Schwarzbrotwürfeln und gehacktem Knoblauch garniert servieren.

KNOBLAUCHWURST

3 kg hochwertiges Rindfleisch,
2 kg Schweineschulter,
1 kg Rückenspeck,
125 g Salz, etwas Kochsud von Blut- oder Leberwürsten oder Schweinsknochenbrühe,
reichlich Knoblauch, Zwiebel,
Paprikapulver „edelsüß",
Piment, Prise Zucker,
Pfeffer aus der Mühle,
Därme

Das Fleisch und den Speck fein hacken, eine Hälfte davon zusätzlich fein faschieren. Reichlich gehackten Knoblauch und Zwiebel in einigen ausgelassenen Speckwürfeln abrösten, dann mit dem Fleisch vermengen. Etwas Brühe dazugeben, gut würzen und alles zu einer homogenen Farce vermengen. Die Wurstmasse in gut gereinigte und gewässerte Därme füllen, die Würste einige Tage an der Luft trocknen, dann in mindestens zwei Tagen rauchbraun selchen. Nach dem Selchen in Holzasche wenden und an einem kühlen Ort aufhängen. An der Luft trocknen.

KNOUFLSUPP'M

Weinbaugebiet Mittelburgenland

Südlich vom Neusiedler See ändert sich die Landschaft; statt Wasser und Ebene prägen hier im Mittelburgenland sanfte Hügel und dichte Wälder das Bild. Wenn vom Weinbaugebiet Mittelburgenland die Rede ist, so meint man eigentlich das Blaufränkischland, was darauf hindeutet, dass hier der Blaufränkisch zu Hause ist und insgesamt die roten Weinsorten dominieren. Horitschon, Deutschkreuz (schon nahe an der ungarischen Grenze), Neckenmarkt und Lutzmannsburg (ziemlich im Süden des Weinbaugebietes, zudem für seine schöne Therme bekannt) sind die bekanntesten Weinorte.

Viele bedeutende Winzer haben hier ihre Rieden und Güter; vor allem was Rotwein betrifft, haben sie ganz entscheidend den österreichischen Stil mitgeprägt.

Dabei hatten es die Winzer hier nie leicht, die Horitschoner wurden im 17. Jahrhundert gar enteignet und es wurde ihnen verboten, forthin Reben anzupflanzen. Doch das konnte sie genauso wenig daran hindern, ihren Weg zu gehen und erlesenen Rebensaft zu erzeugen, wie der Umstand, dass durch die beiden Weltkriege vergangenen Jahrhunderts viele Weingärten zerstört wurden. Heute ist Horitschon die Heimat von so bekannten Winzern wie Bauer-Pöltl, Weingut Draxler, Anton Iby, Iby-Lehrner, Paul Kerschbaum (einem Doyen des österreichischen Weins, der insbesondere nach dem großen Weinskandal für neuen Aufschwung und Qualitätsbewusstsein sorgte), Paul Lehrner und Martina und Franz Weninger.

Etwas nördlich von Horitschon liegt das „verschlafene" Dörfchen Neckenmarkt, das sich aber in der Weinszene mit Winzern wie Heribert Bayer, Anton Hundsdorfer, Stefan Lang, Josef Tesch oder dem Weingut Wellanschitz einen sehr guten Namen machen konnte.

Deutschkreuz ist sicherlich der bekannteste Weinort vom Mittelburgenland, was angesichts einer enormen Dichte von Spitzenwinzern nicht verwundert. Josef Gager, Gesellmann, Johann Heinrich, Johann Hofstädter, Hans Igler, Josef Igler, Kirnbauer, Reumann oder Monika Strehn sind weit über die Grenzen hinaus für ihre erstklassigen Weine ein Begriff.

Südlich liegt dann noch Lutzmannsburg, das aber wohl weniger durch den Wein, als vielmehr durch seine schöne Therme gewisse Bekanntheit erlangte. Doch werden hier von Winzern wie z. B. Herbert Prickler oder Rudolf Weber ebenfalls Weine erzeugt, die es Wert sind, beachtet zu werden.

Wie der oben bereits erwähnte Beiname „Blaufränkischland" schon verdeutlicht, dominiert diese Traube das Mittelburgenland. Hier findet der Blaufränkisch ja auch optimale Bedingungen, denn die tiefgründigen, schweren Böden mit gutem Wasserspeichervermögen sind ideale Voraussetzungen für die Gewinnung von charaktervollen, dichten und vollen Rotweinen, die hier bevorzugt herb/trocken und teilweise sehr (manchmal auch zu sehr) tanninbetont ausgebaut werden. Einige Winzer haben zudem das Glück, dass sie über Weingärten von zuweilen beträchtlichem Alter verfügen, 80 Jahre können sie mitunter sein und tragen nur mehr sehr wenig; das Wenige aber ist von allerfeinster Spitzenqualität – Qualität, statt Quantität!

Weiße Sorten, meist Weißburgunder und Welschriesling, sind mit einem durchschnittlichen Anteil von nur 30 Prozent weniger bedeutend. Neben dem omnipräsenten Blaufränkisch haben noch rote Sorten wie Zweigelt, Cabernet Sauvignon sowie vereinzelt Merlot eine gewisse Bedeutung.

WENINGER HORITSCHON

Franz Weninger gehört zweifelsohne zu den Pionieren des Qualitätsweinbaus im Mittelburgenland. Schon Anfang der 80er Jahre setzte er auf Reduktion der Erträge, strenge Selektion im Weingarten und langsamen Ausbau in Holzfässern. 1984 kamen die ersten Versuche mit Barrique-Fässern. Franz Weninger gehört nicht zu den „Lauten", nein er ist eine Winzerpersönlichkeit, die nie laut, dafür aber ungemein beständig und umsichtig arbeitet.

Das Weingut Weninger setzt ganz auf die roten Traubensorten, mit denen 99 Prozent der zur Zeit 27 ha bewirtschaftet werden. Seine wahrscheinlich beste Lage ist die bekannte Ried Dürrau, ein sehr eisendurchsetztes und hartes Terroir, in dem sich neben dem Blaufränkisch auch der Merlot durchaus wohl fühlt.

Dem Puristen wird sicherlich der reinsortige Blaufränkisch Reserve mit seiner feinen Gewürznote gefallen, aber auch der saftige Merlot mit einem Arome nach reifem Zwetschken wird Anklang finden. Erwähnenswert präsentiert sich auch der elegante Pinot noir mit einer verführerischen Nase nach reifen Beeren und weichen Tanninen.

GESELLMANN DEUTSCHKREUZ

In alten Urkunden wird die Gründung des bekannten Weingutes mit dem Jahre 1767 beziffert, doch vollends zur Blüte gelangte das Gut erst in den 80er Jahren vergangenen Jahrhunderts als man mit dem Ausbau in Barriques zu experimentieren begonnen hatte. Seither verbinden sich Innovation und Tradition bei Gesellmann zu einer perfekten Harmonie, wobei das Ziel höchste Qualität zu erzeugen immer konsequent verfolgt wird. In den mittlerweile mehr als 28 ha Rebfläche stehen nicht selten Weinstöcke, die älter sind als 80 Jahre. Bei der Vinifikation setzt man zum einen modernste Kellertechnik ein, zum anderen setzt das Weingut aber auch auf traditionelle Maischegärung und biologischen Säureabbau, um Weine mit weicheren Tanninen zu erzeugen.

Internationales Flaggschiff ist sicherlich die berühmte Cuvée Bela Rex (CS/ME), ein eleganter Wein mit reifen Fruchtaromen und schöner, samtig-seidiger Tanninstruktur. Besonders gelungen und ungemein verführerisch ist der hochelegante Pinot-noir-Siglos, mit seiner frischen Kirschfrucht und den feinen Beerenaromen. Bei den Weißen ist sicherlich der im Barrique ausgebaute Chardonnay Steinriegel erwähnenswert, doch auch der Sauvignon blanc des Hauses bereitet mit seiner lebendigen Säure und den Stachelbeer-Kiwi-Aromen viel Trinkvergnügen.

WELLANSCHITZ NECKENMARKT

Die Gebrüder Stefan und Georg Wellanschitz gehören sicherlich zu den innovativsten Winzern des Burgenlandes und dennoch werden neue Technologien sehr moderat eingesetzt, nämlich nur dann, wenn unbedingt erforderlich. Sie führten das traditionsreiche Weingut durch kontinuierliches Streben nach höchster Qualität an die Spitze der österreichischen Weinszene. Die 25 ha sind nahezu ausschließlich mit Rotweinen bestockt, allen voran natürlich der für das Mittelburgenland typische Blaufränkisch, aber auch Cabernet Sauvignon und Syrah. Die Weingärten werden sorgsamst gepflegt, man richtet sich nach den Vorgaben der Natur und greift nur im Bedarfsfall regulierend ein.

Das Weingut setzt nicht gerade auf die in Mode befindlichen Cuvées, sondern vielmehr auf reinsortige Weine. So verwundert es wenig, dass der Wein namens „Fraternitas" (BF/CS) die einzige Cuvée des Hauses darstellt. Sehr interessant erscheint der im Barrique reinsortig ausgebaute Cabernet Sauvignon mit seinen schönen Beerenaromen. Im Mittelpunkt stehen aber die Blaufränkischen, von denen es viele Varianten gibt. Blaufränkisch Hochberg ist beispielsweise ein schöner, klassisch ausgebauter Wein, während der im Teilbarrique ausgebaute Vitikult mit feinen Zwetschken-Kirsch-Aromen punktet. Ob jetzt der Blaufränkisch Altes Weingebirge oder doch die Well Reserve als Paradewein des Hauses zu bezeichnen ist, scheint eine Frage des persönlichen Geschmacks zu sein, denn Beide sind exzellente Weine für höchste Ansprüche und verfügen zudem über ein tolles Zukunftspotential (bei richtiger Lagerung).

IBY HORITSCHON

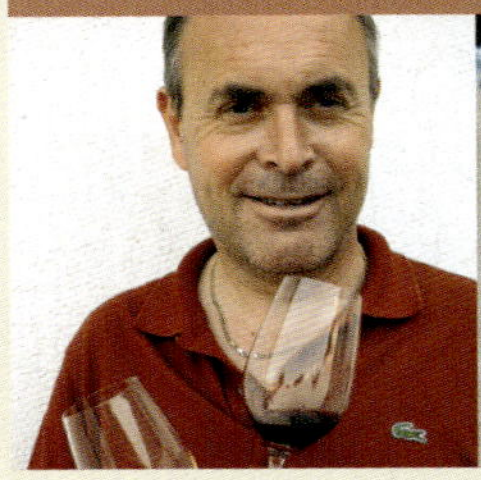

Das Rotweingut Iby wird heute vom Qualitätsfanatiker Anton Iby und seiner Frau Johanna Iby geführt. Während sich Frau Iby insbesondere um die händische Pflege der Pflanzen-Kulturen kümmert, so obliegt dem Perfektionisten Anton Iby die Gesamtverantwortung im Betrieb. Seit Juni 1997 arbeitet sein Sohn Anton M. Iby als Önologe und Kellermeister im elterlichen Betrieb.

Das traditionsreiche Weingut befasst sich seit Beginn des 20. Jahrhunderts mit dem Weinanbau. Im Jahr 1983 übernahmen Anton und Hanni Iby den Betrieb. Die von Anfang an selbst auferlegte strikte Mengenbeschränkung, die Spezialisierung auf Rotweintrauben und kompromissloses Qualitätsbewusstsein führten zu den heute so anerkannten harmonischen Rotweinen, die weiche Tannine zeigen und über große Lagerfähigkeit verfügen. Vor allem die Blaufränkischen aus dem Hause Iby – allen voran die Riede Dürrau und der Blaufränkisch Chevalier – sind Weine, die in Top Jahren zum Besten zählen, was die Region hervorbringt.

BAUER-PÖLTL HORITSCHON

„Leidenschaft und Hingabe sollen den Charakter unserer Weine prägen", sagte sich Josef Pöltl, der den Grundstein für das heute so erfolgreiche Weingut im Herzen des Mittelburgenlandes legte. Das Weingut Bauer-Pöltl gehört heute zweifellos zu den führenden Betrieben im Burgenland. Grund dafür ist nicht nur die extrem umweltschonende Bewirtschaftung der Weingärten, sondern auch das Bestreben nach qualitätssteigernden Maßnahmen. Neben einem schönen Chardonnay erwarten den Weinfreund hier eine ganze Reihe verschiedener Blaufränkisch-Weine und Cuvées. Besonderes Trinkvergnügen bereiten der Blaufränkisch Hochäcker Reserve sowie die Teilbarrique ausgebaute Cuvée Domus Petri, bestehend aus Blaufränkisch mit Cabernet Sauvignon und Pinot noir.

MARIA KERSCHBAUM LACKENBACH

Im idyllischen, mittelburgenländischen Lackenbach gelegen, ist das Weingut von Maria Kerschbaum. Die 9 ha Rebflächen hingegen befinden sich in Horitschon, im Herzen des Blaufränkischlandes. Das Weingut hat sich ganz der Produktion von edlen Rotweinen verschrieben, vor allem dem Blaufränkisch.

Neben dem Flaggschiff Blaufränkisch Reserve ist die Cuvée Women der herausragendste Wein des Gutes. Er trägt ganz allein die Handschrift von Maria und ihrer Schwägerin Gaby Kerschbaum (vom Weingut Paul Kerschbaum). Vom ersten Rebschnitt an bis zum kompletten Wein und sogar dem Etikett: alles entstand in Eigenverantwortung der Winzerinnen. Das Ergebnis ist ein innovativer, sehr femininer Rotwein von klarer Eleganz und exzellenter Qualität.

IBY-LEHRNER HORITSCHON

Rotweine zu keltern ist die Leidenschaft der Familie Iby-Lehrner, die im Ort Horitschon ansässig ist, inmitten des Blaufränkisch-Landes. Sie sieht die Natur als ihren wichtigsten Verbündeten an und nutzt die idealen Voraussetzungen des milden pannonischen Klimas und der schweren Lehmböden für ihre hochkarätigen Weine.

Das traditionelle Weingut bewirtschaftet heute 15 ha Rebfläche. Alle Trauben werden ausschließlich von Hand gelesen und mit modernster, produktschonendster Technologie ausgebaut. Nach Reife im großen Holz oder Barrique werden die Weine im eigenen Reifekeller noch entsprechend gelagert, bevor sie in den Handel gelangen. Der strohgelbe, kräftige Pinot blanc mit seiner rassigen Säure ist der einzige Weißwein des Gutes. Bei den Roten dominiert naturgemäß der Blaufränkisch, wobei der Rondo und der Blaufränkisch Dürrau mit seinen fein würzigen Tanninen besonders bemerkenswert erscheinen.

WEBER LUTZMANNSBURG

Dass die Qualität eines Weines entscheidend vom Weingarten abhängt, ist der Familie Weber schon sehr lange bewusst. Und so legt man im Weingarten besonderes Augenmerk auf eine intensive Rebpflege und im Keller wird möglichst wenig in die Entwicklung der Weine eingegriffen. Die mächtigen, kraftvoll-dichten Weine, die heute produziert werden, beweisen, dass dieser Weg der richtige war und ist.

Helmut Weber, Gertrude Pöchl und Karin Lang setzen zu dreivierteln auf die Leitsorte Blaufränkisch, den Rest des 100%igen Rotweinbetriebes teilen sich Zweigelt, Cabernet Sauvignon, Merlot, Shiraz und Pinot noir.

JOSEF IGLER DEUTSCHKREUZ

Josef Igler ist ein klassischer Quereinsteiger in die lebhafte österreichische Weinszene. Sein Ziel war es von Anfang an, erstklassige Weine vor allem aus der für dieses Gebiet typischen Sorte Blaufränkisch zu kreieren. Seine 15 ha Weingärten liegen in den besten Rieden von Deutschkreuz. Nur die gesunden, voll ausgereiften Trauben werden sorgfältig zu fruchtigen, gehaltvollen Weinen vinifiziert. Der Sauvignon blanc besticht durch eine wunderbare Eleganz, der Blaufränkisch Classic zeigt sich mit typischer Würze. Doch die im Barrique ausgebaute, vielschichtige Cuvée Maximus (bestehend aus Blaufränkisch mit Cabernet Sauvignon und Merlot) ist sicher das Topprodukt des Hauses.

DRAXLER HASCHENDORF

Der Weinbau besitzt bei der Familie Draxler schon seit vielen Generationen einen sehr hohen Stellenwert. Aus dieser Tradition heraus bewirtschaftet das Weingut heute 10 ha Weingarten in den Rieden rund um den ruhigen Ort Haschendorf. Dieses erholsame Fleckchen Erde liegt eingebettet zwischen Neckenmarkt und Deutschkreuz, im Herzen des Blaufränkischlandes. Neben einer naturnahen Weingartenbewirtschaftung legt man viel Wert auf sorgfältige Laubarbeit und Traubenausdünnung. Im Keller wird das Ziel angestrebt die typischen und eigentümlichen Aromanuancen herauszuarbeiten.

So entsteht hier ein unkomplizierter, herrlich frischer und süffiger Chardonnay mit viel Frucht. Bei den Roten verdient – neben dem Blaufränkisch Charisma – die zur Gänze im neuen Barriques ausgebaute Cuvée Florian mit ihrer dunklen Beerenfrucht und den feinen Gewürznoten Anerkennung.

TESCH NECKENMARKT

Christiane und Josef Tesch bewirtschaften heute dieses bemerkenswerte Weingut in Neckenmarkt, das derzeit über 14 ha Weingärten verfügt. Sie sind zu 97 Prozent mit Rotweintrauben bestückt, wobei man voll auf die heimische Traube Blaufränkisch setzt, weiter werden Zweigelt und Cabernet Sauvignon gekeltert. Neben dem gut zu trinkenden Blaufränkisch Classic sollte man sicherlich den Teilbarrique ausgebauten Blaufränkisch Hochberg verkosten. Für Liebhaber von dichten, im Barrique ausgebauten Rotweinen mit festen Tanninen und hohem Lagerpotential bietet das Haus die Cuvée Titan (CS/BF) an, ein ausgezeichneter und kraftvoller Rotwein, der seinem Namen alle Ehre macht.

Josef Tesch ist im übrigen auch sehr erfolgreicher Kellermeister des Winzerkeller Neckenmarkt.

BURGENLÄNDISCHE RAHMSUPPE
Tesch

**250 ml saurer Rahm,
2 EL Mehl,
2–3 festkochende Erdäpfel,
1 TL gestoßener Kümmel,
fakultativ etwas zerdrückter Knoblauch,
1 Liter Wasser,
Schnittlauchröllchen,
Salz**

Der saure Rahm wird mit dem Mehl abgeschlagen, die Erdäpfel geschält und sehr klein gewürfelt. 1 Liter Wasser mit Kümmel und etwas zerdrücktem Knoblauch zum Kochen bringen, die Erdäpfel hineingeben. Dann die Rahm-Mehl-Mischung einrühren und kurz verkochen, dabei immer wieder rühren oder sprudeln, damit sich das Mehl auflösen kann. Letztlich die Suppe leicht salzen und mit Schnittlauchröllchen bestreuen.
Dazu isst man traditionell einen Bohnensterz (siehe Weingut Oleanderhof, S. 362).

PARADEISKRAUT
Bauer-Pöltl

**1 Weißhäuptl,
2 Zwiebeln,
2–3 Knoblauchzehen gepresst,
Rindsuppe, Paradeismark,
Schmalz, Mehl zum Stauben,
etwas scharfes Paprikapulver,
Salz, Pfeffer aus der Mühle**

Das Kraut wird nudelig geschnitten (mit Krauthobel oder Küchenmaschine), danach mit Salz und Kümmel gut gewürzt in etwas Schmalz und Suppe bissfest gedünstet.
In einer zweiten Kasserolle die fein gehackten Zwiebeln in Schmalz glasig anlaufen lassen, mit Mehl stauben, leicht anbräunen lassen. Mit Suppe und Paradeismark (Menge nach Geschmack) auffüllen, so dass man eine dickliche und schön rote Einbrenn erhält.
Diese Einbrenn über das Kraut geben, nochmals aufkochen lassen, mit scharfem Paprikapulver, Kümmel, Knoblauch, Salz und Pfeffer nachwürzen, verkochen lassen.
Zum Paradeiskraut serviert man Bohnensterz und Debrecziner.

KÜRBISSTRUDEL
Weber

**250–300 g Strudelteig
(siehe Grundrezept S. 406
oder Fertigprodukt),
etwa 750 g geriebener Kürbis,
etwas klein geschnittener
Kochschinken (100–150 g),
1–2 EL Rahm, 3–4 EL Grieß, Muskatnuss,
Salz und Pfeffer aus der Mühle,
zerlassene Butter zum Bestreichen**

Den geriebenen Kürbis in etwas Butter weich dünsten oder in leicht gesalzenem Wasser weich kochen und danach gut abtropfen. Den gegarten Kürbis etwas ausdrücken, dann in einer Schüssel mit etwas Rahm und klein gewürfeltem Schinken (ersatzweise Speck) vermengen. Kürbismasse mit Muskatnuss, Salz und Pfeffer würzen. Der Füllung so viel Grieß zufügen, bis sie homogen und nicht zu flüssig ist.
Strudelteig ausbreiten, mit zerlassener Butter bestreichen und die Füllung darauf verteilen. Zu einem Strudel zusammenrollen, Ränder einschlagen. Strudel auf ein Backblech legen, mit zerlassener Butter bestreichen und bei 180 Grad goldbraun backen. Mit Schnittlauchrahm auftischen.

GRIESSNUDELN MIT SPECK
Weninger

**300–400 g Bandnudeln,
3–4 EL Grieß, Schmalz nach Bedarf,
200 g Speck in Würfel geschnitten,
Pfeffer aus der Mühle**

Bandnudeln in Salzwasser al dente kochen, abseihen. Speckwürfel in einer Pfanne auslassen, knusprig braten. Grieß in einer zweiten Pfanne in nicht zu wenig Schmalz leicht abrösten, dann die Nudeln dazugeben und alles vermischen. Grießnudeln auf vorgewärmten Tellern anrichten, mit gerösteten Speckwürfeln und Pfeffer aus der Mühle bestreut servieren. Dazu schmeckt ein grüner Salat.

Variante
Für Topfennudeln werden die gekochten Nudeln mit gesalzenem Bröseltopfen vermengt, mit geröstetem Speck bestreut und mit Gurkensalat aufgetischt.

OMAS SALZSTANGERL
Iby-Lehrner

**Für den Teig:
1 kg glattes Mehl,
125 g Butter,
1–2 EL Schmalz,
2 EL Öl,
1 Ei,
2 TL Salz,
250 ml Milch,
2 Päckchen Germ**

**Außerdem:
1 Ei zum Bestreichen,
grobes Salz und Kümmel zum Bestreuen**

Germ in lauwarmer (!) Milch auflösen. Danach alle Zutaten zu einem homogenen Teig verkneten, diesen etwa 1 Stunde an einem warmen Ort rasten lassen. Dann werden kleine Kugeln zu je 150 g geformt, diese werden kreisförmig ausgetrieben und tortenmässig in 8 Stücke geteilt. Den Teig am dicken Ende beginnend zu Salzstangen zusammenrollen. Ein ganzes Ei versprudeln, damit die Salzstangerl bestreichen. Mit grobem Salz und Kümmel bestreuen, bei 200 Grad im Backrohr backen, bis die Stangerl goldbraun sind.

OMAS SALZSTANGERLN

TOPFENNUDELN MIT SPECK

KÜRBISSTRUDEL

Die Kroatischen im Burgenland

Zu Beginn des 16. Jahrhunderts waren weite Teile des heutigen Burgenlandes, aber auch von Niederösterreich (z. B. das Marchfeld) durch Kriege und Seuchen entvölkert. Daher kamen westungarische und österreichische Adelige auf die Idee, in diesen Landesteilen Kroaten anzusiedeln, welche aufgrund der ständigen Bedrohung durch die Türken nach Norden geflohen waren. Die neuen Ansiedler kamen aus den verschiedensten Teilen Kroatiens, von der dalmatinischen Küste bis Slawonien. Dies spiegelt sich bis heute in der Vielfalt an Volkstrachten, Liedern und Dialekten der Volksgruppe wieder.
Während in Niederösterreich die kroatische Sprache im 19. und 20. Jahrhundert so gut wie erloschen ist, bekannten sich im Burgenland noch im Jahre 1934 mehr als 40.000 Menschen zur kroatischen Umgangssprache; das waren damals 13 % der gesamten burgenländischen Bevölkerung. Laut Volkszählung umfasste die Volksgruppe der Kroaten im Jahre 1991 immerhin noch knapp 20.000 Personen, was 7,2 % der burgenländischen Gesamtbevölkerung entsprach. Das reichte aus, dass die Kroaten seit 1993 durch einen eigenen Volksgruppenbeirat vertreten sind. Schon 1923 gab es den Versuch, eine eigene kroatische Partei („Hrvatska stranka") zu gründen, doch es blieb bei einem Versuch, denn das Projekt misslang. So wurde 1929 ein kroatischer Kulturverein gegründet („Hrvatsko kulturno drustvo"), welcher zwar überparteilich sein sollte, aber – zumindest anfänglich – sehr stark unter dem Einfluss der katholischen Kirche stand, die in diesem Verein auch einen starken Gegenpol zu den im Burgenland zahlreich vertretenen Evangelisten sah. Übrigens gibt es auch in Wien seit 1934 einen burgenländisch-kroatischen Kulturverein und seit 1948 den kroatischen Akademikerklub „Hrvatski akademski klub".
An vielen Volksschulen des Burgenlandes gibt es kroatischen Unterricht, an Hauptschulen und allgemein bildenden Schulen wird Kroatisch als Freifach angeboten. Zudem verfügt Oberwart über ein zweisprachiges Gymnasium und in Großwarasdorf besteht eine zweisprachige Hauptschule. Auch dem Landesschulrat von Burgenland gehört ein eigener Inspektor für das kroatische Schulwesen an und seit 1989 ist Kroatisch eine zusätzliche Amtssprache im Burgenland.
Natürlich haben sich viele Brauchtümer über die Jahrhunderte vermischt, doch bei einer kroatischen Hochzeit ist noch viel vom alten, traditionellen Brauchtum zu erleben: So werden bei kroatischen Hochzeiten die verschiedenen Gänge mit einer passenden Strophe „angesungen", wie zum Beispiel: „Rindfleisch gibt es heute genug für jeden hier geladenen Gast"; „Schweinefleisch gibt es nur wenig, denn wir haben nicht geschlachtet, deshalb soll jeder trachten, etwas zu erwischen"; „Kren haben wir gekocht, damit ihr euch nesst, nur ist er ein wenig scharf, und er wird euch die Kehle aufbrennen"; „Der Braten ist auf dem Tisch, dem Brautführer schmeckt er, nur das ist ein Fehler, dass er wenig singt". Überdies hat eine Braut auf einer kroatischen Hochzeit vor allem viel zu weinen, denn „eine lustige Braut - eine traurige Frau!"
Höhepunkt einer jeden kroatischen Hochzeit ist der „Hochzeitskuchen" ein runder, geflochtener Kuchen, der reichhaltig geschmückt wurde. Das wichtigste bei diesem Brauchtum ist das Verteilen und gemeinsame Essen des Kuchens, das symbolisch die neuen Verwandtschaftsverhältnisse beschließen soll.

HOCHZEITSKRANZL

600 g Mehl,
25 g Germ,
250 ml Milch,
70 g Zucker,
3 Dotter, 150 g Butter,
abgeriebene Zitronenschale,
Salz,
nach Belieben einige Rosinen

Zunächst aus dem Germ, etwas lauwarmer Milch sowie 1 EL Zucker ein Dampfl bereiten. Danach alle Zutaten (außer der Butter) zu einem mittelfesten Germteig verarbeiten. Nachdem der Teig etwas aufgegangen ist, wird auch noch die kalte Butter nach und nach eingearbeitet. Nach 30 Minuten Arbeit hat man dann einen glatten Teig, aus dem sich viele Formen gestalten lassen.
Aus einem Drittel des Teiges einen vierfachen Zopf flechten, diesen kranzförmig auf einen gut befetteten Topfdeckel mit 30 cm Durchmesser legen; über den Griff des Deckels ein kleines Häferl stülpen. Vom restlichen Teig wird wieder ein gutes Drittel genommen und zu einem dreifachen Zopf geflochten; diesen kranzförmig auf den ersten legen. Vom verbliebenen Teig wird etwas mehr als die Hälfte zu einem zweifachen Zopf geflochten und als Kranz auf die ersten beiden gelegt. Aus dem jetzt noch übrig gebliebenem Teig werden verschiedenste Figuren hergestellt, die in die Windungen des obersten Zopfes eingelegt oder aufgesetzt werden (Figuren zuvor in Eiweiß tauchen, damit sie besser halten). Zu den traditionellen Figuren zählen z. B. Rosenblüten, Blätter, Vögel, Schneckenhäuschen, Bestecke und Ornamente.
Den fertigen Kranz zugedeckt langsam aufgehen lassen, vor dem Backen mit verquirltem und mit wenig Wasser verdünntem Ei bestreichen. Das Hochzeitskranzl bei mäßiger Hitze knapp 40 Minuten backen. Das fertige Kranzl in der Mitte mit einem Blumensträußchen verzieren.

Strudelvielfalt

Wie so viele burgenländische Spezialitäten hat auch der Strudel wohl seine Ursprünge in der ungarischen Küche (auch wenn die Ungarn einen etwas anderen Strudelteig bereiten), die ihn ihrerseits wieder von den Türken übernommen haben dürfte.
Die Zubereitung des hauchdünnen, geradezu durchsichtigen Strudelteiges verlangt etwas Geschick, denn der Teig wird auf dem Handrücken gedehnt und gezogen, während man langsam den Tisch umkreist. Hauchdünn ausgezogen bildet er dann die Hülle für allerlei schmackhafte Füllungen, von scharf-pikant bis zucker-süß, je nach Gusto. Wie dünn der Strudelteig sein sollte, erzählt eine alte Legende: „Mögest du, o Magd, nun wissen, dein Strudelteig ist erst dann vollendet, wenn du aus einem semmelgroßen Laibchen einen Husaren samt seinem Ross in den Strudel wickeln kannst!"
Der Strudelteig gelingt am besten, wenn das Mehl einen relativ hohen Kleberanteil hat und völlig trocken ist, weshalb Mehl aus der Vorjahresernte der Vorzug zu geben ist. In manchen Geschäften ist sogar ein spezielles Strudelmehl erhältlich.
Der Strudel hat seinen fixen Platz vor allem bei vielerlei Brauchtums-Festessen, so musste man z. B. am Neujahrstag einen Strudel essen „und wenn er aus Asche ist", denn sonst würde es das ganze Jahr keinen Strudel geben. In der Region Landsee feiert man den Mohnstrudelkirtag und in vielen Teilen des Burgenlandes darf er bei keinem Festtag fehlen, ja sogar auf Hochzeiten muss er Bestandteil des Mahles sein.
Geradezu einzigartig ist die Fantasie der burgenländischen Hausfrauen und Köche/innen bei der Bereitung ihrer Strudel, denn es gibt nahezu keine Zutat, die nicht auf die eine oder andere Art in den zarten Teig eingerollt wird; und so erfreuen sich die Genießer an süßen Strudelvarianten ebenso, wie an pikanten. Auch die Zubereitung der gefüllten Teigrolle muss nicht immer im Backrohr erfolgen, denn es gibt genauso gekochte oder gar frittierte Strudel!

GRUNDREZEPT STRUDELTEIG

Teig:
250 g Mehl,
20 g Schmalz,
1 Ei
(fakultativ),
125 ml lauwarmes Wasser,
Salz

Das Mehl auf eine Arbeitsfläche sieben, in der Mitte eine Grube machen, in die das Ei, Salz und das in Wasser aufgelöste Schmalz nach und nach eingearbeitet wird, alles zu einem glatten Teig verrühren. Arbeitsfläche leicht einmehlen, den Teig gut durchkneten bis er ganz glatt ist, zusammenschlagen, einfetten und zugedeckt 30 Minuten rasten lassen.
Danach den Teig auf ein bemehltes Tuch legen zunächst etwas auswalken. Nun kommt der schwierigere Teil, denn der Teig wird nun ausgezogen: Der Teig wird mit etwas zerlassener Butter oder Schmalz bestrichen, dann mit den Händen ausgezogen bis er ganz durchsichtig ist; dabei greift man mit dem Handrücken unter den Teig und zieht in vorsichtig zum Tischrand hin. Der dickbleibende Rand wird einfach abgeschnitten.
Dann belegt man den ausgezogenen Teig mit der Fülle nach Wahl und rollt ihn mit Hilfe des Tuches, das leicht angehoben wird zusammen. Auf ein gebuttertes Blech legen und mit Butter bestrichen backen.

Hinweis: In manchen alten Rezepten wird dem Teig noch ein Schuss Essig oder Zitronensaft hinzugefügt.

STRUDELVARIATION

SÜSSER ERDÄPFELSTRUDEL

Strudelteig (siehe Grundrezept oder Fertigprodukt),
250 g gekocht· ·rdäpfel,
75 g Butter, 3 E.
2 EL Milch, 100 g
Butter zum Bestreich.

Die Eier trennen. Butte
rühren, die Dotter nach
die passierten Erdäpfel un
die Masse mit Mehl, Milch,
Prise Salz vermengen; zuletzt
Schnee geschlagenen Eiklar u
Masse auf dem Strudelteig strei
einrollen und in einer gebutterte
Ofen backen, dabei wiederholt mit
bestreichen.

KIRSCHENSTRUDEL

250–300 g Strudelteig (Grundrezept oder Fertigprodukt), 500 g Kirschen,
250 g Topfen, 150 g Staubzucker,
etwas Öl, 2 Eier, 125 ml Sauerrahm,
abgeriebene Zitronenschale, Salz

Außerdem:
zerlassene Butter zum Bestreichen,
Fett oder Backpapier für das Blech,
Staubzucker

Die Kirschen waschen, entstielen, dann abtrocknen (nicht entsteinen). Den Topfen mit allen Füllzutaten außer den Kirschen in einer Schüssel zu einer glatten Masse verrühren. Strudelteig auf einem bemehlten Tuch möglichst dünn ausziehen, mit zerlassener Butter bestreichen und ein Drittel der Teigfläche mit der Topfenmasse bestreichen.
Die Kirschen auf der Topfenmasse verteilen, danach den Teig mit Hilfe des Tuches zu einem Strudel zusammen rollen, dabei die Enden einschlagen und gut verschließen.
Den Strudel auf ein gefettetes oder mit Backpapier ausgelegtes Blech legen, mit reichlich zerlassener Butter bestreichen und im vorgeheizten Ofen bei 190–200 Grad goldbraun backen (etwa 40 Minuten). Auf dem Blech erkalten lassen und mit Staubzucker bestreuen.

WEINTRAUBENSTRUDEL

250–300 g Strudelteig nach Grundrezept,
1 kg kernlose Trauben,
150–200 g Brösel, 100 g geriebene Walnüsse,
gut 100 g Butter, 1 Ei, Staubzucker

Butter in einer Pfanne erhitzen, Brösel und Nüsse darin anrösten. Strudelteig auf einem feuchten Tuch ausbreiten, mit der Bröselmischung bestreichen und die Trauben gleichmäßig darauf legen, leicht zuckern.
Den Strudel wie gewohnt zusammenrollen, Enden umklappen und mit verquirltem Ei bestreichen. Bei 200 Grad im vorgeheizten Ofen 10–15 Minuten backen. Mit Staubzucker bestreut und in Portionsstücke zerschnitten servieren.

SCHUSTERSTRUDEL

**300 g Strudelteig,
frischer Nudelteig (aus 300 g Mehl,
2 Eiern, Salz und Wasser),
500 g Topfen, 2 Becher Sauerrahm,
100 g Rosinen,
180 g Kristallzucker,
5 Eier, 100 g Butter,
1 Päckchen Vanillezucker**

**Außerdem:
zerlassene Butter, Semmelbrösel,
Staubzucker**

Den Nudelteig (er sollte etwa 30 Minuten gerastet haben) dünn auswalken und in 2 cm breite Streifen schneiden. Diese kurz trocknen lassen. Danach in kochendem Salzwasser weich kochen, abseihen und erkalten lassen. Für die Fülle dann zunächst die Eier trennen und den Topfen passieren. Die Dotter mit dem Topfen, Sauerrahm und Vanillezucker verquirlen, dann die mit Kristallzucker zu steifem Schnee geschlagenen Eiweiße, die Nudeln und die Rosinen unterheben.
Den Strudelteig auf einem bemehlten Tuch ausziehen, in acht gleich große Stücke (sie sollten etwa die Größe der später verwendeten Auflaufform haben) teilen.
Die Auflaufform gut einfetten und mit Brösel ausstreuen. Ein erstes Teigstück hineinlegen, mit etwas zerlassener Butter beträufeln, ein neuerliches Teigstück darauf legen und ebenfalls mit Butter beträufeln, das Ganze noch zweimal wiederholen, dass nur noch vier Teigstücke verbleiben. Nun kommt die Fülle in die Auflaufform und wird gleichmäßig glatt gestrichen. Die letzten vier Teigblätter wie zuvor darauf schichten, jeweils mit zerlassener Butter dazwischen.
Den Auflauf bei 180 Grad in etwa 45 Minuten goldbraun backen, noch heiß mit Staubzucker bestreut servieren.

REISSTRUDEL

**250–300 g Strudelteig,
200 g Reis,
Milch,
900–1000 ml Liter Milch,
3–4 Eier,
100 g Butter,
100 g Zucker,
Rosinen, Mandelstifte,
abgeriebene Zitronenschale,
Prise Salz**

Eier trennen, den Reis in der Milch mit einer Prise Salz garen, danach auskühlen lassen. Butter mit den Dottern schaumig rühren und unter den Reis heben. Eiweiß zu steifem Schnee schlagen, danach vorsichtig portionsweise unter die Masse rühren. Reismasse auf den ausgebreiteten Strudelteig streichen, mit Zucker, Rosinen und Mandelstiften bestreuen, wer mag streut auch noch Vanillezucker darüber. Zu einem Strudel einrollen, in eine gefettete Rein füllen und mit Butter bestrichen im Rohr backen.

GRAMMEL-BOHNENSTRUDEL

**1 Packung Strudelteig,
1 kg vorgekochte Weiße Bohnen
(oder aus der Dose),
100 g Zwiebel fein gewürfelt,
75 g Speck fein gewürfelt,
etwa 100 g Grammeln
(2–3 Hand voll),
200 g Grieß,
4 Eier,
125 ml Sauerrahm,
4–5 EL Bohnenwasser
(Kochwasser oder Abtropfwasser von Dosenware),
2 Knoblauchzehen,
etwas Schmalz,
Butter,
Majoran,
Salz,
Pfeffer aus der Mühle**

Zwiebel und klein gewürfelten Speck zusammen in etwas Schmalz oder Butter rösten, den Grieß dazugeben und ebenfalls abrösten. Mit etwa vier Esslöffeln Bohnenwasser ablöschen, danach vom Herd ziehen. Bohnen, Grammeln, Sauerrahm und Knoblauch dazugeben, mit Majoran, Salz und Pfeffer würzen. Masse überkühlen lassen. Die Eier mit einem Handmixer oder Schneebesen schaumig schlagen, wenn die Bohnenmasse lauwarm ist, die versprudelten Eier unterheben. Fertige Bohnen-Grammelmasse auf den ausgebreiteten Strudelteig streichen und einrollen, mit zerlassener Butter bestreichen. Im Rohr bei etwa 180 Grad gut 25 Minuten backen. In Scheiben geschnitten servieren. Dazu schmeckt ein Kräuterrahm oder grüner Salat.

RÄUCHERAAL-KRAUTSTRUDEL

Dieses aromatische Gericht stammt aus dem Lokal „Zur Dankbarkeit" in Podersdorf, das für seine Neu-Interpretationen klassischer burgenländischer Rezepte bekannt ist.

**1 Packung Strudelteig,
1 Weißkraut,
200 g frischer Räucheraal in Würfel geschnitten,
Kümmel, Öl,
Prise scharfes Paprikapulver (fakultativ),
Butter zum Bestreichen,
Salz und Pfeffer**

Das Weißkraut fein hobeln und in etwas Öl dunkelbraun rösten, dann den gewürfelten Aal unter das Kraut mengen. Alles mit Salz, reichlich Pfeffer und Kümmel würzen, nach Wunsch mit scharfem Paprikapulver pikantieren. Masse überkühlen lassen.
Strudelteig ausbreiten und mit zerlassener Butter oder Schmalz bestreichen. Krautmasse darauf verteilen, danach einrollen. Nochmals mit Fett bestreichen, im Rohr bei 180 Grad hellbraun backen. In Stücke geschnitten mit Knoblauchrahm servieren.

Tipp: Besonders schmackhaft wird dieser Strudel, wenn man noch etwas Crème fraîche oder Sauerrahm unter die Krautmasse mengt.

KIRSCHENSTRUDEL

RÜBENSTRUDEL

**250–300 g Strudelteig (oder Fertigprodukt),
3 große Wasserrüben,
4 EL Schmalz, 125–150 ml Rahm,
5 EL Öl, Zucker,
Salz, Pfeffer aus der Mühle,
etwas Milch mit Zucker versprudelt zum
Bestreichen**

Die gewaschenen und geschälten Rüben fein raspeln, einsalzen und gut 2 Stunden ziehen lassen. Rüben ausdrücken, in eine feuerfeste Form legen, 4 EL Schmalz darunter mischen und die Rüben bei 50 Grad im Rohr wärmen. Strudelteig auf einem feuchten Tuch ausbreiten, einölen und mit der Rübenmasse belegen. Die Rüben mit Zucker, Salz und Pfeffer bestreuen (nach Geschmack auch etwas gestoßenen Kümmel), dann den Rahm darauf verteilen. Strudel zusammenrollen und auf ein Backblech legen. Im vorgeheizten Rohr bei 180 Grad gut 35 Minuten backen, 5 Minuten vor Ende der Garzeit mit gezuckerter Milch bestreichen.

GEBACKENER FLEISCHSTRUDEL

**250 g Strudelteig,
10–15 g Butter oder Schmalz, Salz**

**Für die Fülle:
400–500 g gekochtes Rindfleisch oder Bratenreste,
1 großes Ei,
1 große Zwiebel fein gehackt,
30 g Fett,
2–3 EL Petersilie fein gewiegt,
25 g Schmalz, 25 g Mehl,
etwas Rindsuppe,
scharfes oder mittelscharfes Paprikapulver,
Salz und Pfeffer aus der Mühle**

Für die Fülle das Rindfleisch oder Bratenreste fein faschieren. Das Faschierte mit Ei, einer in 30 g Fett goldbraun gerösteten Zwiebel und Petersilie vermengen. Aus 25 g Schmalz und 25 g Mehl eine Einbrenn erzeugen, diese mit wenig Rindsuppe vergießen und sehr dicklich verkochen. Einbrenn mit dem Fleisch vermengen und die Masse pikant würzen.
Den Strudel ausziehen, die Hälfte mit der Füllung belegen. Der nicht mit Füllung belegte Teil wird mit Butter oder Schmalz bestrichen, dann alles nochmals leicht gesalzen. Von der Fülle ausgehend einen Strudel rollen, auf ein gefettetes Blech legen, mit zerlassener Butter bestreichen. Im Rohr bei 200 Grad goldbraun backen.

Weinbaugebiet Südburgenland

Der bekannteste Wein des Südburgenlandes ist mit Sicherheit der Uhudler, jener „beerige“ Wein aus Selbstträgerreben, der die Weinwelt bis heute in zwei Lager spaltet; die einen lieben ihn als fruchtig-frischen Sommerwein, die anderen lehnen ihn als Wein überhaupt ganz ab. Früher war der Uhudler einmal noch sehr bedeutend und belegte einen großen Teil der Rebfläche, heute stellt er eher eine Touristenattraktion mit gewisser Weinromantik dar. Und so ist mit nur knapp 460 Hektar Rebfläche das Südburgenland nicht nur das kleinste Weinbaugebiet des Burgenlandes, sondern auch eines der kleinsten von Österreich überhaupt.

Wie Perlen auf einer Kette reihen sich die kleinen Weinorte von Rechnitz (die größte Weinbaugemeinde des Südburgenlandes) beginnend entlang der ungarischen Grenze aneinander bis hinunter nach Strem und Heiligenbrunn, wo eben besagter Uhudler wohnt. Die wichtigsten Weingärten liegen allerdings rund um Deutsch-Schützen und um den Eisenberg.

Klein aber fein ist die Devise in diesem Gebiet, das sich selbst – durchaus zutreffend – als „Weinidylle“ bezeichnet. Die weißen Sorten geraten durchwegs rassig und entwickeln eine ausgeprägte Frucht, vor allem Muskat Ottonel und Weißburgunder gelingen sehr schön, sind aber rare Spezialitäten, mehr Bedeutung hat da noch der Welschriesling. Auf den schweren, eisenhaltigen Böden des Eisenbergs gedeihen durchaus Weine von großer Klasse, vornehmlich Rote, insbesondere auch hier die Sorte Blaufränkisch, aber vereinzelt auch Zweigelt und Merlot. Vor allem die Winzergenossenschaft Vinum Ferreum hat sich zum Ziel gesetzt, die große Tradition des Südburgenlandes als Weinbaugebiet wiederzubeleben und das Weingut Polczer hat gar den bekannten Önologen Philippe Roux als Berater herangezogen, um international an Bedeutung zu gewinnen – beides gute Beispiele für die hier herrschende Aufbruchstimmung.

Der Blaufränkisch ist – wie im Mittelburgenland – auch im Südburgenland die alles bestimmende Rebe, gerät hier aber etwas samtiger als im Mittelburgenland. In Deutsch-Schützen wird er auf mineralischen Schotterböden mit Lehmauflage und eisenhaltigen Schieferböden angepflanzt. Auf diesen Böden gedeihen Spitzenprodukte, wie die Winzer Kopfensteiner, Faulhammer-Körper, Gerald Unger, Wachter-Wiesler, Josef Wallner, Alfred und Helga Weber oder Reinhold Krutzler beweisen, um einige Beispiele zu nennen.

KRUTZLER DEUTSCH-SCHÜTZEN

Das Traditionsweingut von Reinhold Krutzler ist dem Weinfreund vor allem wegen dem „Perwolff" ein Begriff; ein Blaufränkisch mit etwas Cabernet Sauvignon-Anteil, im Barrique vollendet harmonisch ausgebaut und von edelster Güte. „Perwolff" ist übrigens die erste Bezeichnung des Ortes Deutsch-Schützen, wo das berühmte Gut zu Hause ist.

Doch das Weingut erzeugt noch eine ganze Reihe von hervorragenden Blaufränkisch-Weinen, mit den unterschiedlichsten Ausrichtungen sowie einen Blauen Zweigelt, dessen Frische und Würze aus ihm einen schönen und angenehmen Trinkwein machen. Die 10 ha Rieden befinden sich in den besten Lagen von Deutsch-Schützen, sowie dem nahegelegenem Eisenberg.

Das Herausarbeiten des typischen Terroirs, absolute Ertragsbeschränkung und das Bauen auf eine sehr lange Vegetationsperiode ermöglichen es der Familie Krutzler seit nunmehr fünf Generationen, Rotweine mit Charakter und Eigenständigkeit zu erzeugen.

POLCZER EISENBERG

Die Geschichte des Weingut Polczer im südburgenländischen Eisenberg reicht bis ins Jahr 1912 zurück. In diesem Jahr gründete Ökonomierat Johann Wachter den Familienbetrieb. Seit 1989 leitet Johann Polczer die Geschicke des Weingutes, das heute über 27 ha Weinberge verfügt, von denen allerdings 10 ha im benachbarten Ungarn liegen. In ökologischer Vinifikation der Weine und einem modernen Marketing sieht J. Polczer die Grundlagen für seinen Erfolg. Qualitätsorientierter Rebschnitt, geringe Hektarerträge, rechtzeitiges Ausdünnen, biologischer Säureabbau und die Lagerung in Barriquefässern garantieren zudem Rotweine von ausgezeichneter Güte. Die Trauben für die edlen Tropfen gedeihen allesamt am bekannten Eisenberg mit seinen idealen Bedingungen z. B. für den Blaufränkisch. Und so darf man sich am klassischen Blaufränkisch Eisenberg erfreuen, einem ausdrucksvollen und vollfruchtigen Rotwein mit unverwechselbarer Stilistik. Etwas intensiver noch erscheint der Blaufränkisch von den Lagen Saybritz/Rheiburg; und für Freunde großer, eleganter Rotweine wird die Cuvée Ferrum (BF/ME/SY) angeboten, die 14 Monate im Barrique reifen durfte.

JALITS BADERSDORF

Im ruhigen Badersdorf, etwas abseits von der südburgenländischen Weinidylle gelegen, findet man das kleine aber feine Weingut von Mathias Jalits, der das Winzerhandwerk bei keinem Geringeren als Paul Kerschbaum lernte. Er bewirtschaftet derzeit 5 ha Weingarten, die zum großen Teil an den Hängen des berühmten Eisenberges liegen. Mathias Jalits konzentriert sich hierbei auf rote Sorten, wie Blaufränkisch und Pinot noir, aber auch Welschriesling wurde ausgepflanzt. Besonders gelungen ist seine Cuvée Steinberg (BF/CS/ZW), doch der Blaufränkisch Szapary vermag ebenso zu überzeugen. Sicherlich ein Weingut, von dem man in Zukunft noch einiges hören wird.

SCHÜTZENHOF DEUTSCH-SCHÜTZEN

Der Schützenhof der Familie Faulhammer-Körper ist seit fünf Generationen eine Art Vorreiter in Sachen Qualitätswein im Südburgenland. Das Weingut hat sich wie viele Betriebe im südlichen Burgenland vor allem dem Rotwein verschrieben, weshalb die 10 ha Rebflächen auch zu fast 95 Prozent mit roten Sorten bestückt sind. Sämtliche Rotweine werden in Holzfässern gelagert und reifen hier bis zu 2 Jahren zu zum Teil sehr guten Qualitäten heran. Nicht vergessen sollte man aber die interessante Cuvée Kerstin, ein leicht zu trinkender Weißwein für gesellige Runden.

WALLNER DEUTSCH-SCHÜTZEN

Nahe dem pannonischen Wald- und Wiesengebiet hat sich Weinbau- und Kellermeister Gerhard Wallner dem Anbau von gebietstypischen, charakteristischen Rotweinen verschrieben. Er folgt damit einer Familientradition, denn diese baut hier schon seit vier Generationen Wein an. Von kurzlebigen Modeweinen hält er nicht viel, guter Wein muss für ihn Persönlichkeit besitzen. Die 7 ha Rebfläche befinden sich in einer Kessellage, die nach Süd-Südosten ausgerichtet ist. Sorgfältige Bearbeitung der Weingärten und eine saubere Kellerwirtschaft sind Voraussetzung für die gelungenen Weine.

Neben einem frischen Welschriesling und einem sauber ausgebauten, gebietstypischen Weißburgunder sollte sich der Weinfreund die hervorragende Cuvée Kentaur (BF/CS/ME) mit ihren festen Tanninen und der zart-eleganten Zwetschkenfrucht nicht entgehen lassen.

WEBER DEUTSCH-SCHÜTZEN

Das in Deutsch-Schützen gelegene Weingut Weber hat sich voll und ganz den lokalen Rebsorten verschrieben, weil hier vor allem Welschriesling und Blaufränkisch ideale Bedingungen vorfinden. Alfred Weber führt seinen kleinen – aber sehr feinen – Betrieb von nur 3 ha zwar im Nebenerwerb, dennoch vermag er Top-Weine zu produzieren.

Der Welschriesling zeigt sich frisch, sehr fruchtig und fein würzig, dabei ist er substanzreich und recht dicht, was für das Gebiet typisch ist. Bei den Roten punktet vor allem der hervorragende Blaufränkisch Centauros, ein finessenreicher und eleganter Wein der Extraklasse mit sehr feiner, saftigen Frucht.

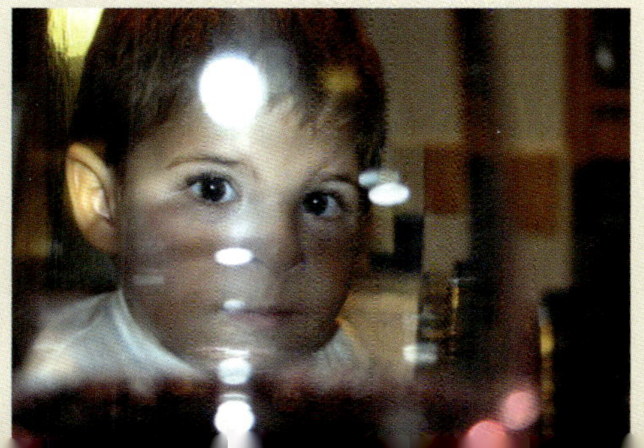

KÄSEKRAPFERLN
Schützenhof

500 g glattes Mehl,
2 KL Salz,
250 g Schmalz,
weniger als 125 ml Milch,
1 Packung Germ,1 Ei,
125 ml Rahm,
300 g Emmentaler

Aus den Zutaten einen geschmeidigen Teig bereiten, zugedeckt an einem warmen Ort gehen lassen. Teig nochmals durchkneten, auswalken und kleine Krapfen ausstechen. Diese auf ein gefettetes Backblech geben und nochmals gehen lassen. Im vorgeheizten Ofen backen, bis sie goldgelb sind. Mit scharfem Paprikapulver bestreut sofort noch warm zum Wein reichen.

APFELFLECKEN
Weber

Für den Teig:
500 g Mehl,
250 g Schmalz,
1 Becher Sauerrahm,
1 Ei, Salz

Für die Fülle:
1 kg Äpfel geschält und blättrig geschnitten,
100 g Kristallzucker,
etwas Zimt

Aus den vorgesehenen Zutaten rasch einen Teig bereiten, den man etwas rasten lässt. Dann die Hälfte des Teiges zu einem Rechteck ausrollen, auf ein gefettetes Backblech legen und mit den Äpfeln belegen. Die zweite Hälfte des Teig ebenfalls ausrollen und die Äpfel damit bedecken; Teig mit einer Gabel mehrmals einstechen. Dann das Blech in den Ofen schieben und bei 180–200 Grad gut 30 Minuten backen. In Portionsstücke (Flecken) zerschneiden und mit Staubzucker bestäuben.

ÜBERBACKENE SCHWEINSSCHNITZEL
Jalits

8 Karree-Schnitzel,
Mehl, Ei, Butter,
300–400 ml Obers,
400 g geriebener Emmentaler,
Salz, Pfeffer aus der Mühle

Die Karree-Schnitzel klopfen und würzen, danach in Mehl wenden und durch versprudeltes Ei ziehen. Ein Backblech gut ausbuttern, die Schnitzel darauf legen und reichlich Käse auf die Schnitzel streuen. Obers angießen und alles 30–35 Minuten im auf 200 Grad vorgeheizten Rohr backen. Mit Risi-Pisi servieren.

BURGENLÄNDER KIPFERL
Wallner

Für den Teig:
40 dag Mehl, 3 Dotter, Salz,
25 dag Butter, 1/16 l Milch,
3 dag Germ,
2 kleine Löffel Zucker

Weiter:
3 Eischnee,
250 g geriebene Nüsse,
Rum,
Staubzucker

Aus den Zutaten einen Teig machen, in 3 Teile portionieren und eine halbe Stunde rasten lassen.
Inzwischen 3 Eiklar über Dunst zu steifem Schnee schlagen. Den Teig in längliche Streifen auswalken, mit der Schneemasse bestreichen und mit 250 g Nüsse bestreuen. Mit Rum beträufeln. Den Teig links und rechts einschlagen, umdrehen und mit einem Krapfenstecher Kipferl ausstechen. Bei 180 Grad etwa 15 Minuten im Ofen backen. Nach dem Erkalten mit Staubzucker bestreuen.

BISKUITROULADE MIT BLAUFRÄNKISCHMARMELADE
Polczer

4 Eier,
120 g Zucker,
60 g Mehl (oder Kartoffelmehl),
15 g Butter,
150 g Blaufränkischmarmelade von Polczer (das Rezept ist leider geheim, daher nur soviel: sie besteht aus Blaufränkisch-Trauben, Zucker, Geliermittel, Vanille, abgeriebener Orangenschale und Zimt),
Staubzucker zum Bestreuen

Die Eier trennen, die Dotter mit dem Zucker mindestens 30 Minuten rühren, zwischenzeitlich die Eiweiße zu steifem Schnee schlagen. Wenn die Dotter gut schaumig gerührt sind, gibt man den Eischnee zusammen mit dem Mehl unter die Masse, zuletzt wird die zerlassene, lauwarme Butter untergehoben. Das Gemenge wird ungefähr 1–1,5 cm dick auf ein mit Backpapier ausgelegtes Blech gestrichen und bei stärkerer Hitze im Ofen gebacken, bis sich der Teig vom Papier löst. Das Gebäck noch warm vom Papier ablösen, mit der Blaufränkischmarmelade bestreichen und zu einer Roulade zusammenrollen.
Die Roulade mit Staubzucker bestreuen und in 1,5–2 cm dicke Scheiben geschnitten genießen.

APFELFLECKEN

ÜBERBACKENE SCHWEINSSCHNITZEL

FILET VOM WALDSCHWEIN MIT RAHMPOLENTA

Krutzler

4 Filets vom Waldschwein je 150–200 g,
etwas Öl oder Schmalz zum Braten,
1 Zehe Knoblauch,
Thymianzweig,
etwas Rotwein zum Ablöschen,
Butter,
Salz und Pfeffer

Für die Rahmpolenta:
100 g Polenta,
150 ml Milch,
150 ml Obers,
25 g Butter,
1 EL Topfen,
Muskatnuss,
Salz und Pfeffer aus der Mühle

Mit der Rahmpolenta beginnen; hierfür die Milch mit dem Obers aufkochen, Butter darin schmelzen lassen, dann das Maismehl mit einem Schneebesen einarbeiten. Langsam püreeartig einkochen lassen, zum Schluss mit Topfen, Muskatnuss, Salz und Pfeffer verfeinern.

Die Waldschweinfilets sauber parieren. Fett in einer Pfanne erhitzen, ungeschälte Knoblauchzehe sowie Thymianzweig einlegen. Die gewürzten Filets im gewürzten Fett rundherum braun anbraten, dann aus der Pfanne heben und warm stellen. Fett aus der Pfanne abgießen, Bratensatz mit Rotwein ablöschen und einkochen lassen, kalte Butter zugeben, schmelzen lassen (zum Abbinden) und die Sauce abschmecken. Polenta auf vorgewärmten Tellern anrichten, Filets darauf setzen und mit der Sauce nappieren.

Aloisia's
& Kaffeestub'n

DIE HOCHZEITSBÄCKERIN

Die Hochzeitsbäckerin von Badersdorf

Eine burgenländische Tradition verlangt, dass das Hochzeitspaar alle Verwandte, Freunde, Bekannte, Nachbarn und Besucher mit Hochzeitsbäckereien beschenkt. Früher wurden diese in tage- und wochenlanger Handarbeit zumeist mit Hilfe der Großmütter selbst gebacken. Das geschieht in vielen Haushalten auch heute noch, doch gibt es nicht wenige, die nach Badersdorf fahren, um sich das Backen zu ersparen.

Aloisia Bischof bemerkte schon in frühester Kindheit, dass Backen ihre Leidenschaft ist, aber bis sie ihr Hobby zum Beruf machen konnte und zu ihrem ersten eigenen Betrieb kam, war es ein langer, langer Weg. Doch dieser sollte sich lohnen, denn Aloisia Bischoff ist heute eine Institution und ihre mehr als 60 verschiedenen Kuchen, Torten und Bäckereien sind ein einzigartiger süßer Traum! Bis zu 18 Stunden am Tag steht sie in ihrer Backstube und kreiert aus den besten Zutaten der Region Kekserl, Schnitten, Kipferl, Plätzchen, Kuchen und Torten jeder Art. Ihr Anliegen ist es, dass die Rezepte der traditionellen burgenländischen Hochzeitsbäckereien nicht verloren gehen und für die Nachwelt erhalten bleiben.

Mittlerweile arbeiten in ihrem Betrieb fast 20 Frauen an altbewährten Rezepturen, doch wird immer wieder auch einmal etwas neues ausprobiert oder mit anderen Rezepturen experimentiert. Betritt man ihre Backstube so wird man vom verführerischen Duft der Vanille betört, von Zimt, Kokos und anderen exotischen Aromen verzaubert und all die guten Diät-Vorsätze geraten beim Anblick von zart schmelzender Schokolade, schaumigem Schlagobers, aromatischem Kakao, luftigem Biskuit, köstlichen Cremeschnitten oder vielfältigstem Buttergebäck schlagartig in Vergessenheit. Man fragt sich vielmehr, ob man nicht heiraten solle, um all die zart-schmelzenden Sünden „legal" verkosten zu dürfen – aber es sind wahrscheinlich zu viele für eine einzige Hochzeit!

GEFÜLLTE DATTELN

Schöne, große und getrocknete Datteln werden der Länge nach aufgeschnitten, entkernt und mit einer gut verrührten Masse aus geriebenen Mandeln, fein gehackten Pistazien, Zucker und etwas Eiklar gefüllt. Datteln mit Schokolade überziehen und baldigst verzehren.

PALMBLÄTTER

Einen Blätterteig zu einen gleichmäßig dicken Rechteck von ungefähr 40 x 25 cm auf einem mit reichlich Zucker bestreuten Brett auswalken und den Teig über und über mit Kristallzucker bestreuen. Von den beiden Kanten der Breitseite ausgehend wird der Blätterteig bis zur Mitte wie ein Strudel eingerollt, die beiden Rollen sollen sich in der Mitte berühren. Ein scharfes Messer in heißes Wasser tauchen und etwa 0,5 cm breite Schnitten abschneiden. Mit der Schnittfläche auf ein nasses Backblech legen und bei starker Hitze goldbraun-knusprig backen.

KAFFEEKRAPFERL

Aus 300 g Mehl, 250 g Butter, 100 g Zucker, 2 Dottern und 1 Löffel extra starkem Bohnenkaffee einen Teig bereiten, ausrollen, Krapfen ausstechen und diese bei 200 Grad etwa 10–12 Minuten backen. Jeweils zwei Stück mit Kaffeecreme zusammensetzen; für die Creme werden einfach 200 g Butter mit 200 g Zucker sehr schaumig abgetrieben und mit löslichem Kaffee aromatisiert. Kaffeekrapferl mit Schokoladeglasur überziehen: 150 g Schokolade im Ofen erweichen lassen, die Butter flüssig – nicht aber heiß (!) – werden lassen. Flüssige Butter mit der weichen Schokolade vermengen, kühl rühren (Vorsicht: diese Glasur trocknet sehr schnell; sie hat einen matten, eleganten Glanz).

DOTTERKRAPFERL

Aus 280 g Mehl, 280 g Butter, 1 rohen Eidotter, 2 gekochten Eidottern, 3 Löffeln Rahm sowie einem Löffel Rum einen glatten Teig bereiten, ausrollen, runde Krapfen ausstechen und im Ofen licht backen. Nach dem Auskühlen jeweils zwei Stück mit Marmelade (Ribisel) in der Mitte zusammensetzen.

MANDELKIPFERL

Aus 150 g geriebenen Mandeln, 150 g Zucker und 2–3 kleineren zu Schnee geschlagenen Eiklar einen Teig bereiten, kleine Kipferln formen und bei niedriger Temperatur im Ofen backen.

KOKOSBUSSERL

4 Eiklar über einem Wasserbad mit etwas Zitronensaft und 240 g Staubzucker unter ständigem Rühren mit einem Schneebesen zu einem dicken Schaum werden lassen. Dann 180 g geraspelten Kokos und 40 g Mehl darunter mischen und die noch heiße Masse in einen Dressiersack mit kleiner Tülle füllen. Ein Backblech mit Butter gut einfetten, kleine Busserl aufs Blech spritzen und diese bei 180 Grad im vorgeheizten Backofen 20–25 Minuten backen, bis sie sich vom Blech lösen. Auf einem Gitter auskühlen lassen.

MANDEL-NUSSKIPFERL

Aus 300 g Zucker, 3–4 Eiern, Eischnee aus 2–3 Eiklar, 100 g geriebenen Haselnüssen, 100 g geriebenen Mandeln, 100 g geriebenen Nüssen und etwa 2 Hand voll Semmelbrösel einen Teig bereiten, diesen zu kleinen Kipferln formen und in gehackten Mandeln wälzen. Im nicht zu heißen Ofen backen.

SCHAUMROLLEN

Einen Blätterteig dünn ausrollen und in ungefähr 40 cm lange und 2,5 cm breite Streifen radeln, eine Seite mit versprudeltem Eiklar bestreichen. Danach die Streifen mit der bestrichenen Seite nach innen auf nasse Schaumrollformen aufrollen, dann wird der Teig mit versprudeltem Ei bestrichen und bei starker Hitze im Rohr gebacken, bis er sich leicht aus den Formen lösen lässt. Danach die Formen entfernen und die Rollen bei milderer Hitze im Ofen durchziehen lassen. Nach dem Erkalten mit gut gezuckertem Schlagobers oder gezuckertem Eierschaum füllen.

HASELNUSS-STANGL

Mit 140 g geriebenen Nüssen, 140 g Butter, 160 g Zucker, 160 g Mehl und einem Eidotter einen Teig bereiten, diesen 1 Stunde rasten lassen. Dünn auswalken, fingerbreite Stangerln ausschneiden und vorsichtig auf ein mit Backpapier ausgelegtes Blech legen. Stangen mit einer Glasur aus 120 g Zucker, die mit dem Saft einer Zitrone glatt verrührt wurden, bestreichen. Bei milder Hitze im Ofen mehr trocknen als backen lassen.

HONIGBUSSERL

500 g Mehl mit 250 g Zucker, 3 Eiern, 1 KL Natron, 4 EL heißem Honig etwas Zimt und 1 EL Rum zu einem Teig kneten, kleine Busserln formen, auf Oblaten legen und die Busserl mit einer dünnen Eiweißglasur (aus 70 g Staubzucker, die mit einem Eiklar verrührt wurden) bestrichen im Ofen bei niedriger Temperatur backen.

TEEHERZERL

Aus 200 g gesiebtem Mehl, 80 g Zucker, 80 g Nüssen, 160 g Butter und Vanillezucker nach Geschmack einen Teig bereiten, auswalken und Herzen ausstechen, diese licht backen. Jeweils zwei Stück mit folgender Buttercreme zusammensetzen: 200 g Butter sehr flaumig abtreiben, mit 200 g Zucker vermischen und mit Vanille abschmecken. Die Teeherzerln mit einer Glasur nach Wahl überziehen und verzieren.

Der Uhudler

Was ist der Uhudler?

Der Uhudler ist ein Naturwein, der aus unveredelten Reben – Direktträgern (wurzelechter Rebstock, der auf eigenen Wurzeln wächst und nicht auf andere Wurzelstöcke aufgepropft wurde) – gewonnen wird. Diese Direktträger wurden während der großen Reblauskatastrophe zwischen 1860 und 1920 aus Amerika eingeführt, da sich zeigte, dass sie gegen den Schädling resistent sind. Und so wurden die empfindlichen europäischen Rebsorten auf die widerstandsfähigen Wurzeln der amerikanischen Direktträger aufgepropft.
Aufgrund der reblausresistenten Eigenschaften braucht der Uhudler-Weingarten nicht gespritzt zu werden und bedarf auch keiner weiteren speziellen Pflege. Es handelt sich also um einen vollkommen naturbelassenen Wein, dem Bio-Wein schlechthin.

Beim typischen Uhudler handelt es sich meist um einen Verschnitt von mehreren Rebsorten, im allgemeinen sind dies Isabella, Concord, Ripoteller, Noah und Dellaware. Da jeder Winzer seinen eigenen Verschnitt praktiziert, schmeckt der Uhudler auch bei jedem Winzer anders.
Selten findet man noch den sortenrein ausgebauten Noah, andere reinsortige Uhudler gibt es praktisch nicht mehr.

Der Uhudler-Wein ist ein fruchtiger, säurebetonter Wein mit typischen Aromen von Weißdorn, Walderdbeere und Himbeere.
Die Farbe variiert je nach Sorte und Herkunft vom blassen Stroh- bis Hellgelb bei weißen Uhudler. Zartes Rosa oder Violett, helles Kischrot bis zu Ziegelrot kann die Farbpalette der roten Sorten hervorbringen.
Den eigentlichen Reiz an der Sache macht der säurebetonte Abgang aus, der einen gut gekühlten Uhudler zum perfekten Sommerwein werden lässt.

Woher stammt sein eigenwilliger Name?

Dazu gibt es zwei überlieferte Geschichten. Die eine besagt, dass der Name von einem Tongefäß stammt, einer Art Plutzer mit zwei Löchern. Das eine war zum Trinken bestimmt, das andere dazu dass Luft nachströmen konnte, damit es beim Trinken nicht so blubbert.
Doch wahrscheinlicher dürfte folgende sein: Die zweite Legende erzählt von den Männern, welche nach der harten Arbeit im Weingarten und Keller oft über Nacht oder nicht selten sogar eine ganze Woche im selbigen blieben und während der Freizeit „ab und an“ zu tief ins Glas geschaut haben. Man kann sich leicht vorstellen, wie die Herren ausgeschaut haben, als sie nach Hause kamen; mit schwarzen Ringen unter den vergrößerten Augen! Die leicht erzürnten Ehefrauen grüßten mürrisch: „Wo woast scha wieda so laung?! ... und schaun tuast wie a Uhu!“ Daraus entstand wohl im Laufe der Zeit der Name „Uhudler“.

Wo befindet sich das Uhudler-Land?

Die klassische Uhudler-Gegend ist das Südburgenland mit den Bezirken Güssig und Jennersdorf. Zentrum ist sicherlich Heiligenbrunn mit seinen wunderschönen alten Kellern, die zum großen Teil unter Denkmalschutz stehen. Die meisten dieser Keller und alten Presshäuser sind noch aus Holz gebaut und mit Stroh gedeckt. Doch im Gegensatz zu vielen anderen derartigen Kleinoden ist die Kellergasse von Heiligenbrunn nicht zu einem Freilicht-Museum verkommen, sondern nach wie vor voll in Betrieb und bei fast jedem gibt es einen Uhudler zu kosten!
Weil aber nicht nur in Heiligenbrunn der köstliche Uhudler erzeugt wird, sondern auch in vielen anderen Gegenden der Weinidylle Südburgenland, haben sie sich alle zum „Verein der Freunde des Uhudler“ zusammengeschlossen und vermarkten unter einem einheitlichen Etikett, jeweils mit dem Namen des Erzeugers. Nur wenn die Weine eine strenge Prüfung bestehen, dürfen sie diese Etikette tragen und sich „Uhudler“ nennen. Der Name ist übrigens geschützt und nur für das Südburgenland zugelassen!
Neben den besagten Gemeinden Güssing und Jennersdorf gehören auch noch Strem, Mogersdorf, Eberau, Königsdorf, Inzenhof, Tschanigraben, Großmürbisch, Kleinmürbisch und Kukmirn – neben einigen anderen Gemeinden – dem Verein an.
Beim Verkosten der unterschiedlichsten Uhudler kann man eine unglaubliche Vielfalt erschmecken die den Gaumen fasziniert!

UHUDLER GESCHICHTE

Bis zu seiner endgültigen Legalisierung 1992 musste der Uhudler eine lange Leidensgeschichte durchmachen. Vom Anpflanzungsverbot, über Rodungen bis hin zu dem unsinnigen Vorwurf, dass er „blind und blöd“ mache. Ja sogar als Nicht-Wein wurde der rassige Naturwein verunglimpft. Ein kleiner geschichtlicher Überblick:

1929 Einführung der Kennzeichnungspflicht: Direktträger müssen als solche oder auch als Hybriden gekennzeichnet werden.

1932 beschließt der Nationalrat, dass ab 1936 alle Direktträger-Weingärten im Laufe von 10 Jahren bis auf einen Rest von 25 % gerodet werden müssen.

1936 Anpflanzungsverbot für Direktträger mit der Begründung, dass eine Weinüberproduktion auf Kosten der guten Qualitätsweine verhindert werden müsse.

1937 Verschnittverbot: Es dürfen keine so genannten Edelweine mehr mit Direktträger-Weinen verschnitten werden, ein nationalsozialistisches Dekret aus Deutschland wird damit übernommen.

1946 die 1936 gesetzte Frist läuft ab, doch die Rodungen wurden wegen des 2. Weltkrieges nicht durchgeführt.

1961 Verkehrsverbot, das bedeutet Verbot von Ausschank und Handel. Der Uhudler existiert damit praktisch nur noch als Haustrunk, laut Weingesetz dürfen die Uhudler-Trauben nur zu Essig, Destillaten und technischen Zwecken verwendet werden.

1971 Mengenbegrenzung des beliebten Haustrunks, offiziell sind nur noch 400 Liter/Jahr je im Weinbau vollbeschäftigter Person zulässig.

1985 Der Uhudler wird zum Nicht-Wein erklärt! Das Weingesetz definiert ab sofort Weine die

MARIA

vas andere Heurige

chenschank der Fa-
ann-Hochberg wie-
nsi mit ihrem be-
h zur Runde 2 im
ann's“ heißt es dann
nen in Massen, um
les Landes die Ehre

bnis, wenn Claudia
ihr gustiöses Bu-
nt kreieren und die
ce schmeißt. Und es
ngsklassiker, wenn
ft, sobald die Meute
nachahmlicher Wei-
l der Blasbalg nur so
alt begeistert mitge-

hen, wenn er seine Schlachtgesänge ertönen läßt. Besonders beliebt sind auch die geschlossenen Partien zu allen möglichen Anlässen, wie z. B. Geburtstage, Schulkneipen oder Firmenfestln. In diesem Fall empfiehlt sich ein rechtzeitiger Anruf unter 0664/3502436 oder 0664/5960510 – um den Rest kümmert sich der Chef persönlich!

MARIAS UHUDLER-KRAUTSUPPE

SCHWEINEFILETS MIT UHUDLERZWIEBELN

Für die Uhudlerzwiebeln 4 fein geschnittenen Zwiebeln in etwas Schmalz andünsten ohne Farbe nehmen zu lassen, 1 EL Zucker zugeben und karamellisieren. Die Zwiebeln mit gut 300 ml Uhudler aufgießen, weich dünsten und dabei die Flüssigkeit nahezu verkochen lassen. Öl mit Butter in einer Pfanne erhitzen, parierte und mit Salz und Pfeffer gewürzte Schweinefilets darin rosa braten. Zwiebel mit Fleisch auf Tellern anrichten, Erdäpfelpüree dazu reichen.

Variante
Statt Schweinefilets können auch Rinderfilets verwendet werden.

UHUDLER-HAUSWÜRSTE

7 1/2 kg Schweinefleisch,
2 1/2 kg Speck (gefroren),
280 g Nitritpökelsalz,
20–25 g Pfeffer,
Knoblauch nach Geschmack,
10 g Zucker, Uhudler nach Geschmack

Das Fleisch mit der 6 mm Scheibe wolfen, den gefrorenen Speck klein würfeln. Das Fleisch mit den Gewürzen vermengen, den Knoblauch vorher leicht überbrühen und mixen. Masse kurz durchkneten, dann den Speck zufügen. Die Masse soll 7 Grad nicht übersteigen, damit sie gut bindet. Wurstmasse in gereinigte Schweinsdärme füllen, zu Würsten abdrehen und auf Stangen hängen. 1–2 Tage bei 20 Grad reifen lassen, dann bei 22 Grad räuchern und danach reifen lassen (sie sollten etwa 30 % an Gewicht verlieren).

UHUDLER TERRINE MIT BEEREN

1/2 Liter Uhudler, 6–7 Blatt Gelatine,
Zucker, 350 g frische Beeren
(Erdbeeren, Himbeeren etc.)

Gelatine in kaltem Wasser einweichen. Uhudler in einem Topf mit Zucker nach Geschmack aufkochen lassen und auf die Hälfte einreduzieren. Gut ausgedrückte Gelatine einrühren. Dariolförmchen einölen und mit dem Uhudler-Gelee chemisieren. Die gewaschenen Beeren einfüllen, mit dem Gelee begießen und alles im Kühlschrank stocken lassen. Uhudler-Gelee aus den Formen stürzen und z. B. mit Früchten, Vanillesauce, gehackten Nüssen oder Minze servieren.

MARIAS UHUDLER-KRAUTSUPPE

1 kg Sauerkraut, 1–2 Zwiebeln, 100 g Speck,
4 Bauernwürste (o. Debrecziner), 500 g Selchfleisch,
gut 1 1/2 Liter Kochbrühe vom Selchfleisch,
guter Schuss Uhudler, 1–2 Tassen Bohnen (über Nacht eingeweicht), Reibteig (siehe Tarhonya, S. 281),
1 scharfe Pfefferoni,
6 Knoblauchzehen gepresst, Paprikapulver, Salz

Selchfleisch in leicht gesalzenem Wasser gar kochen, Brühe seihen und beiseite stellen, Selchfleisch würfeln. Speck und Zwiebeln klein schneiden, zusammen in etwas Öl abrösten. Mit Paprikapulver stauben und die Selchfleischsuppe dazu gießen. Das einmal gewaschene Sauerkraut in den Topf geben und alles 10 Min. kochen lassen. Zwischenzeitlich Knoblauch pressen, Bohnen abgießen, Pfefferoni fein hacken, und die Wurst in Räder schneiden. Bohnen, zerdrückten Knoblauch, Pfefferoni und Wurst zur Suppe geben und diese mit Uhudler abschmecken. Suppe fertig kochen, bei Bedarf Wasser (oder – wenn vorhanden – noch geselchte Suppe) nachfüllen.
Letztlich kommt der Reibteig als Einlage in die Krautsuppe, es wird nochmals abgeschmeckt und mit Brot aufgetragen.

UHUDLER GESCHICHTE

aus „Trauben amerikanischer Ertragskreuzungen hergestellt wurden" nur noch als „weinähnliches Getränk", das genauso verkehrsunfähig sei wie verdorbener oder verfälschter Wein. Der Begriff Haustrunk wird aus dem Weingesetz gestrichen.

1992 Legalisierung: der Uhudler wird in begrenztem Rahmen verkehrsfähig, §59/5 der Weinnovelle besagt: Der „Direktträger-Wein darf nicht mit Wein §1 verschnitten werden und nur in den Gemeinden des Erzeugerbetriebes in Verkehr gebracht werden."

1995 Österreich wird EU-Mitglied, doch in der EU sind Direktträger-Weine verboten!

1999 Gründung des „Vereins der Freunde des Uhudlers", der Name „Uhudler" ist ab sofort markenrechtlich geschützt und darf als solcher nur im Südburgenland in den Bezirken Güssing und Jennersdorf verkauft werden. 24 Gemeinden produzieren jährlich etwa 150.000 Flaschen Uhudler.

2004 Der Uhudler bekommt ein neues Etikett, man möchte weg vom Image des Heckenkleschers hin zum Lifestyle-Getränk.

2020 droht dem Uhudler das Aus, denn laut EU-Richtlinie darf der Uhudler nur noch bis 2020 ausgeschenkt werden, weil dann nämlich die ungeliebten Direktträger-Weingärten gerodet werden sollen.

„RÜBEZAHL"

UHUDLER-HAUSWÜRSTE

PODERSDORFER KELLERFLEISCH

Dieses einfache Essen wurde während der Arbeit im Weinkeller meist von den Arbeitern selbst zubereitet.

1 1/4 kg Schweinefleisch aus der Schulter,
750–800 g Zwiebeln,
6–8 Knoblauchzehen,
1 Liter Weißwein,
Majoran oder Kümmel,
Salz

Das Fleisch in mundgerechte Würfel, die Zwiebel in grobe Ringe schneiden. Fleisch, Zwiebel, Majoran oder Kümmel, grob zerteilte Knoblauchzehen und den Weißwein in einen Kessel füllen. Alles langsam kochen, bis das Fleisch weich ist. Mit Salz und nach Geschmack mit Pfeffer abschmecken. Schwarzbrot dazu essen.

Traditionelle burgenländische Rezepte

OGGAUER WELSCHRIESLING-SUPPE

Das Rezept stammt von Gerti Reinprecht aus Oggau. Ihr Mann betreibt übrigens das Qualitätsweingut „Hans Reinprecht", das neben dem hier verwendeten rassigen Welschriesling auch einen sauber eleganten Muskat-Bouvier oder eine interessante Scheurebe erzeugt.

80 g Zwiebeln fein würfelig geschnitten,
50–75 g durchwachsener Speck gewürfelt,
30 g Butter, 50 g Mehl,
2–3 gepresste Knoblauchzehen,
1 EL gehackte Petersilie,
250 ml Welschriesling,
125 ml Obers,
75–100 ml Sauerrahm,
750 ml kräftige Rindsuppe,
Majoran,
Salz und Pfeffer aus der Mühle,
Schnittlauchröllchen zum Garnieren

Für die Einlage:
2 Semmeln,
20–30 g Knoblauchbutter

Butter in einer Kasserolle zergehen lassen, Zwiebel und Speckwürfel darin glasig dünsten. Mit dem Mehl stauben und alles goldbraun rösten. Danach den Knoblauch und Petersil dazugeben, kurz mitrösten, dann alles mit der Rindsuppe aufgießen.
Gut 10 Minuten durchkochen lassen, bevor mit den Gewürzen und dem Welschriesling abgeschmeckt wird. Zum Schluss die Suppe mit Obers legieren.
Semmel klein würfelig schneiden und in der Kräuterbutter goldbraun rösten. Die Suppe mit einem Löffel Rahm, Semmelwürfeln sowie Schnittlauchröllchen garnieren.

UMURKENSUPP'M

Zunächst werden 4 Erdäpfel geschält und klein gewürfelt in gut 750 ml Salzwasser halb weich gekocht. Dann gibt man gestoßenen Kümmel, Pfeffer und gehackte Petersilie sowie eine geschälte und gewürfelte Salatgurke hinzu; alles weich kochen. Einen halben Liter Sauermilch mit 2–3 EL Mehl verquirlen, in die Suppe rühren und diese mit einem Spritzer Essig säuern. Unter ständigem Rühren aufkochen lassen; die fertige Suppe mit reichlich gehacktem Dill bestreut servieren.

AINPRENNTI SUPP'M

Im Burgenland liebt man Suppen und kennt daher unzählige Rezepte für schmackhafte Suppen und Eintöpfe, was ihnen den Spitznamen „Suppenschwaben" einbrachte. Doch die meist arme Landbevölkerung war großteils froh, überhaupt eine Suppe zu haben. Heute findet man traditionsreiche Gerichte wie dieses nur mehr selten; schade eigentlich, denn es handelt sich bei ihnen auch um Stumme Zeitzeugen. Nachstehendes Rezept aß man früher als kräftigendes Frühstück.

Für die Suppe:
50–75 g Butter oder Schmalz, 100 g Mehl,
2–3 Knoblauchzehen, 1–2 TL Kümmel,
gut 1 Liter Wasser oder Fleischbrühe (wenn welche vorhanden), Salz und Pfeffer

Das Fett in einer Kasserolle erhitzen, Mehl darin licht-goldgelb rösten, gehackten Kümmel dazugeben und mit wenig Wasser (oder Fleischbrühe) ablöschen. Masse rühren und die Flüssigkeit nahezu gesamt verdunsten lassen. Danach mit gut 1 Liter Wasser (oder Brühe) auffüllen, zerdrückten Knoblauch untermischen und kräftig würzen. Alles gut verkochen lassen.
Als Einlage gibt man eingetropftes Ei, gebähte (geröstete) Schwarzbrotschnitten und/oder Croutons in die Suppe.

GOLOSCHWANER KRAUT-GULASCH

Margarete Triebaumer erzählte, dass dieses ursprüngliche Rezept entstanden ist, weil bei Gulasch-Resten meist kaum mehr ein Saft vorhanden war (vor allem die Kinder aßen viel lieber den Saft, als das Fleisch). So schichtete man, wie unten beschreiben, das verbliebene Fleisch mit Sauerkraut und Reis zu einem neuen Gericht, das überaus schmackhaft ist und keinesfalls als „Resteverwertung" bezeichnet werden sollte!

500 g fertiges Gulasch (mit wenig Saft!),
500 g vorgekochtes Sauerkraut,
400–500 g vorgekochter Reis,
1–2 Becher Sauerrahm,
100–150 g geriebener Käse,
Salz und Pfeffer

Das Sauerkraut gut ausdrücken und den Boden einer Auflaufform damit belegen (wer mag darf die Auflaufform zuvor mit einer Schicht Bauchspeck auslegen). Auf das Kraut kommt der gedünstete Reis und auf diesen wiederum das Gulasch-Fleisch. Der Sauerrahm wird versprudelt, mit Salz und Pfeffer gewürzt und über das Fleisch gegossen. Letztlich bestreut man alles mit Reibkäse und bäckt den Auflauf 30 Minuten im Rohr, bis er eine goldgelbe Kruste gebildet hat. Mit grünem Salat auftischen.

GOLSER RIESLING-TORTE

Für den Teig: 4 Eier, 180 g Zucker, 80 g Mehl, 80 g Kartoffelmehl, 1 TL Backpulver, 3 EL Wasser

Für die Fülle:
1 Packung Paradiescreme Vanille,
1 Packung Paradiescreme Zitrone,
500 ml trockener und spritziger Riesling,
2 Becher Schlagobers, 9–10 Blatt Gelatine,
2 Packungen Vanillezucker

Die Eier trennen, das Eiweiß mit etwas Wasser zu steifem Schnee schlagen. Dotter extra schlagen, Mehl, Kartoffelmehl, Backpulver und Zucker einarbeiten, dann den Schnee unterheben. In eine gefettete Tortenform füllen und im vorgeheizten Backofen (bei etwa 180 Grad) backen.
Für die Fülle die beiden Paradiescremesorten in den kalten Wein schlagen, glatt verrühren. Die in kaltem Wasser eingeweichte Gelatine gut ausdrücken, in sehr wenig heißem Wasser auflösen, dann unter die Weinmasse rühren. Schlagobers mit Vanillezucker steif schlagen, unter die Creme heben.
Den ausgekühlten Tortenboden quer durchschneiden, mit der Creme füllen, dann im Kühlschrank fest werden lassen.

UMURKENSUPP'M

HOCHZEITSHUHN MIT SAFRANSAUCE

HALBTURNER HOCHZEITSHUHN

Das Huhn spielt in der klassischen Küche des Burgenlands eine eher untergeordnete Rolle und beim Verzehr von Geflügel galt der Leitsatz: „Wann frisst da Baua a Hei'n? Weinn er oda die Hei'n krank ist!" Nur zu bestimmten Tagen wurde Huhn aufgetischt, so zum Beispiel nach Abschluss der Weinlese, wo vom Winzer der „Lesehahn" serviert wurde – oder eben zu Hochzeiten, bei denen man das berühmte Hochzeitshuhn genoss.

Ein Huhn wird hierfür in reichlich Wurzelwerk unter Zugabe von Wein gesotten; dann das Huhn warm stellen. Den Sud durch ein Sieb seihen und neuerlich mit Safran, Nelken, Neugewürz und Wein aufkochen. Einen guten Liter davon abmessen, 2 Dotter mit Mehl und Wein versprudeln, nebst 25 g Butter in die kochende Suppe rühren. Danach alles neuerlich durch ein Sieb passieren und schön sämig einkochen, dann abkühlen lassen. Das Huhn tranchieren und auf einem Reisbett angerichtet mit der Sauce servieren.

GESOTTENER TOPFENSTRUDEL MIT RÖSTBRATELBOHNEN

250–300 g Strudelteig (siehe Grundrezept S. 406 oder Fertigprodukt),
400 g Topfen, 4 Eier, 80 g Semmelbrösel,
60–75 g Butter, Salz

Für die Röstbratelbohnen:
300–350 g vorgekochte Bohnen (ersatzweise aus der Dose),
2 Zwiebeln, 2–3 Knoblauchzehen, 75 g Schmalz, Essig (vorzugsweise Welschrieslingessig), Rosenpaprika, Majoran, Salz, Pfeffer aus der Mühle, fein gehackte Petersilie

Den Topfen etwas abtropfen lassen, danach durch ein grobes Sieb passieren. Die Eier trennen, Dotter mit dem Topfen verrühren. Die Eiklar mit einer Prise Salz zu steifem Schnee schlagen, unter die Topfenmasse heben. Die Semmelbrösel in Butter goldbraun rösten. Strudelteig ausbreiten, dann zuerst die Topfenmasse darauf streichen, diese dann mit den gerösteten Bröseln bestreuen. Zu einem Strudel zusammenrollen, in Stücke schneiden, Ränder zusammendrücken und die „Teigtaschen" in Salzwasser gar kochen.
Für die Röstbratelbohnen werden zunächst die fein geschnittenen Zwiebel in Schmalz goldgelb geröstet, dann mit gehacktem Knoblauch, Rosenpaprika, Majoran, Salz und Pfeffer pikant gewürzt. Die vorgekochten und abgetropften Bohnen dazugeben, kurz darin dünsten lassen, nochmals nachwürzen und mit Essig abschmecken.
Röstbratelbohnen auf Tellern anrichten, den Topfenstrudel darauf anrichten, mit Petersilie garnieren und sofort servieren.

KRUMPANWATSCH

4–5 rohe Erdäpfel reiben, mit etwas Mehl, 1–2 Eiern und etwas Salz vermengen.
Viele Grammeln in die Masse geben und in heißem Schmalz einem Sterz ähnlich rösten.

EISENSTÄDTER KOHL

2 kleinere Kohlköpfe, 3–4 vorgekochte Erdäpfel,
250–300 ml Buttermilch,
1 Essiggurke gehackt, 1–2 TL Kapern,
etwas geriebener Hartkäse,
2–3 EL Semmelbrösel,
1 EL Mehl, Majoran, Paprikapulver „edelsüß",
gehackte Petersilie, Salz, Fett für die Form

Kohlköpfe putzen, vierteln, Strunk entfernen, waschen und in reichlich Salzwasser nicht ganz weich kochen. Kohl herausnehmen, abtropfen lassen, in eine gefettete Form dicht nebeneinander schichten und mit geriebenem Käse sowie Semmelbröseln bestreuen.
Die Erdäpfeln klein gewürfelt darüber geben, dann die gehackte Essiggurke sowie Kapern und Petersilie darauf verteilen. Die Buttermilch mit Majoran, Paprikapulver, Mehl und Salz versprudeln, den Kohl damit übergießen. Alles im vorgeheizten Rohr 40–45 Minuten backen.

BURGENLÄNDISCHE KRAUTSUPPE

Einen kleinen Krautkopf nudelig schneiden, 2 Zwiebeln fein hacken. 2–3 Esslöffel Schmalz erhitzen, die Zwiebeln darin anschwitzen, mit 1 guten EL Zucker stauben und diesen karamellisieren lassen. Danach das geschnittene Kraut dazugeben, kurz mitrösten. Topf vom Herd nehmen 1–2 EL Paprikapulver „edelsüß" einrühren, alles mit 150 ml Welschriesling (oder einem anderen trockenen Weißwein) und knapp 1 Liter Rindsuppe aufgießen. Suppe mit Wacholderbeeren, Lorbeerblättern und nach Wunsch auch mit etwas Paradeismark würzen. Hauswürstel oder Debrecziner klein schneiden, in die Suppe geben und diese etwa 30 Minuten weiter kochen, abschmecken. Mit Rahm garniert servieren.

Hinweis: Statt frisches Kraut kann auch Sauerkraut verwendet werden.

PANNONISCHER SAFRAN

Wenn man die alt-österreichischen Kochbücher durchblättert, so fällt dem kundigen Leser sehr bald auf, dass noch vor etwa 100 Jahren in vielen Rezepten das wohl edelste Gewürz der Welt – nämlich Safran – recht reichhaltig verwendet wurde. Diese Tatsache ist allerdings weit weniger verwunderlich, wenn man weiß, dass noch bis in die 20er Jahre vorigen Jahrhunderts auch in Österreich Safran von reinster und bester Qualität erzeugt worden ist. Heute hat sich die ARGE Pannonischer Safran dem edlen Gewürz gewidmet und baut diesen einzigartig sinnlichen Genuss in der Nähe von Klingenbach an. Das warm-kalte pannonische Klima lässt Safran bester Qualität gedeihen. Damit ist es der ARGE Pannonischer Safran gelungen, ein einzigartiges Produkt wiederzubeleben, und um diesem auch den ursprünglichen Wert zurückzugeben, werden ergänzende Edelprodukte wie z. B. eine sehr feine Safranschokolade angeboten.
Somit sind der Hauch von Luxus, lustvollem Zauber und Sinnlichkeit mit denen der Safran umgeben ist, erneut in Österreich heimisch. Und die Gourmets dürfen sich wieder über sensationelle Gerichte, wie z. B. das traditionsreiche Halbturner Hochzeitshuhn freuen.

KRAUTSUPPE

KRUMPANWATSCH

Steiermark

Wenn von der Steiermark kulinarisch die Rede ist, so denken die meisten Menschen sicherlich zuerst an Kürbiskernöl, Käferbohnen, Schilcher und Klachelsuppe. Doch die Steiermark ist viel mehr als das, denn sie darf heute mit Fug und Recht als ein Schlaraffenland Österreichs bezeichnet werden. Dass es soweit kommen konnte, verdankt das ehemalige Armenhaus Österreichs im Wesentlichen drei entscheidenden Faktoren:

1. Da war zunächst einmal kein Geringerer als der legendäre Erzherzog Johann, der sein geliebtes Tirol verlassen musste und sich ins steirische Exil begab. Etwas Besseres konnte der Steiermark zumindest aus kulinarischer Sichtweise nicht passieren, denn Erzherzog Johann förderte die Landwirtschaft wie kaum ein Zweiter. Nicht nur mit großflächig angelegten Weingärten ließ er experimentieren, nein auch die berühmten steirischen Rinderzuchten (heute ist das Styria-Beef als exzellentes Fleisch in aller Munde) sind auf ihn zurückzuführen. Ferner ließ der volksnahe Landesvater Obstkulturen (wer kennt ihn nicht, den steirischen Apfel) anlegen, Gemüse aller Art anpflanzen und nicht zuletzt hat er die heimischen Wildfrüchte und -kräuter in die Küche gebracht. Somit muss Erzherzog Johann sicherlich als ein großer Reformer und Förderer der steirischen Agrarwirtschaft und ihrer technischen Erneuerung bezeichnet werden.

2. Ein weiterer wichtiger Punkt ist der Innovationsgeist der Steirer selbst. Schon immer war man hier Neuem gegenüber aufgeschlossener als anderswo, hat dabei jedoch niemals seine eigenen heimischen und bodenständigen Wurzeln vergessen. Insbesondere in der steirischen Küche kann man feststellen, dass sich die bürgerlich-bodenständigen Rezepte und die doch im Großen und Ganzen sehr urbane „Kochkunst" gegenseitig befruchteten und heraus wunderbare neue Kreationen entstehen konnten. So ist es auch nicht verwunderlich, dass in Graz bereits im 17. Jahrhundert ein Zentrum der Kochbuchliteratur entstehen konnte: ein berühmtes Werk aus dieser Zeit ist z. B. das 1686 erschienene „Grätzerische Kochbuch".
Noch heute entwickeln die Steirer viele neue kulinarische Produkte, die mitunter echte Gaumenfreuden darstellen; als gute Beispiele dienen hier die wohl in ihrer Form einzigartige Zotter-Schokolade, der Vulkano-Schinken, die „Süße Ente" vom Buschenschank Polz (eine Entenleberterrine mit Trockenbeerenauslese und Treberbrand – himmlisch!), die edlen Essige und Schnäpse von Alois Gölles oder die exzellenten Köstlichkeiten der Familie Fink (Eingelegtes, Marmeladen, aromatischer Turmschinken u. v. m.). Das Leben kann so schön sein ...

3. Als dritter wesentlicher Bestandteil sind nicht zuletzt die wunderschöne Natur mit ihren vielseitigsten Landschaften sowie das insgesamt doch milde und pannonische Klima der Steiermark zu nennen; aber auch der sorgsame Umgang mit diesem Geschenk Gottes ist von elementarer Bedeutung. Schon immer haben es die Steirer recht geschickt verstanden, den agrarischen „Größenwahn" möglichst zu vermeiden und arbeiten deshalb überwiegend in landwirtschaftlichen Kleinst- und Kleinbetrieben zwischen zwei und 25 Hektar Nutzfläche. Die daraus entstandenen oftmals wirklich zauberhaften Kulturlandschaften (vor allem im Süden und Südosten) werden wegen ihrer Schönheit oft als die „Steirische Toskana" bezeichnet; sie stehen im krassen Gegensatz zum teilweise schroffen Hochgebirge von Obersteiermark und Niederen Tauern und dem lieblichen, dicht bewaldeten Hügelland im Westen, das mitverantwortlich dafür ist, dass die Steiermark auch die „Grüne Mark" genannt wird.

Und wer noch mehr ins Detail gehen will, der denke an die herrlichen Weine der Südost- und Südsteiermark, der denke an ein saftiges Steirisches Poulard, welches schon zu Zeiten der Donaumonarchie beliebt war oder an das köstliche Verhackert, den Speck, Hauswürste, Kren, Karpfen, Bachforellen, Steirerkas und und und. Gerade endlos ließe sich die Liste der steirischen Delikatessen fortsetzen, doch sie zu verkosten ist erst der einzig wahre Genuss!

Niederwild

Zum sehr artenreichen Niederwild zählen das Reh, Hase, Wildkaninchen sowie sämtliche Wildvogelarten außer Auerhahn, Birkhahn, Steinadler und Seeadler. Im Gegensatz zum Hochwild (siehe Tirol) durfte das Niederwild außer von Adeligen, auch von Bürgern und Bauern erlegt werden (niedere Jagd). In der Küche ist es aber mindestens genauso begehrt, wie das Hochwild und sorgt für manch köstlichen Schmaus.

Doch war das Wildfleisch nicht überall gleich beliebt, während die ländliche Bevölkerung eher die fleischreicheren Tiere (wie Hase und Reh) bevorzugte, so liebte man auf den Tafeln des Bürgertums – insbesondere in Wien – edles Federvieh. Krammetsvogel, Wachtel, Schnepfe und Fasan galten seit jeher als große Leckerbissen und durften weder bei Hofe noch in den Küchen des genießenden Bürgertums fehlen.

HERR STROMMINGER (GASTHOF ZUM FALLENSTEIN) AUF PIRSCH

© Leopold Stocker Verlag

Das Reh

Das Rehwild ist die am häufigsten vorkommende Schalenwildart. Schon im Mittelalter galt Rehfleisch als besonders schmackhaft und gesund. Es war daher so begehrt, dass man selbst zur Fastenzeit nicht darauf verzichten wollte. So findet man in alten Kochbüchern (auch noch im ausgehenden 19. Jahrhundert) Rezepte für Rehbraten und Rehkeule – zubereitet aus Fischen!
Das Fleisch der jungen Tiere ist sehr zart und wohlschmeckend, das der älteren Tiere (über drei Jahre) ist grobfaseriger und recht trocken. Da Rehfleisch grundsätzlich sehr fettarm ist, wird es meistens gespickt, damit es beim Garen nicht zu sehr austrocknet.
Edelster Teil ist, wie bei anderem Haarwild auch, vor allem der Rücken. Es folgen in der Qualitätsabstufung die Keulen, die Schulter, die Träger (Hals) und die Rippen mit anhängenden Bauchlappen. Eine besondere Spezialität, wenngleich auch schwer zu bekommen, sind die Innereien, vor allem Rehherz, Rehleber, Rehzunge und das Rehbeuschel.

GEBACKENE REHSCHNITZEL

Rehschnitzel vom Schlögel (80–100 g schwer) werden an den Rändern leicht eingeschnitten und sanft geklopft. Danach die Schnitzel mit Salz, Pfeffer, gemahlenem Lorbeerblatt, Thymian, Zwiebelringen, Zitronensaft und etwas Öl marinieren, mindestens 30 Minuten ziehen lassen.
Rehschnitzel aus der Beize heben und in einem Sieb abtropfen. Nochmals leicht salzen, dann das Fleisch in zerlassene Butter tauchen und in sehr feinen Semmelbrösel panieren.
Schnitzel in heißem Butterschmalz rasch auf beiden Seiten goldgelb backen. Dazu in Butter gebratene Orangenscheiben (geschält) und Hagebuttengelee servieren.

GEBRATENE REHSCHULTER

Eine Rehschulter (Blatt) im Ganzen (samt Unterbein) mit gutem Weinbrand einreiben, 15–20 Minuten rasten lassen; dann großzügig mit Thymian, gemahlenen Wacholderbeeren, Pfeffer und Salz würzen. Gut 3–4 Esslöffel Butter oder Butterschmalz in einem Bräter erhitzen und das Rehblatt darin auf beiden Seiten scharf anbraten. Eine fein gewiegte Zwiebel dazugeben und kurz mitrösten lassen, dann mit 300–350 ml Wildfond oder Rindsuppe ablöschen. In den auf 180 Grad vorgeheizten Backofen geben und zugedeckt auf der untersten Schiene 90 Minuten schmoren lassen.
Wenn das Fleisch gar ist, dieses in Alufolie wickeln und warm beiseite stellen. Den Bratenfond mit Sahne (etwa 125 ml) auffüllen und sämig einkochen lassen, danach durch ein Sieb seihen. Rehblatt auf einer Platte angerichtet servieren, Sauce extra dazu reichen. Glasierte Maroni, Kohlsprossen, Erdäpfelnudeln oder auch Kroketten sind geeignete Beilagen.

EINFACHES REHRAGOUT

EINFACHES REHRAGOUT

1–1 1/2 kg Rehfleisch (z. B. von der Keule), 3–4 EL Butter, 1/2 l guter Rotwein, Rindsuppe oder Wasser, 200 g Champignons oder kleine Steinpilze in Scheiben geschnitten, einige Wacholderbeeren im Mörser fein zerstoßen, etwas Mehl in kaltem Wasser glatt gerührt, Salz und Pfeffer

Das Rehfleisch in nicht zu kleine Würfel schneiden, dann in der Butter anrösten. Wenn der ausgetretene Fleischsaft nahezu verkocht ist, wird mit Rotwein aufgegossen, bis das Fleisch bedeckt ist. Gestoßenen Wacholder dazugeben, danach das Ragout weich dünsten; geht dabei zu viel Flüssigkeit verloren, mit etwas Rindsuppe auffüllen.
Wenn das Fleisch weich ist, kommen die feinblättrig geschnittenen Pilze hinein und man schmeckt mit Salz und Pfeffer ab. Die Sauce wird letztlich mit angerührtem Mehl (das man durch ein Sieb in die Sauce streicht) gebunden.

Variante
Statt mit Wacholder wird das Ragout mitunter auch mit Kapern gewürzt, diese kommen aber erst mit den Pilzen in das Ragout.

REHFILETS

Wenn man das Glück hat, frischen Lungenbraten vom Reh zu erhalten, so empfiehlt sich diese Zubereitung: Rehfilets von jeweils rund 100 g, leicht andrücken und trocken tupfen, leicht würzen. Gut 80 g Butter in einer Pfanne erhitzen, Rehfilets darin zuerst auf einer Seite 1 Minute anbraten, dann auf kleiner Flamme auf der anderen Seite 2–3 Minuten weitergaren, dabei ständig mit Fond begießen. Zu den fertigen Filets reicht man z. B. glasierte Maroni, Kohlsprossen oder anderes junges Gemüse. Oder man schneidet sie schräg auf und richtet sie auf Toast mit z. B. Preiselbeerbutter an.

Variante
Die gewürzten Rehfilets leicht plattieren und in Butter scharf anbraten, Bratenrückstand mit Mehl stauben, mit Madeira ablöschen, braunen Wildfond dazu gießen, verkochen lassen; dann mit Zitronen- sowie Orangensaft abschmecken sowie mit etwas kalter Butter montieren. Gewürzte Gänseleberscheiben bemehlen, in Butter rasch braten. Rehfilets anrichten, mit der Gänseleber belegen und mit der Madeirasauce nappieren; kleine Kroketten und Preiselbeeren als Garnitur.

SALAT MIT REHLEBER, -NIEREN UND PILZEN

Auf Tellern ein Salatbett aus Blattsalaten richten (gut macht sich hier z. B. Lollo rosso) und mit einer Essig-Öl-Marinade beträufeln.
Geputzte Eierschwammerl zusammen mit etwas fein gewiegter Schalotte und reichlich Petersilie in Butter andünsten, mit etwas Essig ablöschen und warm beseite stellen; würzen. Eine Rehleber in dünne Scheiben schneiden, leicht pfeffern und in Butter kurz anbraten. Eierschwammerl und Rehleber und auf den Blattsalaten anrichten, kurz gebratene Nieren dazulegen, mit Salz und Pfeffer nachgewürzt, sofort servieren.

REH IN ROTWEIN

1 kg Rehfleisch wird in grobe Würfel geschnitten. Zwei Zwiebeln fein hacken und in nicht zu wenig Butter andünsten, dann das Rehfleisch dazugeben und rundherum anbraten. Fleisch recht großzügig mit Mehl stauben, dieses durchrösten, dann etwas mittelscharfes Paprikapulver hinzugeben und salzen. Gut 1 1/2 Liter besten Rotwein angießen (Blaufränkisch, Merlot, Cabernet Sauvignon oder Pinot noir) und alles einmal aufkochen. Hitze zurückdrehen, zwei Lorbeerblätter dazugeben, dann das Fleisch langsam weich kochen. Wenn die Sauce schön mollig ist, sollte das Gericht fertig sein, ist das Fleisch noch zu zäh, etwas Wasser oder Brühe hinzugeben und noch weiter dünsten. Das Ragout abschmecken und z. B. mit Knödel oder Kroketten servieren.

***Hinweis:** Hier ist es ganz besonders wichtig, dass nur ein exzellenter Rotwein verwendet wird, da dieser eigentlich das einzige Gewürz bildet.*

WILDHASEN

Hase und Wildkaninchen

Schon bei den alten Römern war Hasenfleisch sehr begehrt, nicht zuletzt aber auch deswegen, weil sie glaubten, dass es schön mache. Im Mittelalter hielt man es für „säfteverderblich“ und nahm deshalb an, dass es zu Melancholie führen könne. Die katholische Kirche hat im frühen Mittelalter Hasenfleisch gar verboten, doch kaum jemand hat dieses Verbot beachtet.
Der Hase galt lange Zeit als Träger der Unkeuschheit und es wurde ihm eine schlechte Gesinnung nachgesagt, daher wurde er bis zur Unkenntlichkeit verarbeitet oder so stark überwürzt, dass sein Eigengeschmack kaum mehr zu erkennen war, wie z. B. beim klassischen Hasenpfeffer.
Der Feldhase ist heute weit verbreitet, stammt aber eigentlich aus der Steppe. Von seinem kleineren Vetter, dem Wildkaninchen unterscheidet sich der Hase durch einen stärkeren Körperbau, ein auf der Oberseite braun-rot-gelblich schimmerndes Haar, längeren Ohren und einen oben schwarzen Schwanz. Viele Fressfeinde und die Veränderung der Landschaft haben dem Hasen das Leben so schwer gemacht, dass seine Bestände drastisch gesunken sind. Daher stammen viele im Handel angebotenen Tiere heute aus Argentinien.
Hasen und Wildkaninchen sollten vor dem Verzehr im Fell abgehangen werden, zum Ausweiden und Abhäuten wird er an den Hinterläufen aufgehängt. Dabei sollte das Blut aufgefangen werden, denn es verleiht vielen Gerichten ihre ganz charakteristische Geschmacksnote. Als wertvollste Fleischteile gelten der Rücken und die Hinterläufe, der Rest – samt Innereien – gilt als „Hasenjunges“. Die Hasen- oder Kaninchenleber gilt als besonderer Leckerbissen, doch auch das Beuschel ist sehr schmackhaft.

GEBRATENER HASENRÜCKEN MIT PILZEN

Zwei Hasenrücken sauber häuten und sichtbares Fettgewebe entfernen. Rückenfilets entlang der Wirbelsäule mit einem Messer anlösen, das Fleisch mit Salz und Pfeffer würzen. In einem Bräter 75 g Butter erhitzen, die Hasenrücken kurz auf beiden Seiten anbraten, dann auf die Knochen stellen und mit getrocknetem Thymian und gemahlenem Wacholder bestreuen. Einen Deckel auflegen und bei 160 Grad etwa 30 Minuten im Ofen schmoren, währenddessen immer wieder (2–3-mal) mit frischer Butter übergießen.
1 kg Edelpilze zusammen mit zwei fein gewiegten Schalotten und zwei zerdrückten Knoblauchzehen in wenig Butter dünsten, dann 2–3 EL Schnittlauchröllchen, Salz und Pfeffer hinzugeben. Pilze mit dem Bratenfond vom Hasen abschmecken und mit etwas Obers kurz verkochen. Den tranchierten Hasenrücken zusammen mit den Pilzen servieren.

GEBRATENER HASENRÜCKEN MIT PILZEN

HASENJUNGES

1 Hasenjunges (Schulter, Vorderläufe, Brust, Kopf, Herz, Leber und Lunge),
100–150 g Wurzelgemüse, 1 Zwiebel,
abgeriebene Zitronenschale,
Pfefferkörner, Neugewürzkörner,
2–3 Thymianzweige, 2 Lorbeerblätter, Essig, Salz

Außerdem:
Hasenblut (mit etwas Rotweinessig verrührt),
50 g Schmalz oder Butter, Zucker, 50 g Mehl,
1–2 fein gewiegte Schalotten, etwas Senf,
Preiselbeeren, Rahm, gehackte Petersilie

Das Hasenjunge wird gewaschen und zusammen mit Gemüse, Zwiebel, Zitronenschale, Pfefferkörnern, Pimentkörnern, Thymianzweigen, Lorbeer, Essig und etwas Salz zum Kochen gebracht, danach auf milder Hitze weich gekocht. Fleisch aus dem Sud heben und diesen durchseihen.
In einer Kasserolle Fett erhitzen, etwas Zucker darin karamellisieren, dann fein gewiegte Zwiebel dazugeben und mit Mehl stauben. Wenn alles braun geröstet ist, mit geseihtem Sud ablöschen, verkochen lassen und noch Sud dazu gießen, bis die Sauce mollig ist. Dann Sauerrahm einrühren und die Sauce mit geriebener Zitronenschale, Senf, Preiselbeeren, gehackter Petersilie und dem Hasenblut würzen, 20–30 Minuten langsam köcheln lassen. Danach die Sauce durch ein Sieb streichen, das ausgelöst und portionierte Hasenjunge hinein legen und noch 15–20 Minuten in der Sauce ziehen lassen, bei Bedarf abschmecken.
Dazu werden Semmelknödel gereicht.

FASCHIERTER HASE AUF DIE ALTE ART

1 abgezogener Hase (ganz samt Lunge und Herz),
gut 500 g nicht zu fettes Schweinefleisch (z. B. aus der Schulter),
125 g geräucherten Speck feinst gehackt,
1 Semmel in 125 ml besten Rotwein eingeweicht,
3 EL Semmelbrösel, 1 Ei,
abgeriebene Zitronenschale,
gemahlener Wacholder, etwas gemahlener Lorbeer,
Salz und Pfeffer

Außerdem:
Butter,
150 g Frühstücksspeck in hauchdünne Scheiben geschnitten,
etwas Suppe oder Wildfond zum Begießen,
Sauerrahm,
Preiselbeeren und Petersilie

Das Fleisch vom Hasen abschaben und gemeinsam mit den Innereien und dem Schweinefleisch durch den Fleischwolf drehen. Den fein gewiegten Speck, die eingeweichte Semmel, das Ei, abgeriebene Zitronenschale, Gewürze, Salz und Pfeffer zur Fleischmasse geben und diese letztlich mit Semmelbröseln abbinden; alles gut vermengen.
Aus der Masse einen „Hasenrücken“ formen. Eine ausreichend große Auflaufform gut einbuttern, dann den „faschierten Hasen“ hinein legen und mit den Speckscheiben belegen; noch einige Butterflocken aufsetzen. Im auf 180 Grad vorgeheizten Ofen unter oftmaligem Begießen (je nach Größe des Bratens) 75–90 Minuten braten. Gut 15 Minuten vor Ende der Garzeit 2–3 EL Sauerrahm unter den Bratensaft mischen und diesen gut verkochen lassen. Speckscheiben kurz bevor der Braten fertig ist, entfernen und für die Dekoration warm beiseite legen.
Den Hasenbraten auf einer vorgewärmten Platte in Tranchen geschnitten anrichten, mit Speckscheiben, Preiselbeeren und Petersilie dekoriert auftischen.

Fasan

Der Fasan stammt ursprünglich aus den Kaukasusländern und war schon zur Römerzeit eine beliebte Delikatesse. Noch heute ist er für viele das delikateste Wildgeflügel, doch ist es wichtig, dass er im Federkleid abgehangen wird, damit sich sein zarter Fleischgeschmack erst so richtig entwickelt. Dafür rechnet man im allgemeinen 10 bis 15 Tage. Wenn der Fasan gebeizt werden soll, so genügt auch ein kürzeres Abhängen. Übrigens: gleich nach dem Schuss verwendet, schmeckt er kaum anders als ein gewöhnliches Huhn. Junge Tiere sind älteren vorzuziehen und das Fleisch der Hennen ist feiner als das der Hähne. Am besten schmeckt der Fasan im Spätherbst, da er um diese Zeit am wohlgenährtesten ist.

FASAN

FASAN IM SPECKKRAUT

Zwei küchenfertig vorbereitete Fasane werden mit Salz, Pfeffer und geriebenen Wacholderbeeren gewürzt in Speck gewickelt und auf Butter gebraten. Fasane halbieren, Bratensatz beiseite stellen.
Gut 700 g Sauerkraut waschen und grob durchhacken. 150–200 g Selchspeck würfeln, auslassen und zwei feinnudelig geschnittene Zwiebeln darauf anrösten. Prise Zucker, Kümmel, gehackten Knoblauch, Salz und etwas Paradeismark einrühren, mit einem Schuss Essig ablöschen, danach das gehackte Sauerkraut hinzugeben. Wasser angießen (das Kraut darf nicht davon bedeckt sein) und einmal aufkochen lassen.
Anschließend die Fasanenhälften darauf legen, den Bratensaft von den Fasanen dazu gießen und alles weich dünsten. Mit Erdäpfelknödel servieren.

Rebhuhn

Das Rebhuhn ist wohl eine der bekanntesten und begehrtesten Delikatessen überhaupt, doch die Bestände dieses heimischen Feldhuhns sind in freier Wildbahn stark rückläufig; großflächig betriebene Landwirtschaft, ausgeräumte Flure und eine Vielzahl von natürlichen Feinden (wie Füchse, Marder, Raubvögel) sind hierfür die Hauptgründe. Durch Anpflanzungen von Hecken, Erhalt von breiten Feldrainen, neuen Brach- und Ödflächen, versuchen die Revierinhaber, den Lebensraum für die Rebhühner zu verbessern. Zusätzlich werden sie nur da gejagt, wo die Bestände dies zulassen.
Das zarte Fleisch der Rebhühner ist nicht nur sehr wohlschmeckend, sondern auch gesund, weil es sehr saftig und dabei ohne Fett ist. Am besten schmecken diese Feldhühner, wenn sie beinahe ausgewachsen sind und ausgemausert haben, was Ende Oktober und November der Fall ist. Rebhühner lassen sich im Winter sehr lange halten und bekommen durch das Hängen einen sehr angenehmen Geruch, welcher von Feinschmeckern seit jeher geschätzt wird.

REBHUHN MIT KOHL

4 Rebhühner, 2 Kohlköpfe, 150–200 g Selchspeck, 1–2 Zwiebeln, Paradeismark, Wildfond oder Wasser, Fett, Majoran, Salz und Pfeffer

Die küchenfertig vorbereiteten Rebhühner waschen, abtrocknen, rundherum gut mit Salz und Pfeffer würzen. Rebhühner in einer schweren Kasserolle mit etwas Fett rundherum scharf anbraten, mit etwas Wasser oder Wildfond ablöschen und zugedeckt 20 Minuten im Rohr dünsten.
Zwischenzeitlich vom Kohl die großen Blätter ablösen, den Rest vierteln und vom Strunk befreien. In wenig kochendem Salzwasser fast weich kochen, kalt abschrecken und abtropfen lassen. Kohl mit Salz, Pfeffer und Majoran würzen. Rebhühner aus der Kasserolle heben, halbieren und die Brustknochen entfernen. Je ein halbes Rebhuhn mit einem Kohlviertel in ein großes Kohlblatt einschlagen. Den in der Kasserolle verbliebenen Saft einkochen, bis das Fett klar ist. Kleinwürfelig geschnittenen Selchspeck und fein gewiegte Zwiebel darin glasig werden lassen, mit etwas Paradeismark aromatisieren und ein wenig vom Kochwasser des Kohls aufgießen. Etwas einkochen, dann die Rebhühner hineinlegen und zugedeckt langsam fertig dünsten. Auf einer Platte (oder in der Kasserolle) angerichtet auftischen, dazu Linsen und/oder Erdäpfelpüree reichen.

FASAN IM SPECKKRAUT

REBHUHN MIT TRÜFFELN

Die Eingeweide (außer dem Magen) und die Leber von 4 ausgenommenen Rebhühnern werden mit 2 EL Petersilie und zwei Schalotten sehr fein gehackt, danach in etwas Butter abgedämpft und durch ein feines Sieb gestrichen. Dann schält man 250 g schwarze Trüffeln. Die Trüffelschalen zusammen mit 200 g roher Gänseleber und 125 g Speck durch die feine Scheibe des Fleischwolfs drehen, die Masse durch ein feines Sieb streichen und in eine Schüssel füllen. Das klein gewürfelte Trüffelfleisch und die abgedämpften Eingeweide dazugeben und die Füllung mit Salz und Pfeffer abschmecken; die Rebhühner damit füllen, zunähen und dressieren.
Die gefüllten Rebhühner in Butter schön anbraten, mit ein wenig Bratensaft (ersatzweise Wildfond) und einem Glas trockenen Madeira ablöschen und zugedeckt im Ofen fertig garen. Die derart glasierten Rebhühner in der Mitte durchschneiden. Eine Platte mit Champagner-Sauerkraut auslegen und die Rebhuhnhälften rundherum anlegen. Den Bratensatz aufkochen, Rebhühner damit beträufeln. Gleich servieren.

GEBRATENE REBHÜHNER

Sauber zugeputzte Rebhühner werden innen und außen mit Salz und Pfeffer gewürzt, in zwei Speckschwarten gewickelt und gebunden. In einer Kasserolle etwas Fett erhitzen, Rebhühner darin rundherum braten und immer wieder mit etwas Suppe begießen. Die Vögel aus dem Topf nehmen, Speck entfernen und im Ofen nachziehen lassen, so dass sie etwas Farbe erhalten, dabei auch begießen. Bratensaft möglichst entfetten, dann Obers dazu gießen und sämig verkochen lassen, abschmecken. Die Vögel tranchieren oder im Ganzen auf Croûtons anrichten und mit der Sauce servieren.

Waldschnepfe

Die fast taubengroße Schnepfe hat mit ihrem langen, nach vorne spitz zulaufenden Schnabel ihr markantestes Merkmal, das Federkleid ist eher unscheinbar und dient vornehmlich zur Tarnung. Wegen ihres angenehmen Geruches und ihrem saftigen wie auch zarten Fleisch gelten die Schnepfen als besonderer Leckerbissen, wobei jedoch diese Qualitäten nur die fetten Vögel im Herbst aufweisen. Die Frühjahrsvögel sind hingegen meist ausgehungert und darum eher zähfleischig.
Das bekannteste Gericht ist sicherlich der berühmte Schnepfendreck, bei dem die Innereien und Exkremente mit Kräutern und Aromen (Cognac, Wein, Zitronensaft und Butter) zubereitet auf kleinen Schnitten hergerichtet, kurz im Ofen gratiniert und – hoffentlich mit Andacht und Ehrfurcht – genüsslich verzehrt werden. Das besondere Aroma stammt von den am Darm anhaftenden verdauten Nahrungsresten, die tierischen Ursprungs sind, da sich die Schnepfen vorwiegend von am Boden lebenden Kleinstlebewesen ernähren.
Bei der Zubereitung lässt man den Kopf mit dem langen, spitzen Schnabel daran. Die Sumpfschnepfe ist etwas kleiner, zarter und noch wohlschmeckender als die Waldschnepfe, wird aber im Übrigen wie diese zubereitet und serviert.
Wichtig ist, dass die Schnepfen vor der Zubereitung einige Tage im Federkleid abgehangen worden sind.

SCHNEPFEN „NATUR GEBRATEN“

Die gut abgehangenen Schnepfen werden sauber gerupft und abgeflämmt, danach ausgenommen und mit einem Tuch gut abgerieben. Vom Kopf die Augen, den unteren Teil des Schnabels, Kropf, Speise und Luftröhre entfernen, von den Füßen die Krallen abschneiden. Zum Braten wird der Vogel so dressiert, dass man den Kopf über die Flügel zurückbiegt und den langen Schnabel zwischen den Schenkeln durch den ganzen Körper steckt. Danach mit Salz und Pfeffer einreiben, mit einer Speckscheibe umwickeln. In einer Kasserolle unter Zugabe von Butter und Zwiebel braten, dabei immer wieder mit etwas Brühe sowie eigenem Saft begießen.
Nach 15 Minuten den Speck entfernen, damit die Schnepfen schön gebräunt werden können. Schnepfen mit ihrem Bratensaft (den man entfettet hat) auf gerösteten Brotscheiben angerichtet servieren.

Krammetsvogel (Wacholderdrossel)

Dieser kleine Vogel zählte in der alt-österreichischen Küche zu den begehrtesten Leckerbissen und noch um 1900 wurden allein in Wien jährlich durchschnittlich 40.000 Stück verzehrt. Das würzige Fleisch hat seinen charakteristischen Geschmack von den Wacholderbeeren, Vogelbeeren und Weinbeeren, welche die Tiere bevorzugt fressen, fehlt ihnen diese Nahrung, ist das Fleisch allerdings recht geschmacklos. Heute steht die Wacholderdrossel unter strengem Naturschutz!
Um den hervorragenden Eigengeschmack zu erhalten, wurden die Tiere nur „natur gebraten“; die Zubereitung erfolgte wie bei Schnepfen, allerdings wurden sie anders dressiert: man steckte die Füße kreuzweise durch die Augenhöhlen. Dazu wurden geröstete Weißbrotscheiben oder Sauerkraut gegessen; pro Person hatte man 2–3 Vögel berechnet.

GEBRATENE WILDENTEN

WILDENTE

Wildenten

Die häufigsten Wildentenarten sind die Stockente und die Krickente, die als Wasservögel sowohl an Fleischtagen, wie auch an Fasttagen gegessen werden dürfen, ein Umstand der sie für Orden wie die Karthäuser oder Karmeliter besonders schätzenswert machte. Allerdings haben mit dem Niedergang der Orden die Wildenten in der Küche etwas an Ansehen eingebüßt, obwohl ihr Fleisch sehr schmackhaft und aromatisch ist.

GEBRATENE WILDENTEN

2 küchenfertig vorbereitete Wildenten mit Salz, Pfeffer und abgeriebener Zitronenschale einreiben, jeweils mit zwei Speckscheiben belegen und mit diesen nach unten in eine Kasserolle legen. Mit etwas Butter übergießen und die Enten zugedeckt im Ofen bei mäßiger Hitze braten, dabei immer wieder mit dem eigenen Saft begießen. Enten dabei einmal wenden. Wildenten sollten nicht ganz durchgebraten werden, sondern innen noch rosa sein. Der Bratenrückstand wird leicht mit Mehl gestaubt, mit Zitronensaft und frisch gemahlenem Pfeffer gewürzt und extra zu den tranchierten Wildenten gereicht. Als Beilagen passen diverse Knödel und Kraut.

WILDENTENRAGOUT MIT ROTWEIN

2 küchenfertig vorbereitete Wildenten,
120 g Butter, 120 g gewürfelter Speck,
2–3 klein gehackte Zwiebeln,
200 g Wurzelwerk
(küchenfertig geputzt und klein geschnitten),
gut 500 ml bester Rotwein,
Mehl zum Stauben,
Sauerrahm und Essig zum Abschmecken,
1–2 Estragonzweiglein,
brauner Zucker nach Geschmack,
Piment, Lorbeerblätter,
abgeriebene Zitronenschale,
Salz und Pfeffer aus der Mühle

Die Zwiebeln im Speck anrösten, Wurzelgemüse und Gewürze dazugeben und mit dem Wein ablöschen. Diese Sauce jetzt 30–45 Minuten durchköcheln lassen, dann stauben, nochmals durchkochen, danach abseihen. Sauce mit Rahm, Essig, Zucker, Salz und Pfeffer nach Geschmack würzen.
Zwischenzeitlich die in Stücke zerteilten Enten in Butter auf allen Seiten braten.
Das angebratene Fleisch in die Sauce geben und dünsten, bis es weich ist. Fertiges Entenragout mit Kümmelerdäpfeln auftischen.

Wildtaube (Ringeltaube)

Die am weitesten verbreitete Wildtaube ist die Ringeltaube, die ihren Namen dem weißen, nach vorne offenen Halsring verdankt. Die blau-grau befiederte Ringeltaube lebt bevorzugt in Feldflur mit Baumbestand und lichten Wäldern. Wildtauben werden – im Gegensatz zu Haustauben aus Zuchten – nur sehr selten im Handel angeboten, schmecken aber vorzüglich.
Beim Braten (im Ofen oder auf dem Herd) sollte der Bratensatz nie braun werden und das Fleisch schön saftig bleiben; die Garzeit beträgt in der Regel 30–45 Minuten.

WILDTAUBEN IN WEINLAUB

Die küchenfertig vorbereiteten Vögel werden gewürzt, in Speckscheiben und Weinblätter gewickelt, dicht nebeneinander in eine ofenfeste Form geschichtet und fest zugedeckt. Bei nicht zu starker Hitze 1 1/2 Stunden im Ofen braten, dabei nach und nach immer wieder mit Wasser, Wein oder Brühe begießen. Zum Schluss gibt man löffelweise Rahm zum Bratensaft, streut Semmelbrösel ein und lässt das Ganze sämig verkochen. Die Tauben auswickeln und auf einer Platte zusammen mit Speckscheiben und Weinlaub anrichten, die Sauce extra dazu reichen.

PIRKERs ORIGINAL
MARIAZELLER
Edelkräuter
zartbitter-halbsüß
Spirituosenerzeugung
Fam. Pirker Mariazellerhof GmbH.
8630 Mariazell Grazerstr. 10 Tel. 03882/2179
ÖSTERREICHISCHES ERZEUGNIS

Mariazeller Spezialitäten

Seit mehr als 300 Jahren wird in Mariazell eine Spezialität von Hand gefertigt und noch heute – meist zu Weihnachten – in alle Welt versandt, die Rede ist natürlich vom Mariazeller Lebkuchen. Das Marienheiligtum zog schon immer zahlreiche Wallfahrer an, die natürlich auch gelabt werden wollten; die nahrhaften Lebzelten waren dafür die ideale Verpflegung. Schon 1655 wird in der Stadtchronik ein „Burg und Lebzelter allhir" vermeldet. Insbesondere zur Adventszeit liegt ein verführerisch appetitlicher Duft in der Mariazeller Luft; ein Duft voll Aromen von Honig, Gewürzen, Nüssen und Kräutern, die sich seit dem 17. Jahrhundert im traditionsreichen Mariazeller Lebkuchen vereinen.
In alten Lebzeltereien, wie z. B. die der Familie Pirker, hat sich das traditionelle Handwerk des Lebzeltens, Wachsziehens und auch der Met-Herstellung bis in die heutigen Tage hinüberretten können. Die alten Rezepte und vor allem die für den Lebkuchen so wichtigen Gewürzmischungen werden von Generation zu Generation weitergegeben und gelten als streng gehütetes Familiengeheimnis; denn sie machen die Einzigartigkeit der Original Mariazeller Honiglebkuchen aus. Weiter erklärt Matthias Pirker, Chef des Familienbetriebes Lebzelterei Pirker in Mariazell: „Neben den Gewürzen und der langen Lagerung des Teiges kommt es vor allem auch auf die Qualität und die Menge des Honigs an, der dem Teig beigemengt wird."
Bei den original Mariazeller Honiglebkuchen beträgt der Honiganteil mehr als 50 Prozent, im Vergleich dazu werden die meisten industriell gefertigten Lebkuchen entweder ganz ohne Honig, oder wenn, dann nur mit einem ganz geringen Anteil von etwa 10 Prozent gebacken. So verwundert es wenig, dass es große Unterschiede in Geschmack und Qualität gibt.
Der traditionelle Lebkuchen ist ein reines Naturprodukt und wird ohne jegliche Konservierungsstoffe hergestellt; dass er heute in die ganze Welt verschickt wird, hat sowohl mit seiner Haltbarkeit, wie auch seiner Geschichte zu tun: Früher, als man noch zu Fuß nach Mariazell pilgerte, labte man sich auch unterwegs am nahrhaften Gebäck und tankte Kraft für den beschwerlichen Fußmarsch; und für die daheim Gebliebenen konnte der Mariazeller Lebkuchen gleichzeitig als Beweis für die absolvierte Wallfahrt mitgebracht werden.
Der Lebkuchen verdirbt nicht, sondern – und das macht ihn zu einer ganz besonderen Mehlspeise – wird vielmehr auch nach Monaten immer noch besser. Dass der Mariazeller Honiglebkuchen nicht nur lange haltbar ist, sondern auch mit viel Ruhe und Geduld zubereitet werden muss, ist ein ungeschriebenes Gesetz, denn je länger der Teig rastet, desto höher ist die Qualität des Lebkuchens.
Mariazell – die duftende Lebkuchenstadt bei der Magna Mater Austriae – ist seit Jahrhunderten ein spirituelles Zentrum und Treffpunkt für Pilger und Erholungssuchende aus aller Welt. Hier steht in der Vorweihnachtszeit vor der malerischen Kulisse der Basilika, inmitten der herrlichen, winterlichen Bergwelt des Mariazeller-Landes, noch das Sinnliche und Besinnliche des Advents im Vordergrund mit ausschließlich authentischen Elementen traditionell weihnachtlichen Brauchtums.
Im Mittelpunkt des weihnachtlich geschmückten Ortes steht der klassische Adventmarkt am Hauptplatz Mariazells, von wo aus man einen herrlichen Blick auf die malerische Basilika genießen kann. An den liebevoll gestalteten Ständen aus steirischem Fichtenholz werden dem Besucher nur Produkte angeboten, die für diese Region typisch sind: Vom traditionellen Kunsthandwerk der gesamten Mariazeller Region bis zu regionalen Köstlichkeiten wie den originalen Mariazeller Lebkuchen und Likören. Dazu verführen weihnachtliche Musik und weihnachtliche Düfte zu köstlichem Punsch und Glühwein, weit abseits vom üblichen kommerziellen Adventrummel und Einkaufsstress.

Mariazeller Schnaps

In Mariazell haben Liköre eine lange Tradition, ein Geheim-Tipp ist das so genannte „Jagasaftl": ein Likör aus 16 Alpenkräutern, dessen giftgrüne Farbe an Absinth erinnert. Alleinerzeuger dieser regionalen Spezialität ist Arnhelm Liebing. In Mariazell ist es Tradition, damit ein gutes Mahl abzurunden.
Eine weitere, bekanntere Spezialität ist der Mariazeller Magenlikör, welcher in einer geheimen Rezeptur seit über 130 Jahren von der Familie Arzberger gebraut wird. Eine spezielle Mischung von 34 Kräutern wird durch Ansetzen zu den wirkungsvollen Essenzen verarbeitet, die später die Grundlagen des gesunden und kräftigenden Magenlikörs darstellen.

ALT-STEIRISCHER HONIGLEBKUCHEN

1000 g Roggenmehl,
1000 g Honig, 220 g Butter,
100 g Mandeln, 100 g Aranzini,
Kardamom, Muskatnuss, Zimt,
abgeriebene Zitronenschale,
Milch, Schnaps oder Rum,
1/2 TL Natron (oder eine Packung Backpulver)

Das Mehl mit den fein gemahlenen Gewürzen vermengen. Den Honig erhitzen, dann das Natron in etwas Milch auflösen und in den Honig rühren. Gewürztes Mehl, Honiggemisch, Butter, geriebene Mandeln, klein gehackte Aranzini, etwa 6 EL Schnaps oder Rum sowie die abgeriebene Zitronenschale mit einem Holzlöffel zu einem homogenen Teig verarbeiten. Diesen Teig einige Tage rasten lassen. Den Teig nochmals durchkneten, danach etwa fingerdick auswalken und auf ein mit Bienenwachs eingefettetes Backblech legen, mit Mandeln verzieren und bei 180 Grad einige Minuten backen. Ausgekühlt in Stücke schneiden und in einer Dose aufbewahren.

OMAS HONIGLEBKUCHEN

150 g Weizenmehl, 200 g Roggenmehl,
150 g Weizenvollkornmehl,
4 EL warmer Honig, 200 g Staubzucker,
1–2 TL zerlassene Butter,
3 Eier (Zimmertemperatur),
1 EL Rum, 1 TL Natron,
1/2 Packung Lebkuchengewürz

Außerdem:
Ei zum Bestreichen,
Nüsse oder Mandeln zum Belegen

Alle Zutaten für den Teig gut zusammenkneten, danach mindestens über Nacht bei Zimmertemperatur rasten lassen. Am nächsten Tag nochmals gut durchkneten und nicht zu dünn (zirka vier Millimeter dick) auswalken.
Beliebige Formen ausstechen, diese mit verquirltem Ei bestreichen und mit Nüssen oder Mandeln belegen. Teig auf ein mit Backpapier ausgelegtes Blech legen und bei 180 Grad 5–8 Minuten backen. Nach dem Auskühlen in einem Plastikbehälter (zusammen mit einem Apfel) aufbewahren.

HONIGLEBKUCHEN MIT RUMGLASUR

1 kg Mehl, 500 g Honig, 4 Eier, 375 g Zucker,
100 g Zitronat, 100 g Orangeat, 100 g gehackte Mandeln, 1–2 TL abgeriebene Zitronenschale,
Zimt, Nelkenpulver, 10 g Natron

Den Honig auf kleinem Feuer zergehen lassen und etwas mehr als die Hälfte des Mehls hinein geben, gut verrühren und abkühlen lassen. Eier und Zucker schaumig rühren. Zitronat, Orangeat, gehackte Mandeln, Gewürze und das restliche – mit dem Natron vermischte – Mehl dazugeben, alles gut unterrühren. Die beiden Teige sorgfältig zusammenarbeiten, danach über Nacht rasten lassen.
Am nächsten Tag nochmals durchwalken und den Teig auf einer gut bemehlten Fläche portionsweise halbfingerdick auswalken, kleinere Lebkuchen ausstechen. Auf einem mit Backpapier ausgelegten Blech bei guter Hitze (etwa 180 Grad) etwa 10 Minuten backen.
Nach dem Backen mit Rumglasur (etwas Rum mit Staubzucker vermischt) überziehen und mit geschälten, halbierten Mandeln verzieren.

Der Steirerkas

Der Steirerkas ist eine Spezialität vom Ennstal und den Sölktälern in der Obersteiermark. Hier gibt es noch wunderschöne, urige Almhütten, auf denen die Senner die Spezialitäten der steirischen Almen selbst herstellen und oftmals auch müden Wanderern als Jause anbieten: Buttermilch, Brot, Almbutter und den köstlichen Steirerkas. Die Marktgemeinde Gröbming im Ennstal ist eine jener Ortschaften, wo sich die Dorfältesten in traditioneller Krachledernen im Gasthof treffen, um gemeinsam die Vormittagsjause einzunehmen. Hier wird nicht nur das aktuelle Zeitgeschehen erörtert, sondern auch dem Steirerkas gehuldigt, denn der Steirerkas gehört zu den klassischen steirischen Jausengerichten. Schon im 17. Jahrhundert war er hier Grundnahrungsmittel für Knechte und Kumpel. Serviert wird der Steirerkas meist in faustgroßen Klumpen, die auf den ersten Blick aussehen, als wären sie aus Stein gehauen. Dass es mit seinem Härtegrad aber nicht ganz so schlimm sein kann, bemerkt der Ortsfremde spätestens dann, wenn der Einheimische beginnt seine Jause mit Taschenfeitel und Fingernägeln zu zerbröseln, denn der Steirerkas lässt sich nicht streichen. Diese „Käsebrösel" werden dann auf eine schöne Scheibe Bauernbrot befördert, die zuvor mindestens zentimeterdick mit frischer Almbutter bestrichen worden ist.

Manche, gar all zu zart besaitete Gemüter mögen den zuweilen recht aufdringlichen „Kas" eher skeptisch betrachten, denn er kann mitunter auch recht penetrant sein, vor allem wenn er unsachgemäß zubereitet wurde. Daher wird der Städter von der alteingesessenen Stammtischrunde auch sofort mit sehr ernster und wichtiger Miene, gleich so, als ob es um ein Staatsgeheimnis ginge, belehrt: „Dieser Kas, der geht nur im Ennstal, sonst mag man ihn nirgends. Der Steirerkas ist ein echtes Kind der Sölktäler, wird hier seit Jahrhunderten in kleinen Alm-Molkereien als echter Hauskäse erzeugt und ist ein typisches Produkt alpenländischer Vorratswirtschaft. Früher war er notwendig, um die harten und langen Winter zu überstehen; heute wird er nicht erzeugt, um damit große Umsätze zu erzielen, sondern einzig und allein deswegen, weil er hierher gehört, und um ein sehr wichtiges Stück kulinarischer Tradition zu bewahren!"

Der Ennstaler Steirerkas zählt zur Gruppe der Sauermilchkäse, also jener Käse, die aus der Topfenproduktion weiterentwickelt werden, in deren Verlauf die Milch durch Säurebakterien eingedickt und schließlich in Topfen und Molke getrennt wird. Der so entstandene Käsebruch wird in Leinensäcken ausgepresst und bei Zimmertemperatur in Schüsseln oder Holzbottichen ausgelegt, bis er glasig wird. In diesem Stadium wird die Käsemasse mit verschiedenen Gewürzen versetzt, in einem Gusseisen- oder Kupferkessel erhitzt und schließlich in irdene Schüsseln abgefüllt. Danach wird die Käsemasse gepresst und zum Trocknen „aufbaht". Während seiner Reife verfestigt sich der Steirerkas dann zu seiner oben beschriebenen klumpig-marmorierten Konsistenz und erhält sein köstlich-uriges Aroma. Ein gutes Beispiel für die traditionelle Art der Steirerkas-Herstellung findet man auf der Tuchamoar-Alm, welche oberhalb von Gröbming auf mehr als 1700 m Seehöhe gelegen ist. Ein halbes Dutzend winziger Blockhütten liegt hier und die meisten von ihnen sind mehr als 200 Jahre alt – keine einzige von ihnen verfügt über elektrisches Licht, Gasherd, Waschmaschine oder Fließwasser. Herrgotts-Winkel, Kupferkessel, röhrende Hirsche, Holztische und -bänke, offenes Feuer sowie die „gute Stube" vermitteln eine heimelige Atmosphäre, ganz so wie sich der Städter das Bergleben vorstellt und aus den Werken Peter Roseggers oder dessen bayrischen Kollegen Ludwig Ganghofer her kennt. Zwei andere klassische Destinationen für den Steirerkas sind die einfach urige Grafenalm (heute von Andrea Bartl bewirtschaftet) sowie die oberhalb vom Schwarzsee gelegene Putzentalalm, welche traumhaft im Schoße mächtiger Wälder und majestätischer Felsen eingebettet liegt und den mühsamen Aufstieg allemal mit einer faszinierenden Kulisse entlohnt.

DER STEIRERKRAPFEN

Die heimatlich-romantische Bergidylle kann aber lediglich von den Besuchern genossen werden, für die Senner/innen ist der Alltag auf der Alm heutzutage die gleiche harte Arbeit, wie sie es vor hunderten Jahren war. Er beginnt mit dem frühmorgendlichen Kühemelken, danach kommen das Kasen und schließlich das Buttern, denn die Almbutter ist hier genauso unentbehrlich, wie der Steirerkas selbst. Und dieser Kas schmeckt dann auch auf jeder Almhütte anders, mal ist er sehr hart und bröckelig, ein anderes Mal etwas grieseliger und auch speckig kann er sein. Das Grundprinzip bei der Herstellung ist aber immer das gleiche: „G'sotten, presst, aufbaht!" (gekocht, gepresst und gereift) – Das Gute kann so einfach sein ...

STEIRERKAS SAUER

200 g Steirerkas aus der Obersteiermark groß würfelig, 4 junge Zwiebeln in feine Scheiben schneiden, beides in einer Schüssel mit Salz, Pfeffer, Mostessig und Kernöl anmachen. Mit blättrig geschnittenem Rettich oder Radieschen garnieren.

STEIRERKASNOCKEN

Aus 300 g Mehl, etwas Milch, 1 Ei und einer Prise Salz einen Teig rühren, diese durch ein Spotzen-Sieb in kochendes Salzwasser reiben und etwa 10 Minuten sieden, abseihen und gut abtropfen lassen. Ein oder zwei fein geschnittene Zwiebeln in reichlich Butterschmalz anrösten, die Nocken dazugeben und kurz abschmälzen. Steirerkas nach Belieben darüber bröseln und darin schmelzen lassen, abschmecken – wer mag bestreut die Steirerkasnocken noch mit einigen gerösteten Speckwürfeln. Mit grünem Salat servieren.

STEIRERKAS-KRAPFEN

500 g Roggenmehl sieben, salzen und mit 500 ml Mager- oder Buttermilch zu einem festen Teig kneten, eine halbe Stunde rasten lassen. Danach den Teig zu einer Rolle von etwa 6 cm Durchmesser rollen, davon je etwa 4 cm dicke Scheiben abschneiden und diese auf bemehlter Arbeitsplatte Messerrücken dick auswalken. Die Teigfladen in heißem Butterschmalz schwimmend auf beiden Seiten hellbraun backen (der Teig sollte nicht zu dunkel werden). Die gebackenen Flecken zugedeckt warm stellen, dann mit reichlich zerböseltem Steirerkas bestreuen, nach Geschmack würzen (z. B. Mostessig, gehackte Zwiebel, Kümmel, Schnittlauch, Salz und/oder Pfeffer) und wie Palatschinken zusammengerollt genießen!

BUTTERBROT MIT STEIRERKAS FRISCH VON DER ALM

1. Die frische Kuhmilch wird zentrifugiert.
2. Die sauer gewordene Magermilch wird erhitzt.
3. Die erhitze Masse in ein Käsetuch schütten.
4. Den Käse durch das Käsetuch seihen.
5. Die restliche Molke gut auspressen.
6. Den gut ausgepressten Topfen zerbröseln.
7. Den Käse würzen (Salz, Pfeffer).
8. Den Käse in die Form füllen.
9. Die Form verschließen.
10. Beschweren
11. Nach einigen Tagen den Käse reifen lassen.
12. Andrea Bartl mit ihrem Ennstaler Steirerkas.

HEINZ REITBAUER SEN.

Das „Wirtshaus Steirereck" am Pogusch

Unbestritten zählt das Hochschwab-Massiv zu den landschaftlich schönsten und reizvollsten Gegenden nicht nur von der Steiermark, sondern von ganz Österreich! Die Landschaft rund um den Hochschwab ist vielseitig, dichte Wälder werden von weitläufigen Almwiesen unterbrochen, munter plätschernde Gebirgsbäche und still-romantische Seen bieten erfrischende Abwechslung nach phantastischen Gebirgspanoramen. Der verkarstete Hochschwab selbst bietet dem Auge einen spannenden Kontrapunkt zum saftigen Grün der intakten Flora. Wacholderbäume, Orchideen wie Frauenschuh, Almrausch, verschiedenste Bergkräuter, Aurikel oder Enzian sind nur einige Beispiele einer überwältigenden Pflanzenwelt, der die Fauna mit z. B. Murmeltieren, Steinböcker, Auerhähnen, Hirschen und zahllosen Gämsen in nichts nachsteht. Der Gämsenreichtum dieser Gegend ist so enorm, dass der Hochschwab heute Europas größtes Gämsenrevier darstellt.
Zauberhafte Almen laden den Wanderer auf eine Jause ein und in den vielen urigen Gasthöfen können die schmackhaften regionalen Spezialitäten verkostet werden. Das Paradies Hochschwab hat für jeden etwas parat, egal ob Jäger, Fischer, Wanderer, Naturliebhaber, Erholungssuchender oder Gourmet!

Das eindruckvollste Refugium für Genießer ist hier das von der Familie Reitbauer geführte „Wirtshaus Steirereck" am Pogusch. Es ist genau genommen aber schon etwas mehr als nur ein Wirtshaus, denn es handelt sich hierbei vielmehr um ein großzügig angelegtes kulinarisches Theater, das den erstaunten Gästen vom einfachen Wurzelspeck und Sterz über traditionelle steirische Schmankerln, gutbürgerlicher Küche bis hin zu feinen Gaumenkitzlern nahezu alles bietet. Ja, es werden hier sogar am Spieß gebratene Spanferkel, Lämmer, Rehkitze und Wildschweine angeboten!
Bei Schilchersturm und herzhaftem Wurzelspeck erklärt Heinz Reitbauer sen. : „Dies ist ein Wirtshaus, wo sich alle wohlfühlen sollen – vom Holzknecht bis hin zum Bundespräsidenten! Und da das Ganze auch Spaß machen muß, haben wir von Beginn an höchsten Wert auf Qualität und Authentizität der Speisen gelegt!"

Was der Genießer im „Wirtshaus Steirereck" erleben kann, sind Schmausereien, die durchaus schon Merkmale aus Fellini-Filmen an sich haben. Zunächst sollte man sich an großzügigen „Kostproben" von z. B. gerösteten Lammnieren, Beuschelsuppe, Hirschkalb-Rahmgulasch oder Jausen-Bratl („zu billig", wie in der Speisekarte zu lesen ist) delektieren, bevor man mit einem typisch steirischen „Käferbohnensalat mit hausgemachtem Rohschinken" fortfährt.
Neben der sensationellen „Im Ganzen gegarten Rehkitzkeule" ist die wunderbar knusprige „Bauernente" eines der Glanzstücke des Hauses. Als Abschluss können zartschmelzendes „Schilchereis mit einer traumhaft flaumigen Savarin" dienen oder auch der traditionelle „Fedelkoch" (eine oststeirische Almspezialität aus konserviertem Rahm), welcher zusammen mit dem so genannten Kaffee Hochschwab serviert wird.
Selbstredend, dass diese Opulenz mit einem guten Schnaps abgerundet werden muss und natürlich darf auch der hervorragende Weinkeller des Hauses nicht unerwähnt bleiben.

BAUERNENTE

1 Ente (etwa 2 kg), 2 mittlere Äpfel

Getrocknete Gewürze:
1 ML Ingwer, 1 ML Macisblüte,
1 ML Korianderhörner, 1 ML Provencekräuter,
1 Msp. Cayennepfeffer, 1 ML Pfeffer weiß,
2 ML Salz, 1 ML Muskatnuss gemahlen,
2 ML Majoran gerebelt

Die getrockneten Gewürze in einer Kaffeemühle mahlen und mit dem Salz gut vermischen.
Die Ente von den Innereien befreien und sorgfältig säubern. Mit der Gewürzmischung innen und außen gut einreiben, mit den Äpfeln füllen und gut verschließen.
Bei 180 Grad im Heißluftofen 60 Minuten braten, dabei mehrmals mit dem abtropfenden Entenfett übergießen. Dann die Temperatur auf 230 Grad erhöhen und die Ente etwa 15 Minuten knusprig fertig braten.
Mit Speck-Kraut und Knödeln auftischen, dazu einen mit Kräutern (Thymian) verfeinerten Bratensaft reichen.

KNUSPRIGE BAUERNENTE

DIE BAUERNENTE MIT THYMIANSAFTL

Schöpsernes

Noch im späten Mittelalter war das Schaf nahezu ein „Grundnahrungsmittel" und wurde in der Küche reichlich und oft verwendet. Welch große Bedeutung das Hammel- und Lammfleisch hatte, lässt sich an einem Eintrag des „Illustrierten Wiener Kochbuch" von 1885 erkennen, in dem der Autor August Mauer das Fleisch als besondere Delikatesse lobt.

Allerdings war das Lamm- wie auch das Schafsfleisch schon immer sehr regional gebunden und vor allem in den traditionellen Bergbauerngebieten der Steiermark, Tirols und Teilen Salzburgs zu Hause. Während im Wien von 1800 noch gut 100.000 Lämmer und Schafe verzehrt wurden, so waren dies Ende des 18. Jahrhunderts nur mehr etwa 70.000 Tiere, da dem Schweinefleisch mehr und mehr der Vorzug gegeben wurde. Heutzutage werden in Österreich ungefähr 50.000 Tiere geschlachtet, ein sehr großer Teil davon in Hausschlachtungen.

In Österreich sind neun Schafrassen heimisch, wobei das Weiße Bergschaf Österreichs Hauptschafrasse darstellt. Die Entstehung der Hausschafrassen ist auf zwei Wildformen zurückzuführen: der in Europa und Kleinasien verbreitete Mufflon (Ovis orientalis G.) gilt als Vorfahre aller kurzschwänzigen Landschafe (z. B. Heidschnucken) und Arkal (Ovis ammon L.) ein Steppenschaf aus Vorderasien ist die Wildform der langschwänzigen Woll-, Fettschwanz- und Fettsteißschafe. Beide Stammväter trugen abgesehen von der feineren Unterwolle, grobe grannenartige Haare. Der Übergang vom Wild- zum Hausschaf hat sich vor etwa 10.000 Jahren vollzogen.

In der Küche unterscheidet man folgende Einteilungen:

- Lamm: Lämmer sind Tiere, die nicht älter als ein Jahr sind.
- Milchlamm: Milchlämmer sind Tiere, die mindestens 8 Wochen aber nicht älter als 6 Monate alt sind. Sie haben sehr helles Fleisch, da sie noch kein Grünfutter zu fressen bekommen haben.
- Mastlamm: Mastlämmer sind Tiere bis zu einem Alter von einem Jahr. Ihr Fleisch ist dunkelrosa und nur leicht mit Fett durchwachsen.
- Hammel: Hammel oder österreichisch Schöpse sind Tiere, die noch nicht älter sind als zwei Jahre. Dies können männliche, kastrierte Tiere oder weibliche Tiere ohne Nachwuchs sein. Das Hammelfleisch ist kräftig im Geschmack, es ist dunkelrot, fest und deutlich marmoriert.
- Schaf: Weibliche und männliche kastrierte Tiere, die über zwei Jahre alt sind. Ihr Fleisch ist dunkelrot und grobfasrig. Es ist meist stark mit Fett durchzogen.
- Bock: Böcke sind männliche nicht kastrierte Tiere, die älter sind als ein Jahr. Ihr Fleisch hat einen sehr strengen und unbeliebten Geschmack.

Die beliebtesten Fleischteile sind der Rücken samt Filet und die Keule, doch lassen sich auch aus den Stelzen, der Brust und insbesondere der Lammbrust feine Spezialitäten zubereiten; Gerichte, wie das Steirische Schöpserne (oder auch das Lammbeuschel) gehören zu den Klassikern der österreichischen Küche.

KRAINER SCHAF

STEINSCHAFFAMILIE

BRAUNE BERGSCHAFE

ZACKELSCHAF

VERSCHIEDENE SCHAFSRASSEN

Braunes Bergschaf Ein mittelgroßes Schaf mit grober Wolle in cognac- bis sattbraunem Farbschlag. Diese Rasse ist hornlos, besitzt einen ramsnasigen Kopf und breite fleischige Ohren.

Original Steinschaf Diese Rasse – auch alpines Schaf oder Dachsteinschaf genannt – trägt Wolle in allen Farben. Beide Geschlechter sind häufig behornt.

Tiroler Steinschaf Diese Rasse ist mittelrahmig mit weißer bis blaugrauer Wolle. Der Kopf ist geramst, die Hörner attraktiv geschwungen und die Ohren spitz und mittelbreit.

Montafoner Steinschaf Die Wolle des Montafoner Steinschafs ist weiß, grau, schwarz oder gescheckt. Dieses Steinschaf ist häufig gehörnt und hat einen schmalen Kopf mit geradliniger Nase.

Krainer Steinschaf Mittelrahmiges, asaisonales Milchschaf mit Mischwolle. Es gibt weiße, aber auch braune, schwarze, graue und gescheckte Tiere.

Waldschaf Das Waldschaf besitzt weiße, vereinzelt braune, schwarze oder gescheckte grobe Wolle. Die Böcke sind häufig behörnt, auch Auen tragen kleinere Hörner.

Kärntner Brillenschaf Das Kärntner Brillenschaf besitzt einen stark geramsten Kopf mit einer schwarzen Abzeichnung an der Augenumgebung und an den Spitzen der langen Hängeohren.

Zackelschaf Das Zackelschaf stammt aus Ungarn. Es fällt durch attraktive Schraubenhörner und kleine Ohren auf. Seine Mischwolle ist weiß, vereinzelt auch braun oder schwarz.

Außer den alten Schafrassen werden heute auch noch so genannte Fleischschafe gezüchtet, wie das Schwarzköpfige Fleischschaf, Suffolk oder Texel.

SCHAFSKÖNIGIN SUSANNE

SAURES SCHÖPSERAGOUT

**2 kg Schöpseschulter,
500 ml guter Weinessig,
2 Gelbe Rüben,
2 Karotten,
1/2 Sellerieknolle,
1 Petersilienwurzel,
2–4 Lorbeerblätter, einige Nelken,
Kümmel, Majoran,
8–10 Knoblauchzehen,
6–8 kleine festkochende Erdäpfel,
Salz, frisch gerissener Kren**

Die gut abgehangene Schulter wird in beliebige, jedoch nicht zu große Stücke geschnitten, danach in einer Kasserolle mit 1 Liter Wasser und dem Essig übergossen; es muss gerade so viel Flüssigkeit vorhanden sein, dass das Fleisch knapp bedeckt ist (gegebenenfalls nachfüllen). Zugedeckt dünsten lassen, bis das Fleisch halbweich ist. Zwischenzeitlich das Gemüse putzen und feinnudelig schneiden, die Erdäpfel schälen und vierteln.
Das geschnittene Gemüse zusammen mit den Erdäpfeln, Nelken, Lorbeerblättern, grob gehackten Knoblauchzehen, Kümmel und Majoran über dem halbfertigen Fleisch verteilen. Deckel auflegen und alles zusammen weich dünsten.
Wenn das Fleisch weich ist, wird nochmals mit Essig und Salz würzig-säuerlich abgeschmeckt. Schöpseragout auf Teller verteilen und mit gerissenem Kren bestreut servieren.

GEBRATENES MILCHLAMM ODER ZIEGENKITZ

Ein gesäubertes Lamm oder Kitz halbieren, gründlich mit Salz einreiben und mit Schmalz dick einfetten. Auf ein Backblech legen, im nicht zu heißen Ofen unter häufigem Wenden braten, bis es knusprig goldgelb und weich ist. Dazu isst man Erdäpfel und Salat.

LAMMSCHULTER MIT EIERSCHWAMMERL

Dieses herrliche Gericht schmeckt besonders gut im Sommer, wenn man überall frische Eierschwammerl bekommen kann.

**1 Lammschulter von 1 1/2–2 kg quer in dicke Portionsscheiben gesägt (vom Fleischer vorbereiten lassen),
3–4 EL Öl,
3–4 Schalotten geschält und halbiert,
8–10 Knoblauchzehen,
1 Glas Rotwein,
etwa 250 ml Rindsuppe oder wenn vorhanden Lammfond,
einige Zweige Thymian oder Quendel (wilder Thymian),
Salz und Pfeffer aus der Mühle**

**Für die Eierschwammerl:
1 kg Eierschwammerl,
4–5 EL Butter, 2 Schalotten,
2 Knoblauchzehen,
1 großes Bund Petersilie,
Salz und Pfeffer**

Die Fleischscheiben in einer großen Kasserolle in etwas Öl beidseitig scharf anbraten, dann salzen und pfeffern. Den Thymian, die Schalotten, halbierte oder geviertelte Knoblauchzehen dazugeben, diese ebenfalls kurz abrösten, danach mit Rotwein und Suppe ablöschen. Alles einmal aufkochen lassen, dann in den auf 180 Grad vorgeheizten Ofen schieben und gut 60 Minuten schmoren.
Währenddessen die Eierschwammerl zubereiten: Hierfür die Pilze zunächst putzen, größere Exemplare klein schneiden. Fein gehackte Schalotten in Butter anschwitzen, die Pilze zufügen, dann mit in Salz zerdrücktem Knoblauch (oder gepresstem), Salz und Pfeffer würzen. Viel gehackte Petersilie unterheben.
Das Fleisch in der Kasserolle auf den Tisch bringen, Pilze und viel Brot dazu reichen.

STEIRISCHES SCHÖPSERNES

1 1/2 kg Schöpseschulter, 1 kg Erdäpfel geschält und geviertelt, 1 große Karotte, 1 Petersilienwurzel, 2–3 Scheiben Zeller, Essig, Pfefferkörner, Thymian, Salz, als Garnitur in Butter geröstete Semmelbrösel.
Die Schöpsenschulter wird von Haut und überschüssigem Fett befreit, danach ausgelöst und in gröbere Würfel geschnitten. Das Gemüse und die Zwiebel zurechtputzen, dann ebenfalls gröber würfeln.
Einen Topf mit Wasser aufsetzen, Fleisch, Gemüse, Zwiebel, Essig, Pfefferkörner, Thymian sowie Salz zufügen, zum Kochen bringen und weich kochen. Wenn das Fleisch halbweich ist, die Erdäpfel hinzugeben und mitkochen lassen.
Das fertig gegarte Fleisch und Gemüse wird abgeseiht, den Sud dabei auffangen und mit Salz, Essig und Thymian abschmecken. Semmelbrösel in Schmalz rösten.
Fleisch in tiefen Tellern samt Wurzelwerk und Erdäpfeln anrichten, etwas Kochsud darüber gießen und mit gerösteten Brösel bestreut servieren.

HAMMELNIEREN AM SPIESS

Hammelnieren von der Seite durch einen Schnitt öffnen, dabei aber nicht ganz durchtrennen. Nieren auf Spieße stecken, so dass sie geöffnet bleiben, dann mit Salz und Pfeffer würzen. Im Grill 4–5 Minuten von allen Seiten braten. Die fertigen Nieren mit gebratenen Paradeisern und Zwiebeln angerichtet auftischen.

ARCHAISCHER GENUSS AM POGUSCH: LAMM AM SPIESS IM WIRTSHAUS STEIRERECK

SAURES SCHÖPSENRAGOUT

STEIRISCHES LAMMBEUSCHEL

1 Lammbeuschel (Lunge), 2 Lammherzen, Rotwein, 1 Bund Suppengrün grob zerteilt (1 Karotte, 1 Gelbe Rübe, 1 Stück Zeller, 1 Bund Petersilie, 1 Stück Lauch), Salz

Weiter:
2–3 EL Mehl, 2 EL Butter,
1 feinst gehackte Zwiebel, 3–4 Knoblauchzehen,
Gemüsejulienne
(aus 1 Karotte, 1 Geben Rübe, 1 Petersilienwurzel, 1 Stück Zeller),
3–4 Sardellen, 1–2 EL gehackte Kapern,
1 EL fein gehackte Gurken, etwas Rahm,
abgeriebene Zitronenschale, Thymian, Rosmarin,
1 EL gehackte Petersilie,
Salz und Pfeffer aus der Mühle,
geröstete Eierschwammerl als Garnitur

Zunächst werden das sauber parierte Beuschel und die Herzen in einem Sud aus Salzwasser, Rotwein und Suppengemüse weichgekocht. Danach das Fleisch aus dem Sud heben, diesen abseihen und beiseite stellen. Das Fleisch fein nudelig schneiden.
Aus Mehl und Butter eine lichte Einbrenn bereiten, auf dieser die feinst gehackte Zwiebel andünsten, dann gewiegten Knoblauch, Kapern, feine Gemüsestreifen, gehackte Gurke und mit einer Gabel zerdrückte Sardellen dazugeben. Alles leicht durchrösten, dann mit dem Lammfond aufgießen und verkochen lassen.
Das nudelig geschnittene Lammbeuschel und -herzen in die Sauce legen, mit geriebener Zitronenschale, Thymian, Rosmarin, Salz und Pfeffer abschmecken (wer mag kann auch noch einen Schuss Essig oder Senf dazugeben). Kurz vor dem Servieren das Beuschel mit Rahm verfeinern.
Beuschel in vorgewärmte Teller füllen, gehackte Petersilie darüber streuen und mit natur abgerösteten Eierschwammerln dekorieren; dazu passt ein Semmelknödel.

LAMMKARREE IM BLÄTTERTEIG

2 Lammrücken samt Rippenknochen werden sauber zugeputzt und die Knochen von sämtlichen Fleischresten befreit. Dann werden die Karreestücke leicht geklopft, gesalzen und auf beiden Seiten rasch abgebraten. Danach stellt man sie auf Eis, bestreicht mit einer Gänseleberfarce (Gansleber faschieren und mit fein gehackten Kräutern, 40 g fein gewiegten Champignons, gewiegter Zwiebel, Salz und Pfeffer vermengen) oder mit Senf-Kräuter-Mischung und wickelt die Fleischstücke so in Blätterteig, dass die Rippen herausschauen. Beim Verschließen der Blätterteighülle beachte man, dass alle Rippen nach einer Seite stehen. Lammbraten auf ein mit Wasser benetztes Backblech legen und mit versprudeltem Ei bestreichen; nach Wunsch mit Teigresten verzieren. Bei starker Hitze im Ofen goldbraun backen; auf einer Platte mit Gemüse garniert servieren.

„NATUR" GEBRATENER LAMMSCHLEGEL

1 Lammkeule im Ganzen,
150–200 g Schmalz,
einige Knoblauchzehen,
Salz und Pfeffer aus der Mühle

Die Lammkeule gut mit Salz einreiben, dann in einer Kasserolle im heißen Schmalz rundherum scharf anbraten. Danach Knoblauchzehen (auch mit Schale) nach Belieben hinzufügen und einen Deckel auflegen. Im Rohr bei 160 Grad braten, dabei ständig wenden und mit dem eigenen Saft begießen. Wenn der Braten gar ist, diesen auf einer Platte anrichten, die Knoblauchzehen rundherum anlegen und mit dem leicht entfetteten Bratensaft servieren. Pfeffer darüber mahlen. Erdäpfel, Reis, Brot oder auch Paprikagemüse sind geeignete Beilagen.

GEKOCHTE HAMMELZUNGE

2 Hammelzungen in Salzwasser mit Lorbeer, Zwiebel, Petersilie, Pfefferkörnern, Thymian und Selleriegrün weich kochen; abschrecken, häuten und nach Belieben weiterverarbeiten (z. B. ausbacken).
Auf die gleiche Weise werden auch Lammzungen zubereitet.

HAMMEL MIT BOHNEN

Dieses schmackhafte und zugleich sehr sättigende Gericht stammt von einem Landwirt aus der Ost-Steiermark, der besonders feine BIO-Fleisch-Schafe züchtet. Er bereitete dieses Gericht traditionell in einem alten Holz-Backofen zu und servierte es in der Backform – einfach, urig, köstlich!

1 Hammelschulter in Stücke geschnitten,
1 kg weiße Bohnen
(über Nacht in kaltem Wasser eingeweicht),
2 Zwiebeln, 2 Karotten,
3–4 Knoblauchzehen,
Bohnenkraut,
Lorbeerblatt,
75 g Schmalz,
Brühe,
Salz und Pfeffer

Die eingeweichten Bohnen in etwas Wasser nahezu weich kochen, abtropfen lassen. Zwiebel und Karotten in grobe Stücke, den Knoblauch feinblättrig schneiden. Fleisch zusammen mit dem Gemüse in einer Kasserolle anbraten, Gewürze dazugeben und etwa 30 Minuten braten lassen, ständig wenden und bei Bedarf den Bratensatz immer wieder mit Wasser ablösen. Die vorbereiteten Bohnen in den Topf füllen, ein wenig Wasser oder Brühe angießen, Deckel auflegen und das Ganze 1–1 1/2 Stunden im Ofen schmoren lassen, ab und an kontrollieren. In der Form servieren und einen kräftigen Rotwein dazu trinken.

GEKOCHTE LAMMZUNGE

HAMMEL MIT BOHNEN

Schafs- und Ziegenkäse

MILCHSCHAFE BEI TAX

Die steirische Käselandschaft zeichnet sich nicht allein durch eine überraschende Sortenvielfalt aus, sondern auch durch viele besondere Spezialitäten. Vor allem auf dem Gebiet der Schafskäse ist die Steiermark führend; doch auch auf dem Sektor der Blau- und Grünschimmelkäse hat die Steiermark einiges zu bieten.
Insbesondere in den 80er Jahren vorigen Jahrhunderts hat es so etwas wie eine Käse-Renaissance in der Steiermark gegeben, die vor allem durch ein kompromissloses Qualitätsdenken zu einer radikalen Steigerung der Qualität führte. Landwirte und Bauern haben sich auf alte Werte besonnen, viele stellen auf biologischen Anbau um und das Erforschen der alten Käsetradition hauchte vielen köstlichen Käserezepten neues Leben ein.

Schafstopfen

Die Erzeugung von Schafsfrischkäse hat in vielen Regionen der Steiermark lange Tradition. Schafstopfen wird aus der Schafsvollmilch hergestellt, weshalb er einen ganz intensiven, wunderbaren Geschmack aufweist, der auch in der Küche sehr geschätzt wird.

HENDLBRUSTRÖLLCHEN MIT SCHAFSTOPFENFÜLLE

**4 Hendlbrustfilets,
300–400 g vorgekochte Erdäpfel,
250 g Schafstopfen, 3 Eidotter,
eine Hand voll frisches Basilikum,
2–4 Knoblauchzehen, Muskat, Salz und Pfeffer**

Die gekochten Erdäpfel schälen und auskühlen lassen. Das Basilikum waschen, fein schneiden, Knoblauch mit grobem Salz fein zerdrücken. Den Schafstopfen und die Erdäpfel zusammen fein zerdrücken, mit gehacktem Basilikum und den Eidottern vermischen. Die Masse mit Knoblauch, Muskat, Salz und Pfeffer würzen.
Die Hühnerbrustfilets in der Mitte aufschneiden, nicht aber durchschneiden. Das Fleisch aufklappen, flach klopfen und würzen. Jedes Hühnerbrustfilet mit der Topfenmasse bestreichen, zu einer Roulade aufrollen und in eine gut gebutterte Alufolie wickeln. Im heißen Ofen etwa 30 Minuten garen. Das Fleisch aus dem Ofen nehmen und ungefähr 10 Minuten ruhen lassen. Dann in Scheiben geschnitten anrichten, dazu passen Reis, Salate oder diverse Gemüse.

SCHOFKASSUPP'N

**Für die Suppe:
3–4 große Zwiebeln fein gehackt,
4–6 Knoblauchzehen in feine Scheiben geschnitten,
75 g Butter, gut 200 g Schafkäse,
500 ml Gemüsebrühe,
500 ml Welschriesling,
Salz und Pfeffer**

**Für die Suppeneinlage:
4 Scheiben Bauernbrot, 2 EL Butter,
125 g gereifter Schafskäse gerieben**

Die Zwiebel in Butter hellgelb anschwitzen, den Knoblauch dazugeben, Schafskäse hineinbröseln und alles kurz durchrösten. Mit Wein und Gemüsesuppe aufgießen, salzen, pfeffern und die Suppe 20 Minuten kochen lassen.
Die Schwarzbrotscheiben mit Butter bestreichen, mit geriebenem Schafskäse bestreuen und im vorgeheizten Backofen bei 220 Grad gratinieren. Aus dem Rohr nehmen und in Würfel schneiden. Suppe in einer vorgewärmten Suppenschüssel anrichten und mit den Brotwürfeln belegt servieren.

SCHAFSKÄSE-POLSTERZIPF

**Für die Fülle:
250 g bröseliger Schafskäse,
1 Zwiebel, 2–3 Knoblauchzehen,
25 g Butter,
2 EL Schnittlauch fein geschnitten,
2 gekochte Erdäpfel,
Meersalz, Pfeffer und Zucker**

**Für den Polsterzipf:
200 g Roggenmehl,
100 g Weizenmehl,
Pfeffer, Kümmel gemahlen
80 g warme Milch,
80 g warmes Wasser, Salz**

Für die Fülle die Zwiebel und Knoblauchzehen sehr fein schneiden und in der Butter goldgelb rösten. Dann den geriebenen Schafskäse und die gepressten Kartoffeln dazugeben und die Masse mit dem fein geschnittenen Schnittlauch, Pfeffer, Zucker und Salz nach Geschmack würzen.
Aus Roggen- und Weizenmehl, Wasser, Milch, Butter und Gewürzen einen festen Teig bereiten, diesen zugedeckt etwa 1 Stunde rasten lassen. Danach den Teig 2 mm dick ausrollen und mit einem Ausstecher Kreise ausstechen. Jeweils mit 1 EL Fülle belegen und zur Hälfte zusammenklappen. Den Rand gut andrücken und die Polsterzipfe in Butterschmalz goldgelb backen.

HENDELBRUSTRÖLLCHEN MIT SCHAFSTOPFENFÜLLE

SCHAFSKÄSE MIT ZWIEBELN UND RAPSÖL

FIRMENCHEF TAX

Steirischer Selchkas

Der Steirische Selchkas ist eine Käse-Spezialität, bei der ein Schafsmilchkäse über einer ganz speziellen Mischung aus Buchenholzstücken und -spänen sowie Sägemehl geräuchert wird. Das Besondere an ihm ist, dass das Räuchern zumeist nicht in einer Molkerei erfolgt, sondern direkt auf den Höfen selbst (wie zu Zeiten der Kelten).
Der so genannte Rohling ist ein etwa 900–1000 g schwerer Laib, welcher aus Schafsmilch gekäst wurde. Seine charakteristische Eigenheit erfährt dieser Käse jedoch ausnahmsweise einmal nicht von der Natur allein, sondern von der umsichtigen Fürsorge seiner Erzeuger: Jeder einzelne Käselaib wird bei einer durchschnittlichen Temperatur von 15 bis 16 Grad etwa eine Woche lang geräuchert. Das hört sich auf den ersten Moment leichter an als es in Wirklichkeit ist, denn das Wichtigste dabei ist, dass der Rauch stetig und konstant den Käse umschmeichelt. Geht zum Beispiel ein Sturm, so verharren die passionierten Käsemacher mitunter Nächte lang neben ihren Öfen, um den Räuchervorgang zu kontrollieren. Das Räuchern ist eine verantwortungsvolle und sensible Arbeit, denn letztlich entscheidet die Sorgfalt, ob aus den Schafskäselaiben eine einzigartige Köstlichkeit für verwöhnteste Gaumen entsteht oder ein eher unansehnliches Stück leicht vertrockneten Schafskäses.
Perfekt geräucherter Steirischer Selchkas ist leider eine Seltenheit, doch dafür ein unvergessliches Erlebnis; denn er wird meist nur für den Eigengebrauch erzeugt und ist daher im Handel kaum erhältlich.

Die Hofmolkerei Tax

Die Hofmolkerei Tax, im steirischen Über gelegen, hat sich auf die Verarbeitung von Schafsmilch spezialisiert. Das besondere an der Schafsmilch ist ihre gute Verträglichkeit, so können z. B. Allergiker, die keine Kuhmilch vertragen, ohne Probleme Schafsmilch und aus ihr erzeugte Produkte genießen. Das Besondere an der Schafsmilch ist ihr hoher Vitamingehalt, der deutlich über dem der Kuhmilch liegt.
Aus der gleichermaßen schmackhaften, wie gesunden Schafsmilch werden in der Hofmolkerei Tax z. B. ein cremig-vollmundiger Schafsmilchjoghurt (selbstverständlich aus biologischer Landwirtschaft) oder der Weststeirische Schafskäse (100 % BIO-Schafsmilch) erzeugt. Auch wird BIO-Ziegenmilch zu Topfen und Käse verarbeitet.

ERBSENMUS MIT ZIEGENTOPFEN

300 g frische Bauernerbsen werden in Salzwasser gekocht und danach abgeseiht; etwas Kochwasser auffangen. Erbsen in einer Küchenmaschine zusammen mit 3–4 EL Ziegentopfen, einem guten EL Schlagobers, 1 TL Nussöl, Salz und Pfeffer pürieren – wenn das Mus zu dick ist, mit etwas Erbsenwasser verdünnen. Dieses Mus ist eine köstliche Beilage zu gekochtem oder kurzgebratenem Fleisch.

SCHAFSFRISCHKÄSE MIT APFELBALSAMESSIG

Eine Rolle Schafsfrischkäse in Scheiben schneiden, mit Olivenöl marinieren. Ebenso einen schönen Paradeiser in feine Scheiben schneiden. Beides Schicht für Schicht auf kleinen, gekühlten Tellern zu Türmchen aufbauen, währenddessen jede Schicht leicht salzen und pfeffern. Zum Schluss das Ganze mit Oliveöl, Salz, Pfeffer und Balsam-Apfelessig (vorzugsweise von Gölles) marinieren und die Türmchen mit Rucola-Salat sowie einigen Schnittlauchspitzen ausgarniert servieren.

Ziegen-Frischkäse

Der Ziegen-Frischkäse wird aus der Ziegenvollmilch hergestellt und zeichnet sich durch ein ganz besonders fein-würziges Aroma aus. Insbesondere in Öl eingelegt oder geräuchert schmeckt er hervorragend zu Vorspeisen und Salaten, naturbelassen kann er auch für vielerlei Desserts verwendet werden.

ERDÄPFELPUDDING MIT ZIEGENKÄSE

600 g Erdäpfel, 200 g Zwiebeln (vorzugsweise rote), 200 g Schalotten, 1 Bund Frühlingszwiebeln, 2 EL Butter, 6 EL Sonnenblumen- oder Olivenöl, 1 Bund Salbei, 100 ml Obers, 100 ml Milch, 2 Eier, 4 kleine Ziegenkäse (halbgereift), Meersalz, Pfeffer

Die Erdäpfel schälen und kleinwürfelig schneiden; eine Hälfte in Wasser bissfest kochen, die andere Hälfte ganz weich kochen, abseihen und durch die Kartoffelpresse drücken. Zwiebeln und Schalotten schälen, würfelig schneiden, Frühlingszwiebeln putzen und in Ringe schneiden. Alle Zwiebeln gemeinsam mit 1 EL Butter, etwas Öl und 2 gehackten Salbeiblättern 10 Min. lang dünsten. Gleich zu Beginn salzen, damit die Flüssigkeit aus den Zwiebeln besser austreten kann. Mit Obers und Milch ablöschen, dann vom Herd nehmen. Eine mit heißem Wasser gefüllte Auflaufform auf die mittlere Schiene des Backofens stellen. Kartoffelpüree, Kartoffelwürfel, Eier sowie die Milch-Zwiebel-Mischung verrühren. Mit Meersalz und Pfeffer abschmecken. 4 Portionsformen gut ausbuttern, die Kartoffelmasse einfüllen und jeweils einen kleinen Ziegenkäse hineindrücken. Bei 180 Grad im Wasserbad 30 Minuten garen. In der Zwischenzeit 2–3 EL Mehl mit einer Prise Salz und etwas Wasser zu einem dünnflüssigen Teig verrühren. Salbeiblätter durch den Teig ziehen und in Olivenöl knusprig backen. Abtropfen lassen, etwas salzen. Erdäpfelpudding aus der Form stürzen und mit Salbeiblättern servieren.

STEIRISCHER SELCHKAS (WEIZER SCHAFSBAUERN)

DIE FIRMA TAX ERZEUGT AUCH EINEN WUNDERBAREN ZIEGENBRIE

Quitten

Die ursprüngliche Heimat der Quitte ist vermutlich der Iran und der Kaukasus, wo es noch heute die meisten Sorten gibt. Ihren botanischen Namen „Cadonia oblonga" verdankt die Frucht der antiken kretischen Stadt Kydonia, wo die Bauern die Quitte erstmals als Feldfrucht angebaut haben sollen. Mittlerweile hat die Quitte stark an Bedeutung verloren, doch früher – als es noch nicht so viele Obstsorten gab wie heute – war sie eine bedeutende Frucht. Grundsätzlich wird zwischen Apfel- und Birnenquitten unterschieden, der Unterschied liegt dabei neben der Form der Früchte in ihrer Festigkeit des Fruchtfleisches und im Aroma.
Geerntet werden die Früchte, welche sich übrigens nicht wirklich gut lagern lassen, üblicherweise im Oktober, doch in den Handel gelangen sie eher selten, obwohl sie vor allem Geflügelgerichten ein wunderbares, leicht zitroniges Aroma verleihen und zudem wertvolle Vitamine, Mineralstoffe und Kieselsäure enthalten.

GEKOCHTES HUHN MIT QUITTENSAUCE

1 Huhn,
250 g Wurzelgemüse (Karotte, Sellerie, Petersilie),
500 g Quitten,
3 EL Zucker,
2–3 EL Mehl,
125 ml saure Sahne,
Salz

Das Suppengemüse putzen, dann in einem Topf füllen. Das Huhn darauf legen und mit so viel Wasser begießen, dass es nahezu bedeckt ist. Salz hinzufügen, aufkochen lassen und das Huhn garen.
Für die Sauce die geschälten und vom Kerngehäuse befreiten Quitten in dünne Scheiben schneiden. Quitten in einen Topf füllen und so viel kaltes Wasser zugießen, bis die Quitten gerade bedeckt sind. Salz und Zucker hinzufügen, dann die Quitten weich kochen. Das Mehl mit etwas kaltem Wasser klümpchenfrei verrühren, mit der sauren Sahne vermischen und die Sauce damit binden. Sauce fertig abschmecken.
Das fertige Huhn in vier Teile zerlegen, häuten und auf einer Platte anrichten. Mit der Quittensauce überzogen servieren, Reis als Beilage reichen.

QUITTENKÄSE

3 kg Quitten, 1 kg Zucker,
Saft von 3–4 Zitronen, Mandelöl

Quitten vom Stiel befreien, in einen Topf kaltes Wasser legen, das mit Zitronensaft gesäuert wurde. Die Früchte müssen ganz bedeckt sein. Den Topf auf den Herd stellen und unter ständigem Rühren weich kochen, dann das Kochwasser abseihen (dieses kann man z. B. mit Gelatine zu Quittensulz verarbeiten) und die Fruchtmasse durch ein Sieb passieren. Den Zucker in 500 ml Wasser bis zum Bruch kochen, d. h., bis er schwere Blasen wirft und ein Tropfen in einem Glas Wasser zu einem harten Kügelchen erstarrt. Dann wird das Quittenmark dazugegeben und unter ständigem Rühren etwa 30 Minuten auf starker Flamme gekocht.
Ein Backblech mit Mandelöl ausstreichen und die noch warme Masse darauf streichen; man kann die Fruchtmasse auch in Papierkapseln füllen. Einige Tage an einem kühlen Ort stehen lassen.
Sobald der Quittenkäse trocken ist, kann man ihn vom Blech stürzen; entweder in Scheiben geschnitten zwischen Pergament aufbewahren und klein gewürfelt in Kristallzucker wenden. Quittenkäse wird als Kleinbäckerei gereicht.

Steirische Äpfel

Obstbau wurde in der Steiermark schon von alters her betrieben, denn es herrschen hier optimale natürliche Voraussetzungen für den Obstanbau, wie ein mildes, ausgeglichenes Klima, ausreichende Niederschläge sowie ein fruchtbarer, tiefgründiger Boden. So wurde schon zu frühesten Zeiten im Gebiet der heutigen Steiermark Obst kultiviert, der erste nachweisliche Obstfund in der Steiermark stammt aus einem Brandgrab bei Wies und wird auf die Späthallstattzeit (etwa 560 v. Chr.) datiert. Den planmäßigen Obstbau begründeten jedoch die Römer einige hundert Jahre später. In der österreichisch-ungarischen Monarchie war steirisches Obst bereits zu einem Qualitätsbegriff geworden und wurde in vielen Kronländern der Monarchie als besondere Spezialität exportiert. Sogar der russische Zarenhof ließ sich das saftige steirische Obst in Holzfässern verpackt liefern.

Der Obstbau prägt die Steiermark und für ihre Bewohner ist die Natur Lebensgrundlage und Lebensraum. Mensch, Natur und landwirtschaftliche Kultur existieren hier in einer einzigartigen Harmonie miteinander. Vor allem der Apfelanbau ist einer der bedeutendsten wirtschaftlichen Faktoren in den Regionen Ost-, West- und Südsteiermark. Die Landschaft ist geprägt durch die Obstbauanlagen. Im Frühling zur Obstbaumblüte und im Herbst zur Erntezeit zeigt sich der größte „Obstgarten Österreichs“ mit einer einzigartigen landschaftlichen Schönheit. Durch dieses Paradies führt die Steirische Apfelstraße, welche im oststeirischen Hügelland zwischen Gleisdorf und Puch bei Weiz mitten durch die Obstanlagen führt und die an ihr liegenden Landwirte und Obstbauern bieten Obst, Säfte, Edelbrände und viele andere Köstlichkeiten zum Verkosten an.

Heute ist die Steiermark Österreichs Apfelregion Nr. 1, denn mehr als 1.500 Obstbauern produzieren auf etwa 6000 Hektar Anbaufläche mehr als 80 Prozent aller österreichischen Äpfel. Dabei wird – ähnlich wie beim Wein – besonderes Augenmerk darauf gelegt, dass die richtigen Apfelsorten auch am für sie idealen Standort produziert werden. Zusätzlich sichert eine umweltgerechte Produktion den Erhalt des ökologischen Gleichgewichts in den Obstanlagen und garantiert damit schmackhafte und gesunde Produkte.

Österreich ist heute nicht nur ein reiner Selbstversorger in Sachen Äpfeln, sondern exportiert auch noch etwa 30 Prozent seiner gefragten Äpfel z. B. nach Deutschland und Großbritannien. Von den etwa 20 Apfelsorten, die in Österreich wirtschaftliche Bedeutung haben, sind die beliebtesten Golden Delicious, Idared, Jonagold, Gala, Elstar, Braeburn und Gloster. Sorten wie Rubinette, Boskoop und natürlich Kronprinz Rudolf erweitern das große Sortiment. Modernes Marketing hat mit dem Motto „frisch, saftig, steirisch“ aus dem steirischen Apfel ein echtes Markenprodukt gemacht. Der steirische Apfel kommt heute praktisch das ganze Jahr über so gut wie „baumfrisch“ auf den Markt, was durch einen breite Erntezeitraum sowie modernste Technologie bei der Lagerung in speziell klimatisierten Lagerräumen (mit kontrollierter Atmosphäre (CA)) möglich gemacht wurde.

Traditionell findet am zweiten Freitag im November der „Tag des Apfels“ statt, bei dem der Apfel – als einziges Obst überhaupt – einen ganzen Tag lang regelrecht gefeiert wird. Seit Jahrhunderten hat der Apfel als Symbol für Liebe, Schönheit und Glück mythische und historische Bedeutung. Daneben wird er von Köchen wie Hausfrauen als schmackhafte und vielseitig verwendbare Frucht sehr geschätzt, vor allem die verschiedenen Formen des Apfelstrudel sind zu einem regelrechten Markenzeichen Österreichs geworden.

Elstar

Royal-Gala

Cox-Orange

Topaz

Breaburn

Rubinette

Kronprinz Rudolf

Golden-Delicious

Pinovia

Roter-Deli

GEBACKENE APFELSPALTEN

Aus 400 ml Milch, 200 g Mehl, 2 Eiern und einer Prise Salz einen eher dickflüssigen Backteig herstellen. Äpfel schälen und vom Kerngehäuse befreien, dann in 1 cm dicke Scheiben schneiden, durch den Teig ziehen, kurz abtropfen lassen und in heißem Butterschmalz oder auch Schweineschmalz schwimmend auf beiden Seiten goldbraun ausbacken. Auf Küchenpapier abtropfen lassen, mit Zimt und Zucker bestreuen.

FLAMBIERTE ÄPFEL

Äpfel schälen und das Kerngehäuse ausstechen, danach in Ringe schneiden. In einer Flambierpfanne Butter zerlassen, die Apfelringe darin beidseitig anbraten, mit Hagelzucker bestreuen und die sehr heißen Äpfel mit Apfelschnaps, Trester- oder Weinbrand übergießen. Anzünden und noch brennend servieren; Schlagobers und Vanilleeis dazu reichen.

STEIRISCHER APFELKUCHEN

Für den Teig:
60 dag Mehl, 1 Pck. Backpulver,
20 dag Margarine, 5 dag Zucker,
1/2 TL Salz, 1/4 l Milch

Belag:
1 1/2 kg grob gehobelte Äpfel,
4 EL Zitronensaft, Zitronenschale,
12,5 dag Zucker, 1 TL Zimt,
10 dag Rosinen, 10 dag gehackte Haselnüsse,
1 Eigelb, 20 dag Marillenmarmelade

Aus Mehl, Backpulver, weicher Margarine, Zucker, Salz und Milch einen Mürbteig herstellen, in Alu-Folie wickeln und für 1 Stunde in den Kühlschrank stellen. Grob gehobelte Äpfel mit den übrigen Zutaten vermischen. Drei Viertel des Teiges auf einem bemehlten Blech ausrollen, die Apfelmasse darauf verteilen. Den restlichen Teig ebenfalls ausrollen, in Streifen schneiden und in Gitterform auf den Kuchen auflegen. Das Gitter mit Eigelb bepinseln und bei 200–220 Grad etwa 45 Minuten backen. Noch heiß mit Marillenmarmelade bestreichen.

APFEL-TOMMERL

250 ml Milch mit 250 g Mehl, 3 Eidottern, 2 EL Zucker und einer Prise Salz verrühren und gut 2 EL Butter darin auf kleiner Flamme zergehen lassen. 1 Hand voll Rosinen sowie 6 geschälte säuerliche Äpfel unterziehen, alles in eine gut gefettete Form füllen, danach bei mäßiger Hitze etwa eine Stunde im Ofen backen. Stürzen und mit Zimtzucker bestreut auftischen.

APFEL-PFANNKUCHEN

Für den Teig (2 Portionen):
80 g Mehl,
3 Eier,
125 ml Milch,
45 g Zucker

Außerdem:
250 g geschälte und in dünne Scheiben geschnittene Äpfel,
40–50 g Butter zum Ausbacken,
Staubzucker,
Apfelkompott

Die Eier trennen; Mehl, Milch, Dotter und Salz zu einem glatten Teig rühren, die Eiklar mit Zucker zu steifem Schnee schlagen und diesen unter die Masse ziehen.
Butter in einer Pfanne erhitzen, den Teig eingießen und etwas anbacken lassen, dann mit Apfelscheiben belegen und im Rohr fertig backen. Apfel-Pfannkuchen auf eine Platte stürzen und mit Staubzucker streut servieren, Kompott dazu reichen.

GEDÜNSTETE ÄPFEL

1 kg säuerliche Äpfel (man kann auch Birnen nehmen),
75 g Butter, etwas Zimt, Zucker nach Belieben

Die Äpfel abspülen und das Kerngehäuse entfernen. Die ungeschälten Äpfel in dünne Scheiben schneiden. Butter in einer weiten Pfanne erhitzen, eine Prise Zucker hinzufügen und die Apfelschnitze darin weich dünsten. Sie dürfen dabei nicht umgerührt werden, man schwenkt einfach nur die Pfanne hin und her. Die weichen Äpfel mit Zimt aromatisieren und sofort sehr heiß mit Schlagobers servieren.

ÄPFEL MIT ROHNEN

Diese Vorspeise stammt ursprünglich aus der Gegend um Gleisdorf (ein Zentrum des steirischen Apfelanbaus) und besticht durch den Geschmack der eigenwilligen Kombination von Äpfeln und Roten Rüben!

Gut 600 g Rote Rüben (vorgekocht), 250 g Äpfel (vorzugsweise Jonathan – natürlich aus der Steiermark), 10–12 g Zucker, gut 5 g Butter, frischer Ingwer fein gehackt, Salz und Pfeffer aus der Mühle

Die vorgekochten Roten Rüben werden geschält und in feine Scheiben gehobelt; die Äpfel geviertelt, entkernt und in Spalten geschnitten. Etwas Butter in einem Topf erhitzen, die Roten Rüben hineingeben und leicht mit Salz und Pfeffer würzen, vorsichtig umrühren, dann warm beiseite stellen.
In einer Pfanne erneut etwas Butter erhitzen, Zucker darin goldgelb karamellisieren und die Apfelspalten bei milder Hitze beidseitig glasieren.
Die Roten Rüben auf Tellern dekorativ anrichten, mit den Apfelspalten belegen und fein gehackten Ingwer darüber streuen – als Vorspeise oder als Beilage zu kurz gebratenem Wild reichen.

OBSTBAUER NIGLBAUER AUF DER APFELPLANTAGE

ÄPFEL MIT ROHNEN

STEIRISCHES APFELHENDL

**1 küchenfertiges großes Hendl oder eine Poularde (1,4 kg), 250 g Zwiebeln,
Öl zum Anbraten,
Salz, Pfeffer aus der Mühle**

**Für die Sauce:
500 g Äpfel, 500 g Champignons,
4 EL Weinbrand, 250 ml Hühnerbrühe,
25 g Butter, 1 Becher Crème fraîche,
Salz, Pfeffer aus der Mühle,
4 EL Petersilie gehackt,
Petersilie zum Garnieren**

Hendl oder Poularde waschen, mit Küchenkrepp abtrocknen und in 8 Teile zerlegen. Zwiebeln schälen, achteln und diese in 3 cm große Stücke teilen, danach in einer Kasserolle mit Öl anbraten. Die Geflügelteile salzen, pfeffern und etwa 3 Minuten mitrösten.
Den Weinbrand sowie die Bouillon dazugießen und den Vogel zugedeckt bei geringer Hitze etwa 20 Minuten dünsten.
Champignons putzen, blättrig schneiden und in zerlassener Butter dünsten, bis die Flüssigkeit verdampft ist. Die Äpfel schälen, vierteln, entkernen, in Spalten schneiden und Spalten nochmals halbieren.
Das Geflügel aus der Kasserolle heben, Apfelstücke mit den Champignons zum Bratensaft geben und Crème fraîche unterrühren. Die Sauce etwa 2 Minuten kochen lassen, dann mit Salz und Pfeffer abschmecken; gehackte Petersilie untermengen. Die Fleischstücke in die Sauce einlegen und nochmals erhitzen. Mit Reis oder Baguette und einem Blattsalat auftischen.

GRAZER ÄPFEL

Einen schön ausgestochenen Biskuitsockel mit Rum oder Apfelschnaps tränken, danach mit Ribiselmarmelade bestreichen. Äpfel schälen, Kerne entfernen und halbieren, danach in Zuckerwasser mit Zimt, Vanille und Nelke weich kochen. Apfelhälften auf den Biskuit platzieren und mit kaltem Weinchaudeau (250 ml Weißwein mit 3–4 Eidottern, 1 ganzen Ei und 100 g Staubzucker in einem Wasserbad dick-schaumig rühren, danach auf Eiswasser kalt schlagen) überzogen sofort servieren.

APFEL-KANINCHENTERRINE MIT SCHILCHERGELEE

**1 Kaninchenrücken (etwa 600 g),
3–4 säuerliche Äpfel,
1 Zwiebel,
1 Bund Wurzelgemüse (Karotte, Gelbe Rübe, Sellerie, Lauch),
1–2 Lorbeerblätter,
einige Nelken,
6–8 Wacholderbeeren,
500 ml Schilcher,
10 Blatt Gelatine,
Öl zum Anbraten,
Salz und Pfeffer**

**Außerdem:
250 ml Crème fraîche, Ribiselkompott, Schilcher**

Die Rückenfilets auslösen, sauber parieren und häuten. Das Fleisch würzen und in heißem Öl auf beiden Seiten anbraten, Hitze zurückdrehen und langsam fertig garen. Filets aus der Pfanne nehmen und auskühlen lassen. Das Gemüse putzen, dann fein schneiden, Zwiebel hacken. Im Bratenfett zuerst die zerhackten Kaninchenknochen anrösten, dann auch Zwiebel und Gemüse. Wenn alles gut durchgeröstet ist, mit 125 ml Schilcher und 1 Liter Wasser ablöschen. Nelke, Lorbeer und Wacholder zugeben, dann langsam auf kleiner Flamme köcheln lassen, abschließend den Fond durch ein mit einem Küchentuch ausgelegtes Sieb seihen und reduzieren.
Die Äpfel schälen, entkernen und in feine Scheiben schneiden. Apfelscheiben im restlichen Schilcher blanchieren.
Die Gelatine in kaltem Wasser einweichen, dann gut ausgedrückt in den abgeseihten Kaninchenfond rühren. Eine Terrinenform mit Klarsichtfolie auskleiden, etwa 1 cm hoch mit Aspik befüllen, im Kühlschrank stocken lassen. Danach den Kaninchenrücken in Scheiben schneiden. Eine Lage Apfelscheiben in die Form füllen, darauf eine Lage Kaninchenfleisch und mit Aspik abdecken, wieder stocken lassen. Dann erneut eine Lage Äpfel und Kaninchenfleisch einlegen, mit Aspik übergießen und stocken lassen, so weiter verfahren, bis alle Zutaten verbraucht sind. Alles mit Aspik übergossen kalt stellen.
Für die Sauce Crème fraîche mit Ribiseln und etwas Schilcher verrühren, abschmecken.
Kaninchenterrine aus der Form stürzen, in Scheiben schneiden und mit der Sauce servieren.

ÄPFEL IM SCHLAFROCK

**Etwa 500 g Blätterteig,
10–12 kleine geschälte und ausgestochene Äpfel,
30 g Nüsse gehackt,
120 g Marmelade (z. B. Marille, Erdbeere),
Zucker,
Zimt,
versprudeltes Ei zum Bestreichen**

Den Blätterteig etwa 1 cm dick ausrollen und in Quadrate von etwa 12 x 12 cm schneiden. In die Mitte eines jeden Teigstückes einen Apfel setzen. In die Aushöhlung folgende Füllung geben: gemahlene Nüsse mit Marmelade, Zucker und Zimt verrührt.
Die Teigecken mit versprudeltem Ei bestreichen, danach über den Äpfeln zusammenschlagen. Obenauf mit kleinen Blätterteigquadraten belegen. Auf ein Backblech setzen, mit Ei bestreichen und bei lebhafter Hitze 20 Minuten backen. Mit Staubzucker bestreut servieren, dazu passen eine Vanillesauce, Schlagobers und/oder Vanilleeis.

ABAKUS (APFELSCHNAPS)

APFEL-KANINCHENTERRINE MIT SCHILCHERGELEE

Vom Sautanz und Silvesterschmaus

Bis um 1800 war in der Steiermark das unveredelte Bayrische Landschwein mit seinem dicken Speckpolster weithin verbreitet. Um die Mitte des 19. Jahrhunderts wurde dann das Englische Edelschwein nach und nach eingeführt und durch die landwirtschaftlichen Genossenschaften verbreitet. Eine eigene Züchtung von Ebern vom Landschwein mit Edelschwein ergab schließlich das Veredelte Landschwein.
Verkauft wurden früher nahezu ausschließlich die überzähligen Ferkel und Frischlinge, ältere Exemplare wurden am Hofe geschlachtet und dienten der Hausgesellschaft als Nahrung. Da außer Schaffleisch kaum ein anderes Fleisch als Schweinefleisch auf den Tisch kam, ist es leicht verständlich, dass auf einem Hof mit Bauer, Großfamilie und all dem Gesinde eine mitunter erkleckliche Zahl an Schweinen das Jahr hindurch geschlachtet werden musste. Der große Teil dieser Tiere wurde vorallem in der kalten Jahreszeit, um Weihnachten und Neujahr, zerlegt.
Der „Sautanz", wie das Hausschlachten in manchen Gegenden Österreichs genannt wird, begann frühmorgens mit dem Abstechen des Schweins (auch mehrerer Schweine auf einmal), das rituell vom Bauer vollzogen wurde; er hatte sorgfältigst darauf zu achten, dass möglichst kein Tropfen frischen Blutes vergeudet wurde, denn dieses wurde nicht nur für die Würste, sondern auch für die Jause benötigt. Nach dem Abstechen wurde das Schwein zunächst einmal mit so genanntem „Saupech" (stammt von „pechenden Bäumen" und ist ein fein zerstampftes Pulver) und heißem Wasser entborstet. War die Sau fertig vorbereitet, gab es das so bezeichnete „Blutbackerl-" oder „Blutboggerlessen", eine feine Mahlzeit aus frischem Schweineblut, Milch, Mehl, gerösteten Zwiebeln, Gewürzen und reichlich Schmalz – ein köstlich duftender Festschmaus.
Nach der herrlichen und kräftigen Jause schleppten die Männer die meist sehr schwere Sau in die Stube, wo sie mit der Bauchseite auf den Sauschragen gelegt oder aufgehängt wurde. Zuerst streute man geweihtes Salz in die Schnittwunde, dies sollte bewirken, dass das Fleisch ja niemandem schade. Nun wurde zuerst der Kopf abgetrennt und dann begann die eigentliche Arbeit, das Zerlegen der Sau. Jeder Bauer hatte hierfür seine eigene Methode. Gleich war jedoch immer, dass das meiste Fleisch mittels Salz und Rauch für einen späteren Gebrauch konserviert wurde. Aus den Speckabschnitten bereitete man Schmalz und Grammeln zu, große Speckseiten und Schwarten wurden in einem belassen mit Salz, Pfeffer und Kümmel gewürzt, bevor sie mit Weideringen durchzogen unter großer Kraftanstrengung auf den Dachboden geschleppt wurden. Hier wurde der Speck dann zum Trocknen in den so genannten Speckhimmel aufgehängt, Wind und Kälte ließen den Speck dann zu einem einzigartigen Verhackertspeck reifen. Der Speckhimmel war übrigens ein hölzerner Baldachin, der an den Sperrbalken des Dachbodens befestigt war.
Auf dem Dachboden, direkt am Kamin war zumeist die Selchkammer angebaut, so dass der Rauch vom Herdfeuer der Küche durch die Selchkammer geleitet werden konnte. Um einen guten Geschmack zu erzielen, wurden während des Selchens nur Buchen-, Birken- und Birnenhölzer verheizt, zum Schluss sogar grüne Kranewittstauden, die das gute Aroma vervollständigten. Nach dem Selchen hängte man das Fleisch und die Selchwürste ebenfalls in den Speckhimmel, an dessen Namen sich auch erkennen lässt, wie wertvoll dieser Vorrat für die Bauern und die Hausgenossenschaften war.
Der Schlachttag und die Tage danach waren für die Bauern und ihre Familien wahre Schlemmertage, denn da es für Innereien und Knochen keine Konservierungsmöglichkeit gab, musste alles so rasch wie möglich verkocht und gegessen werden. Daher gab es mitunter sogar schon zum Frühstück einen Fleischsuppensterz oder gar ein Beuschel. Zum Mittagessen wurden Breinwürste mit Kraut oder Rüben gegessen. Die Wurstmasse wurde früher mit Kuhhörnern in die gereinigten Därme (das Reinigen war meist Aufgabe der Großmütter) gestopft; für jede Wurstsorte gab es ein spezielles Wursthorn in der geeigneten Stärke. Flecksuppe galt als ganz besondere Köstlichkeit und die Nieren wurden entweder zum Schlachtfest, gleich am Abend verzehrt oder gekocht den Kindern am nächsten Tag als Jause gegeben.
Alles vom Schwein wurde mit viel Liebe und Sorgfalt verwertet, nichts wurde weggeschmissen oder verschwendet. Genauso penibel hat man dann auf die Lagerung der Vorräte geachtet, denn die wertvollen Gaben durften keinesfalls von Grünspan befallen werden oder sonst wie verderben.
Krönung der harten Arbeit war das abendliche Festmahl, nachdem alle Fleischteile verarbeitet, sämtliche Würste hergestellt, alle Speckseiten aufgehängt, das Schmalz ausgelassen, die Grammeln ausgepresst und die Leberpasteten in Gläser abgefüllt worden waren. Je nach Region gab es zu diesem Feste frische Würste (Leberwurst und Blutwurst), Milzsuppe (die Milz musste noch am Schlachttag aufgebraucht werden), die Kochsuppe von den verschiedenen Würsten oder sogar einen festlichen und fetten Schweinsbraten vom Schopf mit im Bratenfett geschwenkten Spatzen (gekochte Nocken aus einem dicken Teig von Mehl, Milch, Eiern und Salz).

SCHWEINSHAXENSALAT

Einige Schweinshaxen putzen, die Hornklauen abziehen, Haxen auseinander schneiden und in Salzwasser mit Wurzelgemüse, Lorbeerblättern, Pfeffer und Salz weich kochen. Schweinshaxen herausnehmen, auskühlen lassen, vom Knochen lösen und in Streifen schneiden. Fleisch in eine Schüssel füllen, mit einer Marinade aus Mostessig, Sonnenblumenöl, Ingwer, reichlich gehacktem Schnittlauch, Salz und Pfeffer vermengen. Mit Schnittlauch bestreut servieren, Kren und Kernöl dazu reichen.

Der klassische Silvesterschmaus

Wie könnte es auch anders sein: Dem Schwein als Glückssymbol für das neue Jahr wird auch zu Silvester kulinarisch gehuldigt, und zwar in Form des traditionellen Sauschädel-Festessens, welches jeweils um Mitternacht zum Jahreswechsel oder am Neujahrstag zu Mittag serviert wird. Ein weit verbreiteter Glaube verheißt auch Linderung von Kopfschmerzen, wenn man morgens auf nüchternen Magen Schweinefleisch verzehrt; sicher auch ein Grund, warum gerade am Neujahrstag – nach einer durchzechten Silvesternacht – der Sauschädel als „Katerfrühstück" gegessen wird. Es gibt endlose Geschichten und Mären, wie das Schwein zum Glückssymbol wurde, hier einige halbwegs stichhaltige Thesen:

1. Das Schwein, welches mit 9 bis 15 Ferkeln pro Wurf gute Fruchtbarkeit beweist, wurde so recht schnell zum Fruchtbarkeitssymbol und damit zum Glückssymbol.
2. Bei Schützenwettkämpfen war oftmals ein Wildschwein als Ziel abgebildet, wer also traf hatte Glück/Schwein.
3. Wandernde Studenten (Scholaren) bekamen früher oftmals ein Ferkel als Lohn für landwirtschaftliche Hilfe, mit den besten Wünschen für Glück und Wohlergehen.
4. Im Mittelalter erhielt bei vielen volkstümlichen Wettbewerben, der Letzte, Schlechteste ein Schwein (Ferkel) als Trostpreis, begleitet von spöttischen Glückwünschen. Für die Wettkampfverlierer war das Schweinchen dann doch ein unerwarteter und wertvoller „Gewinn" und somit ein kleiner Glücksbringer.

Das Schwein als Glückssymbol kann auch schlicht und einfach auf seinen materiellen Wert zurückgeführt werden. Das Schwein war als Nahrungs- und Einkommensquelle schon immer hoch eingeschätzt worden, vor allem in ländlichen Gebieten und die Fruchtbarkeit der Tiere erwies sich als Grundstock zur Vermehrung des Vermögens ihrer Besitzer; Schwein gehabt, wurde so zum Symbol des Glücks.

GEKOCHTER ZWEIGELT- ODER SCHILCHER-SAUSCHÄDEL

Gut gereinigten Sauschädel mit 3–4 Litern Rotwein oder Schilcher, Zwiebeln, abgeriebener Zitronenschale, Lorbeerblättern, Salbeiblättern, Rosmarinzweigen, Pfefferkörnern und Salz weich kochen, auf einer Platte anrichten und mit einer Beilage nach Wahl kalt oder warm servieren.

BLUTGRAUPEN

250 g grobe Graupen in ausreichend Salzwasser recht weich kochen, dann einfach abseihen (nicht kalt abschwemmen). 125 g Bauernspeck klein würfeln und in einer Pfanne blassgelb anschwitzen, darin 1–2 fein gehackte Zwiebeln (je nach Größe) anrösten. Dann 350 g in mundgerechte kleinere Würfel geschnittenes Schweinefleisch dazugeben und ebenfalls anbraten. Alles mit reichlich zerdrücktem Knoblauch, Majoran, Salz und Pfeffer würzen und gut durchrösten. Nun werden die abgeseihten Graupen sowie 2 in kleine Würfel geschnittene Semmeln hinzugefügt, alles mit gut einem halben Liter durchgeseihtem Schweinsblut übergießen. Die jetzt ziemlich weiche Masse sofort in eine gut eingefettete und mit Semmelbröseln ausgestreute Form oder Pfanne füllen; etwa 45 Minuten im Rohr backen, bis die Blutgraupen durch und durch gestockt sind. In Portionen ausgestochen mit gelbem oder grünem Erbsenpüree auftischen.

KRAINERWÜRSTE

Für die wohl berühmtesten steirischen Würste werden zunächst 4 kg mageres Schweinefleisch in größere Stücke geschnitten und mit 50 g Salz sowie 40 g Pökelsalz eingerieben. 2 kg Schweinsschulter und etwas kernigen Speck im Ganzen ebenfalls mit 25–30 g Salz und 20–25 g Pökelsalz einsalzen. Alles einen Tag im Kühlen ziehen lassen; dann das Fleisch faschieren und zwar die eine Hälfte durch die feine, die andere Hälfte durch die grobe Scheibe des Fleischwolfes. Den Speck mit der Hand klein schneiden, danach alles vermengen und kräftig würzen. Wurstmasse sehr gut abarbeiten, mit einer Wurstspritze in saubere, gewässerte Därme füllen (dabei mehrmals anstechen, damit die Luft entweichen kann). In jeweils 15 Zentimeter lange Paare abdrehen, abbinden und 1 1/2 Tage kühl lagern. Schließlich einen Tag langsam und kühl selchen. Krainerwürste werden in Fleischbrühe oder Sauerkraut gekocht genossen.

BREINWÜRSTE

Einen Schweinskopf in Salzwasser kochen, bis sich das Fleisch leicht vom Knochen lösen lässt, danach fein schneiden. Gut 1 1/2 kg Rollgerste (auch Hirsebrein oder Reis) in der Kochbrühe weich dünsten, überschüssiges Wasser abgießen, das ausgelöste Fleisch und Grammeln nach Geschmack dazugeben. Alles mit reichlich goldbraun gerösteten Zwiebeln vermischen und kräftig mit Knoblauch, Majoran, Thymian, Pfeffer und Salz, nach Geschmack auch noch mit Basilikum, Bohnenkraut und/oder Piment, würzen. Will man so genannte Schwarze Breinwürste herstellen, so kommen auch noch geschabte Milz, feinst gehackte Leber, Heiden und frisches Schweineblut (etwa 300–500 ml) dazu. Die lockere Wurstmasse mit einem Wursthorn (oder heute einer Wurstspritze) in den gereinigten Dickdarm füllen und die Enden der Würste mit einem Holzspieß verschließen. Würste etwa 30–45 Minuten kochen, danach im Rohr mit Schweineschmalz knusprig braten. Dazu gibt es Sauerkraut oder Saure Rüben. Breinwürste sind ein klassisches Essen für ein steirisches Schlachtfest und wurden in früheren Zeiten auch als Schlachtgeschenk an Nachbarn und Freunde (Verwandte, Schwägerschaft) verteilt.

SAUSCHÄDEL / SCHWEINSKOPF

1 Schweinskopf, Essig, Salz und Pfeffer

Für den Kochsud:
Wasser, Weißwein, Zwiebeln samt Schale, abgeriebene Zitronenschale, Wacholderbeeren, Lorbeerblätter, Thymianzweige, Rosmarinzweige, Salbeiblätter, Ingwer, Nelken, Pfefferkörner, Salz

Für die Sauce:
Wein, Essig, Kernöl, Kapern, Zitronenscheiben, Salz und Pfeffer

Außerdem:
Oberskren und Apfelkren

Die Borsten und Haare über Feuer sauber absengen, dann den Saukopf über Nacht wässern. Am Tag der Zubereitung wird der Schädel mit Essig ausgewaschen sowie mit Salz und Pfeffer kräftig gewürzt. Derart vorbereitet einige Stunden durchziehen lassen, dann den überschüssigen Speck von den Wangen schneiden.
Schweinskopf in einen großen Topf voll Wasser geben, dann einige Zwiebeln, abgeriebene Zitronenschale nach Geschmack, reichlich Wacholderbeeren, einige Lorbeerblätter, 1 kleines Bund Thymianzweige, 4–6 größere Rosmarinzweige, eine halbe Hand voll Salbeiblätter, 1–2 EL Ingwer einige Gewürznelken, 2–3 EL Pfefferkörner sowie etwas Salz dazugeben. Den Sauschädel in diesem Sud weich kochen. Sobald sich das Fleisch leicht vom Knochen lösen lässt, den Topf vom Herd nehmen und gut 500 ml Weißwein dazu gießen. Schweinskopf noch weitere 20–30 Minuten ziehen lassen (in manchen Rezepten wird der Kopf mit dem Wein auch drei- bis viermal aufgekocht). Sauschädel im Ganzen auf einer Platte anrichten und schön ausgarnieren oder das Fleisch von den Knochen lösen und in dünne Scheiben schneiden, welche auf einer flachen Platte schön angerichtet werden. Beide Varianten mit reichlich Kren bestreuen oder folgende Sauce dazu reichen: Wein, Essig, Kernöl, Kapern, Zitronenscheiben, Salz und Pfeffer jeweils nach Geschmack zu einer dünnflüssigen Marinade verrühren. Zum Sauschädel werden außerdem Oberskren und Apfelkren gereicht.

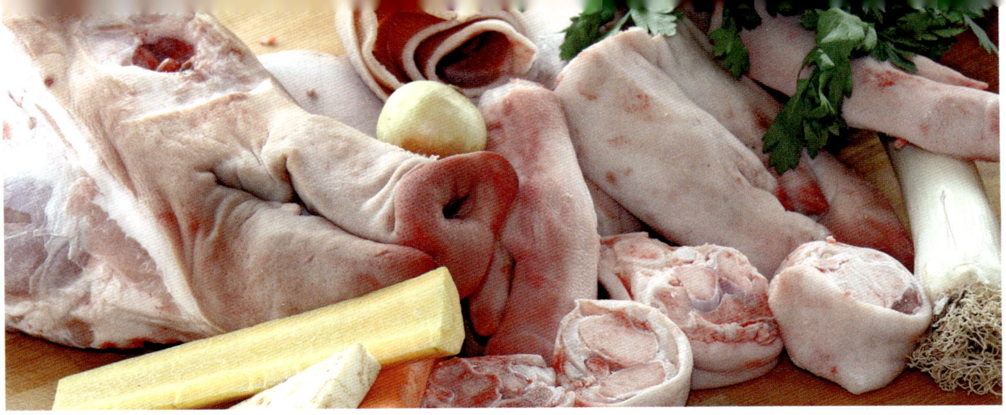

Das Klach(e)l

Unter den steirischen Klacheln versteht man, im Gegensatz zu dem doch weit verbreiteten Irrglauben, nicht die in der Suppe enthaltenen Schweinsfüße oder -haxen. „Klacheln" bedeutet soviel wie baumeln, schlenkern und klappern und unter einem Klachel wird neben einem Glockenschwengel, plumpen Menschen, schlechtem Kerl oder auch dem Penis vor allem ein Sprudellöffel verstanden.
Die Klachelsuppe ist – wie so viele andere bodenständigen Gerichte – eine Mahlzeit, die früher vorzugsweise an Schlachttagen zubereitet wurde. Man findet diese ur-steirische Spezialität auch heute noch in vielen traditionsbewussten Wein- und/oder Heurigenwirtschaften. Als Beilagen wurden früher Heidensterz oder Salzerdäpfel dazu gegessen, heute zieht man geröstetes Schwarz- oder Bauernbrot vor.

KLACH(E)LFLEISCH

**2 kg Schweinsstelzen und Kopffleisch,
300 g Wurzelwerk,
1 Zwiebel,
2 Lorbeerblätter,
Pfefferkörner,
Thymian,
2–4 Neugewürzkörner, Majoran,
125–150 ml Sauerrahm,
2–3 EL Mehl, Petersilie, Salz**

Die Stelzen in 2 cm dicke Scheiben schneiden, mit dem blättrig geschnittenen Wurzelwerk, Zwiebel und Gewürzen in einen Topf legen, knapp mit Wasser bedeckt weich dünsten. Rahm und Mehl versprudeln, den Kochsud damit binden, kurz verkochen lassen. Das Fleisch herausnehmen, grob nudelig schneiden, in einer Schüssel anrichten, ein wenig vom suppigen Kochsud über das Fleisch passieren und mit gehackter Petersilie bestreuen oder samt dem klein geschnittenen Wurzelwerk und geseihten Kochsud anrichten. Mit gerissenem Kren bestreuen; als Beilage Salzerdäpfel oder Knödel.

KLACH(E)LSUPPE (SCHWEINSHAXEN-SUPPE)

1–1 1/2 kg schlachtfrische Schweinshaxen („Klacheln"), 2–3 größere Stücke Schweineschwarte, 1 1/2 Liter Wasser, 50 g Mehl, 50 g Schweineschmalz, 1 Bund Suppengrün geputzt (Karotte, Petersilienwurzel, 1 Stück Sellerie, einige Zweige Petersilie), 1 große Zwiebel, 2 grob gehackte Knoblauchzehen, Essig, frisch gerissener Kren, 2–3 Lorbeerblätter, etwas im Mörser zerdrückter Kümmel, Prise Majoran, Salz und Pfeffer

Eines vorab: Es gibt zwei Möglichkeiten, die Suppe zu servieren, bei der einen wird das Fleisch klein geschnitten in die Suppe gegeben, bei der anderen serviert man Suppe und Fleisch zwar gleichzeitig, aber in getrenntem Geschirr. Meist wird die zweite Variante bevorzugt:
Die Schweinshaxen vom Fleischer in dicke Scheiben schneiden lassen. Fleisch kalt abspülen und von allen Knochensplittern befreien. Einen Topf mit 1 1/2 Litern Wasser, dem Fleisch, Schwarten, Suppengrün, geschälter und fein gehackter Zwiebel, zerdrückten Knoblauchzehen, Lorbeerblättern, Kümmel, Majoran, Salz und Pfeffer aufsetzen und aufkochen lassen. Hitze zurückdrehen und das Fleisch bei milder Hitze schön weich kochen (mindestens 2 Stunden).
Das Fleisch aus der Suppe nehmen und die Suppe durch ein Sieb seihen. Das Fleisch bis zum Servieren in der heißen Suppe belassen.
In einem frischen Geschirr das Schmalz erhitzen, Mehl einrühren und eine lichte Einbrenn herstellen. Die geseihte Suppe (ohne Fleisch) angießen und alles kurz verkochen lassen, mit Essig, Salz und Pfeffer würzig abschmecken.
Das Fleisch auf einer großen (vorgewärmten) Platte anrichten, kräftig mit Salz, Pfeffer und frisch gerissenem Kren würzen, die heiße Suppe dazu reichen und alles mit gebähtem Schwarzbrot und Heidensterz sofort servieren.

HEIDENSTERZ

300 g Heidenmehl (Buchweizenmehl) rasch auf einmal in brodelndes Salzwasser schütten, so dass dieses sofort zu einem Klumpen zusammenkocht. Etwas kochen lassen, dann anstechen, umdrehen und noch etwas weiter kochen; danach alles überschüssige Wasser abgießen (warm beiseite stellen). Den Sterz mit einer Gabel in kleine Brocken zerkleinern (bei Bedarf noch etwas vom Kochwasser dazugeben) und andünsten lassen. Vor dem Servieren mit 120–150 g Schmalz sowie Grammeln nach Geschmack gut abschmälzen; statt Schmalz und Grammeln kann auch ein mit Kümmel gewürztes Verhackert verwendet werden.

KLACHLSUPPE

HEIDENSTERZ

VERKACKERTTOPF

FRAU GROSS SEN. IST BERÜHMT FÜR IHR KÜBELFLEISCH

Verhackert

„Denn in da Steiermark, da san d' Leit groß und stark …“ lautet der Refrain eines bekannten steirischen Volksliedes, um aber groß und stark zu werden, musste man vor allem auch kräftig essen – und kräftig-herzhafte steirische Küche eignet sich bestens dazu. Die deftigen steirischen Spezialitäten machen mitunter aus einer Jause eine vollwertige Mahlzeit.

So war das berühmte Verhackert ursprünglich, wie der Name schon sagt, nichts anderes als frisch gehackter Speck, der auf einem so genannten Verhackert-Stock bearbeitet worden ist. Heute faschiert man den Speck zusammen mit Räucherspeck meist durch einen Fleischwolf. Gewürzt wird die Speckmasse mit fein gemixten Zwiebeln und Knoblauch, seltener mit Majoran und Kümmel. Zu diesem deftigen Aufstrich gehört unbedingt ein würziges Bauernbrot. Verhackert wird in der Steiermark aber auch zum Kochen verwendet, so zum Beispiel für den traditionellen Heidensterz (S. 444) oder man gießt es warm über einen Erdäpfelsalat.

Nicht ganz so fett, aber auch nicht gerade eine Schlankheitskost, ist das so genannte Kübelfleisch, meist ein Schweinsbraten oder Geselchtes, das in Verhackertem (manchmal auch in Schweineschmalz) aufgehoben wird. Das Geselchte wird durch den hermetischen Luftabschluss auf natürliche Weise konserviert und bleibt dabei wunderbar saftig.

VERHACKERT I

Frischen, fetten Schweinespeck mit Salz einreiben und zwei, drei Wochen – ohne ihn zu beizen – in der Räucherkammer hängen lassen. Dann die Schwarten sauber abziehen, alles auf dem Verhackert-Stock mit dem Verhackertmesser erbsengroß verhacken. Einen Steinguttopf innen mit Fett ausschmieren, das Gehackte fest hineinkneten. Dann Kernfett vom Ochsen heiß werden lassen und heiß über den Topf gießen.
Später lösten hölzerne Speckmühlen das mühsame Zerhacken mit der Hand ab.
Zum Einstampfen in den kleinen Verhackertkübel verwendet man konische und gerade, sehr fest gefügte Gebinde.
Verhackert wird als Aufstrich zu Schwarzbrot gegessen, verwendet es zur Einbrenn, zum Krautsalat und zum Erdäpfelschmarren und gibt es heiß auf den Erdäpfelsalat.

VERHACKERT II

Rückenspeck trocken einsalzen und zunächst zwei Tage durchziehen lassen, danach drei bis vier Monate an der Luft reifen lassen (geht nur im Winter). Dann den Speck auf dem Verhackert-Stock zerhacken oder faschieren und fest durchkneten.
Verhackert in spezielle Emailletöpfe füllen, Brat- und Selchwürste oder Bratenfleisch darin lagern.

KÜBELFLEISCH

Schweinespeck rch in etwa 10 cm breite Streifen schneiden, danach in Salz gut wälzen und den Speck zusammen mit dem Fleisch selchen. Wenn das Geselchte und der Speck die richtige Reife des Selchens erreicht haben, wird das Fleisch gegart.
In der Zwischenzeit den Speck mahlen, pfeffern und mit den Händen so lange kneten (wie beim Brot), bis der Speck eine homogene Konsistenz hat.
Nun kommt eine Lage Speck in einen speziellen Emaillekübel und wird fest angedrückt. Darauf eine Lage Geselchtes, welches in gröberen Stücken zerteilt wurde. Wieder eine Lage gemahlenen Speck, so fest andrücken das keine Luftblasen mehr vorhanden sind.
Darauf kommt Schweinebraten (auch zerteilte Stücke) und wieder Speck. Das wiederholt sich ein paar Mal; zum Schluss gemahlener Speck.
Vor dem Servieren die Fleisch- und Geselchtesstücke mahlen und mit dem Speck vermischen – schmeckt traumhaft gut!

HAUSWURST MIT VERHACKERT

KÜBELFLEISCH

FINK'S FEINE KOST: BETTINA FINK

SCHWARZER HOLUNDER

Der Holler

Vielen ursprünglichen Völkern war der Holunder heilig. So nahmen z. B. die baltischen Ureinwohner an, dass die Berstukken (kleine Wichtelmännchen) im Holunderstrauch wohnen, ein Glaube, der auch bei Kelten und Germanen verbreitet war; die Zwerge sollten sich bevorzugt im Schatten des Holunders aufhalten. Dieser Volksglaube hat sich bis heute gehalten und noch immer überlegen sich abergläubische Landbewohner ganz genau, ob sie einen Hollerstrauch fällen oder nicht. Für sie ist deshalb die Situation, dass der Holunder sehr schnell wächst und dadurch viel Platz einnimmt, so dass man ums Fällen kaum herum kommt, manchmal recht heikel.
Seit vielen Jahrhunderten ist der so genannte Schwarze Holunder eine vielseitig verwendete Pflanze, sowohl in der Küche als auch als Heilpflanze. Dabei wurden nicht nur die Blüten und Beeren, sondern auch die Blätter und sogar die Rinde benutzt; jedem Teil der Pflanze wurde eine eigene Heilwirkung zugesprochen. Für die meisten Menschen stellte der Holunder daher eine vielfältige und preiswerte Naturapotheke dar. Dies galt vor allem für abgelegenere Gebiete, wo aus dem Holunder gewonnene Heilmittel nicht selten den Arzt ersetzten; daher stammt auch der Brauch, vor dem Holunder den Hut zu ziehen.

HOLLERMANDL

500 g Hollerbeeren waschen und gemeinsam mit 200 g Zucker, 1–2 Zimtstangen, 5 Nelken und etwas Wasser in einen Topf geben, das Ganze weich kochen. Zum Schluss 2–3 EL Maisstärke mit etwas Wasser glatt rühren und den Hollermandl damit eindicken. Heiß in Gläser füllen.

HOLLERSEKT

12–15 Dolden Holunderblüten,
2 unbehandelte Zitronen,
10 Liter Wasser (je nach gewünschter Süße und Intensität auch nur 6 oder 8 Liter),
1 kg Zucker,
250 ml Weinessig (vorzugsweise Welschrieslingessig)

Die Hollerblüten abspülen und abtropfen, die Zitronen in Scheiben schneiden. Beides in ein 10 Liter fassendes Gefäß (Steingut, Porzellan oder Keramik) schichten. Das Wasser mit dem Zucker einmal aufkochen lassen, den Essig dazugeben und auskühlen lassen; danach über die Hollerblüten gießen. Das Gefäß mit einem Leinentuch zubinden und 2–4 Tage (wann die Gärung einsetzt, richtet sich nach der Raumtemperatur) an einen warmen, sonnigen Platz stellen.
Die Flüssigkeit durch ein Haarsieb oder Etamin ziehen und in Flaschen abfüllen, dafür eignen sich Flaschen mit Schraubverschluss oder Sektflaschen mit verdrahteten Korken. Nach 2–3 Wochen ist die Flaschengärung beendet und der Hollersekt (gut gekühlt) trinkreif. Kühl und dunkel gelagert hält er sich etwa 3–4 Monate.

HOLUNDERSUPPE

Ein Stück Butter in einer Kasserolle schmelzen, 500 g gewaschene Holunderbeeren, einige entsteinte Zwetschken und einen feinblättrig geschnittenen Apfel dazugeben, langsam dünsten; dabei öfters umrühren und noch etwas Butter hinzufügen.
Alles mit Zimt und Zucker würzen, danach einen Liter Milch mit 2 EL Mehl versprudeln und hineinrühren, alles einmal aufkochen lassen – nach Belieben noch etwas Obers einrühren. Holundersuppe mit gebähten Semmelschnitten (heiß oder kalt) servieren.

GEBACKENE HOLLERBLÜTEN MIT KIRSCHSAUCE

16–20 Holunderblütendolden,
400 g glattes Mehl,
500 ml Weißwein, 4 Eier,
20–25 g Zucker (vorzugsweise brauner),
etwas Öl, Salz

Für die Sauce:
1 kg reife Kirschen, 500 ml Rotwein,
4–5 EL Blütenhonig, Kirschwasser

Außerdem:
Fett zum Ausbacken,
Staubzucker

Die Eier trennen. Aus gesiebtem Mehl, Weißwein, Eidottern, Öl, Zucker und einer Prise Salz einen Backteig bereiten, 20–30 Minuten im Kühlschrank rasten lassen.
Zwischenzeitlich die Kirschen waschen, entsteinen und zusammen mit dem Rotwein aufkochen. Alles mit dem Stabmixer pürieren, durch ein Sieb streichen und die Sauce mit Honig und Kirschwasser abschmecken. Wenn man eine dickere Sauce wünscht, so muss man sie nochmals aufkochen lassen und währenddessen mit etwas Stärkemehl abbinden.
Die Holunderdolden in kleinere Dolden zerpflücken. Die zurückbehaltenen Eiklar zu steifem Schnee schlagen und den Teig damit auflockern. Die Dolden einzeln durch den Teig ziehen und im heißen Fett ausbacken. Auf Küchenpapier abtropfen lassen.
Mit der Kirschsauce einen Saucenspiegel auf Tellern anrichten, die ausgebackenen Dolden hineinlegen und mit Staubzucker bestreut servieren (man kann die Sauce auch extra zu den gebackenen Dolden reichen).

HOLLERBLÜTEN IN GÄRGLÄSERN

FINK'S HOLLERMANDL

© Styria-Beef

SPITZENKOCH WILLI HAIDER

Styria-Beef

Im Jahre 1980 gründeten die steirischen BIO-Rinderbauern einen Verein, dessen Ziel es ist, Premium-Rindfleisch aus artgerechter Tierhaltung mit lückenlos nachvollziehbarer Herkunft anbieten zu können. Als Basis hierfür galten zunächst die EU-Bio-Verordnungen, welche folgendes vorschreiben:

- Mutterkuhhaltung (Junge bleiben bei ihren Muttertieren, d. h. die Kälber bleiben im Familienverband)
- Weidehaltung an mindestens 200 Tagen/Jahr
- Biologische und damit gentechnikfreie Fütterung ist selbstverständlich
- Verbot von chemisch-synthetischen Mitteln
- Optimale, kontrollierte Fleischreifung
- Ausschließlich heimische Tiere
- Strenge Kontrollen und lückenlose Rückverfolgbarkeit

Das Fleisch für exzellente Qualität liefern Rinder, die einer Kreuzung zweier Rassen entstammen; zum einen ist dies das heimische Fleckvieh und zum anderen das Limosine, welches eine besonders hohe Fleischqualität hervorbringt. Was vor mehr als 25 Jahren als visionäres Projekt einiger steirischer Rinderbauern begann, wurde bald das erfolgreichste Projekt für Premium-Rindfleisch aus artgerechter Tierhaltung in ganz Europa, denn heute bewirtschaften mehr als 850 Styria-Beef-Bauern rund 30.000 Hektar Grünland.
Die Zielsetzung war dabei von Anfang an klar definiert: ein Premium-Rindfleisch aus Weidehaltung anzubieten, welches dem Tierschutzgedanken ebenso entspricht, wie höchsten kulinarischen Anforderungen. Die Haltung auf den steirischen Weiden und Almen, das langsame Wachstum und die biologische Fütterung machen Styria-Beef besonders zart; dadurch bleiben Bratverluste deutlich geringer. Strenge und unangemeldete Kontrollen garantieren die Einhaltung der Richtlinien. Es ist also kein Wunder, dass Styria-Beef in der gehobenen Gastronomie gleich seinen fixen Platz gefunden hat. So bekennt etwa die steirische Kochikone Willi Haider: „Ich bin Styria-Beef-Fan der ersten Stunde! Der nussige Geschmack und seine Zartheit machen es zum Fixstarter in meiner Küche. Mein Favorit: Styria Beef-Haxe in Rotwein geschmort. Dazu ein kühles Blondes. Das nenn' ich Glücksgefühl!"
Das exzellente Fleisch wird aber nicht nur im Rohzustand vertrieben, die Erzeugergemeinschaft hat es auch noch zu feinsten Wurstwaren veredelt. Herausgekommen sind dabei vor allem ein wunderbar saftiger Rinderschinken, ein Rinder-Rohschinken der absoluten Extraklasse sowie eine überaus köstliche Salami, die ihresgleichen lange wird suchen müssen.

STYRIA-BEEF-FILET AUF GEBRATENEM KOPFSALAT MIT RINDERMARK, SEMMERING-TRÜFFELN UND WARMER TRÜFFEL-MAYONNAISE

1 Mittelstück vom Styria-Beef-Rinderfilet von etwa 1 kg, 4 große Markknochen, 4 Kopfsalat-Herzen, 4 Semmering-Trüffeln (oder andere schwarze Trüffeln), Butter, etwas Zitronensaft, Salz, Pfeffer
Für die Mayonnaise: 2 Eier, 1 Eiweiß, etwa 500 ml bestes Sonnenblumenöl, Schuss guter Weinessig, Trüffelsaft, Senf, Salz, Prise weißer Pfeffer, fakultativ etwas Trüffelöl

Aus den Knochen das Mark herauslösen und 1 Stunde kalt wässern.
Mit der Mayonnaise beginnen, hierfür die Trüffeln schälen, die Schale sehr fein hacken und in wenig Wasser mit einer Prise Salz weich kochen; zu Trüffelsaft fein pürieren. Danach aus Ei, Senf, Schuss Essig und dem Öl eine Mayonnaise bereiten (mixen oder mit dem Schneebesen), diese mit Trüffelsaft, Pfeffer und nach Wunsch etwas Trüffelöl abschmecken. Trüffel-Mayonnaise in einen Siphon füllen und im Wasserbad bei 65–70 Grad erwärmen. Rinderfilet würzen, danach von allen Seiten im Ganzen scharf anbraten und in Alufolie gewickelt im Ofen bei 120 Grad etwa 20–25 Minuten ruhen lassen.
Das Trüffelfleisch in Scheiben geschnitten in etwas Butter dünsten. Die Kopfsalatherzen in grobe Würfel schneiden, in wenig heißer Butter kurz anschwitzen. Mit Salz und etwas Zitronensaft würzen. Das Mark trocken tupfen und in 4 mm dicke Scheiben schneiden. In der Trüffel-Pfanne mit Salz und Pfeffer gewürzt und kurz glasig anschwitzen. Den Kopfsalat in der Mitte von 4 vorgewärmten Tellern anrichten und das in 4 schöne Scheiben geschnittene Rinderfilet darauf setzen, mit Trüffel- und Markscheiben belegen. Die heiße Mayonnaise rundherum anspritzen, mit der Bratbutter von Trüffeln und Mark beträufelt sofort servieren.

WEIDENDE RINDER BEIM LURGBAUER

STYRIA-BEEF-HAXE (WADL) IN ROTWEIN GESCHMORT MIT STERZWURST

Gut 1 kg Styria-Beef-Haxe ohne Knochen (Wade, Stelze), 1 Karotte, 1 Gelbe Rübe, 1 Petersilienwurzel, 500 g Zwiebel, 5 EL Öl, 1 EL Paradeismark, 250–300 ml bester Rotwein, 250 ml Rindsuppe, 1–2 Zweige Rosmarin, 1–2 Zweiglein Thymian, 1–2 Lorbeerblätter, 2–3 Knoblauchzehen, scharfer Senf, Salz, Pfeffer

Wurzelgemüse putzen und fein raspeln, Zwiebeln fein nudelig schneiden. Gemüse zusammen mit Zwiebeln in Öl anbraten, etwas Paradeismark einrühren und alles langsam braun rösten. Mit Rotwein aufgießen, diesen einkochen, die Suppe dazu gießen und ebenfalls aufkochen; etwa 45 Minute kräftig kochen lassen, zwischenzeitlich Kräuter und Gewürze dazugeben. Die Styria-Beef-Haxe in sehr große Stücke schneiden, mit Salz, Senf und Pfeffer würzen. Fleischstücke in Öl anbraten, danach in die Sauce geben. Im Rohr bei 130–140 Grad etwa 3 1/2–4 Stunden weich schmoren lassen; bei Bedarf etwas Flüssigkeit (Wein/Suppe) dazu gießen. Fleisch in Scheiben geschnitten auf einer Platte anrichten, Sauce abschmecken und dazu servieren. Als Beilagen eignen sich außer der Sterzwurst auch Teigwaren, Erdäpfel und/oder Gemüse.
Sterzwurst: 75 g feine Speckwürfel mit einer kleinen, fein gehackten Zwiebel in Schmalz anrösten. 250 ml Suppe und 125 ml Milch angießen, 3–4 Minuten einkochen lassen, mit Salz, Pfeffer und Petersilie gut würzen. Danach 100 g Maisgrieß einrühren und auf kleiner Flamme unter ständigem Rühren mit einem Holzlöffel etwa 5 Minuten durchkochen, bis sich die Masse vom Topf löst; unter weiterem Rühren etwas abkühlen bzw. rasten lassen. Masse in geölte Alufolie (außen an den Enden umklappen bzw. doppelte Folie) einrollen oder in eine geölte und mit Klarsichtfolie ausgelegte Rehrückenform füllen; am besten über Nacht kaltstellen. Am Tag der Zubereitung die Sterzrolle mit einem scharfen Messer aufschneiden, die Scheiben in Öl oder Schmalz anbraten.

Der Schilcher

Im weststeirischen Hügelland wächst ein Wein, der einzigartig auf der ganzen Welt ist – der Schilcher. Dieser Wein konnte sich seine Ursprünglichkeit und Besonderheit über mittlerweile mehr als zwei Jahrtausende erhalten und zählt somit zu den ältesten Weinsorten Europas.
Bereits die Kelten sollen in der La-Tene-Zeit (400 v. Chr.) im Gebiet der heutigen Steiermark einen Wein aus der heimischen Wildrebe, der so genannten Blauen Wildbacher-Traube, gezogen haben. Doch existiert daneben auch die Theorie, dass die Wildbacher-Traube ursprünglich aus Norditalien stammen soll. Die rote Rebsorte ist eine natürliche Kreuzung zwischen Heunisch und einem unbekannten Partner. Im Jahre 1580 wurde der Schilcher im Weinbuch von Johann Rasch zum ersten Mal schriftlich erwähnt und dokumentiert, klassifiziert wurde der Wildbacher zum ersten Mal im Jahre 1841.
Der trockene Wein mit säurebetontem Charakter „schillert" von zwiebelfarben bis rubinrot, und von diesem Schillern stammt auch sein Name ab. Papst Pius VI., soll vor mehr als zweihundert Jahren von dem markanten Geschmack nicht sehr angetan gewesen sein und den Schilcher als „rosaroten Essig" bezeichnet haben. Aber auch sonst war der Ruf des Weins kein guter, nannte man ihn doch früher „Rabiatperle", weil der Schilcherrausch ganz besonders aggressiv machen soll, oder „Heckenklescher", was soviel bedeutet, dass er die Trinker in die Hecken wirft, kurz: dass er einen umhaut!
Der Wildbacher Rebe braucht mildes Klima und wächst nur auf den ganz speziellen Schiefer- und Gneisböden am Rande der Koralpe. In der Weststeiermark findet er diese für ihn idealen Bedingungen auf einem Gebiet von nur zweihundert Hektar vor. Der Schilcher, der hier gekeltert wird, reicht aber bei weitem nicht aus, um die steigende Zahl der Schilcherfreunde zu befriedigen, denn seit Beginn der 70er Jahre vorigen Jahrhunderts erfährt der Schilcher einen kontinuierlichen Aufschwung. Dies dürfte auch mit einem sich verändernden Geschmackstrend der Konsumenten zusammenhängen. Wurden früher zumeist schwere und süßliche Weine bevorzugt, so richtet sich heute die Nachfrage auf leichte und prickelnde Weine – wie eben den Schilcher. Daher gibt es immer wieder Versuche, auch in anderen Weinbaugegenden die Blaue Wildbacher-Traube zu kultivieren.
Die weststeirischen Weinbauern taten sich deshalb zusammen, um gemeinsam gegen den Missbrauch des Namens anzutreten und gründeten in Rassach eine Schutzorganisation. Seit 1976 gibt es ein Gesetz zum Sorten- und Herkunftsschutz des Schilchers. Es besagt: Als Schilcher dürfen nur Weine deklariert und verkauft werden, die zu hundert Prozent aus der Blauen Wildbacher-Rebe gekeltert werden und ausschließlich in der Steiermark gewachsen sind. Zusätzlich gibt es die Schilcher-Schutzmarke mit dem Symbol „Weißes Pferd". Qualität, Herkunft und Menge werden so strengstens kontrolliert. Übrigens sollen schon die alten Kelten, welche hier Wein anbauten, Pferde in ihrem Wappen gehabt haben. Heute sind es die Lipizzaner, welche den Schilcher zieren, denn seit Kriegsende leben die Lipizzaner mit ihren Fohlen auf einem Gestüt in Piber. Auch der berühmte Erzherzog Johann war ein großer Förderer des Schilcher Weines. Mit Hilfe seines Verwalters Anton Neuhold errichtete er die erste Schilcherrebenschule der Weststeiermark und ließ über acht Joch Weingärten mit dem Wildbacher bestocken. Als jüngerer Bruder des österreichischen Kaisers Franz I. konnte Erzherzog Johann in der Politik nicht reüssieren – nicht nur, weil seine Ansichten zu konträr waren, sondern weil er mit der Ausseer Postmeistertochter Anna Ploch auch nicht standesgemäß verheiratet war. So investierte Johann seine ganze Energie und sein umfassendes Wissen in die Förderung der Steiermark, den Ausbau ihrer Industrie und ihrer Landwirtschaft. Er war so beliebt, dass die Bürger von Stainz ihn 1850 zum Bürgermeister wählten.
An dieser Stelle muss auch der Schilcher-Schaumwein erwähnt werden, der um 1900 von Anton Neuhold jun., dem Sohn des Stainzer Schlossverwalters, kreiert worden ist. Der damals noch „Schilcherchampagner" genannte Schaumwein ist somit eine echte Stainzer Spezialität, die sich bis heute ungebrochener Beliebtheit erfreut.

SCHILCHER-KRÄUTERRAHM-ROSTBRATEN

4 Scheiben Rostbraten, 4 fein geschnittene Schalotten, 100 g würfelig geschnittene Essiggurkerl, 12 Kapern, 2 EL gehackte Kräuter (z. B. Petersilie, Schnittlauch, Kerbel, Estragon, Thymian), 1 Lorbeerblatt, 125–150 ml Schilcher, 125 ml Crème fraîche, 80 ml Obers, 75 ml Bratensaft, Öl, Salz und Pfeffer aus der Mühle

Rostbratenscheiben an den Seiten etwas einschneiden, leicht klopfen, salzen und pfeffern. In einer Pfanne etwas Öl erhitzen. Rostbraten beidseitig rasch anbraten, danach warm stellen. In die Fleischpfanne nochmals etwas Öl geben und die Schalotten, Gurkerl und Kapern darin gut durchrösten. Alles mit dem Schilcher ablöschen, diesen etwas einkochen lassen; danach Bratensaft, Crème fraîche und Obers dazugeben sowie mit Salz und Pfeffer würzen. Kurz vor Fertigstellung auch die Kräuter untermischen.
Vor dem Anrichten die Sauce mit dem Stabmixer aufmixen. Fleisch auf vorgewärmten Tellern anrichten, mit der Sauce übergießen und mit Bandnudeln servieren.

SCHILCHERSEKT-BOWLE

1 Flasche Schilcher-Sekt, 1 kg Beeren (Erdbeeren oder Erdbeeren und Himbeeren gemischt), 3–4 EL Zucker, 4–6 cl Wacholder- oder Vogelbeerschnaps, 4–5 EL Beerenbrand

Die Beeren gründlich waschen, entstielen und in mundgerechte Stücke schneiden und in eine Bowlenschale füllen. Die Beeren mit dem Zucker betreuen, die beiden Schnäpse dazugeben und das Ganze zugedeckt an einem kühlen Ort gut drei Stunden ziehen lassen; ab und an umrühren. Kurz vor dem Servieren mit eiskaltem Schilchersekt auffüllen, dann die Bowle in Sektschalen gefüllt servieren.

SCHILCHER-VARIATIONEN

SCHILCHER-KRÄUTERRAHMROSTBRATEN

Die Weststeiermark

Das Weinbaugebiet Weststeiermark ist eines der eigenwilligsten überhaupt und die Heimat des berühmten Schilchers. Zwar gibt es den säurebetonten, fruchtigen Wein aus der Blauen Wildbacher-Traube auch in anderen Gebieten der Steiermark, doch zwischen Ligist und Eibiswald erreicht er absolute Spitzenqualität. Es ist dies jener zwiebelschalen- bis lachsfarbene Wein, dessen markantestes Merkmal die ausgeprägte Säure ist.
Diese Spezialität gedeiht vornehmlich in den Orten Stainz, Deutschlandsberg, St. Stefan, Eibiswald, Groß St. Florian und Wies, wo immer mehr Winzer aus dem ehemals als Haustrunk abgewerteten Wein durch Ertragsbeschränkung und sorgfältigster Vinifikation die Finessen des Weines heute richtig zur Geltung kommen lassen. „Wir wollen gar nicht, dass unser Schilcher jedem schmeckt, denn er soll ja kein Massenprodukt werden!" hört man hier viele Winzer sagen.
Doch der für ungeübte Zungen ungewöhnliche Wein hat zweifelsohne seine Liebhaber und daher ist dieser ehemalige Bauerntrunk auf dem besten Weg, zum ausgesprochenen Kultwein zu werden. Das liegt sicherlich auch daran, dass man die Säure mittels modernster Kellertechnik sozusagen in den Griff bekommen hat und der einst eher rustikale Wein heute mitunter in recht elegantem „Gewande" erscheint. Und da viele Österreicher junge und frische Weine bevorzugen, hat der Schilcher, der nicht gerade zu den lagerfähigen Weinen zählt, ein breitgefächertes Publikum.
Ergänzung im Schilcher-Spektrum bringen Frizzante, Sekte sowie tannin- und säurebetonte Rotweine, die etwas haltbarer sind, als die jung zu trinkenden Schilcher, die ausgetrunken sein sollten, ehe der neue Jahrgang bereit steht. Mit der 1988 kreierten Schutzmarke „Weißes Pferd" wird der klassische weststeirische Schilcher geschützt, womit man einer durch die steigende Beliebtheit denkbar gewordenen Inflation entgegentreten will.
Gneis- und Schieferböden dominieren auf den 430 Hektar Rebflächen. Neben der Hauptsorte Blauer Wildbacher, die ausschließlich in der Steiermark angebaut werden darf, gibt es Welschriesling, Weißburgunder und Zweigelt, mitunter sind auch Sauvignon blanc und Sämling 88 zu finden.

WEINGUT STROHMEIER ST. STEFAN OB STAINZ

Das Potential des Blauen Wildbachers auszuloten ist die Leidenschaft der Strohmeiers. Seit knapp zwei Jahrzehnten konzentriert sich das relativ junge Weingut ganz auf diese autochthone Rebsorte, aus der zumeist der rosafarbene Schilcher gekeltert wird. Nach zahlreichen Exkursionen und Verkostungen reiften die Vorstellungen vom Ausbau des eigenen Weins; seit 1990 wird deshalb der Blaue Wildbacher auch als Rotwein ausgebaut. Im Jahre 1997 folgte dann der erste Schilchersekt aus dem Hause Strohmeier und 2001 die erste Trockenbeerenauslese. Von den derzeitigen 10 ha Weingärten, deren beste Lage sicherlich die Ried Lestein ist, werden etwa zwei Drittel für die Wein- und ein Drittel für die Sektproduktion verwendet.

Lestolá und Neuberg sind die bevorzugten Lagen für den Rotwein. Lestolá Rot wächst auf schwerem sandigem Lehm, weshalb die Weine eine schöne Dichte und Komplexität erreichen. Die Lage Neuberg hingegen bringt eher feingliedrige, elegante Weine mit weichen Tanninen hervor. Wie schon angesprochen, sind die Sekte die Spezialität des Hauses. Man erzeugt hier gleich vier verschiedene Varianten, von denen der waldbeerig schmeckende Rotsekt sowie der trinkanimierende, etwas exzentrische und feinfruchtige Schilchersekt besonders überzeugen.

WEINBAU ERICH KUNTNER ST. ULRICH IM GREITH

Der Familienbetrieb der Kuntners liegt eingebettet von Hügeln zwischen Saggau und Sulm, im Übergang von West- in Südsteiermark, ganz im südlichen Randbereich des Schilchergebietes. Hier wechseln die Alpen ins sanftere Hügelland und die pannonischen wie auch mediterranen Einflüsse beginnen den Weinbau zu prägen. Auf den warmen Urgesteinsböden wachsen auf den 4 ha Weingärten die Blaue Wildbaucher-Traube, Riesling, Weißburgunder, Morillon, Sauvignon blanc und Zweigelt. Allein mit dem Schilcher ist mehr als die Hälfte der Rebfläche des Weingutes bestockt. Naturbelassenheit und viel persönliches Engagement kennzeichnen die Weine und ihre Produktion im Hause Kuntner. Neben einem klaren, klassisch ausgebauten Schilcher ist der so genannte Mistella eine Besonderheit des Hauses. Bei ihm handelt es sich um einen in kleinen Eichenfässern als Dessertwein oxydativ (ähnlich wie Portwein) ausgebauten Schilcher, dessen zarte Feigenaromen in der Nase und sein leicht pikanter Geschmack mit hintergründiger Honigsüße ihn sicherlich zu einer seltenen und ausgezeichneten Digestif-Rarität werden lassen. Mit fünf weiteren Winzern zusammen wird zudem ein reintöniger, fruchtiger und prickelnder, in der Flasche vergorener Schilchersekt erzeugt, der unter der Bezeichnung „insieme“ in den Handel kommt. Erwähnenswert erscheint auch noch der so genannte Claresco, ein weißgepresster, spritziger und mit anregender Säurestruktur ausgestatteter Blauer Wildbacher.

WEINBAU HAINZL SCHWANBERG

Als Weinbaubetrieb in der Weststeiermark ist das Weingut Hainzl ganz auf den Ausbau des Blauen Wildbachers – in allen Variationen – spezialisiert. Der Betrieb liegt in der Gemeinde Hollenegg, direkt an der berühmten Schilcherweinstrasse. Traditionell mit dem Weinbau verbunden, gehört dieser Betrieb nun zu den in der Weststeiermark führenden Schilcherweingütern. Die heute bewirtschafteten 9 ha Weingärten weisen eine besondere Streuung der einzelnen Lagen auf, was dem Betrieb ermöglicht, eine besondere Vielfalt zu erzeugen. So können Weine auf den Rebflächen von Wildbach, Deutschlandsberg, Hollenegg, Wernersdorf und Eibiswald angeboten werden. Besonders stolz ist man hier auf den Schilcher „Elite“, einem harmonisch-kräftigen Wein mit schönen ausgereiften Aromen nach Waldbeeren. Der Blaue Wildbacher „gleichgepresst“ zeigt eine ausgewogene Säurestruktur und ein leichtes, ansprechendes und trinkanimierendes Geschmacksbild.

WEINGUT JAUK PÖLFING-BRUNN

Das Weingut der Familie Jauk liegt in der südlichen Weststeiermark, genauer in der Marktgemeinde Pölfing-Brunn. Seit 1983 wird hier Wein gekeltert, anfangs war nur die Wildbacher-Traube in den Weingärten zu finden, heute sind auch Welschriesling, Morillon, Sauvignon blanc und Zweigelt im Sortiment vertreten. Auf ihren 6 Hektar erzeugt die Familie Jauk Weine, die eine typisch steirische Stilistik aufweisen. Die Gärung und der Ausbau der Weine erfolgen in Edelstahltanks, die Rotweine dürfen zuweilen auch ins Barrique.

Ganz klassisch präsentiert sich der Sauvignon blanc, zeigt dabei eine ansprechende Fruchtsüße und einen trinkanimierenden Stil. Hellrot, frisch und fruchtig erscheint der sortentypische Schilcher Classic. Erwähnenswert sind sicherlich noch der für die Weststeiermark eher untypische Zweigelt und der lebendige, fruchtbetonte, nahezu spielerisch leichte Schilcher Frizzante.

WEINGUT LAZARUS ST. STEFAN OB STAINZ

Seit beinahe 50 Jahren ist das Weingut Lazarus um beste Qualität seiner Weine bemüht. Auf einer Rebfläche von 9 ha reifen hochwertige Trauben heran, welche schonendst gekeltert und zu erlesenen Weinen wie etwa Schilcher, Welschriesling, Morillon oder Rivaner verarbeitet werden. Besonders gut gelungen sind der Schilcher Harmonie, ein dichter und harmonischer Wein mit ausgeprägten Beerenaroma und animierendem Stil, sowie der Schilcher Elegance, ein von schöner Frucht getragener Wein mit eleganter Mineralik und guter Länge. Der Sämling 88 erscheint sortentypisch mit einer an Riesling erinnernden Aromatik und charmanter Lieblichkeit. Hoch interessant ist zudem das breite Angebot an gereiften Schilchern.

WEINBAU MÜLLER VULGO WIEDERSILLI WIES

Der von Andreas Müller geleitete Betrieb liegt an der Schilcherweinstrasse in Wies, oberhalb des Schlossbergs mit Ausblick auf die südsteirische Weinlandschaft. Es werden 5 ha Rebflächen bewirtschaftet, die mit Schilcher, Weißburgunder, Morillon, Sauvignon blanc und Muskateller bestockt sind. Ein besonderes Augenmerk wird hier selbstverständlich dem Schilcher zuteil, doch auch gute Tropfen wie der Welschriesling Klassik, der Morillon Klassik und vor allem der sehr ansprechende Schilchersekt des Hauses bereiten großes Trinkvergnügen.

WEINHOF FLORIAN DOBL

Der 1972 gegründete Weinhof Florian liegt in Dobl, südlich von Graz. Landwirtschaft wurde hier aber schon viel früher betreiben, doch Wein war vorher nur ein Nebenprodukt des Hauses. Heute stehen 11 ha unter Bewirtschaftung, die bedeutendsten Weingärten liegen in Deutschlandsberg, Graz-Umgebung und Graz selbst. Grazer Wein gilt als Rarität, doch verfügt er über eine lange Tradition, denn die erste Namensnennung von Weingärten im heutigen Stadtgebiet stammt aus der Zeit um 1140. Gegen Ende des Mittelalters werden in Graz überall dort Weingärten genannt, wo sie auch im 19. Jahrhundert anzutreffen sind. So ist dem Buch „Grätz" von Dr. Gustav Schreiner aus dem Jahre 1843 zu entnehmen, dass die Weingärten im Grazer Stadtgebiet in den Händen wohlhabender Leute des Mittelstandes waren. Die Hauptsorten waren Clevner (Pinot blanc), Traminer, Ruländer (Pinot gris), Krachgutedel, Ortlieber und „Wälschriesling". 1950 war eine Weingartenfläche von nahezu 32 ha zu verzeichnen, 1993 waren nicht einmal mehr 3 ha registriert. Dennoch sind die klimatischen Bedingungen am Rande des Grazer Beckens besonders günstig, zudem existieren hier auf 500 Metern Seehöhe die einzigen Karstböden der Steiermark. Der Weinhof Florian keltert hier aus einem Traubenmaterial mit besonders hohen Gradationen z. B. einen sehr sauber ausgebauten Pinot blanc (kommt mit der Bezeichnung „GRAZioso" in den Handel), einen schön fruchtigen Pinot gris, Rheinriesling, Welschriesling und vor allem einen ausgesprochen ansprechenden Sämling.

WEINKELLEREI UND BRENNEREI JÖBSTL WERNERSDORF

Die zwei Generationen der Familie Jöbstl (Weinkellerei und Brennerei) treten gemeinsam auf, denn das Familienleben ist ihnen wichtig. Und neben der Familie sind es Grund und Boden, die den Jöbstls wichtig sind und daher kontrolliert naturnah bzw. biologisch bewirtschaftet werden. Die Jöbstls leben nach der Philosophie, dass sie Grund und Boden von den Großeltern geerbt haben und später „dankend" an die Kinder weitergegeben sollen – und mittlerweile lebt man diese Idee seit drei Jahrhunderten erfolgreich auf dem Schilcherberg vor. „Nomen est omen", woher sonst, wenn nicht vom Schilcherberg selbst soll einer der besten weststeirischen Schilcher herkommen? Doch bekannt wurden die Jöbstls ursprünglich nicht einmal durch ihren erstklassigen Schilcher, sondern mit ihren feinsten Destillaten. Erst Ing. Johannes Jöbstl, Sohn der passionierten Schnapsbrennerin Waltraud Jöbstl, baute hier die Weinkellerei aus; seine Liebe gilt, wie könnte es auch anders sein, vor allem der Schilcher Traube, die er in allen Variationen ausbaut.

Da ist zunächst einmal der weißgepresste Schilcher, dann ein klassischer Schilcher (der seit Jahren als einer der besten des Landes gilt) oder auch ein Rotwein aus Blauer Wildbacher-Traube, der eine eher internationale Stilistik aufweist. Schließlich werden noch ein Schilcher Frizzante sowie ein Schilcher Sekt erzeugt. In besonderen Jahren, wenn es das Traubenmaterial zulässt, erzeugt Johannes Jöbstl auch hervorragende Süßweine aus der Wildbacher-Traube, wie den exzellenten und finessenreichen Schilcher Eiswein, sicherlich ein Ausnahme-Süßwein der zum Besten zählt, was Österreich auf diesem Sektor zu bieten hat.

Ein rares und faszinierendes Produkt ist der weltweit einzigartige Schilcher-Schnürlwein, der als „Strohwein" gekennzeichnet wird. Doch werden die Trauben hierfür nicht – wie beim klassischen Strohwein – auf Stroh gebettet getrocknet, sondern behutsam auf Schnüren aufgehängt, um in einem gut belüfteten Raum etwa drei Monate lang zu reifen. Dieses seltene Lebenselixier zeigt geradezu betörende Fruchtaromen nach Brombeere, Himbeere, Erdbeere und Ribisel und ein herrliches Süße-Säure-Spiel; ein echter „Meditationswein", der allerdings auch mit feinem Käse oder Leberpasteten wunderbar harmoniert.

WEINBAU EDUARD OSWALD VULGO TRAPL ST. STEFAN OB STAINZ

In der malerischen Landschaft der Weststeiermark in Lestein und in Hochgrail, sowie am Fuße des Stainzer Schlosses liegen die Weingärten der Familie Oswald. „Hier machen wir nur, was uns die Natur vorgibt" lautet das Motto von Eduard Oswald. Vor allem der hier beheimatete Schilcher beherrscht die Szenerie des Weinguts und wird in vier verschiedenen Stilrichtungen (Classic, Rustical, Exklusiv und Stainzer Schilcher Tradition) sowie als Sekt erzeugt.

Seit mehr als 400 Jahren ist die Familie Trapl hier ansässig. 1572 werden die Trapls erstmals in der Gegend erwähnt und 1765 gelangte das Gut in den Besitz der Familie. Wird der Schilcher mittlerweile auch in Edelstahltanks vergoren, so erfolgt die Reifung klassisch in Kastanien- oder Eichenfässern. Sofern es die Zeit zulässt, wird auf dem Weingut mit einer alten Baumpresse aus dem Jahre 1867 gepresst, volle 12 Stunden dauert dieses zeitaufwendige Verfahren. Besonderes Augenmerk wird hierbei dem Mond gewidmet, denn die Flaschenfüllung erfolgt nur zu bestimmten Mondphasen, was uralte Aufzeichnungen im Hause Trapl belegen.

IMPRESSION VON DER WESTSTEIRISCHEN WEINSTRASSE

WEINHOF FLORIAN

WESTSTEIRISCHER WILDBACHER-BRATEN

Weingut Strohmeier

1 1/2 kg Rindsbraten (vorzugsweise vom Beiried),
1 große Zwiebel,
2 Scheiben Speck,
1 Dose Paradeismark,
etwas Suppengemüse (Karotte, Sellerie, Petersilienwurzel),
500 ml Blauer Wildbacher,
Rindsuppe nach Bedarf,
1 Lorbeerblatt,
Thymian,
Majoran,
Salz und Pfeffer aus der Mühle

Das Fleisch im Ganzen salzen und pfeffern, in einer Kasserolle auf allen Seiten scharf anbraten, dann das Fleisch herausnehmen und im Bratenrückstand die gehackte Zwiebel und die Speckwürfel anrösten. Das Paradeismark hinzugeben, mit dem Wein und etwa 500 ml Rindsuppe aufgießen. Das Fleisch, das geschnittene Suppengemüse und die Gewürze in die Kasserolle geben; bei Bedarf noch Flüssigkeit dazugeben, bis das Fleisch ziemlich bedeckt ist. Im Rohr etwa 2–2 1/2 Stunden garen. Das fertig gegarte Fleisch herausnehmen und etwas überkühlt in Scheiben schneiden. In der Zwischenzeit den Saft passieren, mit 1–2 EL Mehl binden, verkochen lassen und durch ein Sieb streichen. Braten mit Serviettenknödel oder Nudeln servieren.

VANILLEEIS AUF KERNÖLSPUR

Zucker in einer Pfanne schmelzen, leicht Farbe nehmen lassen, darin Kürbiskerne karamellisieren (Mengen nach Bedarf, auf 100 g Kürbiskerne braucht man etwa 50 g Kristallzucker). Auf Desserttellern Nockerln von sehr gutem Vanilleeis anrichten, dieses mit Kürbiskernöl beträufeln und mit den karamellisierten Kürbiskernen sowie Schlagobers garniert servieren.

GEFÜLLTE EIERSCHALEN MIT BLÄTTERTEIGHAUBE

250 g Beinschinken fein hacken und mit 200 ml geschlagenem Obers vermischen, Kren nach Geschmack hinzufügen, dann mit Salz und Pfeffer abschmecken; die Masse sollte cremig sein und gut würzig schmecken. 8 Eier köpfen und ausleeren, einen Dotter beiseite legen, die restlichen Eier für eine andere Zubereitung verwenden. Eierschalen mit der Schinkenmasse füllen. Aus einem Blätterteig runde Kreise ausstechen und diese wie ein Tuch über die Eier legen. Eine feuerfeste Pfanne mit grobem Salz ausstreuen, die Eier so hineinstellen, dass sie stehen bleiben. Blätterteighaube mit dem verquirlten Eidotter bestreichen und im Ofen bei 180 Grad goldgelb backen. Mit einem Brunnenkressesalat servieren.

STEIRISCHE LIEBE

Weinhof Florian

Für den Teigboden:
125 ml Öl, 125 ml Wasser,
5 steirische Eier (vorzugsweise aus Freilandhaltung),
250 g Staubzucker, 1 Packung Vanillezucker,
250 g Mehl, 1 Päckchen Backpulver,
3 EL Kakao

Für die Füllung:
500 g Mascarpone, 80 g Kristallzucker,
250 ml Joghurt, 250 ml Schlagobers,
7 Blatt Gelatine, 1 Packung Vanillezucker

Belag:
Bananen, Erdbeeren und Schokoglasur

Die Eier trennen. Aus Öl, Wasser, Dottern, Staubzucker und Vanillezucker einen Abtrieb bereiten. Eiklar zu steifem Schnee schlagen, das Mehl mit dem Backpulver vermengen, beides abwechselnd vorsichtig unter den Abtrieb heben. Teig auf ein befettetes oder mit Backpapier ausgelegtes Blech streichen und bei 180 Grad etwa 30 Minuten mit Heißluft backen. Zwischenzeitlich das Obers steif schlagen, mit Mascarpone, Zucker und Vanillezucker verrühren. Die zerlassene Gelatine langsam in die Masse einarbeiten; alles gut verrühren.
Den vorbereiteten Blechkuchen auskühlen lassen, dann mit der Fülle bestreichen. Die in Scheiben geschnittenen Bananen und halbierte Erdbeeren vermischt dekorativ auf dem Kuchen anrichten. Die Schokoglasur gitterförmig darüber ziehen, kühl fest werden lassen.

SCHILCHERBROT

8 Scheiben Weißbrot im Rohr oberflächenknusprig bähen, danach mehrmals in Staubzucker wenden. Brotscheiben in eine tiefe Schüssel füllen und mit 500 ml Schilcher übergießen, diesen etwas einziehen lassen, danach nochmals mit Staubzucker bestreuen. Sofort servieren – zusammen mit dem Pfirsichsalat (S. 453) eine köstliche Nachspeise!

KÄSERÖSTSCHNITTEN-SUPPE

Weinbau Erich Kuntner

In einem Liter kräftiger Rinds- oder Fleischbrühe wird etwas nudelig geschnittenes Wurzelwerk weich geköchelt. Zwischenzeitlich einige Toast- oder Weißbrotschnitten mit Butter bestreichen, mit Paprikapulver bestreuen, mit geriebenem Käse dick belegen und im Rohr goldgelb backen. Als Einlage in der Suppe sofort servieren.

VANILLEEIS AUF KERNÖLSPUR

GEFÜLLTE EIERSCHALEN MIT BLÄTTERTEIGHAUBE

LAMMPASTETE AUF ALT-STEIRISCHE ART

Ein Kilo gebratenes Lammfleisch aus der Schulter oder Keule kleinwürfelig schneiden, nach Wunsch mit kurz gegarten Lammnieren und Lammherzen (ebenfalls gewürfelt) vermengen. Fleisch in eine gut gebutterte und ausreichend große Auflaufform füllen, mit 150 ml gutem Rotwein übergießen, etwas Knoblauch, Salz, Pfeffer und einige Thymianblätter dazugeben. Alles vermengen und einige Zeit marinieren lassen.
In der Zwischenzeit 8 Eier trennen, die Eiweiße zu steifem Schnee schlagen. Aus den Dottern, 200 g zimmerwarmer Butter und 4–5 EL saurem Rahm einen Abtrieb bereiten, in diesen langsam nach und nach abwechselnd den Eischnee und 4–5 EL Mehl einarbeiten. Das Fleisch in der Auflaufform glatt streichen, dann die Teigmasse mit einem Spritzsack dekorativ über das Fleisch dressieren. Im 200 Grad heißem Rohr 20–30 Minuten goldbraun backen, lauwarm in der Auflaufform servieren.

STEIRISCHE KANINCHENKOTELETTS MIT GEBRATENEM HÄUPTELSALAT

3–4 Kaninchenrücken längs spalten und die Koteletts 3-Rippen-stark abschneiden. Die äußeren Rippen wegschneiden und nur den mittleren Rippenknochen belassen. Koteletts leicht klopfen, salzen und pfeffern, dann mit Zitronensaft beträufeln. Die Kaninchenkoteletts in feinen Semmelbrösel wenden, anschließend in heißer Butter bei mittlerer Hitze goldbraun braten.
Dazu reicht man gebratenen Häuptelsalat: 2 Krauthäuptel achteln, die äußeren Blätter entfernen, gut waschen und trocken schleudern. Sonnenblumenöl in einer Pfanne erhitzen, den Salat Stück für Stück darin anbraten – fertige Blätter auf einer Platte warm halten. Im selben Öl werden dann 2–3 fein gewiegte Schalotten angeröstet, diese dann über den Salat gestreut; salzen, pfeffern und mit Zitronensaft sowie Kernöl marinieren (man kann den Salat mit gebratenen Speckwürfeln oder Grammeln erweitern).

GEBACKENER ALMOCHSEN-LUNGENBRATEN AUF STEIRISCHE ART

Weinkellerei und Brennerei Jöbstl

12 schöne, aber nicht zu dicke Scheiben vom Lungenbraten salzen und pfeffern, danach in Mehl wenden. 2 Eier mit 125 ml Spezialbier versprudeln, das bemehlte Fleisch durchziehen und letztlich in Semmelbrösel, die leicht angedrückt werden, panieren (man kann auch reichlich grob gehackte Kürbiskerne unter die Semmelbrösel ziehen). Das panierte Fleisch wird in heißem Schweineschmalz recht flott ausgebacken, so dass das Fleisch innen rosa bleibt. Auf Küchenkrepp abtropfen lassen und sofort servieren. Dazu schmeckt ein Röhrl-Erdäpfelsalat (Löwenzahnsalat mit Erdäpfeln).

PFIRSICHSALAT MIT SCHILCHERSEKT

Weinkellerei und Brennerei Jöbstl

10–12 saftige steirische Pfirsiche für etwa 5 Minuten in kochendes Wasser geben, herausnehmen und kalt abschrecken; dann die Pfirsiche schälen. 1/16 Liter Pfirsichwasser mit 4–5 EL Zucker aufkochen, danach kalt stellen. Die Pfirsiche halbieren, Kerne entfernen, in Scheiben schneiden und in kleine Dessertschüsseln verteilen, mit dem erkalteten Läuterzucker beträufeln; alles kalt stellen. Vor dem Servieren mit eiskaltem Schilchersekt übergießen.

DER PRÜGELKRAPFEN

Als Krönung aller alpenländischer Krapfen galt schon im Mittelalter der „Prügelkrapfen". Nur wenige Köchinnen verstanden sich auf die kunstvolle und langwierige Herstellung dieser Spezialität, welche nahezu ausschließlich zu Hochzeiten und feierlichsten Anlässen zubereitet wurde. Mindestens zwei Personen waren gut zwei Tage mit seiner Produktion beschäftigt. Da heute niemand mehr diesen Zeitaufwand aufbringen möchte und auch das notwendige offene Feuer kaum mehr zur Verfügung steht, ist er nahezu „ausgestorben". Der eigentliche Prügel ist aus einem glatten, harten, rundgedrehten Holz, welches konisch geformt ist. Dadurch entwickelt der Prügelkrapfen beim Drehen seine typische Spiralform.
Teig: „Man rührt ein halbes Kilo sehr fein geriebenen Zucker mit 28 Dottern recht flaumig, mischt den Schnee der 28 Klar dazu, rührt die Mischung noch eine Stunde und mengt dann etwas Limonenzucker und ein halbes Kilo Mehl darunter."
Der Prügel wird vor einem offenen Feuer aufgesteckt und nach gründlichem Einfetten die erste Schicht Teig aufgebracht. Wenn die Grundschicht durchgebacken ist, wird immer wieder Teig aufgegossen und der Spieß gedreht, wobei sich Zacken bilden, die dem späteren Krapfen seine typische und eigentümliche Form verleihen; das dauert sechs bis zehn Stunden. Während des gesamten Vorganges muss der Krapfen ständig gedreht werden. Der fertige Prügelkrapfen wird mit Limonenglasur bestrichen und zwei Tage in einem feuchten, kühlen Raum gelagert.

PRÜGELKRAPFEN (FREILICHTMUSEUM STÜBING)

SCHILCHERBROT

PFIRSICHSALAT MIT SCHILCHERSEKT

Der Kren

Der Kren ist wohl eines der wichtigsten Gemüse in der österreichischen Küche und insbesondere der Steiermark eine unabdingbare Würzzutat für viele regionale Köstlichkeiten, wie z. B. das berühmte Krenfleisch. Es wird ausschließlich die Krenwurzel verwendet, die unverletzt so gut wie überhaupt kein Aroma verströmt. Erst beim Reiben oder Schaben entwickelt sich das typische Aroma, welches allerdings nicht sehr stabil ist und sich deshalb bereits nach 10–20 Minuten verflüchtigt – der Grund, warum Kren immer frisch gerissen werden sollte.
Man nimmt an, dass die Krenpflanze ursprünglich aus dem Mittelmeerraum stammt, möglicherweise auch aus Osteuropa. Heute wird sie nahezu in ganz Europa angebaut und kommt häufig in verwilderter Form vor.
Der im österreichischen Sprachraum verwendete Name des Gewürzes „Kren" ist letztlich von unbekannter Herkunft. Das Wort stammt wahrscheinlich aus dem Slawischen, denn es ist in diesem Sprachraum in ähnlicher Form weit verbreitet (tschechisch: křen, sorbisch: krěn, russisch: khren [хрен], ukrainisch: khrin [хрін] und polnisch: chrzan) und ist von dort ins Deutsche entlehnt worden. Das eher norddeutsche Wort Meerrettich bedeutet eigentlich „Mehrrettich" im Sinne von größerer Rettich und hat nichts mit dem Meer zu tun.
Der Steirische Kren ist ein klassisches Wintergemüse und zählt wie nahezu alle Gewürzpflanzen auch zu den Heilpflanzen. Vor allem ist der Kren eine echte Vitamin C-Bombe, denn er hat doppelt so viel Vitamin C wie Zitronen. Zudem regen seine ätherischen Öle den Appetit an und fördern die Verdauung.

ERDÄPFEL MIT KREN

Ein halbes Kilo Heurige Erdäpfel kochen, dann schälen und in einer Salatschüssel anrichten. Einen Becher Sauerrahm mit gut einem Esslöffel frisch geraspeltem Kren und einem Spritzer Essig vermischen. Mit Salz abschmecken und über die Erdäpfel gießen, danach mit Schnittlauchröllchen bestreuen.

KREN-SCHNITZEL

Kalbschnitzel werden wie Wienerschnitzel zubereitet, jedoch vor dem Panieren auf der Ober- und Unterseite mit etwas Essigkren oder Tafelkren bestrichen.

ROTE RÜBEN MIT KREN-SAUERRAHM

Einige Rote Rüben (je etwa 100 g) waschen und in Alufolie wickeln. Im vorgeheizten Backofen bei 200 Grad auf der zweiten Einschubleiste von unten gut 70 Minuten backen. Wenn die Rüben fertig sind die Alufolie öffnen, die Rüben kreuzweise einschneiden und etwas auseinander drücken; mit folgender Sauce sofort servieren: 500 ml Sauerrahm mit 3 Bund Schnittlauch (in Röllchen geschnitten), 80–100 g Kren, Zitronensaft, Salz und Pfeffer würzen.

ROTE RÜBENSUPPE MIT KRENNOCKERLN

Für die Suppe:
500 g Rote Rüben,
750 ml kräftige Rinderbrühe,
1–2 Lorbeerblätter, 1 guter TL Kümmel,
etwas Rotweinessig,
2–3 EL Zitronensaft,
125–150 ml Obers,
Muskatnuss,
Salz und Pfeffer,
50 g eiskalte Butter in Flocken

Für die Nockerln:
75 g entrindete Semmeln,
60–75 g frisch gerissener Kren,
1 Bund Schnittlauch (in Röllchen geschnitten),
1 Ei, 75 g Butter,
20 g Grieß,
20 g Mehl,
Muskat,
Salz und Pfeffer

Außerdem:
in feine Streifen geschnittener Kren und etwas Dill zum Garnieren

Für die Suppe die Roten Rüben waschen und in Salzwasser zusammen mit Lorbeerblatt, Kümmel und Essig etwa 50–60 Minuten kochen. Danach die Roten Rüben abschrecken, schälen und grob geschnitten in die Rinderbrühe geben. Mit einem Stabmixer pürieren und zugedeckt noch 5 Minuten köcheln lassen. Das Schlagobers in die Suppe geben, einmal aufkochen lassen, danach die Suppe mit Zitronensaft, Muskatnuss, Salz und Pfeffer abschmecken – kurz vor dem Servieren die eiskalten Butterflocken mit dem Stabmixer einarbeiten.
Semmeln zu feinen Brösel reiben; den Kren zunächst schälen, danach fein raspeln. Das Ei trennen, Dotter mit Butter schaumig schlagen, nach und nach den Grieß, das Mehl, geriebene Semmeln, Kren und Schnittlauch einarbeiten. Die Masse mit Salz, Pfeffer und Muskatnuss würzen, gut verkneten und 20 Minuten im Kühlschrank rasten lassen. Das Eiklar zu steifem Schnee schlagen, vorsichtig unter die Krenmasse ziehen. Mit einem Teelöffel kleine Nockerln ausstechen, diese in leicht kochendem Salzwasser garen lassen. Mit einer Schaumkelle herausnehmen und abtropfen.
Suppe mit den Nockerln in vorgewärmten Tellern anrichten, mit Krenstreifen und Dill ausgarniert sofort servieren.

FRISCHER KREN

ERDÄPFEL MIT KREN

Kürbis, Kernöl und Kürbiskerne

KÜRBISBAUER KOLLER

KÜRBISBLÜTE

Kürbisrezepte

Seit Menschengedenken wird der Kürbis bereits kultiviert, doch als er vor rund 400 Jahren von Amerika nach Europa kam, wurde er zunächst hauptsächlich als Viehfutter genutzt. Später diente er auch zur Ölgewinnung und erst in den letzten Jahrzehnten ist er zum fixen Bestandteil der österreichischen Küche geworden.
In Österreich wird nahezu ausschließlich der Steirische Ölkürbis angebaut, wobei 90 Prozent der gesamten Anbaufläche in der südlichen Steiermark liegen. Weitere wichtige Sorten sind die kleinen Patisson (Bischofsmützen), Butternusskürbis sowie diverse Speise- und Zierkürbisse.
Die bis zu 50 kg (!) schweren Früchte enthalten neben hochwertigem Eiweiß viele Mineralstoffe, Vitamine und Spurenelemente. Das eigentliche Fruchtfleisch hat kein sehr ausgeprägtes Aroma, lässt sich aber vielfach zubereiten und mit anderen Speisen kombiniert schmeckt es auch recht gut, sollte aber pikant gewürzt werden.

EINGELEGTER KÜRBIS

**1 1/2 kg Kürbis,
3/4 l Wasser, 1 1/4 l Weinessig,
10–15 Gewürznelken, 2 Zimtstangen,
3 EL Honig, Salz, Zucker,
Sonnenblumenöl**

Kürbis vierteln und entkernen. Kürbisfleisch mit der Schale würfelig schneiden. Wasser und Essig mit den Gewürzen aufkochen und abschmecken. Die Marinade soll gut gewürzt und harmonisch süß-sauer sein. Gewürfelten Kürbis darin nicht zu weich kochen, in Gläser füllen, mit Gewürzsud begießen und bis zum Rand mit Öl auffüllen. Gläser verschließen und in eine tiefe Wanne mit Geschirrtuch ausgelegt auf den Kopf stellen. Auskühlen lassen und dunkel lagern. Der eingelegte Kürbis passt gut zu Terrinen, Pasteten und kalten Vorspeisen.

KÜRBISCHIPS

**500 g Kürbisfleisch (Butternuss),
Öl zum Frittieren, Meersalz**

Das geschälte Kürbisfleisch hauchdünn hobeln und salzen. Auf Küchenpapier Wasser ziehen lassen, danach gut abgetropft in heißem Öl frittieren. Abtropfen lassen, salzen. Nach Wunsch mit Cayennepfeffer und/oder Curry pikantieren.

GEBACKENE KÜRBISBLÜTEN

**12 Kürbisblüten,
Butterschmalz zum Ausbacken**

**Für den Backteig:
200 g Mehl, 2 Eier,
375 ml Wein, Salz**

**Für die Fülle:
30 g Butter,
2 Zwiebeln,
70 g Semmelbrösel,
3 Eidotter, Zitronensaft,
gehackte Petersilie,
Salz und Pfeffer aus der Mühle**

Die Kürbisblüten können gefüllt oder ungefüllt ausgebacken werden. Für den Backteig die Eier trennen, das Mehl mit den Eidottern, Wein und Salz zu einem festen Teig rühren. Eiweiß zu Schnee schlagen und unter den Teig heben, den Teig rasten lassen.
Die Blüten waschen und ein wenig abtupfen. Für die Fülle Zwiebeln fein hacken und in Butter glasig dünsten, dann in eine Schüssel geben und mit den restlichen Zutaten vermischen. Etwas Fülle auf jede Blüte legen und diese einrollen oder zusammenschlagen.
Die gefüllten Kürbisblüten durch den Backteig ziehen und in heißem Schmalz herausbacken.

KÜRBISEIS

2 Tassen Milch aufkochen lassen, mit 4 Eidottern, 1 Tasse Zucker, 1 Prise Salz, 2 Tassen püriertes Kürbisfleisch, 1 Teelöffel Zimt, 1 Teelöffel geriebene Muskatnuss, Prise Ingwerpulver sowie einem Teelöffel Vanillezucker verühren, danach etwa 3–4 Minuten köcheln lassen. Masse kühl stellen, nach dem Abkühlen mit Schlagobers, gehackte Kürbiskernen und 1 Schuss Kürbiskernöl verfeinern, danach im Tiefkühl einfrieren. Mit Kompott (z. B. Rhabarber), Minze und/oder Beeren servieren.

GEFÜLLTER KÜRBIS

**1 Kürbis (Hokaido) von etwa 1 1/2 kg,
400 g gemischtes Faschiertes (Rind/Schwein),
1 Ei, 1 in etwas Brühe eingeweichte Semmel,
2 EL Semmelbrösel, 1 Zwiebel,
2–3 Knoblauchzehen, 50 g Butter,
gehackte Petersilie, Kümmel, Paprikapulver,
Salz und Pfeffer, grob gehackter Schnittlauch**

Den Kürbis waschen, einen Deckel abschneiden und die Kerne mit einem Löffel herauskratzen. Zwiebel und Knoblauch fein hacken, und in der Butter andünsten, die Semmel gut ausdrücken und passieren. Das Faschierte in einer Schüssel mit dem Semmelgemisch vermengen, dann mit gehackter Petersilie, Kümmel, Paprika, Salz und Pfeffer würzen. Den Kürbis mit den Semmelbrösel ausstreuen und das Faschierte einfüllen. Den Kürbis auf ein Backblech setzen und im vorgeheizten Backrohr 60 Minuten bei 180 Grad backen. Vor dem Servieren mit dem Schnittlauch bestreuen und eine Schnittlauchsauce dazu reichen.

KÜRBISFELD

KÜRBISSCHNITZEL

**Kürbisfleisch (Patisson oder Butternuss),
Mehl, versprudeltes Ei,
Brösel, Fett zum Ausbacken,
Salz und Pfeffer**

Den Kürbis waschen, in fingerdicke Scheiben schneiden, salzen und pfeffern, dann etwas ziehen lassen. Den Kürbis wie ein Schnitzel panieren und im heißen Fett ausbacken. Mit Salat und Sauce Tartar (S. 289) servieren.

Variante
Die Kürbisscheiben halbieren, mit gehackter Petersilie, Schinkenscheiben und Käsescheiben füllen, mit Zahnstochern zusammen stecken, wie ein Schnitzel panieren und ausbacken.

KÜRBISMARMELADE

**1 kg Kürbisfleisch, 1 kg Gelierzucker,
Schale von 2 unbehandelten Grapefruits oder Zitronen, etwas Zitronensaft**

Das Kürbisfleisch in kleine Stücke schneiden, Schale von den Grapefruits oder Zitronen mit einem Zestenreißer abhobeln. Alles zusammen mit dem Gelierzucker und etwas Zitronensaft langsam aufkochen und zur Marmelade einkochen. Kürbismarmelade in sterilisierte Gläser füllen und gut verschlossen dunkel lagern.

Hinweis: Kürbismarmelade kann auch mit fein gehackten Kürbiskernen und/oder mit Vanille, Ingwer, Muskat und anderen Gewürzen geschmacklich verfeinert werden.

KÜRBISCREMESUPPE

**500 g Kürbisfleisch, 2–3 EL Butter,
150 ml Rinds- oder Hühnerbrühe,
gut 125 ml Obers, gemahlener Kümmel,
gehackter Dill, Salz, weißer Pfeffer,
geröstete Kürbiskerne als Garnitur**

Das Kürbisfleisch würfeln und in Butter andünsten. Die Suppe angießen, aufkochen lassen, Hitze zurückdrehen und auf kleiner Flamme weich dünsten. Mit Kümmel, gehacktem Dill, Salz und Pfeffer würzen. Die Suppe unter Zugabe von Obers pürieren, in vorgewärmte Teller füllen und mit gerösteten Kürbiskernen garniert servieren.

GEBRATENE BISCHOFSMÜTZEN

Gut 750 g kleine Bischofsmützen (Patisson), 3 EL hochwertiges Öl (Olivenöl oder Sonnenblumenöl), 1–2 EL Butter, 3–4 Knoblauchzehen, 1 Bund Basilikum, Salz und Pfeffer aus der Mühle

Die Kürbisse waschen und von Stielansätzen befreien, sehr kleine Exemplare im Ganzen belassen, größere halbieren. Öl mit Butter in einer Kasserolle erhitzen, die Kürbisse unter Wenden darin braten, dann fein geschnittenen Knoblauch dazugeben und die Bischofsmützen würzen. Die Hitze reduzieren und das Gemüse garen, bis es fast weich ist (bei Bedarf ganz wenig Rindsuppe angießen) und Farbe angenommen hat. Basilikum waschen, trocknen und grob gehackt kurz vor dem Servieren untermischen. Dieses Gemüse schmeckt z. B. zu gegrillter Puten- oder Hühnerbrust, kann aber auch als eigenständiges Gericht genossen werden.

KÜRBISPOLENTA

Wahrscheinlich ist dieses einfache, aber köstliche Gericht italienischen Ursprunges, denn z. B. im Friaul kennt man ein Gericht Namens „Zuf di côce“ (ital.: farinata), das nahezu identisch zubereitet wird.

**500 g fein gewürfelter Kürbis,
50–60 g Maismehl (gelbes),
25 g Weizenmehl,
1 Liter Wasser oder leichte Hühnerbrühe,
1 1/2 Liter Vollmilch,
Obers oder Butter,
Muskatnuss,
Salz**

Die Kürbiswürfel werden in leicht gesalzenem Wasser (oder Brühe) zusammen mit der Milch weich gekocht, danach passiert man alles durch ein Sieb oder eine „Flotte Lotte“. Das erhaltene Mus wird wieder erhitzt und die beiden Mehlsorten eingerührt. Wenn alles schön gebunden ist, den Kürbis-Maisbrei mit Salz und Muskatnuss abschmecken. Alles in gewärmte Tonteller füllen und mit kaltem Obers oder Butterflocken garniert servieren.

Tipp: Das Gericht lässt sich vielfältig verfeinern, mit z. B. gebratener Hühnerbrust, Speckwürfeln, Kernöl, frittiertem Salbei.

© Austrosaat AG,Wien

LANGER VON NEAPEL (MOSCHUS-KÜRBIS)

KÜRBISGULASCH

**800 g Schweineschulter,
1 kg Fruchtfleisch vom Riesenkürbis,
Brühe,
1 großer Zwiebel fein gehackt,
1–2 Zehen Knoblauch gepresst,
1 1/2 EL Paprikapulver „edelsüß“,
2–3 EL Essig,
75 g Schmalz,
1 großer Paradeiser,
1 1/2 EL Paradeismark,
50 g Mehl,
300 ml Sauerrahm,
Kümmel,
Salz,
Pfeffer aus der Mühle**

In einer Kasserolle die fein gehackte Zwiebel im Schmalz anrösten, das Schweinefleisch würfeln und ebenfalls mitbraten, bis es leicht Farbe genommen hat. Die Hälfte des Paprikapulvers sowie die Hälfte des Essigs beifügen, dann die gehäutete und gewürfelte Paradeiser hineingeben, mit Paradeismark, Kümmel, Salz und Pfeffer gut würzen. Etwas Brühe oder Suppe angießen und das Fleisch in 25 bis 30 Minuten vordünsten.
Nun den Kürbis raspeln und unter das vorgedünstete Fleisch mischen, restlichen Essig dazu gießen und verbliebenes Paprikapulver zugeben. Mit etwas Brühe oder Suppe auffüllen, danach alles zusammen weich dünsten.
Wenn alles gar ist, wird der Sauerrahm mit dem Mehl versprudelt ins Gulasch gegeben und gut verkocht. Falls notwendig mit Essig, Kümmel, Paprika, Salz und Pfeffer nachwürzen, das Gulasch soll pikant säuerlich, aber keinesfalls „sauer“ schmecken! Dazu passen Kümmel-, Petersil- oder einfach Salzkartoffeln.

GEFÜLLTER HOKAIDO-KÜRBIS

Kürbiskernöl

Neben dem Schilcher ist sicherlich das Steirische Kürbiskernöl die bekannteste Spezialität aus der Steiermark. Durch seinen einzigartigen Geschmack eignet es sich vorzüglich für alle Arten von Salaten und zum Verfeinern verschiedenster bodenständiger Gerichte wie z. B. Suppen, Saucen, Nudelgerichte oder Aufstriche. Die hohe Qualität und die Echtheit des wertvollen Speiseöls werden durch ein strenges Kontrollsystem garantiert und nur an jene Produkte, die alle Gütekriterien erfüllen, wird die Banderole „Steirisches Kürbiskernöl" vergeben.

Der Anbau des Steirischen Ölkürbisses (Cucurbita pepo var. styriaca) erfolgt ausschließlich im traditionellen Gebiet der südlichen Steiermark sowie dem südlichen Burgenland und den angrenzenden Gebieten der Nachbarländer und wird erst seit dem Beginn des 20. Jahrhunderts in größerem Umfang betrieben. Österreichisches Kürbiskernöl hat aufgrund des besonderen Kürbiskerns, des einzigartigen Klimas und der Bodenverhältnisse, des besonderen Reifungsprozesses und der Herstellungsverfahren eine ungleich höhere Qualität als Kürbiskernöl aus anderen Regionen der Welt, weshalb das „Steirische Kürbiskernöl" von der EU geografisch geschützt wurde und den Titel tragen darf: „Steirisches Kürbiskernöl g. g. A.".

Das Kürbiskernöl war früher eine kostbare Rarität, verbunden mit viel Fleiß und Mühe. Nicht nur, dass die Kerne der Steirischen Ölkürbisse (ein spezieller Mutant des Speisekürbisses) früher einmal über eine harte und ledrige Schale verfügten (welche erst in den 50er Jahren vergangenes Jahrhunderts weggezüchtet werden konnte), die mühselig von Hand entfernt werden musste, sondern auch das Ernten der Kerne war harte Arbeit. Die Kürbisse wurden in zwei Hälften geteilt (geschlachtet) und die Frauen kratzten mit den Fingern die Kerne aus dem Fleisch. Heute helfen Maschinen bei der mühsamen Ernte und vereinfachen die Produktion erheblich.

Der Pressvorgang ist seit Hunderten von Jahren der gleiche geblieben, nach dem Ernten werden die Kerne gereinigt und zu feinem Pulver gemahlen. Das Kürbismehl wird dann angefeuchtet und gesalzen, damit sich die Öle von den Eiweißen trennen. Danach kommt das behutsame Rösten, bevor die Masse schließlich gepresst wird.

Obwohl es heute nur noch wenige der einst mehr als 200 Mühlen existieren, so gibt es doch noch einige Ölmühlen, in denen nach alter Tradition das kaltgepresste Kernöl erzeugt wird, wie z. B. die berühmten Mühlen Berghofer (seit 1845 in Besitz der Familie und als Getreidemühle mehr als 800 Jahre alt!), Fandler, Kremsner, Pechmann's Alte Ölmühle und die Weinhandl-Mühle in Dirnbach/Straden im steirischen Vulkanland (von hier stammen auch die Fotos der Kernöl-Produktion).

Allerdings wird das meiste Öl mittlerweile in industriellen Betrieben erzeugt, um die enorme Nachfrage an Kürbiskernöl auf dem Weltmarkt zu befriedigen, doch die meisten Bauern, welche auf Tradition und Qualität großen Wert legen, bringen ihre Kerne in die alten Mühlen, wo sie die Kerne nicht nur verkaufen, sondern auch gegen frisch gepresstes Kürbiskernöl eintauschen können.

ÖLSUPPE

2 oder 3 würfelig geschnittene Erdäpfel, 20 g getrocknete Pilze, Basilikum, Thymian, Majoran, Essig, 3 EL Mehl, 4 EL Kernöl, Salz, Pfeffer

Die Erdäpfel zusammen mit den Kräutern und Pilzen weich kochen. Eine Einbrenn mit Kernöl zubereiten, mit 1 1/2 Litern Wasser oder Suppe (man kann auch das Kochwasser von den Erdäpfeln nehmen) vergießen, verkochen lassen. Dann die weichen Erdäpfelwürfel sowie die Pilze dazugeben und die Suppe mit Apfelessig säuern, nochmals mit Kernöl abschmecken. Als Suppeneinlage eignen sich geröstete Brotwürfel.

ENTSORGEN DER GEP STEN K ISSCHEIBEN

1. Kerne reinigen und in die Mühle füllen.

2. Die Kerne mahlen.

3. Salzwasser zufügen.

4. Das Rösten der gemahlenen Kerne.

5. In die Presse füllen.

6. Das Öl pressen.

MIT EIERSPEIS GEFÜLLTE PARADEISER

4 große feste und reife Paradeiser, 5–6 frische Eier (vorzugsweise BIO), 2–3 EL Butter, 1–2 EL Kürbiskerne, 1 Bund Schnittlauch, Kernöl, Salz und Pfeffer aus der Mühle

Von den Paradeisern eine Kappe abschneiden, die Paradeiser aushöhlen, dann salzen und pfeffern. In eine gefettete Auflaufform geben, einige Minuten im Rohr garen.
Die Kürbiskerne in etwas Butter anrösten, die verquirlten Eier dazugeben und würzen. Eine lockere Eierspeise (recht flüssig!) bereiten. Etwa die Hälfte des Schnittlauchs hacken, unter die Eierspeise heben, danach die Paradeiser damit füllen. Nochmals für 2 Minuten in den Ofen schieben. Paradeiser auf vorgewärmten Tellern anrichten, Kernöl rundherum angießen und alles mit Kürbiskernen sowie gehacktem Schnittlauch ausgarniert servieren.

STEIRISCHER LINSENSALAT

200 g Linsen, 1 Zwiebel, 1 kleine Karotte, 1 Speckschwarte, 1 Lorbeerblatt, 75 ml Kürbiskernöl, 60–70 ml guter Wein- oder Mostessig, 3–4 Schalotten, Salz, Pfeffer

Weiter:
Radieschen und Schnittlauch

Die abgespülten Linsen mit der Zwiebel, Karotte, Speckschwarte und Lorbeerblatt in leicht gesalzenem Wasser kochen. Das Wasser abschütten, die Linsen auf ein Tuch geben und das mitgekochte Gemüse herausnehmen, alles auskühlen lassen.
Kernöl mit etwas Essig in einer Schüssel verquirlen, die klein gehackten Schalotten darunter heben. Die Linsen in die Marinade geben, vermischen und würzen. Mit Radieschen und Schnittlauchröllchen garniert servieren.

RINDFLEISCHSALAT

400 g vorgekochtes Rindfleisch,
1–2 große Zwiebel,
Mostessig,
Rapsöl,
Kernöl,
Schnittlauch,
Petersilie,
Salz und Pfeffer aus der Mühle,
4 Paradeiser und einige grüne Salatblätter

Das Rindfleisch zuerst in Scheiben, danach in Streifen schneiden; die Zwiebel in feine Ringe schneiden. Beides in eine Schüssel füllen, reichlich Schnittlauchröllchen und gehackte Petersilie dazugeben. Salat mit Mostessig, Rapsöl, Kernöl, Salz und Pfeffer marinieren, gut vermischen, danach etwas durchziehen lassen. Vier Salatschüsseln mit schönen Salatblättern auslegen, den Rindfleischsalat darin anrichten. Mit geviertelten oder geachtelten Paradeisern garnieren und noch etwas Kernöl darüber träufeln.

KERNÖL-MAYONNAISE

2 Dotter,
300 ml Sonnenblumen- oder Rapsöl,
Kürbiskernöl,
Mostessig,
Salz,
weißer Pfeffer,
Schnittlauchröllchen

Alle Zutaten auf Zimmertemperatur bringen. Die Dotter mit etwas Essig verrühren, dann zuerst tropfenweise das Rapsöl einarbeiten, später in dünnem Strahl einfließen lassen. Wenn die Mayonnaise locker aufgeschlagen ist, wird sie mit Kernöl nach Geschmack, Salz und Pfeffer gewürzt und mit einigen Schnittlauchröllchen veredelt. Diese Mayonnaise schmeckt z. B. ausgezeichnet zu gesiedetem Rindfleisch.

© Austrosaat AG, Wien

PATISSON (BISCHOFSMÜTZE)

FILETSTEAKS MIT KERNÖLSAUCE

Kalbs-Filetsteaks,
Öl,
Salz und Pfeffer aus der Mühle

Für die Sauce:
Kürbiskernöl,
125 ml Hühnerbrühe,
1–2 Knoblauchzehen,
etwas Schlagobers und Crème fraîche,
Maisstärke

Das Fleisch würzen und im Öl beidseitig braten. In der Pfanne zugedeckt warm halten. Für die Sauce die zerdrückten Knoblauchzehen mit sehr wenig Kürbiskernöl anschwitzen, danach mit der Hühnerbrühe aufgießen, stark einkochen lassen, mit etwas Obers und Crème fraîche binden. Etwas angerührte Maisstärke einrühren und die Sauce mit 2–3 EL Kürbiskernöl vollenden.
Fleisch auf Tellern anrichten, den ausgetretenen Bratensaft mit der Sauce vermengen und zum Fleisch servieren.

KERNÖLAUFSTRICH

1 Becher Crème fraîche, 1 Becher Gervais, 4 Esslöffel Kürbiskernöl, 2–3 Knoblauchzehen, gehackte Kürbiskerne, 1 hartgekochtes Ei, Salz und Pfeffer aus der Mühle mit einander vermischen und kühl rasten lassen. Auf frisches oder angeröstetes Brot – vorzugsweise Kürbiskernbrot – streichen und genießen.

KERNÖL BEIM ABFÜLLEN

DER KLASSIKER: KÄFERBOHNENSALAT (REZEPT S. 462)
MIT ROHSCHINKEN UND SALAT GARNIERT

Kürbiskerne

Aus den nährstoffreichen Kürbiskernen wird in der Steiermark nicht nur das berühmte Öl gewonnen, sondern auch zahlreiche regionale Spezialitäten hergestellt. Viele qualitäts- und traditionsbewusste Betriebe wie z. B. die Familie Koller erzeugen eine ganze Reihe von Kürbiskernprodukten, wie geröstete Kürbiskerne als Knabberei zum Wein, Kürbiskerne mit Schokolade überzogen oder ihr berühmtes Kürbiskern-Pesto. Weitere beliebte Köstlichkeiten sind Kürbiskern-Honig (ein Blütenhonig, der mit gemahlenen Kürbiskernen vermischt worden ist) und Kürbiskern-Nudeln.
In der Küche finden Kürbiskerne häufig Verwendung, denn sie verleihen mit ihrem aromatisch-nussigen Geschmack zahlreichen Gerichten eine besondere Note.

KÜRBISKERNBROT

220 g Weizenmehl, 125 g Kürbiskerne, 1/4 l Wasser, 20 g Germ, 2 EL Sesam, 3–4 EL Kürbiskernöl, 1 Teelöffel Fenchel, Salz, Pfeffer aus der Mühle

Zunächst werden die Kürbiskerne trocken geröstet, danach vom Herd nehmen und kühl stellen. Das Wasser lauwarm werden lassen, Germ, Mehl, Sesam, Fenchel, Salz und etwas Pfeffer untermischen. Die Kürbiskerne (ganz oder grob gehackt) und das Kürbiskernöl in die Teigmasse geben, gut vermengen und durchkneten. Den Teig 2–3 Mal aufgehen lassen, zu einer Rolle formen und in eine Form füllen und noch einmal etwa 30 Minuten aufgehen lassen. Kürbisbrot bei 220 Grad 30–40 Minuten backen, Hitze zurückdrehen und nach dem Abschalten noch weitere 10 Minuten im Backofen lassen.
Das Brot auf ein Gitter legen, damit sich kein Kondenswasser bilden kann und das Brot schön knusprig bleibt. Am besten schmeckt es kurz nach dem Backen frisch aufgeschnitten.

KÜRBISKERN-KNÖDEL

**250 g Topfen (10 %), 40 g Butter,
1 Ei, 80 g Weizengrieß,
40 g Kürbiskerne,
20 g Bitterschokolade,
50 g Marzipan, 1 Prise Salz**

**Für den Kürbiskrokant:
75 g Kürbiskerne, 75 g Zucker, 25 g Butter**

**Für die Holundersauce:
350 g Holunderbeeren, 125 g Kristallzucker,
4 EL Wasser, 1 Schuss Orangenlikör,
Gewürznelken nach Geschmack,
Zimt, abgeriebene Zitronenschale**

Mit dem Krokant beginnen: Hierfür den Zucker in einer schweren Pfanne schmelzen, Butter hinzugeben und die grob gehackten Kerne darin anrösten; Masse auf eine eingefettete Alufolie streichen und erkalten lassen, danach fein mahlen.
Für die Knödel zunächst die Butter schaumig rühren und den Topfen, Salz, Ei und Grieß unterrühren. Die Kürbiskerne mahlen und ebenfalls dazugeben, dann die Masse eine Stunde zugedeckt in den Kühlschrank stellen.
Zwischenzeitlich die Schokolade achteln und mit dem Marzipan umhüllen. Die Topfenmasse in acht Portionen teilen, flach drücken, jeweils mit Schokolade und Marzipan belegen und zu Knödel formen. Die Knödel in leicht gesalzenem, siedendem Wasser etwa 10 Minuten ziehen lassen, mit einer Schaumkelle herausheben und die Knödel im Krokant wälzen.
Für die Holundersauce das Wasser mit dem Zucker aufkochen und die Gewürze etwa 5 Minuten mitkochen. Die Beeren darin ziehen lassen, bis sie fast ganz weich sind, danach mit Orangenlikör abschmecken. Sauce zu den Knödel reichen.

KÜRBISKERNE MIT SCHOKOLADE

KÜRBISKERNPARFAIT

**3 Eier, 4 Eidotter, 150 g Kristallzucker,
1 TL Vanillezucker, 500 ml Schlagobers,
200 g gemahlene Kürbiskerne**

Die Eier mit Dotter, Zucker und Vanillezucker in einer Schüssel über Wasserdampf cremig schlagen, dann die Schüssel in kaltes Wasser stellen und die Masse weiterschlagen, bis sie abgekühlt ist.
Das Schlagobers aufschlagen und ein Drittel davon unter die Dottermasse ziehen, danach die gemahlenen Kürbiskerne untermischen. Restliches Obers unterheben.
Eine Rehrückenform mit Frischhaltefolie auslegen. Die Parfaitmasse einfüllen, Folie darüber zusammen schlagen und das Parfait im Tiefkühl fest werden lassen.

OSTSTEIRISCHE KÜRBISKERN-SCHNITZEL

**800 g Schweinskarree in 4–6 Schnitzel geschnitten,
8–10 Scheiben gekochter Schinken
(z. B. Burgunderschinken),
Kürbiskerne, Mehl, Ei, Semmelbrösel, Salz,
Butterschmalz oder Öl zum Ausbacken**

**Für die Fülle:
125 g Topfen,
125 g Kürbiskernpesto „Koller" (Fertigprodukt),
2–3 Eier (je nach Größe),
Knoblauch nach Geschmack, Salz**

Aus den Zutaten für die Füllung eine homogene Füllmasse rühren. Die Karree-Schnitzel dünn ausklopfen, leicht salzen und mit einer Scheibe Schinken belegen. Dann etwas von der Füllmasse darauf streichen, dann wieder eine Scheibe Schinken darauf legen. Schnitzel zusammenklappen, Ränder gut zusammendrücken und mit Zahnstochern fixieren.
Semmelbrösel 1:1 mit Kürbiskernen mischen, dann die Schnitzel in Mehl, Ei und Kürbiskerngemisch panieren. In heißem Butterschmalz ausbacken, abtropfen lassen und mit Petersilerdäpfeln auftragen.

KÜRBISKERNKUCHEN

**200 g Zucker, 140 g Mehl,
80 g Butter, 60 g geriebene Kürbiskerne,
4 Eiklar, 2 Eidotter,
1 Teelöffel Backpulver**

Die Eiklar mit 2–3 EL Zucker steif schlagen. Aus Butter, dem restlichen Zucker und den zwei Eidottern einen Abtrieb bereiten, die Kürbiskerne untermischen. Das Backpulver mit dem Mehl vermengen, unter den Abtrieb heben und zuletzt den Schnee portionsweise darunter mischen. Die Teigmasse in eine befettete und bemehlte Wannenform geben, im vorgeheizten Ofen bei 180 Grad etwa eine Stunde backen.

HIRSCHSCHNITZEL IN KÜRBISKERNPANIER

Sauber parierte Hirschschnitzel klopfen, salzen und pfeffern. Dann die Schnitzel in Mehl, Ei und mit gehackten Kürbiskernen versetzten Brösel (Verhältnis etwa 50/50) panieren. Die Hirsch-Schnitzel in heißem Butterschmalz goldbraun ausbacken, abtropfen lassen und mit Preiselbeer-Birnen servieren. Dazu schmeckt ein kräftiger Rotwein (z. B. Pinot noir oder Blaufränkisch) ausgezeichnet.

Käferbohnen

Unter Käferbohnen versteht man die großen Kerne der rotblühenden Feuerbohnen, die ihre schöne lila Farbe beim Kochen leider verlieren. Die Käferbohne (auch Feuerbohne, Prunkbohne, Türkische Bohne, Schminkbohne oder Rosenbohne genannt) ist eine Hülsenfrucht und gehört zur Familie der Schmetterlingsblütler. Ihre ursprüngliche Heimat liegt im tropischen Mittelamerika, wo sie heute als Zierpflanze angebaut wird und teilweise verwildert anzutreffen ist.

Im 16. Jahrhundert gelangte die Prunkbohne über Spanien nach Europa, ein zweiter Weg führte im 17. Jahrhundert über die Krim nach Osteuropa (daher auch die Bezeichnung „Türkische Bohne"). In der „österreichischen Toskana", wie die südliche Steiermark gerne wegen des angenehm milden Klimas genannt wird, herrschen die optimalen Voraussetzungen für den Anbau wunderbarer Weine und Kürbisse, aber hier wächst und reift auch in harmonischer Symbiose mit dem Mais, die original steirische Käferbohne.

In der Steiermark lässt man die Käferbohnen auf Kukuruzstauden mitwachsen, an denen der Spross linkswindend um den gegebenen Halt emporwachsen kann. Die Käferbohnen werden dann auch zusammen mit dem Kukuruz geerntet und erst später von diesen getrennt. Die Ernte erfolgt mittels Spezialmähdreschern. Nach dem Drusch werden die Bohnen rasch getrocknet und maschinell gereinigt.

Gesamt gesehen ist der ausgezeichnete Geschmack und die zarte, feine Konsistenz der Käferbohne ein Resultat der günstigen klimatischen Bedingungen sowie des sorgsamen Bemühens der Steirer um ausgezeichnete Qualität. Im Übrigen werden in der Steiermark 95 Prozent aller österreichischen Käferbohnen geerntet.

STEIRISCHER KÄFERBOHNENSALAT

**500 g steirische Käferbohnen,
2 rote Zwiebeln, 4–5 EL Mostessig,
8–10 EL steirisches Kürbiskernöl,
Salz und Pfeffer,
Schnittlauchröllchen**

Frische Käferbohnen etwa 20–30 Minuten weich kochen. Getrocknete Käferbohnen über Nacht in lauwarmes Wasser einweichen, damit sie aufquellen können; am nächsten Tag die Käferbohnen in Salzwasser langsam weich kochen.

Die Bohnen abseihen, abtropfen lassen und mit feinen Zwiebelringen garnieren. Bohnensalat mit einer Marinade aus Essig, Salz, Pfeffer und steirischem Kürbiskernöl übergießen, vermengen und mit Schnittlauchröllchen garniert servieren. Dazu reicht man Weißbrot oder ein gutes Viertel Most.

KÄFERBOHNEN MIT SCHWARZEM RETTICH

**350 g Käferbohnen-Kerne, 4–5 Knoblauchzehen,
4–5 Salbeiblätter, 1 große Zwiebel,
1 dicker schwarzer Rettich, 1 guter TL Senf,
Mostessig oder Weißweinessig, Kernöl, Salz, Pfeffer**

Die Bohnen in reichlich Wasser zusammen mit dem geschälten Knoblauch und einigen Blättern Salbei weich kochen. Bohnen abtropfen lassen. Käferbohnen in eine Schüssel füllen, feinst geraspelte Zwiebel dazugeben. Rettich schälen, zuerst in dünne Scheiben, dann in Streifen schneiden; ebenfalls in die Schüssel füllen. Aus Essig, Kernöl, Senf, Salz und Pfeffer eine würzige Marinade bereiten, diese über die Bohnen gießen und alles eine Weile ziehen lassen; nochmals abschmecken. Käferbohnen Rettich-Salat auf grünen Salatblättern anrichten und Kernöl darüber träufeln, bevor man mit Schwarzbrot serviert.

KÄFERBOHNEN MIT BUTTERMILCHVINAIGRETTE

500 g Käferbohnen weich kochen, danach mit 2 fein geschnittenen roten Zwiebeln vermengen. Aus 6 EL Buttermilch, 1 EL scharfem Senf, 6 EL Mostessig, 8–10 EL Kürbiskernöl, 4–5 EL Sauerrahm, Salz und Pfeffer eine Marinade herstellen und diese über die Bohnen gießen; Marinade einziehen lassen; abschmecken und auf Vogerlsalat anrichten.

ABGESCHMALZTE KÄFERBOHNEN

250 g würfelig geschnittenen Räucherspeck in 150 g Schweineschmalz anrösten, nach Geschmack etwas fein geschnittene Zwiebel darin anlaufen lassen; 500 g weich gekochte und abgetropfte Bohnen dazugeben und „abschmalzen", nach Belieben mit Salz, Pfeffer, Thymian oder auch Bohnenkraut würzen. Kann z. B. zu gerillten Koteletts oder Schweinslungenbraten serviert werden.

KÄFERBOHNENMOUSSE MIT KERNÖL

Käferbohnen in Wasser sehr weich kochen, danach in einer Küchenmaschine zusammen mit etwas Knoblauch und Zwiebel fein pürieren. Bohnenmousse mit Essig, Kernöl, gehackten Kräutern (Petersilie, Schnittlauch), Salz und Pfeffer würzig abschmecken, nach Belieben einige gehackte Kürbiskerne untermischen, nach Wunsch auch etwas Rahm; schmeckt sehr gut zu Rindscarpaccio oder gekochtem und in feine Schieben aufgeschnittenem Rindfleisch, aber auch zu diversen Sulzen.

ABGESCHMALZTE KÄFERBOHNEN

GOTTFRIED FRANZ FINK

Der Turmschinken von der Riegersburg

Eine exzellente, leider aber auch sehr seltene Spezialität ist der von Gottfried Franz Fink erzeugte Turmschinken, welcher hoch oben auf der erhabenen Riegersburg in einem Steinkeller reifen darf. Seit 1952 wird der Riegersburger Turmschinken nach einer streng geheimen Rezeptur von Comte Filippo Formentini (die Formentini sind ein friulanisches Adelsgeschlecht in St. Floriano) hergestellt. Der köstliche Schinken stammt von ausgesuchten Keulen des steirischen Edelschweins, das nach einer speziellen Vorgabe von einheimischen Bauern gemästet wird.

Die Keulen werden mit Meersalz, geschrotetem Pfeffer und verschiedenen Kräutern (Mischung ist geheim) gewürzt, und 4–6 Wochen trocken gepökelt. Hernach dürfen die Keulen dann 12 Monate über dem Steinkellertor der Riegersburg bei einer Luftfeuchtigkeit von 36–98 % und einer Temperatur von 2–28 Grad Celsius langsam reifen und ihr typisches Aroma entwickeln. Es werden dabei keinerlei technische Hilfsmittel eingesetzt, einzig ein Ventilator sorgt für einheitliche Frischluft.

Da das Fleisch der Keulen nicht, wie z. B. in San Daniele üblich, mit Fett zugeschmiert wird und die Keulen auch nicht geräuchert werden, lässt ein gewollter Edelschimmel die Schinken subtil reifen. Neben dem bekannten Turmschinken werden aus besonders schweren Keulen mit einem Rohgewicht von mindestens 25 kg eine „Reserve“, die 24 Monate reifen darf, sowie eine „Extrareserve“ mit 36 Monaten Reifezeit erzeugt. Es versteht sich von selbst, dass alle Keulen am Knochen ausreifen und erst nach ihrer optimalen Reife ausgelöst, kontrolliert und versendet werden.

Durch die extrem hohen Qualitätsansprüche ist man in der Turmschinkerei Fink weit entfernt von jeglicher Massenproduktion; pro Jahr werden hier gerade einmal 600 Rohschinken-Keulen hergestellt, deren Fleisch von derartiger Güte ist, dass es keinen Vergleich mit italienischen Rohschinken zu scheuen braucht.

Eine neuere, ganz besondere Spezialität sind die so genannten Barrique-Schinken, die in Zusammenarbeit mit den namhaften Winzern Heinrich (Weinbaugebiet Neusiedlersee) und Krutzler (Weinbaugebiet Südburgenland) hergestellt werden. Hierfür werden ausgelöste Frikandeau-Stücke in gebrauchte und damit ausgediente Barriques geschichtet, einige Tage mit Meersalz gepökelt und schließlich mit den jeweiligen Weinen aufgegossen – zum einen ist dies der berühmte „Salzwein“ von Heinrich und zum anderen der legendäre „Perwolff“ von Krutzler. Auch diese edlen Schinken werden anschließend nur luftgetrocknet, allerdings brauchen sie keine 12 Monate Reifezeit, sondern sind schon nach 4–5 Monaten verzehrfertig.

Neben den Schinken erzeugt die Turmschinkerei auch noch köstliche „Schinkenchips“, die aus Abschnitten von der Schinkenproduktion hergestellt werden. Für dieses schmackhafte Knabbergebäck werden die Schinkenabschnitte in einem speziellen Verfahren getrocknet, wodurch sie zusätzlich an Gewicht verlieren und ihren Geschmack intensivieren.

Verkosten sollte man all diese Spezialitäten mit einem guten Gläschen Wein im Gasthof der Familie Fink; das feine Aroma des Schinkens betört geradezu und sein delikater Geschmack ist wunderschön nuanciert.

REHKITZ MIT TURMSCHINKENFÜLLE

Schmetterling-Schnitzel von der Rehkitz-Nuss werden mit Rohschinken und Kräutern nach Wahl (z. B. Salbei, Rosmarin) belegt und zusammengeklappt; fixieren. Schnitzel beidseitig scharf anbraten, frischen grünen Pfeffer hinzufügen und kurz im vorgeheizten Ofen fertig garen. Auf Tellern angerichtet mit Zitronensaft und Haselnussöl beträufelt sowie einigen Parmesanspänen garniert servieren.

FORELLENTARTAR IM TURMSCHINKEN GEBACKEN

Frisches, rohes Forellenfilet nach Belieben würzen (z. B. mit Zwiebel, Knoblauch, Zitronensaft, Salz, Pfeffer, gehackten Kräutern wie Schnittlauch, Petersilie, Dill, Kerbel) und mit etwas Eiklar abbinden. Eine dünne Scheibe Turmschinken in einer beschichteten Pfanne beidseitig knusprig braten, auf Küchenpapier abtropfen lassen. Eine zweite Scheibe in der Pfanne anbraten, wenden und ein bis zwei Esslöffel vom Forellentartar mittig darauf setzen und die zuvor gebratene Scheibe darauf legen. Kurz im vorgeheizten Ofen backen, bis das Eiklar gestockt ist. Zusammen mit einem Vogerlsalat servieren.

ALMO-OCHSENFILETS IN TURMSCHINKENCHIPS-KRUSTE

Die Filets vom Lungenbraten ohne jegliche Würzung in einer schweren Pfanne bei starker Hitze beidseitig scharf anbraten (nicht durchbraten!), das Fleisch aus der Pfanne nehmen und rasten lassen. Zwischenzeitlich werden die Turmschinkenchips mit der Hand grob zerbröselt.

Das Fleisch beidseitig mit gutem Senf bestreichen, danach in den Chips-Brösel „panieren“ und bei großer Hitze in der Pfanne fertig braten, bis sie eine schöne Kruste haben. Filets mit Pfeffer gewürzt auf Tellern anrichten, dazu passt (Marensdorfer-) Spargel mit Butterbrösel oder Sauce Hollandaise.

TURMSCHINKEN IM REIFERAUM

Zotter

Es gibt Schokolade und es gibt Zotter, denn Zotter macht zwar auch Schokolade, aber eben so ganz anders als viele andere – wenn nicht alle – Chocolatiers. Josef Zotter hat sich dem traditionellen Handwerk des Chocolatier nicht nur verschrieben, um einfach köstliche Schokolade zu erzeugen, sondern um zu zeigen, dass Schokolade viel mehr sein kann, als sie üblicherweise ist. Allein die Kakaobohne, der Ursprung aller Schokoladen, birgt mehr als 1000 Aromenkomponenten in sich, wovon derzeit leider nicht mehr als 400 näher bestimmt sind.
Mit seinen handgeschöpften Schokoladen begann Josef Zotter all diese Spielarten des Geschmacks zu erforschen und mit ihnen zu spielen. Und so paaren sich seine Edelschokoladen einmal mit feinsten Canachen, ein anderes Mal mit edlen Destillaten, gerösteten Nüssen, Kernen oder verschiedensten Früchten. Ja es gibt sogar Rezepturen, bei denen die Zotter-Schokolade eine sehr harmonische Liaison mit Grammeln vom Waldschwein, mit Magenbitter, Chili, Polenta oder Käferbohnen mit Zwiebelconfit eingeht – und dabei den Geschmacksnerven überaus gelungene Überraschungen bietet.
Fein nuanciert und im Detail durch Gewürze oder einen Spritzer Essig abgerundet, lesen sich seine Rezepturen eher wie große Kompositionen, denn als einfache „Kochanleitungen".

© Zotter

JOSEF ZOTTER BEI DER ARBEIT

Mit 26 Jahren machte sich der gelernte Koch und Konditor Josef Zotter auf, die Schokoladenwelt zu revolutionieren und eröffnete 1987 in Graz seine erste Konditorei. Neben der Tortenproduktion begann er schon damals in jeder freien Minute an der Idee zu arbeiten, außergewöhnliche Schokoladen zu entwickeln. Und seine Kompositionen kamen bei den Kunden derart gut an, dass Josef Zotter Ende der 90er Jahre beschloss, sich voll und ganz der Schokoladenproduktion zu widmen und wurde bei diesem Vorhaben tatkräftig von seiner Gattin Ulrike Zotter unterstützt. Und so kehrten die Zotters zurück nach Bergl, um dort ihre Schokoladen-Manufaktur zu errichten. Das Konzept sah vor, Tradition mit Moderne perfekt zu verbinden, neue, kreative Ideen umzusetzen und dabei auch einem sozialen Anspruch gerecht zu werden, denn neben dem Kakao beziehen die Zotters auch Rohrzucker, Kaffee und Mangofrüchte aus FAIRTRAIDE-Betrieben.
Der Künstler Andreas H. Gratze wurde damit beauftragt, den köstlichen Geschmack der Schokoladen auch durch die richtige Verpackung bildlich werden zu lassen. Sein künstlerisches Verpackungsdesign verleiht den verschiedensten Sorten humorvolle, nachdenkliche, liebliche oder sinnliche Bilder und Grafiken; je nach Anlass und Geschmackskomposition.

Quelle der Inspiration und Wiege der Zotter-Schokoladen ist die Steiermark. Mit dem Interesse an Regionalität werden viele Rohstoffe wie Milch, Edelbrände oder Kürbiskerne von Nachbarn oder Betrieben aus der Region bezogen. „Wenn man regionale Produkte verwendet, weiß man um deren Anbau, Verarbeitung und Kultivierung – man kennt die Produzenten und kann daher ihren Produkten vertrauen.", erklärt Josef Zotter und auch deshalb hat er seine Produktionsstätte inmitten der wunderschönen Landschaft und ihrer Felder errichtet.
Zotter steht auch für Vielfalt und individuellen Geschmack, denn schließlich hat jeder Mensch seinen eigenen Kopf und folglich auch seinen eigenen Geschmack. An die 140 unterschiedliche Schokoladenartikel führt Zotter derzeit im Sortiment und da Josef Zotter ein ruheloser Erfindergeist ist, kommen ständig neue Sorten hinzu. Mit jeder neuen Sorte und mit jedem Handgriff versucht Josef Zotter, sich gegen die Standardisierung von Geschmack, Lebensmitteln und in letzter Folge auch des Lebens zu setzen.

ZOTTER TRINKSCHOKOLADE

Weinbaugebiet Südoststeiermark

Die freundliche, ja geradezu liebliche Landschaft des Weinbaugebietes Südoststeiermark wird zuweilen von bizarren und schroffen Klippen unterbrochen; diese rühren von erloschenen Vulkanen her – was für den Wein ein Segen ist. Der Wein erhält nämlich durch die vulkanischen Böden, verstärkt durch das kühle Klima, hier eine unverkennbare Würze und Aromatik. Die alten Vulkane sind es auch, die der Gegend den Beinamen „Vulkanland" verschafft haben. Der auch als Land der Burgen und Schlösser bezeichnete östliche Bereich der Steiermark liegt im Grenzgebiet zu Slowenien und Ungarn, sowie im Norden zum österreichischen Bundesland Burgenland. Insgesamt vier Weinstraßen führen durch die sehr reizvolle, von sanften Hügeln geprägte Landschaft: Südoststeirische Hügelland-Weinstraße, Thermenland-Weinstrasse, Oststeirische Römerweinstraße und ganz im Süden die Klöcher Weinstrasse.

Rund 2.500 Hauer, viele im Nebenerwerb, bauen in der Südoststeiermark Wein an; die durchschnittliche Rebfläche liegt damit nur bei etwa einem halben Hektar. Ein Großteil des Weins wird über die etwa 300 Buschenschanken verkauft.

Die Südoststeiermark ist geprägt von vielen Weinbauinseln, einzig das an der slowenischen Grenze gelegene Klöch kann als größeres zusammenhängendes Gebiet genannt werden. Im Weinort Klöch (Fritz Frühwirt, Giessauf-Nell, Weinbau Hatzl, Weinhof Klöckl, Weinbau Simmerl-Klimbacher) hat man sich schon vor langer Zeit auf die Kultivierung des rosenduftigen Traminers spezialisiert – und bleibt dabei. Auf dem vulkanischen Boden gedeiht körperreicher Traminer, der weit über Österreich hinaus bekannt ist, weshalb Klöch und der Traminer mittlerweile beinahe in einem Atemzug genannt werden. Zur Erhaltung der Sorte wurde die Schutzmarke „Klöcher Traminer" kreiert, die für Weine vergeben wird, die von einer Kommission positiv bewertet wurden.

Im Norden des Gebiets befinden sich Weiz und Hartberg, Gleisdorf (Weinhof Pregartner) sowie die vor einigen Jahren wiederbelebten Rieden der historischen Riegersburg bei Fürstenfeld (Weinbau Kleinschuster, Weingut Stocker), Feldbach und Kapfenstein (Weingut Farnleitner, Weingut Winkler-Hermaden). Am Ringkogel bei Hartberg befinden sich die höchstgelegenen Weingärten Österreichs, die sich bis in 650 Meter Seehöhe erstrecken. Auch Straden kann als bedeutender Weinort erwähnt werden, nicht zuletzt wegen dem hier ansässigen Weingut Neumeister, das weit über Österreichs Grenzen hinaus bekannt ist.

Das Gebiet liegt in einer Übergangszone zwischen einem heißen, trockenen pannonischen und einem feuchtwarmen Mittelmeerklima. Die 1.110 Hektar Weingärten liegen auf Vulkan-, Basalt-Sand-, Lehm- und Verwitterungsböden. Tradition trifft hier auf Moderne: Sauvignon blanc und Morillon (wie der Chardonnay hier heißt), oft im Barrique gereift, sind auch hier im Vormarsch. Hauptsorte ist aber der Welschriesling und neben dem Traminer aus Klöch gelten Ruländer und Rieslinge als Spezialitäten. Etwas Blauer Wildbacher, Blauburger und Zweigelt sind vereinzelte rote Sorten.

FRITZ FRÜHWIRT KLÖCH

Die Familie Frühwirt in Klöch sieht sich selbst als Betrieb zwischen Tradition und Moderne. Einerseits wird nämlich sehr viel Wert auf ein profundes Handwerk gelegt, andererseits kommt auch – da, wo notwendig – zeitgemäße Technologie zum Einsatz. Außerdem ist man bemüht, eine ausgewogene Balance zwischen Ursprünglichkeit und Tradition auf der einen Seite und der immer wichtiger werdenden Internationalität auf der anderen Seite zu finden – nicht immer ein leichtes Unterfangen. Die 11 ha Weinberge liegen in der Region Klöch, weshalb es wenig verwundert, dass einer der Schwerpunkte des Hauses der Traminer ist. Doch auch Rotweine werden gekeltert, die dann in einen speziellen Sandsteinkeller ausgebaut werden.

Das Haus erzeugt eine Reihe von sehr guten Weißweinen, so sind z. B. der Morillon Eruption, der Sauvignon blanc Sunnleiten und natürlich auch der Traminer Hochwarth sehr ausgewogene Weine, die sehr viel Trinkvergnügen bereiten. Wunderschön präsentiert sich der saftig-opulente Gewürztraminer Extrem mit einer kräftigen, goldgelben Farbe und einer Fülle von Aromen nach Orange, Minze und Tropenfrüchten – ein edler Wein mit viel Klasse.

WEINGUT WINKLER-HERMADEN KAPFENSTEIN

Das von Georg Winkler geleitete Weingut liegt mitten im steirischen Vulkanland, nur wenige Kilometer von der slowenischen und ungarischen Grenze entfernt. Die Weingärten des Gutes (Ried Winzerkogel, Ried Kirchleiten, Ried Schlosskogel, Ried an der Kapelle, Ried Rosenleiten und Ried Hinteregg) sind auf den steilen Abhängen eines Vulkankegels angelegt. Seit dem Jahrgang 2004 werden auch zusätzlich die Weingärten des Gräflich Stürgkh'schen Weingutes in Klöch bewirtschaftet. Die Familie Winkler-Hermaden, in deren Besitz sich auch das Schloss – eine Wehrburg aus dem 11. Jahrhundert – befindet, führt das Weingut mit seinen derzeit 28 ha schon seit 1898 als Familienbetrieb. Der eine Schwerpunkt der Produktion liegt bei Sauvignon blanc und den „Burgundersorten" (Morillon, Weißburgunder, und Grauburgunder), der andere liegt, ungewöhnlich für die Steiermark, beim Rotwein (Blauburger, Blauer Zweigelt, Pinot noir, Cabernet Sauvignon und Merlot). Welschriesling als die bekannteste steirische Sorte und als besondere Spezialität des vulkanischen Bodens die Sorten Traminer und Gewürztraminer (meist im Prädikatsweinbereich) runden das Sortiment ab.

Die besten Rotweine, aber auch ausgesuchte Weißweine werden seit einigen Jahren in Barriques ausgebaut. Das Holz, aus dem die kleinen Eichenfässer gemacht werden, stammt aus dem eigenen Wald auf dem Kapfensteiner Kogel.

Bei einem Besuch dieses sehenswerten Betriebs können – neben den teilweise hervorragenden Weinen – auch Sekte, Brände, Essig und Fruchtsäfte verkostet werden.

Sehr bemerkenswert ist der hoch-elegante Grauburgunder Reserve, der mit seinen Birnen-Honignoten und der kräftigen Würze viel Spaß bereitet. Der bekannteste Wein des Hauses, das eine ganze Reihe von ausgezeichneten Sauvignon blancs und Morillons erzeugt, ist aber sicherlich der sehr finessenreiche und saftige „Olivin"; dieser aus der Zweigelttraube gewonnene Rotwein gehört sicherlich zu den besten Rotweinen des Gebiets.

ANTON KRISPEL HOF BEI STRADEN

Das Weingut Krispel ist in der vielschichtigen kulinarischen Szene Österreichs nicht nur wegen seiner ausgezeichneten Weine bekannt, sondern auch aufgrund seiner Produkte vom Mangalitza-Schwein, insbesondere der Neusetzer Speck ist sehr zu empfehlen. 1989 hat Anton Krispel den elterlichen Betrieb mit gerade einmal 0,5 ha Weingarten übernommen, heute sind es immerhin schon beachtliche 12 ha.

Und da die Krispels selber gerne essen und trinken, lieben sie es, ohne Zeitdruck an einem schönen Tisch zu sitzen und dabei alle Sinne in entspannter Atmosphäre streicheln und mit spannenden Speisen beleben zu lassen. Genau diese Leidenschaft lässt sie dann auch immer wieder darüber nachdenken, was wir heute essen? Wenn die Entscheidung schwer, die Verführung dafür leicht fällt, so haben sie ihr Ziel erreicht.

Diese Leidenschaft spürt man auch bei den Weinen, so sind es vor allem die Chardonnay-Weine (Morillon) welche unverwechselbar, lebendig, frisch und fruchtig mit einer charakteristisch steirischen Typizität erscheinen. Insbesondere der elegante „Königsberg" mit seinem Finessenreichtum ist eine Reise ins Hause Krispel wert. Doch auch Welschriesling, Weißburgunder und Sauvignon blanc bereiten viel Vergnügen.

WEINGUT PLODER-ROSENBERG ST. PETER AM OTTERSBACH

Mit den Weinen will die Familie Ploder-Rosenberg ihren Emotionen und Erfahrungen Ausdruck verleihen. Tief verwurzelt in ihrer Heimat atmen sie den Geist der Landschaft des Vulkanlandes und kreieren so nach eigener Definition: edle Weine für anspruchsvolle Zeitgenossen! Inspiration durch hautnahe Arbeit an den Weinstöcken wie auch am Wein selbst ermöglichen das Herausarbeiten der individuellen Geschmacksnoten der Region. Die Basis ihrer Weine liefern die verwitterten, sandigen Lehmböden auf Schotteraufbau – geprägt von stark mineralischen Komponenten fehlt hier Kalk zumeist vollständig. Inspiriert, aber auch beharrliche Vorgaben der Natur auslotend, kreiert das Weingut einzigartige Weinwerke.

Das Weingut erzeugt sehr gefällige, feingliedrige, finessenreiche und frische Weine genauso, wie vielschichtige und dichte Produkte, die hier unter der Bezeichnung „Linea" vertrieben werden. Der besonders fein würziger Welschriesling mit knackiger und rassiger Frische überzeugt als ein für dieses Gebiet sortentypischer Vertreter. Der mineralische, kraftvolle und sehr konzentrierte Linea Gewürztraminer ist wahrscheinlich das beste Produkt des Hauses, doch muss man ihm die notwendige Zeit zum Reifen geben und darf ihn keinesfalls zu früh trinken.

DER IM BASALTSTEIN GEREIFTE
NEUSETZER SPECK VON ANTON KRISPEL

GIESSAUF-NELL KLÖCH-HOCHWART

Das traditionsreiche Haus liegt am Klöcher Hochwart, zwischen den Weingärten, idyllisch und ruhig. Vulkanischer Boden, die sonnigen, steilen Hanglagen, das pannonische Klima sowie die Strenge und Sorgfalt, mit der der Wein behandelt wird (von der Traube bis zur Abfüllung in die Flasche) sind Gründe, warum hier vor allem Weißweine von höchster Güte erzeugt werden. Vor allem dem Gewürztraminer möchte man ein unverkennbares optisches Erscheinungsbild verleihen und so werden zahlreiche unterschiedliche Weine aus dieser raren Sorte erzeugt. Doch neben dieser Klöcher-Paradesorte werden auch eine ganze Reihe anderer hervorragender Weine angeboten, für Rotweinliebhaber sogar ein Blauer Zweigelt.

Dennoch bleiben die verschiedenen Traminer die eigentliche Stärke des Hauses, insbesondere vermag der Gewürztraminer Selektion zu überzeugen, aber auch der Gelbe Traminer ist mehr als trinkanimierend. Glanzstück des Hauses ist für viele Weinkenner der goldgelbe Traminer Eruption, ein Wein mit toller Stilistik, der aber keinesfalls zu jung getrunken werden sollte.

MANFRED PLATZER TIESCHEN

Mit 25 ha Rebfläche zählt das Weingut von Robert und Manfred Platzer zu den Riesen in der Südoststeiermark. Der Weinhof selbst steht in Pichla bei Tieschen, die Weingärten liegen zwischen den heißen Quellen von Bad Radkersburg und Bad Gleichenberg.

Manfred Platzer baut hier Weine aus, die schon lange zu den besten der Südoststeiermark zählen. Rigorose Mengenbeschränkung, konsequente Pflege der Rebstöcke und biologisch integrierter Pflanzenschutz sind für Manfred Platzer eine Selbstverständlichkeit und natürlich auch die Voraussetzung für seine hohe Weinqualität.

Sein Sortiment umfasst dabei die gesamte steirische Vielfalt, wie Welschriesling, Muskateller, Sauvignon blanc, Pinot gris, Pinot blanc oder Blauen Zweigelt, nur um einige Beispiele zu nennen. Sehr gefällig ist der extratrockene Welschriesling, ein schöner Sommerwein und frisch-fruchtiger Speisenbegleiter. Elegant wirkt der Pinot gris, mit seinen feinen Apfel-Mandel-Aromen. Der frische, klar strukturierte Chardonnay Selektion ist nicht nur ein schöner Speisenbegleiter, sondern bereitet auch besonderes Trinkvergnügen.

RIEGERSBURG

PAPRIKAHUHN MIT ERBSENSTERZ

Für das Huhn:
1 Suppenhuhn (1 1/2–2 kg) in 8 Teile zerlegt,
1 Liter Hühnerbrühe,
2–3 Zwiebeln fein gehackt,
1 Becher Sauerrahm,
2 EL Mehl,
2–3 EL mildes Paprikapulver,
Salz und Pfeffer aus der Mühle

Für den Sterz:
600 g Weizenmehl, 400 g Dinkelmehl,
500 g Erbsen,
200–300 ml Schmalz,
Salz

Das Huhn in einer großen Pfanne oder Kasserolle ohne Fettzugabe langsam rundherum anbraten. Im ausgetretenen Fett die fein gewiegten Zwiebeln mitrösten, mit Paprikapulver, Salz und Pfeffer kräftig würzen. Die Hühnersuppe dazugießen, alles bei kleinster Hitze mindestens 3 Stunden köcheln lassen. Kurz vor dem Servieren den Sauerrahm mit dem Mehl versprudeln und durch ein Sieb zum Huhn streichen, um die Sauce zu binden. Paprikahuhn würzig abschmecken.
Für den Erbsensterz die Erbsen in Salzwasser vorgaren. In einen schweren Topf die beiden Mehlsorten ohne Fett braun rösten, das dauert 20–25 Minuten. Wenn das Mehl abgeröstet ist, kommen die Erbsen schöpflöffelweise (jeweils mit etwas Kochwasser) zum Mehl und werden unter dieses gerührt, bis kein Mehl mehr zu sehen ist. Das Schweineschmalz in einem zweiten Topf erhitzen, über das Mehl-Erbsengemisch gießen und alles weitere 30 Minuten rösten. Zum Schluss mit Salz abschmecken.
Das Paprikahuhn zusammen mit dem Sterz auftischen.

RIBISELKUCHEN

160 g Mehl, 160 g Butter,
80 g Zucker,
80 g Haselnüsse (ungeschält zerrieben),
250–300 g Ribisel
4 Eiweiß, 200 g Zucker

Aus Mehl, Butter, Zucker und den geriebenen Haselnüssen einen Teig bereiten, mit diesem eine gefettete und bemehlte Kuchenform auslegen. Teig im Rohr bei 160–180 Grad gut 20 Minuten „blind“ backen. Danach die Ribisel (ohne Stängel) auf den Teig streuen. Aus 4 Eiweiß und 200 g Zucker eine Windmasse schlagen, diesen steifen Schnee über die Ribisel streichen und den Kuchen bei mäßiger Hitze fertig backen.

KALBSMEDAILLONS MIT KÜRBISKERNKRUSTE

800 g Kalbslungenbraten in gut Daumen dicke Medaillons schneiden, salzen, pfeffern und beidseitig in Öl rasch abbraten. Für die Kruste eine kleinere fein gehackte Zwiebel zusammen mit 40 g klein gewürfeltem Räucherspeck anrösten, danach etwas überkühlen lassen und mit 125 g grob gehackten Kürbiskernen, 1–2 Eiklar sowie 1–2 EL Semmelbrösel vermengen; Masse mit Salz und Pfeffer abschmecken. Die Kürbismasse dick auf die Medaillons streichen, diese in eine Pfanne setzen und im 200 Grad heißen Rohr 3–4 Minuten gratinieren. Die Medaillons aus der Pfanne heben, das Bratfett abgießen und den Bratenrückstand mit wenig Suppe ablöschen, loskochen und reduzieren, Sauce mit eiskalten Butterflocken montieren. Sauce zu den Medaillons reichen. Dazu schmecken Kohlrabigemüse oder Butternudeln.

KÜRBISKERN-HECHTNOCKERLN IM SCHWEINSNETZ

500 g enthäutete und von möglichst allen Gräten befreite Hechtfilets in kleine Stücke schneiden, dann in einer Küchenmaschine (Cutter) unter allmählicher Zugabe von 400 ml eiskaltem Schlagobers zu einer glatten Masse mixen, währenddessen einen guten Esslöffel Kürbiskernöl tröpfchenweise beigeben. Masse mit Salz und Pfeffer abschmecken, danach durch ein Sieb streichen. Salzwasser zum Kochen bringen, dann die Hitze reduzieren. Mit Hilfe eines Suppenlöffels aus der Hechtmasse längliche Nockerln ausstechen und diese knapp unter dem Siedepunkt etwa 7–8 Minuten ziehen – nicht kochen (!) – lassen. Nockerln abtropfen lassen. Ein gewässertes Schweinsnetz ausdrücken, in gleich große Stücke schneiden und die Hechtnockerln darin einwickeln, danach in heißem Butterschmalz rundherum knusprig braten. Diese Hechtnockerln sind ein hervorragender Imbiss zum Wein, können aber auch mit Erdäpfelpüree oder zusammen mit einem Erdäpfel-Vogerlsalat serviert werden.

GERÖSTETE KUTTELN

800 g sehr weich vorgekochte Kutteln feinblättrig oder nudelig schneiden und in 2 EL Schweineschmalz zusammen mit 2 feinnudelig geschnittenen Zwiebeln, Knoblauch nach Belieben, etwas Kümmel und Majoran abrösten. Mit Salz und Pfeffer abgeschmeckt sofort sehr heiß servieren.

GERÖSTETE KUTTELN

RICHARD UND JOHANN RAUCH MIT FADELN

Der Steirawirt und seine glücklichen „Johann-Schweine“!

„Schwein gehabt!“, heißt es im wahrsten Sinne des Wortes für die wohl verwöhntesten Fadeln (Schweine) Österreichs, den so genannten Johann-Schweinen. „Johann“ ist ein glückliches und zufriedenes Schwein, das sich zusammen mit etwa 600 Schweinekollegen zeit seines Lebens in einem 80 Hektar großen Areal herumtummeln darf; das sind 140 qm pro Schwein!
„Johann“ bewohnt einen regelrechten Fun-Park für Schweine mit Wiesen zum Herumtollen und reichlich Wald. Gerade diesen braucht „Johann“, damit er sich im Sommer vor der Hitze schützen kann. Und da Schweine auch sehr leicht einen Sonnenbrand bekommen, ist der Wald für sie nahezu unverzichtbar! Dem Schweine-Schlaraffenland sehr nah ist „Johann“ dann im Herbst, wenn die köstlichen Eicheln buchstäblich vom Himmel fallen.
Aber „Johann“ liebt auch die Bewegung, ganz besonders nach einer üppigen Mahlzeit. Deshalb legt er nach dem Fressen auch schlappe 227,5 Meter bis zur Wasserstelle zurück. So behält er eine gute Figur, ohne dabei all zu viel Fett anzusetzen. Apropos Fett: Damit der Speck schön fest und weiß wird, frisst „Johann“ keinen Mais; ansonsten aber alles, was naturbelassen und gut ist.
Ziehvater von „Johann“ ist der metzgernde „Vater“ Johann Rauch, der anlässlich seines 10jährigen Firmenjubiläums ein ganz besonderes, ein absolut steirisches Fleisch haben wollte. Weil er aber nicht wirklich fündig wurde, blieb ihm nur der Ausweg, die Schweine zukünftig selber zu züchten – „Johann“ war geboren. Und da aus einzigartiger Fleischqualität auch unübertrefflich gute Delikatessen hergestellt werden können, erzeugt die Fleischerei Rauch einen Schinken, der seinesgleichen sucht: den Johann-Schinken. Mindestens 24 Monate reift diese Delikatesse heran, bevor sie die Gaumen der verwöhntesten Schinken-Gourmets verführen darf und diese zur Kreation ausgefallenster Euphorismen inspiriert.
Auch Sohn Richard Rauch wartet auf das sensationelle Johann-Fleisch seines schweineverliebten Vaters, um dieses mit eigenen Händen in seiner gleichermaßen traditionellen wie auch avantgardistischen Gourmetküche des Gasthauses „Steirawirt“ verarbeiten zu können. Sein Repertoire ist ziemlich eindrucksvoll und reicht von köstlichen Innereien über ausgefallene Kreationen (wie beispielsweise das Grammel-Eis) und steirische Klassiker (traditionelle Klachelsuppe kann man kaum anderswo besser essen) bis hin zu rustikalen Bratln. Gerade der Schweinsbraten hat es „Ricci“ Rauch angetan, den liebt er besonders. Um seinen Braten weich und zart, aber gleichzeitig knusprigkross zuzubereiten, vakuumiert er Schweinsbrüstel und gart diese zunächst einmal mindestens 12 Stunden bei 80 Grad im Rohr. Nach dem Auskühlen schröpft er die Schwarte, legt das Fleisch mit der Schwartenseite nach unten in eine mit reichlich Fett gefüllte Teflonpfanne und brät es, bis die Schwarte kracht – das Ergebnis ist schlichtweg zum Niederknien!

„JOHANN-ZÜNGERL“ MIT LINSEN UND KRENMOUSSE

Mousse: 125 ml Geflügelfond erwärmen, 3 eingeweichte Gelatineblätter darin auflösen, 60 g Krenpaste einrühren und das Ganze auf Eis kalt schlagen; 250 g geschlagenes Obers untermischen, Mousse kalt stellen (Fleißarbeit: Mousse in Rote-Rüben-Aspik einrollen). Ein geselchtes Züngerl vom Johann-Schwein weich kochen, auskühlen lassen und dünn aufschneiden. 100 g eingeweichte Linsen kochen, abseihen; mit Apfelessig, Erdnussöl, Kümmel und Salz mariniert zusammen mit der Zunge auf Tellern anrichten. Krenmousse dazu legen und dekorieren.

GEPÖKELTES „JOHANN-BACKERL“ MIT TOPINAMBUR-GERSTELN

4 „Johann-Backerl“ mit einer Gewürzmischung aus 20 g Pökelsalz, 10 g Zucker, 4 gestoßenen Wacholderbeeren, 10 gestoßenen Pfefferkörnern, 2 grob zerbröselten Lorbeerblättern und 1 TL Kümmelsamen einreiben, in ein verschließbares Gefäß füllen, einen Schluck Wasser hinzugeben und verschlossen 3 Tage pökeln. Fleisch einmal durchschütteln, danach weitere 3 Tage pökeln. Schließlich die Backerln mit 1 Liter kaltem Wasser aufkochen lassen und in 1 1/2 Stunden gar ziehen lassen; abseihen und warm halten.
400 g Topinamburknollen schälen, in kleine Stücke schneiden und in 500 ml Milch weich kochen, dann zusammen mit Nussöl und Salz pürieren. Rollgerste weich kochen und abseihen.
Topinamburpüree anrichten und mit der Rollgerste belegen, Backerl darauf setzen, soweit vorhanden mit etwas Jus umkränzen und das Gericht nach Belieben ausdekorieren.

GRAMMEL-EIS

100 g Grammeln fettfrei rösten. 150 g Zucker karamellisieren, dieses mit den Grammeln vermischen und mit Zimt würzen. Nach dem Erkalten das Grammelkrokant sehr fein hacken.
400 ml Milch zusammen mit 100 ml Obers und 4 Eidottern auf 78 Grad erhitzen, das fein gemahlene Krokant dazugeben und alles in einer Eismaschine frieren lassen.
Grammel-Eis zusammen mit einem Holler-Birnen-Koch oder Hollermandeln servieren.

JOHANN-ZÜNGERL MIT LINSEN UND KRENMOUSSE

JOHANN-BACKERL MIT TOPINAMBUR-GERSTELN

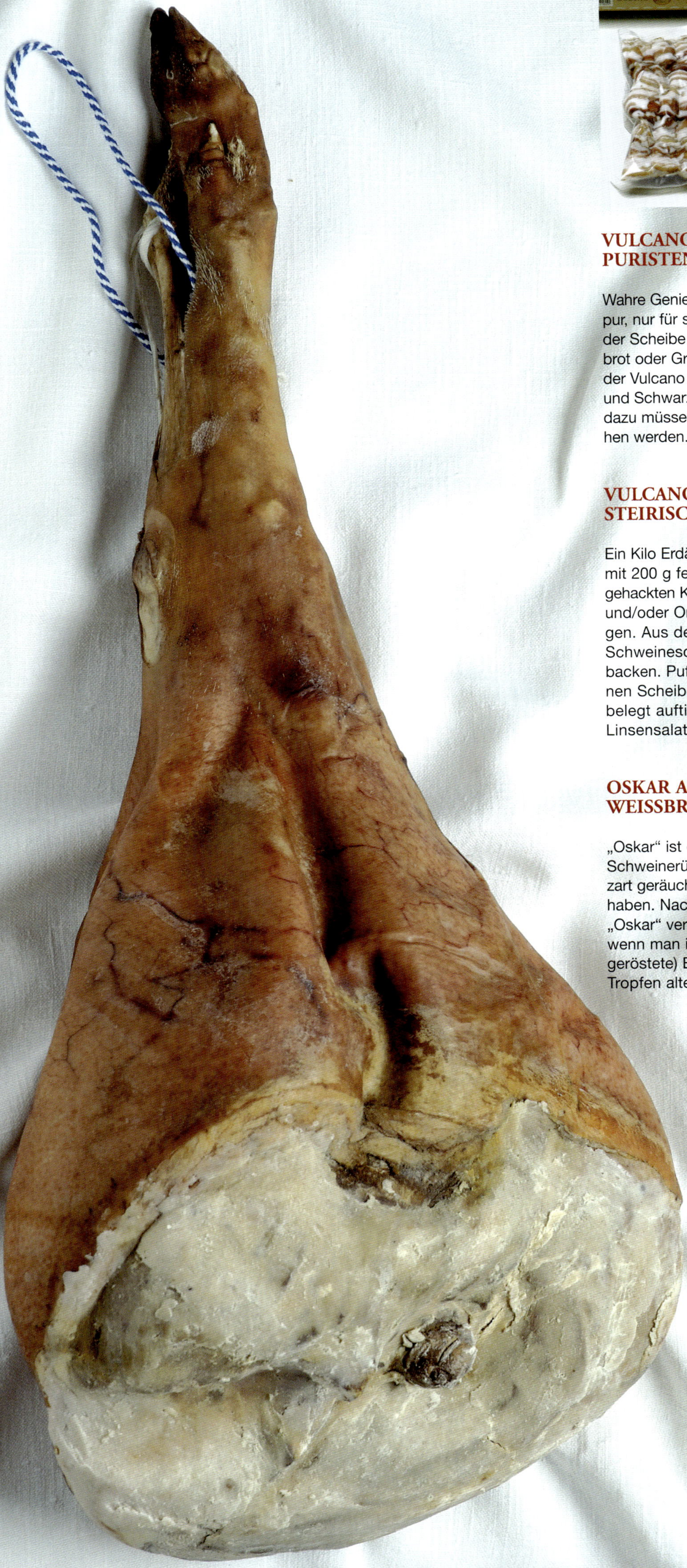

VULCANO PRODUKTE

VULCANO-SCHINKEN FÜR PURISTEN

Wahre Genießer werden den Vulkano-Schinken pur, nur für sich allein genießen. Zwischen jeder Scheibe den Geschmack mit etwas Weißbrot oder Grissini neutralisieren. Natürlich darf der Vulcano auch mit leicht gesalzener Butter und Schwarzbrot serviert werden. Auch Feigen dazu müssen noch nicht als Häresie angesehen werden.

VULCANO-RÄUCHERSPECK MIT STEIRISCHEN ERDÄPFELPUFFERN

Ein Kilo Erdäpfel schälen und roh reiben, sofort mit 200 g fein gewiegten Zwiebeln, einigen gehackten Knoblauchzehen, 1–2 Eiern, Majoran und/oder Oregano, Salz und Pfeffer vermengen. Aus der Masse kleine Puffer in reichlich Schweineschmalz knusprig-goldgelb ausbacken. Puffer abtropfen lassen und mit dünnen Scheiben von Vulcano-Räucherspeck belegt auftischen, dazu schmecken ein Linsensalat sowie ein Fläschchen Schilcher.

OSKAR AUF GERÖSTETEM WEISSBROT

„Oskar" ist ein rescher, rein weißer Speck vom Schweinerücken, den die Vulcano-Erzeuger zart geräuchert und mit rotem Paprika gewürzt haben. Nach rund zwei Monaten Reife ist „Oskar" verzehrfertig. Am besten schmeckt er, wenn man ihn gekühlt auf (nach Belieben geröstete) Brotscheiben legt und mit einigen Tropfen alten Balsamessig beträufelt serviert.

FRANZ HABEL

Vulcano-Schinken

Drei Bauern, mit bürgerlichem Namen Franz Habel, Herbert Ehrenhöfer und Markus Fuchs saßen eines Tages zusammen und fassten den Entschluss, einen Schinken zu fabrizieren, der zum einen den regionaltypischen Charakter der Steiermark in sich trägt, zum anderen aber keinen Vergleich mit den großen Namen aus San Daniele, Parma oder Serrano zu scheuen braucht. Schon kurze Zeit später starteten sie zusammen mit dem versierten Fleischermeister Sepp Lafer dieses ehrgeizige Projekt.

Um den Schinken seinen eigenen Charakter zu verleihen, wurde eine spezielle Schweinerasse gewählt, es handelt sich bei ihr um eine deutsche Edelrasse. Diese bringt Tiere hervor, die eine hervorragende Fettverteilung bzw. Marmorierung des Fleisches aufweisen. Durch eine ganz spezielle und sehr gesunde Fütterung wird zudem das Fettsäuremuster bzw. die Fett-Fleischqualität sehr positiv beeinflusst. Die zum Teil im Freien gehaltenen Vulcano-Schweine werden außerdem sehr schwer und groß gemästet: „Fett ist unser wichtigster Rohstoff!", argumentieren die Bauern.

Hochklassiges Schweinefleisch enthält, das ist wissenschaftlich belegt und nachgewiesen, mehr als 100 verschiedene Aromen. Daher ist es aus der Sicht der passionierten Schinkenerzeuger gar nicht notwendig, dem Fleisch externe und vor allem zu starke Aromen zuzufügen; und deshalb sollen wohl dosierte Zugaben von feinstem Salz, Gewürzen und zartem Rauch den Geschmack der Vulcano-Produkte (außer Schinken werden verschiedene Wurstwaren, Specksorten sowie ein köstliches Kaiserteil erzeugt) lediglich unterstützen, keinesfalls aber überdecken.

Das wichtigste für den Vulkano-Schinken ist aber die Zeit, die man ihm zum Reifen lässt! 15 Monate darf er bei relativ hohen Temperaturen seine Aromen entwickeln und ausreifen, wobei er gut und gerne die Hälfte seines ursprünglichen Gewichtes verliert.

Wie der Schinken am besten genossen wird, ist eine Frage der Ideologie, der Tradition und vor allem des Schinkens selbst, denn grundsätzlich werden Knochenschinken (das sind Schinken, in denen der Knochen belassen wurde) immer mit der Hand aufgeschnitten, ausgelöste dagegen mit der Maschine. Wer die Technik mit dem Messer beherrscht, sollte auf jeden Fall zum Knochenschinken greifen, denn dieser ist saftiger, zarter, feiner und insgesamt harmonischer, als die ausgelösten Keulen – vor allem das Fleisch, welches am Knochen selbst sitzt, ist eine unglaubliche Delikatesse. Zudem hat das Schneiden mit dem Messer den Vorteil, dass man die jeweils richtige Dosierung zwischen Fleisch und Fett bestimmen kann, was mit der Maschine schwieriger ist; und – der Knochen ergibt später eine hervorragende Suppe!

Ausgelöste Keulen lassen sich einfacher handhaben, sind mit der Maschine schneller und akkurater aufzuschneiden und die Menge kann leichter kontrolliert werden, weshalb sie vor allem für die Gastronomie von Vorteil sind. Manche Schinken-Gourmets sind auch der Ansicht, dass der Geschmack umso voller zur Geltung kommt, je dünner die Scheiben geschnitten sind. Das stimmt sicherlich insoweit, dass die größere Oberfläche mehr Sauerstoff zulässt und daher der Geruch voller wird. Was den eigentlichen Geschmack betrifft, so sind die Meinungen wieder geteilt, denn etwas dicker geschnitten (dünne Scheiben mit dem Messer geschnitten) entfaltet sich beim Kauen ein unvergleichliches Geschmackserlebnis, vorausgesetzt der Schinken ist von erstklassiger Güte. Egal ob der Schinken kunstvoll mit der Hand oder modern mit der Maschine geschnitten wurde, zwei Punkte gelten für beide gleich: 1. Der Schinken sollte niemals zu kalt genossen werden, am besten schmeckt er bei Zimmertemperatur. 2. Das feine und hoch-aromatische Fett wird mitgegessen, denn es ist der eigentliche Geschmacksträger aller hochklassigen Schinken und darf daher unter keinen Umständen entfernt werden – man würde den Schinken um sein feines Aroma und sich selbst um den Genuss bringen!!!

TRÜFFELFILET MIT WIESENCHAMPIGNONS

GESCHMORTE KITZSCHULTER MIT JUNGEM KNOBLAUCH UND SALZSCHALOTTEN, BRENNNESSELN UND ZERDRÜCKTEN HEURIGEN MIT OLIVEN UND VULCANO-SCHINKEN

Dieses Rezept stammt vom Spitzenkoch Gerhard Fuchs

1 Kitzschulter, 5 Schalotten geschält und gehackt, 1 Hand voll frischer Kräuter (Rosmarin, Thymian, Majoran), 50 g Butter, Meersalz und weißer Pfeffer aus der Mühle, etwas ungewürzte Rindsuppe oder Gemüsefond

Für das Gemüse:
2 Knollen junger Knoblauch, 4 Schalotten, 1 Hand voll gewaschene Brennnesselspitzen, Olivenöl, 40 g Butter, Meersalz, Tafelsalz, Muskatnuss

Für die Heurigen:
etwa 150 g gekochte und geschälte Heurige-Erdäpfel, etwas Olivenöl, Meersalz aus der Mühle, 2 EL entsteinte und in Würfel geschnittene schwarze Oliven, 4 Scheiben Vulcano Schinken

Die Kitzschulter mit Salz und Pfeffer würzen. Butter in einem Bräter aufschäumen lassen, die Kitzschulter einlegen und langsam Farbe nehmen lassen, öfters mit Bratfett übergießen. Schalotten und Kräuter beigeben und mit etwas Suppe untergießen, im Ofen bei etwa 140 Grad weich schmoren; dabei des öfteren mit Bratenfond übergießen.

Die Knoblauchknollen mit etwas grobem Meersalz und Olivenöl in Alufolie einpacken, auf ein Backblech setzen und im Ofen weich garen. In einer Pfanne die Butter zerlassen und die Brennnesselspitze darin anschwitzen, mit Meersalz aus der Mühle und geriebener Muskatnuss abschmecken. Die noch heißen Erdäpfel mit einer Gabel zerdrücken; mit Olivenöl, Oliven und Meersalz abschmecken. Zum Anrichten die Schulter tranchieren und mit etwas Bratensauce anrichten. Schalotten und Knoblauch halbieren und zusammen mit dem Brennnesselgemüse ansetzen. Die zerdrückten Heurigen à part anrichten und mit einer Scheibe Vulcano-Schinken belegen. Sofort servieren.

TRÜFFELFILET MIT WIESENCHAMPIGNONS

Einen weiten Teller mit dünnen Scheiben vom messergeschnittenen Trüffelfilet (besondere Variante des Vulcano-Schinken) auslegen. Einige Champignons oder Steinpilze mit einem großen Messer hauchfein schneiden. Alles mit grob gemahlenem schwarzem Pfeffer bestreuen und mit etwas Olivenöl beträufeln; nach Wunsch auch einige Parmesanspäne anlegen. Sofort servieren.

HOLZFÄSSCHEN FÜR XA-APFEL-BALSAMESSIG

ALOIS GÖLLES

Alois Gölles

Viele alte Apfelsorten wie z. B. Maschansker, Krummstiel, Schafsnase, Rosenapfel oder Ilzer Weinler sind in der Steiermark seit langem heimisch. Doch diese meist unansehnlichen Sorten werden nahezu ausschließlich zu Apfelsaft oder Most verarbeitet; der Konsument bevorzugt heute leider das Schöne und nicht mehr das Aromatisch-Gute.
Alois Gölles aus Riegersburg hatte allerdings noch einige andere Ideen, was man aus diesen herrlichen Früchten erzeugen kann: nämlich feinste Schnäpse und Essige! Mit Eifer und Besessenheit tüftelte er an den jeweils passenden Rezepturen und der Erfolg gab ihm Recht; seine Brände und Essige gehören heute zum Besten, was Österreich zu bieten hat – sein Apfel-Balsam gehört unbestritten zu den besten Essigen der Welt!
Ausgangsprodukt ist immer das heimische steirische Obst, das wegen des besonderen Klimas (warme, sonnige Tage und kühle Nächte) ein besonders ausgeprägtes Aroma entwickeln kann. Außerdem setzt Alois Gölles nicht auf die üblichen Tafeläpfel, sondern kultiviert die eingangs angesprochenen alten Apfelsorten. Dazu hat er in seinen Obstgärten Holunder, Marillen, Kriecherl, Williams-Birnen und natürlich Vogelbeeren angepflanzt.
Nur erstklassige, vollkommen gesunde und vollreife Früchte werden von Alois Gölles eingemaischt, sorgfältigst vergoren und schließlich gebrannt. Das Fruchtdestillat darf dann in großen Glasballons nachreifen. Die große Sammlung alter Ballons, übrigens alles Unikate, ist Alois Gölles ganzer Stolz. Manche Brände hingegen kommen in Holzfässer, wo sie neue Aromen entwickeln und ihre Farbe ändern. Das Holzfass ist auch die Basis des wunderbaren Apfel-Balsams: Für diese spezielle Rarität wird der frisch gepresste Saft zunächst stark eingedampft (Methode Aceto Balsamico tradizionale) und danach in Holzfässer abgefüllt. Nun beginnt ein äußerst komplizierter und komplexer Prozess, bei dem Gärung und Versäuerung sehr langsam und behutsam erfolgen und ein möglichst hoher Restzucker erhalten bleibt. Wohl gemerkt: erhalten bleibt, denn die Süße darf selbstverständlich nur von natürlichem Fruchtzucker und nicht von einem etwaigen Zuckerzusatz stammen. Bei der jahrelangen Lagerung in Fässern verdunstet dann ständig Wasser, wodurch die Extraktstoffe, Aromastoffe, Mineralstoffe, natürlichen Fruchtsäuren und Fruchtzucker immer konzentrierter werden. Gleichzeitig wird Balsam Essig, je länger er lagert, immer geschmeidiger, weicher milder und runder. Nach vielen Jahren Reife entsteht daraus ein dickflüssiger, hocharomatischer Würzbalsam von einzigartigem Wohlgeschmack. Er harmoniert übrigens ausgezeichnet mit steirischem Kürbiskernöl, doch Liebhaber werden ihn Teelöffelweise pur genießen wollen.
Zudem werden seit 1987 bei Alois Gölles ausgewählte Fässer mit Balsam-Essig für die extralange Reife zurückgelegt. Diese Reifung erfolgt in Batterien zu je sieben Fässern. Nur was auf natürliche Weise verdunstet, wird dann aus dem nächstgrößeren Fass nachgefüllt (ähnlich wie beim Aceto Balsamico). Nach etwa zehn Jahren hat der Essig dann seine Batterie durchlaufen und weist nach einer gesamten Lagerzeit von nahezu 20 Jahren eine Konzentration auf, die unvergleichlich über jener eines normalen Balsam-Essigs liegt. Solche raren Essenzen sind wahrer „Balsam“ auf der Zunge (und Seele) eines jeden Gourmets; leider sehr rar und entsprechend teuer.
Weitere Klassiker aus dem Hause Gölles sind neben vielen verschiedenen Fruchtessigen (die übrigens aus der reinen Frucht vergoren werden und nicht angesetzt worden sind), der Schilcher-Essig, Zweigelt-Essig, Veltliner-Essig und natürlich der für die Steiermark so typische Mostessig.

XA-Apfel-Balsamessig

Der XA-Apfel-Balsamessig („XA“ steht für extra alt) wurde von Alois Gölles kreiert und sofort von ambitionierten Köchen/innen der Spitzengastronomie sowie anspruchsvollen Genießern als besonders wertvolle Zutat geschätzt. Wie hochwertiger „Aceto balsamico“ entwickelt auch Gölles' Apfel-Balsamessig im Alter ein faszinierendes Aromageflecht und eine unvergleichliche Dichte im Geschmack. Während das Säurespiel des jungen Essigs zurücktritt, entfaltet sich im Verlauf einer jahrzehntelangen Reife ein unvergleichliches Maß an feingliedriger Opulenz. Die komplexe Kreszenz bezieht eine zusätzliche Würze von den Fässern, in denen sie zur Reife gelagert ist.
Der XA-Apfel-Balsamessig aus der Privat-Reserve von Alois Gölles wurde über etwa 20 Jahre in den bereits erwähnten Batterien aus jeweils sieben Fässern ausgebaut. Durch die Verwendung verschiedener Hölzer – für diese erste Lieferung lagen die Essige in Fässern aus Eschenholz, Akazien-, Eichen- und Kirschholz – ist die traditionelle Methode bestrebt, ein besonders vielschichtiges Geschmacksbild zu erzeugen. Das größte Fass jeder Batteria hat ein Volumen von 30 Litern, das kleinste eines von sechs Litern. In der Reifezeit durchwandert der Essig sämtliche Fässer, um zum guten Schluss vom jeweils kleinsten Fass auf Flaschen abgefüllt zu werden. Von dieser erlesenen Spezialität „XA-Apfel-Balsamessig“ ist daher nur eine limitierte Zahl von 945 Flakons à 0,1 Liter verfügbar.

Der Tresterbrand

In Österreich wird, insbesondere nach einem guten Essen, gerne eine kräftige Abrundung genommen. Während bei der Jause zu klassischen Hausbränden gegriffen wird, so dominieren nach einem kulinarisch wertvolleren Mahl die Edelbrände, allen voran die Trebernbrände.
Kein anderer Brand kann eine derartige Dichte und Konzentration von Aromen aufweisen, wie die aus dem extraktspendenden Traubenmaterial gewonnenen Trebernbrände, deren Herstellung eine Kunst für sich ist.
Nach wie vor wird der klassische Trebernbrand, besser bekannt unter der italienischen Bezeichnung Grappa, von den Gourmets bevorzugt; neue Sorten, in denen Spargel, Hagebutten, Trüffel o. ä. angesetzt wurden, gelten eher als neumodische Spielereien; zurück zu den Wurzeln ist die Devise!
Man weiß bis heute nicht genau, wann Weinbauern auf die Idee gekommen sind, aus den bei der Weinpressung anfallenden Traubenrückständen einen Schnaps zu brennen; allerdings gilt es als gesichert, dass der Grappa/Trebern eine bäuerliche Spezialität aus den östlichen Alpen- und Voralpenregionen sein dürfte. Ursprünglich wurde der Trebern aus einer bunten Mischung von verschiedensten Traubensorten gebrannt, wobei mitunter nicht einmal zwischen Rot und Weiß unterschieden wurde. Seit den späten 80er Jahren vorigen Jahrhunderts ist es in Mode gekommen, reinsortige Brände herzustellen, doch geben Kritiker zu bedenken, das dies eigentlich nur bei sehr aromatischen Trauben – wie z. B. dem Muskateller – wirklich sinnvoll ist.
Während die klassischen Trebern/Grappe meist aus relativ trockenem Trester über Direktdampf destilliert werden, woraus ein kerniger, oft rustikaler Typus von Brand entsteht, der weniger die Fruchtnoten und mehr die herb-würzigen Trestertöne hervortreten lässt, hat sich in Österreich eine eigene Technologie entwickelt, wobei die Trauben zunächst nicht so stark ausgepresst werden, was sie saftiger belässt. So überwiegen dann später auch im Destillat fruchtige und traubige Noten, während die so genannte Kernnote in den Hintergrund tritt. Obwohl sich dieses Verfahren besonders für die Erzeugung von reinsortigen Tresterbränden anbietet, wobei die Brände die verwendeten Traubensorten sowie das Terroir transparent werden lassen, gibt es auch hier wieder Stimmen, die meinen, dass diese Brände den Traubenbränden oft näher seien, als dem echten Trebern/Grappa. Doch werden derartige Stimmen schnell verstummen, wenn sie einmal eines dieser grandiosen Elixiere über Zunge und Gaumen rinnen lassen, wie sie in den besten Brennereien Österreichs hergestellt werden.
Um die Kraft und Aromatik dieser Tropfen noch besonders zu stützen, lässt man den Trebernbränden einen höheren Alkoholgehalt, denn dieser ist ein hervorragender Aromaträger.

Die Trebern der Brennerei Gölles

Unmittelbar nach dem Pressen werden die Trebern – insbesondere von Edelwinzern aus ganz Österreich wie z. B. Pichler (Wachau), Kracher (Burgenland) und Tement (Steiermark) – in Transportfässer eingeschlagen und nach Riegersburg in die Brennerei GÖLLES verfrachtet. Nach einer kontrollierten Gärung und einer kurzen Lagerzeit auf der Maische (etwa 4 Wochen) wird nach dem Rauh- und Feinbrandverfahren doppelt destilliert.
Auf eine Lagerung der Destillate in Holzfässern wird bewusst verzichtet. Dies würde nur eine ungewollte Nivellierung bringen und die markanten Charaktere verblassen lassen.
Wann diese Brände am besten getrunken werden, entscheidet – sehr subjektiv – der Genießer von Fall zu Fall unterschiedlich. Bevorzugt man die fein fruchtigen Aromen, so sollte das Destillat innerhalb 2–3 Jahren die optimale Genussreife erreicht haben. Sucht man die vollen Reifearomen, so darf man ruhig einige Jahre zusätzlich verstreichen lassen.
An dieser Stelle soll nicht unerwähnt bleiben, dass in der Brennerei Gölles auch einige sensationelle Fruchtbrände erzeugt werden, insbesondere aus Fruchtsorten wie Maschansker-Apfel, Herzkirsche, Kriecherl, Saubirne oder Vogelbeere.

DESTILLIERAPPARATE

KLASSISCHE HERSTELLUNG

Die Herstellung des beliebten Schnapses beginnt mit dem Trester, den ausgepressten Schalen der Weintrauben. Für einen guten Trebern sollte der Trester nicht zu trocken und möglichst frisch sein, damit sich keine Schimmelpilze oder Essigbakterien bilden können. Der Trester von roten Trauben ist bereits vergoren und damit zur Destillation bereit, weil Rotwein erst nach der alkoholischen Gärung von den Schalen ausgepresst wird. Der Trester von weißen Trauben hingegen muss zunächst in den Gärbottich, da man die weißen Trauben vor der Gärung von der Maische trennt.
Der Trester muss vorsichtig erhitzt werden, denn ansonsten brennt er wie eine dicke Sauce am Boden des Kessels an, was den Geschmack des Schnapses negativ beeinflussen würde. Um dieses zu verhindern, gibt es zwei bewährte Methoden der Erhitzung: bei der einen wird der Trester mit Wasserdampf beheizt, bei der anderen stellt man den Brennkessel in einen zweiten mit Wasser gefüllten Behälter, so dass der Trester im Wasserbad erwärmt wird. Beide Verfahren stellen sicher, dass der Trester nicht anbrennt und eine Temperatur von 100 Grad nicht überschritten wird.
Die im Trester enthaltenen Substanzen gelangen zu unterschiedlichen Zeiten an ihren Siedepunkt. Methylalkohol und andere höher wertige Alkohole verdampfen als erstes beim Destillieren, doch bereits kurz nach diesem etwas übelriechenden „Kopf" kommt der Alkohol, welcher all die feinen Aromen enthält, die den Tresterbrand so begehrt machen. Es liegt also viel an der Erfahrung und der guten Nase des Brennmeisters, um den richtigen Zeitpunkt zu bestimmen, wann „der Kopf abgeschnitten" wird, damit das „Herz ohne jede Verunreinigungen gewonnen" werden kann.
Was mit so viel Liebe und Können erzeugt wurde, sollte auch entsprechend gewürdigt werden. Dies beginnt mit der sorgfältigen Behandlung, denn Trebern sollten kühl, trocken und lichtgeschützt gelagert werden – und einmal geöffnete Flaschen sollten recht zügig geleert werden, denn die feinen Aromen sind sehr flüchtig. Auch sollte der edle Tresterbrand im richtigen Glas und niemals zu kühl genossen werden!

Hühner und Poularden

Das Geflügel, vor allem das Hausgeflügel ist eines der wichtigsten Kapitel der österreichischen Küche, nicht nur aus kulinarischer Sichtweise, sondern auch aus historischer. War das Geflügel über Jahrhunderte hinweg doch als erlesene Speise nahezu ausschließlich auf den Tafeln der hohen Herrschaften zu finden, so symbolisierte es später auf den Tischen der Bürger und sogar der Bauern die Liberalisierung der Nahrungsmittel. Galt Jahrhunderte der Leitspruch „der Bauer isst Huhn nur, wenn die Henne oder der Bauer krank ist“, verband das zarte Federvieh nun die eher deftigen bäuerlichen Geschmacksvorstellungen mit den feinen Küchenkreationen des Bürgertums und der Aristokraten. Und während die so genannte feine Gesellschaft vom Huhn meist nur die Schenkel, bestenfalls noch ein feines Ragout aus den Hoden aß, so wurde in der bodenständigen Küche das Tier als Gesamtes verwertet.

Noch im beginnenden 19. Jahrhundert war das Huhn – in Form des beliebten Backhendl – das kulinarische Wohlstandssymbol einer aufstrebenden städtischen Bürgerschicht; etwas weniger gut situierte und vor allem härter arbeitende Bürger zogen das nahrhaftere gekochte Rindfleisch vor. Erst nach der Revolution von 1848, nach der Bauernbefreiung, der bürgerlichen Liberalisierung, dem Fall der Bastionen und mit dem Beginn der Gründerzeit, der Zeit der Hochfinanz und der Spekulanten wurde vor allem das Huhn (Backhuhn) zum Symbol einer Befreiungswelle, welche auch mit dem Essen dokumentiert sein wollte.

Die Steiermark ist seit langen das Zentrum österreichischer Geflügelzucht, neben Legehennen und Hühnern vor allem für Kapaune und Poularden, die Weltruhm erlangen konnten. „Sulmtaler“ und „Altsteirer“ sind Rassen, die für ihr überaus wohlschmeckendes Fleisch von Feinschmeckern ganz besonders geschätzt werden. Das „Steirische Stoahendl“ stellt eine österreichische Zwerghuhnrarität dar, eine weitere österreichische Rasse ist das „Siebenbürgenhuhn“, welches zu Zeiten der österreichisch-ungarischen Monarchie eingebürgert wurde.

Bis heute erfreut sich das Huhn ungebrochener Beliebtheit in der österreichischen, insbesondere der steirischen Küche und das Brathendl gehört genauso zu den Lieblingsspeisen der Österreicher, wie das berühmte Backhendl, von dem Hans Jörgel von Speising 1852 berichtete: „Im Ausland haben's ja eh die Vorstellung von Wien, dass da allaweil die Backhendln h'rumfliegen.“ Backhendln werden zwar auch in der Steiermark sehr gerne verspeist, vor allem in Form eines köstlichen Backhendlsalates, doch kennt man hier noch viele andere Gerichte aus dem vielseitig verwendbaren Geflügel. Egal ob mit Kürbisgemüse, Krensauce, Waldpilzen oder Wein, die Zubereitungen aus den bodenständigen Rezepten schmecken einfach köstlich, vorausgesetzt es wird ein hochwertiges Geflügelfleisch verwendet.

Die guten Hendln, dass muss hinzugefügt werden, sind selbstverständlich „rennate“, also solche, welche vorzugsweise am (eigenen) Hof gehalten wurden. In früheren Zeiten, als es noch eine Ehre war, zur Weinlese eingeladen worden zu sein, da war der anschließende „Hendlschmaus“ obligatorisch. „Ein Lesetag kostet sieben Hendln“, sagten die Winzer früher, denn mindestens so viele sind beim Lesemahl verspeist worden. Zuerst kam die eingemachte Hühnersuppe, dann die Backhendln und zu guter Letzt die Brathendln mit süßem Kraut. Dass dabei weder an gutem Wein, noch Most und Schnaps gespart worden ist, verstand sich von selbst, war doch das Lesemahl auch gleichzeitig die „Bezahlung“ der Erntehelfer, welche früher das Weinlesen noch als Ehre betrachteten.

Altsteirer: Schon im 14. Jahrhundert wurden Vorläufer des Altsteirer Huhns in der Steiermark gehalten. Diese Landhühner gehörten wie böhmische, ungarische, dalmatinische, spanische, schottische und deutsche zu den mitteleuropäischen Landhühnern. Steirische Landhühner unterschieden sich von deutschen Landhühnern durch weiße oder fleischfarbene Beine sowie einer sehr vollen, zartfleischigen Brust. Gegen Mitte des 18. Jahrhunderts begann man aus den steirischen Landhühnern einheitliche Schläge mit beständigen Merkmalen herauszuzüchten.

Sulmtaler: Der Ursprung des Sulmtaler Huhns liegt, wie auch der des Altsteirer Huhns in den Gebieten der heutigen Steiermark. Auf kleinbäuerlichen Höfen in den Tälern der Kainach, Laßnitz und Sulm wurden schon 1798 Landhühner mit einen Gewicht von bis zu 3 1/2 oder gar 4 1/2 kg gehalten. Das Sulmtaler Huhn galt damals als schwerer Landschlag der Steirerhühner. Gegen 1914 waren bereits tausende Sulmtaler auf steirischen Geflügelhöfen zu finden. Im Vordergrund stand ein raschwüchsiges, rumpfiges, mastfähiges Tier – auf rassemäßige Feinheiten wurde wenig wert gelegt. Nach 1950 verdrängte die neuartige Hühnerzucht das Sulmtaler Huhn und ließ die Sulmtaler Züchter auf ein Minimum zusammenschrumpfen.

Stoahendl: Das „Stoahendl" oder „Stoabipperl" ist keine standardisierte Hühnerrasse. In der Steiermark ist dieses Zwerghuhn für seine Genügsamkeit und außerordentliche Flugkraft bekannt.

Siebenbürgenhuhn: Siebenbürgenhühner hießen die zur Zeit der österreichisch-ungarischen Monarchie gezüchteten Nackthalshühner. Nackthalshühner fanden im Landstrich Siebenbürgen, eine Region im heutigen Rumänien, eine große Verbreitung.

PERLHUHN IN RAHMSAUCE

Das Perlhuhn gehört eigentlich zu einer Untergruppe der Fasane, wird aber schon seit langer Zeit als Hausgeflügel gehalten. Im 17. und 18. Jahrhundert war das Perlhuhn auf den höfischen Tafeln sogar beliebter, als das Rebhuhn und das Haushuhn. Perlhühner beim Braten öfters mit Saft begießen, da sie sonst leicht trocken werden.

1 Perlhuhn, 1–2 Glas Weißwein, Speckscheiben, Öl zum Braten, Salz und Pfeffer

Für die Sauce:
geputztes und fein geschnittenes Wurzelwerk, 1 Zwiebel, Lorbeerblatt, Hühnerbrühe, 1–2 EL Mehl, 125–150 ml Sauerrahm, Salz und Pfeffer

Das küchenfertig vorbereitete Perlhuhn innen gut pfeffern und in einer Schüssel mit Weißwein übergießen, eine Nacht lang darin marinieren lassen.
Am nächsten Tag das Perlhuhn gut abtrocknen, salzen, über die Brust einige Speckscheiben legen und binden. In einer Kasserolle Öl erhitzen, das Huhn rundherum anbraten, dann das Wurzelgemüse und die fein geschnittene Zwiebel mitrösten. Dann würzen und mit der Hühnerbrühe untergießen; 1 Stunde weich dünsten.
Das Perlhuhn herausnehmen und warm stellen. Bratenrückstand und Wurzelwerk mit Mehl stauben, dieses leicht anrösten, dann mit Sauerrahm und Hühnerbrühe ablöschen, gut verkochen.
Das Perlhuhn tranchieren und die Rahmsauce darüber passieren und bei schwacher Hitze noch etwas ziehen lassen, danach mit Serviettenknödel, Kohlsprossen und Preiselbeerkompott servieren.

EINMACHHUHN

1 Huhn (etwa 1 1/2 kg), 150 g Wurzelwerk, 1/2 Karfiol (in Salzwasser vorgekocht), 50 g Champignons, 100 g Zuckererbsen, 1 Zwiebel, 50 g Butter, 40 g Mehl, 1 Kräutersträußchen (Petersilie, Selleriegrün, Grün vom Porree), 4 EL Obers, 2 Eidotter, Salz, Prise weißer Pfeffer

Das küchenfertig vorbereitete Huhn vierteln, salzen und in Butter ganz langsam sautieren, dabei aber keine Farbe nehmen lassen. Dann etwas fein gehackte Zwiebel dazugeben und hell rösten. Das geputzte und fein geschnittene Wurzelgemüse sowie die feinblättrig geschnittenen Champignons untermengen, ebenfalls kurz anrösten, mit wenig Wasser oder Hühnerbrühe untergießen und das Ganze garen.
In einem zweiten Topf aus 50 g Butter und 40 g Mehl eine lichte Einmach bereiten, diese mit der Garflüssigkeit vom Huhn aufgießen, das Kräutersträußchen dazugeben und würzen.
Die Sauce gut verkochen lassen, dann (ohne Kräuter) passieren. Sauce mit Obers und Eidotter legieren, die Hühnerteile wieder in die Sauce legen. Wurzelwerk und Erbsen ebenfalls als Einlage hineingeben.
Vorgekochten Karfiol in Röschen teilen. Das Huhn auf Tellern anrichten, die Sauce mit den Einlagen darüber gießen und alles mit den Karfiolröschen garniert servieren.

HUHN IN KRENSAUCE

Ein küchenfertig vorbereitetes, schönes Bauernhuhn mit 75–100 g gerissenem Kren, grob gehackter Zwiebel, nach Geschmack einigen geriebenen Mandeln sowie etwas Salz in einen Topf geben. Mit so viel Hühnerbrühe begießen, bis das Huhn schwach bedeckt ist. Auf kleiner Flamme zugedeckt gar dünsten.
Das fertige Huhn auf einer Platte anrichten, warm halten. Sauce durch ein Sieb seihen und mit Mehlbutter (Butter und Mehl 1:1 vermengt) verkochen, bis die gewünschte Konsistenz erreicht ist. Mit Ingwer und Salz würzen, über das Huhn passieren und frisch geriebenen Kren darauf streuen.

STEIRISCHES POULARD

Insbesondere in der Steiermark war es früher gang und gäbe, junge Hühner und Hähne zu kastrieren, um ihnen einen intensiveren Geschmack zu verleihen. Das kastrierte Huhn nannte man Poularde, den kastrierten Hahn Kapaun. Leider wird weder das eine, noch das andere heutzutage ständig angeboten und ist – wenn überhaupt – nur auf Bestellung beim Bauern erhältlich. Jedoch ist der Ausdruck Poularde für ein steirisches Masthuhn erhalten geblieben.

1 Poularde, 1/8 l Weißwein, 75 g Fett, 1 EL guter Weinbrand, Salz und Pfeffer

Poularde rupfen, ausnehmen und waschen. In einer heißen Pfanne den Boden mit Weißwein und einem halben Teelöffel Salz bedecken. Poularde innen und außen mit Salz und Pfeffer ausreiben und mit der Brust nach unten eine halbe Stunde in die heiße Pfanne legen, dann Fett abgießen. Alle zehn Minuten mit einem Löffel heißes Wasser begießen, zwischendurch einen Esslöffel Kognak darüber träufeln. Bratzeit etwa eine Stunde; den Vogel herausnehmen, tranchieren, mit Reis und Häuptelsalat servieren.

EINMACHHUHN

STEIRISCHES POULARD (HIER MIT SEMMELFÜLLUNG)

STEIRISCHER BACKHENDLSALAT

HÜHNERKEULEN AUF PILZEN UND KOHL

**6 zugeputzte Hühnerkeulen (ohne Oberkeulenknochen),
4–5 EL Traubenkernöl,
250 ml dunkler Geflügelfond (ersatzweise brauner Kalbsfond oder auch Bratensaft),
Salz und Pfeffer aus der Mühle**

**Für das Pilz-Kohlgemüse:
1 Kohl (vorzugsweise Chinakohl),
400–500 g beliebige Pilze,
2–3 EL Butter,
3–4 Schalotten fein gehackt,
250 ml Buttermilch oder Sauerrahm,
Muskatnuss, Salz und Pfeffer**

Vom Kohl den Strunk entfernen, 6 schöne Blätter für die Dekoration beiseite legen. Den restlichen Kohl in feine Streifen schneiden, die Pilze waschen und in gleich große Stücke schneiden.
Traubenkernöl in einer Kasserolle erhitzen, die gesalzenen Hühnerkeulen darin anbraten, danach 20 Minuten im auf 160 Grad vorgeheizten Rohr fertig garen. Den Geflügelfond dazu gießen und einkochen lassen.
Butter in einer großen Pfanne erhitzen, die Schalotten samt Pilze darin andünsten, den Kohl dazugeben und das Gemüse würzen. Zugedeckt ungefähr 10 Minuten dünsten lassen, danach die Buttermilch oder den Sauerrahm angießen und auf die Hälfte einkochen. Hühnerkeulen aus dem Ofen nehmen und warm stellen. Bratensaft durch ein Sieb seihen und zur gewünschten Konsistenz einkochen, abschmecken.
Mit dem Kohlgemüse in der Mitte von vorgewärmten Tellern ein Gemüsebett richten.
Die Unterschenkelknochen der Keulen in ein Kohlblatt wickeln (dieses mit einem Schnittlauchhalm festbinden), die Keulen auf das Kohlbett setzen und mit der Sauce nappiert sofort servieren.
Dazu kann man Erdäpfelpüree reichen.

BRATHUHN NACH JÄGER-ART

Reichlich Wacholderbeeren und frische, junge Tannennadeln werden mit Salz in Mörser fein zerstoßen, dann das Huhn damit innen und außen einreiben, zwei Tage im Kühlschrank ziehen lassen. Am Tag der Zubereitung wird das Huhn in einen Bräter gefüllt und unter häufigem Begießen mit Butter und Sauerrahm im Ofen gebraten.
Wenn das Huhn gar ist, wird der Bratensaft abgeseiht, kurz aufgekocht und abgeschmeckt zum tranchierten Huhn gereicht.

GEBRATENE HENDLHAXN

Für dieses traditionelle Heurigengericht werden Hühnerhaxen gewaschen, abgetrocknet und rundherum gut gesalzen. Dann schichtet man sie in eine gefettete Form, würzt weiter mit Paprikapulver süß und scharf, Pfeffer aus der Mühle, Knoblauch und Muskatnuss. Etwas Weißwein angießen, Butterflocken darüber verteilen, Deckel auflegen und im vorgeheizten Rohr braten, bis sie schön knusprig braun sind. Dazu reicht man gedünsteten Reis und/oder Salat.

STEIRISCHES SUPPENHUHN

**1 großes Suppenhuhn (mindestens 2 kg),
250 g feinnudelig geschnittenes Wurzelwerk (Karotte, Petersilienwurzel, Sellerie und Porree),
1/2 Bund Petersilie,
1 Zwiebel,
Gewürzsäckchen (4–5 Neugewürzkörner,
2 Nelken,
8–10 Pfefferkörner,
2 Zweige Thymian,
2 Lorbeerblätter),
Muskatnuss,
Salz**

Das küchenfertig vorbereitete Suppenhuhn samt Herz, Magen und Leber in reichlich kaltem Wasser (gut 2 1/2 Liter) aufsetzen und zum Kochen bringen.
Das Gewürzsäckchen, die halbierte Zwiebel und die Petersilie dazugeben, nach dem Aufkochen abschäumen und gut 90 Minuten langsam köcheln. Danach das Wurzelgemüse dazugeben und 15–20 Minuten in der Suppe garen.
Sobald das Fleisch weich ist, Gewürzsäckchen, Petersilie und Zwiebel entfernen, die Suppe mit Muskatnuss und Salz abschmecken. Suppenhuhn herausnehmen, häuten und in Portionsstücke schneiden, in tiefe Teller verteilen, nochmals etwas salzen und mit wenig Suppe übergießen. Das Wurzelgemüse als Garnitur dazugeben und das Ganze mit Schnittlauchröllchen bestreuen, in wenig Butter geschwenkte Nudeln als Beilage reichen.

HÜHNERKEULEN AUF PILZEN UND KOHL

GEBRATENE HENDLHAXN

Eier

Schon seit hunderten Jahren gelten die Eier als eine der Säulen der Kochkunst und sind – nicht nur als Fruchtbarkeitssymbol – Bestandteil vieler Brauchtümer. Sogar die katholische Kirche musste sich diesen Brauchtümern beugen und das Ei in ihre Speisepläne einbauen, obwohl sie den Genuss von Eiern während der Fastenzeit zunächst verboten hatte.
Schon der alt-germanische Wettergott Donar hatte etwas mit Eiern zu tun: dass Spinat mit Spiegelei bis heute als klassisches Donnerstagsessen (insbesondere zu Gründonnerstag) gilt, liegt nämlich daran, dass man den Eiern, die am Tage des Donar gelegt (und geweiht) wurden ebenso magische Kräfte zugesprochen hatte, wie dem Spinat selbst – sehr zum Leidwesen vieler Kinder. Im alten Volksglauben galten die so genannten „Antlaßeier", welche am Gründonnerstag gelegt wurden, als besonders heilkräftig und boten Mensch, Tier, Haus und Hof Schutz gegen böse Geister. Vor allem Kinder wurden mit den wertvollen Antlaßeiern beschenkt, ein Brauch, aus dem sich später das Eierschenken zu Ostern entwickelt hat.
Im Mittelalter war das Ei auch ein Statussymbol auf höfischen Tafeln, je mehr Eier jemandem zugesprochen wurden, desto wichtiger war er. In der Renaissance und im Barock wurde das Ei von den Köchen hauptsächlich als Tafelschmuck verwendet. So ist das ursprüngliche „Ei im Glas" ein Dekor, bei dem das Ei in kunstvoll geschliffene Gläser drapiert worden ist – die Schale wurde zu diesem Zweck zuvor in Essig aufgeweicht. Andere Köche brachten die Kunst zustande, aus 50 Eiern ein Riesenei zu zaubern. Die Trennung wurde durch zwei ineinandergesteckte Schweinsblasen erreicht, die Hülle war ebenfalls aus Schweinsblase gefertigt. Und in der Fastenzeit – wo das Eieressen verboten war – gab es Imitationen aus Hechtrogen oder Mandeln und Feigen, wobei der „Dotter" aus gehackten Feigen, das „Eiklar" aus gemahlenen Mandeln gebildet wurde.
In Österreich werden heute jährlich etwa 1,8 Milliarden Eier verzehrt, das entspricht ungefähr 240 Eiern pro Kopf im Jahr. Besonders gute Qualitätseier stammen von Bio-Betrieben, denn die artgerechte Tierhaltung sowie gutes Futter sorgen für ein deutlich höheres Dottergewicht und höchste Qualität. Im Stall dürfen hier maximal 5 Tiere/m^2 gehalten werden, und 10 m^2 Grünauslauf pro Tier sind vorgeschrieben. So haben die Hennen genug Platz zum Scharren und können ihre Eier in Nester legen. Sie werden im Unterschied zu Tieren aus konventioneller Freilandhaltung mit BIO-Futter ernährt, Tiermehl ist als Futtermittel streng verboten! Sehr engagierte BIO-Betriebe, wie z. B. der von Anna Gangl in Straden, produzieren die Futtermittel für ihre Hennen selbst – aus Idealismus und Überzeugung.
In der österreichischen Küche werden nahezu ausschließlich Hühnereier verwendet, seltener Wachtel- oder Enteneier (welche übrigens nur gekocht verzehrt werden sollten). Unübertroffen ist das Ei in der Küche durch seine vielseitige Verwendbarkeit: so sind Eier nicht nur unverzichtbarer Bestandteil der in Österreich so beliebten Mehlspeisen, sondern werden zum Saucenbinden, als Suppeneinlage, für Omelettes und natürlich für die allseits beliebte Panier verwendet, wie auch zu pochierten Eiern, Eierspeisen und vielen traditionellen Brauchtums-Rezepten verarbeitet. Besonders gut harmonieren sie übrigens mit Innereien, ein Umstand, den die österreichischen Köche besonders nutzten – „Hirn mit Ei" beispielsweise, ist ein Klassiker der österreichischen Küche.

EIER-KLASSIFIZIERUNG

Eier sind durch einen Code gekennzeichnet, der Auskunft über Haltungsart, Herkunft und Haltbarkeit gibt.

0 aus biologischer Landwirtschaft

1 aus konventioneller Freilandhaltung

2 aus Bodenhaltung

3 aus Käfighaltung

Ein Bio-Ei aus Österreich erkennt man z. B. an folgendem Code:
0-AT-1234567 MHD 30.04.05

Das bedeutet: Bio-Ei (Code 0), aus Österreich (AT), der Code des Erzeugers (1234567) sowie das Mindesthaltbarkeitsdatum (MHD). Die Null steht also für beste Qualität, artgerechte Tierhaltung und garantiert, dass keine gentechnisch veränderten Futtermittel verabreicht wurden.

ANNA GANGL

ZWIEBEL-EIER

Zwei große Zwiebeln in feine Ringe schneiden, in einer Pfanne mit Butter goldbraun rösten, danach mit etwas Essig (und wenn vorhanden 2–3 EL Bratensaft) ablöschen und kurz aufkochen.
Vier Eier behutsam auf die angerösteten Zwiebeln schlagen und bei mittlerer Hitze langsam stocken lassen, das Eigelb soll flüssig bleiben! Die Eier mit Salz und Pfeffer würzen, auf gebutterten und getoasteten Weißbrotscheiben anrichten, sofort mit etwas gehacktem Schnittlauch bestreut servieren.

ZWIEBEL-EIER

POCHIERTE EIER „PRINCESSE“

Pochierte Eier werden auf einen in Butter gebratenen Toastsockel gesetzt, mit einer Sauce Hollandaise nappiert. Mit in Butter gedünsteten Trüffelscheiben und Spargelspitzen ausgarnieren.

MIT KÄSE GRATINIERTE OCHSENAUGEN

Eine feuerfeste Form mit Butter ausstreichen und mit Brösel sowie geriebenem Käse ausstreuen. Je nach Größe der Form vorsichtig 6–8 Eier hineinschlagen, dabei darauf achten, dass die Dotter ganz bleiben.
125–150 ml frischen Rahm darüber gießen, der mit Salz, weißem Pfeffer und geriebener Muskatnuss gewürzt worden ist.
Eier mit Brösel und geriebenem Käse bestreuen, einige Butterflocken auflegen, danach 15 Minuten bei mittlerer Hitze im Rohr backen.

KRENEIER

Beliebig viele Eier in Wasser 4–5 Minuten mit der Schale kochen, dann eiskalt abschrecken und schälen. Die Eier vierteln, auf einer Platte anrichten und mit einer Marinade aus Mostessig, Raps- oder Sonnenblumenöl, etwas Wasser, Prise Zucker und Salz übergießen. Reichlich frisch gerissenen Kren darüber verteilen und mit Schwarzbrot servieren.

GEFÜLLTE EIER AUF SPINAT

Pro Person:
3 Eier,
2–3 EL fein gehacktes
oder faschiertes Kalbfleisch,
Butter,
etwas fein gehackter Knoblauch,
Muskat,
Salz und Pfeffer aus der Mühle,
Cremespinat

Die hartgekochten Eier unter kaltem Wasser abschrecken und schälen. Das Kapperl abschneiden und den Dotter ganz vorsichtig herausholen. Dotter hacken.
Das Kalbfleisch in Butter anlaufen lassen und nach Geschmack mit Knoblauch, Muskat, Salz und Pfeffer würzen. Die gehackten Dotter unter das Fleisch mischen.
Die ausgehöhlten Eier großzügig mit der Masse füllen und auf einem Teller mit fertig bereitetem Cremespinat anrichten. Sofort servieren.

Tipp: Besonders gut schmeckt dieses einfache Rezept, wenn die Füllung mit gehackter schwarzer Trüffel verfeinert wird.

SAURE EIER

1 gehäuften Esslöffel Mehl in 2 Esslöffeln Butter abrösten, mit 250 ml guter Kalbfleischbrühe und 125 ml Weißwein aufgießen und mit Salz, 2 Stück Würfelzucker sowie etwas Senf würzen. Sauce verkochen lassen, mit etwas Essig, dem Saft einer Zitrone und abgeriebener Zitronenschale abschmecken.
Eine Dalkenform oder 8 feuerfeste Portionsförmchen nehmen und gut ausbuttern. In jede ein Ei schlagen, salzen und die Eier im Ofen backen, bis das Weiße gestockt ist. Jeweils 2 Eier auf einem Teller anrichten und mit der vorbereiteten Sauce übergossen servieren.

BAUERNOMELETTE

500 g gekochte Erdäpfel werden geschält und zusammen mit 150–200 g durchwachsenem Speck in nicht zu kleine Würfel geschnitten, 1 große Zwiebel gröber hacken. Den Speck in einer kleinen Kasserolle auslassen, in einer zweiten Pfanne werden die Kartoffeln mit den Zwiebeln in etwas Fett geröstet; das ausgelassene Speckfett zu den Erdäpfeln gießen und, wenn diese schön gebräunt sind, auch die Speckwürfel untermischen.
8–10 Eier in einer Schüssel ganz leicht verschlagen, pfeffern und leicht salzen. In einer größeren Omelettepfanne Butter erhitzen, dann ein Viertel bis ein Drittel der Erdäpfelmasse hineingeben und mit einem Viertel bis Drittel der Eimasse übergießen. Unter öfterem Umrühren zu einem Omelette backen, währenddessen mit gehackter Petersilie bestreuen. Fertige Omeletts zusammenklappen, mit etwas Butter überglänzen (Butterflocken auf Messerspitze setzen und das Omelette damit bestreichen) sowie mit frisch gehackten Kräutern (z. B. Schnittlauch, Petersilie) bestreut auftragen.

EIER MIT ZUNGE

4 Semmeln werden in etwa 1 cm dicke Scheiben geschnitten und in reichlich Butter goldbraun geröstet. Auf jede erkaltete Scheibe legt man zwei dickere Scheiben kalte, gekochte Rinderzunge und schneidet diese in Form der Semmelscheiben zurecht; die Zungenabschnitte fein hacken.
Jetzt werden 8–10 Eier in leicht kochendem Wasser, dem ein Schuss Essig zugefügt worden ist, pochiert (dabei mit einem Löffel das Eiweiß über dem Dotter so zusammenschlagen, dass der Dotter gut eingehüllt ist) und nach 3–4 Minuten in eiskaltem Salzwasser abgeschreckt – zerfranste Eiweißgerinnsel entfernen.
Jeweils ein pochiertes Ei auf eine Brotscheibe legen und alles mit sehr dicker Mayonnaise bedecken. Sehr fein gehackte Kräuter (wie Petersilie, Schnittlauch, Kerbel) mit der gehackten Zunge vermengen und die Brote damit bestreut servieren.

EIER MIT BÉCHAMEL UND KREBSEN

In 40 g zerlassener Butter werden 30 g Mehl abgeröstet, dann gießt man nach und nach gut 300 ml heißes Obers dazu und lässt die Sauce gut verkochen. Schließlich wird die Sauce mit Krebsbutter, 1 Hand voll grob gewürfelter und vorgekochter Krebsschwänze sowie mit Salz gewürzt.
6–8 Eier nahezu hart kochen, abschrecken, schälen und halbieren. Zwischenzeitlich in Scheiben geschnittene Semmeln in Butter goldgelb rösten.
Die Eierhälften in eine vorgewärmte Schüssel oder tiefe Teller füllen, mit Salz, Pfeffer und gehackter Petersilie würzen. Die heiße Sauce über die Eier gießen, mit den Semmelschnitten bedeckt sofort servieren.

EIER MIT BÉCHAMEL UND KREBSEN

Wildfrüchte

Das Sammeln von Wildfrüchten hat in Österreich eine sehr lange Tradition und freut sich auch heute noch ungebrochener Beliebtheit. Im Gegensatz zum Pilze- und Schwammerlsuchen, was eher in urbanen Kreisen vollzogen wird, wurden die Wildfrüchte seit jeher hauptsächlich von der ländlichen Bevölkerung gesammelt. Sie bereiteten aus ihnen allerlei Hausmittel, Schnäpse, Tees, Gewürze, Marmeladen und Vorräte für die karge Jahreszeiten zu. Viele begeisterte Wildfruchtexperten geben an, dass das Sammeln dieser natürlichen Schätze sie mit der Natur eins werden lässt und auf die alten Spuren unserer Vorfahren, welche ja Jäger und Sammler waren, zurückführe.

WALDHIMBEEREN

Waldhimbeeren kommen ab Ende Juli in großer Menge in den so genannten Waldhimbeerschlägen vor. Allerdings ist ihre Ernte wegen der Hitze in den zumeist steilen Schlägen, der leicht kratzenden Himbeerranken sowie der vielen Insekten, welche um sie herumschwirren recht mühsam. Die Mühe lohnt sich aber schon deshalb, weil es bis heute keine Zuchthimbeeren gibt, die geschmacklich an die Waldhimbeeren auch nur annähernd heranreichen.

WALDERDBEEREN

Walderdbeeren werden ab Ende Juni gesammelt, die Beeren selbst können zu Sorbets, Torten, Desserts, Marmeladen und vieles mehr verarbeitet werden, die Blätter können für aromatische Tees verwendet werden.

WEISSDORN

Der Weißdorn ist ein sparriger Strauch mit bis zu 5 m Höhe, wächst zuweilen auch als kleiner Baum. Seine Früchte sind etwa 1 cm große, leicht ovale Kugeln, das Fruchtfleisch gelbfarben und mehlig; in der Frucht befinden sich zwei relativ große Kerne. Weißdorn wächst in lichten Laub- und Laubmischwäldern, in Auwäldern, am Waldrand sowie in Hecken. Früher hat man ihn zum Umfrieden von Äckern und Weiden verwendet. Die Früchte werden von Ende September bis in den November gesammelt; getrocknet schmecken sie sehr gut in Früchtetees.

KIEFERN-, LÄRCHEN- ODER LATSCHENSPROSSEN

Die jungen, noch geschlossenen Blüten verschiedener Nadelbäume werden im April gesammelt, es können auch die ganz jungen Zapfen im Mai gepflückt werden. Bei Sonnenschein gesammelt weisen sie einen höheren Anteil an ätherischen Ölen auf.

BÄRLAUCHKNOSPEN

Die Blütenknospen des Bärlauchs können Ende April/Anfang Mai gesammelt werden, solange sie noch fest sind. Am besten mit einer Schere knapp unter dem Blütenkopf abtrennen. Die kleinen, länglichen Bärlauchzwiebeln werden gesammelt, wenn der Bärlauch eingezogen ist, das heißt, wenn Blätter und Blüten verschwunden sind; die gut gereinigten Zwiebeln lassen sich gut in Öl einlegen, so erhält man ein aromatisches Bärlauchöl.

GRÜNE WALNÜSSE

Walnüsse werden vom Menschen seit Urzeiten für Ernährungszwecke genutzt, gewöhnlich verwendet man hierzu reife Früchte. Doch bereitet man aus den Ende Mai/Anfang Juni geernteten, unreifen Früchten die so genannten Schwarzen Früchte zu oder erzeugt aus den unreifen grünen Nüssen einen Magenschnaps.

MAULBEEREN

Vor allem in den österreichischen Weinbaugebieten ist der große, breit ausladende Baum recht weit verbreitet. Je nach Standort reifen die Früchte ab Ende Juni und sehen optisch wie schwarze oder weiße Brombeeren aus (je nach Sorte, es gibt mehr als 40 verschiedene Arten der Maulbeeren); im Geschmack sind sie sehr süß, doch sind nur gut ausgereifte Früchte wirklich aromatisch.

BERBERITZEN

Die roten Früchte der Berberitzen sind im reifen Zustand leuchtend rot. Das Ernten der sauren bis leicht bitteren Früchte ist relativ mühsam, denn überall da, wo die Früchte hängen, sind auch spitze Dornen. Berberitzen werden zu Marmelade eingekocht oder man nimmt sie zum Färben und Aromatisieren von Essigen. Im getrockneten Zustand sind sie ein gutes Gewürz für Kompotte oder auch Reisgerichte.

KRIECHERL ODER KIRSCHPFLAUMEN

Die Früchte der Kirschpflaume sind gelb, rot oder auch grün und sehen aus wie kleine, kugelige, 2–5 cm große Ringlotten (sie haben auch wie diese einen Kern in der Mitte). Kriecherl reifen im Juli/August und sind je nach Sorte mehr oder weniger aromatisch. Die anspruchlosen Pflanzen kommen – häufig in verwilderter Form – in Hecken oder alten Obstgärten vor, allerdings sind sie recht wurmanfällig und müssen daher sorgsam untersucht werden. Am besten schmecken die sehr aromatischen vollreifen Früchte, berühmt ist der exzellente Kriecherl-Schnaps, der aus ihnen gebrannt wird.

WALDBROMBEEREN

Wie die Waldhimbeeren, sind auch die Waldbrombeeren viel aromatischer, als die meisten Gartenfrüchte. Die im August gesammelten Früchte sollten sofort verarbeitet werden, da sie extrem schnell schimmeln.

ROTER HOLUNDER

Zur Reifezeit im August sind die leuchtendroten Früchte des Roten Holunders sehr auffällig. Der auch Berg-Holunder genannte Strauch wächst bevorzugt ab etwa 800 Metern Seehöhe in Lichtungen und an Waldwegen.

SANDDORN

Der bis zu 5 m hohe, silbrig-graue Strauch sieht ohne Früchte einer Weide ähnlich. Seine kugeligen Früchte sind im reifen Zustand orange-rot. Eigentlich haben die Früchte kein Fruchtfleisch im herkömmlichen Sinne, sondern nur eine aromatische Flüssigkeit, die unter der festen Haut einen großen Kern umgibt. Das Sammeln dieser aromatischen Früchte ist sehr lohnend, denn sie schmecken in einer Kaltschale ausgezeichnet.

SCHLEHDORN

Die Schlehe ist ein kleinwüchsiger Strauch mit etwa 1 cm großen, kugeligen, blau gereiften Steinfrüchten, die an runde Zwetschken erinnern. Die reifen Früchte werden im September gesammelt, sobald sie blau sind und etwas weich am Strauch hängen.

EINGELEGTE KIEFERN-/ FICHTENSPROSSEN

VOGELBEEREN

KORNELKIRSCHEN/DIRNDLN

STEINWEICHSELN

Die Früchte der Steinweichsel sind im vollreifen Zustand purpurrot und nur in diesem Zustand genießbar. Steinweichseln wachsen bevorzugt auf sonnigen Weinbergen – Vorsicht, die Kerne der Steinweichsel sind giftig und müssen vor der Verwendung der Früchte entfernt werden.

PREISELBEEREN

Die Früchte des kleinen, etwa 20 cm hohen, immergrünen Strauches sind kugelig, leuchtend rot und haben einen leicht bitteren, herb säuerlichen Geschmack. Sie sind zum unverzichtbaren Bestandteil der Wildküche geworden und harmonieren als Kompott sehr gut mit Pasteten.

SPEIERLING

Die grüngelben, reifen Speierlingsbirnen sind im Herbst in größeren Mengen am Waldboden zu finden. Jedoch sind sie in diesem Zustand kaum genießbar, da sie sehr viel Gerbsäure enthalten. Daher müssen die Früchte zunächst eingesammelt und dann zu Hause zum Nachreifen ausgebreitet werden, bis sie sich schokoladebraun verfärbt haben. Wenn man sie dann verkostet, wird man von der cremig weichen, süß aromatischen Frucht überrascht sein, deren Geschmack an Tropenfrüchte erinnert.

VOGELBEEREN ODER EBERESCHE

Die Eberesche ist ein bis zu 25 m hoher Baum mit erbsengroßen, leuchtend orangeroten Früchten, aus denen bevorzugt der berühmte Vogelbeerschnaps gebrannt wird. Die herb-säuerlichen Früchte werden für gewöhnlich im November nach dem ersten Frost geerntet, weil sie dann feiner und milder im Geschmack sind.

SANDDORN

SCHLEHDORN

DIRNDL ODER KORNELKIRSCHEN

Die Kornelkirsche ist ein sparriger Strauch oder Baum mit länglich-ovalen, kirschroten Steinfrüchten, die ähnlich wie Weichseln säuerlich schmecken. Vor allem in Weinbaugebieten sind die Kornelkirschen weit verbreitet, mitunter bilden sie dort dichte Gebüsche. Am besten pflückt man die Kornelkirschen Ende September/Anfang Oktober, wenn sie dunkelrot und vollreif sind (sie müssen wirklich reif sein, denn unreife Kornelkirschen sind ungenießbar). Vor allem als Sauce harmonieren sie besonders gut mit Gänseleber. Ein bis heute unvergessener Klassiker aus dem ehemaligen Altwiener Hof ist die von Rudolf Kellner kreierte „Pfefferkugel von der Gänseleber mit Dirndlsauce".

HAGEBUTTEN: FRÜCHTE VON WILDROSE UND KARTOFFELROSE

Die Früchte der wilden Rose, einem bis zu 3 m hohen Strauch mit vielen überhängenden Zweigen, sind die bekanntesten Hagebutten, mit der typischen eiförmigen Frucht und der schönen roten Farbe. Diese Früchte können in der Küche vielfältigst verwendet werden.
Als Hagebutte bezeichnet man die Früchte aller Rosen, wenn sie weich sind und sich leicht abzupfen lassen.
Eine andere bekannte Sorte ist die Kartoffelrose. Sie stammt ursprünglich aus Asien und ist erst seit 150–200 Jahren in unseren Breiten heimisch. Ende August bilden sich aus den stark duftenden Blüten die etwa 2–3 cm großen, flachkugeligen, rot-glänzenden und festfleischigen Hagebutten. Diese werden wegen der vielen Stacheln am besten mit einer Schere abgeschnitten.
Die reifen, noch sehr festen Hagebutten-Früchte schmecken hervorragend in Wildfrüchte-Tees, doch lassen sich aus ihnen auch Marmeladen, Saucen oder verschiedene Desserts herstellen.

HAGEBUTTEN DER KARTOFFELROSE

MISPEL

© Helmut Pirc, Wien

HOLUNDER, KORNELKIRSCHEN UND HAGEBUTTEN

VOGELKIRSCHE

Die Vogelkirsche ist ein 10–20 m hoher, zierlicher Waldbaum, der im Herbst eine schöne, rotgelbe Färbung aufweist. Vogelkirschen sind vor allem in lichten Wäldern, am Waldesrand und auf Weinbergen weit verbreitet; zur Blüte bieten sie ein prachtvolles Erscheinungsbild. Die reifen, schwarzen Wildkirschen können ab Mitte Juni geerntet werden und ihr feines Aroma ist ein einmaliges Erlebnis. Bevorzugt werden sie in mit Honig gesüßten Rum eingelegt.

ASPERLN ODER MISPELN

Die Mispel ist eine sehr alte Kulturpflanze, welche schon in der Antike kultiviert und später von den Römern nach Mitteleuropa gebracht wurde. Die kleinen Bäume mit ihren etwa 4–7 cm großen, kugeligen, rostbraunen Früchten wachsen an wärmebegünstigten Standorten in Wein- oder Obstgärten. Die Früchte werden Ende Oktober vor dem ersten Frost geerntet, dann muss man sie aber noch 3–4 Wochen nachreifen lassen, damit sie weich und essbar werden.

WEISSDORN

MAULBEEREN

© Helmut Pirc, Wien

SPEIERLING

© Helmut Pirc, Wien

EINGELEGTE KIEFERN- ODER FICHTENBLÜTEN

50 ml Wasser mit 80 g Zucker und etwas Zitronensäure aufkochen, 100 g Kiefern- oder Fichtenblüten darin einlegen, etwa eine Minute ziehen lassen, danach sofort in saubere Gläschen füllen; schmecken sehr gut zu Eis oder Desserts.

SÜSS-SAURE BÄRLAUCHKNOSPEN

50 ml Weißwein, 50 g Honig und 100 ml feiner Weißweinessig (oder Balsamicoessig) werden mit Lorbeerblättern, Thymian, Koriander und Salz (alles nach Geschmack) aufgekocht. Die Bärlauchknospen hinein geben und einige Minuten leise kochen. Mit dem Gewürzsud übergossen in kleine Gläser füllen. Ihr feiner Knoblauchgeschmack passt hervorragend zu Schafskäse.

AMBROSIA-CREME MIT FRISCHEN WALDBROMBEEREN

Für die Creme werden 150 g Waldbrombeeren zerdrückt und mit 80 g Zucker, 125 ml Sauerrahm sowie 125 ml Schlagobers vermischt. Weitere 125 ml geschlagenes Obers mit Kardamon, 40 g Zucker und etwas abgeriebener Zitronenschale vermengt. Brombeercreme und Schlagobers schichtweise in Cocktailgläser füllen, mit Brombeeren und Minze ausgarnieren.

DIRNDLSAUCE

250 g Kornelkirschen werden mit 50 g Zucker und 12 Wacholderbeeren (nach Geschmack auch einigen Nelken) etwa 5 Minuten gekocht, dann 10 Minuten rasten gelassen. Sauce durch ein feines Sieb streichen und nach Belieben mit Stärke binden. Kalt zu Gänseleberterrine reichen.

EINGELEGTER ROTER HOLUNDER

250 g Kandiszucker mit 400 ml Weißweinessig und 200 ml Wasser vermengen, dann zusammen mit 1 großen Ingwerwurzel, 2 Zimtstangen, einigen Nelken, 1 TL Pfefferkörnern sowie etwas Neugewürz aufkochen, 10–15 Minuten ziehen lassen. Zwischenzeitlich die Holunderbeeren passieren und mit einer großen fein geschnittenen Ingwerwurzel vermengen; danach die Masse in Gläser füllen und mit dem durch ein feines Sieb passierten heißen Sud begießen. Gläser gut verschlossen auf dem Kopf stehend auskühlen lassen.

WALDHIMBEER-BUTTERMILCH-KALTSCHALE

300 g Waldhimbeeren werden zusammen mit 50 g Zucker (vorzugsweise brauner Zucker) und etwas Buttermilch in der Küchenmaschine oder mit einem Stabmixer gemixt, dann füllt man mit einem Liter Buttermilch auf und fügt etwas abgeriebene Zitronenschale hinzu. Die Buttermilch-Kaltschale wird entweder (mit etwas Wasser verdünnt) getrunken oder in Suppenteller gefüllt als erfrischendes Sommer-Dessert gereicht. Gut dazu schmecken einige in Butter und Zucker geröstete Haferflocken, die über die Kaltschale gestreut werden.

STEINWEICHSEL-MARILLEN-SAUCE

200 g entkernte Steinweichseln gut mit einem halben Teelöffel Pektin vermischen, danach mit 125 ml Marillensaft (am besten von Marillenkompott) und etwa 75 g Honig einkochen, bis die Flüssigkeit zu gelieren beginnt (Gelierprobe machen). Diese Sauce schmeckt z. B. sehr gut zu Vanille-Eis oder Kaiserschmarren.

SANDDORN-KALTSCHALE

Zunächst 200 g Früchte mit 200 g braunem Zucker und etwas Wasser aufkochen, dann das Mus passieren, damit die Kerne zurück bleiben. Danach die Masse nochmals 5 Minuten kochen und sehr heiß in Gläser füllen. Für die Kaltschale werden 150 ml Orangensaft mit 50 ml fruchtigem Weißwein und 100 ml Wasser aufgekocht, dann rührt man 1–2 TL Stärke mit etwas Wasser an und gibt die in die heiße Flüssigkeit. 125 g Sanddorn-Paste dazugeben und alles einige Minuten köcheln lassen. Nach dem Erkalten wird die Suppe noch mit Zitronensaft abgeschmeckt; Kaltschale mit Zironen- und/oder Orangeneis sowie etwas Minze oder Basilikum auftischen.

SCHNAPS AUS GRÜNEN WALNÜSSEN

25–30 grüne Walnüsse werden in dünne Scheiben geschnitten und in eine Flasche mit weitem Hals gefüllt. Dann gibt man in Scheiben geschnittenen Ingwer (etwa eine halbe Wurzel), einige Gewürznelken und eine Zimtstange dazu, bevor mit einem Liter Branntwein aufgegossen wird. Die verschlossene Flasche für vier Wochen in die Sonne stellen, danach mit 250 ml Zuckersirup auffüllen und weitere 4 Wochen in die Sonne stellen. Schließlich wird der Nuss-Schnaps abgefiltert und für einige Wochen zum Nachreifen kühl und dunkel gelagert.

KRIECHERL IN ESSIG

Halbreife Kriecherl in saubere Gläser füllen, mit Mostessig übergießen und gut verschlossen 4–6 Wochen ziehen lassen; passen gut zu Käse, kaltem Fleisch und belegten Broten.

AMBROSIACREME MIT WALDBROMBEEREN

DIRNDLN MIT GEBRATENEM KÜRBIS

HAGEBUTTENMARMELADE

600 g entkernte Hagebutten oder Kartoffelrosen-Hagebutten werden im Ganzen mit etwas Wasser aufgekocht, dann mit dem Stabmixer püriert und entkernt, indem sie durch ein feines Sieb gestrichen werden. Das so entstandene Mus wird erneut mit wenig Flüssigkeit aufgekocht und mit 400 g Zucker vermischt. Diese Mischung gut 10 Minuten leicht köcheln lassen, bevor die Marmelade heiß in sterilisierte Gläser gefüllt wird.

MAULBEERSALAT MIT ERDBEEREN UND BASILIKUM

250 g Maulbeeren mit 500 g in Scheiben geschnittenen Erdbeeren vermengen. 15 große Basilikumblätter fein schneiden, einen Großteil unter die Beeren heben. Alles mit 50 ml Honig oder Ahornsirup süßen, Saft von zwei Orangen und etwas Zitronensaft dazugeben; gut vermischt 2 Stunden kühl ziehen lassen. Vor dem Servieren den Salat auf Zimmertemperatur erwärmen lassen, damit er sein volles Aroma entfalten kann. Mit dem restlichen Basilikum garnieren.

WILDKIRSCHMARMELADE

750 g Wildkirschen werden mit ganz wenig Wasser und Pektin für 1 1/4–1 1/2 kg Früchte vermengt, dann das Ganze mit 250 g Blütenhonig süßen. Die Mischung unter ständigem Rühren erhitzen und 15 Minuten einkochen (eventuell eine Hand voll Steinklee in ein Leinensäckchen packen und 3–5 Minuten mitkochen). Das Säckchen mit dem Steinklee entfernen und die Marmelade nochmals kurz aufkochen. Fertige Marmelade heiß in sterilisierte kleine Gläser füllen; kühl und dunkel aufbewahren.

KORNELKIRSCHEN-KÜRBISKERN-FLORENTINER

30 g Zucker mit 40 ml Obers, 20 g Honig und 10 g Butter dickflüssig einkochen, dann 80 g Kürbiskerne sowie 40 g Kornelkirschen (entkernt) beifügen, nochmals kurz aufkochen lassen. Ein Backblech mit Backpapier auslegen, die Florentinermasse dünn darauf streichen, bei 180 Grad im vorgeheizten Ofen backen, bis sie fast zu bräunen beginnen. Die Florentiner nun etwas auskühlen lassen, dann noch warm in Quadraten schneiden. Ein frisches Backblech mit Backpapier oder Klarsichtfolie auslegen und mit geschmolzener Kuvertüre bestreichen. Die geschnittenen Florentiner mit etwas Abstand zu einander in die Kuvertüre setzen. Die Schokolade zerschneiden, so lange sie noch nicht ganz fest ist, schließlich die Florentiner auskühlen lassen.

SPEIERLING-SCHMARREN

300 ml Milch, 5 Eidotter, 150 g glattes Vollkornmehl mit einer Prise Salz verrühren, dann die 5 Eiklar mit 100 g Zucker steif schlagen und unter die Masse heben. Teig in einer größeren, gut gebutterten Pfanne anbacken lassen, dann 220 g halbierte, vollreife Speierlinge darauf streuen und das Ganze wenden. Im vorgeheizten Backofen bei 200 Grad fertig backen, mit zwei Gabeln zerreißen und mit Vanillezucker bestäubt servieren.

ASPERLMUS

500 g Asperln mit 250 g braunem Zucker und etwas Wasser weich kochen, dann passieren und nochmals aufkochen. Mit Zimt abgeschmeckt heiß in Gläser füllen, die sofort verschlossen werden.

SCHLEHENLIKÖR

125 g Schlehdornfrüchte werden samt Kerne mit dem Mörser zerstoßen (die Kerne verleihen dem Likör eine feines Aroma nach Bittermandeln). Weitere 400 g Schlehdornfrüchte werden so zerdrückt, dass die Kerne im Ganzen bleiben. Die Schlehen in 500 ml Wasser einige Minuten aufkochen lassen, dann zum Abkühlen beiseite stellen und mit 1 Liter gutem Rotwein übergießen. Diesen Ansatz lässt man 5–6 Tage im Kühlschrank ziehen, dann wird er durchgeseiht. Die gefilterte Flüssigkeit mit einigen Nelken, 1 Stück Zimt und 300 g braunem Zucker aufkochen, 1–2 Minuten kochen lassen, dann die Gewürze mit einer Schaumkelle herausheben und den Ansatz weitere 5 Minuten einkochen; zuletzt den Vanillezucker hinzufügen. Nachdem der Ansatz abgekühlt ist, kommen noch 1 Liter Hausschnaps (ersatzweise Wodka) und 75 ml Rum dazu. Der fertige Likör wird in Flaschen abgefüllt und kühl gelagert.

WALDERDBEERLEDER

Ein hoch-aromatischer Genuss!

300 g Walderdbeeren zu einem Brei vermixen, einen fein geriebenen Apfel sowie einen Teelöffel Agar-Agar darunter mischen, um die Konsistenz zu festigen. Dann wird die Masse etwa 1 cm dick auf Butterbrotpapier gestrichen und bei 70 Grad getrocknet. Das Walderdbeerleder in kleine Quadrate schneiden, beim Kauen dieser entwickelt sich schnell das charakteristische, sehr intensive Erdbeeraroma. Die Quadrate können auch zur Hälfte mit Kuvertüre überzogen werden.

EBERESCHENSIRUP

Etwa 300 g frisch gesammelte Ebereschen werden etwa 1 Stunde in Zuckerwasser (200 g Zucker und 300 ml Wasser) gekocht, dann lässt man den Ansatz noch eine Stunde stehen. Anschließend wird der Sirup abgeseiht, die Früchte ausgepresst und der Sirup nochmals aufgekocht bevor er heiß in Gläser abgefüllt wird. Man verwendet ihn als Gewürz für Suppen, Saucen und Cocktails.

WEISSDORNFRÜCHTEBROT

1 1/4 kg frische Weißdornfrüchte sauber verlesen, danach in 250 ml Orangensaft weich kochen und das so entstandene Fruchtmus durch ein Sieb streichen. Aus dem Fruchtmus, 1 kg Mehl, 1 Esslöffel Salz, 3–4 EL Honig und 45 g Hefe (in wenig lauwarmem Wasser aufgelöst) verkneten, so dass man einen geschmeidigen Teig erhält. Den Teig an einem warmen Ort 2 Stunden zugedeckt rasten lassen, bevor er nochmals durchgeknetet in eine gut gebutterte Kastenform gefüllt wird. Eine weitere Stunde aufgehen lassen, dann im auf 230 Grad vorgeheizten Backofen in 40–45 Minuten goldbraun backen. Das fertige Brot wird mit Butter und Honig zur Delikatesse.

SAND- UND SCHLEHDORNMARMELADE

IM OFEN GERÖSTETE MARONI

Maroni

Wenn der Winter Einzug hält, findet man in vielen Städten und Ortschaften Maronibräter, jene kleinen Buden, die über Holzkohle gebratene Maroni anbieten. Jung und Alt erfreuen sich gleichermaßen an den aromatischen Esskastanien, die nicht nur die Seele, sondern auch die Finger in den Taschen zu wärmen vermögen. Den Wenigsten wird allerdings bekannt sein, dass die Maroni nicht nur jene geliebte rustikale Romantik vermittelt, sondern über Jahrhunderte ein wesentlicher Bestandteil der Ernährung vieler alpenländischer Regionen darstellte, ohne den vielerorts Hunger geherrscht hätte. Nicht selten wurde den Kindern im Herbst zusätzliche Ferien zugestanden, damit sie beim Sammeln der Kastanien helfen konnten; ohne einen reichhaltigen Vorrat wäre man nicht über die karge Winterzeit gekommen.
Zentrum der alt-österreichischen Kastanien war sicherlich Südtirol und mit dem Verfall der Donaumonarchie ging dieses Gebiet mit diesem wichtigen kulinarischen Element verloren. Doch war Südtirol keineswegs die einzige alt-österreichische Kastanien-Region, denn auch in der Steiermark war – und ist bis heute – die Edelkastanie sehr beliebt. Sie bildet in der grünen Mark sogar den Mittelpunkt eines sehr traditionellen Festes, das den Namen „Leikauf" trägt.
Es handelt sich hierbei um einen volkstümlichen Brauch unter dem man früher nichts anderes als das obligate Lesemahl verstanden hat, das nach dem anstrengenden Pressen der Trauben abgehalten wurde. Als Dankeschön tischten die Winzer den Erntehelfern so genannte Pressgänse auf, ließen Musikanten aufspielen und es gab Kastanien, die über offenem Feuer geröstet wurden. Dazu floss naturgemäß der Wein in Strömen.
Tatsächlich bilden der in der Weststeiermark verbreitete Schilcher und die Maroni eine einzigartige lukullische Allianz, denn der rassige Wein harmoniert – vor allem noch als „Sturm" – hervorragend mit den süßlichen Maroni.
Doch die Edelkastanien erfreuen sich nicht nur gebraten außerordentlicher Beliebtheit, auch in der Küche wird sie gerne verwendet und zu zahlreichen kulinarischen Spezialitäten verarbeitet. Am bekanntesten sind sicherlich der so genannte Kastanienreis, glasierte Maroni als Beilage zu Wildgerichten und die mit Edelkastanien gefüllte Weihnachtsgans.

MARONISALAT

500 g Maroni, 1 Staudensellerie, 4 große Äpfel, 1 Hand voll frische Walnusskerne, Saft einer Zitrone, Mostessig (vom Apfel), Walnussöl, Prise Zucker, Salz

Die Maroni kreuzweise einschneiden, einige Minuten in Wasser kochen, abtropfen lassen und schälen (dabei die äußeren und inneren Schalen entfernen). Die geschälten Kastanien in einen frischen Topf füllen, mit Wasser begießen und 30 Minuten garen. Danach abschrecken und in möglichst dünne Scheiben schneiden. Die Äpfel entkernen und schälen, dann in feine Schnitze schneiden und mit Zitronensaft beträufeln. Von den gewaschenen Selleriestangen die groben Fäden abziehen. Sellerie ebenfalls in dünne Scheiben schneiden.
Maroni, Äpfel und Sellerie in einer Schüssel vermengen, die Nusskerne hinzufügen. Nussöl mit Mostessig vermischen, mit Salz und Zucker würzen. Marinade über den Salat gießen, vermischen, alles etwa 30 Minuten durchziehen lassen. Vor dem Servieren nochmals abschmecken.

PUTE MIT MARONIFÜLLUNG

1 küchenfertige Pute von etwa 3 kg, 1 kg Maroni, 500 g Schweinefleisch (aus der Keule), 200–250 g Räucherspeck, 1 Liter Milch, 1 Semmel in etwas Milch eingeweicht, 1–2 Eier (je nach Größe), 100–125 ml Obers, 50–75 g Butterschmalz, Salz und Pfeffer aus der Mühle

Die Maroni vorbereiten (siehe Maronicremesuppe) und schälen. Danach in gesalzener Milch weich kochen. Die eingeweichte Semmel ausdrücken, das Schweinefleisch würfeln. Die fertigen Maroni samt Semmel und Schweinefleisch durch die feine Scheibe des Fleischwolfes drehen. Das so entstandene Mus in einer Schüssel mit Ei, Obers, Salz und Pfeffer vermengen (wer mag, gibt auch noch etwas gehackten Rosmarin dazu).
Pute von innen und außen waschen, abtrocknen und gut salzen. Die Füllmasse in die Bauchhöhle füllen, die Öffnung mit einer Fleischnadel oder Küchengarn verschließen. Den Bauchspeck in Streifen schneiden und damit die Brust und Keulen der Pute spicken. Pute in eine geeignete Pfanne setzen. Butterschmalz erhitzen und über das Geflügel gießen. Pute in den auf 180–200 Grad vorgeheizten Ofen schieben und unter häufigem Begießen in 2–3 Stunden knusprig braten. Fertig gebratenen Vogel vor dem Tranchieren 15 Minuten rasten lassen. Dazu werden Erdäpfelpüree, Zwetschkenkompott und/oder gedünstete Äpfel gereicht.

MARONICREMESUPPE MIT HASENFILET

1 kg frische Maroni, 2 Hasenrückenfilets, 400 ml Gemüsebrühe, 250 ml Obers, 1 große Zwiebel fein gehackt, 2–3 Knoblauchzehen fein gehackt, 1 1/2 EL Butter, Öl zum Anbraten, 2–3 EL Zitronensaft, 1 EL gehackte Rosmarinnadeln, Salz und Pfeffer aus der Mühle

Zuerst die Maroni vorbereiten: Hierfür die Kastanien auf der gewölbten Seite kreuzweise einschneiden, auf ein nasses Backblech legen und im vorgeheizten Ofen bei 220 Grad backen, bis sie platzen. Die Schale und die Haut abziehen, dann die Maroni grob hacken.
Für die Suppe wird die Butter mit etwas Öl erhitzt, dann die fein gewiegte Zwiebel darin angedünstet. Den Knoblauch hinzufügen und kurz mitdünsten lassen, dann die Kastanien hinzufügen – zwei bis drei Esslöffel Maroni für die Garnitur beiseite legen. Alles mit der Gemüsebrühe, weiteren 400 ml Wasser und Obers aufgießen, danach zugedeckt 20 Minuten köcheln.
Hasenrücken parieren, salzen und pfeffern. Bei starker Hitze in wenig Öl rundherum 5–6 Minuten braten, in Alufolie wickeln und 10 Minuten rasten lassen.
Suppe mit einem Stabmixer pürieren, kräftig mit Zitronensaft, Salz und Pfeffer würzen. Die restlichen Kastanien in wenig Öl unter Wenden knusprig rösten.
Hasenfilet in dünnere Scheiben schneiden. Die Suppe in vorgewärmte Teller füllen, jeweils 3–4 Scheiben Hasenfilet in der Mitte anrichten und die gerösteten Kastanien rundherum streuen. Mit gehacktem Rosmarin dekoriert servieren.

KASTANIENREIS

1 kg Maroni, 125 g Zucker, 1 Eidotter, 500 ml Milch, 1–2 KL Kirschwasser oder Cognac

Die Kastanien auf der gewölbten Seite kreuzweise einschneiden, auf ein nasses Backblech legen und im heißen Ofen bei 220 Grad backen, bis sie aufplatzen. Sorgfältig schälen, in der mit etwas Wasser verdünnten Milch weich kochen, danach passieren. Das entstandene Püree mit dem Eidotter und Zucker gut abtreiben, mit Kirschwasser oder Cognac aromatisieren. Die Masse durch ein Sieb oder umgedrehtes Reibeisen streichen.
Den Kastanienreis bergartig angerichtet mit reichlich Schlagobers servieren. Man kann Kastanienreis auch für verschiedene Füllungen verwenden.

MARONI-SCHOKOLADENTORTE

Für den Teig:
100 g Butter, 100 g Staubzucker, 100 g Kochschokolade, 6 Eier, 1 Msp. Backpulver, 100 g Mehl, 100 g geriebene Mandeln

Für die Fülle:
300 g Kastanienreis (siehe Rezept), 150 g Butter, 100 g Staubzucker, 4 cl Rum, etwas Zitronensaft, 1 Pck. Vanillezucker

Für die Glasur:
200 g Kochschokolade, 200 g Obers, etwas Ribiselmarmelade

MARONI MIT SCHALE

Weiter:
geschälte, gekochte oder gebratene Maroni zum Verzieren, Butter und Mehl für die Form

Für den Teig das Mehl in eine Schüssel sieben, mit den Mandeln vermengen. Die Schokolade in einem Wasserbad schmelzen lassen, die Butter mit der Hälfte des Zuckers sehr schaumig rühren. Eier trennen, die Dotter nach und nach zusammen mit der geschmolzenen Schokolade in die Butter-Zuckermasse einarbeiten. Die verbliebenen Eiklar mit dem restlichen Zucker zu steifem Schnee schlagen. Eischnee zusammen mit dem Mehl-Mandelgemisch unter den Abtrieb ziehen. Eine Tortenform mit 22 cm Durchmesser einfetten und mit Mehl stauben. Die Teigmasse einfüllen, Oberfläche glatt streichen, danach im vorgeheizten Backofen bei 180 Grad etwa 40 Minuten backen (Nadelprobe machen). Die Torte in der Form erkalten lassen, aus der Form lösen und nach 2 Stunden Ruhezeit in zwei Böden schneiden.
Für die Füllung den Kastanienreis mit Rum, Zitronensaft, gesiebtem Staubzucker und Vanillezucker sehr schaumig zu einer glatten Masse verrühren. Butter sehr schaumig abtreiben, dann den Kastanienreis untermengen. Masse nochmals schaumig aufschlagen. Falls erforderlich noch etwas Rum hinzufügen. Die Füllmasse auf einen Tortenboden streichen, den zweiten Boden darauf legen und das Ganze 2 Stunden im Kühlschrank rasten lassen, danach mit etwas erhitzter Ribiselmarmelade bestreichen.
Für die Glasur wird die Kochschokolade zusammen mit dem Obers geschmolzen, glatt gerührt und dann über Eis kalt geschlagen. Die Torte mit der Glasur sauber überziehen, die Maroni als Dekoration rundherum aufsetzen, dann die Torte einige Stunden kühl stellen.

MARONICREMESUPPE MIT HASENFILET

ZUTATEN FÜR DIE MARONI-SCHOKOLADENTORTE

Die Südsteiermark

„Traumhafte Landschaft für traumhafte Weine": Mit solchen oder ähnlich klingenden Superlativen wird das wildromantische Hügelland der Südsteiermark mit seinen rassigen Weinen umschrieben. Angesichts der steilen Hügel, idyllischen Gehöfte, einladenden Buschenschänken und nahezu märchenhaften Ausblicken kann einem schon das Herz aufgehen – nicht umsonst wird dieser herrliche Landstrich auch die „Toskana Österreichs" genannt. Das gilt landschaftlich gesehen in besonderem Maße für die Hügellandschaft der südsteirischen Weinstraße zwischen Berghausen und Leutschach sowie der Straße von Leibnitz über Kitzeck zum Demmerkogel. Bei allen Parallelen zur Toskana hat dieser einzigartige Landstrich, welcher auf demselben Breitengrad wie Meran liegt, sein eigenes Profil und eine typisch steirische Charakteristik.

Doch nicht nur landschaftlich zählt die Südsteiermark zu den reizvollsten Weinbauregionen Europas, denn mit ihrem Bergweinbau an vielen steilen Hängen gilt die Südsteiermark als Heimat herausragendster Weißweine und großartiger Winzer, die zur absoluten Top-Elite der österreichischen Winzergarde zählen. Nicht wenige dieser begabten Winzer haben mittlerweile Weltruhm erlangt.

Das Weinbau-Gebiet umfasst derzeit rund 1.800 Hektar Rebfläche und ist damit das größte der drei steirischen Weinbaugebiete. Die Weinbaugeschichte geht bis in das vierte Jahrhundert vor Christi zurück. Doch erst Erzherzog Johann (1782–1859) stellte hier die Weichen für den steirischen Qualitäts-Weinbau: durch die Gründung eines Versuchs-Weingutes bei Marburg an der Drau, dem heutigen Maribor. Der Weißburgunder von der heute in Slowenien liegenden Riede Jerusalem zählte zu dieser Zeit zu den begehrtesten Weißweinen Europas. In der Monarchie gab es gegen Ende des 19. Jahrhunderts in der damals so bezeichneten Untersteiermark noch 35.000 Hektar Rebfläche (also 20-mal so viel wie heute). Heute gliedert sich das Gebiet in einen an der Grenze zu Slowenien liegenden Bereich und in die westlich nahe der Stadt Leibnitz gelegene Sausal-Region.

Die wichtigsten Weinbauorte sind Berghausen (mit Georg Regele, Manfred Tement), Ehrenhausen (Hannes Dreisiebner), Gamlitz (Brolli-Arkandenhof, Engelbert Elsnegg, Lackner-Tinnacher, Hannes Sabathi, Sattlerhof, Wilfried Schilhan, Peter Skoff, Walter Skoff, Johannes Söll, Terra Gomeliz), Heimschuh, Kitzeck (mit z. B. Gerhard und Maria Wohlmuth sowie einem Weinbau-Museum), Leibnitz (Steirisches Landesweingut und Weinbauschule Silberberg), Schloss Seggau, Leutschach (Daniel Jaunegg, Karl Renner, Erwin Sabathi, Alice und Roland Tauss, Andreas Tscheppe, Vin'o – Eduard und Stefan Tscheppe), Spielfeld (Erich und Walter Polz, Primus Polz, Rebenhof), St. Andrä im Sausal (Harkamp) und Sulztal. Die südsteirische Weinstraße zählt zu den schönsten Europas und führt von Ehrenhausen entlang der slowenischen Grenze bis Leutschach.

Es werden vorwiegend Weißweine produziert, seit 1993 differenzieren die Top-Winzer zwischen dem „klassischen Ausbau" (großes Holzfass oder auch Stahl) und den kräftigen Gewächsen, die auch in Barriques vinifiziert werden. Die steirischen Klassiker wie frisch-fruchtige Welschrieslinge, feinduftige Muskateller, knackige Weißburgunder, rassige Sauvignons und edle nervig-charaktervolle Morillons (wie der Chardonnay hier genannt wird) erfreuen sich größter Beliebtheit. Und immer zahlreicher werden auch die hochreifen Weißweine mit individuellem Terroir-Charakter und Barrique-Ausbau, bei denen die Winzer das qualitative Maximum aus den sonnenverwöhnten Steillagen herauszuschöpfen versuchen – mit großem Erfolg.

Die starken Temperatur-Schwankungen zwischen Tag und Nacht sind verantwortlich für die Eigenheit der südsteirischen Weine, denn sie verleihen ihm Eleganz, frische Säure und Fruchtigkeit. Andererseits bringen überdurchschnittlich viele Sonnenstunden durchaus Wucht, ausreichend Niederschläge sorgen zudem für ein gutes Gedeihen der Rebstöcke. Die Weingärten liegen auf Schiefer, Sand, Mergel, Urgestein und Kalkböden, wobei die Weißweine dominierend sind, Rotweine spielen nur eine relativ geringe Rolle, obwohl sich auch hier einige Winzer interessante Rotweine erzeugen. Ein Ausflug in dieses von Gott gesegnete Gebiet lohnt sich immer; besonders jedoch im Frühjahr, wenn die untergehende Sonne die Landschaft in ein leuchtendes Rot taucht und im Herbst, wenn Traubenmost, Sturm und gebratene Kastanien das Weinerlebnis Südsteiermark bereichern.

LACKNER-TINNACHER GAMLITZ

Das Weingut Lackner-Tinnacher blickt auf eine lange Tradition zurück. Im Jahre 1770 wurde der Besitz im Josephinischen Kataster, der ersten konsequenten Landvermessung, beschrieben. Darin sind erstmals einzelne Weingartenstücke bewertet und so keltert der leidenschaftliche Winzer Fritz Tinnacher heute sein hochwertiges Traubengut aus 17 ha eigenen Weingärten. Vornehmlich hervorragende Steilhänge – die Lagen Steinbach und Eckberg – in der klimatisch idealen Seehöhe von 400 bis 500 Metern Seehöhe gehören zum Familienbetrieb, dort gedeihen die Burgundersorten besonders gut.

Neben einer Vielzahl von ausgezeichneten Weißweinen, unter denen sich hochelegante Top-Weine wie der Weißburgunder Steinbach, der Grauburgunder Steinbach oder der herausragende Sauvignon blanc Welles befinden, ist man hier besonders stolz auf die Süßweine, für die Südsteiermark eher eine Rarität. Doch der einmalig harmonische Riesling Eiswein ist ein absoluter Geheimtipp für Süßweinliebhaber, sein leuchtendes Gelbgold fasziniert geradezu und sein Finessenreichtum, seine Fruchtaromatik wie auch die frische Säurestruktur machen ihn zu einem der besten Süßweine des Landes.

MANFRED TEMENT BERGHAUSEN

Das Weingut Tement liegt auf einem schmalen Bergplateau, das den Grad der Riede Zieregg leicht abrundet und einen herrlichen Rundblick einerseits in das Nachbarland Slowenien, andererseits in die südliche Oststeiermark bietet. Es ist ein modern orientiertes Weingut, das seine ursprünglichen Wurzeln nicht vergessen hat.

Der Weinkeller wurde mit großer Anstrengung in das Korallenriff, das etwa vor 20 Millionen Jahren knapp unter der Meeresoberfläche gewachsen ist, eingeschlagen. Diese Felswände wurden in diverse Kellerräumlichkeiten integriert und dienen nun als „Terroir-Schauobjekt".

Das Weingut verfügt zurzeit über 53 ha Weingärten, 8 ha davon fallen auf die wertvollste Lage namens „Zieregg". Die Sortenvielfalt ist überaus groß, so werden Sauvignon blanc, Morillon, Welschriesling, Weißburgunder, Gelber Muskateller, Roter Traminer, Gewürztraminer, Pinot noir und Blauer Zweigelt vinifiziert.

Neben dem finessenreichen Blauburgunder sind es vor allem die Weißweine, welche das Haus auszeichnen. Neben einem fruchtbetonten Roten Traminer und einem sehr vielschichtigen Morillon überzeugen insbesondere die Sauvignon blancs, allen voran die Flaggschiffe des Hauses der grandiose und ausdrucksstarke Sauvignon blanc Zieregg und der im Barrique ausgebaute Sauvignon blanc Reserve.

Nicht vergessen darf man die Reihe erstklassiger Süßweine, die allesamt zu den besten der Steiermark gerechnet werden dürfen; sehr interessant erscheinen hier der Sauvignon blanc Eiswein mit zarten Steinobstaromen sowie die erstklassige, zweieinhalb Jahre im Holzfass gereifte Morillon TBA mit feiner Würze und frischem Säurespiel.

WEINGUT TSCHERMONEGG GLANZ A. D. WEINSTRAßE

Seit mehr als 120 Jahren keltert die Familie Tschermonegg im südsteirischen Glanz ihre Weine, wobei die 20 ha Weingärten zu mehr als 90 Prozent mit Weißweinen bestockt sind. Erwin Tschermonegg, der einige Jahre auch in Neuseeland praktiziert hat, produziert Weine mit seiner ganz eigenen Stilistik. Sehr seiner steirischen Heimat verbunden und mit größter Sorgfalt verarbeitet er das Traubenmaterial von seinen relativ hoch gelegenen Weingärten, welches dann immer wieder eine frische Struktur und eine fein ausgeprägte Aromatik anzubieten hat. Seine Spitzenlage ist wahrscheinlich Oberglanzberg, nur einen Katzensprung von der slowenischen Grenze entfernt. Die Weingärten werden nach den Richtlinien der integrierten Produktion bewirtschaftet, neben Weinen bietet das Haus auch sehr ansprechende Sekte und Brände angeboten.

Sauber und fein schmecken der extratrockene Sauvignon blanc Classic und der Weißburgunder. Gelber Muskateller und Traminer Trio erscheinen lebhaft und mit einer recht ausgeprägten mineralischen Struktur; herausragend Sauvignon blanc Oberglanzberg, der mit seiner rassigen Struktur und der vielschichtigen Aromatik auch verwöhnteste Weintrinker überzeugen wird.

RENNER LEUTSCHACH

Das mit 6 ha eher kleinere Weingut liegt in Pössnitz bei Leutschach nahe an der slowenischen Grenze, rund 60 km südlich von Graz auf 400 Metern Seehöhe. Das Klima ist hier bereits vom Mittelmeer (feuchtwarm), aber auch aus dem pannonischen Raum (trockener und heiß) beeinflusst. Neben etwas Zweigelt und Blaufränkisch erzeugt Karl Renner das typisch steirische Sortenprogramm.

Die Weine werden in drei Kategorien ausgebaut: 1. „Steirisch": Ausbau im Stahltank bei Welschriesling, Weißburgunder, Morillon, Sauvignon blanc und Muskateller. 2. „Select": Bei Chardonnay und Sauvignon blanc aus ausgewählten Lagen. Je nach Jahrgang wird ein unterschiedlicher Anteil im großen und kleinen Holzfass ausgebaut und 3. „Reserve": Beste Lagen. 100%iger Barrique-Ausbau bei Chardonnay, Sauvignon blanc und Zweigelt.

Der Schwerpunkt verlagert sich immer mehr auf die biodynamische Bewirtschaftung der Weingärten. Die Zielsetzung dabei lautet: „Erzeugung von eigenständigen, charaktervollen und langlebigen Weinen, die mit den gebietstypischen Merkmalen ausgestattet sind."

Insbesondere die Sauvignon blanc-Weine gelingen Winzer Renner ausgezeichnet, denn sowohl der frische Classic, wie auch der kraftvollere Select und nicht zuletzt der sehr gute Reserve überzeugen durchwegs.

WEINGUT TAUSS LEUTSCHACH

In Schlossberg bei Leutschach liegt das wunderschöne alte Gutshaus der Familie Tauss, im Naturpark „Südsteirisches Weinland", etwas abseits der Weinstraße und mitten in den Weinbergen. Seit 1991 bewirtschaftet Roland Tauss den elterlichen Betrieb mit viel Liebe und Freude und versucht im Einklang mit der Natur sein Land respektvoll zu bewirtschaften. Auf 8,5 ha (davon 2 ha Pachtfläche-Ried Hohenegg) Weingartenfläche wachsen die wichtigsten steirischen Weißweine und die den Betrieb besonders auszeichnenden Rotweine.

Die Weingärten befinden sich auf einer der besten steirischen Lagen, nämlich auf der Riede Hohenegg in einer Höhe von 380 bis 460 Metern Seehöhe. Die Böden und das spezielle Kleinklima sind mit verantwortlich für die hohe Reife und Dichte im Wein. Die ältesten Rebstöcke sind über 50 Jahre alt. Die Weine der Riede Hohenegg beeindrucken mit ihrem kühlen Fruchtcharme, dem reifen mineralischen Bukett und ihrer Nervigkeit, die für eine gute Lagerfähigkeit notwendig sind. Und so gelingen hier Cabernet Sauvignon, Blaufränkisch und Merlot prächtig.

Die Spezialität des Hauses sind aber die ausgezeichneten Süßweine, allen voran der herrlich strukturierte Grauburgunder TBA mit seiner lebendigen Säure und den wunderbaren Steinobstaromen; besonders gelungen erscheint auch die Rote Traminer TBA.

SATTLERHOF GAMLITZ

Seit dem Jahre 1887 befindet sich dieses berühmte Weingut im Besitz der Familie Sattler. Ende der 60er Jahre vorigen Jahrhunderts haben Wilhelm Sattler und seine Frau Luise begonnen, lange Zeit ungenutzte Rieden in Sernau auszubauen. Heute verfügt das Weingut Sattlerhof über stattliche 30 ha Weingärten, die zu 90 Prozent mit Weißweintrauben bestockt sind.

Wilhelm Sattler ist mit Sicherheit ein Doyen des modernen steirischen Weinbaues und gilt als einer der Begründer der trockenen Qualitätsweine, die heute in dieser Gegend erzeugt werden. Heute wird das Weingut von seinem ältesten Sohn Wilhelm Sattler jun. und dessen Frau Maria geleitet. Auch dessen Philosophie ist es, sich ganz der Erzeugung von trocken ausgebauten Sortenweinen höchster Qualität zu widmen. So wird hier z. B. die gesamte Palette der Steirischen Klassik-Weine erzeugt, alles fruchtbetonte Weine mit ausgeprägter Frische.

Als beste Lagen gelten Pfarrweingarten, Kranachberg und Sernauberg, die in kleinen Eichenfässern vergoren werden und so zu langlebigen Weinen von internationalem Format gehören, die aber einige Jahre zum Reifen auf der Flasche benötigen.

Die Stärken des Weingutes liegen sicherlich im Bereich des Sauvignon blancs, der hier in vielen verschiedenen Varianten angeboten wird. Die Palette reicht vom trinkanimierenden, frischen Sauvignon blanc Steirische Klassik über den trocken-lebendigen Sauvignon blanc Sernauberg und den sehr charaktervollen Sauvignon blanc Kranachberg bis hin zu einem diffizilen, recht mineralischen und im Barrique ausgebauten Sauvignon blanc Privat, um einige Beispiele zu nennen. Wunderschöne Weine sind zudem der Morillon Pfarrweingarten, der Grauburgunder Pfarrweingarten sowie der Welschriesling Alte Rebstöcke.

WEINGUT ERICH UND WALTER POLZ SPIELFELD

Mit 45 ha Anbaufläche gehört das Weingut der Gebrüder Erich und Walter Polz zu den größten der Steiermark. Die Rebflächen der gleichermaßen fleißigen, wie auch ehrgeizigen Brüder sind zu über 90 Prozent mit Weißweinen bestockt. Zudem wurden Trauben-Lieferverträge mit zahlreichen Winzern in der Umgebung geschlossen, die ihnen bestes Traubenmaterial garantieren. Die Brüder Polz gehören sicherlich auch zu jenen Winzern, die in der Steiermark Maßstäbe in punkto Qualität setzen.

Ein großzüg gestalteter und mit 5 (!) Pressen ausgestatteter, am modernsten Stand der Technik befindlicher Keller ermöglicht die rasche Verarbeitung des Traubenmaterials. Die Gebrüder Polz arbeiten mit bemerkenswertem Engagement und Willen an ihrer eigenen Stilistik und versuchen dabei das vorhandene Potential der Trauben voll und ganz auszuschöpfen.

Mit Barrique wird zurückhaltend umgegangen und dieser – wenn überhaupt – nur sehr sparsam eingesetzt.

Polz-Weine erscheinen wie aus einem Guss, allen ist die Handschrift der Winzerbrüder anzumerken, egal ob es sich dabei um einen „Steirischen Spiegel" oder „Steirische Klassik" handelt – Polz-Weine sind nahezu unverkennbar. Sehr überzeugend der Gelbe Muskateller Grassnitzberg, ein ausgesprochen schöner Wein mit opulentem Fruchtaroma (vor allem Zitrusfrüchte) und angenehmen vegetalen Noten. Das Weingut erzeugt weiter eine ganze Reihe von erstklassigen Morillon-Weinen und wundervollen Sauvignon blancs, von denen sicherlich Sauvignon blanc Hochgrassnitzberg Reserve mit seiner intensiven Frucht und einer kraftvollen, mineralischen Struktur den „primus ex pares" darstellt. Neben einigen ansprechenden Rotweinen wird zudem eine sehr finessenreiche und fruchtbetonte Trockenbeerenauslese angeboten, welche auch Weinfreunde, die sonst nicht so fürs „Süße" sind, zu überzeugen vermag.

WEINGUT AT LEUTSCHACH

Das Weingut von Andreas Tscheppe liegt in einer klimatisch begünstigten Kessellage der Gemeinde Glanz an der Weinstraße und wird als reiner Familienbetrieb geführt. Auf dem seit 1682 im Familienbesitz befindlichen Hof im südsteirischen Leutschach wird seit vielen Generationen Weinbau betrieben.

Bei der Bewirtschaftung der Weingärten versucht man neue Wege zu gehen: Ziel ist es, lebendige Weine mit langer Haltbarkeit zu erzeugen, die höchsten Ansprüchen gerecht werden. Angestrebt werden mächtige Rebstöcke, denn diese erreichen Bodenschichten, die sie von Trockenheit, Frost und Dünger unabhängiger machen. Als Folge kann auf den Einsatz von Herbiziden und Insektiziden verzichtet werden. Den Pflanzenschutz optimiert Andreas Tscheppe durch den Einsatz von Granderwasser, wobei er auf die Wirkung des Mondes, auf Wasser und damit auch auf die Pflanze achtet.

Einer der extravagantesten Weine Österreichs wird hier erzeugt, der so genannte Erdwein; es handelt sich bei ihm um einen Sauvignon blanc, der in ein Holzfass gebettet eingegraben wird, damit er die Energie der Erde und des Bodens aufnehmen kann. Das Ergebnis ist ein selten harmonischer Sauvignon von einzigartiger Textur, dicht, finessenreich, regelrecht burgundisch und von begeisternder Aromatik – Trinkgenuss pur!

MÜHLSTEINSAMMLUNG IM SAUSAL

POTZINGER GABERSDORF

Die Familie Potzinger bewirtschaftet derzeit 13 ha Weingärten und ist im Besitz einiger außergewöhnlicher Lagen, von der insbesondere die Riede Zoppelberg mit ihren 50 Jahre alten Roten Traminerstöcken erwähnt werden soll. Zudem werde Trauben in sehr geringem Ausmaß von Winzern zugekauft, welche die Weingärten nach den Kriterien der Familie Potzinger bewirtschaften.

In den Weingärten wird mit sehr hohem Handarbeitsaufwand und einer guten Mengenkontrolle gearbeitet; unter Einhaltung der Kriterien der integrierten Produktion. Die Trauben werden so spät als möglich, das heißt bei höchster physiologischer Reife geerntet. Nur allerbeste, sauberste Trauben werden für die Weine verwendet.

Die Ratsch-Weinlinie ist das Fundament der Familie Potzinger. Die Weine steirischen Ausbaus zeichnen sich durch ihr gutes Lagerpotential, ihre Finesse und Struktur aus. Sie sind zudem beliebte Speisenbegleiter.

Neben der ausgezeichneten Weißweinlinie überraschen hier vor allem die guten Rotweine. Die sonst in diesem Gebiet übliche Bezeichnung „Klassik“ wurde durch „Ratsch“ ersetzt, eine Übernahme der französischen „Village“-Idee. Zu den besten Weinen des Hauses zählen die feine und sehr lebendige Scheurebe mit ihrem eleganten Säurespiel, der in kleinen französischen Eichenfässern gereifte Blaue Zweigelt Ratsch sowie der feinfruchtig-elegante Muskateller, eine südsteirische Rarität. Nicht unerwähnt bleiben sollen der elegante Rote Kapun Ratsch sowie der exzellente Morillon Ratsch.

WEINGUT ALOIS GROSS RATSCH A.D. WEINSTRASSE

„Ein stiller Star“ ist wahrscheinlich die treffendste Titulierung für einen der besten Winzer des Landes. Alois Gross ist kein Hollywood-Star, er ist ruhig, sensibel und sanft. Und so erklärt er: „Wein ist ein Begleiter zum Essen, deshalb muss er vor allem schmecken! Auf der Zunge muss er sich bewähren, nicht in der Nase! Für Nasenweine muss man die Weine nur sehr kühl vergären, reduktiv ausbauen, auf Säureabbau und das Holzfass verzichten, den Most extrem klar vergären und den Wein rasch von der Hefe ziehen. Das ist internationaler Stil, damit kann man überall ordentlichen Wein machen.“ Dass dieses „ordentlich“ als absoluter Verriss zu verstehen ist, erkennt man dann, wenn man Alois Gross kennt. Für ihn ist Qualität nämlich nicht allein das Fehlen von Mängeln, sondern der Wein muss zudem über individuelle Eigenarten, Vorzüge, Ausdruck und Charakter verfügen. Qualität entsteht für Alois Gross im Weingarten, die Aufgabe des Winzers besteht lediglich darin, den Wein werden zu lassen und keine Fehler zu machen.

Das Weingut verfügt heute über 22 ha Weingärten, die Paradelage des Hauses ist sicherlich der Ratscher Nussberg. Besondere kleinklimatische Vorzüge und optimale Böden erbringen vom Terroir geprägte Weine, welche dann in der unverwechselbaren Stilistik des Weingutes ausgebaut werden. „Steirische Klassik“ steht für fruchtbetonte Weine der traditionellen südsteirischen Rebsorten, die Topweine kommen mit Lagenbezeichnung auf den Markt. Auf Barrique wird verzichtet, einzig ein reinsortiger Morillon mit der Bezeichnung „Ratscher Nussberg“ wird als Barrique-Wein ausgebaut.

Gross-Weine zeigen immer wieder eine erstaunliche Tiefe, die ihre Ursachen in vielen kleinen Faktoren und lenkenden Eingriffen hat: kleinbeerige Klone, die mehr Beerenhaut und damit mehr Aroma einbringen, Ertragsbeschränkung, teilweise Begrünung der Weingärten, so weit wie nur möglich wird biologisch gearbeitet (ohne Herbizide und Insektizide) oder peinliches Beobachten, dass keine Botrytis auftaucht, sind nur einige wichtige Punkte.

Lang ist die Liste der großartigen Weine, die das Weingut hervorbringt und somit erscheint es unmöglich den einen oder anderen Wein besonders hervorzuheben. Der leichte Welschriesling Kittenberg z. B. bereitet ein unglaubliches Trinkvergnügen, der kraftvoll-elegante Gelbe Muskateller ist Genuss pur oder der feintraubige Sauvignon blanc Steirische Klassik mit seiner wunderschönen Frische sind sicherlich allesamt Weine für höchsten Weingenuss. Echte Traumweine sind der vielschichtige Gewürztraminer sowie der großartige Morillon Ratscher Nussberg, ein Wein für Liebhaber von im Barrique ausgebauten Weinen.

EWALD ZWEYTICK RATSCH A. D. WEINSTRASSE

„Schade, dass man Wein nicht streicheln kann“, mit diesen Worten beginnt die Präsentation eines der ungewöhnlichsten Weingüter der Südsteiermark. Keine Frage, Ewald Zweytick liebt den Wein und betrachtet ihn geradezu philosophisch. Zudem liebt er seine Heimat und die Werte, welche mit ihr verbunden sind. Aufgrund dessen musste Ewald Zweytick sein Wohnhaus auch inmitten des Sauvignon blanc errichten – jetzt wohnt er auch „im“ Wein!

Dem Vorbild irischer Whiskey-Produzenten und ihrem Motto „Wir trinken so viel wir können, den Rest verkaufen wir!“ folgend, produziert Ewald Zweytick zunächst einmal Weine, die ihm persönlich schmecken; den „Rest“ verkauft er. Das Weingut liegt in Ratsch und verfügt derzeit über 11 ha Weingärten, die beste Riede ist wahrscheinlich die Riede Stermetzberg, die mit Weißburgunder, Grauem Burgunder und Sauvignon blanc bestockt ist. „Zeit“ ist das Zauberwort für Ewald Zweytick und daher sind seine Lagenweine auf besondere Lagerfähigkeit ausgebaut – daher sollte man ihnen die notwendige Reifezeit auch gönnen.

Exzellent und sehr trinkanimierend ist sein wunderbarer Grauer Burgunder, der mit einer zarten Kräuterwürze und einer rassigen Struktur begeistert. Der Region entsprechend werden auch ein frisch-fruchtiger Welschriesling, ein charaktervoller Morillon, ein sehr ansprechender Muskateller sowie ein mineralisch-rassiger Sauvignon blanc erzeugt. Flaggschiff des Hauses ist aber sicherlich der dichte und finessenreiche Sauvignon blanc dont cry, ein Wein für ausgesprochene Liebhaber dieser Traubensorte.

KLAPOTETZ

KALBSBACKERLN MIT KERNÖL UND STEIRISCHEM SEMMELKREN

Ein Kilo ausgelöste Kalbsbackerln werden in einer Knochenbrühe (aus Kalbsknochen, Wurzelgemüse, Liebstöckel, Paradeisern, Zwiebeln, Petersilienstängel, Lorbeer, Piment, Pfeffer, Salz und gut 2 Litern Wasser) in 1 1/2–2 Stunden weich gekocht.
Für den Semmelkren werden 4 altbackene Semmeln in Scheiben geschnitten, danach in 250 ml kräftiger Rindsuppe eingeweicht und zum Kochen gebracht. Den Topf vom Herd nehmen, etwas abkühlen lassen, dann 2 Eidotter einrühren und mit einem Quirl so lange rühren, bis eine breiige Masse entstanden ist. Frisch gerissenen Kren nach Geschmack darunter heben, anschließend mit Salz, Pfeffer und einen guten Schuss Apfelbalsamico-Essig abschmecken – bis zur Verwendung warm halten, nicht kochen lassen!
Die Kalbsbackerln auf vorgewärmten Tellern anrichten, mit etwas Kochsud, Kernöl und Apfelbalsamico beträufeln und zusammen mit dem warmen Semmelkren auftischen.

KALBSKOPF MIT SAUBOHNEN

Einen halben Kalbskopf (nur die Maske ohne Knochen) in große Stücke schneiden, dann mit Aromaten nach Wahl (z. B. Wurzelgemüse, Petersilie, Lorbeer, Nelke, Wein) weich kochen. Aus dem Kochsud heben, in eine geeignete Terrinenform füllen, mit etwas Sud übergießen und mit einem Gewicht beschwert (gepresst) stocken lassen.
200 g Saubohnen (oder Käferbohnen) in Salzwasser weich kochen, abseihen und etwas Kochwasser auffangen. Etwa 500 g vom ausgelierten Kalbskopf in grobe Würfel schneiden, in wenig Bohnenwasser auflösen, bis die Gelatine schmilzt. Apfelbalsamico-Essig (2–3 EL) und die Saubohnen hinzufügen, auf kleiner Flamme kurz ziehen lassen, mit Salz und frisch gemahlenem Pfeffer würzen.
Vier Teller mit Vogerlsalat auslegen, das Bohnen-Kalbskopf-Gemisch darauf verteilen und mit etwas Kernöl vollenden.

OCHSENSCHWANZAUFSTRICH

1 1/2 kg in größere Stücke gehackter Ochsenschwanz,
1 kg fetter Selchspeck,
100–125 ml Apfelbalsamico-Essig,
200–250 ml Rotwein (vorzugsweise Zweigelt),
gut 500 ml kräftige Rinderbrühe,
2 Zweige Thymian,
3–4 Knoblauchzehen,
etwas Paradeismark,
gehackte frische Kräuter (wie Schnittlauch, Petersilie, Kerbel),
Salz,
Pfeffer aus der Mühle

Den Selchspeck von der Schwarte befreien und sehr fein würfeln oder hacken. Die Ochsenschwanzstücke in einem großen Topf in etwas Pflanzenöl rundherum kräftig anbraten, die Speckwürfel hinzufügen, ebenfalls anrösten, dann alles mit Apfelbalsamico, Wein und Rindsuppe ablöschen; den Thymian und die angedrückten Knoblauchzehen dazugeben, das Paradeismark einrühren, einen Deckel auflegen, dann das Ganze etwa 4 Stunden bei geringer Hitze schmoren, bis das Fleisch sehr weich ist und nahezu von selbst vom Knochen fällt.
Das Fleisch auslösen und fein hacken – die Fleischfasern sollten aber erhalten bleiben. Dann die Fleischmasse erneut aufkochen, mit Salz, Pfeffer aus der Mühle und Kräutern nach Belieben abschmecken; vom Herd nehmen.
Wenn die Masse lauwarm ist, wird sie auf gebähte Schwarzbrotscheiben gestrichen und sofort zum Wein serviert.

Tipp: Man kann die Masse auch in Einsiedegläser füllen, mit Schweineschmalz „zuschmieren" und gut verschlossen aufbewahren.

© Florian Thür

HENDLHAXN AUF ROTWEINZWIEBELN

12 Hendlhaxen (nur die Unterkeulen) salzen und pfeffern, dann in reichlich heißer Butter (gut 100 g) rundherum anbraten, herausnehmen und das Weiße (mit Grünansatz) von einem Bund Frühlingszwiebeln in Bratenrückstand rundherum sanft anbraten, mit Rotwein (Zweigelt) ablöschen, die Hendlhaxen darauf legen und alles im vorgeheizten Rohr bei 180 Grad ziehen lassen. Kurz vor dem Servieren mit gehacktem Liebstöckel bestreuen.

KANINCHENINNEREIEN AUF ALT-STEIRISCHE ART

Die ausgelösten Innereien (Herz, Leber, Beuschel, Nieren) von 3–4 Kaninchen in Kaninchen- oder Geflügelbrühe kochen, bis sie gar sind; dann herausheben und kurz überkühlen lassen, Brühe aufbewahren. Zwischenzeitlich hat man 1 Zwiebel fein gehackt und in gut einem Esslöffel Butter angeschwitzt. Diese wird mit etwas Mehl gestaubt, dann mit 125 ml Kochbrühe sowie 125 ml Rotwein aufgegossen. Die Flüssigkeit stark einkochen lassen und diese am Schluss mit Hasenblut, das mit etwas Essig verrührt worden ist, binden – ersatzweise kann man auch Brombeermarmelade (oder Powidl) und Biskuitbrösel nehmen.
Die grob zerteilten Innereien in die Sauce geben, kurz darin ziehen lassen, mit Salz und Pfeffer abschmecken (wenn man Brombeermarmelade genommen hat, kann man auch noch ein Stamperl Brombeerlikör dazugeben). Dazu passen kleine Scheiben von Serviettenknödel oder Weißbrot.

KALBSKOPF MIT KÄFERBOHNEN

HENDLHAXN AUF ROTWEINZWIEBELN

Goritzer Gibanze

Inspiriert von den zahlreichen Varianten der Gibanzen in Slowenien, entstand in Deutsch-Goritz unweit Bad Radkersburg dieses Rezept. Waren die aufwendig gestalteten Gibanzen mit wertvollen Füllungen zunächst ausgesprochene Festtagsgerichte, so ist dies eine eher einfach gestaltete Gibanze, welche anlässlich schwerer Arbeit wie Dreschen, Weingartenhauen u. a. zubereitet wurde.

Für den Teig:
600 g Mehl, 2 EL Öl, 1 Ei,
10 g Germ (mit etwas Zucker angerührt),
300 ml Wasser,
Prise Salz

Für die Fülle:
1 kg grober Topfen,
300 g Zucker, 4 Eier,
1 EL Grieß,
1 Becher Sauerrahm,
Rosinen,
etwas abgeriebene Zitronenschale,
fakultativ auch etwas Vanillezucker

Außerdem:
flüssige Butter zum Bestreichen;
ein Gemisch aus Zucker,
Vanille und Zimt zum Bestreuen

1. Für den Germteig alle Teigzutaten zu einem Germteig vermengen und diesen 30 Minuten rasten lassen.
2. Zwischenzeitlich die Fülle vorbereiten: Dotter mit Zucker cremig verrühren. Eischnee, Topfen, Zitronenschalen sowie nach Wunsch etwas Vanillezucker zufügen und leicht vermengen.
3. Den Teig – im Original auf einer Ofenschüssel mit kurzem Stil – rund auswalken, etwa 10–12 cm sollten über den Rand hinaushängen.
4. Teig in 6 Teile etwa 10 cm vom Rand einschneiden. Den „inneren Teil“ mit warmer Butter bestreichen.
5. Ein Fünftel der Topfenfülle gleichmäßig verstreichen und mit einigen Rosinen bestreuen.
6. Einen herabhängenden Zipfel wie Strudelteig so weit ausziehen, dass der Teig beim Darüberlegen die gesamte Fülle bedeckt. Darauf abermals ein Fünftel der Topfenfülle aufstreichen.
7. Dann den nächsten Zipfel ausziehen, über die Topfenfülle legen.
8. Wieder mit warmer Butter bestreichen. Diesen Vorgang solange wiederholen, bis die gesamte Topfenfülle und Teigstücke verarbeitet sind.
9. Den letzten Teigzipfel nicht mehr mit Butter bestreichen.

Goritzer Gibanze im Rohr bei 200 Grad etwa 30 Minuten backen. Danach sofort mit einem Abtrieb aus Butter, 1 Dotter und Honig bestreichen, darauf ein Gemisch von Zucker, Vanille und Zimt streuen.

3.

4.

5.

5

6.

7-8.

Eierschwammerl

Zu den begehrtesten Speisepilzen der österreichischen Küche gehören zweifelsohne die Eierschwammerl, welche allgemein auch unter der Bezeichnung „Pfifferling“ bekannt sind. Die charakteristischen Merkmale des Pfifferlings sind der dotter- bis goldgelbe, erst runde und mit zunehmender Reife dann leicht trichterförmige Hut sowie der gleichfarbige sich nach unten verjüngende Stiel, der allmählich in den Hut übergeht. An der Stelle, an der sich bei den Blätterpilzen die Lamellen befinden, besitzt der Pfifferling dicke Leisten, die oft gabelig verbunden sind und die am Stiel weit herablaufen. Seine große Beliebtheit verdankt der edle Speisepilz nicht allein seinem schönen und charakteristischen Eigengeschmack, sondern vielmehr auch der Tatsache, dass er recht lange hält und vor allem sehr gut konserviert werden kann. Er eignet sich zwar nicht zum Trocknen, doch kann er blanchiert gut eingefroren werden oder man legt ihn ein (z. B. in Salzlake, Essiglake oder Süß-Sauer-Marinade), wodurch er zu einer ganz besonderen Spezialität wird.
Eierschwammerl kommen zwar auf der gesamten Nordhalbkugel vor, doch wachsen die schmackhaftesten in Nadelwäldern, wo man sie auf Moos- und Nadelböden vor allem unter Kiefern und Fichten findet.
In der Steiermark kommen die Pilze in zahlreichen Regionen (z. B. am Wechsel oder im Ennstal) noch sehr häufig vor und sind aufgrund der meist noch recht intakten Natur auch besonders gut; die Saison dauert von Anfang Juli bis Ende September. Bevorzugt werden sie mit Ei geröstet oder als Eierschwammerlsauce zu Knödel serviert, doch kennt die österreichische Küche noch viele weitere schmackhafte Rezepte.

EIERSCHWAMMERLSTRUDEL

Für die Fülle zunächst 150 g Zwiebeln fein hacken und in Butter anschwitzen. Danach gut 500 g geputzte Eierschwammerl grob hacken, ebenfalls in die Pfanne geben und kurz durchschwenken. Die Pilze mit Salz, Pfeffer und Petersilie abschmecken.
250 ml Liter Obers mit drei Eiern verrühren und unter die leicht abgekühlte Masse mischen. Abschließend 30 g Semmelbrösel zur Bindung einrühren (bei Bedarf auch etwas mehr Semmelbrösel) und unter die Masse kurz ziehen lassen.
200 g Strudelteig auf einem bemehlten Tuch ausbreiten, zwei Drittel des Teiges mit der Füllung belegen, den Rest mit zerlassener Butter bestreichen. Danach mit Hilfe des Tuches zu einem Strudel einrollen, auf ein gut gefettetes Backblech legen und mit zerlassener Butter bestreichen. Im vorgeheizten Backrohr bei 180 Grad etwa 15–20 Minuten goldbraun backen. In Portionsstücke schneiden und mit einer Schnittlauch- oder Petersiliensauce servieren.

EIERSCHWAMMERLKNÖDEL

5–6 Semmeln vom Vortag, 2 EL glattes Mehl, 3 Eier, Milch nach Bedarf, gut 200 g geputzte Eierschwammerl, 125 g Speck oder vorgekochtes Geselchtes, 1 große Zwiebel, je 1 Bund Schnittlauch und Petersilie, Öl, Salz und Pfeffer

Für die Knödelmasse die Semmeln in kleinere Würfel schneiden, die Zwiebel fein hacken und die geputzten Schwammerl in feine Streifen schneiden. Den Speck bzw. das Selchkarree in kleine Würfel schneiden, danach in wenig Öl kurz anbraten, die Zwiebel dazugeben und ebenfalls durchrösten, schließlich die Pilze darin rasch dünsten. Reichlich gehackte Kräuter untermengen und die Masse erkalten lassen. Die Semmelwürfel mit Mehl, Salz und Pfeffer gut vermengen, Eier, Schwammerlgemisch und Milch nach Bedarf beimengen, alles zu einer homogenen Masse vermischen, diese 15–20 Minuten rasten lassen. Mit nassen Händen zu Knödel formen und in kochendem Salzwasser etwa 15 Minuten garen lassen. Als Beilage zu Wildgerichten oder mit einer Rahmsauce bzw. Pilzsauce servieren.

EIERSCHWAMMERLRAGOUT

Zwei Zwiebeln sehr fein hacken und in gut 75 g Butter hellgelb anrösten, dann leicht mit edelsüßem Paprikapulver stauben und mit wenig Rindssuppe ablöschen. Die geputzten und grob geschnittenen Pilze (etwa 500 g) dazugeben und im eigenen Saft halbweich dünsten. Zwischenzeitlich 150 ml Sauerrahm mit 25 g Mehl versprudeln, zu den Pilzen geben und kurz aufkochen lassen. Das Eierschwammerlragout mit Cayennepfeffer, Kümmel, Essig, Salz und Pfeffer abschmecken. Es können auch noch in Streifen geschnittene Paprika oder einige in dünne Scheiben geschnittene Paradeiser hinzugegeben werden.

EIERSCHWAMMERLSALAT

Geputzte Eierschwammerl werden in bestem Pflanzenöl rasch angeröstet, dann gut gewürzt und in eine Schüssel gefüllt. Feinst gehackte Schalotten, etwas Knoblauch sowie reichlich fein gewiegte frische Kräuter (wie z. B. Petersilie, Estragon, Schnittlauch) dazugeben und vermengen. Alles mit bestem Öl (Sonnenblumenöl, Distelöl oder Olivenöl) sowie feinem Most- oder Weinessig marinieren und durchziehen lassen. Vor dem Servieren nochmals abschmecken und mit Vogerlsalat anrichten; nach Wunsch mit etwas Kernöl verfeinern.
Dieser Salat schmeckt z. B. sehr gut zu kurz gebratenem Schweinefleisch.

EIERSCHWAMMERLSULZ

1 kg kleine Eierschwammerl, 1 große Zwiebel, 5–6 Knoblauchzehen, 125 ml trockener Weißwein, 250 ml kräftige Rindsuppe, 8–10 Blatt Gelatine, 4–5 EL Öl, 3 EL fein gehackte Kräuter (Schnittlauch, Petersilie, Liebstöckel), Salz und Pfeffer aus der Mühle

Die Pilze sorgfältig putzen, größere halbieren. Die sehr fein gewiegte Zwiebel in Öl andünsten, dann den gehackten Knoblauch und die Pilze hinzugeben, salzen und pfeffern. Den Wein angießen und alles 5 Minuten auf kleiner Flamme dünsten. Pilze durch ein Sieb abseihen, den Sud dabei auffangen.
Brühe erwärmen und mit dem Sud mischen. Die in kaltem Wasser eingeweichte Gelatine darin auflösen, Sud kräftig abschmecken. Eine Form mit Klarsichtfolie auskleiden. Die Pilze mit den fein gehackten Kräutern vermischen und einfüllen. Mit dem Sud knapp bedecken, Folie über der Sulz zusammenschlagen. Eierschwammerlsulz über Nacht kalt stellen.

Dazu passt eine Kräuter-Vinaigrette (z. B. aus Essig, Öl, Schalotten, reichlich gehackten Kräutern, Prise Zucker, Salz und Pfeffer) oder auch eine Kernöl-Marinade (Mostessig, Kernöl, fein gewiegte Schalotte, Knoblauch, Salz und Pfeffer).

GERÖSTETE EIERSCHWAMMERL MIT EI

Eine fein geschnittene Zwiebel in heißer Butter kurz rösten, dann 500 g geputzte und bei Bedarf klein geschnittene Pilze dazugeben, nach Geschmack mit gehackter Petersilie, Muskat, Salz und Pfeffer würzen; bei starker Hitze rasch durchrösten. Zwei bis drei Eier versprudeln und über die Pilze gießen, leicht stocken lassen, danach mit Schnittlauchröllchen oder gehackter Petersilie garnieren.

EINGELEGTE EIERSCHWAMMERL

500 g Eierschwammerl werden geputzt und in Salzwasser blanchiert, kalt abschrecken und gut abtropfen lassen. 250–300 ml guten Wein- oder Apfelessig mit der gleichen Menge Wasser, etwas Zucker, einigen Pfefferkörnern, 6–8 leicht angedrückten Wacholderbeeren, 1 EL Senfkörnern, 2–3 Lorbeerblättern, 1–2 Thymianzweigen sowie etwas Salz aufkochen lassen. Die Pilze in saubere Gläser füllen und mit dem heißen Kräutersud begossen sofort verschließen (die Pilze müssen 1–2 fingerbreit mit dem Sud bedeckt sein). Kühl und dunkel lagern, nach 4–6 Wochen haben die Pilze ihr Aroma entwickelt und schmecken hervorragend zu Carpaccio oder Pasteten.

GERÖSTETE EIERSCHWAMMERL MIT EI

Die Untersteiermark und slowenische Einflüsse

Die so genannte Untersteiermark (slowenisch: Spodnja štajerska) wird vereinzelt auch Südsteiermark genannt. Es handelt sich hierbei um jenen Landesteil der Steiermark, der zwischen der unteren Mur und der oberen Save liegt und zudem um eine Region des heutigen Sloweniens.
Die Untersteiermark entstand durch die Angliederung von Gebieten zwischen dem 12. und 15. Jahrhundert. Als wichtigste sind hierbei zu nennen: die Grafschaft hinter dem Drauwald um Marburg/an der Drau (Maribor), die Mark an der Sann und die Grafschaft Cilli (Celje).
Nach dem Ersten Weltkrieg wurde die Untersteiermark 1919 durch den Friedensvertrag von St. Germain ohne Volksabstimmung von der Steiermark abgetrennt, in den neu entstandenen SHS-Staat (Serbien, Kroatien, Slowenien) eingegliedert und damit zu einem Teil Sloweniens. Zwischen 1941 und 1945 wurde die Untersteiermark von den Nationalsozialisten als CdZ-Gebiet Untersteiermark verwaltet (CdZ = Chef der Zivilverwaltung; sollte die Eingliederung ins Deutsche Reich vorbereiten).
Ab 1945 war die Untersteiermark wieder Teil Jugoslawiens, seit 1991 ist sie Teil der unabhängigen Republik Slowenien, womit gewährleistet ist, dass die deutschsprachigen Gebiete der ehemaligen Untersteiermark heute endlich wieder ohne störende Grenzen mit ihren Nachbarn in der Südsteiermark zusammen leben und sich austauschen können. Im Zuge der EU-Mitgliedschaft Sloweniens sind natürlich auch kulturelle Strukturen erneut zusammengeführt worden, alte Rezepte wurden neu entdeckt und volkstümliches Brauchtum revitalisiert.
Ein Beweis dafür, dass gemeinsame Zielsetzungen dazu beitragen können, auch historische Animositäten leichter zu überwinden, ist die grenzübergreifende Landwirtschaft. Gerade das Bekenntnis zum biologischen Wirtschaften im Gegensatz zur Industrialisierung verbindet die Steiermark, Slowenien, Friaul und Kärnten – Gebiete, die schon immer eng miteinander verbunden waren.

KRHLENKA

Rüben haben in der Küche der Südsteiermark und Slowenien eine sehr lange Tradition und sollen, will man alten Berichten Glauben schenken, die Menschen über viele Hungersnöte hinweg retten können. Gut gewürzt schmeckt dieser Gemüseeintopf wirklich gut, man kann ihn natürlich auch mit etwas gekochtem Schweinefleisch aus der Schulter anreichern, das wäre aber nicht original.

600 g weiße Rüben,
500 g Erdäpfel,
1 Liter Wasser,
1 Zwiebel, 4–5 Knoblauchzehen, Kümmel,
3–5 Salbeiblätter,
1–2 EL Verhackert oder Schmalz,
1 1/2 EL Mehl,
etwas süßes Paprikapulver, Salz

Die Rüben zunächst schälen, dann waschen und würfelig schneiden. In einem Topf mit heißem Wasser aufgießen und salzen.
Die Zwiebel und einige Knoblauchzehen fein hacken, zusammen mit Kümmel und fein geschnittenen Salbeiblättern dazugeben.
Alles eine halbe Stunde kochen lassen, dann auch die geschälten und gewürfelten Erdäpfel hinzugeben.
Den Eintopf langsam kochen lassen. Kurz bevor das Gemüse gar ist, eine Einbrenn aus Verhackert, Mehl und etwas Paprikapulver herstellen, diese dazugeben und den Eintopf damit binden. Zum Krhlenka isst man einen Salat und Brot.

WARMER LINSENSALAT

Der warme Linsensalat ist eine fast vergessene Spezialität der alten Untersteiermark, im heutigen Slowenien. Weil er appetitanregend ist, wurde er zumeist als Zwischengericht (zwischen mehreren Hauptspeisen) zu Silvester gegessen.

Gut 300 g getrocknete Linsen am Vortag in kaltem Wasser einweichen.
Am Tag der Zubereitung die Linsen abspülen und 1 1/2 Liter Wasser in einem Topf zum Kochen bringen. Linsen zusammen mit frischen Majoranblättern, einigen Zweigen Thymian, 1–2 Rosmarinzweigen, einigen Gewürznelken, Salz und Pfeffer ins kochende Wasser geben. Sobald die Linsen weich sind, diese durch ein Sieb seihen, Kräuterzweige und Nelken entfernen. Linsen erneut in einen Topf füllen, mit Salz, Pfeffer, gehackter Petersilie, einigen feinst gehackten Rosmarinnadeln, Mostessig und Kernöl abschmecken. Den warmen Linsensalat in Teller füllen und als Zwischengericht servieren.

BRATHENDL MIT HEIDENBREIN

Ähnlich wie in Kärnten wird auch in einigen Regionen Sloweniens der Buchweizen angebaut, daher sind auch hier zahlreiche Spezialitäten aus Heidenmehl bekannt.

1 Freilandhuhn von etwa 1 1/2 kg,
200–250 ml halb gar gekochten Heidenbrein,
2–3 EL Senf,
3 EL sehr klein gewürfeltes Wurzelgemüse,
1 Zwiebel, Öl, Salz und Pfeffer

Das Hendl gut waschen, trocken tupfen und rundherum salzen. Das Hendl mit Senf einreiben.
Die fein gewiegte Zwiebel in etwas Öl anrösten, das Wurzelgemüse und den Brein dazugeben, die Masse gut würzen; danach das Hendl damit füllen. Das Huhn in eine Kasserolle legen, etwa 1 1/2 Stunden bei 160 Grad braten, dabei ab und an den Bratensatz mit etwas Wasser oder Hühnerbrühe ablöschen.
Das knusprig-goldgelb gebackene Huhn in zwei oder vier Teile zerlegen und auf einer Platte angerichtet zusammen mit dem Heidenbrein auftischen.

KRHLENKA

SAURE SUPPE

© Florian Thür

© Florian Thür

WARMER ENDIVIENSALAT

Warme Salate sind eine Spezialität der Küche Kärntens, der Steiermark und Sloweniens. Wichtig ist, dass sie sofort aufgetischt werden, da die Wärme den Salat sehr schnell welk und weich werden lässt.

Drei Erdäpfel in Salzwasser weich kochen, schälen und blättrig schneiden. Einen schönen Kopf Endivien-Salat feinnudelig schneiden, 150 g Grammeln knusprig rösten, mit etwas Mostessig ablöschen, dann mit Salz, Pfeffer und Kümmel würzen. Die noch warmen Erdäpfel mit dem Endiviensalat und der Marinade vermischen, sofort servieren, nach Belieben mit saurem Rahm verfeinern.

SAURE SUPPE

Saure Suppen dieser Art wurden früher in der Südsteiermark samt angrenzender Untersteiermark als Hauptgericht an kalten Wintertagen oder zur Stärkung an Schlachttagen (zumeist in der kalten Jahreszeit) gereicht.

400 g mageres Schweinefleisch,
1 Schweinsherz,
1 Schweinsschwänzchen,
1 größere Zwiebel,
4–6 Knoblauchzehen,
200–250 g geputztes Wurzelgemüse (Karotte, Sellerie, Petersilienwurzel),
500 g geschälte und gewürfelte Erdäpfel,
etwas frischer Majoran,
2 Lorbeerblätter,
einige Pfefferkörner,
4 EL Sauerrahm,
75 g Mehl,
Essig, Salz

Sämtliches Fleisch, Zwiebel und Wurzelgemüse in Streifen schneiden, in etwa 1 1/2 Litern Wasser zum Kochen bringen, dann fein gehackten Knoblauch, Majoran, Lorbeerblätter, Pfefferkörner und etwas Salz dazugeben. Wenn das Fleisch halb gar ist, kommen die gewürfelten Erdäpfel hinzu. Zum Binden wird Sauerrahm mit Mehl verrührt und durch ein Sieb langsam in die Suppe gestrichen; gut verkochen lassen. Kurz vor dem Anrichten die Suppe mit Salz und Essig abschmecken.

ZWETSCHKENSUPPE

Feine Obstsuppen – vor allem die aus Zwetschken – haben in den obstreichen Regionen des zur Steiermark grenznahen Teils Sloweniens eine lange Tradition. Obst spielt hier schon seit Jahrhunderten eine wichtige Rolle in der Ernährung der Bevölkerung.

Ein Kilo Zwetschken waschen, die Stängel entfernen, halbieren und entkernen. Die so vorbereiteten Zwetschken in leicht gesalzenem Wasser aufsetzen und aufkochen lassen. Währenddessen 250 ml Milch mit 3–4 EL Mais oder Weizenmehl versprudeln. Wenn die Suppe kocht, wird das Milch-Mehlgemisch langsam unter ständigem Rühren eingerührt. Die Suppe weitere 10 Minuten köcheln lassen, bei Bedarf mit Wasser verdünnen; kurz vor dem Servieren mit saurem Rahm verfeinern.

MLINSE/SCHARLING

Mlinsen und Scharling gelten als Vorläufer der Nudeln. Sie wurden aus Teigresten oder auch nur aus Mehl und Wasser bereitet, die auf einer heißen Unterlage vor dem Brotbacken im Ofen gebacken wurden; manchmal hat man sie auch auf einer heißen Herdplatte gedörrt. Mlinsen/Scharlinge sind sehr lange haltbar.

Aus 250 g Mehl und 125 ml Wasser einen festen Teig kneten, diesen erst rasten lassen, danach zu größeren Fladen sehr dünn auswalken, diese im Ofen lichtbraun backen. Zum Verzehr die Fladen in Stücke brechen, mit siedendem Salzwasser garen und schließlich in reichlich Schmalz mit darin angerösteten Zwiebeln abschmalzen.

HEIDEN-MEHLSPEISE

Für den Teig:
300 g Heidenmehl,
700 ml heißes Wasser,
100 g Weizenmehl,
1 EL Öl

Für die Fülle:
1 1/4 kg Topfen,
1 Ei, 100 g Zucker,
250 g Sauerrahm

Für den Überguss:
250 g Sauerrahm,
1 Ei

Zuerst das Heidenmehl mit dem heißen Wasser übergießen, das Öl unterrühren und die Masse erkalten lassen. Danach wird das Weizenmehl untergeknetet, der Teig in drei Teile geteilt und 20–30 Minuten rasten gelassen. Zwischenzeitlich aus Topfen, Ei, Zucker und Rahm die Füllen zubreiten, auch die Fülle in drei Teile aufteilen.
Die erste Lage Teig auswalken, in eine gebutterte Auflaufform schichten, das erste Drittel Fülle darauf verstreichen; dann wieder Teig und so fortfahren, bis alle Zutaten verbraucht sind. Abschließend mit einem Überguss aus Rahm und Ei begießen und die Masse bei 180 Grad knapp 40 Minuten backen.

MLINSE/SCHARLING

ZWETSCHKENSUPPE

Kärnten

Dass die Kärntner ein lebenslustiges Völkchen sind, das bei nahezu jeder Gelegenheit zu feiern versteht, ist weithin bekannt und z. B. durch die zahlreichen Kirchtage oder den berühmten Villacher Fasching auch belegt. In Kärnten lässt es sich aber nicht nur gut feiern, sondern auch wunderbar schmausen. Denn Kärnten ist, wie jeder Gourmet hier sehr schnell feststellen wird, eine der in kulinarischer Hinsicht ergiebigsten Regionen Österreichs. Zudem haben es die Kärntner verstanden, die bäuerlichen Produktionen mit ihren traditionellen Spezialitäten zu bewahren und daneben gleich eine ganze Reihe von kreativen Genuss-Handwerkern hervorzubringen. Und so findet sich hier heute neben Speck, Käse, Hadn (Buchweizen) oder Polenta auch allerfeinster Räucherlachs beim Bachmann (Gailtal), edelster Saiblings-Kaviar bei den Sichers (Tainach) und roh marinierte Rheinanken von Johann Palle (Millstätter See) – um einige Beispiele anzuführen.

Hinzu kommt, dass die Küche Kärntens sehr wohl von der Grenzlage am Schnittpunkt dreier Sprachzonen zu profitieren vermochte. So hat sie neben ihrer typisch österreichischen Stilistik des Alpenraumes auch Einflüsse aus Italien und dem slawischen Raum aufgenommen.
Insbesondere der italienische Norden hat hier durch wandernde Tagelöhner, Holzfäller und Reisende seine kulinarischen Spuren hinterlassen; das wohl klassischste Beispiel hierfür ist die Kärntner Nudel. Denn die Kärntner Nudel ist den aus Italien bekannten Formen von gefüllten Nudeln (z. B. den Ravioli) doch recht ähnlich. Nur ist die Kärntner Nudel geschmacklich tatsächlich durchaus eigenständig, viel deftiger und vor allem voluminöser.
Ihren Ruf, zuweilen etwas sehr voluminös und herzhaft-deftig zu sein, verdankt die Kärntner Küche vor allem ihren typischen Bauerngerichten, wie etwa dem Ritschert (ein Eintopf aus Rollgerste, Bohnen und Rauchfleisch), der Frigga (ein wahrlich nahrhaftes Holzfälleressen aus reichlich geschmolzenem Bergkäse, Speck, Zwiebeln und so vorhanden zusätzlich auch noch Eiern), den Maischelen (in ein Schweinsnetz eingebundene Innereien, die dann in Schmalz ausgebacken werden), dem Faschingsfleisch (ein opulentes Gericht aus Bauchspeck, Selchfleisch und Kraut) und natürlich deftigen Spezialitäten wie Hauswürsten, Salami oder Verhackertem. Dazu trinkt der Kärntner – vielleicht auch in Ermangelung des Weins – am liebsten Bier und Most, welcher in der Gegend um St. Paul ganz besonders gut gelingt.
Kein Wunder ist auch, dass gerade in Kärnten die wohltuenden Kräuterschnäpse und -liköre ebenso beliebt sind.

Und noch einen ganz speziellen Gaumenkitzler hat diese Schatzkammer für Freunde herzhafter Delikatessen parat, nämlich das für Kärnten ganz urtypische Nebeneinander von Süßem und Saurem. So wird zur zum Teil schon recht sauer abgeschmeckten Gailtaler Kirchtagssuppe (einer gelben Suppe mit verschiedenen Fleischsorten) ein süßer Reindling serviert oder man isst den Reindling auch gerne zu gekochtem Osterschinken!
Doch die wahre Stärke der Kärntner Küche zeigt sich nicht allein in ihren vielen traditionellen und überlieferten Rezepten, sondern vor allem in der hohen Qualität ihrer bäuerlichen und bodenständigen Grundprodukte. Das Angebot reicht hier vom Glöckner-Lamm aus hochalpinen Gefilden, Almochsen, Duttelkälbern, Gail- und Gurktaler Speck, Gailtaler Bergkäse, Schotten, Polenta, Hadn, Kräutern, Gemüsen (insbesondere Kürbisse und Spargel), Bauernbrot, Almbutter und Honig bis hin zu edelsten Süßwasserfischen und den angesprochenen Delikatessen, wie Kaviar und Räucherlachs. Und das kleine Manko, von einigen kleinen Weingärten einmal abgesehen kein richtiges Weinland zu sein, macht Kärnten mit köstlichem Most, Met und sehr gutem Bier leicht wieder wett; und zum Abschluss eines herzhaften Kärntner Schmauses genießt man immer wieder gerne einen der köstlichen Edelbrände des Landes. Bei so viel Gutem muss dem Genießer doch das sprichwörtliche Wasser im Munde zusammenlaufen!

DER MILLSTÄTTER SEE IN FRÜHEN MORGENSTUNDEN

Von Nudeln und Kasnudel

Vom bekannten Kärntner Heimatforscher und Begründer des Kärntner Heimatmuseums Oswin Moro war zu erfahren, dass die typische Kost Kärntens Mehl- und Milchspeisen seien, die unter reichlicher Verwendung von Schmalz angerichtet werden. Neben Brot und allerlei Schmalzgebackenem ist die bekannteste Kärntner „Mehlspeise" sicherlich die Nudel, die hier derart häufig gegessen wird, dass die Burgenländer die Kärntner gerne als „Nudalan" schimpfen.
Der Ortsfremde darf sich aber nicht verwirren lassen, denn die Kärntner bezeichnen in manchen Gebieten einige Nudeln auch als Krapfen, obwohl diese mit dem ebenfalls so bezeichneten, bekannten Schmalzgebäck kaum etwas gemeinsam haben. Dies dürfte daher rühren, dass mit „Krapfen" ursprünglich nicht das Schmalzgebäck allein, sondern alle asymmetrischen, etwas unförmigen Speisen bezeichnet worden waren; und die Form der Kärntner Kasnudeln kommt dieser alten Form heute noch sehr nahe.
Das besondere an den Kärntner Nudeln ist allerdings weder der Teig, noch die Tatsache, dass sie mit viel Butter oder Schmalz gegessen werden, sondern einzig und allein die Fülle, nach der sie dann auch jeweils benannt werden. So sind Kasnudeln mit Topfenmasse gefüllt, Specknudeln selbstverständlich mit Speck oder Kletzennudeln selbstredend mit Kletzen (Dörrbirnen), um einige Beispiele zu nennen.
Beim so genannten Krendeln zeigte sich früher die Kunstfertigkeit der Hausfrau, heute der Köche. Ein altes Kärntner Sprichwort lautet: „A Kärntnerin, die wos net krendeln konn, die kriagt koan Monn."
Unter der Kunstfertigkeit des Krendelns versteht man jene Fertigkeit, den ornamentartigen Rand der gefüllten Nudeln mit den Fingern auf optimale und dekorative Art in Form zu bringen. Gekrendelt werden die Nudeln allerdings nur in Oberkärnten, in Unterkärnten (und auch in den meisten Restaurants) werden die Nudeln mit einem Teigrad ausgeradelt.
Es ist schon gleichermaßen bemerkenswert wie für den Gaumen zufriedenstellend, dass eine derart ursprüngliche Spezialität – trotz all des Topfens, des Schmalzes oder des reichlich verwendeten Specks – auch noch in unserer ernährungsbewussten Zeit ihren fixen Stammplatz auf den Speisekarten aller guten Gasthäuser und Restaurants in der Region hat und neben Käse und Speck sogar zum kulinarischen Wahrzeichen Kärntens aufsteigen konnte.

GRUNDREZEPT NUDELTEIG

1 kg Mehl, 10 g Salz,
1–2 Eier, 2 EL Öl,
Wasser nach Bedarf (etwa 500 ml)

Alle Zutaten zu einem glatten, mittelfesten, eher weichen Nudelteig zusammenkneten, den man dann in Alufolie einschlägt und 1 Stunde rasten lässt. Danach den Teig mit einem Nudelwalker (mit möglichst wenig Mehl) messerrückendick ausrollen und in gleichmäßige Quadrate schneiden, die groß genug für einen guten Esslöffel Fülle sind. Der Teig kann auch in zwei Hälften geteilt werden; auf die eine Hälfte die Füllung in gleichmäßigen Abständen aufsetzen, alles mit der zweiten Hälfte abdecken, so dass geschlossene Taschen gebildet werden können; den Teig nun halbkreisförmig um die Fülle niederdrücken und ausschneiden oder ausradeln. In beiden Fällen sollte ein etwa 1 cm breiter Rand stehen bleiben, der dann gekrendelt wird. Kärntner Großmütter bedienen sich noch einer anderen Technik: Sie walken den Teig nicht aus, sondern formen ihn zu einer Rolle, von der sie dünne Scheiben abschneiden, die auf dem Handteller auseinander gedrückt werden. Dann wird die Fülle mittig aufgesetzt, der Teig über der Füllung halbmondförmig zusammengeschlagen und die Nudeln gekrendelt. Für das Krendeln werden die Teigränder halbseitig so zusammengedrückt, dass sie ornamentalzackenartig abdichten, was neben der schöneren Optik auch das Aufgehen während des Kochens verhindern soll. Schließlich werden die Nudeln in siedendem Salzwasser je nach Fülle 10–15 Minuten gegart, bis sie an der Oberfläche schwimmen. Nudeln mit einer Schaumkelle herausheben und je nach Rezept mit reichlich zerlassener Butter, heißem Butterschmalz, ausgelassenem Speck, heißen Grammeln, Verhackertem oder auch Schmalz anrichten.

FLEISCHNUDEL

500 g gekochtes, eher fetteres Geselchtes wird durch den Fleischwolf gedreht. Etwas Schmalz in einer Pfanne erhitzen, 1 große fein gewiegte Zwiebel darin glasig anlaufen lassen, vom Herd nehmen und fein gehackten Knoblauch nach Geschmack dazugeben. Faschiertes Geselchtes mit Zwiebel-Knoblauch-Gemisch, fein gehackten Kräutern (Majoran, Liebstöckel, Petersilie und vielleicht auch etwas Basilikum) zu einer Fülle verarbeiten, aus dieser Kugeln formen und wie im Grundrezept weiter verarbeiten.

DIE BERÜHMTEN SELCHFLEISCHNUDEL VOM „METZGERWIRT" IN RADENTHEIN

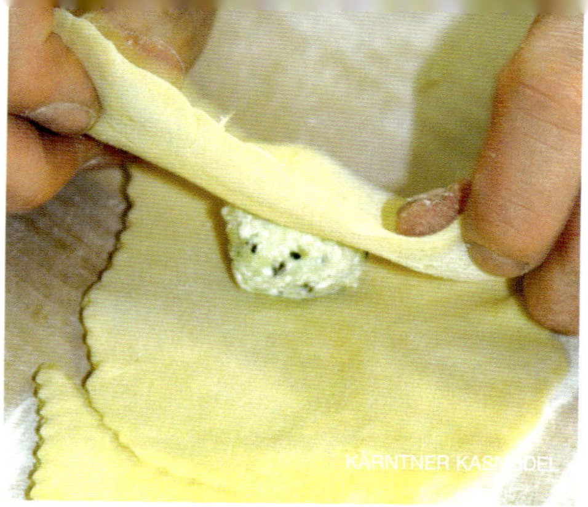

DIE BERÜHMTE KÄRNTNER KASNUDEL

Der Kärntner „heiligste" Speise ist wahrscheinlich die Kasnudel, für die oben angegebener Nudelteig ausgewalkt und dann mit einer Topfenmasse gefüllt wird. Bei den Kasnudeln liegt der Teufel im Detail, denn es gibt kein Originalrezept. Daher ist die Fülle von Tal zu Tal unterschiedlich in Geschmack, Zutaten und Textur. Jede Familie kennt sozusagen ihr eigenes Kasnudelrezept, das streng gehütet in einer der hintersten Küchenwinkel vor all zu neugierigen Blicken verborgen gehalten wird. Die Kasnudel ist nicht irgendeine Speise, sondern ein Teil der Kärntner Identität. Wie eingangs schon erwähnt, gibt es für die Kasnudeln kein Grundrezept, daher hier vier gängige Varianten:

Variante 1
250 g mehlige Erdäpfel kochen, schälen und passieren, danach mit 500 g Kärntner Bröseltopfen, 125 ml Sauerrahm, 80 g zerlassener Butter, 2 Eiern, 2–3 EL gemischten, fein gewiegten Kräutern (Kerbel, Minze, Petersilie), etwas gehacktem Lauch und Salz zu einer homogenen Fülle verarbeiten. Aus dieser Masse Kugeln formen, die in den im Grundrezept angegebenen Nudelteig eingeschlagen und gekocht werden. Mit Butter abgeschmalzt servieren.

Variante 2
100 g Semmelwürfel mit etwas Milch übergießen und anziehen lassen. 300 g gekochte Erdäpfel klein würfeln und zusammen mit 500 g Bröseltopfen, gehacktem Kerbel, etwas fein gewiegter Minze und einer guten Prise Salz zu einer Füllung verarbeiten. Wie unter Variante 1 beschrieben weiter verfahren.

Variante 3
150 g Knödelbrot mit einem Ei und 150 ml Sauerrahm einweichen. 75 g Butter erhitzen, je 1 EL fein gewiegte Minze, Petersilie, Schnittlauch und Kerbel darin schwenken, das eingeweichte Knödelbrot damit übergießen. Topfen dazumischen und eine homogene Fülle herstellen. Wie beschrieben in Teig füllen und kochen, dann aber mit heißem Grammelschmalz oder zerlassenem Verhackert servieren. Man kann diese Nudeln auch mit in Butter gerösteten Bröseln auftischen.

Variante 4
Der Teig wird wie unter Variante 3 beschrieben zubereitet, nur nimmt man für die Fülle statt dem Knödelbrot 150 g halbweich gedünsteten Hirschbrein (Hirse); dies wird mit Schmalz oder Verhackert gegessen.

HEIDENNUDEL

Natürlich gibt es in Kärnten auch eine Variante mit Buchweizen:

Hierfür 300 g gekochten Heiden mit 250 ml saurem Rahm vermengen und gut salzen. Nach dem Kochen in Bröselbutter schmälzen.

ABGEKRENDELTE SPECKNUDEL

Diese Specknudeln kommen vor allem zur Faschingszeit auf den Tisch. Dazu wird kein zusätzliches Schmalz oder Fett gereicht, denn aus den Nudeln rinnt reichlich Fett von der Füllung heraus, so dass die Nudeln regelrecht in Fett schwimmen! Nach altem Brauchtum muss die Bäuerin auf jeden Fall am Faschingsmontag Specknudeln kochen, am Faschingsdienstag gab es dann Speckknödel. Im Mölltal wird der Faschingsmontag auch „Specknudl-Montig" genannt oder auch nur – vielleicht nicht ganz zutreffend – „Foastn"!

Abgekrendelte Specknudeln werden entweder mit gekochter und fein faschierter „Halschkn", das ist eine geselchte Stelze, gefüllt oder einfach nur mit gehacktem und scharf abgeröstetem Selchspeck. In manchen Regionen Kärntens werden sie auch nur mit Verhackert gefüllt, eine besonders deftige Variante! Die Nudeln sollten nicht zu groß sein (etwa die Größe einer halben Faust), wer mag isst dazu ein Sauerkraut, das ist aber nicht original.

GAILTALER SPECKNUDEL

200 g Gailtaler Bauernspeck kleinst würfeln oder durch den Fleischwolf drehen, mit zu Bröseln geriebenem altbackenen Bauernbrot (etwa 3 Scheiben) und 200 g Bröseltopfen zu einer Füllung verarbeiten. Wie im Grundrezept beschrieben zubereiten und mit abgerösteten Bauernspeckwürfeln abschmälzen.

KÄRNTNER STEINPILZ- ODER EIERSCHWAMMERLNUDEL

Gut 500 g frische Pilze gründlich mit einem Tuch reinigen und danach sehr fein hacken. Gehackte Pilze mit Ei, 2 EL saurem Rahm, 2–3 EL Petersilie, Salz und Pfeffer vermengen. Besonders schmackhaft wird die Fülle, wenn man auch noch eine Zwiebel zusammen mit einigen Speckwürfeln abröstet und unter die Pilze mischt; wer mag gibt auch noch eine Spur Knoblauch oder Schnittlauch hinzu. Wie gewohnt weiter verarbeiten. Pilznudeln mit ausgelassenen Speckwürfeln oder zerlassener Butter abschmälzen.

GURKTALER SPECK-KASNUDEL

Dieses altüberlieferte Rezept wurde im Gurktal früher als Hauptspeise in der kalten Jahreszeit gegessen; als Beilage gekochtes Sauerkraut reichen. Für diese Nudeln sollte ein recht weicher Teig bereitet werden.

200 g würfelig geschnittenen Rückenspeck anrösten, dann auskühlen lassen. 200 g Schwarzbrot aufbröseln (zu Bröseln reiben) und mit 200 g Topfen vermengen. Den ausgelassenen Speck darunter mischen, Masse eine halbe Stunde rasten lassen, nach Geschmack mit Salz und Pfeffer nachwürzen, dann zu kleinen Kugeln formen. Wie im Grundrezept beschrieben in Nudelteig hüllen, krendeln und in Salzwasser 15 Minuten ziehen lassen. Mit zerlassenen Speckwürfeln oder Grammelschmalz abschmälzen, Sauerkraut schmeckt dazu köstlich!

FAUSTNUDEL

Aus 500 g gekochtem und klein gehacktem Selchfleisch, 1 großen, klein gehackten und in Fett gerösteten Zwiebel, 1–2 EL gewiegtem Lauch, 1 Eiklar und Brösel nach Bedarf eine homogene Fülle bereiten Wie gewohnt weiter verfahren, die Nudeln sollten – wie der Name schon sagt – die Größe einer Faust haben.

KÄRNTNER KLETZENNUDEL

Je nach Region gibt es in Kärnten auch zahlreiche Varianten der Kletzennudeln, ähnlich wie bei den Kasnudeln. Hier wieder einige gängige Varianten:

Variante 1
500 g über Nacht eingeweichte Kletzen (Dörrbirnen, siehe S. 159) fein schneiden oder faschieren, dann mit 500 g Topfen, 200 g Staubzucker, 5–6 EL Rum, 6 EL Süßrahm sowie einer guten Prise Salz zu einer Füllung verarbeiten, die zu kleinen Kugeln geformt weiter verarbeitet wird. Brösel zusammen mit etwas Zucker in Butter goldgelb rösten, die gekochten Kletzennudeln darin schwenken.

Variante 2
500 g Kletzen in Wasser weich kochen, fein schneiden oder faschieren, danach mit 250 g Topfen, 2 EL Honig, 1–2 EL Zucker, 1 Ei 1 EL Bröseln, 1 EL geriebene Walnüsse, 1 Prise Zimt und etwas gehacktem Zitronat vermengen. Kleine Häufchen oder Kugeln abnehmen und wie gewohnt weiter verarbeiten. Nach dem Kochen werden die Kletzennudeln mit reichlich zerlassener Butter serviert.

Variante 3
400 g gekochte Kletzen fein hacken und mit 200 g trockenem Topfen, 200 g körnig gedünsteten Hirschbrein (Hirse), 2 Eiern oder nur Eiklar, Zimt, Piment, Honig und etwas zerlassener Butter zu einer Fülle verarbeiten, die nur schwach gesüßt werden sollte. In Nudelteig füllen, kochen und danach in Butter schwenken.

KÄRNTNER KLETZENNUDEL (GASTHAUS LIEGL)

ALBERT JANCK
MIT GAILTALER SPECK

GURKTALER SEITENSPECK

FLEISCHERMEISTER SEISER MIT "GURKTALER LUFTGESELCHTER"

Kärntner Speck, Hauswürste und Haussalami

Schon im Mittelalter spielte Schweinezucht in Kärnten keine so große Rolle, wie z. B. Milchwirtschaft und Schafzucht. Grund dafür war sicherlich auch die sehr beschränkte Anzahl an für Schweinezucht geeigneten Weideflächen. Daher wurde in Kärnten früher sehr viel Speck aus der Steiermark oder Ungarn eingeführt. Dennoch hielten sich die meisten Höfe einige Schweine für den eigenen Bedarf und in Unterkärnten gab es auch ausgeprägtere Schweinezucht. Hier war vor allem das süddeutsche Landschwein heimisch, welches im Laufe der Jahre vor allem mit italienischen Rassen gekreuzt und veredelt wurde.
Da das Schweinefleisch besonders rar war, wurde dies auch sehr selten frisch zubereitet, sondern zumeist konserviert; edle Teile zu (Schinken-)Speck, der Rest zu Wurstwaren.
Nachdem die Fleischstücke in „Seiten" (Stück in 2 Teile geschnitten, die am oberen Ende zusammenhängen) zerlegt worden waren, wurde das Fleisch zum Selchen beiseite gelegt und zuerst die Wurstmasse zubereitet. Neben den klassischen Selchwürsten sind hier vorallem die köstlichen Hauswürste eine echte Spezialität, welche im Sommer als Proviant auf Wanderungen besonders gut munden, und für die ein jeder Hof und ein jeder Fleischer ein eigenes Rezept kennt.
Zu großer Berühmtheit gelangten aber die Kärntner Speckvarianten, die ohne Zweifel zum Besten zählen, was Österreich auf diesem Sektor zu bieten hat. Dabei wird zwischen dem luftgeselchten Speck, dem geräucherten Speck sowie dem schwarzgeselchten, durchzogenen Speck, welcher einst in der Rauchkuchl oder in einer eigenen Selchkammer geräuchert wurde, unterschieden.
Natürlich gab es auch hier verschiedenste Brauchtümer um das Schlachten, wie z. B. das berüchtigte „Sauschädelstehlen". Hierfür wurde dem „armen" Bauern der Schädel des abgestochenen Schweins „gestohlen", dieser im nächsten Wirtshaus gekocht, dann der „nichts ahnende" Besitzer zum Sauschädelschmaus geladen und bei diesem Mittels eines bestimmten Zeremoniells auch noch zum Zahlen der Zeche verurteilt; Delikte wie „Mord", „Vergehen gegen die Tierrechte", „Unachtsamkeit" oder „Fahrlässigkeit" wurden dem Bauern hierbei „vorgeworfen" und „nachgewiesen".
Es gab Semmelkren, Apfelkren, Kärntner Reindlinge (siehe S. 513), Brot und anderes mehr, so dass das Sauschädelessen zu einem richtigen Festessen ausufern konnte, welches von Musik, Gesang, Spottliedern und Tänzen begleitet wurde.

Gailtaler Speck

Das schneeweiße Fett und die volle, schöne rote Farbe sind die charakteristischen äußerlichen Merkmale des mittlerweile von der EU geschützten Gailtaler Specks. Geschmacklich gesehen ist er mild-salzig und weist einen leicht würzigen, harmonisch ausgeprägten Geschmack von Räucheraromen und Fleisch auf. Er ist von fester Konsistenz, wunderbar zart im Biss und zergeht förmlich auf der Zunge.
Um festen Speck zu erhalten, müssen die Schweine entsprechend gefüttert werden, denn Erdäpfel und Küchenabfälle allein ergeben nur weichen Speck. Erst gekochte Erbsen, Bohnen, Getreide und vor allem Magermilch oder die beim Käsen anfallende Molke machen das Fleisch würzig und gewährleisten festen Speck. Die Fleischstücke werden vom frisch geschlachteten Schwein geschnitten, dann lässt man sie auskühlen und erstarren, bevor sie mit Salz, Knoblauch-wasser, zerdrückten Wacholderbeeren (manche nehmen auch Koriander) und eventuell auch Senfkörnern fest eingerieben werden. Dann lässt man den Speck rund zwei Wochen in einem sehr kühlen Raum abliegen, wobei er öfters umgelegt wird (Schwartenseite immer nach unten). Danach kommt der Speck für einige Tage in mittelwarmen Rauch, bevor er an einem leicht zugigen Ort zum Reifen und Lufttrocknen aufgehängt wird, wo er langsam sein einzigartiges Aroma entwickelt, das einen jeden Gourmet zu begeistern vermag.

Gurktaler – „luftgeselchter" Speck

Das Gurktal ist eines der ursprünglichsten Täler Kärntens und hier entsteht in einer unvergleichlichen Symbiose von Tradition, Natur, frischer Bergluft und wertvollen Produkten ein köstlicher Schinken von ungemein feiner Würze. Anders, als z. B. der Gailtaler Speck wird er nicht geräuchert, sondern erhält seinen exzellenten Geschmack ausschließlich von der Gurktaler Luft sowie der Liebe und Hingabe, mit denen er hergestellt wird. Zudem wird er von einer speziellen Schweinerasse geliefert, für welche die Fütterung von den Bauern klar festgelegt wurde; das Schlachtgewicht muss mindestens 130 Kilogramm betragen.
Beim Genuss des Gurktaler Specks entfalten sich dann all seine feinen Aromen, welche sich während der Reife an der gurktaler Luft entwickeln konnten. Und so erzeugen die Bauern und Fleischhauer der Region ein kulinarisches Meisterwerk, das sowohl aufgrund seiner Ursprünglichkeit, wie auch seines reinen Geschmacks schützenswert ist.

"GURKTALER LUFTGESELCHTER"

KÄRNTNER HAUS- UND HIRSCHWÜRSTE

ROACHWÜRSCHT ODER KÄRNTNER SELCHWÜRSTEL

**4 kg mageres Schweinefleisch,
2 kg fettes Schweinefleisch,
180 g Salz,
1 1/2–2 kg würfelig geschnittener Speck,
300 ml kräftiges Knoblauchwasser (reichlich Knoblauchzehen kochen,
dann das Wasser durchseihen),
gesäuberte Schweinsdärme zum Abfüllen,
Pfeffer**

Das gut ausgekühlte, starre Schweinefleisch salzen, danach recht fein hacken oder faschieren und mit klein gewürfeltem Speck vermengen. Abgeseihten Knoblauchsaft, Pfeffer und nach Geschmack auch noch etwas Salz dazugeben und alles 30 Minuten kneten, bis sich die Masse abbindet (sie darf aber nicht weich werden). Fleischmasse in saubere Därme füllen und lange dünne Würste abdrehen, dazwischen immer wieder anstechen und rollen, damit die Luft entweichen kann. Die Würste für zwei Tage an einem dunklen, kühlen Ort aufhängen, danach bei 15 Grad mit Hartholzfeuer vier Tage räuchern – und zwar dreimal, wobei die geräucherten Würstchen dazwischen immer wieder abkühlen und bereits in der Selchkammer „eingehen"; außen dürfen sich keine Fetttröpfchen bilden. Dann an einem kühlen, zugigen Ort zum Lufttrocknen aufhängen. Bei Gebrauch kochen und mit Erdäpfeln, Sauren Rüben oder Sauerkraut auftischen.

BAUERNWÜRSTE

2 kg durchwachsenes Schweinefleisch mittelfein faschieren, mit zwei in Schweineschmalz abgerösteten Zwiebeln, 5–6 feinst gehackte Knoblauchzehen, abgeriebener Schale von einer halben Zitrone sowie 2 Eiern vermengen. Masse mit Piment, Muskat, Majoran, Salz und Pfeffer kräftig würzen, danach mit einem Achtel Liter Wasser abarbeiten. Masse mit einer Wurstspritze in Schafsdärme (bekommt man im Fleischerfachgeschäft eingesalzen zu kaufen) füllen, an den Enden abbinden. Die Bratwürstel drei Tage in der Küche über den Herd hängen, dann zubereiten. Dazu schmecken, Rettich- oder Radieschensalat, Saure Rüben, Sauerkraut und Rösterdäpfel.

HAUSSALAMI

Variante 1

**2 1/2 kg frisches Schweinefleisch,
1 1/2 kg frisches Rindfleisch,
1 kg frischer Speck**

Variante 2

4 kg Schweinefleisch und 1 kg Speck vom älteren Schwein

**Gewürze für beide Mischungen, pro Kilo Masse:
2 g Staubzucker sowie frisch gehackter oder gepresster Knoblauch,
Salz und Pfeffer nach Geschmack;
zur Geschmacksverbesserung kann Variante 1 mit Weinbrand,
Variante 2 mit Wein verfeinert werden.**

Das Fleisch von Sehnen, Flachsen und Fett befreien, dann das Rindfleisch salzen und ganz leicht mit Staubzucker bestreuen. Dann das Fleisch sehr fein zerhacken, grobwürfelig geschnittenen Speck unterheben, mit Knoblauch, Salz (pro Kilo etwa 30 g Salz) und Pfeffer würzen, nach Wunsch auch Weinbrand oder Wein dazugeben. Alles ohne Beigabe von Flüssigkeit eine Stunde lang abarbeiten, bis sich die Masse zu einer feinen Farce gebunden hat. Gesäuberte und eingesalzene Rinderdärme damit füllen, an beiden Enden mit Spagat abbinden. Wurst mit einer Nadel mehrmals einstechen, danach die Wurst rollen, damit alle Luft entweichen kann. Vier Tage an einem kühlen Ort hängen lassen, schließlich bei etwa 10 Grad drei bis vier Tage langsam räuchern. Schon während des Räucherns sollte die Salami einfallen; nach dem Räuchern die Würste an einem kühlen und trockenen Ort aufhängen, bis sie ganz fest werden.

KÄRNTNER HAUSWURST

**4 1/2 kg mageres Schweinefleisch von Schulter oder Schlegel,
2 1/2 kg Rindfleisch Klasse I oder II,
3 kg Speck**

**Je Kilo Fleischmasse:
28 g Nitritpökelsalz,
1 g Staubzucker,
frischer Knoblauch und Pfeffer nach Geschmack,
bei Bedarf Reifekulturen**

Das Fleisch wird gut gekühlt und dann mit der 6–8 mm Lochscheibe durch den Fleischwolf gedreht. Den eiskalten Speck (über Nacht zuvor im Tiefkühler anfrieren) im angefrorenen Zustand mit einem sehr scharfen Messer in kleine Würfel schneiden. Die Fleischmasse wird mit den Gewürzen abgearbeitet, erst dann wird der Speck hinzu gegeben, dann nochmals durchkneten; dieser Vorgang sollte sehr rasch erfolgen, wobei die Masse möglichst 2 Grad nicht überschreiten sollte; auch kann zu langes Kneten – vor allem in der Maschine – die Bindefähigkeit des Eiweißes beeinträchtigen. Die fertige Wurstmasse wird in Naturdärme gefüllt und zu Hauswürsten von etwa 130–150 g abgedreht. Zwei Tage aufgehängt an einem kühlen Ort (bei maximal 12 Grad) reifen lassen, danach einen Tag bei maximal 24 Grad kalt räuchern.

HAUSSALAMI

HAUSWÜRSTE

STEFAN POTOTSCHNIG MIT DER BERÜHMTEN JAUNTALER BAUERNSALAMI

„Jauntaler Bauernsalami wird nur aus Schweinefleisch hergestellt (mit einem bestimmten Altsauen-Anteil). Ihr Geheimnis ist der besondere Fleischgeschmack mit dem Hauch von Knoblauch."

Jause

„'s Jausen ist die schönste Zeit, wenn den Bauern der Speck nicht reut."

An diesem alten Sprichwort ist zum einen deutlich zu erkennen, welche Bedeutung der Speck in der Kärntner Küche hatte und wie selten er für eine alltägliche Jause verwendet wurde.

Noch heute ist eine zünftige Jause mit Brot, verschiedenen Wurst- und Käsesorten, einem Schnapserl und natürlich einem Krug Bier (zumindest in Kärnten wird das Bier dem Wein vorgezogen) eines der wichtigsten kulinarischen Rituale des Landes.

Das Wort Jause ist aber noch gar nicht so lange im Sprachgebrauch, denn die Kärntner benutzten früher das Wort „Brent". „Brenteln" bedeutete das betreuen einer Almwirtschaft durch die „Brentlerin" (Sennerin), welche in ihrer „Brentelhütten" die Hilfsknechte bewirtete.

Später kam dann das Wort Jause in Mode, was zunächst einmal für das Mittagsmahl gebräuchlich war, später dann in „Vour-" und „Nachjause" unterschieden wurde und heute eigentlich nur noch für einen Imbiss zwischendurch verwendet wird. Das Zeitfenster für eine Jause kann da durchaus unterschiedlich sein, zum einen gibt es Vormittagsjausen zwischen 9.00 und 11.00 Uhr und zum anderen die nachmittäglichen Jausen zwischen 15.30 und 17.00 Uhr.

Kaum eine Gegend aber kennt so viele unterschiedliche Jausen, wie Kärnten. Nicht nur die beliebte Herren- oder Brettljause, sondern auch süße Varianten sind hier bekannt, denn der Appetit der bäuerlichen Landesbewohner macht sich auch in der Anzahl der Mahlzeiten bemerkbar. Meist sind es nicht weniger als fünf Mahlzeiten, welche selbst der Erntehelfer bekommen musste – und sie hatten freilich reichlich auszufallen. Doch wurden keineswegs die heutigen Varianten mit Speck, Schinken, Selchfleisch, Hauswürsten, Käse, Kren, gekochten Eiern, Gurken und Schnaps gereicht, sondern meist nur klägliche ausgetrocknete Jausenbrote mit etwas Sauerkas oder Speck-Verhackert, bestenfalls gab es Bier oder Most dazu. Obst, Sterze und Butter galten schon als Delikatessen – Würste, Speck und Schinken wären undenkbar gewesen.

Sicherlich hat sich vieles im Laufe der Zeit gewandelt und die Jause ist heute eine vollwertige Mahlzeit und mitunter sogar eine echte Delikatesse, dann nämlich, wenn Kärntner Köstlichkeiten wie der exzellente Schinkenspeck, die berühmten Hauswürste, Schinken oder Speck vom Wild, verschiedene Trockenwürste und Almkäse fein garniert mit Paradeisern, Kren, Nüssen, Gurkerln und vielem mehr, auf den Brettln angerichtet wurden und ein guter Schnaps den rustikalen Festschmaus abrundet. Hier zeigt sich auch die eigentliche Stärke der Kärntner Küche, welche nicht allein aus vielen überlieferten Rezepten besteht, sondern vor allem in der herausragenden Qualität vieler bodenständiger Produkte zu finden ist.

HERRENJAUSE

KÄRNTNER JAUSENVARIANTEN

Kärntner Brettljausn oder Herrenjause: Kärntner Schinkenspeck, Speck, Kärntner Würstel, Schmalz oder Speck-Verhackert, Käse, Butter, Gurkerl, Kren oder Rettich, eingelegter Knoblauch, Senf, Butter, Schwarzbrot, Bier, Schnaps

Bauernjausn: Speck, Trockenwurst, Schwarzbrot, auch Butter, Most oder Bier, Schnaps

Kasjausn: Sauerkas, Glundner Kas, Butter, Schwarzbrot

Almjausn: Almkas oder Bergkas, Sauerkas, Glundner Kas, Topfen, Butter, Brot, Buttermilch oder Vollmilch

Holzknechtjausn: Speck, Trockenwurst, Sauerkas, Glundner Kas, Pisnerstriezel, Butter (Pisnerstriezel gehört zum österreichischen Kleingebäck und wird aus einem dunklen oder halbdunklen Roggenbrotteig mit Kümmel, Fenchel und/oder Koriander gewürzt zubereitet, zu semmelgroßen Kugeln geformt und im Ofen backen.)

Knechtjausn: Sulz, Essig und Öl, Zwiebeln, Schwarzbrot

Knechtjausn auf andere Art: Speck-Verhackert, Knoblauchschmalz, Schwarzbrot

Schülerjausn: Kälberleck (ein Gemisch aus Butter und Honig), Schwarzbrot

Rettichjausn: gehachelter schwarzer Rettich, Radieschen, Essig, Öl, Schwarzbrot, dazu auch Butter reichen

Öljausn: kaltgepresste Öle (Sonnenblumen, Mohn, Lein und/oder Kürbiskern) zum Eintunken von Schwarzbrot

Osterjausn: Geselchtes, Wurst, Ei, Kren, Butter, Vollkornbrot

Zwiebeljausn: „Gailtaler Speck" (hier als scherzhafte Bezeichnung für einen Salat aus Zwiebeln, Sauerrahm, Salz und Pfeffer), Nüsse, Brot

Fragerjausn: Resches Ei (6 Eier mit wenig Mehl und einer Prise Salz versprudelt, spiralförmig in heißes Backschmalz fließen lassen; beidseitig backen, abtropfen lassen und mit Honig beträufelt servieren) oder Eierschmarren (4 Eier mit 150 g Mehl, etwas Salz und Sauerrahm zu einem Teig versprudeln, diesen in Butterschmalz ausbacken, abtropfen lassen und mit Birnmehl oder Salz bestreuen)

Fastenjausn: Scheckate Gas (frischer Topfen mit eingeweichten, gekochten und fein zerkleinerten Kletzen (Dörrbirnen) oder Dörrzwetschken vermengt sowie mit Honig abgeschmeckt; dient als Brotaufstrich) und Trenten (Knabber-Gebäck aus dunklem Weizenbrotteig oder Roggenbrotteig, zu Fladen geformt im Ofen gebacken), dazu auch Butter reichen.

Almwirtschaft

Das Wort Alm (bzw. Alpe) leitet sich vom lateinischen „alpes“ ab, was mit Berge oder Hochgebirge übersetzt werden kann. Der Begriff Alm ist eher im österreichisch-bayerischen Sprachraum verbreitet, in romanisch-alemannischen Gebieten wird meist von der Alp gesprochen. 1925 einigte man sich aber darauf, zwischen Alm als wirtschaftlichem und Alpe als geografischem Begriff zu unterscheiden; je nach rechtlicher oder wirtschaftlicher Grundlage unterscheidet man bei Alm ein vom heimatlichen Hof getrennt liegendes und ausschließlich in den Sommermonaten genütztes Weidegebiet in Einzelalm, Servitutsalm oder Pachtalm, außerdem gibt es noch Gemeinde- oder Genossenschaftsalmen. Anhand von Almnamen und Urkunden lässt sich schlussfolgern, dass die Almwirtschaft schon mindestens seit dem 5. Jahrhundert betrieben worden sein muss.

Für die wirtschaftlichen Betreiber der Almen war die Arbeit – damals wie heute – hart und beschwerlich. Allein schon das raue Klima wäre genug, doch Murenabgänge, Windwürfe, Stein- und Schneelawinen erschweren das Leben zusätzlich; und in früheren Zeiten gab es dann auch noch die ständige Bedrohung durch Wildtiere wie z. B. Wölfe und Bären. Abgesehen davon war das Leben auf der Alm ein sehr einfaches und schlichtes Dasein unter kargen Bedingungen; Strom oder Fliesswasser gab es nicht, daher auch keine modernen elektrischen „Helferlein“. Heute verfügen allerdings schon viele Almen über einen Stromanschluss oder zumindest über ein Stromaggregat. Für die Betreiber der Almen war vor allem das Vieh wichtig, dieses musste bestens versorgt sein – die Almbewohner selbst stellten kaum Ansprüche und auch heute noch hat sich daran nichts Wesentliches geändert. Auch die alltägliche Nahrung der Almbewirtschafter beschränkte sich zumeist auf einfachste Nahrungsmittel, wie natürlich alle Arten von Milchprodukten, Getreide sowie lagerfähigen Lebensmitteln wie z. B. Speck. Einmal wöchentlich, manchmal auch nur monatlich, wurden die Almprodukte (vor allem Butter und Käse) ins Tal gebracht und bei dieser Gelegenheit das notwendigste an Lebensmitteln auf die Alm mitgenommen. Abwechslung brachten allenfalls einmal ein Stück Wildbret, frisch gepflückte Beeren und Kräuter oder das Gemüse, welches oftmals vor der Berghütte angepflanzt wurde. Für die Zubereitung der Speisen stand meist nur eine offene Feuerstelle zur Verfügung, daher werden auch heute noch die meisten Gerichte nur in einem Kessel oder einer Pfanne zubereitet, die dann zum gemeinsamen Mahl auf den Tisch gestellt wird.

Trotz all dieser Umstände schätzen noch viele Menschen das einfache Leben auf der Alm, denn sie leben hier eins mit der Natur, fernab jeglichen Großstadtstresses und genießen relativ hohe Freiheit bei der Arbeit. Und viele Städter haben den Erholungswert der Berge erkannt; schonende touristische Nutzung ermöglicht nicht nur den Erhalt vieler Almen, sondern erweitert auch das Naturverständnis vieler Städter.

Auf etwa 18 Prozent der Gesamtfläche Österreichs werden derzeit etwa 12.000 Almbetriebe bewirtschaftet, ein Großteil von ihnen nach den Richtlinien des biologischen Anbaus. Nur durch das Zusammenspiel von landwirtschaftlicher Nutzung und sanftem Tourismus kann diese einzigartige Kulturlandschaft gepflegt und erhalten werden. „Essen und Trinken hält Leib und Seele zusammen“, ein Spruch der auf der Alm Wahrheit wird, denn hier, wo die Natur noch weitestgehend intakt ist, können gesunde Bergluft und würzigen Weiden in den köstlichen Schmankerln genossen werden. Wer einmal eine echte Almbutter mit frisch gebackenem Bauernbrot genossen hat (vielleicht noch mit einem Stück Käse dazu), der wird sich sein Leben lang an diesen Hochgenuss erinnern – und danach ein gutes Schnapserl, Genießerherz, was willst du mehr?

ALMBUTTER ODER SAUERRAHMBUTTER

Frisch gemolkene Milch mittels einer (handbetriebenen) Zentrifuge in Magermilch und Süßrahm trennen. Magermilch für die Käseproduktion verwenden, aus dem Rahm wird die Almbutter hergestellt:
Frischen Rahm einen Tag lang (in der Almhütte) in Gefäßen zum Sauerwerden aufstellen.
Gesäuerten Rahm in ein Butterfass füllen und mit gleichmäßiger Rührgeschwindigkeit bis zur Entstehung der Butterkörner rühren.
Die Buttermilch in ein Gefäß ablaufen lassen und das Fass mit der gleichen Menge kalten Wassers auffüllen, die man zuvor an Buttermilch entnommen hat. Die Butter darin unter rühren „waschen“, danach das Wasser abfließen lassen – es sollte ganz klar sein.
Butter herausnehmen und das in ihr verbliebene restliche Wasser rasch herauskneten, Butter etwas formen, danach in ein Buttermodel pressen.
Die fertig gefüllten Model nochmals in kaltes Wasser legen und darin 30 Minuten belassen.
Dann die Butter vorsichtig aus dem Model lösen und sofort verpacken; bis zur Verwendung kühl aufbewahren.

SAUERMILCHTOPFEN

Für Sauermilchtopfen wird die Sauermilch (Sauermilch: aufgekochte Frischmilch abkühlen lassen, mit Säurekulturen impfen, danach 16–20 Stunden gerinnen lassen, gut verrühren und auf 5–6 Grad abkühlen) auf 36–40 Grad erhitzen und gut 30 Minuten bei dieser Temperatur halten.
Danach durch ein Leinentuch seihen und je nach gewünschtem Wassergehalt abtropfen lassen. Den frischen Topfen sofort auf 6 Grad abkühlen, damit kein Hefebefall möglich ist.

IMPRESSION VON DER TROPOLACHER ALM

Leben auf der Alm

Das Leben auf der Alm begann mit dem Almauftrieb. Viele Senner/innen sehnten sich schon beim ersten Grün nach dem Tag, an dem frühmorgens das Vieh zum Almfahren aus dem Stall geholt wurde. Vor dem Almauftrieb wurden auf dem Hof alle Lebensmittel, welche zur Versorgung der Sennersleut notwendig waren, in eine Truhe eingepackt. Dazu gehörten neben Brot auch Getreide, sämtliche Gewürze (außer Kräuter), Salz, Speck, Schmalz und vor allem Schnaps. Anfang / Mitte Juni war es dann soweit, das Vieh wurde aus dem Stall geholt und auf die Alm geführt; dabei wurde der Weg immer zu Fuß zurückgelegt, auch wenn er noch so steinig, beschwerlich und weit war. Oben auf der Alm gab es dann oftmals für jedes Stück Vieh zunächst einen kleine Büschel Heu, in das geweihte Palmbuschenzweige eingemischt wurden, um Schutz für Mensch und Tier zu erbitten.
Von Beginn des Almauftriebs an war die Sennerin – zumeist betreuten Frauen die Alm – alleine auf der Alm, gelegentlich wurde sie von einem Viehhirten (falls einer notwendig war) unterstützt. Sie musste hier oben auch all die Aufgaben selbst verrichten, für die auf dem Heimhof eigentlich ein Knecht zuständig war. Erst Ende Juli (meist am Jakobstag) kam der Bauer mit dem Gesinde auf die Alm zu Besuch; auf vielen Almen wurden einen Tag zuvor Schafe gestochen, aus deren Fleisch der Festschmaus für die Besucher zubereite wurde, das restliche Fleisch wurde mit auf den Heimhof genommen.
Während der gesamten Zeit auf der Alm wurde, und wird auch heute noch, die Betreuung des Viehs an erste Stelle gesetzt. Es musste auf der Alm zuallererst dem Vieh gut gehen, erst dann wurden die Menschen versorgt, das galt für die Almbewohner selbst genauso, wie für die Gäste, welche zu Besuch vorbei kamen. Daher kommt es auch nur sehr selten vor, dass einmal ein Stück Vieh verloren geht.
Ein Tag im Leben eines Senners oder einer Sennerin beginnt für gewöhnlich um halb fünf in der Früh mit dem Eintreiben der Rinder und dem Melken, danach wird die Milch zentrifugiert und das Vieh zurück auf die Almweide getrieben. Danach kommen Stall- und Wirtschaftsarbeiten, wie Ausmisten und Futterschneiden. Nachdem das Mittagessen zubereitet wurde, wird dieses in der Gemeinschaft eingenommen. Am Nachmittag wird dann die Butter gerührt und das Holz gehackt, bevor gegen fünf Uhr nachmittags das Vieh wieder zum Melken eingeholt wird. Dazwischen wurde auch noch gekäst, Gäste und Besucher versorgt, im Garten gearbeitet und die gute Stube rein gehalten, denn oberstes Gebot auf allen Almen ist die Sauberkeit, an der die Ordnungsliebe der Bewirtschafter gemessen wird.
Eine willkommene Abwechslung waren und sind auch heute noch die Wanderer und Almgeher, sie bereichern das Leben der Sennersleut. Für viele Städter ist dies eine willkommene Sommerfrische. Auf manchen Almen hat dieser Almbesuch allerdings schon Ausmaße von Massentourismus angenommen, so dass die SennerInnen mittlerweile mehr mit der Bewirtung der Gäste, als mit der Viehwirtschaft beschäftigt sind.
Viele SennerInnen legten sich rund um die Hütte einen kleinen Garten an, in dem sie Kräuter, Salate und Erdäpfel anpflanzten. Wenn Mitte August dann die ersten Erdäpfel geerntet werden konnten, wurden diese nur in Salzwasser gekocht und mit frischem Rahm, Butter und Milch genossen. Diese einfache Almspeise ist aufgrund der frischen Zutaten ein wahres Festessen. Auch wurden Schwammerl und Pilze gesammelt, die zum Teil zu Suppen verkocht, zum anderen Teil als Vorrat für den Winter getrocknet wurden. Auf beinahe jeder Alm gab es neben dem Rindvieh auch Schafe, manchmal auch Schweine, nahezu immer aber Hühner, die täglich frische Eier lieferten.
Früher gaben die Almbewohner den verschiedenen Besuchern für die diversen Besorgungen (Einkaufs-)Zettel mit, die diese im nächstgelegenem Kramladen abgaben. Die nachfolgenden Wanderer brachten dann beim nächsten Besuch das Gewünschte mit hinauf auf die Alm. Heute sind die meisten Almen recht gut mit – zum Teil sogar befahrbaren – Wegen erschlossen, was den Transport von Lebensmittel und Getränken sehr vereinfacht hat. Dadurch konnte auch das Angebot an Speisen sowohl für die Almbewohner selbst, als auch für die Besucher erweitert werden. Dennoch bleiben die frische Almbutter, der Almtopfen und Alm-Käse, wie z. B. der köstliche Glundner Kas die erlesensten Gaumenfreuden auf der Alm.
Auch heute noch ist der Almabtrieb ein Fest für SennerInnen und Bauern, welcher sorgfältig vorbereitet wird. Zuerst wird das Hab und Gut der Sennersleut zusammengepackt und zusammen mit dem gut verstauten Käse ins Tal gebracht. Als Zeichen dafür, dass der Almsommer gut und ohne Verluste zu Ende gegangen ist, wird das Vieh geschmückt und der Leitkuh zusätzlich eine große Glocke umgehängt. Danach beginnt der feierliche Zug ins Tal, der mancherorts mit Musik begleit wird, andernorts verteilt man kleine Krapfen, als Gruß von der Alm. Daheim am Hofe angekommen wird der Kranz der Leitkuh samt Glocke über der Stalltür angebracht, damit man das ganze Jahr über eine kleine Erinnerung an den glücklichen und friedlichen Almsommer hat und sich auf den Almauftrieb im nächsten Sommer freuen kann.

G'FÜLLTE BUTTER

Frische Butter auf einer Arbeitsfläche zu einem gleichmäßigen, etwa zwei Finger breiten Rechteck formen. Der Länge nach in die Mitte eine zur Rolle geformten Füllung aus gestoßenem Mohn, Honig, Zucker oder Sirup, Schnaps, Zimt und Zitronenmelisse legen; dieser Füllung können nach Wunsch auch etwas gekochte, passierte Kletzen (Dörrbirnen) zugegeben werden. Die Butter über der Füllung zusammenschlagen und das Ganze zu einem Striezel formen. Mit Gebäck servieren.

ALMBUTTER SCHMECKT KÖSTLICH!

KÄSEJAUSE

SENNER MIT GAILTALER BERGKÄSE

Rezepte von der Alm

Während der Almzeit waren Suppen, Sterze und Koche (Brei) mit einfachster Zubereitung und Zutaten der tägliche Speiseplan. Für die einfachste aller Suppen wurde etwas Schmalz erhitzt, mit Wasser aufgegossen und mit frischen Kräutern gewürzt; als Einlage diente altbackenes Brot. Ansonsten bildeten Buttermilch, Brot, Krapfen, Butter, etwas Speck, Schmalz, Topfen, Grieß und allenfalls etwas Käse die alltägliche Kost, „aufwendiger" gekocht wurde eigentlich nur für Besucher und Gäste. Fleisch wurde wenig gegessen, wenn überhaupt nur das von Schafen. Jäger und Holzknechte brachten Fisch oder etwas Wild auf die Alm und genossen dafür eine herzhafte Jause mit Almbutter, Almkäse, Glundner Kas, Brot und Schnaps.
Für Besucher und Wanderer war früher keine Jause üblich, meist hatten diese ihre Wegzehrung im Rucksack dabei. Meist kauften diese sich nur ein Glas Buttermilch und einen Schnaps dazu, insbesondere Obstler, Honigschnaps und Kriecherlschnaps (Wilde Zwetschke) standen und stehen – damals wie heute – bei den müden Wanderern hoch im Kurs, aber auch Ansatzschnäpse mit Arnika oder verschiedenen Kräutern wurden angeboten. Übrigens für alle Ansatzschnäpse verwendete man früher nicht wie heute den Edelbrand, sondern ausschließlich den wesentlich alkoholreicheren Vorlauf. Auch der so genannte Maiwipferlsaft, ein Ansatz aus jungen Fichtentrieben mit Zucker und Wasser, wurde als Durstlöscher in den Bergen gerne getrunken.
Wer einmal ein paar Wochen auf der Alm verbracht hat, wird diese wunderschöne Erfahrung niemals missen; zugegeben, manches ist auch heute noch etwas hart und vor allem einfach, aber letztlich überwiegen die Freude an der überwältigenden Natur, der frischen und erholsamen Bergluft und die selten gewordene naturreine Kost – nirgendwo sonst kann die Natur so rein und pur genossen werden wie hier und nirgendwo sonst schmeckt sie auch so gut!

GLUNDNER KAS

Im vielzitierten „Kärntischen Wörterbuch" von Matthias Lexe wird unter dem Stichwort „lind'n, lund, gelunde'n" die Bedeutung „rösten, vor allem Mehl in der Pfanne" vermerkt. Mit der Käseherstellung hatte das Linden, also das Trockenerhitzen ursprünglich gar nichts zu tun, sondern bezeichnet eine auf Almwirtschaften übliche Technik. Auch die weit verbreitete Ansicht, dass Glundner Kas ein aus Magermilch hergestellter Diätkäse sei, ist nur bedingt richtig; man kann ihn zwar mit wenig Fett zubereiten, doch dann schmeckt er recht fad. Bei Sennerinnen und Bäuerinnen, wo der Glundner Kas besonders gut schmeckt, wird man rasch erfahren, dass der köstliche Geschmack von der vielen guten Almbutter herrührt, welche beim Linden des Käses verwendet wurde.

1 kg trockenen Topfen zerbröckeln, dünn in eine breite, flache Schüssel streuen, mit einem Leinentuch zudecken und bei Zimmertemperatur zwei bis drei Tage stehen lassen, bis er glasig-schlüpfrig ist und stechend riecht; währenddessen immer wieder etwas auflockern. Dann wird das Ganze gesalzen, mit Kümmel gewürzt und in heißem Butterschmalz oder Butter zerlassen, dabei ständig kräftig rühren, bis die Masse fest zusammenhängend zu fließen beginnt. Schließlich den Käse in eine Schüssel füllen und nach Belieben einige Hand voll frischen, aufgebröselten Topfen unterheben. Glundner Kas kühl stellen, bis er fest und steif ist, zusammen mit Brot und Butter auftischen.

ERDÄPFEL

Frische Erdäpfel kochen und schälen; mit frischem Sauerrahm, (gewürztem) Topfen, Almbutter, Schnittlauch und Salz servieren.

1. Trockenen Magertopfen reifen lassen

2. Gereiften Topfen in eine Pfanne bröseln

3. Mit reichlich Almbutter erhitzen

4. Flüssigen Glundnerkas in ein Gefäß abfüllen

SCHOTTEN

Variante 1
Buttermilch unter ständigem Rühren aufkochen, danach den Topf vom Herd nehmen, etwas warmes Wasser dazugeben und das Ganze stehen lassen, bis sich die „Schotten" am Topfboden abgesetzt haben. Schotten durch ein feines Leinentuch abseihen.

Variante 2
Trockenen, abgebröselten Topfen mit einem Tuch bedeckt 10–14 Tage bei Zimmertemperatur stehen lassen, dabei mehrmals auflockern. Dann leicht salzen, in einen glasierten Tontopf füllen und im Keller langsam gären lassen. Das Weiche, was sich obenauf bildet und scharf schmeckt wird als Suppenwürze verwendet.

SCHOTTSUPPE

Variante 1
Zwei Teller voll Schwarzbrot aufschneiden, einige Esslöffel Suppenschotten darauf verteilen, salzen und mit viel Sauerrahm bedecken. Mit dem nötigen heißen Wasser aufgießen und zugedeckt quellen lassen, nach Bedarf noch heißes Wasser dazugeben. Suppe mit frischem Rahm und Butter vollenden und auftischen.

Variante 2
50 g Butter erhitzen, 60 g Weizenmehl darin anschwitzen und mit 1 Liter Milch und etwa 750 ml Wasser aufgießen. Je nach Geschmack 150–200 g geriebene Schotten einrühren, Suppe mit Salz und nach Geschmack Kümmel würzen, etwas kochen lassen. Reichlich Schwarzbrot in kleine Würfel schneiden, die Suppe darüber gießen und etwas quellen lassen. Mit Schnittlauch und Butter oder Süßrahm vollenden.

KÄSEJAUSE MIT GLUNDNERKAS (IM VORDERGRUND)

SAURE ALMSUPPE

1 Liter Sauerrahm mit 1 Liter Buttermilch, 1–2 Esslöffeln Kümmel, 5–6 zerdrückten oder fein gehackten Knoblauchzehen und Salz nach Geschmack verrühren, danach langsam zum Kochen bringen und nur ganz kurz aufkochen lassen. Bei sehr geringer Hitze 30–45 Minuten kochen (je länger die Garzeit, desto intensiver der Geschmack). 200–250 g Roggenbrot in kleine Stücke teilen und einige Minuten darin kochen lassen; Suppe abschmecken und auftischen.

ALMKAFFEE

In 125 ml heißem Schwarz-Tee eine Zimtrinde sowie einige Nelken aufkochen, danach mit einem Liter heißen Bohnenkaffee vermengen. In einer großen Kanne Zucker nach Geschmack mit Rahm, Schnaps (oder Rum) nach Belieben sowie mit 2 Eidottern gut vermengen; den heißen Kaffee darüber gießen, dabei darauf achten, dass die Dotter nicht gerinnen (der Kaffee darf nicht zu heiß sein).

SCHMALZKÄSE ODER SCHICHTKÄSE

1 kg Topfen in der Schottwiege vom Käswasser (Molke) befreien, dann gut durchkneten und nach Geschmack salzen. Topfen auf einem nassen Tuch zu einem großen Rechteck ausbreiten und mit einer dicken Schicht Butter (mindestens 350 g) bedecken. Alles mit Hilfe des Tuchs wie einen Strudel zusammenrollen und in eine mit Klarsichtfolie ausgelegte Kastenform drücken; einen Tag kühl rasten lassen, damit sich die Schichten gut verbinden. Beim Herunterschneiden ergeben die einzelnen Schichten eine schöne Maserung.

HERZHAFTE ALMNUDELN

Aus 12 EL Mehl, 4 Eiern, 1 EL Öl oder zerlassener Butter und etwas Salz einen festen Nudelteig bereiten, diesen in zwei Teile teilen und 20 Minuten rasten lassen. Den Teig dünn auswalken, zum Trocknen auslegen. Wenn der Teig angetrocknet ist, wird das Teigblatt geviertelt, zusammengelegt, eingerollt und in etwa 1/2 cm breite Streifen geschnitten. Nudeln auflockern und nochmals abtrocknen lassen. In Salzwasser kochen, abtropfen lassen und in reichlich Schmalz (man kann auch Speck dafür auslassen) oder Butterschmalz leicht knusprig werden lassen.

SPECKFAFERLN

250 g Mehl in eine Schüssel sieben und salzen. Ein Ei mit etwas Wasser versprudeln, langsam in das Mehl einlaufen lassen und mit einer Gabel zu kleinen Bröckeln (Faferln) verrühren. Die Faferln in etwa 750 ml Milch- oder Selchsuppe einkochen, zwischenzeitlich 200–250 g Speck würfeln und abrösten. Einige Eier versprudeln und zusammen mit dem Speck in die Suppe geben und kurz mitkochen. Dazu werden Erdäpfel gegessen.

SCHMALZNUDELN

650 g Mehl in eine Schüssel sieben, in der Mitte eine Vertiefung einarbeiten, in der man ein Dampfl aus 40 g Germ und 125 ml lauwarmer Milch herstellt. Das Dampfl gut aufgehen lassen, dann Salz, 2 Eier, weitere 250 ml lauwarme Milch dazugeben und einen Germteig bereiten. Diesen gut abschlagen und 2–3-mal aufgehen lassen. Aus dem Teig vier Laibe formen, diese nochmals 20 Minuten gehen lassen.
Zwischenzeitlich 150 g Butterschmalz,

200–250 g Butter und 250 ml Wasser in einem Kessel zum Kochen bringen, die Laibe einlegen und 20 Minuten zugedeckt kochen lassen. Wenn sie hellbraun sind, umdrehen und noch einige Minuten garen. Die Nudeln herausnehmen, aufschneiden, mit heißem Butterschmalz begießen und noch sehr warm essen.

ALMNÜSSE

Aus 250 g Mehl, 75 g Butter, 60 g Zucker, 2 Eiern, 125 ml Milch, 1/2 Packung Backpulver sowie einer Prise Salz einen Rührteig bereiten, der schwer vom Löffel fällt. Vom Teig walnussgroße Stücke abstechen und diese in nicht zu heißem Fett (150–160 Grad) goldbraun ausbacken. Etwas abtropfen lassen und mit Staubzucker bestreut servieren.

ALMKOCH

Eine große Pfanne mit Butter oder Butterschmalz gut ausstreichen, 250 ml Milch und 250 ml Wasser hineingeben und aufkochen lassen. Nach dem Aufwallen salzen und weitere 250 ml kaltes Wasser dazugeben. 75 g Grieß mit 75 g Mehl und 250 ml Milch vermischen, danach langsam in die kochende Wassermilch einrühren. Einmal aufkochen lassen, dann bei schwacher Hitze dünsten, bis ein Koch (Brei) entsteht. Danach nochmals 300–500 ml Milch einrühren und dick einkochen lassen. Pfanne zur Seite stellen und 50–75 g Butter in kleinen Flöckchen auf das Koch verteilen. Das fertige Koch in der Pfanne zu Tisch bringen; man isst direkt aus der Pfanne zusammen mit Preiselbeer- oder Birnenkompott.

KÄRNTNER BERGKÄSE

KASERALM AM GROSSGLOCKNER

NATURARENA

Sterze

Sterze zählten früher zu den alltäglichen Speisen in der bäuerlichen Küche. Das Wort „Sterz“ leitet sich von „stürzen“ oder „steif“ ab. In Kärnten ist es zudem üblich, das Mehl zu linden (trocken erhitzen), bevor es aufgegossen wird. Traditionell wurde der Sterz mit einer Suppe als Frühstück, vereinzelt auch als Mittagessen serviert.
In Gebieten mit viel Milchtierhaltung wird der Sterz mit Butter abgeschmalzen, in anderen Gebieten bevorzugt man Schmalz oder ein Gemisch aus Grammeln und Schmalz.

ERDÄPFELSTERZ

500 g geschälte, in Würfel geschnittenen Erdäpfel werden in wenig Salzwasser kernig weich gekocht, dann wird die Hälfte des Kochwassers abgeschüttet und 100 g Mehl über die Erdäpfel gegeben; alles bei schwacher Hitze noch weitere 10 Minuten dünsten lassen. Mit einer Gabel gut durchrühren (bei Bedarf noch etwas vom abgeschütteten Kochwasser dazugeben).
Vor dem Auftragen wird der Sterz mit 75–100 g Butter oder Grammelfett gut abgeschmälzt und mit gerösteten Zwiebeln oder geriebenem Käse serviert.
Dazu reicht man Most, süße oder saure Milch und einen Salat.

VERHEIRATETER STERZ

Gut 250 g Weizenmehl mit 250 ml siedendem Salzwasser abbrühen, dann zu großen Brocken zerteilen und diese in 75 g Schweineschmalz oder Butterschmalz zugedeckt kurz dünsten. Mit einer Spachtel oder Backschaufel zerstechen, bis die Masse fein bröckelig ist. Zwischenzeitlich 350 g Erdäpfel in Salzwasser kochen, schälen und in dünne Scheiben schneiden. Sterz mit Erdäpfeln vermengen und mit heißem Schmalz oder Butterschmalz übergossen servieren.

TALGGENSTERZ

Talggen gehören zu einer der ältesten aufbereiteten Getreidekörner, deren Vorkommen sich in höheren Lagen der Kärntner Regionen bis heute vereinzelt erhalten hat. Das Getreide – bevorzugt Hafer – wird hierfür sehr heiß abgebrüht und über Nacht quellen gelassen. Danach wird es im Ofen getrocknet, wodurch die Stärke innerhalb des Korns vermalzt. Die lange haltbaren Körner werden danach zu Mehl oder Grieß gemahlen und später zu Sterzen, Suppen oder Koch (Brei) verwendet.
3 Tassen Wasser mit etwas Salz und Butter aufkochen, 2 Tassen Talggen einrühren, Herd abdrehen und 10 Minuten auf der heißen Platte ziehen lassen.

TÜRKENSTERZ MIT GRAMMELN

750 ml Wasser mit 1–2 TL Salz aufkochen, 400 g Sterzmehl (Maisgrieß oder Polenta) einrühren und bei schwacher Hitze 45 Minuten unter ständigem Rühren dünsten lassen. Danach den Türkensterz mit einer Gabel auflockern, so dass man kleine Brocken erhält. Mindestens 100 g Schweineschmalz erhitzen und mit gut 150 g Grammeln anreichern, den Sterz kurz vor dem Servieren mit dem Grammeln vermengen und das Fett darüber gießen. Dazu reicht man eine Pilzsuppe.

STERZPFANNE

Koche

In Kärnten sagt man statt Brei der oder das „Kôh" (Koch) bzw. auch der oder das „Muos" (Mus); demnach ist z. B. ein „Muoser" der Rührstab zum Umrühren des Muses. Koche sind ein traditionelles Frühstück, wurden mitunter aber auch zu anderen Mahlzeiten gereicht.

RIHRMILIKÔH (BUTTERMILCHKOCH)

2–3 EL Mehl mit etwas Milch zu einem dünnen Teig anrühren, diesen in knapp 1 Liter kochende Milch oder Buttermilch einrühren, einmal aufkochen lassen, salzen und mit Butter nach Geschmack vollendet auftischen.

LÄUTERKOCH

500 g vorzugsweise frisch hergestellte (selbstgerührte) Butter langsam erhitzen, das so entstehende Butterschmalz in geeignete Gefäße füllen. Den wässrigen Eiweißrückstand (Läuter oder Läutrach) mit 2 EL Grieß stauben und reichlich Brot in die stark aufschäumende Masse brocken; salzen und auftischen.

KATSCHTALER KÔH

1 Liter Milch mit Butterschmalz aufkochen, leicht salzen. 125 g Polenta (Maisgrieß) mit 125 g Mehl vermengen, dann unter ständigem Rühren in die Milch einarbeiten. 10 Minuten am Herdrand ohne zu rühren kochen lassen. In eine gebutterte Auflaufform füllen, mehrmals mit einem Esslöffel kleine Grübchen obenauf eindrücken und darin Butter zergehen lassen. Dazu wird saure Milch gereicht.

SCHMALZMUS

Aus 300 g Mehl und 2 Eiern einen Reibteig kneten, diesen mit einem groben Reibeisen zu Gerstln reiben und auf einem Tuch trocknen lassen. 150–200 g Butter erhitzen, die Reibgerstln darin anlaufen lassen und mit 750 ml heißer Milch aufgießen. Salz und Rosinen nach Geschmack dazugeben und ausdünsten. Mit Zimt und Zucker bestreut servieren.

Tommerl

Im Unterschied zu Koche und Sterzen werden beim Tommerl die Zutaten wie Mehl oder Grieß meist kalt mit Wasser oder Milch abgerührt. Da Tommerl jedoch immer im Ofen gebacken wird, spricht man auch vom Ofensterz.
Die Zubereitung von Tommerln ist in Kärnten weniger geläufig (häufiger kommen sie in z. B. der Steiermark vor), doch kennt man auch hier einige schmackhafte Rezepturen.

TÜRKENTOMMERL

Eine Strudelrein oder Pfanne mit entsteinten, halbierten Zwetschken auslegen. 1 große Tasse Grieß mit der zwei- bis dreifachen Menge Milch verrühren, salzen und zuckern. Grießmasse über die Zwetschken gießen und im Rohr backen, wobei sich keine harte Kruste bilden sollte. In Quadrate geschnitten noch heiß servieren.

BREINTOMMERL

200 g Brein (Hirse),
1 Liter Milch,
500 g Äpfel (oder anderes Obst),
50 g Zucker, Zimt,
50 g Butter,
250 ml Milch,
2 Eier,
Prise Salz

Die gewaschene Hirse wird in gesalzener Milch langsam gedünstet; zwischenzeitlich die Äpfel schälen, blättrig aufschneiden und mit Zimt und Zucker bestreuen. Eine gebutterte Rein (Kasserolle) mit 1/3 der Hirse anfüllen, darüber die Hälfte der Äpfel schichten, wieder Hirse und Äpfel und schließlich mit Hirse abschließen. 250 ml Milch mit zwei Eiern versprudeln, darüber gießen und das Tommerl im Rohr bei mittlerer Hitze backen.

TOPFENTOMMERL

50 g Zucker mit 2 Dottern schaumig rühren, 300 g passierten Topfen und 150 g Milch unterrühren; Masse salzen, danach 150 ml Milch und Schnee von 2 Eiweiß darunter heben. Alles in eine sehr gut gebutterte Form füllen und etwa 45 Minuten im recht heißen Ofen backen.

HEILIGENBLUT MIT GROSSGLOCKNER

„KÄRNTEN WASSERREICH!"

HERR GLAWISCHNIG VOM HADEN-GUT LEIFLING

Der Buchweizen und das Hadnland

Im Südosten Kärntens liegt das schöne Jauntal, das einen Teil des Drautals zwischen der Vellach-Mündung bei Goritschach und Schwabegg, südöstlich des Klagenfurter Beckens, bildet. Im Jauntal gibt es viele historische Spuren, eine der ältesten ist die 2.000 Jahre alte keltisch-römische Siedlung „Juenna", die dem Tal ihren Namen gab, aber auch Spuren von Kelten und Slawen wurden gefunden. Und im Jauntal liegt das wichtigste österreichische Anbaugebiet für den Buchweizen, weshalb die Gegend auch als „Hadnland" bezeichnet wird.

Ursprünglich stammt die einjährige Kulturpflanze, die nicht zu den Süßgräsern wie Weizen im botanischen Sinne, sondern zu den Knöterichgewächsen zählt, aus Turkestan und Südsibirien. Um 1400 wurde sie dann von Nomaden (wahrscheinlich Tataren oder Sarazenen) nach Europa gebracht. Daher bezeichnete man in vielen Gegenden Buchweizen auch als Tatarenmehl, wobei die tatarische Variante als Unkraut zwischen dem Kulturbuchweizen zu finden ist. Allerdings besteht daneben auch die Theorie, dass der Buchweizen schon viel früher heimisch geworden war, denn bei Ausgrabungen in Deutschland wurden dem Buchweizen ähnliche Körner gefunden, welche aus der Bronzezeit stammten.

Der Buchweizen wird in Österreich als Heiden, Hadn oder Schwarzblente bezeichnet und ist hier eine Kulturpflanze mit langer Anbautradition. Die Bezeichnung Heiden/Hadn bezieht sich auf die eine Herkunftstheorie, dass der Buchweizen wahrscheinlich aus nichtchristlichen, islamischen Ländern – also von „Heiden" stammen soll. Aber auch seine Genügsamkeit und das Gedeihen auf Heideboden könnten zur Namensgebung beigetragen haben. Vermutlich von Italien kommend wurde die Mehlpflanze nach Österreich eingeführt und hier im Jahre 1442 erstmals urkundlich erwähnt. Als Nahrungsmittel für Mensch und Tier fand Buchweizen im Mittelalter schnell weite Verbreitung, und besonders in Kärnten, Teilen der Steiermark und Südtirol wurde die Pflanze in großen Mengen kultiviert und in den traditionellen Anbaugebieten zählen Speisen aus Buchweizen zu den bäuerlichen Alltagsgerichten.

Früher wurde das Heide- oder Welschkorn in gemeinsamer Arbeit geschält; hierfür hat man das Erntegut in der Winterzeit um den warmen Stubenofen herum ausgebreitet und ist mit schweren Holzschuhen auf den Körnern herumgetrampelt, bis die Schalen abfielen. Der so entstandene „Hadnbrein" wurde in Milch oder Wasser gedünstet als Brei verzehrt, fand als Wurstfülle Verwendung oder wurde zu Vollkornmehl gemahlen, dass dann für die Sterzzubereitung verwendet wurde; so hat man Sterz im Kärnten des 16. u. 17. Jahrhunderts meist nur aus Haden zubereitet.

Der Buchweizen selbst zeichnet sich durch eine sehr kurze Vegetationszeit aus. Er trägt in etwa 12 Wochen nach seiner Aussaat seine Früchte, wodurch manchmal sogar zweimal im Jahr gesät und geerntet werden kann. Die Pflanze wird bis zu 60 cm hoch, die Blätter sind gestreckt herzförmig und umgreifen den Stängel wie einen Kragen. Die Blüten sind weiß bis rosenrot, sehr auffallend ist der durch Knoten gegliederte Stängel, welcher der Pflanzenfamilie seinen Namen gab. Die ungeschälten Früchte sind dreieckig und dunkelbraun wie kleine Bucheckern. Buchweizen ist reich an Kalium, Kalzium, Magnesium, Eisen, Kieselsäure sowie an den Vitaminen B1, B2 und vor allem Vitamin E, zudem verfügt er über sehr hochwertiges Eiweiß.

Obwohl der Anbau von Buchweizen viele Vorteile hat, ist er in den meisten traditionellen Buchweizengebieten rückläufig oder teilweise sogar schon ganz aufgegeben worden. Nur mehr in wenigen Gegenden, wie eben dem Jauntal, hat er noch gewisse Bedeutung – allerdings erlebt er zur Zeit, insbesondere in der Vollwertküche, so etwas wie eine Renaissance. Vor allem die Landwirtschaft des Schlosses Leifling hat sich – zusammen mit zahlreichen Land- und Gastwirten in der Region – sehr um die Erhaltung und Verbreitung des Buchweizens verdient gemacht; so wird z. B. dem Heiden zu Ehren jedes Jahr ein „Hadnfest" veranstaltet.

Die Vorteile, welche der Buchweizen einst einer extensiven Landwirtschaft gebracht hatte, sind heute kaum oder sogar gar nicht mehr gefragt. Da der Buchweizen auch auf sehr kargen Boden gedeiht, wurde er früher als Pionierpflanze genutzt, welche sehr oft die erste Kulturpflanze auf frisch gerodeten und urbar gemachten Landstrichen bildete. Wenn sich der Boden dann in fruchtbares Kulturland verwandelt hatte, musste er den anspruchsvolleren Getreidesorten weichen. Die Genügsamkeit des Buchweizens geht sogar so weit, dass er auf Zugaben von Kunstdünger und Stallmist eher negativ reagiert; er entwickelt bei Düngung zwar Blätter, aber keine Blüten und damit auch keine Früchte. Buchweizen gedeiht am besten auf Heide- und Sandböden, vorausgesetzt, das Klima ist nicht zu nass.

Noch im Jahre 1862 bemerkt Mattias Lexe im „Kärntischen Wörterbuch", dass aus dem Heiden die „kärntisch steirische Nationalspeise der Sterz" zubereitet werde und zitiert dazu ein Hirtenlied aus St. Gertraud:

„I koch enk in der Milch an Brein
und werf a Stückerl Butter drein,
oder i koch dir an Sterz,
sag nur, wie's dir is umb's Herz."

HADNSTRAUBEN

250 g Heiden-Vollkornmehl nach und nach mit siedendem Wasser abbrühen, dass man daraus einen Sterz rühren kann. Danach mit 250 g Weizenmehl, 3 Eiern, 250 ml saurem Rahm und Salz zu einem mittelfesten Teig kneten. Diesen Teig 0,5–1 cm dick auswalken, daraus Handflächen große Vierecke ausradeln, die dann in heißem Butterschmalz beidseitig gebacken werden, abtropfen lassen. Dazu reicht man Sauerkraut oder Salat und Preiselbeeren oder Holler (Holunder).

HADNBLÜTE

JAUNTALIMPRESSION

GUT LEIFLING

HADNSTERZ ODER HEIDENSTERZ

Wichtigste Voraussetzung für einen guten Hadnsterz ist das Heiden-Vollkornmehl, welches nur mehr aus alten Bauernmühlen zu beziehen ist. Das heute übliche Heidenmehl ist für den Sterz zu fein gemahlen. Für den Hadnsterz zunächst einmal gut 1 Liter grießförmiges Hadnmehl über Nacht in einer Rein offen an einem warmen Ort trocknen lassen, oder das Heidenmehl vor dem Kochen in einer eisernen Rein auf dem Herd so lange trocken rühren („linden"), bis alle Feuchtigkeit entwichen ist, das Mehl darf dabei aber nicht zu heiß werden oder gar rösten. Danach in einem Häfen (Kochtopf) etwa 800 ml Wasser mit Salz zum Kochen bringen, das getrocknete Heidenmehl durch ein grobes Schüttsieb derart in das kochende Wasser streuen, dass dabei ein Knödelknollen entsteht, der oben auf schwimmt. Sobald das Wasser wieder aufkocht, den Knödel in der Mitte bis zum Boden durchlöchern, danach 15 Minuten zugedeckt kochen, dabei in der Hälfte der Garzeit den Knödel umdrehen. Schließlich vom Kochwasser etwas abgießen und 50–75 g Butter dazu rühren, weitere 5–6 Minuten ziehen lassen, dann den Sterz mit einer Sterzgabel auflockern (der Sterz darf nicht klebrig, sondern muss locker und saftig sein). Aufgetürmt in einer Schüssel anrichten und als Frühstück mit Milch oder Kaffee servieren.

HADN-SCHNITZEL

1/4 Liter Milch mit 2 Eiern und etwas Hadnmehl vermengen. Hühnerbrustfilets leicht klopfen und beidseitig gut salzen. Danach die Schnitzel in Hadnmehl mehrmals wenden und durch die Eimasse ziehen. Hühnerschnitzel in heißem Öl oder Butterschmalz backen, abtropfen lassen und mit Erdäpfelsalat servieren.

HEIDENSTERZ MIT VERHACKERT UND SAUERRAHM

Einen Liter Wasser mit Salz zum Kochen bringen, 500 g Heidenmehl einstreuen und 5–10 Minuten kochen. Den Klumpen mit einem Kochlöffel ein paar Mal durchstoßen, dann weitere 20 Minuten bei kleiner Flamme köcheln lassen. Einen Teil des Wassers abgießen, den Sterz durchrühren, wenn die Masse zu fest ist, wieder etwas vom abgegossenen Kochwasser dazugeben. Den heißen Sterz in eine Schüssel füllen, in einer Pfanne 2–3 EL Verhackert erhitzen, 300 ml Sauerrahm hinzufügen, einmal aufkochen lassen und über den Sterz gießen, nach Wunsch noch mit ein paar warmen Grammeln ausgarnieren. Dazu isst man grünen Salat.

HEIDENWICKEL

Eine typische Kärntner Speise, die früher zur Erdäpfelernte zubereitet und als Verpflegung mit auf's Feld genommen wurde.

Zunächst aus 350 g Weizenmehl, 125 ml lauwarme Milch, 1 Ei sowie einer Prise Salz einen Nudelteig herstellen, diesen auswalken und mit folgender Fülle bestreichen: Etwas Fett (50–75 g Schmalz oder Butter) zerlassen und 150 g Heidenmehl einstreuen, salzen. Mit so viel saurem Rahm (etwa 250–300 ml) aufgießen, dass eine cremige Masse entsteht. Diese Masse dann auf den Nudelteig geben. Alles zusammenrollen, kleinere Stücke abschneiden, an den Enden zusammendrücken und 20 Minuten in Salzwasser garen. Nudelwickel aufschneiden und mit reichlich heißen Grammeln abschmälzen.

Der Landgasthof Hafner

Peter Rupitz, umtriebiger Wirt des Landgasthofes Hafner, hat sich auf den Hadn, das typische Kärntner Korn, spezialisiert. Er hat den Hadn aus der Bedeutungslosigkeit gehoben und die alte Kärntner Spezialität wieder salonfähig gemacht. Durch Aktionen, wie z. B. das von ihm initiierte Hadnfest (welches jährlich im September stattfindet), wurde der dunkle Sterz weit über das Jauntal hinaus bekannt und im Gasthof Hafner erfahren viele alte Rezepte eine köstliche Renaissance.
Aushängeschild des bodenständigen Gasthauses ist die Hadntorte, doch stehen auch Hadnnudeln, Zanderfilet im Hadnteig und allerlei andere wunderbare regionale Rezepte der Kärntner Hadn-Küche auf dem Speiseplan. Dazu gibt es Strauben, selbstgebackenes Brot und viele weitere Spezialitäten aus der eigenen Landwirtschaft; Roggen und Hadn können zudem in der hauseigenen Mühle gemahlen werden.

HADNTORTE ODER HEIDENTORTE

12 Eier, 280 g Zucker, 100 g geriebene Schokolade, 140 g Heidenmehl

Für die Fülle:
3 Becher Schlagobers, 3 Pck. Sahnesteif

Die Eier trennen, Dotter mit dem Zucker schaumig rühren, geriebene Schokolade und Heidenmehl zugeben. Das Eiweiß zu steifem Schnee schlagen, portionsweise vorsichtig unterheben. Masse in eine Tortenform füllen und bei 200 Grad etwa 55–60 Minuten backen. Nach dem Auskühlen die Torte zweimal durchschneiden, Schlagobers steif schlagen, Zucker nach Geschmack dazugeben und Torte damit füllen; nach Wunsch können zwei Böden zuvor mit Preiselbeermarmelade bestrichen werden. Torte nach Belieben verzieren.

SCHWEINSMEDAILLONS MIT RAHMMORCHELN UND HADNNUDELN

© Villacher Fasching

FASCHINGSKÖNIGSPAAR 2006

Der Fasching

Neben Wien sind sicherlich Villach und Klagenfurt Zentren des Narrentums in Österreich, und der „Villacher Fasching" ist heute sicherlich als Institution zu bezeichnen. Einige Tage im Jahr darf man sich so richtig der Fleischeslust – in jeder Hinsicht (!) – hingeben und ausgelassen feiern. Kurz bevor das große Fasten anbricht und das Wort „Karneval" (carne vale – Fleisch ade!) in seiner ureigensten Bedeutung wahr wird, darf man noch einmal die Welt auf den Kopf stellen. Es ist die – wenn auch sehr kurzzeitige – Erfüllung des Traumes vom Schlaraffenland, jener sagenumwobenen „verkehrten Welt", wo der Ärmste zum König wird und die tatsächlichen Machtinhaber nach Herzenslust verspotten darf, ohne dabei Repressionen befürchten zu müssen.

Was aber ist dieses vielfach zitierte Schlaraffenland? Handelt es sich hier um eine „verkehrte Welt", ein Paradies des Überflusses oder doch nur um ein Paradies für Sozialschmarotzer? Dass man im Schlaraffenland nicht zu arbeiten braucht, ist wohl selbstverständlich, doch werden materielle Werte durchaus aus der realen Gesellschaft übernommen (wenn auch anders verteilt) und auch das Konkurrenzdenken ist vorhanden, nur eben verkehrt herum: Wer am längsten schläft, verdient am meisten; der Faulste wird König etc. Und wenn im Rahmen der „verkehrten Welt" bestimmte Aktivitäten belohnt werden, so handelt es sich so gut wie ausschließlich um Verstöße gegen die guten Sitten; niemals jedoch werden Verbrechen erwähnt oder gut geheißen. Es geht nicht um Umsturz, sondern um Müßiggang mit dem Bewusstsein der zeitlichen Beschränkung.

Es scheint daher leicht nachvollziehbar, dass nur der Faulste und Unersättlichste zum König des Schlaraffenlandes werden kann, doch dieser muss sich zudem vorher durch einen Fresswettbewerb „qualifizieren", war dies früher ein Breiberg, so finden sich heute Relikte davon z. B. im Brauchtum des Krapfenwettessens.

Die verschiedensten Formen des Wettfressens sind altbekannt, so behängen sich viele selbsternannte Schlaraffen zur Faschingszeit mit Würsten, ein Brauch, den schon die alten Römer in ihren „Lupercalien" praktizierten. Die Römer huldigten damit am 15. Februar eines jeden Jahres den sexuell unersättlichen Hirtengott Lupercus; und meist endeten die Huldigungen in einer der legendären römischen Orgien. Übrigens kann man die für dieses Fest von den Römern verwendeten „Luperkalischen Würstchen" noch heute in vielen italienischen Fleischereien unter der Bezeichnung „cipollata" erwerben. Und auch die beliebten Faschingskrapfen haben ihren Ursprung in der römischen Küche; für die zahlreichen Frühlings-Bacchanalien bereiteten die römischen Köche schon damals ein ganz ähnliches Brauchtumsgebäck zu, welches in rauen Mengen verzehrt wurde.

In Kärnten waren es jedoch weder die Krapfen noch die Würstchen, welche die Herzen der Schlaraffen eroberten, vielmehr waren es die sehr kräftigenden Fleischsuppen und vor allem das Kärntner Faschingsfleisch, welche zum Inbegriff schlaraffischer Fleischeslust wurden. Eigenartigerweise sind nirgendwo die sprichwörtlichen Gebratenen Tauben zu finden, welche einem im Schlaraffenland in den Mund fliegen sollen; vielleicht wären diese dann doch des Guten zuviel.

FASCHINGSKRAPFEN

PLATTLAN ODER KRAPFEN

Die runden, fettgebackenen Germ-Faschingskrapfen stammen eigentlich aus Wien, wo sie schon seit dem 17. Jahrhundert bekannt sind. Eines der vielen kulinarischen Märchen erzählt, dass die Krapfen damals nach der Kuchenbäckerin Cäcilia Krapf benannt worden seien, welche eine Meisterin in der Zubereitung dieser Spezialität gewesen sein soll.
Auch wenn diese Geschichte nicht stimmt, so sind Faschingskrapfen nicht nur bei den Wienerinnen und Wienern äußerst beliebt. Allein im Jahr des Wiener Kongresses (1815) sollen über zehn Millionen Krapfen verspeist worden sein. Zu dieser Zeit war es auch Brauch, dass junge Mädchen den Krapfen auseinanderbrachen und ihren Kavalieren eine Hälfte davon reichten. Diese Geste wurde als Zeichen der Verlobung angesehen.
Dass die Krapfen zu Faschingskrapfen wurden, ist einmal mehr den Mönchen zu verdanken: Der Grund war der schlechte Ernährungszustand des einfachen Volkes; daher rieten Geistliche und Mönche damals vor Beginn des Fastens kräftige und reichhaltige Nahrung zu sich zu nehmen und so wurden schon bald die energiereichen Krapfen zur Stärkung gebacken und genossen.

500 g Mehl, 80 g Zucker, 80 g Butter, 40 g Germ, 4–5 Dotter, 200–250 ml Milch, etwas Rum oder Schnaps, Prise Salz, etwas Staubzucker, nach Belieben abgeriebene Zitronenschale

Für den Germteig wird zunächst ein Dampfl hergestellt, indem man den Germ mit 1 KL Zucker (Staubzucker), 2 KL Mehl und etwas Milch glatt rührt und danach zugedeckt bis zum Doppelten aufgehen lässt.
Aus angewärmtem Mehl, dem Dampfl, Zucker, restlicher lauwarmer Milch, zerlassener Butter, Eidottern, Rum oder Schnaps sowie einer guten Prise Salz einen glatten Germteig bereiten. Zugedeckt rasten und aufgehen lassen, danach fingerdick auswalken und auf einem bemehlten Tuch nochmals aufgehen lassen. Danach mit einem Ausstecher (etwa 5 cm Durchmesser) Scheiben ausschneiden, diese nochmals aufgehen lassen; schließlich nacheinander in heißem Schmalz oder Butterschmalz beidseitig goldbraun ausbacken. Krapfen abtropfen lassen. Gezuckert (oder als Beilage zu Fleischgerichten auch ungezuckert) servieren.

KÄRNTNER REINDLING

Der Reindling (welcher seinen Namen von der Form, in der er gebacken wird, hat) schmeckt besonders gut zu der so genannten Gelben Suppe (siehe Gailtaler Kirchtagsuppe S. 528). Doch es gibt wohl kein Gericht auf der Welt, dass mit einem einzigen Bissen gradliniger Freude bereiten kann, als wie der Kärntner Reindling mit einer dicken Scheibe Schinken belegt.

Aus 500 g Mehl, 20 g Germ, 60–70 g zerlassener Butter, 250 ml Milch, 2 Eiern, 50 g Zucker und einer Prise Salz einen Germteig bereiten, diesen an einem warmen Ort aufgehen lassen. Den Teig ausrollen, mit reichlich zerlassener Butter (50–75 g) bestreichen, danach mit 100–125 g Zucker, 125 g Rosinen und etwas Zimt bestreuen. Teig einrollen und in eine gut gebutterte Guglhupfform legen, dann bei 180 Grad im vorgeheizten Ofen etwa 40–45 Minuten backen. Nach dem Backen kurz auskühlen lassen und aus der Form stürzen.
Am besten schmeckt der Reindling noch warm aufgeschnitten mit Kälberleck (einer Honigbutter) und Apfelkompott.

KÄRNTNER REINDLING

KÄRNTNER LUNGENWURST

800 g mageres Schweinefleisch mit 400 g fettem Schweinefleisch und 600 g Lunge durch die feine Scheibe des Fleischwolfs drehen, mit 50–60 g Salz, Kümmel und Pfeffer nach Geschmack würzen, danach in gesäuberte Därme füllen und mindestens eine Woche langsam selchen. Vor dem Verzehr kochen, mit Kraut und gerösteten Erdäpfeln auftischen.

KÄRNTNER FASCHINGSFLEISCH

Je 1 kg frische Salami, durchzogenen Bauchspeck und Geselchtes in wenig leicht gesalzenem Wasser (etwa 1–1 1/2 Liter) eine halbe Stunde kochen, danach gut 1 kg Sauerkraut hinzufügen und alles weitere 30 Minuten garen. In der Zwischenzeit 1 kg mehlige Erdäpfel schälen und in Salzwasser weich kochen, danach noch heiß zusammen mit Schweineschmalz zerstampfen, letztlich angeröstete Zwiebelringe untermischen. Das Fleisch mit dem Sauerkraut zu den Stampferdäpfeln servieren; man kann auch einen Heidensterz oder Polenta dazu reichen.

EIN WAHRHAFT SCHLARAFFISCHER SCHMUAS: …HINGSFLEISCH (GESELCHTES, BAUCHSPECK, GEKOCHTE SALAMI)

Fischereitradition in Kärntner Seen und Flüssen

Die Fischerei in den – auch heute noch – sehr sauberen Kärntner Seen und Flüssen hat eine lange Tradition und lässt sich weit zurückverfolgen. So existieren erste urkundliche Erwähnungen aus dem Jahre 891, bei denen die Fischerei als eines der Herrenrechte meist an die ortsansässigen Fischer und Bauern abgetreten wurde, natürlich nur gegen angemessene Bezahlung in Form von Abgaben. Weitere das Fischereirecht betreffende Urkunden gibt es aus der Zeit um die erste Jahrtausendwende.
Die meisten Fischer waren früher Untertanen der Bistümer Salzburg und Freising sowie des Stiftes Viktring, welche das Herrenrecht aus diversen Schenkungen empfangen hatten. Auch war die Fischerei ein frühes Hobby von Adeligen und Edelleuten, welche schon damals mit der Schnur und von Lust wegen von freier Hand beim Angeln Zerstreuung suchten.
Im Jahre 1645 wurde dann eine Jagd- und Fischereiverordnung in Kraft gesetzt, welche das Fischen in den Hauptgewässern von Drau, Gail, Glan, Gurk, Kappel, Lavant, Lieser, Möll und Wimitz neu regelte und das so genannte Freifischen stark einschränkte: „... dass hausansässige Landleute mit eigener Hand, sich zum Vergnügen, mit der Schnur ein Fischessen fangen könnten, und zwar mit aller Bescheidenheit, d. h. ein- höchstens zweimal in der Woche und ohne daraus ein Gewerbe zu machen ..."
Vor allem für die vielen Fastentage, welche damals noch sehr streng eingehalten wurden, waren große Mengen an Fischen notwendig. So schrieb bereits Paolo Santonio, Sekretär des Patriarchen von Aquileia, in seinen Reisetagebüchern (1485/86), dass er sowohl auf den Burgen, wie auch in Pfarrhöfen oder Bügerhäusern, immer wieder Fisch vorgesetzt bekommen habe und es eigentlich kein Essen gegeben haben soll, bei dem die „guten Fische fehlten".
Besonders der Artenreichtum und die Qualität der Kärntner Fische haben schon immer Angler wie Feinschmecker gleichermaßen begeistert. Conrad Schütz beschreibt 1877 den Artenreichtum der Kärntner Gewässer: „Die Lachsforelle im Millstätter See, der Wels oder Waller in sämtlichen Seen, die Rheinanke im Wörther, Keutschacher und Faaker See, die Aalrute und der Huchen im Drauflusse, Forellen, Saiblinge usw.; nicht zu vergessen, die großen und schmackhaften Krebse."
Eine Besonderheit der Kärntner Gewässer stellen die Neunaugen dar, eine Fischart, die seit mehr als 300 Millionen Jahren existiert. Den eigenartigen Namen hat es wohl den sieben beiderseitigen Kiemenspalten zu verdanken, welche die Fischer einst zu den Augen zählten; wenn man dann noch die Nasenöffnung dazuzählt, so kommen schon neun heraus. Seit Hunderten von Jahren ist das Neunauge (und zwar die hier lebende Art des Bachneunauges) in Kärnten als Delikatesse beliebt und genoss vor allem geräuchert bei den Feinschmeckern sehr hohes Ansehen.
Aber auch die so genannten „Blauen Edelkrebse" sind eine Eigenart der Kärntner Gewässer und sogar die selten gewordenen Großmuscheln haben hier eines ihrer letzten Rückzuggebiete gefunden. Der Name „Großmuschel" beruht auf ihrer Schalengröße, welche eine Länge bis zu 30 Zentimeter betragen kann. Im Inneren der zwei kalkhaltigen Schalen, die am Rücken durch ein elastisches Band zusammengehalten werden, befindet sich der Weichkörper, welcher als große Delikatesse sehr geschätzt wurde. Heute zählt die seltene Muschel zu den geschützten Arten, und ist daher nicht mehr auf den Speisekarten zu finden.
Anders verhält sich das mit der Seeforelle, welche lange Zeit in Vergessenheit geraten war und deren Lebensräume aufgrund ansteigender Industrialisierung stark eingeschränkt wurden. Ein Umdenken und Erinnern an alte Traditionen hat nicht nur dazu geführt, dass sich die Bestände wieder weitestgehend erholen konnten, sondern der Fisch nunmehr auch wieder die Gaumen der Feinschmecker erfreuen darf.
Noch heute sind die zahlreichen Kärntner Seen (es gibt über 1000) eines der beliebtesten Angelreviere Europas und für ihre schmackhaften, wie auch noch kapitalen Fische berühmt. Insbesondere Wörthersee, Millstätter See, Faaker See, Ossiacher See, Weißensee, Drautal, Mölltal, Südkärnten mit dem Klopeinersee, die Region Großglockner, die Regionen Gailtal und Lavantal sowie natürlich auch die gesamte karnische Region sind Fischerei-Reviere, die mit ihrem Fisch- und Artenreichtum nicht nur Anglerherzen höher schlagen lassen, sondern auch wegen ihrer landschaftlichen Schönheit bezaubern.

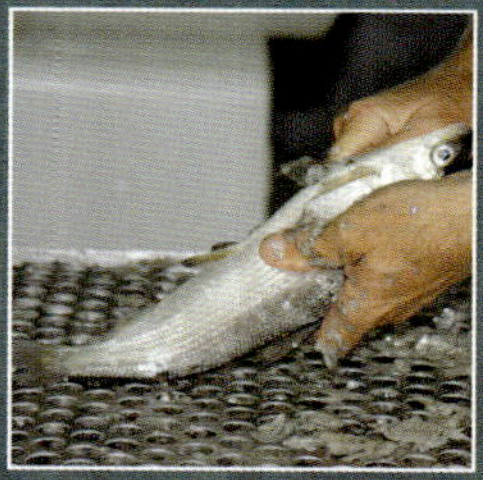
SCHUPPEN

FILETIEREN UND WASCHEN

ROH MARINIERTE RHEINANKE (SONNENHOF)

MARINIERTE FISCHE

Kleine Barsche, Gründlinge oder andere Fischchen werden gut gesalzen, eine Stunde ziehen gelassen, abgewaschen und in reichlich Öl recht knusprig ausgebraten (man kann die Fische zuvor mehlieren). Wenn alle Fische gegart sind, werde diese noch warm in einen Tontopf geschichtet. Überschüssiges Öl aus der Pfanne abgießen und im Bratfett einige Zwiebeln goldbraun werden lassen, diese über die Fische legen.
In einem Topf milden Essig (oder Essig mit Wasser verdünnt), reichlich nudelig geschnittene Schalotten, grob gestoßenen Pfeffer, Nelken, Lorbeerblätter und etwas Salz (nach Wunsch kann die Marinade zusätzlich mit Kräutern z. B. Thymian, Salbei oder Zucker abgeschmeckt werden), zusammen aufkochen, dann leicht abkühlen lassen und die Marinade über die Fische gießen. Etwas hochwertiges Öl darauf geben und die Fische mindestens 24 Stunden kühl marinieren lassen.

FISCHER JOHANN PALLE (MILLSTÄTTERSEE/SONNENHOF)

AUF HECHTFANG

Der Hecht

Der Hecht ist nicht nur der größte Süßwasserraubfisch und einer der begehrtesten Speisefische, sondern in Kärnten auch Bestandteil vieler Sagen, wie z. B. folgender: „Ein Fischerknabe setzte sich in den Schatten eines Weidenbaumes und warf seine Angel in den Fluss aus. Wenn doch nur ein recht großer Fisch anbisse, sagte er. Sogleich fing er einen mächtigen Hecht und zog aus allen Kräften. Allein der große Fisch tat plötzlich einen gewaltigen Schlag und riss den Knaben in den Fluss. Sein Vater, der in der Nähe das Netz zum Trocknen ausspannte, sprang herbei, zog den Jungen mit großer Not aus dem Wasser und sagte zu ihm: ‚Es ist nicht immer gut, wenn unsere Wünsche in Erfüllung gehen.'"

Auch wenn dies nur eine Sage sein mag, so sind die Hechte der Kärntner Gewässer mitunter tatsächlich von sehr kapitaler Größe und ihr Fleisch wird in der österreichischen Küche sehr geschätzt. Doch sind es weniger die kapitalen Fische, welche den verwöhnten Gaumen verzücken, sondern eher das der kleineren, bis zu 2 kg schweren Hechte, welche auch als „Grüne Hechte" oder „Grashechte" bekannt sind; diese edlen Fische werden meist im Ganzen zubereitet. Größere, grätenreichere Exemplare verarbeitet man sehr gerne zu Farcen und Nockerln. Auch wurde der Hecht einst gespickt, da sein Fleisch mitunter recht trocken ist.

Alte Schriften belegen, dass bereits im 17. Jahrhundert auch die Hechtleber als besonderer Leckerbissen bekannt war; sie wurde als „edler Happen" auf gerösteten Schnitten gereicht.

PARADEISFISCH

1–1,2 kg frisches Hechtfilet, 300 g Zwiebel, 8–10 große Paradeiser (bei Bedarf gehäutet), 80–100 ml hochwertiges Öl oder Butter, Saft von 2 Zitronen, abgeriebene Zitronenschale von unbehandelten Zitronen, Prise Zucker (fakultativ), Salz und Pfeffer

Die Hechtfilets in Portionsstücke schneiden, danach mit Zitronensaft und Salz würzen, etwas ziehen lassen. Nicht zu wenig Fett in einer weiten Pfanne erhitzen, die fein geschnittenen Zwiebeln darin andünsten. Die Fischfilets auf die Zwiebeln betten, geviertelte Paradeiser dazwischen legen und alles nur sehr kurz dünsten, damit die Paradeiser nicht aus der Form kommen. Fischfilets vorsichtig aus der Pfanne heben (sie sollten nicht zerfallen) und auf vorgewärmten Tellern anrichten. Das Paradeisergemüse abschmecken und nach Wunsch abbinden (z. B. Einbrenn, Obers, Stärke), zum Fisch servieren; Bratkartoffeln als Beilage.

GESPICKTER HECHT

1 großer Hecht (geschuppt, ausgenommen und gewaschen), 150–200 g Selchspeck, 12–15 Sardellenfilets, Butter, Zitronensaft, Salz, Petersilie zum Verzieren

Zuerst wird der Hecht gehäutet; hierfür schneidet man den Fisch mit einem scharfen Messer auf dem Rücken von der Schwanzflosse beginnend in Richtung Kopf zwischen Fleisch und Haut auf, danach erfolgt ein zweiter gleichgearteter Schnitt am Bauch. Nun ritzt man oben beim Kopf die Haut quer über die Breite ein, danach sollte sich die Haut ohne große Mühe gegen den Schwanz hin abziehen lassen – wenn nötig wird beim Herablösen mit dem Messer ein wenig nachgeholfen – man kann den Fisch natürlich auch im Geschäft vom Fachmann häuten lassen. Dann wird der Hecht auf beiden Seiten abwechselnd schräg Richtung Kopf mit Speckstreifen und Sardellen gespickt. Den Fisch gut salzen und in gebuttertes Pergamentpapier einschlagen. Im vorgeheizten Ofen knapp eine Stunde braten.

Endlich wird das Papier entfernt und der Fisch fertig gebraten, bis er eine schöne Farbe erhalten hat.

Eine längliche Servierplatte mit gedünstetem Butterreis auffüllen, einen Sockel formen. In die Mitte vorsichtig den Fisch platzieren und mit Petersilie garniert servieren, dazu reicht man braune Butter.

Hinweis: Man kann den Fisch natürlich auch mit Haut zubereiten.

HECHT MIT KRENSAUCE

1 Hecht von etwa 1,2–1,5 kg, 1 große Karotte, 1 Petersilienwurzel, 1 Zwiebel, etwas Zitronensaft, 300 ml saure Sahne, 3–4 EL Mehl, 100–125 g geriebener Kren, 50–75 g Butter, Salz und weißer Pfeffer aus der Mühle

Den Hecht schuppen, ausnehmen, möglichst entgräten und in Stücke schneiden. Die Karotte, die Petersilienwurzel und die Zwiebel schälen, dann in Scheiben schneiden. Die Gemüse zusammen mit Zitronensaft und einigen Pfefferkörnern in gut 1 Liter Salzwasser aufkochen. Die Fischstücke in das kochende Wasser geben, Hitze zurückdrehen und den Hecht etwa 15 Minuten ziehen lassen.

In einer Pfanne die saure Sahne mit dem Mehl verrühren, den geriebenen Kren dazugeben und unter Zugabe von etwas Fischsud aufkochen. Mit Salz und weißem Pfeffer abschmecken, anschließend die Butter untermengen. Die Fischstücke mit einer Schaumkelle aus der Brühe nehmen und abtropfen lassen. Auf einer vorgewärmten Platte anrichten und die heiße Krensauce darüber gießen. Als Beilage werden Reis, Salz- oder Buttererdäpfel gereicht.

HECHT

PARADEISFISCH

HECHTKÖPFE

MILLSTÄTTER SPECKHECHT MIT SALBEI-ERDÄPFELN

Für den Hecht:
1 Hecht im Ganzen von gut 3 kg (küchenfertig geschuppt und ausgenommen),
2–3 mittlere Erdäpfel, 125 g luftgetrockneter Speck,
4 Zwiebeln, 250 ml Weißwein,
250 ml Fischfond, einige Blätter Salbei,
Salz und Pfeffer aus der Mühle

Für die Erdäpfel:
1 kg kleine festkochende Erdäpfel,
75–100 g Butter, Salz,
1–2 Hand voll gehackte Salbeiblätter

Der Hecht wird in diesem Falle aufrecht stehend gebraten, dazu benötigt man die Erdäpfel über die man den Fisch stülpt; mit den Erdäpfeln im Bauch bleibt der Fisch aufrecht. Bevor man die Erdäpfel in den Bauch füllt, muss man den Fisch innen und außen gut salzen und pfeffern.
Jetzt wird der Speck in Scheiben geschnitten auf einem Backblech verteilt und im vorgeheizten Ofen einige Minuten ausgelassen. Die knusprigen Speckscheiben herausnehmen und beiseite stellen. Den Fisch in das ausgetretene Fett setzen, danach 30–35 Minuten im Ofen braten, dabei immer wieder mit dem Bratensaft begießen. Danach belegt man den Hecht mit den zurückbehaltenen Speckscheiben und einigen Salbeiblättern. Hitze im Backofen auf 130–140 Grad reduzieren und den Fisch weitere 15–20 Minuten sanft fertig garen.
Inzwischen werden die Erdäpfel geschält und gekocht, danach in reichlich Butter goldbraun geröstet. Kurz bevor die Erdäpfel rundherum knusprig sind, wird gesalzen, gepfeffert und mit grob gehacktem Salbei aromatisiert.
Den Hecht auf eine vorgewärmte Servierplatte setzen, die Erdäpfel rundherum anrichten. Den Bratensaft vom Fisch extra dazu reichen.

HECHTNOCKEN

Für die Nocken:
300 g frisches sauber zugeputztes Hechtfleisch,
250–300 g Kalbsnierenfett,
250 g kalter Brandteig (nachstehend),
3 sehr große Eier (oder 4 kleinere),
Muskat,
Salz,
Prise weißer Pfeffer

Für den Brandteig:
250 ml Milch,
gut 60 g Butter,
120 g Mehl,
Salz

Für die Sauce:
Fischfond oder Kochsud von den Hechtnocken,
1 Glas Weißwein,
50 g Butter,
2–3 EL Mehl,
1–2 Schalotten fein gehackt,
50 g Champignons fein gehackt,
150 ml Obers, 1 Eidotter,
fein gehackte Petersilie,
Muskatnuss, Salz und weißer Pfeffer

Für das Kochwasser:
2 Zwiebeln,
Lorbeerblätter,
Nelken

Zunächst den Brandteig vorbereiten: hierfür die Milch mit der Butter gemeinsam aufkochen, das Mehl einrühren und so lange mit einem Holzlöffel rühren, bis sich die Masse vom Geschirr löst; danach vom Feuer nehmen und würzen. Von der Masse 300 g abmessen.
Für die Sauce die fein geschnittenen Schalotten in der Butter andünsten, gehackte Champignons dazugeben, diese ebenfalls andünsten. Dann alles mit Mehl stauben und mit Weißwein ablöschen. Fischfond dazu gießen und alles in 20–30 Minuten zur gewünschten Konsistenz einkochen lassen. Die Sauce passieren, abschmecken und kurz vor dem Servieren mit Obers und Eidotter (beides miteinander versprudelt) legieren; gehackte Petersilie unterheben.
Für die Nockerln das Hechtfleisch, das Nierenfett, den Brandteig zweimal durch die feine Scheibe des Fleischwolfes drehen, danach die Eier in die Masse rühren, mit Muskatnuss, Salz und Pfeffer abschmecken.
Salzwasser mit Zwiebel, Nelken und Lorbeerblättern zum Sieden bringen, aus der Masse Nocken formen, diese ins heiße Wasser legen und bei milder Hitze pochieren (nicht kochen lassen!). Sobald die Nockerln an der Oberfläche schwimmen, sind sie gar, werden herausgenommen und mit der Sauce serviert; dazu reicht man Blattspinat und/oder Reis.

MILLSTÄTTER SPECKHECHT

Die Seeforelle

Der Millstätter See ist mit einer Fläche von 13,28 km^2 der zweitgrößte See Kärntens und mit einer Tiefe von 141 m und einem Volumen von 1.204,6 Mio m^3 ist er zugleich auch der tiefste und wasserreichste See des Landes.
Die ursprüngliche Salmonidenart im Millstätter See ist die Seeforelle, welche in Österreich allgemein als „Alpenlachs" bezeichnet wurde und bereits vom Botaniker Wulfen vor 200 Jahren beschrieben wurde. Vor allem in der Zeit vor dem Ersten Weltkrieg war die Seeforelle der wichtigste Nutzfisch des Millstätter Sees, aus dem mehr als 1.000 kg/Jahr gefischt werden konnten. So standen noch um 1930 die Bauern im Gegendtal (zwischen Feld am See und Radenthein) entlang der Bäche und warteten auf den Sprung der „Lax'n"; denn die Seeforellen zogen aus dem Millstätter See die Bäche flussaufwärts, um ihre Eier abzulaichen. Die zum Teil gewaltigen Fische, welche 15 kg und mehr auf die Waage bringen konnten, wurden dann zu einem erlesenen Festessen verarbeitet.
Irgendwann ist die Seeforelle dann plötzlich in Vergessenheit geraten, zudem verschmutzten Industrieabflüsse die Bäche, wodurch die Seeforellen ihren Laichzug nicht mehr antraten. Doch ein umweltbewusstes Umdenken und Besinnen auf alte Traditionen hat dazu geführt, dass sich die Zuchtbetriebe der Oberkärntner Nockregion der Seeforelle angenommen haben.
Mehrere Jahre hat es gedauert, bis die Seeforellen in ausreichender Stückzahl vorhanden waren, um als regionale Spezialität auch wieder in der Küche heimisch werden zu können. Mittlerweile sind die so genannten „Kärntna Lax'n" als Delikatesse weit über die Landesgrenze hinaus bekannt und für ihr wohlschmeckendes Fleisch berühmt.

KINDER AM FISCHTEICH

Die Lachsforelle

Die Bezeichnung Lachsforelle ist eine Handelsbezeichnung für große, rotfleischige Forellen, mit mehr als 1 1/2 kg Gewicht, denn aus zoologischer Sicht gibt es keine Lachsforellen. Lachsforellen können praktisch aus jeder Forellenform gezüchtet werden, denn die Rotfärbung des Fleisches wird über das Futter erreicht, wenn die Forellen mit Karotin angereicherter Nahrung gefüttert werden. Das Karotin lagert sich dann im Fleisch der Fische ab und verleiht ihm dadurch die typische Lachsfarbe. In der freien Wildbahn bekommen die Forellen ihre Lachsfärbung beispielsweise durch das Fressen von Bachflohkrebsen, die den natürlichen Farbstoff Astaxanthin enthalten.

LACHSFORELLE IN DER KRENKRUSTE MIT LAUCHGEMÜSE

2 gehäutete und entgrätete Filets von der Lachsforelle,
Butter, Zitronensaft,
Salz

Für die Krenkruste:
200 g zimmerwarme Butter, Semmelbrösel,
Kren nach Geschmack (man kann für dieses Gericht statt frisch geriebenem Kren auch einen eingelegten aus dem Glas nehmen, der milder ist),
etwas Senf,
Salz und Pfeffer

Für das Lauchgemüse:
3 Stangen Lauch,
1–2 Knoblauchzehen,
Gemüsebrühe,
Weißwein, Butter,
Crème fraîche oder Obers,
Salz und Pfeffer aus der Mühle

Mit der Krenkruste beginnen; hierfür die Butter sehr schaumig schlagen, bis sie sich vom Schneebesen löst. Dann kommen Senf, Salz, Pfeffer und der Kren hinzu, gut vermengen. So viel Semmelbrösel unter die Butter geben, dass man eine dicke Paste erhält, die dann nochmals abgeschmeckt wird. Alles auf eine Alufolie streichen, zu einer Wurst zusammen rollen und kühl stellen.
Für das Lauchgemüse den Lauch waschen, Wurzelenden und die dicken grünen Blätter abschneiden. Den Lauch in Ringe schneiden. Butter in einer Pfanne zerlassen, Lauchringe darin anschwitzen, den Knoblauch hinzugeben, mit etwas Wein und weinig Gemüsebrühe ablöschen. Wenn der Lauch gar ist (er sollte noch bissfest sein) mit Crème fraîche, Obers, Salz und Pfeffer vollenden.
Die sauber parierten Lachsforellenfilets in vier Portionen teilen, diese mit Salz und Zitronensaft würzen. Den Fisch auf beiden Seiten kurz in Butter anbraten, danach 5 Minuten im heißen Backofen nachziehen lassen.
Fischfilets herausnehmen und mit der in Scheiben geschnittenen Buttermischung belegen. Bei starker Oberhitze goldbraun gratinieren.
Mit dem Lauchgemüse ein Bett auf vorgewärmten Tellern bereiten, Lachsforellen darauf legen und mit einigen Schnittlauchröllchen sowie frisch gerissenem Kren ausgarniert servieren.

MARINIERTE LACHSFORELLE MIT KRÄUTERN

Fische einzulegen oder zu marinieren, um sie haltbarer zu machen und/oder ihnen eine besondere geschmackliche Note zu verleihen, hat eine lange Tradition.

1 küchenfertig vorbereitete Lachsforelle von etwa 1 kg,
1 Bund Wurzelgemüse
(Karotte, Sellerie, Gelbe Rübe, Petersilie),
etwas Zitrone,
Lorbeerblätter,
Pfefferkörner,
Salz

Für die Marinade:
4–6 Schalotten,
bestes Pflanzenöl (Olivenöl oder Sonnenblumenöl),
Zitronensaft,
etwas Weißwein oder Weinessig,
4–5 EL fein gewiegte frische Kräuter (Dill, Melisse, Petersilie, Schnittlauch und/oder Estragon),
Salz und Pfeffer aus der Mühle

Die Lachsforelle gut reinigen. In einen Topf (vorzugsweise Fischtopf) aus Wasser, geputztem und gehacktem Wurzelgemüse, geviertelter Zwiebel, Zitronensaft, Lorbeerblättern, Pfefferkörnern und Salz einen Sud kochen, diesen 20–30 Minuten auf kleiner Flamme ziehen lassen. Dann den Topf vom Herd ziehen und etwas abkühlen lassen.
Den Fisch in den lauwarmen Sud legen und alles bis kurz vor den Siedepunkt erhitzen, Hitze erneut reduzieren und den Fisch in 12–15 Minuten garen. Topf vom Herd nehmen, die Lachsforelle im Sud erkalten lassen. Danach herausheben, filetieren, so gut wie möglich entgräten und enthäuten.
Fischfilets in eine Form aus Keramik legen. Die Schalotten in sehr feine Ringe schneiden, über den Fisch streuen. Aus etwas geseihtem Sud, Öl, Wein, Zitronensaft und Kräutern eine Marinade zubereiten, diese mit Salz und grobem Pfeffer würzig abschmecken. Marinade über die Fischfilets gießen, alles abdecken und kühl durchziehen lassen.

Tipp: Man kann dieses Grundrezept mit z. B. Paprika- oder Tomatenwürfeln, Frühlingszwiebeln, Knoblauch, Senfsaat u. a. abwandeln.

ROH MARINIERTE LACHSFORELLE MIT KRÄUTERN

GERÄUCHERTE LACHSFORELLEN

KAVIARERNTE

Der Saibling und sein Kaviar

Die Saiblinge gehören zur Familie der Lachsfische und besitzen einen schlanken, lang gestreckten Körper mit einem flachen Kopf. Die Körperform ist mit der von Forellen durchaus zu vergleichen, jedoch ist die Mundspalte verhältnismäßig weit und die Schwanzflosse deutlich eingebuchtet. Saiblinge stellen hohe Ansprüche an die Wasserqualität ihres Lebensraums und benötigen kalte, sauerstoffreiche Seen oder Flüsse; daher werden sie nur sehr selten in Teichwirtschaften gehalten.
Die ursprüngliche Heimat der Saiblinge sind die USA, erst 1884 wurde er nach Europa gebracht und in geeigneten Gewässern ausgesetzt. Wegen seines zarten und schmackhaften Fleisches wird er in der Küche sehr geschätzt und zumeist wie die Forelle – größere Exemplare wie Lachs- oder Seeforelle – zubereitet.
Als ganz besondere Delikatesse gilt sein Kaviar, eine erlesene und leider auch sehr seltene Spezialität. Im schönen Tainach hat sich die Familie Sicher auf die Herstellung dieser Gaumenfreude spezialisiert und erzeugt Saiblingskaviar in einer derart herausragenden Qualität, dass sich neben der heimischen Spitzengastronomie auch Starköche wie Ferran Adrian (Restaurant „El Bulli“, bei Barcelona) den köstlichen Kaviar aus Kärnten kommen lassen.

WOLFGANG UND MICHAEL SICHER

© Sicher

Der Saiblingskaviar der Sichers

Im Jahre 1972 übernahm Alfons Sicher mit seiner Frau Erna ein altes Sägewerk und machte daraus mit seinem Künstlerfreund H. Philip einen Gastbetrieb, ohne dabei die urigen Gemäuer und die hölzerne Innenarchitektur zu zerstören. Wenige Jahre später wurden dann in Ufernähe des Quellwasser führenden Weißenbaches die ersten Fischbecken anlegte, um eine Forellen- und Saiblingszucht aufzubauen. Neben der ständig frischen Versorgung mit Quellwasser sorgt eine moderne Technik für die optimale Sauerstoffversorgung der Becken – beides wichtige Faktoren für die Aufzucht der Fische und Garanten für allerhöchste Qualität des Kaviars.

Ab Mitte November beginnt die Gewinnung des Saibling-Kaviars, jenem kulinarischen Gold, das von Feinschmeckern so sehr begehrt wird. Im Freien – zuweilen bei klirrender Kälte – werden die Fische mit einem Netz eingefangen, auf einen Tisch gebettet und zunächst einmal mit Streicheleinheiten beruhigt. Danach werden mit sanftem Druck auf den Bauch des Fisches die Eier bis auf das letzte Korn entnommen (ansonsten könnte es zu lebensgefährlichen Entzündungen kommen) – und, im Gegensatz zum Stör, muss der Saibling dabei nicht sein Leben lassen und darf schon wenige Augenblicke nach der Kaviarentnahme wieder munter im Wasser schwimmen. Der ganze Prozess ist reine Handarbeit und schon allein deshalb kann der Saiblingskaviar niemals zu einem Massenprodukt werden. Schließlich wird der Kaviar leicht gesalzen und nach einem geheimen Hausrezept pasteurisiert. Das Salz konserviert nicht nur, sondern hebt zugleich seinen feinen Eigengeschmack, wobei gilt, je milder der Rogen gesalzen ist, desto mehr tritt sein einzigartiger Eigengeschmack in den Vordergrund. Guter Kaviar sollte im Geschmack mild und fein sein, dabei weder sauer noch bitter schmecken, die Körner müssen weiters schön glasig, prall und trocken sein.

Wichtig für den erlesenen Genuss ist zudem, dass der Kaviar in großzügigen Mengen serviert wird, vor allem wenn er „solo" verzehrt werden soll – wie Puristen ihn lieben! Erlesenste Kaviar-Kreationen von Michael Sicher werden im stilvollen „Sicher-Restaurant" (Tainach) serviert.

SAIBLINGSKAVIAR IM HÜHNEREI

Für dieses gleichsam köstliche wie auch optisch wunderschöne Gericht werden zwei frischeste Hühnereier vorsichtig geköpft (mit Hilfe eines sehr scharfen Messers aufgeschnitten) und das Innere entnommen. Die Eierschalen ausspülen und entweder auf ein Salzbett stellen oder mit karamellisiertem Zucker leicht schief auf den Teller kleben.

Die Eier mit etwas Obers verquirlen, leicht mit Salz und weißem Pfeffer würzen. Einen Teelöffel Butter in einer beschichteten Pfanne erhitzen und bei leiser Flamme einen gestrichenen Teelöffel feinst gehackter Schalotten darin weich dünsten. Dann die Eier hinzugeben und stocken lassen (sie sollten noch leicht flüssig bleiben). Einen weiteren Teelöffel kalte Butter und 1 Teelöffel feinst gehackte Schnittlauchröllchen unter das fertige Rührei mischen. Wenn dieses leicht abgekühlt ist, in die Eierschalen füllen, diese aber nicht ganz anfüllen. Jeweils einen guten Teelöffel Saiblingskaviar daraufgeben und mit etwas Schnittlauch und Dill ausgarnieren. Sauerrahm mit Salz und Cayennepfeffer verrühren, um die Eier herum gießen und mit fein gewiegter roter Zwiebel sowie etwas Kaviar ausgarniert servieren.

ROH MARINIERTER SAIBLING MIT SEINEM KAVIAR

Pro Person 2 mittelgroße Saiblingfilets – je frischer, desto besser – von jeglichen Gräten befreien und sauber häuten. Die Filets schräg in nicht allzu dünne Scheiben von etwa 1,5–2 cm Dicke schneiden, dazu ein scharfes Messer verwenden; die noch vorhandenen Gräten mit einer Pinzette herausziehen. Die Tranchen mit dem Handballen leicht plattieren. Forellenscheiben auf gut gekühlten Tellern anrichten und einige Minuten im Tiefkühl kühlen, danach leicht salzen, mit Oliven- oder Traubenkernöl bepinseln und ganz leicht pfeffern. Schließlich Zitronensaft mit etwas Öl schaumig aufschlagen und die Fischfilets damit beträufeln. In die Mitte ein wenig Sauerrahm setzen und darauf einen guten Esslöffel Saiblingskaviar. Mit ein wenig Salat ausgarnieren, frisches Weißbrot dazu reichen.

SAIBLINGSKAVIAR AUF STAMPFERDÄPFELN

4 große Erdäpfel (mehlig kochend) in Salzwasser garen und schälen. Mit Hilfe eines Stampfers grob zerdrücken, dabei Obers und Butter nach Geschmack einarbeiten und würzen (Salz, Pfeffer, gehackte Petersilie). Die Erdäpfel auf vier Teller verteilen und mit reichlich brauner Butter beträufeln. Sauerrahm verrühren und ebenfalls auf die Erdäpfel geben, schließlich mit je 50 g Saiblingskaviar krönen.

OMELETTE MIT SAIBLINGSKAVIAR

2 Eier mit ein wenig Sauerrahm, Salz und einer kleinen Prise weißem Pfeffer (oder noch besser Cayennepfeffer) versprudeln. Ein nussgroßes Stück Butter in einer Omelettpfanne leicht braun werden lassen, die Eiermasse einfüllen und das Omelett auf einer Seite zur gewünschten Konsistenz backen, danach mit einigen Schnittlauchröllchen bestreuen und zusammenklappen. Omelette auf einem vorgewärmten Teller anrichten, mit einem Stückchen kalter Butter überglänzen, endlich reichlich Saiblingskaviar darauf verteilen und mit Dill ausgarniert sofort servieren.

MICHAEL SICHERS BERÜHMTES SAIBLINGS CARPACCIO

SAIBLINGSKAVIAR AUF STAMPFERDÄPFEL

HERR SILBERNAGEL GENIESST SEINEN KRÄUTERSCHNAPS

Kräuterschnäpse und Kräuterliköre

Da Kärnten bekanntlich kaum über Wein verfügt, war es der Schnaps, welcher neben Most, Met und natürlich Bier, die Seelen beflügelte. Dieser Schnaps wurde vor allem aus Äpfeln, Birnen und Zwetschken gebrannt. Neben den klassischen Obstbränden bildeten schon immer die verschiedensten Kräuterschnäpse, -geiste und -liköre eine wichtige kulinarische Essenz, die zudem in der bäuerlichen Hausmedizin als Heilmittel verwendet wurde.
Als Basis für derartige Kräuterschnäpse diente schon immer der Branntwein. Für diesen werden, gepresste Äpfel, Birnen oder auch Zwetschken mit den Pressrückständen von der Mosterzeugung vermengt und in einem großen Bottich eingemaischt, bis sich Säure bildet und in Gärung übergeht. Dann beginnt das eigentliche Brennen des Branntweins mit dem Herrichten des Brennkessels und dem Anmelden des Schnapsbrennens beim Finanzamt. Das eigentliche Brennen erfordert viel Erfahrung und Umsicht. Der Kessel ist gleichmäßig zu heizen und man muss aufpassen, wenn der Vorlauf kommt. Dieser Vorlauf wird für gewöhnlich zum Einreiben gegen Hexenschuss und Rheumatismus erwendet. Nach dem Vorlauf kommt der „Luter" oder „Leitrach". Luter und Vorlauf vermengt und geläutert ergeben den guten alten „Hausbrannten", welcher noch heute gerne zur Speckjause genommen wird. Dann wurde der fertig gebrannte Hausschnaps von der Bäuerin konfisziert, die ihn in einer speziellen Truhe aufzubewahren pflegte, damit „die Mäus' nit dazu können!" …
Das Wort Schnaps ist erst seit der zweiten Hälfte des 19. Jahrhunderts in Kärnten gebräuchlich, früher wurde er „Schnagge" oder einfach Branntwein genannt. Noch heute erfreuen sich die verschiedensten Kräuterliköre, Kräutergeiste und Schnäpse in Kärnten großer Beliebtheit und nahezu jeder Brenner hat hierfür sein eigenes Hausrezept.

Kräuterliköre

Für den Kräuterlikör werden Branntweine mit Zucker oder Honig und verschiedenen Kräutern angesetzt, danach wird das Ganze zum Reifen einige Wochen in die Sonne gestellt. Nach dem Reifen wird der Likör abgeseiht in Flaschen gefüllt und kühl gelagert; nach rund 2 Monaten ist er trickfertig.
Alkohol ist der Hauptbestandteil eines jeden Likörs; je nach Rezept variiert der Gehalt von leichten 20 % (mit einfachem 32%igen Branntwein aufgesetzte Liköre) bis zu hochprozentigen Kräuterlikören mit Alkoholgehalten von zum Teil über 50 %. In der Regel reicht ein normaler etwa 40%iger Branntwein mit möglichst neutralem Geschmack völlig aus. Für höherprozentige Liköre muss man allerdings auf 70–94%igen Alkohol aus der Apotheke zurückgreifen, der allerdings aufgrund der Alkohol-Steuer recht teuer ausfallen kann.

Kräutergeist

Der Unterschied zwischen echten Bränden und Kräutergeist besteht darin, dass bei Geisten die Kräuter nicht selbst vergoren, sondern nur mazeriert werden. Das Mazerat wird anschließen destilliert. Dieses Verfahren wird bei Rohstoffen eingesetzt, die selbst nicht vergärbar sind, weil deren Zuckergehalt von Natur aus zu niedrig ist, wie das bei vielen Beeren und Kräutern der Fall ist. Geiste sind gewöhnlich klare Schnäpse ohne Zuckerzusatz.
Für den Kräutergeist werden die Rohstoffe mit neutralem Alkohol mazeriert, wobei für Kräuter ein hochprozentiger Alkohol genommen werden sollte, da viele geschmacksbestimmende, ätherische Öle sich besser im höherprozentigen Alkohol lösen. Die Mazeration dauert normalerweise 24 Stunden bei Zimmertemperatur, anschließend wird das Mazerat ungefiltert mit allen Bestandteilen in die Brennblase gegeben und langsam destilliert. Da hier schon Trinkalkohol verwendet wurde, braucht nicht in Vorlauf und Mittellauf unterschieden werden. Destilliert wird so lange, bis das komplett aufgefangene Kräuterdestillat 45–50 % erreicht hat. Gerade bei Kräutern muss der Alkoholgehalt höher ausfallen, da diese sonst eintrüben könnten. Der Grund dafür liegt darin, dass die meisten ätherischen Öle zwar in Alkohol, aber nicht in Wasser löslich sind und die Löslichkeitsgrenze somit schnell überschritten ist (man kennt dies z. B. auch von Ouzo oder Pernot, die beim Zusatz von Wasser milchig trüb werden).

TUPPINGERS KÄRNTNER KRÄUTERSCHNAPS

Das Schnapskastl der Familie Tuppinger liegt direkt in Millstadt am See. Hier kann man noch den Original Kärntner Kräuterbrand verkosten, wie er früher auf den Höfen gebrannt wurde. Der Kräuterschnaps wird hier von Herr Silbernagel persönlich in der hauseigenen Brennerei erzeugt.

Ausgangsprodukt für den Kräuterschnaps ist zunächst einmal ein sauber gebrannter Apfelschnaps, welcher ausschließlich aus bestem Obstmaterial hergestellt wurde.
Die Basis für das Mazerat bilden zu 50 % der Nachlauf vom Apfelschnaps und zu weiteren 50 % frische Maische; in dieses Gemisch kommt folgende Kräutermischung (das genaue Verhältnis ist Familiengeheimnis!):
Enzianwurzel, Ingwer, Sternanis, Pfefferminze, Liebstöckel, Wermut, Melisse, Benediktinerkraut, Kümmel, Anis, Fenchel, Kalmuswurzel, Schafgabe, Bibernelwurzel, Angelikawurzel, Baldrian, Käsepappel, Salbei, Basilikum, Tausend-Gulden-Kraut, Lindenblüten, Arnika, Thymian, Majoran, Eibisch, Ringelblumen, Malve, Hollerblüte, Hagebutte, Lorbeer, Muskat, Teufelskralle (fakultativ), Wegwarte, Hopfen, Zichorienwurzel, Wacholder, Kamille, Nelken, Orangenschalen und Safran, falls man den Schnaps färben möchte (Familie Tuppinger verzichtet darauf, weil ein klarer Schnaps bevorzugt wird.)

Nach einer Woche wird das Ganze in die Brennblase gefüllt und gebrannt. Das Ergebnis ist ein hochprozentiger Kräuterschnaps, der in große Glasballons abgefüllt wird, bevor man ihn einige Monate nachreifen lässt. Dann wird er mit frischem, reinem Kärntner Quellwasser verdünnt und in Flaschen abgefüllt.

STROH-Rum

Zu den bekanntesten Produkten Österreichs gehört sicherlich der STROH-Rum und das nicht nur wegen seiner 80 % Alkoholgehalt. Schon vor mehr als 170 Jahren, genauer im Jahre 1832, brannte der Gründer des Unternehmens, Sebastian Stroh, in St. Paul im Kärntner Lavanttal seine ersten Schnäpse und ahnte dabei wohl noch nicht, dass er damit eine österreichische Erfolgsgeschichte einleiten sollte. Damals, als die Spirituosenproduktion in Kärnten noch in den „Kinderschuhen" steckte, leistete der innovative Schnapsbrenner geradezu Pionierarbeit. Und diese sollte sich auszahlen: das Unternehmen wuchs ständig und bei der Weltausstellung in Paris erhielt STROH die Große Goldmedaille, womit der hochprozentige Schnaps auch im Ausland einigermaßen berühmt wurde.
Heute erzeugt die Firma STROH mehr als 10 Millionen Flaschen im Jahr, die in über 30 Ländern auf der ganzen Welt verkauft werden. Allerdings nicht ganz uneingeschränkt, denn in Finnland beispielsweise ist der 80%ige STROH-Rum aufgrund seines hohen Alkoholgehaltes verboten und in Flugzeugen darf er nicht als Handgepäck mitgenommen werden, wegen der „erhöhten" Brandgefahr. Deshalb hat die umsichtige Firma STROH, neben dem „80er" auch einen „60er" und „40er" im Sortiment.
Viele Österreich-Touristen kommen im Winter nicht nur des Skifahrens wegen, sondern vor allem wegen der allgemein beliebten „Hüttengaudi" und dem so genannten Après-Ski, welcher in Österreich eine ganz besondere Atmosphäre auszustrahlen vermag. Und gerade hier findet man viele Liebhaber dieser Rum-Spezialität, denn der 80%ige Schnaps verleiht einer heißen Schokolade oder einem Tee mit Rum erst das richtige Aroma und soll Geist, Körper und Seele wärmen.
Schon die Urgroßmütter haben ihn für ihre heißbegehrten Mehlspeisen, Backwaren und Kekse verwendet und sein einzigartiges Aroma geschätzt. Heute hat der starke Rum auch einen fixen Platz in der internationalen Spitzengastronomie. So ist der STROH-Rum, auch Inländer-Rum genannt, nicht nur unerlässlicher Bestandteil für zahlreiche Heißgetränke und Rezepte, sondern auch ein wichtiger Teil österreichischer Kulinarik-Historie.

Herstellung

Das Ausgangsprodukt für STROH ist ausschließlich echter Rum, der durch Vergären von Zuckerrohr und Zuckerrohrmelasse und anschließender Destillation gewonnen wird. Sensorische Merkmale für diesen Rum sind seine fein duftige, zarte Rum-Note und sein harmonisch, blumiger Geschmack. Speziell sensorisch ausgebildete Mitarbeiter verkosten die verschiedenen Übersee-Rumsorten und wählen den am Weltmarkt besten Rum aus.
Der zugekaufte Rum wird nach alter österreichischer Tradition und geheimer Rezeptur aus dem Hause STROH, mit feinsten Essenzen und Aromen („Bonificateurs") veredelt.
Diese Rezeptur stammt von dem Gründer der Firma STROH, Sebastian Stroh, und wurde von Generation zu Generation übergeben und bis heute in seiner Ursprünglichkeit belassen.
Diese Veredelung verleiht STROH sein unverwechselbares, auf der ganzen Welt bekanntes Aroma, das der Genießer mit einem Stück Österreich verbindet.

ECKDATEN ZU STROH (QUELLE: ÖVA 2004)

1832 beginnt Sebastian Stroh mit der Produktion von Likören und Rosoglios.

1900 wird STROH bei der Weltausstellung in Paris mit der Großen Goldmedaille ausgezeichnet.

1926 Produktion: 1,2 Millionen Flaschen von 100 verschiedenen Spezialitäten, mehr als 1.000 Geschäftskunden

1969 übernimmt Hanno Maurer-Stroh im Alter von 21 Jahren das Familien-Unternehmen in bereits fünfter Generation. Er gestaltet das Unternehmen grundlegend nach den Erfordernissen des modernen Marktes um.

1970/1971 setzt ein regelrechter STROH-Boom ein.

1993 ist STROH die berühmteste Rumsorte in Österreich und Deutschland.

1994 produziert STROH mehr als 10 Millionen Flaschen und exportiert in mehr als 30 Länder weltweit

1997 Fusion von Firma STROH und Unternehmen STOCK zur STOCK&STROH GmbH mit Sitz in Linz.

2004 Etikettenrelaunch der gesamten STROH Range. Der Bekanntheitsgrad von STROH beträgt 87 Prozent

„STROH - THE SPIRIT OF AUSTRIA"

© STROH

PUNSCHKRAPFEN MIT STROH 80

Für acht Punschkrapfen:

Für den Biskuitteig (zwei Backbleche):
4 Eier, 2 EL lauwarmes Wasser,
125 g Zucker, 1 Päckchen Vanillezucker,
1 Prise Salz, 150 g gemahlene Mandeln,
50 g Speisestärke

Für die Füllung:
etwa 200 g Biskuitbrösel (vom vorher gebackenen Biskuit), 240 g Marillenmarmelade,
160 g Nougat, 120 g Staubzucker,
2 EL Zitronensaft,
5 EL STROH 80

Für die Glasur:
200 g Staubzucker, 1 EL Zitronensaft,
1–2 EL Wasser, 1 EL STROH 80,
Lebensmittelfarbe (fakultativ), 100 g Schokolade

Zuerst den Biskuitteig zubereiten; hierfür die Eier trennen. Eigelb mit dem Wasser, dem Zucker und dem Vanillezucker schaumig schlagen. Eiweiß mit dem Salz zu Schnee schlagen. Mandeln mit der Speisestärke vermischen. Eischnee auf die Eigelbmasse geben. Zusammen mit den Mandeln (löffelweise) vorsichtig unterheben.
Backbleche mit Backpapier auslegen. Den Biskuitteig auf den Blechen gleichmäßig verstreichen und im vorgeheizten Ofen 10–12 Minuten bei 200 Grad backen.
Nach dem Abkühlen Biskuitplatten auf gezuckerte Tücher stürzen und das Papier abziehen. Gewünschte Formen für die Punschkrapfen ausstechen oder ausschneiden. Je Punschkrapfen werden drei kleine Platten in der Größe von etwa 5 x 5 cm benötigt.
Für die Füllung zunächst die Biskuitreste klein schneiden. Marillenmarmelade erwärmen und den Nougat darin auflösen. Staubzucker, Zitronensaft, Biskuit-Brösel und STROH 80 unterrühren. Die Masse zwischen die Teigplatten streichen und kühl stellen.
Staubzucker, Zitronensaft, Wasser und STROH 80 für die Glasur glatt verrühren; nach Wunsch mit Lebensmittelfarbe einfärben. Die Punschkrapfen damit überziehen. Glasur trocknen lassen. Anschließend die Seiten der Punschkrapfen mit in Wasserbad aufgelöster Schokolade bestreichen. Auf einem Gitter abtropfen lassen.

Ursprüngliches in Gailtal und Lesachtal

Tief im Süden Kärntens, parallel zur Staatsgrenze nach Italien westlich verlaufend, liegen Gailtal und Lesachtal, beides einzigartige alpenländische Paradiese, die bisher weitestgehend vor den landschaftszerstörenden Maßnahmen des alpinen Massentourismus bewahrt werden konnten. Natürlich gab es auch hier einmal die Idee, große Hotelanlagen auf die saftigen Almweiden und Kräuterwiesen zu stellen, mit großflächigen Liftanlagen die ruhigen und majestätischen Berge zu erschließen und Skipisten in die wunderschönen, pilz- und wildreichen Wälder zu schlagen. Doch dann siegte – Gott sei Dank – die Vernunft und man entschied sich zum sanften Tourismus und zu Kooperationen mit Skigebieten, wo die Natur ohnehin schon leiden musste. Und so dürfen sich die Urlauber heute einerseits im nahegelegenen Nassfeld (1552 m Seehöhe) über eines der besterschlossenen Skigebiete freuen und andererseits finden die Wanderer, die Erholung Suchenden und nicht zuletzt die Gourmets ihr Refugium in Gail- und Lesachtal (Oberlauf von Gail).
Das obere Gailtal und weiter westlich das Lesachtal sind nicht nur landschaftlich ein ganz besonders wertvolles Stück Kärntens, sondern zählen auch kulinarisch zum Besten, denn die herrlich frische Bergluft und das gesunde Klima sind nicht nur für die Menschen gut, sondern auch für die Pflanzen- und Tierwelt. Der Kontrast zwischen den schroffen Felswänden der Karnischen Alpen und den sattgrünen, mit Blüten und Wildkräutern übersäten Almweiden ist landschaftlich überwältigend und bietet ideale Voraussetzungen für qualitativ hochwertigste Produkte.

Seit mehr als 700 Jahren wird hier Almwirtschaft betrieben und diese war letztlich sogar von Nutzen für beide Seiten – Natur und Mensch. Da die Talwiesen damals noch nicht entwässert werden konnten, waren sie oft sumpfig und sauer. So entschlossen sich die ansässigen Bauern, die hoch gelegenen Wiesen in Almweiden umzuwandeln, durch gezielte Rodung zu erweitern und für die Viehwirtschaft zu nutzen. Die Almen aber erfordern Pflege, ähnlich den Kulturlandschaften im Tal, andernfalls bestünde Gefahr, dass die Flächen zuwachsen; dies zu verhindern ist u. a. die „Aufgabe" der hier grasenden Rinder und Schafe.
Nun waren die neu gewonnenen Weideflächen freilich so weit von den heimatlichen Höfen entfernt, dass die Milch nicht mehr frisch dorthin gebracht werden konnte. Sie musste verwertet, „konserviert" werden und wurde daher zu Käse verarbeitet. Heute ist der berühmte Gailtaler Almkäse zurecht eine von der EU geschützte Herkunftsbezeichnung, denn die Beschaffenheit der Weiden sowie das spezielle, von der Adria beeinflusste Klima verleihen ihm eine ganz besondere Eigenheit. Es ist schon ein einmaliger Hochgenuss, wenn man vor einer Almhütte sitzend in diesen feinwürzigen, mildsahnigen Käse beißen und dazu das herrliche Alpenpanorama genießen darf. Noch heute wird er in Handarbeit hergestellt, wenngleich moderne Techniken und Materialien die Arbeit wesentlich vereinfacht haben. Und jedes Jahr aufs Neue wird Ende September dem herrlichen Almkäse mit einem eigenen Almkäse-Festival in Kötschach-Mauthen gehuldigt. Bei diesem Fest handelt es sich um eine gelungene Mischung aus kulinarischem Käsevergnügen und Folkloristischem.
Verlässt man das Gailtal mit seinen weiten Wiesen, dichten Wäldern, riesigen Heuschobern, erhabenen Höfen und kunstvoll verzierten Bildstöcken, so verengt sich nach Kötschach-Mauthen nach Westen hin das Tal abrupt, denn das Lesachtal beginnt als Schlucht und ist erst seit kurzem wirklich zugänglich. Dem Besucher erwartet hier eine einzigartige bäuerlich geprägte Idylle, fernab jeglicher Industrie, keine schmucklose Neubauten und schon gar keine geschichtslosen Hotelanlagen, sondern einfach Landschaft pur. Einzig und allein ein paar behäbige, uralte Bauernhöfe unterbrechen die grandiose Landschaft, Bildstöcke und Kalvarienberge sind Zeugen des innigen Glaubens der hier lebenden Menschen. In dieser Idylle wird das seltene und gute Lesachtaler Bauernbrot gebacken.

Keine Frage, der Speck gehört zum Gailtal, wie der Prosciutto San Daniele zum Friaul; doch die Herstellung des ungemein aromatischen Schinkenspecks ist eine wahre Wissenschaft für sich. Mit größter Sorgfalt werden in der Naturarena die Schweine ausschließlich mit Erdäpfel, Gerstenschrot, Heublumen und Milch gemästet, bis sie ein Gewicht von mindestens 150 kg auf die Waage bringen. Erst dann wird aus ihren Speckseiten der Gailtaler Speck, nach uralter Tradition hergestellt (siehe S. 501). Auch wenn es den Speck das ganze Jahr über gibt, so lohnt sich doch ein Besuch des Gailtaler Speckfestes in Hermagor, bei dem neben dem Speck auch viele andere regionale Spezialitäten von Schwein, Rind, Ziege oder Schaf angeboten werden.
Das Untere Gailtal besann sich vor einigen Jahren eines uralten Anbauprodukts, nämlich auf den Mais. Die aus Maisgrieß zubereitete Polenta erfreute sich neuerlicher Beliebtheit, vor allem, weil sie ausgezeichnet zu den ursprünglichen Rezepten der Region schmeckt. So bildet die Polenta heute die dritte regionale Spezialität des kulinarischen Triumvirates: Almkäse, Schinkenspeck und Maisgrieß.
Der Fortbestand der bäuerlichen Idylle ist unter anderem auch der EU und ihren Beihilfen zu verdanken. Leider hat sich für die alpenländische Region eine Erkenntnis noch nicht so richtig durchgesetzt, die z. B. für Toskana, Piemont oder Provence (auch aufgrund vieler Fehler, die dort gemacht worden sind) längst akzeptiert ist: nämlich dass eine geschützte, intakte Natur ein ungeheurer Luxus ist, der gar nicht hoch genug geschätzt werden kann. Folglich sollte man diese einzigartige Kulturlandschaft auch dadurch erhalten, dass ihre Hüter, Pfleger und Bewirtschafter dementsprechend entlohnt werden. Die Bewohner von Gailtal und Lesachtal selbst scheinen den richtigen Weg eingeschlagen zu haben; sie bewirtschaften ihre Höfe mehrheitlich rein biologisch – und das aus echter Überzeugung!

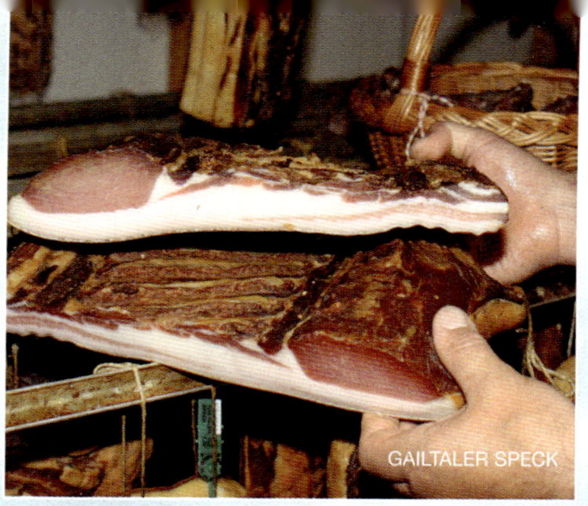
GAILTALER SPECK

GAILTALER BERGKÄSE

WEISSER MAIS

DAS GAILTAL

STERZPFANNE MIT SCHMALZTIEGEL

IMPRESSION GAILTALER RAUCHKUCHL

Gailtaler Rezepte

FORELLE IN POLENTAMEHL

Rezept von der Fischzucht Zerza in Weidegg

Fangfrische Forellen werden küchenfertig vorbereitet und sauber gewaschen; dann innen und außen mit Salz und Zitronensaft würzen. Fische mit Blüten von Zitronenthymian füllen, in Polentamehl (gelb) wenden und in reichlich Fett beidseitig goldbraun braten. Mit gebratenen Erdäpfeln oder Salat auftischen.

LAMMBRATEN MIT STRANGGERLN

Für den Lammbraten:
1 Lammschlegel (mindestens 2 kg),
250 g Wurzelgemüse, 8–10 Knoblauchzehen,
Weißwein, Öl, Butter, Salz und Pfeffer

Für die Stranggerln:
750 g Stranggerln (grüne Bohnen),
350–400 g durchzogener Bauchspeck,
1–2 weiße Zwiebeln,
3 Paradeiser (gehäutet und entkernt),
150 g geriebenes altbackenes Weißbrot (oder Semmelbrösel), 300–350 ml Rindsuppe,
3–4 EL Schmalz, Salz und Pfeffer,
einige Butterflocken

Den Lammschlegel vom Knochen lösen, das Fleisch mit Knoblauch nach Belieben spicken. Gut salzen und pfeffern, zusammenbinden. Nicht zu wenig Öl in einer schweren Kasserolle erhitzen, Braten rundherum scharf anbraten, herausnehmen und das geputzte, grob geschnittene Wurzelgemüse darin anbraten. Das Fleisch wieder in den Topf legen, unter häufigem Begießen 2–2 1/2 Stunden langsam weich schmoren. Zum Schluss den Bratensaft mit etwas Butter und Weißwein verbessern, gut durchkochen, passieren und abgeschmeckt zum Lammschlegel servieren.
Für die Bohnenbeilage werden die fein gewiegten Zwiebeln in klein gewürfeltem und ausgelassenem Speck glasig angedünstet. Mit Rindsuppe aufgießen und diese zum Kochen bringen. Die sauber geputzten Bohnen sowie die würfelig geschnittenen Paradeiser dazugeben und in der Brühe zugedeckt bissfest dämpfen. Das Bohnengemüse mit dem geriebenen Weißbrot binden, mit Salz und Pfeffer abschmecken und gut vermischen. Vor dem Servieren mit einigen Butterflocken verfeinern.

GAILTALER ALMKÄSEFLECKEN

Einen Liter Wasser kräftig salzen und in einer Kasserolle zum Kochen bringen, 2–3 EL Butter oder Butterschmalz dazugeben und auflösen lassen. 400 g grob geschroteten Maisgrieß einrieseln lassen, gut durchrühren und dabei aufpassen, dass sich die Masse nicht am Boden ansetzt. Wenn der Maisgrieß das gesamte Wasser aufgenommen hat, den Topf vom Herd nehmen und rasten lassen, bis die Masse fast erstarrt ist. Dann die Polenta auf ein Brett stürzen, glatt streichen und ganz erkalten lassen.
Mit einem Faden oder sehr scharfen Messer Flecken von etwa 5 x 10 cm Größe abschneiden und diese mit Scheiben von Gailtaler Almkäse belegen, pfeffern. Ein Backblech einfetten oder mit Backpapier auslegen, die Käse-Polentaflecken darauf legen und im auf 200 Grad vorgeheizten Ofen bei 200 Grad backen, bis der Käse eine hellbraune Kruste gebildet hat. Almkäseflecken mit Salat servieren, oder als Beilage zu Lamm- und Rindfleischgerichten reichen.

Frigga und Frigge

Frigga und Frigge sind zwei sehr ähnliche Rezepte, die ihren Ursprung sicher in Italien hatten. Es handelt sich bei ihnen um eine typische Mahlzeit der Holzknechte. Beide Gerichte können mit Zwiebel, Knoblauch, gehackter Petersilie oder Schnittlauch verfeinert werden, schmecken aber auch so ausgezeichnet – vor allem dann, wenn beste gailtaler Zutaten verwendet worden sind.

FRIGGA

Selchspeck in Streifen schneiden und in einer schweren Pfanne auslassen, mit halbfingerdicken Scheiben von Hartkäse bedecken, salzen und pfeffern. Sobald der Käse zu rinnen beginnt, Pfanne vom Feuer nehmen und das Ganze auf Polenta geben, sofort servieren.

FRIGGE

500 g Selchspeck in kleine Würfel schneiden und diese in einer großen und schweren Eisenpfanne erhitzen, bis das Fett zu schwitzen beginnt und glasig wird. 500 g Gailtaler Almkäse in messerrückendicke Scheiben schneiden, zwei Drittel davon auf den Speck legen. Fünf Eier darauf schlagen und leicht verrühren, mit dem restlichen Käse bedecken, salzen und pfeffern. Sobald der Käse geschmolzen ist, Pfanne vom Herd nehmen. Das Gericht auf Schwarzbrotscheiben anrichten, mit Sauerkraut und Salat genießen.

FORELLE IN POLENTAMEHL

FRIGGA VON TRÖPOLACHER ALM

Unser täglich Brot...

„Is ka ganze Mahlzeit, wo nicht ein Stück Brot dabei is!", heißt es noch heute bei den Kärntner Bauern. Brot spielt in der Ernährung der ländlichen Bevölkerung schon seit Tausenden von Jahren eine außerordentlich wichtige Rolle. Nicht nur im christlichen Abendland gilt Brot als Gottesgabe, die den Menschen mit dem Schöpfer verbindet: Brot und Wein verkörpern Leib und Blut des Erlösers. Dabei ist die Geschichte des Brotes so alt wie die der Menschheit: sie beginnt mit der Sesshaftwerdung und dem Ackerbau bereits in der Jungsteinzeit (vor rund 10.000 Jahren) und über die folgenden Jahrtausende hinweg waren Getreide und Brot die wichtigsten Energielieferanten für die Menschen. Bis zur Einführung der Kartoffel bedeuteten Missernten schlimme Hungersnöte und die Erhöhung von Brot- oder Getreidepreisen konnten mitunter auch Revolutionen begünstigen. Das erkannten schon die alten Römer und deshalb war jedem Bürger das Recht auf Brot verbrieft. Das so bezeichnete „Frugium" galt für Arm und Reich gleichermaßen, wobei es vor allem für die Ärmsten der Armen überlebenswichtig war!

Im Kärntner Lesachtal klappern seit Jahrhunderten zahlreiche kleine Mühlen, die mit Wasserkraft das Korn sanft zu einem feinen, weichen Mehl vermahlen. Das rein natürlich angebaute Getreide ist ein wesentlicher Faktor für die ausgezeichnete Qualität und den herrlichen Geschmack des frisch gebackenen Lesachtaler Brotes. Auf natürliche Art sanft gemahlen, entfaltet das Mehl seine ganze Kraft und seine feinen Aromen, die dem Brot seinen typischen Charakter verleihen. Nach herkömmlicher traditioneller Art gebacken, wird das Brot zu einem ganz besonderen Genuss: Die krosse, knusprige Kruste und das weiche, nach Gewürzen duftende Innere des Brotes verführen einfach nur zum Reinbeißen!
Es ist noch keine 200 Jahre her, da klapperten im Lesachtal noch über 190 Wassermühlen. Das harte Leben hier hat die Bauern erfinderisch gemacht: Man wusste die Kräfte des fließenden Wassers zu nutzen, um die eigene Arbeit zu erleichtern.
Hunderte Mühlen stehen heute zwar nicht mehr im Lesachtal, doch sie erleben eine regelrechte Renaissance und es werden immer mehr Mühlen wieder neu in Betrieb gesetzt. Das Getreide – beinahe ausschließlich aus biologischem Anbau – wird in den Lesachtaler Mühlen mit Naturstein (Sextener Urgestein) schonend gemahlen. Durch die besondere Eigenheit der Steinstruktur wird bei sehr niedrigen Umdrehungszahlen das Getreide zu feinem, flaumigen Mehl vermahlen; durch diesen besonders schonenden Mahlgang bleiben die wertvollen Bestandteile des Korns, wie Vitamine, Spurenelemente, Mineralstoffe, Fettsäuren und Eiweiß, unverändert erhalten. Somit ist das Lesachtaler Brot nicht nur ein Energiebündel, sondern schmeckt auch noch ganz vorzüglich zu frischer Almbutter, Almkäse, Bergkäse und natürlich den exzellenten Kärntner Speck- und Wurstwaren.

WOAZENES

Brot aus Weizenmehl wurde nur an Festtagen zu Geselchtem, Würsten oder Fleischgerichten gegessen, an normalen Tagen gab es nur Roggenbrot.
Aus 1 kg Weizenmehl, knapp 500 ml Wasser, etwas Rahm oder Milch, einem Ei, 10 g Salz, gut 50 g zerlassener Butter und 50 g aufgelöstem Germ einen Germteig bereiten, diesen aufgehen lassen. Teig nochmals durchkneten, danach in eine gut gebutterte Back-Rein 5 Finger hoch einfüllen, vor dem Backen nochmals aufgehen lassen.

MÜHLE IM LESACHTAL

LESACHTALER BROT

Mehl:
500 g Roggenmehl, 100 g Roggenvollmehl, 400 g Weizenbrotmehl

Zutaten:
80 g Roggenschrot, 20 g Kürbiskerne, 20 g Sonnenblumenkerne, 8 g Leinsamen

Gewürz: 7 g Brotgewürz, 12 g Salz

Für den Sauerteig:
250 g Roggenmehl, Wasser

Zuerst einen Sauerteig vorbereiten; hierfür 250 g Roggenmehl mit Wasser zu einem kleinen Laib zusammenkneten, bei Zimmerwärme auf die doppelte Größe aufgehen lassen. Für ein Kilo Mehl braucht man etwa 5 g Sauerteig. Aus dem Dampfl die Gärprobe bereiten: das Laibchen am Tag vor dem Brotbacken auseinander brechen, in handwarmen Wasser auflösen, zu einer dickflüssigen Masse versprudeln und diese Masse bei Zimmertemperatur viermal größer aufgehen lassen – erst nach dem Aufgehen salzen. Sauerteig erhält man übrigens auch aus dem alten (letzten) Brotteig, den man mit etwas Wasser und Mehl verknetet bis zum nächsten Backen liegen lässt.
Den vorbereiteten Sauerteig (Dampfl) mit Wasser abrühren, die eingeweichten Zutaten und das gewürzte Mehl mit etwa 500 ml lauwarmen Wasser 30–45 Minuten kneten. Gut abgekneteten Teig zwei Stunden gehen lassen, dann den Teig in Laibe formen und nochmals 30 Minuten gehen lassen. Anschließend bei 250 Grad 10 Minuten und weitere 45 Minuten bei 200 Grad knusprig backen.

BROTVARIANTEN

Der Kirchtag

Dass zum Kirchtag gut und festlich geschmaust wird, ist eine alte Kärntner Tradition. Früher bedurfte es im alpenländischen Raum zumeist eines religiösen Anlasses, wenn ausgelassen gefeiert werden konnte, hingegen wurden z. B. Geburtstage nur selten oder gar nicht gefeiert.
Noch heute sieht so mancher Pfarrer recht skeptisch auf das bunte Treiben, welches spätestens nach dem Gottesdienst sehr weltliche Züge angenommen hat und so mancher Christ vergisst dabei recht schnell den eigentlichen Anlass; nämlich dass Kirchtage am Namenstag des Schutzpatrons der jeweiligen Ortschaft abgehalten werden. Bei nicht wenigen Kirchtagen spielt der Schutzheilige allerdings schon überhaupt keine Rolle mehr, vor allem dann, wenn sein Namenstag in die kalte Jahreszeit fällt – Kirchtage haben nun einmal an einem wunderschönen Sommertag stattzufinden. Das ist auch der Grund, warum in Österreich die meisten Kirchtage im August und September gefeiert werden.
Ein wahres Kirchtagsparadies ist das Gailtal, das für seine vielen Kirchtagsspezialitäten berühmt ist. Viele traditionelle Kirchtagsrezepte haben längst Einzug in die Kärntner Küche eingehalten und werden das ganze Jahr über zubereitet, nicht nur am Kirchtag, wie früher üblich. Neben der opulenten Kirchtagssuppe ist vor allem der Kirchtagsgupf ein Festmahl, das auch heute noch seinesgleichen lange suchen muss. Für dieses kulinarische Meisterwerk werden verschiedenste Zutaten zu einem riesigen Turm aufgebaut, der dann auch noch mit Würsten, Krapfen und Brezeln dekoriert wird – wahrscheinlich hat sich der Erfinder dieses archaischen Genusses vom Schlaraffenland inspirieren lassen. Leider wird man heute lange suchen müssen, um dieses gleichermaßen aufwendige wie kunstvolle Gericht in seiner Originalversion vorzufinden.

GAILTALER KIRCHTAGSSUPPE

Auch wenn heute oftmals die gehaltvolle Suppe mit dem Fleisch als Einlage serviert wird, so ist das dennoch nicht original. Früher wurde nämlich zuerst die von Safran gelb gefärbte Suppe gegessen und danach das Fleisch zusammen mit warmem Semmelkren als eigenständiges Gericht gereicht.

**1 1/2 kg Rindfleisch zum Sieden (z. B. Ochsenschwanz und Beinfleisch),
1 kg Lammfleisch von der Schulter,
1 Suppenhuhn,
1 kg Schweinsripperln,
2–3 Zwiebeln, 6 Knoblauchzehen,
1 Stange Lauch, 1 Karotte,
1 kleine Sellerieknolle,
2–3 Petersilienwurzeln,
5 Zweige Liebstöckel,
frisches Basilikum,
Pfeffer- und Neugewürzkörner nach Belieben,
2–3 Lorbeerblätter, nach Belieben einige Muskatblüten (Macis), Salz**

**Weiter:
1 KL echte Safranfäden, 1 Liter Schlagobers, 500 ml saurer Rahm, 350 ml guter Weißwein, 4–5 Eidotter, 2–3 EL Mehl**

Außerdem: in Butter geröstete Brotwürfel oder Backerbsen als Einlage

Das gesamte Fleisch mit dem geputztem Gemüse (Zwiebeln, Knoblauch, Lauch, Karotte, Petersilienwurzel, Sellerie) in kaltem Wasser aufsetzen, zum Kochen bringen und gegebenenfalls abschäumen (hier gehen die Meinungen weit auseinander, denn viele Traditionalisten sind der Ansicht, dass die Suppe nicht abgeschäumt gehört!). Den Safran in etwas Wasser einweichen.
Nach 30–40 Minuten (wenn kein Schaum mehr aufsteigt) den eingeweichten Safran und die Gewürze zur Suppe geben, diese auf kleiner Flamme 3 Stunden köcheln lassen. Das weichgekochte Fleisch (Huhn braucht am kürzesten) aus der Suppe stechen, von den Knochen lösen und gewürfelt beiseite stellen. Die Suppe durch ein Küchentuch seihen.
Das Obers mit dem sauren Rahm und den Eidottern versprudeln, durch ein Sieb unter ständigem Rühren in die Suppe gießen, den Wein dazugeben, alles vorsichtig aufwallen lassen (das Ei darf dabei nicht gerinnen) und abschmecken. Suppe mit Backerbsen oder gerösteten Brotwürfeln auftischen; nach Belieben etwas klein geschnittenes Fleisch als Einlage hineingeben.

EGGER-ALM: KIRCHTAGIMPRESSION

GAILTALER KIRCHTAGSBRATEN

Das charakteristische an diesem traditionellen Gericht ist neben der Würzung die Anrichteform, denn die handlangen Bratenrollen werden zu einem festlichen Kirchtagsgupf aufgetürmt. Dazu braucht man – neben den eigentlichen Kirchtagsbraten – größere Stücke von gekochtem Selchfleisch (vorzugsweise mit etwas Speck daran), Selchwürste, 4 Kärntner Reindlinge (Rezept S. 513), Krapfen (Rezept S. 513) und Kirchtagsbrezeln. Da dies eine sehr aufwendige Garnitur ist, begnügt man sich heutzutage meist mit dem Kirchtagsbraten.

1 schönes Bruststück von Kalb oder Schaf, Schmalz, Sauerrahm, Basilikum, Salbei, Zitronenmelisse, Salz

**Für die Fülle:
500 g Lunge, 1/2 Kalbsherz oder 1 Lammherz, 1 Niere, 1 Zunge, 2 Scheiben Roggenbrot, 2–3 Eier, einige Knoblauchzehen, Bertram (Estragon), Basilikum, Staturei (Bohnenkraut), Dill, Petersilie, Salz und Pfeffer aus der Mühle**

Mit der Fülle beginnen: Hierfür die Lunge, das Herz, die Niere und die Zunge weich kochen, dann wiegen oder faschieren, nach Wunsch noch etwas geschabte rohe Milz sowie die in etwas Wasser eingeweichten, gut ausgedrückten Brotscheiben dazugeben. Eier zum Binden hinzufügen, Masse mit den Kräutern und Gewürzen, vor allem viel Basilikum und Knoblauch, würzen. Alles zu einer feinen Farce vermengen.
Das Fleisch von den Knochen lösen, überschüssiges Fett abschneiden, dann zu handlangen und fingerdicken Vierecken schneiden. Diese gut ausklopfen, salzen und fingerdick mit der Fülle bestreichen, zusammenrollen und festbinden oder feststecken. Die Fleischrollen in heißem Schmalz rundherum scharf anbraten, dann zugedeckt weich dünsten, dabei ab und an mit etwas Brühe ablöschen. Zuletzt den Bratensaft mit Basilikum, Salbei, Zitronenmelisse und Bertram abschmecken und mit Sauerrahm verfeinern.
Im Originalen werden nun in einer Schüssel mit flachem Rand vier kleinere Kärntner Reindlinge in der Mitte schräg zueinander aufgestellt und an diesen empor werden dann Kirchtagsbraten, Selchfleisch, Selchwürste, Krapfen und Brezeln aufgebaut, so dass man den traditionellen Kirchtagsgupf erhält – ein wahrer Festschmaus, mit durchaus (unheiligen) schlaraffischen Zügen!

RÄUCHERMEISTER BACHMANN

Bachmanns Bio-Lachs

Ganz in der Nähe von Hermagor, also inmitten des schönen Gailtals, findet der Genießer eine ganz besondere Adresse, der etwas anderen Art. Denn hier gibt es eine Spezialität, die man im rustikalen Gailtal wohl nicht sofort erwartet hätte – die Rede ist vom edelsten Räucherlachs beim Bachmann! Der Clare-Island-Biolachs, mit das Edelste was der europäische Lachsmarkt zur Zeit zu bieten hat, wird hier auf eine sehr spezielle Art verarbeitet: Nach alter Tradition mit einer ausgesuchten hauseigenen Holzmischung und „Kranewitten" geräuchert, entwickelt er in der Gailtaler Selch einen unvergleichlichen Geschmack und sein ganz besonderes Aroma.

Hersteller und Räuchermeister Bachmann selbst fliegt mehrmals jährlich nach Irland, um sich vor Ort von der Qualität der Rohware zu überzeugen. Die absolute Frische, die liebevolle händische Verarbeitung und nur allerbeste Grundprodukte (neben dem Bio-Lachs sind dies z. B. echtes Steinsalz und Granderwasser) lassen Bachmanns Räucherlachs zu jener Delikatesse werden, die heute die Gaumen der Gourmets in aller Welt erfreut.

Bachmann: „Am besten schmeckt dieses edle Produkt, wenn der Lachs in dicke Scheiben geschnitten wird, von denen man wiederum kleinere Würfel abschneidet. Zur Vollendung des Geschmackserlebnisses sollte dazu der sogenannte „Bramburus" getrunken werden, jener edle Schnaps aus Erdäpfeln, den die Brennerei Pfau in Klagenfurt extra für meinen Lachs kreiert hat!"

SISSY SONNLEITNER (HINTEN-MITTE) MIT TEAM

Sissy Sonnleitner

Wer nicht bei Sissy Sonnleitner war, der war nicht im Gailtal!
Diese Aussage ist in keiner Weise übertrieben, denn Sissy Sonnleitner gehört zweifelsohne zu den ganz großen Protagonisten der Karnischen Küche und ist ohne Übertreibung die verdienstvollste Köchin Kärntens. „Ich bin hier sehr verwurzelt", sagt sie und fährt fort: „Es geht mir nicht nur ums Kochen, sondern auch darum, genussfreudige Menschen um einen Tisch zu scharen. Wir sind ein gutbürgerlicher Gasthof, wo sich genussfreudige Menschen treffen." Eine Philosophie, die sicherlich auch mit ihrer starken Affinität zu Italien begründet werden kann (ihr Urgroßvater stammt übrigens vom Gardasee).
Eigentlich wollte sie ursprünglich weder das elterliche Landhaus übernehmen, noch Köchin werden. Gärtnerin habe sie werden wollen, doch schließlich besann sie sich aber doch eines Besseren, übernahm den elterlichen Betrieb und führte das Restaurant an die Spitze Österreichs. Gemeinsam mit ihrem Mann schuf sie eine regelrechte Genusszone, in der sie sich mehr als Gastgeberin, denn als Köchin versteht.
Die Liebe zu ihrer Kärntner Heimat spiegelt sich auch in ihrer Küche wieder, denn es werden nicht nur vornehmlich Zutaten aus regionalen Betrieben verarbeitet, sondern auch traditionelle Rezepte neu interpretiert oder verfeinert auf die Teller gebracht. Bei Sissy Sonnleitner kann sich der Genießer so richtig wohlfühlen!

KARNISCHE AROMEN

Speck, Almkäse und Brot zählen zu den kulinarischen Stützpfeilern der karnischen Region.

**4 hauchdünne Scheiben Schwarzbrot,
4 EL Olivenöl, Knoblauch,
Rosmarin, Thymian,
Verschiedene Blattsalate, 1 Bund Rucola,
200 g Gailtaler Schinkenspeck in dünnen Scheiben,
70 g Gailtaler Almkäse,
70 g Gailtaler Almschoten oder geräucherten Ricotta, Pfeffer aus der Mühle**

Aus Olivenöl mit gepresstem Knoblauch, Rosmarin und Thymian ein Kräuteröl herstellen. Schwarzbrot im Rohr bähen, mit dem Kräuteröl bestreichen und in Stücke brechen.
Salate auf dem Teller arrangieren, Schinkenspeck drauflegen, Almkäse in dünne Scheiben schneiden und drauflegen, Schoten darüberhobeln, mit wenig Pfeffer bestreuen und mit Olivenöl beträufeln. Schwarzbrotcroûtons dazulegen. Der Salat kann mit Pilzen, Paradeisern und/oder gebratenen Polentascheiben ergänzt werden.

KÄRNTNER POLENTANUDELN MIT RADICCHIO

Grundteig für Kärntner Nudeln (siehe S. 498)

**Für die Fülle:
500 ml Wasser,
1 EL Butter, Salz,
180 g Polentagrieß,
1 EL Butter,
70 g Parmesan**

**Für den Radicchio:
200 g Radicchio, 50 g Olivenöl,
1 EL Kristallzucker, Salz,
einige Tropfen Balsamicoessig,
3 gehackte Sardellenfilets**

**Außerdem:
150 ml Rahm, 70 g Parmesan**

Wasser, Salz und Butter aufkochen, Polentagrieß einrieseln lassen, kurz aufkochen und zugedeckt auf kleiner Flamme etwa 10 Minuten quellen lassen. Butter und Parmesan auf dem Herd unter kräftigem Rühren einarbeiten, so dass möglichst viel Feuchtigkeit noch verdunsten kann und die Polenta eine gute Bindung erhält. Auf Zimmertemperatur abkühlen lassen.
Wie im Grundrezept beschrieben zu Kärntner Nudeln verarbeiten.
Radicchio achteln und gut wässern. Olivenöl und Zucker erwärmen, Radicchio einlegen, salzen und zugedeckt weichschmurgeln (etwa 15 Minuten) Sardellen und Essig zufügen, abschmecken.
Nudeln in Salzwasser einkochen; dabei ab und an umrühren, damit sie nicht anlegen. Sobald sie oben schwimmen, noch 2 Minuten köcheln lassen; auslegen. Zwischenzeitlich den Rahm mit Parmesan aufkochen und wenig einreduzieren.
Nudeln auf dem Radicchio anrichten und mit dem Parmesanobers übergießen.

KARNISCHE AROMEN

KÄRNTNER POLENTANUDELN MIT RADICCIO

KANINCHEN IN BLAUFRÄNKISCH MIT ERDÄPFELFRIGGA

Für das Kaninchen:
1 küchenfertiges Kaninchen,
etwa 1/2 Flasche Blaufränkisch-Wein,
3 EL Butterschmalz, 3 EL Olivenöl,
2 grobgehackte Schalotten,
150 g Karotten, Sellerie, Lauch,
Zwiebeln in groben Stücken,
1 Lorbeerblatt, 6 weiße Pfefferkörner,
1 TL Thymian, 1 Zweig Rosmarin,
1 EL Tomatenmark,
1 Scheibe Schwarzbrot,
500 ml Hühnersuppe,
Stärkemehl zum Binden,
1 kleines Stück Kochschokolade,
Salz, weißer Pfeffer, Mehl zum Wenden,
Butterschmalz

Für die Erdäpfelfrigga:
1 kleine Zwiebel, 4 große Erdäpfel,
2 EL Butterschmalz, Salz, Pfeffer,
100 g Gailtaler Almkäse (ersatzweise Emmentaler)

Kaninchen in Rücken, Keulen und Schultern zerlegen. Die verbliebenen Knochen klein hacken und mit den Schultern in einem Butter-Olivenöl-Gemisch ganz langsam anrösten. Gemüse dazugeben und langsam weiterrösten, das Tomatenmark ebenfalls noch so lange mitrösten, bis es eine bräunliche Farbe annimmt, ohne zu verbrennen. Schwarzbrot, Wein und Gewürze dazugeben, mit Suppe aufgießen und im Rohr im geschlossenen Topf bei 180 Grad schmoren. Nach etwa 2 Stunden Schultern auslegen, auslösen und das Fleisch in feine Streifen schneiden. Sauce passieren, binden, mit Schokolade versetzen und abschmecken. Fleisch der Schultern einlegen. Die Keulen und den Rücken salzen, in Mehl wenden und in Butter anbraten. Im Rohr bei 120 Grad unter häufigem Begießen mit Bratbutter braten. Keulen auslösen, Rücken in schräge Scheiben schneiden und mit der Sauce servieren.
Für den Frigga die Zwiebeln und Erdäpfel in dünne Scheiben schneiden und in einer schweren Pfanne in Butterschmalz etwa 0,5–1 cm dick einschichten, langsam anrösten, immer wieder wenden, bis die Erdäpfel gegart sind. Käse auf einer groben Reibe aufreiben, über die Erdäpfel streuen und bei Oberhitze zum Schmelzen bringen.

SCHMARREN VOM WEISSEN GAILTALER LANDMAIS

Der weiße Gailtaler Landmais ist eine uralte Maissorte, die von der Familie Brandstätter in Würmlach wieder angebaut wird.

Für den Schmarren:
250 ml Milch,
Vanillezucker und eine Prise Salz,
50 g weißer Landmaisgrieß, 50 g Butter,
3 EL Kristallzucker, 4 Eier,
wenig Butter zum Backen, Staubzucker

Rhabarber-Erdbeerkompott:
500 g Rhabarber, 150 g Kristallzucker,
etwas Zimt, Vanilleschote,
150 g Erdbeeren

Milch, Butter, Vanillezucker, Salz und 1 EL Kristallzucker aufkochen lassen, den Mais einrühren und unter ständigem Rühren zu einer dicken Masse einkochen. 3 Dotter und 1 ganzes Ei unter die Masse rühren; überkühlen lassen. Die verbliebenen Eiweiß zu Schnee schlagen, mit dem restlichen Zucker ausschlagen und unter die Maismasse heben. In eine gebutterte Pfanne gießen und bei 220 Grad etwa 10 Minuten backen. Überzuckern, mit dem Löffel in große Stücke zerteilen, überzuckern und mit dem Kompott servieren.

ERDÄPFEL-LAUCHSUPPE MIT RÄUCHERFORELLE

70 g Butter,
250 g mehlig kochende Erdäpfel,
250 g Weißes vom Lauch,
250 ml Fischfond,
250 ml Milch,
Salz, weißer Pfeffer,
Lorbeerblatt, 100 ml Rahm

Für die Einlage:
50 g Erdäpfel, 50 g Lauch,
150 g Räucherforelle,
50 g Butter, Schnittlauch

Für den Oberskren:
200 ml geschlagenes Obers,
Salz, Kren, eine Prise Zucker

Erdäpfel schälen und in kleine Würfel schneiden; Lauch in Streifen schneiden. Beides zusammen in Butter anlaufen lassen, salzen und im eigenen Saft weich dünsten; mit Fond und Milch aufgießen, Lorbeerblatt dazugeben und weich kochen. Mit Rahm aufgießen, mixen und abschmecken.
Für die Einlage die Erdäpfel in 1 cm große Würfel schneiden, blanchieren und in Butter braten, Lauch in feine Streifen schneiden, blanchieren und zu den Erdäpfeln geben, Räucherforelle filetieren und ebenfalls in 1 cm große Würfel schneiden. Zum Erdäpfel-Lauchgemisch geben. Alle Zutaten locker mischen. In einen Suppenteller einen kleinen Reifen stellen, das Lauch-Erdäpfel-Fischgemisch einfüllen. Suppe rundherum gießen. Oberskren aufsetzen und den Reifen entfernen. Mit Schnittlauch bestreuen.

KANINCHEN IN BLAUFRÄNKISCH MIT FRIGGA

SCHMARREN VON WEISSEN GAILTALER LANDMAIS

Pilze

Österreich ist in Sachen Pilzen in erster Linie ein Land der Selbstversorger, wobei das Schwammerlsuchen vornehmlich von Städtern während der Sommerfrische vollzogen wird. In der bäuerlichen Küche hingegen verirrte sich so schnell kein Pilz, und daran hat sich bis heute kaum etwas geändert; nur in Kärnten und der Steiermark ist das etwas anders. Hier kennt auch die bäuerliche Küche einige köstliche Pilzgerichte, wie z. B. die Steirer ihre zahlreichen Eierschwammerlrezepte (siehe S. 492–493) oder die Kärntner u. a. einen herrlich aromatischen Steinpilz-Sterz. Ein anderer Grund, warum Pilze in der ländlichen Küche eine untergeordnete Rolle spielen, ist sicherlich die Tatsache, dass früher das gemeine Volk die Pilze – vor allem den Steinpilz – dem Lehnherren abzuliefern hatten; deshalb heißt der Steinpilz bis heute auch Herrenpilz.
Seit jeher lieben Gourmets den feinen Geschmack der „Erdbewohner", denn die Schwammerln – wie die Österreicher liebevoll zu sagen pflegen – vermitteln einen kleinen Geschmack der ureigensten Natur, die wir uns mit ihnen ins Haus holen können. Jedenfalls sollte man beim Sammeln sehr sorgsam vorgehen und möglichst wenig kaputt machen, denn die ohnehin schon sehr belastete Natur sollte nicht zusätzlich geschädigt werden.
Unbrauchbare Schwammerln (z. B. alte, sehr kleine oder wässrige) stehen lassen und die Pilze richtig pflücken: Hierzu dreht man den Pilz sehr vorsichtig aus dem Boden (nicht reißen!) oder schneidet ihn kurz über der Erde ab. Sollten dabei trotzdem Löcher entstanden sein, so drückt man sie vorsichtig wieder zu, damit das in der Erde befindliche Myzel (die eigentliche Pflanze) nicht an seiner Weiterverbreitung gehindert wird.
Auf jeden Fall schmecken Pilze ganz ausgezeichnet und lassen sich auf viele Arten zubereiten; viele Wild- und Fleischgerichte erhalten durch sie erst ihre ganz besonders feine Note.

WIESENCHAMPIGNONS

Neben den Zuchtchampignons gehören die Wiesen- oder Feldchampignons zu den am meisten gebräuchlichen Speisepilzen. Wiesenchampignons haben freistehende, nicht am Stiel angewachsene Lamellen, die zuerst rosa, später dann rötlich-schokoladebraun gefärbt sind. Ihr Stiel ist weißlich und von faseriger Beschaffenheit und verfügt ungefähr in der Mitte über einen hängenden Ring. Beim Sammeln sollte man darauf achten, ihn nicht mit dem giftigen Knollenblätterpilz zu verwechseln!
Der angenehm pilziger Geschmack des Wiesenchampignon und sein feines Aroma machen ihn zu einem der vielseitigst verwendbaren Pilze, so wird er beispielsweise als Aroma für Suppen und Saucen verwendet, für Terrinen und Salate oder auch nur gebacken.

HERBSTTROMPETEN

Herbsttrompeten sind eigenartige Erscheinungen und ihre düster-grauen Trichter regten die Phantasie unserer Vorfahren an, wodurch sie auch den Namen Totentrompeten erhielten. Man findet diesen charakteristischen Pilz in großen Gruppen vor allem in herbstlichen Buchenwäldern; saure Böden meidet er. Die Trompete wird bis zu neun Zentimeter hoch und vier Zentimeter breit und ist ein guter Speisepilz, der sich in getrocknetem Zustand vorzüglich als Würzpilz eignet. Frisch schmeckt er sehr gut mit Eierspeise oder zu Wild.

STOCKSCHWÄMMCHEN

Diese kleinen, guten Speisepilze eignen sich speziell für Suppen, wofür allerdings nur die Hüte verwendet werden. Stockschwämmchen, die ebenso in die Breite wie in die Höhe wachsen (jeweils bis zu acht Zentimeter), sprießen in dichten Büscheln vor allem an Laubholzstümpfen. Sie haben dünnfleischige, braungelbe Hüte mit den zimtfarbenen Lamellen und sind an den besser durchwässerten Rändern deutlich dunkler.

MORCHELN

Morcheln sind außerordentlich aromatische Speisepilze, die sich zudem gut trocknen lassen (das Trocknen intensiviert sogar den feinen Duft). Bei den Morcheln handelt es sich um so genannte Schlauchpilze, die einen glockenförmigen Hut besitzen – das Objekt der Begierde! Vor der Verwendung müssen Morcheln sehr gut gewaschen werden, um alle sandigen Schmutzteile zu entfernen. Neben der Trüffel ist die Morchel sicherlich der wertvollste Speisepilz, auch weil er im Vergleich zu anderen Pilzen recht selten ist.
Berühmt sind Rezepte wie die Morchelrahmsauce, aber auch Gefüllte Morcheln oder die Kombination von Spargel und Morchel ist in der österreichischen Küche schon lange beliebt.

TÄUBLINGE

Täublinge fallen vor allem durch ihre schönen gelben, roten, violetten oder grünen Hutfarben auf und sind eine der am weitesten verbreiteten Pilzarten, von der mehr als 80 Arten bekannt sind. Typisch für alle Täublinge sind die spröden, beim Darüberstreichen leicht brechenden Lamellen und das mürbe, nie saftige Fleisch. Täublinge werden fast elf Zentimeter hoch und breit, die meisten Täublinge sind essbar und gute Speisepilze. Eine Geschmacksprobe verschafft schnell Klarheit: Die scharf schmeckenden Täublinge sind ungenießbar. Den schönen kirschroten Speitäubling sollte man in jedem Fall meiden, denn er ist giftig! Täublinge werden als Saucenwürze oder für Pilzgemüse verwendet.

BOVIST ODER KUGELPILZ

Er ist der gewaltigste aller Boviste und wächst auf Wiesen, Weiden, in Gärten und sogar Parkanlagen. Er hat einen weißen, kugeligen Fruchtkörper und kann mitunter fast einen halben Meter dick werden.
Der Riesenbovist schmeckt als junger Pilz sehr gut, wenn er in Scheiben gebraten oder wie ein Schnitzel paniert gebacken wird.
Vor der Zubereitung muss der Pilz geschält werden.

PARASOL

Der weißlich-graue Parasol ist ein schmackhafter, aber sensibler Speisepilz; brät man seine Kappen in Butter oder Öl, so saugen sie eine Unmenge von Fett an, brät man sie trocken, so schmecken sie fad. Folglich ist die typisch österreichische Art des Panierens die vorteilhafteste Zubereitung.
Der Parasol schmeckt am besten, wenn er noch kugelig verschlossen gepflückt wird; hierfür schneidet man den Stiel über der Knolle ab und frischt ihn zu Hause in Wasser auf. Sobald sich sein Hut zu entfalten beginnt, sollte er zubereitet werden. Man kann natürlich auch die geschlossenen Kugeln verwenden, sie schmecken noch intensiver.

KRAUSE GLUCKE

Schon ein einziges Exemplar dieses cremefarbenen bis blassgelben, am Grunde von Kiefernstämmen wachsenden Pilzes kann eine ganze Mahlzeit ergeben. Allerdings ist die Säuberung des vielfach verästelten Pilzes etwas mühsam. Dafür entschädigt der gute Geschmack der Glucke, die man zerkleinert schmort oder durchbrät; auch mit verquirltem Ei übergossen schmeckt sie überaus prächtig.

HALLIMASCH

PARASOL

Pilzrezepte

STEINPILZE ODER HERRENPILZE

Es gibt sechs verschiedene Steinpilzarten, die bekanntesten sind der Fichten-, der Kiefern- und der Sommersteinpilz. Sie unterscheiden sich im Aussehen nicht allzu sehr, werden bis zu 20 Zentimeter hoch und 25 Zentimeter breit. Die einzelnen Arten sind aber jeweils an bestimmte Baumarten gebunden und leben daher an verschiedenen Standorten. Sämtliche Steinpilze sind hervorragende Speisepilze, ja sie gelten neben Trüffel und Morchel als die besten Speisepilze überhaupt. Die Röhren sind zunächst fast weiß, dann grüngelb, schließlich olivgrün. Steinpilze können nicht nur auf alle möglichen Arten zubereitet werden, sondern bilden im getrockneten Zustand eine hervorragende Suppen- und Saucenwürze. In Öl eingelegt verfeinern sie kalte Fleischspeisen und Salate, roh mariniert können sie eine edle Vorspeise bilden.

HALLIMASCH

Vor allem die jungen Hallimasche geben einen sehr guten Speisepilz ab, ältere Exemplare können allerdings nicht für jedermann bekömmlich sein. Daher sollten die Pilze auf jeden Fall vor der eigentlichen Zubereitung kurz abgekocht werden.
Hallimasche wachsen in dichten Büscheln an Baumstümpfen und haben einen rotbraunen bis honiggelben Hut mit dunklen Schüppchen. Ihr gelbbrauner Stiel hat einen weißen, flockigen Ring. Hallimasche werden meist zu Pilzragout verarbeitet, lassen sich aber auch hervorragend in Öl (Olivenöl) einlegen.

MORCHELN

BOVIST

SCHWAMMERLSUPPE

350 g Steinpilze waschen, putzen und in dünne Scheiben schneiden. Eine Zwiebel fein hacken und in 1 1/2 EL Butter anrösten, Pilze hinzufügen; leicht salzen und so lange braten, bis die austretende Flüssigkeit verdampft ist. Pilze mit etwas Paprikapulver und Pfeffer würzen, dann mit knapp 1 Liter Suppe oder Wasser aufgießen; 20 Minuten auf kleiner Flamme köcheln. 250 ml Sauerrahm mit gut 2 EL Mehl verrühren, dann durch ein Sieb in die Suppe streichen, einige Minuten verkochen lassen. Suppe vom Herd nehmen, 1 Ei mit 1 EL Mehl versprudeln und vorsichtig, möglichst langsam in die Suppe einrinnen lassen, diese nicht mehr aufkochen! Mit gehackter Petersilie bestreuen.

GEBACKENER KUGELPILZ

Bovist (Kugelpilz) zunächst halbieren, danach in etwa 3 cm dicke Scheiben schneiden; wie ein Schnitzel in Mehl, verschlagenem Ei und Semmelbrösel panieren, danach in heißem Öl oder Butterschmalz ausbacken. Salzen, mit Salat und Zitronenachteln servieren

STEINPILZNUDELN

Frische Steinpilze putzen, dann in dekorative Scheiben schneiden. Reichlich Butter in einer weiten Pfanne aufschäumen lassen, die Pilze bei lebhafter Flamme rundherum abrösten. Wenn die Pilze beginnen Wasser zu ziehen, diese aus der Pfanne nehmen und warm stellen. Bratbutter mit Kalbsfond ablöschen, Obers dazu gießen und alles sämig einkochen lassen, abschmecken. Al dente gekochte Bandnudeln in der Sauce schwenken, mit den Pilzen auf vorgewärmten Tellern anrichten und mit gehackter Petersilie bestreut servieren.

STEINPILZ-SAUCE MIT KNÖDEL

OMELETTE MIT HERBSTTROMPETEN

Pro Person 30 g durchwachsenen Räucherspeck würfeln und bei geringer Hitze glasig werden lassen. Gut 1 EL fein gewiegte Zwiebel dazugeben und andünsten, dann 150 g geputzte frische Herbsttrompeten in die Pfanne geben und rund 5 Minuten schmoren. Pilze mit zerriebenem Thymian, Salz und Pfeffer würzen und zum Schluss gehackte Petersilie unterheben. 2–3 Eier mit etwas Salz ganz leicht versprudeln, so dass Dotter und Eiweiß noch nicht zur Gänze vermengt sind. Butter in einer Omelettepfanne leicht braun werden lassen, Ei dazugeben und auf einer Seite zu einem schönen Omelette backen. Omelette auf eine Platte gleiten lassen, mit Pilzen füllen, zusammenklappen, mit etwas kalter Butter bestreichen, mit Schnittlauch bestreut servieren.

STEINPILZAUFLAUF

200–250 g frische Steinpilze waschen, putzen und klein schneiden. Etwa 250 g Semmelwürfel in 250 ml lauwarmer Milch einweichen. Eine Zwiebel schälen und fein hacken. Gut 100 g Butter mit 2 Eidottern, 1 TL frisch gehackte Thymianblätter, geriebener Muskatnuss, einer Prise gemahlenem Kümmel, Salz und Pfeffer schaumig rühren, dann die Semmelwürfel samt Milch dazugeben. Die verbliebenen 2 Eiklar zu steifem Schnee schlagen und zusammen mit den Pilzen und der fein gewiegten Zwiebel unter die Semmelmasse heben. Auflauf in gut gebutterte Förmchen verteilen und bei 130 Grad 25–30 Minuten backen. Mit einer Schwammerlsauce oder zerlassener Butter und gehacktem Schnittlauch auftischen. Dazu passt ein grüner Salat. Man kann den Auflauf auch als Beilage zu Wildgerichten reichen.

STEINPILZNUDELN

Die Karnischen Alpen

Kärnten hat als einziges Bundesland seinen Namen von einem alten Volksstamm, nämlich von dem Keltenstamm der „Karner", die bereits um 800 v. Chr. unter der Bezeichnung „Carantanum" (aus vorkeltisch „car" = Feld oder auch keltisch „carant" = Freund, auch Verwandter) erste Erwähnung fanden. Im Jahre 35 v. Chr. von den Römern unterworfen, wurde es Teil des vorrömischen Königreichs Norikum, das trotz vieler Jahrhunderte unter römischer Herrschaft seine Identität nicht verloren hatte.

Im 4. Jahrhundert setzte sich in Kärnten das Christentum durch, doch bis heute sind vorkeltische Gottheiten und christliche Wallfahrtsstätten in vielen Brauchtümern miteinander verschmolzen und tief in den Herzen der Menschen verankert.

In der Folgezeit stand Kärnten abwechselnd unter ostgotischer, fränkischer und lombardischer Herrschaft. Um 840 kam das Gebiet dann zu Bayern und wurde 976 Herzogtum. 1335 übernahmen die Habsburger auch in Kärnten die Macht, 1849 unterstand es der Österreichischen Krone. Nach dem Ersten Weltkrieg erhob das ehemalige Jugoslawien 1918 Anspruch auf Südkärnten, was jedoch 1920 durch eine Volksabstimmung abgewehrt wurde. Das Ende des Krieges bedeutete zugleich das Ende für das alte Herzogtum Kärnten: Die provisorische Kärntner Landesversammlung unter der Führung von Arthur Lemisch erklärte am 11. November 1918 den Beitritt zur Republik Deutsch-Österreich. Am 1. Dezember 1918 wurde das SHS-Königreich (Serbien, Kroatien und Slowenien) gegründet, welches im Zuge der Ablösung Sloweniens vom österreichischen Staatenverbund das gesamte Südkärntner Gebiet für sich beanspruchte.

Die Volksabstimmung vom 10. Oktober 1920 ergab bei einer fast 100%igen Wahlbeteiligung, dass die Mehrheit der Bevölkerung (59,04 %) für einen Verbleib Kärntens zu Österreich stimmte. Die 1920 festgelegten Grenzen Kärntens sind bis heute unverändert geblieben.

Was sich allerdings im Laufe der Jahrhunderte gewandelt hat, ist die Kulturlandschaft Kärntens, denn alle hier lebenden, durchziehenden, handelnden oder herrschenden Völker haben das Land und seine Landschaft geformt und geprägt. Schon im Mittelalter wurden große Teile der Bergwälder gerodet und in Almweiden umgewandelt, die seitdem für die Viehwirtschaft genutzt werden können. Im Gebirge sind Einzelhöfe und Schwaigen entstanden, die zum großen Teil bis heute bestehen und so liegen die einzigen Almdörfer Österreichs in den Karnischen Alpen.

Das Bekenntnis zu Österreich kam nicht von ungefähr, denn je schwieriger und härter dem Boden Nutzen und Gewinn abzuringen sind, desto mehr sind die Menschen mit ihrer Heimat verbunden. Neben der Freiheitsliebe sind Beharrlichkeit und Arbeitsfreude charakteristische Merkmale der Kärntner.

Kärnten und hier nicht zuletzt die Karnischen Alpen gehören zu den in kulinarischer Hinsicht ergiebigsten Landstrichen Österreichs. Gründe dafür sind zum einen, dass durch Kärnten die alten Handelsstraßen der Säumer führten („Alpenspediteure" der damaligen Zeit, die Waren von Tricesimo bis zum Chiemsee transportierten) und zum anderen sicherlich die klimatisch wie geografisch begünstigte Lage, welche Einflüsse aus den reichen Handelsstädten Grado und Venedig, aber auch aus Triest und dem slawischen Raum ermöglichte. Trotz all dieser Inspirationen und Anregungen hat die Karnische Küche eine ganz eigene Handschrift entwickelt, sie ist viel deftiger als andere Küchen, voluminöser und herzhafter. Mit wenigen Ausnahmen liegt die Stärke der Küche nicht allein in der Vielzahl der althergebrachten und bodenständigen Rezepte, sondern in der Qualität der verwendeten Grundprodukte.

BAUERNSAUCE

In der gesamten karnischen Region wurde früher die Polenta meist sehr fest zubereitet, damit sie von den Bauern mit aufs Feld oder von den Holzknechten mit in den Wald genommen werden konnte. War Zeit für ein ausgiebigeres Mahl, so wurde die Polenta auch schon einmal cremig-weich zubereitet, wie in diesem Rezept:

3 EL Butter in einem Pfännchen schmelzen, 3–4 fein gewiegte Knoblauchzehen und eine mittlere fein gehackte Zwiebel darin andünsten, aber nur wenig Farbe nehmen lassen. Zwischenzeitlich in einem großen schweren Topf 600 ml Wasser mit Salz zum Kochen bringen, 100 g Polenta (vorzugsweise in der Steinmühle gemahlen) langsam hineinrieseln lassen, dabei ständig rühren. Die Butter samt Knoblauch und Zwiebel zu der Polenta geben, 350 ml Milch angießen, mit Salz und Pfeffer würzen, dann alles gut vermengt bei milder Hitze eine Stunde kochen, bis sich der Maisbrei vom Topf löst; damit die Polenta cremig bleibt, wird man etwas Milch nachgeben müssen. Die Polenta mit Salz, Pfeffer, einer Prise Muskat und geriebenem Bergkäse (Hartkäse) nach Geschmack verfeinern. Nach Wunsch etwas warmes Verhackert oder auch angeröstete Speckwürfel darüber streuen.

KARNISCHES KANINCHEN

Ein schönes und sauber pariertes Kaninchen in acht Stücke zerteilen und in Essigwasser einlegen, fünf Stunden darin ziehen lassen, danach herausheben und gut abtrocknen. 2–3 EL Öl (Olivenöl oder Rapsöl) in einer Kasserolle erhitzen, 75 g klein gewürfelten Speck darin anrösten, 3–4 fein gewiegte Knoblauchzehen, einige Pfefferkörner, 1–2 Lorbeerblätter und 2 Thymianzweige darin anschwitzen. Kaninchenteile gut würzen, danach rundherum anbraten. Alles mit 250 ml Weißwein und etwas Wasser begießen, die Kasserolle zudecken und das Kaninchen auf kleiner Flamme weich dünsten; bei Bedarf etwas Flüssigkeit nachgeben, die Kaninchenteile von Zeit zu Zeit wenden. Die fertig gegarten Kaninchenteile aus der Sauce heben und warm stellen. Den Saft durch ein Haarsieb streichen, einkochen lassen und mit etwas angerührtem Stärkemehl (Maismehl) stauben, die Sauce sollte schön sämig sein. Das Kaninchen zusammen mit der Sauce und Polenta servieren.

KARNISCHER FRICO

Pro Person: Eine schwere Eisenpfanne oder eine beschichtete Pfanne erhitzen, einen Faden Olivenöl oder etwas Butter hineingeben. Einen Schöpflöffel geriebenen alten Bergkäse in die Pfanne füllen und unter Rühren zunächst schmelzen lassen. Dann den Käse glatt streichen und auf der Unterseite goldbraun anbraten, mit einem Spatel wenden und auch die zweite Seite bräunen. Den fertig gebratenen Frico auf Küchenkrepp abtropfen lassen und heiß servieren. Nach Wunsch mit gestoßenem Pfeffer und einer Prise Muskat würzen. Dazu passen Salat oder Polenta.

WILDEINTOPF

Gut 1 kg gemischtes Wildfleisch (Hirsch, Reh, Gams, Hase) wird sauber pariert, dann grob gewürfelt, mit Salz und Pfeffer gewürzt sowie mit etwas Mehl gestaubt. In einer größeren Kasserolle 2 EL Butter schmelzen, darin 75–100 g klein gewürfelten Gailtaler Speck zusammen mit einer fein gewiegten Zwiebel glasig werden lassen. Das Wildfleisch dazugeben und rundherum andünsten, dann so viel Wasser oder Suppe angießen, dass das Fleisch nahezu bedeckt ist. Wenn das Wasser aufkocht, kommen eine gute Prise gemahlener Kümmel, etwas Thymian, Majoran, Quendel (Feldthymian) und getrocknetes Basilikum, 2 Lorbeerblätter, einige Wacholderbeeren, 2–3 fein gewiegte Knoblauchzehen sowie ein guter Schuss Rotweinessig dazu. Einen Deckel auflegen, das Ragout etwa 3 Stunden lang auf kleinster Flamme schmoren lassen. Danach den Deckel abheben, Saft gut abschmecken und gegebenenfalls einreduzieren. Vor dem Servieren mit ein paar eiskalten Butterflocken verfeinern. Dazu passen Polenta, Nudeln und Preiselbeerkompott.

BAUERNSAUCE

KARNISCHES HIRSCHRAGOUT

Altbackenes Roggenbrot in kaltem Wasser einweichen, danach aufkochen und fein pürieren, so erhält man einen sehr dicken Brotbrei. 1 kg Hirschfleisch für Ragout grob würfeln, 1 große Zwiebel feinst hacken und in etwas Fett (Butter und/oder Olivenöl) glasig dünsten. Das Fleisch dazugeben und kurz mitrösten. Jetzt werden einige Wacholderbeeren, Lorbeerblätter, Gewürznelken, Thymianzweiglein und Rosmarinzweige hinzugefügt und das Ganze mit einer Flasche trockenem Weißwein und etwas Wasser aufgegossen. Zwei Schöpflöffel sehr dickes Roggenbrotpüree hineinschöpfen, dann das Ragout auf nicht zu großer Flamme weich kochen (wird die Sauce zu dünn, noch etwas Brotpüree, wird sie zu dick, noch etwas Wasser dazugeben). Schließlich die Kräuterzweige, Lorbeerblätter und Wacholderbeeren herausfischen und das Ragout mit Olivenöl oder Butter, Salz und Pfeffer abschmecken. Dazu schmeckt eine weiche Polenta (mit viel Butter zubereitet) ganz ausgezeichnet!

KÄSE MIT KRÄUTERN

Verlesene, gewaschene und gemischte Wildkräuter nach Belieben werden grob gehackt und in etwas Butter angedünstet. Pro Person eine dickere Scheibe mittelalten Bergkäse in einer geeigneten Pfanne anbraten, wenn er zu schmelzen beginnt, wenden und von der Flamme nehmen. Die angedünsteten Kräuter dazugeben, alles verrühren und kurz auf Flamme ziehen lassen; sofort mit Polenta servieren.

KARNISCHE KRAPFEN

Ein Nudelteig (siehe Grundrezept Nudelteig S. 498) wird mit folgender lockeren Fülle gefüllt: gekochte, aufgehackte und gut ausgepresste Hackerüben werden mit etwas Verhackert vermengt und kräftig mit Salz und Kümmel gewürzt. Die Krapfen sollten etwa die Größe einer halben Faust haben, also nicht zu groß geraten. Die Krapfen in Salzwasser kochen, danach in reichlich zerlassenem Verhackert abschmälzen.

HANS MARTIN VOM MARASCHHOF

Traditionelle Kärntner Rezepte

RITSCHERT

250 g Rollgerste, 125 g weiße Bohnen, 2 1/2 Liter Kochwasser vom Geselchten, Schmalz, 1–2 Schalotten, 1–2 Knoblauchzehen, Basilikum, Liebstöckel, Petersilie, Salbei, Selleriegrün, Salz und Pfeffer

Für das Geselchte:
Geselchtes nach Belieben (vorzugsweise Stelze, Ripperln oder Schulter), etwas Wurzelgemüse, 1 große Zwiebel, Knoblauchzehen nach Belieben, Pfefferkörner, Salz

Rollgerste und Bohnen über Nacht in kaltem Wasser einweichen. Am nächsten Tag zuerst das Selchfleisch zusammen mit dem Wurzelgemüse, Zwiebeln, Knoblauchzehen, einigen Pfefferkörnern sowie etwas Salz weich kochen; dann das Fleisch herausnehmen, beiseite stellen und die Selchsuppe durchseihen; die benötigte Menge abmessen und kalt werden lassen. Abgetropfte Rollgerste und Bohnen in der erkalteten Selchsuppe aufsetzen und zu einer dicklichen Suppe verkochen. Dann das klein geschnittene Geselchte dazugeben und erst kurz vor dem Servieren die gehackten Kräuter darunter mischen (Liebstöckel und Salbei sollten vorschmecken). Das Ritschert darf nicht zu suppig serviert werden!

WACHTELN MIT POLENTA UND STEINPILZEN

6 küchenfertig vorbereitete Wachteln innen und außen mit Salz und Pfeffer würzen, innen mit einigen Nelken, einem Stück Zimtstange sowie einem Salbeiblättchen füllen. Jede Wachtel in eine schöne Scheibe Speck wickeln, danach in heißer Butter rundherum anbraten. Wachteln in eine gebutterte Auflaufform legen, mit der Bratbutter übergießen, im Rohr unter häufigem Begießen mit Bratfett und etwas Fleischsuppe in etwa 15 Minuten fertig braten; kurz vor dem Ende der Garzeit die Speckscheiben entfernen, damit die Vögel eine schöne Farbe bekommen. Steinpilze (oder auch Eierschwammerln) in Butter kurz anbraten, mit gehackter Petersilie, Salz und Pfeffer würzen. Mit vorbereiteter weicher Polenta (Maisgrieß in Salzwasser kochen und mit viel Butter verfeinern) ein Bett auf vorgewärmten Tellern anrichten, je eine Wachtel darauf legen, mit den Steinpilzen garnieren und etwas Bratenfett darüber träufeln; sofort servieren.

GERSCHTBREINSUPPN MIT PILZEN

Gut 200 g geschälte Rollgerste über Nacht in Wasser ausquellen lassen, dann in dem selben Wasser zusammen mit etwas Sellerie, Gundlrebe, Lustock (Liebstöckel), Salbei und gemischten getrockneten Schwammerln sowie einer guten Prise Salz weich kochen. Nach Belieben können Feld- oder Saubohnen oder Selchfleisch dazu gegeben werden. Fertige Suppe mit gerösteten Speckwürfeln bestreut servieren.

SAUMAGEN

Saumagen ist in Kärnten ein traditionelles Essen am Heiligen Abend nach dem Mettengang; man kann ihn warm samt der Brühe oder auch kalt aufgeschnitten servieren.

Einen Saumagen innen und außen mit Salz abreiben und gut auswaschen. 3 fein geschnittene Zwiebeln in etwas Schmalz anrösten, gehackten Knoblauch nach Belieben dazugeben und kurz andünsten, danach mit eingeweichten und gut ausgedrückten Semmelwürfeln (von 8 Semmeln) vermengen. Semmelmasse mit 2 kg gemischtem Faschierten (im Originalrezept nimmt man hierfür gekochtes Schweinsherz, gekochtes Kronfleisch, rohe Nieren und rohe Milz), 4 Eiern, und etwas Mehl abarbeiten, gut mit Muskat, Neugewürz, Minze, Bohnenkraut, Salz und Pfeffer würzen. Den Saumagen damit füllen und zubinden. Saumagen zusammen mit einem guten Stück fetten, frischen Schweinefleisch samt Schwarte in Wasser einlegen und 1–1 1/2 Stunden kochen. Während des Kochens wiederholt anstechen. Saumagen in eine Rein umfüllen, 2 Stunden im Rohr schmoren, dabei immer wieder mit der Suppe begießen, welche man mittlerweile mit etwas Zimt und Neugewürz verfeinert hat. Den Saumagen aufgeschnitten servieren, traditionell wird auch die Suppe dazu gegessen. Als Beilage Krautsalat, geriebenen Kren und Rettichsalat.

DEMPFFLEISCH

Rindfleisch und Schweinefleisch (auch Schöpsernes (Lamm)) in sehr dicke Schnitzel schneiden und salzen. Den Boden einer gut verschließbaren Rein mit der ersten Sorte Fleisch auslegen, dazwischen etwas Schmalz einlegen, dann mit einer dicken Schicht von Gewürzen bedecken, dazu verwendet man: Kümmel, Thymian, gehackten Knoblauch und Zwiebel, Lorbeerblätter, angedrückte Wacholderbeeren, etwas Basilikum und Pfeffer. Mit einigen Tropfen Essig beträufeln und eine weitere Lage Schnitzel darauf legen (bei Bedarf auch noch eine dritte Lage, wieder mit Gewürzen dazwischen). Alles mit heißem Wasser nahezu bedecken, die Rein dicht verschließen und 1 1/2–2 Stunden lang dämpfen. Dann das Fleisch auf einer großen Platte anrichten, den Natursaft durchseihen, dann mit etwas eiskalter Butter und einigen Spritzern Essig verfeinert darüber gießen; sofort auftischen.

RITSCHERT

WACHTELN MIT POLENTA UND STEINPILZEN

GETROCKNETE KRÄUTER

MAISCHELEN

50 g Rollgerste weich kochen, in der Zwischenzeit 700 g Schweinsinnereien und 200 g Schweinsbackerln fein faschieren. Faschiertes Fleisch mit 3–4 zerquetschten Knoblauchzehen, 1–2 EL fein gehackten Kräutern (Thymian, Majoran, Basilikum soll vorschmecken!), 2–3 zerdrückten Wacholderbeeren, Salz und Pfeffer würzen, danach mit der Rollgerste vermengen und etwas Rindsuppe oder Fleischbrühe zu einer geschmeidigen, formbaren Masse verarbeiten; sollte diese zu dünn werden, notfalls mit etwas Heidenmehl oder Semmelbröseln festigen. Die locker-saftige Masse nochmals abschmecken und zu Laibchen formen, die in Stücke von Schweinsnetz (dieses vorher wässern) eingeschlagen werden. Maischelen in reichlich heißem Schweineschmalz knusprig-goldbraun backen; dazu saure Rüben und Erdäpfel reichen.

BERTRAMSTRUDEL

250 g Strudelteig (siehe Grundrezept S. 406), 3–4 altbackene Semmeln, 4 Eier, 250 ml Sauerrahm, reichlich frische Bertramblätter (Estragon), Butter, Prise Salz

Aus klein geschnittenen Semmeln, versprudelten Eiern, Sauerrahm und einer Prise Salz eine Füllung zubereiten, diese etwas ziehen lassen – wenn sie zu trocken ist, mit etwas Molke oder Buttermilch verlängern. Zwischenzeitlich den Strudelteig auf einem bemehlten Tuch ausziehen und mit zerlassener Butter bestreichen. Fülle auf dem Teig verteilen, mit reichlich frisch geschnittenem Bertram bestreuen und zu einem Strudel zusammenrollen. Schneckenförmig in eine gut befettete Rein legen, mit zerlassener Butter bestreichen und im vorgeheizten Backrohr bei 200 Grad recht resch backen; während des Backens den Strudel mit Milch oder saurem Rahm bestreichen.

SPECKFLECK

750 g vorgekochte Rindskutteln in feine, aber nicht zu dünne „Nudeln" schneiden. In knapp 100 g Schweineschmalz oder Öl werden 2 mittlere grob gehackte Zwiebeln angedünstet, 150 g gewürfelten Speck dazugeben und anrösten, mit Paprika würzen, mit einigen Spritzern Essig ablöschen. Kümmel, gehackte Petersilie und geschnittene Zitronenmelisse einrühren, dann die geschnittenen Kutteln hineingeben und mit etwa 500 ml Rindsuppe aufgießen. Alles 20 Minuten kochen lassen, zwischenzeitlich leicht mit Mehl stauben, so dass das Gericht zwar saftig, aber nicht suppig ist. Fleck in vorgewärmte Teller füllen und mit reichlich geriebenem Hartkäse bestreut genießen; dazu reicht man saure Gurken, grünen Salat oder auch Sterz.

HIRSCHBREINSUPPN MIT KNOBLAUCHSCHMALZ

Zuerst das Knoblauchschmalz vorbereiten: reichlich zerdrückten Knoblauch kurz in zerlassenem Schweinefett rösten, dann kalt erstarren lassen.
Etwa 200 g Hirschbrein (geschälte, enthülste Hirse) in Wasser weich kochen, danach reichlich Knoblauchschmalz dazugeben und nochmals kurz zum Sieden bringen.

Variante
Hirse in Selchsuppe oder Wasser mit einem geräucherten Knochen zusammen mit Gundelrebe, Minze und einer Prise Salz weich kochen.

FLEISCHRAUGGN MIT ZWIEBELSALAT

300 g Roggenbrot fein reiben, danach mit 500 g faschiertem Selchfleisch (mager), 2 Eiern, gehacktem Basilikum, Saturei (Bohnenkraut) und Salz vermengen. Masse mit Mehl nach Bedarf zu einem Knödelteig abmischen. Aus dem Teig Rauggn ausstechen (unförmige Knödel), diese in heißem Butterschmalz resch backen. Dazu serviert man einen Zwiebelsalat und frisch geriebenen Rettich.
Für den Zwiebelsalat: 500 g ringelig geschnittene Zwiebeln mit 2–3 EL Mostessig und einer guten Prise Salz vermischen, dann 10–15 Minuten ziehen lassen (dadurch verlieren sie etwas an Schärfe); mit 300 ml saurem Rahm vermengen und mit Pfeffer und gehacktem Knoblauch abschmecken.

DAMPFNUDEL

500 g Mehl, 30 g Germ, 1 EL Zucker, 2 Eier, 200–250 ml Milch, 40 g Butter, 1 TL Salz

Aus den Zutaten bereitet man wie gewohnt einen Germteig, den man nach dem Aufgehen nochmals zusammenknetet und schließlich zu einem Laib formt. Nachdem man ihn nochmals etwa 10 Minuten hat aufgehen lassen, wird er locker in ein gut eingefettetes Tuch gebunden und an einem Löffel hängend oder auf einem Einsatz liegend in einem geschlossenen Topf über Wasserdampf etwa 1 Stunde gegart. Dann wird der Dampfnudel aus dem Tuch gestürzt, und leicht überkühlt serviert. Mit einem dünnen Messer oder einem Zwirnfaden in Keile teilen und diese in reichlich heißes Schmalz oder zerlassene Butter tunken. Dazu passen Mohn oder eine Preiselbeersauce.

SPECKFLECK

FLEISCHRAUGGN MIT ZWIEBELSALAT

IM JAUNTALER BIERSTALL

Haustrunk und Hausbier

Mit seinen wenigen Hektar Anbaufläche zählt Kärnten (neben Oberösterreich, Salzburg, Tirol und Vorarlberg) zwar zur österreichischen Weinbauregion „Bergland", doch spielt der Wein in Kärnten eher eine geringe Rolle. In den letzten Jahren sind zwar zarte Weinreben gewachsen, die nun unter der Projektbezeichnung „Interreg II A" zu einem veritablen Weinberg vergrößert werden sollen. Das Land Kärnten will damit den Weinbau forcieren, der in diesem Land durchaus Tradition hatte. So gab es 1788 noch etwa 130 Hektar Anbaufläche und auch diverse Weinberge zeigen, dass es hier früher durchaus üblich war, Wein anzubauen. Die Römer taten es auf jeden Fall schon, danach verschwand der Weinbau wieder bis zum Mittelalter. Spuren mittelalterlichen Weinbaus wurden in Millstadt, Villach, Arnoldstein, Rosegg, um den Wörther See, Maria Saal sowie im Glan-, Gurk-, Metnitztal, im Drautal oder auch um Völkermarkt gefunden. Mit italienischer Hilfe soll nun Kärnten wieder als Weinland entwickelt werden, dazu wird dieses Projekt auch von der EU gefördert, Weinexperten aus Österreich und dem Veneto unterstützen dies zusätzlich mit ihrem Know-How.

Der Weinbau in Kärnten soll zudem durch ein eigenes Kärntner Weingesetz professionalisiert werden. Durch dieses Gesetz werden auch die Weinsorten für Kärnten festgelegt: Chardonnay, Ruländer, Sauvignon blanc, Müller Thurgau, Zweigelt und Pinot noir. Wer den Kärntner Wein schon einmal gekostet hat, wird sicher bestätigen können, dass das Projekt durchaus Zukunft haben kann, denn die kalten Nächte machen die Weine sehr fruchtintensiv. Im Lavanttal gibt es schon seit einiger Zeit Weinbauern, weitere Projekte sollen folgen, etwa durch einen Gemeinschaftsberg am Wörther See.

Da aber zu einem guten Bissen auch ein guter Tropfen gehört, wussten sich die Kärntner auch ohne Wein zu helfen. Was der Schnaps zur Jause, das war Met für den Fasching, welcher in den Wirtshäusern reichlich ausgeschenkt wurde: „Im Fasching soll jeder Met trinken, danach tuat der Flachs lang wachsen", besagt ein altes Kärntner Sprichwort.

Der gewöhnliche Haustrunk in den Bauernhäusern war der exzellente Kärntner Most, der aus Äpfeln und/oder Birnen gepresst wurde. Doch galt dies nicht für alle Gegenden Kärntens, denn die eigentliche Mostgegend ist nur das Lavanttal, obwohl die Most- und Speckbirnen auch in höheren Regionen gedeihen würden. Urkunden belegen, dass bereits um 990 die ersten Obstgärten im Lavanttal angelegt worden sind. Neben dem Most wurde das Obst freilich auch zu Branntwein weiter verarbeitet.

Wie der Met ist auch das traditionelle Kärntner Steinbier etwas in Vergessenheit geraten, obwohl es einst einer der beliebtesten Kärntner Haustrunke war. Noch im 19. Jahrhundert brauten sehr viele Kärntner Bauern ihr Steinbier selbst. Freilich war dieses selbst gebraute Bier nicht ganz unumstritten, so ist einem k. u. k. Hofdekret von 1766 zu entnehmen, „dass in Kärnten bekanntermaßen sehr schlechtes Bier gebraut wird" und ein Jahr später wurde in einem weiteren Dekret die Frage diskutiert, ob „die allgemeine Bräuung von Steinbier in Kärnten nicht einer guten Polizei zuwiderlaufe und daher dem Lande schädlich sei." Selbstverständlich gab es dagegen viele Proteste seitens der Bauern, Bürgermeister, Verordneten, Richter und der Stadträte Klagenfurts; sie argumentierten damit, dass das Steinbier das wohlfeilste und unschädlichste Getränk sei, welches sogar von den Ärzten empfohlen werde; daher können weder Bürgersleut, noch die Bauern auf diesen Trunk verzichten. Allerdings schlug dann einmal mehr der österreichische Fiskus zu und verdrängte das Steinbier ganz einfach dadurch, dass er dieses bäuerliche Bier gleich hoch besteuerte wie das doch erheblich stärkere Kesselbier. So wurde die Steinbierproduktion unrentabel, was mehr und mehr Brauer zur Aufgabe des Bierbrauens veranlasste.

Das Steinbier wird aus Wasser, Wacholder, Hopfen und Malz (Hafermalz oder Weizen- und Hafermalz) sowie obergäriger Hefe hergestellt: die Maische wird mit der Würze mittels heißen Steinen erhitzt. Nach dem Abkühlen kommen die Steine, an denen die Zuckerstoffe der Maische karamellisiert sind, zusammen mit dem Sud in den Gärbottich, wo der an den glühenden Steinen haftende, karamellisierte Zucker, wieder gelöst und vergoren wird. Steinbier hat einen relativ starken Kohlesäuregehalt, schäumte daher wie Champagner, war oftmals trüb, weshalb es bevorzugt aus Steinkrügen getrunken wird. Sein Geschmack ist rauchig-malzig mit einer feinen Wacholdernote und mit einem Würzgehalt von sechs bis sieben Grad ist es ein sehr leichtes Bier, doch es gab auch eine stärkere Variante mit neun Grad, die Koritniak genannt wurde.

Überall wo dieses Steinbier gebraut wurde, gab es natürlich auch beträchtlichen Hopfen-Anbau, dieser ist aber in der neueren Zeit nahezu gänzlich zurückgegangen.

Noch heute ist das Bier eines der beliebtesten Getränke in Kärnten und viele Brauereien verstehen sich darauf, aus dem herrlichen Kärntner Quellwasser köstlich-würzige Biere zu brauen. Die traditionsreichsten Brauereien sind die im Jahre 1738 als „Steinbierbrauerei" erstmals urkundlich erwähnte Villacher Brauerei sowie die Brauerei Schleppe, welche im Jahr 1607 bei Klagenfurt gegründet wurde.

NOSTALGIEFLASCHE

Brauerei Schleppe

Die Schleppe Brauerei ist ein 1607 in Klagenfurt gegründetes Brauereiunternehmen, das Anfang des 17. Jahrhunderts aus dem Anwesen Schleppe außerhalb der Stadt entstammt. Im Zehentverzeichnis (altes, meist kirchliches Steuerverzeichnis) der Pfarre Tultschnig ist die Brauerei erstmals 1607 erwähnt. Damals wurde auch hier das traditionelle Steinbier gebraut, ab dem 20. Jahrhundert wurde das Sortiment durch weitere Biersorten (Märzen, Pils, Doppelmalz und Bockbier) erweitert.
Die Hauptmarke der Schleppe Brauerei ist das „Schleppe Märzen“, doch werden neben weiteren Biersorten auch Spezialabfüllungen, wie etwa das „Felsenkeller naturtrüb“ (für den gegenüber liegenden Gasthof), erzeugt. Weiter stellt die Brauerei diverse Brände und den aromatischen „Schleppe Bockbieressig“ her.

BRENNEREI PFAU (IN DER SCHLEPPE-BRAUEREI)

Villacher Bier

Im Jahre 1738 wurde die Villacher Brauerei unter der Leitung von Jakob Fischer als Steinbierbrauerei erstmals urkundlich erwähnt. Im Jahre 1858 wurde die alte Steinbierbrauerei von Johann Fischer in eine moderne Kesselbrauerei umgebaut. In den folgenden Jahren erfolgten ein steter Ausbau und laufende Modernisierungen, es wurden sogar Zweigniederlassungen im oberitalienischen Raum eröffnet.
Der Erste Weltkrieg bedeutete einen herben Rückschlag für die Brauerei; der Ausstoß brach ein und die neue Grenze nach dem Krieg schränkte den Markt zusätzlich ein. Dieser Umstand zwang Johann Koutnik die Brauerei auf eine breitere Basis zu stellen und führte zur Gründung der Vereinigte Kärntner Brauereien AG. Im Jahr 1929 konnten somit in Villach bereits wieder 55.000 hl Bier gebraut werden. Im Jahr 1941 hinterließ Johann Koutnik seinen Aktienanteil von 50 Prozent seiner Tochter Dorothea Grubissich. Nach dem Zweiten Weltkrieg wurde die stark beschädigte Brauerei neuerlich modernisiert und schließlich auch weiter ausgebaut. Am 3. September 2005 wurde das neue Sudhaus eröffnet und das alte Sudhaus als „Kunsthaus-Sudhaus“ für Ausstellungen adaptiert.

BRATWÜRSTEL MIT VILLACHER-BIER

4 große, frische Bratwürstel in 2–3 EL Butter auf beiden Seiten anbraten; eine große Zwiebel fein hacken, mitrösten, alles mit Mehl stauben und mit Villacher Bier ablöschen. Alles mit fein gewiegtem Knoblauch, Salz und Pfeffer abschmecken und zugedeckt etwa 10 Minuten dünsten.

Jauntaler Bierstall

Die alte Tradition der Kärntner Bauern, welche wie beschrieben ihr Steinbier selbst gebraut hatten, lebt vereinzelt auch heute noch. So wird z. B. am Fuße des Hochobirs, einem der schönsten Aussichtsberge der Karawanken in einem umgebauten, ehemaligen Stall ein köstliches bäuerliches Hausbier gebraut. Die Familie Sorger baute auf Anregen ihrer Tochter den ehemaligen Kuhstall zu einer kleinen Hofbrauerei um, zudem wurde ein Raum liebevoll als Bierstube eingerichtet.
Lotte Sorger, die Tochter des Hauses ist diplomierte Ernährungspädagogin, weshalb es anfangs die Neugierde war, die sie zum Bierbrauen veranlasste; doch relativ schnell wurde das Bauernbier zu einem zusätzlichen Standbein des Bauernhofes. Heute braut Lotte Sorger zusammen mit ihrem Vater Erich Sorger das „1. Jauntaler Bauernbier“; doch leider ist dieses urige Bier nur „ab Hof“ erhältlich.

KALBSTEAKS MIT „SCHLEPPE MÄRZEN“

4 große Kalbssteaks salzen und in 50–75 g Butter beidseitig goldgelb anbraten. Das Fleisch aus der Pfanne heben, den Bratenrückstand mit 150 ml Schleppe-Märzenbier ablöschen, einreduzieren und mit 4–5 EL saurem Rahm verfeinern; den Saft eindicken lassen, mit Salz, Pfeffer und etwas Kümmel abschmecken. Das Fleisch mit der Sauce übergossen servieren, dazu passen z. B. Kroketten.

Brauerei Hirt

Nahe der Hauptroute zwischen Wien und dem Mittelmeer, nahe der historischen Burgstadt Friesach, wurde bereits im Jahre 1270 in der Taverne „Ze Hurde“ (der frühere Name „von Hirt“) ein unverwechselbares Bier gebraut.
Grundlage für dieses hervorragende Bier sind die exzellenten Rohstoffe. So ist es der Hirter Brauerei als eine der ganz wenigen Brauereien vergönnt, mit eigenem Quellwasser aus dem Wasserschutzgebiet, oberhalb der Brauerei, ihr Bier zu brauen. Die Quellen haben eine so ausgezeichnete Qualität, dass das Wasser ohne Veränderung für die Erzeugung der Hirter Biersorten verwendet werden kann und nicht aufbereitet werden muss. Da Hirter Biere nach alten böhmischen Rezepturen gebraut werden, muss zwangsläufig Saazer Aromahopfen (geringe Bitterwerte, aber sehr hohe Aromawerte) verwendet werden. Der Saazer Hopfen wird mit etwas Hallertauer Perle vermischt und ergibt somit die Basis für das unverwechselbare, milde, feinhopfige Hirter-Bier-Aroma. Die Gerste wiederum stammt zu einem großen Teil aus eigenen Feldern. Aus den über 20 in Österreich bekannten Braugerstensorten, werden in Hirt nur 4 ganz bestimmte Sorten zum Brauen verwendet.
Aus diesen 4 verwendeten Gerstensorten werden insgesamt 7 verschiedene Malzarten vermälzt und zum Bierbrauen in Hirt verwendet.
Die Rohstoffe sind aber nicht die einzigen gravierenden Unterschiede zu anderen Bieren: Wichtig ist auch, dass in Hirt noch nie ein Bier thermisch behandelt (also pasteurisiert oder kurzzeiterhitzt) wurde. Stattdessen wird es kalt filtriert, zuerst im Kieselgur-, dann im Schichtenfilter, und so haltbar gemacht. Heute ist die Brauerei Hirt übrigens die einzige Privatbrauerei Kärntens.

ALTE WERBETAFEL FÜR STEINBIER

Erläuterungen häufiger österreichischer Ausdrücke

Anschlampen: sich nach Herzenslust sättigen und betrinken (die Lieblingsbeschäftigung vieler Genussmenschen)

Beiried: Entrecôte

Beisl: ehemals jiddischer Ausdruck für ein kleines Haus, heute Begriff für ein einfaches Gasthaus oder eine Kneipe

Beuschel: Lunge

Blunz(e)n: Blutwurst

Brat(e)lfettn: Bratenfett (meist vom Schweinsbraten), beliebter Brotaufstrich

Bummerlsalat: Eissalat

Dampfl: Vorteig für Speisen aus Hefeteig

Dirndl: Kornelkirsche

Doppler: typische österreichische Weinflasche mit 2 Liter Fassungsvermögen

Dotter: Eigelb

Duttelkalb: Milchkalb

Dürre, Kranzdürre: eine preiswerte Wurstware, schmeckt besonders gut frisch aus dem Kessel oder im Erdäpfelgulasch

Eierschwammerln: Pfifferlinge

Einbrenn: Mehlschwitze

Erdäpfel: Kartoffeln

Extrawurst: feine Wurstware aus geräuchertem und gebrühtem Rind- und Schweinefleisch, wird zumeist als Aufschnitt (zusammen mit einem Essiggurkerl) in einer Semmel genossen

Fadl: junges Ferkel

Faschieren: im Fleischwolf zerkleinern

Feinspitz: Gourmet

Fisolen: grüne Bohnen

Fleckerln: quadratisch geschnittene Teigwaren

Fledermaus: besonders delikates Rindfleisch vom Kreuzbein

Fleischlaberl: Frikadelle

Germ: Hefe

Geselchtes: Geräuchertes

Göderl, Goder: Schweinskinn

Grammeln: Grieben

G'spritzter: eine spezielle Weinschorle

Häuptelsalat: Kopfsalat

Heidenmehl: Buchweizenmehl

Hendl: Huhn

Herrenpilz: Steinpilz

Holler: Holunder

Indian: Pute

Kalbsvögerl: ausgelöste und zu einer Roulade dressierte Kalbstelze

Karfiol: Blumenkohl

Karotte: Möhre

Kas: Käse

Kipfler: kleine, kipfelförmige Kartoffel, bevorzugt für Salate

Kohl: Wirsing

Kohlsprossen: Rosenkohl

Kraut: Weißkohl

Kren: Meerrettich

Kronfleisch: Gericht aus dem Zwerchfell vom Rind

Kukuruz: Mais

Marillen: Aprikosen

Mehlspeise: süßes Gebäck (meist zum Kaffee)

Obers: süße Sahne

Papperl: feine Speise, Essen

Paradeiser: Tomate(n)

Phäake: Genussmensch

Powidl: Pflaumenmus

Presswurst: Schwartemagen

Rein, Reindl: flacher Kochtopf

Ribisel: Johannisbeeren

Rollgerstl: Graupen

Rote Rübe: Rote Beete

Rotkraut: Rotkohl

Sauerrahm: saure Sahne

Schlagobers: Schlagsahne

Schwammerl: Pilze

Schwarte: Haut

Semmel: Brötchen

Semmelbrösel: Paniermehl

Staubzucker: Puderzucker

Topfen: Quark (besonders trockener)

Umurke: Gurke

Vogerlsalat: Feldsalat

Weichseln: Sauerkirschen

Würst(e)l: Wurstware; im alten Wien auch eine eher abfällige Bezeichnung für das Pferd (weil aus ihm preiswerte Wurstwaren erzeugt wurden).

Inhaltsverzeichnis Rezepte

VORSPEISEN, KLEINGERICHTE UND IMBISSE

WURST, SPECK, GRAMMELN, GRAUPEN U. A.

SALATE, PILZ- UND GEMÜSEGERICHTE UND BEILAGEN

SUPPEN UND SUPPENEINLAGEN, EINTÖPFE

KNÖDEL

TEIGWAREN, NOCKERLN, EIERSPEISEN, OMELETTE UND CO

FISCHGERICHTE (SAMT FLUSSKREBSE UND SCHNECKEN)

GEFLÜGEL UND GEFLÜGELINNEREIEN

HAUPTSPEISEN UND FLEISCHGERICHTE

GEBÄCK, MEHLSPEISEN UND DESSERTS

Strudel

BUTTER, KÄSE, MILCHPRODUKTE

SAUCEN, EINGELEGTES, MARMELADEN, BOWLEN, ANSATZSCHNÄPSE